América del Sur

PEARSON
myspanishlab ¡Hola!

Part of the award-winning MyLanguageLabs suite of online learning and assessment systems for basic language courses, MySpanishLab brings together—in one convenient, easily navigable site—a wide array of language-learning tools and resources, including an interactive version of the ***¡Anda! Curso intermedio*** student text, an online Student Activities Manual, and all materials from the audio and video programs. Chapter Practice Tests, tutorials, and English grammar Readiness Checks personalize instruction to meet the unique needs of individual students. Instructors can use the system to make assignments, set grading parameters, listen to student-created audio recordings, and provide feedback on student work. MySpanishLab can be packaged with the text at a substantial savings. For more information, visit us online at www.mylanguagelabs.com/books.html

A GUIDE TO *¡ANDA! CURSO INTERMEDIO* ICONS	
Readiness Check for MySpanishLab	This icon, located in each chapter opener, reminds students to take the Readiness Check in MySpanishLab to test their understanding of the English grammar related to the Spanish grammar concepts in the chapter.
MySpanishLab	This icon indicates that additional resources for pronunciation and culture are available in MySpanishLab.
Text Audio Program	This icon indicates that recorded material to accompany *¡Anda! Curso intermedio* is available in MySpanishLab (www.mylanguagelabs.com), on audio CD, or on the Companion Web site (www.pearsonhighered.com/anda).
Pair Activity	This icon indicates that the activity is designed to be done by students working in pairs.
Group Activity	This icon indicates that the activity is designed to be done by students working in small groups or as a whole class.
Web Activity	This icon indicates that the activity involves use of the Internet.
Video icon	This icon indicates that a video episode is available for the *Laberinto peligroso* video series that accompanies the *¡Anda! Curso intermedio* program. The video is available on DVD and in MySpanishLab.
Student Activities Manual	This icon indicates that there are practice activities available in the *¡Anda! Curso intermedio* Student Activities Manual. The activities may be found either in the printed version of the manual or in the interactive version available through MySpanishLab. Activity numbers are indicated in the text for ease of reference.
Workbooklet	This icon indicates that an activity has been reproduced in the *Workbooklet* available as a print supplement or in MySpanishLab.
Interactive Globe	This icon indicates that additional cultural resources in the form of videos, web links, interactive maps, and more, relating to a particular country, are organized on an interactive globe in MySpanishLab.

ANNOTATED INSTRUCTOR'S EDITION

Curso intermedio

¡Anda!

Second Edition

AUDREY L. HEINING-BOYNTON
The University of North Carolina at Chapel Hill

JEAN W. LELOUP
United States Air Force Academy

GLYNIS S. COWELL
The University of North Carolina at Chapel Hill

PEARSON

Boston Columbus Indianapolis New York San Francisco Upper Saddle River
Amsterdam Cape Town Dubai London Madrid Milan Munich Paris Montréal Toronto
Delhi Mexico City São Paulo Sydney Hong Kong Seoul Singapore Taipei Tokyo

Executive Editor, Spanish: Julia Caballero
Editorial Assistants: Samantha Pritchard/Jessica Finaldi
Executive Marketing Manager: Kris Ellis-Levy
Senior Marketing Manager: Denise Miller
Marketing Assistant: Michele Marchese
Development Editor: Janet García-Levitas
Development Editor, Elementary Spanish: Celia Meana
Development Editor, Spanish: Meriel Martínez
Senior Managing Editor for Product Development: Mary Rottino
Associate Managing Editor (Production): Janice Stangel
Senior Production Project Manager: Nancy Stevenson
Executive Editor, MyLanguageLabs: Bob Hemmer
Senior Media Editor: Samantha Alducin
Development Editor, MyLanguageLabs: Bill Bliss
Editorial Coordinator, World Languages: Regina Rivera
Senior Art Director: Maria Lange
Cover Design: DePinho Design
Operations Manager: Mary Fischer
Operations Specialist: Alan Fischer
Full-Service Project Management: Melissa Sacco, PreMediaGlobal
Composition: PreMediaGlobal
Printer/Binder: R.R. Donnelley
Cover Printer: Lehigh - Phoenix Color
Publisher: Phil Miller
Cover Image: Shutterstock Images

This book was set in 10/12 Janson Roman.

Credits and acknowledgments borrowed from other sources and reproduced, with permission, in this textbook appear on appropriate page within text (or on page **A70**).

Library of Congress Cataloging-in-Publication Data
Heining-Boynton, Audrey L.
Anda!: curso intermedio / Audrey L. Heining-Boynton, Jean W. LeLoup, Glynis S. Cowell. — 2nd ed.
p. cm.
Text in English and Spanish.
Includes bibliographical references and index.
ISBN-13: 978-0-205-05596-8 (Student ed.)
ISBN-10: 0-205-05596-6 (Student ed.)
1. Spanish language—Textbooks for foreign speakers—English. 2. Spanish language—Grammar. 3. Spanish language—Spoken Spanish. I. LeLoup, Jean Willis. II. Cowell, Glynis S. III. Title.

PC4129.E5H4285 2012
468.2'421—dc23

2012000625

Student Edition, ISBN-10: 0-205-05596-6
Student Edition, ISBN-13: 978-0-205-05596-8
Annotated Instructor's Edition, ISBN-10: 0-205-39973-8
Annotated Instructor's Edition, ISBN-13: 978-0-205-39973-4

10 9 8 7 6 5 4 3 2 1

PEARSON www.pearsonhighered.com

DEDICATION

In memory of D., M., G., & A.L. I miss you very much.
—Audrey

In memory of my parents
—Jean

In honor of family and friends
—Glynis

Brief Contents

v

CAPÍTULO PRELIMINAR A
This preliminary chapter is meant to jump-start your course with a selection of beginning Spanish vocabulary and grammar topics. Infused within the review vocabulary and grammar are pertinent cultural topics. The third semester is known for mixing students who possess a wide range of previous Spanish experiences from high school, previous college courses, or life in general. The goal of this chapter is to begin to bring them to a common starting point as quickly as possible. The instructor should spend only a few days on this review chapter, since review topics are infused throughout the two-semester experience of *¡Anda! Curso intermedio.* The aim of *Capítulo Preliminar A* is not mastery of all the topics for all the students, but rather to have students begin to self-assess what they personally need to review throughout the course of the weeks and months to come.

CAPÍTULO 1
This first chapter exhibits all of the features of *Capítulos 1–5* and *7–11*. Throughout this and subsequent chapters, abundant instructor annotations describe in depth our methodology and the purpose of each section. For example, *¡Anda! Curso intermedio* is based on the educational concept of *chunking. Chunking* is taking potentially complex information and presenting it in manageable, "bite-size" chunks. This instructional delivery technique allows students to master small bits of information and concepts, and then add to their knowledge base, building their confidence as learners. An example chunking in *Capítulo 1* is the review grammar topic *preterit of regular and irregular verbs.* Rather than present a complete review of all of the nuances of the past tenses in Spanish, this chapter presents regular and irregular preterits first, combining them with new vocabulary to lead students to mastery while they work on their new vocabulary. Presenting *all* aspects of the past (e.g., preterit, imperfect, and when to use them) can take weeks of review, which usually precludes students from beginning new topics, because they become bogged down and new learning comes to a halt. It is much more effective pedagogically to review and recycle information because it aids in motivating students.

Students will be guided to consult Appendix 2 (review vocabulary) and Appendix 3 (review grammar) frequently. These appendices provide students all the vocabulary and grammar presented in *¡Anda! Curso elemental.*

FIRST

(The numbers next to the grammar and vocabulary sections indicate their location within the chapter.)

	CAPÍTULO PRELIMINAR A Para empezar	**CAPÍTULO 1** Así somos	**CAPÍTULO 2** El tiempo libre
Vocabulary sections		1 El aspecto físico y la personalidad p. 34 3 Algunos estados p. 46 5 La familia p. 53	1 Deportes p. 72 3 Pasatiempos y deportes p. 86
Review grammar	Selected elementary topics, see page 3.	• Los pronombres de complemento directo e indirecto y los pronombres reflexivos p. 35 • El pretérito p. 47	• Los mandatos formales e informales p. 74 • El subjuntivo p. 87
Grammar sections		2 Algunos verbos como ***gustar*** p. 39 4 El presente perfecto de indicativo p. 49	2 Los mandatos de ***nosotros/as*** p. 78 4 El subjuntivo para expresar pedidos (*requests*), mandatos y deseos p. 91
Culture	**Notas culturales** El español: lengua de millones p. 10 **Perfiles** ¿Quién habla español? p. 18 **Notas culturales** La influencia del español en los Estados Unidos p. 30	**Notas culturales** ¿Hay un hispano típico? p. 42 **Perfiles** Familias hispanas p. 57 **Vistazo cultural** Los hispanos en los Estados Unidos p. 62	**Notas culturales** La Vuelta al Táchira p. 82 **Perfiles** Campeones famosos del mundo hispano p. 94 **Vistazo cultural** Deportes y pasatiempos en la cultura mexicana p. 100
Escucha		Un programa de televisión cómico p. 44 **Estrategia:** Predicting content and guessing meaning p. 44	Una conversación entre dos amigos p. 84 **Estrategia:** Listening for the gist p. 84
¡Conversemos!		**Estrategias comunicativas:** Employing greetings and farewells p. 58	**Estrategias comunicativas:** Expressing pardon, requesting clarification, and checking comprehension p. 96
Escribe		Un perfil personal p. 60 **Estrategia:** Process writing (Part 1): Organizing ideas p. 60	Un comentario de blog p. 98 **Estrategia:** Process writing (Part 2): Linking words p. 98
Laberinto peligroso		**Lectura:** *¿Periodistas en peligro?* p. 64 **Estrategia:** Pre-reading techniques: Schemata, cognates, predicting, and guessing p. 64 **Video:** *¿Puede ser?* p. 66	**Lectura:** *Búsquedas* p. 102 **Estrategia:** Skimming and scanning; reading for the gist p. 102 **Video:** *¿Qué te ocurre, Celia?* p. 104

CAPÍTULO 2
For students who completed *¡Anda! Curso elemental*, the review of the present subjunctive is indeed just that…a review. Other students may have entered your program using different materials, and this presentation might be new material for them. Whatever their situation, the present subjunctive is presented in a concise fashion that will afford all students the success you and they desire.

Notice that the strategies (listening, speaking, writing, and reading) build from one chapter to the next. Also notice that the four strategies in each chapter relate to each other as well as to the themes of the chapters. *¡Anda! Curso intermedio* is integrated at all levels of the language acquisition process.

This is the first chapter in which the subjunctive is presented using chunking. The concept, which is the major grammar topic of intermediate Spanish, is spread over six chapters with a seventh chapter in the second semester that acts as a review. This presentation makes the complex topic manageable to students.

SEMESTER

CAPÍTULO 3 Hogar, dulce hogar	CAPÍTULO 4 ¡Celebremos!	CAPÍTULO 5 Viajando por aquí y por allá	CAPÍTULO 6 ¡Sí, lo sé!
1 La construcción de casas y sus alrededores p. 110 **3** Dentro del hogar: la sala, la cocina y el dormitorio p. 122	**1** Las celebraciones y los eventos de la vida p. 148 **3** La comida y la cocina p. 159 **4** Más comida p. 164	**1** Los viajes p. 188 **2** Viajando por coche p. 193 **4** Las vacaciones p. 199 **5** La tecnología y la informática p. 204 **7** Las acciones relacionadas con la tecnología p. 211	**Reviewing strategies** p. 230
• El pretérito: verbos con cambios de raíz y otros verbos irregulares p. 111 • El imperfecto p. 123	• El pretérito y el imperfecto p. 149 • Expresiones con ***hacer*** p. 160	• ***Por*** y ***para*** p. 189 • El pretérito y el imperfecto (continuación) p. 205	**Comunicación** Recycling of **Capítulo Preliminar A** to **Capítulo 5**
2 Usos de los artículos definidos e indefinidos p. 115 **4** El subjuntivo para expresar sentimientos, emociones y dudas p. 126 **5** ***Estar*** + el participio pasado p. 130	**2** El pasado perfecto (pluscuamperfecto) p. 153 **5** El presente perfecto de subjuntivo p. 168	**3** Los pronombres relativos ***que*** y ***quien*** p. 196 **6** El subjuntivo con antecedentes indefinidos o que no existen p. 208	
Notas culturales El mejoramiento de la casa p. 117 **Perfiles** La importancia de la casa y de su construcción p. 131 **Vistazo cultural** Las casas y la arquitectura en España p. 138	**Notas culturales** El Día de los Muertos p. 156 **Perfiles** Grandes cocineros del mundo hispano p. 172 **Vistazo cultural** Tradiciones de Guatemala, Honduras y El Salvador p. 178	**Notas culturales** El fin del mundo y los glaciares en cinco días p. 200 **Perfiles** Viajando hacia el futuro p. 214 **Vistazo cultural** Un viaje por mundos diferentes en Nicaragua, Costa Rica y Panamá p. 220	**Cultura**
Un programa de televisión p. 120 **Estrategia:** Listening for the main ideas p. 120	Un mensaje de teléfono p. 157 **Estrategia:** Listening for details p. 157	Un anuncio de radio p. 202 **Estrategia:** Pinpointing specific information p. 202	
Estrategias comunicativas: Extending, accepting, and declining invitations p. 134	**Estrategias comunicativas:** Asking for and giving directions p. 174	**Estrategias comunicativas:** Asking for input and expressing emotions p. 216	
Una lista detallada p. 136 **Estrategia:** Process writing (Part 3): Supporting details p. 136	Un artículo de revista p. 176 **Estrategia:** Process writing (Part 4): Sequencing events p. 176	El proceso de revisar p. 218 **Estrategia:** Peer editing p. 218	
Lectura: *Planes importantes* p. 140 **Estrategia:** Establishing a purpose for reading; determining the main idea p. 140 **Video:** *Una nota misteriosa* p. 142	**Lectura:** *Colaboradores, competidores y sospechosos* p. 180 **Estrategia:** Identifying details and supporting elements p. 180 **Video:** *¿Mágica o malvada?* p. 182	**Lectura:** *Cómplices, crónicas, mapas y ladrones* p. 222 **Estrategia:** Using a dictionary p. 222 **Video:** *¿Somos sospechosos?* p. 224	Recap of Episodios 1–5

CAPÍTULO 3

In this and all chapters, culture is an integral part of *¡Anda! Curso intermedio*, interwoven throughout the program. Vocabulary and grammar activities integrate culture. As students acquire new vocabulary and grammar while recycling previously learned concepts, they are doing so via culture. In addition to the culturally related vocabulary and grammar activities, each chapter has three formal culture features: *Notas culturales in the first Comunicación; Perfiles* in the second *Comunicación;* and *Vistazo cultural* culminating the second *Comunicación.* All culture in *¡Anda! Curso intermedio* explores the products, practices, and perspectives of the Spanish-speaking world while reinforcing the chapter theme, vocabulary, and grammar. Students are asked to make cultural connections and comparisons between chapters. In *Vistazo cultural*, students are guided by individuals in a vast arena of professional capacities to witness how Spanish can be used in their daily lives.

CAPÍTULO 4

This chapter is the first of several to feature more than one country in *Vistazo cultural.* In writing, students have been guided in the first chapters through the process of organizing their ideas, linking sentences, and adding supporting details; now they learn about sequencing events.

You will have noticed that the third chunk of each chapter is *Laberinto peligroso.* This high-action mystery guides students from a reading strategy to an intriguing textbook episode that ends in a cliffhanger. Then, by the aid of previewing activities, the students are guided through the video episode that picks up where the textbook left off, also ending in a cliffhanger. The approach motivates students to want to read more, a skill that the majority of today's college students need. Of major importance with both the textbook and the video is the recycling of the chapter theme, grammar, and vocabulary. The students are reading and viewing in context the new vocabulary and grammar they have studied and learned over the course of the chapter. Additionally, vocabulary and grammar are recycled from previous chapters and from *¡Anda! Curso elemental.*

CAPÍTULO 5

Among the strategies presented in this chapter is *peer-editing* in the *Escribe* section. We encourage you to suggest to your students that they refer to this and the other strategies they have learned in these first chapters for listening, speaking, writing, and reading as they progress in their study of the Spanish language.

CAPÍTULO 6

In this chapter we have synthesized the main points of the first five chapters in a recycled format for students to practice the new skills they are learning. You will note that all of these activities have the students *put it all together;* in other words *all* of the activities in *Capítulo 6* are communicative. This synthesis includes the cultural topics of the first five chapters. You will also notice rubrics included for students to self-assess their performance or for you to use in oral assessments.

CAPÍTULO PRELIMINAR B

The intention of *Capítulo Preliminar B* is to review methodically and guide all students to begin at a similar point. You will notice that *Capítulo Preliminar B* moves more by small chunks of material than *Capítulo 6* does, that is, the activities in *Capítulo Preliminar B* move from mechanical to meaningful to communicative. This is based on the fact that at this point in their Spanish "careers," students need more step-by-step guidance and remediation so they can *all* arrive at a more common starting point. This chapter constitutes a review of the major grammar topics of third semester.

Capítulo Preliminar B also reviews what has occurred up to this point in *Laberinto peligroso*, the episodic mystery at the end of each chapter. The textbook episodes end in a cliffhanger that leads to the video episode, which ends in a cliffhanger as well. The suspense motivates the students to want to read.

CAPÍTULO 7

All vocabulary presented in *¡Anda! Curso intermedio* is high frequency and level appropriate. Also notice how the vocabulary choices build on what was taught in *¡Anda! Curso elemental*. The pairing of shopping vocabulary and the subjunctive in adverbial clauses was intentional; the goal is to begin the semester with a subjunctive topic that can be highly personal. Following the suggestion of many reviewers, *ser* and *estar* are revisited as a review topic. Finally, the strategy of using a dictionary is presented. This is a needed skill that is rarely taught formally.

CAPÍTULO 8

Combining the world of work with the future and conditional tenses affords students the opportunity to express themselves in a highly personalized way. This chapter—like all the other chapters—lends itself well to the fifth "C" of the National Foreign Language Standards: Communities.

You may also want to refer your students to the *Letras* readings, found in the *Letras* Literary Reader. These are authentic texts with themes that tie in to the chapter themes. The readings are presented based on a process approach to reading, where the students begin by reading about a literary device or strategy that they then employ while reading the authentic piece.

SECOND

(The numbers next to the grammar and vocabulary sections indicate their location within the chapter.)

	CAPÍTULO PRELIMINAR B Introducciones y repasos	**CAPÍTULO 7** Bienvenidos a mi comunidad	**CAPÍTULO 8** La vida profesional
Vocabulary sections	Review of first semester	1 Algunas tiendas y algunos lugares en la ciudad p. 290 3 Algunos artículos en las tiendas p. 303	1 Algunas profesiones p. 326 3 Más profesiones p. 335 5 Una entrevista p. 345 7 El mundo de los negocios p. 351
Review grammar		• ***Ser*** y ***estar*** p. 291 • El presente progresivo p. 304	• Los adjetivos como sustantivos p. 327 • Los adjetivos demostrativos p. 346
Grammar sections		2 El subjuntivo en cláusulas adverbiales (expresando tiempo, manera, lugar e intención) p. 295 4 Los tiempos progresivos: el imperfecto con ***andar, continuar, seguir, ir*** y ***venir*** p. 307	2 El futuro p. 330 4 El condicional p. 338 6 El futuro perfecto p. 348 8 El condicional perfecto p. 354
Culture		**Notas culturales:** La ropa como símbolo cultural p. 298 **Perfiles:** Unos diseñadores y creadores p. 310 **Vistazo cultural:** Algunos lugares y productos en las ciudades de Chile y Paraguay p. 316	**Notas culturales:** La etiqueta del negocio hispano p. 341 **Perfiles:** El trabajo y los negocios p. 356 **Vistazo cultural:** Algunos negocios y profesiones en Argentina y Uruguay p. 362
Escucha		Un reportaje de televisión p. 301 **Estrategia:** Determining setting and purpose p. 301	Una conversación entre colegas p. 343 **Estrategia:** Repeating / paraphrasing what you hear p. 343
¡Conversemos!		**Estrategias comunicativas:** Conversing on the phone and expressing agreement (Part 1) p. 312	**Estrategias comunicativas:** Expressing good wishes, regret, comfort, or sympathy p. 358
Escribe		Un artículo de opinión p. 314 **Estrategia:** Using a dictionary p. 314	Una carta de solicitud p. 360 **Estrategia:** Greetings and closings in letters p. 360
Laberinto peligroso		**Lectura:** *¿Casualidades o conexiones?* p. 318 **Estrategia:** Identifying elements of texts: Tone and voice p. 318 **Video:** *¡Trazando rutas y conexiones!* p. 320	**Lectura:** *Complicaciones en el caso* p. 364 **Estrategia:** Checking comprehension and determining / adjusting reading rate p. 364 **Video:** *¿Estoy arrestado?* p. 366

SEMESTER

CAPÍTULO 9 La expresión artística	CAPÍTULO 10 Un planeta para todos	CAPÍTULO 11 Hay que cuidarnos	CAPÍTULO 12 Y por fin, ¡lo sé!
1 El arte visual p. 372 3 La artesanía p. 381 4 La música y el teatro p. 386 7 El cine y la televisión p. 394	1 El medio ambiente p. 412 4 Algunos animales p. 425 6 Algunos términos geográficos p. 432	1 El cuerpo humano p. 454 4 La atención médica p. 465 6 Algunos síntomas, condiciones y enfermedades p. 472	**Reviewing strategies** p. 496
• Las comparaciones de igualdad y desigualdad p. 373 • El superlativo p. 388	• Las preposiciones y los pronombres preposicionales p. 413 • El uso del infinitivo después de las preposiciones p. 426	• Los verbos reflexivos p. 455 • Las expresiones afirmativas y negativas p. 466	**Comunicación** Recycling of **Capítulo 7** to **Capítulo 11** p. 498
2 Repaso del subjuntivo: El subjuntivo en cláusulas sustantivas, adjetivales y adverbiales p. 375 5 Cláusulas condicionales de ***si*** (Parte 1) p. 391	2 El imperfecto de subjuntivo p. 416 3 El pasado perfecto de subjuntivo p. 420 5 Cláusulas de ***si*** (Parte 2) p. 430 7 La secuencia de los tiempos verbales p. 435	2 ***Se*** impersonal p. 457 3 Las construcciones recíprocas: ***nos*** y ***se*** p. 460 5 El ***se*** inocente (***Se*** for unplanned occurrences) p. 469 7 La voz pasiva p. 476	
Notas culturales: El Museo del Oro en Bogotá, Colombia p. 383 **Perfiles:** El arte como expresión personal p. 397 **Vistazo cultural:** El arte de Perú, Bolivia y Ecuador p. 402	**Notas culturales:** Amigos del Medio Ambiente p. 422 **Perfiles:** Algunas personas con una conciencia ambiental p. 438 **Vistazo cultural:** La naturaleza y la geografía de Colombia y Venezuela p. 444	**Notas culturales:** La medicina tradicional o alternativa p. 462 **Perfiles:** Algunas personas innovadoras en el campo de la medicina p. 481 **Vistazo cultural:** La medicina y la salud en Cuba, Puerto Rico y la República Dominicana p. 486	**Cultura**
Una conversación entre familia de un concierto p. 384 **Estrategia:** Making inferences from what you hear p. 384	Un comentario de radio p. 423 **Estrategia:** Listening in different contexts p. 423	Un informe de radio p. 463 **Estrategia:** Commenting on what you heard p. 463	
Estrategias comunicativas: Clarifying and using circumlocution p. 398	**Estrategias comunicativas:** Expressing agreement, disagreement, or surprise p. 440	**Estrategias comunicativas:** Pausing, suggesting an alternative, and expressing disbelief p. 482	
Un cuento corto p. 400 **Estrategia:** Introductions and conclusions in writing p. 400	Un ensayo convincente p. 442 **Estrategia:** More on linking sentences p. 442	Un guión de cortometraje p. 484 **Estrategia:** Determining audience and purpose p. 484	
Lectura: *Sola y preocupada* p. 404 **Estrategia:** Making inferences: Reading between the lines p. 404 **Video:** *Desaparecidos* p. 406	**Lectura:** *En peligro de extinción* p. 447 **Estrategia:** Identifying characteristics of different text types p. 446 **Video:** *¡Alto! ¡Tire el arma!* p. 448	**Lectura:** *¿Caso cerrado?* p. 489 **Estrategia:** Assessing a passage, responding, and giving an opinion p. 488 **Video:** *Atando cabos* p. 490	Recap of Episodios 7–11

CAPÍTULO 9

Learning theory reminds us that we must review and recycle previously presented material. Therefore, this chapter includes a complete review of the subjunctive in noun, adjective, and adverbial clauses. In addition, *si clauses* are chunked by presenting the first part in this chapter. The next chunk appears in *Capítulo 10*.

CAPÍTULO 10

The selection and order of grammar presented in ***¡Anda! Curso intermedio*** is based on an extensive survey. Hundreds of instructors from across the country responded. They were asked to identify all grammar taught over the course of four semesters and during which semester they taught it. The ***¡Anda! Curso intermedio*** scope and sequence reflects that input. You have also noted that when we present new grammar, all of the sample sentences relate to the chapter theme and use the new vocabulary, creating a seamless context.

CAPÍTULO 11

Deceptively simple, the uses of *se* and the passive voice can be highly challenging for students. We have once again chosen to present the topic in "bite-size" chunks to create a more manageable presentation for students.

CAPÍTULO 12

After giving students strategies on how to conduct an overall review, this chapter begins with communicative and engaging activities that focus on grammar and vocabulary from *Capítulo 7*. The recycling continues to move through the chapters, ending with *Capítulo 11*. This is followed by a more comprehensive review, truly *putting all the chapters together*. Finally, the countries and individuals presented throughout *Capítulos 7–11* are recycled.

Preface

Why *¡Anda!* 2e?

We were pleased by the enthusiastic response to the first edition of ***¡Anda! Curso intermedio***, and we are honored that so many schools have chosen to adopt it for use in their intermediate Spanish courses. The response confirmed that many schools needed a new kind of Spanish program.

We wrote ***¡Anda! Curso intermedio*** originally because Spanish instructors told us that their courses were changing. In survey after survey, in focus group after focus group, they said that they were finding it increasingly difficult to accomplish everything they wanted in their elementary and intermediate Spanish courses. They told us that contact hours were decreasing, that class sizes were increasing, and that more and more courses were being taught partially or totally online. They told us that their lives and their students' lives were busier than ever. And as a result, they told us, there simply wasn't enough time available to do everything they wanted to do. Some reported that they felt compelled to gallop through their text in order to cover all the grammar and vocabulary, omitting important cultural topics and limiting their students' opportunities to develop and practice communication skills. Others said that they had made the awkward choice to use a text designed for first-year Spanish over three or even four semesters. Many instructors were looking for new ways to address the challenges they and their students were facing. We created ***¡Anda! Curso intermedio*** to meet this need.

The challenges we heard about from all these Spanish instructors still exist today, and thus our goals and guiding principles for the second edition of the ***¡Anda! Curso intermedio*** program remain the same as they were in the first edition. Nevertheless we have made many changes in response to helpful suggestions from users of the earlier edition, and we have sought to make the program even more flexible than its predecessor and even more focused on students' and instructors' needs.

NEW to This Edition

Among the many changes we have made to the ***¡Anda! Curso intermedio*** program are the following:

- New ***learning objectives*** accompanying each *Vocabulario* and *Gramática* chunk make the learning goal of each chunk transparent to students.
- New ***¿Cómo andas?*** self-assessment boxes align directly to the chapter objectives and are numbered to match with its corresponding *Comunicación* section, helping students tie the objectives to learning outcomes.
- A new ***chapter opening organizer*** now includes references to the complete ***¡Anda!*** program, allowing for easier integration of supplements and resources.
- Revised headings and design for each ***Comunicación*** section, now labeled I and II, help students and instructors effectively navigate the parts of the chapter.

x

- ***Repaso* sections** are now available in MySpanishLab. Icons in the text guide students to these resources for more detailed information and practice in an interactive setting that allows for more personalized instruction.
- ***New readings*** in the ***Letras* Literary Reader** have been included in this edition, along with new pre-, during, and post-activities in order to acquaint students with new literary works.
- Many new **teacher annotations** have been added to provide additional guidance and options for instructors and to aid in lesson planning and implementation.
- New ***21st Century Skills*** teacher annotations help instructors develop students' language proficiency for use in real-life settings.
- Various custom versions of the text are now available. In addition to the ***complete text, split volumes*** are now available, each containing a single semester's worth of material.

The *¡Anda!* Story

The ***¡Anda! Curso elemental*** and ***¡Anda! Curso intermedio*** programs were developed to provide practical responses to the challenges today's Spanish instructors are facing. Its innovations center around three key areas:

1 Realistic goals with a realistic approach

2 Focus on student motivation

3 Tools to promote success

Realistic goals with a realistic approach

¡Anda! is the first college-level Spanish program conceived from the outset as a four-semester sequence of beginning and intermediate materials. The ***¡Anda!*** program is divided into two halves, ***¡Anda! Curso elemental*** for beginning students and ***¡Anda! Curso intermedio*** for intermediate students, each of which can be completed in one academic year.

Each volume's scope and sequence has been carefully designed, based on research and feedback from hundreds of instructors and users at a wide variety of institutions. The vocabulary in both ***¡Anda! Curso elemental*** and ***¡Anda! Curso intermedio*** is high frequency, and the number of new words is controlled. The grammar scope and sequence is the result of extensive research in which hundreds of Spanish instructors across the country responded. Well over 80% of the respondents agree with the placement of the grammar topics for both the beginning and intermediate courses. This careful planning and attention to chunking of material results in students having adequate time throughout the courses to focus on communication, culture, and skills development, and to master the vocabulary and grammar concepts to which they are introduced.

xi

Each volume of *¡Anda!*, for both ***Curso elemental*** and ***Curso intermedio***, has been structured to foster preparation, recycling, and review within the context of a multi-semester sequence of courses. The ten regular chapters are complemented by *two preliminary* chapters and *two recycling* chapters.

Capítulo Preliminar A	Capítulo Preliminar B
Capítulo 1	Capítulo 7
Capítulo 2	Capítulo 8
Capítulo 3	Capítulo 9
Capítulo 4	Capítulo 10
Capítulo 5	Capítulo 11
Capítulo 6 (recycling)	Capítulo 12 (recycling)

- In ***¡Anda! Curso intermedio***, *Preliminary Chapter A* is a **review** of basic grammar structures that were presented in ***¡Anda! Curso elemental*** and is meant to jump-start your semester for those who are coming from a different school, or those who need a refresher, to get up to speed. Most students should be very familiar with the review material in this chapter.
- In ***¡Anda! Curso intermedio***, *Preliminary Chapter B* is a **review** of Preliminary A through Chapter 5 and allows those who join the class midyear, or those who need a refresher, to get up to speed at the beginning of the second half of the book.
- *Chapters 1–5* and *7–11* are **regular** chapters.
- *Chapters 6* and *12* are **recycling** chapters. No new material is presented. Designed for in-class use, these chapters recycle and recombine previously presented vocabulary, grammar, and culture, giving students more time to practice communication without the burden of learning new grammar or vocabulary. Rubrics are provided in these chapters to assess student performance. They provide clear expectations for students as they review.

Each regular chapter of ***¡Anda! Curso intermedio*** provides a realistic approach for the achievement of realistic goals.

- New material is presented in manageable amounts, or **chunks,** allowing students to assimilate and practice without feeling overwhelmed.
- Each chapter contains a **realistic** number of new vocabulary words.
- Vocabulary and grammar explanations are interspersed, each **introduced at the point of need.**
- Grammar explanations are clear and concise, utilizing either deductive or inductive presentations, and include many supporting examples followed by practice activities. The inductive presentations, provide students with examples of a grammar concept. They then must formulate the rule(s) through the use of guiding questions. The inductive presentations are accompanied by a new *Explícalo tú* heading and an icon that directs them to Appendix 1, where answers to the questions in the presentations may be found.
- Practice begins with **mechanical** exercises, for which there are correct answers, progresses through more **meaningful,** structured activities in which the student is guided, but has some flexibility in determining the appropriate response, and ends with **communicative** activities in which students are manipulating language to create personalized responses.

xii

Focus on student motivation

The many innovative features of ***¡Anda! Curso intermedio*** that have made it such a successful program continue in the second edition to help instructors generate and sustain interest on the part of their students, whether they be of traditional college age or adult learners:

- Chapters are organized around themes that reflect **student interests** and tap into students' **real-life experiences.**
- Basic **vocabulary** has been selected and tested throughout the textbook's development for relevance and support, while additional words and phrases are offered so that **students can personalize** their responses and acquire the vocabulary that is most meaningful to them. Vocabulary from beginning Spanish is also available in Appendix 2, so that students may recycle/review words they learned in their elementary Spanish course.
- Activities have been designed to foster active participation by students. The focus throughout is on giving students opportunities to speak and on allowing instructors to **increase the amount of student "talk time"** in each class period. The majority of activities **elicit students' ideas and opinions,** engaging them to respond to each other on a variety of levels. Abundant pair and group activities encourage students to learn from and support each other, creating a comfortable arena for language learning.
- **All of the material** for which students entering this class would be responsible is provided, including elementary grammar and vocabulary Appendices that give students a ready reference for what they learned during first-year Spanish.
- Each activity is designed to begin with **what the student already knows.**
- A **high-interest mystery story, *Laberinto peligroso,*** runs through each chapter. Two episodes are presented in each regular chapter, one as the chapter's reading selection (in the *Lectura* section), the other in a corresponding video segment (in the *Video* section).
- Both **"high" and "popular" culture** are woven throughout the chapters to enable students to learn to recognize and appreciate cultural diversity as they explore behaviors and values of the Spanish-speaking world. They are encouraged to think critically about these cultural practices and gifts to society.

Tools to promote success

The ***¡Anda! Curso intermedio*** program includes many unique features and components designed to help students succeed at language learning and their instructors at language teaching.

Student learning support

- Explicit, systematic **recycling boxes with page references** help students link current learning to previously studied material in earlier chapters or sections of ***¡Anda! Curso intermedio.*** Recycling boxes with page references to elementary vocabulary and grammar direct the student to ***¡Anda! Curso elemental*** or to an appendix in ***¡Anda! Curso intermedio*** where this material is repeated for those who used a different elementary program.

xiii

- Integrated-process strategies—Listening (*Escucha*), Reading (*Lectura*), Writing (*Escribe*), and Speaking (*¡Conversemos!*)—help students process the concepts and become self-sufficient learners.
- **Periodic review and self-assessment** boxes (*¿Cómo andas? I*) and (*¿Cómo andas? II*) help students gauge their understanding and retention of the material presented. A final assessment in each chapter (*Y por fin, ¿cómo andas?*) offers a comprehensive review. **Scoring rubrics** are also available in *Chapter 6* and *Chapter 12* to assist both students and instructors with assessment.
- **Student notes** provide additional explanations and guidance in the learning process. Some of these contain cross-references to other student supplements. Others offer learning strategies (*Estrategia*) and additional information (*Fíjate*).
- **MySpanishLab** offers students a wealth of online resources and a supportive environment for completing homework assignments. When enabled by the instructor, a "Need Help" box appears as students are doing online homework activities, providing links to English and Spanish grammar tutorials, e-book sections, and additional practice activities—all directly relevant to the task at hand. Hints, verb charts, a glossary, and many other resources are available as well.
- A **Workbooklet,** available separately, allows student to complete the activities that involve writing without having to write in their copies of the textbook.

Instructor teaching support

One of the most important keys to student success is instructor success. The ***¡Anda! Curso intermedio*** program has all of the support that you have come to expect and, based on our research, it offers many other enhancements.

- The **Annotated Instructor's Edition** of ***¡Anda! Curso intermedio*** offers a wealth of materials designed to help instructors teach effectively and efficiently. Strategically placed annotations explain the text's methodology and function as **a built-in course in language teaching methods.**
- **Estimated time indicators** for presentational materials and practice activities help instructors create lesson plans.
- Other annotations provide additional activities and suggested answers.
- **The annotations are color-coded** and labelled for ready reference and ease of use.
- A treasure trove of supplemental activities**,** available for download in the **Extra Activities** folder in MySpanishLab, allows instructors to choose additional materials for in-class use.

Teacher Annotations

The teacher annotations in the ***¡Anda! Curso intermedio*** program fall into several categories:

- **Methodology:** A deep and broad set of methods notes designed not only for the novice instructor but also for experienced instructors. The notes serve as either an induction into teaching or as an excellent refresher.
- **Section Goals:** Set of student objectives for each section.
- **National Standards:** Information containing the correlation between each section with the National Standards as well as tips for increasing student performance.

xiv

- **21st Century Skills:** Interpreting the new Partnership for the 21st Century skills and the National Standards. These skills enumerate what is necessary for successful 21st century citizens.
- **Planning Ahead:** Suggestions for instructors included in the Chapter openers to help prepare materials in advance for certain activities in the chapter. Also provided is information regarding which activities to assign to students prior to them coming to class.
- **Warm-up:** Suggestions for setting up an activity or how to activate students' prior knowledge relating to the task at hand.
- **Suggestion:** Teaching tips that provide ideas that will help with the implementation of activities and sections.
- **Note:** Additional information for instructors regarding specific activities as well as background knowledge instructors may wish to share with students.
- **Expansion:** Ideas for variations of a topic that may serve as wrap-up activities.
- **Follow-up:** Suggestions to aid instructors in assessing student comprehension.
- **Additional Activity:** Independent activities related to the ones in the text that provide further practice.
- **Alternate Activity:** Variations of activities provided to suit each individual classroom and preference.
- **Heritage Language Learners:** Suggestions for the heritage language learners in the classroom that provide alternatives and expansions for sections and activities based on prior knowledge and skills.
- **Recap of *Laberinto peligroso*:** A synopsis of the both the *Lectura* and *Video* sections for each episode of *Laberinto peligroso.*

Other Teacher Annotations

There are several other annotations that offer ease in lesson preparation and instructional delivery.

- **Audioscript:** Instructors are guided to the *Instructor's Resource Manual* for the complete scripts of the *Escucha* sections.
- **Writing sample for *Escribe* section:** These teacher notes provide a sample of what students should be writing in each *Escribe* section. These samples are included for reference and assessment purposes.

The authors' approach

Learning a language is an exciting, enriching, and sometimes life-changing experience. The development of the ***¡Anda! Curso intermedio*** program, and now its second edition, is the result of many years of teaching and research that guided the authors independently to make important discoveries about language learning, the most important of which center on the student. Empirically research-based and pedagogically sound, ***¡Anda! Curso intermedio*** is also the product of extensive information gathered firsthand from numerous focus group sessions with students, graduate instructors, adjunct faculty, full-time professors, and administrators in an effort to determine the learning and instructional needs of each of these groups.

xv

The Importance of the National Foreign Language Standards in *¡Anda!*

The ***¡Anda! Curso intermedio*** program continues to be based on the *National Foreign Language Standards.* The five organizing principles (the 5 Cs) of the Standards for language teaching and learning are at the core of ***¡Anda! Curso intermedio:*** **Communication, Cultures, Connections, Comparisons,** and **Communities.** Each chapter opener identifies for the instructor where and in what capacity each of the 5 Cs are addressed. The **Weave of Curricular Elements** of the *National Foreign Language Standards* provides additional organizational structure for ***¡Anda! Curso intermedio***. The components of the **Curricular Weave** are: **Language System, Cultural Knowledge, Communication Strategies, Critical Thinking Skills, Learning Strategies, Other Subject Areas,** and **Technology.** Each of the Curricular Weave elements is omnipresent and, like the 5 Cs, permeates all aspects of each chapter of ***¡Anda! Curso intermedio***.

- The *Language System,* which is comprised of components such as grammar, vocabulary, and phonetics, is at the heart of each chapter.
- The *Comunicación* sections of each chapter present vocabulary and grammar at the point of need and maximum usage. Streamlined presentations are utilized that allow the learner to be immediately successful in employing the new concepts.
- *Cultural Knowledge* is approached thematically, making use of the chapter's vocabulary and grammar. Many of the grammar and vocabulary activities are presented in a cultural context. A cultural context organizes the two-page chapter openers and always starts with what the students already know about the cultural theme / concept from their home, local, regional, or national cultural perspective. The *Notas culturales, Perfiles,* and *Vistazo cultural* sections provide rich cultural information about each Hispanic country as well as notable Hispanics.
- For ***¡Anda! Curso intermedio,*** the authors have created the *Letras* Literary Supplemental Reader, which gives instructors the option of including authentic literature in their Intermediate course. The readings correspond to the chapter themes and include short stories, poems, plays, and novel excerpts written by writers from various parts of the Spanish-speaking world, including the United States. All readings are accompanied by process-oriented activities and strategies that focus on literary terminology to ensure that students are reading as effectively as possible.
- *Communication and Learning Strategies* are abundant with tips for both students and instructors on how to maximize studying and in-class learning of Spanish, as well as how to utilize the language outside of the classroom. ***¡Anda! Curso intermedio*** moves students to higher levels of speaking proficiency by adding detailed conversational strategies in *¡Conversemos!* These strategies guide not only the current chapter but are also presented in progression to allow students to use them in future chapters. *¡Conversemos!* focuses on language functions, helping students put the language to use in a natural, conversational way.
- *Critical Thinking Skills* take center stage in ***¡Anda! Curso intermedio***. Questions throughout the chapters, in particular tied to the cultural presentations, provide students with opportunities to answer more than discrete-point questions. The answers students are able to provide do indeed require higher-order thinking, but at a linguistic level completely appropriate for beginning language learner.
- With regard to *Other Subject Areas,* ***¡Anda! Curso intermedio*** diligently incorporates **Connections** to other disciplines via vocabulary, discussion topics, and suggested

xvi

activities. This edition also highlights a **Communities** section, which includes experiential and service learning activities in the Student Activities Manual.

- Finally, *Technology* is taken to an entirely new level with **MySpanishLab** and the *Laberinto peligroso* DVD. The authors and Pearson Education believe that technology is a means to the end, not the end in and of itself, and so the focus is not on the technology *per se*, but on how that technology can deliver great content in better, more efficient, more interactive, and more meaningful ways.

By embracing the *National Foreign Language Standards* and as a result of decades of experience teaching Spanish, the authors believe that:

- A **student-centered classroom** is the best learning environment.
- Instruction must **begin where the learner is**, and all students come to the learning experience with prior knowledge that needs to be tapped.
- All students can learn in a **supportive environment** where they are encouraged to take risks when learning another language.
- **Critical thinking** is an important skill that must constantly be encouraged, practiced, and nurtured.
- **Learners** need to **make connections** with other disciplines in the Spanish classroom.

With these beliefs in mind, the authors have developed hundreds of creative and meaningful language-learning activities for the text and supporting components that employ students' imagination and engage the senses. For both students and instructors, they have created an instructional program that is **manageable, motivating,** and **clear.**

The complete program

¡Anda! Curso intermedio is a complete teaching and learning program that includes a variety of resources for students and instructors, including an innovative offering of online resources.

For the student

Text

The *¡Anda! Curso intermedio* student text is available as a complete version, consisting of two preliminary chapters and twelve regular chapters. Also available is Volume 1, consisting of Preliminary A and Chapters 1 through 6. Other custom options are available to meet the needs of students and their instructors.

Student Activities Manual

The printed Student Activities Manual is available both in a complete version and in a separate volume corresponding to Volume 1 of the student text. The contents of the Student Activities Manual are also available online.

Answer Key to Accompany Student Activities Manual

An Answer Key to the Student Activities Manual is available separately, giving instructors the option of allowing students to check their own homework. The Answer Key includes answers to all Student Activities Manual activities.

xvii

Letras Supplemental Literary Reader

Letras is a supplemental literary reader with selections corresponding to the chapter themes. This reader covers different genres, authors, and styles. Pre-, during and post-activities accompany the selections.

Workbooklet

Also available is a Workbooklet that allows students to complete writing activities without having to write in their copies of the textbook.

Audio CDs to Accompany Text

A set of audio CDs contains recordings of the vocabulary, the *Escucha* section recordings, and recordings for the *Lectura* section of each episode of *Laberinto peligroso*. Also recorded are the *Notas culturales*, *Perfiles*, and *Vistazo cultural* sections. Finally, the set also contains audio material for the listening activities in the *¡Conversemos!* section of the student text. These recordings are also available online.

Audio CDs to Accompany Student Activities Manual

A second set of audio CDs contains audio material for the listening activities in the *Student Activities Manual.* These recordings are also available online.

Video on DVD

The entire *Laberinto peligroso* video is available on DVD. Also available is the award-winning *Vistas culturales* video, which contains nineteen 10-minute vignettes with footage from every Spanish-speaking country. Each of the accompanying narrations, which employ vocabulary and grammar designed for Spanish language learners, was written by a native of the featured country or region. All the video materials are also available online.

For the instructor

Annotated Instructor's Edition

The *Annotated Instructor's Edition* offers a wealth of materials designed to help instructors teach effectively and efficiently.

- Strategically placed annotations explain the text's methodology and function as a built-in course in language teaching methods.
- Estimated time indicators for presentational materials and practice activities help instructors create lesson plans.
- Other annotations provide additional information, activities, and suggested answers.
- The annotations are color-coded and labelled for ready reference and ease of use.

Instructor's Resource Manual

The Instructor's Resource Manual contains complete lesson plans for all chapters as well as helpful suggestions for new instructors and those who are unfamiliar with the U.S. educational system. It also provides videoscripts for all episodes of the *Laberinto peligroso* video, and audioscripts for listening activities in the Student Activities Manual. The Instructor's Resource Manual is available to instructors online at the ***¡Anda! Curso intermedio*** Instructor Resource Center.

xviii

Testing Program
The Testing Program is closely coordinated with the vocabulary, grammar, culture, and skills material presented in the student text. For each chapter of the text, a bank of testing activities is provided in modular form; instructors can select and combine modules to create customized tests tailored to the needs of their own classes. Two complete, ready-to-use tests are also provided for each chapter. The tests and testing modules are available to instructors online at the ***¡Anda! Curso intermedio*** Instructor Resource Center.

Testing Audio CDs
A special set of audio CDs, available to instructors only, contains recordings corresponding to the listening comprehension portions of the Testing Program.

Extra Activities
Supplemental in-class activities corresponding to the themes, grammar, and vocabulary taught in each chapter are available online for instructors to use with their class.

Grammar PowerPoints
Each grammar point of ***¡Anda! Curso intermedio*** is accompanied by a PowerPoint grammar presentation for use in or out of class.

Instructor Resource Center
Several of the supplements listed above—the Instructor's Resource Manual, the Testing Program, Extra Activities, and the Workbooklet—are available for download at the access-protected ***¡Anda! Curso intermedio*** Instructor Resource Center (www.pearsonhighered.com). An access code will be provided at no charge to instructors once their faculty status has been verified.

Online resources

MySpanishLab
MySpanishLab is an innovative, nationally hosted online learning system created specifically for students in college-level language courses. It brings together—in one convenient, easily navigable site—a wide array of language-learning tools and resources, including an interactive version of the ***¡Anda! Curso intermedio*** Student Activities Manual, an electronic version of the ***¡Anda! Curso intermedio*** student text, and all materials from the ***¡Anda! Curso intermedio*** audio and video programs. Readiness checks, chapter tests, and tutorials personalize instruction to meet the unique needs of individual students. Instructors can use the system to make assignments, set grading parameters, listen to student-created audio recordings, and provide feedback on student work. Instructor access is provided at no charge. Students can purchase access codes online or at their local bookstores.

Companion Website
The open-access Companion Website includes an array of activities and resources designed to reinforce the vocabulary, grammar, and cultural material introduced in each chapter. It also provides audio recordings for the student text and Student Activities Manual, links for Internet-based activities in the student text, and additional web exploration activities for each chapter. All contents of the Companion Website are also included in MySpanishLab.

xix

The Authors

Audrey Heining-Boynton

Audrey Heining-Boynton received her Ph.D. from Michigan State University and her M.A. from The Ohio State University. Her career spans K-12 through graduate school teaching, most recently as Professor of Education and Spanish at The University of North Carolina at Chapel Hill. She has won many teaching awards, including the prestigious ACTFL Anthony Papalia Award for Excellence in Teacher Education, the Foreign Language Association of North Carolina (FLANC) Teacher of the Year Award, and the UNC ACCESS Award for Excellence in Working with LD and ADHD students. Dr. Heining-Boynton is a frequent presenter at national and international conferences, has published more than one hundred articles, curricula, textbooks, and manuals, and has won nearly $4 million in grants to help create language programs in North and South Carolina. Dr. Heining-Boynton has also held many important positions: President of the American Council on the Teaching of Foreign Languages (ACTFL), President of the National Network for Early Language Learning, Vice President of Michigan Foreign Language Association, board member of the Foreign Language Association of North Carolina, committee chair for Foreign Language in the Elementary School for the American Association of Teachers of Spanish and Portuguese, and elected Executive Council member of ACTFL. She is also an appointed two-term *Foreign Language Annals* Editorial Board member and guest editor of the publication.

Jean LeLoup

Jean LeLoup is Professor Emerita of Spanish at the State University of New York (SUNY) College at Cortland. She holds a Ph.D. in Foreign Language Education and an M.A. in Spanish Literature from The Ohio State University, as well as an M.S.Ed. in Counseling from the University of Missouri–St. Louis. For many years, she taught Spanish and was a guidance counselor at the secondary level in the St. Louis, Missouri, area. Dr. LeLoup is the co-founder/moderator of the Foreign Language Teaching Forum (FLTEACH) listserv, and presents and publishes on the integration of culture and the use of technology in foreign language instruction. Dr. LeLoup has won many professional awards, including the ACTFL/FDP-Houghton Mifflin Award for Excellence in Foreign Language Instruction Using Technology with IALL, the SUNY Chancellor's Awards for Excellence in Teaching and for Faculty Service, and several awards from the New York State Association of Foreign Language Teachers for outstanding publications and service to the profession. She has been a Fulbright Fellow and has also been program director of two grants from the National Endowment for the Humanities. She presently teaches Spanish at the United States Air Force Academy (USAFA), where she was named Outstanding Academy Educator in 2010 and received the 2011 USAFA Award for Innovative Excellence in Teaching, Learning, and Technology.

Glynis Cowell

Glynis Cowell is the Director of the Spanish Language Program in the Department of Romance Languages and Literatures and an Assistant Dean in the Academic Advising Program at The University of North Carolina at Chapel Hill. She has taught first-year seminars, honors courses, and numerous face-to-face and hybrid Spanish language courses. She also team-teaches a graduate course on the theories and techniques of teaching foreign languages. Dr. Cowell received her M.A. in Spanish Literature and her Ph.D. in Curriculum and Instruction, with a concentration in Foreign Language Education, from The University of North Carolina at Chapel Hill. Prior to joining the faculty at UNC-CH in August 1994, she coordinated the Spanish Language Program in the Department of Romance Studies at Duke University. She has also taught Spanish at both the high school and community college levels. At UNC-CH she has received the Students' Award for Excellence in Undergraduate Teaching as well as the Graduate Student Mentor Award for the Department of Romance Languages and Literatures.

Dr. Cowell has directed teacher workshops on Spanish language and cultures and has presented papers and written articles on the teaching of language and literature, the transition to blended and online courses in language teaching, and teaching across the curriculum. She is the co-author of two other college textbooks.

xx

Faculty Reviewers

Silvia P. Albanese, *Nassau Community College*
Ángeles Aller, *Whitworth University*
Nuria Alonso García, *Providence College*
Carlos Amaya, *Eastern Illinois University*
Tyler Anderson, *Colorado Mesa University*
Aleta Anderson, *Grand Rapids Community College*
Ines Anido, *Houston Baptist University*
Inés Arribas, *Bryn Mawr College*
Tim Altanero, *Austin Community College*
Bárbara Ávila-Shah, *University at Buffalo*
Ann Baker, *University of Evansville*
Ashlee Balena, *University of North Carolina–Wilmington*
Amy R. Barber, *Grove City College*
Mark Bates, *Simpson College*
Charla Bennaji, *New College of Florida*
Georgia Betcher, *Fayetteville Technical Community College*
Christine Blackshaw, *Mount Saint Mary's University*
Marie Blair, *University of Nebraska*
Kristy Britt, *University of South Alabama*
Isabel Zakrzewski Brown, *University of South Alabama*
Eduardo Cabrera, *Millikin University*
Majel Campbell, *Pikes Peak Community College*
Paul Cankar, *Austin Community College*
Monica Cantero, *Drew University*
Aurora Castillo, *Georgia College and State University*
Tulio Cedillo, *Lynchburg College*
Kerry Chermel, *Northern Illinois University*
Carrie Clay, *Anderson University*
Alyce Cook, *Columbus State University*
Jorge H. Cubillos, *University of Delaware*
Shay Culbertson, *Jefferson State Community College*
Cathleen G. Cuppett, *Coker College*
Addison Dalton, *Virginia Tech*
John B. Davis, *Indiana University, South Bend*
Laura Dennis, *University of the Cumberlands*
Lisa DeWaard, *Clemson University*
Sister Carmen Marie Diaz, *Silver Lake College of the Holy Family*
Joanna Dieckman, *Belhaven University*
Donna Donnelly, *Ohio Wesleyan University*
Kim Dorsey, *Howard College*
Mark A. Dowell, *Randolph Community College*
Dina A. Fabery, *University of Central Florida*
Jenny Faile, *University of South Alabama*
Juliet Falce-Robinson, *University of California, Los Angeles*
Mary Fatora-Tumbaga, *Kauai Community College*
Ronna Feit, *Nassau Community College*
Irene Fernandez, *North Shore Community College*
Erin Fernández Mommer, *Green River Community College*
Rocío Fuentes, *Clark University*
Judith Garcia-Quismondo, *Seton Hill University*
Elaine Gerber, *University of Michigan at Dearborn*
Andrea Giddens, *Salt Lake Community College*
Amy Ginck, *Messiah College*
Kenneth Gordon, *Winthrop University*
Agnieszka Gutthy, *Southeastern Louisiana University*
Shannon Hahn, *Durham Technical Community College*
Nancy Hanway, *Gustavus Adolphus College*
Sarah Harmon, *Cañada College*
Marilyn Harper, *Pellissippi State Community College*
Mark Harpring, *University of Puget Sound*
Dan Hickman, *Maryville College*
Amarilis Hidalgo de Jesus, *Bloomsburg University*
Charles Holloway, *University of Louisiana Monroe*
Anneliese Horst Foerster, *Queens University of Charlotte*
Laura Hortal, *Forsyth Technical Community College*
John Incledon, *Albright College*
William Jensen, *Snow College*
Qiu Y. Jimenez, *Bakersfield College*
Roberto Jiménez, *Western Kentucky University (Glasgow Regional Center)*
Valerie Job, *South Plains College*
Michael Jones, *Schenectady County Community College*
Dallas Jurisevic, *Metropolitan Community College*
Hilda M. Kachmar, *St. Catherine University*
Amos Kasperek, *University of Oklahoma*
Melissa Katz, *Albright College*
Lydia Gil Keff, *University of Denver*
Mary Kindberg, *Wingate University*
Nieves Knapp, *Brigham Young University*
Melissa Knosp, *Johnson C. Smith University*
Pedro Koo, *Missouri State University*
Allison D. Krogstad, *Central College*
Courtney Lanute, *Edison State College*
Rafael Lara-Martinez, *New Mexico Institute of Mining and Technology*
John Lance Lee, *Durham Technical Community College*
Roxana Levin, *St. Petersburg College: Tarpon Springs Campus*
Penny Lovett, *Wake Technical Community College*
Paula Luteran, *Hutchinson Community College*
Katie MacLean, *Kalamazoo College*
Eder F. Maestre, *Western Kentucky University*
William Maisch, *University of North Carolina, Chapel Hill*
H.J. Manzari, *Washington and Jefferson College*

xxi

Lynne Flora Margolies, *Manchester College*
Anne Mattrella, *Naugatuck Valley Community College*
Maria R. Matz, *University of Massachusetts, Lowell*
Sandra Delgado Merrill, *University of Central Missouri*
Lisa Mershcel, *Duke University*
Geoff Mitchell, *Maryville College*
Charles H Molano, *Lehigh Carbon Community College*
Javier Morin, *Del Mar College*
Noemi Esther Morriberon, *Chicago State University*
Gustavo Obeso, *Western Kentucky University*
Elizabeth Olvera, *University of Texas at San Antonio*
Michelle Orecchio, *University of Michigan*
Martha T. Oregel, *University of San Diego*
Cristina Pardo-Ballister, *Iowa State University*
Edward Anthony Pasko, *Purdue University, Calumet*
Joyce Pauley, *Moberly Area Community College*
Gilberto A. Pérez, *Cal Baptist University Western Kentucky*
Inma Pertusa, *Western Kentucky University*
Beth Pollack, *New Mexico State University*
Silvia T. Pulido, *Brevard Community College*
JoAnne B. Pumariega, *Pennsylvania State Berks*
Lynn C. Purkey, *University of Tennessee at Chattanooga*
Aida Ramos-Sellman, *Goucher College*
Alice S. Reyes, *Marywood University*
Rita Ricaurte, *Nebraska Wesleyan University*
Geoffrey Ridley Barlow, *Purdue University, Calumet*
Daniel Robins, *Cabrillo College*
Sharon D. Robinson, *Lynchburg College*
Ibis Rodriguez, *Metropolitan University, SUAGM*
David Diego Rodríguez, *University of Illinois, Chicago*
Mileta Roe, *Bard College at Simon's Rock*
Donna Boston Ross, *Catawba Valley Community College*
Marc Roth, *St. John's University*
Kristin Routt, *Eastern Illinois University*
Christian Rubio, *University of Louisiana at Monroe*
Claudia Sahagún, *Broward College*
Adán Salinas, *Southwestern Illinois College*
Ruth Sánchez Imizcoz, *The University of the South*
Love Sánchez-Suárez, *York Technical College*
Gabriela Segal, *Arcadia University*
Diana Semmes, *University of Mississippi*
Michele Shaul, *Queens University of Charlotte*
Steve Sheppard, *University of North Texas, Denton*
Roger K. Simpson, *Clemson University*
Carter Smith, *University of Wisconsin–Eau Claire*
Nancy Smith, *Allegheny College*
Ruth Smith, *University of Louisiana at Monroe*
Margaret L. Snyder, *Moravian College*
Clara Sotelo, *University of Florida*
Wayne Steely, *Saint Joseph's College*
Irena Stefanova, *Santa Clara University*
Benay Stein, *Northwestern University*
Gwen H. Stickney, *North Dakota State University*
Belkis Suárez, *Mount Mercy University*
Erika M. Sutherland, *Muhlenberg College*
Carla A. Swygert, *University of South Carolina*
Sarah Tahtinen-Pacheco, *Bethel University*
Luz Consuelo Triana-Echeverria, *St. Cloud State University*
Cynthia Trocchio, *Kent State University*
Elaini Tsoukatos, *Mount St. Mary's University*
Robert Turner, *Shorter University*
Ivelisse Urbán, *Tarleton State University*
Maria Vallieres, *Villanova University*
Sharon Van Houte, *Lorain County Community College*
Yertty VanderMolen, *Luther College*
Kristi Velleman, *American University*
Gayle Vierma, *University of Southern California*
Phoebe Vitharana, *Le Moyne College*
Richard L.W. Wallace, *Crowder College*
Martha L. Wallen, *University of Wisconsin–Stout*
Mary H. West, *Des Moines Area Community College*
Michelangelo Zapata, *Western Kentucky University*
Theresa Zmurkewycz, *Saint Joseph's University*

Faculty Focus Groups

Stephanie Aaron, *University of Central Florida*
María J. Barbosa, *University of Central Florida*
Ileana Bougeois-Serrano, *Valencia Community College*
Samira Chater, *Valencia Community College*
Natalie Cifuentes, *Valencia Community College*
Ana Ma. Diaz, *University of Florida*
Aida E. Diaz, *Valencia Community College*
Dina A. Fabery, *University of Central Florida*
Ana J. Caldero Figueroa, *Valencia Community College*
Pilar Florenz, *University of Central Florida*
Stephanie Gates, *University of Florida*
Antonio Gil, *University of Florida*
José I. González, *University of Central Florida*
Victor Jordan, *University of Florida*
Alice A. Korosy, *University of Central Florida*
Joseph Menig, *Valencia Community College*
Odyscea Moghimi-Kon, *University of Florida*
Kathryn Dwyer Navajas, *University of Florida*
Julie Pomerleau, *University of Central Florida*
Anne Prucha, *University of Central Florida*
Lester E. Sandres Rápalo, *Valencia Community College*
Arcadio Rivera, *University of Central Florida*
Elizabeth Z. Solis, *University of Central Florida*
Dania Varela, *University of Central Florida*
Helena Veenstra, *Valencia Community College*
Hilaurmé Velez-Soto, *University of Central Florida*
Roberto E. Weiss, *University of Florida*
Robert Williams, *University of Central Florida*
Sara Zahler, *University of Florida*

xxii

Acknowledgments

The second edition of ***¡Anda! Curso intermedio*** is the result of careful planning between ourselves and our publisher and ongoing collaboration with students and you, our colleagues. We look forward to continuing this dialogue and sincerely appreciate your input. We owe special thanks to the many members of the Spanish-teaching community whose comments and suggestions helped shape the pages of every chapter—you will see yourselves everywhere. We gratefully acknowledge the reviewers for this second edition, and we thank in particular our ***¡Anda!*** *Advisory Board* for their invaluable support, input, and feedback. The Board members are:

- Megan Echevarría, *University of Rhode Island*
- Luz Font, *Florida State College at Jacksonville*
- Yolanda Gonzalez, *Valenica College*
- Linda Keown, *University of Missouri*
- Jeff Longwell, *New Mexico State University*
- Gillian Lord, *University of Florida*
- Dawn Meissner, *Anne Arundel Community College*
- María Monica Montalvo, *University of Central Florida*
- Markus Muller, *Long Beach State University*
- Joan Turner, *University of Arkansas–Fayetteville*
- Donny Vigil, *University of North Texas, Denton*
- Iñigo Yanguas, *San Diego State University*

Special thanks go to Esther Castro for her important input and support. We are also grateful to those who have collaborated with us in the writing of ***¡Anda!***

We owe many thanks to Megan Echevarría for her superb work on the Student Activities Manual and *Letras*. We also owe great thanks to Donny Vigil for his authoring of the Testing Program as well as Anastacia Kohl for her important testing program authoring contributions.

Equally important are the contributions of the highly talented individuals at Pearson Education. We wish to express our gratitude and deep appreciation to the many people at Pearson who contributed their ideas, tireless efforts, and publishing experience to this second edition of ***¡Anda! Curso intermedio.*** First, we thank Phil Miller, Publisher, and Julia Caballero, Executive Editor, whose support and guidance have been essential. We are indebted to Janet García-Levitas, Development Editor, for all of her hard work, suggestions, attention to detail, and dedication to the programs. We have also been fortunate to have Celia Meana, Development Coordinator, bring her special talents to the project, helping to create the outstanding final product. We would also like to thank Bob Hemmer and Samantha Alducin for all of the hard work on the integration of technology for the ***¡Anda!*** program with MySpanishLab.

Our thanks to Meriel Martínez, Development Editor, for her efficient and meticulous work in managing the preparation of the Student Activities Manual and the Testing Program. Thanks to Samantha Pritchard and Jessica Finaldi, Editorial Assistants, for attending to many administrative details.

Our thanks also go to Denise Miller, Senior Marketing Manager, for her strong support of ***¡Anda!***, creating and coordinating all marketing and promotion for this second edition. Many thanks are also due to Nancy Stevenson, Senior Production Editor, who guided ***¡Anda!*** through the many stages of production, and to our Art Manager, Gail Cocker. We continue to be indebted to Andrew Lange for the amazing illustrations that translate our vision.

We would like to sincerely thank Mary Rottino, Senior Managing Editor, for her unwavering support and commitment to ***¡Anda!*** and Janice Stangel, Associate Managing Editor, for her support and commitment to the success of ***¡Anda!*** We also thank our colleagues and students from across the country who inspire us and from whom we learn.

And finally, our love and deepest appreciation to our families for all of their support during this journey: David; Jeffrey; John, Jack, Kate, and Papa Paul.

Audrey L. Heining-Boynton

Jean W. LeLoup

Glynis S. Cowell

xxiii

Instructor Resources
- IRM: Syllabi and Lesson Plans

NATIONAL STANDARDS

COMUNICACIÓN
- To identify masculine and feminine nouns (Communication)
- To use singular and plural nouns (Communication)
- To convey *the, a, one,* and *some* (Communication)
- To supply details about people, places, and things (Communication)
- To state possession (Communication)
- To relate daily activities (Communication)
- To express actions (Communication)
- To communicate accomplishments (Communication)
- To relate daily routines (Communication)
- To describe states of being, characteristics, and location (Communication)
- To convey likes and dislikes (Communication, Comparisons)
- To engage in additional communication practice (Communication)

CULTURA
- To give at least two reasons why it is important to study and be able to communicate in Spanish (Cultures, Comparisons, Communities)
- To name numerous Spanish speakers (Cultures, Comparisons)
- To document the influence of Spanish in the United States (Cultures, Comparisons, Communities)
- To explore further the chapter's cultural themes (Cultures)

COMUNIDADES
- To use Spanish in real-life contexts (Communities)

PRELIMINAR

A

Para empezar

You are about to continue your exciting journey of acquiring the Spanish language and learning more about Hispanic cultures. Learning a language is a skill much like learning to ski or to play a musical instrument. Developing these skills takes practice and commitment.

Learning another language involves many steps and considerations. Research indicates that successful language learners are willing to take risks and experiment with the language. To acquire a high level of Spanish proficiency, you need to keep trying and to risk making mistakes, knowing that practice will garner results.

Why are **you** studying Spanish? Many of you realize the importance of being able to communicate in languages in addition to English. ***¡Anda! Curso intermedio*** will guide you through a review of basic concepts and provide you with the additional key essentials for becoming a successful Spanish language learner. Our goal is the same as yours: to prepare you to use and to enjoy Spanish throughout your adulthood in your professional and personal lives.

PREGUNTAS

1 How might Spanish play a role in your future?

2 What are your goals for this course?

3 What do you need to do to realize your goals?

INTRODUCTION to *Chapter opener*

Each chapter has a two-page Chapter opener. These pages help to orient your students regarding the content of the chapter and access any prior knowledge they may have of the theme. The intention is for the instructor to spend no more than 5 to 7 minutes on these openers.

SECTION GOALS for *Chapter opener*

By the end of the Chapter opener section, students will be able to:
- establish short-term and long-term language-learning goals.
- explain the relevance and importance of being able to communicate with others in Spanish.
- brainstorm how knowledge of Spanish will benefit them in the future.

NATIONAL STANDARDS
Chapter opener

The Chapter opener section for *Capítulo Preliminar A* gets students thinking about the possibility of using Spanish in their future careers and in their personal lives. As they progress through language learning, many of the 5 Cs will be applicable to them. This section in particular opens them up to using their Spanish to communicate with people of other cultures, with the goal of participating in communities of Spanish speakers. They learn to connect what they learn in Spanish class to their other studies and they learn to make comparisons between their native language and Spanish. It is the intention that with more language study, they can meet the accompanying standards under each of the five goal areas.

OBJETIVOS		CONTENIDOS	
COMUNICACIÓN			
To identify masculine and feminine nouns	1	Masculine and feminine nouns	4
To use singular and plural nouns	2	Singular and plural nouns	5
To convey *the, a, one,* and *some*	3	Definite and indefinite articles	6
To supply details about people, places, and things	4	Descriptive adjectives	7
To state possession	5	Possessive adjectives	11
To relate daily activities	6	Present tense of regular verbs	13
To express actions	7	Some irregular verbs	14
To communicate accomplishments	8	Stem-changing verbs	19
To relate daily routines	9	Reflexive constructions	22
To describe states of being, characteristics, and location	10	A review of **ser** and **estar**	26
To convey likes and dislikes	11	The verb **gustar**	29
To engage in additional communication practice		**Heritage Language**	SAM
CULTURA			
To give at least two reasons why it is important to study and be able to communicate in Spanish		**NOTAS CULTURALES** El español: lengua de millones	10
To name numerous Spanish speakers		**PERFILES** ¿Quién habla español?	18
To document the influence of Spanish in the United States		**NOTAS CULTURALES** La influencia del español en los Estados Unidos	30
To explore further the chapter's cultural themes		**MÁS CULTURA**	SAM
COMUNIDADES			
To use Spanish in real-life contexts		**Experiential Learning:** Materiales para la universidad	SAM
		Service Learning: Apoyo educativo	SAM

METHODOLOGY • The First Day of Class
The first day of any class is very important because it sets the tone for the rest of the term. What follows are a few tips for a successful first day of class.

1. Hand out a detailed syllabus and/or post it on the web. This provides students with a concrete list of your expectations for the course.
2. Go over the syllabus in detail and walk students through the *¡Anda! Curso intermedio* text and ancillaries.
3. Leave time at the end of class to begin the first activities of this chapter orally so that students leave class having spoken and practiced Spanish. It is a guaranteed way to excite students about learning and to motivate them!
4. Learn students' names as soon as possible. If you have large classes, you may wish to use one or more of these techniques: Create a seating chart on day one, have students make name cards (by folding index cards in half) to place on their desks, or even take digital pictures of your class and label the photos with your students' names.

HERITAGE LANGUAGE LEARNERS
Heritage language learners can discuss the reasons for taking the course to see whether their goals for studying the language formally are similar to or different from those of the non-heritage learners.

INTRODUCTION to *Objetivos*
The chapter objectives are an organizational tool for you and your students. They allow you to see the main points of the chapter at a glance. Encourage your students to preview the chapter by reading the objectives and to use the objectives from each chapter when they prepare for tests.

METHODOLOGY • Reasons for *Capítulo Preliminar A*
This preliminary chapter is intentionally short. It is meant to jump-start your semester. This semester is noted for the wide array of learners it attracts. For example, some of your students may be coming directly from *¡Anda! Curso elemental,* some from another college or university, others directly from high school, and still others may have postponed this course, with a number of intervening years since they last studied Spanish. Most should be extremely familiar with the review material in *Capítulo Preliminar A.* The amount of time you spend on this chapter will depend on the makeup of your class; we suggest approximately three days.

THE NATIONAL STANDARDS
Standards for Foreign Language Learning in the 21st Century
¡Anda! is committed to and based on the *Standards for Foreign Language Learning in the 21st Century.**

These national foreign language standards are sometimes referred to as the 5 Cs. The 5 Cs represent five goal areas: Communication, Cultures, Connections, Comparisons, and Communities. The beginning of each chapter will highlight how the standards underlying each of the 5 Cs will be addressed in that chapter. In particular, the standards and goals are taken from the *Standards for Learning Spanish.* For ease throughout the rest of *¡Anda! Curso intermedio* we will refer to the standards as *The National Standards.*

METHODOLOGY • Planning Ahead
We recommend assigning *all* culture sections to be read in advance. We also recommend assigning students to read *all* the grammar explanations before class as they are written in a very clear, concise fashion. The instructor's role then becomes that of clarifying or reviewing any points that the students read in advance.

NOTE for *Chapter opener*
You may wish to have students research web sites for Spanish speakers and their careers. Also you may assign that they consult web sites that will give them ideas of job possibilities in which they would use Spanish.

* *Standards for Foreign Language Learning in the 21st century.* (2006). Lawrence, KS: Allen Press, Inc.

Comunicación

Estrategia

Each of you comes to this course with a variety of different Spanish learning experiences. This preliminary chapter is designed to provide you with a quick review of a few basic Spanish grammar concepts. If you need additional practice, go to MySpanishLab.

3:00

REPASO

¡Hola! Spanish Tutorial

A-01 to A-02

1. El masculino y el femenino
Identifying masculine and feminine nouns

You will remember that in Spanish, all nouns (people, places, things, and ideas) have gender; they are either **masculine** or **feminine.** Review the following rules, and remember that if a noun does not belong to any of the following categories, you must memorize the gender as you learn that noun.

El abuelo y las tías

1. Most words ending in **-a** are feminine.

   la palabra, la computadora, la casa, la pintura

   *Some exceptions: **el día, el mapa,** and words of Greek origin ending in **-ma** such as **el problema, el programa,** and **el drama**

2. Most words ending in **-o** are masculine.

   el libro, el número, el párrafo, el hermano

   *Some exceptions: **la foto** (*photo*), **la mano** (*hand*), **la moto** (*motorcycle*)

Fíjate

La foto and *la moto* are shortened forms for *la fotografía* and *la motocicleta.*

3. Words ending in **-ción** (equivalent to the English *-tion*) and **-sión** (equivalent to the English *-sion*) are feminine.

   la televisión, la discusión, la información, la lección

4. Words ending in **-dad** or **-tad** (equivalent to the English *-ty*) are feminine.

   la ciudad, la libertad, la universidad, la comunidad

2:00

A-1 ¿Recuerdas? Túrnense para indicar si las siguientes palabras son masculinas **(M)** o femeninas **(F).** **¡OJO!** Hay algunas excepciones. Túrnense (*Take turns*). ■

Fíjate

Words that look alike and have the same meanings in both English and Spanish, such as *la identidad* and *el diccionario*, are known as *cognates*. Use cognates to help you decipher meaning and to form words.

1. F recepción
2. M drama
3. F identidad
4. M año
5. F manzana
6. M diccionario
7. F tía
8. M brazo
9. F mano
10. M sistema
11. F nacionalidad
12. M avión
13. M bolso
14. F blusa
15. F senadora

Estrategia

Make educated guesses about the meanings of unknown words, and you will be a more successful Spanish learner!

Instructor Resources
- PPT, Extra Activities

INTRODUCTION to *Comunicación*

The *Comunicación* section is designed to foster interaction and communication using the target language. Each *Comunicación* section will include objectives that identify what a student will be able to do by the end of the section. Communication is a multi-faceted process. Three communicative modes are highlighted in the National Standards: the interpersonal mode, the interpretive mode, and the presentational mode. The Communication Goal of the *Standards for Learning Spanish* (*Communicate in Spanish*) has three corresponding standards, and each standard corresponds to a communicative mode. Standard 1.1 (the interpersonal mode) states that "Students engage in conversations, provide and obtain information, express feelings and emotions, and exchange opinions." Standard 1.2 (the interpretive mode) states that "Students understand and interpret written Spanish on a variety of topics." Standard 1.3 (the presentational mode) states that "Students present information, concepts, and ideas in Spanish to an audience of listeners or readers on a variety of topics." *¡Anda! Curso intermedio* provides communicative activities that use each mode.

METHODOLOGY • Timing Activities

We have provided suggested amounts of time for you to devote to each activity. These time estimates include: pairing up students, giving your students time to read the directions with their partners, performing the activity, and a brief follow-up. The follow-up should only include a spot check of some pairs and only some of the items. It is not appropriate to redo all of the activities that students have completed with partners. Explain to students that they need to help each other and to self-correct within their small groups.

METHODOLOGY • Reviewing Beginning Grammar

The authors of *¡Anda! Curso elemental* and *¡Anda! Curso intermedio* believe, based on decades of experience and research, that the initial presentation of grammar rules needs to be basic. As *¡Anda! Curso intermedio* progresses, more of the fine points of Spanish grammar will be introduced. Also, please be reminded that review grammar boxes, such as the ones in this chapter, are just that—review. The concepts will be presented more in detail at a future point of need. In *¡Anda! Curso intermedio,* the philosophy is to present the basics of what students will need, not all the exceptions. Hence, these review grammar presentations deal with the basics.

METHODOLOGY • Presenting Grammar

We suggest assigning all grammar presentations to be read by your students before they come to class. The presentations have been written clearly so that the students can read them on their own. This helps reinforce the notion of accountability on the part of the students. In addition, in this preliminary chapter, all of these grammar topics should be review, and the students should have some knowledge—if not mastery—of each topic.

METHODOLOGY • Deductive and Inductive Grammar Presentations

In *¡Anda! Curso intermedio,* both *deductive* and *inductive* grammar presentations are used. A deductive presentation, like the review presentation of *El masculino y el femenino,* gives students the rule and then moves directly into practice. With an inductive presentation, students are given examples of a grammar point and—via guided questions—are asked to formulate the rule. Both are effective, and both will be used throughout the text.

1:00

REPASO

¡Hola! Spanish/English Tutorials

A-03 to A-05

2. El singular y el plural Using singular and plural nouns

Raúl tiene dos primas y Jorge tiene una prima.

Review the following simple rules to pluralize singular nouns and adjectives in Spanish.

1. If the word ends in a vowel, add **-s.**

   casa → casas año → años pie → pies

2. If the word ends in a consonant, add **-es.**

   usted → ustedes lección → lecciones joven → jóvenes

3. If the word ends in **-z,** change the **z** to **c** and add **-es.**

   lápiz → lápices feliz → felices

Fíjate

Remember that in Spanish, written accents on vowels are used to distinguish word meaning or when a word is "breaking" a pronunciation rule. Words ending in vowels or in the consonants *n* or *s* are stressed on the next-to-the-last syllable, and all the rest are stressed on the last syllable. Any words not following these rules need written accent marks. For example, words ending in *-sión* and *-ción* need the accent mark to enforce the stress on the last syllable, but these words lose their accent marks in the plural because they no longer "break" the pronunciation rule. The same reasoning applies to *joven* → *jóvenes* but in reverse.

1:00

A-2 Les toca a ustedes

Túrnense para indicar las formas plurales de las siguientes palabras. ■

1. el día los días
2. la semana las semanas
3. el joven los jóvenes
4. la discusión las discusiones
5. la computadora las computadoras
6. la mesa las mesas
7. la profesora las profesoras
8. la puerta las puertas
9. la televisión las televisiones
10. el gobernador los gobernadores
11. el abuelo los abuelos
12. el lápiz los lápices
13. la ciudad las ciudades
14. el autobús los autobuses
15. la calle las calles
16. el programa los programas

ADDITIONAL ACTIVITY for *El singular y el plural*

Ask students to change the following sentences from singular to plural and plural to singular. Have them keep in mind that verbs have to agree in number with the nouns.

1. El libro es del estudiante.
2. La niña va a la clase.
3. Las computadoras están compradas.
4. Los relojes son caros.

Answers: 1. Los libros son de los estudiantes. 2. Las niñas van a las clases. 3. La computadora está comprada. 4. El reloj es caro.

Instructor Resources

• PPT, Extra Activities

NOTE for *El masculino y el femenino*

You may wish to tell your students that a singular feminine noun beginning with a stressed *a* sound requires a masculine article: *el hambre, el alma, el agua, el águila,* etc. A word beginning with the unstressed *a* takes a feminine article: *la alfombra, la habilidad,* etc. In the plural, all of these words take the feminine article: *las almas, las águilas, las alfombras,* etc.

NOTE for *El masculino y el femenino*

You may wish to let your students know about other masculine nouns ending in *a,* such as *el sofá* and some words ending in *-ta* such as *el planeta* and *el cometa.*

HERITAGE LANGUAGE LEARNERS

Ask heritage language learners to translate a paragraph from a newspaper to practice the uses of definite or indefinite articles with nouns.

HERITAGE LANGUAGE LEARNERS

You may wish to explain the difference in meaning when the same noun uses different articles, e.g.:

el radio (the set) vs. *la radio* (the medium)

el policía (the agent) vs. *la policía* (the force)

HERITAGE LANGUAGE LEARNERS

Some heritage language learners tend to drop the final *-s* when speaking and many times omit the *-s* when writing. You may wish to make this a focus of their attention when writing and speaking in Spanish.

METHODOLOGY • Methodology Notes

¡Anda! Curso intermedio is used by a wide array of instructors. These methodology notes are meant to guide new instructors and/or create a mini-methods course and review for those who have taught for many years. If an annotation seems too basic for your needs, please skip the note, but remember that there are instructors—perhaps not at your institution but elsewhere across the country—who will benefit from the information.

Instructor Resources
- PPT, Extra Activities

HERITAGE LANGUAGE LEARNERS
With regard to definite and indefinite articles, both in Spanish and in English, you may wish to have your heritage language learners focus on the following:
- Days of the week are accompanied by the definite article, e.g., *el lunes*, which indicates *one day*, and the corresponding plural form is *los lunes* for repetitive actions.
- To indicate *on* for days of the week, the preposition *en* is not used but rather the definite articles.
- *Hay* does not use definite articles.
- With the English indefinite articles (*a, an*), *an* is used for nouns that begin with the letter *a*: e.g., an airplane. You may wish to compare this to the similar rule in Spanish for feminine nouns beginning with the stressed letter *a*. The article will change to *el* (not *la*) to avoid repeating the sound. E.g.:

  el arte *el agua* *el águila*

METHODOLOGY • Effective Management of Group Activities
To optimize group work, there are specific steps that should be followed:
1. Before beginning an activity, be sure to activate students' schemata (tap into students' prior knowledge and experiences) to prepare them for what they are about to do.
2. Next, give clear directions and model the activity at least once so the assignment is perfectly clear.
3. After modeling, set a time limit for the activity, even if you must adjust it once students are working. This encourages students to get on task immediately and work at a steady pace.
4. Once you have given the time limit, assign groups. It is important that students work with a variety of partners and groups.
5. While students are working together, monitor their work closely. This is a time when students learn both from each other and from you, as you circulate around the room asking and answering questions to keep them on track.
6. End the activity when most students are finished and follow up by calling on a few groups to share their work. Follow-up is important for several reasons: it validates the work students have completed, it provides students an opportunity to report back using different grammatical forms, and it allows you to make corrections.

2:00

REPASO

¡Hola! Spanish/English Tutorials

A-06 to A-08

3. Los artículos definidos e indefinidos
Conveying *the, a, one,* and *some*

Remember that like English, Spanish has two kinds of articles, **definite** and **indefinite.** The **definite article** in English is ***the;*** the **indefinite articles** are ***a, an,*** and ***some.***

- In Spanish, articles and other adjectives mirror the gender (***masculine*** or ***feminine***) and number (***singular*** or ***plural***) of the nouns they accompany. For example, an article referring to a singular masculine noun must also be singular and masculine. Note the forms of the articles in the following charts.

Eduardo tiene una hermana. La hermana de Eduardo se llama Adriana.

Los artículos definidos			
el estudiante	*the student* (male)	**los** estudiantes	*the students* (males/males and females)
la estudiante	*the student* (female)	**las** estudiantes	*the students* (females)

Los artículos indefinidos			
un estudiante	*a/one student* (male)	**unos** estudiantes	*some students* (males/males and females)
una estudiante	*a/one student* (female)	**unas** estudiantes	*some* students (females)

1. ***Definite articles*** are used to refer to **the** person, place, thing, or idea.

   La clase es pequeña este año. *The class is small this year.*

2. ***Indefinite articles*** are used to refer to **a** or **some** person, place, thing, or idea.

   Ella tiene **una** tía chilena y **unos** tíos dominicanos. *She has a Chilean aunt and some Dominican aunts and uncles.*

1:00

A-3 Vamos a practicar Túrnense para añadir el artículo definido **(el/la/los/las)** y el artículo indefinido **(un/una/unos/unas)** a cada una de las siguientes palabras. ■

1. el/un hermano
2. los/unos grupos
3. las/unas fiestas
4. la/una playa
5. el/un queso
6. los/unos cuadernos
7. el/un suéter
8. el/un diente
9. los/unos parques
10. la/una senadora
11. la/una actriz
12. el/un pan
13. las/unas camas
14. la/una aventura
15. los/unos pájaros
16. el/un mapa

21ST CENTURY SKILLS • DEFINITION
The Partnership for 21st Century Skills (P21) is a multidisciplinary project. The group, housed in Washington, D.C., has brought together the key national organizations representing the core academic subjects. The American Council on the Teaching of Foreign Languages (ACTFL) collaborated for a year developing the 21st Century Skills Map. The map, created by hundreds of world language educators, reflects the integration of languages and the necessary skills for a successful 21st century citizen. *¡Anda! Curso intermedio* has integrated this standards-based work throughout. To learn more about the Partnership, please consult http://www.P21.org.

3:00

REPASO

¡Hola! English Tutorial

A-09 to A-11

4. Los adjetivos descriptivos

Supplying details about people, places, and things

alto **alta** **bajo** **baja**

guapo **guapa**

delgado **delgada** **gordo** **gorda**

débil **fuerte**

inteligente

joven **mayor**

pobre **rico** **rica**

You will recall that **descriptive adjectives** are words that describe people, places, things, and ideas. In English, adjectives usually come before the words (nouns) they describe (e.g., **the *red* car**), but in Spanish, they usually follow the words (e.g., **el coche *rojo***).

1. Adjectives in Spanish agree with the nouns they modify in number (*singular* or *plural*) and in gender (*masculine* or *feminine*).

Javier es un **chico** cómic**o**.	*Javier is a funny boy.*
Isabel es una **chica** cómic**a**.	*Isabel is a funny girl.*
Javier e Isabel son unos **chicos** cómic**os**.	*Javier and Isabel are (some) funny children.*

2. A descriptive adjective can also directly follow the verb **ser.** When it does, it still agrees with the noun to which it refers, which is the subject in this case.

Javier es cómic**o**.	*Javier is funny.*
Isabel es cómic**a**.	*Isabel is funny.*
Javier e Isabel son cómic**os**.	*Javier and Isabel are funny.*

Fíjate

When the word *y* comes directly before a word beginning with *i* or *hi*, it changes to *e: padres e hijos.* Likewise, when *o* comes immediately before a word beginning with *o* or *ho* it changes to *u: setenta u ochenta.*

Instructor Resources
- PPT, Extra Activities

METHODOLOGY • Using Grammatical Terminology

Both *¡Anda! Curso elemental* and *¡Anda! Curso intermedio* describe grammar using clear, concise words and refrain as often as possible from using too many grammatical terms. Our philosophy is that if someone is planning on becoming a linguist, teacher, or the like, then grammatical terminology is important. Yet, most of our students will use Spanish in their careers and will not have to use grammatical terms such as *nouns, clauses, subjunctive,* etc. What will be important is whether they can use the concepts successfully in real-life settings. If you feel that the grammar terms are important for your student(s), please use them.

HERITAGE LANGUAGE LEARNERS

Have heritage language learners find pictures of the city or neighborhood of a relative's country of origin and describe the location using different adjectives.

ADDITIONAL ACTIVITY for *Los adjetivos descriptivos*

In pairs have Partner A tell Partner B an adjective. Partner B needs to give the antonym. Then they change roles. For example:

Partner A: *alto*
Partner B: *bajo*
Partner B: *débiles*
Partner A: *fuertes*

SUGGESTION for *Los adjetivos descriptivos*

Brainstorm with students additional descriptive adjectives they have learned in previous Spanish courses and have them organize the words in a semantic map/word web.

INTRODUCTION to *Recycling boxes*

You will see recycling boxes throughout *¡Anda! Curso intermedio.* Some will refer students to material previously learned if they studied with *¡Anda! Curso elemental.* Others will refer to material learned in *¡Anda! Curso intermedio.* Recycling boxes are meant for students to use as a reference, a reinforcement of prior learning, and a scaffolding technique for activities in *¡Anda! Curso intermedio.*

With regard to the references to *¡Anda! Curso elemental,* we realize that your students come from many different programs and may or may not have used *¡Anda! Curso elemental* previously. With that in mind, we have provided the material referenced in the recycling boxes in the Appendices. For example, the recycling box that accompanies **A-4** refers to grammar appearing in *¡Anda! Curso elemental* and also presented in Appendix 3 of *¡Anda! Curso intermedio.*

NATIONAL STANDARDS *Communication*

Communication is the first "C" of the National Standards. Communication encompasses all aspects of interaction, including speaking, listening, reading, and writing. Vocabulary is essential to communicating, and *¡Anda! Curso intermedio* will present, recycle, and review high-frequency vocabulary throughout the program.

METHODOLOGY • Lesson Planning

Have students each turn to the person next to them to do **A-4.** We have provided suggested amounts of time for you to devote to each activity. These time estimates include putting students with a partner, giving your students time to read the directions with their partners, performing the activity, and a brief follow-up. The follow-up should only include a spot check of some pairs and only some of the items. It is not always appropriate to redo all the activities that students have completed with partners. Explain to students that they need to help each other and to self-correct within their small groups.

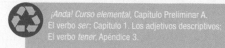

¡Anda! Curso elemental, Capítulo Preliminar A. El verbo *ser;* Capítulo 1. Los adjetivos descriptivos; El verbo *tener,* Apéndice 3.

3:00 **A-4** **¿Cómo son?** Túrnense para describir a cada una de las siguientes personas usando por lo menos **dos** adjetivos descriptivos. ■

MODELO

Eva Longoria es baja y muy guapa.

Estrategia

Now that you have read the first review grammar points, review the vocabulary on the family as well as some descriptive adjectives that you have learned in your previous Spanish classes. You may also wish to quickly review the forms of *ser* and *tener* before you do the next activities.

Answers may vary. *Answers may vary.* *Answers may vary.*

PERSONA	DESCRIPCIÓN:	PERSONA	DESCRIPCIÓN:	PERSONA(S)	DESCRIPCIÓN:
 1. Mariano Rivera	Mariano Rivera es atlético.	 2. Shakira	Shakira es bonita, delgada y rica.	 3. Juan Carlos Navarro y Leo Mainoldi	Juan Carlos Navarro y Leo Mainoldi son altos y fuertes.
 4. Javier Bardem	Javier Bardem es moreno y simpático.	 5. Oprah Winfrey	Oprah Winfrey es famosa, poderosa y muy inteligente.	 6. Bill Gates	Bill Gates es inteligente, rico, maduro y famoso.

2:00 **A-5 ¿Cuáles son sus cualidades?** Piensa en las cualidades de tu mejor amigo/a y las de una persona que no te gusta mucho. Escribe **tres** oraciones que describan a estas personas y comparte tu lista con un/a compañero/a. ■

MODELO

MI MEJOR AMIGO/A	LA PERSONA QUE NO ME GUSTA
1. *Es simpático/a.*	1. *No es paciente.*

3:00 **A-6 ¿Es cierto o falso?** Describe a **cinco** personas famosas. Tu compañero/a va a reaccionar a tus descripciones diciendo **Es verdad** (*It's true*) o **No es verdad** (*It's not true*). Si tu compañero/a no está de acuerdo con tus descripciones, debe corregirlas. ■

MODELO E1: *Mark Sánchez es fuerte, simpático, inteligente y muy rico.*
E2: *Sí, es verdad. Mark Sánchez es fuerte, simpático, inteligente y muy rico.*

Estrategia

When you are working with a partner, listen carefully to help him or her. Give your partner encouragement when he or she expresses something correctly and creatively; help with corrections when needed.

¡Anda! Curso elemental, Capítulo 1. La familia, Apéndice 2.

7:00 **A-7 ¿Cómo eres?** Ahora vas a conocer a tus compañeros de clase. ■

Paso 1 Descríbete a ti mismo/a a un/a compañero/a y luego descríbele **dos** o **tres** miembros de tu familia.

MODELO *Me llamo Katie. Soy joven, muy inteligente y alta. También soy cómica. Tengo dos hermanas. Las dos son inteligentes. Mi hermana Emily es alta y muy guapa. Mi otra hermana, Rebecca, es guapa también…*

Paso 2 Escriban una lista sobre lo que tu compañero/a y tú tienen en común y lo que no.

MODELO *Tasha y yo somos jóvenes, altas y muy inteligentes. Nuestras familias son cómicas, simpáticas y pacientes. Tasha no tiene hermanos…*

Paso 3 Ahora circula por la clase y preséntate a otros compañeros de clase, compartiendo la información sobre tu familia y tú. Habla con por lo menos **cinco** estudiantes que no conozcas.

METHODOLOGY • Vocabulary Review
An initial challenge with the intermediate level is attempting to "equalize" students and their vocabulary knowledge. In *¡Anda! Curso intermedio,* we ask students to become accountable for reviewing what we determine to be basic first-year vocabulary: the *Vocabulario activo* from *¡Anda! Curso elemental.* The students are directed to chapters in Appendix 2 where they can review active vocabulary from a variety of familiar topics. Encourage students to refer to the vocabulary pages frequently to either review or learn these essential words.

NATIONAL STANDARDS
Communication
The goal of this chapter is for students to be able to review the basics they learned in *¡Anda! Curso elemental* and build on what they have learned to increase their communicative competence in Spanish. They use descriptive adjectives and simple phrases to identify and describe themselves and their likes/dislikes, and to share information about themselves and others. Most of the activities that accompany this section are communicative in nature, and the interpersonal actions they promote are aligned with Standard 1.1. Activities like **A-7** can be modified to be in the form of presentations or written reports, if students write and explain their narratives (Standard 1.3).

METHODOLOGY • Pair Work
The authors of *¡Anda!* strongly believe in the research that says "students learn best from students." Hence, there is an abundance of pair and group activities in *¡Anda!* For this chapter, simply have students turn to their partners. In subsequent chapters, ideas will be provided so that you can vary partners, preferably on a daily basis.

PLANNING AHEAD
Before assigning **A-7,** encourage students to bring in either photos of their families or family photos from the Internet or magazines that they can talk about.

SUGGESTION for A-7
Many students will be shy about introducing themselves to classmates they do not know. Therefore, please encourage them to circulate, as this activity begins the building of community within your classroom, an important concept in helping students to lower their affective filters and feel comfortable using Spanish in the classroom.

METHODOLOGY • The Active Listener
Note that in **A-7,** students are asked to be active listeners and to compare what they have heard each other say.

EXPANSION for A-7
Have students bring family photos (personal ones or some taken from the Internet or a magazine) to class, and ask them to describe the family members to a classmate, using at least 5 sentences. You may want to bring some extra photos for students who forget.

NATIONAL STANDARDS
Communication, Cultures, Comparisons

The reading passage about where Spanish is spoken in the world provides opportunities for introducing Communication, Cultures, and Comparisons. The reading itself is the basis for Standard 1.2, because students have to interpret written Spanish. The accompanying comprehension and discussion questions facilitate interpersonal communication with partners or small groups (Standard 1.1). As the students read and discuss, they learn about the variety among Spanish speakers and the cultural differences (Standard 2.1) due to geographical connections. The information about the number of Spanish speakers of diverse backgrounds allows them to make connections between the language and the people who speak it (Standard 3.2).

NATIONAL STANDARDS
Cultures

Spanish is a rich and diverse language. Additional information you may wish to share with your students is:

1. There are at least 3 million native speakers of Spanish in each of 44 countries, making it the fourth mostly geographically widely spoken language. First is English (112 countries), followed by French (60) and then Arabic (57). (Source: Ethnologue)
2. Depending on the data collection agency, Spanish is usually the second or third most spoken language in the world with Chinese Mandarin being first, and then English and Spanish.

NOTAS CULTURALES

El español: lengua de millones

A-12 to A-13

¿Por qué estudiamos español? Bueno, hay muchas razones. El español es la lengua oficial de veintiún países del mundo:

Argentina	Cuba	Guatemala	Nicaragua	Puerto Rico
Bolivia	Ecuador	Guinea Ecuatorial	Panamá	la República Dominicana
Chile	El Salvador	Honduras	Paraguay	Uruguay
Colombia	España	México	Perú	Venezuela
Costa Rica				

También figura como lengua importante en muchos otros países como Andorra, Belice, Filipinas, Gibraltar y Marruecos. Así, ¡el español es una lengua importante en cuatro continentes! Y por supuesto, la presencia del español en los Estados Unidos es enorme. Hay más de 49 millones de hispanos viviendo en este país de más de 319 millones de personas. Con esta población hispana, los Estados Unidos es uno de los países con mayor número de hispanohablantes del mundo. Con tantos vecinos hispanohablantes en el mundo y en tu propio país, ¿por qué *no* estudiar español?

Preguntas

1. ¿En qué países se habla español como lengua oficial? ¿En qué continentes figura el español como lengua importante?
2. Describe la presencia del español en los Estados Unidos.
3. ¿Por qué es importante para ti estudiar español?

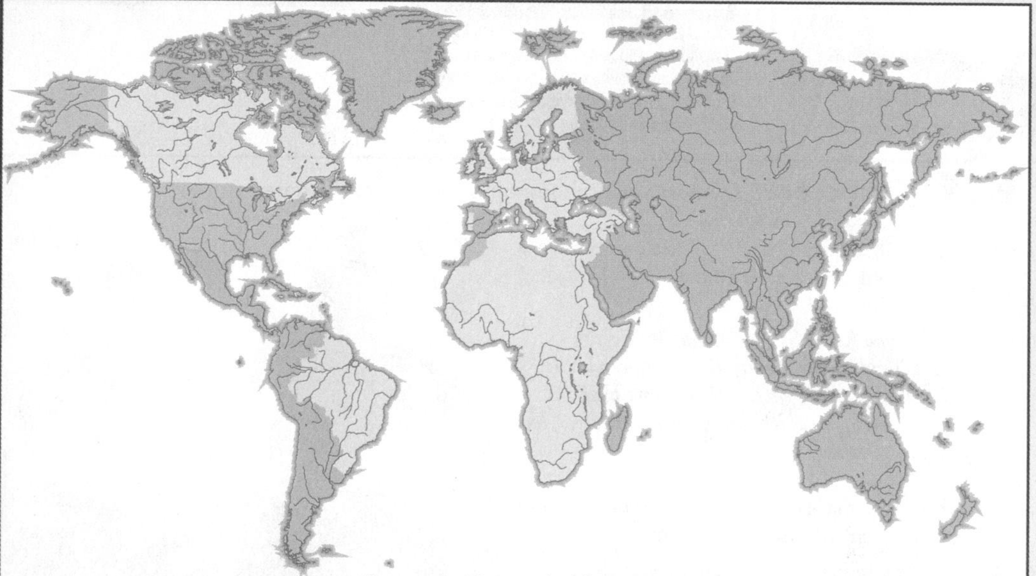

El mundo hispanohablante

Answers to *Notas culturales*

1. Argentina, Bolivia, Chile, Colombia, Costa Rica, Cuba, Ecuador, El Salvador, España, Guatemala, Guinea Ecuatorial, Honduras, México, Nicaragua, Panamá, Paraguay, Perú, Puerto Rico, la República Dominicana, Uruguay y Venezuela. Continentes: Norteamérica, Sudamérica, Europa, África
2. Es enorme. Hay más de 49 millones de hispanos.
3. *Answers will vary.*

3:00

REPASO

¡Hola! Spanish/English Tutorials

A-14 to A-16

5. Los adjetivos posesivos Stating possession

Review the following chart about expressing possession.

Mis padres se llaman Juan y María. ¿Cómo se llaman tus padres?

Los adjetivos posesivos			
mi, mis	*my*	**nuestro/a/os/as**	*our*
tu, tus	*your*	**vuestro/a/os/as**	*your*
su, sus	*your* (for.)	**su, sus**	*your* (for.)
su, sus	*his, her, its*	**su, sus**	*their*

Note the following:

1. Possessive adjectives agree in form with the person, place, or thing possessed, *not with the possessor.* They agree in number (*singular* or *plural*), and in addition, **nuestro** and **vuestro** indicate gender (*masculine* or *feminine*).
2. The possessive adjectives **tu** and **tus** (*your*) refer to someone with whom you are familiar and/or on a first-name basis. **Su** and **sus** (*your*) are used to describe people you would call *Ud.* and *Uds.* (that is, people you treat more formally and with whom you are perhaps not on a first-name basis). Use **su/sus** (*their*) also when expressing possession with *ellos* and *ellas*.

mi hermano	*my brother*	**mis** hermanos	*my brothers/siblings*
tu primo	*your cousin*	**tus** primos	*your cousins*
su abuelo	*your grandfather*	**sus** abuelos	*your grandparents*
su tía	*her/his aunt*	**sus** tías	*her/his aunts*
nuestra familia	*our family*	**nuestras** familias	*our families*
vuestra mamá	*your mom*	**vuestras** mamás	*your moms*
su hermana	*your sister*	**sus** hermanas	*your sisters*
su hija	*their daughter*	**sus** hijas	*their daughters*

Nuestros abuelos tienen dos hijos. — *Our grandparents have two sons.*
Sus hijos son José y Andrés. — *Their sons are José and Andrés.*

3. In Spanish, you can also show possession expressing the equivalent of the English (*of*) *mine, yours, his, hers, ours,* and *theirs.*

Singular		Plural		
Masculine	Feminine	Masculine	Feminine	
mío	**mía**	**míos**	**mías**	*mine*
tuyo	**tuya**	**tuyos**	**tuyas**	*yours* (fam.)
suyo	**suya**	**suyos**	**suyas**	*yours* (for.)
suyo	**suya**	**suyos**	**suyas**	*his, hers*
nuestro	**nuestra**	**nuestros**	**nuestras**	*ours*
vuestro	**vuestra**	**vuestros**	**vuestras**	*yours* (fam.)
suyo	**suya**	**suyos**	**suyas**	*yours* (for.)
suyo	**suya**	**suyos**	**suyas**	*theirs*

(continued)

Instructor Resources
- PPT, Extra Activities

NOTE for *Los adjetivos posesivos*
¡Anda! Curso intermedio will present, but not actively practice, the *vosotros* forms. If you wish to practice these forms, please add them to your classroom drills or to any of the activities in this program.

ADDITIONAL ACTIVITY for *Los adjetivos posesivos*
Have students create sentences and questions using the possessive adjectives and classroom objects. For example:
Tom tiene sus cuadernos.
La Dra. Marshall es nuestra profesora.
¿Son tus lápices?
...

ADDITIONAL ACTIVITY for *Los adjetivos posesivos*
Collect items from various students (a book, a pen, gloves, etc.) and redistribute to other students. Then ask questions to establish ownership and return objects to their rightful owners.
¿Son los libros de ella? No, son mis libros.
¿Tienes mi bolígrafo? No, es el bolígrafo de él...

Fíjate

Possessive adjectives can also become pronouns when they replace nouns. *El mío funciona bien* means *Mine* (pronoun) *works well*, with *mine* referring to refrigerator.

Study the following examples:

Mi refrigerador funciona bien.	**El refrigerador mío** funciona bien.	**El mío** funciona bien.
Nuestros sofás cuestan mucho.	**Los sofás nuestros** cuestan mucho.	**Los nuestros** cuestan mucho.
¿Cuánto cuestan **tus** lámparas?	¿Cuánto cuestan **las lámparas tuyas**?	¿Cuánto cuestan **las tuyas**?
Sus muebles son caros.	**Los muebles suyos** son caros.	**Los suyos** son caros.

Note that the third person forms (**suyo/a/os/as**) can have more than one meaning. To avoid confusion, you can use:

article + *noun* + de + *subject pronoun:*
el coche suyo = el coche de él/ella/Ud./ellos/ellas/Uds.
his/her/your/their/your (plural) *car*

METHODOLOGY • *i + 1*
¡Anda! is based on a variety of tenets, one being Stephen Krashen's theory of comprehensible input, or *i + 1*. All text in Spanish is based on the *i + 1* concept. Therefore, direction lines are in Spanish when they will be comprehensible to students. All readings will abide by this principle as well. Additionally, all grammar will be presented in English because the philosophy is that we all want students to comprehend the explanations and not spend excessive time decoding the explanations but rather practicing the concepts.

ADDITIONAL ACTIVITY for *Los adjetivos posesivos*
Have students each describe a famous family and have other classmates guess whom they are describing.

SUGGESTION for A-8
Remind students to consult *¡Anda! Curso elemental, Capítulo 1, La familia,* in Appendix 2, to practice and incorporate the review vocabulary into this activity.

EXPANSION for A-8
Have students describe the four photos in **A-8** in depth with partners. One partner can ask questions and the other can answer. Then they should change roles. Some sample questions are:
¿Cuántas personas hay en las fotos? ¿Cómo son los abuelos? etc.

4:00

¡Anda! Curso elemental, Capítulo 1. La familia; Capítulo 3. La casa, Apéndice 2.

A-8 Tu familia Túrnense para hablar de sus familias o de una de las familias que aparece en las fotos. Hablen también de sus casas y usen los adjetivos posesivos. ■

MODELO *Hay cuatro personas en mi familia. Mi padre se llama Ben y mi madre Dorothy. En algunas fotos hay muchas personas en las familias, pero mi familia es pequeña. Mi casa es pequeña, pero probablemente las suyas son grandes...*

5:00

REPASO

¡Hola! Spanish/English Tutorials

A-17 to A-20

6. Presente indicativo de verbos regulares Relating daily activities

You will remember that Spanish has three groups of verbs that are categorized by the ending of the **infinitive.** Remember that an infinitive is expressed in English with the word *to: to have, to be,* and *to speak* are all infinitive forms of English verbs. Spanish infinitives end in **-ar, -er,** or **-ir.** Review the following charts.

Verbos que terminan en *-ar*			
bailar	*to dance*	**llegar**	*to arrive*
cantar	*to sing*	**necesitar**	*to need*
cocinar	*to cook*	**preparar**	*to prepare; to get ready*
comprar	*to buy*	**preguntar**	*to ask (a question)*
contestar	*to answer*	**regresar**	*to return*
enseñar	*to teach; to show*	**terminar**	*to finish; to end*
esperar	*to wait for; to hope*	**tomar**	*to take; to drink*
estudiar	*to study*	**trabajar**	*to work*
hablar	*to speak*	**usar**	*to use*

A las 6:30 Mario **espera** el autobús y **regresa** a su apartamento.

Verbos que terminan en *-er*			
aprender	*to learn*	**correr**	*to run*
beber	*to drink*	**creer**	*to believe*
comer	*to eat*	**deber (+ inf.)**	*should; must*
comprender	*to understand*	**leer**	*to read*

Verbos que terminan en *-ir*					
abrir	*to open*	**describir**	*to describe*	**recibir**	*to receive*
compartir	*to share*	**escribir**	*to write*	**vivir**	*to live*

1. To express ongoing activities or actions, use the present indicative.

   Cisco **lee** en la biblioteca. { *Cisco reads in the library.* / *Cisco is reading in the library.* }

2. You can also use the present indicative to express future events.

   Mario **regresa** mañana. *Mario is coming back tomorrow.*

3. Remember that to form the present indicative, drop the **-ar, -er,** or **-ir** ending from the infinitive and add the appropriate ending. Follow this simple pattern with regular verbs.

	hablar	**comer**	**vivir**
yo	habl**o**	com**o**	viv**o**
tú	habl**as**	com**es**	viv**es**
Ud.	habl**a**	com**e**	viv**e**
él, ella	habl**a**	com**e**	viv**e**
nosotros/as	habl**amos**	com**emos**	viv**imos**
vosotros/as	habl**áis**	com**éis**	viv**ís**
Uds.	habl**an**	com**en**	viv**en**
ellos/as	habl**an**	com**en**	viv**en**

Instructor Resources
- PPT, Extra Activities

NATIONAL STANDARDS
Communication

In this section, students review common regular and irregular verbs as they talk about their daily routines, their activities, and their plans. They use reflexive verbs and the verb *gustar* in addition to regular, irregular, and stem-changing verbs. The accompanying small group and whole-class activities are designed to facilitate interpersonal communication as students engage in conversations, provide and obtain information, express their feelings and emotions, and exchange opinions. The interpersonal activities are aligned with Communication Standard 1.1.

SUGGESTION for *Presente indicativo de verbos regulares*

Here are some additional questions that you can use to have your students practice the present indicative tense.

1. ¿Quiénes hablan español muy bien?
2. ¿Quién canta mucho?
3. ¿Quiénes estudian muy poco?
4. ¿Quién aprende italiano?
5. ¿Quién no lee en la biblioteca nunca?
6. ¿Quiénes escriben muchas tarjetas postales?
7. ¿Quién llega siempre tarde a la clase?
8. ¿Quiénes viven cerca de la universidad?
9. ¿Quién usa los apuntes de sus amigos?
10. ¿Quién comprende todo cuando el/la profesor/a habla español?

ADDITIONAL ACTIVITY for *Presente indicativo de verbos regulares*

Have students practice the following verbs by quickly saying the correct forms using the ten nouns and pronouns listed below.

Verbs: *estudiar, hablar, comer, correr, escribir, vivir, leer, beber, bailar, cantar*
Subjects: *tú, nosotros, Marco, usted, ustedes, Juan y Eva, yo, ellas, Mariela, Paula y Rosa*

Instructor Resources
- PPT, Extra Activities

SUGGESTION for A-9
Encourage your students to select verbs that they need to practice more.

METHODOLOGY • A-9
There is a place for mechanical or drill activities in *¡Anda! Curso intermedio.* Your students will most likely be coming to you from varying programs and texts, and you may not be aware of their abilities at this beginning stage of the course. Having students work through this type of activity under your watchful eye will enable you to assess their ability levels quickly. If you feel that there is a need for some students to continue review with this type of activity, MySpanishLab is available to them with a variety of additional activities. If you determine that your students do not need this type of practice, please move to the next activity.

EXPANSION for A-10
This activity can be expanded into a listening activity. Students take turns reading their sentences to partners. While one student reads, the other student listens carefully and connects the items mentioned. Then they check each other's work to see whether the lines match what was read.

METHODOLOGY • Creating Motivating Settings for Practice
Throughout *¡Anda! Curso intermedio,* your students will have a variety of motivating activities that will help them to practice verb forms, tenses, etc. Research supports having students practice with other students to perfect important details of the language. Will students make mistakes with each other? Of course. Will their partners correct the mistakes all of the time? Of course not. Nevertheless, the research supports the fact that the more we allow our students to practice with each other, the better they will become at focusing on the language.

METHODOLOGY • Students Working with Students
It is essential that we equip students with the appropriate language and way of behaving when working with partners. You may want to remind them how to gently correct a peer with words such as: *A ver, no lo creo. Creo que es "X".*

8:00

A-9 Vamos a practicar

Tomen **diez** papelitos (*small pieces of paper*) y en cada papelito escriban un sustantivo (*noun*) o un pronombre personal (**yo, tú, él,** etc.). Luego, tomen otros **cinco** papelitos y escriban un **verbo** en el **infinitivo** en cada uno. Seleccionen cada uno un papelito de cada categoría y den la forma correcta del verbo según el sujeto. Cada persona debe dar la forma correcta de por lo menos **cinco** verbos. ■

MODELO
INFINITIVE: *preguntar*
PRONOUN OR NOUN: *mi madre*
E1: *mi madre pregunta*

2:00 Workbooklet

A-10 Dime quién, dónde y cuándo

Mira las tres columnas, y conecta cada pronombre con una actividad y con un lugar para crear **cinco** oraciones. Luego, comparte tus oraciones con un/a compañero/a. ■

MODELO nosotros / ver una película / el cine
Nosotros vemos una película en el cine.

PRONOMBRE	ACTIVIDAD	LUGAR
yo	comer el almuerzo	la clase de inglés
nosotros/as	leer muchas novelas	el centro comercial
ellos/as	necesitar una calculadora	la cafetería
ella	comprar un libro	la clase de matemáticas
tú	usar un diccionario bilingüe	el cine
Uds.	comprar un suéter	la clase de español
él	ver una película	la librería

5:00

REPASO

¡Hola!
Spanish Tutorial
A-21 to A-23

7. Algunos verbos irregulares
Expressing actions

Necesito un apartamento para este semestre. ¿Qué hago?
¿Por qué no pones un anuncio en el periódico?

You will recall that not all verbs follow the same pattern as regular verbs in the present indicative. What follows are the most common irregular verbs that you have learned.

	dar (*to give*)	**conocer** (*to know; to be acquainted with*)	**estar** (*to be*)	**hacer** (*to do; to make*)	**poner** (*to put; to place*)
yo	doy	conozco	estoy	hago	pongo
tú	das	conoces	estás	haces	pones
Ud.	da	conoce	está	hace	pone
él, ella	da	conoce	está	hace	pone
nosotros/as	damos	conocemos	estamos	hacemos	ponemos
vosotros/as	dais	conocéis	estáis	hacéis	ponéis
Uds.	dan	conocen	están	hacen	ponen
ellos/as	dan	conocen	están	hacen	ponen

	salir (*to leave; to go out*)	**traer** (*to bring*)	**ver** (*to see*)	**ir** (*to go*)	**ser** (*to be*)
yo	salgo	traigo	veo	voy	soy
tú	sales	traes	ves	vas	eres
Ud.	sale	trae	ve	va	es
él, ella	sale	trae	ve	va	es
nosotros/as	salimos	traemos	vemos	vamos	somos
vosotros/as	salís	traéis	veis	vais	sois
Uds.	salen	traen	ven	van	son
ellos/as	salen	traen	ven	van	son

Estrategia

Memorizing information is easier to do when the information is arranged in chunks. You will remember that the *yo* forms of some present tense verbs end in *go*, such as *salgo*, *traigo*, and *pongo*. Reviewing the information as a chunk of *go* verbs may make it easier to remember.

	decir (*to say; to tell*)	**oír** (*to hear*)	**venir** (*to come*)	**tener** (*to have*)
yo	digo	oigo	vengo	tengo
tú	dices	oyes	vienes	tienes
Ud.	dice	oye	viene	tiene
él, ella	dice	oye	viene	tiene
nosotros/as	decimos	oímos	venimos	tenemos
vosotros/as	decís	oís	venís	tenéis
Uds.	dicen	oyen	vienen	tienen
ellos/as	dicen	oyen	vienen	tienen

Estrategia

Organize these review verbs in your notebook. Note whether each verb is regular or irregular, what it means in English, whether any of the forms have accents, and whether any other verbs follow this pattern. You might want to highlight or color code the verbs that follow a pattern. This strategy will serve you well when you begin to learn new verbs in *Capítulo 1*.

HERITAGE LANGUAGE LEARNERS

Remind your heritage language learners that the verb *salir* is generally used with prepositions. A few common examples are:

salir de	to leave from
salir con	to go out with
salir por	to leave for an errand; to leave through (e.g., a window or door)
salir para	to leave for (destination)

ADDITIONAL ACTIVITY for *Algunos verbos irregulares*

A very effective and enjoyable mechanical activity for practicing verb forms is as follows.

Students work with partners. They write on small slips of paper the infinitives of the 14 irregular verbs reviewed in this section. Partner A closes his/her eyes and selects one of the papers. Partner B says a pronoun to Partner A, and Partner A must orally give the correct form of the verb. They take turns repeating the process until they feel confident with the verb forms.

NOTE for A-11
Instructions for *La ruleta*
Form groups of two to four students. Each group will need either a die or six small pieces of paper on which the numbers 1 through 6 have been written. Number 1 = *yo*; 2 = *tú*; 3 = *él, ella*; 4 = *Ud.*; 5 = *nosotros/as*; 6 = *ellos/as*. The first person in the group rolls the die (or selects a numbered piece of paper) and gives the correct verb form for the first verb listed, matching the number rolled. Other group members must verify the answer. After the correct verb form is given, the player passes the die to the next person who will match the verb form selected to the second verb. Players continue until the forms come quickly and automatically.

You may wish to keep ten dice on hand for activities like **A-11.**

NOTE for A-11
Activities like *La ruleta* and *Jugar a la pelota* can be used regularly in class. The first time you give directions, a more detailed explanation may be required, but thereafter, set-up for the activity is minimal.

SUGGESTION for A-11
Repeat the activity and include *ser, tocar, mirar, trabajar, comprender,* etc.

FOLLOW-UP for A-12
Paso 3 can also be used to follow up and summarize group work.

5:00 **A-11 La ruleta** Escuchen mientras su profesor/a les explica el juego de la ruleta. ■

1. traer	5. hacer	9. oír
2. querer	6. ver	10. dar
3. decir	7. conocer	11. poder
4. poner	8. venir	12. salir

12:00 **A-12 Otras combinaciones** Completa los siguientes pasos. ■

Paso 1 Escribe una oración con cada (*each*) verbo, combinando elementos de las tres columnas.

MODELO (A) nosotros, (B) (no) hacer, (C) en el gimnasio
Nosotros hacemos ejercicio en el gimnasio.

A	B	C
Uds.	(no) hacer	estudiar matemáticas
mamá y papá	(no) ver	películas cómicas
yo	(no) conocer	en el gimnasio
tú	(no) poner	muchos libros a clase
el/la profesor/a	(no) querer	la mesa para la cena
nosotros/as	(no) salir	bien el arte de México
ellos/ellas	(no) traer	de casa los sábados

Paso 2 En grupos de tres, lean las oraciones y corrijan (*correct*) los errores.

Paso 3 Escriban juntos (*together*) **dos** oraciones nuevas y compártanlas (*share them*) con la clase.

8:00 Workbooklet

¡Anda! Curso elemental, Capítulo 2. La formación de preguntas y las palabras interrogativas, Apéndice 3.

A-13 Firma aquí Completen los siguientes pasos. ■

Paso 1 Circula por la clase haciéndoles preguntas a tus compañeros según la información del cuadro. Los compañeros que responden **sí** a las preguntas deben firmar el cuadro.

MODELO venir a clase todos los días

E1: *Bethany, ¿vienes a clase todos los días?*
E2: *No, no vengo a clase todos los días.*
E1: *Gayle, ¿vienes a clase todos los días?*
E3: *Sí, vengo a clase todos los días.*
E1: *Muy bien. Firma aquí, por favor.* Gayle

Estrategia

Now that you have focused on talking about yourself, you can talk about other people: the things your siblings, your roommate, your parents, or your significant other do. This will give you practice using other verb forms, and you can be creative in your answers!

¿QUIÉN… ?	FIRMA
1. ver una película todas las noches	
2. hacer la tarea todos los días	
3. salir con los amigos los jueves por la noche	
4. estar cansado/a hoy	
5. conocer Puerto Rico	
6. poder estudiar con muchas personas	
7. querer ser cantante	
8. venir a clase todos los días	

Paso 2 Comparte los resultados con la clase.

MODELO *Joe ve una película todas las noches. Chad y Toni están cansados hoy…*

6:00

¡Anda! Curso elemental, Capítulo 2. Los deportes y los pasatiempos, Apéndice 2.

A-14 Entrevista Completen los siguientes pasos. ■

Paso 1 Túrnense para hacerse y contestar las siguientes preguntas.

1. ¿Qué deportes y pasatiempos te gustan? ¿Con quién haces ejercicio?
2. ¿Cuándo ves la televisión? ¿Cuál es tu programa favorito?
3. ¿Qué persona famosa te gusta? ¿Por qué?
4. ¿Con quién sales los fines de semana? ¿Qué hacen ustedes?
5. ¿Qué quieres ser (o hacer) en el futuro?

Paso 2 Compartan con la clase un poco de lo que aprendieron de sus compañeros.

MODELO *Mi compañero sale los fines de semana con sus amigos y no hace ejercicio…*

Fíjate

Part of the fun of learning another language is getting to know other people. Your instructor structures your class so that you have many opportunities to work with different classmates. *¡Anda!* also provides activities that allow you to get to know each other better and encourage you to share that information with other members of the class.

FOLLOW-UP for A-13

Remind students that for **A-13,** they can talk about what other people do. Sometimes shy students are more willing to participate if they can talk about other people instead of themselves. They could say *Yo no vengo tarde, pero mi hermana siempre viene tarde.* That way, they also practice other verb forms.

FOLLOW-UP for A-13

As a follow-up, instead of just asking questions such as *¿Quién ve una película todas las noches?* also ask *¿Quiénes ven una película todas las noches?* Or, after gathering some answers, check to make sure students are listening by asking questions like *¿Tom ve una película todas las noches? ¿Shirley y Steve ven una película todas las noches?*

ADDITIONAL ACTIVITY for *Algunos verbos irregulares*

Confesiones ¡Es el momento de confesar! Sigan el modelo.

MODELO venir a la universidad los fines de semana

siempre (*always*)
a menudo (*often*)
a veces (*sometimes*)
nunca (*never*)

E1: *¿Vienes a la universidad los fines de semana?*
E2: *No, nunca vengo los fines de semana. ¿Y tú?*
E1: *Yo vengo a veces para ir a la biblioteca.*

1. querer hablar con tus amigos después de las clases
2. poder contestar las preguntas de tu profesor/a de español
3. escuchar música en la clase de español
4. hacer muchas preguntas en clase
5. traer todos tus libros a la clase
6. salir temprano (*early*) de tus clases

METHODOLOGY • *Perfiles*
Each chapter contains a *Perfiles* section. They were designed to be read by the students as homework. In class, the students are to discuss the answers to the questions with partners.

NATIONAL STANDARDS
Cultures
The *Perfiles* section includes profiles about famous Hispanics: America Ferrera, Sonia Sotomayor, Santiago Calatrava, and Ricky Martin. They represent the diversity that exists among Spanish speakers and how each of them honors their heritage (Standards 2.1 and 2.2).

PERFILES

A-24 to A-25

¿Quién habla español?

Hay muchas personas que hablan español en el mundo. Aquí tienes algunos de entre los millones que hablan español.

La actriz hondureña **America Ferrera** (n. 1984) habla inglés y español y es famosa por su papel en "Ugly Betty".

Sonia Sotomayor (n. 1954) es la primera jueza hispana en la Corte Suprema de los Estados Unidos.

El arquitecto español **Santiago Calatrava** (n. 1951) hace edificios y esculturas famosos.

Ricky Martin (n. 1971) es un cantante puertorriqueño. También es filántropo y activista social.

Preguntas

1. ¿A quién te gustaría conocer de las personas anteriores? ¿Por qué? ¿Qué preguntas tienes para él/ella?
2. ¿Quiénes son otras personas que hablan español?

Answers to *Perfiles*
1. *Answers will vary.* E.g., Quiero conocer a Sonia Sotomayor porque es inteligente y le gusta ayudar a la gente.
2. *Answers will vary.*

3:00

REPASO

¡Hola! Spanish Tutorial

A-26 to A-30

8. Los verbos con cambio de raíz Communicating accomplishments

In your previous Spanish classes, you learned a variety of common irregular verbs that are known as **stem-changing verbs.** Review the following charts.

¡Cierro la ventana, pido una pizza y empiezo a estudiar!

Change e → ie			
cerrar (*to close*)			
Singular		**Plural**	
yo	cierro	nosotros/as	cerramos
tú	cierras	vosotros/as	cerráis
Ud.	cierra	Uds.	cierran
él, ella	cierra	ellos/as	cierran

Other verbs like **cerrar** (**e → ie**) are:

comenzar	*to begin*	**mentir**	*to lie*	**perder**	*to lose; to waste*
empezar	*to begin*	**recomendar**	*to recommend*	**preferir**	*to prefer*
entender	*to understand*	**pensar**	*to think*	**querer**	*to want; to love*

Change e → i			
pedir (*to ask for*)			
Singular		**Plural**	
yo	pido	nosotros/as	pedimos
tú	pides	vosotros/as	pedís
Ud.	pide	Uds.	piden
él, ella	pide	ellos/as	piden

Other verbs like **pedir** (**e → i**) are:

repetir	*to repeat*	**servir**	*to serve*
seguir*	*to follow; to continue (doing something)*		

*Note: The **yo** form of **seguir** is **sigo.**

Change o → ue			
encontrar (*to find*)			
Singular		**Plural**	
yo	encuentro	nosotros/as	encontramos
tú	encuentras	vosotros/as	encontráis
Ud.	encuentra	Uds.	encuentran
él, ella	encuentra	ellos/as	encuentran

(continued)

Instructor Resources

- PPT, Extra Activities

METHODOLOGY • Reviewing and Recycling Grammatical Concepts

You may wish to have a warm-up each day at the beginning of class, in which you select a different stem-changing verb from each category and do a quick mechanical drill with the forms. You can also finish up a class with a quick mechanical drill if you have a few minutes at the end of class. These quick reviews should last no more than a minute and a half.

NOTE for *Los verbos con cambio de raíz*

Even beginning intermediate students may have difficulty replacing the stem when there are multiple vowels in the verb. In the case of *repetir,* you may wish to emphasize that the first *e* stays the same and the second *e* makes the change. Tell students to remember where the change occurs in *seguir* by taking the *ir* ending off, leaving them with *segu.* They are learning that the stem change occurs with e → i, so that should make it clearer.

NOTE for *Los verbos con cambio de raíz*

Some students find it helpful to refer to stem-changing verbs as shoe verbs. This helps them remember that *nosotros/vosotros* forms are "outside" the shoe and do not have the stem change.

FOLLOW-UP for *Los verbos con cambio de raíz*

Drill the verb forms, saying an infinitive and a pronoun in Spanish. The class should give you a choral response with the correct form. Then drill by asking directed questions such as *¿Juegas al tenis? ¿Cuándo cierras las ventanas? ¿Mientes a tu novio/a / o a tus amigos/as? ¿A qué hora empiezan tus clases? ¿Qué color prefieres, el azul o el rojo? ¿A quién no entiendes?* etc.

NOTE for *Los verbos con cambio de raíz*

The authors of *¡Anda! Curso intermedio* believe in chunking and providing information at the point of need for the student. Stem-changing verbs that have a change in the preterit will be addressed in *Capítulo 3.*

METHODOLOGY • Inductive Grammar Presentations
The review grammar presentation on stem-changing verbs is an *inductive* presentation because it gives students examples and has them formulate the rules for themselves. This type of presentation reinforces the constructivist approach to learning that states that students learn best when they construct knowledge for themselves.

NOTE for *Gramática*
This is an inductive grammar presentation in which the students are given examples of a grammar concept and, through the use of guiding questions, they formulate the rule in their own words. Research indicates that students remember and internalize grammar rules better when they construct their own knowledge.

NOTE for A-15
Instructions for *¡Preparados, listos, ya!* Form teams of equal size with at least four people but no more than six. Team members sit in a row, one behind the other, facing the chalkboard. The first team member writes the subject pronouns *out of order* on the left side of a piece of paper as in the model, where we suggest *tú, nosotros, ella, yo, ustedes, ellos.* You, the instructor, write a stem-changing verb on the board. The first team member in each row writes the *tú* form of the verb next to the pronoun and quickly passes the page to the team member behind him/her. The next team member has to write the *nosotros* form and pass the paper to the next team member, and so on. Any team member may correct any teammate's previous answers if they are incorrect. The final person in the row brings (or runs!) the team's answers to you. The first group to get all the verb forms correct gets five points, the second group gets four, and so forth. This activity is extremely successful with all types of students. It is an excellent activity to repeat when reviewing any and all verb tenses.

SUGGESTION for A-15
Repeat **A-15** with other stem-changing verbs as time permits.

Other verbs like **encontrar** (o → **ue**) are:

almorzar	*to have lunch*	**mostrar**	*to show*	**recordar**	*to remember*
costar	*to cost*	**morir**	*to die*	**volver**	*to return*
dormir	*to sleep*	**poder**	*to be able to*		

Another common stem-changing verb that you learned is **jugar.**

Fíjate
The verb *jugar* is the only verb that falls into the *u → ue* category.

Change u → ue			
jugar (u → ue) (*to play*)			
Singular		**Plural**	
yo	juego	nosotros/as	jugamos
tú	juegas	vosotros/as	jugáis
Ud.	juega	Uds.	juegan
él, ella	juega	ellos/as	juegan

¡Explícalo tú!

To summarize . . .

1. What is a rule that you can make regarding all four groups (**e → ie, e → i, o → ue,** and **u → ue**) of stem-changing verbs and their forms?
2. With what group of stem-changing verbs would you place each of the following verbs?

demostrar	*to demonstrate*	**encerrar**	*to enclose*
devolver	*to return (an object)*	**perseguir**	*to chase*

✓ Check your answers to the preceding questions in Appendix 1.

Fíjate
Some Spanish verbs, like English verbs, have prefixes (parts that are attached to the beginning of the verb). The verb *tener* has prefixes that form other verbs such as *obtener* (to obtain), *contener* (to contain), and *mantener* (to maintain), and those verbs are formed just like *tener* (*obtengo, contienes, mantiene,* etc.) The verbs *seguir* and *volver* are the roots for other verbs such as *conseguir* (to get) and *devolver* (to return).

10:00 **A-15** **¡Preparados, listos, ya!** Escuchen mientras su profesor/a les explica esta actividad. ■

MODELO cerrar

tú	E1: *cierras*	yo	E4: *cierro*
nosotros	E2: *cerramos*	Uds.	E5: *cierran*
ella	E3: *cierra*	ellos	E6: *cierran*

2:00

A-16 ¿Conoces bien a tu compañero/a de clase?

Túrnense para hacerse las preguntas de esta entrevista. ■

¡Anda! Curso elemental, Capítulo Preliminar A. La hora; Capítulo 2. Las materias y las especialidades, Apéndice 2.

1. ¿Entiendes a tu profesor/a cuando habla español?
2. ¿A qué hora comienzas la tarea los lunes?
3. ¿Prefieres estudiar por la noche o por la mañana?
4. ¿Pierdes tus lápices o bolígrafos frecuentemente?
5. Generalmente, ¿con quién almuerzas?

Estrategia

When working in pairs or groups, it is imperative that you make every effort to speak only Spanish. Because you will be learning from each other, use the following expressions as ways of interacting with each other and making suggestions, helpful comments, and corrections:

(No) Estoy de acuerdo.	I agree. / I don't agree.
Creo que es...	I think it is . . .
¿No debería ser...?	Shouldn't it be . . . ?

8:00 Workbooklet

A-17 Firma aquí

Completen los siguientes pasos. ■

Paso 1 Circula por la clase haciéndoles preguntas a tus compañeros según la información del cuadro. Los compañeros que responden **sí** a las preguntas deben firmar el cuadro.

MODELO siempre perder la tarea

E1: *Ashley, ¿siempre pierdes la tarea?*

E2: *No, no pierdo la tarea. Soy muy organizada.*

E1: *Alex, ¿siempre pierdes la tarea?*

E3: *Sí, siempre pierdo mi tarea.*

E1: *Muy bien. Firma aquí, por favor.* Alex

¿QUIÉN...?	FIRMA
1. siempre perder la tarea	
2. almorzar en McDonald's a menudo	
3. querer visitar Centroamérica	
4. siempre entender al/a la profesor/a de español	
5. jugar muy bien al tenis	
6. preferir dormir hasta el mediodía	
7. querer ser artista	
8. volver tarde a casa a menudo	

Paso 2 Comparte los resultados con la clase.

MODELO *Alex siempre pierde la tarea y David quiere visitar Costa Rica...*

EXPANSION for A-16

Have students create questions to ask each other using stem-changing verbs.

ADDITIONAL ACTIVITY for *Los verbos con cambio de raíz*

Categorías Completen los siguientes pasos para practicar los verbos nuevos.

Paso 1 Con un/a compañero/a, escriban todos los verbos de la presentación de *Los verbos con cambio de raíz* en papelitos individuales. Luego, hagan una lista con tres categorías: *e → ie, e → i, o → ue.*

Paso 2 Júntense *(Join)* con otro grupo. Cuando su profesor/a diga *¡Empiecen!* pongan cada verbo en la categoría donde pertenece (*e → ie, e → i, o → ue*). Cuando terminen, jueguen con otro grupo de estudiantes.

EXPANSION for A-17

Have students take each item and create questions to ask their partners: e.g., *¿Quién pierde su tarea?* or *¿Pierdes tu tarea?* Remind students to use *no* twice if they answer negatively.

Instructor Resources
- PPT, Extra Activities

NATIONAL STANDARDS
Communication, Comparisons
Reviewing the reflexive verbs helps students express what a typical day is like for them and then to compare it to those of others. This is a common function that is often used on the ACTFL Oral Proficiency Interview.

ADDITIONAL ACTIVITY for *Las construcciones reflexivas*
Give students the following instructions:

Draw a 9-square tic-tac-toe board and write a different reflexive verb in each of the nine squares. With a partner, and without showing your squares, play tic-tac-toe. For example, Partner A says one of his/her verbs. If the verb is in one of Partner B's squares, he/she marks an X on the verb; if he/she does not have the verb, nothing is done. Then Partner B says one of his/her verbs, and if Partner A has the verb, he/she marks the matching box. This continues until one partner has 3 Xs in a row either horizontally, vertically, or diagonally and therefore "wins."

5:00

REPASO

¡Hola! Spanish/English Tutorials

A-31 to A-34

9. Las construcciones reflexivas Relating daily routines

When the subject both performs and receives the action of the verb, a **reflexive verb** and **pronoun** are used.

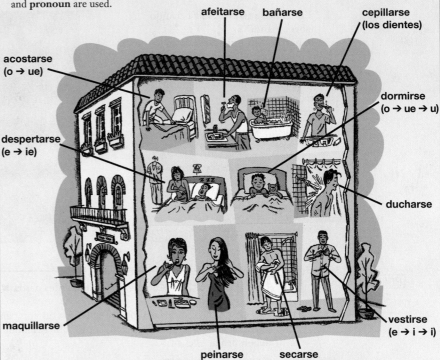

Reflexive pronouns			
Yo	**me** divierto	en las fiestas.	*I always enjoy myself at parties.*
Tú	**te** diviertes	en las fiestas.	*You always enjoy yourself at parties.*
Usted	**se** divierte	en las fiestas.	*You* (formal) *always enjoy yourself at parties.*
Él/Ella	**se** divierte	en las fiestas.	*He/She always enjoys himself/herself at parties.*
Nosotros	**nos** divertimos	en las fiestas.	*We always enjoy ourselves at parties.*
Vosotros	**os** divertís	en las fiestas.	*You (all) always enjoy yourselves at parties.*
Ustedes	**se** divierten	en las fiestas.	*You (all) always enjoy yourselves at parties.*
Ellos/Ellas	**se** divierten	en las fiestas.	*They always enjoy themselves at parties.*

Reflexive pronouns:

1. precede a conjugated verb.
2. can be attached to infinitives and present participles (**-ando**, **-iendo**).

Me voy a levantar.
Voy a levantar**me**. } *I am going to get up.*

¿**Se** van a levantar esta mañana?
¿Van a levantar**se** esta mañana? } *Are they going to get up this morning?*

¡**Nos** estamos levantando!
¡Estamos levantándo**nos**! } *We are getting up!*

Algunos verbos reflexivos

acordarse de (o → ue)	*to remember*	**ponerse (la ropa)**	*to put on (one's clothes)*
callarse	*to become/to keep quiet*	**ponerse (nervioso/a)**	*to become (nervous)*
divertirse (e → ie → i)	*to enjoy oneself; to have fun*	**quedarse**	*to stay; to remain*
irse	*to go away; to leave*	**quitarse (la ropa)**	*to take off (one's clothes)*
lavarse	*to wash oneself*	**reunirse**	*to get together; to meet*
levantarse	*to get up; to stand up*	**sentarse (e → ie)**	*to sit down*
llamarse	*to be called/named*	**sentirse (e → ie → i)**	*to feel*

Fíjate

Many verbs can be used both reflexively and non-reflexively: e.g., *ir:* to go; *irse:* to leave; *dormir:* to sleep; *dormirse:* to fall asleep. Also consider examples such as *Manolo lava el coche* versus *Manolo se lava.* Why is the verb not reflexive (*lavar*) in the first sentence? Why is it reflexive *(lavarse)* in the second sentence?

Estrategia

Remember that stem-changing verbs have the irregularities given in parentheses. For example, when you see *sentirse (e → ie → i)* you know that this infinitive is a stem-changing verb, that the first *e* in the infinitive changes to *ie* in the present indicative, and that the *e* changes to *i* in the third person singular and plural of the preterit.

3:00 **A-18 El juego de la pelota** Formen grupos de cuatro a seis estudiantes. Una persona del grupo le tira (*throws*) una pelota de papel a otro/a estudiante al mismo tiempo que nombra un verbo reflexivo y un pronombre o nombre personal. Si el/la compañero/a dice la forma correcta, gana un punto y tiene que continuar el juego. ■

MODELO E1: *ducharse... yo,* (tira la pelota)
E2: *me ducho*
E2: *vestirse... mi madre,* (tira la pelota)
E3: *mi madre se viste*
E3: *acordarse... tú,* (tira la pelota)...

ADDITIONAL ACTIVITY for *Las construcciones reflexivas*

El Pictionary ¿Sabes jugar al "Pictionary"? Escucha mientras el/la profesor/a te explica el juego.

Instructions: Vamos a formar grupos de cuatro, con dos equipos en cada grupo. Un estudiante de cada equipo escoge uno de los verbos reflexivos de la lista. Entonces, al mismo tiempo (cuando el/la profesor/a diga "comiencen"), ellos hacen un dibujo para representar el verbo. El/La compañero/a que adivine primero gana el punto para su equipo. Entonces, los otros dos estudiantes escogen un verbo y hacen sus dibujos para sus compañeros.

METHODOLOGY • Comprehensible Input, or *i* +1

Remember that activity direction lines and explanations are in Spanish when they are *i* + *1* for the students. When input is beyond *i* + *1* students will either struggle with meaning or will not comprehend and will have a linguistic shutdown.

METHODOLOGY • Pair Work
You will want to identify daily who is Partner A and who is Partner B. Student A should do the even-numbered items while Student B does the odd items. It is important for you to overtly tell students to take turns when working in pairs. If not, one student may tend to monopolize the pair work.

7:00 **A-19** **Mímica** Hagan mímica (*charades*) en grupos de cuatro. Túrnense para escoger un **verbo reflexivo** para representar al grupo. El grupo tiene que adivinar qué verbo es. Sigan jugando hasta que cada estudiante represente **cuatro** verbos diferentes. ■

¡Anda! Curso elemental, Capítulo Preliminar A. La hora, Apéndice 2.

5:00 **A-20** **Un día típico**

Paso 1 Ordena las siguientes actividades diarias de forma cronológica. Después, con un/a compañero/a, escribe **tres** oraciones detalladas sobre un día típico.

1. 

2. 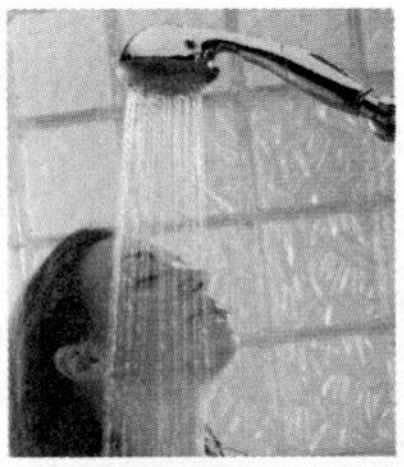

3. 

4. 

5. 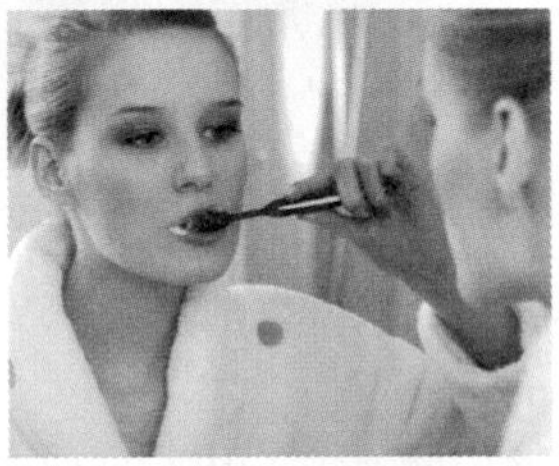

6. 

Paso 2 Ahora escribe por lo menos **ocho** actividades que haces tú normalmente y a qué hora las haces. Usa **verbos reflexivos**. Después, comparte tu lista con un/a compañero/a.

Answers to A-20, Paso 1
Items in chronological order: 3, 2, 4, 1, 5, 6
Answers will vary but should show logical progression.

METHODOLOGY • Creating Partner Groups
If possible, change pairs for each class. This helps to build strong community in the classroom. If this is not possible, then it is recommended that they change partners at least once a week.

3:00

A-21 ¿Cuál es tu rutina diaria?

Circula por la clase para entrevistar a varios compañeros según el modelo. ■

MODELO E1: *¿A qué hora te despiertas?*
E2: *Me despierto a las siete.*
E1: *Yo no. Me despierto a las siete y media.*

1. ¿A qué hora te despiertas y a qué hora te levantas?
2. ¿Prefieres ducharte o bañarte? ¿A qué hora?
3. ¿Qué haces para divertirte?
4. ¿A qué hora te acuestas?
5. ¿ ... ? (*Crea tu propia pregunta*).

10:00

A-22 ¿Conoces bien a tus compañeros?

Trabajen en grupos de cuatro para hacer esta actividad. ■

Paso 1 Un/a compañero/a debe salir de la sala de clase por un minuto. Los otros estudiantes escriben **cinco** preguntas sobre la vida diaria del/de la compañero/a, usando **los verbos reflexivos.**

MODELO *¿A qué hora te despiertas? ¿A qué hora te acuestas?*

Paso 2 Antes de entrar el/la compañero/a, el grupo de estudiantes debe adivinar cuáles van a ser las respuestas a esas preguntas.

MODELO *Probablemente nuestro/a compañero/a se despierta a las siete. Luego, probablemente se acuesta a las once.*

Paso 3 Entra el/la compañero/a y los otros le hacen las preguntas.

Paso 4 Comparen las respuestas del grupo con las del/de la compañero/a. ¿Tienen razón? Pueden repetir la actividad con los otros miembros del grupo.

Instructor Resources
- PPT, Extra Activities

NOTE for *Repaso de* ser *y* estar
Remind students they should omit the indefinite article (*un, una, unos, unas*) before the noun when using *ser* to explain what or who someone or something is when the noun is not modified. This commonly applies in the case of professions: *La Dra. García es profesora de literatura.* Dr. García is a literature professor.

HERITAGE LANGUAGE LEARNERS
Remind heritage learners that while this preliminary chapter is reviewing the basic rules about most concepts, there are subtle rules and exceptions, for example with *ser* and *estar.* The more subtle differences will be explained at a later point, although some students may well be aware of those differences now. If you choose to individualize instruction, you may wish to spend a brief amount of time with your heritage language learners discussing some of the additional uses of *ser* and *estar.*

SUGGESTION for *Repaso de* ser *y* estar
Presenting the differences between *ser* and *estar* tends to be highly personal, both with instructors and students. Please use whatever descriptions you and your students find most accommodating.

NOTE for *Gramática*
This is an inductive grammar presentation, as was the grammar presentation on stem-changing verbs. Again, in these presentations, the students are given examples of a grammar concept and, through the use of guiding questions, they formulate the rule in their own words. Research indicates that students remember and internalize grammar rules better when they construct their own knowledge.

5:00

REPASO

¡Hola! Spanish Tutorial

A-35 to A-38

10. Repaso de *ser* y *estar* Describing states of being, characteristics, and location

Son las ocho y media. ¿Dónde está Beto?

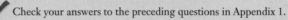

You learned two Spanish verbs that mean *to be* in English. These verbs, **ser** and **estar,** are contrasted below.

1. **Ser (soy, eres, es, es, somos, sois, son, son)** is used:
   - **To describe physical or personality characteristics that remain relatively constant**

Guillermo **es** inteligente.	*Guillermo is intelligent.*
Las casas **son** pequeñas.	*The houses are small.*

   - **To explain who or what someone or something is**

La Dra. García **es** profesora de literatura.	*Dr. García is a literature professor.*
Mary **es** mi hermana.	*Mary is my sister.*

   - **To tell time or to tell when or where an event takes place**

¿Qué hora **es**?	*What time is it?*
Son las nueve.	*It's nine o'clock.*
Mi clase de español **es** a las ocho y **es** en Peabody Hall.	*My Spanish class is at eight o'clock and is in Peabody Hall.*

   - **To tell where someone is from and to express nationality**

Somos de Cuba. **Somos** cubanos.	*We are from Cuba. We are Cuban.*

2. **Estar (estoy, estás, está, está, estamos, estáis, están, están)** is used:
   - **To describe physical or personality characteristics that can change, or to indicate a change in condition**

Elena **está** enferma hoy.	*Elena is sick today.*
Leo y Ligia **están** cansados.	*Leo and Ligia are tired.*

   - **To describe the locations of people or places**

El cine **está** en la calle 8.	*The movie theatre is on 8th Street.*
Estamos en el restaurante.	*We're at the restaurant.*
¿Dónde **estás** tú?	*Where are you?*

   - **With the present participle (-ando, -iendo) to create the *present progressive***

¡**Están** bailando mucho!	*They are dancing a lot!*
Estamos esperándola.	*We are waiting for her.*

¡Explícalo tú!

Compare the following sentences and answer the questions below.

Su hermano **es** simpático.
Su hermano **está** enfermo.

1. Why do you use a form of **ser** in the first sentence?
2. Why do you use a form of **estar** in the second sentence?

✓ Check your answers to the preceding questions in Appendix 1.

You will learn several more uses for **ser** and **estar** by the end of ***¡Anda! Curso intermedio.***

5:00 **A-23** **¡A jugar!** Vamos a practicar **ser** y **estar.** ■

Paso 1 Hagan una lista con dos columnas. Escriban **ser** en una columna y **estar** en la otra. Su profesor/a les va a dar tres minutos para escribir todas las oraciones que puedan con **ser** y **estar.**

Paso 2 Cuando terminen, formen grupos de cuatro para revisar sus oraciones. ¿Cuántas tienen correctas?

7:00 **A-24** **¿Quiénes son Pilar y Eduardo?** Pilar y Eduardo son estudiantes bilingües en una universidad de los Estados Unidos. ■

Paso 1 Túrnense para completar el siguiente párrafo con las formas correctas de **ser** o **estar** para conocerlos mejor.

(1) Son las siete y media de la mañana. Pilar (2) está cansada y un poco enferma pero tiene que darse prisa porque su clase de periodismo (3) es a las ocho. Por suerte (*Luckily*) su apartamento no (4) está muy lejos de la universidad. Eduardo (5) es otro estudiante de la misma universidad. Toma la misma clase que Pilar, pero no la conoce. (6) Es un hombre alto, inteligente y muy simpático. Le gusta estudiar. Sus abuelos (7) son de Perú y él (8) está tratando de mantener y respetar su cultura. Hoy no se siente muy bien; (9) está un poco enfermo. Los estudiantes ya (10) están en la clase. Pilar y Eduardo (11) están corriendo para llegar a tiempo. Los dos (12) son muy puntuales y no les gusta llegar tarde.

Paso 2 Expliquen por qué usaron (*you used*) **ser** o **estar** en cada espacio del párrafo del **Paso 1.**

MODELO 1. *Son*, telling time

HERITAGE LANGUAGE LEARNERS

Some heritage language learners tend to use the present progressive as a future tense: e.g., *Estoy comiendo mañana con mis amigos en el restaurante.* You may wish to remind your students that in Spanish, the *present progressive* is used to express an action that *is happening* now as opposed to a future action.

HERITAGE LANGUAGE LEARNERS

You may want to remind your heritage language learners that while *¡Anda!* is reviewing the basic rules, there are subtle rules and exceptions that exist. Although they may already be aware of those subtleties, you may wish to spend a brief amount of time with your native speakers discussing some of the additional uses of *ser* and *estar.*

SUGGESTION for A-25
You may wish to tell your students to interpret *casa* as either *casa, apartamento,* or *residencia estudiantil.*

SUGGESTION for A-26
Pair students by their favorite colors. Also, you can use notebook paper, but it is the authors' experience after using this activity for years that students of *all* ages enjoy when you use approximately three feet of newsprint and markers. They can then hold up the paper at the end of the activity and report to the rest of the class. Your local newspaper will probably be happy either to donate or sell at a very nominal price to educators what are called "end rolls." These end rolls are wonderful for all sorts of classroom activities.

21ST CENTURY SKILLS • "THEN" AND "NOW"
The Partnership for 21st Century Skills identified world languages as a core subject. Along with working with other disciplines, the Partnership identified how classrooms were "then" and how they need to be "now." "Then" the students learned about the language (grammar), and now, students need to be learning how to use the language. Activities like **A-26** help students to interact with each other on an interpersonal level, which is critical to fostering real communication.

3:00 **A-25 Quiero conocerte mejor** Túrnense para hacerse y contestar las siguientes preguntas. ■

¡Anda! Curso elemental, Capítulo Preliminar A. La hora; Capítulo 2. Emociones y estados; Capítulo 3. La casa, Los colores, Apéndice 2.

1. ¿De dónde eres?
2. ¿Cómo eres?
3. ¿Cómo estás hoy?
4. ¿A qué hora son tus clases?
5. ¿Cómo es tu casa?
6. ¿Dónde está tu casa?
7. ¿De qué color es tu casa?
8. ¿Dónde está tu residencia estudiantil?
9. ¿Cómo es tu dormitorio?
10. ¿Cuál es tu color favorito?
11. Describe a la persona más importante para ti.
12. ¿Dónde está él/ella ahora?

10:00 **A-26 Somos iguales** Completen los siguientes pasos. ■

Paso 1 Dibujen tres círculos, como los del modelo, y entrevístense para averiguar en qué se parecen y en qué se diferencian. En el círculo del centro, escriban oraciones usando **ser** y **estar** sobre lo que tienen en común. En los otros círculos, escriban en qué son diferentes.

Estrategia
Concentrate on spelling all words correctly. For example, make sure you put accent marks where they belong with forms of *estar* and other words that take accent marks. If necessary, review the rules regarding accent marks on page 5 of this chapter in the student note. If you are a visual learner, try color-coding the words that have accents or writing the accents in a different color to call attention to those forms of the verb.

MODELO

Soy alto.
Nuestro color favorito es el azul. Somos inteligentes.
Soy baja.

E1: *¿Cuál es tu color favorito?*
E2: *Mi color favorito es el azul.*
E1: *Mi color favorito es el azul también.*
(E1/E2 writes: *Nuestro color favorito es el azul.*)

Paso 2 Comparen sus dibujos (*drawings*) con los dibujos de sus compañeros de clase. ¿Qué tienen en común?

3:00

REPASO

¡Hola! Spanish Tutorial

A-39 to A-42

11. El verbo *gustar* Conveying likes and dislikes

You will remember that the verb **gustar** is used to express likes and dislikes. **Gustar** functions differently from other verbs you have studied so far.

- **The person, thing, or idea that is liked is the *subject* (S) of the sentence.**
- **The person (or persons) who like(s) another person, thing, or idea is the *indirect object* (IO).**

¡Me gusta este vestido!
25000

Note the following examples.

	IO	S	
(A mí)	**me**	gusta la playa.	*I like the beach.*
(A ti)	**te**	gusta la playa.	*You like the beach.*
(A Ud.)	**le**	gusta la playa.	*You like the beach.*
(A él)	**le**	gusta la playa.	*He likes the beach.*
(A ella)	**le**	gusta la playa.	*She likes the beach.*
(A nosotros/as)	**nos**	gusta la playa.	*We like the beach.*
(A vosotros/as)	**os**	gusta la playa.	*You (all) like the beach.*
(A Uds.)	**les**	gusta la playa.	*You (all) like the beach.*
(A ellos/as)	**les**	gusta la playa.	*They like the beach.*

Fíjate

Remember that *mi* means "my" and *mí* means "me."

Note the following:

1. The construction **a + pronoun** (**a mí, a ti, a él,** etc.) or **a + noun** is optional most of the time. It is used for clarification or emphasis. Clarification of **le gusta** and **les gusta** is especially important because the indirect object pronouns **le** and **les** can refer to different people (*him, her, you, them, you all*).

   A él le gusta la música clásica. (clarification) — *He likes classical music.*
   A Ana le gusta la música clásica. (clarification) — *Ana likes classical music.*

2. Use the plural form **gustan** when what is liked (the subject of the sentence) is plural.

   Me gusta **el traje.** — *I like the suit.*
   Me gusta**n los trajes.** — *I like the suits.*

3. To express the idea that one likes *to do* something, **gustar** is followed by an infinitive. In that case you always use the singular **gusta,** even when you use more than one infinitive in the sentence:

   Me gusta ir de compras por la noche. — *I like to go shopping at night.*
   A Juan **le gusta ir** de compras y **salir** con sus amigos. — *Juan likes to go shopping and to go out with friends.*

¡Explícalo tú!

In summary:

1. To say you like or dislike one thing, what form of **gustar** do you use?
2. To say you like or dislike more than one thing, what form of **gustar** do you use?
3. Which words in the examples mean *I? You? He/She? You (all)? They? We?*
4. If a verb is needed after **gusta/gustan,** what form of the verb do you use?

✓ Check your answers to the preceding questions in Appendix 1.

Instructor Resources
- PPT, Extra Activities

METHODOLOGY • Presentation of *gustar*
We have made a conscious decision to present *gustar* using the translation *to like* and not to use *to be pleasing.* As with all instructional decisions, you may approach this issue as you wish.

NATIONAL STANDARDS
Connections activity for El verbo gustar
Have your class create 5 opinion questions on famous people, food, etc. Then have students circulate and interview their classmates using the 5 questions. Next have students graph their responses and report back to the class. Graphing the responses supports the Connections Standard by reinforcing mathematics.

NOTE for *Gramática*
This is yet another inductive grammar presentation in which the students are given examples of a grammar concept and, through the use of guiding questions, they formulate the rule in their own words. A follow-up technique that can be used is to have students repeat in their own words the rules. Research supports that if individuals can explain a concept, they tend to have a clearer and/or deeper understanding of the topic.

7:00 **A-27** ## ¿Qué te gusta? Completen los siguientes pasos. ■

Paso 1 Decidan si les gustan las siguientes cosas. Túrnense.

MODELO los lunes

E1: *No me gustan los lunes.*

E2: *A mí tampoco me gustan los lunes.*

Fíjate

To express "me too," you use *también;* to express "me neither," use *tampoco.*

1. la cafetería
2. los viernes
3. vivir en una residencia estudiantil
4. las ciencias
5. aprender idiomas
6. cocinar comida mexicana
7. bailar salsa
8. las novelas de Ernest Hemingway

¡Anda! Curso elemental, Capítulo 2. La formación de preguntas y las palabras interrogativas, Apéndice 3.

Paso 2 Ahora hazles preguntas de las categorías del **Paso 1** a otros compañeros de clase.

MODELO E1: *¿Les gustan los lunes?*

E2 & E3: *No, no nos gustan los lunes.*

Estrategia

Remember, if you answer negatively, you will need to say *no* twice.

NATIONAL STANDARDS
Connections
The influence of Spanish in the United States provides the background information students need to make connections between the names of places and historical and linguistic context. For example, they will recognize such names as El Paso and Santa Fe (Standard 3.2), and they will be more likely to understand how and why certain cities, buildings, and places were named.

SUGGESTION for *Notas culturales*
You may want to ask students these additional questions:
1. ¿Cuándo comenzó la influencia del español en los Estados Unidos?
2. Nombra un lugar con nombre hispano cerca de donde vives.
3. Nombra un canal de televisión en tu área que tenga programación en español.
4. ¿Qué canales ves tú?

ANSWERS to *Notas culturales*
Suggested answers may include:
1. Se ve en los nombres de unos estados como Colorado, Arizona, etc. También se ve en los nombres de unas ciudades como Boca Ratón, Santa Fe y Los Ángeles.
2. Se ve en la televisión, en la música, en los artistas, etc.

NOTAS CULTURALES

La influencia del español en los Estados Unidos

A-43 to A-44

Desde la época de los conquistadores, el español ha tenido una influencia muy fuerte en los Estados Unidos, y esta influencia sigue hoy en día. Muchas ciudades y lugares geográficos se reconocen por sus nombres hispanos del tiempo colonial: El Álamo, El Paso, Las Vegas, Boca Ratón, Santa Fe, San Francisco y Los Ángeles, por mencionar algunos. También, hay varios estados con nombres derivados de la lengua o herencia española como Colorado, Montana, Florida, California y Nevada. La población hispanohablante de los Estados Unidos es cada día más numerosa y tiene un gran poder económico también. Por eso, hay muchas emisoras de radio (¡más de 650!) y varias cadenas de televisión (como Telemundo, Univisión, América TeVe, Mega TV, etc.) con programación en español que compiten por la atención del público.

Preguntas

1. ¿Dónde se ve la influencia del español en los Estados Unidos?
2. ¿Dónde se ve el poder económico de los hispanohablantes en los Estados Unidos?

Y por fin, ¿cómo andas?

Each of the coming chapters of *¡Anda! Curso intermedio* will have three self-check sections for you to assess your progress. The first *¿Cómo andas? (How are you doing?)* section will appear approximately one-third of the way through each chapter. The second *¿Cómo andas?* will appear approximately two-thirds of the way through the chapter. At the end of each chapter you will find *Y por fin, ¿cómo andas? (Finally, how are you doing?)*. Use the checklists as a measure of all that you have learned in the chapter. Place a check in the *Feel confident* column of the topics you feel you know and a check in the *Need to Review* column of those that you need to practice more. Be sure to go back and practice those concepts that you determine you personally need to review. Practice is key to your success!

Having completed this chapter, I now can . . .	Feel confident	Need to review
Comunicación		
• identify masculine and feminine nouns. (p. 4)	☐	☐
• use singular and plural nouns. (p. 5)	☐	☐
• convey *the, a, one,* and *some*. (p. 6)	☐	☐
• supply details about people, places, and things. (p. 7)	☐	☐
• state possession. (p. 11)	☐	☐
• relate daily activities. (p. 13)	☐	☐
• express actions. (p. 14)	☐	☐
• communicate accomplishments. (p. 19)	☐	☐
• relate daily routines. (p. 22)	☐	☐
• describe states of being, characteristics, and location. (p. 26)	☐	☐
• convey likes and dislikes. (p. 29)	☐	☐
Cultura		
• give at least two reasons why it is important to study and be able to communicate in Spanish. (p. 10)	☐	☐
• name numerous Spanish speakers. (p. 18)	☐	☐
• document the influence of Spanish in the United States. (p. 30)	☐	☐
Comunidades		
• use Spanish in real-life contexts. (SAM)	☐	☐

Estrategia

The *¿Cómo andas?* and *Por fin, ¿cómo andas?* sections are designed to help you assess your understanding of specific concepts. In *Capítulo Preliminar A,* there is one opportunity for you to reflect on how well you understand the concepts. Beginning with *Capítulo 1,* you will find three opportunities in each chapter to stop and reflect on what you have learned. These checklists help you become accountable for your own learning and determine what you need to review. Use them also as a way to communicate with your instructor about any concepts you still need to review. Additionally, you might use your checklist as a way to guide your studies with a peer group or peer tutor. If you need to review a particular concept, more practice is available in MySpanishLab.

METHODOLOGY • Student Self-Assessments

For a number of years, our profession has moved in the direction of student self-assessments in addition to assessments by teachers. These self-assessments help students determine where they are with regard to their learning and what individual remediation is needed. Research contends that instructors have to make students ultimately responsible for their own learning, and one of the ways to do this is by having them self-assess. Research also finds that students tend to be overly critical of what they do and do not know, and periodic self-assessments help them to self-evaluate realistically.

Instructor Resources

- Testing program information

INTRODUCTION to *Y por fin, ¿cómo andas?*

Throughout the textbook, you will encounter 3 sections per chapter that allow the students to self-assess. The first 2 sections are titled *¿Cómo andas? I* and *¿Cómo andas? II*, and the last section is titled *Y por fin, ¿cómo andas?* Each section has a chart listing the concepts from the chapter along with the chart headings "Feel confident" and "Need to review." Beside each concept students can check off whether they feel confident about a particular concept or whether they need to review it. As students complete the *¿Cómo andas?* section, you can survey the class to see which areas the students need to review. If the majority of students are having difficulties, you may want to review the topic. As an instructor, you can suggest that students make appointments for extra individual help. This checklist is especially helpful if students have a peer tutor or study group, because they can keep a record of the concepts that are difficult. Peer tutors will appreciate having a checklist for each tutoring session. Encourage students to use these self-checks because they help your students become accountable for their own learning and promote self-actualization. Because *Capítulo Preliminar A* is meant to be a quick introduction to Spanish, it contains only one self-check for the students.

SUGGESTION for *Y por fin, ¿cómo andas?*

If you have time constraints, we recommend that these self-assessments be completed by the students outside of class. You may want to spot check some students and ask how they are doing (e.g., "How many of you feel confident conveying likes and dislikes?"). For those students who do not raise their hands, remind them that, on their own, they need to consult the pages listed to review the material. If you have time to do the self-check in class, one approach is to have students write short answers to the topics, then check in their textbook to verify their answers. Based on this verification, they can rate themselves on the concepts and hand in their ratings to you at the end of class.

Instructor Resources
- IRM: Syllabi and Lesson Plans

NATIONAL STANDARDS

COMUNICACIÓN I
- To describe yourself and others in detail (Communication)
- To avoid repetition and clarify meaning (Communication)
- To express feelings and reactions (Communication)
- To predict content and guess meaning (Communication, Connections)
- To engage in additional communication practice (Communication)

COMUNICACIÓN II
- To convey personal descriptors (Communication)
- To speak and write about past events (Communication)
- To indicate what someone *has* done (Communication)
- To share information about your family (Communication)
- To employ appropriate greetings and farewells (Communication, Cultures)
- To use the strategy of *mapping* to organize ideas before writing (Communication)
- To engage in additional communication practice (Communication)

CULTURA
- To examine stereotypes and the idea of a "typical" Hispanic (Communication, Cultures, Comparisons)
- To discuss well-known families (Communication, Cultures, Connections, Comparisons)
- To consider famous Hispanic families and family events (Communication, Cultures, Connections, Comparisons)
- To explore further the chapter's cultural themes (Communication, Cultures, Comparisons)

LABERINTO PELIGROSO
- To apply pre-reading techniques to aid in comprehension while meeting the three protagonists in *Laberinto peligroso* (Communication, Comparisons)
- To learn more about how the lives of the protagonists intertwine (Communication)

COMUNIDADES
- To use Spanish in real-life contexts (Communities)

LITERATURA
- To read and understand a poem using literary terms (Communication)

1

Así somos

¿Cómo eres? ¿Cómo es tu familia? ¿Cómo te ven otras personas? Todos tenemos características personales y físicas que compartimos y que nos diferencian. ¡Vamos a explorarlas!

PREGUNTAS

1. ¿Cómo son las personas que aparecen en la foto?
2. Compara esta familia con la tuya.
3. ¿Cómo eres tú?

32

SECTION GOALS for *Chapter opener*

By the end of the Chapter opener section, students will be able to:
- describe their families and themselves.
- identify physical characteristics and personality traits.
- contrast their families with famous families.

NATIONAL STANDARDS
Chapter opener

The Chapter opener section serves as a starting point for Communication Standard 1.1 and Comparisons Standard 4.2 as students describe what they see in the photo and make comparisons between the family pictured and their own. The follow-up questions about the photo provide opportunities for interpersonal communication in pairs or small groups. The insights from these interpersonal conversations encourage students to compare how culturally similar their families are to the Hispanic family.

METHODOLOGY • Starting Where the Learner Is

Have students answer the questions in *Preguntas* in pairs or as a class activity. The philosophy of *¡Anda! Curso intermedio* acknowledges the need to access students' prior knowledge. Beginning with what students themselves already know best helps build interest in the chapter. John Dewey's philosophy encourages instructors to start where the learners are, which includes what they already know about the subject. Being able to share what they already know helps motivate learners and puts them in an anticipatory state for the chapter's content.

OBJETIVOS	CONTENIDOS	
COMUNICACIÓN I		
To describe yourself and others in detail	1 Physical aspects and personality	34
To avoid repetition and clarify meaning	**Repaso** Direct and indirect object pronouns and reflexive pronouns	MSL
To express feelings and reactions	2 Verbs similar to **gustar**	39
To predict content and guess meaning	**ESCUCHA:** A humorous television show **Estrategia:** Predicting content and guessing meaning	44
To engage in additional communication practice	**Heritage Language**	SAM
COMUNICACIÓN II		
To convey personal descriptors	3 Some states of being	46
To speak and write about past events	**Repaso** Preterit	MSL
To indicate what someone *has* done	4 Present perfect indicative	49
To share information about your family	5 Family	53
To employ appropriate greetings and farewells	**¡CONVERSEMOS!** **Estrategias comunicativas:** Employing greetings and farewells	58
To use the strategy of *mapping* to organize ideas before writing	**ESCRIBE:** A personal profile **Estrategia:** Process writing (Part 1): Organizing ideas	60
To engage in additional communication practice	**Heritage Language**	SAM
CULTURA		
To examine stereotypes and the idea of a "typical" Hispanic	**NOTAS CULTURALES** ¿Hay un hispano típico?	42
To discuss well-known families	**PERFILES** Familias hispanas	57
To consider famous Hispanic families and family events	**VISTAZO CULTURAL** Los hispanos en los Estados Unidos	62
To explore further the chapter's cultural themes	**MÁS CULTURA**	SAM
LABERINTO PELIGROSO		
To apply pre-reading techniques to aid in comprehension while meeting the three protagonists in *Laberinto peligroso*	**EPISODIO 1** **Lectura:** *¿Periodistas en peligro?* **Estrategia:** Pre-reading techniques: Schemata, cognates, predicting, and guessing	64
To learn more about how the lives of the protagonists intertwine	**Video:** *¿Puede ser?*	66
COMUNIDADES		
To use Spanish in real-life contexts	**Experiential Learning:** Tu alter ego en Facebook **Service Learning:** Autoestima	SAM SAM
LITERATURA		
To read and understand a poem using literary terms	**LETRAS** *Poema I* (fragmento) *de Versos sencillos* (José Martí)	*See Literary Reader*

33

CAPÍTULO 1

METHODOLOGY • Interpretive, Interpersonal, and Presentational Modes of Communication
There are three modes of communication: *interpretive, interpersonal,* and *presentational.* The *interpretive* mode of communication includes reading and listening. It is deciphering linguistic code. The *interpersonal* mode of communication is a core concept of the *¡Anda!* program. It is oral communication between two or more individuals. It can also be communicating via writing. Finally, the *presentational* mode of communication is when an individual makes a presentation to an individual or group, usually orally. *¡Anda!* balances all three modes of communication to provide learners with ample opportunities to grow in the language. For example, when students are working in pairs on the activities in the text, they are employing the interpretive and interpersonal modes of communication. When the activity has students speaking in extended discourse (3 or more sentences) to a partner, that is the presentational mode. The *¡Conversemos!* sections of each chapter, as well as Chapters 6 and 12, also incorporate extensively all three modes of communication.

WARM-UP for *Chapter opener*
Ask students to give their impressions of the photo on the opposite page. Have them read the chapter objectives silently. We suggest that you spend no more than 5 to 7 minutes on chapter openers.

NOTE for *Contenidos*
The Heritage Language activities, available in the Student Activities Manual (SAM), are not only for heritage learners, but for all of your students. The activities either require students to reflect on the usage of Spanish or to use Spanish in ways that encompass all of the 5 Cs. The end product will vary from student to student, which is an expected outcome of performance-based activities.

METHODOLOGY • Using English in the Classroom
The philosophy of *¡Anda! Curso intermedio* regarding the use of English is as follows:

1. Grammar explanations are brief and in English.
2. Strategies and tips such as the reading and writing strategies are always in English.
3. The use of Spanish in *¡Anda! Curso intermedio* is based on Stephen Krashen's Input Hypothesis (i + 1), which states that students acquire more language when exposed to structures that are a little beyond (+) what is completely comprehended (i).

METHODOLOGY • The National Foreign Language Standards
The American Council on the Teaching of Foreign Languages (ACTFL), along with the American Association of Teachers of Spanish and Portuguese and other language organizations, created the National Foreign Language Standards. *¡Anda! Curso intermedio* is based on the National Standards, and the 5 Cs promoted by the Standards (Communication, Cultures, Connections, Comparisons, and Communities) will always be identified with each chapter's objectives. For more information on the National Foreign Language Standards, please consult http://www.actfl.org.

PLANNING AHEAD
To save time in class, assign **1-5** (first part of *Paso 1,* all of *Paso 2,* and first part of *Paso* 3) and **1-25** as homework. We recommend assigning *all* grammar sections to be read in advance, because they are clear and concise. Also, assign students to read *all* culture sections before class. The instructor's role then is to clarify or review as necessary any points students have read in advance. Finally, we suggest assigning the and sections, and the text and video episodes as homework.

Instructor Resources
- Textbook images, Extra Activities

NOTE on *Comunicación I* and *II*
There are two *Comunicación* sections in each chapter of *¡Anda! Curso intermedio.* Within each of these sections the new grammar and vocabulary are introduced, and all grammar and vocabulary (both new and recycled from previous chapters) are practiced. There are also *Notas culturales* and *Perfiles* culture presentations in each *Comunicación* section that reinforce the chapter theme and/or focus country or countries. You and your students will know that you have reached the end of a *Comunicación* because there is a self-evaluation for your students entitled *¿Cómo andas?* at the end of each section. Each *Comunicación* section is designed to be completed in about one week.

SECTION GOALS for *Comunicación I*
By the end of the *Comunicación* section, students will be able to:
- use descriptive adjectives to talk about physical appearance and personality traits.
- contrast the use of direct object pronouns, indirect object pronouns, and reflexive pronouns.
- describe famous people and make comparisons between celebrities and people they know.
- indicate their likes, dislikes, and opinions using *gustar* and *gustar*-like verbs.
- express how they get along with others using verbs like *gustar.*
- understand general cultural differences among Spanish-speaking peoples.

NATIONAL STANDARDS
Communication
In the first *Comunicación* section, students continue learning ways to describe themselves and others, express their likes and dislikes, and narrate past actions and events. This section supports all three standards under the goal area of Communication. Most of the activities in this section are designed for partners or small groups, to enhance their interpersonal communication (Standard 1.1). Some activities, such as Celia's diary, that appear in MySpanishLab also facilitate interpretive communication (Standard 1.2), as students have to read and interpret written text. Moreover, activities like **1-3** can be modified to encompass the presentational mode (Standard 1.3) by having the students reenact the dialogue in front of the class.

Comunicación I

¡Anda! Curso elemental, Capítulo 1. Los adjetivos descriptivos, Apéndice 3; Capítulo 2. Las emociones y los estados; Capítulo 9. El cuerpo humano, Apéndice 2.

3:00

1 VOCABULARIO

01-01 to 01-05

El aspecto físico y la personalidad

Describing yourself and others in detail

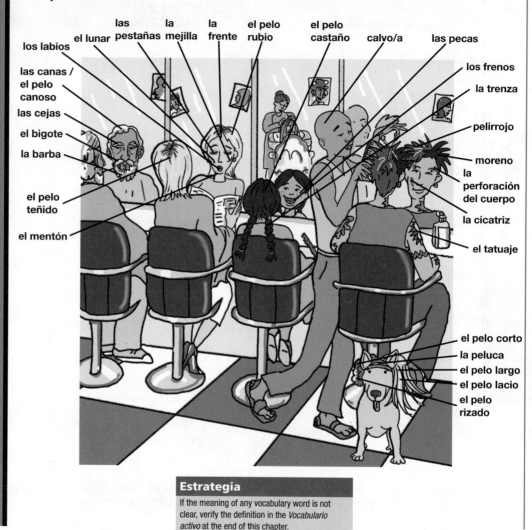

El aspecto físico

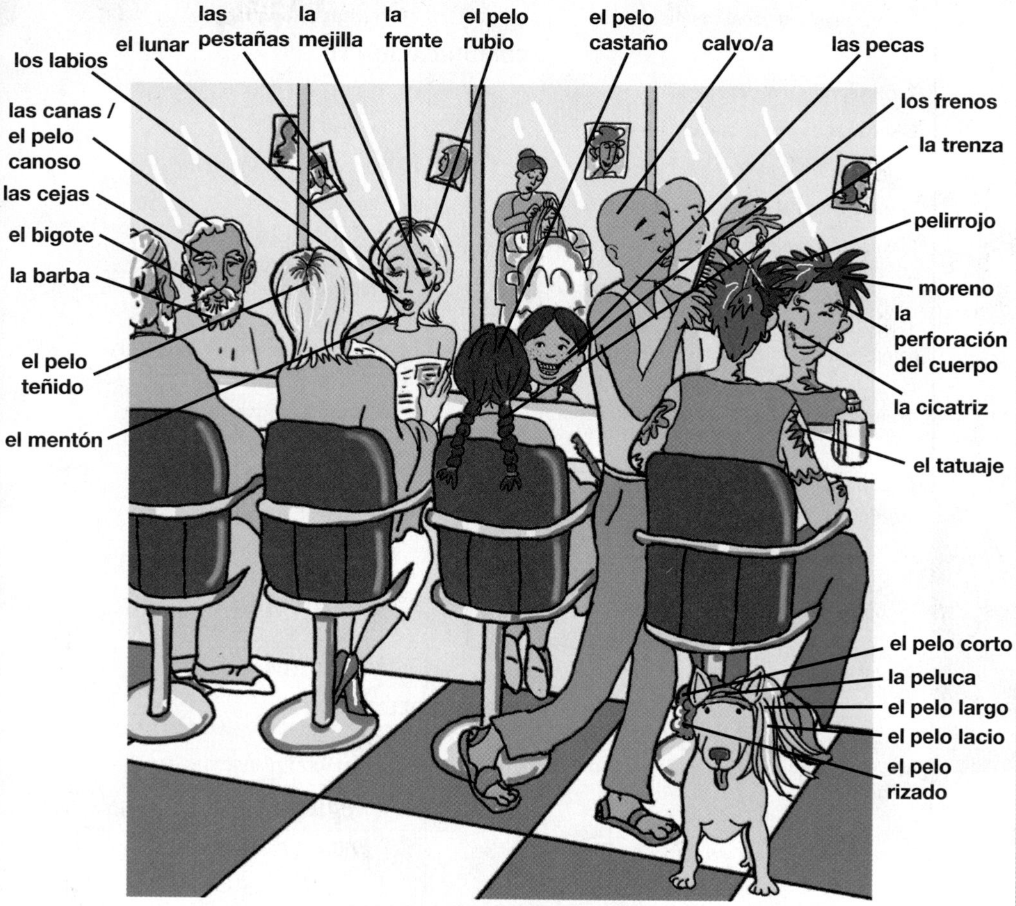

Estrategia
If the meaning of any vocabulary word is not clear, verify the definition in the *Vocabulario activo* at the end of this chapter.

METHODOLOGY • Introducing New Vocabulary
For new instructors (and even as a reminder for those of us who have been teaching for a number of years): when introducing new vocabulary, say the word, have students repeat after you, then say the word again, having them repeat once again. Even though the words are pronounced on the *¡Anda! Curso intermedio* Audio CD and on MySpanishLab, reinforcement in class helps emerging intermediate learners. Spend approximately 3 minutes introducing new vocabulary.
Note: We suggest not repeating in unison with your students, because you will be unable to monitor their pronunciation.

La personalidad

El aspecto físico	*Physical appearance*
la apariencia	*appearance*
la piel	*skin*

Palabra útil	*Useful word*
discapacitado/a	*physically / psychologically handicapped*

La personalidad	*Personality*
despistado/a	*absent-minded; scatterbrained*
educado/a	*polite*
flojo/a	*lazy*
generoso/a	*generous*
grosero/a	*rude*
honesto/a	*honest*
pesado/a	*dull; tedious*
raro/a	*strange*
sencillo/a	*modest; simple*
sensible	*sensitive*
tacaño/a	*cheap*
terco/a	*stubborn*

REPASO

¡Hola! *Repaso* & Spanish/English Tutorials

01-06 to 01-10

Los pronombres de complemento directo e indirecto y los pronombres reflexivos Avoiding repetition and clarifying meaning

For a complete review of direct and indirect object pronouns and reflexive pronouns, go to MySpanishLab or refer to **Capítulo 9** of ***¡Anda! Curso elemental*** in Appendix 3 of your textbook. The vocabulary activities that follow incorporate this grammar point. Practicing new vocabulary with a review grammar point helps to strengthen and increase your knowledge of Spanish.

HERITAGE LANGUAGE LEARNERS
During the course of the chapter, have your heritage language learners bring in pictures of their favorite Hispanic artists, athletes, or famous people from their countries of origin. They can then describe their origins, physical characteristics, and personalities.

INTRODUCTION to *Celia's diary*
Celia's diary appears directly before the first *Repaso* grammar box in MySpanishLab. Its purpose is to contextualize the review grammar concept. Comprehension questions for the diary are also provided.

INTRODUCTION to *Review Grammar*
Repaso
The *Repaso* sections, found in MySpanishLab, review grammar that was presented in *¡Anda! Curso elemental.* We realize that the intermediate course has a wide array of students coming from many different places such as high school and other colleges. Many students have placed into your course; some have used *¡Anda! Curso elemental,* and others have not. For students who need a more in-depth explanation of this review grammar topic, please direct them to Appendix 3 or to MySpanishLab.

NOTE for *Repaso*
This is a reminder that the *Repaso* boxes are meant to be assigned as homework the night before you introduce the new vocabulary. Students should be expected to review this prior to class so that you can proceed immediately to the first activity following the vocabulary presentation.

If you want to, immediately following the vocabulary presentation, and preceding the first vocabulary activity in the text, you may wish to do one of the following mechanical activities:

1. Have each student describe to his or her partner a famous or well-known person using the new vocabulary. The partner has to guess whom the student is describing.
2. Have one partner give his or her classmate a word from the new vocabulary list. The classmate must give either an antonym or a definition of the word.

NOTE for *Los pronombres de complemento directo e indirecto y los pronombres reflexivos*
You may want to remind your students about the use of accent marks for affirmative commands with object pronouns.

METHODOLOGY • Reviewing and Recycling
We know from thousands of educational research studies that learners need material to be reviewed and recycled in order to acquire the concepts. The authors of *¡Anda! Curso intermedio* firmly believe in reviewing previously learned material, and the text does so frequently throughout every chapter. You will note annotations alerting students to vocabulary and grammar they learned in *¡Anda! Curso elemental.* The purpose is to have them review the vocabulary and grammar if they self-assess the need. The vocabulary and grammar from *¡Anda! Curso elemental* can be found in Appendices 2 and 3.

METHODOLOGY • Student Accountability
When students are working in class, either with partners or by themselves, always circulate around the room to ensure that they are on task. We suggest giving a daily class participation grade for student accountability. Also, spot-check activity answers not only for comprehension but also for accountability. This sends a strong message to students that they must stay on task, as does allotting a brief but appropriate time for each activity.

NATIONAL STANDARDS
Communication
This series of activities uses oral communication to move from highly structured to more open-ended personalized activities. Standard 1.1 requires students to use Spanish by engaging in conversations and providing and obtaining information in an interpersonal mode. Students are able to make comparisons about themselves and others with regard to personality traits and physical characteristics. Activities like **1-4** allow students to exchange opinions about famous people, and **1-5** can be adapted to address Standard 1.3, the presentational mode, if students present their dating profiles to the class.

EXPANSION for 1-1
You may prefer to have your students write complete sentences for *Paso 1*.

EXPANSION for 1-2
Have students write about similarities and differences using the information provided in the Venn diagram. This could include using comparisons.

NOTE for *Methodology Annotations*
Instructors using *¡Anda! Curso intermedio* may span the range from those with little experience to seasoned veterans with years of experience. The Methodology notes are meant to assist where necessary and, in general, to clarify why presentational and instructional choices have been made in *¡Anda! Curso intermedio*.

METHODOLOGY • Mechanical, Meaningful, and Communicative Activities
¡Anda! Curso intermedio practices vocabulary and grammar in a highly sequenced way, moving from *mechanical* to *meaningful* to *communicative* activities. Mechanical activities are those in which students practice and drill vocabulary or grammar concepts. These activities are very controlled and may help students to memorize certain language aspects. Some mechanical activities are known as *substitution drills.* Meaningful activities are those that are still controlled but allow students to personalize responses. Communicative activities are somewhat more open-ended and allow students, in a supportive context, to truly create with the language, reinforcing the new vocabulary and grammar. Again, all activities that follow the vocabulary and grammar presentations progress from mechanical to meaningful to communicative. Progressing out of this order does not maximize student learning.

¡Anda! Curso elemental, Capítulo Preliminar A. El verbo *ser;* Capítulo 1. Los adjetivos descriptivos; Capítulo 5. Los pronombres de complemento directo y la "a" personal, Apéndice 3; Capítulo 9. El cuerpo humano, Apéndice 2.

Estrategia
¡Anda! Curso intermedio has provided you with reviewing and recycling references to help guide your continuous review of previously learned material. Make sure to consult the indicated pages if you need to refresh your memory about this or any future recycled topics.

4:00 **1-1** **¿Cómo son?** Miren los tres dibujos y completen los siguientes pasos. ■

Paso 1 Haz una lista de por lo menos **seis** características físicas de cada persona que aparece en los dibujos.

MODELO La mujer joven:
1. es rubia

Paso 2 Escribe una descripción de cada persona que aparece en los dibujos y compártela con un/a compañero/a.

MODELO *La mujer es joven y rubia con una frente alta. No tiene pecas…*

4:00 **1-2** **¿Qué tenemos en común?** Con un/a compañero/a, descríbanse, dando por lo menos **ocho** características. Después, hagan un diagrama de Venn. Escriban las características que tienen en común en la intersección de los dos círculos y escriban fuera de la intersección las características que no comparten. ■

MODELO
E1: *Soy extrovertida.*
E2: *Yo también soy extrovertido.*
E1: *Soy desorganizada.*
E2: *Yo no. Yo soy organizado…*

Estrategia
Remember when using adjectives to make them agree in gender and number. E.g., if you are a male, you are *extrovertido;* if you are a female, you are *extrovertida;* when talking about both of you, two males or a male and a female are *extrovertidos;* two females are *extrovertidas.*

METHODOLOGY • Instructional Delivery
It is suggested that after pairing your students for the day, you put the activities that you want them to do on the board. You suggest the amount of time they may want to spend. Some pairs will spend/need more time than others. Give directions in advance for any activities that may need extra explaining. Otherwise, the students should be permitted to negotiate meaning together. Finally, always have an activity or activities for groups that finish early. You might have them review the vocabulary from previous chapters, or you may want to list activities from previous chapters that they should go back and redo.

3:00

1-3 ¿Algún día?

Gloria y Tomás están caminando por el parque. Se paran para observar a dos niños jugando mientras sus madres conversan. ■

Paso 1 Completen la conversación entre Gloria y Tomás, usando **los pronombres de complemento directo e indirecto** y **los pronombres reflexivos.**

GLORIA: ¡Qué día tan agradable! Y ¡qué chistoso es aquel niño!

TOMÁS: ¿Chistoso? No lo puedo creer, ¡qué malo es ese niño! ¿Ves cómo rompe el juguete (*toy*) de aquella niña?… y ahora (1) lo tira (*throws it*) al suelo.

GLORIA: Sí, amor. La niña (2) se levanta para buscar a su mamá. Parece que (3) la está llamando.

TOMÁS: Ah, no. Creo que va a recoger (*pick up*) el juguete. ¡No! Va a pegarle (*hit*) al niño. Mira.

GLORIA: Le pega fuerte. Cuidado… ¡Qué maleducada! No (4) te preocupes, Tomás. Allí están sentadas las madres.

TOMÁS: Sí, y (5) los van a reñir (*scold*). Deben estar enojadas con sus niños.

GLORIA: Ay, Tomás… los niños son preciosos, ¿verdad?

TOMÁS: A mí no (6) me gustan. No quiero hijos. Y tú, ¿(7) los quieres tener?

GLORIA: Pues, sí, algún día. Pienso tener cinco hijas y (8) las voy a llevar al parque todos los días. Tú y yo podemos…

TOMÁS: ¡Mi teléfono! Tengo que ir me (9). Creo que mi madre (10) me llama. ¡Adiós!

GLORIA: Pero, Tomás… ¡ (11) Me invitaste a comer!

Paso 2 Usen el dibujo y el vocabulario nuevo para describir a los niños en el parque.

MODELO *La niña tiene el pelo rizado y los dos probablemente tienen las pestañas largas…*

4:00

1-4 ¿Cómo son?

Escoge a una de las personas de la lista y escribe **tres** palabras que describan a la persona. Después, inventa un horario para hoy para esa persona. Comparte la descripción y el horario con un/a compañero/a. Trata de usar **los pronombres reflexivos** con el vocabulario nuevo. ¡Sé creativo! ■

¡Anda! Curso elemental, Capítulo 1. Los adjetivos descriptivos; Capítulo 8. Las construcciones reflexivas, Apéndice 3; Capítulo 2. Las emociones y los estados; Capítulo 9. El cuerpo humano, Apéndice 2.

MODELO **tu mejor amigo:** agradable, generoso, despistado
Mi mejor amigo se llama Tonio. Es muy agradable y generoso. Se levanta a las seis. A las ocho se va a la universidad…

1. Javier Bardem y Penélope Cruz
2. Homer Simpson
3. Donald Trump
4. Beyoncé
5. Payton Manning
6. tu mejor amigo/a

EXPANSION for 1-3

Encourage your students in *Paso 2* to describe beyond the drawing, expanding to include what they do not see in the image.

METHODOLOGY • Follow-up

When the majority of students have finished an activity, it is a good idea to review it quickly. Following up an activity not only gives it validity, it also allows students to report back using different forms of the verb, providing an opportunity for instructors to address mistakes. This should be done quickly, only calling on a few students or going over a few of the items rather than all of them.

ADDITIONAL ACTIVITY for *El aspecto físico* and *Los pronombres de complemento directo*

¡Un extraterrestre! ¿Son artistas? ¡No importa si no lo son!

Paso 1 Dibuja la cara de un extraterrestre (*alien*). No le muestres tu dibujo a tu compañero/a.

Paso 2 Tu compañero/a va a preguntarte cómo es el extraterrestre. Contesta usando los pronombres de complemento directo.

MODELO
E1: *¿Tu extraterrestre tiene dos cejas?*
E2: *Sí, las tiene.*
E1: *¿Tiene las cejas finas?*
E2: *No, no las tiene finas; son gruesas…*

Paso 3 Después de hacer cinco preguntas, tu compañero/a tiene que dibujar (y reproducir) tu extraterrestre, según la información que tiene.

Paso 4 Comparen sus dibujos.

EXPANSION for 1-4

Have students bring in pictures of the famous people mentioned in **1-4.** As a writing assignment, students can each write a short biography of a person. If students are not familiar with these individuals, encourage them to be creative with facts and details.

METHODOLOGY • Cooperative Learning
Pair and cooperative learning is a proven technique for increasing student performance. Research is emphatic regarding the benefits of students learning from students. It is recommended that you have students change partners frequently; daily is ideal. Physically separate groups as much as space permits. Students are less prone to be distracted by other groups the further apart they sit.

EXPANSION for 1-5
Have students combine the information they wrote for *Paso 2* and *Paso 3* and condense it into a personal ad. E.g.: *Mujer pelirroja, chistosa, alegre y sencilla busca hombre alto, agradable, sensible, y no grosero.*

EXPANSION for 1-5
For *Paso 2*, students could also each select a famous person they consider *hombre/mujer ideal* and write at least four things that describe why this person is ideal for them. Then they each can bring in a picture of the person and present their explanation to the class.

5:00 Workbooklet

¡Anda! Curso elemental, Capítulo Preliminar A. Los números 0–30; Capítulo 1. Los números 31–100; Los adjetivos descriptivos; Capítulo 2. Las emociones y los estados; Los deportes y los pasatiempos; Capítulo 5. El mundo de la música; Capítulo 9. El cuerpo humano, Apéndice 2; Capítulo 9. Las expresiones afirmativas y negativas, Apéndice 3.

1-5 ¿Estás interesado/a? **Pareja.com** te ayuda a encontrar a esa persona ideal. Completa los siguientes pasos. ■

Paso 1 Completa el formulario para utilizar el servicio. Después, compara tu información con la de tus compañeros en grupos de cuatro para saber qué tienen ustedes en común.

¿Estás buscando pareja?. . . Para ayudarte a encontrar tu pareja ideal, necesitamos que completes el siguiente formulario:

Nombre ______________________
Correo electrónico ______________________
Sexo: ___ **hombre** ___ **mujer**

¿CÓMO ERES?
Soy: ___ **guapo/a** ___ **normal**
Edad: ___
Ojos: ___ verdes ___ azules ___ castaños
Pelo: ___ rubio ___ castaño ___ moreno ___ pelirrojo ___ teñido ___ calvo ___ canoso
Carácter: ___ organizado/a ___ serio/a ___ callado/a ___ sensible ___ honesto/a
___ tímido/a ___ interesante ___ simpático/a ___ gastador/a ___ chistoso/a
___ extrovertido/a ___ humilde
Inteligencia: ___ alta ___ normal ___ baja
¿Hablas español? ___ muy bien ___ un poco ___ no
¿Hablas otras lenguas? ___ sí ___ no

TRABAJO: ___ sí ___ no **Licencia de conducir:** ___ sí ___ no

PASATIEMPOS:
Viajar: ___ sí ___ no **Leer:** ___ sí ___ no
Deportes: ___ fútbol ___ básquetbol ___ coches/motos ___ natación
___ atletismo ___ gimnasia ___ artes marciales ___ esquí
___ deportes acuáticos ___ golf ___ fútbol americano ___ tenis
___ boxeo ___ ciclismo ___ patinaje ___ otros deportes
___ no me gusta hacer deporte
Fin de semana ideal: ___ cine/teatro ___ ir a la discoteca ___ ir a restaurantes
___ montaña ___ playa ___ ir de compras
Música preferida: ___ clásica ___ pop/rock en general ___ de los años 60–70
___ de los años 80 ___ jazz ___ rock duro/heavy
___ New Age ___ tradicional/popular ___ salsa/música latina
___ No me gusta la música
¿Sabes cocinar? ___ sí ___ no

HORÓSCOPO: ___ Aries ___ Tauro ___ Géminis ___ Cáncer ___ Leo ___ Virgo
___ Libra ___ Escorpio ___ Sagitario ___ Capricornio ___ Acuario ___ Piscis

NOTAS ADICIONALES:
____
____

PAREJA.COM

Paso 2 Escribe por lo menos **cuatro** oraciones sobre tu hombre/mujer ideal. Usa por lo menos **cuatro** descripciones de características físicas y personales de él o ella.

MODELO *Mi hombre/mujer ideal tiene el pelo corto y las pestañas largas…*

Paso 3 Ahora haz una descripción de ti mismo/a. Usa por lo menos **cuatro** descripciones de características físicas y personales tuyas. Después, comparte las descripciones con un/a compañero/a.

MODELO *Mi apariencia no es nada extraordinaria. No tengo ni bigote ni barba. Soy callado y un poco serio. No soy grosero…*

4:00

2 GRAMÁTICA

01-11 to 01-14 ¡Hola! Spanish Tutorial

Algunos verbos como *gustar*

Expressing feelings and reactions

No me caen bien las personas egoístas.
A mí tampoco. Me fascina la gente como tú.

In **Capítulo Preliminar A,** you reviewed the verb **gustar.**
Some other verbs that have a similar structure to **gustar** in Spanish are:

• **caer bien/mal**	***to like/to dislike someone***
A Javier **le cae** muy **bien** Pilar.	*Javier likes Pilar a lot.*
Me caen mal las personas egoístas.	*I dislike self-centered people.*
• **parecer**	***to seem; to appear***
Me parece que José tiene un carácter agresivo.	*It seems to me that José has an aggressive personality.*
¿Qué **te parece** este tatuaje?	*How do you like this tattoo? (How does this tattoo seem to you?)*
• **interesar**	***to interest***
A ellos **les interesa** mucho la cirugía plástica.	*They are very interested in plastic surgery. / Plastic surgery interests them a lot.*
¿A quién **le interesa** solo el aspecto físico de las personas?	*Who is only interested in a person's physical characteristics?*
• **quedar**	***to have something left***
Nos queda un dólar.	*We have one dollar left.*
Me quedan dos años para graduarme.	*I have two more years (left) until I graduate.*
• **faltar**	***to need; to lack***
Me faltan dos dólares (Necesito dos dólares).	*I need two dollars.*
Me faltan dos cursos para graduarme (Necesito dos cursos para graduarme).	*I still need two courses to graduate.*

Additional verbs like **gustar** include:

encantar	*to love; to like very much*	**importar**	*to matter; to be important*
fascinar	*to fascinate*	**molestar**	*to bother*
hacer falta	*to need; to be lacking*		

Instructor Resources
- PPT, Extra Activities

METHODOLOGY • Grammar Explanations
Grammar explanations are simple and concise so that students can read them before coming to class. You may wish to *briefly* review the presentation (e.g., pronounce verb forms, etc.), but then move directly into the activities.

METHODOLOGY • Deductive Grammar Presentations
Verb presentations such as *Algunos verbos como gustar* are done *deductively* (giving students the rules/forms and going directly to practice) to streamline presentation time.

NOTE for *Algunos verbos como* gustar
While most verbs like *gustar* generally appear in the third-person singular or plural, you may want to share other possibilities such as the following with your students:

Yo no le intereso a Juan, pero le caigo bien.	Juan is not interested in me, but he likes me.
A Juan le parezco demasiado agresiva.	I seem too aggressive to Juan.

SUGGESTION for *Algunos verbos como* gustar
Write the following verbs on the board and have students brainstorm personalized lists for each one:
encantar importar fascinar
interesar molestar

MODELO encantar
las barbas
el fútbol
las fiestas
la comida china etc.

EXPANSION for 1-7
Provide students with a list or photos of several famous individuals known for a particular physical characteristic. Have them describe the individual and then share their opinions/reactions in pairs.

ADDITIONAL ACTIVITY for *Algunos verbos como* gustar
¿Qué te importa? ¿Qué les importa a ti y a la gente que quieres?

Paso 1 Llena el cuadro con tus preferencias y las de tus amigos y padres.

Me cae(n) bien	A mis amigos y a mí nos fascina(n)	A mis padres les importa(n)
1.		
2.		
3.		

Paso 2 Compare tu lista con un/a compañero/a de clase. ¿En qué son similares y en qué son diferentes?

MODELO
E1: *¿Qué les fascina a ti y a tus amigos?*
E2: *Nos fascinan las películas de terror.*

3:00 **1-6 Me cae bien** Túrnense para crear oraciones con los verbos como **gustar.** ■

MODELO caer mal / las personas / presumido / (a mí)
Me caen mal las personas presumidas.

1. caer bien / gente / educado / (a nosotros)
2. caer mal / personas / grosero / (a ellos)
3. importar / canas / (a ella)
4. encantar / hombres / calvo / (a mí)
5. ¿parecer mal / profesores / despistado? / (a ti?)
6. fascinar / pelo / corto / (a Rafael)
7. no interesar / personas / gastador / (a nosotros)

3:00 **1-7 Combinaciones** Usando elementos de las tres columnas, escribe **seis** oraciones diferentes. Después, comparte las oraciones con un/a compañero/a. Túrnense. ■

MODELO a mí fascinar estudiar español
A mí me fascina estudiar español.

A	B	C
a mí	(no) caer bien/mal	el fútbol americano
a mis amigos	(no) importar	los bigotes
a mi hermano y a mí	(no) fascinar	un amigo despistado
a ti	(no) parecer bien/mal	cinco dólares
a mis padres	(no) quedar	los profesores chistosos
a usted	(no) faltar	estudiar español

3:00

1-8 Sus opiniones

Los psicólogos nos dicen que formamos opiniones al mirar a una persona. Es hora de dar sus opiniones e impresiones. Usen los siguientes verbos: ■

(no) caer bien/mal	(no) encantar	(no) fascinar	(no) interesar

Paso 1 Túrnense para compartir sus opiniones sobre las personas que aparecen en las fotos.

MODELO *No me cae bien la mujer con los tatuajes. Es muy seria.*

Paso 2 Repite lo que tu compañero/a dijo.

MODELO *A mi compañero de clase no le cae bien la mujer con los tatuajes porque es muy seria.*

5:00 Workbooklet

1-9 Firma aquí

Busca a un/a compañero/a de clase que pueda responder **sí** a cada una de las siguientes preguntas. Al responder afirmativamente, la persona necesita firmar el cuadro. ■

MODELO fascinar el pelo rizado

E1: *Ana, ¿te fascina el pelo rizado?*
E2: *No, no me fascina el pelo rizado.*
E1: *Tom, ¿te fascina el pelo rizado?*
E3: *Sí, me fascina el pelo rizado.*
E1: *Muy bien. Firma aquí, por favor.*

¿A QUIÉN… ?	FIRMA
1. fascinar el pelo rizado	Tom
2. caer bien las personas despistadas	
3. fascinar los hombres con barba	
4. parecer bien salir con personas tacañas	
5. molestar los frenos	
6. interesar los tatuajes	
7. importar el aspecto físico de una persona	

EXPANSION for 1-8

During the follow-up, you may want to ask students to give their reasons for their responses.

ADDITIONAL ACTIVITY for *Algunos verbos como* gustar

¿Sí o no? Túrnense para contestar las siguientes preguntas con *sí* o *no.*

MODELO

E1: *¿Te fascina la música folklórica?*
E2: *Sí, me fascina la música folklórica. / No, no me fascina la música folklórica.*

1. ¿Te caen bien tus compañeros de clase?
2. ¿Te parece bien tener tanta tarea para esta clase?
3. ¿Te interesan las películas en español?
4. ¿Te faltan muchas clases para graduarte?
5. ¿Te fascina tu universidad?

INTRODUCTION to *Notas culturales*
A cultural section entitled *Notas culturales* appears in the first *Comunicación* of each chapter. This section contextualizes the new vocabulary and also integrates the grammar from the first *Comunicación* section. The *Notas culturales* sections utilize the theme of the chapter as a basis and highlight a corresponding topic, event, or element from the Hispanic world.

SECTION GOALS for *Notas culturales*
By the end of the *Notas culturales* section, students will be able to:
- identify the cultural roots and civilizations inherent to Hispanics.
- understand general cultural differences among Spanish-speaking peoples.
- dispel stereotypes and myths about what a typical Hispanic is.
- compare the diversity of the Hispanic population with the diversity of the people of the United States.

NATIONAL STANDARDS
Communication, Comparisons, Cultures
The reading about whether there exists a typical Hispanic highlights different categories of the National Standards. Communication Standard 1.2, the interpretive mode, focuses on students being able to understand and interpret written text. The interpretation of the text allows students to make comparisons about the idea of stereotypes and to consider why the idea of a typical Hispanic is the same as the idea of a typical American. They can make comparisons about the two cultures (Standard 4.2) and state why it would be difficult to make generalizations about a group of people who are so diverse in their cultural, geographical, and historical roots, beliefs, practices, and traditions (Standards 2.1 and 2.2).

NOTE for *Discussion of advanced topics such as political issues related to chapter themes*
Linguistically, your students may not be able to discuss these topics at the level at which they can freely express their thoughts, given that the ACTFL guidelines indicate that an Advanced Low proficiency is necessary in most cases to have this level of discussion. You may need to provide additional vocabulary for your students.

NOTAS CULTURALES

¿Hay un hispano típico?

01-15

¿Cómo puede ser? Los hispanos son producto de las civilizaciones europeas, indígenas, africanas y asiáticas: una rica mezcla (*mixture*) de muchos grupos diferentes. Hay hispanos de pelo castaño, piel oscura y ojos negros, y también los hay de pelo rubio, piel blanca y ojos azules. La comida en los países hispanohablantes es tan variada como la gente. Comer en un restaurante mexicano en España es tan exótico como hacerlo en Argentina. Para los españoles, es un restaurante étnico con comida típica de México —igual (*the same*) que para nosotros aquí en los Estados Unidos.

Muchas veces la gente conoce sólo a una o a dos personas de habla española y piensa que *todas* son iguales. En realidad, todos tienen su propia cultura y muchas veces una gran variedad de características físicas y personales. ¿Hay un *hispano* típico? Del mismo modo, también podemos preguntarnos: ¿hay un *estadounidense* típico?

Preguntas

1. ¿Los hispanohablantes son una mezcla de qué civilizaciones?
2. ¿Los estadounidenses son una mezcla de qué civilizaciones?
3. ¿Por qué es imposible describir a un estadounidense y a un hispano típico?

Answers to Notas culturales
1. Son una mezcla de las civilizaciones europeas, indígenas, africanas y asiáticas.
2. *Answers may vary.* Son una mezcla de las mismas civilizaciones.
3. Cada persona tiene una mezcla distinta de civilizaciones.

NOTE for *Notas culturales*
Stereotypes can have political ramifications in many venues; one area is the workplace. Ask students how they think stereotypes might affect people in the work environment. For example, what may be some advantages and disadvantages of being the only Hispanic in an office? To gain some insight into this issue, have students research information on the Internet. Suggested keywords: *Hispanic stereotypes* and *workplace.*

HERITAGE LANGUAGE LEARNERS
Ask your heritage language learners how they describe themselves.

HERITAGE LANGUAGE LEARNERS
Have heritage language learners research the difference between the terms *latino* and *hispano* and report their findings to the class.

3:00 **1-10 ¿Qué te parece?** Entrevista a **tres** compañeros de clase para descubrir más información sobre ellos. ■

1. ¿Cuántos años te faltan para graduarte?
2. ¿Qué tipo de profesor/a te cae bien? (e.g., personalidad, características, etc.)
3. ¿Qué les molesta a tus profesores?
4. ¿Qué te fascina hacer en tu tiempo libre?
5. ¿Qué les interesa a tus amigos? ¿A tus padres?
6. ¿Te importa el dinero?

¡Anda! Curso elemental, Capítulo 1. Los adjetivos descriptivos, Apéndice 3; Capítulo 2. Las emociones y los estados, Los deportes y los pasatiempos; Capítulo 5. El mundo de la música, El mundo del cine, Apéndice 2.

5:00 **1-11 A conocerlo/a mejor** ¿Conocen bien a su profesor/a? Adivinen (*Guess*) sus posibles respuestas a las siguientes preguntas. Después, su profesor/a les va a dar las respuestas correctas. ■

1. ¿Qué le gusta más de ser profesor/a?
2. ¿Qué cualidades le parecen buenas en un estudiante?
3. ¿Le interesa viajar a un país hispanohablante este verano? ¿A dónde le interesa ir?
4. ¿Qué le fascina hacer en su tiempo libre?
5. ¿Qué aspectos le encantan de la vida universitaria?

EXPANSION for 1-11

Additional questions to ask your students are:

1. ¿Qué cosas le molestan a tu profesor/a?
2. ¿Qué tipo de música le gusta más?
3. ¿Crees que le interesa bailar?
4. ¿Qué películas le fascinan?

INTRODUCTION to *Escucha*
A listening section entitled *Escucha* appears at the end of the first *Comunicación* in each chapter. These sections utilize examples from the vocabulary and grammar presented in the current as well as previous chapters. The passages are brief to help students focus on and practice one strategy at a time so that they will not feel overwhelmed.

SECTION GOALS for *Escucha*
By the end of the *Escucha* section, students will be able to:
- apply the listening strategy of predicting content.
- make predictions about the end result based on the content they have anticipated.
- use visual and auditory cues to help predict what is taking place.
- guess possible and logical answers from their predictions.
- activate prior knowledge about dating programs they have seen on television and apply the background information to help predict.
- match pictures of the bachelors with identifying characteristics and traits.

NATIONAL STANDARDS
Communication
The listening section, *Escucha,* encompasses various standards under the first goal area of Communication. First, students are practicing skills outlined in Standard 1.2 when they listen to spoken Spanish that centers around a bachelorette's search for her ideal date. Through the three bachelors and the bachelorette, students are exposed to different accents and rates of speech. Second, students model the skills in Standard 1.1 when they converse with their classmates about what they have heard. They can exchange ideas and opinions about each bachelor and how each might get along with the bachelorette. Lastly, if the instructor had the students reenact the dating show, students could list their characteristics and traits that made them suitable candidates for a date with *la soltera.* They could present their ideas to the class orally (Standard 1.3), or they could make a scrapbook page as part of a dating profile book that the bachelorette could read and use to make her decision.

METHODOLOGY • *Escucha*
It is suggested that the *Escucha* section be assigned for homework. Encourage students to listen to the *Escucha* sections multiple times outside of class.

METHODOLOGY • Checking for Listening Comprehension in English
When checking listening comprehension with intermediate students, it may be acceptable to check for comprehension in English. At this stage, many students can comprehend more than they can produce, especially in the beginning of the semester. Allowing students to respond to the comprehension questions in English is fine at this point. As they progress, they will be able and expected to respond in Spanish. The comprehension questions in this *Escucha* section are simple enough that most students will feel confident responding in Spanish.

ESCUCHA

01-16 to 01-17

Un programa de televisión cómico

Estrategia

Predicting content and guessing meaning

There are many ways that we can **anticipate** what we are going to hear before we even hear it! For example, we may be walking past the television and see an image of two people about to kiss. We can **predict** that we will probably hear tender words between two people in love. If we hear two children crying, we can perhaps **anticipate** words of a confrontation or that they have been injured. Then, based on the context, we can **guess the meanings** of unknown or unfamiliar words. Using *visual* and *sound cues* is important to help **predict/anticipate content. Guessing** meaning is an equally important tool to help us determine what we hear.

1-12 Antes de escuchar A Adriana le encanta ver un programa de televisión sobre solteros que buscan a sus parejas ideales. El programa se llama "Una cita inolvidable" (*An Unforgettable Date*). ■

La soltera (*bachelorette*) les va a hacer preguntas a los tres solteros para averiguar cómo son y cómo son sus mujeres ideales.

Basándote en el dibujo, ¿cómo crees que son estos hombres? Describe a cada uno.

Soltero #1 ____________________

Soltero #2 ____________________

Soltero #3 ____________________

1-13 A escuchar Escucha el programa de televisión. ■

Paso 1 La primera vez que lo escuches, trata de predecir las respuestas de cada soltero. Escoge la palabra que mejor describe a cada soltero.

Soltero #1:	a. sensible	b. presumido	c. callado
Soltero #2:	a. grosero	b. tímido	c. introvertido
Soltero #3:	a. egoísta	b. gastador	c. agradable

Paso 2 La segunda vez que lo escuches, adivina lo que significan las siguientes palabras.

Soltero #1: reino, espejito *kingdom, small mirror*

Soltero #2: cerveza *beer*

Soltero #3: conviene *suits; is right for*

1-14 Después de escuchar Escucha por tercera vez y haz una lista de todas las palabras que describan a cada soltero. Luego, compara tu lista con la de un/a compañero/a. ■

SUGGESTION for *Escucha*
Have students discuss qualities that they look for in partners. A list can be made on the board to determine the top 5 common characteristics.

AUDIOSCRIPT for 1-13
Please consult the *Instructor's Resource Manual* for the complete text of this audioscript.

EXPANSION for 1-14
This activity can be expanded to create fictional characters in class. Have students write up personality and physical descriptions at home and act the part by bringing props. Then have one volunteer be the host while one bachelor or bachelorette and three contestants portray their different personalities. Each student should have an assigned responsibility and character such as bachelor #1, 2, or 3, bachelorette, host, etc. Assign 4 or 5 groups depending on the number of students in the class.

¿Cómo andas? I

	Feel confident	Need to review
Having completed **Comunicación I,** I now can . . .		
• describe myself and others in detail. (p. 34)	☐	☐
• avoid repetition and clarify meaning. (MSL)	☐	☐
• express feelings and reactions. (p. 39)	☐	☐
• examine stereotypes and the idea of a "typical" Hispanic. (p. 42)	☐	☐
• predict content and guess meaning. (p. 44)	☐	☐

METHODOLOGY • Student Self-assessments

For a number of years, our profession has moved in the direction of student self-assessments in addition to assessments by instructors. These self-assessments help students determine where they are with regard to their learning and what individual remediation is needed. Research contends instructors have to make students ultimately responsible for their own learning and one of the ways to do this is by having them self-assess. Research also finds that students tend to be overly critical of what they do and do not know, and periodic self-assessments help them to self-evaluate realistically.

SUGGESTIONS for *¿Cómo andas?*

If you have time constraints, these self-assessments can be completed by students outside of class. Spot-check and ask some students how they are doing (e.g., "How many of you feel confident describing yourselves and others in detail?"). Remind those who do not raise their hands that they need to review on their own by consulting the pages listed. If you have time to do the self-assessments in class, one approach is to have students write short examples illustrating the topics, then verify their answers in the textbook where the grammar or vocabulary was presented. Based on this verification, they can rate themselves on the concepts and hand in their ratings to you at the end of class.

Instructor Resources

- Textbook images, Extra Activities

SECTION GOALS for *Comunicación II*

By the end of the *Comunicación* section, students will be able to:

- characterize themselves and others by using descriptive adjectives.
- use *gustar* and similar verbs to express likes, dislikes, and opinions.
- integrate direct object pronouns, indirect object pronouns, and reflexive pronouns.
- narrate events in the past using the preterit tense.
- apply the new listening strategy of predicting/anticipating content and guessing meaning.

NATIONAL STANDARDS *Communication*

There are many ways to incorporate the Communication standards as you describe yourself and others. For example, if students are in pairs or small groups sharing information about themselves and asking follow-up questions, the activity facilitates Standard 1.1. You could vary the activity by asking students to create posters describing themselves with photos or drawings and captions in Spanish. If you provide the models by using personal photographs or by pretending to be a celebrity and using images from magazines and the Internet, you could address Standard 1.2. You could choose to read aloud and turn your story into a listening comprehension activity, or you could photocopy a miniposter or brochure and distribute it for students to read and interpret. If students make their own posters, they can use these posters as a way to present to an audience of readers (you can also showcase their work in the classroom), or they can present the information from the posters orally to the class (Standard 1.3).

21ST CENTURY SKILLS • INFORMATION AND RESOURCES

The Partnership for 21st Century Skills (P21) is an organization that has combined and coordinated the core academic subjects, including world languages. On their website, http://www.P21.org, they provide skills-related information, resources, and community tools. They have also developed a framework.

Comunicación II

3:00

3 VOCABULARIO

01-18 to 01-20

Algunos estados Conveying personal descriptors

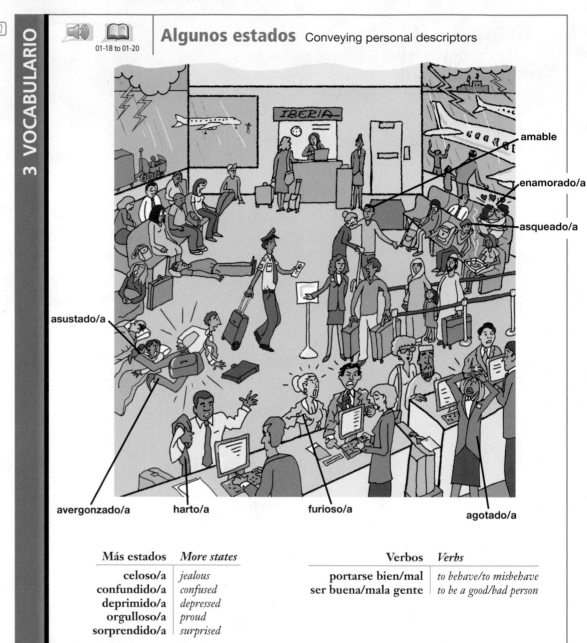

Más estados	*More states*
celoso/a	*jealous*
confundido/a	*confused*
deprimido/a	*depressed*
orgulloso/a	*proud*
sorprendido/a	*surprised*

Verbos	*Verbs*
portarse bien/mal	*to behave/to misbehave*
ser buena/mala gente	*to be a good/bad person*

HERITAGE LANGUAGE LEARNERS

There are lexical variations among heritage language learners. You may ask them to make a list of additional commonly used adjectives to describe people and have students add to the list. For example:

stingy:	*tacaño/a, duro/a, amarrado/a*
lazy:	*perezoso/a, flojo/a, vago/a*
thin:	*delgado/a, flaco/a, huesudo/a*
blond:	*rubio/a, güero/a*

REPASO

¡Hola! Repaso & Spanish/English Tutorials

01-21 to 01-24

El pretérito Speaking and writing about past events

For a complete review of the preterit, go to MySpanishLab or refer to **Capítulo 7** of ***¡Anda! Curso elemental*** in Appendix 3 of your textbook. The vocabulary activities that appear in your textbook incorporate this grammar point. Practicing new vocabulary with a review grammar point helps to strengthen and increase your knowledge of Spanish.

5:00

¡Anda! Curso elemental, Capítulo 1. Los adjetivos descriptivos, Apéndice 3.

1-15 La pirámide

Con un/a compañero/a, escuchen las instrucciones de su profesor/a y practiquen el vocabulario nuevo jugando a la pirámide. ■

MODELO E1: *Es un sinónimo de* enojado.
E2: *¿Asqueado?*
E1: *No, empieza con la letra* f.
E2: *¿Furioso?*
E1: *¡Correcto! ¡Excelente!*

2:00

1-16 Asociación libre

¿Qué emociones asocian con las siguientes situaciones? Túrnense para crear oraciones. ■

MODELO antes de un examen
E1: *Me siento confundido.*
E2: *Me siento confiada.*

1. estar en un grupo de personas que no conoces bien
2. trabajar con una persona floja
3. estudiar para un examen de matemáticas
4. estar con la persona que más quieres
5. después de terminar la tarea para la clase de español

2:00

1-17 La televisión nos controla

Estamos bombardeados con información sobre la gente famosa en la televisión. Túrnense para crear oraciones sobre lo que vieron y cómo se sintieron usando **el pretérito.** ■

MODELO Pink / estrenar (*show for first time*) / tatuajes / nuevo. Sentirme /_______.
Pink estrenó unos tatuajes nuevos. Me sentí celosa.

1. Raquel Welch y Lady Gaga / llevar / peluca / diferente. Sentirme / _______.
2. Javier Bardem y Ricky Martin / afeitarse / barba / y bigote. Sentirme / _______.
3. Cristina Saralegui / discutir / algo muy serio. Sentirme / _______.
4. Los niños de Angelina Jolie y Brad Pitt / portarse mal. Sentirme / _______.
5. Al Pacino / mostrar / cicatriz / grande. Sentirme / _______.

EXPANSION for 1-16
You may want to ask your students about these additional situations to consider.
1. estar en un lugar con una persona que se porta mal
2. cuando un/a amigo/a recibe una mejor nota que tú
3. cuando una persona te necesita
4. cuando una persona que no te cae bien te dice algo

ANSWERS to 1–17
1. Raquel Welch y Lady Gaga llevaron unas pelucas diferentes.
2. Javier Bardem y Ricky Martin se afeitaron la barba y el bigote.
3. Cristina Saralegui discutió algo muy serio.
4. Los niños de Angelina Jolie y Brad Pitt se portaron mal.
5. Al Pacino mostró una cicatriz grande.

INTRODUCTION to *Cisco's blog*
Cisco's blog appears directly before the second *Repaso* grammar box in MySpanishLab. Its purpose is to contextualize the review grammar concept. Comprehension questions for the blog are also provided.

NOTE for *Repaso*
This is a reminder that the *Repaso* boxes, found in MySpanishLab, are meant to be assigned as homework the night before you introduce the new vocabulary. Students should be expected to review this prior to class so that you can proceed immediately to the first activity following the vocabulary presentation.

If you want, immediately following the vocabulary presentation and preceding the first vocabulary activity in the text, you may wish to do the following mechanical activity.

Have students play charades with partners: one partner acts out a state/emotion, and their classmate needs to guess the new word. They can reverse the process, saying a new vocabulary word to their partner such as *celoso,* and having the partner act it out.

METHODOLOGY • A Nonthreatening Atmosphere
Students of all ages enjoy activities that are game-like in nature. These types of activities reinforce grammar and vocabulary in a nonthreatening atmosphere.

NOTE for 1-15
In the United States, there used to be a game show called *The $25,000 Pyramid,* on which one partner would give clues and the other partner tried to guess a word. Put students in pairs with one student looking at the board and one not. Write one of the new vocabulary words on the board. The student who can see the board (E1) gives clues to his/her partner (E2), so that E2 guesses the word. After several words, have them change positions. This is an excellent activity because in essence it has the students creating definitions for their partners as well as describing concepts or ideas.

EXPANSION for 1-16
Have students create an additional situation, either individually or in pairs, write it on a half sheet of paper, and turn it in. Then redistribute these situations to the students and have them create responses describing emotional reactions.

METHODOLOGY • Meaningful Activities
The portion of **1-18** in which the students answer the questions is an example of a *meaningful* activity.

ADDITIONAL ACTIVITY for *El pretérito*
¿Qué pasó? Túrnense para hablar sobre sus experiencias.

1. ¿Viste a una persona con un tatuaje esta mañana?
2. ¿Tuviste que hablar con alguien pesado anoche?
3. ¿Conociste a una persona deprimida durante tu primer año de la universidad?
4. ¿Saliste con un hombre/una mujer divertido/a el fin de semana pasado?
5. El verano pasado, ¿fuiste a un lugar divertido?
6. ¿A dónde fuiste ayer y qué hiciste?
7. ¿Te sentiste harto/a en algún momento? ¿Por qué?

METHODOLOGY • Communicative Activities
Activity **1-19** is an example of a *communicative* activity.

ADDITIONAL ACTIVITY for *Algunos estados*
Divide the class in teams. Each team is given a picture of a different famous person (Brad Pitt, Alex Rodríguez, Donald Trump, etc.). The other team tries to guess who the person is by asking questions about his/her personality, physical characteristics, state of mind, etc., such as *¿Tiene el pelo negro? ¿Se porta bien en público? ¿Está enamorado/a? etc.*

7:00 Workbooklet

¡Anda! Curso elemental, Capítulo 8. Las construcciones reflexivas, Apéndice 3.

1-18 De niño/a
Tenemos muchos recuerdos sobre las cosas que nos pasaron de niños. ■

Paso 1 Entrevista a **cuatro personas** para saber a quiénes les pasaron los siguientes sucesos (*events*) y cómo se sintieron.

MODELO no probar (*try*) pescado

E1: *¿No probaste el pescado?*

E2: *No, no lo probé porque me sentí asqueada. Ahora me gusta.*

¿QUIÉN… ?	E1	E2	E3	E4
1. compartir (*share*) sus cosas				
2. ayudar a personas mayores				
3. leer su primer libro antes de ir a la escuela primaria				
4. no probar pescado				
5. romper un juguete de su hermano/a o mejor amigo/a				

Paso 2 Comparte las respuestas de tus compañeros con los otros estudiantes de la clase.

MODELO *Cuando eran niñas, Mayra y Carmen ayudaron a personas mayores. Sus padres se sintieron muy orgullosos de ellas...*

3:00

1-19 Mi mejor característica
Un periodista te entrevista para el nuevo programa de televisión *¡Tipazo!* para averiguar tus mejores características. Contesta y justifica tus respuestas. Túrnense. ■

MODELO E1: *¿Nos puedes decir cuáles son tus mejores características?*

E2: *Una de mis mejores características es que soy una persona generosa —con mi dinero, con mi tiempo y con mis emociones...*

4:00

4 GRAMÁTICA

01-25 to 01-29 ¡Hola! Spanish/English Tutorials

El presente perfecto de indicativo

Indicating what someone *has* done

¿Has oído los comentarios chistosos de Jorge?
No, pero me han dicho que son muy divertidos.

In Spanish, as in English, the **present perfect** is used to refer to what someone ***has*** or ***has not*** done.

*I **have met** the man of my dreams.*	**He conocido** al hombre de mis sueños.
*We **have decided** to get married!*	¡**Hemos decidido** casarnos!

- In Spanish, the *present perfect,* **el presente perfecto de indicativo,** is formed with the present form of the verb ***haber*** and the **past participle.**

Note: In the present perfect, the past participle does **not** agree in number and gender with the subject.

	Present tense of *haber*	Past participle -ar: hablar	-er: conocer	-ir: decidir
yo	**he**	hablado	conocido	decidido
tú	**has**	hablado	conocido	decidido
Ud.	**ha**	hablado	conocido	decidido
él, ella	**ha**	hablado	conocido	decidido
nosotros/as	**hemos**	hablado	conocido	decidido
vosotros/as	**habéis**	hablado	conocido	decidido
Uds.	**han**	hablado	conocido	decidido
ellos/as	**han**	hablado	conocido	decidido

Me he sentido un poco deprimida recientemente.	*I have felt a little depressed lately.*
Nos ha admitido que es un hombre celoso.	*He has admitted to us that he is a jealous man.*
Mi madre **ha decidido** no teñirse el pelo.	*My mother has decided not to dye her hair.*
Tus hermanos siempre **han sido** muy buena gente.	*Your brothers have always been good people.*
Nuestros sobrinos nunca **se han portado** muy bien.	*Our nephews have never behaved very well.*
Hemos sorprendido a tus padres con las buenas noticias.	*We have surprised your parents with the good news.*

(continued)

Instructor Resources
- PPT, Extra Activities

NOTE for *El presente perfecto de indicativo*
Your students may benefit from a quick mechanical check of past participle forms. Say an infinitive and have students both chorally and individually give the correct participle. Be sure to mix regular and irregular forms. You could also have students write the forms rather than say them aloud.

NOTE for *El presente perfecto de indicativo*
You may wish to write or say sentences about yourself using the present perfect, and have students guess whether they are true or false.

ADDITIONAL ACTIVITY for *El presente perfecto de indicativo*

¡A practicar! Escriban en seis papelitos seis pronombres diferentes (por ejemplo, *yo, nosotros, ellas,* etc.). Túrnense y seleccionen un papel diferente para decir las formas correctas de los siguientes verbos en el presente perfecto de indicativo:

comprar	contestar	esperar
escribir	preparar	poner
correr	leer	recibir
decir	estudiar	trabajar
necesitar	hacer	comprender
vivir	morir	romper

MODELO
E1: comprar / ellas
Han comprado
E2: contestar / nosotros
Hemos contestado

- Some past participles have irregular forms. They include:

Infinitivo	Participio	
abrir *(to open)*	**abierto**	*He abierto la puerta.*
escribir *(to write)*	**escrito**	*Te han escrito un email.*
decir *(to say)*	**dicho**	*Mis padres siempre me han dicho la verdad.*
hacer *(to do; to make)*	**hecho**	*¿Has hecho la tarea para hoy?*
morir *(to die)*	**muerto**	*Su perro ha muerto.*
poner *(to put; to place)*	**puesto**	*He puesto tus libros en la mesa.*
resolver *(to solve)*	**resuelto**	*Mi profesora ha resuelto el problema.*
romper *(to break)*	**roto**	*He roto mis lentes.*
ver *(to see; to watch)*	**visto**	*¿Has visto el tatuaje de Juan?*
volver *(to return)*	**vuelto**	*Mis padres han vuelto de su viaje a Lima.*

- Finally, object and reflexive pronouns (**me, te, lo, la, nos, los, las, le, les, se**) *always* come **before** forms of **haber.**

No **me lo** han dicho. — *They haven't told me about it.*
Se ha ido. — *She has left.*
¿Nos las has traído? — *Have you brought them for us?*

5:00

1-20 Batalla Haz un cuadro de **nueve** espacios. Llénalos con **nueve** verbos diferentes con las formas indicadas en **el presente perfecto de indicativo.** Pregúntense si tienen los verbos. La primera persona con tres **X** gana. Repitan el juego con verbos diferentes. ■

acabar (yo)	conocer (ella)	dar (nosotros)	decir (tú)
hacer (ellas)	oír (yo)	poner (Ud.)	querer (Uds.)
salir (nosotros)	traer (yo)	venir (ella)	ver (ellas)

MODELO
E1: ¿Tienes *has dicho*?
E2: No, no tengo *has dicho.* ¿Tienes *ha venido*?
E1: Sí, tengo *ha venido*…

4:00

1-21 Así es él

Gabriela tiene la oportunidad de ver a su amigo Ignacio. Hace mucho tiempo que no lo ha visto. Túrnense para completar la conversación entre ellos con **el presente perfecto de indicativo.** ■

GABRIELA: ¡Hola, Ignacio! ¿Qué tal (1. estar) ___has estado___? ¡Cuánto tiempo! Tú no (2. cambiar) ___has cambiado___ en absoluto. Te ves igual. ¿Qué (3. estar) ___has estado___ haciendo?

IGNACIO: ¡Es obvio que tú no (4. hablar) ___has hablado___ con mi mamá! Se lo está diciendo a todos porque está muy orgullosa: hace seis meses que trabajo como consejero de jóvenes. Otros dos colegas nuevos y yo (5. conocer) ___hemos conocido___ a mucha gente interesante en estos últimos meses. Por ejemplo, (6. tener) ___hemos tenido___ que aconsejar (*counsel*) a jóvenes que no (7. portarse) ___se han portado___ bien en la escuela, a otros que (8. ser) ___han sido___ flojos en sus trabajos y a otros que (9. tener) ___han tenido___ problemas en casa. El trabajo es difícil pero me fascina. ¿Qué (10. hacer) ___has hecho___ tú?

GABRIELA: Yo escribo artículos para nuestro periódico en los que (11. poder) ___he podido___ utilizar todo lo que aprendí en mis clases de psicología. Los otros reporteros y yo (12. escribir) ___hemos escrito___ historias sobre gente amable, generosa y honesta. Hoy vas a leer un reportaje de dos de mis colegas que (13. resolver) ___han resuelto___ un caso de unas personas que (14. maltratar) ___han maltratado___ a unos ancianos en varias ocasiones. ¡Qué mundo es este! ¿Verdad?

IGNACIO: Es verdad, Gabriela. Oye, ¡mira! Allí está José Luis. No lo (15. ver) ___he visto___ en por lo menos seis meses. Oye, José Luis, ven acá. Tanto tiempo…

4:00

1-22 Un día típico para ti

Todos los días ocurren muchas cosas y siempre hay mucho que hacer. ■

Paso 1 Túrnense para decir lo que ha pasado y lo que no ha pasado hoy.

1. ¿Has arreglado tu cuarto?
2. ¿Has terminado la tarea para mañana?
3. ¿Tus amigos te han escrito mensajes en Facebook?
4. ¿Tus amigos y tú han almorzado ya?
5. ¿Has ido a la biblioteca hoy?

Paso 2 Prepara un resumen de sus respuestas para compartir con otros estudiantes de la clase.

MODELO *Clara y yo hemos arreglado nuestros cuartos, pero nuestros compañeros no han lavado los platos…*

CAPÍTULO 1

SUGGESTION for 1-21

You may choose to assign cloze (fill-in-the-blank) activities to be completed prior to coming to class and then review the answers in class. You can also use activities of this type to practice reading comprehension. For example, you could ask the following questions:

1. ¿Cuál es el trabajo de Ignacio?
2. ¿A Ignacio le gusta el trabajo?
3. ¿Cuál es el trabajo de Gabriela?
4. ¿De qué escribe hoy Gabriela?
5. En tu opinion, ¿qué tipo de persona es Gabriela? Explica.
6. En tu opinion, ¿qué tipo de persona es Ignacio? Explica.

EXPANSION for 1-21

You can also use **1-21** as a reading comprehension exercise by asking the following questions: *¿Cuál ha sido el trabajo de Gabriela? ¿Cuál ha sido el trabajo de Ignacio? ¿Por qué ha sido difícil el trabajo de Ignacio? ¿Qué tipo de reportajes ha escrito Gabriela? ¿Qué ha estado haciendo Ignacio en los últimos meses? ¿Qué ha hecho Gabriela? ¿Qué han resuelto dos colegas de Gabriela? ¿Cuánto tiempo hace que Ignacio no ve a José Luis?*

EXPANSION for 1-22

Additional questions to ask your students are:

1. ¿Tu mejor amigo/a te ha llamado hoy?
2. ¿Tu profesor/a de español ha hablado sobre un examen?
3. ¿Has visto a una persona con frenos hoy?
4. ¿Tus compañeros han lavado los platos?

EXPANSION for 1-22

Give students certain times of the day and ask what they have done by then. E.g., *Para las diez de la mañana los lunes, ¿qué has hecho? ¿Y para las diez los sábados? ¿Para mediodía en el día de tu cumpleaños?* etc.

NOTE for 1-23
You may ask students to write their descriptions and then collect them and read them aloud to the class for students to guess who has written each one. Instead of writing about themselves, they could write about people well known to them, whether nationally or internationally famous or well known on your campus.

EXPANSION for 1-23
Have students create their own situations/circumstances, and ask each other how *they* would react in similar situations/circumstances.

SUGGESTION for 1-25
You may wish to assign **1-25** as homework in order to maximize speaking time in class.

EXPANSION for 1-25
You may choose to collect the descriptions and read some of them aloud, asking students to guess who wrote each one.

¡Anda! Curso elemental, Capítulo 8. Las construcciones reflexivas, Apéndice 3.

¡Anda! Curso intermedio, Capítulo Preliminar A. Las construcciones reflexivas, pág. 22.

6:00

1-23 ¿Cómo lo han pasado? Todo el mundo reacciona de manera diferente en situaciones distintas. Túrnense para explicar cómo han reaccionado estas personas en las siguientes situaciones. Pueden usar los verbos de la lista. ■

divertirse	enojarse	agotarse	confundirse
enamorarse	asustarse	avergonzarse	sorprenderse

Estrategia

Words that are related or similar but are different parts of speech are known as *word families*. For example, the verb *avergonzarse* is like *avergonzado/a*, which you have learned. What do you think *avergonzarse* means, based on the meaning of *avergonzado/a*? Using the concept of word families will help you increase your vocabulary.

Mi padre

Mis padres

Mis amigos y yo

Yo

MODELO *Yo me he divertido mucho cuando he ido a los parques de atracciones. He comido mucho y…*

4:00

1-24 Lo que yo he hecho En grupos de cuatro o cinco estudiantes, túrnense para decir una cosa que ha hecho cada persona del grupo en las siguientes situaciones. ■

MODELO servir a la comunidad
He sido voluntaria en un hospital.

1. servir a la comunidad
2. molestar a mis padres
3. hacer una cosa tonta
4. ayudar a tu familia
5. hacer una cosa atrevida
6. resolver un problema

7:00

1-25 Así soy yo Descríbete a una persona que no te conoce usando **el presente perfecto de indicativo.** Usa las preguntas que siguen para crear por lo menos **ocho** oraciones. Después, comparte la descripción con **cinco** compañeros. ■

- ¿Qué has hecho en tu vida?
- ¿Qué tipo de persona has sido en tu vida?
- ¿Qué te ha interesado?
- ¿Qué tipo de personas te han caído bien o mal?
- ¿Qué te ha fascinado?

MODELO *Siempre he sido una persona muy amable. Me he portado bien y soy buena gente. No me han caído bien las personas flojas…*

¡Anda! Curso elemental, Capítulo 1. La familia, Apéndice 2.

3:00

5 VOCABULARIO

01-30 to 01-33

La familia Sharing information about your family

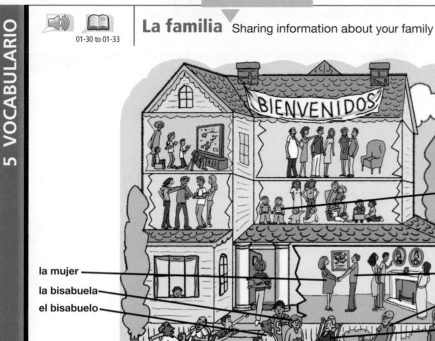

Otros parientes	*Other relatives*
el cuñado/ la cuñada	*brother-in-law/ sister-in-law*
el hermanastro/ la hermanastra	*stepbrother/ stepsister*
el hijastro/la hijastra	*stepson/stepdaughter*
el hijo único/la hija única	*only child*
la nuera/ el yerno	*daughter-in-law/ son-in-law*
la pareja	*couple; partner*
el pariente	*relative*
el sobrino/la sobrina	*nephew/niece*
el suegro/ la suegra	*father-in-law/ mother-in-law*

Las etapas de la vida	*Stages of life*
la adolescencia	*adolescence*
la jubilación	*retirement*
la juventud	*youth*
la muerte	*death*
el nacimiento	*birth*
la niñez	*childhood*
la vejez	*old age*

(continued)

Instructor Resources

- Textbook images, Extra Activities

METHODOLOGY • Teaching Vocabulary
With intermediate language students, we believe in presenting vocabulary that is the most commonly used and giving few, if any, country or regional variations in the main presentation. Learning several ways to say the same thing can be too complicated even for the intermediate learner. Having said that, as Spanish language instructors, we all know that it is difficult to determine exactly which words have the highest frequency of usage among Spanish speakers in the world. In *¡Anda! Curso intermedio,* we have attempted to select what appear to be the most commonly used words, *but* please feel free to use whatever words you may prefer. We simply suggest that you have your students replace the words we have listed with your preferred terms.

SUGGESTION for *Vocabulario*
Pronounce new words and then have students repeat after you, both chorally and individually. You may also ask students to point to the part of the drawing in their books that represents each new word. Overhead transparencies and computer slides are another way to verify meaning and practice pronunciation by pointing to different items and having students say the corresponding Spanish words.

HERITAGE LANGUAGE LEARNERS
Using the vocabulary, have heritage language learners explain how they address their family members. E.g.: *titi, abuelita, abuelito, nana,* etc.

METHODOLOGY • Teaching Techniques

Most of the vocabulary activities and all of the grammar activities are designed to be completed either in pairs or small groups. Krashen's Affective Filter Hypothesis states that students need a nonthreatening environment, and having students work with each other provides just such an environment.

Fíjate

The words *anciano* and *soltero* use the verb *ser*. All of the other adjectives use *estar*.

Adjetivos	*Adjectives*
anciano/a	*elderly*
casado/a	*married*
divorciado/a	*divorced*
embarazada	*pregnant*
soltero/a	*single (not married)*

Verbos	*Verbs*
casarse	*to marry; to get married*
divorciarse	*to divorce; to get divorced*
envejecer	*to grow old; to age*
nacer	*to be born*
recordar (o → ue)	*to remember; to remind*
separarse	*to separate; to get separated*

3:00 **1-26** **¿Quiénes son?** Túrnense para describir las relaciones entre las siguientes personas. Usen todo el vocabulario nuevo posible en las descripciones. ■

MODELO *Mariela es la nuera de Luis y Gloria y la hija de…*

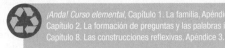

¡Anda! Curso elemental, Capítulo 1. La familia, Apéndice 2; Capítulo 2. La formación de preguntas y las palabras interrogativas; Capítulo 8. Las construcciones reflexivas, Apéndice 3.

2:00

1-27 Seamos creativos

Este verano, Alberto se reunió con su familia en Costa Rica. Túrnense para hacerle preguntas (E1) y formar las respuestas de Alberto (E2) usando **el pretérito**. ■

MODELO nacer / bisabuelos (Buenos Aires, Argentina)

E1: *¿Dónde nacieron tus bisabuelos?*

E2: *Mis bisabuelos nacieron en Buenos Aires, Argentina.*

1. tus suegros / divorciarse (sí, en mayo)
2. separarse / el año pasado (hermana y su marido)
3. compartir (Uds.) / historias / la juventud (sí)
4. nietos / dormirse (en la casa / los abuelos)
5. divertirse / los parientes (sí, mucho)

2:00

1-28 Un poco personal

Túrnense para hacerse las siguientes preguntas sobre sus familias y sus parientes. ■

MODELO ¿Cómo se llaman tus ahijados?

E1: *No tengo ahijados.*

E2: *Yo sí tengo una ahijada; se llama Adriana.*

1. ¿Cuándo y dónde naciste?
2. ¿Cuándo y dónde nacieron tus padres, tus abuelos y tus bisabuelos?
3. ¿Tienes hermanastros? ¿Cuántos?
4. ¿Eres hijo/a único/a?
5. ¿Conoces a un/a hijo/a único/a?

METHODOLOGY • Direction Lines

We have made every attempt to keep the activity directions in Spanish if they are i + 1. The nomenclature i + 1 comes from research by Stephen Krashen. It describes the Input Hypothesis, which is part of his Monitor Theory of Language Acquisition (see Stephen Krashen, *Principles and Practice in Second Language Acquisition*. New York: Pergamon Press, 1982, pp. 9–32). The Input Hypothesis states that learners can comprehend input (language) based on words they already know plus a few additional words they may not know but can intuit from context. A level higher than i + 1 is not comprehensible; it causes confusion and frustrates many learners, causing them to shut down to a point at which they cannot comprehend anything. We use English in the *Estrategia* and *Fíjate* student notes, and in other locations like the *Estrategia* boxes, to make certain that students understand the concepts.

EXPANSION for 1-27

You may want to include the following additional items:

1. preferir / vivir solo el año pasado (abuelo)
2. almorzar / tú (en el parque con mis primos)
3. sacar fotos / tú (sí, muchas)
4. estar avergonzado / romper una ventana (los cuñados)

METHODOLOGY • Embedding Culture in Language Instruction
In **1-29** students are practicing family vocabulary while using a culturally rich scenario, the Spanish Royal Family. To streamline the activity, not all of the members of the family have been used. Your students can research the complete family tree on the Internet.

NOTE for *La familia real*
Students who are interested in the members of the Spanish royal family can find out more by researching on the Internet. Suggested keywords: *familia real española*.

EXPANSION for 1-29
You can have students research different web sites about the Spanish royal family and update the information given. This could be done as a written activity in which students write about the Borbón (Bourbon, in English) family.

HERITAGE LANGUAGE LEARNERS
Have heritage language learners share orally or in writing about their families. As visuals, they can create family trees using poster board or PowerPoint presentations. If they do not wish to talk about their own families, encourage them to discuss famous Hispanic families.

EXPANSION for 1-29
In pairs, have students create their versions of a "royal family" for the United States. They can use combinations of famous people. Then each pair can present their family to the class.

3:00

1-29 La familia real

Túrnense para describir a la familia real española usando el árbol geneológico parcial. Incluye por lo menos **cinco** personas y relaciones entre las tres generaciones. ■

MODELO E1: *El rey de España, Juan Carlos I, nació en el año 1938. Es hijo de Juan de Borbón y Mercedes. Se casó con…*
E2: *Juan de Borbón es el abuelo de…*

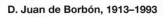

5:00 Workbooklet

1-30 A ver si encuentras…

Es hora de entrevistarse. ■

Paso 1 Forma preguntas en **el pretérito** según el modelo.

MODELO conocer a tus bisabuelos
E1: *¿Conociste a tus bisabuelos?*

Paso 2 Busca a algún/alguna compañero/a que responda (*answers*) afirmativamente.

MODELO
E1: *¿Conociste a tus bisabuelos?*
E2: *No, no conocí a mis bisabuelos.*
E1: *¿Conociste a tus bisabuelos?*
E3: *Sí, conocí a mis bisabuelos.*
E1: *Bueno, firma aquí, por favor.*
E3: *Janet*

recibir una herencia (*inheritance*) monetaria de tus bisabuelos ____	divorciarse unos amigos el año pasado ____	aprender algo importante de tus abuelos ____
casarse el año pasado ____	nacer en otro estado ____	visitar a tus primos la semana pasada ____
divertirse durante la niñez ____	ir de vacaciones con tus parientes el año pasado ____	conocer a tus bisabuelos ____

PERFILES

01-34

Familias hispanas

La familia es muy importante en la cultura hispana. Frecuentemente, es el centro de muchas actividades sociales y culturales. Siempre ha sido el núcleo de apoyo (*support*) para el individuo hispano. Aquí tienes diferentes representantes de la familia hispana.

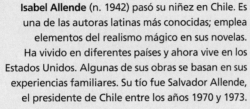

Pío de Jesús Pico La familia Pico —con sangre africana, indoamericana y europea— fue muy poderosa (*powerful*) políticamente en la historia de California. Pío de Jesús Pico (1801–1894) fue el último gobernador mexicano de Alta California. El Pico Boulevard en Los Ángeles fue nombrado en su honor.

Isabel Allende (n. 1942) pasó su niñez en Chile. Es una de las autoras latinas más conocidas; emplea elementos del realismo mágico en sus novelas. Ha vivido en diferentes países y ahora vive en los Estados Unidos. Algunas de sus obras se basan en sus experiencias familiares. Su tío fue Salvador Allende, el presidente de Chile entre los años 1970 y 1973.

Lorenzo Zambrano Treviño (n. 1945) figura en la lista de *Forbes* de los hombres más ricos del mundo. Desde el año 1995 es el presidente de la compañía mexicana CEMEX, fundada por su abuelo y productora importante de cemento. El Sr. Zambrano empezó a trabajar en CEMEX en el año 1968 y ha trabajado en muchos puestos diferentes en la compañía.

Preguntas

1. ¿Por qué son importantes estas personas?
2. ¿Qué papel tiene la familia para estas personas?
3. Compara tu familia con una de éstas. ¿En qué son semejantes y en qué son diferentes?

5:00

1-31 ¡Feliz cumpleaños!

¿Has ido a una fiesta de cumpleaños recientemente? ¿Hablaste con unos parientes? Selecciona (¡o inventa!) a dos personas de tu familia y descríbele a un/a compañero/a lo que descubriste sobre sus vidas. Debes usar **el pretérito** cuando puedas. ■

MODELO *El cumpleaños de mi ahijado fue el mes pasado. Me dijeron que mi hermanastro Guillermo empezó un trabajo nuevo hace dos meses…*

INTRODUCTION to *Perfiles*
Perfiles is a section that appears in each chapter in the second *Comunicación* section. The section will feature profiles from the Hispanic world that reflect or parallel the chapter theme and vocabulary as well as incorporate the new grammar. In this chapter, the *Perfiles* relate to the family.

SECTION GOALS for *Perfiles*
By the end of the *Perfiles* section, students will be able to:

- give examples of how Hispanic families support each other.
- contrast Hispanic families with the students' families.
- describe each family member in Spanish and identify what role that person has in the family.

NATIONAL STANDARDS
Communication, Cultures, Comparisons
This section profiles 3 famous Hispanics: Pío de Jesús Pico, Isabel Allende, and Lorenzo Zambrano Treviño. The text provides the foundation for the interpretive mode (Standard 1.2) because students understand and interpret written Spanish. It also presents a way to understand the relationship between the practices of and perspectives about Hispanic families (Standard 2.1). The concept of the family unit and familial ties is important for students to be able to make comparisons between the role of the family in the United States and the role of the family in Hispanic cultures (Standard 4.2).

NOTE for *Familias hispanas*
Much confusion and controversy has surrounded the use of the terms *Hispanic, Latino/a,* and other descriptors when referring to the Spanish-speaking population in the United States. Note that a Spanish speaker residing in the United States may feel that neither *Hispanic* nor *Latino/a* is appropriate, preferring perhaps the nationality of the country of origin (for example, *I am Guatemalan* or *I am a Spaniard*).

INTRODUCTION to *¡Conversemos!*

¡Conversemos! appears in each chapter toward the end of the second *Comunicación* section. In this section students have a chance to "put it all together," negotiate meaning, and communicate. The section presents different communicative strategies in each chapter, along with dialogues illustrating use. Students then have activities in which they practice these strategies, as well as the other grammatical structures and vocabulary from the chapter.

SECTION GOALS for *¡Conversemos!*

By the end of the *¡Conversemos!* section, students will be able to:

- expand beyond the repertoire of basic salutations.
- recognize the differences in greetings for *tú* and *usted*.
- apply the new greetings in formal and informal introductions.
- respond in a culturally appropriate way.
- distinguish between greetings and farewells.
- practice the new salutations in dialogues and short skits.

NATIONAL STANDARDS
Communication, Cultures, Connections

The greetings and farewells presented in *¡Conversemos!* are the foundation for beginning communication and ending a conversation. The accompanying dialogues in **1-32** align with Communication Standard 1.2 because students understand and interpret spoken Spanish. The dialogues serve as models for students to create their own dialogues, and if they present them to the class, they are addressing Standard 1.3, the presentational mode. If they practice the dialogues in pairs, they use Standard 1.1. When students can select an appropriate greeting based on whether the person is familiar or formal to the speaker, they demonstrate a two-fold understanding. From a cultural perspective, they understand the relationship between the practices and perspectives of Hispanic cultures when they know how and when to choose *tú* greetings and *Ud.* greetings (Standard 2.2). Moreover, they understand the differences between the Hispanic culture and their own culture when they acknowledge that the register they select may be different based on the cultural norms (Standard 4.2).

NOTE for 1-32

Assign the listening activities to be completed outside of class. The audioscript can be found in the Instructor's Resource Manual.

¡CONVERSEMOS!

01-35 to 01-36

ESTRATEGIAS COMUNICATIVAS Employing greetings and farewells

You have already learned basic greetings and farewells such as **Hola, ¿cómo estás?,** and **Hasta luego.** Here are some additional expressions.

¡Anda! Curso elemental, Capítulo Preliminar A. Saludos, despedidas y presentaciones, Apéndice 2.

Saludos	*Greetings*
• **¿Cómo / Qué tal amaneció usted / amaneciste?**	*How are you this morning?*
• **(Muy) Buenas.**	*Hello.*
• **¡(Qué) Gusto de verlo/la/te**	*How nice to see you!*
• **¿Qué hay (de nuevo)?**	*What's up / new?*
• **¿Qué me cuenta/s?**	*What do you say? / What's up?*

Despedidas	*Farewells*
• **Chao.**	*Bye.*
• **Cuídese / Cuídate.**	*Take care.*
• **Gusto en verlo/la/te.**	*Nice to see you.*
• **Hasta la próxima.**	*Till next time.*
• **Nos vemos.**	*See you. (literally, "we'll see each other")*
• **Saludos a (nombre) / a todos por su/tu casa.**	*Say hi to (name) / everyone at home.*
• **Que le/te vaya bien.**	*Take care.*

1-32 Diálogos Escucha los diálogos y contesta las siguientes preguntas.

1. ¿Cómo se saludan y se despiden Nines y Amalia, dos amigas?
2. ¿Cómo se saludan las Sras. Valdés y Lobo, dos personas que no se conocen muy bien?
3. ¿Qué otros saludos y despedidas usan Víctor y Paco, otros amigos?

1-33 ¿Cómo nos saludamos y cómo nos despedimos? Miren las fotos y decidan qué tipo de saludo o despedida es apropiado para cada situación. Luego, inventen un mini-diálogo entre las personas de cada foto para saludarse o despedirse.

58

1-34 Saludos y despedidas

En grupos de tres, seleccionen una de las siguientes situaciones y escriban un diálogo con un mínimo de **diez** oraciones. ■

1. Unos amigos se encuentran con la novia de uno de ellos en la calle.
2. Otro estudiante y tú llegan a la casa de tu profesor/a de español para cenar y conocen a su pareja por primera vez.
3. Te preparas para salir de la casa de tus tíos después de una visita.
4. Ves a dos vecinos, los saludas, y después de hablar unos minutos, te vas.

1-35 Una entrevista

Eres presidente del club de aficionados (*fans*) de una estrella de rock y vas a entrevistarlo durante su gira en tu ciudad. Un estudiante hace el papel del presidente y el otro es la estrella de rock. Escriban un diálogo entre ustedes con un saludo y **cuatro** preguntas sobre lo que el músico ha hecho en su gira, lo que le fascina de ser músico y una despedida. ■

MODELO

E1: *Muy buenas.*
E2: *¿Qué hay?*
E1: *¿Dónde ha cantado en la gira?*
E2: *He cantado en las ciudades de…*
E1: *¿Qué le gusta más de su vida como músico?*
E2: *Me fascina el dinero, me encanta cantar y me han caído bien los aficionados como tú…*

1-36 Su historia

En grupos de tres, miren las fotos e inventen una historia de por lo menos **ocho** oraciones sobre cada grupo. Luego, creen un diálogo entre ellos. Incluyan saludos y despedidas apropiados y la siguiente información. ■

1. una descripción de sus apariencias físicas y de sus personalidades
2. la relación entre sí (*among them*)
3. algo que han hecho juntos

MODELO *La foto es de tres generaciones de una familia: abuela, madre, e hija / nieta…*

HERITAGE LANGUAGE LEARNERS
Ask heritage language learners to mention other greetings and farewells they are familiar with, such as: *¿Qué hubo? ¿Qué pasó? ¿Cómo andas?*

SUGGESTION for *¡Conversemos!*
Remind students that Spanish has formal and informal ways to address people: You may also want to mention that in Hispanic countries, neighbors and close friends can become part of the extended family, and many times the children will address them as *tití, tío, abuelo/a,* etc.

SUGGESTION for *¡Conversemos!*
Have students walk around the classroom greeting each other using the *¡Conversemos!* vocabulary words.

SUGGESTION for *¡Conversemos!*
Have students record a phone conversation on MySpanishLab. They may include other expressions such as: *Diga, ¿Quién habla? Aló, Hola, Dígame.*

ADDITIONAL ACTIVITY for *¡Conversemos!*
¿Quién es? Ahora, piensa en una persona famosa y haz una descripción física (de 3 o 4 oraciones) de esta persona a un/a compañero/a de clase. El/La compañero/a tiene que adivinar quién es la persona.

MODELO *Esta persona era muy alta. Tenía barba y fue muy honesta. Era de Illinois. (Abraham Lincoln)*

ADDITIONAL ACTIVITY for *¡Conversemos!*
¡Cuánto hemos cambiado! Quince años en el futuro, te visita un/a primo/a que vive en otro estado. Llevas mucho tiempo sin verlo/la. Salúdense y hablen de cuánto han cambiado los dos. Dramaticen la situación.

MODELO
E1: *Primito, ¡qué gusto en verte!*
E2: *¡Igualmente! ¡Tanto tiempo en no verte! ¡Cómo has cambiado!*
E1: *Sí, y te veo cambiado también. Ya tienes bigote —y yo soy calvo. Bueno, por lo menos no tengo canas. ¡Je je!*

CAPÍTULO 1

INTRODUCTION to *Escribe*
Escribe, a process writing section, appears towards the end of each chapter. Students will be led to write step-by-step, using vocabulary and structures from the current chapter as well as previous ones.

SECTION GOALS for *Escribe*
By the end of the *Escribe* section, students will be able to:

- recognize the multiple steps to the writing process and apply the strategy of organizing their ideas as a first step in the writing process.
- map their ideas as a way to organize their thoughts.
- write profiles about themselves using descriptive adjectives.
- combine the present, preterit, and present perfect to narrate their activities.

NATIONAL STANDARDS
Communication, Connections, Comparisons
The writing process is a multi-step process, and one of the steps to good writing is organizing ideas. This chapter's writing strategy functions as a bridge between writing in Spanish and writing in English. Students can compare the steps they use in the English writing process with the steps they use to write in Spanish (Standard 4.1). The extra practice and strategy instruction they receive in Spanish also helps them to be more effective writers in English (Standard 3.1) as they connect what they have learned in their Spanish class and apply the new strategy to their English writing skills. Once they have practiced and have written their personal profiles, they can present them to the class either as written texts or oral presentations (Standard 1.3). You could provide a model of a profile from the Internet for them to read, and if you read aloud from the profile or the students silently read the profile, you can address Standard 1.2, the interpretive mode.

METHODOLOGY • Teaching Writing
Writing is a culminating, integrated activity in each chapter of *¡Anda! Curso intermedio.* Research suggests that students first focus on speaking and then on writing because "if they can say it, they can write it."

ALTERNATE ACTIVITY for *Escribe*
As an alternate writing activity for this section, have your students describe their families or favorite relatives.

ESCRIBE

Un perfil personal

01-37

Good writing is the result of a process involving several steps. Each chapter in ***¡Anda! Curso intermedio*** will focus on a different strategy.

Estrategia

Process writing (Part 1): Organizing ideas

Organizing ideas around a subject brings them together into a coherent, whole unit for writing. The technique of *mapping* (drawing a graphic organizer showing relationships and/or connections among ideas, concepts, themes, etc.) can help you organize your ideas into logical categories that you can then use to begin writing. Try using a map graphic such as the one shown below to organize your thoughts before you begin. First, decide on and label your categories. Then begin to fill in your map with details expanding or explaining each category.

1-37 Antes de escribir
Tu escuela secundaria va a tener una reunión y te ha pedido un perfil (*profile*) personal para el libro de recuerdos. De esta manera te puedes reconectar con los compañeros que comparten (*share*) tus intereses. ■

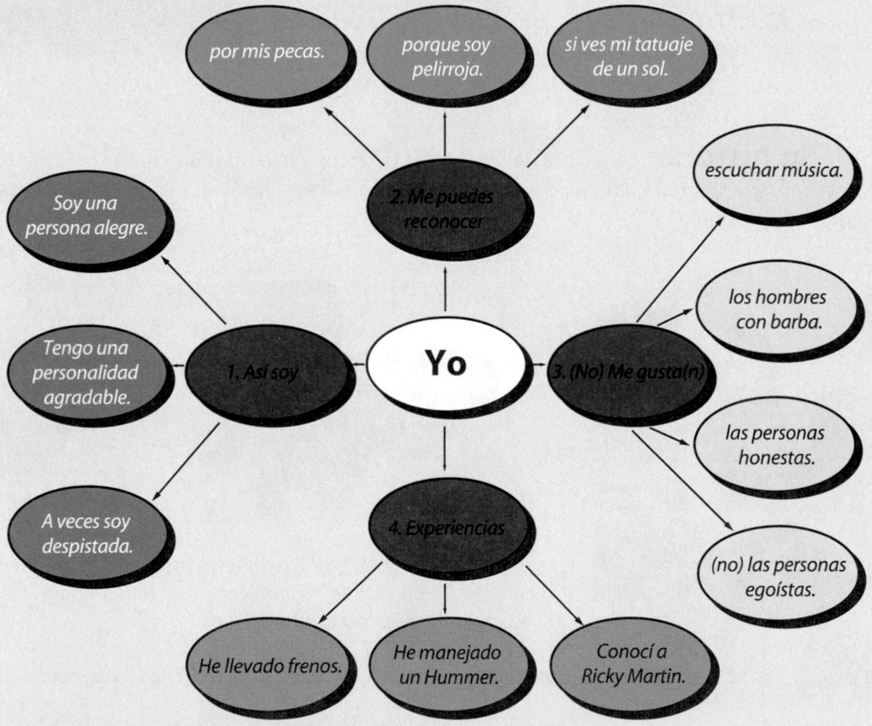

WRITING SAMPLE for *Escribe*
Soy Juana y tengo veinticuatro años. No estoy casada porque todavía soy joven. ¿Me recuerdan? Soy alta, rubia con pelo rizado, y tengo unas pecas en las mejillas. También tengo un tatuaje, pero no les digo dónde. El año pasado fue mi primer año en la universidad; antes trabajé en una oficina. Estudié mucho y saqué buenas notas. Tomé unos cursos de español, me gustaron, y ahora quiero viajar a un país hispanohablante para practicar. He viajado a Europa y me gustó mucho España. He conocido también Francia y Alemania.

1. Primero, decide sobre las categorías descriptivas que vas a usar (e.g., características físicas, de personalidad, tu edad, los gustos que te describen mejor, etc.). Escribe nombres para cada categoría en tu diagrama. Puedes usar las categorías sugeridas en el modelo en los círculos rojos o algunas semejantes (*similar ones*).
2. Luego, haz una lista de tus características, según (*according to*) las categorías, y escribe una oración para cada una. Pon estas oraciones en el diagrama, bajo las categorías apropiadas y en los círculos apropiados.

1-38 A escribir Ahora, usando los grupos de características que has hecho en el diagrama y las oraciones relacionadas, elabora tu perfil personal. Puedes mencionar algunos detalles de tu familia si quieres. Tu párrafo debe tener por lo menos **seis** oraciones. Hay que usar **por lo menos dos verbos** en **el pretérito** y **por lo menos dos verbos** en **el presente perfecto.** ■

MODELO *Soy Juana. Nací en California y tengo veinticuatro años; no estoy casada porque todavía soy joven...*

1-39 Después de escribir Entrégale el perfil personal a tu profesor/a. Tu profesor/a lo va a leer a la clase para ver si tus compañeros pueden identificarte. ■

SUGGESTION for 1-39
If your class size is large, put the students' personal profiles in a basket. Read 5 or 6 of them aloud, having students guess whose profile each one is.

SUGGESTION for 1-39
Place students in small groups, then have them exchange their profiles. The other students guess whose profile each one is.

¿Cómo andas? II

Having completed **Comunicación II,** I now can . . .	Feel confident	Need to review
• convey personal descriptors. (p. 46)	☐	☐
• speak and write about past events. (MSL)	☐	☐
• indicate what someone *has* done. (p. 49)	☐	☐
• share information about my family. (p. 53)	☐	☐
• discuss well-known families. (p. 57)	☐	☐
• employ appropriate greetings and farewells. (p. 58)	☐	☐
• use the strategy of *mapping* to organize ideas before writing. (p. 60)	☐	☐

SUGGESTION for *¿Cómo andas?*
If you have time constraints, these self-assessments can be completed by students outside of class. Spot-check and ask some students how they are doing (e.g., "how many of you feel confident with speaking and writing about past events?"). Remind those who do not raise their hands that they need to review by consulting the pages listed on their own. If you have time to do the self-assessments in class, one approach is to have students write short examples illustrating the topics, then verify their answers in the textbook where the grammar or vocabulary was presented. Based on this verification, they can rate themselves on the concepts and hand in their ratings to you at the end of class.

Instructor Resources
- Text images (maps), Video resources

INTRODUCTION to *Vistazo cultural*
Vistazo cultural appears in each chapter after the second *Comunicación* section. Cultural information related to the chapter theme is presented in this section. Each chapter focuses on one or more Spanish-speaking countries, highlighting cultural products and practices that are unique to each of the featured countries. The presentation of countries parallels that of the chapters in *¡Anda! Curso elemental.*

SECTION GOALS for *Vistazo cultural*
By the end of the *Vistazo cultural* section, students will be able to:
- make comparisons between the featured Hispanic families and their own families.
- describe the cultural practices and products they see in the photos.
- highlight hobbies or pastimes they share with their families.
- expand their ideas about individual Hispanics and Hispanic families.
- reflect upon the Hispanic traditions that are part of culture in the United States.

NATIONAL STANDARDS *Communication, Cultures*
In the *Vistazo cultural* section, students are exposed to photos of Hispanic people, locations, celebrations, etc., and brief explanations about each photo. The Cultures goal is that students gain knowledge and understanding of the cultures of the world (Standards 2.1 and 2.2). From the photos and accompanying information, they can learn about what each person has accomplished and how that legacy affects or influences the Hispanic culture. By reading the information in Spanish, they also have to interpret and understand written Spanish (Standard 1.2), and the questions that follow the reading encourage them to have interpersonal exchanges with their classmates (Standard 1.1).

METHODOLOGY • The National Standards for Foreign Language Learning
This important professional document represents the best thinking of foreign language leaders in the profession. The standards contain 5 goal areas and 11 standards. Our aim is to deal with culture and comparisons in a series of Methodology notes throughout *¡Anda! Curso intermedio.* Thus, each chapter will include Methodology notes for addressing culture. These suggestions are written to be in line with the philosophical underpinnings of the National Standards and, while they may include activities that involve other goal areas, they primarily target Standards 2.1, 2.2, and 4.2. For an explanation of the National Standards, please see the Executive Summary online at http://www.actfl.org/files/public/StandardsforFLLexecsumm_rev.pdf.

Vistazo cultural

Lic. Anita Paulino Pavía,
Socióloga

Los hispanos en los Estados Unidos

01-38 to 01-40

Trabajo como socióloga en la ciudad de Chicago. Mi empleo me fascina porque hablo con personas hispanas. Estudio sus características, su cultura y su vida diaria. Vamos a explorar algunos ejemplos de la cultura hispana individual y familiar aquí en los Estados Unidos.

Los Premios Herencia Hispana

Estos premios fueron creados en el año 1987 y la ceremonia de premiación (*awards ceremony*) se celebra cada septiembre en el Kennedy Center en Washington, D.C. Los premios rinden homenaje a muchas personas hispanas que han tenido una gran influencia positiva en los Estados Unidos. Las personas premiadas han sido de muchos campos diversos e incluyen líderes de la juventud.

La familia López

La familia López de Texas es *la primera familia* de taekwondo de los Estados Unidos. De herencia nicaragüense, los tres hermanos, Steven, Mark y Diana han practicado el deporte desde la niñez. Los tres hermanos ganaron medallas en los Juegos Olímpicos en el año 2008 en Beijing. Su hermano mayor, Jean, es su entrenador (*trainer*) y está muy orgulloso de su familia.

Óscar Hijuelos

Óscar Hijuelos es hijo de inmigrantes cubanos. Nació en Nueva York en el año 1951 y ahora escribe novelas con temas familiares. Ha ganado varios premios como el Premio Pulitzer por su novela *The Mambo Kings Play Songs of Love* en el año 1990; fue el primer hispano en ganar este premio.

62

NOTE for *Vistazo cultural*
Titles are very important in the Spanish-speaking world. Many college graduates use the title bestowed on them via their degree as part of their name. In this case, Anita Paulino Pavía has a *licenciatura* or college degree in sociology. The title appears as the abbreviation *Lic.*, and she would be addressed as *Licenciada Paulino* in Latin America.

METHODOLOGY • The Culture and Comparisons Goal Areas
Having students make cultural comparisons (Standard 4.2) helps them better understand the target language culture. When students can relate a cultural product and/or a practice (Standards 2.1 and 2.2) to something in their own experience, they more fully grasp the meaning it has in both cultures. Whenever possible, have students draw analogies between products and practices from the target language culture and their own. This often helps reduce the psychological distance between cultures and minimizes negative reactions.

El Mes de la Herencia Hispana

El Mes de la Herencia Hispana se celebra del 15 de septiembre hasta el 15 de octubre. Las celebraciones tienen lugar en ciudades por todas partes de los Estados Unidos.

El Festival de la Calle Ocho

Cada marzo, hay un festival enorme en la Calle Ocho de la Pequeña Habana de Miami. En veintitrés cuadras (*blocks*) de la ciudad la gran población cubana celebra allí su herencia cultural con comida, baile, música y actividades para los niños y toda la familia.

El Paseo del Río en San Antonio, Texas

Los domingos, la familia puede pasar unas horas agradables en *El Paseo del Río*. Es muy popular hacer una caminata por el paseo. A las familias les encanta andar, pasear en barco, comer en un restaurante al lado del río o simplemente sentarse y mirar a las personas que pasean por allí.

Preguntas

1. Selecciona a una de las familias de las fotos aquí o en la sección de *Perfiles* y descríbela. ¿Cómo es similar y cómo es diferente a tu familia?
2. ¿Cuál de los eventos culturales te gusta más? ¿Por qué?
3. ¿Cuáles son algunas cosas que haces con tu familia?

EXPANSION for *El Mes de la Herencia Hispana*

Ask students why they think Hispanic Heritage Month is from September 15 to October 15. Tell them that these dates were chosen to commemorate the Independence Day celebrations of Costa Rica, El Salvador, Guatemala, Honduras, Nicaragua, Mexico, and Chile. In addition, October 12—*Día de la Raza*—falls in this time period. This is a holiday to observe the colonization, exploration, and multicultural heritage of the Americas.

ADDITIONAL ACTIVITIES for *Vistazo cultural:* En el Internet

1. Have your students research the Internet to discover what is involved in a degree in *sociología*. They can access university sites where the degree is offered, as well as professional organizations such as the Asociación Internacional de Sociología. Suggested keywords: *carrera en sociología, licenciatura, plan de estudios.*
2. Have your students investigate events happening along the San Antonio River Walk. Suggested keywords: *el Paseo del Río, San Antonio, riverwalk*.
3. Ask your students to discover whether their hometown celebrates Hispanic Heritage Month. If so, how? If not, where is the nearest place that celebrates the event? Suggested keywords: *el mes de la Herencia Hispana.*

INTRODUCTION to *Laberinto peligroso*

In *Laberinto peligroso,* you will meet three journalists whose lives will become intertwined in an international plot. In this chapter, you meet the three main protagonists: Javier, Celia, and Cisco. *Laberinto peligroso* is presented as a listening activity, a reading activity, and a viewing activity. Each textbook episode ends in a mini cliffhanger that segues directly to the video episode, which also ends in a mini cliffhanger. Your students will be highly motivated to discover what happens next.

Throughout the textbook and video episodes, the grammar and vocabulary from the current chapter are reinforced.

SECTION GOALS for *Laberinto peligroso*

By the end of the *Laberinto peligroso* reading section, students will be able to:

- incorporate several pre-reading strategies such as activating prior knowledge (schemata), identifying cognates, predicting, and guessing.
- plan for successful reading by having a dictionary ready and using it to look up unfamiliar words.
- identify the three protagonists: Javier, Cisco, and Celia.
- mark the text by identifying and underlining cognates.
- understand dialogues and interactions between the characters.
- respond logically to comprehension questions.
- summarize the main events.

NATIONAL STANDARDS
Communication

The *Laberinto peligroso* reading passage provides an engaging text in Spanish. This reading highlights Standard 1.2 because the students are required to understand and interpret written Spanish. The *Laberinto peligroso* video segment that follows the reading also requires students to understand and interpret spoken Spanish. Depending on how **1-41** is assigned, if students work in pairs or small groups to discuss the reading, they are also addressing the interpersonal mode, Standard 1.1. You may choose to have your students dramatize the reading or recreate their favorite scenes from the video portion of *Laberinto peligroso.* Both of these ideas would encourage student presentations (Standard 1.3) as they present to the class their interpretations of the events they have read and seen.

01-43 to 01-44

Laberinto peligroso

Lectura

Estrategia Pre-reading techniques: Schemata, cognates, predicting, and guessing

Even before you begin to read something, you are already using many clues that help you understand the passage. For example, by focusing on titles and subtitles and also on any pictures and illustrations and their captions, you begin to guess what the passage might contain. You can also use cognates (words that look like English words and mean the same) and your prior knowledge of the world (schemata) to aid in your predictions.

En el primer episodio de *Laberinto peligroso,* vas a conocer a Javier, a Cisco y a Celia, tres periodistas que se conocen y que están viviendo en la misma ciudad. Ellos todavía no lo saben, pero están a punto de empezar una gran aventura ¡pero puede ser una aventura muy peligrosa!

1-40 Antes de leer Completa los siguientes pasos. ■

Paso 1 Mira el título del episodio. Si no sabes los significados de las palabras, consulta el diccionario.

Paso 2 Subraya los cognados que aparecen en el primer párrafo.

Paso 3 Usando los cognados que has identificado y el título, crea una hipótesis sobre el episodio. ¿Qué piensas que va a pasar?

DÍA 1

¿Periodistas en peligro?

Javier quería sorprender a sus estudiantes. A todos les interesaba mucho el tema del seminario —los reportajes de investigación— pero Javier pensaba que las clases eran demasiado teóricas. Estaba harto de aburrir a sus estudiantes. Cuando aceptó el trabajo como profesor, fue porque le encantaba ser periodista y porque quería tener un impacto en el mundo. Pero sus clases no le parecían interesantes y quería enseñarlas mejor. Después de reflexionar mucho, llegó a una conclusión: a sus estudiantes les hacía falta una perspectiva más práctica y, por eso, Javier decidió invitar a unos periodistas a la clase para formar un panel de expertos.

Estaba seguro de que su amiga Celia lo iba a ayudar. Acababa de llegar a la ciudad y Javier iba a almorzar con ella ese mismo día. Sabía que la oportunidad también le podía interesar a Cisco, un columnista importante que era muy buena gente. Javier decidió llamarlo por teléfono.

64

METHODOLOGY • *Lectura*

The mystery story *Laberinto peligroso* was created for *¡Anda! Curso intermedio* to offer students high-interest reading passages. In doing so, we hope to provide students with the opportunity and motivation to see and use structures that they are acquiring, and to develop strategies that will help them become proficient readers of Spanish.

With this in mind, it is important that you do the pre- and post-reading sections with students *in class* for this chapter. The pre-reading activities serve to activate schemata, alert students to look for cognates, and review the techniques of predicting and guessing. After the first chapter, you should expect your students to do the pre- and post- activities outside of class.

METHODOLOGY • Reading Aloud

We do not recommend having students simply read a passage aloud unless it is to review a portion that you have just completed together or to practice pronunciation. Research suggests that students have difficulty attending to meaning when they read aloud. Time is better spent directing the reading or discussing the reading after it has been done silently.

—Aló —Cisco contestó el teléfono con un tono de voz que mostraba que estaba agotado.

—Hola, Cisco, soy Javier. ¿Estás bien? —le preguntó Javier, preocupado.

—Sí, Javier —respondió Cisco con un tono más alegre—. Simplemente he tenido muchos obstáculos y dificultades con una de mis investigaciones. Me ha frustrado un poco. ¿Qué tal tú?

—Bien, aunque he estado muy ocupado con el seminario que estoy enseñando en la universidad. Por eso te llamo; quiero pedirte un favor.

—¿Qué necesitas?

—Ya sabes que respeto mucho tu trabajo y que me encanta tu columna —dijo Javier con un tono más serio—. Quiero que vengas al seminario para hablar sobre tu columna y las investigaciones que haces. Sé que tienes muchas anécdotas interesantes para contar. ¿Qué te parece?

—Me parece muy interesante. Me encanta participar en ese tipo de actividades. Claro que te ayudo.

—Muchísimas gracias, Cisco. ¿Te puedo llamar dentro de unos días para hablar de los detalles?

—Muy bien. Hablamos entonces. Hasta luego, Javier.

—Adiós, Cisco, y gracias de nuevo.

Después de hablar con Cisco, Javier salió para almorzar con Celia. Cuando entró en el café, Celia ya estaba allí.

—Perdóname por llegar tarde, Celia. ¿Llevas mucho tiempo esperándome?

—No, Javier. Hace cinco minutos que llegué. Siéntate. ¿Qué tal estás?

—¿Qué tal estás tú? ¡Cuánto me alegro de tenerte cerca!

—Estoy bien y muy contenta con mi decisión de vivir aquí durante una temporada.° Estaba tan harta de mi trabajo; realmente necesitaba un descanso.

a while; period of time

—¿Qué vas a hacer? ¿Tienes muchos planes? —le preguntó Javier.

—No, tengo muy pocos planes. Voy a hacer investigaciones para unos proyectos, y voy a intentar descansar —respondió Celia.

—¿La ex agente federal que siempre ha necesitado estar trabajando ahora quiere "descansar"? ¡No lo creo!

—Créelo. He cambiado mucho desde mis días con el FBI. Pero no he venido aquí para hablar de eso. Cuéntame cosas de ti. ¿Qué tal va el seminario?

—Bien, pero va a ir mejor gracias a ti; como eres tan buena amiga, me vas a hacer un gran favor.

—¿Ah, sí? ¿Y qué favor es? —preguntó Celia en un tono insinuante.°

flirtatious

—Vas a venir al seminario como experta invitada para hablar de tus experiencias como investigadora y como periodista. ¿Te gusta la idea?

—Me parece muy bien. Puedes contar conmigo.

Mientras Javier y Celia continuaron conversando y almorzando, Cisco llegó al café al otro lado de la calle y se sentó con una amiga. En ese café, había un hombre que miraba a Javier y a Celia y también a Cisco. Mientras los observaba, sacó un cuchillo.

65

NATIONAL STANDARDS
Comparisons

The reading from *Laberinto peligroso* contains many cognates. By now, students of Spanish should recognize that there are many cognates between the English and Spanish languages. Students use Standard 4.1 when they understand the nature of Spanish by making comparisons between Spanish and their own language. When they scan a reading passage to find cognates, students are focusing on how much they already know in Spanish instead of what they have yet to learn. Moreover, the dialogue-rich reading is also helpful to the students, as this is a familiar way of storytelling in the English language. They are able to understand the characters' actions through the short question-and-answer conversational exchanges.

ADDITIONAL ACTIVITY for *Lectura*

You may want to ask your students the following questions before reading *¿Periodistas en peligro?*:

1. Existen dos expresiones para hablar sobre las relaciones interpersonales en español. Algunas personas —la gente con la que tenemos una relación muy importante— se consideran "amigos", y otras —las personas con las que tenemos un trato amable, pero con las que no tenemos una relación tan fuerte— se consideran "conocidos" (*acquaintances*). ¿Hay muchas personas en tu vida a quienes realmente consideras tus amigos? ¿Y consideras a muchos conocidos?
2. Cuando viene a visitarte algún amigo de otra ciudad o estado, ¿qué hacen ustedes?
3. Cuando te sientes agotado/a y frustrado/a por el estrés en tu vida y necesitas desconectarte totalmente, ¿qué haces?

Instructor Resources
- Video script

ANSWERS to 1-41
1. Se llaman Javier, Cisco y Celia. *Possible answers:* Javier es un periodista que ahora enseña un seminario en la universidad. Cisco es un columnista que hace reportajes de investigación. Celia es una periodista que antes trabajaba para el FBI.
2. *Suggested answer:* Pienso que Javier y Cisco son conocidos, y que Javier y Celia son amigos.
3. *Suggested answer:* Javier, Cisco y Celia han tenido problemas en sus trabajos. El problema de Javier es que sus clases no son muy interesantes porque son muy teóricas. El problema de Cisco es que ha tenido muchos obstáculos y dificultades con una de sus investigaciones. Celia está harta y necesita descansar. Javier tiene una solución: va a invitar a un panel de expertos a su clase. Cisco no menciona ninguna solución. La solución de Celia es vivir en esa ciudad durante una temporada.
4. Celia va a estar en la ciudad por una temporada para hacer investigaciones para unos proyectos y para intentar descansar.
5. Cisco llegó al café y se sentó con una amiga. Un hombre observaba a Javier, Celia y Cisco y sacó un cuchillo.

SECTION GOALS for *Video*
By the end of the *Laberinto peligroso* video section, students will be able to:
- activate prior knowledge about their experiences at seminars.
- recognize the main characters introduced to them previously in the reading.
- answer pre-viewing questions designed to elicit predictions about the plot.
- summarize the events.
- write a paragraph about one of the main characters based on the new information they have learned.

METHODOLOGY • *Video*
After completing *Después de leer,* direct students to the video episode of *Laberinto peligroso.* This episode *continues* what the students have read; it is *not* a repetition. Viewing the episode fulfills two functions:
1. It provides a contextualized listening activity.
2. It motivates students to read the next chapter's episode. Beginning language learners tend to avoid the printed word, but the "carrot" of exciting video episodes can motivate them to read in order to see what happens next.

1-41 Después de leer
Contesta las siguientes preguntas. ■

1. ¿Cómo se llaman los personajes principales del episodio? ¿Qué sabemos de ellos?
2. ¿Crees que Javier y Cisco son amigos o conocidos (*acquaintances*)? ¿Piensas que Javier y Celia son amigos o conocidos?
3. ¿Cuál(es) de los personajes ha(n) tenido problemas en su trabajo? ¿Qué tipo de problemas ha(n) tenido? ¿Tiene(n) soluciones?
4. ¿Por cuánto tiempo va a estar Celia en la ciudad? ¿Qué planes tiene?
5. ¿Qué ocurrió en el restaurante?

Video

01-45 to 01-46

En la primera lectura conociste a los tres periodistas que van a ser los personajes principales de *Laberinto peligroso*. En el primer episodio del video, vas a conocerlos un poco más en el contexto del seminario de Javier.

1-42 Antes del video
¿Has ido alguna vez a una conferencia con un panel de expertos? ¿En qué tipo de lugares hacen las conferencias así? ¿Cómo empiezan normalmente? ■

Antes de ver el video, contesta las siguientes preguntas.

1. ¿Piensas que los periodistas están en peligro? ¿Por qué?
2. ¿Por qué crees que el hombre del restaurante sacó el cuchillo?
3. El video tiene lugar en el seminario que enseña Javier. ¿Qué piensas que vas a descubrir sobre los personajes y sobre su situación?

… me gusta mucho tu nuevo corte de pelo, te queda muy bien.

Me cae muy bien Emilio. Es muy simpático; no es nada presumido sino muy sencillo.

También trabajé en un restaurante, en un spa y he escrito unas novelas… he hecho un poco de todo.

«¿Puede ser?»

Episodio 1

1-43 Después del video
Completa los siguientes pasos para describir a los personajes principales. ■

Paso 1 Completa cada columna con la información que aprendiste de la lectura y en el video.

JAVIER	CISCO	CELIA
1. es periodista	1. es periodista	1. es periodista
2. es profesor	2. es fuerte	2. tiene el pelo largo
3. …	3. …	3. …

Paso 2 Ahora escribe una descripción de un párrafo sobre uno de los personajes.

ANSWERS to 1-42
1. *Possible answer:* Sí, pienso que están en peligro porque el hombre del café no tiene pinta de ser amable. Mientras los observaba, el hombre sacó un cuchillo. Por eso, creo que puede ser un hombre peligroso.
2. *Possible answer:* Creo que sacó el cuchillo porque quiere hacerles daño a Javier, Celia y Cisco.
3. *Answers will vary.*

ANSWERS to 1-43
Possible answers for Paso 1 *include:*
Javier: alto, guapo, pelo corto, amable, honesto, inteligente, frustrado, harto
Cisco: pelo castaño, pelo corto, pelo lacio, amable, inteligente, frustrado, harto
Celia: pelo castaño, pelo rizado, amable, inteligente, harta

LETRAS

Acabas de terminar el primer episodio de **Laberinto peligroso.** Explora más lecturas en la colección literaria, **Letras.**

Y por fin, ¿cómo andas?

Each chapter will end with a checklist like the one that follows. This is the third time in the chapter that you are given the opportunity to check your progress. Use the checklist to measure what you have learned in the chapter. Place a check in the *Feel confident* column of the topics you feel you know, and a check in the *Need to review* column for the topics that you need to practice more.

Having completed this chapter, I now can . . .	Feel confident	Need to review
Comunicación I		
• describe myself and others in detail. (p. 34)	☐	☐
• avoid repetition and clarify meaning. (MSL)	☐	☐
• express feelings and reactions. (p. 39)	☐	☐
• predict content and guess meaning. (p. 44)	☐	☐
Comunicación II		
• convey personal descriptors. (p. 46)	☐	☐
• speak and write about past events. (MSL)	☐	☐
• indicate what someone *has* done. (p. 49)	☐	☐
• share information about my family. (p. 53)	☐	☐
• employ appropriate greetings and farewells. (p. 58)	☐	☐
• use the strategy of *mapping* to organize ideas before writing. (p. 60)	☐	☐
Cultura		
• examine stereotypes and the idea of a "typical" Hispanic. (p. 42)	☐	☐
• discuss well-known families. (p. 57)	☐	☐
• consider famous Hispanic families and family events. (p. 62)	☐	☐
Laberinto peligroso		
• apply pre-reading techniques to aid in comprehension while meeting the three protagonists in *Laberinto peligroso*. (p. 64)	☐	☐
• learn more about how the lives of the protagonists intertwine. (p. 66)	☐	☐
Comunidades		
• use Spanish in real-life contexts. (SAM)	☐	☐
Literatura		
• read and understand a poem using literary terms. (Literary Reader)	☐	☐

LETRAS LITERARY READER
Refer your students to *Capítulo 1* of the *Letras* Literary Reader to read *Poema I* (fragmento) *de Versos sencillos*, by José Martí, and to learn about *el verso, la estrofa, la rima y tipos de rima,* and *el lenguaje figurado.*

METHODOLOGY • Student Self-assessment with _Y por fin, ¿cómo andas?_
This is the chapter's third and final self-assessment. It is cumulative for the entire chapter. These self-assessments help students determine where they are with regard to their learning and what individual remediation is needed. Research contends that instructors need to make students ultimately responsible for their own learning, and one of the ways to do this is by having them self-assess. Research also finds that students tend to be overly critical of what they do and do not know, and periodic self-assessments help them to self-evaluate realistically.

SUGGESTION for _Y por fin, ¿cómo andas?_
If you have time constraints, students can complete these self-assessments outside of class. Spot-check and ask how they are doing (e.g., "How many of you feel confident expressing feelings and reactions?"). Remind students who do not raise their hands that they need to review on their own by consulting the pages listed. If you have time to do the assessments in class, one approach is to have students write short examples illustrating the topics, then check in their textbooks to verify answers. Based on this verification, they can rate themselves on the concepts and hand in their ratings to you at the end of class.

Instructor Resources
- Testing program information

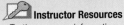

VOCABULARIO ACTIVO

La cabeza y la cara	Head and face
la apariencia	*appearance*
la barba	*beard*
el bigote	*moustache*
las cejas	*eyebrows*
la frente	*forehead*
los labios	*lips*
el lunar	*beauty mark; mole*
la mejilla	*cheek*
el mentón	*chin*
las pestañas	*eyelashes*
la piel	*skin*

El pelo	Hair
calvo/a	*bald*
las canas	*gray hair*
castaño	*brunette; brown*
pelo:	*hair:*
canoso, corto, largo, lacio, moreno, rizado	*gray, short, long, straight, black, curly*
pelirrojo/a	*redheaded*
rubio/a	*blond*
pelo teñido	*dyed hair*

Características notables	Notable characteristics
la cicatriz	*scar*
los frenos	*braces*
las pecas	*freckles*
la peluca	*wig*
la perforación del cuerpo	*body piercing*
el tatuaje	*tattoo*
la trenza	*braid*

Características personales	Personal characteristics
agradable	*agreeable; pleasant*
alegre	*happy; cheerful*
callado/a	*quiet*
chistoso/a	*funny*
(des)organizado/a	*(dis)organized*
despistado/a	*absentminded, scatterbrained*
educado/a / maleducado/a	*polite / impolite; rude*
egoísta	*selfish*
extrovertido/a / introvertido/a	*extroverted / introverted*
flojo/a	*lazy*
gastador/a	*extravagant; wasteful*
generoso/a	*generous*
grosero/a	*rude*
honesto/a	*honest*
pesado/a	*dull, tedious*
presumido/a	*conceited, arrogant*
raro/a	*strange*
sencillo/a	*modest; simple*
sensible	*sensitive*
serio/a	*serious*
tacaño/a	*cheap*
terco/a	*stubborn*
tímido/a	*shy*

Palabra útil	Useful word
discapacitado/a	*physically / psychologically handicapped*

68

Algunos estados	*Some states*
agotado/a	*exhausted*
amable	*nice; kind*
asqueado/a	*disgusted*
asustado/a	*frightened*
avergonzado/a	*embarrassed, ashamed*
celoso/a	*jealous*
confundido/a	*confused*
deprimido/a	*depressed*
enamorado/a	*in love*
furioso/a	*furious*
harto/a	*fed up*
orgulloso/a	*proud*
sorprendido/a	*surprised*

Verbos	*Verbs*
portarse bien / mal	*to behave / to misbehave*
ser buena / mala gente	*to be a good / bad person*

La familia	*Family*
el ahijado/la ahijada	*godson/goddaughter*
el bisabuelo/ la bisabuela	*great-grandfather/* *great-grandmother*
el cuñado/la cuñada	*brother-in-law/sister-in-law*
los gemelos	*twins*
el hermanastro/ la hermanastra	*stepbrother/* *stepsister*
el hijastro/la hijastra	*stepson/stepdaughter*
el hijo único/ la hija única	*only child*
la madrina/el padrino	*godmother/godfather*
el marido	*husband*
la mujer	*wife*
la nuera/el yerno	*daughter-in-law/son-in-law*
la pareja	*couple; partner*
el pariente	*relative*
el sobrino/la sobrina	*nephew/niece*
el suegro/ la suegra	*father-in-law/* *mother-in-law*
el viudo/la viuda	*widower/widow*

Las etapas de la vida	*Stages of life*
la adolescencia	*adolescence*
la jubilación	*retirement*
la juventud	*youth*
la muerte	*death*
el nacimiento	*birth*
la niñez	*childhood*
la vejez	*old age*

Adjetivos	*Adjectives*
anciano/a	*elderly*
casado/a	*married*
divorciado/a	*divorced*
embarazada	*pregnant*
soltero/a	*single (not married)*

Verbos	*Verbs*
casarse	*to marry; to get married*
divorciarse	*to divorce; to get divorced*
envejecer	*to grow old; to age*
nacer	*to be born*
recordar (o → ue)	*to remember; to remind*
separarse	*to separate; to get separated*

Instructor Resources
- IRM: Syllabi and Lesson Plans

NATIONAL STANDARDS

COMUNICACIÓN I
- To share information about sports (Communication)
- To tell others to do something (Communication)
- To suggest group action using *Let's* (Communication)
- To listen for the gist of a conversation (Communication)
- To engage in additional communication practice (Communication)

COMUNICACIÓN II
- To describe pastimes and sports (Communication)
- To convey doubt, influence, feelings, and hopes (Communication)
- To recommend, suggest, request, or require something of someone (Communication)
- To express pardon, request clarification, and check for comprehension (Communication, Comparisons)
- To use linking words to make writing more cohesive (Communication, Comparisons)
- To engage in additional communication practice (Communication)

CULTURA
- To discuss an international sporting event (Cultures, Connections, Comparisons)
- To identify three elite athletes and champions in the Spanish-speaking world (Cultures, Connections, Comparisons)
- To describe and communicate on the topic of sports and pastimes in Mexican culture (Cultures, Connections, Comparisons)
- To explore further the chapter's cultural themes (Communication)

LABERINTO PELIGROSO
- To skim, scan, get the gist of a passage, and to report on Celia's interests and Cisco's job (Communication, Comparisons)
- To consider who is trying to harm Celia (Communication)

COMUNIDADES
- To use Spanish in real-life contexts (Communities)

LITERATURA
- To understand hyperbole, metaphor, and prosopopoeia as literary devices in an authentic text (Communication)

2 El tiempo libre

A la gente le gustan los pasatiempos y los deportes que son tan variados como las personas mismas (*themselves*). El fútbol y el béisbol, por ejemplo, son deportes muy populares en los países hispanos. Para muchos, son deportes para practicar y hacer ejercicio, y para otros son pasatiempos para observar y disfrutar (*enjoy*). Hay deportes y pasatiempos para todos los gustos.

PREGUNTAS

1. ¿Cuáles son tus deportes y pasatiempos favoritos?
2. ¿Cuándo y dónde puedes practicarlos?
3. ¿Cuáles son los deportes más populares en los Estados Unidos? ¿Qué deportes se practican en los Estados Unidos y en los países hispanos?

SECTION GOALS for *Chapter opener*

By the end of the Chapter opener section, students will be able to:
- report about popular pastimes and sports.
- explain where they practice their hobbies or play sports.
- discuss popular sports.
- contrast sports in the United States and Hispanic countries.

NATIONAL STANDARDS
Chapter opener

The Chapter opener section provides a glimpse into three Goal Areas: Communication, Cultures, and Comparisons. The text itself requires students to understand and interpret written Spanish (Standard 1.2) and the questions that follow guide interpersonal communication (Standard 1.1). As students discuss the role of sports and pastimes in Hispanic countries, they reflect on the relationship between the practices and perspectives of Hispanic cultures (Standard 2.1). The similarities and differences between American sports and pastimes allow students to make comparisons and to demonstrate their understanding of the concept of culture (Standard 4.2).

WARM-UP for *Chapter opener*

As in *Capítulo 1,* ask your students to give their impressions of the photos on this page. Also have the students silently read the chapter objectives. We suggest that you spend no more than 5 to 7 minutes on chapter openers.

OBJETIVOS	CONTENIDOS	
COMUNICACIÓN I		
To share information about sports	**1** Sports	72
To tell others to do something	**Repaso** Formal and informal commands	MSL
To suggest group action using *Let's*	**2** *Nosotros/as* commands	78
To listen for the gist of a conversation	**ESCUCHA:** Conversing with friends **Estrategia:** Listening for the gist	84
To engage in additional communication practice	**Heritage Language**	SAM
COMUNICACIÓN II		
To describe pastimes and sports	**3** Pastimes and sports	86
To convey doubt, influence, feelings, and hopes	**Repaso** The subjunctive	MSL
To recommend, suggest, request, or require something of someone	**4** The subjunctive used to express hopes, desires, and requests	91
To express pardon, request clarification, and check for comprehension	**¡CONVERSEMOS!** **Estrategias comunicativas:** Expressing pardon, requesting clarification, and checking comprehension	96
To use linking words to make writing more cohesive	**ESCRIBE:** Commenting in a blog **Estrategia:** Process writing (Part 2): Linking words	98
To engage in additional communication practice	**Heritage Language**	SAM
CULTURA		
To discuss an international sporting event	**NOTAS CULTURALES** La Vuelta al Táchira	82
To identify three elite athletes and champions in the Spanish-speaking world	**PERFILES** Campeones famosos del mundo hispano	94
To describe and communicate on the topic of sports and pastimes in Mexican culture	**VISTAZO CULTURAL** Deportes y pasatiempos en la cultura mexicana	100
To explore further the chapter's cultural themes	**MÁS CULTURA**	SAM
LABERINTO PELIGROSO		
To skim, scan, get the gist of a passage, and to report on Celia's interests and Cisco's job	**EPISODIO 2** **Lectura:** *Búsquedas* **Estrategia:** Skimming and scanning; reading for the gist	102
To consider who is trying to harm Celia	**Video:** *¿Qué te ocurre, Celia?*	104
COMUNIDADES		
To use Spanish in real-life contexts	**Experiential Learning:** Atletas destacados **Service Learning:** Una guía del ocio	SAM SAM
LITERATURA		
To understand hyperbole, metaphor, and prosopopoeia as literary devices in an authentic text	**LETRAS** *El fútbol a sol y sombra y otros escritos* (fragmento) (Eduardo Galeano)	*See Literary Reader*

71

CAPÍTULO 2

METHODOLOGY • Meaningful Learning

One purpose of the discussion questions is to begin a topic with what your students already know so they understand how the major theme of the chapter relates to their lives. This facilitates learning by encouraging active mental participation in relating new material to existing knowledge, the basic tenet of Ausubel's "meaningful learning." (D. Ausubel, *Educational Psychology: A Cognitive View.* New York: Holt, Rinehart & Winston, 1968.)

21ST CENTURY SKILLS • FRAMEWORK

The Framework of P21 is depicted by connected circles. The divisions of the framework are: *Core Subjects-3 Rs and 21st Century Themes; Life and Career Skills; Learning and Innovation Skills-4 Cs (Critical Thinking, Communication, Collaboration, Creativity); Information, Media and Technology Skills.* Also connected by circles are Standards and Assessments; Curriculum and Instruction; Professional Development; Learning Environments. All of these aspects are connected, leading to the needs for 21st century teaching and learning.

PLANNING AHEAD

Assign *Paso 1* of **2-3** to be completed before class. For **2-27,** you will want to ask your students to bring in small koosh balls. If they do not have enough, sheets of paper balled up also work fine for this mechanical practice activity.

Finally, remember to assign the following sections to be read before coming to class: *Notas culturales, Escucha, Perfiles, Escribe, Vistazo cultural, Laberinto peligroso,* and all of the *Repaso* and *Gramática* sections.

Instructor Resources
- Textbook images, Extra Activities

SECTION GOALS for *Comunicación I*
By the end of the *Comunicación* section, students will be able to:
- share information about their favorite sports and pastimes.
- request that others do something using formal and informal commands.
- make suggestions for group action using *Let's*.
- discuss the Venezuelan cycling competition that takes place in Táchira.
- listen for the gist of a passage.

NATIONAL STANDARDS *Communication*
The activities about sports and pastimes in the *Comunicación* section focus largely on Communication Standards 1.1 and 1.3. Standard 1.1, the interpersonal mode, requires that students engage in conversations, provide and obtain information, express feelings and emotions, and exchange opinions. Some examples of the communicative activities are **2-9, 2-11, 2-12,** and **2-13.** Standard 1.3 fosters communication in the presentational mode. Students present information, concepts, and ideas in Spanish to an audience of listeners or readers on a variety of topics. Students can create promotional pamphlets or brochures featuring their favorite pastimes or sports and make suggestions as to why their classmates should participate.

METHODOLOGY • Vocabulary Selections
The vocabulary selected for *¡Anda! Curso intermedio* is a continuation of vocabulary from *¡Anda! Curso elemental.* Hence, words such as *nadar, el béisbol,* and *el fútbol* should be vocabulary students know. We encourage students to review basic sports vocabulary from beginning Spanish in Appendix 2. Of course there is always a desire to recycle/review previously learned material, but the main goal of this vocabulary chunk is for them to increase their sports vocabulary.

EXPANSION for *Deportes*
With partners, have students share information about their favorite sports, players, or teams, and describe the last game they each watched or attended from those sports.

Comunicación I

¡Anda! Curso elemental, Capítulo 2. Los deportes y los pasatiempos, Apéndice 2.

3:00

1 VOCABULARIO

02-01 to 02-04

Deportes Sharing information about sports

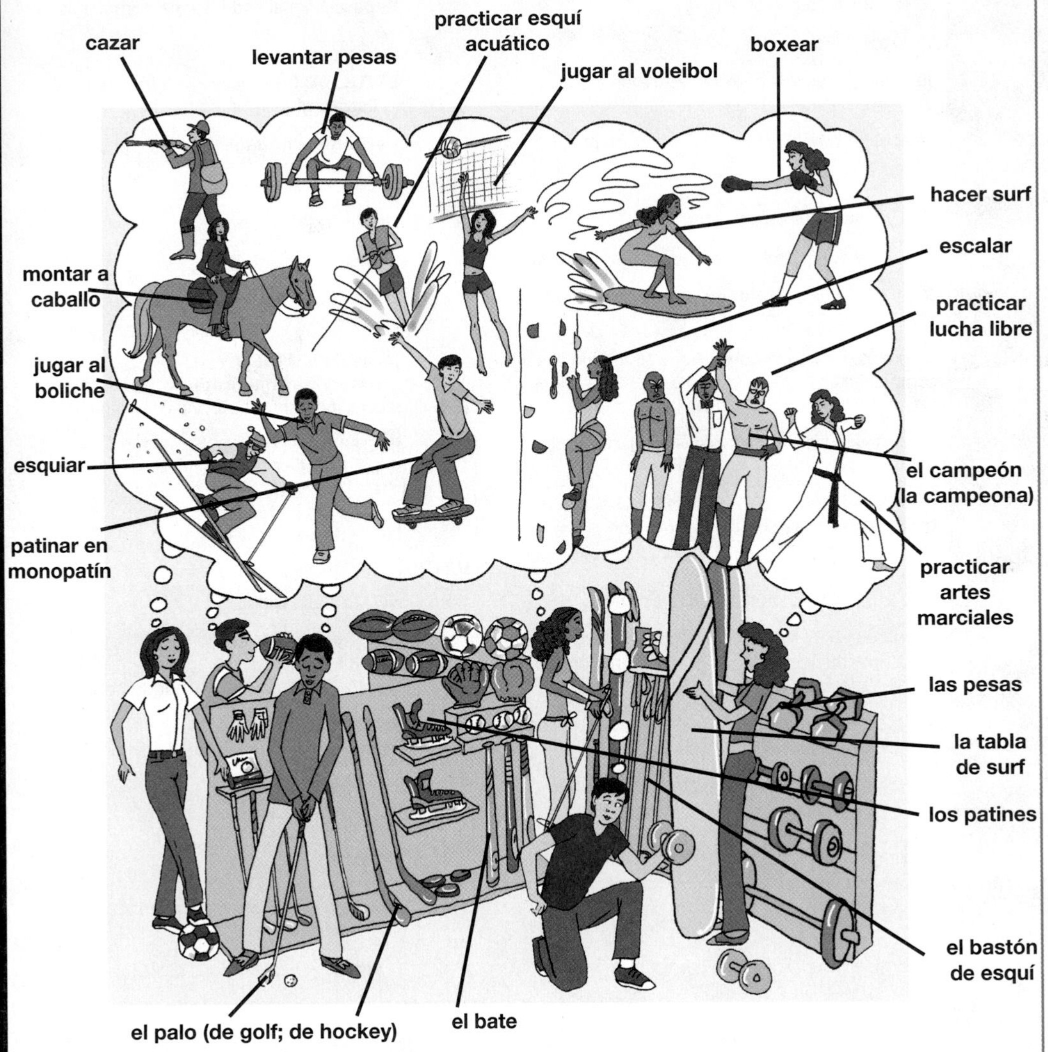

Algunos términos deportivos	*Some sports terms*
el atletismo	*track and field*
el campeonato	*championship*
la competición / la competencia	*competition*
el/la deportista	*sporty person; sports-loving person*
el equipo deportivo	*sporting equipment*
el resultado	*score*
el tamaño	*size*

Algunos verbos	*Some verbs*
competir (e → i → i)	*to compete*
entrenar	*to train*
ganar	*to win*

Algunos adjetivos	*Some adjectives*
apropiado/a	*appropriate*
atlético/a	*athletic*
deportivo/a	*sports-related*

METHODOLOGY • Teaching Vocabulary

Research concludes that learning vocabulary is best achieved when images are associated with the target words rather than learning from lists of words that are not illustrated. The "Where's Waldo?"-style images created for presenting the thematic chapter vocabulary in *¡Anda! Curso intermedio* are intentionally rich. They are best appreciated either online or in transparency format where the images are enlarged from the print format. What may initially be difficult to discern will be clarified when the learner makes the connection to the artwork.

EXPANSION for *Deportes*

After initially presenting this new vocabulary, you may wish to recycle vocabulary from *¡Anda! Curso elemental* such as *la pelota, perder,* and the sports. You can find these words in Appendix 2.

HERITAGE LANGUAGE LEARNERS

Ask heritage language learners what other words they use to talk about sports; e.g., in the Caribbean, *el baloncesto* is generally used rather than *el básquetbol.*

HERITAGE LANGUAGE LEARNERS

Have heritage language learners research the sports section of a Spanish-language newspaper and bring an article to class to talk about.

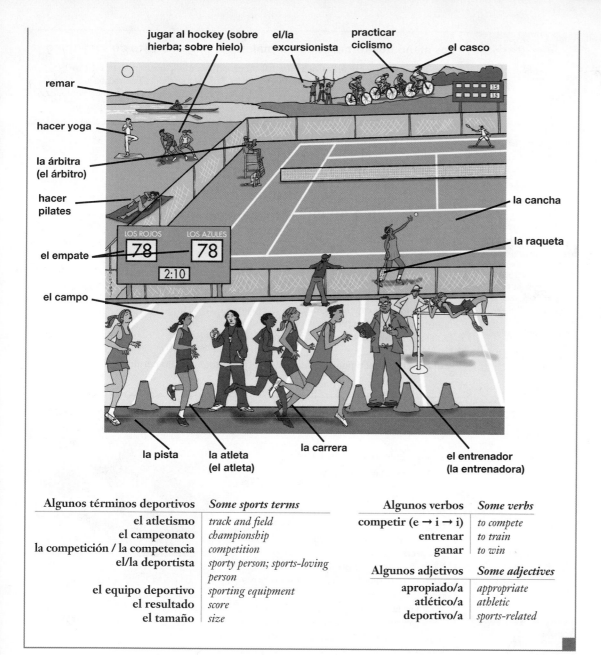

METHODOLOGY • Small Group Work
The *¡Anda!* program is research based. One important body of research deals with pair and cooperative learning. The research states that students learn best from other students. Hence, this program has numerous pair and small group activities. Vary groups and partners on a regular basis; *daily is best*. You can group students in numerous ways: the same birth months, physical characteristics, likes and dislikes, colors of clothing, or simply by having students count off. As this chapter progresses, you can pair students according to their preferences among the sports and pastimes introduced in the new vocabulary.

METHODOLOGY • The Natural Approach
The sequence of activities in this section is a good example of the Natural Approach for language acquisition, taking students from dehydrated sentences to guided responses to longer sentence utterances that are less guided and allow students to create with Spanish.

ADDITIONAL ACTIVITY for *Deportes*
Ping-pong

Paso 1 Haz una lista de las diez palabras o expresiones del vocabulario nuevo que para ti son más difíciles de recordar.

Paso 2 Con un/a compañero/a, jueguen al ping-pong. Hay que jugar rápidamente. Ganas un punto por cada fallo (*mistake*) de tu compañero/a.

MODELO
E1: atlético
E2: *athletic*
E2: el excursionista
E1: *coach*
E2: *No, es* hiker. *Un punto para mí.*
E1: la pista
E2: *track*
E2: . . .

REPASO

¡Hola! *Repaso* & Spanish/English Tutorials — 02-05 to 02-10

Los mandatos formales e informales Telling others to do something

For a complete review of formal and informal commands, go to MySpanishLab or refer to **Capítulo 10** of ***¡Anda! Curso elemental*** in Appendix 3 of your textbook. The vocabulary activities that appear in your textbook incorporate this grammar point. Practicing new vocabulary with a review grammar point helps to strengthen and increase your knowledge of Spanish.

¡Anda! Curso elemental, Capítulo 2. Los deportes y los pasatiempos, Apéndice 2.

3:00 **2-1 ¿Va o no va?** Completen los siguientes pasos. ■

Estrategia
When learning vocabulary, study the list and quickly begin to eliminate the words you already know and the others that you can learn quickly. Focus on the remaining words and phrases for more concentrated study.

Paso 1 Escojan la palabra que no pertenece a cada uno de los siguientes grupos. Túrnense.

1. el atletismo, la carrera, la pista, el boliche   el boliche
2. el árbitro, la tabla de surf, la raqueta, el bate   el árbitro
3. el entrenador, la cancha, el atleta, el campeón   la cancha
4. la pista, el palo, los patines, las pesas   la pista
5. la pelota, la cancha, el tamaño, la raqueta   el tamaño

Paso 2 Expliquen por qué cada palabra que escogieron no pertenece.

3:00 **2-2 El entrenador** Túrnense para darle instrucciones a un/a atleta, usando **los mandatos informales.** ■

Paso 1 Dile lo que debe hacer.

MODELO esquiar / en los Andes
Esquía en los Andes.

1. practicar artes marciales / para tener más equilibrio   Practica / No practiques
2. patinar en monopatín / con un casco   Patina / No patines
3. hacer surf / con un profesional   Haz / No hagas
4. jugar al boliche / los sábados con nosotros   Juega / No juegues
5. repetir / los ejercicios con pesas ligeras (*light*)   Repite / No repitas
6. ir / a ver la competición del atletismo   Ve / No vayas
7. comer carbohidratos / antes de boxear   Come / No comas
8. poner / las pelotas en la cesta (*basket*)   Pon / No pongas
9. buscar / los bates en el campo   Busca / No busques
10. dormir / ocho horas cada noche   Duerme / No duermas

Estrategia
Remember that stem-changing verbs in the present indicative will usually reflect those changes in the *Ud., Uds.,* and *tú* commands. What are the commands for *cerrar, servir,* and *dormir*?

Paso 2 Ahora dile lo que no deben hacer.

MODELO esquiar / en los Andes
No esquíes en los Andes.

¡Anda! Curso elemental, Capítulo 2. Los deportes y los pasatiempos, Apéndice 2.

3:00 Workbooklet

2-3 Los deportes en la UCA

El semestre que viene vas a estudiar en la UCA (Universidad Católica Argentina). Tienen un gran programa deportivo y quieres participar. ■

Paso 1 Completa el formulario.

Paso 2 Comparte el formulario con tus compañeros en grupos de tres o cuatro. ¿Van a participar en los mismos deportes? ¿En qué deportes son novatos *(beginners)*? ¿En qué deportes están al nivel recreativo? ¿nivel competitivo? Luego, formen **cuatro mandatos informales** para animar (*encourage*) o desanimar (*discourage*) a sus compañeros.

UNIVERSIDAD
CATÓLICA
ARGENTINA
Por favor complete el siguiente formulario para recibir información detallada de las actividades deportivas a realizarse durante el año escolar.
fútbol __ novato __ recreativo __ competitivo
polo __ novato __ recreativo __ competitivo
tenis __ novato __ recreativo __ competitivo
hockey __ novato __ recreativo __ competitivo
voleibol __ novato __ recreativo __ competitivo
golf __ novato __ recreativo __ competitivo
básquetbol __ novato __ recreativo __ competitivo
escuela montaña (escalar) __ novato __ recreativo __ competitivo
natación __ novato __ recreativo __ competitivo
remo __ novato __ recreativo __ competitivo
buceo __ novato __ recreativo __ competitivo
náutica __ novato __ recreativo __ competitivo

MODELO E1: *Joe, no juegues al fútbol. Rema conmigo.*
E2: *Sarah, juega al voleibol conmigo. No escales la montaña...*

Fíjate

Remember, to express "with me" you say *conmigo*.

¡Anda! Curso intermedio, Capítulo 1. Los pronombres de complemento directo e indirecto y los pronombres reflexivos, pág. 35.

¡Anda! Curso elemental, Capítulo 9. Un resumen de los pronombres de complemento directo, indirecto y reflexivos, Apéndice 3.

2:00

2-4 Te toca a ti

Tienen un primito bien atlético. Túrnense para contestar sus preguntas. En sus respuestas, deben usar **los pronombres de complemento directo.** ■

Fíjate

In the directions to **2-4**, you see the word *primito*, meaning *little cousin*. The endings *ito/a/s* mean *small/little/cute/ endearing*. How would you say: *My little female cousin? Her little house? Our little books?*

MODELO ¿Puedo escalar el estante de libros? (No)
No, no lo escales.

1. ¿Puedo usar tus patines? (No)
2. ¿Puedo levantar las pesas pequeñas? (Sí)
3. ¿Puedo ponerme tu casco para patinar en monopatín? (No)
4. ¿Puedo practicar artes marciales en tu garaje? (Sí)
5. ¿Puedo comprar unas pelotas de tenis? (Sí)

Answers to 2-4
1. No, no los uses.
2. Sí, levántalas.
3. No, no te lo pongas.
4. Sí, practícalas en mi garaje.
5. Sí, cómpralas.

HERITAGE LANGUAGE LEARNERS

Some heritage language learners are self-conscious about speaking Spanish and do not wish to be identified as "knowing" Spanish already. If you have more than one heritage language learner, you might want to pair them for some (but certainly not all) speaking activities. Then you can progress to pairing non-heritage learners with heritage learners. Initially, the very shy non-heritage students may be nervous or intimidated by working with a heritage language learner, but explaining to students that they will all benefit by working with each other will help your shy non-heritage students gain confidence.

HERITAGE LANGUAGE LEARNERS

Have heritage language learners pretend they are sports commentators and narrate a game for one minute. If you wish, students can create podcasts that you can post using the tool on MySpanishLab.

EXPANSION for 2-4

As a follow-up to the activity, have students give *el primito* their own advice.

METHODOLOGY • Pair Work
For **2-5,** and all activities where the directions say *Túrnense,* you may want Student A to do the even-numbered items while Student B does the odd items. It is important for you to explicitly tell students to take turns when working in pairs. If not, one student may tend to monopolize the pair work.

NOTE for 2-6
Born August 23, 1944, Antonia Novello suffered from a serious medical condition throughout her childhood and adolescence. Citing her mother as her mentor, she resolved to pursue a career wherein she could take care of others. Education was a priority in the family, and she completed her Doctor of Medicine degree in 1970. Students who wish to learn more about Dr. Novello can research information on the Internet. Suggested keywords: *Antonia Novello, biography, US Surgeon General.*

2:00

2-5 Cosas para hacer y no hacer

Túrnense para formar **mandatos formales** afirmativos y negativos con las siguientes palabras. Pueden usar los siguientes verbos: ■

apoyar (*to support*) buscar comprar hablar levantar llevar practicar

MODELO el bastón de esquí (Ud.)
Busque el bastón de esquí. No compre bastones de esquí nuevos…

1. los palos de golf (Ud.)
2. la lucha libre (Uds.)
3. el casco (Uds.)
4. las pesas (Ud.)
5. el equipo (Uds.)
6. la árbitra (Ud.)

¡Anda! Curso elemental, Capítulo 2. Los deportes y los pasatiempos; Capítulo 7. La comida; Capítulo 9. El cuerpo humano, Apéndice 2.

3:00

2-6 Sus consejos

Antonia Novello, nacida en Fajardo, Puerto Rico, fue la primera mujer y la primera hispana en ocupar el puesto de Cirujana General de los Estados Unidos (1990–1993). En una conferencia reciente, le da consejos al público sobre cómo vivir una vida sana y segura. Formen por lo menos **cinco mandatos formales** afirmativos y **tres** negativos que ella podría (*could*) dar. ■

MODELO *Es importante ser activo y es necesario usar el equipo deportivo adecuado. Por ejemplo, compren un casco bueno para practicar ciclismo…*

¡Anda! Curso elemental, Capítulo 2. Los deportes y los pasatiempos, Apéndice 2.

2:00

2-7 Un deporte para cada quien

Túrnense para darles consejos a unos jóvenes que quieren ponerse en forma. ■

MODELO Nos gustan los animales.
Pues, monten a caballo.

1. Nos gusta la nieve.
2. Nos gustan las bicicletas.
3. Nos gustan las montañas.
4. Nos gusta el hielo.
5. Nos gusta el agua.
6. Nos gusta el gimnasio.

EXPANSION for 2-8
You may wish to have students provide their own additional options/suggestions for the guests at the resort.

3:00

2-8 El Centro Turístico de Mazatlán

¡Qué suerte! Tienen la oportunidad de trabajar durante un verano en un centro turístico muy exclusivo en México. Túrnense para ayudar a los huéspedes (*guests*) a escoger el deporte perfecto. ■

MODELO Soy una persona muy enérgica y quiero hacer algo para aliviar el estrés.
Pues, practique el yoga.

Estrategia

Remember to use the *Ud./Uds.* forms with people you do not know well or with whom you are not on a first-name basis. Guests in a hotel would fall into this category.

1. Admiro mucho a Lance Armstrong y a Miguel Indurain.
2. No me gusta jugar en equipo.
3. Me siento muy joven y me gusta el peligro (*danger*).
4. No soy muy fuerte.
5. Traje una raqueta.
6. Me gusta correr.

Fíjate

Miguel Indurain is a Spanish cyclist, winner of numerous races including the prestigious Tour de France. Many consider him the best Spanish athlete of all time and one of the greatest in cycling history.

¡Anda! Curso elemental, Capítulo 2. Los deportes y los pasatiempos; Capítulo 4. Los lugares; Capítulo 5. El mundo de la música, El mundo del cine, Apéndice 2.

6:00

2-9 Vengan a vernos

Escriban un anuncio de publicidad para el Centro Turístico de Mazatlán. Usen por lo menos **ocho mandatos formales.** ¡Sean creativos!

EXPANSION for 2-9
You may choose to have your students each create a flyer or poster, or design a web site, and present it to the class.

MODELO *¡Señoras y señores! Vengan al Centro Turístico de Mazatlán para pasar siete días estupendos con nosotros. Por ejemplo, jueguen al golf en uno de nuestros campos excelentes o monten a caballo en la playa. También…*

Instructor Resources
• PPT, Extra Activities

SUGGESTION for *Los mandatos de* nosotros/as
Model this form by scaffolding the command forms. Begin with either *tú* or *Ud.* in a command, then move to *Uds.*, and finish with *nosotros.* Use gestures to indicate who is included in the command. E.g., *Escucha la música, escuchen la música, escuchemos la música; levántate, levántense, levantémonos.*

NOTE for *Los mandatos de* nosotros/as
Remind students that while English has only one way to suggest group activities, in Spanish you can use *nosotros/as* commands or the construction *ir + a +* infinitive.

SUGGESTION for *Los mandatos de* nosotros/as
As a warm-up activity, share with the students your objectives/goals for the day using the *nosotros/as* commands. Then have students share what they would like to do during the class.

4:00

2 GRAMÁTICA

02-11 to 02-15 ¡Hola! Spanish Tutorial

Los mandatos de *nosotros/as*

Suggesting group action using *Let's*

In the ***Repaso*** section, we revisited the **tú** and **Ud./Uds.** commands. Whenever you wish for people to join you in doing things, you use the **nosotros** commands. These commands are the equivalent of the English *Let us/Let's…*

¡Esquiemos! ¡Cacemos!

- The endings are the same for all regular and irregular verbs and are formed like the **Ud., Uds.,** and negative **tú** commands:

1. Take the **yo** form of the present indicative tense of the verb.
2. Drop the **-o** ending.
3. Add **-emos** for **-ar** verbs, and add **-amos** for **-er** and **-ir** verbs.

camin**ar** yo caminø + **emos** camin**emos**

	ganar	correr	vivir
nosotros	gan**emos**	corr**amos**	viv**amos**

Mont**emos** a caballo hoy.	*Let's go horseback riding today.*
Y corr**amos** en el parque.	*And let's go running in the park.*

- Note that these endings do not change their form in the negative **nosotros** command.

No mont**emos** a caballo hoy.	*Let's not go horseback riding today.*
Y no corr**amos** en el parque.	*And let's not go running in the park.*

- Some common irregular verbs are formed as follows:

	hacer	poner	ser	traer
nosotros	hagamos	pongamos	seamos	traigamos

	decir	ir	oír	salir
nosotros	digamos	vayamos	oigamos	salgamos

No **vayamos** al partido de fútbol esta noche.	*Let's not go to the soccer game tonight.*
Ha**gamos** una fiesta en casa.	*Let's have a party at home.*
Sal**gamos** para el centro.	*Let's go downtown.*

- Note the spelling changes for some common verbs ending in **-car, -gar,** and **-zar.**

	practicar	jugar	empezar
nosotros	practi**quemos**	ju**guemos**	empe**cemos**

Practiquemos ciclismo con toda la familia.	*Let's go cycling with the whole family.*
No **juguemos** sin los niños.	*Let's not play without the children.*
Empecemos el juego a las dos.	*Let's start the game at two.*

- Stem changing **-ir** verbs, such as **dormir (o → ue → u)** and **competir (e → i → i)** change as follows:

	dormir (o → ue → u)		competir (e → i → i)	
	PRESENT	*NOSOTROS* COMMAND	PRESENT	*NOSOTROS* COMMAND
nosotros	dormimos	**durmamos**	competimos	**compitamos**

Durmamos más para poder jugar mejor. — *Let's sleep more so that we will be able to play better.*

Compitamos contra el equipo de tu hermano. — *Let's compete against your brother's team.*

- As in the case of **tú** and **Ud(s).** commands, object pronouns are used with **nosotros** commands, as shown in the examples that follow. With reflexive verbs, or when adding the pronoun **se,** the final **-s** is dropped from **-mos** (for example, **sentémonos**).

Jorge, ¿dónde está tu casco? — *Jorge, where is your helmet?*

Busquémoslo ahora mismo. — *Let's all look for it right now.*

¿Cuándo vamos a comprar las raquetas nuevas de tenis? **Comprémoslas** ahora. — *When are we going to buy the new tennis rackets? Let's buy them now.*

¿Las raquetas? **No las compremos** ahora; **esperemos** hasta la semana que viene. — *The rackets? Let's not buy them now; let's wait until next week.*

¿Tienes el palo de golf para Pepe? — *Do you have the golf club for Pepe?*

Sí, pero **no se lo demos** ahora. — *Yes, but let's not give it to him now.*

Dejemos de hablar. ¡**Levantémonos** y **juguemos**! — *Let's stop talking. Let's get up and play!*

Ella necesita unas pelotas de tenis. — *She needs some tennis balls.*

Comprémoselas antes de irnos a la cancha de tenis. — *Let's buy them for her before going to the tennis court.*

¡Explícalo tú!

1. Where are object pronouns placed when used with affirmative commands?
2. Where are object pronouns placed when used with negative commands?
3. When do you need to add a written accent mark?

✓ Check your answers to the preceding questions in Appendix 1.

Note: Affirmative **nosotros** commands can also be expressed using the phrase **vamos a** + *infinitive*. To express "let's not" do something, the subjunctive is used.

Vamos a patinar en monopatín mañana. — *Let's go skateboarding tomorrow.*

Vamos a esquiar este fin de semana. — *Let's go skiing this weekend.*

No vayamos al gimnasio a levantar pesas hoy. Estoy cansada. — *Let's not go to the gym to lift weights today. I'm tired.*

No vayamos al partido de hockey esta noche. — *Let's not go to the hockey game tonight.*

HERITAGE LANGUAGE LEARNERS
Heritage language learners may be more familiar with the *Vamos a* + infinitive to express *Let's . . .*, so it may be important to stress the use of *nosotros/as* commands. You may wish to emphasize the use of *Vamos* for the command and *Vayamos* for the subjunctive.

SUGGESTION for *Los mandatos de* nosotros/as
Remind students about the pronoun placement difference between affirmative and negative commands. Have students practice changing the *nosotros/as* command form with attached object pronouns from affirmative to negative so that they practice moving the pronouns to the front. E.g., *¿El libro? Leámoslo. No, no lo leamos.*

NOTE for *Gramática*
This is another inductive grammar presentation in which the students are given examples of a grammar concept and, through the use of guiding questions, they formulate the rule in their own words.

EXPANSION for 2-10
Encourage students to bring in photos depicting their favorite sports and have the class create commands based on their photos.

EXPANSION for 2-10
Have students rank the activities in order of preference as both observers and participants.

3:00 **2-10 De otra manera** Cambien los mandatos **vamos a** + *infinitivo* a **mandatos de *nosotros/as*.** Túrnense. ■

MODELO

Vamos a bailar.
Bailemos.

Vamos a…

1. 
practicar lucha libre.
Practiquemos lucha libre.

2. 
hacer surf. Hagamos surf.

3. 
competir contra el equipo de Tomás.
Compitamos contra el equipo de Tomás.

4. 

jugar al hockey.
Juguemos al hockey.

5. 
patinar en monopatín.
Patinemos en monopatín.

6. 
escalar montañas.
Escalemos montañas.

7. 
montar a caballo. Montemos a caballo.

8. 
esquiar. Esquiemos.

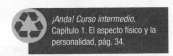

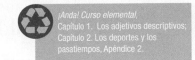

¡Anda! Curso intermedio, Capítulo 1. El aspecto físico y la personalidad, pág. 34.

¡Anda! Curso elemental, Capítulo 1. Los adjetivos descriptivos; Capítulo 2. Los deportes y los pasatiempos, Apéndice 2.

3:00

2-11 Así somos

Hay una actividad para cada personalidad. Túrnense para sugerir actividades usando **los mandatos de *nosotros/as*.** ■

MODELO Somos deportistas.
E1: *Escalemos las montañas.*
E2: *Buena idea. Esquiemos también.*

Somos...

1. extrovertidos
2. tacaños
3. pobres
4. fuertes
5. callados
6. flojos
7. ricos
8. débiles

¡Anda! Curso intermedio, Capítulo 1. Algunos verbos como *gustar*, pág. 39.

5:00 Workbooklet

2-12 ¿Qué hacemos?

Circula por la clase y habla con **dos** personas para encontrar una(s) actividad(es) que puedan hacer juntos. ■

MODELO YO: *A mí no me gusta hacer surf, ¿a ti, Julie?*
E1: *A mí tampoco me gusta hacer surf.*
E2: *A mí sí me gusta hacer surf.*
YO: *Bueno. Lo siento, Al, pero no hagamos surf.*

ACTIVIDAD	YO	E1 Julie	E2 Al
1. hacer surf	no	no	sí
2. hacer ejercicio en el gimnasio			
3. jugar al tenis			
4. nadar			
5. patinar sobre hielo			
6. remar			
7. montar a caballo			

EXPANSION for 2-11
Assign your students different famous personalities and have them come up with suggestions/commands as to what to do based on what the individuals are known for, or their sports or pastime specialty. E.g., Lance Armstrong: *Compitamos en el Tour de France.* Other students could guess each student's chosen celebrity.

EXPANSION for 2-11
Have students role-play a physician or sports counselor and a pair of injured athletes from the same sport. The physician gives a suggestion/command to the athletes (*Uds.* form), and the athletes change it to a *nosotros/as* command, affirmative or negative depending on whether or not they agree. E.g., *Jorge y Julio, no corran por dos semanas. Está bien, doctor. Jorge, no corramos por dos semanas.*

METHODOLOGY • Creating a Nurturing Classroom
Although the directions in **2-12** ask students to interview at least 2 other students, encourage students to circulate around the classroom interviewing as many different people as possible. Unless encouraged, even extroverted students tend to exhibit shy behavior and not interact with students whom they do not know well.

SECTION GOALS for *Notas culturales*

By the end of the *Notas culturales* section, students will be able to:

- discuss an international sporting event.
- identify other international sports competitions.

NATIONAL STANDARDS *Communication, Cultures, Comparisons*

The cultural reading about competitive cycling combines the Goal Areas of Communication, Cultures, and Comparisons. As students read the passage, they understand and interpret the cultural information about competitive cycling (Standard 1.2), and when they discuss their opinions about the reading with partners or in small groups, they engage in Standard 1.1. Standard 2.1 is also highlighted because students understand the relationship between the practices and perspectives of Hispanic cultures.

EXPANSION for *Notas culturales*

Have students research *La fiesta de San Sebastián* and other celebrations that involve sport activities such as *La vuelta ciclista a España, La fiesta de San Fermín* (Spain), *Maratón de San Blas* (Puerto Rico), *Festival de Surf* (Costa Rica), etc.

HERITAGE LANGUAGE LEARNERS

Ask heritage language learners to share information about a sporting event in their hometown or a relative's land of origin.

METHODOLOGY • Contrasting and Comparing

When possible, every effort will be made to have students make comparisons between the culture of their home or university community and what they are currently learning. Additionally, as appropriate, the students will be asked to compare what they are presently learning with previous chapters. Comparing cultures will be reinforced in *Capítulo 6* and *Capítulo 12* as well.

EXPANSION for *Notas culturales*

Students who wish to know more about the route of the race can investigate on the Internet. Suggested keywords: *Vuelta al Táchira, competencia de ciclismo, Venezuela.*

NOTAS CULTURALES

La Vuelta al Táchira

02-16

A muchos deportistas les encanta el desafío (*challenge*) que acompaña una competencia deportiva. Investiguemos un evento que tiene lugar anualmente en el estado de Táchira en Venezuela. Se trata de una competencia de ciclismo que ocurre en el mes de enero durante la Fiesta de San Sebastián. En esta difícil competencia participan ciclistas de todo el mundo. Muchas personas creen que la Vuelta al Táchira es el evento ciclista más importante de América.

Consideremos los elementos del desafío: la distancia de la ruta es difícil y larga, a veces hasta 1.600 kilómetros en total. El terreno es muy montañoso. La competencia se divide en doce etapas y dura casi dos semanas. Y no olvidemos la rivalidad que existe en esta competencia entre los participantes colombianos y venezolanos en particular. Así que es un evento con mucha emoción y actividad.

Preguntas

1. ¿Qué tipo de deporte se practica en Táchira?
2. Describe la competencia: cuándo es, el terreno, la distancia de la ruta, etc.
3. ¿Qué otras competencias internacionales conoces?

2:00

2-13 ¡Conversemos! Túrnense para hacer planes para el próximo fin de semana. ■

MODELO jugar al boliche

E1: *Me gusta jugar al boliche.*
E2: *Yo también juego al boliche.*
E1: *Entonces, juguemos al boliche este fin de semana.*

1. boxear
2. practicar artes marciales
3. ir al partido de básquetbol
4. hacer pilates
5. hacer surf
6. ser árbitro/a
7. comprar unos patines para jugar al hockey
8. ver la competición de atletismo en la televisión

ANSWERS to *Notas culturales*

1. Se practica el ciclismo.
2. La Vuelta al Táchira tiene lugar en Venezuela cada enero durante la fiesta de San Sebastián. El terreno es montañoso. La distancia es de hasta 1.600 kilómetros y participan ciclistas de todo el mundo.
3. *Answers will vary.*

5:00 Workbooklet

2-14 En el Hotel Palacio de la Luna

¡Van a pasar las vacaciones de primavera en Cancún, México —por cuatro días! Decidan qué actividades quieren hacer. Después, compartan sus listas entre todos. ■

la Luna Golf y Spa Resort
En el Palacio de la Luna Golf y Spa Resort se puede encontrar toda la acción y emoción que uno busca. Para empezar, nuestras piscinas al aire libre estilo laguna figuran entre las más grandes de México ocupando una extensión de más de 200 metros a lo largo de la playa e incluyen jacuzzis, bares y áreas infantiles. Además, nuestro campo de golf ofrece 18 hoyos y es uno de los mejores de México.
2 piscinas estilo libre con 6 jacuzzis
4 bares de piscina
2 piscinas para niños
piscina al aire libre en el club de golf
demostración de buceo
marina de deportes acuáticos
instalaciones de spa ($)
2 gimnasios
sauna y baños de vapor
bicicletas
yoga y pilates
6 canchas de tenis iluminadas
2 canchas de básquetbol
voleibol de playa
fútbol de playa
billares
juegos de mesa
Club de niños (4 a 12 años)
Discoteca Andrómeda
fiestas temáticas

NUESTRAS ACTIVIDADES POR DÍA:			
lunes	**martes**	**miércoles**	**jueves**
de día: levantemos pesas en el gimnasio	**de día:**	**de día:**	**de día:**
de noche: compitamos jugando al tenis	**de noche:**	**de noche:**	**de noche:**

EXPANSION for 2-14
In pairs or individually, have students create ads for their own vacation/spa places. They should each include a photo, a description of the resort, and a listing of ten activities available for guests. Then they can present their ads to the class.

5:00

2-15 ¿Qué hacemos este fin de semana?

Jamás hay suficiente tiempo durante los fines de semana. Conversen sobre las posibilidades de hacer algo con sus parientes o mejores amigos. ■

etcétera

comer en nuestro restaurante favorito	dormir doce horas cada noche
hacer la tarea	hacer un postre
ir al partido de béisbol	jugar al boliche
limpiar la casa	pasar la aspiradora
practicar el esquí acuático	salir a bailar

MODELO E1: *¿Qué quieren hacer este fin de semana? Si todos tenemos hambre, comamos en nuestro restaurante favorito.*

E2: *Buena idea; también, si tenemos tiempo el sábado por la mañana, durmamos…*

SECTION GOALS for *Escucha*

By the end of the *Escucha* section, students will be able to:

- employ the new listening strategy of listening for the gist.
- incorporate previous listening strategies with the new strategy.
- restate in a few, simple sentences what they have heard.
- answer pre-listening and post-listening questions.
- practice their listening comprehension skills by listening to a weather report in Spanish.

NATIONAL STANDARDS *Communication*

The *Escucha* section encompasses all three Communication Standards. The listening comprehension serves as the basis for Communication Standard 1.2; students understand and interpret spoken Spanish on a variety of topics. The pre-listening and post-listening questions are an excellent way to encourage interpersonal communication in small groups or pairs. Depending on how you implement the activities, Standard 1.3 is also applicable for activities like **2-18,** in which students can present information, concepts, and ideas in Spanish to an audience of listeners or readers on a variety of topics.

AUDIOSCRIPT for 2-17

Please consult the *Instructor's Resource Manual* for the complete text of this audioscript.

3:00

ESCUCHA

02-17 to 02-20

Una conversación entre dos amigos

Estrategia

Listening for the gist

When you are speaking with someone or listening to a description or narration, you can often understand what is being said by paying attention to the speaker's intonation, gestures, the topic being discussed, and the overall context. You do not need to understand every word, but by focusing on specific details you can get the *gist,* or main idea(s), of what is being said. You should be able to state the gist of a passage in one or two sentences.

2-16 Antes de escuchar

Describe a las personas que aparecen en la foto. ¿Dónde están? ¿De qué crees que están hablando? ¿Qué crees que van a hacer? ■

1. ¿Con quiénes pasas tú la mayoría de tu tiempo? ¿Qué tienes en común con esas personas?
2. ¿Cómo pasan el tiempo?
3. Generalmente, ¿qué haces los fines de semana?

2-17 A escuchar

Completa los siguientes pasos. ■

Paso 1 Lee las siguientes oraciones. Luego, escucha la conversación entre Jorge y Rafa mientras hablan de sus planes para el fin de semana. Después de escuchar, escoge la oración que mejor describe la conversación.

a. Deciden hacer un poco de todo—levantar pesas, hacer surf y esquiar.
b. Se pelean (*They fight*) porque Consuelo no va a limpiar las ventanas.
c. No pueden ponerse de acuerdo (*agree*) porque quieren hacer cosas diferentes.

Paso 2 Antes de escuchar la conversación otra vez, lee las siguientes preguntas y respuestas. Por fin, ¿qué deciden hacer Jorge y Rafa? Escoge las respuestas correctas después de escuchar.

1. ¿Cuál de estas cosas quiere hacer Jorge?
   (a.) esquiar b. jugar al boliche c. patinar en monopatín
2. ¿Cuál de estas cosas quiere hacer Rafa?
   a. cazar b. boxear (c.) montar a caballo
3. ¿Cuál es el acuerdo (*compromise*)?
   a. Primero van a limpiar la casa y después van a ir al gimnasio.
   (b.) Deciden estudiar, pero el próximo fin de semana van a hacer algo más activo al aire libre.
   c. Van a hacer la compra para la semana y ayudar a Consuelo.

2-18 Después de escuchar Mira o escucha el pronóstico del tiempo (*weather report*) en español (de la televisión, la radio o el Internet). Basándote en ese pronóstico, planea un fin de semana perfecto. Después, haz un segundo plan en caso de que cambie el tiempo (por ejemplo, si llueve). ■

¿Cómo andas? I

Having completed **Comunicación I**, I now can . . .	**Feel confident**	**Need to review**
• share information about sports. (p. 72)	☐	☐
• tell others to do something. (MSL)	☐	☐
• suggest group action using *Let's*. (p. 78)	☐	☐
• discuss an international sporting event. (p. 82)	☐	☐
• listen for the gist of a conversation. (p. 84)	☐	☐

Instructor Resources
- Textbook images, Extra Activities

SECTION GOALS for *Comunicación II*

By the end of the *Comunicación* section, students will be able to:
- make recommendations and suggestions and express volition.
- share information about their favorite sports and pastimes.
- write a blog comment about a sports experience.
- differentiate between the indicative and subjunctive moods.
- produce regular verb forms in the present subjunctive.
- express their preferences and the probability of future events using the subjunctive.
- make requests and commands and state their wishes and desires.
- identify impersonal expressions that require the subjunctive.

NATIONAL STANDARDS
Communication, Comparisons

In this *Comunicación section,* students discuss sports and pastimes and practice the subjunctive for making requests. The theme lends itself well to interpersonal communication (Standard 1.1) because students engage in conversations, provide and obtain information, express feelings and emotions, and exchange opinions. Depending on how the activities are implemented, you could align the activities to meet the presentational mode (e.g., describing what is necessary to play a sport well or how to begin a new hobby) (Standard 1.3). Students could present orally or in writing their recommendations for succeeding in a particular sport or activity. In addition, the use of the subjunctive highlights the differences between Spanish grammar and English grammar (Standard 4.1), and students can make comparisons between the two languages.

21ST CENTURY SKILLS • CORE SUBJECTS

There are 9 core subjects that are required for a learner to be prepared for work and life in the 21st century. The core subjects are *English, reading or language arts, world languages, the arts, mathematics, economics, science, geography, history,* and *government and civics.* It is important to note that world languages are listed as #2 in the list of nine core subjects. This fact can be shared with your students to help support their decision to study Spanish.

Comunicación II

¡Anda! Curso elemental, Capítulo 2. Los deportes y los pasatiempos, Apéndice 2.

3:00

3 VOCABULARIO

02-21 to 02-23

Pasatiempos y deportes Describing pastimes and sports

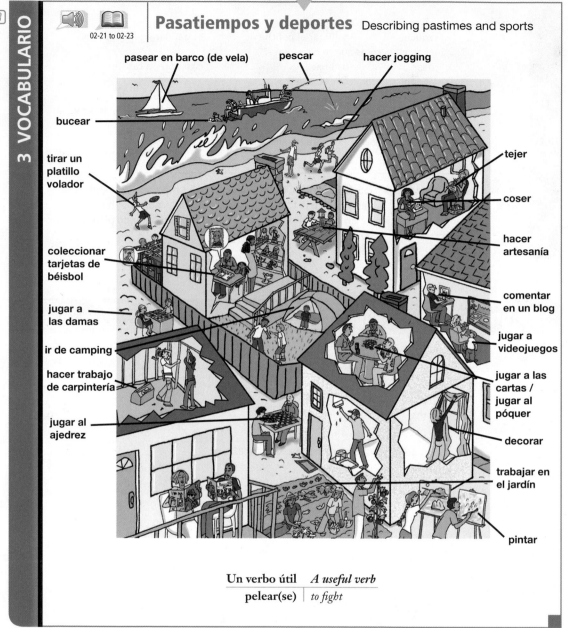

Un verbo útil	*A useful verb*
pelear(se)	*to fight*

SUGGESTION for *Pasatiempos y deportes*

Ask students what sports or pastimes they practice according to the weather conditions. E.g.: *¿Qué pasatiempos o deportes practicas cuando está lloviendo, está nevando, hace frío, hace calor, hace buen tiempo, etc.?*

EXPANSION for *Pasatiempos y deportes*

People who collect have a wide array of collectables. For students who do have collections, provide them the words they need to use with *coleccionar,* e.g., *figurines* or *coches pequeños,* etc.

REPASO

Repaso & Spanish/English Tutorials   02-24 to 02-26

El subjuntivo Conveying doubt, influence, feelings, and hopes

For a complete review of the subjunctive, go to MySpanishLab or refer to **Capítulo 11** of ***¡Anda! Curso elemental*** in Appendix 3 of your textbook. The vocabulary activities that appear in your textbook incorporate this grammar point. Practicing new vocabulary with a review grammar point helps to strengthen and increase your knowledge of Spanish.

3:00 **2-19**

¡Practiquemos!

La práctica hace maestros. Completa los siguientes pasos. ■

Paso 1 Para cada palabra o expresión en la lista, escoge la foto que le corresponde. Túrnense.

a. 

b. 

c. 

d. 

e. 

f. 

g. 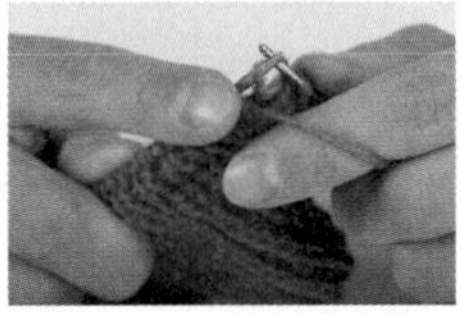

h. 

1. __e__ bucear
2. __b__ pasear en barco de vela
3. __g__ tejer
4. __a__ tirar un platillo volador
5. __f__ hacer trabajo de carpintería
6. __h__ jugar al ajedrez
7. __d__ coser
8. __c__ trabajar en el jardín

Paso 2 Túrnense para practicar diferentes formas de los **ocho** verbos del **Paso 1** en **el presente del subjuntivo**, usando **quizás.**

MODELO
E1: jugar al ajedrez / yo
E2: *Quizás juegue al ajedrez.*
E2: jugar al ajedrez / nosotros
E1: *Quizás juguemos al ajedrez.*

Fíjate

Remember that you are familiar with the subjunctive forms from your practice with *Ud.* (*¡Estudie!*) and negative *tú* (*¡No hables!*) commands.

EXPANSION for 2-19

Have students choose sports or pastime words from the new vocabulary and then describe/define them without saying the words. The rest of the class tries to guess. (E.g., *el tenis:* The student describes it by saying *Necesito una raqueta y una pelota para practicar este deporte. Un jugador famoso es Rafael Nadal.*)

EXPANSION for 2-19

Have students rank the activities in order of their preference. Poll the students and tally the results for the class. You may wish to ask them the reasons for their top and last choices.

ANSWERS to 2-20

1. Quizás ellos buceen este junio.
2. Ojalá mis hijos coleccionen tarjetas de béisbol como yo.
3. Ojalá tú puedas jugar al ajedrez con tu familia.
4. Tal vez Inés teja un suéter.
5. Quizás tú y yo paseemos en barco de vela este verano.
6. Tal vez Raúl juegue al póquer en Las Vegas.
7. Quizás yo vaya de camping este otoño.
8. Ojalá tú hagas artesanía.

METHODOLOGY • Personalization

Having students discuss relevant topics to which they can relate and about which they can express their preferences appeals to them on a personal level. They are more willing to share and experiment with the language when the activity is meaningful to them personally.

ADDITIONAL ACTIVITY for *El subjuntivo*

El juego de la pelota Put students in groups of 6 to 8. Use a koosh ball, or make one out of paper. Give an infinitive and a subject and then toss the ball to a student. The student must give the correct form of the verb. At this point, either you can remain in control of the ball by having the student toss it back and continuing as before, or students can take over the game. If students take control, then the student who catches the ball and gives the correct answer (sometimes with some coaching by you or by other students) says another infinitive and subject aloud and tosses the ball to a different student, who must give the correct form of the verb.

It is important to say the infinitive and subject before tossing the ball so that all students formulate the answer to themselves instead of only the student who catches the ball.

Fíjate

The expression *Ojalá (que)* comes from the Arabic expression that means "May it be Allah's will." *Tal vez* and *Quizás* also take the subjunctive but do not use the word *que*.

2:00

2-20 Deseos

Túrnense para crear oraciones sobre los deseos de las siguientes personas. ■

MODELO Ojalá / nosotros / decorar / la cocina / el próximo año.
Ojalá nosotros decoremos la cocina el próximo año.

1. Quizás / ellos / bucear / este junio.
2. Ojalá / mis hijos / coleccionar tarjetas de béisbol / como yo.
3. Ojalá / tú / poder jugar al ajedrez / con tu familia.
4. Tal vez / Inés / tejer / un suéter.
5. Quizás / tú y yo / pasear en barco de vela / este verano.
6. Tal vez / Raúl / jugar al póquer / en Las Vegas.
7. Quizás / yo / ir de camping / este otoño.
8. Ojalá / tú / hacer artesanía.

¡Anda! Curso elemental, Capítulo 2. Los deportes y los pasatiempos; Capítulo 3. La casa, Apéndice 2.

5:00

2-21 ¿Qué quiero decir?

Raúl y Sofía no están de acuerdo siempre. ¿Estás de acuerdo con tu compañero/a en estas situaciones? Completen las siguientes oraciones usando **el subjuntivo** para comparar tu opinión con la de un/a compañero/a. ■

MODELO Para ser un buen jugador de ajedrez, es importante que...

E1: *Para ser un buen jugador de ajedrez, es importante que tú te enfoques más en el juego.*

E2: *Estoy de acuerdo. Para ser un buen jugador de ajedrez, es importante que juegues todos los días.*

1. Para vivir una vida más sana, es importante que mis amigos y yo…
2. Después de salir de mis clases, es raro que yo…
3. Antes de ir de camping, es probable que mi amigo…
4. Si tengo tiempo mañana, es posible que…
5. Para decorar bien una casa, es preferible que tú…
6. Si decides coleccionar tarjetas de béisbol, es mejor que…
7. Este año es imposible que mis padres…
8. Ojalá que mis amigos…

7:00 Workbooklet

2-22 Nuestras preferencias

Completa el cuadro con tus preferencias. Usa las expresiones **Es posible que...** y **Es poco probable que...** Compara tus respuestas con las de un/a compañero/a. ¿Qué preferencias tienen en común? ■

coleccionar tarjetas de béisbol	coser	comentar en un blog
decorar	hacer artesanía	hacer jogging
hacer trabajo de carpintería	ir de camping	jugar a las damas
hacer yoga	pescar	pintar
trabajar en el jardín	tejer	tirar un platillo volador

CON AMIGOS Y FAMILIARES	SOLO/A	SI LLUEVE
1. *Es poco probable que juguemos a las damas.*	1.	1.
2.	2.	2.
3.	3.	3.
4.	4.	4.
5.	5.	5.
6.	6.	6.
7.	7.	7.
8.	8.	8.

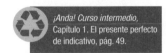

¡Anda! Curso intermedio, Capítulo 1. El presente perfecto de indicativo, pág. 49.

2:00

2-23 ¿Dónde están?

Juana y su familia decidieron pasar las vacaciones en casa. Hay mucho que hacer pero el problema es que ella no sabe divertirse. Tampoco sabe dónde están los miembros de su familia. Túrnense para dar sugerencias de qué hacen las siguientes personas. ■

MODELO No sé dónde está mi esposo, pero le fascina el agua.
E1: *Tal vez esté pescando.*
E2: *Sí, o quizás esté buceando.*

1. No sé dónde están mis hijos, pero les gustan las computadoras.
2. Mi prima Gloria ha desaparecido. Se cree editora de *House Beautiful.*
3. Mi abuelo tiene ochenta años. Ha tenido una vida muy activa, pero ahora le duelen mucho las piernas.
4. Siempre me ha gustado crear cosas con las manos, pero no sé qué hacer.

EXPANSION for 2-22
You may wish to have students put additional activities of their choice / preference in their charts that do not appear in the word bank.

METHODOLOGY • Whole Class Participation
When students have a task that requires them to interview several classmates, we suggest that you also participate in the activity. This is an excellent way to monitor attention to task and the language production of your students.

EXPANSION for 2-24
With students, create a list of probable activities for the students in the class and another one for improbable activities. Then have students compare those lists with the one in the activity. Are they similar?

ADDITIONAL ACTIVITY for *Pasatiempos y deportes*
Instruct students to work in pairs to make 3 lists referring to the vocabulary for sports and pastimes. In the first list, they should write the activities that are normally done in teams. In the second list, they write the activities that can be done alone, and in the third list, they put the activities that work best with a partner. Have students determine which activities appear on more than one list.

NOTE for 2-25
Before beginning the activity, give students several sentences about yourself and have them decide if they are true or not.

7:00 Workbooklet

2-24 ¿Probable o poco probable? Entrevista a los compañeros de clase para saber para quiénes es probable y para quiénes es poco probable cada una de las siguientes acciones. Escribe el nombre de la persona y la letra **P** para "probable" y **PP** para "poco probable". ■

MODELO jugar a las cartas
TÚ: *Felipe, ¿es probable que juegues a las cartas esta noche?*
E1: *No, es poco probable que juegue a las cartas. Comento en un blog todas las noches.*

ES PROBABLE O POCO PROBABLE QUE...	
jugar a las cartas	Felipe (PP)
tocar un instrumento	
nadar	
ir de camping	
coleccionar tarjetas de béisbol	
comentar en un blog	
decorar tu dormitorio	
tirar un platillo volador	
tejer	
hacer trabajo de carpintería	
jugar a videojuegos	
dar clases de golf	

7:00

2-25 Mentimos a veces Escribe **cinco** oraciones sobre ti mismo/a (*yourself*) usando el vocabulario de **pasatiempos y deportes** y **el subjuntivo. Una** de las oraciones debe ser verdadera y **cuatro** deben ser mentiras (*lies*). Tu compañero/a tiene que adivinar cuáles son mentiras y cuál es verdadera. Túrnense. ■

MODELO E1: *Es probable que yo juegue al ajedrez todos los días.*
E2: *No. Es improbable que juegues al ajedrez todos los días. Creo que es una mentira…*

4:00

4 GRAMÁTICA

02-27 to 02-28

¡Hola! Spanish/English Tutorials

El subjuntivo para expresar pedidos (*requests*), mandatos y deseos Recommending, suggesting, requesting, or requiring something of someone

A. There are a variety of different situations in which you need to use the **subjunctive.**

- Sometimes, you may want to ***recommend*** something to or ***request*** something from someone in a less demanding way than using a command.

Es preferible que pintes la casa y que no vayas a pescar este fin de semana.

Note the following examples.

Te **recomiendo que** **hagas** más ejercicio.	*I **recommend that** you exercise more.*

- You ***express wishes*** in the same way:

Deseo que mis padres me **regalen** tarjetas de béisbol.	*I **wish that** my parents **would give** me baseball cards.*
Espero que estés contento —no quiero pelear contigo hoy.	*I **hope that** you **are happy**— I don't want to fight with you today.*

- You may also ***report on others' requests, recommendations, or wishes:***

José y Gregorio **quieren que** sus padres les **compren** videojuegos.	*José and Gregorio **want** their parents **to buy** them video games.*
Gloria y Yolanda **esperan que** sus esposos no **vayan a pescar** este fin de semana.	*Gloria and Yolanda **hope that** their husbands **will** not **go fishing** this weekend.*
Javier no **quiere que** Pilar **haga jogging** por la noche.	*Javier doesn't **want** Pilar **to jog/go jogging** at night.*
Sonia les **recomienda que jueguen** al póquer.	*Sonia **recommends that** they **play** poker.*

B. When ***wishing or hoping something for oneself,*** and **the subject does not change,** you must **use the infinitive, NOT the subjunctive.**

Quieren ir de camping este fin de semana.	***They want to go camping** this weekend.*
Espera tejer un suéter pronto.	***She hopes to knit** a sweater soon.*
Deseo trabajar en el jardín esta tarde.	***I want to work** in the garden this afternoon.*

- Some verbs used to express **requests, commands,** and **wishes** are:

aconsejar	*to recommend; to advise*	**preferir (e → ie → i)**	*to prefer*
desear	*to wish*	**prohibir**	*to prohibit*
esperar	*to hope*	**proponer**	*to suggest; to propose*
exigir	*to demand*	**querer (e → ie)**	*to want; to wish*
insistir (en)	*to insist (on)*	**recomendar (e → ie)**	*to recommend*
necesitar	*to need*	**rogar (o → ue)**	*to beg*
pedir (e → i → i)	*to ask (for); to request*	**sugerir (e → ie → i)**	*to suggest*

Instructor Resources
- PPT, Extra Activities

NOTE for *El subjuntivo para expresar pedidos, mandatos y deseos*
The expressions *es preferible* and *es deseable* can be negated. However, they seldom appear negated in complex sentences. They do appear negated in simple sentences. The expression *es deseable que* is not commonly used with *nosotros/as* commands. *Sería deseable* is more suitable to this kind of command.

NOTE for *El subjuntivo para expresar pedidos, mandatos y deseos*
You may choose at this point to explain to students that these verbs fall in two different categories (resulting in different syntactic environments):
1. Verbs that need an I.O. When what is recommended is an action, the I.O. is present in the sentence.
   - *aconsejar, exigir, pedir, recomendar, rogar, sugerir, prohibir, proponer*
     Yo te recomiendo que leas este libro.
     Yo les recomiendo a mis padres que vayan al gimnasio.
   When the recommendation or suggestion is very general, (as in a public speech, without addressing it to anyone specifically) or when it is made to *us,* the I.O. is not present:
     Sugiero que algunos vayan al cine y otros se queden en casa.
     Sugiero que vayamos al cine.
2. Verbs that do not need an I.O.
   - *querer, desear, esperar, preferir, insistir en*

NOTE for *El subjuntivo para expresar pedidos, mandatos y deseos*
You may wish to tell students that another translation of *Deseo trabajar* is "I would like to work . . ."

- The following are some common impersonal expressions that also express **requests, commands,** and **desires:**

Es importante que	*It is important (that)*	**Es necesario que**	*It's necessary (that)*
Es mejor que	*It's better (that)*	**Es preferible que**	*It's preferable (that)*

Estrategia

Educational researchers have found that it is *always* important for you to state grammar rules orally, in your own words. Correctly stating the rules demonstrates that you are on the road to using the grammar concept(s) correctly in your speaking and writing.

¡Explícalo tú!

Based on the sentences on page 91,

1. In **Part A**, how many verbs are in each sample sentence?
2. Which verb is in the present indicative: the verb in blue or the one in red?
3. Which verb is in the present subjunctive: the verb in blue or the one in red?
4. Is there a different subject for each verb?
5. What word joins the two distinct parts of the sentence?
6. State a rule for the use of the subjunctive in the sentences from **Part A.**
7. State a rule for the sentences in **Part B.**

✓ Check your answers to the preceding questions in Appendix 1.

¡Anda! Curso elemental, Capítulo 2. Presente indicativo de verbos regulares; Capítulo 3. Algunos verbos irregulares; Capítulo 4. Los verbos con cambio de raíz, Apéndice 3.

3:00

2-26 La práctica hace maestros Su instructor/a les va a explicar una actividad para practicar la formación del subjuntivo. ¡Diviértanse! ■

3:00

2-27 Más práctica En grupos de tres, practiquen más **el subjuntivo**. Tiren una pelota de "koosh" o una pelota de papel. Usen los verbos y los (pro)nombres siguientes con las expresiones impersonales **Es preferible**, **Es importante**, **Es necesario**, y creen oraciones breves. ■

Tomás y Carlos / comprar	ellas / vivir	los dos chicos / perder
nosotros / saber	tú / comenzar	tú / querer
Susana / escribir	Víctor y yo / esperar	nosotros / dormir
Gabriela y Héctor / encontrar	yo / servir	yo / ser
nuestros profesores / repetir	tú / volver	tú / poder
Paola / ponerse	los estudiantes / sentarse	tú / tener

MODELO nosotros / dormir *Es importante que durmamos ocho horas.*
(Tírale la pelota a un/a compañero/a, quien crea otra oración, etc.)

NOTE for *Gramática*
This is another inductive grammar presentation in which the students are given examples of a grammar concept and, through the use of guiding questions, they formulate the rule in their own words.

NOTE for 2-26
Activity **2-26** is a fun way of practicing verb forms. Have your students sit in rows. Each row is a team, so each team / row should have an equal number of people. The person at the head of each row has a piece of paper with as many subject pronouns written on it as there are people in the row. Do *not* have the pronouns in their formal conjugation order, e.g., *yo, tú, él, etc.* . . . You write any infinitive on the board. The first student writes the subjunctive form of that verb that corresponds to the first pronoun listed. That student then passes the sheet of paper over his/her head to the student seated behind. The second student writes the correct subjunctive form of the verb for the second pronoun and passes the paper to the next student. The process continues with all the students in the row. The last student in the row brings the completed sheet to you. The row to finish first with all forms correct wins the round.

Additional rules:
1. Allow any students to correct any forms that came before.
2. After each round, have students move back one seat, with the person in the last seat of the row moving to the front.

4:00

2-28 Los cuentos del barrio

Cada barrio tiene sus historias. Descubre las opiniones y un poco de las historias de las personas que viven en la Calle Central. Túrnense para crear oraciones con **el subjuntivo.** ■

MODELO Los Grajera / esperar / los nuevos vecinos García / no hacer trabajo de carpintería hasta muy tarde.
Los Grajera esperan que los nuevos vecinos García no hagan trabajo de carpintería hasta muy tarde.

1. El Sr. Vargas / preferir / su mujer / no decorar la sala.
2. La Sra. Vargas / desear / su esposo / no jugar al póquer.
3. Los jóvenes Vargas / rogar / sus padres / pintar sus dormitorios / negro y morado.
4. Silvia Hernández / proponer / yo / tirar un platillo volador / con ella / mañana.
5. Muchos padres / decir / es preferible / sus niños / hacer artesanía afuera / y / no jugar a videojuegos / en casa.

5:00

2-29 Rafael Nadal

Ustedes son grandes aficionados (*fans*) del famoso tenista español. Lean la información sobre Rafael Nadal y túrnense para terminar las siguientes oraciones. ■

Rafael
NADAL
Parera
Nacionalidad: España (Mallorca)
Fecha de nacimiento: 3 de junio de 1986
Residencia: Manacor, Mallorca, España
Familia: Sebastián, Ana María y una hermana menor llamada María Isabel
Profesional desde: 2001
Entrenador: Toni Nadal (tío)
Comida favorita: Mariscos y la pasta
Pasatiempos preferidos: Jugar con el PlayStation, fútbol, golf, pescar, salir con amigos para ir a fiestas y al cine
Equipo favorito: Real Madrid
Películas favoritas: Gladiator, Titanic
Próximo torneo: Australian Open

MODELO Recomendamos que los aficionados…
Recomendamos que los aficionados vean el torneo Abierto de Australia en la televisión.

1. Es deseable que Rafael…
2. Mi amigo/a y yo esperamos que…
3. Los aficionados esperan que…
4. Recomendamos que los aficionados…
5. Los otros jugadores de tenis profesionales exigen que…
6. Prefiero que Rafael…
7. Su entrenador le propone que…
8. Los árbitros le ruegan al público que…
9. Ojalá que…
10. Tal vez…

Fíjate

Real Madrid is a professional soccer team from Madrid, Spain.

Workbooklet

8:00

2-30 Tus consejos

Siempre tenemos deseos y consejos para los demás. ■

Paso 1 Expresa tus deseos para las siguientes personas. Termina cada oración usando el **vocabulario nuevo** cuando sea posible y usa **un verbo diferente** para cada situación.

MODELO A TUS PADRES O FAMILIARES / Recomendamos que…
Recomendamos que hagan artesanía. Es un pasatiempo interesante.

A TUS PADRES O FAMILIARES	A NOSOTROS	A TU PROFESOR/A	A TU MEJOR AMIGO/A
1. Recomendamos que…	1. Es preferible que…	1. Espero que…	1. Es importante que…
2. Siempre exigimos que…	2. Es necesario que…	2. Nosotros deseamos que…	2. Te aconsejo que…
3. Sugiero que…	3. No es importante que…	3. Los estudiantes ruegan que…	3. Espero que…
4. Quiero que…	4. Los profesores nos sugieren que…	4. Propongo que…	4. Prefiero que…

Paso 2 Compara tus recomendaciones con las de un/a compañero/a.

ANSWERS to 2-28

1. El Sr. Vargas prefiere que su mujer no decore la sala.
2. La Sra. Vargas desea que su esposo no juegue al póquer.
3. Los jóvenes Vargas ruegan que sus padres pinten sus dormitorios de negro y morado.
4. Silvia Hernández propone que yo tire un platillo volador con ella mañana.
5. Muchos padres dicen que es preferible que sus niños hagan artesanía afuera y no jueguen a videojuegos en casa.

HERITAGE LANGUAGE LEARNERS

Have your heritage language learners each select a well-known athlete from their country of origin and create a "poster" for him/her like the one here for Rafael Nadal Parera. Then they can present this information to the class, including appropriate responses to the same questions for their own athletes.

HERITAGE LANGUAGE LEARNERS

Have heritage language learners each research a sports player/team and then, using the subjunctive, give their chosen player/team advice on how to improve.

SECTION GOALS for *Perfiles*

By the end of the *Perfiles* section, students will be able to:

- identify some famous Hispanic figures in sports and pastimes.
- report on an elite athlete or player of a particular sport or activity.
- express their favorite sports or pastimes.

NATIONAL STANDARDS
Communciation, Cultures, Comparisons

In the *Perfiles* section, students read profiles of prominent Hispanic sports figures. The information in the reading addresses Communication Standards, Cultures Standards, and Comparisons Standards. The Communication Standards 1.2 and 1.1, respectively, provide interpretive communication and interpersonal communication. Students read, understand, and interpret written Spanish and engage in conversations about the readings. With the cultural information in the reading, they can understand the relationship between the practices and perspectives of Hispanic cultures (Standard 2.1). They can then make comparisons about the famous sports figures and their representative sports and similar American sports figures (Standard 4.2).

HERITAGE LANGUAGE LEARNERS

Heritage language learners tend to borrow English words and use them as Spanish words. In *Perfiles,* they might think that *éxito* means "exit." Remind them about or introduce them to *false cognates.*

SUGGESTION for *Perfiles*

You may wish to share with your students the fact that in Latin America, professional sports players are very important and may be recognized as heroes. Public places are named for them. E.g., *Calle Maradona* (Santa Rosa, Argentina), *Victor Agustín Ugarte* stadium (Bolivia). Ask students to compare and contrast this phenomenon to the United States.

NOTE for *Perfiles*

Your students can find out more information about Diego Maradona on the Internet. Suggested keywords: *Diego Maradona, sitio oficial.* He and Pelé, the Brazilian soccer sensation, are considered the best players of the 20th century.

Lionel Messi is the "heir apparent" to Maradona's soccer fame. Several web sites extol his accomplishments and will be of interest to your students who are soccer fans. Suggested keywords: *Lionel Messi, fútbolista argentino.*

NOTE for *Perfiles*

Since 1956, France Football magazine has presented the Golden Ball award to the best soccer player in Europe. FIFA has also awarded its own "player of the year" prize. Beginning in 2011, the awards are combined into the *Balón de oro*/Golden Ball Award.

PERFILES

02-29 to 02-30

Campeones famosos del mundo hispano

Hay deportes y pasatiempos para todos los gustos. Aquí hay tres campeones muy admirados por sus aficionados.

José Raúl Capablanca (1888–1942) nació en Cuba y fue un prodigio del juego de ajedrez, por lo que muchos aficionados del juego se refieren a él como "el Mozart del ajedrez". Reinó como campeón mundial del ajedrez entre los años 1921 y 1927. Hoy en día se celebra el Torneo Internacional Capablanca en Memoriam; es uno de los torneos ajedrecísticos más importantes del mundo hispano.

Lionel Messi (n. 1987) es un futbolista argentino que juega en el equipo FC Barcelona en España. Actualmente es considerado uno de los mejores jugadores y delanteros *(forwards)* del mundo. Es ganador del Balón de Oro y del premio *FIFA World Player* dos veces. Quizás sea el nuevo Maradona.

José Alberto Pujols Alcántara (n. 1980) es de la República Dominicana. Emigró a los Estados Unidos con su familia y empezó a jugar al béisbol. Por muchos años jugó la posición de primera base para los St. Louis Cardinals en las grandes ligas y en el año 2012 empezó a jugar para los Angels de Los Ángeles. Es un jugador fenomenal; algunos lo comparan con el famoso jugador Lou Gehrig. En su primer año lo nombraron novato *(rookie)* del año en la Liga Nacional y también ha sido designado el jugador del año varias veces.

Fíjate

Diego Armando Maradona is a former soccer player from Argentina and is considered one of the best players in the history of the sport.

Preguntas

1. ¿Qué deportes o pasatiempos se representan aquí?
2. ¿Con quién se compara a cada campeón?
3. Probablemente, ¿qué recomiendan estos campeones que otros atletas y deportistas hagan para tener éxito?

Answers to *Perfiles*

1. el béisbol, el ajedrez y el fútbol
2. Se compara a Pujols con Lou Gehrig, a Capablanca con Mozart y a Messi con Maradona.
3. *Answers will vary.*

EXPANSION for *Perfiles*

Additional questions to ask your students are:

1. ¿Qué premios ganó Alberto Pujols?
2. ¿Por cuántos años y de qué pasatiempo fue campeón mundial José Raúl Capablanca?
3. ¿Para qué equipo juega Lionel Messi?

4:00

2-31 Michelle Wie nos recomienda

Michelle Wie, una de las mejores jugadoras de golf del mundo, nos da consejos de cómo mejorar nuestras habilidades en el juego de golf. Usen los siguientes verbos con **el subjuntivo** para crear sus consejos. ■

MODELO no jugar con expertos al empezar a jugar / (a los novatos)
Les aconsejo (recomiendo, sugiero, etc.) que no jueguen con expertos.

1. nunca dejar de mirar la pelota / (a ti)
2. comprar pelotas buenas / (a tu amiga)
3. mantener limpios los palos / (a tu profesor/a)
4. llevar lentes de sol / (a tus tíos)
5. darle a la pelota suavemente / (a los jugadores)

Answers to 2-31
1. Te aconsejo (recomiendo, sugiero, etc.) que nunca dejes de mirar la pelota.
2. Le aconsejo (recomiendo, sugiero, etc.) que compre pelotas buenas.
3. Le aconsejo (recomiendo, sugiero, etc.) que mantenga limpios los palos.
4. Les aconsejo (recomiendo, sugiero, etc.) que lleven lentes de sol.
5. Les aconsejo (recomiendo, sugiero, etc.) que le den a la pelota suavemente.

¡Anda! Curso intermedio, Capítulo 1. El aspecto físico y la personalidad, pág. 34.

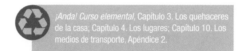

¡Anda! Curso elemental, Capítulo 3. Los quehaceres de la casa; Capítulo 4. Los lugares; Capítulo 10. Los medios de transporte, Apéndice 2.

10:00

2-32 Recomiendo que

Hagan comentarios y sugerencias para una de las siguientes situaciones. Usen por lo menos **cuatro** oraciones diferentes para cada una. ■

1. Tienes tres primos. Recomiéndales unos deportes y pasatiempos según sus personalidades. Diana es extrovertida y amable. Carlos es callado y bien educado. Manuel es flojo y terco.
2. Un amigo quiere comprar un Rolls-Royce nuevo.
3. Tus amigos viven de una manera muy desorganizada.
4. Unos amigos van a viajar a Sudamérica.

Estrategia

For **2-32,** note that for various scenarios you are directed to review certain chapters from *¡Anda! Curso elemental* in Appendix 2. There, you will be reminded of helpful vocabulary you have learned that is appropriate to incorporate here.

EXPANSION for *Perfiles: La política*

Whether appropriate or not, politics frequently play a role in sporting events and other competitions. The world of chess is no stranger to political controversy: In 1988, chess grandmaster Guillermo García of Habana, Cuba, won second place in the prestigious New York Open chess tournament but was prohibited from taking his prize money, $10,000, back to Cuba due to political sanctions against that country. Bobby Fischer, another noted chess grandmaster, was forced to compete in the Capablanca Memorial of 1965 via telex due to political turmoil between the United States and Cuba. His trip to Yugoslavia in 1992 for a tournament despite a U.S. ban resulted in a long-time warrant for his arrest. Ask your students whether they think politics should have any role in or jurisdiction over the world of sports or other competitions, and ask them to justify their opinions.

NOTE for 2-31

Michelle Wie is a top United States female golfer. At the time of publication of *¡Anda! Curso intermedio,* two Spanish female golfers are rising stars: Azahara Muñoz and Beatriz Recari. Another renowned female golfer is Lorena Ochoa. Named by *Time* magazine in 2008 as "one of the 100 most influential people in the world," and AP Female Athlete of the year in 2006, retired Mexican golf player Lorena Ochoa was a consistent winner on the LPGA circuit and during her career ranked as the #1 player in the world in women's golf.

SECTION GOALS for *¡Conversemos!*

By the end of the *¡Conversemos!* section, students will be able to:

- circumlocute to describe different sports and activities to a partner.
- report on their favorite pastimes to the class.
- choose and use appropriate strategies to express or request pardon.
- request clarification and indicate when they do not understand.

NATIONAL STANDARDS
Communication, Comparisons

The *¡Conversemos!* section focuses on standards within the Goal Areas of Communication and Comparisons. The dialogues and listening comprehension sections are aligned with Communication Standard 1.2; students understand and interpret spoken Spanish on a variety of topics. The comprehension questions facilitate interpersonal communication (Standard 1.1), whereas the dialogue prompts can facilitate presentational communication (Standard 1.3) if you turn the prompts into presentations for an audience of listeners or readers. When students practice with the new conversational phrases and use them to create and perform dialogues, they understand the cultural nuances that are inherent in communication. In Standard 4.2, students understand the concept of culture through comparisons between Hispanic cultures and their own. Examples of cultural differences in conversation include the formal versus the informal and the types of polite requests that one can make.

HERITAGE LANGUAGE LEARNERS

Ask heritage language learners what other expressions they use when they need clarification: e.g., *Mande* in Mexico, *¿Qué cosa?* in Bolivia, etc.

AUDIOSCRIPT for 2-33

Please consult the *Instructor's Resource Manual* for the complete text of this audioscript.

EXPANSION for 2-33

Additional questions to ask your students are: *¿Adónde quiere ir Teresa? ¿Adónde quiere ir Marina? ¿Qué necesita Teresa? ¿Qué necesita Marina? ¿Cómo se llama la estación del tren?*

¡CONVERSEMOS!

02-31 to 02-33

ESTRATEGIAS COMUNICATIVAS Expressing pardon, requesting clarification, and checking for comprehension

When learning a language, we often do not understand what a native speaker says the first time, or we wish to check our comprehension. Use the following phrases to help in these situations.

Para pedir perdón	*To excuse yourself*
• Disculpa/Discúlpame (familiar) • Disculpe/Discúlpeme (formal) • Disculpen/Discúlpenme (plural)	*Excuse me.*
• Perdón/Perdóname (familiar) • Perdóneme/Perdónenme (formal)	*Pardon.*
• Con permiso.	*With your permission, excuse me.*

Para pedir clarificación	*To ask for clarification*
• ¿Cómo?	*What?*
• Repite/a, por favor.	*Repeat, please.*
• ¿Qué dijiste/dijo?	*What did you say?*
• ¿Qué quiere decir...?	*What does . . . mean?*
• ¿Qué significa...?	*What does . . . mean?*

2-33 Diálogos Escucha los diálogos y contesta las siguientes preguntas.

1. ¿Qué le dijo José a Josefina cuando sonó el teléfono? Con permiso
2. ¿Qué dijeron Teresa y Marina al salir del metro? con permiso, perdón, disculpe, gracias

2-34 Disculpa, por favor Con un/a compañero/a de clase, usa las estrategias comunicativas que aprendiste para decidir qué debes decir en las siguientes situaciones. Más de una estrategia puede ser aceptable.

1. En un partido de fútbol donde hay mucho ruido, no oíste lo que tu amigo te dijo.
2. En el partido de béisbol anuncian los resultados de otros partidos importantes del día, pero no entendiste lo que se dijo sobre tu equipo favorito.
3. En el mismo partido, un aficionado te explica algo complicado que un jugador hizo, usando palabras que no has escuchado antes.
4. Necesitas bajar del autobús porque has oído que la próxima parada es la tuya. Hay muchas personas delante de ti.
5. Cuando sales del autobús, le pisas (*step on*) el pie a alguien sin querer.

2-35 Adivina el deporte Se juega en equipos. Un miembro de cada equipo selecciona una palabra (del vocabulario sobre los deportes y pasatiempos) y se la describe a su equipo sin usar ninguna palabra asociada semánticamente con la palabra. Usen las estrategias comunicativas para clarificar las pistas.

MODELO E1: *Es un deporte en que usas una raqueta.*
E2: *¿Se usa una pelota también?*

96

EXPANSION for 2-35

You can also have pairs each describe a sport or pastime and have the others name as many athletes or participants as possible for that activity. As an alternative, the students can each think of a particular athlete and then describe some specific sports events that involve this person. The other students can then guess that particular athlete.

2-36 Situaciones

Ahora que sabes disculparte y pedir clarificación, con un/a compañero/a de clase, dramaticen las siguientes situaciones: ■

1. E1: Recibes una llamada telefónica de una persona que cree haber llamado a un teatro. No te deja hablar.
   E2: Llamas a un teatro para comprar boletos para un concierto de Juanes. La persona que contesta no parece ni oírte ni entenderte.

MODELO
E1: *¿Aló?*
E2: *Buenos días. ¿Hablo con El Teatro de Oro? Quiero comprar unos boletos para el concierto de Juanes este viernes a las siete y media.*
E1: *Perdón. ¿Qué dijo usted? Creo que usted se equivocó.*
E2: *¿Cómo? Disculpe. Unos boletos. Quiero comprar dos boletos...*

2. E1: Trabajas en la ventanilla (*ticket window*) del estadio municipal. Un extranjero te hace preguntas, pero no entiendes.
   E2: Eres turista y quieres comprar una entrada para ver el partido de fútbol esta tarde. Parece que el vendedor te ignora o no quiere venderte el boleto.
3. E1: Vas en autobús a una exhibición de lucha libre. Hay mucha gente en el pasillo y necesitas pasar porque tu parada viene pronto.
   E2: Estás en el autobús y una persona te dice algo pero no entiendes. Pide clarificación.

Fíjate

Juanes is a successful Colombian musician. He has won many Latin Grammy awards. His real name is Juan Esteban Aristizábal Vásquez.

2-37 Sobre gustos no hay nada escrito

¡Tu amigo/a (un/a compañero/a de clase) y tú han ganado un premio fabuloso! Van a pasar dos días en un hotel de lujo—¡gratis! En este hotel hay todo tipo de deportes y pasatiempos, y ustedes tienen que decidir cuáles van a practicar en su tiempo limitado. Deben hacer una lista de por lo menos **seis** de las actividades que más quieren hacer. Usen **los mandatos de *nosotros/as*** y las estrategias comunicativas. ■

MODELO
E1: *Bueno, el primer día, levantemos pesas por la mañana. Y luego juguemos al tenis.*
E2: *Discúlpame. La verdad es que no me...*

97

NOTE for 2-36

Juanes is a very popular rock singer from Colombia. He is also known for humanitarian work in his country on behalf of victims of antipersonnel mines. Your students can find out more about Juanes on the Internet. Suggested keywords: *Juanes, sitio oficial, cantante colombiano.*

HERITAGE LANGUAGE LEARNERS

Have heritage language learners each select a favorite pastime, do some research on it, and then give a brief presentation to the class. They should include what the pastime consists of, why they like it so much, and where, when, and how they engage in it. Classmates who do not understand something in the presentation can use the communicative strategies presented here to request clarification or further explanation.

SECTION GOALS for *Escribe*
By the end of the *Escribe* section, students will be able to:
- identify another step in process writing: linking sentences.
- recognize linking words in Spanish.
- understand the importance of linking words and transitions in formal writing.
- employ pre-writing techniques such as brainstorming and creating lists as ways to organize their writing.
- write a web blog entry about an experience with sports.
- share their blog entry with classmates.

NATIONAL STANDARDS *Communication, Comparisons, Connections*
The *Escribe* section encompasses standards within three Goal Areas: Communication, Comparisons, and Connections. The written draft functions as a way to communicate in the interpersonal mode with classmates (Standard 1.1). Students receive feedback on their drafts, produce final drafts, and present their work to an audience of readers or listeners (Standard 1.3). The new strategy of linking sentences allows students to make comparisons between the use of transitions in their English writing and their writing in Spanish (Standard 4.1). Lastly, the type of writing they are doing can help them connect writing a web blog entry to their other classes such as computer science, creative writing, journalism, or mass media courses (Standard 3.1).

NOTE for *Estrategia*
You may wish to point out to your students when to use *u* and *e*.

HERITAGE LANGUAGE LEARNERS
Ask heritage language learners to interview their relatives to find out the role of sports in their countries of origin. Encourage them to compare it with the importance of that sport in the United States. Ask them to do a short presentation on the topic.

EXPANSION for 2-40
You may wish to have students share what they learn about their partners with the class. Repeating what they hear is excellent practice in relating information.

ESCRIBE

02-34 to 02-36

Un comentario de blog

Estrategia

Process writing (Part 2): Linking words

Linking words can provide a smooth transition between portions of your writing so that it does not appear choppy or disjointed. Use linking words to connect simple thoughts and turn them into complex sentences. Linking words will help you communicate your ideas in a natural way, and by using these words, your writing will flow more smoothly.

Nexos	***Linking Words***
así	*thus*
cuando	*when*
o/u	*or*
pero	*but*
porque	*because*
pues	*well, since*
que, quien	*that, who*
y/e	*and*

2-38 Antes de escribir Vas a comentar en un blog sobre una experiencia con un deporte. ■

1. Primero, piensa en los eventos principales de tu experiencia.
2. Después, haz una lista de los eventos que quieres mencionar; escribe **una** o **dos** oraciones descriptivas para cada evento.
3. Finalmente, conecta las oraciones con nexos donde sea necesario para que tengan más sentido.

2-39 A escribir Escribe tu comentario de blog sobre tu experiencia deportiva. ■

Asegúrate de que:

- hayas incluido los eventos más importantes de la experiencia deportiva.
- conectes tus pensamientos para tener más sentido.

Menciona por lo menos **cuatro** eventos que ocurrieron. Tu comentario debe contener por lo menos **seis** oraciones. Usa por lo menos **dos oraciones en el subjuntivo.**

MODELO *Mi amigo siempre quiere que vaya con él a esquiar. Así que por fin decidí intentarlo, pero primero tuve que comprar los esquís y luego los bastones de esquí...*

2-40 Después de escribir Comparte tu comentario de blog con un/a compañero/a de clase. Haz una comparación de las dos experiencias que ustedes han tenido. ¿En qué son semejantes (*similar*) y en qué son diferentes? ■

WRITING SAMPLE for *Escribe*
Mi amigo siempre quiere que vaya con él a esquiar. Así que por fin decidí intentarlo, pero primero tuve que comprar los esquís y luego los bastones de esquí. Fuimos a las montañas donde hay mucha nieve, porque donde vivimos no hay lugares para esquiar. Mi amigo me dijo que era un viaje de dos horas, pero resulta que fue un viaje de tres horas a causa del mal tiempo. Cuando llegamos, vi en seguida que necesitaba un casco para protegerme, pues las montañas son muy altas y no soy buen atleta. Subimos y traté de bajar sin lastimarme. ¡Tuve éxito! Entonces grité, "¡hagámoslo otra vez!"

¿Cómo andas? II

Having completed **Comunicación II**, I now can . . .	**Feel confident**	**Need to review**
• describe pastimes and sports. (p. 86)	☐	☐
• convey doubt, influence, feelings, and hopes. (MSL)	☐	☐
• recommend, suggest, request, or require something of someone. (p. 91)	☐	☐
• identify three elite athletes and champions in the Spanish-speaking world. (p. 94)	☐	☐
• express pardon, request clarification, and check for comprehension. (p. 96)	☐	☐
• use linking words to make writing more cohesive. (p. 98)	☐	☐

Instructor Resources
- Text images (maps), Video resources

SECTION GOALS for *Vistazo cultural*

By the end of the *Vistazo cultural* section, students will be able to:
- discuss the featured pastimes.
- compare the sports and pastimes in Mexico to those popular in the United States.
- make connections between their favorite pastimes or sports and how they might incorporate them into careers.
- identify the highlighted sports and pastimes and summarize a few details about each.

NATIONAL STANDARDS *Communication, Cultures, Comparisons*

There are four standards that align with the *Vistazo cultural* sections. Communication standards 1.2 and 1.1 apply because students read, understand, and interpret written Spanish and they use the accompanying questions to engage in conversations, provide and obtain information, express feelings and emotions, and exchange opinions. The cultural information presented serves two functions. One, it allows students to understand the relationship between the practices and perspectives of Hispanic cultures (Standard 2.1). Two, the cultural information is the basis for making comparisons between Hispanic cultures and the students' own cultures (Standard 4.2).

EXPANSION for *Les presento mi país*

You may wish to send your students to the ITESM web site to discover the courses involved in a *licenciatura* (*degree*) in animation and digital design. While they are visiting the web site, you may want them to research a major that currently appeals to them. Suggested keywords: *licenciatura en animación, arte/diseño digital, México.*

METHODOLOGY • The Cultures Goal Area or the 3 Ps

The approach to culture in the National Standards can be called "the 3 Ps": *products, practices,* and *perspectives.* This triangulation represents a huge step forward in our thinking about how to deal with culture in the foreign language classroom. Instead of just a cursory examination of "things" and "events," a more in-depth investigation of cultural products and practices is suggested. Standards 2.1 and 2.2 direct our attention to the *products* and *practices* of the target language culture. In addition, the standards ask us to consider the *perspective(s)* underlying these products and practices.

Vistazo cultural

Julio López Ríos,
estudiante del Instituto Tecnológico y de Estudios Superiores de Monterrey, México

02-37

Deportes y pasatiempos en la cultura mexicana

Me interesa todo tipo de arte creativo relacionado con la tecnología de las computadoras. Así decidí seguir una carrera en la cual puedo combinar los dos intereses. Estudio para sacar una Licenciatura en Animación y Arte Digital. Exploremos más pasatiempos y deportes en México. Quizás un deporte o un pasatiempo pueda inspirar tu carrera.

La lucha libre

La lucha libre continúa subiendo en popularidad. Las máscaras de los deportistas de lucha libre son a la vez símbolos de la política, del mito (*myth*) histórico, del alma (*soul*) individual y de la resistencia social del pueblo. Llevar una máscara convierte al luchador en otro personaje y le da cierta libertad.

Los alebrijes

Hay muchos artistas en México que hacen artesanía, no como un pasatiempo, sino para ganarse la vida. En el estado de Oaxaca hay artesanos que trabajan con madera para hacer figuritas de animales; se llaman *alebrijes*. Los alebrijes tienen colores brillantes y están decorados con muchos detalles.

Cozumel

Hay varios lugares para bucear en México, y la costa de Cozumel es famosa en todo el mundo por todas sus atracciones. Tiene más de cien lugares oficiales del buceo. Para los aficionados a este deporte, es un paraíso marino con una gran variedad de flora y fauna.

100

METHODOLOGY • *Culture*

The National Standards goal area of Comparisons includes Standard 4.2, cultural comparisons. Making cross-cultural comparisons is a very useful activity that helps students make connections between target language cultural practices and similar practices from their own cultures. Showing students that the target language practice is not so different from what they themselves might do facilitates cross-cultural comprehension and acceptance. In keeping with the National Standards goal area of Comparisons, have your students make cultural comparisons between these pastimes, sports, and traditions and ones from their own cultures. For example, they can talk about outings to Xochimilco and similar traditions in their own cultures. For instance, ask students whether we have spots similar to Xochimilco or Chapultepec in the United States. Then perhaps mention the Disney theme parks (Orlando, Animal Kingdom theme park, etc.). Where else do we have locations in the United States that are known for particular sports or pastimes?

HERITAGE LANGUAGE LEARNERS

Heritage language learners can comment about how and where their relatives get together in their home countries to celebrate important dates or festivities.

El Parque Chapultepec
Un pasatiempo favorito en México es pasar un domingo en el Parque Chapultepec con sus diversiones: los lagos, los museos y los jardines botánicos y zoológicos. Entre los museos se encuentra el Museo Nacional de Historia en el Castillo (*Castle*) de Chapultepec. Así que los fines de semana las familias visitan el castillo y comen en el parque.

La Quebrada, Acapulco
Si te gustan los deportes difíciles, ¿has considerado el clavadismo (*cliff diving*)? El espectáculo de clavados en La Quebrada es impresionante. Los clavadistas lo hacen parecer fácil y divertido, pero definitivamente es un deporte para los profesionales. ¡De fácil no tiene nada!

Xochimilco
Los jóvenes y las familias van tradicionalmente los fines de semana a pasear unas horas al aire libre en Xochimilco. Es una serie de canales y jardines flotantes (*floating*) con *trajineras,* barcos decorados de colores brillantes. En estas trajineras se venden flores, bebidas y comida ¡y algunas tienen músicos para darles una serenata a los visitantes!

El fútbol mexicano
El fútbol es el deporte más popular en México. El equipo nacional mexicano se llama El Tricolor, conocido con cariño como "El Tri". El Estadio Azteca, localizado al suroeste de México D.F., es uno de los más grandes del mundo con más de 105,000 asientos. El Club América, un equipo mexicano popular, juega allí, igual que El Tri.

Preguntas

1. ¿Cuáles de estos deportes o pasatiempos cuestan mucho dinero para practicarlos? ¿Con cuáles se puede ganar la vida (*earn a living*)? ¿Cómo?
2. Compara el Parque Chapultepec o Xochimilco con el Paseo del Río en San Antonio (*Capítulo* 1, pág. 63).
3. ¿Cuáles de estos deportes o pasatiempos en México son semejantes y cuáles son diferentes a los de tu comunidad y tu mundo?

SUGGESTION for *Vistazo cultural*
Ask students to talk about their own majors and how they can relate their fields of study to the sports or hobbies they practice.

EXPANSION for *Vistazo cultural*
You may want to have students prepare presentations about their hobbies or collections.

EXPANSION for *El fútbol mexicano*
Mexico was the host for the 1970 and 1986 World Cups, and both finals were played at Estadio Azteca. Mexicans are also avid followers of their favorite club teams. The best known are America, Chivas of Guadalajara, Toluca, and Cruz Azul. Known as the *Primera División,* the league is divided into two halves: the *Apertura* season and the *Clausura* season. The *Apertura* (Opening season) typically starts in July and ends in December, with the *Clausura* (Closing season) starting early in the year and usually wrapping up in May. Each season crowns a champion. A similar split season is used in most of Latin America. Mexico's most famous player is Hugo Sánchez, who played in the late 1980s and early 1990s with famed Spanish club Real Madrid. Sánchez won the Pichichi trophy, which goes each year to the league's top goal scorer, four straight times.

ADDITIONAL ACTIVITIES for *Vistazo cultural: En el Internet*

1. Chapultepec Park has many different places to visit and many venues for different activities. Have students research all the things there are to do in the park. Suggested keywords: *el Parque (de) Chapultepec.*
2. Xochimilco is a wonderful place for family outings and is a symbol of Mexico City. Many cities in the United States also have places that are known for family outing activities. Have students identify such places near their hometowns and compare them to Xochimilco. Suggested keywords: *Xochimilco, lugar X from a particular city [e.g., Forest Park in St. Louis].*
3. *La lucha libre* is very popular in Mexico and in several other Latin American countries, as well as in parts of the United States. Have students interested in this sport investigate some of the *lucha libre* personalities from different countries and make comparisons across cultures. Suggested keywords: *la lucha libre, campeones/personalidades de lucha libre.*

SECTION GOALS for *Lectura*

By the end of the *Lectura* section, students will be able to:

- apply the reading strategy of skimming and scanning to get the gist of the passage.
- look for different types of information each time they read the passage.
- practice reading superficially and reading in-depth.
- use background information from pre-reading activities to get the gist of the passage.
- check their comprehension by answering post-reading questions.

NATIONAL STANDARDS *Communication, Comparisons*

In the *Laberinto peligroso* reading, three standards are integrated. One, the reading provides the foundation for Communication Standard 1.2 because students have to understand and interpret written Spanish. The discussion questions that follow serve as conversation starters, as students review the events from the reading and communicate in the interpersonal mode (Standard 1.1). When students apply the reading strategy of skimming and scanning to get the gist of the passage, they can compare what strategies they utilize for reading in English and in Spanish (Standard 4.1).

RECAP of *Laberinto peligroso Episodio 1*

Lectura: Celia and Cisco, two journalists, have both been invited by their mutual friend Javier, an adjunct instructor of journalism, to give a few guest lectures on investigative reporting. Neither is aware that the other one is part of Javier's expert panel. While these protagonists are out in a café having a good time, a sinister individual with a knife is nearby watching them all.

Video: In the video episode for *Capítulo 1*, the main characters (Celia, Javier, and Cisco) are introduced. In her apartment, Celia talks to her mother on the phone while she gets ready to leave for the university. Javier stops by to pick her up, and they go to the university where he introduces her to the head of the department. They go to the lecture hall, and Celia gets ready for the panel. Someone with a knife is lurking.

02-40 to 02-41

Laberinto peligroso

Lectura

Estrategia — **Skimming and scanning: reading for the gist**

To improve comprehension, you can *skim* or read quickly to get the *gist* of the passage. If you are searching for specific information, you can also *scan* for that in particular.

2-41 Antes de leer Muchas veces puedes comprender mucho más de un texto si antes de leerlo con mucho cuidado y atención, lo lees de manera más superficial y rápida. También puede ser útil leer el texto en busca de información específica. Antes de leer el episodio, sigue los pasos a continuación. ■

1. Lee superficialmente el diálogo entre Javier y Celia para contestar las siguientes preguntas.
   - ¿Dónde estaban?
   - ¿Qué buscaban?
   - ¿De quién(es) hablaron?
2. Revisa el diálogo otra vez y busca las respuestas para las siguientes preguntas.
   - ¿Qué deporte(s) recomienda Javier que Celia practique?
   - ¿Cuál es el deporte que no quiere que practique?
3. Lee superficialmente el primer párrafo después del diálogo para contestar las siguientes preguntas.
   - ¿Dónde estaba Cisco?
   - ¿Qué buscaba?
4. Mira el último párrafo y busca la respuesta para la siguiente pregunta.
   - ¿Dónde tenía Cisco una entrevista de trabajo?

DÍA 5

Búsquedas

—¡Gracias por venir a ayudarme! —dijo Celia al llegar Javier a la tienda deportiva. Celia lo saludó con un besito° en la mejilla.

—No hay de qué —respondió Javier, abrazándola°—. ¿Qué querías comprar?

—Pues, no sé muy bien. Necesito llevar una vida más activa, pero no estoy segura qué deportes quiero practicar —explicó Celia.

—Entiendo lo que dices. Yo también quiero hacer más ejercicio —contestó Javier.

—Pero, ¿qué deporte? —preguntó Celia.

—Si necesitas relajarte y desconectarte de todo, como dijiste antes, te recomiendo que bucees. Yo lo hacía antes y me tranquilizaba mucho —sugirió Javier.

little kiss

hugging her

102

ANSWERS to 2-41

1. Estaban en una tienda. Buscaban equipo para practicar deportes. Hablaron de los estudiantes de Javier y de Cisco.
2. Javier le recomienda que bucee y también sugiere que aprendan a jugar al golf juntos. No quiere que escale una montaña.
3. Estaba en su casa. Buscaba información sobre los bosques tropicales y sobre Celia Cortez.
4. Tenía una entrevista de trabajo en un laboratorio.

—No es mala idea, pero para bucear es necesario que compre mucho equipo deportivo caro. Es preferible que encuentre un deporte más económico. Mira, aquí está la sección de materiales para escalar montañas.

—¡Te prohíbo que trates de escalar una montaña sola! —gritó Javier—. Es un deporte peligroso y es importante que lo practiques con otras personas.

smile —¡Entonces, hagámoslo tú y yo juntos! —respondió Celia con una sonrisa°.

—Eres muy graciosa, Celia. Es importante que lo practiques con gente que tenga experiencia. Nunca he escalado ninguna montaña, y no tengo muchas ganas de hacerlo.

—Muy bien, Javier, sigamos buscando. —Entonces, Celia se dirigió al otro lado de la tienda.

—Yo siempre he querido aprender a jugar al golf. Mira, estos palos están de oferta. ¿Quieres que tomemos una clase tú y yo juntos? —propuso Javier.

—Lo siento, Javier, pero a mí siempre me ha parecido un poco aburrido el golf. Y hablando de aburrimiento, ¿va mejor el seminario?, ¿está más interesante? —preguntó Celia.

—Sí, realmente a mis estudiantes les encantó hablar con ustedes sobre sus experiencias. —dijo Javier.

—Ese columnista, el que compartió esas anécdotas tan raras, ¿cómo se llamaba? —preguntó Celia.

—Ah, Cisco. Ha tenido experiencias realmente singulares.

—¿Lo conoces bien? —preguntó Celia.

—Más o menos. Lo conozco porque los dos hemos trabajado como periodistas en esta ciudad durante un par de años. Ya sabes cómo es esta profesión. Me gusta mucho como trabaja.

—¿Es buena gente? —dijo Celia demostrando más interés.

—Sí, es amable, honesto y generoso. Eso sí, es generoso con muchas cosas pero, como todos nosotros, no es nada generoso con los resultados de sus investigaciones.

—Entiendo —respondió Celia.

—Parece que Cisco te ha gustado —comentó Javier.

he looked very familiar to me —No, no es eso. Te he preguntado por él porque me sonaba mucho su cara°, pero me he dado cuenta que no lo conocía.

Mientras Javier y Celia conversaban en la tienda sobre Cisco, éste trataba de trabajar. Su investigación sobre la desaparición de las selvas tropicales le resultaba interesante, pero no podía competir con su deseo de estudiar otro tema. En la pantalla de su computadora tenía varias ventanas abiertas; algunas eran páginas web con información sobre las selvas, pero lo que captó toda su atención fueron los resultados de una búsqueda Google sobre Celia Cortez.

Cuando terminó de leer todo lo que encontró sobre ella, volvió al artículo. Tenía que escribir un artículo espectacular pronto. Después de gastar todo ese dinero intentando impresionar a su exnovia, ahora estaba solo y tenía que pagar unas deudas°. Para obtener la información que buscaba para el artículo, era necesario infiltrarse en un laboratorio. Tenía una entrevista para un trabajo allí esa tarde y debía salir en la próxima media hora. Apagó la computadora y se preparó. Al llegar al laboratorio, lo entrevistaron°. Cisco no lo sabía, pero había un hombre que lo observaba.

debts

interviewed him

METHODOLOGY • Checking Reading Comprehension
Even at the early intermediate stage of foreign language learning, you may wish to check quickly for comprehension of reading passages by phrasing basic questions in Spanish and allowing students to answer in English to demonstrate comprehension. In the early and intermediate stages of language acquisition, comprehension and verbal output are two very different skills. Students will comprehend before they can successfully produce the language. Also, at this stage of language learning, you may have some students who are still less confident demonstrating their oral language ability in a group setting. Therefore, as you help to build community in the classroom and confidence among your students, you may wish to make sure that they comprehend by using quick checks in English. As the academic term progresses, there will be little if any need for this.

SUGGESTION for *Laberinto peligroso*
You may wish to create an activity in which your students put together a summary of previous episodes. Have your students give a brief synopsis of the key events, starting with the phrase *Anteriormente, en Laberinto peligroso...* Students should quickly state the most salient events from the previous episodes. You could have students work in groups of four, with one student being the narrator for each group.

SUGGESTION for *Lectura*
Ask students what they know about the deforestation of the Amazon region.

Instructor Resources
- Video script

ANSWERS to 2-42

1. Consideraban bucear, escalar una montaña y el golf.
2. Le gusta cómo trabaja y piensa que es amable, honesto y generoso.
3. *Possible answers include:* Dijo que le sonaba su cara pero que no lo conocía. También es posible que le guste Cisco.
4. Para obtener la información para su artículo, necesitaba infiltrarse en el laboratorio.
5. *Possible answers include:* Javier y Celia buscaban equipo en la tienda y Celia buscaba información sobre Cisco. Cisco buscaba información sobre las selvas tropicales y sobre Celia. El hombre que observaba a Cisco buscaba información sobre él.
6. *Answers will vary.*

EXPANSION for 2-42

Additional questions to ask your students are:

1. ¿Por qué va Celia a la tienda deportiva?
2. A Celia, ¿qué deporte le parece muy aburrido?
3. ¿Qué opinión tiene Celia de las anécdotas de Cisco?
4. ¿Cómo describió Javier a su amigo Cisco?
5. ¿Qué tema investigaba Cisco antes del seminario de Javier?
6. ¿Qué investigaba Cisco después?
7. ¿Por qué crees que es importante el trabajo nuevo de Cisco?

SECTION GOALS for *Video*

By the end of the *Video* section, students will be able to:

- activate their prior knowledge about tropical rain forests.
- make predictions about the plot.
- answer comprehension questions.
- summarize the events in chronological order.

NATIONAL STANDARDS
Communication, Connections

The *Video* section incorporates Standards 1.2, 1.1, and 3.1. The video and associated guide questions focus on Communication Standards 1.2 and 1.1, because students communicate in the interpretive mode (spoken Spanish) and the interpersonal mode (conversations with classmates). The topic of tropical rain forests requires students to make connections with other disciplines such as ecology or biology as they activate their prior knowledge to be able to discuss the video and its contents (Standard 3.1).

2-42 Después de leer

Contesta las siguientes preguntas. ■

1. ¿Qué deportes consideraban Javier y Celia? ¿Por qué?
2. ¿Qué opinión tiene Javier de Cisco?
3. ¿Por qué quería Celia saber más cosas sobre Cisco?
4. ¿Por qué quería Cisco, un periodista, trabajar en un laboratorio?
5. ¿Cuáles son las diferentes búsquedas que tuvieron lugar en el episodio?
6. ¿Cuáles son las búsquedas que te parecieron más importantes? ¿Por qué crees que los personajes buscaban esas cosas?

Video

02-42 to 02-43

2-43 Antes del video

En *Búsquedas,* aprendiste que Javier y Celia querían llevar una vida más activa y sana, y que Cisco estaba tratando de escribir un artículo muy importante sobre las selvas tropicales. En el episodio del video, estos objetivos diferentes hacen que nuestros tres personajes principales acaben en el mismo lugar. Antes de ver el episodio, contesta las siguientes preguntas. ■

1. ¿En qué partes del mundo hay selvas tropicales? ¿Sabes qué tipo de flora y fauna tienen?
2. ¿Por qué están desapareciendo las selvas tropicales? ¿Qué podemos hacer para mejorar la situación?
3. Si desaparecen las selvas tropicales, ¿qué tipo de consecuencias va a sufrir el mundo entero?
4. ¿Qué conexiones piensas que hay entre la investigación de Cisco sobre las selvas tropicales y el trabajo en el laboratorio que quiere obtener?¿Qué aspectos de las selvas tropicales pueden interesar a un laboratorio? ¿Por qué?

Organicemos una excursión a las montañas. Escalemos y montemos a caballo.

¿Quieres que vayamos a la charla?

No me siento muy bien.

Episodio 2

«¿Qué te ocurre, Celia?»

Relájate y disfruta el video.

2-44 Después del video

Contesta las siguientes preguntas. ■

1. ¿Dónde se encontraron Javier, Celia y Cisco?
2. ¿Por qué fueron allí Javier y Celia? ¿Por qué estaba allí Cisco?
3. ¿Qué le ocurrió a Celia durante el episodio?
4. ¿Cómo reaccionó Cisco? ¿Por qué crees que Cisco reaccionó de esa manera?

ANSWERS to 2-43

1. *Possible answers may include:* Centroamérica, Sudamérica, el Caribe; Tienen una gran variedad de plantas y animales, como las ranas, las serpientes, las flores y las frutas tropicales y muchas plantas exóticas. Muchas de las plantas sirven como medicinas.
2. *Possible answers may include:* Están desapareciendo porque muchas compañías multinacionales las están destruyendo. Podemos boicotear esas compañías y podemos escribir cartas a los políticos que nos representan.
3. *Possible answers may include:* Si desaparecen las selvas tropicales, el proceso del calentamiento global va a acelerarse, y van a extinguirse muchas especies de animales y plantas muy importantes.
4. *Possible answers may include:* Es posible que en el laboratorio analicen las plantas o los animales de las selvas tropicales para crear medicinas.

ANSWERS to 2-44

1. Se encontraron en una conferencia.
2. Javier y Celia fueron porque querían llevar una vida más sana. Cisco estaba allí porque estaba investigando las selvas tropicales.
3. Celia se desmayó después de comer.
4. Cisco fue corriendo para ayudar. / *Answers will vary.*

***LETRAS* LITERARY READER**
Refer your students to *Capítulo 2* of the *Letras* Literary Reader to read *El fútbol a sol y sombra y otros escritos* (fragmento), by Eduardo Galeano, and to learn about *la hipérbole*, *la metáfora*, and *la prosopopeya*.

LETRAS

02-48 to 02-50

Acabas de terminar otro episodio de **Laberinto peligroso.** Explora más lecturas en la colección literaria, **Letras.**

Y por fin, ¿cómo andas?

Having completed this chapter, I now can . . .	Feel confident	Need to review
Comunicación I		
• share information about sports. (p. 72)	☐	☐
• tell others to do something. (MSL)	☐	☐
• suggest group action using *Let's*. (p. 78)	☐	☐
• listen for the gist of a conversation. (p. 84)	☐	☐
Comunicación II		
• describe pastimes and sports. (p. 86)	☐	☐
• convey doubt, influence, feelings, and hopes. (MSL)	☐	☐
• recommend, suggest, request, or require something of someone. (p. 91)	☐	☐
• express pardon, request clarification, and check for comprehension. (p. 96)	☐	☐
• use linking words to make writing more cohesive. (p. 98)	☐	☐
Cultura		
• discuss an international sporting event. (p. 82)	☐	☐
• identify three elite athletes and champions in the Spanish-speaking world. (p. 94)	☐	☐
• describe and communicate on the topic of sports and pastimes in Mexican culture. (pp. 100–101)	☐	☐
Laberinto peligroso		
• skim, scan, get the gist of a passage, and to report on Celia's interests and Cisco's job. (p. 102)	☐	☐
• consider who is trying to harm Celia. (p. 104)	☐	☐
Comunidades		
• use Spanish in real-life contexts. (SAM)	☐	☐
Literatura		
• understand hyperbole, metaphor, and prosopopoeia as literary devices in an authentic text. (Literary Reader)	☐	☐

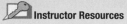

Instructor Resources
- Testing program information

VOCABULARIO ACTIVO

Deportes	*Sports*
boxear	*to box*
cazar	*to go hunting*
escalar	*to climb*
esquiar	*to ski*
hacer pilates	*to do Pilates*
hacer surf	*to surf*
hacer yoga	*to do yoga*
jugar al boliche	*to bowl*
jugar al hockey (sobre hierba; sobre hielo)	*to play (ice; field) hockey*
jugar al voleibol	*to play volleyball*
levantar pesas	*to lift weights*
montar a caballo	*to go horseback riding*
patinar en monopatín	*to skateboard*
practicar artes marciales	*to do martial arts*
practicar ciclismo	*to go cycling*
practicar esquí acuático	*to go waterskiing*
practicar lucha libre	*to wrestle*
remar	*to row*

Algunos términos deportivos	*Some sports terms*
el/la atleta	*athlete*
el atletismo	*track and field*
el/la árbitro/a	*referee; umpire*
el bastón de esquí	*ski pole*
el bate	*bat*
el campeón/la campeona	*champion*
el campeonato	*championship*
el campo	*field*
la cancha	*court*
la carrera	*race*
el casco	*helmet*
la competición / la competencia	*competition*
el/la deportista	*sporty person; sports-loving person*
el empate	*tie*
el/la entrenador/a	*coach; trainer*
el equipo deportivo	*sporting equipment*
el/la excursionista	*hiker*
el palo (de golf; de hockey)	*golf club; hockey stick*
los patines	*skates*
las pesas	*weights*
la pista	*track; rink*
la raqueta	*racket*
el resultado	*score*
la tabla de surf	*surfboard*
el tamaño	*size*

Algunos adjetivos	*Some adjectives*
apropiado/a	*appropriate*
atlético/a	*athletic*
deportivo/a	*sports-related*

Algunos verbos	Some verbs
competir (e → i → i)	to compete
entrenar	to train
ganar	to win

Pasatiempos y deportes	Pastimes and sports
bucear	to scuba dive
coleccionar tarjetas de béisbol	to collect baseball cards
coser	to sew
comentar en un blog	to post to a blog
decorar	to decorate
hacer artesanía	to do crafts
hacer jogging	to jog
hacer trabajo de carpintería	to do woodworking
ir de camping	to go camping
jugar al ajedrez	to play chess
jugar a las cartas	to play cards
jugar a las damas	to play checkers
jugar al póquer	to play poker
jugar a videojuegos	to play video games
pasear en barco (de vela)	to sail
pescar	to fish
pintar	to paint
tejer	to knit
tirar un platillo volador	to throw a frisbee, to play frisbee
trabajar en el jardín	to garden

Un verbo útil	A useful verb
pelear(se)	to fight

Instructor Resources
- IRM: Syllabi and Lesson Plans

NATIONAL STANDARDS

COMUNICACIÓN I
- To describe houses and their surroundings (Communication, Connections, Comparisons)
- To discuss past events (Communication, Connections, Comparisons)
- To specify people, places, and things (Communication)
- To note main ideas (Communication)
- To engage in additional communication practice (Communication)

COMUNICACIÓN II
- To depict a home and its rooms (Communication, Connections, Comparisons)
- To share about situations in the past and how things used to be (Communication)
- To express doubt, emotions, and sentiments (Communication)
- To report results of actions (Communication)
- To extend, accept, and decline invitations (Communication)
- To add supporting details to a description (Communication)
- To engage in additional communication practice (Communication)

CULTURA
- To relate information about home improvements (Communication, Cultures, Connections)
- To identify people who specialize in home and architectural design (Cultures, Connections, Comparisons)
- To investigate housing and architecture in Spain (Cultures, Connections, Comparisons)
- To explore further the chapter's cultural themes (Communication, Cultures)

LABERINTO PELIGROSO
- To pinpoint a text's main ideas and hypothesize the origin of Celia's threatening note (Communication)
- To speculate on Celia and Cisco's relationship and what happened to her at the seminar (Communication)

COMUNIDADES
- To use Spanish in real-life contexts (Communities)

LITERATURA
- To read and understand a short story using literary terms (Communication)

3 Hogar, dulce hogar

Las casas son tan diferentes como las personas que las habitan. Muchas veces depende del gusto del dueño (*owner*) y de la decoración. A veces depende del lugar en que se encuentra y su cultura. Pero en cualquier caso, cada persona necesita convertir la casa en *su* hogar (*home*).

PREGUNTAS

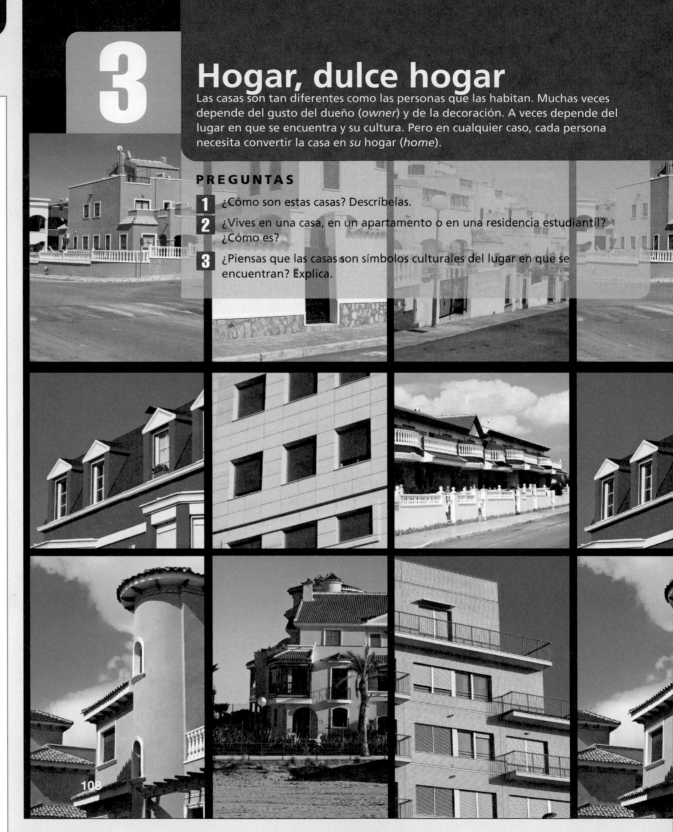

1. ¿Cómo son estas casas? Descríbelas.
2. ¿Vives en una casa, en un apartamento o en una residencia estudiantil? ¿Cómo es?
3. ¿Piensas que las casas son símbolos culturales del lugar en que se encuentran? Explica.

108

SECTION GOALS for *Chapter opener*

By the end of the Chapter opener section, students will be able to:
- talk about different structures people inhabit (e.g., houses vs. apartments).
- compare homes in different parts of the Hispanic world.
- talk about their own houses/homes.
- express opinions about the houses they see.

NATIONAL STANDARDS

Chapter opener

In the Chapter opener section, the focus is on interpersonal communication (Standard 1.1). Students view the photo and discuss what they see in the picture and what elements the housing options share with their own. By answering the questions and pointing out their observations, they engage in conversations, provide and obtain information, express feelings and emotions, and exchange opinions.

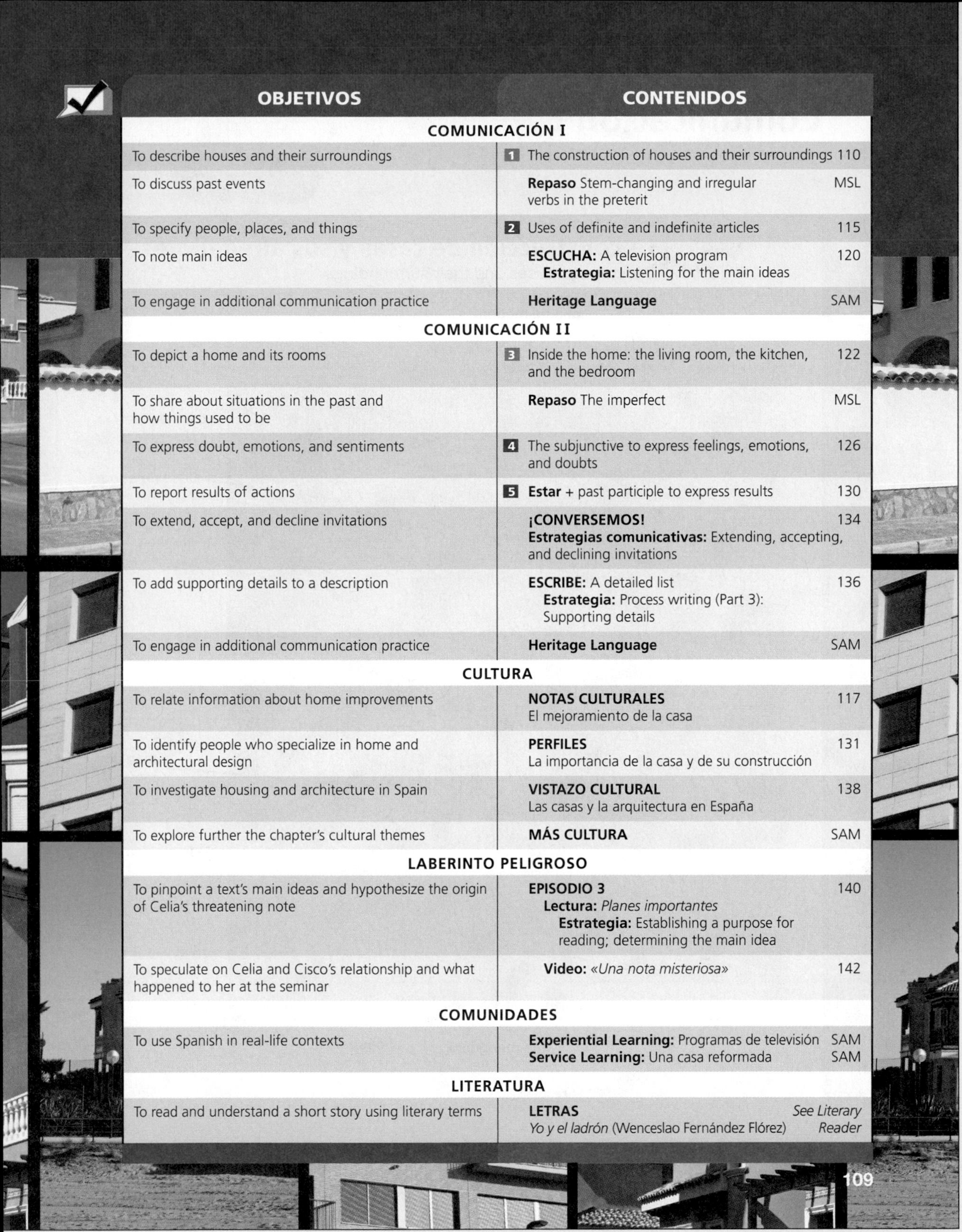

OBJETIVOS	CONTENIDOS	
COMUNICACIÓN I		
To describe houses and their surroundings	**1** The construction of houses and their surroundings	110
To discuss past events	**Repaso** Stem-changing and irregular verbs in the preterit	MSL
To specify people, places, and things	**2** Uses of definite and indefinite articles	115
To note main ideas	**ESCUCHA:** A television program **Estrategia:** Listening for the main ideas	120
To engage in additional communication practice	**Heritage Language**	SAM
COMUNICACIÓN II		
To depict a home and its rooms	**3** Inside the home: the living room, the kitchen, and the bedroom	122
To share about situations in the past and how things used to be	**Repaso** The imperfect	MSL
To express doubt, emotions, and sentiments	**4** The subjunctive to express feelings, emotions, and doubts	126
To report results of actions	**5** **Estar** + past participle to express results	130
To extend, accept, and decline invitations	**¡CONVERSEMOS!** **Estrategias comunicativas:** Extending, accepting, and declining invitations	134
To add supporting details to a description	**ESCRIBE:** A detailed list **Estrategia:** Process writing (Part 3): Supporting details	136
To engage in additional communication practice	**Heritage Language**	SAM
CULTURA		
To relate information about home improvements	**NOTAS CULTURALES** El mejoramiento de la casa	117
To identify people who specialize in home and architectural design	**PERFILES** La importancia de la casa y de su construcción	131
To investigate housing and architecture in Spain	**VISTAZO CULTURAL** Las casas y la arquitectura en España	138
To explore further the chapter's cultural themes	**MÁS CULTURA**	SAM
LABERINTO PELIGROSO		
To pinpoint a text's main ideas and hypothesize the origin of Celia's threatening note	**EPISODIO 3** **Lectura:** *Planes importantes* **Estrategia:** Establishing a purpose for reading; determining the main idea	140
To speculate on Celia and Cisco's relationship and what happened to her at the seminar	**Video:** *«Una nota misteriosa»*	142
COMUNIDADES		
To use Spanish in real-life contexts	**Experiential Learning:** Programas de televisión **Service Learning:** Una casa reformada	SAM SAM
LITERATURA		
To read and understand a short story using literary terms	**LETRAS** *Yo y el ladrón* (Wenceslao Fernández Flórez)	*See Literary Reader*

109

CAPÍTULO 3

WARM-UP for *Chapter opener*

As in previous chapters, ask your students to give their impressions of the photos on the left-hand page. Also have the students silently read the objectives for the chapter. We suggest you spend no more than 5 to 7 minutes on chapter openers.

SUGGESTION for *Chapter opener*

Discuss the idea of different living situations. In big cities, many people live in apartments instead of houses, and the idea of "suburbs" is certainly not new to Latin America.

NOTE for *Hogar, dulce hogar*

The idea of "suburbs" in many Spanish-speaking countries is radically different from what is implied by or understood from that term in the United States. For example, in some Spanish-speaking countries *los suburbios* are areas outside the downtown part of the city where the poorer population lives. People of more substantial economic means may live either in *el centro,* the downtown area, or far beyond *los suburbios* in *urbanizaciones.*

PLANNING AHEAD

Assign *Paso 1* of **3-18** to be completed by students before coming to class. In addition, several activities have expansion suggestions that require Internet use or visuals/materials brought in to class, such as magazine photos of houses, etc. Make sure to plan ahead for these additional activities and assign any outside-of-class actions so that all students can fully participate in the activities. Also, remember to assign the following sections to be read before coming to class: *Notas culturales, Escucha, Perfiles, Escribe, Vistazo cultural, Laberinto peligroso,* and all of the *Repaso* and *Gramática* sections.

21ST CENTURY SKILLS • INTERDISCIPLINARY THEMES

In addition to the nine core subjects, all curricula need to weave 21st century interdisciplinary themes into the core subjects. This belief supports our National Standards concept of *Connections.* The 5 interdisciplinary themes are *global awareness, financial, economic, business and entrepreneurial literacy, civic literacy, health literacy,* and *environmental literacy.* In *¡Anda! Curso intermedio* all 5 of these interdisciplinary themes are incorporated in activities that move from mechanical, to meaningful, to communicative.

Instructor Resources
- Textbook images, Extra Activities

SECTION GOALS for *Comunicación I*

By the end of the *Comunicación* section, students will be able to:

- compare homes in different parts of the Hispanic world.
- share information about their own houses/homes and their surroundings.
- describe present and past events in their lives.
- list the materials needed to build a house.
- differentiate between definite and indefinite articles.

NATIONAL STANDARDS
Communication

The communicative activities related to the home focus on interpersonal exchanges (Standard 1.1). Students work in pairs or small groups to discuss their ideal houses, characteristics of items related to home ownership, and opinions about housing options. Students are encouraged to express themselves in the present and past tenses about all aspects of housing.

SUGGESTION for *La construcción de casas y sus alrededores*

Pronounce the new words and then have students repeat after you, both chorally and individually. You may also ask students to point to the part of the drawing in their books that represents each new word. Overhead transparencies and PowerPoint slides are another way to verify meaning and practice pronunciation by pointing to different items and having students say the Spanish words that correspond.

METHODOLOGY • Teaching Vocabulary

With intermediate language students, we believe in presenting vocabulary that is the most commonly used and giving few, if any, country or regional variations in the main presentation. Learning several ways to say the same thing can be too complicated, even for the intermediate learner. Having said that, as Spanish language instructors, we all know that it is difficult to determine exactly which words have the highest frequency of usage among Spanish speakers in the world. In *¡Anda! Curso intermedio,* we have attempted to select what appear to be the most commonly used words, but please feel free to use whatever words you prefer. We simply suggest that you have your students replace the words we have listed with your preferred terms. For example, in the first *Comunicación* of this chapter, we present *mudarse,* but if you prefer *trasladarse,* please use that word instead.

Comunicación I

¡Anda! Curso elemental. Capítulo 3. La casa, Apéndice 2.

3:00

1 VOCABULARIO

03-01 to 03-03

La construcción de casas y sus alrededores

Describing houses and their surroundings

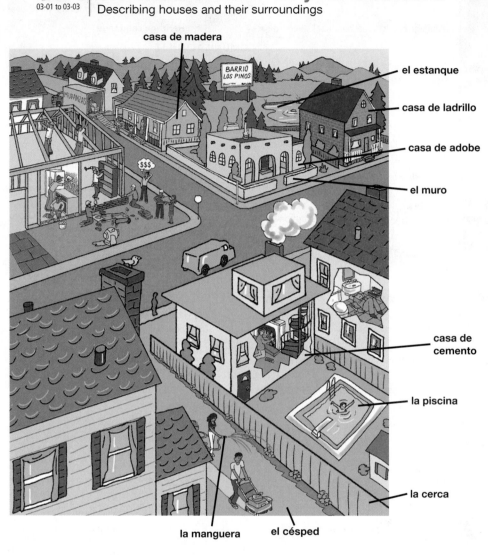

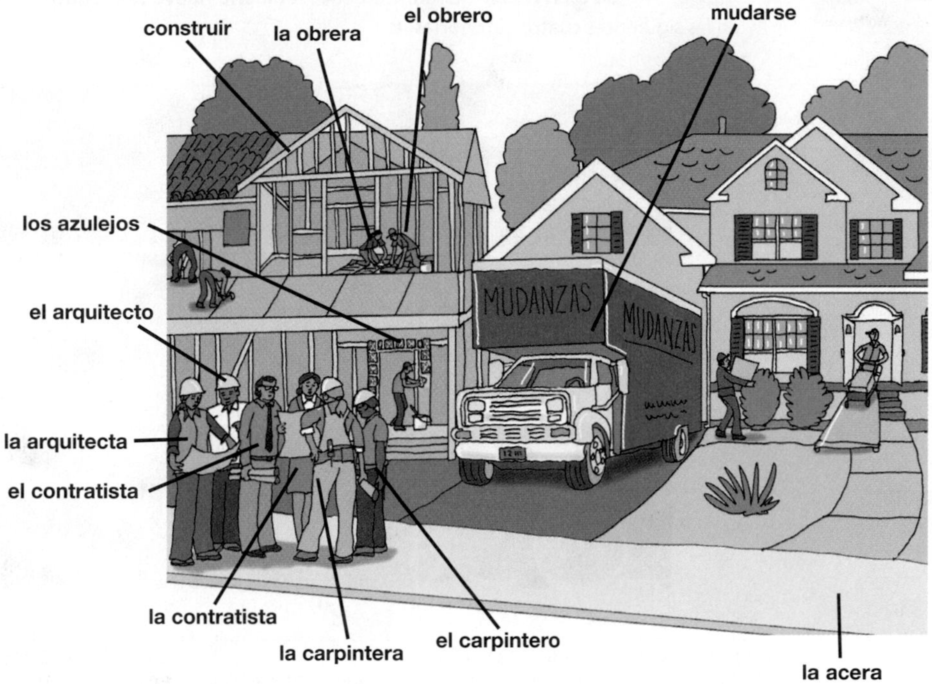

Algunos verbos	*Some verbs*
alquilar	*to rent*
añadir	*to add*
comparar con	*to compare with*
componer	*to repair; to fix an object*
gastar	*to spend; to wear out*
ponerse de acuerdo	*to agree; to reach an agreement*
quemar	*to burn*
reparar	*to repair*

Algunas palabras útiles	*Some useful words*
el alquiler	*rent*
la cuadra	*city block*
el/la diseñador/a	*designer*
el/la dueño/a	*owner*
la factura (mensual)	*(monthly) bill*
la hipoteca	*mortgage*
el préstamo	*loan*
el presupuesto	*budget*
el yeso	*plaster*

REPASO

¡Hola! *Repaso* & Spanish/English Tutorials

03-04 to 03-07

El pretérito: verbos con cambios de raíz y otros verbos irregulares Discussing past events

For a complete review of stem-changing and irregular verbs in the preterit go to MySpanishLab or refer to **Capítulo 7** of ***¡Anda! Curso elemental*** in Appendix 3 of your textbook. The vocabulary activities that appear in your textbook incorporate this grammar point. Practicing new vocabulary with a review grammar point helps to strengthen and increase your knowledge of Spanish.

SUGGESTION for *El pretérito*
Students may use index cards to list all of the stem-changing verbs that they have learned. They should be grouped by how they change (*e* → *ie, o* → *ue, e* → *i*) and by the infinitive endings. These cards will be a good reference for students to have when doing the activities in this section. After reviewing the present tense, students can prepare the verbs that undergo a stem change in the preterit tense.

NOTE for *Repaso*
Stem-changing verbs that end in *-ir* and verbs that end in *-eer* and *-uir* also have a spelling change in the present progressive (*-iendo*), which was introduced in *¡Anda! Curso elemental, Capítulo 5,* p. 180, and will be reviewed in *Capítulo 7* of *¡Anda! Curso intermedio.*

HERITAGE LANGUAGE LEARNERS
Heritage language learners are often familiar with the word *rentar* instead of *alquilar,* and *la renta* instead of *el alquiler*. Encourage these students to make a list of words they use that are not in the vocabulary list, and motivate them to increase their vocabulary by using the new words.

You may introduce the concept of *Spanglish,* a phenomenon that began occurring in the late sixties in the Hispanic communities in the United States. Encourage students to make a list of words that they think are *Spanglish* and to find online *Spanglish* dictionaries. They can look for words related to the house vocabulary if they wish.

HERITAGE LANGUAGE LEARNERS
Because the vocabulary pertaining to the house can differ from one country to another, ask heritage language learners to make a list of such words and to indicate in which country each word is used. E.g., *la piscina* can be *la alberca* in Mexico.

NOTE for *Repaso*
This is a reminder that the *Repaso* boxes, found in MySpanishLab, are meant to be assigned as homework the night before you introduce the new vocabulary. Students should be expected to review this prior to class so that you can proceed immediately to the first activity following the vocabulary presentation.

If you want, immediately following the vocabulary presentation and preceding the first vocabulary activity in the text, you may wish to do the following mechanical activity.

Have Partner A say a new vocabulary word(s). Partner B has to say a related word(s) that can either be a new word or review. E.g.:

Partner A: *la acera*
Partner B: *caminar*
Partner B: *una casa de cemento*
Partner A: *una casa de ladrillo…*

NOTE for *El pretérito*
You may wish to point out to your students that the additional spelling change also applies to the present participle/gerund and the *nosotros* form in the subjunctive. You will be the best judge regarding whether it is better to remind students only of the preterit stem change at this point or to include all of the verb tenses and forms that have the changes.

METHODOLOGY • Personalizing instruction
Encourage your students, when learning new vocabulary and grammar, to create their own examples for practice that may be more meaningful and memorable.

METHODOLOGY • Teaching Techniques
Most of the vocabulary and grammar activities are designed to be completed either in pairs or small groups. Krashen's Affective Filter Hypothesis states that students need a non-threatening environment, and having students work with each other provides just such an environment.

METHODOLOGY • Higher Order Thinking
In **3-2**, students are asked to explain why one of the words in the group does not belong. Justifying their choice constitutes "evaluation," which is among the highest of thinking skills. Utilizing higher order thinking incorporates the National Standards.

4:00 Workbooklet

Answers to 3-1
MATERIALES DE LA CASA
el adobe, los azulejos, el cemento, el ladrillo, la madera, el yeso
ALREDEDOR DE LA CASA
la acera, la cerca, el césped, la cuadra, el estanque, la manguera, el muro, la piscina
LA CONSTRUCCIÓN
construir, reparar, componer, guardar
LAS CONSIDERACIONES ECONÓMICAS
añadir, comparar con, gastar, mudarse, ponerse de acuerdo, el alquiler, la factura, la hipoteca, el préstamo, el presupuesto

3-1 A organizar Organicen el **vocabulario nuevo** poniendo las palabras en las siguientes cuatro categorías. ■

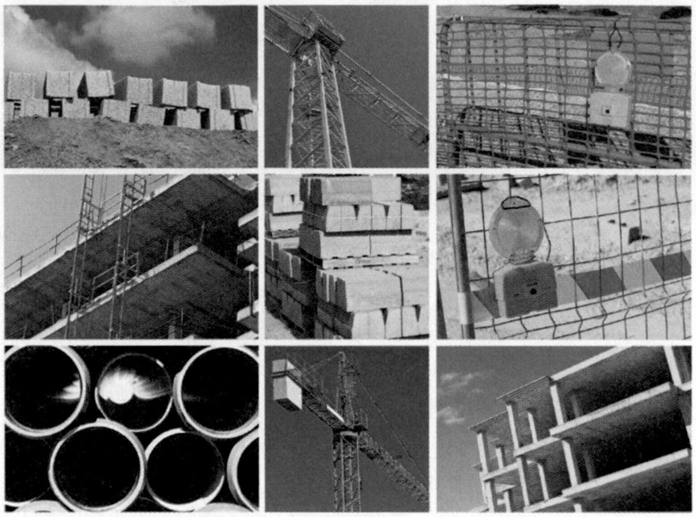

MATERIALES DE LA CASA	ALREDEDOR DE LA CASA	LA CONSTRUCCIÓN	LAS CONSIDERACIONES ECONÓMICAS
los ladrillos			la hipoteca

2:00

3-2 ¿Va o no va? Escojan la palabra que no pertenece a cada uno de los siguientes grupos y túrnense para explicar por qué la palabra que escogieron no pertenece. ■

MODELO el yeso, el ladrillo, el cemento, el césped
El césped no va con las otras palabras porque no es un material para construir casas.

1. el barrio, la acera, los azulejos, la cuadra
2. la factura, el muro, el préstamo, la hipoteca
3. quemar, componer, construir, reparar
4. la carpintera, la hipoteca, el contratista, la diseñadora
5. la madera, la manguera, la piscina, el estanque

Answers to 3-2
1. Los azulejos no van porque son materiales de la casa.
2. El muro no va porque el resto se asocian con el dinero.
3. Quemar no va porque es un verbo de destrucción y los otros son verbos de construcción.
4. La hipoteca no va porque los otros son personas y especialistas.
5. La madera no va porque no se asocia con el agua y los demás sí.

¡Anda! Curso elemental, Capítulo 3. La casa, Apéndice 2.

4:00 **3-3 ¿Cuál prefieres?** Mira el dibujo de las tres casas. Decide cuál es tu favorita y prepara una lista de por lo menos **cinco** razones. Después, explícale a un/a compañero/a por qué te gusta más. ■

Estrategia

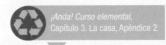

Remember that you can state your likes by using negative sentences. For example, *Me gusta la casa roja porque no tiene acera y a mí no me gustan las aceras.*

¡Anda! Curso elemental, Capítulo 3. La casa, Apéndice 2.

7:00 **3-4 ¿Qué hicieron?** En grupos de tres, escriban **tres** oraciones en **el pretérito** para cada grupo de palabras. Después, compartan sus oraciones con otros grupos. ¡Sean creativos! ■

MODELO arquitecta, contratista, obrero, diseñadora

La arquitecta trabajó con un contratista nuevo. Juntos encontraron a unos obreros de mucha experiencia y construyeron la casa en seis meses. La diseñadora decoró la casa en tres semanas.

1. préstamo, hipoteca, presupuesto, factura
2. comparar con, ponerse de acuerdo, añadir, gastar
3. barrio, cuadra, cerca, estanque
4. madera, ladrillo, cemento, azulejos

EXPANSION for 3-3

You may wish to have students bring in additional photos of homes from either magazines or the Internet to describe to their partners. Encourage students to say what they like as well as dislike so that they practice negation.

EXPANSION for 3-3

You may wish to have your students bring in photos of their ideal houses and describe them to partners. They could also make comparisons between their ideal house photos and those illustrated in this activity.

METHODOLOGY • Direction Lines

We have made every attempt to keep the activity directions in Spanish at an $i + 1$ level. The nomenclature $i + 1$ comes from Stephen Krashen's Input Hypothesis, which is a part of his Monitor Theory of Language Acquisition (see Stephen Krashen, *Principles and Practice in Second Language Acquisition*. New York: Pergamon Press, 1982, pp. 9–32). The Input Hypothesis states that learners can comprehend input (language) based on words they already know plus a few additional words they may not know but can intuit from context. A level higher than $i + 1$ is not comprehensible; it causes confusion and frustrates many learners, causing them to shut down to a point where they cannot comprehend anything. We use English in sections such as the *Estrategia* and *Fíjate* boxes to make certain that students understand the concepts.

METHODOLOGY • Active Listening
Activity **3-5** promotes active listening, as students must recall and repeat what their partners have said.

NOTE for 3-5 and 3-6
Although the review focus of this *Comunicación* section is the *pretérito*, and in particular stem-changing verbs and verbs such as *leer*, your students will express some ideas that will necessitate the *imperfecto*. These activities have been structured so that most of what they will want to say will be in the *pretérito*, and it is recommended that you focus on that. The *imperfecto* will be formally reviewed in the next *Comunicación* section. Then the uses of both the *pretérito* and the *imperfecto* will be reviewed and practiced in *Capítulo 4*.

EXPANSION for 3-5
You may choose to have students draw the houses as their partners are describing them. This makes an excellent listening comprehension activity and also provides support for *Paso 2*.

EXPANSION for 3-5
After completing **3-5,** have students label the different rooms in the houses.

EXPANSION for 3-5
Have students compare their houses or their parents' houses to their grandparents' or to their best friend's houses. This can also be done as a written activity.

¡Anda! Curso elemental, Capítulo 3. La casa; Los muebles y otros objetos de la casa; Los colores, Apéndice 2.

6:00 **3-5 ¿Cómo es la casa?** Completen los siguientes pasos. ■

Paso 1 Descríbele tu casa, la casa de tus padres o la casa de un/a amigo/a a tu compañero/a usando por lo menos **ocho** oraciones. Debes hablar de los materiales de la casa, los alrededores y el interior de la casa.

MODELO *Me encanta la casa de mi amigo Francisco. Es una casa blanca de madera. Detrás tiene un patio de cemento donde siempre tenemos fiestas. Está en el campo y el jardín es muy bonito…*

Paso 2 Repite por lo menos **tres** cosas que tu compañero/a te dijo.

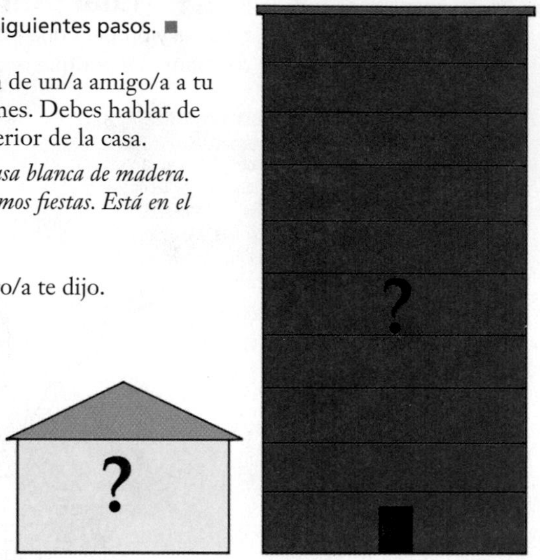

¡Anda! Curso elemental, Capítulo 2. La formación de preguntas y las palabras interrogativas, Apéndice 3; Capítulo 3. La casa, Apéndice 2.

10:00 **3-6 Preguntas y más preguntas** Es hora de hacerles preguntas a tus compañeros/as. ■

Paso 1 Escribe una lista de **ocho** preguntas que se puedan hacer, incorporando el **vocabulario nuevo** y el **pretérito.**

Paso 2 Circula por la sala de clase, haciéndoles las preguntas a diferentes compañeros/as.

MODELO
E1: *¿Cortaste el césped en la casa de tus padres el verano pasado?*
E2: *No. Mis padres no tienen jardín. Viven en un apartamento. ¿Y tú?*
E1: *Sí, corté el césped muchas veces…*

3:00

2 GRAMÁTICA

03-08 to 03-11 ¡Hola! Spanish/ English Tutorials

Usos de los artículos definidos e indefinidos

Specifying people, places, and things

In **Capítulo Preliminar A,** you reviewed *definite* and *indefinite* articles. The following is a guide to help you determine when to use them.

LOS ARTÍCULOS DEFINIDOS

Definite articles (**el, la, los, las**) are used in the following instances:

1. before abstract nouns (la paz, la vida, el amor) used as subjects, and nouns used in a general sense (el café, la cerveza). English omits the article in these cases.

La vida de la ciudad es intensa.	*City life is intense.*
Me gustan **las casas** de adobe.	*I like adobe houses.*

2. before parts of the body and articles of clothing when preceded by a reflexive verb or when it is clear who the possessor is. English uses a possessive adjective in these cases.

Voy a ponerme **la chaqueta** porque hace frío aquí.	*I'm going to put on my jacket because it is cold in here.*
Me duele **la cabeza.**	*My head hurts.*

3. before the days of the week, to mean *on*.

Tenemos la clase de español **los lunes, miércoles y viernes.**	*We have Spanish class on Mondays, Wednesdays, and Fridays.*
El martes a las diez de la mañana viene la decoradora.	*The decorator is coming (on) Tuesday at 10:00 A.M.*

4. before dates and times of day.

Empezaron a construir la casa **el catorce de marzo.**	*They began to build the house on March 14.*
Son **las tres de la tarde** y el carpintero todavía no ha llegado.	*It is 3:00 P.M. and the carpenter hasn't arrived yet.*

5. before names of languages, except when they follow *de*, *en*, or *hablar*. However, the article is often *omitted* after the following verbs: **aprender, enseñar, entender, escribir, estudiar, leer,** and **saber.**

El español no es un idioma oficial de los Estados Unidos, pero muchas personas lo hablan.	*Spanish is not an official language of the United States, but many people speak it.*
Aprender (**el**) **inglés** es importante para los obreros.	*It is important for the workers to learn English.*
El estudiante habló en **español** con su profesor.	*The student spoke in Spanish with his professor.*

6. before titles, except *San*, *Santa*, *don*, and *doña* when speaking *about* the person, even though the article is *omitted* when speaking *to* the person.

Tenemos que hablar con **la profesora Salgado** sobre la renovación de su casa.	*We have to speak with Professor Salgado about remodeling her house.*
¿Has visto **al Sr. del Valle,** el contratista?	*Have you seen Mr. del Valle, the contractor?*

Instructor Resources

- PPT, Extra Activities

METHODOLOGY • Students Taking Responsibility

We recommend assigning *all* grammar presentations to be read before class; they are written very clearly and concisely for that purpose. The instructor's role is then to clarify or review any points that the students read in advance. We additionally recommend assigning students to read *all* the culture presentations—namely *Notas culturales, Perfiles,* and *Vistazo cultural*—on their own.

Finally, we suggest assigning the *Escucha* and *Escribe* sections as homework, as well as the *Laberinto peligroso* text and video episodes, and the readings in the *Letras* Literary Reader. You may also want to assign pages from the text for students to study for homework. Remind them to read through the activities, including direction lines, so that less class time is spent on setting up activities and more time can be spent with students actively engaged.

NOTE for *Usos de los artículos definidos e indefinidos*

You may choose to frame the explanation by saying first that Spanish nouns, like English nouns, are usually accompanied by either definite or indefinite articles. When an article is required in English, it is also required in Spanish (with a few exceptions). You may then want to focus on the differences or exceptions.

NOTE for *Los artículos definidos*
Language is continually in flux. The use of the definite article with certain countries and geographic areas is no longer mandatory. For this reason, we have placed the definite articles in parentheses.

HERITAGE LANGUAGE LEARNERS
Encourage heritage language learners to learn the rules for articles. When using reflexive verbs, they may tend to use possessive adjectives instead of the definite articles, e.g., *me lavo mi pelo* instead of *me lavo el pelo.*

NOTE for *Los artículos definidos e indefinidos*
You may wish to point out that in expressions of quantity or weight in which English uses the indefinite article, in Spanish we use the definite article. E.g., *Estos tomates cuestan diez pesos el kilo/la libra.*

7. **before the names of certain cities, regions, and countries such as *La Habana, Los Ángeles, La Mancha,* and *El Salvador.*** However, the article is optional with the following countries:

(la) Argentina	(el) Canadá	(el) Ecuador	(el) Paraguay	(la) República Dominicana
(el) Brasil	(la) China	(los) Estados Unidos	(el) Perú	(el) Uruguay

Los azulejos vienen de **Los Ángeles.** — *The tiles come from Los Angeles.*
Los vecinos son de **El Salvador.** — *The neighbors are from El Salvador.*

LOS ARTÍCULOS INDEFINIDOS

Just as it is in English, the indefinite article (**un, una, unos, unas**) is used when the noun is not known to the listener or reader. Once the noun is identified, the definite article is used.

Se acaba de abrir **una tienda** nueva de decoración. — ***A** new decorating store just opened.*
Han contratado a mucha gente para trabajar en **la tienda.** — *They've hired a lot of people to work at **the** store.*

1. **In general, the indefinite article is used *much less* in Spanish than in English.** Indefinite articles *are omitted* in the following instances:
   a. **after *hacerse* and *ser* when followed by an *un*modified noun referring to nationality, political affiliation, profession, or religion.**

Pensaba **hacerse diseñador,** pero ahora quiere **ser arquitecto.** — *He was thinking about becoming **a** designer, but now he wants to be **an** architect.*
Carolina Herrera **es venezolana.** — *Carolina Herrera is **a** Venezuelan.*

   b. **before *cien(to), cierto, medio, mil, otro,* and *tal* (such).**

Pensamos gastar **mil dólares** para terminar la cocina. — *We are planning to spend **a** thousand dollars to finish the kitchen.*
Necesitamos **otro electricista** porque este no puede llegar a tiempo. — *We need **another** electrician because this one can't arrive on time.*

   c. **after the prepositions *con* and *sin.***

El plomero nunca trabaja **sin gorro.** — *The plumber never works without **a** hat.*
Quiere comprar una casa **con piscina.** — *He wants to buy a house with **a** pool.*

   d. **in negative sentences and after verbs like *buscar, haber,* and *tener* when the numerical notion of *un(o)* or *una* is not important.**

No **tengo carro** hoy así que no te puedo llevar. — *I don't have **a** car today so I can't take you.*
Busco apartamento y **compañero de cuarto.** — *I am looking for **an** apartment and **a** roommate.*

2. **Indefinite articles *are used* in the following instances:**
   a. **before numbers, *unos* and *unas* are used to indicate *approximate* amounts.**

Necesitamos **unas dos** toneladas (*tons*) de ladrillos para el proyecto. — *We need **about** two tons of bricks for the project.*
Unos veinte arquitectos están participando en el concurso. — ***Some (approximately)** twenty architects are participating in the contest.*

   b. **before nouns that are modified.**

Antonio Gaudí fue **un arquitecto español innovador.** — *Antonio Gaudí was **an** innovative Spanish architect.*
Narciso Rodríguez es **un** diseñador **famoso.** — *Narciso Rodríguez is **a** famous designer.*

CAPÍTULO 3

3-7 Tiene más sentido Juntos repasen los usos 1 a 7 de **los artículos definidos** y las oraciones que sirven de ejemplos. Después, escriban sus propias oraciones para los ejemplos, según su vida universitaria y personal. Hagan lo mismo con **los artículos indefinidos.** ■

MODELO 1. Before abstract nouns… *El amor es muy importante para mis amigos.*

3-8 ¿Quiénes son? Explica quiénes son las siguientes personas. Después, compara tus oraciones con las de un/a compañero/a. ■

MODELO Pablo Neruda / chileno / poeta / poeta chileno
Pablo Neruda es chileno. Es poeta. Es un poeta chileno.

1. Sandra Tarruella e Isabel López / españolas / diseñadoras / diseñadoras españolas
2. Benicio del Toro / puertorriqueño / actor / actor puertorriqueño
3. Eva Mendes / cubanoamericana / actriz / actriz cubanoamericana
4. Fernando Botero / colombiano / artista / artista colombiano
5. Carlos Santana / mexicano / músico / músico mexicano

Answers to 3-8
1. Sandra Tarruella e Isabel López son españolas. Son diseñadoras. Son unas diseñadoras españolas.
2. Benicio del Toro es puertorriqueño. Es actor. Es un actor puertorriqueño.
3. Eva Mendes es cubanoamericana. Es actriz. Es una actriz cubanoamericana.
4. Fernando Botero es colombiano. Es artista. Es un artista colombiano.
5. Carlos Santana es mexicano. Es músico. Es un músico mexicano.

NOTAS CULTURALES

El mejoramiento de la casa

03-12

El mejoramiento de la casa: Hazlo tú mismo

Cumpliste el sueño de tener tu propia casa y ahora ves que necesita algunas reparaciones[1] y renovaciones. ¿Cómo las vas a hacer? Pues, *hazlo tú mismo*, el lema de muchos negocios nuevos de mejoramiento de la casa. Esta moda es muy popular en el mundo hispano hoy en día. Las personas quieren participar en el trabajo de renovación por muchas razones. Por ejemplo, la gente ahora no tiene tanto miedo de hacer sus propias reparaciones; para otros, hay razones económicas; y hasta para algunos, es un pasatiempo.

Muchas compañías se especializan en el mejoramiento de la casa. *Sodimac* es el líder en Chile y también está en Colombia y Perú. En México hay las cadenas *Del Norte* y *Total HOME*, en España se encuentra *Bricor* y una compañía venezolana, *EPA*, ha abierto tiendas en Costa Rica. Por dondequiera[2] que vivas, si quieres mejorar la casa, siempre tienes la opción de *hacerlo tú mismo*.

[1]*repairs* [2]*wherever*

Preguntas

1. ¿Cuál es el lema para el mejoramiento de la casa? ¿Cuáles son las razones que contribuyen a la popularidad de esta moda?
2. ¿Dónde se encuentran algunas tiendas de mejoras para la casa en el mundo hispano?
3. ¿Qué tipo de reparaciones puedes hacer en la casa?

Answers to *Notas culturales*
1. *Hazlo tú mismo*; Consideraciones económicas; es un pasatiempo para algunos; la gente ya no tiene tanto miedo de hacer los arreglos ellos mismos
2. Chile, Perú, México, Colombia, Costa Rica y España, por lo menos
3. *Answers will vary.*

NOTE for 3-7
While students are instructed to complete **3-7** orally, you may want students to write out and keep all of their meaningful examples for further study.

EXPANSION for 3-8
You may wish to have students research on the Internet to look for photos of the famous Hispanics featured in this activity.

SECTION GOALS for *Notas culturales*
By the end of the *Notas culturales* section, students will be able to:
- share information about the home improvement craze in Latin America and Spain.
- identify leading Hispanic stores in the home improvement business.
- name a slogan used in this business equivalent to *DIY* (do it yourself).
- state some home improvements they might be able to make.

NATIONAL STANDARDS
Communication, Cultures, Comparisons
In the *Notas culturales* section, the emphasis is on the Goal Areas of Communication, Cultures, and Comparisons. For Communication, Standards 1.2 and 1.1 apply. Students read, understand, and interpret written Spanish, and then the accompanying discussion questions encourage students to engage in conversations, provide and obtain information, express feelings and emotions, and exchange opinions. The cultural information about home improvement focuses on the relationships between the practices, products, and perspectives of Hispanic cultures (Standards 2.1 and 2.2). Students are then able to compare the role of home improvement and construction in Hispanic cultures and in the American culture (Standard 4.2).

NOTE for *Notas culturales*
Students might mistakenly think that the home improvement craze is limited to the United States. Let them know that businesses like Home Depot have stores in many Latin American countries as well.

EXPANSION for *Notas culturales*
If you wish, have students do additional research on the Internet, looking for stores and advertisements in Hispanic countries that specialize in home improvement. Then have them compare those stores with those used in the reading. Suggested keywords: *DIY stores, Latin America.*

NOTE for 3-9
Born in the United States to Cuban parents, María Elvira Salazar spent part of her youth in Puerto Rico. She has degrees from the University of Miami and from Harvard. She has interviewed numerous world-famous personalities from all walks of life. She is one of the best-known figures of Hispanic television in the United States. For more information, your students can find a complete biography, photos, and news items on her official website. Suggested key words: *María Elvira Salazar, sitio oficial.*

EXPANSION for 3-9
Have students select a famous person to interview and then have them create the questions. Then, have students role-play the interviews with classmates.

NOTE for 3-9 and 3-10
These activities should be assigned together, as **3-10** builds on information from **3-9.**

6:00

3-9 Y otra persona conocida

Juntos completen la siguiente entrevista con María Elvira Salazar para saber quién es y por qué es conocida en el mundo hispano. Completen las frases con **el artículo indefinido** si es necesario o deja el espacio en blanco. ■

ENTREVISTADOR/A:	¿Cuál es su profesión?
MARÍA ELVIRA SALAZAR (MES):	Pues, soy (1) _no article_ periodista y actualmente soy (2) _no article_ presentadora de (3) _un_ nuevo programa en MEGA TV.
ENTREVISTADOR/A:	¿Cómo se llama el nuevo programa?
MES:	Es muy original: *¡María Elvira Live!*
ENTREVISTADOR/A:	Excelente. Bueno, el público desea conocerla mejor. ¿De dónde es usted?
MES:	Mi familia es originalmente de Cuba; soy (4) _no article_ cubanoamericana y vivo a (5) _unos_ veinte minutos del centro de Miami.
ENTREVISTADOR/A:	¿Por qué se destaca (*stand out*) tanto en un campo de (6) _no article_ miles de periodistas y presentadores?
MES:	Es (7) _una_ pregunta un poco difícil. Trabajo mucho, eso sí. También soy conocida por haber hecho supuestamente (*allegedly*) la última entrevista con Pinochet.
ENTREVISTADOR/A:	Bastante controvertido, ¿no?
MES:	Sin (8) _no article_ duda.
ENTREVISTADOR/A:	Bueno, ¿cuáles son sus metas para el nuevo programa?
MES:	Sobre todo, quiero llegar a (9) _un_ público más amplio y diverso… y (10) _no article_ otras cosas, claro.
ENTREVISTADOR/A:	Pues, muchas gracias, María Elvira, y muy buena suerte con su programa.

Fíjate
Augusto José Ramón Pinochet Ugarte (1915–2006) was the dictator of Chile from 1973 to 1990. Pinochet was a controversial ruler who was accused of human rights abuses. For more on the dictator and his reign, research the library or the Internet.

4:00

3-10 ¿Entendiste?

Contesta las siguientes preguntas sobre María Elvira Salazar en oraciones completas. Pon atención especial al uso de **los artículos definidos** e **indefinidos.** Después compara tus respuestas con las de un/a compañero/a. ■

1. ¿Cuál es la profesión de la Srta. Salazar?
2. ¿Cuál es su nacionalidad?
3. ¿Dónde vive?
4. ¿Por qué es una presentadora tan conocida?
5. ¿Cuáles son las metas para su nuevo programa?

Answers to 3-10
1. La Srta. Salazar es periodista y presentadora del programa *¡María Elvira Live!*
2. Es cubanoamericana.
3. Vive en Miami cerca del centro/a unos veinte minutos del centro.
4. Es una presentadora conocida porque supuestamente hizo la última entrevista con Pinochet.
5. Quiere llegar a un público más amplio y diverso.

8:00 **3-11 ¿Sí o no?** Alberto Vargas habla de los cambios que ha visto en la construcción. ■

Paso 1 Decidan si se necesita **el artículo definido** o no en cada espacio para terminar la descripción de sus años como contratista.

(1) ___La; noun used in a general sense___ construcción es muy diferente hoy en día en (2) ___no article; not a country that takes a definite article___ Costa Rica. Soy (3) ___el; identified noun___ contratista para (4) ___la; identified noun___ casa nueva de (5) ___la; identified noun___ familia León. Cuando empecé a trabajar en esta profesión hace treinta años, (6) ___las; identified noun___ responsabilidades eran diferentes. Por ejemplo, (7) ___los; identified noun___ materiales que necesitaba para construir una casa eran muy limitados. Hoy sólo tengo que ir a uno de esos almacenes grandes y encuentro de todo —madera, cemento, ladrillos, azulejos, etc. (8) ___La; noun used in a general sense___ madera generalmente viene de (9) ___no article___ árboles de este país. A mí me gustan (10) ___las; identified noun___ casas de madera —son muy naturales. También, (11) ___las; identified noun___ casas de adobe son muy populares aquí. Otra diferencia tiene que ver con (*has to do with*) (12) ___los; identified noun___ obreros. Hace treinta años era muy difícil encontrar a personas con experiencia y yo mismo hacía la mayor parte del trabajo. Ahora es fácil encontrar a gente competente y por eso puedo construir una casa en mucho menos tiempo. Por ejemplo, (13) ___el; before a date___ año pasado, me fracturé (14) ___la; part of the body___ pierna izquierda en una caída y no pude trabajar por dos meses. Todos (15) ___los; identified noun___ hombres de mi equipo se juntaron para ayudarme y siguieron con (16) ___el; identified noun___ trabajo como si estuviera yo allí (*as if I were there*).

Paso 2 Expliquen por qué usaron (o no usaron) **el artículo definido** en el **Paso 1.**

Paso 3 Escribe las respuestas, en oraciones completas, a las siguientes preguntas, poniendo mucha atención al uso de **los artículos definidos e indefinidos.** Después compara tus respuestas con las de un/a compañero/a.

1. ¿Cuál es la profesión del Sr. Vargas?
2. ¿Cuál es su nacionalidad?
3. ¿Qué tipo de casa le gusta más? ¿Por qué?
4. ¿Cuándo empezó a trabajar en esta profesión?
5. ¿Cuáles son los cambios que han ocurrido en esta profesión desde que empezó a trabajar él?
6. ¿Qué pasó en el trabajo después de fracturarse la pierna?

Answers to 3-11
Paso 3
1. El Sr. Vargas es contratista/trabaja en la construcción de casas.
2. Es de Costa Rica./Es costarricense.
3. Le gustan más las casas de madera porque son muy naturales.
4. Empezó a trabajar en su profesión hace treinta años.
5. Los materiales que necesita para construir casas son más fáciles de conseguir y también es más fácil encontrar a obreros con experiencia.
6. Después de fracturarse la pierna no pudo trabajar por dos meses y sus obreros siguieron con el trabajo como si el Sr. Vargas estuviera allí.

EXPANSION for 3-11
To practice synthesizing information in Spanish, challenge students to summarize the information on Alberto Vargas in 3 or 4 sentences.

CAPÍTULO 3

HERITAGE LANGUAGE LEARNERS
As an expansion of **3-12,** have heritage language learners investigate typical construction materials of houses from their heritage countries or those of their parents. Ask them to explore any cultural and/or geographical influences that may influence the choice of housing materials in a particular country or region.

HERITAGE LANGUAGE LEARNERS
Ask heritage language learners for examples of television shows that their family members would watch in their countries of origin. They can interview their family members and prepare a presentation about those programs.

SECTION GOALS for *Escucha*
By the end of the *Escucha* section, students will be able to:
- listen for the gist of a conversation.
- determine one or two main ideas from the content.
- incorporate the new listening strategy into the repertoire of other listening strategies.

NATIONAL STANDARDS
Communication
The *Escucha* listening passage and accompanying activities focus on Communication Standard 1.2, because students listen to spoken Spanish and they must understand and interpret what they hear. Standard 1.2 is the interpretive mode, as students practice their listening strategies to focus on the main ideas to interpret the messages they have heard. When they complete the post-listening activity, they select the main points and some supporting details. If they present this information to the class, or if they were to recreate their own version of the listening activity and present it to the class, they could also use Standard 1.3, the presentational mode.

METHODOLOGY • *Escucha*
Students can complete this section at home or in class. Encourage them to practice and apply the listening strategy, rather than simply racing through the exercise. Follow up the activity by checking their answers.

3:00 **3-12 Un poco de todo** Túrnense para contestar las siguientes preguntas. Pongan atención a los artículos. ■

1. En la construcción de una casa, ¿cuál es la diferencia entre las responsabilidades del arquitecto y las del contratista?
2. ¿Cuáles son los materiales que usaron en la construcción de tu casa o de la casa de tus padres?
3. ¿Cuáles son las consideraciones al escoger materiales de construcción para una casa?
4. ¿Es importante que los diseñadores tengan un título universitario o cuenta más la experiencia?
5. ¿Cuáles son algunos de los problemas que puede tener un negocio de construcción de casas?

ESCUCHA

Un programa de televisión

03-13 to 03-14

Estrategia

Listening for the main ideas

When listening for the main ideas, you are not focusing on details, but rather on the main points. For example, if you were getting ready to go to work or class and are listening to the weather report, you would probably want to know the maximum high and low temperatures in your area and whether there will be precipitation. You would not necessarily listen for what the temperature and weather conditions were on the other side of the country. *Listening for the main ideas* means focusing on the most important points. Those can be dictated based on your need for and use of the information.

3-13 Antes de escuchar Mientras Mari Carmen limpia su casa, ella escucha (¡y también mira de vez en cuando!) el programa de televisión *¡Estamos en casa!* en el que muestran unas casas extraordinarias de su área. A Mari Carmen le encanta el programa y mientras está limpiando le gusta imaginarse a ella y a su familia viviendo en una de esas grandes mansiones. Escribe **tres** ideas principales que pueden estar incluidas en la descripción de una mansión grande. ■

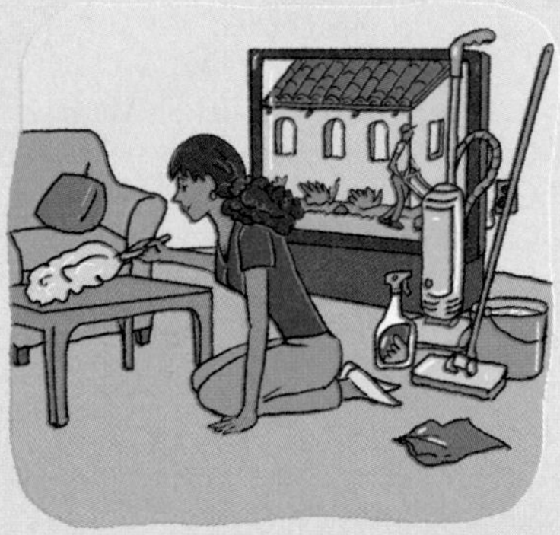

1. ______________________
2. ______________________
3. ______________________

AUDIOSCRIPT for 3-14
Please consult the *Instructor's Resource Manual* for the complete text of this audioscript.

3-14 A escuchar

Completa los siguientes pasos. ■

Paso 1 Escucha parte del programa *¡Estamos en casa!* La primera vez que escuchas, enfócate en alguna(s) idea(s) general(es).

Paso 2 La segunda vez que escuchas, determina una o dos características de la casa, escogiendo entre las siguientes opciones.

1. La casa está en...
   a. el centro de la ciudad.
   (b.) medio del campo.
2. La casa...
   a. no es muy grande.
   (b.) es muy grande.

3-15 Después de escuchar

Escucha una vez más, esta vez notando otra idea principal. ■

¿Cómo andas? I

Having completed **Comunicación I,** I now can . . .	Feel confident	Need to review
• describe houses and their surroundings. (p. 110)	☐	☐
• discuss past events. (MSL)	☐	☐
• specify people, places, and things. (p. 115)	☐	☐
• relate information about home improvements. (p. 117)	☐	☐
• note main ideas. (p. 120)	☐	☐

Instructor Resources
- Textbook images, Extra Activities

SECTION GOALS for *Comunicación II*

By the end of the *Comunicación* section, students will be able to:
- express doubt, emotions, and sentiments.
- describe their homes and the rooms.
- distinguish between key phrases and ideas that require the subjunctive and those that require the indicative.
- narrate childhood events and memories using the imperfect.
- compare their childhood homes to those of their classmates.
- speculate about future events by using the subjunctive.
- form adjectives with past participles and the verb *estar.*
- write a description of an ideal house.

NATIONAL STANDARDS *Communication*

The accompanying communicative activities are designed to elicit conversations in which students provide and obtain information, express feelings and emotions, and exchange opinions (Standard 1.1). The interpersonal exchanges are facilitated by many small group activities and pair work. Many of the activities could also be transformed into the presentational mode (Standard 1.3) if students were to write information about their ideal houses and present this to the class. Or they could bring in photos from their childhood and narrate stories in the simple past about what they used to do for chores or how their houses used to look. This chapter about the house lends itself well to short presentations because students can easily find pictures from magazines and the Internet to discuss their ideal houses, their future plans, and home repairs.

SUGGESTION for *Dentro del hogar*

Prior to presenting this new vocabulary, have students review vocabulary related to the home. They can focus on *Capítulos 2* and *3* of *¡Anda! Curso elemental, Appendix 2.*

SUGGESTION for *Dentro del hogar*

Bring ads to the class from Spanish-language newspapers/web sites for houses for sale. The students can comment about the vocabulary used in the ads. They can also find the currency exchange rate to see the prices in U.S. dollars.

Comunicación II

¡Anda! Curso elemental, Capítulo 3. La casa; Los quehaceres de la casa, Apéndice 2.

3:00

3 VOCABULARIO

03-15 to 03-19

Dentro del hogar: la sala, la cocina y el dormitorio
Depicting a home and its rooms

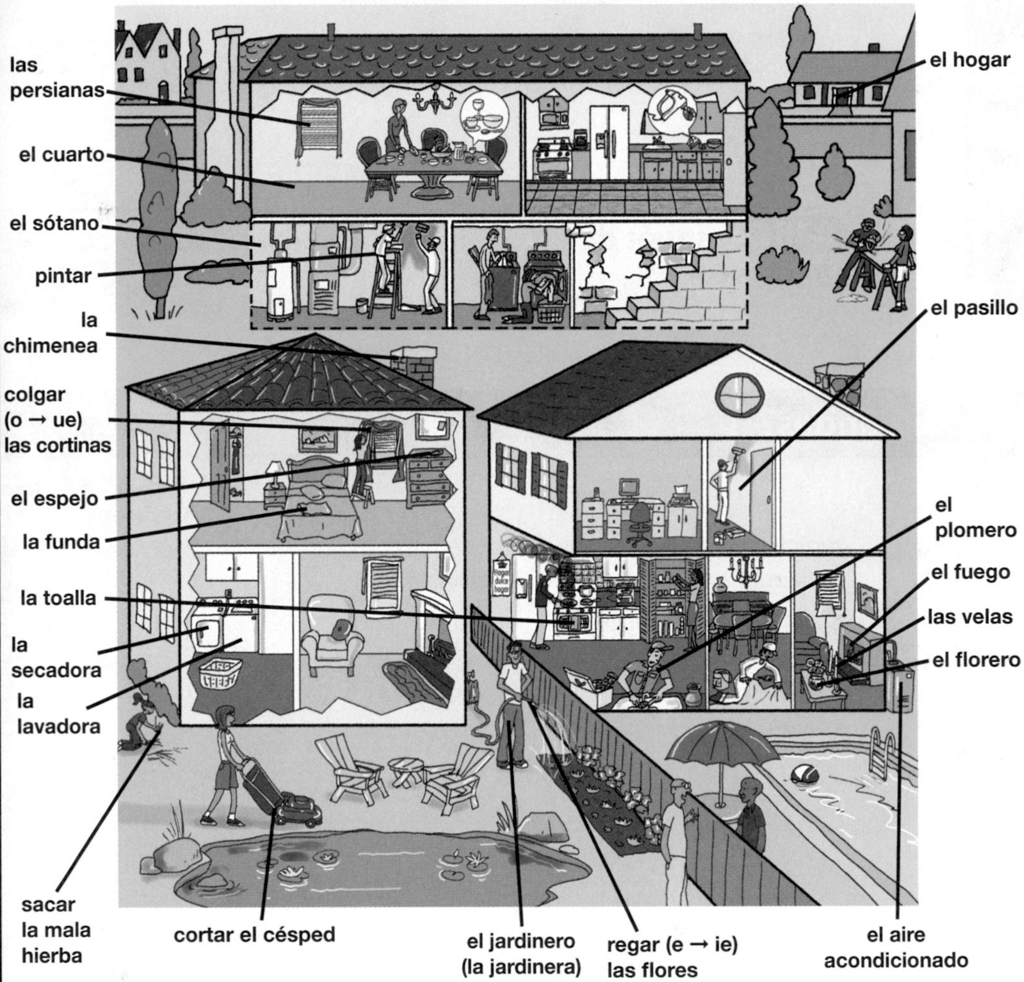

METHODOLOGY • Teaching Vocabulary

You have noted that the active vocabulary presented is high frequency and introduced in a very visual way. Because today's learners are highly visual, it is helpful to use the artwork during practice in the classroom. Remember that all artwork in *¡Anda! Curso intermedio* is available in transparency form and as Power Points. In that way, students can practice the vocabulary by creating stories for communicative practice. You may wish to practice the new vocabulary in *Dentro del hogar: la sala, la cocina y el dormitorio* by focusing on one house at a time.

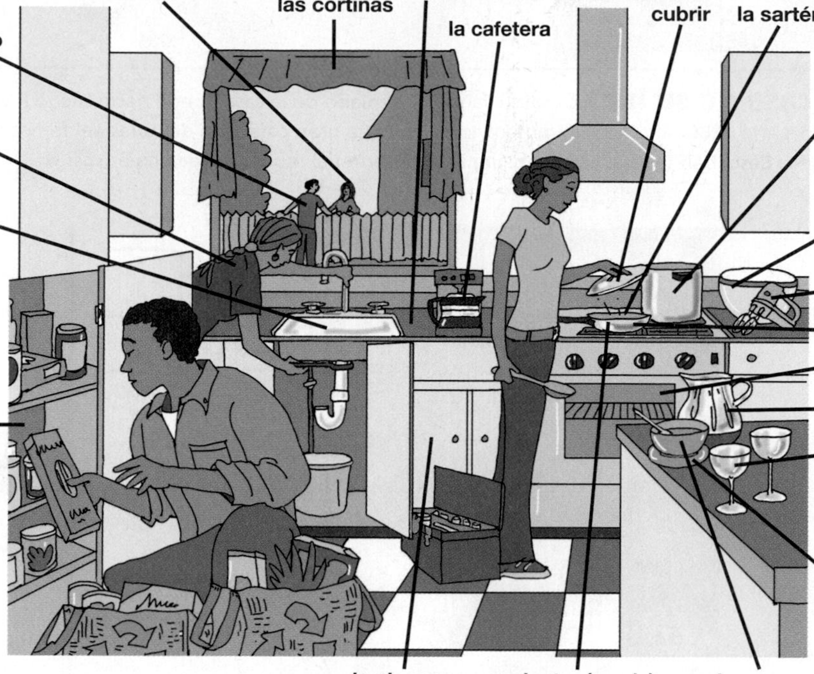

Algunos verbos	*Some verbs*
remodelar, renovar (o → ue)	*to remodel; to renovate*
sugerir (e → ie → i)	*to suggest*

Una palabra útil	*A useful word*
el/la electricista	*electrician*

REPASO

¡Hola! *Repaso &* Spanish/English Tutorials

03-20 to 03-23

El imperfecto Sharing about situations in the past and how things used to be

For a complete review of the imperfect, go to MySpanishLab or refer to **Capítulo 8** of ***¡Anda! Curso elemental*** in Appendix 3 of your textbook. The vocabulary activities that appear in your textbook incorporate this grammar point. Practicing new vocabulary with a review grammar point helps to strengthen and increase your knowledge of Spanish.

3:00

3-16 Buena memoria

Escoge **cinco** letras diferentes. Bajo cada letra escribe todas las palabras que empiecen con esta letra del vocabulario de **Dentro del hogar** que recuerdes. Después, compara tu lista con la de un/a compañero/a. ¿Quién tiene mejor memoria? ■

MODELO	a	c	f
	alacena	cafetera	fuego

CAPÍTULO 3

METHODOLOGY • Teaching Vocabulary

Research concludes that learning vocabulary is best achieved when images are associated with the target words rather than learning from lists of words that are not illustrated. The "Where's-Waldo?" style images created for presenting the thematic chapter vocabulary in *¡Anda! Curso intermedio* are intentionally rich. They are best appreciated either online or in transparency format where the images are enlarged from the print format. What may initially be difficult to discern will be clarified when the learner makes the connection to the artwork.

HERITAGE LANGUAGE LEARNERS

Ask heritage language learners whether they see any differences between how their relatives decorate their houses in Spanish-speaking countries and how houses are decorated in the United States: e.g., some Hispanic families have a religious motif as part of their decoration.

NOTE for *Repaso*

This is a reminder that the *Repaso* boxes are meant to be assigned as homework the night before you introduce the new vocabulary. Students should be expected to review this prior to class so that you can proceed immediately to the first activity following the vocabulary presentation.

If you want, immediately following the vocabulary presentation, and preceding the first vocabulary activity in the text, you may wish to do the following mechanical activity:

With partners, have students begin with a room, and taking turns, say all of the words they can say related to that room. Then change rooms.

SUGGESTION for *El imperfecto*

Show students contrasting sentences between the imperfect and the preterit tenses and ask them to explain the differences. E.g.: *Ayer limpié la casa. Todos los días limpiaba la casa con mi familia.*

NOTE for 3-16

Have students come to class prepared for the activity, having studied the vocabulary words for homework.

NOTE for 3-17
Diego Rivera was born in Guanajuato, Mexico in 1886. He moved to Europe in 1907 and spent several years there, primarily in Paris, studying the great masters and searching for his own medium of art. He found his inspiration in the frescoes of Italy and subsequently became one of the most famous muralists of all time. His influence on the international art world of his time was profound, and many consider him the greatest painter of the twentieth century. Your students can find more information on the Internet. Suggested key words: *Diego Rivera, artista mexicano.*

SUGGESTION for 3-18
Assign the drawing for homework so that students come prepared to begin immediately with the description. The suggested time for the activity reflects this approach.

METHODOLOGY • Active Listening
An important skill for any individual is to be an active listener. *Active listening* happens when the listener is engaged in what he or she is hearing, and is able to repeat what he or she has heard. Repeating what someone has heard is also excellent in a language class since the speaker is often speaking in the first person and the active listener repeats in third person. **3-18** puts this skill into practice. You can expand the activity so that the listener not only shows his/her drawing but also describes it.

ADDITIONAL ACTIVITY for Dentro del hogar
¡Competición! For additional reinforcement of vocabulary, you may want to have students complete the following activity.

In groups of 3, students will draw their ideal houses, with rooms, furniture, and decoration. After drawing the houses, they will have 1 minute to label as many parts of the house, furniture, and appliances as they can in Spanish. The group with the most correct words wins. This activity could be used to review new and old vocabulary words. A follow-up can be to have students then each write a short paragraph describing the houses and adding details.

¡Anda! Curso elemental, Capítulo 3. La casa, Apéndice 2; Capítulo 11. Las preposiciones y los pronombres preposicionales, Apéndice 3.

3:00 **3-17 La casa de su niñez** Miren la foto y el plano de la casa donde nació Diego Rivera el 8 de diciembre del año 1886. Ahora es un museo y contiene una gran colección de obras del famoso muralista mexicano. Juntos describan la casa, usando **el imperfecto** según el modelo. ¡Sean creativos! ■

Fíjate
The words *la habitación, la recámara, el cuarto,* and *la alcoba* are common words for *el dormitorio.* Sometimes different words are used in different Spanish-speaking countries. In *¡Anda! Curso intermedio,* you are learning vocabulary that tends to be used the most universally across the Spanish-speaking world.

MODELO *Cuando Diego vivía en la casa, sus padres dormían en un dormitorio que estaba enfrente del dormitorio de la tía. Creo que Diego dormía en…*

6:00 **3-18 La casa de mi niñez** Completa los siguientes pasos. ■

Paso 1 Dibuja un plano sencillo (*simple*) de la casa de tu niñez o de la de un/a amigo/a. Incluye los cuartos y detalles sobre el exterior; por ejemplo, la cerca, el jardín, la piscina, etc.

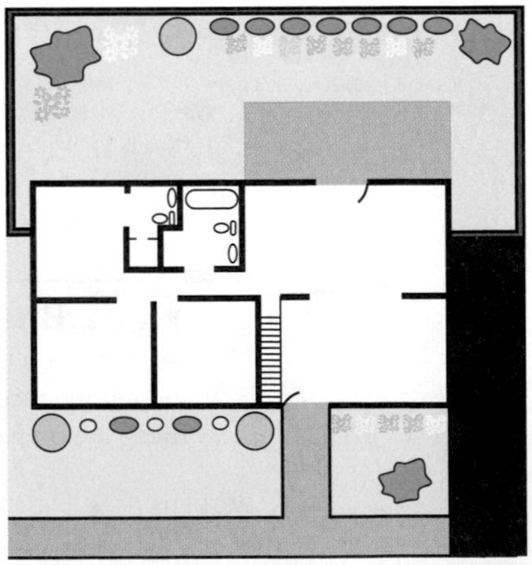

Paso 2 Descríbele la casa a un/a compañero/a, usando por lo menos **ocho** oraciones en **el imperfecto.** Tu compañero/a va a dibujar lo que dices.

MODELO *La casa de mi niñez tenía una cerca de madera alrededor de la casa…*

Paso 3 Comparen los dos dibujos para ver si las describieron e interpretaron bien. Túrnense.

4:00

¡Anda! Curso elemental, Capítulo 3. Los colores; Capítulo 7. La comida, Apéndice 2.

3-19 ¿Y tu vida? Piensen en su niñez y túrnense para compartir la siguiente información. ■

MODELO E1: *¿Qué tipo de comida guardaba tu familia en el refrigerador y en la despensa?*

E2: *Mi familia guardaba refrescos, leche, frutas, verduras y condimentos en el refrigerador. En la despensa…*

1. ¿Qué tipo de comida guardaba tu familia en el refrigerador y en la despensa?
2. ¿Cuántas almohadas necesitabas para dormir?
3. ¿De qué colores eran tus sábanas, fundas y toallas?
4. ¿Usabas cortinas o persianas?
5. ¿Tenías tocadores o nada más que armarios?
6. ¿Te permitían tus padres cocinar o usar una sartén?
7. ¿Cuántas familias vivían en tu barrio o en tu cuadra?
8. ¿Te caían bien los vecinos?

4:00

¡Anda! Curso elemental, Capítulo 3. La casa, Apéndice 2.

3-20 Una imagen vale Mira el dibujo en la página 122. Imagina que tienes que describirle a alguien lo que pasaba (usando **el imperfecto**) en estas casas y sus alrededores. Túrnense para crear **ocho** oraciones cada uno/a. ■

MODELO *Había sábanas y fundas rosadas. La casa no se calentaba con la chimenea porque hacía calor y buen tiempo.*

6:00 Workbooklet

¡Anda! Curso intermedio, Capítulo Preliminar A. Los artículos definidos e indefinidos, pág. 6.

3-21 El mundo es un pañuelo ¿Cuánto sabes de tus compañeros y de sus pasados? Entrevístalos para encontrar a los que puedan contestar afirmativamente a las siguientes preguntas. ■

Paso 1 Usa **el imperfecto** para crear las preguntas.

MODELO ¿Tenía piscina tu casa?

Paso 2 Pregúntaselas a tus compañeros/as de clase. Si alguien contesta que **sí**, tiene que firmar su nombre en el espacio apropiado.

MODELO E1: *¿Tenía piscina tu casa?*

E2: *Sí, mi casa tenía piscina.*

E1: *Firma aquí, por favor.*

Charlie

tu casa / tener / piscina Charlie	las casas en tu barrio / ser / de ladrillo ______	tú / componer / cosas rotas ______	tu casa / tener / un estanque ______
tus hermanos / cortar / el césped ______	tu casa / haber / azulejos ______	tu casa / haber / chimenea ______	tu familia y tú / quemar / madera en la chimenea ______
tu casa / tener / un muro enfrente ______	tú / usar / la lavadora ______	tú / guardar / cosas especiales / en tu tocador ______	tú / renovar / tu casa con la ayuda de revistas (*magazines*) ______

21ST CENTURY SKILLS • LEARNING AND INNOVATION SKILLS

In addition to a knowledge of the 9 core subjects and the 5 interdisciplinary themes, successful 21st century citizens must have training in learning and innovation skills. These skills are essential for problem solving. These skills focus on *creativity and innovation, critical thinking, communication,* and *collaboration.* Virtually all activities in *¡Anda!* require and encourage the learner to incorporate these skills since the activities create scenarios in which students need to be creative with Spanish using critical thinking while orally communicating with a partner or group. This collaboration fosters the highest possible level of language learning.

ADDITIONAL ACTIVITY for *Dentro del hogar*

Comparando Have students compare a house from the 50s, 60s, or 70s and a modern house or apartment. Ask them to bring in a visual from a magazine or from the Internet to aid their comparison. E.g.: *En los años setenta, esta casa era grande, tenía balcones, tenía grandes jardines y era color verde. Hoy la casa es más pequeña, no tiene balcones, tiene terrazas, el jardín es pequeño y es color crema.*

ADDITIONAL ACTIVITY for *Dentro del hogar*

Extreme makeover Bring in pictures of a house in need of a makeover to class. In groups of 3, students pretend they are part of the crew and give suggestions and recommendations on how to improve this house. They present their suggestions to the class and the class will vote on the best makeover.

ADDITIONAL ACTIVITY for *El subjuntivo para expresar sentimientos, emociones y dudas*

Más práctica Terminen las siguientes oraciones de manera apropiada. Tienen que decidir si necesitan *el subjuntivo* o *el indicativo.*

MODELO Nos alegra de que nuestros padres… / una lavadora y una secadora nuevas.
Nos alegramos de que nuestros padres compren una lavadora y una secadora nuevas.

1. Dudo que tú… / preparar el yeso.
2. No cree que nosotros… / una secadora nueva este año.
3. Me gusta mucho que… / un mostrador nuevo para la cocina.
4. Dudan que yo… / la comida.
5. ¿Estás seguro de que ellos… / el fregadero?
6. No pienso que sus nietos… / en la despensa. Son muy perezosos.
7. Creo que él… / un muro de cemento.
8. Pensamos que ellos… / persianas en todas la ventanas.

Instructor Resources
- PPT, Extra Activities

NOTE for 3-22
Provide students with the current rate of exchange and have them calculate the equivalent in dollars of 80,000 euros.

NOTE for *El subjuntivo para expresar sentimientos, emociones y dudas*
Write a list of *gustar*-type verbs on the board and together brainstorm meaningful examples that have to do with your institution or personal interests of your students.

SUGGESTION for *El subjuntivo para expresar sentimientos, emociones y dudas*
Introduce the difference between a sentence with an infinitive (one clause) and a sentence using the subjunctive with two clauses.

Yo deseo limpiar mi casa. (one clause)
Yo deseo que mi amigo limpie mi casa. (two clauses)

Practice the formation of the subjunctive by giving students a list of famous people and asking them what they wish for these celebrities. They can do this activity by expressing wishes and emotions to classmates.

¡Anda! Curso intermedio, Capítulo 2. El subjuntivo para expresar pedidos, mandatos y deseos, pág. 91.

5:00

3-22 ¡La lotería! ¡Tu esposo/a y tú acaban de ganar 80.000 euros! Túrnense para describir sus planes para la renovación y la decoración de su casa vieja, usando por lo menos **ocho** oraciones. ■

MODELO E1: *Primero quiero que renovemos los mostradores de la cocina. Sugiero usar azulejos del sur de España.*

E2: *Buena idea. Me gusta. Quizás construyamos alacenas de madera y tal vez las pintemos blancas…*

15 millones
de euros esta semana en Euromillones
¡JUEGA HOY!
No dejes que se te escapen los 15 millones que trae el bote de Euromillones.
Compra por Internet de forma fácil, cómoda y segura.
JUEGA AQUÍ

3:00

4 GRAMÁTICA

03-24 to 03-27 ¡Hola! Spanish/English Tutorials

El subjuntivo para expresar sentimientos, emociones y dudas

Expressing doubt, emotions, and sentiments

In **Capítulo 2,** you learned about the **subjunctive** to express **volition** or **will** (commands, requests, and wishes). In Spanish, you also use the **subjunctive** to express **feelings, emotions, doubt,** and **probability.**

Dudo que podamos renovar esta casa. No creo que sea una opción para nosotros.
¡Qué potencial! No creo que la casa necesite mucho trabajo. Pintamos... unas cortinas nuevas y ya está.

Estrategia

You may want to review the present tense subjunctive forms on p. 87 and the sentence construction with verbs of volition on p. 91 before beginning this section.

Fíjate

Gustar (to like) and most verbs like it (see *Capítulo* 1, p. 39) can express feelings and emotions.

1. Some verbs and phrases used to express **feelings** and **emotions:**

alegrarse de	*to be happy (about)*	**ser una lástima**	*to be a shame*
avergonzarse de (o → ue)	*to feel (to be) ashamed of*	**sentir (e → ie → i)**	*to regret*
gustar	*to like*	**temer / tener miedo (de)**	*to fear; to be afraid (of)*
ser bueno/malo	*to be good/bad*		

Me alegro de que tengas un presupuesto.	*I'm happy that you have a budget.*
Pepa **teme** que ella y su esposo no tengan el dinero para pagar el alquiler este mes.	*Pepa fears that she and her husband do not have the money to pay the rent this month.*
Nos gusta que la casa esté bien decorada ahora.	*We like (the fact) that the house is well decorated now.*
Es una lástima que no podamos comprarla.	*It's a shame we cannot buy it.*

2. Some verbs used to express **doubt** and **probability:**

dudar	*to doubt*	**no pensar**	*not to think*
no creer	*not to believe; not to think*	**ser dudoso**	*to be doubtful*
no estar seguro (de)	*to be uncertain*	**ser probable**	*to be probable*

Marco **no cree** que nosotros sepamos suficiente para renovar una casa.	*Marco doesn't think that we know enough to renovate a house.*
No estoy segura de que Hosun tenga un jardinero.	*I am not sure that Hosun has a gardener.*

3. The verbs **creer, estar seguro de,** and **pensar** do **not** use the **subjunctive,** but rather the indicative, after **que** because they do not express doubt.

DOUBT	CERTAINTY
dudar, no creer, no estar seguro (de), no pensar	**no dudar, creer, estar seguro (de), pensar**
No creo que podamos terminar de renovar el baño para septiembre.	**Creo que** podemos terminar de renovar el baño para septiembre.
I don't believe that we can finish renovating the bathroom by September.	*I believe that we can finish renovating the bathroom by September.*
Julio **no está seguro de que** esta lavadora sea la mejor que jamás ha tenido.	Julio **está seguro de que** esta lavadora es la mejor que jamás ha tenido.
Julio is not certain that this washing machine is the best he has ever had.	*Julio is certain that this washing machine is the best he has ever had.*

4. When only one subject/group of people expressing **feelings, emotions, doubt,** or **probability** exists, you must use the **infinitive** and **NOT** the **subjunctive.**

Se alegran (de) comprar una casa en aquel barrio.	*They are happy to buy a house in that neighborhood.*

¡Explícalo tú!

After studying the previous presentation on the subjunctive, answer the following questions:

1. In which part of the sentence do you place the verb that expresses feelings, emotions, or doubts: to the right or the left of **que?**
2. Where do you put the subjunctive form of the verb: to the right or the left of **que?**
3. What word joins the two parts of the sentence?
4. When you have only one subject/group of people and you are expressing **feelings, emotions, doubt,** or **probability,** do you use a subjunctive sentence?

✓ Check your answers to the preceding questions in Appendix 1.

HERITAGE LANGUAGE LEARNERS

Some heritage language learners use the subjunctive for both *dudar* and *no dudar.* A more common way to express *no dudar* is *creer.*

NOTE for El subjuntivo para expresar sentimientos, emociones y dudas

Students may ask the following question:

When asking questions with *creer* and *pensar,* I have heard people using the present subjunctive form. Is that correct?

¿Crees? and *¿piensas?* can be used to request an opinion or to express one's own uncertainty with a rhetorical question. In the first case (1), we use the indicative form. In the second one (2), the subjunctive form can be used.

1. ¿Crees que hay alguna hipoteca razonable?
   Do you think that there is a reasonable mortgage?
2. ¿Crees que haya alguna hipoteca razonable?
   Do you really think that there is a reasonable mortgage?

SUGGESTION for El subjuntivo para expresar sentimientos, emociones y dudas

Give students a list of situations such as: my friend is getting bad grades, my dog is sick, my roommates do not want to clean the apartment, etc., and ask the students to write sentences expressing wishes and emotion using the subjunctive.

NOTE for *Gramática*

This is another inductive grammar presentation in which the students are given examples of a grammar concept and, through the use of guiding questions, they formulate the rule in their own words.

3:00

3-23 Práctica

Terminen las siguientes oraciones de manera apropiada. Tienen que decidir si necesitan usar **el subjuntivo** o **el indicativo.** ■

comprar	organizar	pagar	preparar	querer

MODELO Nos alegramos de que nuestros padres… / una lavadora y una secadora nuevas.
Nos alegramos de que nuestros padres ***compren*** *una lavadora y una secadora nuevas.*

1. Mis padres no creen que nosotros… / una casa nueva este año.
2. Dudan que yo… / la comida todos los días.
3. ¿Estás seguro de que ella siempre… / las facturas?
4. No pienso que su ahijada… / las alacenas. Es muy perezosa.
5. Creo que él… / construir un muro de cemento.

¡Anda!, Curso intermedio, Capítulo 1. La familia, pág. 53.

3:00

3-24 Optimista o pesimista

Hay optimistas y pesimistas en este mundo. ¡Hoy es tu día para jugar a ser el/la pesimista! Túrnense para responder de manera pesimista. ■

MODELO Creo que los platos y las copas hacen juego (*match*).
PESIMISTA: *No creo que los platos y las copas hagan juego.*

1. Creo que el sótano de mis tíos necesita reparaciones.
2. Mi madrina está remodelando su casa y no duda que los azulejos son del color correcto.
3. Los gemelos Sánchez creen que su horno calienta bien y que no necesitan uno nuevo.
4. Estoy segura de que mis primos son buenos cocineros y que nunca queman la comida.
5. Creemos que tu padrino te va a regalar una nueva casa de madera para tu cumpleaños.

3:00

3-25 Lo siento, pero lo dudo

No estás de acuerdo con lo que te dice tu compañero/a. Responde con **Dudo que…**, **No creo que…**, etc. ■

MODELO E1: Mi cuñada quema la comida todos los días.
E2: *Dudo que tu cuñada queme la comida todos los días.*

1. Mi casa es tan sofisticada como la Casa Blanca.
2. Lavo las toallas, las sábanas y las fundas todos los días.
3. Nos mudamos todos los años.
4. Vivo en una casa con dos piscinas.
5. Mis padrinos tienen unos espejos de Francia del siglo XVII.

ANSWERS to 3-23

1. Mis padres no creen que nosotros compremos una casa nueva este año.
2. Dudan que yo prepare la comida todos los días.
3. ¿Estás seguro de que ella siempre paga las facturas?
4. No pienso que su ahijada organice las alacenas. Es muy perezosa.
5. Creo que él quiere construir un muro de cemento.

EXPANSION for 3-24

You may choose to have students assume the roles of architect and interior decorator for a new home, with the architect being negative and the interior decorator being more positive (the architect might be more "realistic" in terms of deadlines, cost, etc.). Students could create a dialogue and present it to the class or role-play the situation.

ANSWERS to 3-24

1. No creo que el sótano de tus tíos necesite reparaciones.
2. No creo que tu madrina esté remodelando su casa y dudo que los azulejos sean del color correcto.
3. No creo que los gemelos Sánchez crean que su horno caliente bien y que no necesiten uno nuevo.
4. No estoy segura que tus primos sean buenos cocineros y que nunca quemen la comida.
5. No creo que mi padrino me vaya a regalar una nueva casa de madera para mi cumpleaños.

ANSWERS to 3-25

1. Dudo que tu casa sea…
2. No creo que laves…
3. Dudo que nos mudemos… / Dudo que se muden…
4. No creo que vivas…
5. Dudo que tus padrinos tengan…

3:00 **3-26 Mis quehaceres** Siempre hay cosas que hacer y tu compañero/a te va a ayudar. Túrnense para responder con gratitud (**me alegro, me gusta, me encanta,** etc.). ■

¡Anda! Curso elemental, Capítulo 3. Los quehaceres de la casa, Apéndice 2.

MODELO E1: pintar el despacho
E2: *Me alegro de que pintes el despacho.*

1. comprar la comida para la cena
2. cortar el césped
3. hacer la cama con nuevas sábanas, fundas y almohadas
4. barrer el piso
5. organizar la despensa
6. limpiar el sótano

8:00 **3-27 Mis opiniones** Tus abuelos te regalan una casa vieja. Estás agradecido/a pero necesitas renovarla. ■

Paso 1 Escribe por lo menos **cinco** ideas que expresen **duda, sentimientos** o **emociones** sobre el proyecto.

MODELO *Voy a renovar la cocina. Primero, necesito encontrar a un buen contratista. Creo que el contratista debe tener buenas referencias. Temo que la renovación sea cara…*

Paso 2 Comparte tus ideas con **tres** compañeros.

¡Anda! Curso intermedio, Capítulo 1. El aspecto físico y la personalidad, pág. 34; Algunos estados, pág. 46.

5:00 **3-28 El futuro es dudoso** Dos amigos suyos van a casarse. Expresen sus opiniones en por lo menos **cinco** oraciones sobre la boda (*wedding*) y/o su futuro. ¡Sean creativos! Después, compartan sus oraciones con sus compañeros/as. ■

MODELO *En el futuro, dudo que se pongan de acuerdo sobre cómo gastar el dinero. Ella es muy gastadora y él es muy tacaño. Por ejemplo, ella quiere gastar $5.000 dólares en un horno y una estufa, pero él no cree que sea muy importante…*

¡Anda! Curso intermedio, Capítulo 2. Deportes, pág. 72; Pasatiempos y deportes, pág. 86.

¡Anda! Curso elemental, Capítulo 2. Los pasatiempos y los deportes; Capítulo 5. El mundo de la música, El mundo del cine, Apéndice 2.

4:00 **3-29 Y otra cosa…** Expresa tus dudas, sentimientos y emociones con respecto a tus pasatiempos y diversiones. Comparte la información con un/a compañero/a. ■

MODELO *Me encanta mi familia y creo que debemos ver la televisión mucho menos y hablar mucho más. Me alegro de que tengamos tiempo para reunirnos y comer juntos, pero…*

ANSWERS to 3-26
1. que compres
2. que cortes
3. que hagas
4. que barras
5. que organices
6. que limpies

EXPANSION for 3-26
You may want to give your students the following additional tasks.
1. renovar los mostradores
2. reparar la acera con cemento
3. sacudir las jarras decorativas
4. construir un muro

NOTE for 3-27
You may choose to provide photos or descriptions of house(s) to be used for the activity.

EXPANSION for 3-28
An alternate scenario for this activity is to have students select a pair of famous people they view as a mismatched couple. They then express their opinions about the future of this hypothetical relationship.

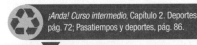

NOTE for 3-29
Instead of speaking about themselves and their families, ask students to talk about their best friends.

Instructor Resources
- PPT, Extra Activities

NOTE for Estar + *el participio pasado*
You may wish to remind your students of the verbs with irregular past participles, which they learned in *Capítulo 1* (p. 50).

ADDITIONAL ACTIVITY for Estar + *el participio pasado*
Ping-pong Escribe una lista de 10 verbos. Luego, con un/a compañero/a túrnense para practicar rápidamente los participios pasados. Sigan el modelo.

MODELO
E1: estudiar
E2: *estudiado;* leer
E1: *leído;* arreglar
E2: *arreglado;* abrir
...

NOTE for *Gramática*
This is another inductive grammar presentation in which the students are given examples of a grammar concept and, through the use of guiding questions, they formulate the rule in their own words.

NOTE for 3-30
You may wish to mention that the title of this activity is a version of the well-known Spanish phrase *Mi casa es su casa,* and ask students what the equivalent would be in English (e.g., Make yourself at home).

2:00

5 GRAMÁTICA

03-28 to 03-31 ¡Hola! Spanish/English Tutorials

Estar + el participio pasado
Reporting results of actions

In **Capítulo 1,** you learned about the **present perfect** tense (present tense of **haber** [**he, has, ha,** etc.] + past participle [**-ado/ido**]). You can also use the **past participle as an adjective.**

Estar + *past participle* describes the **result of an action.** The verb **estar** can be used in the **present** or **imperfect tense.**

Las ventanas **están cerradas.**	*The windows are closed. (Someone closed the windows.)*
La puerta **estaba abierta** cuando yo llegué.	*The door was open when I arrived. (Someone opened the door.)*
La casa ya **está pintada;** la terminamos ayer.	*The house is already painted; we finished it yesterday. (Someone painted the house.)*

¡Explícalo tú!
Based on the examples above, what rule can you state with regard to what determines the endings of the past participles (**-ado / -ido**) when used as adjectives?

✓ Check your answer to the preceding question in Appendix 1.

4:00

¡Anda! Curso intermedio, Capítulo 1. El presente perfecto, pág. 49.

3-30 Mi casa es tu casa
Tu compañero/a y tú han trabajado mucho hoy. Túrnense para describir lo que ya han hecho. ■

MODELO puerta / pintar
La puerta está pintada.

1. factura mensual / pagar
2. platos / guardar
3. toallas / lavar
4. silla rota / reparar
5. césped / cortar
6. cerca / pintar
7. cortinas / colgar
8. flores / regar

Answers to 3-30
1. La factura mensual está pagada.
2. Los platos están guardados.
3. Las toallas están lavadas.
4. La silla rota está reparada.
5. El césped está cortado.
6. La cerca está pintada.
7. Las cortinas están colgadas.
8. Las flores están regadas.

PERFILES

03-32

La importancia de la casa y de su construcción

La construcción de los lugares donde la gente vive es personal y refleja los gustos y las necesidades de las personas que los van a habitar. Muchas personas se especializan en el trabajo de mejorar los edificios, por fuera y por dentro *(inside)*. Aquí tienes tres ejemplos del intento de crear un espacio agradable y útil para vivir o pasar el tiempo.

Eduardo Xol (n. 1966), nativo de Los Ángeles y de padres mexicanos, ha ganado fama como diseñador de exteriores y de jardines. Desde pequeño trabajó con su familia y aprendió mucho del arte de la jardinería. Ahora hace recomendaciones sobre este tema al público en el programa *Extreme Makeover Home Edition*.

Sandra Tarruella e **Isabel López** son unas diseñadoras de interiores muy conocidas en España. En el año 2009, recibieron el premio Interiorismo Plus al mejor Proyecto Hotelero por el Hotel Eme en Sevilla. Desde entonces, cada una tiene su propio estudio de interiorismo pero no hay duda que los proyectos de las dos figuran entre los más modernos y populares del país.

La civilización incaica (1438–1532) demostró mucho talento en la construcción con piedra. Sus ruinas indican que los incas eran buenos arquitectos. Sus casas y templos estaban construidos de piedras masivas que se ajustaban *(fit)* juntas unas con otras, tan perfectamente que no había necesidad de mortero *(mortar)*.

Answers to *Perfiles*
1. Eduardo Xol trata de hacer bonito el exterior de la casa. Sandra Tarruella e Isabel López tratan de decorar el interior de la casa. Los incas trataron de hacer unas casas funcionales.
2. *Answers will vary.*
3. *Answers will vary.*

Preguntas
1. ¿En qué son semejantes *(similar)* y en qué son diferentes los trabajos de las personas representadas?
2. ¿Qué es más importante para ti: el exterior o el interior de tu casa? ¿Por qué?
3. ¿Cuál es el cuarto de tu casa que más te gusta? ¿Por qué?

SECTION GOALS for *Perfiles*
By the end of the *Perfiles* section, students will be able to:
- identify some famous Hispanics involved in home improvement and beautification.
- discuss their preferences for the interior and exterior of their homes.
- share information about their favorite room in the house.

NATIONAL STANDARDS
Communication, Cultures
The content in the *Perfiles* section focuses on the Goal Areas of Communication and Cultures. The Communication Standards 1.2 and 1.1 align with the reading because they utilize the interpretive mode and the interpersonal mode. Students understand and interpret the written text, and then they engage in conversations about the people introduced in the reading. The Hispanics profiled in the reading represent the products and perspectives of the Hispanic cultures (Standard 2.2).

NOTE for *Perfiles: Sandra Tarruella e Isabel López*
These two interior designers collaborated with the restaurant and hotel company El Grupo Tragaluz on the development of the avant-garde restaurant Moo in the Hotel Omm in Barcelona. El Grupo Tragaluz has created a number of successful restaurants in the city, with unique ambience and distinctive style. They, along with Moo, are among the trendiest, popular "in" places to dine and be seen in Barcelona. To find out more about the Hotel Eme, the Hotel Omm, and the restaurant Moo, you can search on the Internet. Suggested keywords: *Hotel Eme, Hotel Omm, restaurant Moo, Barcelona.*

EXPANSION for *Perfiles: Sandra Tarruella e Isabel López*
Have students talk about bars, hotels, restaurants, and cafés that are considered trendy in their towns and explain what makes them popular.

EXPANSION for *Perfiles: La política de las civilizaciones antiguas*
The Spaniards considered the indigenous peoples of the Americas "primitive" civilizations with little of value to preserve in terms of culture. Yet the Incas were master architects, able to construct such places as Machu Picchu high in the mountains with extraordinary skill in masonry. Have students think about the attitudes of conquerors toward those they conquer and whose cultures they frequently dismantle and even destroy. Are such actions politically motivated? Are they justified? Might we lose something precious by following this example of wiping out all vestiges of a former culture?

ANSWERS to 3-31

Paso 1

1. Ya están cerradas.
2. Ya está apagada.
3. Ya están lavadas.
4. Ya está guardada.
5. Ya están organizados.
6. Ya están pintados.
7. Ya está cubierta.
8. Ya están reparadas.

Paso 2

1. Ya estaban cerradas.
2. Ya estaba apagada.
3. Ya estaban lavadas.
4. Ya estaba guardada.
5. Ya estaban organizados.
6. Ya estaban pintados.
7. Ya estaba cubierta.
8. Ya estaban reparadas.

EXPANSION for 3-32

Have students write a list of 8 to 10 things they each must do this week (or today). Then, in pairs, have them call out the items on their lists while their partners respond that each item is already done.

ANSWERS TO 3-32

1. El césped está cortado.
2. Mi pasillo está pintado.
3. Mi ropa limpia está guardada.
4. Mi cama está hecha.
5. Mi cocina está renovada.
6. Mi carro está lavado.
7. Mi mesa está puesta.
8. Mi suelo está barrido.

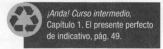

¡Anda! Curso intermedio, Capítulo 1. El presente perfecto de indicativo, pág. 49.

¡Anda! Curso elemental, Capítulo 3. Los quehaceres de la casa, Apéndice 2; Capítulo 10, Los mandatos informales, Apéndice 3.

4:00

3-31 Por favor Completen los siguientes pasos. ■

Paso 1 Túrnense para formar **mandatos informales** y para responder de manera positiva a su amigo/a un poco exigente (*demanding*).

MODELO quemar los papeles

E1: *Por favor, quema los papeles.*

E2: *Ya están quemados.*

Por favor,

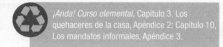

1. cerrar las ventanas de tu cuarto.
2. apagar la chimenea.
3. lavar las cacerolas en el fregadero.
4. guardar la batidora en la alacena.
5. organizar los comestibles en la despensa.
6. pintar los pasillos de color azul.
7. cubrir la almohada con una funda limpia.
8. reparar las persianas rotas.

Paso 2 Ahora cambien las respuestas al **imperfecto.**

MODELO Ya están quemados.

Ya estaban quemados.

2:00

3-32 ¿Eres competitivo? Túrnense para hacer el papel de una persona que siempre quiere hacer las cosas mejor que los demás. ■

MODELO No tengo tiempo para decorar mi apartamento.

Mi apartamento está bien decorado.

1. No tengo tiempo para cortar el césped.
2. Necesito pintar el pasillo.
3. Nunca guardo mi ropa limpia.
4. No puedo hacer la cama todos los días.
5. Necesito renovar la cocina.
6. Nunca tengo tiempo para lavar mi carro.
7. Debo poner la mesa cuando invito a mis amigos a comer.
8. No me gusta barrer el suelo.

4:00 **3-33 Ya lo hicimos** Juntos hagan una lista de por lo menos **ocho** cosas que hicieron ayer. Después, conviertan la lista a oraciones completas usando **el participio pasado.** ■

MODELO *Ayer saqué la basura.*
La basura está sacada.

3:00 **3-34 ¿Qué pasó?** Necesitan ayudar a la policía porque hubo un crimen en el apartamento del vecino. Miren el dibujo y describan, con **participios pasados,** lo que vieron al entrar en el apartamento. Túrnense. ■

Estrategia
These words may be useful in your description: *abrir, cerrar, desordenar, hacer, poner, romper, sacar, tirar* (to throw).

¡Anda! Curso elemental, Capítulo 7. El pretérito, Apéndice 3.

3:00 **3-35 ¡Ya soy responsable!** Imagínense que es la primera vez que viven solos y sus padres están muy preocupados. ■

Paso 1 Inventen una conversación entre un/a hijo/a y el padre/la madre. ¿Cuáles son las preguntas de los padres y cuáles son las respuestas del hijo/de la hija responsable? Usen **el participio pasado.**

MODELO E1: *¿Pagaste las facturas de este mes?*
E2: *Sí mamá. Todas las facturas están pagadas.*

Paso 2 Presenten la conversación a su profesor/a y a sus compañeros/as de clase.

NOTE for 3-35
Prior to beginning the activity, you may want to have your students brainstorm together possible questions.

EXPANSION for 3-35
You may choose to have your students write out the dialogue before presenting it, in which case you can identify some of the errors while you circulate among the groups as they prepare.

SECTION GOALS for *¡Conversemos!*

By the end of the *Conversemos* section, students will be able to:

- use simple phrases to extend invitations.
- accept invitations.
- politely decline invitations and give reasons for not being able to attend.
- identify responses to invitations they hear presented in dialogues.
- practice the new expressions to extend, accept, or decline invitations.

NATIONAL STANDARDS
Communication, Comparisons

The new phrases and activities for extending invitations, accepting invitations, or declining invitations encompass various standards. For example, all 3 Communication Standards (1.1, 1.2, 1.3) are applied because students are engaged in the interpersonal mode when they practice their new greetings. Next, they listen to a dialogue, which uses the interpretive mode as they discern key information about the speaker's plans. They can also present their greetings in a dialogue as a skit in front of the class, which encompasses the presentational mode. The situations or dialogues also provide a way to make comparisons between their cultures and Hispanic cultures (Standard 4.2) as they decide whether to accept or decline invitations, and which phrase is most culturally appropriate given the situation.

AUDIOSCRIPT for 3-36

Please consult the *Instructor's Resource Manual* for the complete text of this audioscript.

HERITAGE LANGUAGE LEARNERS

Have heritage language learners use other expressions they are familiar with to accept or decline invitations.

¡CONVERSEMOS!

03-33

ESTRATEGIAS COMUNICATIVAS Extending, accepting, and declining invitations

A good way to improve your Spanish is to spend time with Spanish speakers. To do this, you need to know how to extend, accept, or decline an invitation.

Use the expressions below when you wish to extend, accept, or decline an invitation:

Para invitar a alguien	*To extend an invitation*	Para rechazar una invitación	*To decline an invitation*
• **Quisiera invitarte/le/les...**	*I would like to invite you (all) . . .*	• **Me da mucha pena, pero...**	*I'm really sorry, but . . .*
• **¿Está/s/n libre/s... ?**	*Are you (all) free . . .?*	• **Lo siento, pero no puedo esta vez/en esta ocasión. Tengo otro compromiso.**	*I'm sorry, but I can't this time. I have another commitment. / I have other plans.*
• **¿Podría/s/n venir... ?**	*Could you (all) come . . .?*		
Para aceptar una invitación	***To accept an invitation***		
• **Nos/Me encantaría...**	*We/I would love to . . .*	• **Nos/Me encantaría, pero...**	*We/I would love to, but . . .*
• **¡Claro! ¡Por supuesto!**	*Sure! Of course!*	• **Lástima, pero...**	*It's a shame/pity, but . . .*
• **¡Con mucho gusto!**	*It would be a pleasure!*		

3-36 Diálogos Escucha los diálogos y contesta las siguientes preguntas. ■

1. ¿Para qué es la primera invitación? Es para una fiesta en casa de Marisol.
2. ¿Puede ir Laura? ¿Qué dice? Sí, puede ir. Dice: "¡Con mucho gusto!"
3. ¿A qué invitan Paco y Verónica a Inés y a Jorge? Los invitan a cenar.
4. ¿Pueden ir? ¿Qué dice Inés? No pueden ir. Dice: "Nos encantaría, pero ya tenemos otro compromiso".

3-37 ¡Bienvenido! Piensen en un personaje histórico a quien quieran invitar a cenar. Luego escriban un mini-diálogo. Su compañero/a hace el papel del invitado y puede aceptar o negar la invitación, pero necesita explicar por qué. ■

MODELO
E1: *Saludos, Sr. Quijote.*
E2: *Buenos días. ¿Lo conozco?*
E1: *No, pero he leído el libro sobre su vida y me gustó mucho. Espero que usted pueda cenar conmigo esta noche.*
E2: *Ah, muchísimas gracias, pero lo siento, esta vez no puedo. Tengo otro compromiso… Tengo una cita con Dulcinea…*

134

3-38 ¿Aceptas o no? Mira la siguiente lista de invitaciones y decide si quieres aceptar o no cada una. Con un/a compañero/a, dramaticen las situaciones y luego cambien de papel y háganlo de nuevo. ■

1. Un amigo te invita a una fiesta latina en su casa donde se va a bailar mucho; no sabes bailar.
2. Tu profesor/a de español quiere que la clase vaya a su casa para una tertulia (*informal social gathering*). Tienen que hablar toda la noche en español. Responde por toda la clase (nosotros).
3. Tu novio/a quiere que conozcas a sus padres. Te ha invitado a cenar en casa con ellos. No tienes ropa apropiada en este momento.
4. Tus vecinos te han invitado a una barbacoa en su casa, pero eres vegetariano/a.
5. Tu amigo va a ayudar a construir unas casas para Hábitat para la Humanidad durante las vacaciones de primavera y te invita a acompañarlo.

MODELO E1: *Hola, Juanita. Quisiera invitarte al baile este sábado.*
E2: *Ah, ¡qué bueno! ¡Claro que sí!...*

3-39 Una casa de vacaciones Quieres alquilar una casa para ir de vacaciones, pero quieres más información sobre la propiedad. Solamente has leído un anuncio en el periódico y no la describe con mucho detalle. ■

Estudiante 1: Llama al/a la dueño/a y pídele una descripción. Pregúntale lo que quieras sobre la casa: por ejemplo, ¿Hay piscina? ¿De qué está hecha la casa? ¿Cómo es la cocina?

Estudiante 2: Eres el/la dueño/a. Describe la casa lo mejor posible, indicando cuáles son los mejores aspectos de la casa y de sus alrededores (*surroundings*) e invita al cliente a verla.

MODELO E1: *Muy buenos días, señora. ¿Usted todavía tiene una casa disponible o ya está alquilada?*
E2: *¡Claro! ¡Por supuesto! ¿Qué quiere saber? ¿Desea que le describa la casa?...*

3-40 Manos a la obra Tu vecino/a te pide que le ayudes con un proyecto de mejoramiento de su casa. Con un/a compañero/a de clase, creen un diálogo entre tu vecino/a y tú, teniendo en cuenta que: ■

TÚ	EL/LA VECINO/A
• tu vecino/a te cae bien y no quieres ofenderlo/a	• necesitas hacer las reparaciones de casa, pero no te gusta trabajar a solas
• no te gusta trabajar en la casa ni hacer renovaciones	• quieres conocer mejor a tu vecino/a y crees que esta es la mejor manera
• no eres muy hábil con las herramientas (*tools*), pero tienes un juego (*set*) nuevo que tus padres te regalaron; nunca lo has usado	• has visto que tu vecino/a tiene muchas herramientas buenas y te parecen nuevas

MODELO E1: *Hola, Raúl. ¿Qué tal?*
E2: *Hola, pues muy bien, ¿y tú? ¿Qué haces?*
E1: *Pienso renovar mi sala. A propósito, ¿me quieres ayudar? Temo que no pueda hacerlo yo mismo...*

135

ADDITIONAL ACTIVITY for *¡Conversemos!*

Mi casa no es su casa Con un/a compañero/a, dramaticen la siguiente situación de un sondeo del censo.

E1: Llama al/a la compañero/a, preséntate como trabajador del censo para el gobierno y hazle las siguientes preguntas:
a. ¿De qué material es su casa?
b. ¿Cuántos dormitorios hay en su casa?
c. ¿Cuáles son los dormitorios y el tamaño de cada uno aproximadamente?
d. ¿Tiene chimenea? ¿Cuántas?
e. ¿Tiene piscina?

E2: Contesta al/a la trabajador/a del censo, usando el vocabulario de la casa que has aprendido. Puedes describir tu propia casa o una imaginaria.

MODELO
E1: *Muy buenos días, señor/señora. Soy trabajador/a del censo para el gobierno.*
E2: *Sí, ¿en qué le puedo servir?*
E1: *Necesito información de la casa, los dormitoiros, el tamaño...*

SECTION GOALS for *Escribe*

By the end of the *Escribe* section, students will be able to:

- integrate another step of the writing process: adding supporting details.
- identify the role of supporting details and how they work in conjunction with the main ideas.
- practice writing supporting details for each main idea.
- describe their ideal houses using a mix of indicative and subjunctive sentences.
- compare their ideal houses to those of their classmates.

NATIONAL STANDARDS

Communication, Connections, Comparisons

Many standards are applicable in the *Escribe* section, depending on how you choose to implement the activities. First, Communication Standards 1.1 and 1.3 are aligned with the activities in the *Escribe* section. The interpersonal conversation-starter questions allow students to share what they have written with their classmates for a greater level of feedback (Standard 1.1). Activity **3-42** can highlight the presentational mode in one of two ways. If students write the descriptions of their ideal houses and you post the information for others to read (like an advertisement in the realty section of the newspaper), they are addressing Standard 1.3. You may also choose to have students illustrate their ideal houses and read aloud their descriptions to the class or an audience of listeners, as another way to address Standard 1.3. Second, the writing strategy of adding supporting details as an integral part of the writing process focuses on the Comparisons Standard 4.1. Students can compare the use of the strategy in Spanish with how they use supporting details in English. Lastly, depending on how you implement the writing activity, you could also draw from other disciplines such as architecture, art, interior design, economics, or mathematics as a foundation for strengthening students' connections with other disciplines (Standard 3.1).

ESCRIBE

Una lista detallada

03-34

Estrategia

Process writing (Part 3): Supporting details

Unless you are jotting down a quick note or outline, you will need to add details that support your main ideas or statements. These details provide additional information that clarify and expand upon your main thoughts, conveying your message more vividly. Details can be in the form of facts, examples, or reasons. One way to begin is to supply two or three supporting details for each main idea in your writing.

3-41 Antes de escribir Vas a mudarte a otra ciudad en otro estado. Te has comunicado con un agente de bienes raíces (*real estate*) para poder encontrar tu "casa ideal". El agente quiere que escribas una descripción de lo que constituye tu casa ideal; es decir, ¿qué tiene que tener tu casa? ¿cómo es? ■

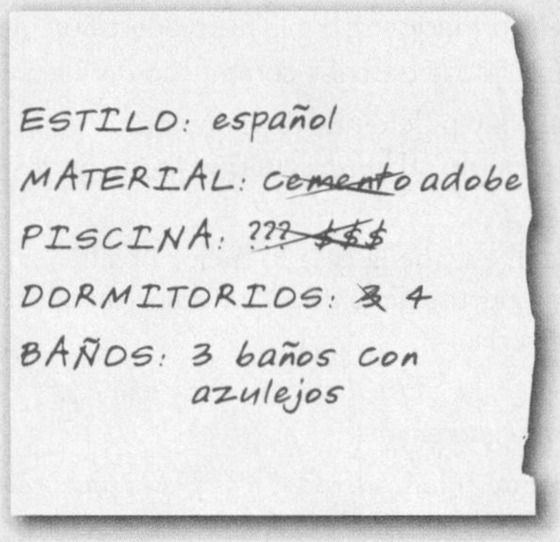

3-42 A escribir Para escribir tu descripción de casa, completa los siguientes pasos. ■

Paso 1 Indica las **cinco** cosas más importantes que buscas en tu casa ideal.

Paso 2 Añade **dos** detalles apropiados con cada idea principal para que el agente entienda perfectamente lo que quieres.

Paso 3 Escribe la descripción completa. Debe tener por lo menos **diez** oraciones. Crea por lo menos **cuatro** oraciones en **el subjuntivo.**

MODELO *Mi casa ideal necesita tener ciertas características. La casa debe ser de adobe; me gustan las casas de estilo español y es bueno que sea de color blanco…*

3-43 Después de escribir Compara la descripción de tu casa ideal con la de un/a compañero/a de clase. ¿En qué son semejantes y en qué son diferentes tus descripciones? ■

METHODOLOGY • Writing

Research strongly supports our belief that class time should be spent engaging students almost exclusively in meaningful *oral* activities. Hence, remember that we suggest assigning the writing activities as homework. Virtually all of the other activities in *¡Anda! Curso intermedio* are meant to be done orally in pairs or groups. This maximizes students' opportunities to speak and use Spanish in confidence-building *i* + *1* settings. Research confirms that strong oral skills translate into better writing skills. Therefore, students need a controlled environment to practice speaking so that outside of class they will be more successful and confident writers.

WRITING SAMPLE for *Escribe*

Mi casa ideal necesita tener ciertas características. La casa debe ser de adobe; me gustan las casas de estilo español y es bueno que sea de color blanco. La casa debe tener por lo menos cuatro dormitorios. Mi familia es grande: somos mi marido y yo y dos hijos. Necesitamos un dormitorio para invitados también. Es importante que haya cuatro baños; con tantas personas, cada una necesita su propio baño. Quiero que los baños tengan azulejos decorativos…

¿Cómo andas? II

	Feel confident	Need to review
Having completed **Comunicación II,** I now can . . .		
• depict a home and its rooms. (p. 122)	☐	☐
• share about situations in the past and how things used to be. (MSL)	☐	☐
• express doubt, emotions, and sentiments. (p. 126)	☐	☐
• report results of actions. (p. 130)	☐	☐
• identify people who specialize in home and architectural design. (p. 131)	☐	☐
• extend, accept, and decline invitations. (p. 134)	☐	☐
• add supporting details to a description. (p. 136)	☐	☐

Instructor Resources
- Text images (maps), Video resources

SECTION GOALS for *Vistazo cultural*
By the end of the *Vistazo cultural* section, students will be able to:
- identify examples of famous architectural masterpieces on *la manzana de la discordia.*
- name famous Spanish architects.
- compare similar features and architectural elements of the buildings.
- express their likes and dislikes about the buildings they see.

NATIONAL STANDARDS *Communication, Cultures, Comparisons*
The theme of architecture continues with the *Vistazo cultural* section. The cultural text provides the basis for Communication, Cultures, and Comparisons. First, Communication Standards 1.2 and 1.1 apply because students read, understand, and interpret written text on a variety of topics. They can then engage in conversations in pairs or small groups about the study of architecture and famous examples of architecture around the world. The cultural information includes the differences in the lengths of career paths, architectural designs, and the reasons behind the names of certain buildings. Standard 2.2 highlights the products and perspectives of Hispanic cultures. Finally, Comparisons Standard 4.2 applies because their understanding of Hispanic cultures is heightened as they compare the architectural designs in Spain with architectural designs representative of their own cultures.

NOTE for *La Escuela Técnica Superior de Arquitectura de la Universidad de Navarra*
La Escuela Técnica Superior de Arquitectura de la Universidad de Navarra is a prestigious private university in northern Spain. Its architecture program is ranked as one of the top in the country. Students can visit its site on the Internet. Suggested keywords: *diseño arquitectónico, programa, Universidad de Navarra.*

METHODOLOGY • Cultures and Products of Culture
Products of the target language culture are probably the most common items we include in our lessons. They are tangible and concrete, and we often have a great collection of them from our travels and time living abroad. When a cultural product comes up in our teaching materials, we need to do more than just identify it cursorily and move on. A more in-depth examination is appropriate, and there are several questions you and your students can ask to facilitate exploration of the product:

a. What is it?
b. Where do you find it?
c. How is it made?

Answering these questions will most likely yield interesting insights into the target-language culture.

Vistazo cultural

VISTAZO CULTURAL • VISTAZO CULTURAL • VISTAZO CULTURAL • VISTAZO CULTURAL • VISTAZO CULTURAL • VISTAZO CULTURAL • VISTAZO CULTURAL

Arq. Ana María Pintado Escudero,
Arquitectura

03-35 to 03-36

Las casas y la arquitectura en España

Saqué mi Maestría en Diseño Arquitectónico en la Escuela Técnica Superior de Arquitectura de la Universidad de Navarra. Ahora logré mi sueño de ser arquitecta. Trabajo en la firma Duarte Verano, Arquitectos que está localizada en Marbella, España. Mis colegas y yo diseñamos edificios maravillosos.

La Casa Batlló

El exterior de *La Casa Batlló* en Barcelona se destaca por su decoración, sus curvas y sus chimeneas peculiares. Antonio Gaudí (1852–1926), un arquitecto catalán, remodeló un edificio tradicional existente y sobre su base construyó este original edificio en el año 1906 como residencia de la familia Batlló, a quien se debe su nombre.

La manzana de la discordia en Barcelona

En una sola cuadra del Passeig de Gràcia, una ruta principal en Barcelona, se encuentran tres ejemplos maravillosos de la arquitectura modernista. Esta cuadra se llama *la manzana de la discordia*.

El patio de la Casa Sorolla

Joaquín Sorolla y Bastida (1863–1923) fue un pintor realista e impresionista de Valencia. Construyó la casa donde también tenía su estudio en el año 1911 en Madrid. Pintó más de veintiocho vistas desde su jardín, captándolo principalmente durante la primavera con muchas flores.

NOTE for *La manzana de la discordia en Barcelona*
Point out to your students that *manzana* means both *apple* and *block* in Spain.

SUGGESTION for *El patio de la Casa Sorolla*
You and your students can see more of Sorolla's work at the Museo Sorolla online. Suggested keywords: *Sorolla, museo, Madrid.*

Las casas colgantes de España

Es dudoso que se encuentren casas más precarias que las casas colgantes de Cuenca. Cuelgan de un precipicio al lado del río Huécar. Antes, servían de hogar para la gente del pueblo. Hoy, una de las casas está convertida en el Museo de Arte Abstracto Español y otra es un restaurante famoso.

El puente del Alamillo, Sevilla y El museo de las Ciencias Príncipe Felipe

Santiago Calatrava (n. 1951), nativo de Valencia, es el arquitecto más conocido de España y uno de los más famosos del mundo. Tiene títulos en arquitectura y en ingeniería civil; también ha estudiado pintura y dibujo. Sus estructuras son distintas, modernas, bonitas y llamativas (*striking*).

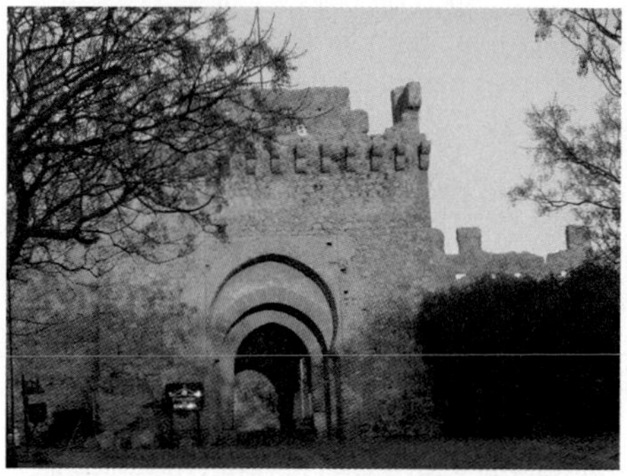

El parador de Carmona

Los paradores son lugares de turismo dirigidos por el gobierno de España. Son edificios viejos e históricos como palacios, monasterios, conventos y mansiones. Todos están renovados y sirven como hoteles; cada uno tiene su propio restaurante con la comida típica de la región. Algunos datan del siglo X.

Una casa cueva en Andalucía

¿Te gustan las cuevas (*caves*)? ¡Es posible que sea tu nueva casa! Las casas cuevas han empezado a ser populares, sobre todo en Andalucía. Las cuevas han sido renovadas en hogares muy cómodos y modernos con teléfono, electricidad, agua corriente y hasta acceso al Internet.

Preguntas

1. ¿Cuáles son las semejanzas (*similarities*) y diferencias entre los edificios y las construcciones en esta presentación?
2. Compara la construcción de tu edificio favorito en este vistazo con la de tu casa ideal.
3. ¿Cómo y dónde se ve la influencia de la arquitectura española en los Estados Unidos y otras partes del mundo hispano?

EXPANSION for *Santiago Calatrava*

If you have students interested in Calatrava, his projects are displayed and detailed on his web site. Suggested keywords: *Calatrava, arquitectura española.*

ADDITIONAL ACTIVITIES for *Vistazo cultural: En el Internet*

1. Send your students to the Internet to discover what is involved in a degree in architecture in Hispanic universities. In the United States, this is a longer course of study than a regular bachelor's degree. Is it the same in other countries? Students can use keywords to access university sites where the degree is offered to compare programs of study. If you have heritage language learners interested in this career in the United States, have them investigate the Society for Hispanic Professional Architects on the Internet. Suggested keywords: *carrera en arquitectura, licenciatura, plan de estudios.*
2. Have your students find out about well-known Hispanic architects, either in the United States or in other countries. Are there any famous structures in the United States designed by Hispanic architects and/or designers? What are some examples of Hispanic architecture in the United States (e.g., the Alamo, etc.)? Suggested keywords: *Hispanic architects in the United States, la arquitectura hispana en los Estados Unidos (EE.UU.).*
3. The structures of the *manzana de la discordia* reflect the Art Nouveau architectural movement. What examples of structures or architectural movements do we have in the United States to compare to these (e.g., Levittown, houses by Frank Lloyd Wright)? Suggested keywords: *la arquitectura moderna, movimientos en la arquitectura.*
4. Have heritage language learners each find a house or rural structure online that they like and then compare it to one of the examples in the *Vistazo cultural* spread.

SECTION GOALS for *Lectura*
By the end of the *Lectura* section, students will be able to:
- establish a purpose for reading.
- determine the main ideas of the reading.
- discuss Celia's and Cisco's thoughts about homes and renovations.
- speculate on the developing relationship between Celia and Cisco.
- hypothesize what happened to Celia at the reception.

NATIONAL STANDARDS
Communication
The reading about Cisco's home renovations incorporates the new construction vocabulary, the use of the subjunctive mood, a new reading strategy, and the continuing story line of the characters. The format of the story facilitates Standard 1.2, the interpretive mode, as students interpret written Spanish on a variety of topics. After reading silently, if you read the text aloud to the students, it would satisfy the listening portion of Standard 1.2 as well. If you use the post-reading questions as pair work, students are engaging in Standard 1.1, the interpersonal mode. Lastly, if students reenacted the conversation and presented it in front of the class, they would be using the presentational mode (Standard 1.3).

RECAP of *Laberinto Peligroso Episodio 2*
Lectura: Celia and Javier decide to go to a sporting-goods store to buy some equipment. Meanwhile, Cisco is on his computer looking up information on Celia instead of researching his story on the disappearance of the rain forests. To further his research, as well as to recuperate money due to a failed relationship, he decides to get a job and goes for an interview at a laboratory. During his interview, someone is watching him.
Video: Celia and Javier go from the sporting-goods store to a lecture on healthy living. Cisco is also at the lecture, flirting with some women. Before the lecture, Cisco goes to talk to Javier and Celia; there is a buffet table with food, and Celia tastes a cookie. As she walks to her seat, she suddenly drops to the floor and we don't know whether she is dead or alive. Cisco and Javier rush to her aid.

ANSWERS to 3-44
Paso 1
1. Cisco y Celia
2. Cisco
3. Trabaja.
4. De su salud y de las casas.

Paso 2
Answers will vary.

03-40

Laberinto peligroso

Lectura

Estrategia Establishing a purpose for reading; determining the main idea

First, identify your purpose for reading. Is it for pleasure, to find specific information, or to research a topic? Next, skim the passage for the main idea(s). Make use of prior strategies such as predicting from titles and/or illustrations, identification of cognates, and use of background knowledge to help pinpoint the main topics of the reading.

3-44 Antes de leer En lugar de tratar de leer y comprender todas las palabras de un texto, muchas veces es más útil tratar de extraer las ideas generales del texto. Antes de leer el episodio, completa los siguientes pasos. ■

Paso 1 Lee superficialmente y rápidamente el episodio y contesta las siguientes preguntas.

1. ¿Quiénes son los protagonistas en este episodio?
2. ¿Quién llega al café antes?
3. ¿Qué hace en el café?
4. ¿De qué habla con la otra persona?

Paso 2 Basándote en tus respuestas a las preguntas del **Paso 1** y en el título del episodio, escribe una oración indicando cuál crees que va a ser la idea general del episodio.

DÍA 19

Planes importantes

Estaba harto de estar solo en casa, así que Cisco decidió dar un paseo hasta un café para tomar algo y seguir trabajando allí. Cuando llegó al café, pudo sentarse en una mesa grande porque no había mucha gente, sólo un hombre que tomaba algo y estudiaba unos informes°. Cisco pidió un café, sacó la computadora y los libros, y se puso a trabajar. Después de un rato, el otro cliente se levantó bruscamente para salir del café y con la prisa se le cayó una página al suelo.

Cuando Cisco llevaba una hora allí solo, una voz conocida le sorprendió:

—¿Qué haces tú aquí? —le preguntó Celia.

—Nada. Vivo cerca y quería tomar un café —respondió Cisco, mientras cerraba su computadora y trataba de esconder° los libros.

—¿Y estos libros? —preguntó Celia.

—Para un artículo —dijo Cisco.

—Me sorprende que trabajes aquí —dijo Celia—. ¿Puedes concentrarte?

° *reports*
° *to hide*

140

—Sí, ya ves que está muy tranquilo y así salgo de casa. ¿Quieres sentarte y tomar algo? —respondió Cisco.

—Me encantaría, pero no quiero interrumpirte —dijo Celia.

—No, el artículo está casi terminado —mintió Cisco—. Además necesito un descanso.

—Está bien —dijo Celia.

—¿Qué tal te sientes? ¿Ya te has recuperado de lo que te pasó durante el seminario?

—Sí, no fue nada. Creo simplemente que estaba cansada —respondió Celia, mientras se sentaba.

—¿Has ido al médico? —preguntó Cisco.

—¡Qué exagerado! Estoy bien. No me he vuelto a sentir mal desde entonces, y fue hace dos semanas. De verdad, no creo que sea nada importante —insistió Celia.

you fainted —Pero te desmayaste°. No creo que sea mala idea ir al médico —insistió Cisco.

Celia quería cambiar de tema y trataba de mirar los títulos de los libros que había sobre la mesa, pero solo pudo ver una revista.

—¿Estás escribiendo sobre casas? —le preguntó Celia, señalando la revista.

—No, es que quiero hacer unos cambios en mi casa. Cuando la compré tenía planes para renovarla, pero como tengo mucho trabajo, no puedo dedicarle mucho tiempo a eso.

—Es una lástima que no tengas más tiempo para una cosa tan importante. ¿Qué cambios quieres hacer? —preguntó Celia.

—Muchísimos. Estoy añadiendo un baño y voy a cambiar la cocina y acabar el sótano.

—¿Tienes contratista? —preguntó Celia.

—No, estoy haciéndolo todo yo. Para algunas cosas necesito un plomero, pero yo hago todo lo que pueda —dijo Cisco.

—Me sorprende que sepas hacer tantas cosas, pero me parece muy bien que tomes esa iniciativa.

—También tiene que ver con mi presupuesto. Para hacer tanto trabajo, es fundamental que haga todo lo que pueda. Comprar todos los materiales y encima contratar a otras personas para hacer las reformas, ¡imagínate todas las facturas!

—¿Y no quieres pedir un préstamo? —preguntó Celia.

—La hipoteca ya es mucho. Y también me gusta hacer las cosas con mis propias manos.

—¿En qué cuarto estás trabajando ahora? —preguntó Celia.

—El baño está casi terminado, así que pronto voy a empezar en la cocina.

—Tengo ganas de aprender a hacer esas cosas, pero supongo que primero debería comprar la casa —reflexionó Celia.

—¿Qué tipo de casas te gustan?

—Sencillas, no demasiado grandes. Quiero tener una con un buen jardín, eso es fundamental, y una cocina grande y una gran chimenea en la sala —respondió Celia.

—A mí también me gustan mucho las chimeneas. ¿Piensas comprar una casa pronto?

—No sé. Todavía no he hecho planes tan importantes —respondió Celia, mirando hacia abajo y tocándose la frente.

—¿Estás bien? —preguntó Cisco con un tono preocupado.

METHODOLOGY • Contextualizing Chapter Grammar and Vocabulary In *Laberinto peligroso*
The video episode in each chapter, as well as the reading episode in the text, contextualizes new vocabulary and grammatical structures. Hence, *Laberinto peligroso* is a critical part of the *¡Anda! Curso intermedio* program. Additionally, each episode (reading and video) ends in a mini cliffhanger that is continued or resolved in the subsequent episode, which motivates students to read. If either the reading or the video is omitted, students will not be able to follow the story, and a wonderful learning opportunity will be missed.

METHODOLOGY • Reading
¡Anda! Curso intermedio supports both top-down and bottom-up approaches to reading. In the top-down—or reader-driven—approach, pre-existing knowledge the reader brings to the text is critical to comprehension. The *Antes de leer* section supports this approach. The text-driven—or bottom-up—approach relies on the decoding of words, phrases, and sentences. Some reading strategies, as well as teacher-led directed reading, promote this approach.

Instructor Resources
- Video script

ANSWERS to 3-45
1. Se levantó bruscamente y mientras salía del café, se le cayó una página de los informes que leía.
2. *Answers will vary.*
3. *Possible answers include:* Creo que quiere que Cisco piense que es una persona fuerte; creo que le da vergüenza.
4. Cisco estaba cambiando el baño, iba a renovar la cocina e iba a acabar el sótano.
5. Tenía que ser sencilla, no demasiado grande, y debía tener un buen jardín, una cocina amplia y una chimenea en la sala.
6. Se sentía cansada, le dolía la cabeza y encontró una nota que la asustó.

EXPANSION for *Lectura*
Have students compare Celia's ideal house with their own ideal houses.

SECTION GOALS for *Video*
By the end of the *Video* section, students will be able to:
- speculate about the origin of the mysterious note Celia received.
- describe Celia's apartment.
- describe Cisco's kitchen.
- indicate what information both Celia and Cisco want from Javier.
- hypothesize about Celia's feelings about Javier and Cisco.

NATIONAL STANDARDS
Communication
The mysterious story line continues in the *Laberinto peligroso* video, which focuses on Communication Standard 1.2. Students understand and interpret the spoken Spanish they hear in the video, and each episode covers several different topics. If students work together in small groups or pairs to answer the comprehension questions that follow the video, they are using Standard 1.1, the interpersonal mode. In small groups, they can engage in conversations about the characters, provide and obtain information about the plot, express feelings and emotions about the actions, and exchange opinions about their predictions for the next episode. The video can also serve as a way to incorporate Standard 1.3, the presentational mode, if students reenact the scenes from the video or write their predictions for the next scene and present their ideas to the class.

ANSWERS to 3-46
1. Las selvas tropicales
2. *Answers will vary.*
3. *Answers will vary.*

—Sí, pero estoy un poco cansada y me duele la cabeza. Creo que debería irme —Celia dijo mientras abría el bolso para sacar una propina para el camarero.

En su bolso encontró una nota que la asustó mucho.

3-45 Después de leer
Contesta las siguientes preguntas. ■

1. Al principio del episodio, ¿qué ocurrió con el hombre que estaba en el café?
2. ¿Por qué crees que Cisco le dijo a Celia que su artículo estaba casi terminado?
3. ¿Por qué crees que Celia no quería hablar sobre el incidente que ocurrió en el seminario?
4. ¿Qué planes tenía Cisco para su casa?
5. ¿Cómo era la casa ideal de Celia?
6. ¿Qué le ocurrió a Celia al final del episodio?

Video

03-41 to 03-42

3-46 Antes del video
En los últimos episodios, Cisco ha estado trabajando en un artículo importante, y al final de *Planes importantes* Celia estaba asustada. En el próximo episodio del video, vas a ver qué asustó a Celia y también vas a aprender más sobre el artículo de Cisco. Antes de ver el episodio, contesta las siguientes preguntas. ■

1. ¿Qué tema ha estado investigando Cisco en los últimos episodios?
2. ¿Por qué crees que no se sentía bien Celia?
3. ¿Qué crees que había en la nota que asustó a Celia?

Dudo que sea una broma (*joke*).

¿Por qué tenía tanta prisa Cisco? ¿Ocultaba (*Was he hiding*) algo?

El poder curativo de las plantas en las selvas tropicales es algo que me apasiona…

Episodio 3

«Una nota misteriosa»

Relájate y disfruta el video.

3-47 Después del video
Contesta las siguientes preguntas. ■

1. ¿Qué dijo la nota que Celia encontró en su bolso? ¿Cómo reaccionó Cisco a la nota?
2. ¿Cómo era el apartamento de Celia?
3. ¿Con qué tipo de especialista necesitaba hablar Cisco?
4. ¿Cómo concluyó el episodio?

ANSWERS to 3-47
1. "Te estoy observando." Cisco no cree que sea un asunto serio; cree que es una broma de algún amigo de Celia.
2. *Answers will vary.*
3. Necesitaba hablar con un especialista en las selvas tropicales y los medicamentos.
4. Celia recibió un mensaje de correo electrónico que la asusta.

LETRAS

Acabas de terminar otro episodio de **Laberinto peligroso.** Explora más lecturas en la colección literaria, **Letras.**

03-47 to 03-51

***LETRAS* LITERARY READER**
Refer your students to *Capítulo 3* of the *Letras* Literary Reader to read *Yo y el ladrón*, by Wenceslao Fernández Flórez, and to learn about *el cuento, el argumento, el personaje, el punto de vista,* and *el narrador*.

Y por fin, ¿cómo andas?

Having completed this chapter, I now can . . .	Feel confident	Need to review
Comunicación I		
• describe houses and their surroundings. (p. 110)	☐	☐
• discuss past events. (MSL)	☐	☐
• specify people, places, and things. (p. 115)	☐	☐
• note main ideas. (p. 120)	☐	☐
Comunicación II		
• depict a home and its rooms. (p. 122)	☐	☐
• share about situations in the past and how things used to be. (MSL)	☐	☐
• express doubt, emotions, and sentiments. (p. 126)	☐	☐
• report results of actions. (p. 130)	☐	☐
• extend, accept, and decline invitations. (p. 134)	☐	☐
• add supporting details to a description. (p. 136)	☐	☐
Cultura		
• relate information about home improvements. (p. 117)	☐	☐
• identify people who specialize in home and architectural design. (p. 131)	☐	☐
• investigate housing and architecture in Spain. (p. 138)	☐	☐
Laberinto peligroso		
• pinpoint a text's main ideas and hypothesize the origin of Celia's threatening note. (p. 140)	☐	☐
• speculate on Celia and Cisco's relationship and what happened to her at the seminar. (p. 142)	☐	☐
Comunidades		
• use Spanish in real-life contexts. (SAM)	☐	☐
Letras		
• read and understand a short story using literary terms. (Literary Reader)	☐	☐

Instructor Resources
• Testing program information

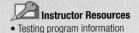

VOCABULARIO ACTIVO

La construcción de casas y sus alrededores	*Housing materials and surroundings*
la acera	*sidewalk*
el adobe	*adobe*
los azulejos	*ceramic tiles*
el cemento	*cement*
la cerca	*fence*
el césped	*grass; lawn*
la cuadra	*city block*
el estanque	*pond*
el ladrillo	*brick*
la madera	*wood*
la manguera	*garden hose*
el muro	*wall (around a house)*
la piscina	*swimming pool*
el yeso	*plaster*

Algunos verbos	*Some verbs*
alquilar	*to rent*
añadir	*to add*
comparar con	*to compare with*
componer	*to repair; to fix an object*
construir	*to construct*
gastar	*to spend; to wear out*
mudarse	*to move*
ponerse de acuerdo	*to agree; to reach an agreement*
quemar	*to burn*
reparar	*to repair*

Algunas palabras útiles	*Some useful words*
el alquiler	*rent*
el/la arquitecto/a	*architect*
el/la carpintero/a	*carpenter*
el/la contratista	*contractor*
el/la diseñador/a	*designer*
el/la dueño/a	*owner*
la factura (mensual)	*(monthly) bill*
la hipoteca	*mortgage*
el/la obrero/a	*worker*
el préstamo	*loan*
el presupuesto	*budget*

Dentro del hogar	*Inside the home*
el aire acondicionado	*air conditioning*
la chimenea	*fireplace; chimney*
el cuarto	*room*
el fuego	*fire*
el hogar	*home*
la lavadora	*washing machine*
la secadora	*dryer*
el pasillo	*hall*
el sótano	*basement*

La sala	*Living room*
el florero	*vase*
las velas	*candles*

La cocina	Kitchen
la alacena	*cupboard*
la cafetera	*coffeemaker*
la batidora	*hand-held beater; mixer; blender*
la cacerola	*saucepan*
la copa	*goblet; wine glass*
las cortinas	*curtains*
la despensa	*pantry*
el fregadero	*kitchen sink*
el horno	*oven*
la jarra	*pitcher*
el mostrador	*countertop*
la olla	*pot*
el platillo	*saucer*
el plato hondo	*bowl*
la sartén	*skillet; frying pan*
la sopera	*soup bowl*
la toalla	*towel*

El dormitorio	Bedroom
el espejo	*mirror*
la funda (de almohada)	*pillowcase*
las persianas	*blinds*

Algunos verbos	Some verbs
calentar (e → ie)	*to heat*
colgar (o → ue)	*to hang*
cortar el césped	*to cut the grass*
cubrir	*to cover*
pintar	*to paint*
remodelar, renovar (o → ue)	*to remodel, to renovate*
regar (e → ie) las flores	*to water the flowers*
sacar la mala hierba	*to weed*
sugerir (e → ie → i)	*to suggest*

Algunas palabras útiles	Some useful words
el/la electricista	*electrician*
el/la jardinero/a	*gardener*
el/la plomero/a	*plumber*
el/la vecino/a	*neighbor*

Instructor Resources
- IRM: Syllabi and Lesson Plans

NATIONAL STANDARDS

COMUNICACIÓN I
- To express information about celebrations and life events (Communication, Cultures, Comparisons)
- To report and narrate past events (Communication)
- To discuss events that *had* occurred (Communication)
- To register details (Communication)
- To engage in additional communication practice (Communication)

COMUNICACIÓN II
- To describe foods and their preparation (Communication, Connections, Communities)
- To indicate how long something has been going on or how long ago it occurred (Communication)
- To expand on foods (Communication)
- To specify what *has* happened (Communication)
- To use appropriate expressions when asking for and giving directions (Communication, Culture)
- To write about events in a logical order (Communication)
- To engage in additional communication practice (Communication)

CULTURA
- To relate information about celebrations and traditions in the Hispanic world (Communication, Cultures, Comparisons, Connections)
- To name and provide details about three people known for creating excellent cuisine (Cultures, Connections, Comparisons)
- To share and compare cultural information regarding celebrations and traditions in Guatemala, Honduras, and El Salvador (Cultures, Connections, Comparisons)
- To explore further the chapter's cultural themes (Communication, Cultures)

LABERINTO PELIGROSO
- To identify details and supporting elements in a text and speculate about threatening notes (Communication)
- To hypothesize about mysterious intruders (Communication)

COMUNIDADES
- To use Spanish in real-life contexts (Communication)

4 ¡Celebremos!

Hay celebraciones por todas partes del mundo y por muchos motivos diferentes. Algunas se asocian con temas religiosos y son formales. Otras tienen que ver con eventos familiares y celebran las épocas de la vida, el paso del tiempo o las relaciones personales. ¡Y algunas celebraciones son simplemente fiestas para divertirse con amigos, música y buena comida!

PREGUNTAS

1. ¿Qué piensas que celebran estas personas?
2. ¿Qué fiestas te gusta celebrar más y por qué?
3. ¿Cómo y con quiénes celebras los eventos importantes de la vida?

146

LITERATURA
- To identify the structure of a poem (Communication)

SECTION GOALS for *Chapter opener*

By the end of the Chapter opener section, students will be able to:
- describe different types of celebrations.
- discuss their preferences about festivities and celebrations.
- compare how they celebrate with how others celebrate.

NATIONAL STANDARDS

Chapter opener

The Chapter opener section about celebrations focuses on two main Standards' goal areas: Communication and Cultures. The personal questions that follow the section elicit interpersonal communication (Standard 1.1), and the cultural information exposes students to the practices and perspectives associated with Hispanic celebrations (Standard 2.1).

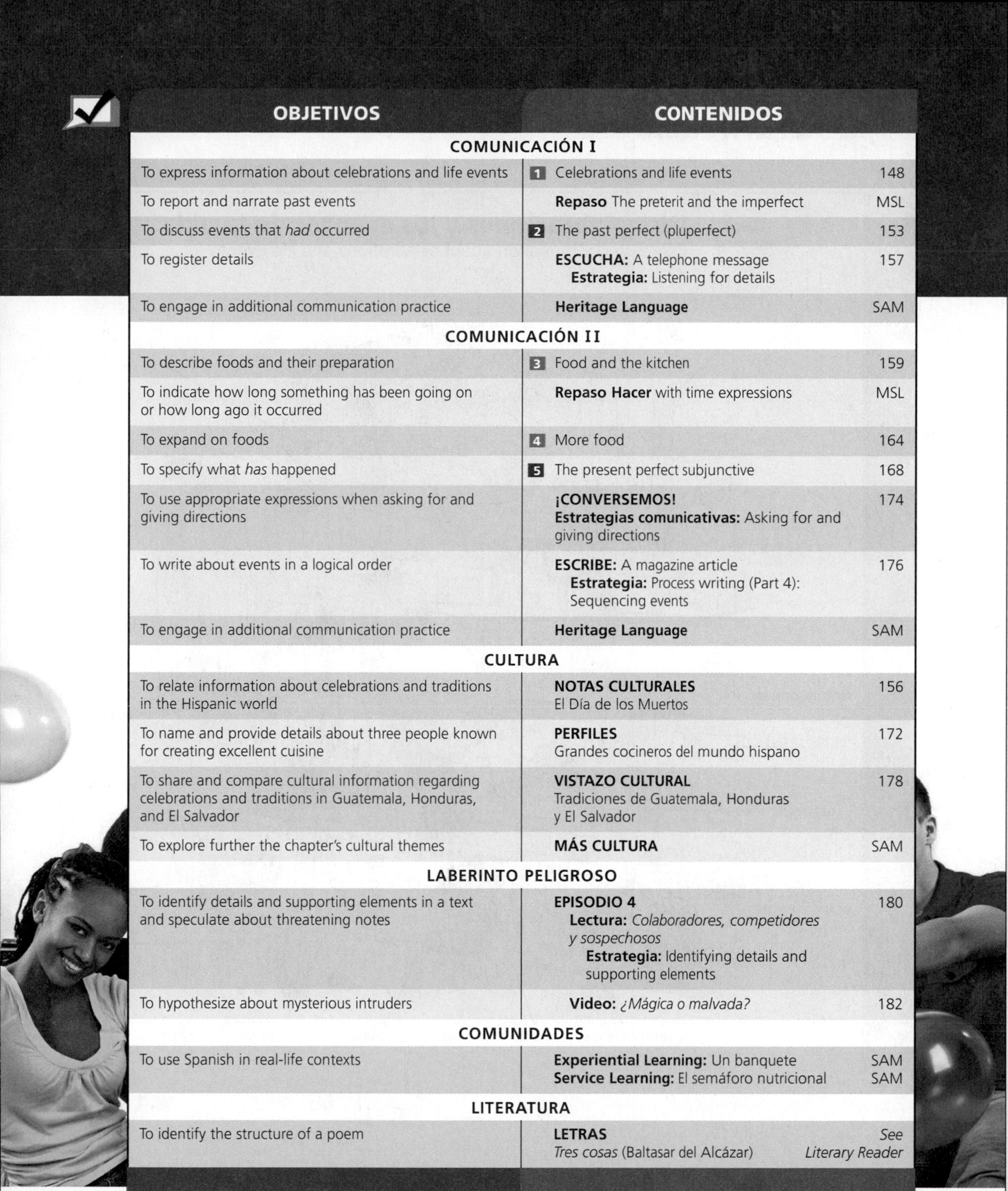

OBJETIVOS	CONTENIDOS	
COMUNICACIÓN I		
To express information about celebrations and life events	**1** Celebrations and life events	148
To report and narrate past events	**Repaso** The preterit and the imperfect	MSL
To discuss events that *had* occurred	**2** The past perfect (pluperfect)	153
To register details	**ESCUCHA:** A telephone message **Estrategia:** Listening for details	157
To engage in additional communication practice	**Heritage Language**	SAM
COMUNICACIÓN II		
To describe foods and their preparation	**3** Food and the kitchen	159
To indicate how long something has been going on or how long ago it occurred	**Repaso Hacer** with time expressions	MSL
To expand on foods	**4** More food	164
To specify what *has* happened	**5** The present perfect subjunctive	168
To use appropriate expressions when asking for and giving directions	**¡CONVERSEMOS!** **Estrategias comunicativas:** Asking for and giving directions	174
To write about events in a logical order	**ESCRIBE:** A magazine article **Estrategia:** Process writing (Part 4): Sequencing events	176
To engage in additional communication practice	**Heritage Language**	SAM
CULTURA		
To relate information about celebrations and traditions in the Hispanic world	**NOTAS CULTURALES** El Día de los Muertos	156
To name and provide details about three people known for creating excellent cuisine	**PERFILES** Grandes cocineros del mundo hispano	172
To share and compare cultural information regarding celebrations and traditions in Guatemala, Honduras, and El Salvador	**VISTAZO CULTURAL** Tradiciones de Guatemala, Honduras y El Salvador	178
To explore further the chapter's cultural themes	**MÁS CULTURA**	SAM
LABERINTO PELIGROSO		
To identify details and supporting elements in a text and speculate about threatening notes	**EPISODIO 4** **Lectura:** *Colaboradores, competidores y sospechosos* **Estrategia:** Identifying details and supporting elements	180
To hypothesize about mysterious intruders	**Video:** *¿Mágica o malvada?*	182
COMUNIDADES		
To use Spanish in real-life contexts	**Experiential Learning:** Un banquete **Service Learning:** El semáforo nutricional	SAM SAM
LITERATURA		
To identify the structure of a poem	**LETRAS** *Tres cosas* (Baltasar del Alcázar)	*See Literary Reader*

147

METHODOLOGY • The 5th C of the National Standards
One of the most difficult National Standards to incorporate is the final National Standard, *Communities.* Instructors at times find it difficult to include meaningful activities for their students.

¡Anda! Curso intermedio provides a wide array of authentic *Communities* activities for each chapter that are both experiential as well as service learning. The activities can be found in the Student Activities Manual at the end of each chapter.

CAPÍTULO 4

21ST CENTURY SKILLS • THINKING CREATIVELY
The Partnership for 21st Century Skills highly values creativity and innovation. Supported are creation techniques such as brainstorming. In *¡Anda! Curso intermedio,* students are frequently encouraged to brainstorm with partners to creatively use new and recycled vocabulary and grammar in recombined, real-life contexts.

WARM-UP for *Chapter opener*
As in previous chapters, ask your students to form several good hypotheses regarding the photo on this page. Also, have the students read the objectives for the chapter silently. We suggest that you spend no more than 5 to 7 minutes on chapter openers.

METHODOLOGY • Checking for Reading Comprehension
The text and questions for this chapter opener are purposely written at an $i+1$ level for your students. Your students will be able to answer these questions in Spanish in some fashion. Encourage them to try to express themselves by using circumlocution to describe what they wish to say if they do not yet have the vocabulary. Your heritage language learners will be able to answer the questions in a complete fashion.

PLANNING AHEAD
There is a variety of activities in this chapter that benefit from students doing preliminary work before coming to class. Their preparation of these activities maximizes interpersonal communication during class time. What follows are the activities that require preparation before class: **4-4,** assign *Paso 1;* **4-12,** assign the writing of at least 8 sentences; **4-23,** assign the writing of the poem; **4-25,** have them prepare a suggested menu; and **4-26,** assign *Paso 1.*

As a reminder, it is recommended that you assign the grammar explanations and the culture sections to be read as homework in advance of class; they are written in clear language so that students will be able to understand them. This will help you maximize your class time, as you can devote more time to students requesting clarifications. Students will also have more opportunities to use the review and new grammar in its communicative context and to engage in meaningful interaction with their classmates.

Instructor Resources
- Textbook images, Extra Activities

SECTION GOALS for *Comunicación I*
By the end of the *Comunicación* section, students will be able to:
- narrate their life events and celebrations.
- distinguish between the preterit and the imperfect.
- report about events that had taken place using the past perfect.
- explain the tradition of *el Día de los Muertos.*

NATIONAL STANDARDS
Communication, Cultures, Comparisons
The topic of celebrations and festivities lends itself well to enhancing communication, making comparisons, and highlighting cultural practices. The communicative activities are interpersonal in nature. Students work in pairs or small groups to engage in conversations, provide and obtain information, express feelings and emotions, and exchange opinions (Standard 1.1). Reviewing the two simple past tenses and judging when to use which tense allows for comparisons between Spanish and English (Standard 4.1). As students discuss past celebrations and life events and discover traditional Hispanic celebrations, they reflect upon the cultural practices and perspectives of the Hispanic peoples (Standard 2.1).

NOTE for *Las celebraciones y los eventos de la vida*
Students may wish to know how to refer to other familiar holidays in the United States, such as *el Año Nuevo* (New Year's Day), *el Día de los Presidentes* (Presidents' Day), *el Nacimiento de Martin L. King* (Martin Luther King Jr.'s Birthday), *el Día Conmemorativo* (Memorial Day), *el Día del Trabajo* (Labor Day), *el Día de los Veteranos* (Veteran's Day), and *el Día de Acción de Gracias* (Thanksgiving).

NOTE for *Las celebraciones y los eventos de la vida*
Las Pascuas is a generic term for several holidays in Spanish. For example, at both Christmastime and Easter, one can say "*Felices Pascuas*". To refer specifically to Easter, you can use *La Pascua Florida, La Pascua de las Flores,* or *La Pascua de la Resurrección.*

Comunicación I

3:00

1 VOCABULARIO

04-01 to 04-03

Las celebraciones y los eventos de la vida

Expressing information about celebrations and life events

Las celebraciones y los eventos de la vida	*Life events and celebrations*
el baile	*dance*
la cita	*date*
El Día de la Madre/	*Mother's Day,*
del Padre/	*Father's Day,*
de la Independencia, etc.	*Independence Day, etc.*
El Día de los Muertos	*Day of the Dead*
el nacimiento	*birth*
la primera comunión	*First Communion*
la quinceañera	*fifteenth birthday celebration*

Verbos	*Verbs*
celebrar	*to celebrate*
cumplir... años	*to have a birthday/to turn . . . years old*
dar a luz	*to give birth*
discutir	*to argue; to discuss*
disfrazarse	*to disguise oneself; to wear a costume*
enamorarse (de)	*to fall in love (with)*
engañar	*to deceive*
estar comprometido/a	*to be engaged*
estar embarazada	*to be pregnant*
pelear(se)	*to fight*
salir (con)	*to go out (with)*
tener una cita	*to have a date*

REPASO

¡Hola! *Repaso* & Spanish/English Tutorials

04-04 to 04-08

El pretérito y el imperfecto Reporting and narrating past events

For a complete review of the preterit and the imperfect, go to MySpanishLab or refer to **Capítulo 9** of ***¡Anda! Curso elemental*** in Appendix 3 of your textbook. The vocabulary activities that appear in your textbook incorporate this grammar point. Practicing new vocabulary with a review grammar point helps to strengthen and increase your knowledge of Spanish.

METHODOLOGY • Reviewing and Recycling Grammatical Concepts
You may wish to have a warm-up each day at the beginning of class in which you ask some quick personalized questions of your students using the preterit and imperfect. You can also end a class with similar questions if you have a few minutes to spare. These quick reviews should not last for more than a few minutes. They have the added benefit of contextualizing the grammar review and involving the students in their own learning.

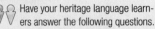

NOTE for *Las celebraciones y los eventos de la vida*
Mother's Day (and Father's Day) is also seen in the plural form: *El Día de las Madres (los Padres).*

NOTE for *El Día de la Madre*
In Mexico, Mother's Day is always celebrated on May 10, regardless of the day of the week on which the date falls. Schools cancel classes and many businesses give their employees the afternoon off so that they can spend time with their families to celebrate and honor their mothers.

HERITAGE LANGUAGE LEARNERS
Heritage language learners are probably familiar with these celebrations and customs. You may ask them to share with the class what their relatives do for *bautizos, quinceañeras, bodas,* and other celebrations. This is a good opportunity to discuss diversity throughout Hispanic countries, as there may be different ways of celebrating the same holiday.

HERITAGE LANGUAGE LEARNERS
Have your heritage language learners answer the following questions.

1. ¿Cómo se celebra el Día de la Madre aquí en los Estados Unidos? Haz una comparación con la celebración en el mundo hispano y preséntasela a la clase.
2. Con un/a compañero/a de clase, haz una comparación de la quinceañera con una celebración que tenemos en los Estados Unidos. Puedes usar un diagrama Venn si quieres.
3. Escoge una persona famosa de tu cultura o una persona de tu familia. Describe la ofrenda que construirías para esta persona. ¿Qué contendría? ¿Por qué?

NOTE for *Repaso*
This is a reminder that the *Repaso* boxes are meant to be assigned as homework the night before you introduce the new vocabulary. Students should be expected to review this prior to class so that you can proceed immediately to the first activity following the vocabulary presentation.

If you wish, immediately following the vocabulary presentation and preceding the first vocabulary activity in the text, you may do the following mechanical activity.

Have Partner A give a date and Partner B give the corresponding holiday. For verbs and words like *el baile*, have Partner A provide a definition and Partner B say the word.

INSTRUCTIONS for 4-2

Divide the class into groups of four or five students each (more if you have a larger class). Give each group a set of cards that is placed face down on a desk. Each card has a new vocabulary word or phrase written on it, with one letter highlighted. Students are instructed not to look at the cards until the game begins. Then, students take turns drawing a card and describing the word or phrase to the members of the group, without using the word or phrase itself. As each is correctly guessed, another student draws a new card and the group guesses again. After all words have been correctly guessed, the group must make a word out of the highlighted letters from the group's set of cards. This can be a competition, with the group that unscrambles the letters first as winners. You may play several rounds by collecting the cards and redistributing them among the groups. The following is the information needed for playing with six groups:

GROUP 1: el Día de los Muertos, el aniversario de boda, cumplir años, pelearse, la luna de miel (Pascua)
GROUP 2: el aniversario, el Día de las Brujas, la cita, el nacimiento, la luna de miel, el Día de San Valentín, dar a luz (Navidad)
GROUP 3: el noviazgo, celebrar, enamorarse, el bautizo, la luna de miel, la boda, el aniversario de boda, el regalo (embarazo)
GROUP 4: la boda, la luna de miel, el bebé, el noviazgo, tener una cita, cumplir años, la quinceañera (bautizo)
GROUP 5: la Pascua, el compromiso, engañar, el bebé, el embarazo, el regalo, dar a luz, la luna de miel (celebrar)
GROUP 6: dar a luz, el Día de la Madre, salir con, la quinceañera, la Navidad, la primera comunión, tener una cita, el nacimiento (discutir)

EXPANSION for 4-3

You may wish to share information regarding the Spanish custom of *tapear* with your students. *Tapear* comes from the word *tapas* and means to eat *tapas* in a bar or tavern. It is generally associated with people going out in search of good *tapas* to have as snacks before dinner.

Estrategia

To help you remember vocabulary, use images in association with the words. You could create visual flash cards with pictures instead of English translations. Also, try to associate these celebrations with activities you might do to acknowledge them. When you put your vocabulary into a personal context, it becomes more meaningful to you and you will retain it better.

1:00

4-1 ¿Cuál fue?

Anoche hubo muchas celebraciones. Lean lo que hicieron estas personas en distintas celebraciones e indiquen de qué celebración se trata cada situación. Túrnense. ■

a. El Día de las Brujas
b. el bautizo
c. el aniversario de boda
d. el nacimiento

1. Los niños se disfrazaron y fueron a una fiesta.
2. Sara dio a luz a una niña.
3. Hoy hace veinte años que Gastón y Patricia se casaron.
4. Julia y Felipe llevaron a su bebé a la iglesia y hubo una ceremonia con los padrinos y un cura (*priest*).

Answers to 4-1
1. a. El Día de las Brujas
2. d. el nacimiento
3. c. el aniversario de boda
4. b. el bautizo

Fíjate

Other words you might find useful are:
el embarazo = pregnancy
el noviazgo = engagement; courtship.

4:00

4-2 Y la palabra es...

Escuchen mientras el/la profesor/a explica la actividad. Van a tener que describir palabras, según el modelo. ■

MODELO tener una cita

una persona invita a otra a salir, entonces salen juntos; pueden ser más que amigos; el amor es una posibilidad…

Answers to 4-2
1. Pascua
2. Navidad
3. embarazo
4. bautizo
5. celebrar
6. discutir

5:00

4-3 La cita de Paula y Pablo

Elijan el verbo apropiado para terminar el pasaje. Después discutan por qué son correctos. Túrnense. ■

(1) Eran / Fueron las cinco de la tarde cuando Pablo (2) decidía / decidió llamar a Paula. Paula (3) hacía / hizo yoga cuando (4) sonaba / sonó el teléfono. (5) Era / Fue Pablo y la (6) quería / quiso invitar a cenar con él. A las siete y media la (7) recogía / recogió (8) e iban / y fueron en coche al restaurante Tío Tapa. El restaurante (9) era / fue pequeño pero acogedor (*cozy*). (10) Se sentaban / Se sentaron en el patio y (11) empezaban / empezaron a conocerse. (12) Pedían / Pidieron diferentes tapas y cerveza. Después de tres horas de comer, beber y conversar (13) decidían / decidieron irse a un club para bailar. (14) Se divertían / Se divirtieron mucho en su primera cita.

Answers to 4-3
1. Eran
2. decidió
3. hacía
4. sonó
5. Era
6. quería
7. recogió
8. y fueron
9. era
10. Se sentaron
11. empezaron
12. Pidieron
13. decidieron
14. Se divirtieron

8:00 4-4 Una celebración en Sevilla

Adriano estudia este semestre en Sevilla, España. Le escribe un email a su madre sobre una experiencia muy interesante. ■

Paso 1 Termina el email con las formas correctas de los verbos apropiados en **el pretérito** o **el imperfecto.** Después compara tu trabajo con el de un/a compañero/a.

andar	decir	empezar	encontrarse	leer
llamar	llegar	salir	ser (×2)	tener

Estrategia

Attempt to work with a different partner in each class. This enables you to help and learn from a variety of your peers, an important and highly effective learning technique. Equally important is the fact that working in small groups, rather than as a large class, gives you more opportunities and time to practice Spanish, as well as to get to know your classmates better.

Querida mamá:

¡Me gusta Sevilla más que nunca! Anoche yo (1) ___leía___ *Don Quijote* cuando mi amigo Luis me (2) ___llamó___. Él me (3) ___dijo___ que (4) ___tenía___ una sorpresa para mí y que me recogería (*would pick me up*) en diez minutos. Cuando (5) ___salí___ del piso (apartamento) vi que (6) ___era___ una noche perfecta con buena temperatura, una brisa deliciosa y un cielo estrellado. (7) ___Eran___ las once y media cuando Luis (8) ___llegó___. Inmediatamente nosotros (9) ___empezamos___ a caminar a un lugar secreto (por lo menos para mí). (10) ___Anduvimos___ por casi media hora y por fin (11) ___nos encontramos___ en un lugar con mucha gente y fue muy emocionante.

decir	divertirse	esperar	estar	iluminar
moverse	parecer	ser	ubicarse (*to be located*)	volver

Me (12) ___pareció___ que toda la gente (13) ___esperaba___ algo importante. Nosotros (14) ___estábamos___ cerca de la entrada de un sitio grande y oscuro. A las doce en punto 20.000 bombillas (15) ___iluminaron___ una gran portada. ¡Era el comienzo de la famosa Feria de Abril! Entonces toda la masa de personas (16) ___se movió___ para dentro.

Según me (17) ___dijo___ Luis, este año es diferente porque hay un nuevo lugar para la Feria —los terrenos del Charco de la Pava, junto al río Guadalquivir. En el pasado la Feria (18) ___se ubicaba___ en el Barrio de los Remedios, donde vivo yo ahora con doña Esperanza. Según Luis la razón por la que cambiaron de lugar (19) ___fue___ la alta demanda de casetas (casas pequeñas donde la gente come, bebe, baila y descansa durante la Feria).

Yo (20) ___volví___ a la Feria al día siguiente donde (21) ___me divertí___ muchísimo. Mamá —la música, el baile, los caballos, la comida, las copas— ¡todo fue increíble!

Besos,
Adriano

Paso 2 Ahora, expliquen el uso de los verbos y los tiempos verbales del **Paso 1.**

MODELO 1. leía
describes what was going on when another action interrupted; he was reading when Luis called

EXPANSION for 4-4

For more information regarding *las casetas,* have your students research them on the Internet. Suggested keywords: *Sevilla, la feria de abril, casetas.*

EXPANSION for 4-4

You may want to expand upon **4-4** by asking the following comprehension questions:

1. ¿Qué hacía Adriano cuando Luis llamó?
2. ¿Adónde fueron? ¿Qué vieron al llegar?
3. ¿Cómo empezó la Feria?
4. ¿Por qué se cambió de lugar la Feria?
5. ¿Qué hace la gente durante la Feria?

EXPANSION for 4-4

You may wish to have your students research famous festivals/celebrations in the Spanish-speaking world, and report to the class what they have learned. Suggested keywords: *Día de los Muertos; Las posadas mexicanas; La feria de las flores,* etc.

ADDITIONAL ACTIVITY for *Las celebraciones y los eventos de la vida*

Put students in groups of three. Give each group a different word. Have each group create a description/definition. Then have each group join another group and describe their word or phrase; the other group has to guess the word.

HERITAGE LANGUAGE LEARNERS

To review the vocabulary and the preterit/imperfect, you may want to have your heritage language learners write short stories using the following verbs in the past: *discutir, pelearse, engañar, enamorarse de, salir con, estar comprometido,* etc. This can be done in groups or pairs. Students can then present their stories to other groups or to the class. As a follow-up, they can write dialogues and act them out.

ADDITIONAL ACTIVITY for *Las celebraciones y los eventos de la vida*

What follows is an additional activity that fulfills the *Communities* Standard of the National Standards.

Prepara una presentación interactiva sobre el Día de los Muertos o de otro día festivo (como el día de la Virgen de Guadalupe, el día de los Reyes Magos, Semana Santa y Pascua, etc.) para dar en una clase de español de una escuela de tu ciudad. Aprovecha la oportunidad no solo para explicarles a los niños o jóvenes en qué consiste la fiesta y qué hace la gente hispana ese día, sino también para hablar sobre qué podemos o debemos aprender nosotros de esas prácticas culturales.

SUGGESTION for 4-5
For students who have a difficult time remembering some important moments in their lives, mention topics such as *sus últimas vacaciones, su último partido de fútbol, el primer día de clase en la universidad,* etc.

HERITAGE LANGUAGE LEARNERS
For **4-5,** heritage language learners could write about their last family reunions or their last trips to their countries of origin and share these stories with the class.

SUGGESTION for *Las celebraciones y los eventos de la vida*
You may want to discuss other traditions in the Spanish-speaking world with your students. Another tradition that is quite prevalent in the Spanish-speaking world (and particularly in Mexico) is that of the *quinceañera.* When a daughter turns fifteen, her family and friends celebrate with a party. Arriving at this age symbolizes the transition between adolescence and adulthood. Often the celebration begins with a special Catholic mass. The *quinceañera* (the celebrant) dresses elegantly, in many cases resembling a bride. Another common tradition is the symbolic changing of flat shoes to high heels, an additional sign of becoming "a woman." The festivities also include a dinner and dancing.

ADDITIONAL ACTIVITY for *Las celebraciones y los eventos de la vida*
Have each group of 3 or 4 students plan an event such as *una boda, un aniversario,* etc. Encourage them to discuss the food they will serve, what kind of music they will have, where and when the events will take place, and whether they will be traditional Hispanic celebrations or they will adapt them. Then have the groups present the plans that they have to the rest of the class. The class can vote for the best plan.

4:00 Workbooklet

4-5 Tres momentos importantes

Piensa en los momentos importantes de tu vida. ■

Paso 1 Escribe sobre **tres** eventos importantes que tuvieron lugar en tu vida, contestando las preguntas, según el modelo.

Estrategia
Concentrate on spelling and accent marks. If you are a visual learner, try color-coding the words that have accents or writing the accents in a different color to call attention to those forms of the verb.

¿CUÁNDO FUE?	¿DÓNDE ESTABAS?	¿CON QUIÉN(ES) ESTABAS?	¿QUÉ PASÓ?	¿CÓMO TE SENTÍAS?
el quince de mayo	la playa	mis padres	conocí a mi novio	feliz

Paso 2 Escribe **tres** oraciones (una para cada evento) resumiendo toda la información. Después comparte la información con un/a compañero/a.

MODELO *El quince de mayo estaba en la playa con mi familia cuando conocí a mi novio. Me sentía muy feliz…*

5:00

4-6 El Hotel Playa Sol

Lean el anuncio del Hotel Playa Sol. Después escriban un párrafo creativo de **seis** a **ocho** oraciones sobre lo que les ocurrió allí a Andrea y Roberto, una pareja de Guadalajara, México. ■

¡Anda! Curso elemental, Capítulo 2. Los deportes y los pasatiempos; Capítulo 10. El viaje, Apéndice 2.

Hotel Playa Sol
¡Bodas en el paraíso!
Hotel Playa Sol es su lugar.
El Hotel Playa Sol tiene un bello jardín tropical donde un sendero° con velas y antorchas° lo conduce hacia una playa hermosa donde su ser amado lo espera...

path
candles and torches

5:00

2 GRAMÁTICA

04-09 to 04-12 ¡Hola! Spanish/English Tutorials

El pasado perfecto (pluscuamperfecto)

Discussing events that *had* occurred

In **Capítulo 1** you learned to express actions that began in the past and continue into the present by using the equivalent of ***have/has*** _____ *-ed* (form of **haber + ado/ido**), the **present perfect**.

En los últimos tres años, muchos de mis amigos **se han casado.**	*In the past three years, many of my friends have gotten married.*
Nos hemos peleado mucho recientemente.	*We have fought a lot lately.*

- Another perfect tense is the **past perfect *(had _____-ed)***. In Spanish, as in English, the past perfect is used to indicate that an action ***had taken*** place. Study the chart and the examples, and then answer the questions that follow.

Cuando yo llegué, ella ya había salido con otro hombre.

	haber	Past participle
yo	**había**	celebrado / comido / discutido
tú	**habías**	celebrado / comido / discutido
Ud.	**había**	celebrado / comido / discutido
él, ella	**había**	celebrado / comido / discutido
nosotros/as	**habíamos**	celebrado / comido / discutido
vosotros/as	**habíais**	celebrado / comido / discutido
Uds.	**habían**	celebrado / comido / discutido
ellos/as	**habían**	celebrado / comido / discutido

Cuando llegué a la fiesta todo el mundo ya **se había ido.**	*When I arrived at the party everyone had already gone.*
Cuando llegaron los bomberos, Adriana ya **había dado** a luz.	*When the firefighters arrived, Adriana had already given birth.*
A las siete el bautizo todavía no **había empezado.**	*The baptism had still not begun by 7:00.*
Cuando se casaron en el año 2005 **habían vivido** en el mismo barrio varios años.	*When they married in 2005 they had lived in the same neighborhood several years.*

- **Note:** Remember that some verbs have irregular past participles, such as **abrir (abierto)** and **decir (dicho)**. What are the other common irregular past participles that you know? For a complete list, refer to page 50.

¡Explícalo tú!

1. How do you form the past perfect tense?
2. How does the form compare with the present perfect tense (**he hablado, has comido, han ido,** etc.)?
3. To make the sentence negative in the past perfect, where does the word *no* go?
4. Which verbs have irregular past participles?

✓ Check your answers to the preceding questions in **Appendix 1.**

Estrategia

Remember that there are two types of grammar presentations in *¡Anda! Curso intermedio:*

1. You are given the grammar rule.
2. You are given guiding questions to help you construct the grammar rule and to state the rule in your own words.

Instructor Resources

- PPT, Extra Activities

NOTE for *El pasado perfecto*
You may wish to draw a time line on the board to illustrate the temporal differences among the preterit, past perfect, and present perfect.

SUGGESTION for *El pasado perfecto*
When learning the forms of *haber* as an auxiliary verb, remind students that *había* means "there was" or "there were."

NOTE for *El pasado perfecto*
Brainstorm with students all the things they had done before arriving to class today.

NOTE for *El pasado perfecto*
Give a series of statements about things you had done before coming to class today, some true and some false, and have students guess which ones you had actually done.

NOTE for *El pasado perfecto*
Have students each share 2–3 things they had presumed about college life before actually beginning their studies.

METHODOLOGY • Inductive Grammar Presentations
An *inductive* approach is one in which the students are given examples of a grammar concept, and, through the use of guiding questions, they are led to formulate the rule in their own words. Another way of saying this is that they construct their own knowledge. Research has shown that this method enables students to better remember and internalize the rules. So, you might ask, why not present *all* grammar inductively? The main reason is that the inductive approach takes more time, and some grammar points do not merit the additional time (e.g., some of the very basic review grammar topics).

NOTE for *Gramática*
This is another inductive grammar presentation in which the students are given examples of a grammar concept and, through the use of guiding questions, they formulate the rule in their own words.

NOTE for 4-7
Most students will know who Pablo Picasso is but few may have heard of Wifredo Lam (1902–1982), a Cuban artist who sought to portray and revive the Afro-Cuban spirit and culture. He was inspired by, and in contact with, some of the most renowned artists of the 20th century, including Picasso and Matisse. Though he was predominantly a painter, he also worked with sculpture and ceramics in later life. Many of his paintings can be viewed online. Suggested keywords: *Wifredo Lam, artista cubano.*

EXPANSION for 4-7
Have students research Wifredo Lam and bring some of his work to class. They can then compare Lam's and Picasso's work.

EXPANSION for 4-7
Have students brainstorm what else the artists had done that day.

1:00 **4-7** **Cambiamos** Digan lo que habían hecho ya los artistas Pablo Picasso y Wifredo Lam cuando se encontraron en un museo a las diez de la noche. Túrnense. ■

MODELO Wifredo / comer en un restaurante cubano
Wifredo había comido en un restaurante cubano.

1. Pablo / pintar un cuadro Pablo había pintado un cuadro.
2. Wifredo / llevar cuadros a dos museos Wifredo había llevado cuadros a dos museos.
3. Pablo y Wifredo / aprender nuevas técnicas Pablo y Wifredo habían aprendido nuevas técnicas.
4. Wifredo / experimentar con una acuarela (*watercolor*) Wifredo había experimentado con una acuarela.
5. Pablo / mirar la joyería de su hija Paloma Pablo había mirado la joyería de su hija Paloma.
6. Pablo y Wifredo / conocer algunos aficionados (*fans*) Pablo y Wifredo habían conocido a algunos aficionados.

ANSWERS to 4-8
1. Me preguntó si había tenido conversaciones contigo sobre otras mujeres.
2. Me preguntó si había observado algún comportamiento raro.
3. Me preguntó si habías recibido llamadas extrañas.
4. Me preguntó si te había visto en fiestas sin ella.
5. Me preguntó si habían venido a mi casa con otra mujer.
6. Me preguntó si habías comprado regalos recientemente.
7. Me preguntó si habíamos ido a bares juntos.
8. Me preguntó si había mentido o si había dicho la verdad.

3:00 **4-8** **El engaño** Esta mañana ustedes vieron a la novia de Paco y ella les hizo muchas preguntas sobre la vida de Paco antes de empezar a salir con ella. Túrnense para decirle a Paco lo que les preguntó su novia. Usen **el pasado perfecto** en sus oraciones según el modelo. ■

MODELO notar algo diferente (yo)
Me preguntó si yo había notado algo diferente.

1. tener conversaciones contigo sobre otras mujeres (yo)
2. observar un comportamiento (*behavior*) raro (yo)
3. recibir llamadas extrañas (tú)
4. verte en fiestas sin ella (yo)
5. venir a mi casa con otra mujer (tu hermano y tú)
6. comprar regalos recientemente (tú)
7. ir a bares juntos (tú y yo)
8. mentir o decir la verdad (yo)

¡Anda! Curso elemental, Capítulo Preliminar A. Los adjetivos de nacionalidad, Apéndice 2. Capítulo 4. Las expresiones afirmativas y negativas, Apéndice 3.

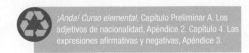

4-9 Sí, me encanta el español

¿Qué habían hecho ustedes antes de tomar este curso de español para demostrar su interés por la lengua y la cultura hispana? Túrnense. ■

MODELO ver una película de un director de España (yo)
Había visto una película de un director español.

1. leer una novela de una escritora de Argentina (mi compañero/a y yo)
2. viajar a un lugar turístico en Honduras (Clara)
3. pedir comida de El Salvador en un restaurante (Jorge y Julián)
4. escribir un poema para imitar a una poeta de Chile (yo)
5. ser voluntario/a en una clínica en Guatemala (el/la profesor/a)
6. escuchar música de Puerto Rico (mis amigos)
7. conversar con unos hombres de Colombia sobre su país (mis padres y yo)
8. ver una telenovela de México (tú)

Estrategia

In the *modelo*, you will note the use of the adjective of nationality *español* that replaces the country *España*. Practice adjectives of nationality in the remainder of **4-9.**

4-10 ¿Qué había pasado?

Túrnense para describir lo que **había pasado** antes de sacar cada foto. ■

MODELO *El cura ya había bautizado al bebé cuando llegamos.*

1. 

2. 

3. 

4. 

5. 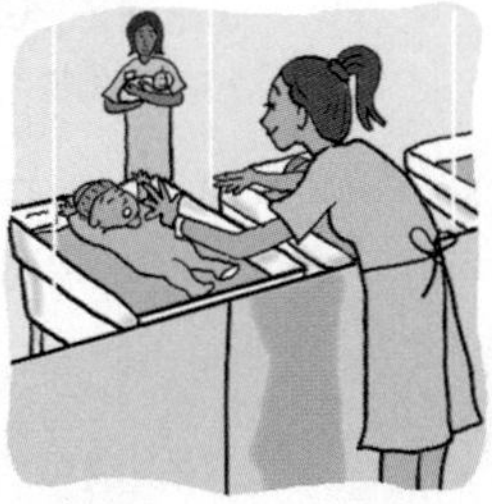

EXPANSION for 4-9

Ask students to also brainstorm things they had done to prepare themselves to enter college.

HERITAGE LANGUAGE LEARNERS

For **4-9,** ask heritage language learners when their interest for their heritage language and culture began. Inquire what or who influenced them.

ANSWERS to 4-9

1. Habíamos leído una novela de una escritora argentina.
2. Había viajado a un lugar turístico hondureño.
3. Habían pedido comida salvadoreña en un restaurante.
4. Había escrito un poema para imitar a una poeta chilena.
5. Había sido voluntario/a en una clínica guatemalteca.
6. Habían escuchado música puertorriqueña.
7. Habíamos conversado con unos hombres colombianos sobre su país.
8. Había visto una telenovela mexicana.

EXPANSION for 4-10

Bring photos from magazines or the Internet to class and have students make statements about what had happened prior to the photos being taken.

EXPANSION for 4-10

Brainstorm with students what had happened in preparation for what happened just prior to the "photo." E.g.: *Antes de llegar a la iglesia los padres habían bañado al bebé y lo habían vestido de blanco. También habían hablado con el cura en preparación para el bautizo…*

EXPANSION for 4-10

Provide students with a selection of artwork / paintings from the Hispanic world and have them brainstorm what had happened prior to the scene in each drawing. An activity such as this is a good example of using cultural products as a vehicle for instruction.

ANSWERS to 4-10

1. Ya habían celebrado el cumpleaños cuando llegamos.
2. Ya se habían peleado cuando llegué.
3. Ella ya se había enamorado cuando él se fue.
4. Ya había celebrado el Día de las Brujas cuando se acostó.
5. La madre ya había dado a luz cuando la enfermera fue a ver al bebé.

SECTION GOALS for *Notas culturales*

By the end of the *Notas culturales* section, students will be able to:

- explain *el Día de los Muertos* and accompanying festivities.
- compare *el Día de los Muertos* with American celebrations and others worldwide.
- express opinions about the celebrations.

NATIONAL STANDARDS
Communication, Cultures, Comparisons

When students read about the Day of the Dead traditions as well as about other traditions in the Hispanic world, they are exposed to the goal areas of Communication, Cultures, and Comparisons. The reading and follow-up questions facilitate Standards 1.2 and 1.1, respectively, because students interpret written text and then discuss the reading with their classmates in an interpersonal mode. Students understand the practices, products, and perspectives of the Hispanic cultures (Standards 2.1, 2.2), which allows them to make comparisons between Hispanic cultures and their own (Standard 4.2).

METHODOLOGY • Practicing Active Listening

It is important to provide students with active listening opportunities. Activities like **4-11** are designed to afford students one such opportunity.

METHODOLOGY • Cooperative Learning

Activity **4-11** is what is known as a *cooperative learning activity. ¡Anda! Curso intermedio* has a variety of these types of activities. They require each member of a group to take responsibility for the task in order to see it to a successful completion. Activities like these are excellent opportunities for listening and speaking practice, because your students must first attend to what information they need to know and how they must ask for it. Then, they must listen to the answer given by their partners or other classmates to complete the assignment. These kinds of activities are also excellent for building community in your classroom and for increasing motivation.

NOTAS CULTURALES

El Día de los Muertos

04-13

La tradición del Día de los Muertos tiene su origen en una celebración indígena y representa una combinación de unas creencias (*beliefs*) precolombinas y cristianas. Se celebra principalmente en México y en las comunidades mexicanas en los Estados Unidos. El primero y el dos de noviembre, las familias van al cementerio para limpiar y decorar con flores las tumbas de sus parientes que ya han muerto. También construyen ofrendas (altares) en las casas o en lugares públicos en honor de los difuntos (muertos). Allí ponen unos recuerdos de cada persona: una fotografía, la comida y la bebida que le habían gustado en la vida y flores. El altar y las ofrendas simbolizan la conexión que los difuntos habían tenido con la familia mientras vivían. Durante estos días los niños reciben dulces en forma de esqueletos (*skeletons*) y calaveras (*skulls*) y muchas personas preparan el pan de muerto para llevar al cementerio o poner en las ofrendas. Es un tiempo para recordar a los parientes difuntos y celebrar sus vidas.

Preguntas

1. ¿Cómo se honra a los difuntos el primero y el dos de noviembre?
2. ¿Qué simbolizan las ofrendas y para qué sirven?
3. Piensa en las actitudes ante las etapas de la vida que representan estas tradiciones. ¿En qué son semejantes y en qué son diferentes a las actitudes de tu cultura? ¿Te parecen tristes o alegres estas tradiciones? ¿Por qué?

Answers to *Notas culturales*

1. Se limpian las tumbas y las decoran; se construyen unas ofrendas en honor de los difuntos.
2. Simbolizan una conexión con la familia y los difuntos. Sirven como recuerdo de los difuntos.
3. *Answers will vary.*

3:00

4-11 Antes de graduarme ¿Qué cosas interesantes habías hecho antes de graduarte de la escuela secundaria? En grupos de seis a ocho estudiantes, túrnense para compartir algunas de las cosas que habían hecho. Tienen que recordar y repetir lo que todas las personas dicen. ■

MODELO E1 (TINA): *Antes de graduarme había trabajado en Zara.*
E2 (TOM): *Antes de graduarme había visitado veinte estados de los Estados Unidos y Tina había trabajado en Zara.*
E3 (SAM): *Antes de graduarme había estudiado un verano en España, Tom había visitado veinte estados de los Estados Unidos y Tina había trabajado en Zara.*

NOTE for *Notas culturales*

If students want to learn more about the Day of the Dead celebrations, send them to the Internet using the keywords *Día de los Muertos.* For example, they can investigate the kinds of flowers used, what goes into *pan de muerto,* and what the sugar skulls represent. *El Día de los Muertos* was designated an example of the world's intangible cultural heritage in 2003.

EXPANSION for *Notas culturales*

Some additional questions you may wish to ask your students relating to *el Día de los Muertos* and other celebrations are:

1. ¿Qué actitud hacia la muerte muestra esta celebración?
2. ¿Crees que en los Estados Unidos existe la misma actitud hacia la muerte?
3. ¿Existe en los Estados Unidos alguna celebración de la muerte similar a esta? Explica.

3:00

¡Anda! Curso intermedio, Capítulo 1. Algunas características físicas, pág. 34. Algunas características personales, pág. 35.

4-12 La foto nos habla

Imagina lo que había pasado en el momento antes de sacar la foto. Sé creativo, inventando personas y situaciones. Escribe por lo menos **ocho** oraciones usando **el pasado perfecto.** Después, comparte tu historia con tus compañeros de clase. ■

ESCUCHA

Un mensaje de teléfono

04-14

Estrategia

Listening for details

When listening, always determine the main idea(s) first and *then* take note of supporting details. Jotting down the details is helpful. You can then use your notes to confirm and verify your information. When listening to someone in person, you can confirm and verify by asking follow-up questions for clarification. If you are listening to a recording, there is always the option to replay what you have heard for confirmation and verification of details.

4-13 Antes de escuchar

Rogelio trabaja para un famoso cocinero latino, Aarón Sánchez, el dueño del restaurante Paladar en Nueva York. Rogelio va al mercado cuando se da cuenta de que tiene un mensaje del gerente (*manager*) de la cocina. ¿Qué crees que dice el gerente en su mensaje? Escribe **dos** detalles que crees que debe recordar Rogelio. ■

1. ______________________
2. ______________________

4-14 A escuchar

Completa los siguientes pasos. ■

Paso 1 La primera vez que escuchas, capta la idea general.

Paso 2 Al escuchar el mensaje por segunda vez, escribe **tres** detalles que Rogelio debe recordar.

1. ____________ 2. ____________ 3. ____________

Paso 3 Compara lo que escribiste con lo que escribió un/a compañero/a.

4-15 Después de escuchar

Miren o escuchen un anuncio sobre un producto específico, y escriban **tres** detalles que el anuncio presenta sobre el producto. ■

SUGGESTION for 4-12
You may choose to use famous works of Hispanic art, such as Jaime Colson's painting *Merengue*, to complete this activity.

SECTION GOALS for *Escucha*
By the end of the *Escucha* section, students will be able to:
- focus their listening to include listening for details.
- integrate previously presented learning strategies.
- compare the details they heard with what their classmates heard.
- practice the new listening strategy of *listening for details* as they listen to other advertisements.

NATIONAL STANDARDS
Communication
Standard 1.2 is the interpretive mode, as students have to understand and interpret spoken Spanish. The listening comprehension and the activities that follow are designed to provide detailed information so that students can incorporate their new listening strategy of *listening for details*. Activity **4-15** is an excellent way to incorporate the presentational mode (Standard 1.3) if students present an advertisement to the class.

AUDIOSCRIPT for 4-14
Please consult the *Instructor's Resource Manual* for the complete text of this audio.

SUGGESTION for 4-15
Direct students to Spanish ads on the Internet, in particular, YouTube, to complete this activity.

EXPANSION for 4-15
Students can each write an ad for their favorite product that includes several details. Each student reads his/her ad to the class and the other students note the details.

HERITAGE LANGUAGE LEARNERS
Have heritage language learners search for pictures or videos of *el mercado de Chichicastenango* in Guatemala. Ask them to describe the pictures and the importance of these *mercados* in Hispanic countries.

The students can also look for *mercados* that they have visited in other countries, and they can talk about the differences between farmers' markets in the United States and *mercados* in Hispanic countries.

¿Cómo andas? I

	Feel confident	Need to review
Having completed the **Comunicación I,** I now can . . .		
• express information about celebrations and life events. (p. 148)	☐	☐
• report and narrate past events. (MSL)	☐	☐
• discuss events that *had* occurred. (p. 153)	☐	☐
• relate information about celebrations and traditions in the Hispanic world. (p. 156)	☐	☐
• register details. (p. 157)	☐	☐

Comunicación II

¡Anda! Curso elemental, Capítulo 7. La comida; La preparación de las comidas, Apéndice 2.

3:00

3 VOCABULARIO

04-15 to 04-17

La comida y la cocina

Describing foods and their preparation

Las carnes y las aves	*Meat and poultry*
la carne de cerdo	*pork*
la carne de cordero	*lamb*
la ternera	*veal*

Palabras útiles	*Useful words*
el fuego (lento, mediano, alto)	*(low, medium, high) heat*
el ingrediente	*ingredient*
el kilogramo	*kilogram (or 2.2 pounds)*
el nivel	*level*
el pedazo	*piece*
la receta	*recipe*

Términos de la cocina	*Cooking terms*
añadir	*to add*
asar	*to roast; to broil*
batir	*to beat*
(re)calentar (e → ie)	*to (re)heat*
derretir (e → i → i)	*to melt*
freír (e → i → i)	*to fry*
hervir (e → ie → i)	*to boil*
mezclar	*to mix*
pelar	*to peel*
revolver (o → ue)	*to stir*
tapar	*to cover*
verter (e → ie)	*to pour*

METHODOLOGY • Selecting Vocabulary

When authoring a Spanish textbook, among the many difficult choices is that of choosing vocabulary. We have attempted at the intermediate level to select the most commonly used words. As always, if your favorite word or expression has not been selected, please replace the given vocabulary with your word.

SUGGESTION for *La comida y la cocina*

You may wish to remind your students of the verb *cubrir*, which they learned in *Capítulo 3*.

Instructor Resources

- Textbook images, Extra Activities

SECTION GOALS for *Comunicación II*

By the end of the *Comunicación* section, students will be able to:

- discuss popular dishes and the ingredients needed to prepare them.
- manage idiomatic expressions with *hacer*.
- form the present perfect subjunctive.
- identify famous Hispanic chefs.
- ask for and give directions.

NATIONAL STANDARDS *Communication, Cultures*

The *Comunicación* section facilitates interpersonal, interpretive, and presentational modes of communication. Activities facilitate interpersonal communication as students engage in conversations, provide and obtain information, express feelings and emotions, and exchange opinions. Activities like **4-19** encourage understanding and interpretation of written Spanish (Standard 1.2), and **4-25** addresses the presentational mode (Standard 1.3). By activating all three modes of communication, students are better able to understand the cultural information highlighted. The cultural information about foods, cooking techniques, famous restaurants, and famous Hispanic chefs facilitates understanding of the relationships between the practices, products, and perspectives of Hispanic cultures (Standards 2.1, 2.2).

21ST CENTURY SKILLS • CRITICAL THINKING AND PROBLEM SOLVING

Benjamin Bloom led a group of educators who created a taxonomy known as Bloom's Taxonomy, begun in 1949 and published in 1956. It documented the different levels of thinking, from rote memorization (the lowest level), to hypothesizing and creating (the highest level). The publication is considered a foundational component of modern-day education. The Partnership for 21st Century Skills organization embraced this still highly relevant research as a cornerstone of the organization. The National Standards Curricular Weave also includes critical/higher-order thinking. Activities in *¡Anda! Curso intermedio* in which students need to create or imagine incorporate this concept.

NOTE for *Repaso*
This is a reminder that the *Repaso* boxes are meant to be assigned as homework the night before you introduce the new vocabulary. Students should be expected to review this prior to class so that you can proceed immediately to the first activity following the vocabulary presentation.

If you want, immediately following the vocabulary presentation and preceding the first vocabulary activity in the text, you may do the following mechanical activity.

Partner A points to a food or cooking technique in the picture on page 159. Partner B has to say quickly what the food is or what cooking technique is being done. Partner B then points to the image and Partner A has to identify what is occurring. Set a time limit of one minute and then ask the pairs how many words they were able to practice.

ANSWERS to 4-16
1. ¿Cuánto tiempo hace que buscas una sartén española en el Internet?
2. ¿Cuánto tiempo hace que cocinas la ternera a fuego lento?
3. ¿Cuánto tiempo hace que se derritió el hielo?
4. ¿Cuánto tiempo hace que compraste los camarones y los cangrejos?
5. ¿Cuánto tiempo hace que buscas los ingredientes?

NOTE for *Expresiones con hacer*
You may wish to point out that in English, we use the perfect tenses with these expressions, but in Spanish, the simple present or preterit indicative is used.

REPASO

¡Hola! *Repaso* & Spanish/English Tutorials

04-18 to 04-20

Expresiones con *hacer* Indicating how long something has been going on or how long ago it occurred

For a complete review of **hacer** with time expressions, go to MySpanishLab or refer to **Capítulo 9** of ***¡Anda! Curso elemental*** in Appendix 3 of your textbook. The vocabulary activities that appear in your textbook incorporate this grammar point. Practicing new vocabulary with a review grammar point helps to strengthen and increase your knowledge of Spanish.

1:00

4-16 Haciendo preguntas
Túrnense para cambiar las siguientes oraciones en preguntas. ■

MODELO Hace un mes que busco la receta.
¿Cuánto tiempo hace que buscas la receta?

1. Hace varias horas que busco una sartén española en el Internet.
2. Hace cuarenta y cinco minutos que cocino la ternera a fuego lento.
3. Hace una hora que se derritió el hielo.
4. Hace dos días que compré los camarones y los cangrejos.
5. Hace diez minutos que busco los ingredientes.

4:00

4-17 Oraciones
Completa los siguientes pasos. ■

Paso 1 Escribe **seis** oraciones diferentes utilizando palabras de cada columna, más otras palabras necesarias. Después comparte las oraciones con un/a compañero/a.

MODELO hace una hora que yo preparar
Hace una hora que preparo los panqueques para el desayuno.

Hace	media hora	que	tú	freír...
	un día		Rafael	hervir...
	diez minutos		nosotros	calentar...
	una hora		yo	añadir...
	dos horas		ellas	asar...
	mucho tiempo		mi madre	revolver...

Paso 2 Juntos pongan los verbos en las oraciones en **el pretérito.** ¿Cómo cambia el significado de las oraciones?

MODELO Hace una hora que preparo los panqueques para el desayuno.
Hace una hora que preparé los panqueques para el desayuno.

¡Anda! Curso elemental, Capítulo 7. La comida; La preparación de las comidas, Apéndice 2.

8:00 **4-18** **¡Delicioso!** Hay muchos chefs famosos hoy en día, en parte a causa del Food Network y el Cooking Channel. Una es Ingrid Hoffman, una apasionada cocinera y estrella de Food Network y Univisión. Con un/a compañero/a completen esta entrevista con ella utilizando las expresiones con **hacer** con los verbos en paréntesis y los tiempos indicados. ■

PERIODISTA (P): Saber cocinar bien es un gran talento. ¿De dónde viene su atracción por la cocina?

INGRID HOFFMAN (IH): (1) Hace treinta años que estoy obsesionada con la comida (estar obsesionada con la comida / treinta años). Yo me crié en Colombia, en las Antillas Holandesas y en los Estados Unidos con una madre colombiana y un padre colombo-alemán y con una mezcla de culturas y sabores diferentes.

P: ¿Cuándo empezó a cocinar?

IH: (2) Hace veinte y ocho años que empecé a cocinar (empezar a cocinar / veinte y ocho años) con mi mamá. Era tan pequeña que me tenía que subir en un banquito para llegar a la estufa y a la despensa.

P: ¡Impresionante! Y cuando no está en la cocina ¿qué le gusta hacer?

IH: Pues, trabajo bastante porque (3) hace cinco años que abrí una tienda (abrir una tienda / cinco años), La Capricieuse, y también (4) hace dos años que compré un restaurante (comprar un restaurante / dos años) en Miami, Roca. Pero cuando tengo tiempo libre sé disfrutarlo. Me encantan el arte, la música, el mar, estar al aire libre, ir al cine, reunirme con mi familia y amigos, viajar y soñar.

P: Muchas gracias por la entrevista. (5) Hace mucho tiempo que veo su programa (ver su programa en la televisión / mucho tiempo) *Simply Delicioso*. ¿Quiere invitarme a cenar?

IH: Gracias a usted. Ha sido un placer. Hmmm… ¿qué le gusta comer?

NOTE for 4-18
Students interested in Ingrid Hoffmann, her show *Simply Delicioso*, and cooking can find more at the show's official web site or at related sites. Suggested Keywords: *Ingrid Hoffmann, página oficial; Simply Delicioso, página oficial.*

EXPANSION for 4-18
You may wish to ask the following comprehension questions regarding the activity.

1. ¿Dónde se crió Ingrid Hoffman?
2. ¿Cuándo empezó a cocinar?
3. Cuando no cocina, ¿qué hace ella?
4. ¿De dónde son sus padres?
5. ¿Qué hace en su tiempo libre?

NOTE for 4-19
Discuss the difference in meaning between the sentences with the verbs in the present tense and those with verbs in the preterit with students.

NATIONAL STANDARDS
Cultures
You may wish to point out to your students that the photo with **4-19** is of a market stall in Barcelona and the sign is in Catalán.

METHODOLOGY • Recycling
Activities like **4-20** and those that follow are excellent recycling activities for previously learned vocabulary as well as grammar. Recycling is extremely important, because it helps your students review and recombine vocabulary and structures that help increase their linguistic skills.

METHODOLOGY • Students Learning from Students
The authors of *¡Anda! Curso intermedio* firmly believe that students learn best from other students. Together, students construct knowledge, build confidence, and become highly motivated. Hence, *¡Anda!* makes frequent use of activities in which students must either work with partners or circulate around the classroom to interact with their classmates. You will find that they love these activities and truly use their Spanish. It is important that you set these activities up with several strong expectations.

1. They must speak solely in Spanish.
2. When they have a survey to conduct, they must speak to at least 6 different students.
3. They must ask the questions and not just point to the paper.

Another technique to always keep in mind is to end an activity when students are still enjoying it. Never wait until *all* groups have completed the activity; those who finish early will become bored and go off task. A technique that works well is to have additional activities from the text (they can be review) listed on the board for groups who finish first.

2:00

4-19 ¿Cuánto tiempo hace? Túrnense para crear y contestar preguntas. ■

Paso 1 Escriban **cuatro** preguntas siguiendo el modelo.

MODELO Hace _______ que / (no) comer carne de cerdo / tú
¿Cuánto tiempo hace que comes carne de cerdo? /
¿Cuánto tiempo hace que no comes carne de cerdo?

Paso 2 Ahora pregunta y contesta.

MODELO E1: *¿Cuánto tiempo hace que no comes carne de cerdo?*
E2: *Hace veinte años que no como carne de cerdo. ¡La detesto!*

Un mercado en Barcelona, España

8:00 Workbooklet

4-20 Firma aquí Circula por la clase hasta encontrar a un estudiante que pueda contestar afirmativamente cada pregunta. ■

¡Anda! Curso elemental, Capítulo 7. La comida, Apéndice 2.

MODELO desayunar con huevos y tocino hace dos días
E1: *¿Hace dos días que desayunaste con huevos y tocino?*
E2: *No, no desayuné con huevos y tocino hace dos días. Nunca como tocino porque no me gusta.*
E1: *¿Hace dos días que desayunaste con huevos y tocino?*
E3: *Sí, hace dos días desayuné con huevos y tocino y hoy también.*
E1: *Pues, firma aquí, por favor.*
Tomás

1. comer langosta y otros mariscos hace muchos años
¿Hace muchos años que comiste langosta y otros mariscos?
2. empezar a trabajar como camarero/a hace una semana
¿Hace una semana que empezaste a trabajar como camarero/a?
3. ver un programa en el Food Network hace dos o tres días
¿Hace dos o tres días que viste un programa en el Food Network?
4. tomar un café con leche y azúcar hace una hora
¿Hace una hora que tomaste un café con leche y azúcar?
5. pedir comida italiana en un restaurante elegante hace uno o dos meses
¿Hace uno o dos meses que pediste comida italiana en un restaurante elegante?
6. preparar una comida vegetariana con verduras, legumbres y fruta hace una semana
¿Hace una semana que preparaste una comida balanceada con verduras, legumbres y fruta?
7. comer pescado preparado a la parrilla hace tres o cuatro semanas
¿Hace tres o cuatro semanas que comiste pescado preparado a la parrilla?
8. preparar una ensalada grande con lechuga, tomate, cebolla, pavo y queso hace uno o dos días
¿Hace uno o dos días que preparaste una ensalada grande con lechuga, tomate, cebolla, pavo y queso?

6:00 **4-21 Conversando** Habla con varios compañeros de clase utilizando las siguientes preguntas para guiar la conversación. ■

1. Si sabes cocinar, ¿cuánto tiempo hace que aprendiste? ¿Cómo aprendiste? ¿Cuáles son tus platos favoritos para preparar? Si no sabes cocinar, ¿cuáles son tus platos favoritos para comer?
2. ¿Cuánto tiempo hace que una persona te preparó una comida especial? ¿Quién fue esa persona? ¿Qué preparó?
3. ¿Cuánto tiempo hace que hiciste las compras para la semana (comida)? ¿Cuándo fue? ¿Qué compraste?
4. ¿Te gustan los programas de cocina en la televisión? ¿Cuánto tiempo hace que ves esos programas? ¿Quién es tu cocinero/a favorito/a?
5. ¿Cuánto tiempo hace que cenaste en un restaurante caro? ¿Qué comiste? ¿Con quién estuviste?

EXPANSION for 4-21
Have each student write an additional "how long it has been since" question to ask classmates. Be sure to spot check after their conversations have concluded.

Instructor Resources
- Textbook images, Extra Activities

METHODOLOGY • Constructing Knowledge
Since the 1940s and 50s, educational researchers have explored how we learn and what assists in learning. When learners *construct knowledge,* the knowledge becomes internalized and transfers into long-term memory. On the other hand, memorizing lists, among other techniques, goes into short-term memory but usually does not transfer into long-term memory. There are learning devices that help students retain information. Mnemonic devices assist in learning, as does connecting vocabulary with visual images. The *Where's Waldo*-style visuals for the vocabulary presentations in *¡Anda!* help students learn the new vocabulary by making this type of connection. The students may need to consult with the *Vocabulario activo* pages at the end of the chapter to clarify/negotiate meaning, but that task helps them associate a visual image with a vocabulary word and acquire the words. The vocabulary visuals will be excellent to use when you are introducing or practicing new tenses, because the students will have associated the vocabulary with the images and with meaningful contexts.

METHODOLOGY • Presenting Information as Needed
We instructors love the Spanish language and are eager to share what we know with our students, yet sometimes we share more than students can grasp at a time. Too much information can confuse students and can also cause a raising of what Stephen Krashen calls the *affective filter:* the students become hesitant to produce language for fear of making a mistake with the vast amount of information they have been presented. Hence, we have attempted to select the most commonly used food terms and not overload students with multiple ways of saying the same thing: for example, selecting between presenting either *la col* or *el repollo.*

NOTE for *Más comida*
You may wish to point out that some of these fruits and vegetables are most frequently used in the plural form: e.g., *las espinacas, los espárragos.*

3:00

4 VOCABULARIO

04-21 to 04-24

Más comida Expanding on foods

¡Anda! Curso elemental, Capítulo 7. La comida; La preparación de las comidas, Apéndice 2.

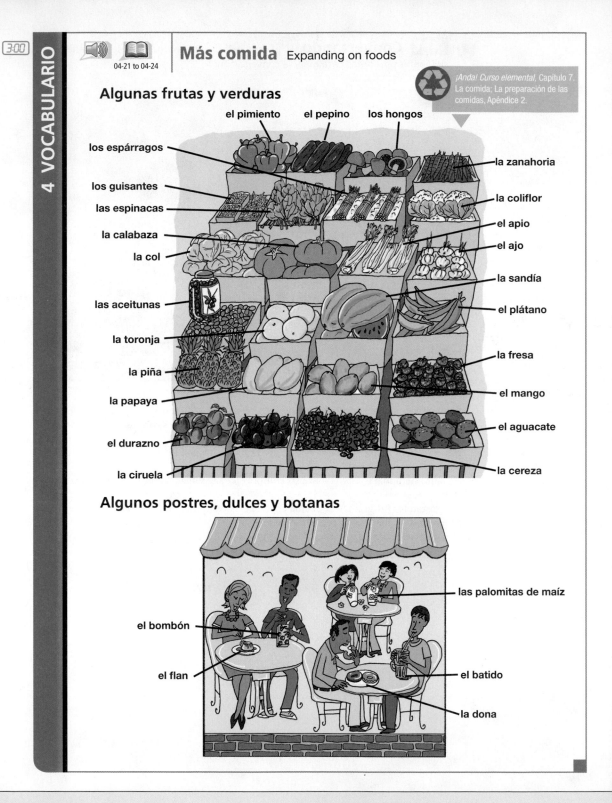

Algunas frutas y verduras

Algunos postres, dulces y botanas

ADDITIONAL ACTIVITY for *Más comida*

Ideas, por favor Den sus consejos en las siguientes situaciones. Después vayan a compartirlos con los otros miembros de la clase.

MODELO Mi mejor amiga y yo queremos bajar de peso pero siempre tenemos hambre.
Es importante que coman cosas saludables como frutas y verduras. Es mejor que las coman crudas porque así tienen más vitaminas y fibra.
También es bueno que beban mucha agua porque también llena el estómago.

1. Antes de acostarme siempre tengo hambre. ¿Qué puedo hacer? Sé que no es sano comer tarde y acostarme inmediatamente después, pero es cuando más hambre tengo.
2. Es el cumpleaños de mi abuela y quiero preparar una cena muy especial.
3. Vivo en un apartamento muy pequeño. Sólo tengo una estufa sin horno. Tampoco tengo un microondas. Quiero invitar a una persona especial a cenar y prefiero hacerlo en mi casa. ¿Qué puedo preparar?
4. Quiero aprender a cocinar bien. ¿Qué me recomiendas?
5. Mi esposo/a y yo tenemos una cena formal en casa esta noche. Nuestro hijo Jaime insiste en llevar pantalones cortos con camiseta, un gorro de béisbol y sandalias.

¡Anda! Curso elemental, Capítulo 3. Los colores; Capítulo 7. La comida, Apéndice 2.

3:00 Workbooklet

4-22 ¿De qué colores son?

Paso 1 Organicen las diferentes comidas del vocabulario nuevo **Más comida** según su color.

MODELO VERDE: *la col, el apio...*

Paso 2 Ahora añadan otras comidas a las listas.

BLANCO	AMARILLO	ROJO	VERDE	MARRÓN	ROSADO	ANARANJADO	OTRO

¡Anda! Curso elemental, Capítulo 5. Los números ordinales, Apéndice 3; Capítulo 7. La comida, Apéndice 2.

3:00

4-23 Eres poeta

Sigue las instrucciones para crear un poema estilo *cinquain* —un poema corto de cinco versos (*lines*) sobre una de las frutas o verduras que acaban de aprender. Después comparte tu poema con los compañeros de clase. ■

primer verso: una o dos palabras para indicar el tema
segundo verso: dos o tres palabras que describan el tema
tercer verso: tres o cuatro palabras que expresen acción
cuarto verso: cuatro o cinco palabras que expresen una actitud personal
quinto verso: una o dos palabras para aludir (referirse) nuevamente al tema

MODELO
La toronja
El sol anaranjado
Me da mucha vida
Cada mañana me despierta
Pura energía

ANSWERS to 4-22

Paso 1

verde: la col, el apio, el aguacate, las aceitunas, los espárragos, las espinacas, los guisantes, el pepino, el pimiento, el plátano

rojo: la cereza, la ciruela, la fresa, la sandía, el pimiento

amarillo: la ciruela, el durazno, el melocotón, la piña, el plátano, la toronja, la calabaza el pimiento

anaranjado: el durazno, la calabaza, el pimiento, la zanahoria

blanco: las palomitas de maíz, el plátano, el ajo, la calabaza, la coliflor, los hongos, el batido

rosado: la sandía

EXPANSION for 4-23

To inspire your students, you may wish to use fine art such as the painting by Rufino Tamayo of a woman with grapefruits. Rufino Tamayo (1899–1991) was born in Oaxaca, Mexico. A Zapotecan Indian, he combined European painting styles with Mexican folk themes. He is one of the best-known Latin American artists, with exhibitions in major museums worldwide.

5:00 Workbooklet

4-24 ¿Cuáles son tus favoritas? Completa los siguientes pasos. ■

Paso 1 Haz una lista de tus comidas favoritas y de cómo las prefieres: crudas (**C**), hervidas (**H**), asadas (**A**), a la parrilla (**P**) o fritas (**F**).

¡Anda! Curso elemental, Capítulo 7. La comida; La preparación de las comidas, Apéndice 2.

Vocabulario útil

crudo/a	*raw*
hervido/a	*boiled*
asado/a	*grilled*
a la parrilla	*grilled; barbecued*
frito/a	*fried*

Fíjate

A *plátano* is a cooking banana, known in the United States as a plantain. While bananas are usually eaten raw and are sweet, *plátanos* are firmer, less sweet, and are always cooked in some way before eating. They are a staple food in many tropical regions, much like potatoes in other cultures and climates.

FRUTAS	VERDURAS	PESCADOS	MARISCOS	AVES	CARNES	POSTRES	OTROS COMESTIBLES
durazno (C)	hongos (H)		cangrejo (F)				
	plátanos (H)						

Paso 2 Compara la lista con las de otros compañeros.

MODELO E1: *¿Cuáles de las comidas prefieres crudas?*

E2: *Prefiero comer las zanahorias, el durazno, los tomates y la lechuga crudos.*

E3: *Yo solo como las verduras crudas en la ensalada…*

6:00 Workbooklet

4-25 Y ahora son dueños

Usando el cuadro de la actividad **4-24,** en grupos de tres o cuatro creen un menú para un restaurante pequeño incorporando las comidas favoritas en platos especiales. Deben ponerle un nombre al restaurante y decidir qué tipo de restaurante es. Después, presenten los menús a los otros compañeros y voten por el mejor restaurante del grupo. ■

HERITAGE LANGUAGE LEARNERS
For **4-25,** encourage your heritage language learners to include typical Hispanic dishes in their menus.

SUGGESTION for 4-25
Have students present their menus to the class, and have the class vote for the best menu.

HERITAGE LANGUAGE LEARNERS
For **4-25,** heritage language learners can each prepare a presentation about a recipe from a relative's country of origin or from the menu they just prepared. They can recycle the commands and show the class how to prepare one of their family's favorite dishes.

Then they could each bring a copy of the recipe as well as the food itself to share with the class, making this an excellent opportunity for a cultural presentation.

EXPANSION for 4-25
You may wish to have students "order" their favorite foods from each other's menus.

¡Anda! Curso elemental, Capítulo 7. La comida, Apéndice 2.

Workbooklet

5:00

4-26 Una cena virtual

Según el *Libro Guinness de los Records,* Casa Botín es el restaurante más antiguo del mundo. Fundado en Madrid en el año 1725, es uno de los restaurantes más famosos de España. Ahora van a conocer el restaurante de manera virtual. ■

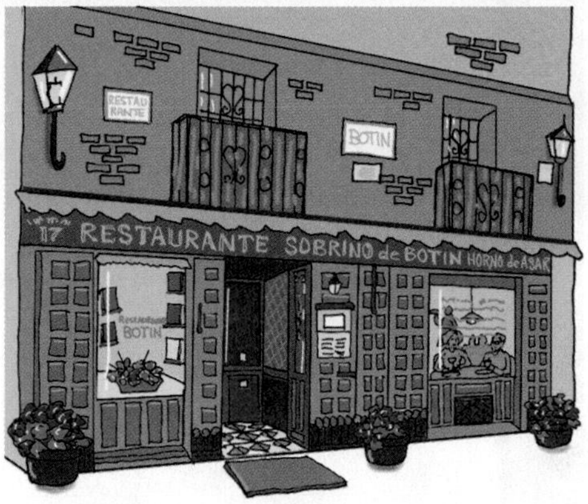

Paso 1 Estás en Madrid y tienes mucha hambre y dinero. Vas a Casa Botín para cenar con tus amigos. Mira la carta (el menú) en el Internet y decide qué platos quieres pedir.

Paso 2 Ahora entrevista a **cinco** personas y apunta sus comidas. Decide si sus selecciones son *sanas* o *no muy sanas*.

COMIDA SANA	COMIDA NO MUY SANA

Paso 3 Comunica tus resultados a tus compañeros de clase.

MODELO *El veinticinco por ciento de los estudiantes no sigue una dieta sana porque…*

5:00

¡Anda! Curso elemental, Capítulo 7. La comida, La preparación de las comidas, Apéndice 2.

4-27 Entrevista

Circula por la sala de clase haciendo y contestando las siguientes preguntas. ■

1. ¿Sigues una dieta sana? Explica, dando unos ejemplos.
2. ¿Qué comida(s) te gusta(n) menos? ¿Por qué?
3. Cuando preparas una comida especial para tu novio/a, esposo/a o amigos, ¿qué sueles preparar? (soler preparar = *usually prepare*)
4. ¿Qué ingredientes sueles poner (o comer) en una ensalada?
5. ¿Te gusta el pescado? ¿las aves? ¿la carne? ¿Cómo lo(s)/la(s) prefieres?
6. ¿Eres un/a buen/a cocinero/a? Explica.

5:00

¡Anda! Curso elemental, Capítulo 7. La comida; La preparación de las comidas, Apéndice 2.

4-28 Otra entrevista

Escribe **seis** preguntas sobre las preferencias de comida y las dietas sanas. Circula por la sala de clase haciendo tus preguntas y contestando las preguntas de las otras personas. ■

MODELO
E1: *¿Cuál es la comida que comes con más frecuencia?*
E2: *Como hamburguesas con queso con más frecuencia.*
E1: *¿Cuántas veces por semana las comes?*
E2: *Las como por lo menos tres veces por semana.*
E2: *¿Prefieres pelar las frutas y verduras antes de comerlas?*

NOTE for 4-26

You may want to assign *Paso 1* for homework so that students come to class having already taken the virtual tour. If your students know who Francisco de Goya is, an interesting twist to the assignment would be to charge them with bringing back the most interesting piece of information they can find on the site. According to the 1987 edition of the *Guinness Book of Records*, a young Goya worked as a dishwasher at Casa Botín around 1765. Depending on what students do in class, time will vary.

EXPANSION for 4-26

Have each group of students role-play a scene from Casa Botín. One student is the waiter and the others are the diners. Challenge them to be as creative as possible.

ADDITIONAL ACTIVITY for *Más comida*

Have students role-play the following personalities in groups of 3:

- Un vegetariano
- Un joven de catorce años a quien no le gusta la comida sana
- Una persona que sólo quiere comer hamburguesas

Hablen de las preferencias de comida, de la preparación de esa comida y de la frecuencia con que la comen.

EXPANSION for 4-27

Have students create their own questions to ask each other.

Instructor Resources
• PPT, Extra Activities

METHODOLOGY • Chunking Information into Smaller Parts
You will note that we have "chunked" the presentation of the perfect tenses as follows:

Step 1: Introduce *present perfect* in *Capítulo 1.*
Step 2: Introduce *past perfect* in the first *Comunicación* in *Capítulo 4,* reminding students that they have already learned the basic forms previously, and then comparing and contrasting them.
Step 3: We are now introducing the *present perfect subjunctive.* This affords students the opportunity for ample practice.

We follow the same chunking principle with other grammar topics such as the subjunctive.

NOTE for *El presente perfecto de subjuntivo*
The present perfect indicative and subjunctive are not used as frequently in some parts of the Spanish-speaking world as in others. In Latin America, for example, it is more common to use the preterit instead of the present perfect indicative and the imperfect subjunctive rather than the present perfect subjunctive.

WARM-UP for *El presente perfecto de subjuntivo*
You may want to quickly review the past participles by calling out an infinitive and having students say the form. Then, move on to practice the forms of *haber* with the participle by saying a verb in the present perfect indicative and having students change it to the present perfect subjunctive.

NOTE for *Gramática*
This is an inductive grammar presentation in which the students are given examples of a grammar concept and, through the use of guiding questions, they formulate the rule in their own words.

HERITAGE LANGUAGE LEARNERS
You may wish to emphasize the third person of *haber* in the subjunctive to heritage language learners. Many times this form is challenging for them because some have heard nonstandard forms. Also, you may wish to point out the differences between *haya, halla (hallar),* and *allá.*

3:00

5 GRAMÁTICA

04-25 to 04-28 ¡Hola! Spanish/English Tutorials

El presente perfecto de subjuntivo

Specifying what *has* happened

You have already worked with the **present perfect** (***he llamado, has comido,*** etc.) and **past perfect** (***había llamado, habías comido,*** etc.) **indicative.**

The **present perfect subjunctive** is formed in a similar way.

Present subjunctive form of ***haber*** **+ past participle** is used when the subjunctive mood is needed.

Study the forms and examples below, and then answer the questions that follow.

Espero que mis padres hayan puesto más dinero en mi cuenta.

	Present subjunctive of *haber*	Past participle
yo	**haya**	preparado / comido / servido
tú	**hayas**	preparado / comido / servido
Ud.	**haya**	preparado / comido / servido
él, ella.	**haya**	preparado / comido / servido
nosotros/as	**hayamos**	preparado / comido / servido
vosotros/as	**hayáis**	preparado / comido / servido
Uds.	**hayan**	preparado / comido / servido
ellos/as	**hayan**	preparado / comido / servido

Mis padres **han preparado** una comida fabulosa. — *My parents have prepared a fabulous meal.*
Espero que mis padres **hayan preparado** una comida fabulosa. — *I hope (that) my parents have prepared a fabulous meal.*

Hemos comido en Casa Botín. — *We have eaten at Casa Botín.*
Dudan que **hayamos comido** en Casa Botín. — *They doubt (that) we have eaten at Casa Botín.*

Siempre nos **han servido** muy rápido. — *They have always served us quickly.*
Es bueno que siempre nos **hayan servido** muy rápido. — *It is a good thing (that) they have always served us quickly.*

¡Explícalo tú!

1. How is the present perfect subjunctive formed?
2. When is it used?

✓ Check your answers to the preceding questions in **Appendix 1.**

METHODOLOGY • Comprehensible Input or *i* +1
At the intermediate level, activity direction lines are in Spanish, as they are *i* +1 for the students. When input is beyond *i* +1, students will either struggle with meaning or will not comprehend and will have a linguistic shutdown. Hence, the grammar presentations as well as the strategies for listening, speaking, reading, and writing are in English to make them accessible to all students.

5:00 Workbooklet

4-29 Batalla

Llena un cuadro con **nueve** verbos diferentes de la lista en las formas indicadas del **presente perfecto de subjuntivo.** Pregúntense si tienen esos verbos. La primera persona con tres **X** gana. Repitan el juego. ■

añadir (yo), asar (ellos), batir (ella), dar (nosotros), decir (tú), disfrazarse (Ud.), discutir (ellos), engañar (yo), hacer (yo), hervir (ellas), mezclar (tú), oír (yo), poner (Ud.), querer (Uds.), revolver (él), salir (nosotros), traer (yo), verter (ella), ver (ellas)

MODELO E1: ¿Tienes *hayas hecho*?
E2: No, no tengo *hayas hecho.* ¿Tienes *haya revuelto*?
E1: Sí, tengo *haya revuelto*…

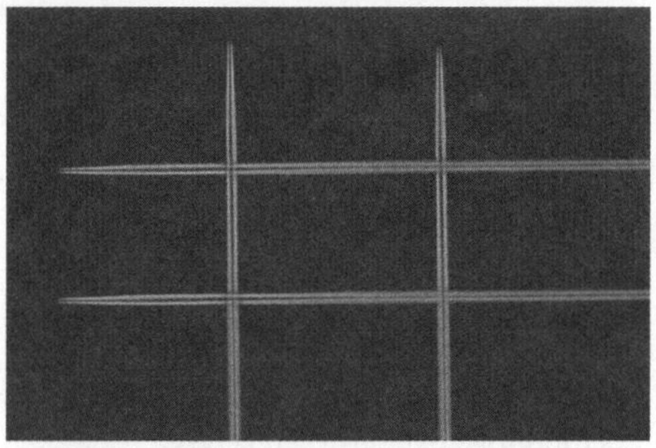

NOTE for 4-29
Although this activity may seem simple, it provides excellent practice with the new verb structures. Provide these instructions to your students:
- Make a tic-tac-toe grid on a sheet of paper.
- Write a different verb from the list of verbs in each of the nine boxes.
- Do not show your grid to your partner. Take turns guessing the words your partner has selected.
- Each time you guess correctly, your partner marks an *X* over the word.

3:00

4-30 Decisiones

Elige entre **el presente perfecto de indicativo** y el **presente perfecto de subjuntivo** para terminar la siguiente conversación entre Rosalía y Miguel. Túrnense. ■

¡Anda! Curso intermedio, Capítulo 2. El subjuntivo para expresar pedidos, mandatos y deseos, pág. 91; Capítulo 3. El subjuntivo para expresar sentimientos, emociones y dudas, pág. 126.

ROSALÍA: ¡Hola, Miguel! ¿Qué tal (1) has estado / hayas estado? Tanto tiempo sin verte. Es increíble que no (2) has cambiado / hayas cambiado en absoluto. Te ves igual. ¿Qué (3) has estado haciendo / hayas estado haciendo?

MIGUEL: Hola, Rosalía. ¡Es obvio que no (4) has hablado / hayas hablado con mi mamá! Se lo está diciendo a todos porque está muy orgullosa: hace seis meses que trabajo como consejero de las estrellas, quiero decir de la gente famosa e importante. Por ejemplo, recientemente (5) he tenido / haya tenido que aconsejar (*counsel*) a una mujer joven (no puedo mencionar su nombre) que no se (6) ha portado / haya portado bien —muchas fiestas, muchos bares, muchas citas— ya sabes. Además, también (7) he aconsejado / haya aconsejado a muchos atletas profesionales. Oye, dudo que tu trabajo (8) ha sido / haya sido tan difícil como el mío. A propósito, ¿qué (9) has hecho / hayas hecho recientemente?

ROSALÍA: (*¡Umf! Dudo que (10) has estudiado / hayas estado interesado en otra persona que no seas tú… piensa ella antes de contestar.*) Bueno, yo escribo columnas para el periódico. Nuestro enfoque es tratar de ayudar a la gente buena, honesta y humilde —ayudar a la sociedad en general. Por ejemplo, hoy si quieres, puedes leer un reportaje de dos de mis colegas que (11) han resuelto / hayan resuelto un crimen de unas personas avaras que (12) han maltratado / hayan maltratado a unas personas mayores. ¡Qué mundo éste! ¿Verdad?

MIGUEL: Pues, sí… (*le comenta totalmente desinteresado*). Mira, allí está José Luis. No me (13) ha visto / haya visto en por lo menos seis meses. Oye, José Luis, ven acá. Tanto tiempo sin verte…

Answers to 4-30
1. has estado
2. hayas cambiado
3. has estado haciendo
4. has hablado
5. he tenido
6. ha portado
7. he aconsejado
8. haya sido
9. has hecho
10. hayas estado
11. han resuelto
12. han maltratado
13. ha visto

METHODOLOGY • Recycling
Activity **4-30** is an excellent recycling activity for previously learned grammar structures. Recycling is extremely important because it helps your students review and recombine vocabulary and structures, increasing their language skills.

EXPANSION for 4-30
You may wish to use this activity as a reading comprehension exercise by asking the following questions:
1. ¿Cuál es el trabajo de Miguel?
2. ¿Cómo sabemos que la madre de Miguel está muy orgullosa de él?
3. ¿Cuál es el trabajo de Rosalía? ¿Cuál es el enfoque de su trabajo?
4. ¿Qué tipo de persona es Miguel?

EXPANSION for 4-31
Have students add their own real or *faux* situations: e.g., *Yo comía en el restaurante Emeril casi todos los días el año pasado.*

EXPANSION for 4-31
Challenge students to a game of Truth or Dare (without the dare!) in Spanish. In small groups, students take turns making statements about something they may or may not have done. You can supply parameters such as what they did when they were a certain age, or what they did on vacation, etc. As one student makes a statement, the other members of the group must decide whether he/she is telling the truth and respond appropriately, using an expression from the verb bank when the statement is believed to be false.

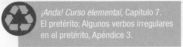

¡Anda! Curso elemental, Capítulo 7. El pretérito: Algunos verbos irregulares en el pretérito, Apéndice 3.

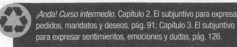

¡Anda! Curso intermedio, Capítulo 2. El subjuntivo para expresar pedidos, mandatos y deseos, pág. 91; Capítulo 3. El subjuntivo para expresar sentimientos, emociones y dudas, pág. 126.

4:00

4-31 No te creo Tienes un amigo que casi nunca dice la verdad. Túrnense para responder a sus comentarios usando las siguientes expresiones. ■

no creo	dudo	es imposible	es improbable	no es cierto

MODELO E1: *Cené con Barack y Michelle Obama.*
E2: *Dudo que hayas cenado con ellos.*

1. Cuando estuve en Casa Botín, vi a Leticia Ortiz, la futura reina de España.
2. Me invitaron a cocinar en el programa *Simply Delicioso*.
3. Rafael acaba de escribir un libro de cocina y una casa editorial muy famosa lo quiere publicar.
4. Mis hermanas abrieron un restaurante nuevo en la isla Roatán en Honduras. Está justo en la playa.
5. ¡Me comprometí! Mi novia es Cameron Díaz y me ha dicho que me ama.

¡Anda! Curso intermedio, Capítulo 2. El subjuntivo para expresar pedidos, mandatos y deseos, pág. 91; Capítulo 3. El subjuntivo para expresar sentimientos, emociones y dudas, pág. 126.

7:00

4-32 ¿Y yo? Ahora escribe una lista de **seis** cosas que te han ocurrido recientemente. **Dos** de las cosas no deben ser verdaderas. Después, en grupos de tres o cuatro, túrnense para leer y responder a las oraciones. ■

MODELO E1: *He ido a El Salvador cuatro veces.*
E2: *Es probable que hayas ido a El Salvador cuatro veces.*
E3: *Dudo que hayas ido a El Salvador cuatro veces.*
E4: *Es cierto que has ido a El Salvador cuatro veces.*
E1: *Hakeem tiene razón. No he ido a El Salvador nunca.*

Fíjate
Some expressions to use in activity **4-32** are: *No creo que…, Creo que…, Dudo que…, Es verdad que…,* and *Es probable que….* For other expressions, consult pages 91 and 126 on *el subjuntivo.*

Answers to 4-31
1. Dudo que hayas estado en Casa Botín y que hayas visto a Leticia Ortiz, la futura reina de España.
2. Dudo que te hayan invitado a cocinar en el programa *Simply Delicioso.*
3. Dudo que haya acabado de escribir un libro de cocina y que una casa editorial muy famosa lo haya querido publicar.
4. Dudo que tus hermanas hayan abierto un restaurante nuevo en la isla Roatán en Honduras y que esté justo en la playa.
5. Dudo que te hayas comprometido con Cameron Díaz (que ella sea tu novia) y que te haya dicho que te ama.

EXPANSION for 4-33
Use the context of the blind date to recycle the present subjunctive by having students offer advice regarding what to do and not do on a blind date.

3:00 **4-33 Anticipando la cita** Esta noche Inés tiene una cita con alguien que no conoce. Tiene muchas dudas y se arrepiente de (*regrets*) haber aceptado salir con él. Terminen sus pensamientos usando siempre **el presente perfecto de subjuntivo** y otras palabras apropiadas. Túrnense y sean creativos, añadiendo detalles. ■

MODELO Ojalá que él (ducharse)...
Ojalá que él se haya duchado antes de venir a recogerme.

1. Espero que (ir al cajero automático)... haya ido...
2. Dudo que (comprarme flores)... me haya comprado...
3. Es probable que (no tener tiempo de)... no haya tenido tiempo de...
4. No creo que (hablar con... sobre...)... haya hablado con...
5. Es preferible que (graduarse de)... se haya graduado de...
6. No ha venido y es tarde. Tal vez (decidir)... haya decidido...

SECTION GOALS for *Perfiles*

By the end of the *Perfiles* section, students will be able to:

- explain how the featured culinary artists became famous.
- compare the famous Hispanic chefs to other well-known chefs.
- express their opinions about culinary art.

NATIONAL STANDARDS
Communication, Cultures, Comparisons

The profiles of famous Hispanic culinary talents showcase the Cultures goal area and the Communication goal area. Students read, interpret, and understand the profiles (Standard 1.2), and they share their opinions with their classmates through conversations (Standard 1.1). In addition, they learn about the cultural products and perspectives of Hispanic culinary artists. Their conversational exchanges provide the basis for them to make comparisons between American cuisine, chefs, and restaurants with their Hispanic counterparts (Standard 4.2).

HERITAGE LANGUAGE LEARNERS

You may want to have your heritage language learners do the following activity.

1. Con un/a compañero/a de clase, haz una lista de los buenos restaurantes de la ciudad donde estudias. ¿Por qué los consideras de buena categoría? Luego, compara tu lista con la de otras parejas. ¿Cuántos tienen en común?
2. Eres un/a cocinero/a famoso/a. Inventa un plato nuevo y descríbeselo a la clase.

SUGGESTION for *Perfiles: La política de la comida*

In a world where many people do not have enough to eat on a daily basis, some people see exclusive restaurants and haute cuisine as an affront to society. Should people spend $200–$300 on one meal when that same amount of money could support an entire family for a month in a developing country? Have a discussion with your students about their opinions of the "political correctness" of fine dining and expensive restaurants when literally thousands of people starve to death every day.

NOTE for *Patricia Quintana*

She has been called "the Julia Child of Mexico," "the first lady of Mexican cuisine," and "the matriarch of Mexican gastronomy." She operates her own cooking school: Alta Cocina, Mexico City's first culinary institute.

PERFILES

04-29 to 04-30

Grandes cocineros del mundo hispano

Se dice que cocinar bien es un arte. Aquí hay unos ejemplos de "artistas" de la cocina de varias partes del mundo hispano.

Patricia Quintana es una famosa cocinera, maestra y autora de docenas de libros de la cocina mexicana. Si has ido a su restaurante en México, D.F., *Izote*, es muy probable que hayas comido una de sus recetas que combinan las tradiciones culinarias mexicanas de elote (maíz) y chiles con la alta cocina mexicana.

Hace años que **Ferran Adrià Acosta** (n. 1962) es considerado el mejor cocinero del mundo por muchos críticos gastronómicos. Era propietario del restaurante El Bulli en España que se cerró en el año 2011 para reinventarse como una fundación gastronómica. Es notable que Adrià, quien empezó su carrera lavando platos, llegara a crear un restaurante de tres estrellas en la guía Michelin.

Es posible que hayas visto a la cocinera argentina **Dolli Irigoyen** (n. 1950) en la televisión. Durante varios años protagonizó su propia serie de programas de cocina. Es también autora de un libro de cocina y ha creado su propio restaurante en Buenos Aires, el Espacio Dolli.

Preguntas

1. ¿Cómo se han hecho famosas estas personas?
2. Compara a una de estas personas con algún/alguna cocinero/a famoso/a de los Estados Unidos. ¿Qué sabes de él/ella?
3. Es notable que estas personas se consideren grandes artistas del mundo culinario. ¿Qué opinas tú de los cocineros como artistas?

NOTE for *Dolli Irigoyen*

Descubriendo sabores con Dolli and *Cocina regional argentina* are two of the television shows featuring Dolli Irigoyen. Her cookbook is called *Cocina para todos.*

EXPANSION for *Perfiles*

Have students research other Hispanic chefs to add to the ones mentioned in this section. Have them present the information to the class. This could also be done as a writing activity in which they each write a short biography about one person.

ANSWERS to *Perfiles*

1. Son cocineros famosos en la televisión y en restaurantes.
2. *Answers will vary.* E.g.: Emeril Lagasse, Bobby Flay, Cat Cora, Lidia Bastianich. Emeril Lagasse es famoso por sus programas de cocina en la televisión y sus expresiones (e.g., "Bam!"). Bobby Flay tiene seis restaurantes y ha aparecido en programas de televisión. Cat Cora se conoce como una "Iron Chef" en la televisión. Lidia Bastianich tiene cuatro restaurantes italianos en los Estados Unidos. La cocina italiana es su especialidad.
3. *Answers will vary.*

¡Anda! Curso intermedio, Capítulo 2. El subjuntivo para expresar pedidos, mandatos y deseos, pág. 91; Capítulo 3. El subjuntivo para expresar sentimientos, emociones y dudas, pág. 126.

8:00 **4-34** **¿Qué habrían hecho?** Imagínense que pueden conversar con Patricia Quintana, Dolli Irigoyen y Ferran Adrià Acosta para pedir consejos sobre la comida. Ustedes tienen las siguientes situaciones y ellos les necesitan ofrecer comentarios. Inventen sus comentarios, usando **el presente perfecto de subjuntivo** y **el presente de subjuntivo.** ■

MODELO Sra. Quintana, me gusta cocinar pero no he tenido tiempo para hacerlo recientemente.

Es bueno que hayas cocinado en el pasado y que te haya gustado. Para tener más tiempo para preparar una comida sugiero que prepares todos los ingredientes la noche anterior…

1. Sra. Quintana, he leído muchos de sus libros de la cocina Mexicana, pero no puedo elegir mis recetas favoritas.
2. Sra. Irigoyen, hemos visto muchos de sus programas de cocina en la televisión, pero sus recetas nos han parecido muy difíciles.
3. Sr. Adrià, siempre he querido ser cocinero en un restaurante conocido, pero es casi imposible encontrar un trabajo así.
4. Sr. Adrià, hace seis años que soy dueño de un restaurante de mucho éxito, pero en los últimos dos años no he tenido tiempo para experimentar con nuevas recetas.
5. Sres. Quintana, Irigoyen y Adrià, siempre he querido ser famosa. He estudiado para ser cocinera y he trabajado en el mismo restaurante por cinco años. Todo el mundo conoce al dueño del restaurante pero nadie sabe quién soy yo.

ADDITIONAL ACTIVITY for *La comida y la cocina*

What follows is an additional activity that fulfills the *Communities* Standard of the National Standards

Busca en el Internet una receta en español para un plato representativo de una cultura hispana y prepárala. Si no tienes acceso a una cocina, no te preocupes porque hay muchas comidas para las que no necesitamos ni horno ni fuego: por ejemplo, es posible preparar muchos tipos de salsa mexicana para comer con tortillas de maíz solo con los ingredientes y un cuchillo, y también es posible hacer el gazpacho andaluz sin cocina.

SECTION GOALS for *¡Conversemos!*

By the end of the *¡Conversemos!* section, students will be able to:

- ask for directions and give directions using simple phrases.
- practice the new expressions in mini-dialogues.
- dramatize a situation about giving/receiving directions.
- brainstorm about how to give directions to a particular place where they live.

NATIONAL STANDARDS
Communication

The phrases used for asking directions and giving directions are the foundation for communication and travel. Activities such as pair work and dialogues facilitate interpersonal communication (Standard 1.1). The recorded dialogues provide an authentic listening experience, which addresses interpretive communication (Standard 1.2). Lastly, activities **4-36** through **4-38** can be used as presentational activities, because students present how to get from one location to another. They can dramatize the activities, make a presentation to the class, or simply diagram a map and give directions to an audience of readers or listeners (Standard 1.3).

AUDIOSCRIPT for 4-35

Please consult the *Instructor's Resource Manual* for the complete text of this audio.

ADDITIONAL ACTIVITY for *¡Conversemos!*

¿Qué habías hecho cuando cumpliste… años? Con un/a compañero/a de clase, compara las cosas que ya habías hecho durante estas épocas de la vida: la niñez (hasta los cuatro años de edad), la juventud (hasta los trece años de edad) y la adolescencia (hasta los dieciocho años de edad). Usa el vocabulario y las estructuras gramaticales del capítulo cuando puedas.

MODELO

E1: *Cuando cumplí dos años, ya había empezado a hablar.*
E2: *Cuando cumplí doce años, ya había viajado a México con mi familia…*
E1: *Cuando cumplí trece años, ya había empezado a cocinar y sabía hacer panqueques.*

¡CONVERSEMOS!

04-31 to 04-32

ESTRATEGIAS COMUNICATIVAS Asking for and giving directions

The need to ask for and give directions comes up often. Below are some useful phrases for politely requesting and giving directions.

Para pedir indicaciones	*Asking for directions*
• **¿Me podría/n decir cómo se llega a...?**	*Could you (all) tell me how to get to . . . ?*
• **Perdón, ¿sabe/n usted / ustedes llegar al...?**	*Pardon, do you (all) know how to get to . . . ?*
• **Estoy perdido/a. ¿Puede/n usted / ustedes decirme dónde está...?**	*I'm lost. Can you tell me where . . . is?*
• **¿Cómo voy / llego a...?**	*How do I go / get to . . . ?*
Para dar indicaciones	***Giving directions***
• **Vaya/n/ Siga/n derecho / todo recto.**	*Go straight.*
• **Doble/n a la derecha / izquierda.**	*Turn right / left.*
• **Tome/n un taxi / autobús.**	*Take a taxi / bus.*
• **Al llegar a..., doble/n...**	*When you get to . . . , turn . . .*

4-35 Diálogos
Escucha los diálogos y haz las siguientes actividades.

1. ¿A qué mercado va el turista? ¿Cómo piensa viajar allí?
2. ¿Adónde quieren ir Nines y Mercedes?
3. ¿Por qué quieren ir allí ellas?
4. En la **Situación 1,** dibuja un mapa para el turista para que pueda llegar a la estación de autobuses.
5. En la **Situación 2,** dales de nuevo las indicaciones (*directions*) a Nines y a Mercedes.

Fíjate

La esquina (corner) and *la cuadra* (block) are important words to know when giving directions.

4-36 ¿Cómo llegamos?
En grupos de tres o cuatro personas, dramaticen la siguiente situación.

Una delegación de estudiantes internacionales de países hispanohablantes ha llegado a tu ciudad. Ellos quieren saber dónde pueden comer en tu ciudad y qué sirven de comer en los distintos restaurantes. Explíquenles cómo llegar a algunos restaurantes y qué tipo de comida sirven.

MODELO E1: *Hola. ¿Me podría decir cómo llegar a un restaurante mexicano y cuáles son sus platos especiales?*
E2: *Sí, mi favorito está muy cerca. Siga derecho…*

174

ANSWERS to 4-35

1. Va al mercado de Chichicastenango. Piensa viajar en autobús.
2. Quieren ir a la zona viva.
3. Piensan que hay buenos restaurantes allí.
4. Maps should show a path that goes to a corner, then turns left and continues for four blocks, and then turns right at an intersection/street named Bulevar Morazán.
5. *Answers will vary.*

4-37 Mi restaurante favorito es...

Habla con un/a compañero/a de clase para compartir información sobre tu restaurante favorito. Explícale por qué es tu favorito. Entonces cada uno debe darle indicaciones al otro para llegar al restaurante. ■

4-38 Vamos a comer

Quieren ir a comer en tu ciudad y necesitan formular un plan: ■

1. ¿Adónde quieren ir?
2. ¿Qué tipo de comida esperan encontrar?
3. ¿Cómo se llega al restaurante?

En un grupo de tres, hagan su plan. Usen el vocabulario y las estructuras de este capítulo y sean creativos.

MODELO E1: *Vamos al restaurante Mixto —creo que tienen buena comida allí.*

E2: *¿Dónde está? Espero que tengan bistec a la parrilla.*

E3: *Es fácil llegar —he ido antes. Salgan por la puerta principal de la universidad, sigan recto dos cuadras y doblen a la izquierda. Está a mano derecha.*

E4: *Es bueno que hayas ido allí antes. ¿Qué tipo de comida sirven?*

4-39 Una entrevista

Con un/a compañero/a de clase, dramatiza la siguiente situación. Eres reportero/a para la revista *Buen provecho*. Vas a entrevistar a un cocinero famoso del restaurante X. Prepara una lista de preguntas sobre la historia del restaurante, la experiencia del cocinero y su plato favorito. Al final, pregúntale cómo llegar al restaurante. El cocinero debe preparar unas respuestas apropiadas para las preguntas. Traten de usar el vocabulario y la gramática del capítulo en la entrevista. ■

MODELO E1 (REPORTERO): *Gracias por darme esta entrevista. Hace tiempo que quiero conocerlo. Tengo muchas preguntas para usted.*

E2 (COCINERO): *De nada. Es un placer también para mí. Un reportero de su revista me contactó hace un año, pero no he podido hacer la entrevista hasta ahora…*

175

SUGGESTION for 4-38
You may wish to share information with students about the Spanish custom of *tapear,* when people eat *tapas* with friends and family in *bares,* as well as the difference between *bares* in Spain and those in the United States. Students may find it interesting that bars in Spain are not exclusive places to drink, but rather places to get together with family and friends.

EXPANSION for 4-38
Have students talk about places in the United States where they can eat *tapas.* The students can describe the *tapas* they have had before and can research the recipes on the Internet. Suggested keywords: *tapas, recetas.*

SUGGESTION for 4-38
Have students bring to class a menu from a Spanish restaurant that they can access on the Internet. The students can act out a restaurant scene and play the roles of servers and customers.

CAPÍTULO 4

SECTION GOALS for *Escribe*
By the end of the *Escribe* section, students will be able to:
- apply the new writing strategy of *sequencing events.*
- identify adverbs and adverbial phrases that serve as transitions.
- compose an article about a local event or celebration.
- organize their written work in chronological order and incorporate previously presented writing strategies.

NATIONAL STANDARDS
Communication, Comparisons
Writing an article about a local event incorporates the goal areas of Communication and Comparisons. Students write an article that they discuss in small groups (Standard 1.1), and then they have the option of presenting the article to the class, as written work (like a newspaper article) or orally (like presenting an advertisement about the event) (Standard 1.3). As they go through and include transitions, they compare the writing process to the steps they use when they write in English (Standard 4.1).

SUGGESTION for *Escribe*
The activities in the *Escribe* section lend themselves well to homework. If students are commuters or have the materials handy at the university, they can use stories about these celebrations from their local newspapers.

SUGGESTION for *Escribe*
Encourage students to keep the list of adverbial expressions handy. Students tend to be repetitive throughout their writing. Therefore, rather than using *después,* they might use *luego* or *más tarde* instead.

SUGGESTION for *Escribe*
You may wish to remind students about the difference between *después* / *después de* + infinitive and *antes* / *antes de* + infinitive. It will be helpful to some students to point out the need for an infinitive after the preposition *de.*

SUGGESTION for 4-42
Select and read as many of the writing samples from **4-42** as time permits. You can do this during the warm-up segments of several subsequent classes.

ESCRIBE

Un artículo de revista

04-33 to 04-34

Estrategia

Process writing (Part 4): Sequencing events

Narratives about events—past, present, or future—have a logical sequence that the reader can follow. Using a logical sequence in your writing will give it cohesion and make it flow naturally.

Expressions such as those listed can be used to indicate the natural order of events in your narrative. These words also provide smooth transitions between portions of your writing.

Adverbios y expresiones adverbiales	*Adverbs and adverbial expressions*
al principio, primero	*at first, first, in the beginning*
el primer día / mes	*the first day / month*
luego, entonces	*then, next*
antes (de)	*before*
después (de)	*afterward, after*
en seguida	*immediately (after)*
más tarde	*later*
pronto	*soon*
por fin, finalmente	*finally*
al final	*at the end*
por último	*last (in a list)*

4-40 Antes de escribir

Vas a escribir un artículo sobre una celebración local que tiene lugar en tu ciudad. Primero selecciona una celebración. Luego, haz una lista de los datos y los eventos (nombre de la celebración, la fecha, el lugar, etc.). ■

4-41 A escribir

Ahora ha llegado el momento de escribir tu artículo.

- Primero, toma la lista que escribiste y empieza el artículo incluyendo los datos.
- Luego, pon tu lista de los eventos en orden cronológico, conectándolos con las expresiones nuevas como **primero, luego, después,** etc.
- Entonces añade a cada evento los detalles que sean interesantes como la descripción de una competencia, la comida, etc.

Finalmente, asegúrate de que en el artículo:

- hayas puesto los eventos en orden cronológico usando las expresiones de esta sección.
- hayas escrito por lo menos **ocho** oraciones.

4-42 Después de escribir

Comparte tu artículo con un/a compañero/a. Haz una comparación de las dos celebraciones que ustedes han descrito. ¿En qué son semejantes y en qué son diferentes? Comunica esta información al resto de la clase. ■

WRITING SAMPLE for *Escribe*
You may use the following as a model if you feel your students need one.

El festival de los bomberos voluntarios de Stockport
El primero de agosto todos los años en el pueblo de Stockport se celebra el festival de los bomberos (firemen) *voluntarios. El festival empezó hace doce años para ganar el dinero necesario para mantener un departamento de bomberos en este pueblo pequeño. En el pasado, esta celebración había sido pequeña, con sólo un desfile, pero es notable que haya llegado a ser una celebración con muchas actividades para toda la familia. Primero, hay un desfile al mediodía con la reina del festival y mucha comida excelente. Los bomberos voluntarios asan todo tipo de carne y salchichas, y la gente disfruta de esta parrillada todos los años. Luego, hay la competencia anual de los pasteles de frutas. Después de la competencia se venden los pasteles, y el dinero procedente se contribuye al departamento de bomberos. Más tarde, hay muchos juegos para los niños…*

¿Cómo andas? II

Having completed **Comunicación II,** I now can . . .	Feel confident	Need to review
• describe foods and their preparation. (p. 159)	☐	☐
• indicate how long something has been going on or how long ago it occurred. (MSL)	☐	☐
• expand on foods. (p. 164)	☐	☐
• specify what *has* happened. (p. 168)	☐	☐
• name and provide details about three people known for creating excellent cuisine. (p. 172)	☐	☐
• use appropriate expressions when asking for and giving directions. (p. 174)	☐	☐
• write about events in a logical order. (p. 176)	☐	☐

Instructor Resources
- Text images (maps), Video resources

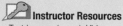

SECTION GOALS for *Vistazo cultural*
By the end of the *Vistazo cultural* section, students will be able to:
- identify foods and culinary delights related to specific Hispanic celebrations.
- explain the significance of food in these celebrations.
- report about common themes and activities that take place around the celebrations.
- compare celebrations in various Hispanic countries and contrast them with American celebrations.

NATIONAL STANDARDS
Communication, Cultures, Comparisons
In *Vistazo cultural*, students read brief passages about Hispanic celebrations and foods. The text provides the interpretive mode of communication as students understand and interpret the text (Standard 1.2). The guided questions that follow facilitate the interpersonal mode of communication (Standard 1.1). As students understand the cultural information, they can understand the perspectives, products, and practices representative of the Hispanic cultures (Standards 2.1, 2.2). Students can then make comparisons between the cultural practices and perspectives of Hispanic peoples and the cultural practices of Americans with regard to celebrations (Standard 4.2).

NOTE for *IFES*
IFES is the Instituto Femenino de Estudios Superiores in Guatemala City. It offers degrees and/or certificates in home decorating and design, hotel management, and culinary arts. It is a branch campus of the Universidad del Istmo.

METHODOLOGY • Cultures and the *Practices* of culture
Cultural *practices* also appear in the materials for *¡Anda! Curso intermedio*, though perhaps not as frequently. *Practices* are not as tangible as *products*, although they can often be observed and thus identified. In order to examine a cultural practice more closely, explore the following questions with your students:

1. How do you do this?
2. When do you do this?
3. Where do you do this?

As instructors, we do not have to hold all the answers, but we do need to guide our students toward a more comprehensive consideration of practices that are present in the cultures we are studying.

Vistazo cultural

Carmen Barreto Molina,
estudiante de Artes Culinarias

04-35

Tradiciones de Guatemala, Honduras y El Salvador

Soy estudiante en el Instituto Femenino de Estudios Superiores de Guatemala, y hace tres años que estudio artes culinarias. Siempre había pensado en estudiar la comida y la cultura de otros países. En mis cursos he aprendido que muchas veces la comida típica es una parte integral de las celebraciones culturales. Aquí les ofrezco un vistazo a unas fiestas de diferentes culturas y unos platos típicos de algunos países.

Antigua, Guatemala
Durante la Semana Santa en Antigua, Guatemala, las procesiones religiosas pasan sobre "alfombras" en las calles. Estas alfombras se hacen principalmente de aserrín (*sawdust*) de muchos colores y a veces de verduras, de plantas, de flores y hasta de pan. La gente ha planeado sus diseños por meses pero se hacen en las veinticuatro horas antes de comenzar las procesiones.

Las máscaras guatemaltecas
Hace siglos que las máscaras tradicionales tienen un papel muy importante en las celebraciones guatemaltecas. El uso de las máscaras data de los tiempos precolombinos y aún de los conquistadores. Se habían usado para representar animales, diablos, santos y otras figuras míticas que aparecían en las historias y los bailes folklóricos. Hoy en día la gente se disfraza con máscaras para celebrar eventos tanto sociales como religiosos.

Un plato guatemalteco
Un plato típico guatemalteco es *pepián* o *pipián*. Es un rico plato tradicional a base de tomates, chiles, pollo y otras verduras como la papa. También contiene especias y a veces se sirve como un guisado (*stew*). A menudo se come con tortillas.

EXPANSION for *Pupusas*
Have students look for recipes for *pepián* and *pupusas* on the Internet. Suggested key words: *pepián, pupusas, receta.*

Copán, Honduras

En Santa Rosa de Copán, un pueblo en las montañas de Honduras, la celebración de la Semana Santa es impresionante. Hay seis desfiles que celebran diferentes partes de la historia de la Pascua. El viernes santo, una procesión pasa por el pueblo sobre una alfombra de flores extendida en la calle.

El Día de Garífuna, Honduras

El doce de abril se celebra "El Día de Garífuna", el aniversario de la llegada de los Garífuna a Honduras hace más de doscientos años. El pueblo Garífuna es de herencia africana y caribeña. La fecha se celebra con baile, música, teatro y desfiles (*parades*).

Comida salvadoreña

Las pupusas son la comida más común en El Salvador. Son tortillas a base de masa de maíz con relleno de queso, frijoles y/o carne de algún tipo. Por un decreto legislativo salvadoreño del año 2005, el segundo domingo del mes de noviembre de cada año es "El Día Nacional de las Pupusas".

Juayúa, El Salvador

Este pueblo se conoce por su famosa Iglesia del Cristo Negro, cuyo santo patrón se celebra cada enero con un festival. También es famoso por su feria gastronómica. Hace más de veinticinco años que se festeja cada fin de semana con un festival de comida típica salvadoreña pero también unos platos exóticos e internacionales.

Preguntas

1. ¿Qué elementos tienen en común estas celebraciones?
2. ¿Qué comidas tradicionales se mencionan? ¿En cuáles de estas celebraciones es probable que se haya servido comida?
3. Compara estas celebraciones con otras que has estudiado y con las celebraciones en los Estados Unidos. ¿Qué celebración o tradición prefieres y por qué?

HERITAGE LANGUAGE LEARNERS

Have your heritage language learners complete the following activity.

1. Con un/a compañero/a, selecciona una de las celebraciones y compárala con una celebración de tu cultura. Puedes usar un diagrama Venn si quieres. ¿En qué son semejantes y en qué son diferentes? Preséntale tu comparación a la clase.
2. Piensa en tu celebración o tradición favorita del año. Haz una lista de los eventos, y habla de la comida y de la música que figuran en la fiesta. Luego, descríbesela a la clase con un dibujo o una foto.
3. ¿Por qué crees que la comida tiene un papel importante en muchas celebraciones? Con unos compañeros de la clase, decidan si la comida es una parte necesaria de una celebración, y luego debatan su posición con otro grupo de la clase con una opinión diferente.

ADDITIONAL ACTIVITY for *Vistazo cultural: En el Internet*

1. Send your students to the Internet to discover where in Latin America they might pursue a degree in culinary arts. In the United States, this is often an associate's degree from a community college or a single course of study at a culinary institute rather than a bachelor's degree from a four-year institution, although the latter is certainly possible to achieve. Does the same apply in Spanish-speaking countries? Students can use keywords (Suggested keywords: *carrera en artes culinarias, estudios de las artes culinarias*) to search for sites of institutions that offer culinary degrees in order to compare programs of study.
2. Have your students find out about well-known Hispanic chefs, either in the United States or in other countries. Where are the famous Latino chefs working and cooking in the United States? Is one of their restaurants near you? Suggested keywords: *Hispanic / Latino chefs in the United States, los chefs latinos*.
3. How do you make *pupusas*? Have students look up the recipe online, make *pupusas* at home, and bring them in to share with the class. Suggested keywords: *pupusas, receta*.
4. Do we have any foods that have their own days in the United States? Have students research their favorite foods to see whether there are national days for them. For example, April 22 is National Jelly Bean Day, and January 6 serves as the national day for apple trees, shortbread, and beans in general. Suggested keywords: *food holidays*.
5. Have your heritage language learners each talk about and/or bring in a sample of the staple bread of their culture (e.g., *arepas* from Venezuela).
6. Some of these celebrations have counterparts in other Spanish-speaking countries as well as in other parts of the world. Pick one and try to find out how it is celebrated in a different Spanish-speaking country. Then see how it is celebrated in a country with a different language and culture. Suggested keywords: *la celebración de carnaval, el día de independencia del país X, la celebración de la Semana Santa*.

SECTION GOALS for *Lectura*
By the end of the *Lectura* section, students will be able to:
- utilize the new reading strategy of *identifying details and supporting elements.*
- comprehend the passage by answering pre-reading and post-reading questions.
- follow the plot of the characters and make predictions about future events.
- implement the use of graphic organizers to aid identification of details and supporting elements.

NATIONAL STANDARDS
Communication
In the *Laberinto peligroso* reading, students can focus on Communication in the interpersonal and interpretive modes. The text provides the basis for interpretive communication because students understand and interpret written Spanish (Standard 1.2). The questions that accompany the reading serve a dual purpose: they help with the ability to comprehend the reading passage, and they facilitate discussion. Pairs or small groups of students work to answer the questions, and they express and exchange opinions about the reading (Standard 1.1).

RECAP of *Laberinto peligroso Episodio 3*
Lectura: Two weeks later, Celia and Cisco meet up at a café. Cisco invites her to have coffee but shuts down his computer and hides some books in a suspicious way. Celia notices a home improvement magazine that Cisco has, and that prompts a discussion of the renovations he wants to make to his house. Celia talks about her ideal house. Someone is sitting near them reading some classified reports; he gets up and leaves but unknowingly drops some of the pages. Then Celia finds a frightening note in her purse.
Video: Celia is concerned about the note, but Cisco tells her not to worry, that it's probably a joke. In the café, they find a classified memo on the floor, which Cisco pockets immediately. Celia is increasingly annoyed with Cisco and is determined to see what is on the paper. Cisco goes home and considers renovations he wants to make to his house. Both Cisco and Celia independently get the name of Dr. Huesos from Javier as an expert who can help both of them in their investigations. They get a surprise when both show up for a meeting with Dr. Huesos at the same time. The same mysterious man from the café secretly listens in on their conversation. Celia gets a frightening e-mail when she returns home.

04-38 to 04-39

Laberinto peligroso

Lectura

Estrategia Identifying details and supporting elements

Main ideas usually come at the beginning of a passage or a paragraph. Generally, what follows are supporting elements such as details that explain or clarify the main idea.

To identify supporting elements, you might want to use a graphic organizer such as a web to help categorize several main ideas and their details. Sometimes subtitles or subheadings exist to help clarify the supporting details.

4-43 Antes de leer Para algunos textos (como los artículos periodísticos o las novelas de detectives) es muy importante fijarse en los detalles. Contesta las siguientes preguntas sobre algunos detalles importantes de los episodios anteriores. ■

1. ¿Qué le pasó a Celia durante la conferencia y después de tomar café con Cisco?
2. ¿Por qué necesitaban Celia y Cisco hablar con el Dr. Huesos?
3. ¿Qué decía la nota que Celia encontró en su bolso? ¿Cómo reaccionaron Celia y Cisco?

DÍA 20

Colaboradores, competidores y sospechosos

Mientras Cisco le hablaba sobre sus comidas favoritas, Celia pensaba en el mensaje de correo electrónico que había recibido: "Te estoy observando". ¿Quién se lo había mandado? ¿La persona que le había dejado la nota ayer? ¿Por qué se había sentido mal durante la conferencia y en el café? Había consultado varios periódicos para ver si otros habían sufrido esos síntomas, pero no había encontrado nada relevante.

—¿Estás bien? —Cisco interrumpió sus pensamientos.

—Sí. ¿Por qué me lo preguntas? —respondió Celia bruscamente, mientras intentaba recordar lo que había estado diciendo antes de distraerse°. *get distracted*

—Porque te he preguntado algo y no me has respondido. ¿Me has estado escuchando? —preguntó Cisco, un poco molesto.

—Siento no haberte prestado atención. Estoy preocupada, por eso tengo la mente en otro lugar —reconoció Celia.

—¿Puedo ayudarte?

—¿Me enviaste algún correo? —preguntó Celia, con un tono acusatorio.

—No. ¿Por qué?

—Porque es posible que me hayas querido hacer una broma° de muy mal gusto —dijo Celia, indignada. *joke*

180

ANSWERS to 4-43
1. Celia se enfermó. / Se sentía mal.
2. Necesitaban hablar con el Dr. Huesos porque es un especialista en el bioterrorismo.
3. Decía, "Te estoy observando".

—¿Cómo?

—Recibí un mensaje como la nota que encontré cuando salíamos del café ayer —explicó Celia.

—No he sido yo —repitió Cisco.

—¿Estás seguro?

—No lo hice. —insistió—. ¿Me crees?

—Está bien, Cisco, no creo que me hayas enviado el mensaje —Por fin Celia estaba más tranquila.

—¿Y ahora me contestas la pregunta? ¿Has terminado el café?

—Sí, lo he terminado. ¿Nos vamos? —respondió Celia.

—Sí, tengo mucho trabajo.

—Yo también, y además camino a casa necesito comprar un regalo para una amiga que dio a luz hace un mes. Hace tanto tiempo que no estoy con ningún bebé… no sé qué comprarle —dijo Celia mientras salían del café.

—¿Un libro? —sugirió Cisco.

—Tal vez, pero como es un bautizo, mejor algo religioso. Me emociona mucho que me haya invitado y quiero demostrárselo dándole algo apropiado.

—Hay una tienda de objetos religiosos cerca del mercado de comida orgánica —mencionó Cisco.

—Está bien, voy para allá. Hasta luego.

kiss —Cuídate —respondió Cisco dándole un beso° en la mejilla.

Era la una cuando Celia llegó a casa. Inmediatamente volvió a la investigación con la que la había ayudado el Dr. Huesos. Cisco había llegado a su casa media hora antes y trabajaba en lo mismo. Cada uno en su propia casa, Celia y Cisco leían cientos de páginas web y numerosos artículos. Cada uno por su parte tomó conciencia de la situación en las selvas tropicales.

2.471 acres Cisco descubrió que la destrucción de las selvas había empezado hacía décadas, y que nada mejoraba: cada año seguían destruyéndose miles de hectáreas°. Aunque algunos gobiernos y compañías tenían cierta responsabilidad, los contrabandistas eran un enorme problema. Ganaban mucho dinero vendiendo ilegalmente sus recursos naturales, especialmente la madera y los pájaros exóticos. Ya se habían extinguido muchas especies de plantas y animales, y el impacto en los indígenas era tremendo: dependían de la selva para comer, tratar heridas y enfermedades, construir casas, defenderse; la necesitaban para vivir. Antes de empezar este proyecto, Cisco no se había dado cuenta del poder de las selvas. Muchas de las sustancias que contenían sus plantas eran medicinales, y otras eran peligrosas y podían usarse para crear armas biológicas.

Aunque estaba satisfecho con su progreso, sabía que Celia podía ser una gran colaboradora en el proyecto. La respetaba por su inteligencia, sinceridad y honradez. Mientras abría el correo electrónico para escribirle, sonó el teléfono. Lo contestó y era Ramón, un oficial de El Salvador, uno de los contactos de su familia, que le devolvía la llamada. Después de hablar con él, empezó a prepararse porque esa noche se casaba uno de sus mejores amigos.

Hacía dos horas que había salido para la boda cuando alguien forzó la entrada a su casa. ¡Encendió la computadora y copió todo lo que Cisco había descubierto!

181

ADDITIONAL ACTIVITY for *Antes de leer*

En este episodio, vas a leer sobre una posible confrontación entre dos de nuestros personajes. Antes de empezar a trabajar en el episodio, contesta las siguientes preguntas.

1. Tus amigos y tú, ¿se han hecho bromas (*played jokes on each other*)? Si sí, ¿qué tipo de bromas se han hecho? ¿Cómo has reaccionado cuando tus amigos te han hecho bromas?
2. ¿Alguna vez has sospechado (*suspected*) que un/a amigo/a u otra persona cercana te ha mentido? ¿Cómo te sentiste? ¿Qué hiciste?
3. ¿Has mentido alguna vez a un/a amigo/a u otra persona cercana? ¿Cuándo fue? ¿Qué había pasado antes de que te hiciera sentir la necesidad de mentirle?
4. Piensa en alguna ocasión en que hayas competido (*competed*) con algún amigo u otra persona cercana. ¿Cuándo fue? ¿Por qué compitieron? ¿Qué pasó?
5. ¿Tienes una actitud más bien competitiva o colaboradora con tus amigos y familiares? ¿En qué colaboran ustedes con frecuencia? ¿Cuándo y en qué compiten ustedes?

Instructor Resources

- Video script

ANSWERS to 4-44

1. Celia estaba preocupada porque muchas cosas extrañas le habían pasado: había recibido la nota en su bolso, había recibido un correo electrónico parecido, se había sentido mal durante la conferencia y en el café.
2. Celia pensaba que le había gastado una broma de mal gusto, enviándole un mensaje de correo electrónico parecido a la nota que había encontrado en su bolso dos días antes.
3. Según la investigación de Cisco, algunos gobiernos y compañías y los contrabandistas tenían la culpa. Según la investigación de Cisco, algunas consecuencias son que se habían extinguido muchas especies de plantas y animales, y tenía un impacto tremendo en la vida de muchos indígenas.
4. *Answers will vary.*

SECTION GOALS for *Video*

By the end of the *Video* section, students will be able to:

- follow the characters' interactions.
- make predictions about what will happen in the next video segment.
- comprehend and summarize the main actions and events.

NATIONAL STANDARDS

Communication

The video segment of *Laberinto peligroso* addresses two of the three communication standards. In particular, the video is aligned with Standard 1.2, the interpretive mode, because students have to understand and interpret spoken Spanish. The accompanying comprehension questions, if completed in pairs or small groups, are aligned with Standard 1.1, the interpersonal mode. If you choose to have students reenact portions of the video and present them to the class, you could also address Standard 1.3, the presentational mode.

4-44 Después de leer

Contesta las siguientes preguntas. ■

1. ¿Por qué estaba preocupada Celia?
2. ¿Qué pensaba Celia que Cisco había hecho?
3. Según la investigación de Cisco, ¿quiénes tenían la culpa de la destrucción de las selvas tropicales? ¿Cuáles han sido las consequencias?
4. ¿Por qué crees que se titula el episodio *Colaboradores, competidores y sospechosos*?

Video

04-40 to 04-41

4-45 Antes del video

En *Colaboradores, competidores y sospechosos*, viste cómo avanzaba Cisco con su investigación sobre las selvas tropicales. En el episodio en video, vas a ver cómo avanza el proyecto de Celia. Antes de ver el episodio, contesta las siguientes preguntas. ■

1. ¿Por qué piensas que Celia sospechaba que Cisco le había enviado el mensaje?
2. ¿De qué piensas que hablaron Cisco y Ramón?
3. ¿Quién crees que entró en el apartamento de Cisco?

Espero que lo hayas pasado muy bien.

¿Es posible que alguien haya intentado envenenarme *(poison me)*?

Javier, hay algo que debes saber…

Episodio 4

«¿Mágica o malvada?»

Relájate y disfruta el video.

4-46 Después del video

Contesta las siguientes preguntas. ■

1. ¿Dónde había estado Celia antes de llegar a su casa al comienzo del episodio?
2. Compara y contrasta los resultados de la investigación de Cisco con los de Celia.
3. ¿Qué pensaba Celia que podía haber pasado en la conferencia cuando se enfermó?
4. ¿Cómo concluyó el episodio?

182

ANSWERS to 4-46

1. Antes de llegar a su casa al principio del episodio, Celia había estado en el bautizo del bebé de su amiga.
2. *Answers will vary:*
   Solo Cisco: los gobiernos y las compañías tenían parte de la culpa por la destrucción de las selvas; los contrabandistas comerciaban especialmente con la madera y los pájaros exóticos; muchas especies de plantas y animales se han extinguido a causa de la deforestación; los indígenas dependían de la selva para comer, tratar heridas y enfermedades, construir sus casas y defenderse; muchas plantas tenían sustancias medicinales
   Celia y Cisco: los contrabandistas comerciaban con las plantas y los animales; algunas plantas servían para crear armas biológicas
   Solo Celia: nada
3. Pensaba que podían haber envenenado la comida.
4. Un hombre entró en la casa de Celia. / El hombre misterioso del café trataba de entrar en el apartamento de Celia.

LETRAS

Acabas de terminar otro episodio de **Laberinto peligroso.** Explora más lecturas en la colección literaria, **Letras.**

04-45 to 04-50

Y por fin, ¿cómo andas?

Having completed this chapter, I now can . . .	Feel confident	Need to review
Comunicación I		
• express information about celebrations and life events. (p. 148)	☐	☐
• report and narrate past events. (MSL)	☐	☐
• discuss events that *had* occurred. (p. 153)	☐	☐
• register details. (p. 157)	☐	☐
Comunicación II		
• describe foods and their preparation. (p. 159)	☐	☐
• indicate how long something has been going on or how long ago it occurred. (MSL)	☐	☐
• expand on foods. (p. 164)	☐	☐
• specify what *has* happened. (p. 168)	☐	☐
• use appropriate expressions when asking for and giving directions. (p. 174)	☐	☐
• write about events in a logical order. (p. 176)	☐	☐
Cultura		
• relate information about celebrations and traditions in the Hispanic world. (p. 156)	☐	☐
• name and provide details about three people known for creating excellent cuisine. (p. 172)	☐	☐
• share and compare cultural information regarding celebrations and traditions in Guatemala, Honduras, and El Salvador. (p. 178)	☐	☐
Laberinto peligroso		
• identify details and supporting elements in a text and speculate about threatening notes. (p. 180)	☐	☐
• hypothesize about mysterious intruders. (p. 182)	☐	☐
Comunidades		
• use Spanish in real-life contexts. (SAM)	☐	☐
Literatura		
• identify the structure of a poem. (Literary Reader)	☐	☐

***LETRAS* LITERARY READER**

Refer your students to *Capítulo 4* of the *Letras* Literary Reader to read *Tres cosas* by Baltasar del Alcázar and to learn about *los esquemas de rima, el cómputo silábico, la sinalefa, los tipos de verso,* and *el verso octosílabo.*

Instructor Resources
- Testing program information

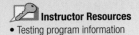

VOCABULARIO ACTIVO

Las celebraciones y los eventos de la vida	*Life events and celebrations*
el aniversario de boda	*wedding anniversary*
el baile	*dance*
el bautizo	*baptism*
el bebé	*baby*
la boda	*wedding*
la cita	*date*
el compromiso	*engagement*
el cumpleaños	*birthday*
El Día de las Brujas	*Halloween*
El Día de San Valentín	*Valentine's Day*
El Día de la Madre/ del Padre/de la Independencia, etc.	*Mother's Day, Father's Day, Independence Day, etc.*
El Día de los Muertos	*Day of the Dead*
la graduación	*graduation*
la luna de miel	*honeymoon*
el nacimiento	*birth*
la Navidad	*Christmas*
el/la novio/a	*boyfriend/girlfriend; groom/bride*
la Pascua	*Easter*
la primera comunión	*First Communion*
la quinceañera	*fifteenth birthday celebration*
el regalo	*present*

Verbos	*Verbs*
celebrar	*to celebrate*
cumplir... años	*to have a birthday/ to turn . . . years old*
dar a luz	*to give birth*
discutir	*to argue; to discuss*
disfrazarse	*to wear a costume; to disguise oneself*
enamorarse (de)	*to fall in love (with)*
engañar	*to deceive*
estar comprometido/a	*to be engaged*
estar embarazada	*to be pregnant*
pelear(se)	*to fight*
salir (con)	*to go out (with)*
tener una cita	*to have a date*

La comida y la cocina	*Food and kitchen*
Las carnes y las aves	*Meat and poultry*
la carne de cerdo	*pork*
la carne de cordero	*lamb*
la carne de res	*beef*
la carne molida	*ground beef*
las chuletas	*chops*
el pavo	*turkey*
las salchichas	*sausages*
la ternera	*veal*
el tocino	*bacon*

El pescado y los mariscos	*Fish and seafood*
el cangrejo	*crab*
la langosta	*lobster*
las sardinas	*sardines*

Más comidas	More foods
la harina	*flour*
la miel	*honey*
el pan dulce	*sweet roll*
los panqueques	*pancakes*

Términos de la cocina	Cooking terms
añadir	*to add*
asar	*to roast; to broil*
batir	*to beat*
(re)calentar (e → ie)	*to (re)heat*
derretir (e → i → i)	*to melt*
freír (e → i → i)	*to fry*
hervir (e → ie → i)	*to boil*
mezclar	*to mix*
pelar	*to peel*
revolver (o → ue)	*to stir*
tapar	*to cover*
verter (e → ie)	*to pour*

Palabras útiles	Useful words
el fuego (lento, mediano, alto)	*(low, medium, high) heat*
el ingrediente	*ingredient*
el kilogramo	*kilogram (or 2.2 pounds)*
el nivel	*level*
el pedazo	*piece*
la receta	*recipe*

Las frutas	Fruit
el aguacate	*avocado*
la cereza	*cherry*
la ciruela	*plum*
el durazno	*peach*
la fresa	*strawberry*
el mango	*mango*
la papaya	*papaya*
la piña	*pineapple*
la sandía	*watermelon*
la toronja	*grapefruit*

Las verduras	Vegetables
las aceitunas	*olives*
el ajo	*garlic*
el apio	*celery*
la calabaza	*squash; pumpkin*
la col	*cabbage*
la coliflor	*cauliflower*
los espárragos	*asparagus*
las espinacas	*spinach*
los guisantes	*peas*
los hongos	*mushrooms*
el pepino	*cucumber*
el pimiento	*pepper*
el plátano	*plantain (Lat. America)*
la zanahoria	*carrot*

Algunos postres, dulces y botanas	Some desserts, candies, and snacks
el batido	*milkshake*
el bombón	*sweet; candy*
la dona	*donut*
el flan	*caramel custard*
las palomitas de maíz	*popcorn*

Instructor Resources
- IRM: Syllabi and Lesson Plans

NATIONAL STANDARDS

COMUNICACIÓN I
- To discuss travel and means of transportation (Communication, Connections)
- To express time, location, purpose, destination, and direction (Communication)
- To become familiar with cars and automobile travel (Communication)
- To connect sentences and clarify meaning (Communication)
- To plan and illustrate vacations (Communication)
- To pinpoint specific information (Communication)
- To engage in additional communication practice (Communication)

COMUNICACIÓN II
- To indicate how technology is useful, both at home and in travel (Communication, Connections, Communities)
- To converse about events in the past (Communication, Connections)
- To depict something that is uncertain or unknown (Communication)
- To describe technology (Communication)
- To ask for input and express emotions (Communication, Cultures)
- To use peer editing to improve narrative expression (Communication)
- To engage in additional communication practice (Communication)

CULTURA
- To compare notes on travel and transportation (Communication, Cultures, Connections, Comparisons)
- To identify some people for whom travel and technology are important (Cultures, Connections, Comparisons)
- To share information about interesting vacations and explore green initiatives in Nicaragua, Costa Rica, and Panama (Cultures, Connections)
- To explore further the chapter's cultural themes (Cultures)

LABERINTO PELIGROSO
- To employ a bilingual dictionary with a reading passage, and to relate Celia and Cisco's discoveries in their research of the rain forest (Communication)
- To hypothesize about threatening e-mails (Communication)

COMUNIDADES
- To use Spanish in real-life contexts (Communities)

LITERATURA
- To distinguish elements in a sonnet (Communication)

5 Viajando por aquí y por allá

¿Te gusta ir de viaje? En el mundo hispano hay muchos lugares bonitos que puedes visitar. Hay lagos, montañas, playas, ciudades con centros comerciales y parques de atracciones. Y la tecnología puede llegar hasta cualquiera de esos lugares. ¡Vamos a explorar!

PREGUNTAS

1. ¿Cómo prefieres viajar? ¿Por qué?
2. ¿Adónde te gusta viajar?
3. ¿Cómo usamos la tecnología para viajar?, ¿y en nuestra vida diaria?

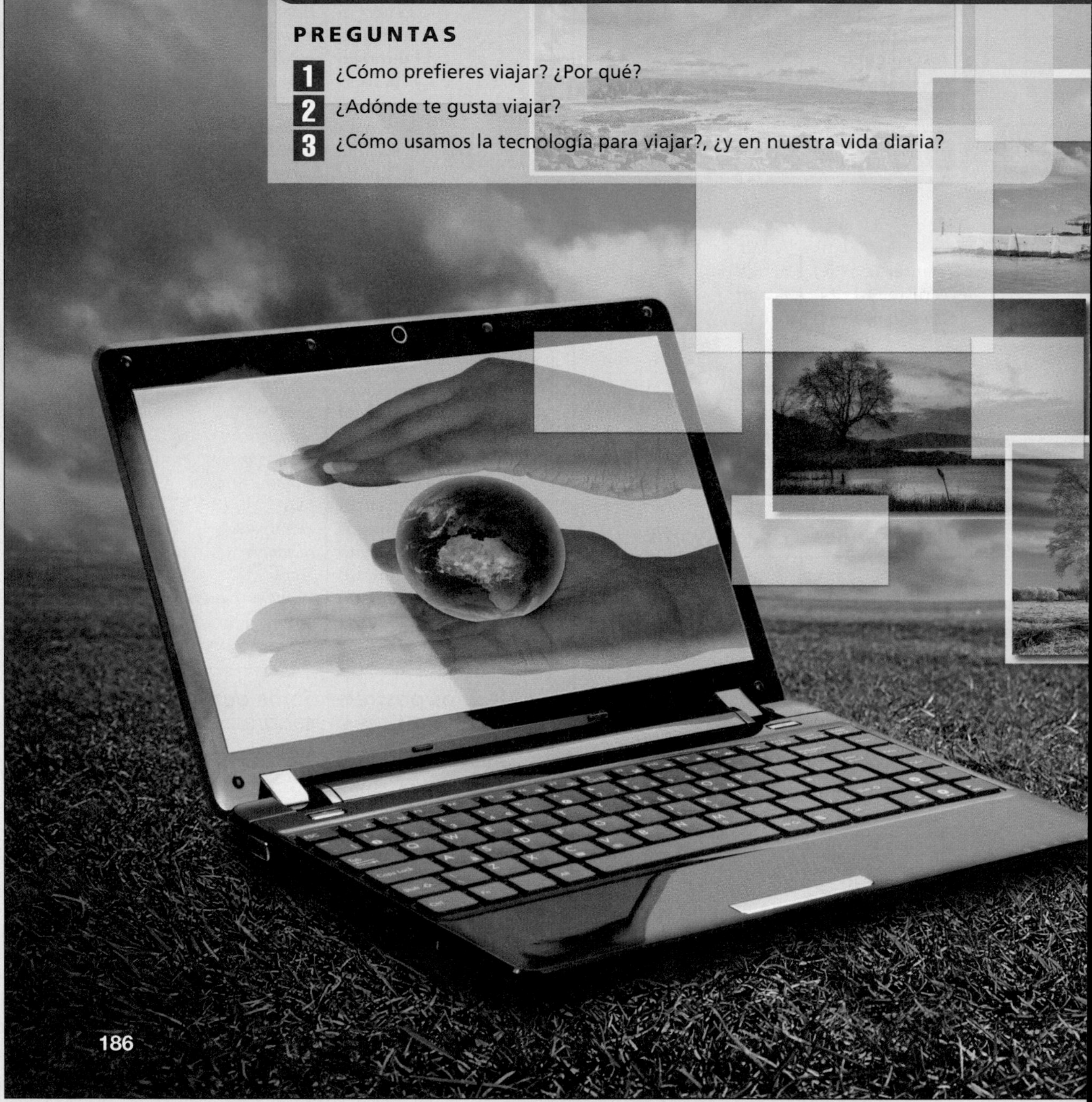

SECTION GOALS for *Chapter opener*

By the end of the Chapter opener section, students will be able to:
- discuss modes of transportation for traveling.
- express their likes and dislikes with respect to travel.
- explain how using technology can facilitate travel plans.

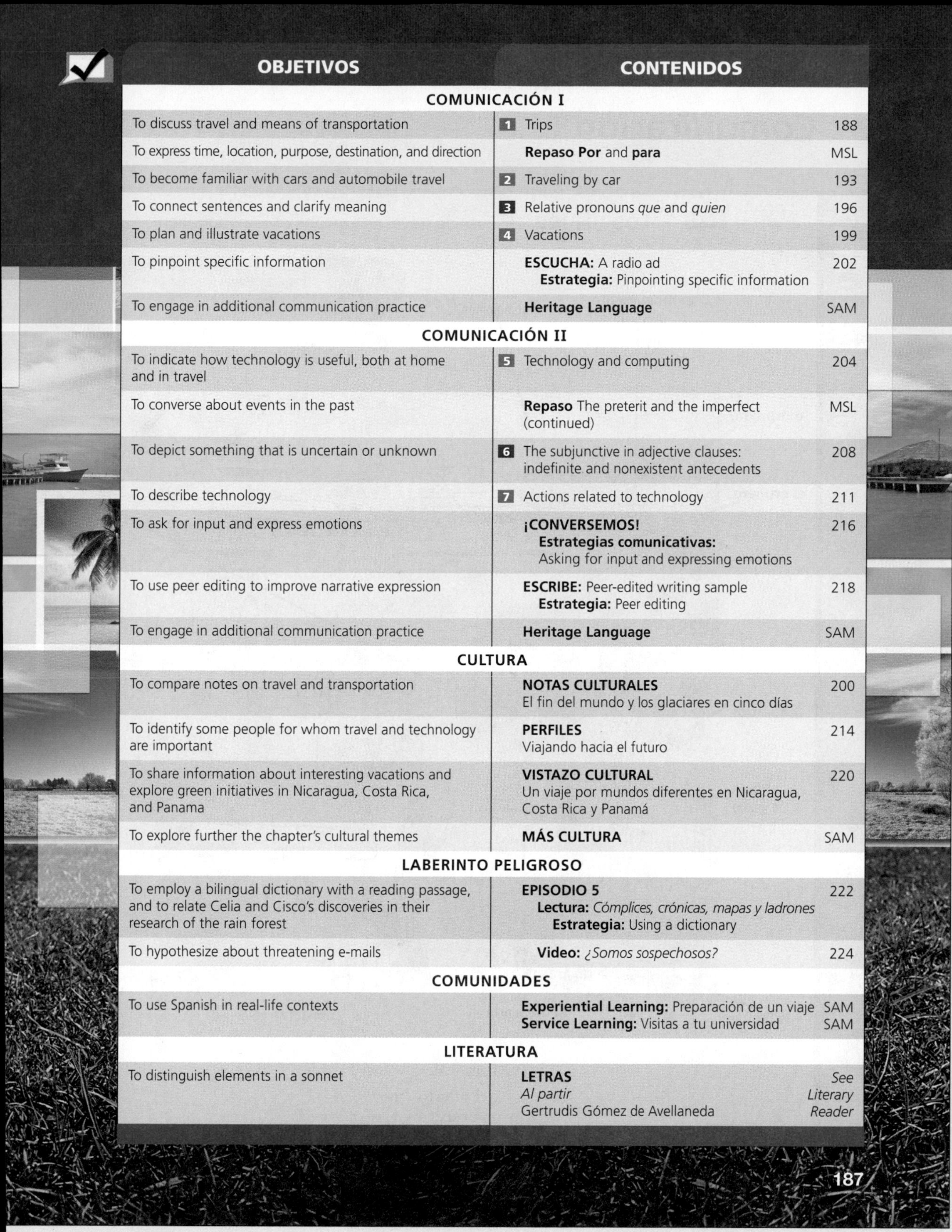

OBJETIVOS	CONTENIDOS	
COMUNICACIÓN I		
To discuss travel and means of transportation	**1** Trips	188
To express time, location, purpose, destination, and direction	**Repaso Por** and **para**	MSL
To become familiar with cars and automobile travel	**2** Traveling by car	193
To connect sentences and clarify meaning	**3** Relative pronouns *que* and *quien*	196
To plan and illustrate vacations	**4** Vacations	199
To pinpoint specific information	**ESCUCHA:** A radio ad **Estrategia:** Pinpointing specific information	202
To engage in additional communication practice	**Heritage Language**	SAM
COMUNICACIÓN II		
To indicate how technology is useful, both at home and in travel	**5** Technology and computing	204
To converse about events in the past	**Repaso** The preterit and the imperfect (continued)	MSL
To depict something that is uncertain or unknown	**6** The subjunctive in adjective clauses: indefinite and nonexistent antecedents	208
To describe technology	**7** Actions related to technology	211
To ask for input and express emotions	**¡CONVERSEMOS!** **Estrategias comunicativas:** Asking for input and expressing emotions	216
To use peer editing to improve narrative expression	**ESCRIBE:** Peer-edited writing sample **Estrategia:** Peer editing	218
To engage in additional communication practice	**Heritage Language**	SAM
CULTURA		
To compare notes on travel and transportation	**NOTAS CULTURALES** El fin del mundo y los glaciares en cinco días	200
To identify some people for whom travel and technology are important	**PERFILES** Viajando hacia el futuro	214
To share information about interesting vacations and explore green initiatives in Nicaragua, Costa Rica, and Panama	**VISTAZO CULTURAL** Un viaje por mundos diferentes en Nicaragua, Costa Rica y Panamá	220
To explore further the chapter's cultural themes	**MÁS CULTURA**	SAM
LABERINTO PELIGROSO		
To employ a bilingual dictionary with a reading passage, and to relate Celia and Cisco's discoveries in their research of the rain forest	**EPISODIO 5** **Lectura:** *Cómplices, crónicas, mapas y ladrones* **Estrategia:** Using a dictionary	222
To hypothesize about threatening e-mails	**Video:** *¿Somos sospechosos?*	224
COMUNIDADES		
To use Spanish in real-life contexts	**Experiential Learning:** Preparación de un viaje **Service Learning:** Visitas a tu universidad	SAM SAM
LITERATURA		
To distinguish elements in a sonnet	**LETRAS** *Al partir* Gertrudis Gómez de Avellaneda	*See Literary Reader*

187

CAPÍTULO 5

NATIONAL STANDARDS
Chapter opener

In the Chapter opener section, students brainstorm about all things related to travel. Specifically, they focus on the use of technology, modes of transportation, and their travel preferences. The brief background information allows for interpersonal communication (Standard 1.1) as they share their travel experiences with classmates. In addition, the various destinations in the Spanish-speaking world provide the basis for making cultural comparisons (Standard 4.2) between vacation destinations in the United States and those in Hispanic countries.

WARM-UP for *Chapter opener*

Ask students to give their impressions of the photo on these pages. Have them silently read the chapter objectives. We suggest that you spend no more than 5 to 7 minutes on chapter openers.

EXPANSION for *Chapter opener*

Ask students how they or their friends/family use technology to make travel arrangements or organize photos after travel.

HERITAGE LANGUAGE LEARNERS

Heritage language learners may contribute by talking about how their ancestors came to the United States. This could also be a topic for an oral presentation.

PLANNING AHEAD

Assign the following two activities for homework to maximize class time: **5-4,** *Paso 1;* **5-6,** have students read the brochure and write their eight-sentence diary entry. For **5-10** have students bring in a photo of a car to class. **5-13** requires duplication of materials prior to class.

Additionally, remember that all grammar explanations and culture presentations should be assigned to be read before class. Class time should be spent answering clarification questions for the grammar presentations or answering the comprehension/critical-thinking questions that follow the culture presentations. Finally, *Escucha, Escribe,* and *Laberinto peligroso* should be assigned and completed before class.

Instructor Resources
- Textbook images, Extra Activities

SECTION GOALS for *Comunicación I*

By the end of the *Comunicación* section, students will be able to:
- share information about past travel experiences.
- contrast the use of the prepositions *por* and *para.*
- practice the uses of the preterit and imperfect.
- differentiate between the relative pronouns *que* and *quien(es).*
- integrate vacation and hotel vocabulary with phrases using *por* and *para.*
- apply the new strategy of listening for specific information.

NATIONAL STANDARDS
Communication, Connections, Comparisons

The *Comunicación I* section brings together everything related to travel and vacation with grammatical information like *por* and *para* and relative pronouns. All three Communication Standards are highlighted in this chapter throughout the various types of activities and readings. The communicative activities for pair work and small groups satisfy Standard 1.1, the interpersonal mode. The reading passages and listening activities align with Standard 1.2, the interpretive mode. Depending on how you implement the communicative writing and conversational activities, Standard 1.3 is also applicable. When students are directed to work in pairs or small groups to describe their vacation experiences, for example, you could use the short essays or conversations as presentations for the whole class. These presentations would apply to Standard 1.3, the presentational mode.

The travel vocabulary and grammar from this section about relative pronouns and *por* and *para* allow students to make connections and comparisons. In Standard 3.1, students reinforce and further their knowledge of other disciplines through Spanish. They are able to connect what they have learned about using technology to facilitate travel, make vacation plans, visit tourist attractions, choose modes of travel, etc., and apply their background knowledge to planning a trip in Spanish. From the study of the grammar in this section, they can also make comparisons between English grammar and Spanish grammar (Standard 4.1) as they note the similarities of the concept of relative pronouns and the differences in the preposition *for.*

Comunicación I

4:00

1 VOCABULARIO

05-01 to 05-03

Los viajes Discussing travel and means of transportation

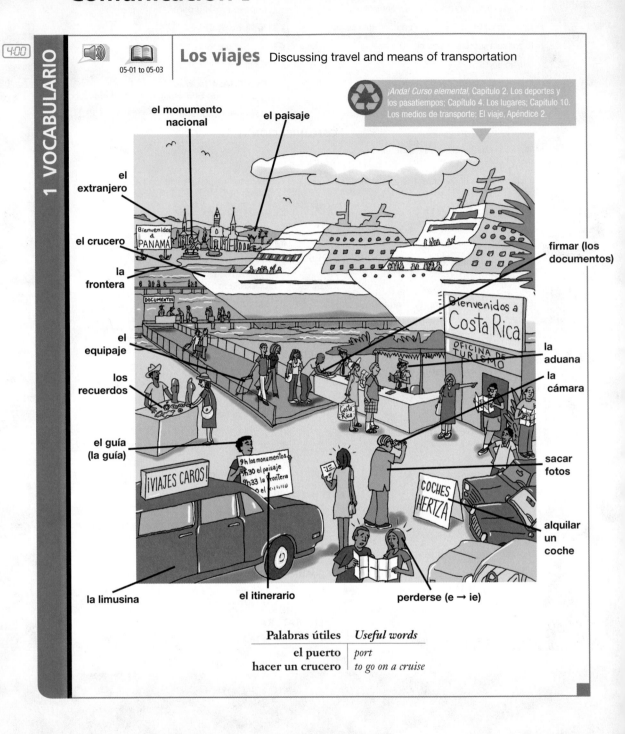

¡Anda! Curso elemental, Capítulo 2. Los deportes y los pasatiempos; Capítulo 4. Los lugares; Capítulo 10. Los medios de transporte; El viaje, Apéndice 2.

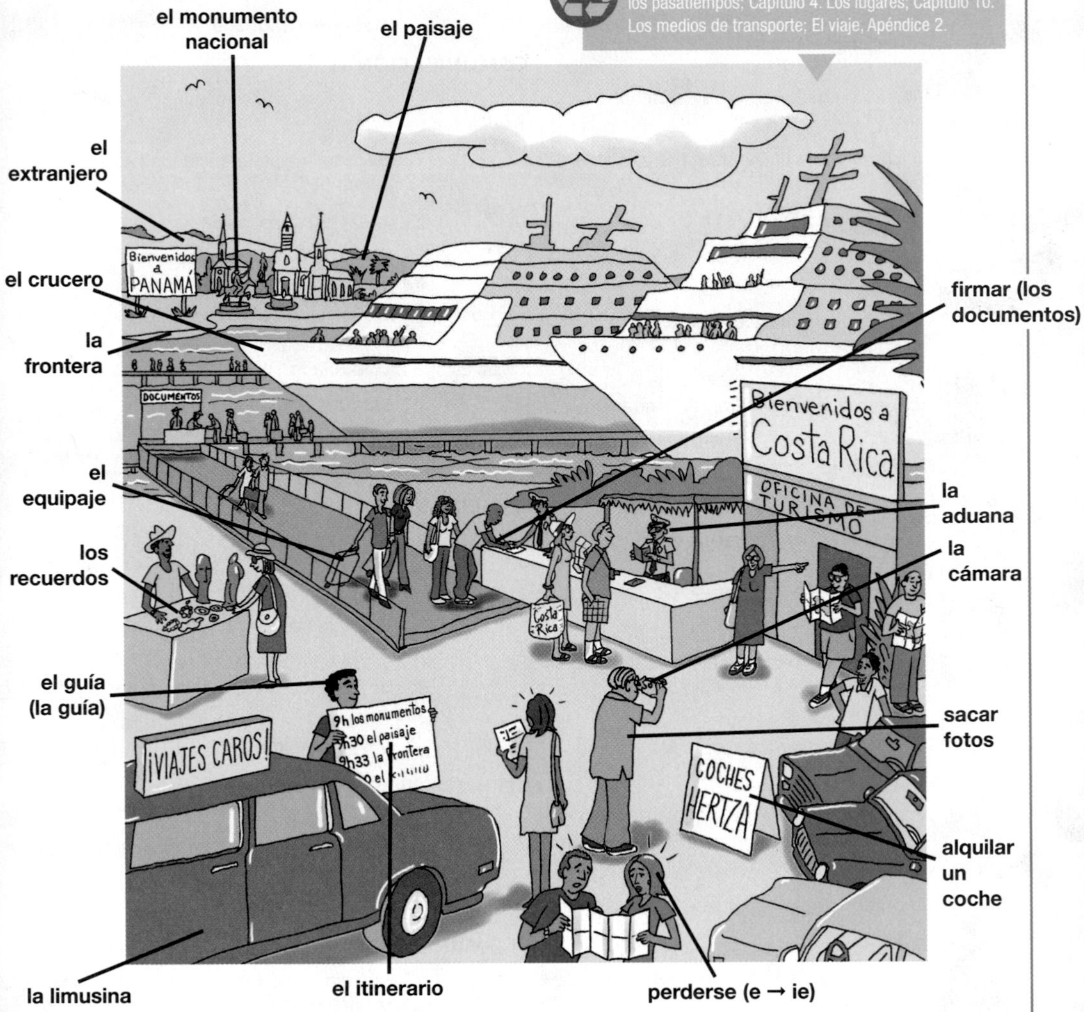

Palabras útiles	*Useful words*
el puerto	*port*
hacer un crucero	*to go on a cruise*

METHODOLOGY • Spiraling Vocabulary

In *¡Anda! Curso elemental* and in other beginning language programs, students were probably exposed to and learned travel vocabulary. The goal of vocabulary learning at the intermediate level is to use previously acquired vocabulary as a base and to expand students' knowledge. We have noted the review vocabulary from the chapters in *¡Anda! Curso elemental* pertinent to this chapter. Therefore, if your students are uncertain about vocabulary dealing with air travel, for example, please direct them to Appendix 2 of *¡Anda! Curso intermedio,* which lists the vocabulary from *Capítulo 10* of *¡Anda! Curso elemental, El viaje.*

REPASO

¡Hola! *Repaso* & Spanish Tutorial — 05-04 to 05-06

Por y para Expressing time, location, purpose, destination, and direction

For a complete review of **por** and **para,** go to MySpanishLab or refer to **Capítulo 11** of ***¡Anda! Curso elemental*** in Appendix 3 of your textbook. The following vocabulary activities that appear in your textbook incorporate this grammar point. Practicing new vocabulary with a review grammar point helps to strengthen and increase your knowledge of Spanish.

3:00 **5-1 Viaje** ¿Qué necesitas para viajar? Con un grupo de cuatro compañeros/as de clase, hagan una lista de lo que necesitan y/o lo que van a ver en su "viaje". Cada persona del grupo debe tomar por lo menos **dos** turnos. ¡Diviértanse! ■

MODELO

E1 [JOE]: *Llevo un mapa.*
E2 [ABBY]: *Voy a la frontera y Joe lleva un mapa.*
E3 [MARK]: *Uso un guía para no perderme, Abby va a la frontera y Joe lleva un mapa…*

¡Anda! Curso intermedio, Capítulo 2. El subjuntivo para expresar pedidos, mandatos y deseos, pág. 91.

¡Anda! Curso elemental, Capítulo 10. Los medios de transporte; El viaje, Apéndice 2.

2:00 **5-2 En un mundo (im)perfecto**

Siempre hay recuerdos de los viajes. Termina las siguientes oraciones de manera lógica, usando el vocabulario nuevo de **Los viajes.** ■

MODELO Mañana, mis amigos y yo salimos para…
Mañana, mis amigos y yo salimos para Panamá en un crucero de dos semanas.

1. Me gustó pasear por…
2. Mis amigos y yo salimos para…
3. Fui a la frontera por…
4. Compraron unos recuerdos para…
5. ¿Alquilaste un coche por… ?
6. Yo pagué más de $100 por…

NOTE for *Repaso*

This is a reminder that the *Repaso* boxes are meant to be assigned as homework the night before you introduce the new vocabulary. Students should be expected to review this prior to class so that you can proceed immediately to the first activity following the vocabulary presentation.

If you want, immediately following the vocabulary presentation and preceding the first vocabulary activity in the text, you may do the following mechanical activity.

Have students tell their partners antonyms or synonyms of the new vocabulary so that the partners say the new words.

MODELO
E1: *un coche grande*
E2: *una limusina*
E2: *no saber dónde estás*
E1: *perderse*

HERITAGE LANGUAGE LEARNERS

Many heritage language learners may know how to use *por* and *para,* but they may not necessarily know the rules for each of their uses. Encourage them to write an example for every rule. Also, clarify that *estar por* means "to be in favor of" and *estar para* means "to be about to"; e.g., *Estoy por las leyes en contra de la deforestación. Estoy para visitar el volcán Poás.*

ADDITIONAL ACTIVITY for *Por y para*

What follows is an additional activity to practice *por* and *para.* Encourage students, if necessary, to quickly review the past perfect before doing the activity.

¿Qué había hecho Carlos? Formen oraciones con las siguientes palabras usando siempre el *pluscuamperfecto* (*pasado perfecto*), *por* o *para* y las otras palabras necesarias.

MODELO tomar / la carretera / llevar / amigos / universidad
Había tomado la carretera para llevar a sus amigos a la universidad.

1. hablar / agente de viajes / confirmar / itinerario
2. pasar / aduana / revisar / equipaje
3. viajar / país / limusina / sacar fotos / su trabajo
4. planear un crucero / Caribe / junio / sus padres y sus hermanos
5. alquilar un coche / cincuenta dólares / familia / playa un fin de semana

EXPANSION for 5-3
You may wish to have your students create a dialogue from their paired responses and then present it to the class.

EXPANSION for 5-3
Have students create posters, using Internet sources, to create a classroom travel agency. Students then can circulate around the classroom to decide where they want to travel. The student who created each poster will also serve as the destination's representative who encourages fellow students to travel there.

21ST CENTURY SKILLS • COMMUNICATION AND COLLABORATION
Two core elements of the Partnership for 21st (P21) Century Skills and *¡Anda!* are to communicate clearly and to collaborate with others. P21 lists not only communicating thoughts and ideas effectively, but also listening effectively. *¡Anda!* provides students with strategies on how to become good listeners. Also, *¡Anda!* uses almost exclusively pair and group activities, supporting P21's goal of "demonstrating the ability to work effectively and respectfully with diverse teams, and to assume shared responsibility for collaborative work, valuing the individual contributions made by each team member."

¡Anda! Curso intermedio, Capítulo 2. El subjuntivo para expresar pedidos, mandatos y deseos, pág. 91.

¡Anda! Curso elemental, Capítulo 10. Los medios de transporte; El viaje, Apéndice 2.

4:00 **5-3 Agentes de viajes** Ustedes son agentes de viajes y les dan a sus clientes recomendaciones sobre los viajes que ellos van a hacer. Túrnense. Sean creativos y usen **por** y **para** cuando sea posible. ■

MODELO ir por tren
Es aconsejable que vayan por tren porque es más rápido y económico.

1. no manejar en esa ciudad
2. revisar el coche antes de alquilarlo
3. comprar un boleto de ida y vuelta
4. llegar a tiempo al aeropuerto
5. renovar (*renew*) el pasaporte
6. no llevar demasiado equipaje

Estrategia
Remember that you can use the following verbs and expressions to create your recommendations for **5-3:** *aconsejar, recomendar (e → ie), sugerir (e → ie → i), es aconsejable / deseable / mejor / preferible / recomendable que…*

Answers to 5-3
Answers will vary. Possible answers:
1. Es aconsejable que no manejen por esa ciudad.
2. Es preferible que ustedes revisen el coche antes de alquilarlo para no tener un accidente.
3. Es mejor que ustedes compren un boleto de ida y vuelta para viajar a Panamá porque es más barato.
4. Es recomendable que ustedes lleguen a tiempo al aeropuerto.
5. Les sugiero que renueven el pasaporte para ir a Europa.
6. Les aconsejo que no lleven demasiado equipaje.

CAPÍTULO 5

SUGGESTION for 5-4
Encourage students to read through the entire passage once to get the general idea before they fill in the blanks.

EXPANSION for 5-4
You may want to ask your students the following comprehension questions:

1. ¿Para dónde querían ir Carlos y su familia?
2. ¿Qué lugares querían visitar en los Estados Unidos?
3. ¿Por qué no le importaba la construcción en la carretera?
4. ¿Por cuál carretera iban a viajar?
5. ¿Por qué no estaban contentos los hermanos de Carlos con la decisión?

¡Anda! Curso intermedio, Capítulo 4. El pasado perfecto (El pluscuamperfecto), pág. 153.

¡Anda! Curso elemental, Capítulo 8. El imperfecto, Apéndice 3; Capítulo 10. Los medios de transporte, Apéndice 2.

8:00 **5-4 ¿Por o para?** Carlos planea las vacaciones de la familia. ■

Paso 1 Túrnense para descubrir los planes finales de Carlos usando **por** y **para.**

Carlos y su familia trabajaban demasiado. (1) __Por, duration of time__ más de cinco años habían hablado de irse de vacaciones y (2) __por, fixed expression__ fin decidieron que iban a hacerlo (3) __para, point in time or deadline__ finales de julio. Era el primero de mayo y todavía no habían decidido (4) __por, duration of time__ cuánto tiempo se iban a ir. Carlos quería ir (5) __por, duration of time__ tres semanas y hacer un crucero (6) __por, location__ el Caribe, pero sus hermanos y sus padres no podían dejar el trabajo (7) __por, duration of time__ más de diez días. Tampoco les quedaba mucho dinero (8) __para, recipient__ las vacaciones porque acababan de renovar su casa.

Entonces, ya era hora de decidir adónde y cómo ir. (9) __Para, comparison__ Carlos, si no podían hacer un crucero, era mejor alquilar una camioneta (*truck*) y una tienda de campaña y viajar (10) __por, location__ el oeste de los Estados Unidos (11) __para, purpose__ conocer los parques nacionales. Se puede hacer camping (12) __por, exchange__ menos dinero que quedarse en un hotel. También, Carlos pensaba pasar (13) __por, location__ la carretera Panamericana, quizás la parte entre Denver, Albuquerque y San Antonio. Sabía que había atascos (*traffic jams*) a causa de la construcción, pero no le importaba. Sus padres se conocieron en un pueblo en la carretera Panamericana cerca de San Antonio, y Carlos pensaba que (14) __por, motive__ esa razón iba a ser una buena sorpresa (15) __para, recipient__ ellos. (16) __Para, purpose__ ayudar a sus padres, Carlos tenía la intención de planear toda la ruta yendo (17) __por, location__ unos caminos interesantes en vez de pura autopista.

Decidieron tomar sus sugerencias, y sus padres se lo agradecieron. (18) __Para, comparison__ los hermanos no fue tan emocionante aquella decisión; ¡querían ir a Disneylandia!

Paso 2 Túrnense para explicar por qué usaron **por** o **para** en cada espacio en blanco. Sigan el modelo.

MODELO 1. Por, *duration of time*

6:00 **5-5 Preguntas para Carlos** Túrnense para hacerle **seis** preguntas a Carlos de la actividad **5-4** sobre sus planes, y luego contéstenlas. Pueden añadir información. Practiquen **por** y **para** en sus preguntas y sus respuestas. ■

MODELO
E1: *¿Por qué querías viajar por el Caribe en un crucero?*
E2 (CARLOS): *Quería viajar por el Caribe en un crucero porque me gustan las playas y quería descansar y relajarme un poco.*

Estrategia
When you create with language, you use *critical thinking skills* such as *hypothesizing.* Create questions that might not be directly answered in **5-4.** Then create hypothetical, plausible answers that Carlos might give.

CAPÍTULO 5

EXPANSION for 5-6

You may wish to ask your students the following comprehension questions about the brochure:

1. ¿De dónde sale el crucero? (el país y la ciudad)
2. ¿Cuánto tiempo dura el crucero?
3. ¿Qué día sale el crucero?
4. ¿Qué otro país / ciudad se incluye en el crucero?
5. ¿Qué tipos de flora y fauna se observan durante el crucero?
6. Decide cuál es tu día favorito del crucero e indica por qué.

EXPANSION for 5-6

You may want to have your students research a vacation to *río Amazonas* on the Internet. They should write about the activities that their itinerary would include and the cost of the trip.

¡Anda! Curso elemental, Capítulo 9. El pretérito y el imperfecto, Apéndice 3.

10:00

5-6 Mi viaje en un crucero por el río Amazonas

Lee el folleto sobre el crucero y después escribe una entrada de diario para describir lo que viste e hiciste durante el viaje. Puedes añadir más detalles. Usa por lo menos cinco de las palabras nuevas de Los viajes. También usa por y para por lo menos cinco veces. Después, compara tu entrada con la de un/a compañero/a. ■

MODELO *Querido diario:*

El domingo pasado salimos de Iquitos, Perú, para Tabatinga, en Brasil. Hicimos un viaje por barco por el río Amazonas. Vimos e hicimos muchas cosas interesantes. Por ejemplo, por la mañana...

RÍO AMAZONAS

Este crucero de siete días sale los domingos de Iquitos, Perú, y lo lleva en el barco RÍO AMAZONAS a Tabatinga, Brasil, de regreso a Iquitos. Viajar en un barco cómodo le permite gozar de un recorrido inolvidable por la selva y conocer algunas comunidades nativas. También puede observar la exuberante flora y fauna de la selva tropical.

El barco
RÍO AMAZONAS:

ITINERARIO:

- **Primer día:** Navegación río abajo a través de la zona industrial de Iquitos y una breve visita a los campos de caña de azúcar°. — *sugar cane*
- **Segundo día:** Observación de aves° por la mañana. Visita a pueblos indígenas. — pájaros
- **Tercer día:** Caminata por la selva, pesca de pirañas en un lago pequeño y observación de los caimanes°. — un tipo de *alligator*
- **Cuarto día:** Llegada a la Isla de Santa Rosa. Mañana libre para pasear y hacer compras.
- **Quinto día:** Por la mañana, visita a la villa de Atacuari; por la tarde, visita al remoto hospital de leprosos de San Pablo.
- **Sexto día:** Breve parada en Pijuayal para un chequeo de documentos, una visita a Pevas para intercambiar artículos fabricados por artesanía de los nativos.
- **Séptimo día:** Llegada a Iquitos temprano por la mañana.

4:00

2 VOCABULARIO

05-07 to 05-09

Viajando por coche

Becoming familiar with cars and automobile travel

¡Anda! Curso elemental, Capítulo 10. Los medios de transporte, Apéndice 2.

Palabras asociadas con el transporte	*Words associated with transportation*
el atasco	*traffic jam*
el camino	*route; path; dirt road*
los frenos	*brakes*
el seguro del coche	*car insurance*
la velocidad	*speed*

Fíjate

You may also want to know how to say the following words:

northeast	noreste	*northwest*	noroeste
southeast	sureste	*southwest*	suroeste

Instructor Resources

- Textbook images, Extra Activities

SUGGESTION for *Viajando por coche*

Have students research auto manufacturing in the Spanish-speaking world to determine what cars are made and/or most popular in each particular country. Suggested keywords: *fabricación de autos, Latinoamérica, España.*

HERITAGE LANGUAGE LEARNERS

Ask heritage language learners whether they use *la bocina* in the United States as much as they use it in Hispanic countries.

ADDITIONAL ACTIVITY for *Viajando por coche*

Have students use the new vocabulary words to share about their own cars or those of others.

2:00 **5-7 Combinaciones** Combinen los elementos de las dos columnas para formar oraciones lógicas. Túrnense. ■

1. __f__ Deja de tocar la bocina…
2. __e__ Cruzaron la calle…
3. __d__ Compré una transmisión nueva…
4. __b__ Salieron esta mañana…
5. __c__ Para obedecer la ley (*the law*)…
6. __a__ Piden setecientos dólares al año…

a. por el seguro de coche.
b. para la frontera.
c. siempre se pone el cinturón de seguridad.
d. para el vehículo utilitario deportivo viejo.
e. por el paso de peatones.
f. para no molestar a los vecinos.

¡Anda! Curso elemental, Capítulo 10. Los medios de transporte, Apéndice 2.

EXPANSION for 5-8
Have students describe and compare their cars and the car of their dreams.

EXPANSION for 5-8
Have students each describe a problem that they had with their cars. Tell them to give the details, and you can then ask them how they solved the problems.

3:00 Workbooklet **5-8 Mi carrito** ¿Conoces bien tu carro? Escribe los nombres de las partes en el dibujo. Después, comparte tu trabajo con un/a compañero/a. ■

Estrategia
When you study vocabulary, writing the words down is a useful technique. Making a list helps you remember the new words better and learn their spellings. Study the words from your written list by looking at each English word as a prompt and saying the Spanish word. Check off the words you know well, and then concentrate on those you do not know yet.

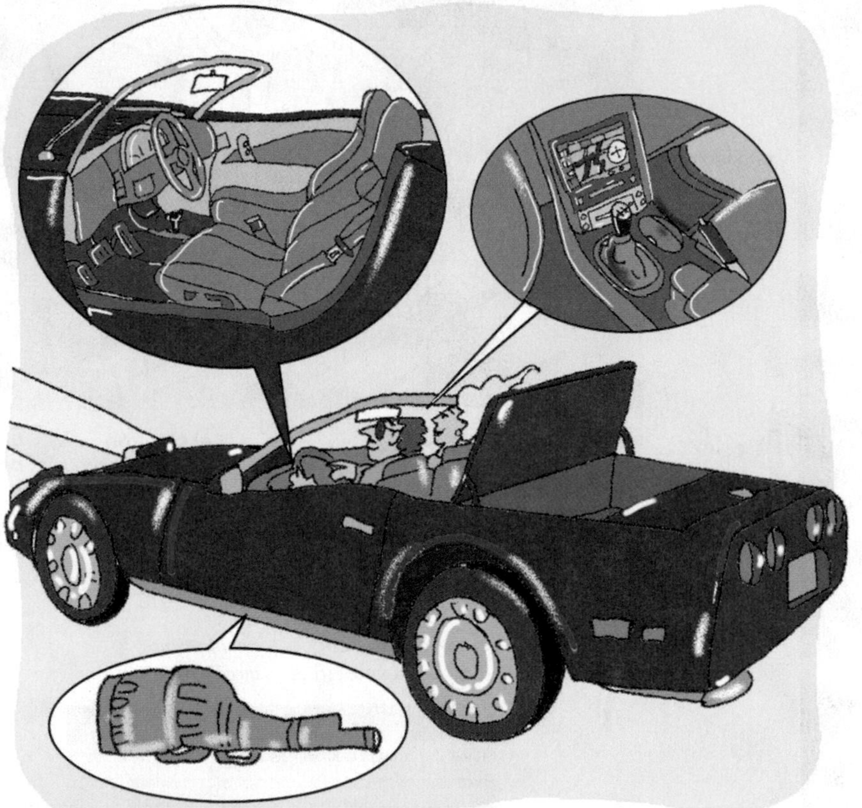

5:00 **5-9** **Piloto de carreras (*Race car driver*)** Juan Pablo Montoya empezó a competir oficialmente en carreras de karting de su país a la edad de seis años. Vamos a ver lo que él nos cuenta. Completa el siguiente párrafo sobre Montoya con las palabras apropiadas de la siguiente lista. Después, comparte tu trabajo con un/a compañero/a. ■

Fíjate

The term *karting* refers to racing in go-karts, smaller-sized cars built for children to race on tracks. They are often found at amusement parks.

Fíjate

In Spanish-speaking countries, dates are written differently: day/month/year, e.g., *17/6/2014*.

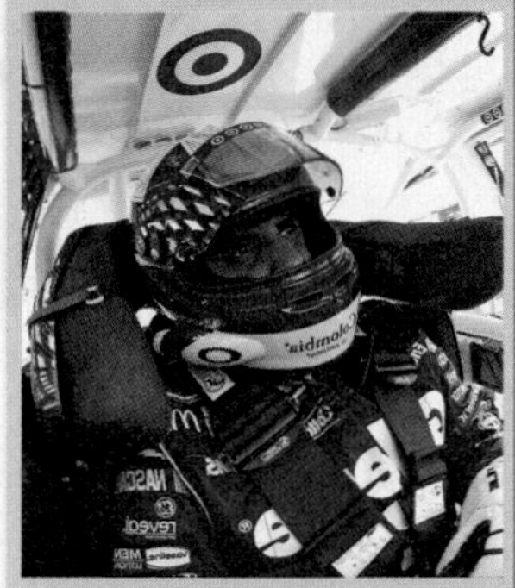

Número del vehículo:	42
Fecha de Nacimiento:	20/09/1975
Lugar de Nacimiento:	Bogotá, Colombia
Altura:	1,68 m
Peso:	72 kg.
Residencia:	Miami, Florida
Familia:	Connie, esposa, e hijos Sebastian, Paulina & Manuela
Pasatiempos:	deportes aquáticos, golf

carretera	cinturones	bocina	frenos
navegador personal	transmisión	velocidad	vehículo utilitario deportivo

Desde niño me han gustado las carreras. De karting fui a Fórmula Uno, donde me quedé por varios años. Pero desde el año 2007 soy piloto de carreras de stock car con NASCAR y vivo en los Estados Unidos. Mucha gente me pregunta cuál es mi carro favorito —aunque tengo varios coches muy buenos, mi favorito es mi (1) vehículo utilitario deportivo. Tiene más de doscientas mil millas, pero es como nuevo para mí porque lo acabo de restaurar (*restore*). Por ejemplo, anda bien porque la (2) transmisión es nueva. Para la seguridad de mis hijos puse nuevos (3) cinturones. Para poder parar con rapidez y precisión, tengo unos (4) frenos nuevos también. Es un coche muy seguro y lo suficientemente grande para poder llevar a mis hijos con todas sus cosas y mis perros a la playa o de excursión. Para no perderme compré un (5) navegador personal. Una cosa que no cambié fue la (6) bocina porque funciona y suena (*sounds*) muy bien. Cuando quiero correr más (ir más rápido), no lo hago en la (7) carretera donde hay muchos otros carros; me meto en mi auto de carrera y puedo ir a alta (8) velocidad en la pista de carreras.

5:00 **5-10** **Un coche distinto** Lleva a clase una foto de un coche. Puede ser un coche extraordinario o un coche "regular". Descríbeselo a un/a compañero/a de clase usando por lo menos **diez** palabras nuevas del vocabulario **Viajando por coche.** ■

NOTE for 5-9

Juan Pablo Montoya Roldán is the first foreign-born driver to have multiple wins in NASCAR Sprint Cup history. A native of Bogotá, Colombia, Montoya lives with his family in Miami, Florida. For complete information about his career, your students can investigate on the Internet. Suggested keywords: *Juan Pablo Montoya Roldán, sitio official, colombiano, NASCAR.*

ADDITIONAL ACTIVITY for *Viajando por coche*

Have students each draw a car and describe it to their partner.

Instructor Resources
- PPT, Extra Activities

NOTE for *Los pronombres relativos* que *y* quien
The authors have decided to limit the presentation of the relative pronouns to *que* and *quien,* believing that (*el, la, los, las*) *que* and (*el, la, los, las*) *cuales* are more advanced grammar topics. You are encouraged to include them if doing so better meets the needs of your program.

METHODOLOGY • Use of Grammatical Terms
The use of grammatical terms is always a difficult decision. Based on years of exit interviews with students at the end of intermediate Spanish courses, we have opted to use as few grammatical terms as possible. Students tend to become more focused on the terms than on correct usage of the concepts. Moreover, the vast majority of students taking intermediate Spanish will use the Spanish language in their daily lives and will not need to know grammatical terms. For example, it is unlikely that most professionals need to determine and identify whether a word they are using is the pluperfect or a past participle. Therefore, *¡Anda! Curso intermedio* will use a limited number of grammatical terms. If you have students who for their future careers do need to know terms such as *dependent* and *independent clause,* please use those terms in your class. You can also recommend that students consult the Spanish and English tutorials on MySpanishLab, where grammatical terms are defined.

ADDITIONAL ACTIVITY for *Los pronombres relativos* que *y* quien
¿Qué decimos? Terminen las siguientes oraciones de manera creativa.

MODELO Nuestra universidad…
Nuestra universidad es una universidad que tiene más de diez mil estudiantes.

1. Nuestra clase de español…
2. El/La profesor/a de español (con)…
3. Mi primer carro…
4. El presidente de los Estados Unidos (para)…
5. La playa (en)…

4:00

3 GRAMÁTICA

05-10 to 05-12 ¡Hola! Spanish/English Tutorials

Los pronombres relativos *que* y *quien*
Connecting sentences and clarifying meaning

¡¿Es ésta la limusina que alquilamos por $200?!

The words **que** and **quien** can link two parts of a sentence. When used in this way **que** (*that, which, who, whom*) and **quien(es)** (*who, whom*):

- do not have accents.
- refer back to ***nouns*** in the **main clause** (main part of the sentence).
- provide a smooth transition from one idea to another, eliminating the repetition of the noun.

1. **Que** is the **most frequently used** and can refer to ***people, places, things, or ideas***.

¿Es ésta	**la limusina**	**que**	alquilamos por doscientos dólares?
Is this	*the limosine*	*(that)*	*we rented for two hundred dollars?*

La agente de viajes **que** conocimos ayer viajó por todo el mundo hace tres años. — *The travel agent (that) we met yesterday traveled around the world three years ago.*

El itinerario y los mapas son algunas de las cosas **que** necesitamos llevar con nosotros. — *The itinerary and the maps are some of the things (that) we need to take with us.*

El monumento nacional **que** quieren visitar está en el centro de la ciudad. — *The national monument (that) they want to visit is in the center of the city.*

2. **Quien(es)** may also be used in a clause set off by commas when it refers ***to people,*** BUT **que** is normally used instead of **quien.**

El guía, **quien / que** nos llevó por toda la ciudad, no nos acompaña mañana. — *The guide, who took us around the city, is not accompanying us tomorrow.*

3. What follows are some additional guidelines for using **que** and **quien:**
   a. Use **que** after the simple prepositions **a, con, de,** and **en** to refer to *places, things, or abstract ideas*—NOT *people.*
   b. To refer to *people* after the simple prepositions **a, con, de,** and **en,** *you must use* **quien(es).**

El **avión en que** volamos ahora es uno de los más grandes del mundo. — *The plane in which we are now flying is one of the largest in the world.*

Los **peatones con quienes** cruzan necesitan apurarse un poco. — *The pedestrians with whom they are crossing need to speed up a bit.*

Fíjate
Note that while the word *that* can sometimes be omitted in English, **que** and **quien** are always needed in Spanish:
*El atasco **que** vimos ayer duró cuatro horas.*
The traffic jam (that) we saw yesterday lasted four hours.

Fíjate
A *dependent clause* cannot stand alone as a complete sentence and depends on the main clause to complete its meaning. In the following sentence, the underlined portion is the dependent clause:
*El itinerario y los mapas son algunas de las cosas <u>**que** dejamos en casa.</u>*

4:00 **5-11 Selecciones** Termina el siguiente párrafo con **que** y **quien.** Después, compara tu trabajo con el de un/a compañero/a. Túrnense para explicar sus elecciones. ■

La agencia (1) ___que___ ofrece viajes baratos no tiene problemas económicos sino unos arreglos muy especiales con la comunidad. Ayer, sin embargo, cuando llamamos a la agencia, el agente con (2) ___quien___ hablamos no nos pudo ayudar mucho. Ese agente, (3) ___que / quien___ se mudó aquí de Santiago, Chile, no sabe mucho sobre las ofertas (4) ___que___ tienen. Por ejemplo, no sabe si hay cruceros muy económicos (5) ___que___ hagan giras por todo el Caribe. Mis padres, (6) ___que / quienes___ hacen un viaje casi todos los años, dicen que hay cruceros enormes (7) ___que___ salen del puerto de nuestra ciudad. Dicen que se puede hacer muchas actividades a bordo: nadar en la piscina, relajarse en el jacuzzi, tomar el sol, asistir a diferentes clases para hacer ejercicio, como el pilates y el yoga, ir al cine, visitar los bares y las discotecas para tomar y bailar y comer las veinticuatro horas del día. ¡Mis amigas, con (8) ___quienes___ pienso hacer el crucero, nunca van a querer dormir!

EXPANSION for 5-11

You may want to ask your students the following comprehension questions:

1. ¿Cómo es la agencia?
2. ¿Con quién hablaron?
3. ¿Qué no sabía?
4. ¿Qué son algunas de las actividades del crucero que mencionaron los padres?

HERITAGE LANGUAGE LEARNERS

Have students each choose an interesting place in the Spanish-speaking world and create a brief presentation in which they consciously incorporate relative pronouns.

2:00 **5-12 ¿Has visitado la luna?** Combinen las oraciones usando **que** y **quien** para evitar la repetición. ■

MODELO El Valle de la Luna está en Bolivia. El Valle de la Luna es un lugar muy curioso.
El Valle de la Luna, que está en Bolivia, es un lugar muy curioso.

1. El Valle de la Luna está a diez kilómetros del centro de La Paz. Es un lugar muy extraño.
2. El paisaje ofrece un gran contraste. Es un paisaje extraterrestre.
3. El Valle de la Luna está al lado de un pueblo. El pueblo se llama Malilla.
4. El día que estuve allí había un hombre encima de una roca enorme. El hombre tocaba una flauta.
5. El taxista nos cobró veinte dólares por llevarnos allí. Nos encontramos con el taxista al lado del bar Max Beber.

Answers to 5-12

1. El Valle de la Luna, que está a diez kilómetros del centro de La Paz, es un lugar muy extraño.
2. El paisaje, que es extraterrestre, ofrece un gran contraste.
3. El Valle de la Luna está al lado de un pueblo que se llama Malilla.
4. El día que estuve allí había un hombre, que / quien tocaba una flauta encima de una roca enorme.
5. El taxista, con quien nos encontramos al lado del bar Max Beber, nos cobró veinte dólares por llevarnos allí.

NOTE for 5-13
What follows are the sections of the story that you copy and cut into strips. Make a set for each group of students in the class.

Había una vez una pareja que quería tener un hijo. La pareja vivía al lado de un jardín que pertenecía a una hechicera (*enchantress*).

El jardín, que estaba rodeado de paredes, tenía muchas plantas de rapunceles.

La esposa, por fin embarazada, sólo quería comer esas plantas —estaba obsesionada.

Una noche, el esposo entró en el jardín para coger algunas de las plantas y se enfrentó con la hechicera, quien lo acusó de robar de su jardín. Ella le dijo que le daría las plantas a cambio de su hijo al nacer.

Cuando nació, la hechicera apareció y se llevó a la bebé, a quien le dio el nombre Rapunzel. Cuando Rapunzel cumplió doce años, la hechicera la encerró en una torre que estaba en medio del bosque. Cuando ella visitaba a la niña, siempre le decía: "Rapunzel, Rapunzel, deja caer tu cabello para que pueda trepar la escalera dorada (*so that I may climb the golden stair*)".

Un día, un príncipe llegó y escuchó a Rapunzel cantando en la torre, pero él no pudo encontrar la manera de entrar. Volvió el día siguiente y vio cómo la hechicera subía. Aquella noche, él también subió y le propuso matrimonio. Ella aceptó y tuvieron que encontrar una manera para sacarla de la torre. El príncipe decidió llevarle seda (*silk*) para tejer (*weave*) una escalera —pero la hechicera, quien no creía en el amor verdadero, descubrió que el príncipe la estaba visitando. Entonces la hechicera le cortó el pelo a Rapunzel y la dejó sola en medio de un campo desierto.

Cuando el príncipe, quien estaba muy enamorado de Rapunzel, llegó al día siguiente por la noche, la hechicera dejó caer el pelo de Rapunzel (que ella le había cortado). Cuando él subió y enfrentó con la hechicera, saltó de la torre y cayó en medio de unas espinas (*thorns*) que le dejaron ciego (*left him blind / blinded him*).

Por fin, el príncipe, quien deambulaba (*was wandering*) por el campo, escuchó la voz de Rapunzel. Ella, con gemelos en brazos, empezó a llorar, y sus lágrimas le devolvieron la vista al príncipe. Y vivieron contentos para siempre en su reino (*kingdom*).

NOTE for 5-13
Rapunceles is a type of plant, but no one is certain to which plant the Brothers Grimm were referring.

¡Anda! Curso elemental, Capítulo 9. El pretérito y el imperfecto, Apéndice 2.

10:00 **5-13 La historia de Rapunzel** Su profesor/a los va a poner en grupos de tres o cuatro estudiantes y les va a dar ocho papeles que contienen la historia de Rapunzel. Ustedes tienen que poner los papeles en orden y contar la historia. ■

4:00 **5-14 ¿Quién puede ser?** En grupos de cuatro o cinco, túrnense para dar pistas (*clues*) sobre una persona de la clase hasta que alguien pueda adivinar quién es. Enfóquense en el uso de **que** y **quien.** ■

MODELO E1: *Estoy pensando en una persona que tiene una camioneta roja y lleva jeans. También es una persona a quien le gusta mucho el básquetbol y con quien trabajo mucho en la clase.*
E2: *¿Es Mark?*
E1: *Sí, es Mark.*

5:00 **5-15 Biografía** Ahora piensen en unas personas famosas para continuar el juego de la actividad **5-14.** Deben dar de **tres** a **cinco** pistas, o más si los compañeros no pueden adivinar quién es. ■

EXPANSION for 5-13
Once students have put the story in order, you may wish to ask your students the following comprehension questions:

1. ¿Quiénes son los personajes?
2. ¿Por qué la hechicera se llevó a la bebé cuando nació?
3. ¿Qué pasó cuando Rapunzel cumplió doce años?
4. ¿Quién le cambió la vida a Rapunzel y cómo?
5. ¿Qué le ocurrió al príncipe cuando intentó rescatar a Rapunzel?
6. ¿Cómo terminó el cuento?

NOTE for 5-14
If you feel your students do not know each other well enough to make interesting statements about each other, you may choose to skip this activity and move on to **5-15.**

3:00

4 VOCABULARIO

05-13 to 05-16

Las vacaciones Planning and illustrating vacations

¡Anda! Curso elemental, Capítulo 10. El viaje, Apéndice 2.

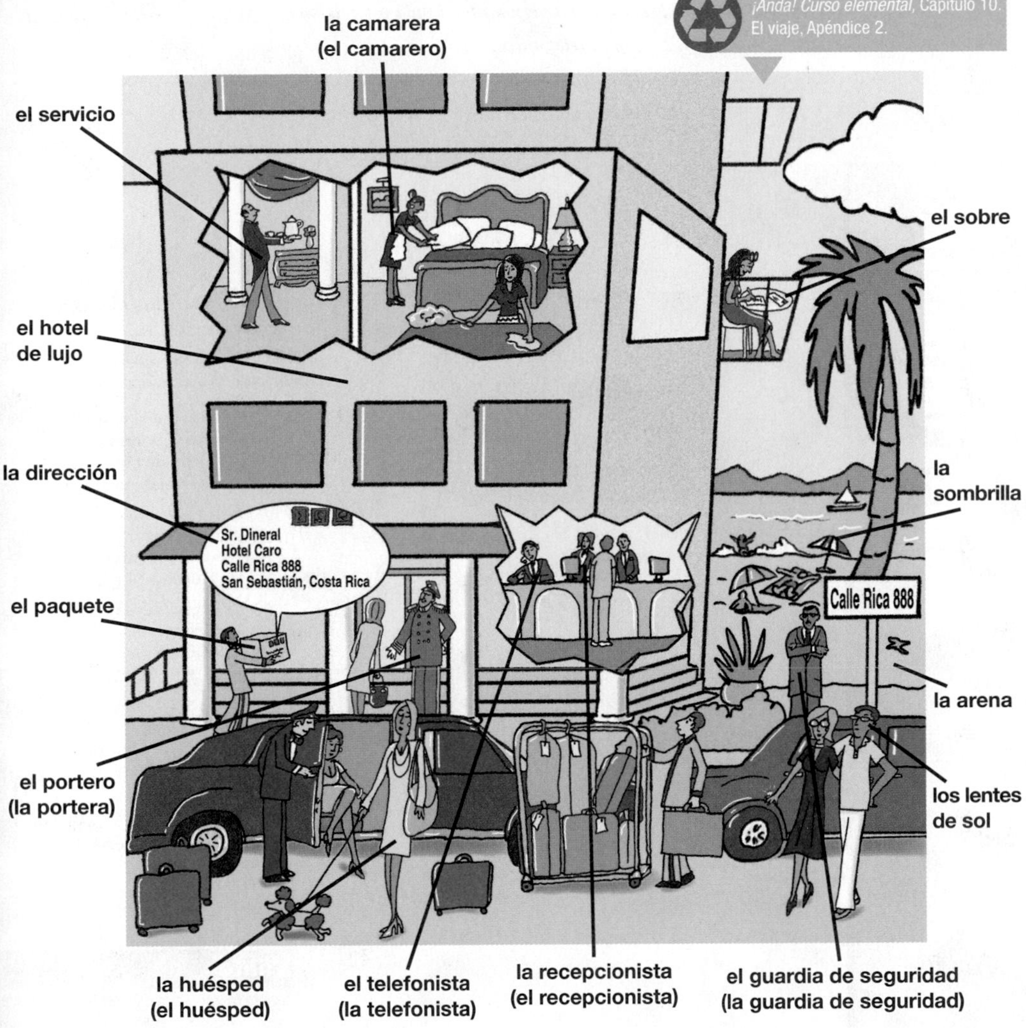

Instructor Resources

- Textbook images, Extra Activities

SUGGESTION for *Las vacaciones*

Bring pictures from travel magazines or the Internet to class for the vocabulary presentation, *Las vacaciones,* in order to aid student comprehension. You may also wish to have students create a short story using the vocabulary. This could be done in the form of a PowerPoint presentation.

METHODOLOGY • Keeping Students Engaged

When pairing students, inevitably there will be pairs that will work more quickly than others. Having additional activities to keep them engaged is important. Writing topics on the board—such as the one that follows—will provide structured opportunities that keep them engaged in the interpersonal mode: Your best friend is going on vacation. Using the subjunctive, give him/her recommendations and suggestions for the trip.

HERITAGE LANGUAGE LEARNERS

Have heritage language learners each speak or write about a travel experience, the similarities and differences between domestic and international airports, etc.

ADDITIONAL ACTIVITY for *Las vacaciones*

Concurso En grupos de tres o cuatro, traten de incluir todas las palabras del vocabulario de **Las vacaciones** en *dos* o *tres* oraciones largas pero lógicas. El grupo con la oración más larga y lógica gana.

SECTION GOALS for *Notas culturales*
By the end of the *Notas culturales* section, students will be able to:
- identify the places they see in the photos and where they are located.
- describe the modes of transportation they would take to get to these destinations.
- explain which places are their favorites and why.

NATIONAL STANDARDS
Cultures, Comparisons
The information in *Notas culturales* focuses mainly on Cultures Goal Two: Gain Knowledge and Understanding of the Cultures of the World. Standards 2.1 and 2.2 align with this goal area. The photos and images they see allow students to imagine themselves at these destinations, experiencing what locals see every day. They can then make comparisons between the highlighted destinations within Hispanic cultures and destinations in the United States (Standard 4.2).

EXPANSION for *Notas culturales*
Discuss the glaciers in Calafate, Patagonia, in the southern part of Argentina. Mention that el Perito Moreno is one of only a very few glaciers that is still expanding, rather than shrinking. People take cruises there to see the incredible ice bridge formed by the glacier moving across the lake to the opposite shore and blocking the water. The ice is a beautiful blue color in many parts. When the ice bridge reaches a certain height and the water pressure behind becomes too great, the entire structure collapses in an impressive show of the force of nature.

NOTE for *Punta arenas*
Located at the extreme southern end of Chile and on the Straits of Magellan, it is the capital of the province of Magallanes. It is 3,090 km south of Santiago, the capital of Chile. It has over 100,000 inhabitants and is a port for oceanic traffic.

NOTE for *Los pingüinos magallánicos*
The Magellanic penguins are quite numerous in the Falkland Islands off the coast of Argentina and in the southern parts of this country and Chile. They have natural predators at sea (sea lions, leopard seals, and killer whales), and their chicks and eggs face avian predators on land. For more detailed information on this species, have students research the Internet. Suggested keywords: *pingüinos magallánicos, Magallanes, Argentina, Chile.*

2:00 **5-16 Veo, veo** ¿Qué ves en el dibujo de la página 199? Dile a un/a compañero/a lo que ves. Túrnense. ■

MODELO E1: *Veo a una persona hablando por teléfono.*
E2: *Ves al telefonista.*
E2: *Veo algo para proteger los ojos.*
E1: *Ves los lentes de sol.*

NOTAS CULTURALES

05-17 to 05-18

El fin del mundo y los glaciares en cinco días:

Para los viajeros que quieren algo diferente en sus vacaciones

Día 1: *Punta Arenas:* Llegada entre las 09:00 y las 16:00 horas al puerto en el crucero "Sueño". Cóctel de bienvenida con el capitán, quien encabeza el crucero.

Día 2: *Isla Magdalena y los pingüinos:* Visita la Isla Magdalena y los pingüinos magallánicos. Excursión al Parque Nacional Cabo de Hornos. Noche a bordo.

Día 3: *Ushuaia:* Navegación y llegada a Ushuaia, Tierra del Fuego, la ciudad más austral del mundo. Gira de la ciudad. Noche en hotel de 4 estrellas.

Día 4: *El Calafate y el Perito Moreno:* Traslado° al aeropuerto; vuelo a Calafate. Exploración de los glaciares masivos de El Calafate, Patagonia. Noche en hotel de 4 estrellas.

°*transfer*

Día 5: *El Calafate – Punta Arenas:* Desayuno. Traslado en autobús al aeropuerto. Vuelo a Punta Arenas.

Fíjate
Perito Moreno is one of the few glaciers that is growing and expanding instead of receding.

Preguntas

1. ¿Qué lugares incluye el recorrido de este viaje? ¿Qué van a ver los pasajeros? ¿Con quién tienen el cóctel de bienvenida?
2. ¿Qué medios de transporte se mencionan? ¿Adónde van en cada uno de los medios de transporte?
3. ¿Cuáles son los medios de transporte más comunes para las vacaciones en tu cultura?

Answers to *Notas culturales*
1. Incluye Punta Arenas, Chile; la Isla Magdalena; Ushuaia; Patagonia. Van a ver pingüinos, glaciares y la ciudad más austral del mundo. Tienen el cóctel de bienvenida con el capitán.
2. Los medios son crucero, autobús y avión. En crucero: la Isla Magdalena, Ushuaia, el Parque Nacional Cabo de Hornos; en avión: Calafate, Punta Arenas; en autobús: al aeropuerto.
3. *Answers will vary.*

NOTE for *El Parque Nacional Cabo de Hornos*
El Parque Nacional Cabo de Hornos was created in 1945. It is famous for being the point of merger of the Atlantic and Pacific oceans.

NOTE for *Ushuaia*
Ushuaia claims to be the "southernmost city" on the planet (Chile disputes this claim). It is located on the Beagle Channel and is a key access point for tourism in the southern region of the continent. It has a unique landscape of mountains, sea, glaciers, and forests. It is a tourist jumping-off point for all manner of sports and adventures: trekking, horseback riding, skiing, and glacier tours, to name a few. It is the capital of the province of Tierra del Fuego, an archipelago located at the southernmost tip of South America. Due to its remote location, it was at one time a penal colony.

EXPANSION for *Notas culturales: La política del ecoturismo*
Ecotourism is gaining a big following among travelers and is frequently represented as a "green way" to enjoy and appreciate the wonders of nature. It can also be lucrative for the countries promoting it. But does ecotourism really leave no "footprint" on the areas involved? Are the flora and fauna really unaffected by the invasion of the human species? Discuss the "political correctness" of a "green" vacation with your students. Is this the best way to protect the Earth? What are the pros and cons of such tourism?

7:00 **5-17 Entrevista** Circula por la sala de clase haciendo y contestando las siguientes preguntas. Debes hablar por lo menos con **cinco** personas diferentes. Después, tu profesor/a va a pedirles la información para averiguar qué tienen en común. ■

1. Cuando viajas, ¿normalmente te quedas en hoteles de lujo o en hoteles más económicos? ¿Por qué?
2. Típicamente, ¿en qué se diferencian los hoteles de lujo de los hoteles más económicos?
3. ¿Te gusta tomar el sol o prefieres quedarte bajo una sombrilla cuando estás en la playa? ¿Por qué?
4. ¿Siempre llevas lentes de sol? ¿Qué marca (*brand*) prefieres? ¿Cuánto te costaron? ¿Dónde los compraste? ¿Por qué te gustan?
5. ¿Coleccionas sellos o tarjetas postales? ¿Conoces a alguien que los coleccione? ¿De dónde has recibido tarjetas postales?

Estrategia

Answer in complete sentences when working with your classmates. Even though it may seem mechanical at times, using complete sentences leads to increased comfort with speaking Spanish.

3:00 **5-18 Nuestra historia** Mira el dibujo en la página 199, **Las vacaciones.** Con un/a compañero/a, creen una historia sobre lo que pasó aquel día. Túrnense, incluyendo por lo menos **diez** oraciones. ■

MODELO Empezó como un día normal en el Hotel Caro.
E1: *Hacía sol y no llovía en la playa.*
E2: *Pero, llegaron dos huéspedes en una limusina…*

¡Anda! Curso elemental, Capítulo 9. Un resumen de los pronombres de complemento directo e indirecto y reflexivos. Apéndice 3.

8:00 **5-19 Tus vacaciones ideales** ¡Qué suerte! Ganaste $100.000 dólares en un concurso para realizar el viaje de tus sueños. Después de regresar del viaje, te entrevistó un periodista de la revista *Viajes*. Un/a estudiante hace el papel del periodista y el/la otro/a el papel del ganador. Túrnense para formar y contestar las siguientes preguntas usando **el pretérito** y **el imperfecto.** ■

1. ¿Adónde / decidir / ir? ¿Por qué?
2. ¿En qué hotel / quedarse?
3. ¿Qué servicios / ofrecer / en el hotel?
4. Cuando / estar / en el hotel, ¿cómo / pasar / el tiempo (día y noche)?
5. ¿Viajar / por la región? ¿Qué excursiones / hacer?
6. ¿Perderse / en algún momento? Da algún ejemplo.
7. ¿Sacar / muchas fotos?
8. ¿Cómo / viajar? —¿Alquilar / un carro / o / ir / en taxi y autobús / o / caminar?

Estrategia

Both you and your partner should answer the questions individually, according to your dream vacations.

NATIONAL STANDARDS
Connections
As an expansion activity for **5-17,** have students create pie charts or graphs that depict the answers they received from their questions. Then have them each present their data in chart form to a classmate or group of classmates. Creating the charts or graphs reinforces mathematics skills, the Connections of the National Foreign Language Standards.

EXPANSION for 5-17
Additional questions to ask your students are:
1. ¿Qué te gusta más del viaje? ¿Por qué?
2. Compara este viaje de la página 200 con uno que has hecho. ¿Qué viaje prefieres y por qué?

EXPANSION for 5-19
Have students create dialogues from their interview responses and then present them to the class.

ANSWERS to 5-19
1. ¿Adónde decidiste ir?
2. ¿En qué hotel te quedaste?
3. ¿Qué servicios ofrecían en el hotel?
4. Cuando estabas en el hotel, ¿cómo pasabas el tiempo?
5. ¿Viajaste por la región? ¿Qué excursiones hiciste?
6. ¿Te perdiste en algún momento?
7. ¿Sacaste muchas fotos?
8. ¿Cómo viajaste? ¿Alquilaste un carro, ibas en taxi y autobús o caminabas?

SECTION GOALS for *Escucha*
By the end of the *Escucha* section, students will be able to:

- utilize the new strategy of pinpointing specific information.
- judge whether the information they have heard is a good vacation deal.
- discuss with classmates what they heard and debate about the vacation.

NATIONAL STANDARDS
Communication, Connections
In the *Escucha* section, the emphasis is on Communication Standards 1.2 and 1.1, respectively; however, Standard 3.1 is also applicable. When students hear the listening passage, they have to understand and interpret spoken Spanish. The skills required for this type of task promote interpretive communication. After they listen to the passage, they compare what they have heard with their classmates, and together they evaluate the information to determine whether the vacation is a good value. This requires interpersonal communication as they negotiate meaning in their conversations. Lastly, the strategy of pinpointing specific information and evaluating the information applies to other disciplines. The strategy parallels any course that requires them to listen for specific information and then make judgments about what they have heard (Connections Standard 3.1).

NOTE for 5-20
You may have students who answer the three questions in English. At this stage, Spanish would be preferred, but the point of the pre-listening is for students to activate schemata. If they need to do that in English, so be it. The most important goal of the *Escucha* section is that the students comprehend what they have heard.

AUDIOSCRIPT for 5-21
Please consult the *Instructor's Resource Manual* for the complete text of this audio.

EXPANSION for 5-21
You may want to ask your students the following comprehension questions:

1. ¿En qué estación del año se ofrecen las vacaciones?
2. ¿Qué necesita comprar antes del dieciocho del mes?
3. ¿Cómo es el Hotel Los Sueños?
4. ¿Cuánto cuesta el paquete por persona?

ESCUCHA

05-19 to 05-21

Un anuncio de radio

Estrategia

Pinpointing specific information

When pinpointing specific information, it is usually necessary for you to know the topic or context of what you will hear in advance. Then you need to anticipate what you will want and/or need to know. When pinpointing specific information, you may wish to write or make a brief mental list of specific questions or topics upon which you will focus your listening. When performing this strategy in real life in an interpersonal setting, you would want to follow up with clarifying questions if you did not glean all the details.

5-20 Antes de escuchar

Vas a escuchar un anuncio de radio para la agencia de viajes Zona del Viaje. Si estás pensando en tomar un viaje y oyes este anuncio, ¿qué información esperas sacar? Escribe **tres** cosas que crees que vas a escuchar en el anuncio. ■

1. *Sample answer:* el lugar adónde vas
2. *Sample answer:* lo que vas a ver
3. *Sample answer:* el medio de transporte

5-21 A escuchar

Lee esta lista de información que puede ser importante para este tipo de promoción y escucha el anuncio. ■

1. El tipo de viaje	unas vacaciones en un lugar exótico
2. Las ofertas (*special offers*)	cinco boletos de avión por el costo de cuatro; cuatro días por $1.000 por persona
3. El precio	$1.000 por persona
4. Lo que está incluido en ese precio	vuelo, hotel, comida y bebida —todo incluido
5. Cómo comprar el viaje	Llamar ahora al 555-967-6926 o ir a su computadora y buscar www.zonadelviaje.com

5-22 Después de escuchar

Llena el cuadro de la actividad **5-21** con la información que escuchaste y compáralo con el de un/a compañero/a. Después, decidan si el viaje es una buena oferta y si a ustedes les gustaría hacerlo. ■

¿Cómo andas? I

Having completed **Comunicación I,** I now can . . .	**Feel confident**	**Need to review**
• discuss travel and means of transportation. (p. 188)	☐	☐
• express time, location, purpose, destination, and direction. (MSL)	☐	☐
• become familiar with cars and automobile travel. (p. 193)	☐	☐
• connect sentences and clarify meaning. (p. 196)	☐	☐
• plan and illustrate vacations. (p. 199)	☐	☐
• compare notes on travel and transportation. (p. 200)	☐	☐
• pinpoint specific information. (p. 202)	☐	☐

Instructor Resources
- Textbook images, Extra Activities

SECTION GOALS for *Comunicación II*
By the end of the *Comunicación* section, students will be able to:
- converse about technology and how they implement technology in their daily lives.
- contrast the uses of the preterit and the imperfect in simultaneous and recurrent actions.
- review previous uses of the subjunctive and implement the new use: expressing the possibility that something is uncertain or non-existent.
- ask for input and express emotions.
- apply editing skills to improve peers' work.

NATIONAL STANDARDS
Communication, Connections, Comparisons, Communities
The vocabulary, grammar, and culture in the *Comunicación* section encompass standards under the Goals of Communication, Connections, Comparisons, and Communities. All three Communication Standards are interwoven throughout the text. There are various pair / small group activities to facilitate interpersonal communication (Standard 1.1). The reading passages and dialogues provide the basis for understanding and interpretation of written and spoken Spanish (Standard 1.2). Moreover, there are multiple activities that encourage presentations, depending upon how you implement the activities. For example, **5-24, 5-27, 5-44,** and **5-45** can be used as starting points for presentations to audiences of listeners or readers (Standard 1.3). The vocabulary related to the web and technology provides a bridge to make connections with other disciplines such as computer science (Standard 3.1). The differences between English grammar and Spanish grammar with respect to the simple past and subjunctive allow for comparisons between the two languages (Standard 4.1). The new information related to technology, computers, and the web opens up new ways for students to use the Internet to form online communities and utilize their Spanish beyond the classroom (Standard 5.1).

21ST CENTURY SKILLS • INFORMATION, MEDIA, AND TECHNOLOGY SKILLS
¡Anda! supports the development of information, media, and technology skills in a variety of ways. MySpanishLab creates a robust platform to enhance learning, and teacher notes are provided so that instructors can guide students to access additional information on the Internet. Also, projects are suggested for students to use technology so that learners may demonstrate the interpretive, interpersonal, and presentational modes of communication.

Comunicación II

¡Anda! Curso elemental, Capítulo 2. En la universidad, Apéndice 2.

3:00

5 VOCABULARIO

05-22 to 05-23

La tecnología y la informática

Indicating how technology is useful, both at home and in travel

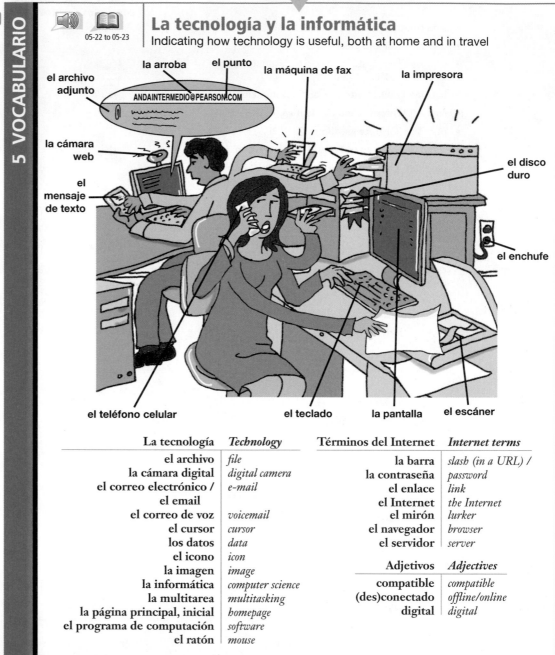

La tecnología	*Technology*
el archivo	*file*
la cámara digital	*digital camera*
el correo electrónico / el email	*e-mail*
el correo de voz	*voicemail*
el cursor	*cursor*
los datos	*data*
el icono	*icon*
la imagen	*image*
la informática	*computer science*
la multitarea	*multitasking*
la página principal, inicial	*homepage*
el programa de computación	*software*
el ratón	*mouse*

Términos del Internet	*Internet terms*
la barra	*slash (in a URL) /*
la contraseña	*password*
el enlace	*link*
el Internet	*the Internet*
el mirón	*lurker*
el navegador	*browser*
el servidor	*server*

Adjetivos	*Adjectives*
compatible	*compatible*
(des)conectado	*offline/online*
digital	*digital*

METHODOLOGY • Teaching Vocabulary
Selecting vocabulary to present can be a challenge; vocabulary dealing with technology is no exception. The challenge is twofold: many of the words used are in English, and variations exist among countries. The authors of *¡Anda!* have attempted to select the words that are the most common to the greatest number of Spanish speakers. If you have others that you prefer, we suggest that you replace the ones we have listed so that your students at this level of language study are responsible for only one way to express an idea.

SUGGESTION for *La tecnología y la informática*
Ask students about the electronic devices they use on a regular basis. For example: *¿Cuántas veces al día usas el teléfono celular? ¿Tienes una computadora portátil? ¿Qué lugares en el Internet visitas?*

REPASO

¡Hola!

Repaso & Spanish/English Tutorials

05-24 to 05-26

El pretérito y el imperfecto (continuación)
Conversing about events in the past

For a complete review of the preterit and the imperfect, go to MySpanishLab or refer to **Capítulo 9** of ***¡Anda! Curso elemental*** in Appendix 3 of your textbook. The following vocabulary activities that appear in your textbook incorporate this grammar point. Practicing new vocabulary with a review grammar point helps to strengthen and increase your knowledge of Spanish.

3:00

5-23 ¿Cierto o falso?

Es el año 2050. Un abuelo habla con su nieta, y bromea (*jokes around*) con ella sobre cómo era la tecnología en el año 2000. La nieta decide si las oraciones del abuelo son ciertas o falsas. Si son falsas, corríjanlas (*correct them*) para hacerlas ciertas. Túrnense. ■

Fíjate

Most Spanish-speaking countries use either *el computador* or *la computadora* for *computer.* In Spain, *el ordenador* is used.

MODELO E1 (ABUELO): Cuando usaba el Internet necesitaba tener un mirón.
E2 (NIETA): *No, abuelo. Cuando usted usaba el Internet necesitaba tener un navegador.*

1. Guardaba mis documentos en el mirón.
2. Mandaba mensajes, revisaba el presupuesto personal y escribía un reporte —todo a la vez— la multitarea era parte de mi vida.
3. Para comprar algo por el Internet necesitaba usar la impresora y el disco duro, pero una vez no los usé.
4. Podía leer mi correo electrónico sin la pantalla.
5. El cursor y el teclado eran necesarios para poder escribir los correos electrónicos en la computadora.

¡Anda! Curso elemental, Capítulo 5. Los pronombres de complemento directo; Capítulo 8. Los pronombres de complemento indirecto, Apéndice 3.

2:00

5-24 Busco un cibercafé que...

Ustedes son unos ejecutivos importantes de una compañía multinacional y están en Arequipa, Perú, para una conferencia. Necesitan acceso a la tecnología porque la maleta en que tenían todos los materiales para la presentación se perdió. Encuentran este anuncio sobre el Cibercafé Dos Mundos. Hablen de lo que pueden hacer (y de lo que no pueden hacer) allí para preparar de nuevo la presentación. ¡Sean creativos! ■

MODELO *Es bueno que el Cibercafé Dos Mundos tenga un fax. Entonces podemos decirle a la secretaria que nos mande una copia de los documentos que están en la maleta perdida.*

NOTE for *Repaso*

This is a reminder that the *Repaso* boxes are meant to be assigned as homework the night before you introduce the new vocabulary. Students should be expected to review this prior to class so that you can proceed immediately to the first activity following the vocabulary presentation.

If you want, immediately following the vocabulary presentation and preceding the first vocabulary activity in the text, you may do the following mechanical activity.

Have students bring in photos or images of computer technology that is represented in the new vocabulary *La tecnología y la informática.* Have students work in pairs: Student A points to an image and Student B says what it is. Then Student B points to an image and Student A says what it is.

EXPANSION for 5-23

Have students each come up with five statements about their own technology use that are either true or false. Then have their partners determine whether or not the statements are *cierto* or *falso.*

ANSWERS to 5-23

1. Falso. Guardaba los documentos en un archivo.
2. Cierto.
3. Falso. Era necesario usar la tarjeta de crédito.
4. Falso. Se necesitaba la pantalla para ver el correo.
5. Cierto.

EXPANSION for 5-24

Have individual students or pairs of students each invent their own cybercafé with a unique twist and design a flyer describing it. They then present the flyers to the class, who can vote on the best new *cibercafé.*

METHODOLOGY • Differentiated Instruction
Differentiated instruction is when you tailor your lessons for your different types of learners. The number of types of learners and their preferences depends on which research you are consulting. Some research maintains that there are four different types of learning styles, some say 7 or 8, and still others maintain that there are over 20! As instructors, what we need to remember is that students learn in different ways and progress at different paces. When assessing the progress of your students, it is important to know that some of your students' best performances will be to give multiple answers, while for others, their best will be one complete sentence. Differentiating instruction in part means to tailor our lessons so that all of our students, no matter what their style or talents, will be successful.

NOTE for 5-25
You may want to compile class results to determine trends.

8:00 Workbooklet

¡Anda! Curso elemental, Capítulo 5. Los pronombres de complemento directo; Capítulo 8. Los pronombres de complemento indirecto; Capítulo 9. Expresiones con *hacer*, Apéndice 3.

5-25 La tecnología en mi vida

Llena el cuadro con información sobre el uso que tú haces de la tecnología. Después, pídele a un/a compañero/a su información. Usa **los pronombres de complemento directo e indirecto** para evitar la repetición. Finalmente, compartan sus datos con otros compañeros para averiguar qué tienen ustedes en común. ■

MODELO teléfono celular

E1: *¿Tienes un teléfono celular?*
E2: *Sí, y es un teléfono nuevo de Motorola.*
E1: *¿Cuándo lo compraste?*
E2: *Lo compré hace cinco meses.*
E1: *¿Cuántas veces al día lo usas?*
E2: *Lo uso por lo menos veinte veces al día.*
E1: *¿Para qué lo usas?*
E2: *Lo uso para llamar a mis amigos, para mandar mensajes de texto y para leer mi email.*

Estrategia
Note the options for answering the questions in **5-25.** As you work with your partner, always push yourself to be as creative as possible. By varying your answers, you practice and review more of the structures, which in turn helps you become a strong speaker of Spanish.

APARATO	MARCA (*BRAND*)	CUANDO LO/LA COMPRÉ	CON QUÉ FRECUENCIA LO/LA USO	PARA QUÉ LO/LA USO
teléfono celular	Motorola	Hace cinco meses	Por lo menos veinte veces al día	Para llamar a mis amigos, para mandar mensajes de texto y para leer mi email
calculadora				
cámara digital				
cámara de video digital				
fax				
reproductor de MP3				
televisión HD o 1080p				

4:00 **5-26 ¿Qué puede ser?** Van a describir aparatos electrónicos usando cuatro pistas (*clues*). ■

Paso 1 En grupos de tres o cuatro, escojan un aparato y escriban las cuatro pistas. La primera pista debe ser la más general y la cuarta la más específica.

MODELO E1: (escáner)
Es tan útil como una computadora.
Se comunica con una computadora.
Copia y transmite información.
Con esta máquina, puedo mandarle por computadora una página de un libro a mi amiga.

Paso 2 Túrnense para adivinar.

MODELO E2: *¿Es una impresora?*
E1: *No. Adivina de nuevo.*
E3: *¿Es un escáner?*
E1: *¡Sí! ¡Correcto!*

Paso 3 Escojan dos aparatos para presentar a los otros grupos.

8:00 **5-27 Un invento muy importante** En grupos de tres o cuatro, inventen un aparato que mejore la calidad (*quality*) de nuestra vida. Necesitan describir el aparato con un dibujo y con palabras, explicar sus usos y decir a quién(es) le(s) ayudaría (*would help*). ■

NOTE for 5-26
You may want your students to choose their objects and write their clues prior to coming to class.

EXPANSION for 5-27
Have students identify their favorite inventions for technology and/or travel. They can share this information with partners or the class. If your class has the linguistic ability, have each student explain why he/she chose his/her favorite.

EXPANSION for 5-27
Students can each prepare an advertisement on the device that they create. Then the class can vote on the best ad.

ADDITIONAL ACTIVITY for *La tecnología y la informática*
Una situación difícil La computadora de Carla está descompuesta y ella va a un pequeño laboratorio de computadoras en la universidad para hacer su trabajo. Tiene que hacer varias cosas y tarda mucho. Hay gente esperando para usar las computadoras, y una persona en particular está muy molesta. Con un/a compañero/a, hagan los siguientes papeles: una persona hace el papel de Carla y la otra es la persona que está esperando. Carla explica lo que estaba haciendo y por qué, y la otra persona le explica por qué está molesta y qué le sugiere que haga Carla.

Instructor Resources
- PPT, Extra Activities

NOTE for *El subjuntivo con antecedentes indefinidos o que no existen*
Encourage students who are still having difficulties with the subjunctive to review the presentations from earlier chapters, as well as redo activities in the Student Activities Manual and MySpanishLab.

SUGGESTION for *El subjuntivo con antecedentes indefinidos o que no existen*
Brainstorm with students the types and the capabilities of their own phones, cameras, computers, etc. Have them create sentences describing what they have, e.g., *tengo una computadora que tiene una cámara buena pero es muy lenta cuando descargo películas.* Then, have them describe what features they would like to have in a perfect computer, e.g., *Necesito una computadora que descargue películas en dos o tres minutos y que sea de 3-D.*

SUGGESTION for *El subjuntivo con antecedentes indefinidos o que no existen*
Using their creativity and senses of humor, have students complete the following sentences in as many ways as possible:
1. No conozco a nadie que…
2. No hay un/a profesor/a que…
3. No existe un hombre/una mujer que…

SUGGESTION for *El subjuntivo con antecedentes indefinidos o que no existen*
Put students in groups, and have each group of students "invent" a product that solves a common problem. Then, using the subjunctive in adjective clauses, each group should create a 15-second commercial to market the product.

2:00

6 GRAMÁTICA

05-27 to 05-29 ¡Hola! Spanish/English Tutorials

El subjuntivo con antecedentes indefinidos o que no existen

Depicting something that is uncertain or unknown

Pero Gerardo, yo necesito una computadora en la que realmente pueda hacer mi trabajo... ¡no un juguete!

So far you have used the **subjunctive** to indicate **wishes, recommendations, suggestions,** and **commands.** You have also used it to express **doubt, uncertainty, disbelief,** and **denial** as well as **emotions** and **opinions.**

The **subjunctive** is also used to express the possibility that something is **uncertain** or **nonexistent.** If it is clear that the ***person, place or thing*** **does exist,** then the **indicative** is used. Note the following sentences.

Quiero comprar **una** computadora que **sea** compatible con el sistema que tengo.	*I want to buy **a** computer that is compatible with the system I have.* (may not exist)
Quiero comprar **la** computadora que **es** compatible con el sistema que tengo.	*I want to buy **the** computer that is compatible with the system I have.* (the computer exists)
Necesitamos **un** servidor que **sea** lo suficientemente grande para satisfacer todas nuestras necesidades.	*We need **a** server that is large enough to accommodate all our needs.* (does not yet exist for the speaker)
Necesitamos **el** servidor que **es** lo suficientemente grande para satisfacer todas nuestras necesidades.	*We need **the** server that is large enough to accommodate all our needs.* (the server exists)
No conocemos a nadie que **sepa** cifrar los documentos.	*We don't know anyone who knows how to encrypt the documents.* (speakers do not know anyone)
Conocemos a alguien que **sabe** cifrar los documentos.	*We know someone who knows how to encrypt the documents.* (speakers do know someone)

Estrategia

To determine whether you should use the subjunctive or the indicative, ask the question: *Does the person, place, or thing exist at that moment for the speaker?* If it does, then use the indicative; if not, the subjunctive is needed.

2:00 **5-28** **Trabajos nuevos** Son ayudantes para el jefe de una compañía internacional nueva que necesita muchos empleados. Usando la información de la lista, túrnense para describir al tipo de persona que necesitan o buscan. ■

MODELO hablar varios idiomas
Necesito / Busco un secretario / ayudante que hable varios idiomas.

1. saber organizar una oficina
2. querer trabajar los fines de semana
3. tener experiencia con muchos programas de computación
4. hablar inglés perfectamente
5. ser honesto/a y eficiente
6. entender los programas de computación de la oficina
7. escribir bien las cartas y reportes
8. ser intérprete y traductor/a

2:00 **5-29** **A repasar** Han hablado de los aparatos tecnológicos que tienen, e incluso han inventado un aparato nuevo. Ahora vamos a repasar un poco. Terminen las siguientes oraciones de manera lógica. ■

MODELO Quiero un teléfono celular que (no existe todavía)…
Quiero un teléfono celular que no sea tan caro.
Quiero el teléfono celular que (ya existe)…
Quiero el teléfono celular que cuesta veinte dólares, como el que tiene Pati.

1. Mis padres quieren una computadora que…
2. Mis padres quieren la computadora que…
3. Necesito un teléfono celular que…
4. Necesito el teléfono celular que…
5. Busco una cámara digital que…
6. Quiero comprar la cámara digital que…

ANSWERS to 5-28

1. Busco un gerente que sepa organizar una oficina.
2. Necesito un asistente que quiera trabajar los fines de semana.
3. Busco un programador que tenga experiencia con muchos programas de computación.
4. Necesito un secretario que hable inglés perfectamente.
5. Necesito unos empleados que sean honestos/as y eficientes.
6. Busco un asistente que entienda los programas de computación de la oficina.
7. Necesito un secretario que escriba bien cartas y reportes.
8. Necesito un empleado que sea intérprete y traductor/a.

METHODOLOGY • Recycling Vocabulary

One of the best ways to assist students in acquiring vocabulary is to provide multiple opportunities to reintroduce previously presented vocabulary and combine it with new grammar points. One activity to practice the subjunctive with indefinite or non-existent antecedents is to have students describe the houses and cars they are planning to buy. E.g.: *Busco una casa que tenga cinco dormitorios, que no necesite muchas reparaciones…, Quiero un carro que no use gasolina, que…*

ANSWERS to 5-30
Sample answers:

1. *sea:* Tengo una pantalla para mi computadora que es más grande que la pantalla de mi televisión.
2. *pueda:* Tengo una impresora que puede imprimir, copiar, escanear y hablarme.
3. *escriba:* Tengo una computadora que escribe lo que digo y me anticipa las palabras.
4. *pueda:* Tengo un teléfono que puede mostrar películas aun con subtítulos.
5. *sea:* Tengo un carro que es económico y no gasto mucho en gasolina.
6. *tenga / tiene:* Tengo una televisión que tiene todas las características que tiene mi computadora y más.

SUGGESTION for 5-30
To review the past subjunctive, have students change the verbs to the past tense; e.g., *Busco una televisión que tenga todas las características que tiene mi computadora. Buscaba una televisión que tuviera todas las características que tenía mi computadora.*

4:00

5-30 El mío es mejor

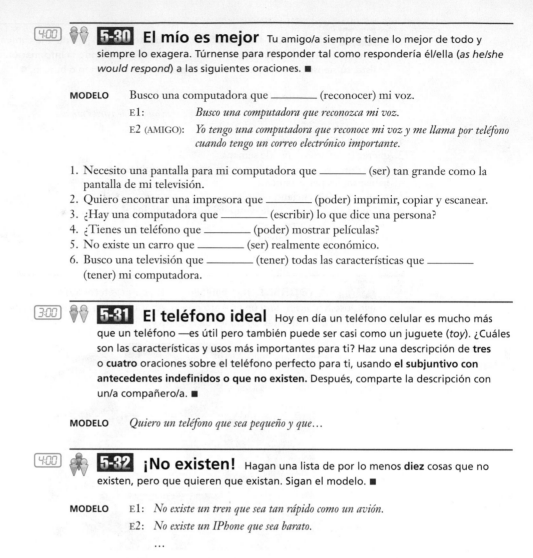

Tu amigo/a siempre tiene lo mejor de todo y siempre lo exagera. Túrnense para responder tal como respondería él/ella (*as he/she would respond*) a las siguientes oraciones. ■

MODELO Busco una computadora que ______ (reconocer) mi voz.
E1: *Busco una computadora que reconozca mi voz.*
E2 (AMIGO): *Yo tengo una computadora que reconoce mi voz y me llama por teléfono cuando tengo un correo electrónico importante.*

1. Necesito una pantalla para mi computadora que ______ (ser) tan grande como la pantalla de mi televisión.
2. Quiero encontrar una impresora que ______ (poder) imprimir, copiar y escanear.
3. ¿Hay una computadora que ______ (escribir) lo que dice una persona?
4. ¿Tienes un teléfono que ______ (poder) mostrar películas?
5. No existe un carro que ______ (ser) realmente económico.
6. Busco una televisión que ______ (tener) todas las características que ______ (tener) mi computadora.

3:00

5-31 El teléfono ideal

Hoy en día un teléfono celular es mucho más que un teléfono —es útil pero también puede ser casi como un juguete (*toy*). ¿Cuáles son las características y usos más importantes para ti? Haz una descripción de **tres** o **cuatro** oraciones sobre el teléfono perfecto para ti, usando **el subjuntivo con antecedentes indefinidos o que no existen.** Después, comparte la descripción con un/a compañero/a. ■

MODELO *Quiero un teléfono que sea pequeño y que…*

4:00

5-32 ¡No existen!

Hagan una lista de por lo menos **diez** cosas que no existen, pero que quieren que existan. Sigan el modelo. ■

MODELO E1: *No existe un tren que sea tan rápido como un avión.*
E2: *No existe un IPhone que sea barato.*
…

5:00

5-33 Enamórate en BuscaPareja.com

Piensas utilizar un servicio en Internet para encontrar el amor. Pero primero, necesitas decidir cuáles son las características personales en una pareja más importantes para ti. Haz una lista de **diez** características y después compártelas con un/a compañero/a. Usa **el subjuntivo.** ■

MODELO *Necesito un hombre / una mujer que sea inteligente. Busco una persona que…*

3:00

7 VOCABULARIO

05-30 to 05-32

Las acciones relacionadas con la tecnología

Describing technology

Algunos verbos	*Some verbs*
actualizar	*to update*
arrancar	*to boot up; to start up*
borrar	*to delete; to erase*
cifrar	*to encrypt*
conectar	*to connect*
congelar	*to freeze; to crash*
cortar	*to cut*
descargar	*to download*
deshacer	*to undo*
digitalizar	*to digitalize*
enchufar	*to plug in*
escanear	*to scan*
guardar	*to save; to file*
hacer clic	*to click*
hacer la conexión	*to log on*
imprimir	*to print*
navegar	*to navigate; to surf*
pegar	*to paste*
prender	*to start*
pulsar el botón derecho	*to right-click*
reiniciar	*to reboot*
sabotear	*to hack*

Estrategia

Another way to study new vocabulary is to create flash cards. It is best to study the vocabulary by looking at the English word and saying or writing the Spanish word.

Instructor Resources

- Textbook images, Extra Activities

METHODOLOGY • Selecting Active Vocabulary

One of the many challenges presented to us as instructors is that of deciding what vocabulary is the most common / universal for our intermediate Spanish language learners. Our philosophy is to select the most common and streamlined way of presenting vocabulary and grammar at the intermediate level, reserving the fine points of the language to be introduced at the advanced college levels. Nevertheless, as always, the ultimate decision regarding what vocabulary or grammar to teach is yours.

METHODOLOGY • Working in Pairs

As a reminder, it is ideal to change partners daily. In this way, students have the opportunity to work with all of their classmates, and you build community within your classroom. At the very least, partners should be changed weekly.

METHODOLOGY • Instructional Delivery

Remember that it is suggested that after pairing your students for the day, you put the activities you want them to do on the board. You suggest the amount of time they may want to spend. Some partners will spend / need more time than others. Give directions in advance for any activities that may need extra explaining. Otherwise, the students should be permitted to negotiate meaning together. Finally, always have one or more activities for groups that finish early. You might review the vocabulary from previous chapters, or you may want to list activities from previous chapters that students should go back and redo.

ADDITIONAL ACTIVITY for *Las acciones relacionadas con la tecnología*

Creando oraciones Juntos creen oraciones de los fragmentos, añadiendo todas las palabras necesarias.

MODELO Mis padres / descargar / fotos digitales / mandar (yo) / ayer
Mis padres descargaron las fotos digitales que les mandé ayer.

1. yo / necesitar / secretario / actualizar / documentos / mis abuelos
2. ¿hay / computadora / hacer / todas las cosas / yo / necesitar?
3. profesor / gustar / navegar / Internet / preparar / clase
4. antes / empezar / (tú) necesitar / reiniciar / computadora / congelar / ayer
5. ¿por qué / no prender / computadora / viejo / ver / funcionar?
6. impresora / nuevo / poder hacer / copias / escanear y faxear / documentos

¡Anda! Curso elemental, Capítulo 7. El pretérito, Apéndice 3.

Fíjate

You may have noticed that many technology words are cognates in English, e.g., *fax, escanear.* Because much of the technology originated in the United States with English words, much of the terminology has entered the Spanish language as cognates. This is a common way that languages evolve. What are some words that fall into this category?

4:00

5-34 Poner todo en orden

Juntos pongan las siguientes oraciones en orden correcto para explicar lo que hizo José Luis con su computadora. ■

6 Después de que se abrió mi página principal, fui a leer mi correo electrónico.
4 Hice la conexión con mi contraseña.
8 Después de borrar el *spam*, abrí un mensaje de mi sobrino que tenía un archivo adjunto.
2 No sé cómo, pero alguien la había desenchufado. Entonces, la enchufé.
10 Navegué por el Internet un poco y por fin apagué la computadora.
5 Mi página principal se abrió.
7 Borré unos treinta mensajes de *spam*.
9 Imprimí el archivo que era una foto de él detrás del volante de su coche nuevo.
1 Traté de encender la computadora, pero no prendió.
3 Luego la prendí.

2:00

5-35 Ayer en el cibercafé

Ayer fue un día de mucho trabajo en el cibercafé. Describan el dibujo, incluyendo en la descripción por lo menos **una oración** sobre cada persona. ■

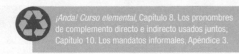

¡Anda! Curso elemental, Capítulo 8. Los pronombres de complemento directo e indirecto usados juntos; Capítulo 10. Los mandatos informales, Apéndice 3.

3:00

5-36 ¿Qué debo hacer? Túrnense para darle consejos a su amigo Federico. ■

Fíjate

Text messaging is very popular in the Spanish-speaking world. What follows are some common abbreviations.

100pre (*siempre*)
a2 (*adiós*)
asias (*gracias*)
ac (*hace*)
bb (*bebé*)

MODELO E1 (FEDERICO): Quiero mostrarles las fotos de mis vacaciones en Perú.
E2 (USTEDES): *Descarga las fotos y muéstranoslas.*

1. Mi computadora funciona mal y tarda mucho en abrir las ventanas nuevas.
2. Este programa de computación no hace lo que necesito.
3. Mi iPhone se congeló.
4. No me gusta leer los documentos que me mandan en la pantalla.
5. Necesito información sobre los cibercafés de Barcelona.
6. Tengo demasiados mensajes en mi correo electrónico.

5:00 Workbooklet

5-37 El uso de la computadora ¿Cómo usas tu computadora? ¿Cuánto tiempo pasas delante de tu computadora? ■

Paso 1 Completa el cuadro con tu información personal.

	PROGRAMA DE COMPUTACIÓN O PÁGINA WEB	ACCIÓN(ES)	DÍAS	HORAS	MINUTOS
YO					
E1					
E2					
E3					

Paso 2 Entrevista a por lo menos **tres** personas para averiguar cómo ellos usan la computadora.

MODELO
E1: *¿Qué programas de computadora usas más?*
E2: *Uso Word y PowerPoint más.*
E1: *¿Cuáles son tus páginas web favoritas?*
E2: *Escribo mucho en Facebook y…*

Paso 3 Comparen cómo todos los estudiantes de la clase usan la computadora. ¿En qué aspectos son parecidos? ¿En qué aspectos son diferentes?

MODELO
E1: *Paso una hora al día de lunes a viernes escribiendo documentos en Word. ¿Y ustedes?*
E2: *Yo paso menos tiempo en Word; generalmente media hora durante la semana. Trabajo más con Excel por mi trabajo.*
E3: *Escribo en Word una hora, pero paso tres horas en Facebook…*

EXPANSION for 5-36

Have students each think of the worst technology problem / meltdown they personally have had or could have, and describe it to their partner.

HERITAGE LANGUAGE LEARNERS

Propose the following activities for your heritage language learners who have a more advanced proficiency in the language.

1. Imagínate que eres presentador/a de un programa de viajes. Aboga a favor de un sitio de vacaciones al que fuiste alguna vez. Explícales a tus compañeros de clase por qué es un lugar excelente para las vacaciones.
2. Una persona famosa (tú eliges) del pasado (siglo XVIII) ha viajado al futuro y ha llegado a tu casa. Escribe un diálogo con un/a compañero/a en el cual tú le explicas el Internet y las computadoras, y le muestras información biográfica que está en el Internet sobre él/ella. Presenta el diálogo a la clase.
3. En tu opinión, ¿cuál ha sido la mejor invención del campo de la informática que se ha realizado en tu vida? ¿Por qué? Presenta tu posición a la clase.

SECTION GOALS for *Perfiles*
By the end of the *Perfiles* section, students will be able to:
- identify the famous Hispanics featured in the photos.
- explain why Díaz-Chang, Ulderico Cicaré, and Contador are famous.
- discuss how technology and travel are interconnected.
- report about how they use technology in their day-to-day activities.

NATIONAL STANDARDS
Communication, Cultures
The *Perfiles* section focuses on the goal areas of Communication and Cultures. The brief profiles of famous Hispanics generate topics to discuss with classmates in the interpersonal mode (Standard 1.1). If you want to include the presentational mode (Standard 1.3) for written reports or oral presentations, a follow-up idea is to have students do more in-depth reports about the people featured; or give them ideas of other Hispanics they could research. The variety of countries and professions represented is a way for students to understand the Hispanic cultures more deeply. By studying Díaz-Chang, Ulderico Cicaré, and Contador and how they contribute personally and professionally to their cultures, students gain an appreciation for the practices, perspectives, and products of Hispanic cultures (Standards 2.1, 2.2).

SUGGESTION for *Perfiles*
Tap your students' opinions on technology with the following questions:
1. ¿Cómo usas la tecnología diariamente?
2. ¿Consideras la tecnología algo positivo o negativo? ¿Por qué?
3. Describe tu vida sin la tecnología.

NOTE for *Franklin Díaz-Chang*
Franklin Díaz-Chang was born on April 5, 1950, in San José, Costa Rica. He graduated from the *Colegio de La Salle* in San José in November of 1967, and then from Hartford High School in Hartford, Connecticut, in 1969. He obtained a bachelor of science degree in mechanical engineering from the University of Connecticut in 1973 and a doctorate in applied plasma physics from the Massachusetts Institute of Technology (MIT) in 1977. He retired from NASA in July of 2005.

PERFILES

05-33 to 05-34

Viajando hacia el futuro

La tecnología puede ser muy útil: nos ayuda a comunicarnos, trabajar y viajar. Las siguientes personas tienen algo que ver con la tecnología, los viajes o las dos cosas a la vez.

¿Conoces a alguien que sea astronauta? **Franklin Díaz-Chang** (n. 1950), de San José, Costa Rica, comenzó a trabajar para la NASA como astronauta en el año 1981 y ha participado en siete vuelos al espacio exterior. Tiene un doctorado en física aplicada del Instituto Tecnológico de Massachusetts.

Fíjate
Franklin Díaz-Chang's father is a Costa Rican of Chinese descent.

¿Hay muchas personas a quienes no les guste andar en bicicleta? **Alberto Contador** (n. 1982 en Madrid, España) ha andado mucho en bicicleta. Ha ganado el Tour de Francia tres veces, en los años 2007, 2009 y 2010. También en el año 2008 ganó el Giro de Italia y la Vuelta a España. Con esto, se convirtió en el quinto corredor de la historia en ganar las tres grandes competencias de ciclismo.

Augusto Ulderico Cicaré (n. 1937 en Polvaredas, Argentina): A los doce años abandonó sus estudios formales y se dedicó a los inventos tecnológicos. Se enamoró del vuelo, y por fin elaboró la máquina de su pasión: el helicóptero. Hoy en día sigue inventando y es el jefe de la compañía de helicópteros Cicaré, famosos en todo el mundo.

Answers to *Perfiles*
1. Franklin Díaz-Chang, el astronauta, usa la tecnología para volar y viajar al espacio exterior. Augusto Ulderico Cicaré usa la tecnología para hacer funcionar sus helicópteros. Alberto Contador usa la tecnología para mantener su bicicleta en buena forma y para investigar las rutas de las competencias.
2. *Answers will vary.*
3. *Answers will vary.*

Preguntas
1. ¿Cómo usan estas personas la tecnología para viajar?
2. Estas personas utilizan la tecnología en sus profesiones de una manera u otra. ¿Cómo piensas usar la tecnología en tu futuro?
3. ¿Qué profesiones utilizan la tecnología con más frecuencia?

NOTE for *Augusto Ulderico Cicaré*
When he was 11 years old, he built a clothes washer for his mother with an invention using a 4-stroke engine. Many inventions followed as he literally continued his education and mechanical training "on the job." At age 17, he became fascinated with aviation, and six years later he designed, built, and piloted his first helicopter.

NOTE for *Alberto Contador*
Alberto Contador is a very dedicated and determined cycling athlete. Early in his career (2004), he suffered a bad fall during the *Vuelta a Asturias.* After a tough recovery period, he was back on the racing tour in 2005. From there he has gone on to win the Triple Crown of cycling and the Tour de France several times.

3:00 **5-38 ¡Tengo la pantalla negra!** Hace cinco días que pediste ropa nueva por el Internet. Estabas tratando de ver el estado de tu pedido (*order*) cuando de repente ¡tu computadora se congeló! Llama para pedir asistencia técnica. Crea un diálogo con un/a compañero/a, preguntando y describiendo lo que pasó en **ocho** pasos. Incluye por lo menos **cinco** de los siguientes verbos. ■

apagar	borrar	descargar	funcionar	grabar
guardar	imprimir	navegar	prender	quemar

MODELO E1: *¿En qué puedo servirle?*
E2: *¡Mi computadora se congeló!*

8:00 **5-39 Entrevista** Circula por la clase haciendo y contestando las siguientes preguntas. ■

1. ¿Cuántos cibercafés hay cerca de la casa de tus padres?, y ¿cerca de la universidad? ¿Por qué crees que hay tantos (o tan pocos)? ¿Qué hacen las personas en los cibercafés?
2. ¿Cuál es más inteligente: la computadora o el ser humano (*human being*)? Explica.
3. ¿Cuáles son algunas cosas que la computadora puede hacer que una persona no puede hacer? ¿Cuáles son algunas cosas que una computadora no puede hacer que una persona sí puede?
4. ¿Tienes la televisión por cable o satélite? ¿Cuántos canales recibes? ¿Cuántos canales recibes que son en español?
5. ¿Cómo te comunicas con tus compañeros/as? ¿y con amigos que viven lejos de ti?
6. ¿Cómo te comunicas con tus padres y otros parientes?
7. ¿Cuál es el aparato que no tienes, pero que más necesitas? ¿Por qué lo necesitas? ¿Qué marca prefieres? ¿Cuánto cuesta?
8. ¿Es la tecnología siempre aplicable, necesaria y/o deseada?

¡Anda! Curso elemental, Capítulo 10. Los mandatos informales; Los mandatos formales, Apéndice 3.

8:00 **5-40 Un anuncio comercial** Han creado un nuevo modelo de computadora a la moda, y para promocionarla tienen que crear un anuncio comercial de **quince segundos.** Deben hablar de las características generales y enfocarse en lo que es realmente nuevo (e increíble) de su producto. Pueden empezar con unas cuantas preguntas retóricas, usando el **subjuntivo con antecedentes indefinidos o que no existen.** ■

MODELO *¿Quiere comprar una computadora que haga todo su trabajo y más en un instante? ¿Existe una computadora que no necesite un teclado tradicional? Fíjense en el nuevo modelo RELÁMPAGO…*

NOTE for *La tecnología y la política*
Technology can help people's ideas travel, even when the people themselves cannot. Chat rooms, wiki spaces, and blogs are just some of the venues where people use technology to express their thoughts; very often these ideas are political in nature. Have students consider the ramifications of such technological applications in the political arena—for example, during primary or regular elections. To explore this idea further, have students investigate on the Internet. Suggested keywords: *politics, technology.* Students can also consider the use of such technologies in the Spanish-speaking world. Internet usage in Latin America increased 590 percent between 2000 and 2007. It might be reasonable to assume that politicians in the Spanish-speaking world are making use of the Internet for professional purposes, just as U.S. politicians do. Students can explore these topics on the Internet. Suggested keywords: *Internet world statistics, political use of Internet, Latin America.*

EXPANSION for 5-40
Have your students present their commercials to the class, videotaping them if you so choose.

SECTION GOALS for *¡Conversemos!*

By the end of the *¡Conversemos!* section, students will be able to:

- ask for input in a culturally appropriate manner.
- express emotions positively and negatively.
- listen for specific information they hear in the dialogue.
- recreate dialogues that incorporate the new conversational phrases.

NATIONAL STANDARDS

Communication

All three Communication Standards are represented in the *¡Conversemos!* section. First, students learn the new conversational phrases that they will hear in the dialogue. As they listen, they focus on specific information that includes the new phrases. Standard 1.2 aligns with the dialogue because students understand and interpret spoken Spanish. They discuss what they have heard in small groups or pairs, and they communicate in the interpersonal mode (Standard 1.1). As they become more familiar with the phrases by practicing with their peers, they are ready to follow the script and perform dialogues that incorporate the expressions. Furthermore, as they practice presenting the dialogues, they are better able to write their own dialogues to present to the class (Standard 1.3).

AUDIOSCRIPT for 5-41

Please consult the *Instructor's Resource Manual* for the complete text of this audio.

ANSWERS to 5-41

1. Adriana sugiere que hagan un crucero por Centroamérica para su aniversario de boda.
2. David recomienda que Adriana mire el sitio web de la oficina de turismo de Costa Rica.
3. Al final, la computadora se congela. Adriana se expresa con frustración. David no parece molesto.

HERITAGE LANGUAGE LEARNERS

Have heritage language learners state other expressions that they use for asking for input or to express emotions.

¡CONVERSEMOS!

05-35 to 05-36

ESTRATEGIAS COMUNICATIVAS Asking for input and expressing emotions

Many aspects of our lives (including travel and using technology) have us asking for opinions and suggestions as well as expressing emotions. What follows is a variety of ways to ask for input and to respond to situations both positively and negatively.

Para obtener información	***Asking for input***
• **¿Qué le/te parece?**	*What do you think (about the idea)?*
• **¡Qué bueno!**	*Good!*
• **¡Fenomenal!**	*Phenomenal!*
• **¿Le/Te parece bien?**	*Do you like the suggestion?*
• **¡Formidable!**	*Super!*
• **¡Qué emoción!**	*How exciting!, How cool!*
• **¿Qué opina/s?**	*What do you think?*
• **¡No me digas!**	*You don't say!, No way!*
• **¿Qué dice/s?**	*What do you say?*
• **¡No puede ser!**	*This / It can't be!*
• **¿Le/Te importa?**	*Do you mind?*
• **¡Ya no lo aguanto!**	*I can't take it anymore!*
• **¿Le/Te importa si...?**	*Do you mind if . . . ?*

Para expresar emoción	***Expressing emotions***
• **¡Qué barbaridad!**	*How awful!*
• **¡Qué pena!**	*What a pity / shame!*

5-41 Diálogo Adriana quiere que ella y su esposo David planeen unas vacaciones para celebrar su aniversario de boda. Ella busca una gira que tenga un poco de todo. Escucha el diálogo para descubrir los detalles. ■

1. ¿Qué sugiere Adriana?
2. ¿Qué recomienda David?
3. ¿Qué pasa al final y cómo se expresan?

5-42 ¿Quién me puede ayudar? Haz una llamada para buscar a alguien que te pueda ayudar con un aparato tecnológico que no está funcionando. Túrnense, usando el vocabulario de este capítulo y las expresiones nuevas. ■

MODELO
E1: *¿Aló?*
E2: (Quieres hablar con alguien que sepa algo de tu aparato.)
E1: *¿En qué le puedo ayudar?*
E2: (Dile que tu aparato no funciona y quieres saber su opinión de la situación.)
E1: *¿Qué opina usted?*
E2: (Expresa tu frustración con la situación.)

216

5-43 ¿Qué opinas?

¡Están en un atasco y van a llegar tarde al aeropuerto donde van a iniciar el viaje de sus sueños! Creen un diálogo de por lo menos **ocho** interacciones, expresando su frustración y pidiendo sugerencias. ■

MODELO E1: *¡Qué barbaridad! ¡Qué atasco!*
E2: *¿Qué te parece si tomamos la carretera?…*

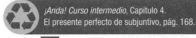

¡Anda! Curso intermedio, Capítulo 4. El presente perfecto de subjuntivo, pág. 168.

5-44 ¿Conoces a alguien que…?

Conocemos a muchas personas que han tenido una gran variedad de experiencias en sus vidas. ■

rkbooklet

Paso 1 Pregúntales a tus compañeros si conocen a alguien a quien le hayan pasado las siguientes cosas.

¿CONOCES A ALGUIEN QUE…?		
haber ido en una limusina ________	tener un iPad ________	haber hecho un crucero ________
haber borrado archivos importantes sin querer ________	navegar diariamente en la computadora ________	haber creado una página personal en el Internet ________
haber tenido un accidente porque los frenos no funcionar ________	no tener teléfono celular ________	usar demasiado la bocina ________

Paso 2 Cuando tu compañero/a contesta, pídele una opinión o expresa una emoción apropiada.

MODELO E1: *¿Conoces a alguien que haya ido en una limusina?*
E2: *No, no conozco a nadie que haya ido en una limusina.*
E1: *¿Qué opinas de las limusinas?…*
o
E2: *Sí. Yo he ido en una limusina.*
E1: *¡Qué emoción! ¿Te gustó?…*

¡Anda! Curso intermedio, Capítulo 2. El subjuntivo para expresar pedidos, mandatos y deseos, pág. 91; Capítulo 4. Las celebraciones y los eventos de la vida, pág. 148; La comida y la cocina, pág. 159.

5-45 ¿Qué te parece?

Tu compañero/a de clase y tú acaban de obtener un trabajo ideal como planeadores de fiestas exóticas. ¡Su cliente es Oprah Winfrey y quiere que planeen una fiesta extraordinaria para cien personas fuera de los Estados Unidos! Creen un diálogo de por lo menos **veinte** oraciones que incluya la siguiente información: ■

1. El destino y cómo llegar
2. Los invitados (*guests*) y la comida
3. Sus dudas acerca de la existencia de ciertas cosas (*certain things*)
4. Pregúntense sus opiniones y expresen sus emociones

MODELO E1: *¡No puede ser! Oprah Winfrey nos llamó y quiere que planeemos una fiesta para ella.*
E2: *¡No me digas! ¿Qué te parece… ?*

217

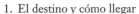

EXPANSION for 5-43
Have your students present their dialogues to the class.

EXPANSION for *Asking for input and expressing emotions*
Give your students a list of situations to which they can react, practicing the new expressions. You may use the following suggestions:

1. Se me dañó mi computadora.
¡Qué pena!
2. No tengo teléfono en mi casa y estoy esperando una oferta de trabajo.
¡Qué terrible!
3. Me robaron la impresora.
¡Qué mala suerte!

EXPANSION for *¡Conversemos!*
Pair students and have them determine a list of places where they would like to invite their friends. Then have them express their emotions; e.g., *¿Qué te parece si vamos a Costa Rica? Sí, me encantaría.*

SECTION GOALS for *Escribe*
By the end of the *Escribe* section, students will be able to:
- apply the new writing strategy of peer editing.
- differentiate between clarity of writing and accuracy.
- follow the guidelines for making comments on peers' writing samples.
- correct their own mistakes based on the feedback from their peers.
- utilize what they have learned about editing and apply it to their own writing.

NATIONAL STANDARDS
Communication, Connections, Comparisons
The new writing strategy of peer editing focuses on standards within Communication, Connections, and Comparisons. In pre-revising, revising, and post-revising, students are actively engaged in interpersonal communication with their peers about the writing process (Standard 1.1). They read samples written by their classmates, which requires understanding and interpretation of written Spanish (Standard 1.2). If you were to compile the writing samples for an audience of readers or ask students to present their samples to an audience of listeners, you could align the writing with Standard 1.3. As students edit their peers' work, they reinforce and further their knowledge of other disciplines through Spanish (Standard 3.1). Virtually every discipline requires good writing and editing skills; therefore, the practice they acquire in Spanish serves to solidify their ability to write and edit across disciplines. Lastly, when students follow the guidelines for editing that include *concordancia*, spelling and accents, preterit and imperfect, and the subjunctive mood, they understand the nature of language through comparisons between Spanish and English (Standard 4.1).

NOTE for *Escribe*
For this *Escribe*, we have changed the names of the sections to reflect the strategy presented in this chapter: peer editing. In this chapter, the students will see: *Antes de revisar, A revisar,* and *Después de revisar* because in this strategy for writing, the product and the editing are the main tasks.

SUGGESTION for *Escribe*
You will need to guide the students through the peer-editing process, even if they have already engaged in peer editing in prior classes.

ESCRIBE

05-37

El proceso de revisar

Estrategia

Peer editing

Before you begin to edit a peer's writing sample, it is helpful to know upon what to focus your attention. Two important categories are *clarity* and *accuracy*. *Clarity* refers to how well you, the reader, understand the message of the writing.

Accuracy pertains to how correctly the writer has used the target language. For example, are the grammar and punctuation correct? The peer editor helps the original writer improve upon the sample with suggestions and corrections.

5-46 Antes de revisar

Estudia la siguiente guía de revisión. Luego cambia papeles con tu compañero/a y lee su composición. ■

Estrategia
Peer editing gives you the opportunity to read a classmate's work carefully. This will, in turn, help you edit and polish your own writing.

LA GUÍA DE REVISIÓN

I. Clarity of expression

1. What is the main idea of the narration?
   State it in your own words; then verify with the author.
   ____
2. My favorite part is: ______________________________
3. Something I do not understand: ______________________________

II. Accuracy of Grammar and Punctuation

The peer editor should check for the following:

1. Agreement (*Concordancia*)
   _____ Subject/verb agreement (e.g., *Mi hermana y yo fuimos.*)
   _____ Noun/adjective agreement (e.g., *Llegamos a una playa bonita.*)
2. _____ Usage of the preterit and the imperfect (e.g., *Cuando yo era niña fui a…*)
3. _____ Usage of subjunctive, where appropriate
4. _____ Spelling and accent marks

5-47 A revisar

Ahora, usa la guía para revisar la narración. ■

1. Lee el párrafo por primera vez y concéntrate en la claridad de expresión. Si no entiendes algo, debes indicarlo. Si tienes algunas ideas para mejorar o aclarar el párrafo, escríbelas.
2. Ahora, lee el párrafo otra vez para ver si la gramática es correcta. Si encuentras un error, escribe las correcciones.
3. Haz comentarios beneficiosos para tu compañero/a y también señala (*point out*) las partes que consideras bien hechas.

NOTE for *Escribe*
For an informative discussion of peer-editing, see D. R. Byrd, "Practical tips for implementing peer editing tasks in the foreign language classroom," in *Foreign Language Annals* (2003), 36(3), 434–441.

NOTE for *Escribe*
Assign a brief piece of writing, such as a description of a favorite or imaginary trip, using the strategies from previous chapters as organizing and guiding principles. The writing should be one paragraph so that their first peer-editing experience is brief and to the point. Or, instead of having students write something new, you can use their answers from a previous activity. For example, students can peer edit each other's writing from **5-31.**

5-48 Después de revisar Completen los siguientes pasos. ■

Paso 1 Comparte tus comentarios con el autor del párrafo.

Paso 2 Después, lee los comentarios de tu compañero/a sobre tu párrafo y pide clarificación si es necesario.

Paso 3 Finalmente, revisa tu párrafo con la información de la revisión de tu compañero/a.

¿Cómo andas? II

Having completed **Comunicación II,** I now can . . .	Feel confident	Need to review
• indicate how technology is useful, both at home and in travel. (p. 204)	☐	☐
• converse about events in the past. (MSL)	☐	☐
• depict something that is uncertain or unknown. (p. 208)	☐	☐
• describe technology. (p. 211)	☐	☐
• identify some people for whom travel and technology are important. (p. 214)	☐	☐
• ask for input and express emotions. (p. 216)	☐	☐
• use peer editing to improve narrative expression. (p. 218)	☐	☐

Instructor Resources
- Text images (maps), Video resources

SECTION GOALS for *Vistazo cultural*

By the end of the *Vistazo cultural* section, students will be able to:
- discuss the concept of *ecoturismo* and its advantages and disadvantages.
- identify tourist destinations in Panama, Nicaragua, and Costa Rica.
- explain modes of transportation required to reach the sights and attractions.
- compare the featured destinations with similar destinations in the United States.
- select which places they would like to visit and give reasons why.

NATIONAL STANDARDS
Communication, Cultures, Connections, Comparisons

The photos and accompanying information in *Vistazo cultural* provide insight into the tourism, transportation, and technology resources in Panama, Nicaragua, and Costa Rica. Emphasis is on Communication Standards 1.1 and 1.2, as well as standards from Cultures, Connections, and Comparisons. When students read written Spanish for understanding and interpretation, they are engaging in Standard 1.2. The communicative activities that accompany the cultural information engage students in the interpersonal mode of communication, Standard 1.1. If you wanted to assign students dialogues with the roles of travel agent and traveler, you could also incorporate Standard 1.3, so that students prepare written information for an audience of readers or listeners. The goal of Cultures is that students gain knowledge and understanding of the cultures of the world (Standards 2.1 and 2.2). By studying about geography and ecotourism and how they affect Panama, Nicaragua, and Costa Rica, students have a deeper appreciation of the practices, products, and perspectives of Hispanic cultures. This cultural information allows them to acquire new information and recognize the distinctive viewpoints that are only available through the Spanish language and its cultures (Standard 3.2). When students understand how history, geography, climate, language, and money affect a society, they can compare how that culture differs from their own (Standard 4.2).

NOTE for *Vistazo cultural*

Héctor Robles Matos is studying ecotourism at the Universidad del Turismo in San José, Costa Rica, which offers training in Ecotourism, Hotel Administration, and Food and Beverage Management. Students can find information about the university and its courses of study on the Internet. Suggested Keywords: *Universidad del Turismo, Costa Rica.*

Vistazo cultural

Héctor Robles Matos,
estudiante de turismo

05-38 to 05-39

Un viaje por mundos diferentes en Nicaragua, Costa Rica y Panamá

Estudio turismo ecológico en la Universidad del Turismo (UTUR) en San José, Costa Rica. Es muy importante en mi país y las agencias de viajes de primera categoría buscan gente que tenga buena formación en esta área. Una profesora mía me sugirió la posibilidad de añadir el estudio de la administración hotelera. Con esta combinación, va a ser muy fácil conseguir un buen trabajo que me guste.

Algunos autobuses decorados en América Central

Estos autobuses pintados son un método popular de transporte público en muchas ciudades latinas, y en la Ciudad de Panamá se llaman *los diablos rojos*. Tienen diseños artísticos y/o folklóricos, y los chóferes tienen mucho orgullo (*pride*) de su artesanía creativa. Muchos clientes esperan en la parada hasta que llegue su autobús favorito.

La construcción del canal de Panamá: 1534–1914

La construcción del canal fue terminada en el año 1914 a un costo de unos $375.000.000. Hoy en día, su tecnología e ingeniería siguen siendo impresionantes. La primera investigación de la posibilidad del canal fue en el año 1534, después de la exploración de la región por Vasco Núñez de Balboa, explorador español.

Las islas de Maíz

Un lugar muy tranquilo para las vacaciones caribeñas son las islas de Maíz, que quedan a unas cincuenta millas de la costa de Nicaragua. La arena es blanca, el clima agradable, hay buenos lugares para bucear y hacer snorkeling, y los costos son bajos. Estas islas son un paraíso tropical.

NOTE for *El turismo ecológico* and *UTUR*

Ecoturism is very popular in Costa Rica, where approximately 25 percent of the country's land is dedicated to natural spaces such as protected areas, nature parks and forest reserves. Students may be interested in finding out more about the university program at the Universidad del Turismo. They can find out the requirements on the Internet. Suggested keywords: *licenciatura en ecoturismo, Costa Rica; Universidad del Turismo.*

METHODOLOGY • Cultural Comparison

Have students compare the painted buses of Panama with buses in the United States. Ask students the following questions:
1. How do we decorate our buses?
2. What art, words, and slogans appear on buses in the United States?
3. How do taxi drivers decorate the interiors of their cabs sometimes?
4. How do people decorate their cars? (e.g.: dice or graduation tassels hanging from rearview mirrors, bumper stickers, flowers in the VW vase, etc.)

El canopy en Costa Rica

¿Buscas una aventura que sea divertida y única? Una excursión por el canopy de la selva en líneas de cable puede ser para ti. Es una actividad muy popular para los ecoturistas; se puede apreciar la naturaleza desde un punto muy alto en los árboles de la selva nubosa.

La tecnología "verde"

En Costa Rica, la tecnología está convirtiendo los desperdicios (*waste products*) de animales en formas de energía. En un intento de ser más "verde", se cambia el gas metano a combustible para la calefacción y la electricidad. Este ejemplo buenísimo de reciclaje apoya el ecoturismo, de mucha importancia para el país.

La isla Ometepe con los volcanes Concepción y Maderas

El lago Nicaragua, también conocido como el lago Cocibolca, es el lago más grande de América Central. Contiene un archipiélago de más de 350 isletas y una isla grande, Ometepe, formada de dos volcanes: Concepción y Maderas. Es el único lago del mundo que tiene tiburones de agua dulce (*freshwater*).

El volcán Arenal cerca de La Fortuna, Costa Rica

A muchos turistas les gusta combinar una visita al volcán Arenal y luego una caminata en la selva nubosa (*cloud forest*) de Monteverde. La ruta más corta entre estos dos lugares turísticos es el muy popular viaje de *jeep-boat-jeep*. Cruzando el lago Arenal recorta el viaje a tres horas. ¡Qué viaje!

Preguntas

1. ¿Cuáles son los medios de transporte indicados en los tres países?
2. ¿Cómo se usa la tecnología para crear un planeta más "verde"?
3. En los capítulos anteriores, has tenido *un vistazo* de México, España, Honduras, Guatemala y El Salvador. De todos estos lugares incluyendo los tres países de este capítulo, ¿adónde prefieres ir de viaje? ¿Por qué?

METHODOLOGY • Cultures and the Third "P": Perspective

The third "P" of the Cultures goal area is *Perspective.* It is perhaps the most important consideration of culture. When the perspective associated with a particular cultural product or practice is examined, you may move far beyond the traditional superficial presentation of cultural artifacts. We are now charged with consideration of the cultural underpinnings of these artifacts. Such consideration will help students and teachers acquire a deeper understanding of the target language culture. Questions to ask are:

1. Why do they do this?
2. Why might this be done in such a fashion?

When we delve into the perspective(s) underlying products and practices, we are searching for the "why" behind the actions and artifacts. Once we have a better understanding of the "why", we can then return to our own culture and look for commonalities. Such connections facilitate greater comprehension and, perhaps, acceptance of the target language culture. From a sociolinguistic viewpoint, this can be a positive variable in language acquisition.

METHODOLOGY • Cultural Comparison

Have students think about ecotourism efforts in the United States. Ask them:

1. Do we have ecotourism in the United States?
2. How does it compare to the ecotourism industry in Costa Rica?

ADDITIONAL ACTIVITY for *Vistazo cultural: En el Internet*

1. Have the students investigate the construction of the Panama Canal. They can research such questions as:
   - Who had the idea first and why?
   - Was Panama the only geographic area considered? If not, how did it come to be selected?
   - What was the cost of the construction in lives and money?
   - Did the construction have any political overtones? Explain.

   Suggested keywords: *el canal de Panamá*.
2. Nicaragua is the largest country in Central America but the least populated. Perhaps its geography has contributed to this situation. Nicaragua has several active volcanoes and two very large lakes. Have students research the geography of Nicaragua and how it has affected population distribution and growth. Suggested keywords: *Nicaragua, población, geografía, lagos, volcanes*.
3. Costa Rica is perhaps the "greenest" Spanish-speaking country in the world. Have students research what Costa Rica is doing to protect the environment and to make its population "greener" in order to reduce its footprint on the *medio ambiente.* Suggested keywords: *Costa Rica, ecoturismo, el medio ambiente, la ecología, protección.*

SECTION GOALS for *Lectura*

By the end of the *Lectura* section, students will be able to:

- utilize a dictionary to look up unfamiliar words.
- find the correct context and meaning of the words in the reading.
- identify the new use of the subjunctive as it appears in the text.
- follow the exchanges between Cisco and Celia.
- hypothesize about the missing maps.

NATIONAL STANDARDS
Communication, Comparisons

In the *Lectura* section, the emphasis is on Comparisons Standard 4.1 and Communication Standard 1.2. The new strategy of using a dictionary and cross-referencing unfamiliar words in Spanish and English are skills that facilitate Standard 4.1. Students demonstrate understanding of the nature of language through comparisons between Spanish and English. They have already used an English dictionary to look up unfamiliar words, but now they must apply that skill across both languages to verify their understanding and the word choice. By using both sections of a Spanish-English dictionary, they are able to read longer and more difficult passages. This particular reading emphasizes the interpretive mode of communication, because students understand and interpret written Spanish. It also includes many examples of the subjunctive, so students are able to see in context why the subjunctive is necessary; this allows them to make comparisons between Spanish and English (Standard 4.1).

RECAP of *Laberinto peligroso Episodio 4*

Lectura: Celia is really worried about the notes she has received. She thinks the sender might be Cisco, but he denies it. Celia goes off to buy a baptism gift. Both Cisco and Celia are independently doing research on the rain forest. Cisco thinks Celia can be of help to him; he begins to write an e-mail to Celia but gets distracted by a phone call and forgets to send the e-mail. He goes out later to a wedding, and that night someone breaks into Cisco's house and gets information from his computer. Is it Celia?

Video: Celia returns from the baptism and is doing her research on the rain forest on the computer and she has a flash drive that looks identical to the one used to steal information from Cisco's computer. Was it Celia who stole his information? She is unaware of the research Cisco is doing, paralleling her own. She reads about the use of plants for biological warfare and remembers her sudden illness at the reception. She decides to talk to Javier about this and leaves her apartment. After she leaves, the mysterious man from the university and the café attempts to enter Celia's apartment.

ANSWERS to 5-49

Paso 1

a. Un cómplice es una persona que colabora en la ejecución de un crimen.
b. Una crónica es un texto histórico.
c. Un ladrón es una persona que roba.
d. Un bibliotecario es una persona que trabaja en una biblioteca.
e. Estar equivocado significa no tener razón.
f. Una exposición es una presentación de arte en público.

Paso 2 *Answers will vary.*

05-42

Laberinto peligroso

Lectura

Estrategia Using a dictionary

It is important to learn the skillful use of a dictionary. Learning how to use one will help you properly identify parts of speech and word usage. As a language learner, you will need to pay attention to dictionary abbreviations and conventions. Additionally, cross-checking (looking up Spanish to English and vice versa) will help you pinpoint the best translation for a particular context. Remember, you do not have to look up every word—just those whose meaning is vital for your comprehension.

5-49 Antes de leer Cuando leemos, muchas veces no entendemos todas las palabras que hay en el texto, y por eso es importante tener un buen diccionario que nos ayude. Sin embargo, antes de consultar un diccionario hay que tratar de adivinar el significado de la palabra por medio del contexto. Basándote en el contexto de cada oración y la definición de la palabra en un diccionario, escribe una definición para cada palabra. ■

a. **cómplice** / Ella era su cómplice en el crimen.
b. **crónica** / Leímos diferentes crónicas para la clase de historia.
c. **ladrón** / Los detectives descubrieron quién era el ladrón.
d. **bibliotecario** / El bibliotecario me ayudó a encontrar el libro.
e. **equivocado** / Se dio cuenta de que estaba equivocado; su novia no le había mentido.
f. **exposición** / En el museo hicieron una exposición de las obras de artistas locales.

DÍA 23

Cómplices, crónicas, mapas y ladrones

Celia llegó tarde porque había estado navegando en el Internet buscando más datos. Cisco la estaba esperando. Después de conversar sobre cosas que no tenían mucha importancia, Celia intentó cambiar el tema de la conversación.

—¿Qué tal vas con tus proyectos? —preguntó.

—Bastante bien; estoy haciendo unas investigaciones interesantes —respondió Cisco.

—¿Te puedo preguntar qué temas estás investigando? —preguntó Celia, fingiendo° poco interés.

—¿Sabes que no hay nadie que sepa nada de lo que estoy investigando? —preguntó Cisco, sonriendo°.

pretending
smiling

222

—Sí y también te puedo decir que no conozco a ningún periodista que hable de sus investigaciones con otros periodistas, aunque sean amigos. Todos somos tan competitivos —afirmó Celia, mirándole los ojos.

—Entonces, ¿por qué me preguntas lo que estoy haciendo? —preguntó Cisco, todavía sonriendo.

—Porque busco un colaborador que sea inteligente y que tenga contactos en la ciudad. Creo que es posible que tú seas esa persona. ¿Estoy equivocada? —respondió Celia.

coincidence —¡Qué casualidad°! Para uno de mis proyectos yo también necesito un colaborador, uno que tenga experiencia como investigador. Busco a alguien a quien le interese el tema del medio ambiente, más concretamente las selvas tropicales. Pienso que es muy probable que tú seas la persona perfecta —dijo Cisco.

—Tienes razón. Me interesa mucho el medio ambiente y he estudiado las selvas tropicales —afirmó Celia, con seguridad°. *confidence*

—¿Recientemente? —En lugar de preguntar, parecía que Cisco pedía una confirmación de algo que ya sabía.

—Sí —confirmó Celia, sonriendo.

Entonces, empezaron a compartir algunos de los resultados que sus respectivas investigaciones habían producido. Con cada dato que salía, estaban cada vez más fascinados porque descubrían todo lo que tenían en común. Los dos querían aprender más sobre los indígenas que vivían en las selvas tropicales y que dependían de esas selvas para vivir. Celia dijo que tenía muchas ganas de viajar por esos lugares y de perderse por las selvas. Quería conocer a los indígenas, de quienes sabía que podía aprender mucho. Cisco reaccionó con mucha emoción porque él también quería hacer ese viaje. Pero se preguntaba, ¿con quién podía compartir una experiencia tan singular? Celia le respondió que él tenía que buscar a otra compañera de viaje porque ella no iba a hacer ningún viaje con él. Cisco respondió con un comentario parecido, explicándole que no buscaba el sufrimiento que tenía que ser ir al extranjero con una mujer como Celia. Después de ese intercambio° incómodo, volvieron a hablar de las selvas tropicales. Celia propuso un viaje a un lugar más cercano: la biblioteca. *exchange*

Al llegar a la biblioteca, descubrieron que había una gran colección de mapas antiguos de las selvas, y que algunas personas los usaban para identificar los mejores lugares donde encontrar plantas medicinales. Los bibliotecarios, quienes estaban digitalizando toda la colección para facilitar el acceso de los investigadores a los mapas y también para proteger esos documentos tan antiguos y frágiles, los ayudaron a encontrar los mapas de las zonas que más les interesaban y también les enseñaron la exposición en la biblioteca de crónicas de la época colonial, libros históricos muy importantes que tenían datos relevantes a su investigación. Mientras exploraban los testimonios de los cronistas, Celia miró hacia arriba y vio a un hombre a quien creía conocer. No sabía de dónde ni por qué lo conocía.

robbery Unos días más tarde, el periódico los sorprendió con una noticia sobre el robo° de algunos de los mapas que habían consultado. También había desaparecido una de las crónicas de la exposición. ¡Parecía increíble!

Instructor Resources
- Video script

ANSWERS to 5-50
1. Estaba sorprendido porque los periodistas normalmente no comparten datos.
2. Celia le preguntó porque buscaba un colaborador.
3. Cisco quería colaborar con Celia porque necesita trabajar con alguien con experiencia como investigador y a quien le interese el medio ambiente y las selvas tropicales.
4. Querían viajar a las selvas tropicales para conocer esos lugares y a los indígenas que viven allí, y para aprender más.
5. Fueron a la biblioteca para investigar más.
6. Robaron mapas y una crónica.

SECTION GOALS for *Video*
By the end of the *Video* section, students will be able to:
- predict possible events based on what they found out in the reading.
- summarize the events in chronological order.
- hypothesize about what will take place in the next episode.

NATIONAL STANDARDS
Communication
The *Video* section facilitates communication in the interpretive and interpersonal modes. Students understand and interpret spoken Spanish when they watch the video, understand the plot, and predict what might happen in future episodes (Standard 1.2). The previewing and post viewing questions serve as conversation starters for small groups or pairs; the interpersonal communication helps students to understand the video, and they engage in conversations and provide and obtain information (Standard 1.1). If you choose to have students reenact what they have seen as skits or mini dramas, you could also incorporate Standard 1.3, the presentational mode of communication.

ANSWERS to 5-52
1. Tenían que hablar con la policía porque estuvieron en la biblioteca antes del robo de los mapas.
2. Esperan que puedan ayudarles con la investigación.
3. Recordó que era el mismo hombre que vio antes.
4. Decía que estaban en peligro y que no debían seguir con sus investigaciones.

5-50 Después de leer
Contesta las siguientes preguntas. ■

1. ¿Por qué estaba sorprendido Cisco cuando Celia le preguntó por el tema de su investigación?
2. ¿Por qué le preguntó Celia a Cisco por el tema de su investigación?
3. ¿Por qué quería colaborar Cisco con Celia?
4. ¿A dónde querían viajar Celia y Cisco? ¿Por qué querían viajar allí?
5. ¿Por qué fueron Celia y Cisco a la biblioteca?
6. ¿Qué robaron los ladrones de la biblioteca?

Video

05-43 to 05-44

5-51 Antes del video
En *Cómplices, crónicas, mapas y ladrones* viste cómo cambia la relación entre Cisco y Celia. Antes de ver el episodio en video, contesta las siguientes preguntas. ■

1. ¿Por qué crees que Celia y Cisco buscaban ayuda para sus investigaciones?
2. ¿Por qué piensas que dijeron que no querían viajar juntos?
3. ¿Quién crees que era el hombre que Celia vio en la biblioteca?
4. ¿Por qué piensas que los ladrones robaron los mapas y la crónica de la biblioteca?

Sé que había un gran atasco en la carretera principal.

Hace unos días también desaparecieron algunos documentos del laboratorio en el que trabajo.

La persona que ha robado estos mapas debía conocer perfectamente el funcionamiento de los diferentes sistemas de seguridad informáticos.

Episodio 5

«¿Somos sospechosos?»

Relájate y disfruta el video.

5-52 Después del video
Contesta las siguientes preguntas. ■

1. ¿Por qué tenían que hablar Celia y Cisco con la policía?
2. ¿Qué esperan los policías que Celia y Cisco puedan hacer?
3. ¿Qué recordó Celia del hombre que vio en la biblioteca?
4. ¿Qué decía el mensaje de correo electrónico que recibieron Celia y Cisco?

LETRAS

Acabas de terminar otro episodio de **Laberinto peligroso.** Explora más lecturas en la colección literaria, **Letras.**

05-48 to 05-53

Y por fin, ¿cómo andas?

Having completed this chapter, I now can . . .	Feel confident	Need to review
Comunicación I		
• discuss travel and means of transportation. (p. 188)	☐	☐
• express time, location, purpose, destination, and direction. (MSL)	☐	☐
• become familiar with cars and automobile travel. (p. 193)	☐	☐
• connect sentences and clarify meaning. (p. 196)	☐	☐
• plan and illustrate vacations. (p. 199)	☐	☐
• pinpoint specific information. (p. 202)	☐	☐
Comunicación II		
• indicate how technology is useful, both at home and in travel. (p. 204)	☐	☐
• converse about events in the past. (MSL)	☐	☐
• depict something that is uncertain or unknown. (p. 208)	☐	
• describe technology. (p. 211)	☐	☐
• ask for input and express emotions. (p. 216)	☐	☐
• use peer editing to improve narrative expression. (p. 218)	☐	☐
Cultura		
• compare notes on travel and transportation. (p. 200)	☐	☐
• identify some people for whom travel and technology are important. (p. 214)	☐	☐
• share information about interesting vacations and explore green initiatives in Nicaragua, Costa Rica, and Panama. (p. 220)	☐	☐
Laberinto peligroso		
• employ a bilingual dictionary with a reading passage and relate Celia and Cisco's discoveries in their research of the rain forest. (p. 222)	☐	☐
• hypothesize about threatening e-mails. (p. 224)	☐	☐
Comunidades		
• use Spanish in real-life contexts. (SAM)	☐	☐
Literatura		
• distinguish elements in a sonnet. (Literary Reader)	☐	☐

***LETRAS* LITERARY READER**

Refer your students to *Capítulo 5* of the *Letras* Literary Reader to read *Al partir*, by Gertrudis Gómez de Avellaneda and to learn about *el soneto, el verso endecasílabo, el apóstrofe, el símil,* and *el hipérbaton.*

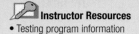

Instructor Resources
- Testing program information

VOCABULARIO ACTIVO

Los viajes	*Trips*
la aduana	*customs*
la cámara	*camera*
el crucero	*cruise ship; cruise*
el equipaje	*luggage*
el extranjero	*abroad*
la frontera	*border*
el/la guía	*guide*
el itinerario	*itinerary*
la limusina	*limousine*
el monumento nacional	*national monument; monument of national importance*
la oficina de turismo	*tourism office*
el paquete	*package*
el paisaje	*countryside, landscape*
el puerto	*port*
los recuerdos	*souvenirs*

Las vacaciones	*Vacations*
la arena	*sand*
el/la camarero/a	*maid*
la dirección	*direction*
el/la guardia de seguridad	*security guard*
el hotel de lujo	*luxury hotel*
el/la huésped	*guest*
los lentes de sol	*sunglasses*
el paquete	*package*
el/la portero/a	*doorman*
el/la recepcionista	*receptionist*
el servicio	*room service*
el sobre	*envelope*
la sombrilla	*umbrella*
el/la telefonista	*telephone operator*

Viajando por coche	*Traveling by car*
el acelerador	*accelerator, gas pedal*
la bocina	*horn*
la camioneta	*van; station wagon; small truck*
la carretera	*highway*
el cinturón de seguridad	*seat belt*
el espejo retrovisor	*rearview mirror*
el este	*east*
el faro	*headlight*
los frenos	*brakes*
el navegador personal	*GPS; navigation system*
el norte	*north*
el oeste	*west*
el parachoques	*bumper*
el paso de peatones	*crosswalk*
el sur	*south*
la transmisión	*transmission*
el vehículo utilitario deportivo	*sport utility vehicle (SUV)*

Palabras asociadas con el transporte	*Words associated with transportation*
el atasco	*traffic jam*
el camino	*route; path; dirt road*
el seguro del coche	*car insurance*
la velocidad	*speed*

Verbos útiles	*Useful verbs*
alquilar un coche	*to rent a car*
firmar (los documentos)	*to sign (documents)*
hacer un crucero	*to go on a cruise*
perderse (e → ie)	*to get lost*
sacar fotos	*to take pictures/photos*

La tecnología	*Technology*
el archivo	*file*
la cámara digital	*digital camera*
la cámara web	*web camera*
el correo electrónico; el email	*e-mail*
el correo de voz	*voicemail*
el cursor	*cursor*
los datos	*data*
el disco duro	*hard drive*
el enchufe	*plug*
el escáner	*scanner*
el icono	*icon*
la imagen	*image*
la impresora	*printer*
la informática	*computer science*
la máquina de fax	*fax machine*
el mensaje de texto	*text message*
la multitarea	*multitasking*
la página principal, inicial	*homepage*
la pantalla	*screen*
el programa de computación	*software*
el ratón	*mouse*
el teclado	*keyboard*
el teléfono celular	*cell phone*

Términos del Internet	*Internet terms*
el archivo adjunto	*attachment*
la arroba	*at (in an e-mail address/ message: @)*
la barra	*slash (in a URL: /)*
la contraseña	*password*
el enlace	*link*
el Internet	*the Internet*
el mirón	*lurker*
el navegador	*browser*
el punto	*dot (in a URL)*
el servidor	*server*

Algunos adjetivos	*Some adjectives*
compatible	*compatible*
(des)conectado	*offline; online*
digital	*digital*

Algunos verbos	*Some verbs*
actualizar	*to update*
arrancar	*to boot up, to start up*
borrar	*to delete; to erase*
cifrar	*to encrypt*
conectar	*to connect*
congelar	*to freeze; to crash*
cortar	*to cut*
deshacer	*to undo*
descargar	*to download*
digitalizar	*to digitalize*
enchufar	*to plug in*
escanear	*to scan*
guardar	*to save; to file*
hacer clic	*to click*
hacer la conexión	*to log on*
imprimir	*to print*
navegar	*to navigate; to surf*
pegar	*to paste*
prender	*to start*
pulsar el botón derecho	*to right-click*
reiniciar	*to reboot*
sabotear	*to hack*

Instructor Resources
- IRM: Syllabi and Lesson Plans

NATIONAL STANDARDS

COMUNICACIÓN
- To describe yourself, your family, and others (Communication, Cultures, Connections, Comparisons, Communities)
- To share ideas about sports and pastimes (Communication, Cultures, Connections, Comparisons, Communities)
- To describe homes in depth (Communication, Cultures, Connections, Comparisons, Communities)
- To relate past celebrations and plan future ones, and describe foods and their preparation (Communication, Cultures, Connections, Comparisons, Communities)
- To plan and give details regarding future and past travels, and indicate how technology is useful (Communication, Cultures, Connections, Comparisons, Communities)
- To express what *has* and *had* happened (Communication, Cultures, Connections, Comparisons, Communities)
- To express wishes, doubts, feelings, and emotions (Communication, Cultures, Connections, Comparisons, Communities)
- To link together simple and complex ideas (Communication, Cultures, Connections, Comparisons, Communities)
- To refer to people and things that may or may not exist (Communication, Cultures, Connections, Comparisons, Communities)
- To engage in additional communication practice (Communication)

CULTURA
- To synthesize information about families, sports and pastimes, homes and their construction, celebrations, and traveling in the United States, Mexico, Spain, Honduras, Guatemala, El Salvador, Nicaragua, Costa Rica, and Panama (Communication, Cultures, Connections, Comparisons)
- To compare and contrast the countries you learned about in *Capítulos 1–5* (Communication, Cultures, Connections, Comparisons)
- To explore further the chapter's cultural themes (Cultures)

LABERINTO PELIGROSO
- To review and create with *Laberinto peligroso*

COMUNIDADES
- To use Spanish in real-life contexts (Communities)

LITERATURA
- To review and reflect about the selections in *Letras* (Communication)

6 ¡Sí, lo sé!

This chapter is a recycling chapter, designed for you to see just how much you have progressed in your quest to learn and use Spanish. The *major points* of **Capítulos 1–5** are included in this chapter, providing you with the opportunity to "put it all together." You will be pleased to see how much more you know and are able to do with the Spanish language.

Because this is a recycling chapter, no new vocabulary is presented. The intention is that you review the vocabulary of **Capítulos 1–5** thoroughly, focusing on the words that you personally have difficulty remembering.

All learners are different in terms of what they have mastered and what they still need to practice. Take the time with this chapter to determine what you feel confident with and what concepts you need to review. Then devote your efforts to what you personally need to practice.

Remember, language learning is a process. Like any skill, learning Spanish requires practice, review, and then more practice!

228

METHODOLOGY • Recycling vs. Reviewing
In *¡Anda! Curso intermedio, recycling* up to this point has meant taking previously learned material and recombining it with new material. This concept is supported by Gagné's learning concept of spiraling information. In *Capítulo 6*, we are not presenting any new material, but rather recombining what your students have already learned and expanding the level. This also constitutes recycling. The concept of *review* is revisiting a topic for additional practice, much like one does before an exam. Review is best illustrated in *Capítulo 9* (*Un repaso del subjuntivo*). In essence, the line is fine between review and recycling.

METHODOLOGY • Organizing a Review for Students
After giving the students strategies on how to conduct an overall review, this chapter is organized by beginning with communicative and engaging activities that focus on grammar and vocabulary from *Capítulo Preliminar A* and *Capítulo 1*. The review then continues to move through the chapters, ending with *Capítulo 5*. This is followed by a more comprehensive review, truly *putting it all together*, combining all of the chapters. Finally, there is a review of culture presented in *Capítulos 1–5*.

OBJETIVOS

COMUNICACIÓN

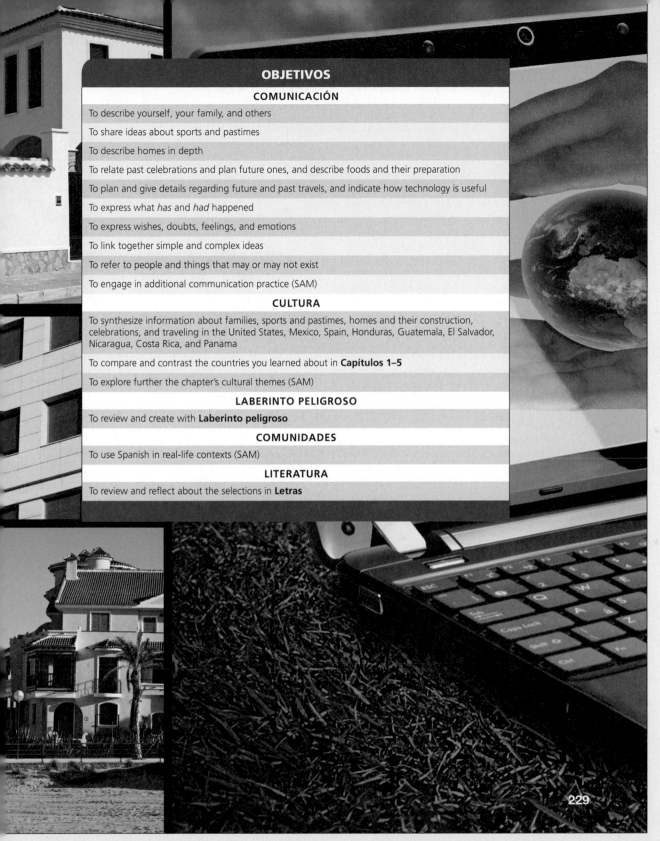

- To describe yourself, your family, and others
- To share ideas about sports and pastimes
- To describe homes in depth
- To relate past celebrations and plan future ones, and describe foods and their preparation
- To plan and give details regarding future and past travels, and indicate how technology is useful
- To express what *has* and *had* happened
- To express wishes, doubts, feelings, and emotions
- To link together simple and complex ideas
- To refer to people and things that may or may not exist
- To engage in additional communication practice (SAM)

CULTURA

- To synthesize information about families, sports and pastimes, homes and their construction, celebrations, and traveling in the United States, Mexico, Spain, Honduras, Guatemala, El Salvador, Nicaragua, Costa Rica, and Panama
- To compare and contrast the countries you learned about in **Capítulos 1–5**
- To explore further the chapter's cultural themes (SAM)

LABERINTO PELIGROSO

- To review and create with **Laberinto peligroso**

COMUNIDADES

- To use Spanish in real-life contexts (SAM)

LITERATURA

- To review and reflect about the selections in **Letras**

229

CAPÍTULO 6

METHODOLOGY • Philosophy on Recycling

This chapter is unique in *¡Anda! Curso intermedio.* It is an opportunity for instructors and students to once more assess students' language acquisition by integrating the skills and information from the previous chapters. In *Capítulo 6, ¡Anda!* has synthesized the main points of the *Capítulo Preliminar A* through *Capítulo 5* in a recycled format for students to practice the new skills they are learning. You will note that all these activities have the students *put it all together;* in other words, *all the activities in Capítulo 6 are communicative.* There are no discrete-point, mechanical activities in this chapter. Instead, we direct the students to make use of the activities in MySpanishLab or to repeat the activities in their Student Activities Manual, the Extra Activities folder under Instructor's Resources, or in the textbook itself for mechanical practice.

Redoing activities already completed is an important review tool that is based on learning theory. This works for the following reasons: First, students are already familiar with the context of the activity and know what they got correct and missed the first time; hence, they are able to observe whether they have improved. They are also repeating the activities on a different level; because students have already completed each of these activities, the repetitions go to a meta-analysis level at which students need to analyze why they continue to miss certain items. This learning theory concept is similar in music: we practice the same scales and arpeggios over and over.

If you have advanced or heritage language learners, you may wish to skip this chapter or assign it as extra practice that the students can do by themselves.

PLANNING AHEAD

Activity **6-4** is enhanced if students bring in photos of their families to act as advance organizers. You will note, though, that we have included a variety of family photos as visual organizers that you may suggest they use. You can also suggest that students bring in photos from magazines as their "imaginary" families. We are very sensitive to the fact that the term "family" is highly diverse in the 21st century.

Regarding **6-9,** you may wish to have on hand additional magazines or images of the exteriors and interiors of homes should your students forget to bring them to class.

For **6-26**, have students bring in travel brochures, or information from the Internet, on the featured countries in *Capítulos* 1–5.

SUGGESTION for *Planning Ahead*

Students who live on campus do not always have access to personal family photos or to magazines without going home for the weekend. You might want to have pictures of families and homes available for those students who are not able to bring in photos or appropriate magazines.

METHODOLOGY • Prioritizing Review Topics
You will note that the authors of *¡Anda! Curso intermedio* have listed only one grammar topic (the subjunctive) that we denote as *major* and upon which we are encouraging students to focus the majority of their review time. Students become overwhelmed when told that *everything* is major. They then tend to make poor choices on where to focus the majority of their time when reviewing.

If students are able to express themselves correctly using a richness of verbs and contextually appropriate vocabulary on a wide array of topics, we believe the first semester has been successful. Please understand that we are not diminishing the importance of concepts such as the present and past perfect or relative pronouns. What we are saying is that if students were to communicate with a sympathetic native speaker, they would still be understood even with mistakes in those areas. We have used as our guide descriptors such as the ACTFL Proficiency Guidelines and the Spanish Advanced Placement descriptors. Also guiding us is the fact that when constructing final exams for this course, the vast majority of points fall into the *subjunctive* category.

METHODOLOGY • Preterit and Imperfect in the Intermediate Class
You will have noticed that the preterit and the imperfect were systematically reviewed (not newly taught) and incorporated during this first semester of intermediate Spanish, specifically in *Capítulos 1, 3, 4,* and *5*. The formation and use of the preterit and imperfect continue to challenge many students. Therefore, you will notice that we have some activities in this chapter in which we encourage students to use these tenses. If you feel your students need even more practice, please direct them back to *Capítulos 1, 3, 4,* and *5* and their Student Activities Manual to repeat activities, as well as to MySpanishLab.

SUGGESTION for *Prioritizing Review Topics*
If you hold review sessions, or if you have students such as tutors or academic support staff that offer review sessions, suggest that students generate their questions about particular points before coming to the review. An idea to consider is having students provide evidence of their preparation for the review session. It can serve as their "admission ticket" to the review.

Organizing Your Review

The following research-based tips can help you organize your review. These suggestions will help you utilize your time and energy.

1 Reviewing Strategies

1. Make a list of the *major* topics you have studied and need to review, dividing them into three categories: *vocabulary, grammar,* and *culture*. These are the topics on which you need to focus the majority of your time and energy.
   Note: The two-page chapter openers for each chapter can help you determine the major topics.
2. Allocate a minimum of an hour each day over a period of days to review. Budget the majority of your time for the major topics. After beginning with the most important grammar and vocabulary topics, review the secondary/supporting grammar topics and the culture. Cramming the night before a test is *not* an effective way to review and retain information.
3. Many educational researchers suggest that you start your review with the most recent chapter, or in this case, **Capítulo 5.** The most recent chapter is the freshest in your mind, so you tend to remember the concepts better, and you will experience quick success in your review.
4. Spend the greatest amount of time on concepts in which you determine *you* need to improve. Revisit the self-assessment tools **Y por fin, ¿cómo andas?** in each chapter to see how you rated yourself. Those tools are designed to help you become good at self-assessing what you need to work on the most.

2 Reviewing Grammar

1. When reviewing grammar, begin with the *subjunctive,* because this is the most important topic you have learned in the first semester. Begin with how the subjunctive is formed in both regular and irregular verbs, and then progress to how and when it is used. Once you feel confident with using the subjunctive correctly, then proceed to the additional new grammar points and review them.
2. As you assess what you personally need to review, you may determine that you still need more practice with the **preterit** and the **imperfect.** Although these past tenses were the focus of your previous Spanish classes, you may determine that you need additional practice expressing yourself well in the past tenses. If so, review the **preterit** and **imperfect** and pay special attention to the activities in this chapter that require you to use these tenses.
3. Good ways to review include redoing activities in your textbook, redoing activities in your Student Activities Manual, and (re)doing activities on MySpanishLab.

3 Reviewing Vocabulary

1. When studying vocabulary, it is usually most helpful to look at the English word and then say or write the word in Spanish. Make a special list of words that are difficult for you to remember, writing them in a small notebook or in an electronic file. Pull out your list every time you have a few minutes (in between classes, waiting in line at the grocery store, etc.) to review the words. The **Vocabulario activo** pages at the end of each chapter will help you organize the most important words of each chapter.
2. Saying vocabulary (which includes verbs) out loud helps you retain the words better.

4 Overall Review Technique

1. Get together with someone with whom you can practice speaking Spanish. If you need something to spark the conversation, take the drawings from each vocabulary presentation in ***¡Anda! Curso intermedio*** and say as many things as you can about each picture. Have a friendly challenge to see who can make more complete sentences or create the longest story about the pictures. This will help you build your confidence and practice stringing sentences together to speak in paragraphs.
2. Yes, it is important for you to know "mechanical" pieces of information such as verb endings. *But*, it is *much more important* that you are able to take those mechanical pieces of information and put them all together, creating meaningful and creative samples of your speaking and writing on the themes of the five chapters.
3. You are well on the road to success if you can demonstrate that you can speak and write in paragraphs, using a wide variety of verb tenses and vocabulary words correctly. Keep up the good work!

METHODOLOGY • Learning Theory
Learning research has taught us that when reviewing/studying lists of vocabulary, it is most efficient for the brain to begin with the native language and then move to the target language word. When an intermediate Spanish language student is searching for a word in the target language, that individual defaults to the most common language—that is, his or her native language. If your students are not strong speakers of English, adjust this study tip to meet their needs.

METHODOLOGY • Differentiating Instruction
You can differentiate instruction by directing specific students to concentrate on chapters on which you and they have determined they need the most focus. For example, you could suggest students begin their review beyond *Capítulo 2* if you wish.

Comunicación

Capítulo Preliminar A y Capítulo 1

06-01 to 06-06

Capítulo Preliminar A y Capítulo 1.

Workbooklet

6-1 ¿Quiénes son? Lee los siguientes anuncios de citas del Internet. ■

¡Anda! Curso elemental, Capítulo 1. Los adjetivos descriptivos, Apéndice 3

¡Anda! Curso intermedio, Capítulo 1. El aspecto físico y la personalidad, pág. 34.

Estrategia

Before beginning each activity, make sure that you have reviewed and identified recycled chapters and their concepts carefully so that you are able to move through the activity seamlessly as you put it all together!

CITAS EN EL INTERNET

Dama honesta (21 años), chistosa, delgada, con unos tatuajes interesantes, busca caballero educado, trabajador, generoso y con cicatriz, sin compromiso. Foto 14823

Mujer costarricense (35 años) amable, en forma, busca un caballero mayor de 30 años, generoso, divertido y sin compromiso para una bonita relación. Foto 75527

Chileno (35 años), me encantan la playa, los deportes y bailar, busco dama atractiva sin perforación del cuerpo, de buen carácter, alegre y cortés para llenar mi vida de amor. Foto 59232

Caballero (50 años) educado y de buena familia, busco una dama hermosa, de pelo largo, para una relación profunda y permanente. Foto 47520

CITAS EN EL INTERNET

Nombre ____________________

Edad ____________________

Características físicas ____________________

____

____

Personalidad ____________________

____

Me gusta(n) ____________________

No me gusta(n) ____________________

Busco una pareja... ____________________

____

Paso 1 Contesta las siguientes preguntas. Túrnense.

1. De las fotos, ¿quién escribió cada anuncio personal? ¿cómo lo sabes?
2. ¿Qué persona te parece la más interesante y por qué?
3. ¿Cuál te parece la menos interesante y por qué?

Paso 2 Escribe tu propio anuncio y compártelo con un/a compañero/a.

Estrategia

As you study your vocabulary or grammar, it might be helpful to organize the information into a word web. Start with the concept you want to practice, such as *las personalidades,* write the word in the center of the page, and draw a circle around it. Then, as you brainstorm how your other vocabulary fits into *las personalidades,* you can create circles that branch off from your main idea. For example, you might write *positivas* and *negativas* in circles. Once you have your categories arranged, add vocabulary that belongs to each category. Branching from *positivas* might be *alegre.* Branching from *negativas* might be *gastador/a.*

CAPÍTULO 6

Instructor Resources

- Textbook images, Extra Activities

METHODOLOGY • Organizing a Review

¡Anda! Curso intermedio combines the review of *Capítulo Preliminar A* and *Capítulo 1* for one important reason. Although a number of concepts and vocabulary appear in *both chapters,* only *Capítulo 1* introduces new material: *gustar*-like verbs and the present perfect.

METHODOLOGY • Using This Chapter

Although most of the activities in this chapter have the pair icon, most can be done by students at home. You can choose whether you want these activities to be interpersonal or presentational; oral, written, or a combination of oral and written. You can also choose whether you want the activities to be prepared outside of class or done in class. The decisions are yours to personalize the chapter in a manner that best suits your and your students' needs.

METHODOLOGY • Choosing What Is Best for *Your* Class

Depending on the length and frequency of your class sessions, and whether they are face to face, online, or a hybrid, you may not have time to use all the textbook activities. We encourage you to use the textbook as a tool to facilitate your students' learning, and only *you* can decide which activities will be most beneficial to your students. In some cases, we have provided suggestions for adapting the directions of particular activities to suit your students' needs and to encourage you to achieve different standards.

METHODOLOGY • Incorporating Beginning Spanish Review Grammar Throughout

For the *¡Anda! Curso intermedio* grammar and vocabulary review, you will note that we progress methodically chapter by chapter, but beginning Spanish review grammar from students' first and second semesters (or high school) is interwoven throughout this chapter. By now, students should be working toward strongly mastering past tenses, object pronouns, commands, etc.

HERITAGE LANGUAGE LEARNERS
After completing *Paso 2* of **6-2,** heritage language learners can write about what happened to *el ladrón,* perhaps pretending that the police arrested *el ladrón.*

EXPANSION for 6-2
Organize the class, creating a court scene. Assign the roles of *el ladrón,* the judge, lawyers, the members of the jury, and the clerk and have students act out a scenario.

HERITAGE LANGUAGE LEARNERS
For **6-3,** have heritage language learners ask their relatives about the high school systems in their countries of origin and have them compare them with the school system here. Encourage them to share the information with the class.

EXPANSION for 6-3
Have students ask their parents about the last time they went to a class reunion and share this information with the class.

EXPANSION for 6-3
Have students ask family members about their high school experiences. The students can compare things that their family member(s) used to do with their own experiences in high school.

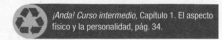

¡Anda! Curso elemental, Capítulo 1. Los adjetivos descriptivos. Capítulo 9. El pretérito y el imperfecto, Apéndice 3.

¡Anda! Curso intermedio, Capítulo 1. El aspecto físico y la personalidad, pág. 34.

6-2 **Identificaciones** Estabas en un café con unos amigos cuando de repente vieron a dos personas corriendo por la calle. La última persona gritaba —¡Ladrón! ¡Me robaste mi dinero! ¡Párenlo!— Un policía llegó y ahora tienes que describirle al policía cómo eran el criminal y la víctima. ■

Paso 1 Explícale lo que pasó a tu compañero/a, describiéndole al ladrón y a su víctima. Puedes escogerlos entre los del dibujo. Sé creativo/a.

Paso 2 Basándose en tu explicación, tu compañero/a tiene que identificar al ladrón y a su víctima. Usa **el pretérito** y **el imperfecto** cuando sea apropiado. Túrnense.

MODELO
E1: *El ladrón corría muy rápido, pero la víctima, muy enojada, no podía correr tan rápido. La víctima tenía pelo…*
E2: *Entonces, ¿el ladrón fue _______ y la víctima fue _______?*
E1: *¡Sí! / No, voy a explicártelo de nuevo…*

Estrategia
You may wish to create names or descriptions for each of the characters in the lineup in order to identify them.

¡Anda! Curso intermedio, Capítulo 1. El presente perfecto de indicativo, pág. 49.

6-3 **¿Qué tal has estado?** Estás en una fiesta de tu clase de graduación de la escuela secundaria. Hace muchos años que no ves a tus compañeros. Describe lo que has hecho en los últimos años, usando por lo menos **ocho** verbos diferentes en **el presente perfecto** *(haber + -ado / -ido).* Túrnense. ■

MODELO
E1: *Hola, Bernardo. Tanto tiempo que no nos hemos visto. ¿Qué has hecho en estos últimos años?*
E2: *Hola, Jaime. ¿Qué he hecho? Pues, muchas cosas. Primero, he trabajado para una compañía…*

Estrategia
Remember to use the *present perfect* (*haber + -ado/-ido*) to state what you or others *has/have done.* Also remember that *-ado/-ido* often translates to the *-ed* verb form in English.

¡Anda! Curso elemental, Capítulo 1. La familia, Apéndice 2.

¡Anda! Curso intermedio, Capítulo 1. El aspecto físico y la personalidad, pág. 34; Algunos verbos como gustar, pág. 39; La familia, pág. 53.

6-4 Nuestras familias Completen los siguientes pasos.

Paso 1 Con un/a compañero/a, túrnense para describir a su familia, o a una familia o persona famosa. Trata de usar por lo menos **diez** oraciones con un mínimo de **cinco** verbos diferentes. Incluye: aspectos de su personalidad, su descripción física, qué o quién(es) le(s) fascina(n)/falta(n), qué cosas especiales han hecho en su vida, etc.

MODELO E1: *Me fascinan mis dos hermanastros. Cuando los conocí, me cayeron mal, pero siempre han tenido unas personalidades interesantes. Por ejemplo, Joaquín es chistoso y Manolo es callado…*

Paso 2 Ahora descríbele la familia de tu compañero/a a otro miembro de tu clase, usando por lo menos **cinco** oraciones. Si no recuerdas bien los detalles o si necesitas clarificación, pregúntale a tu compañero/a.

MODELO E2: *Adriana tiene dos hermanastros. Al principio le cayeron mal, pero ahora le fascinan. Uno es chistoso; el otro es callado…*

Estrategia

People rarely remember *everything* they hear! It is important that you feel comfortable asking someone to repeat information or asking for clarification using expressions such as *¿Qué dijiste? ¿Me lo puedes repetir, por favor?*

Estrategia

With situations like those in **6-4,** it is not essential that *all* details be remembered. Nor is it essential in this type of scenario to repeat *verbatim* what someone has said; it is totally acceptable to express the same idea in different words.

Estrategia

Focus on using as much of the vocabulary from *Capítulo 1* as possible in your descriptions. Remember to create negative sentences as well: e.g., *A mi mamá no le gustan mucho los tatuajes.*

METHODOLOGY • Making Learning Meaningful for Students

The photos that accompany **6-4** are intended to act as *advance organizer* photos. Advance organizers are meant in this case to help students envision their own families. If you teach in a community that is in some way not represented by one of these images, you may want to bring in a photo that depicts your community, or you may wish to have students bring in their own photos.

NOTE for 6-4

Activity **6-4** can also be done as a written activity.

SUGGESTION for 6-4

Rather than describing families, a variation of **6-4** would be to bring photos of a variety of people from magazines and describe them. Or students can simply use the visual organizer photos we have provided in the text.

METHODOLOGY • Communicative Activities

The point of this chapter is for students to *put it all together* and to have only communicative activities. Hence, even though there are *modelos* to get your students started, the expectation is that they should be on their own to create with the language. They have been prepared for this via the mechanical, meaningful, and communicative activities in the regular chapters. If you have students who still need more guidance and structure and are not yet ready for communicative activities, you may wish to provide them with a list of questions that they can answer, making these activities more structured. This step will help your students who still need the extra assistance.

METHODOLOGY • Self-Assessment and Instructors' Use of Rubrics
Assessing student performance is an important task that we instructors perform. Students need to know in advance what is acceptable versus unacceptable work. It is important to provide the rubrics in advance so that they are clear regarding our expectations.

The rubrics provided are meant to be used either as is or to act as a guide for you. The suggestion is that **3 = A; 2 = B; 1 = C; 0 = D/F.** Also notice that there is a place for you to assess effort. As instructors, we know that there will be some students who look for and take the easy way out, even though they may have the ability. These can be gifted students or heritage language learners who choose not to work to their potential. The effort rating is a way of encouraging those students, as well as giving credit to students who struggle but are working above and beyond their level of ability. These students deserve to be rewarded for their efforts.

You may wish to add other categories such as pronunciation to the rubric.

METHODOLOGY • Assessing Effort
Yes, commenting on and assessing a student's effort is a subjective evaluation. Nevertheless, it is something that both students and instructors need to address. The ability to realistically assess the efforts they place on tasks is a life skill students will need when they exit college. Assessing effort is also an important reality check for all students. Are they working to their highest potential? Some students truly are; others are not.

There are several types of students: those who put in a great deal of effort and are successful; those who put in a great deal of effort and are not as successful as they or we would like; those who *say* they are putting in effort when in fact they are not or it is not focused; those who put in little effort and do not succeed; and those who put in little effort and still achieve at least our minimum expectation but could do extremely well with more effort. The final group is comprised of gifted students as well as heritage language learners.

Estrategia
In this chapter you will encounter a variety of rubrics to self-assess how well you are doing.

Estrategia
You and your instructor can use this rubric to assess your progress for **6-1** through **6-4.**

Rúbrica

All aspects of our lives benefit from self-reflection and self-assessment. Learning Spanish is an aspect of our academic and future professional lives that benefits greatly from such a self-assessment. Also coming into play is the fact that, as college students, you personally are being held accountable for your learning and are expected to take ownership for your performance. Having said that, we instructors can assist you greatly by letting you know what we expect of you. It will help you determine how well you are doing with the recycling of **Capítulo Preliminar A** and **Capítulo 1.** This rubric is meant first and foremost for you to use as a self-assessment, but you can also use it to peer-assess. Your instructor may use the rubric to assess your progress as well.

	3 EXCEEDS EXPECTATIONS	2 MEETS EXPECTATIONS	1 APPROACHES EXPECTATIONS	0 DOES NOT MEET EXPECTATIONS
Duración y precisión	• Has at least 10 sentences and includes all the required information. • May have errors, but they do not interfere with communication.	• Has 7–9 sentences and includes all the required information. • May have errors, but they rarely interfere with communication.	• Has 4–7 sentences and includes some of the required information. • Has errors that interfere with communication.	• Supplies fewer sentences and little of the required information in *Approaches Expectations.* • If communicating at all, has frequent errors that make communication limited or impossible.
Gramática nueva del *Capítulo 1*	• Makes excellent use of the chapter's new grammar (e.g., **verbs similar to *gustar*** and **the present perfect indicative**). • Uses a wide variety of new verbs when appropriate.	• Makes good use of the chapter's new grammar (e.g., **verbs similar to *gustar*** and **the present perfect indicative**). • Uses a variety of new verbs when appropriate.	• Makes use of some of the chapter's new grammar (e.g., **verbs similar to *gustar*** and **the present perfect indicative**). • Uses a limited variety of new verbs when appropriate.	• Uses little if any of the chapter's grammar (e.g., **verbs similar to *gustar*** and **the present perfect indicative**).
Vocabulario nuevo del *Capítulo 1*	• Uses many of the new vocabulary words (e.g., **physical and personality descriptions, emotional states,** and **the family**).	• Uses a variety of the new vocabulary words (e.g., **physical and personality descriptions, emotional states,** and **the family**).	• Uses some of the new vocabulary words (e.g., **physical and personality descriptions, emotional states,** and **the family**).	• Uses few, if any, new vocabulary words (e.g., **physical and personality descriptions, emotional states,** and **the family**).
Gramática y vocabulario de repaso/reciclaje del *Capítulo 1*	• Does an excellent job using review grammar (e.g., **object pronouns** and **the preterit**) and vocabulary to support what is being said. • Uses a wide array of review verbs. • Uses review vocabulary appropriately while utilizing new vocabulary.	• Does a good job using review grammar (e.g., **object pronouns** and **the preterit**) and vocabulary to support what is being said. • Uses an array of review verbs. • Uses some review vocabulary, but focuses predominantly on new vocabulary.	• Does an average job using review grammar (e.g., **object pronouns** and **the preterit**) and vocabulary to support what is being said. • Uses a limited array of review verbs. • Uses mostly review vocabulary and some new vocabulary.	• Almost solely uses the present tense. • If speaking at all, relies almost completely on vocabulary from beginning Spanish course.
Esfuerzo	• Clearly the student made his/her best effort.	• The student made a good effort.	• The student made an effort.	• Little or no effort went into the activity.

06-07 to 06-12

Capítulo 2

Capítulo 2.

¡Anda! Curso elemental, Capítulo 2. Los deportes y los pasatiempos, Apéndice 2.

¡Anda! Curso intermedio, Capítulo 2. Deportes, pág. 72; Los mandatos de *nosotros/as*, pág. 78; Pasatiempos y deportes, pág. 86.

6-5 **Vamos de vacaciones y…** ¡Tu compañero/a y tú van a tener diez gloriosos días de vacaciones después de los exámenes! ¿Qué van a hacer? Túrnense para crear oraciones usando **los mandatos de *nosotros/as* y el vocabulario de los deportes y los pasatiempos.** Sigan el modelo. ■

MODELO E1: *¡Estamos de vacaciones! Juguemos al vóleibol.*
E2: *Muy bien. Juguemos al vóleibol y patinemos en monopatín.*
E1: *Muy bien. Juguemos al vóleibol, patinemos en monopatín y buceemos.*
E2: …

¡Anda! Curso elemental, Capítulo 2. Los deportes y los pasatiempos, Apéndice 2.

Workbooklet

¡Anda! Curso intermedio, Capítulo 2. Deportes, pág. 72; Pasatiempos y deportes, pág. 86.

6-6 **¿Qué tenemos en común?** ¿Qué hacían tu compañero/a y tú durante sus años de la escuela secundaria? Túrnense para hacerse **diez** preguntas para ver qué deportes y pasatiempos tenían en común. Escriban sus respuestas en un diagrama de Venn. ■

Estrategia

Before doing **6-6,** review the formation and uses of *el pretérito* and *el imperfecto*, pp. 47 and 123.

MODELO E1: *¿Comentabas en un blog?*
E2: *Sí, comenté en un blog por lo menos una vez… quizás dos veces. ¿y tú? ¿Comentabas en un blog?*
E1: *Sí, comentaba mucho en un blog. ¡Hacíamos la misma cosa!*

YO
TÚ
NOSOTROS/AS
Buceé en México.
Pinté muchos cuadros.
Comentamos en un blog.
Fuimos de camping.
Patinaste en monopatín.
Practicaste artes marciales.

NOTE for 6-5
Many of us may have played a game as youngsters that began with one person, *I'm going on a trip and I'm taking X.* Then the person sitting next to the first person says, *I'm going on a trip and I'm taking Y and X.* That is the design and goal of **6-5.** Educational research indicates that repetition is an excellent way to learn. This is the same technique that is used in children's books like *The Cat in the Hat:* the narrative has predictable repetition. This technique works with adult learners too. Although this activity can be done in larger groups, we recommend doing it in pairs so that each student will have more opportunities to speak and hence be less likely to become distracted and go off task.

EXPANSION for 6-5
Have students share stories about a previous vacation, using the preterit and imperfect. Then they can share their future plans using the subjunctive to express hopes and desires.

FOLLOW-UP for 6-5
You can modify the activity by telling your students that you need a vacation after grading all of their exams. You can create a scenario explaining where you are going and with whom. They can take notes and then either say or write sentences using the future and the present. E.g.: *Mi profesor/a va a viajar a España, pero yo tengo que trabajar. Mi profesor/a y su familia van a la playa a nadar, pero yo necesito limpiar mi casa.*

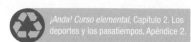

EXPANSION for 6-5
Another approach for **6-5** would be to have students write their own list of ten things they and their family and friends should do and perhaps the equipment they need. Then students can switch roles and each can say what his/her classmate and his/her family or friends should do. This would force them to use *tú, usted,* and *ustedes* commands. E.g.: *Juega al boliche. Ponte tu casco antes de practicar ciclismo…*

EXPANSION for 6-7
Have one student be the robot, and have his/her partner give commands in order to incorporate Total Physical Response (TPR).

METHODOLOGY • Total Physical Response
Total Physical Response (TPR) is a method developed by Dr. James Asher. This method has the learner involved in kinesthetic movement and learning.

METHODOLOGY • More on Assessing Effort
Assessing a student's effort, albeit a subjective exercise, helps two major groups of students: those who find Spanish easy and are doing well, but are not working to their potential, and those who are giving their all and are still struggling. With regard to the latter group, many of us have our intermediate classes filled with non-majors who either need the credits or want to use Spanish in some way in their future lives. Many of these individuals are giving a maximum effort and still struggling. The research on motivation would support us giving these students a grade for effort and including it into our final grading. Why? Because our goal for intermediate Spanish should be to create lifelong learners, consumers, and devotees of the Spanish language. Although it is wonderful to have students decide to dedicate their lives to Spanish literature, our reality is that most of the students passing through our courses have hopes of using Spanish orally in their professional lives. Acknowledging their *esfuerzo* will motivate them to exceed even their own expectations.

¡Anda! Curso elemental, Capítulo 11. El subjuntivo, Apéndice 3.

¡Anda! Curso intermedio, Capítulo 2. Deportes, pág. 72; Pasatiempos y deportes, pág. 86.

6-7 Artuditu, quiero que... ¡Ah... el mundo moderno! ¡Tienes un robot que hace todo lo que tu familia y tú quieran! Dile por lo menos **ocho** cosas, con **ocho** verbos diferentes, que tu familia y tú quieren que haga. Usen **el subjuntivo.** Túrnense.

MODELO *Robot, por favor, quiero que me traigas las cartas para jugar al póquer. Van a venir diez amigos a la casa para jugar. Entonces, también necesito que prepares unos sándwiches. Luego, mi mamá dice que es necesario que limpies la cocina…*

Estrategia
After doing **6-7** using the subjunctive, practice with the *tú* and *usted* commands: e.g., *Robot, trae las cartas por favor* or *traiga las cartas* or *tráemelas* or *tráigamelas.*

Rúbrica

Estrategia
You and your instructor can use this rubric to assess your progress for **6-5** through **6-7.**

	3 EXCEEDS EXPECTATIONS	2 MEETS EXPECTATIONS	1 APPROACHES EXPECTATIONS	0 DOES NOT MEET EXPECTATIONS
Duración y precisión	• Has at least 8 sentences and includes all the required information. • May have errors, but they do not interfere with communication.	• Has 5–7 sentences and includes all the required information. • May have errors, but they rarely interfere with communication.	• Has 4 sentences and includes some of the required information. • Has errors that interfere with communication.	• Supplies fewer sentences and little of the required information in *Approaches Expectations.* • If communicating at all, has frequent errors that make communication limited or impossible.
Gramática nueva del *Capítulo 2*	• Makes excellent use of the chapter's new grammar (e.g., ***nosotros/as* commands** and **the subjunctive**). • Uses a wide variety of new verbs when appropriate.	• Makes good use of the chapter's new grammar (e.g., ***nosotros/as* commands** and **the subjunctive**). • Uses a variety of new verbs when appropriate.	• Makes use of some of the chapter's new grammar (e.g., ***nosotros/as* commands** and **the subjunctive**). • Uses a limited variety of new verbs when appropriate.	• Uses little if any of the chapter's grammar (e.g., ***nosotros/as* commands** and **the subjunctive**).
Vocabulario nuevo del *Capítulo 2*	• Uses many of the new vocabulary words (e.g., **sports** and **pastimes**).	• Uses a variety of the new vocabulary words (e.g., **sports** and **pastimes**).	• Uses some of the new vocabulary words (e.g., **sports** and **pastimes**).	• Uses few, if any, new vocabulary words (e.g., **sports** and **pastimes**).

	3 EXCEEDS EXPECTATIONS	2 MEETS EXPECTATIONS	1 APPROACHES EXPECTATIONS	0 DOES NOT MEET EXPECTATIONS
Gramática y vocabulario de repaso/reciclaje del *Capítulo 2*	• Does an excellent job using review grammar (e.g., **formal/informal commands** and **the subjunctive**) and vocabulary to support what is being said. • Uses a wide array of review verbs. • Uses review vocabulary appropriately while utilizing new vocabulary.	• Does a good job using review grammar (e.g., **formal/informal commands** and **the subjunctive**) and vocabulary to support what is being said. • Uses an array of review verbs. • Uses some review vocabulary, but focuses predominantly on new vocabulary.	• Does an average job using review grammar (e.g., **formal/informal commands** and **the subjunctive**) and vocabulary to support what is being said. • Uses a limited array of review verbs. • Uses mostly review vocabulary and some new vocabulary.	• Almost solely uses the present tense. • If speaking at all, relies almost completely on vocabulary from beginning Spanish course.
Esfuerzo	• Clearly the student made his/her best effort.	• The student made a good effort.	• The student made an effort.	• Little or no effort went into the activity.

06-13 to 06-17

Capítulo 3

Capítulo 3.

¡Anda! Curso elemental, Capítulo 3. La casa, Apéndice 2. Capítulo 11. El subjuntivo, Apéndice 3.

¡Anda! Curso intermedio, Capítulo 1. Algunos verbos como *gustar*, pág. 39; Capítulo 3. La construcción de casas y sus alrededores, pág. 110; Dentro del hogar, pág. 122.

6-8 Mi hogar favorito Mira las fotos y descríbele tu hogar favorito a un/a compañero/a. Dile por qué te gusta el hogar y explica por qué no te gustan los otros hogares. En tu descripción, incluye información sobre los materiales con los que han construido el hogar y los alrededores del hogar. Utiliza por lo menos **ocho** oraciones y usa **el subjuntivo** cuando sea necesario. Túrnense. ■

MODELO *Me encanta la casa tradicional. Quizás sea difícil de construir y dudo que sea barata, pero ¡me fascina el color del ladrillo!…*

METHODOLOGY • Quantifying Minimum Expectations

You will note that we frequently include the minimum number of sentences expected of the students, either in a speaking or writing activity. If students do not know what these minimum expectations are, many will be happy with mediocre production. And those are not always the weaker students! Most of us have had bright students who are lazy and only willing to do the minimum. Hence it is necessary for instructors to let students know what their expectations are and to encourage students to exceed the minimum.

Having reviewed this rationale, the decision is ultimately yours. You may choose: (a) to use what we have recommended; (b) to require a different minimum level of production; or (c) not to state the level of language production. You will notice that some of the directions in this chapter intentionally follow option (c). These are instructional delivery decisions that all of us must make based on a wide variety of differentiated objectives.

NATIONAL STANDARDS
Connections
You may have some students majoring in design who have access to Computer Assisted Design (CAD) programs. Encourage them to use the programs for **6-10.**

¡Anda! Curso elemental, Capítulo 3. La casa, Apéndice 2.

¡Anda! Curso intermedio, Capítulo 3. La construcción de casas y sus alrededores, pág. 110; Dentro del hogar, pág. 122.

6-9 Adivina Trae unas revistas o páginas de unas revistas que tengan fotos de casas y sus interiores. Describe una de las casas detalladamente para que tu compañero/a adivine cuál estás describiendo. Túrnense. ■

Workbooklet

6-10 Y aquí recomiendo... ¡Qué emoción! ¡Acabas de ganar $75.000,00 U.S. para renovar la cocina y el dormitorio de tus sueños! Dibuja tus planes y descríbeselos en detalle a tu compañero/a. Túrnense. ■

¡Anda! Curso elemental, Capítulo 3. La casa, Apéndice 2.

¡Anda! Curso intermedio, Capítulo 3. La construcción de casas y sus alrededores, pág. 110; Dentro del hogar, pág. 122.

MODELO *Empiezo en la cocina con alacenas y mostradores nuevos. Quiero que las alacenas sean de madera y los mostradores de color café…*

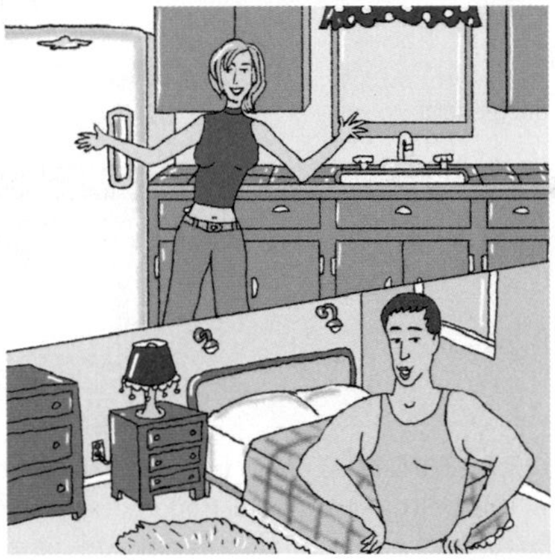

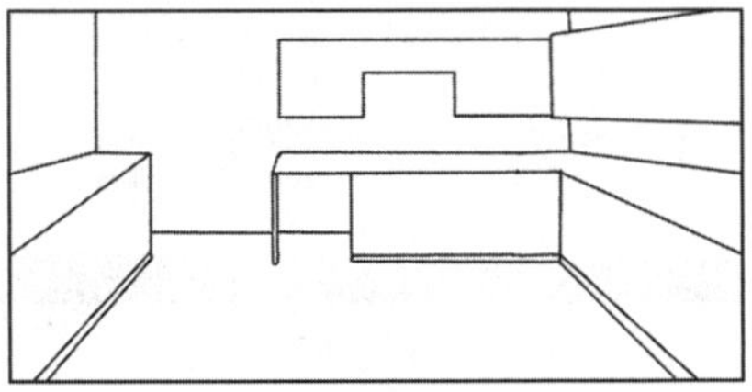

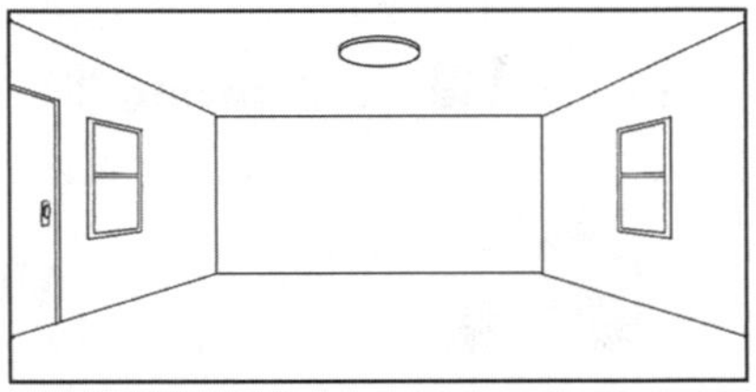

¡Anda! Curso elemental, Capítulo 3. La casa, Apéndice 2.

¡Anda! Curso intermedio, Capítulo 3. La construcción de casas y sus alrededores, pág. 110; Dentro del hogar, pág. 122.

EXPANSION for 6-11
Students can present **6-11** as a television commercial.

Workbooklet

6-11 En venta Estás trabajando en una compañía de ventas de casas. Escoge una de las siguientes situaciones y escribe una descripción donde incluyas por lo menos **diez** detalles. Busca algunas fotos en el Internet para incluir con tu descripción. ■

SITUACIÓN 1: Tienes que vender tu propia casa.

SITUACIÓN 2: Tienes que vender dos casas: una que vale quince millones de dólares y la otra que vale setenta y cinco mil dólares.

FOTO

Dirección ____________________
Descripción ____________________
____
____
Precio ____________________
Teléfono ____________________

SUGGESTION for 6-12
Remind students about other topics such as their careers, families, houses, and environment.

¡Anda! Curso elemental, Capítulo 3. La casa; Capítulo 11. El medio ambiente, Apéndice 2. Capítulo 11. El subjuntivo, Apéndice 3.

¡Anda! Curso intermedio, Capítulo 3. La construcción de casas y sus alrededores, pág. 110; Dentro del hogar, pág. 122. El subjuntivo para expresar sentimientos, emociones y dudas, pág. 126.

6-12 Mis dudas El futuro no es siempre seguro.

Estrategia

For **6-12,** consider the following emotions: *tener miedo, dudar, temer, esperar, no creer.* Also consider as suggestions the following categories of uncertainty: *el dinero, el trabajo, el matrimonio, los hijos, la jubilación*, etc.

Estrategia

You may wish to incorporate review vocabulary from *¡Anda! Curso elemental, Capítulo 11, El medio ambiente, Appendix 2* in **6-12.**

Paso 1 Expresa **ocho** dudas, sentimientos y emociones que tus amigos, tus parientes y tú tengan sobre el futuro. Usa **el subjuntivo.**

MODELO *Dudo que haya menos contaminación del aire y del agua en el futuro. Mis padres tienen miedo de no tener suficiente dinero para su jubilación. Mi hermano teme que su mujer gaste demasiado dinero para reparar su casa…*

Paso 2 Menciona por lo menos **cuatro** sentimientos, emociones y dudas de tu compañero/a.

MODELO *Mi compañera Mandy duda que su hermano y su cuñada tengan suficiente dinero para reparar su casa…*

Estrategia

Being a good listener is an important life skill. Repeating what your classmate said gives you practice in demonstrating how well you listened.

METHODOLOGY • Rubrics
You may want to conduct a Google search on "Educational Scoring Rubrics" for an abundance of ideas on rubric creation. Suggested Keywords: *rubrics, scoring, educational.*

Rúbrica

Estrategia
You and your instructor can use this rubric for **6-8** through **6-12.**

	3 EXCEEDS EXPECTATIONS	2 MEETS EXPECTATIONS	1 APPROACHES EXPECTATIONS	0 DOES NOT MEET EXPECTATIONS
Duración y precisión	• Has at least 8 sentences and includes all the required information. • May have errors, but they do not interfere with communication.	• Has 5–7 sentences and includes all the required information. • May have errors, but they rarely interfere with communication.	• Has 4 sentences and includes some of the required information. • Has errors that interfere with communication.	• Supplies fewer sentences and little of the required information in *Approaches Expectations.* • If communicating at all, has frequent errors that make communication limited or impossible.
Gramática nueva del *Capítulo 3*	• Makes excellent use of **the subjunctive.**	• Makes good use of **the subjunctive.**	• Makes use of **the subjunctive.**	• Uses little, if any, of **the subjunctive.**
Vocabulario nuevo del *Capítulo 3*	• Uses many of the new vocabulary words (e.g., **homes and their surroundings**).	• Uses a variety of the new vocabulary words (e.g., **homes and their surroundings**).	• Uses some of the new vocabulary words (e.g., **homes and their surroundings**).	• Uses few, if any, new vocabulary words (e.g., **homes and their surroundings**).
Gramática y vocabulario de repaso/reciclaje del *Capítulo 3*	• Does an excellent job using review grammar (e.g., **the preterit** and **the imperfect**) and vocabulary to support what is being said. • Uses a wide array of review verbs. • Uses review vocabulary appropriately while utilizing new vocabulary.	• Does a good job using review grammar (e.g., **the preterit** and **the imperfect**) and vocabulary to support what is being said. • Uses an array of review verbs. • Uses some review vocabulary, but focuses predominantly on new vocabulary.	• Does an average job using review grammar (e.g., **the preterit** and **the imperfect**) and vocabulary to support what is being said. • Uses a limited array of review verbs. • Uses mostly review vocabulary and some new vocabulary.	• Uses grammar almost solely from beginning Spanish course. • If speaking at all, relies almost completely on vocabulary from beginning Spanish course.
Esfuerzo	• Clearly the student made his/her best effort.	• The student made a good effort.	• The student made an effort.	• Little or no effort went into the activity.

06-19 to 06-25

Capítulo 4

Capítulo 4.

¡Anda! Curso intermedio, Capítulo 2. Deportes, pág. 72; Pasatiempos y deportes, pág 86; Capítulo 3. La construcción de casas y sus alrededores, pág. 110; Dentro del hogar, pág. 122; Capítulo 4. El pasado perfecto, pág. 153; El presente perfecto de subjuntivo, pág. 168.

Workbooklet

6-13 Adivina Formen grupos de cuatro.

Estrategia

Although you are focusing on the *Capítulo 4* grammar review in **6-13,** for maximum success, review vocabulary from *Capítulo 2, Deportes,* p. 72; *Pasatiempos y deportes,* p. 86; *Capítulo 3, La construcción de casas y sus alrededores,* p. 110; *Dentro del hogar,* p. 122.

Paso 1 Una persona sale del grupo y los otros tres estudiantes dicen y escriben si creen que su compañero/a ha hecho cada una de las cosas de la lista.

Paso 2 El/La compañero/a regresa al grupo para confirmar.

MODELO
E1: *Angie, ¡es imposible que hayas cosido algo!*
E2 (ANGIE): *Es cierto que no he cosido nada.*
E3: *Angie, dudamos que hayas reparado la casa.*
E2 (ANGIE): *No tienen razón. Sí, he reparado la casa… un poco.*
E1: *Angie,…*

Estrategia

Note the use of the *perfect tenses* (*haber* + *-ado/-ido*) in the *modelo* of **6-13:** e.g., *que hayas cosido, he cosido, que hayas reparado, he reparado.* Activity **6-13** was created to help you use those tenses.

	ESTUDIANTE 1 Angie		ESTUDIANTE 2		ESTUDIANTE 3		ESTUDIANTE 4	
	DUDAMOS	CREEMOS	DUDAMOS	CREEMOS	DUDAMOS	CREEMOS	DUDAMOS	CREEMOS
1. coser algo	Es imposible que haya cosido algo.							
2. reparar la casa	Dudamos que haya reparado la casa.							
3. …								
4. …								

EXPANSION for 6-13
At the end of the activity, have students from each group summarize what they learned about each other.

NOTE for 6-13
Activities like **6-13** provide an excellent opportunity for students to practice listening to each other.

EXPANSION for 6-14
You may want to bring in additional photos for this activity, including ones of people well known on your campus, in your area, favorite celebrities, etc.

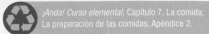

¡Anda! Curso elemental, Capítulo 7. La comida; La preparación de las comidas, Apéndice 2.

¡Anda! Curso intermedio, Capítulo 1. El aspecto físico y la personalidad, pág. 34; Capítulo 4. La comida y la cocina, pág. 159.

6-14 Observándolos Imagina que has estado observando a las siguientes personas. Una cosa que notaste fue lo que comían. Descríbele a tu compañero/a las personas que aparecen en las fotos (sus personalidades, sus características físicas, lo que (no) comían, etc.). Usa por lo menos **ocho** oraciones. Túrnense. ■

EXPANSION for 6-15
Have students collect authentic recipes and then describe them to their classmates, including in their descriptions what the ingredients are and why they chose the recipes.

EXPANSION for 6-15
Have students report on how their parties turned out, either orally or in writing.

¡Anda! Curso elemental, Capítulo 7. La comida; La preparación de las comidas, Apéndice 2.

¡Anda! Curso intermedio, Capítulo 4. Las celebraciones y los eventos de la vida, pág. 148; La comida y la cocina, pág. 159.

Workbooklet

6-15 ¡Fiesta! ¡Qué emoción! Todos tus amigos y tu familia vienen para festejar (*celebrate*) contigo. ■

Paso 1 Decide qué ocasión festejas.

Paso 2 Planea el menú.

Paso 3 Escribe una receta para un plato que vas a servir.

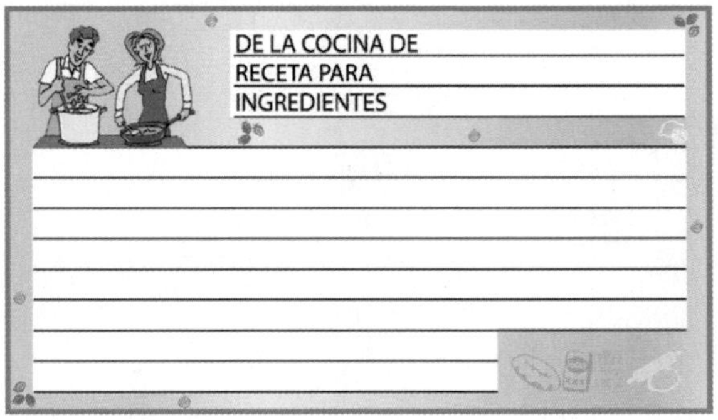

Paso 4 Comparte tus ideas con un/a compañero/a.

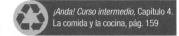

EXPANSION for 6-16
Encourage students to watch Hispanic award shows such as *MTV Latino Awards, Premios Juventud, Grammy Latinos*, and *Premios lo nuestro*, and then report back to class. Their reports should include past tenses and the subjunctive.

¡Anda! Curso elemental, Capítulo Preliminar A. El tiempo; Capítulo 7. La comida; La preparación de las comidas, Apéndice 2.

¡Anda! Curso intermedio, Capítulo 4. La comida y la cocina, pág. 159

Estrategia
Note that in **6-16** you will need to use the *preterit* and *imperfect* tenses to report what happened.

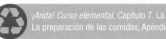

6-16 ¡Luces, cámara, acción! ¡Te invitaron a informar sobre la fiesta del siglo en Hollywood! Haz un reportaje, incluyendo por lo menos **diez** detalles. Puedes empezar con información sobre qué tiempo hacía aquella noche. Hazle tu reportaje oralmente a un/a compañero/a de clase o a toda la clase. ■

Rúbrica

Estrategia

You and your instructor can use this rubric for **6-14** through **6-16.**

	3 EXCEEDS EXPECTATIONS	2 MEETS EXPECTATIONS	1 APPROACHES EXPECTATIONS	0 DOES NOT MEET EXPECTATIONS
Duración y precisión	• Has at least 8 sentences and includes all the required information. • May have errors, but they do not interfere with communication.	• Has 5–7 sentences and includes all the required information. • May have errors, but they rarely interfere with communication.	• Has 4 sentences and includes some of the required information. • Has errors that interfere with communication.	• Supplies fewer sentences and little of the required information in *Approaches Expectations*. • If communicating at all, has frequent errors that make communication limited or impossible.
Gramática nueva del *Capítulo 4*	• Makes excellent use of the chapter's new grammar (e.g., **past perfect** and **present perfect subjunctive**). • Uses a wide variety of new verbs when appropriate.	• Makes good use of the chapter's new grammar (e.g., **past perfect** and **present perfect subjunctive**). • Uses a variety of new verbs when appropriate.	• Makes use of some of the chapter's new grammar (e.g., **past perfect** and **present perfect subjunctive**). • Uses a limited variety of new verbs when appropriate.	• Uses little if any of the chapter's grammar (e.g., **past perfect** and **present perfect subjunctive**).
Vocabulario nuevo del *Capítulo 4*	• Uses many of the new vocabulary words (e.g., **celebrations** and **food**).	• Uses a variety of the new vocabulary words (e.g., **celebrations** and **food**).	• Uses some of the new vocabulary words (e.g., **celebrations** and **food**).	• Uses few, if any, new vocabulary words (e.g., **celebrations** and **food**).
Gramática y vocabulario de repaso/reciclaje del *Capítulo 4*	• Does an excellent job using review grammar (e.g., **the preterit, the imperfect,** and ***hacer* with time expressions**) and vocabulary to support what is being said. • Uses a wide array of review verbs. • Uses review vocabulary appropriately while utilizing new vocabulary.	• Does a good job using review grammar (e.g., **the preterit, the imperfect,** and ***hacer* with time expressions**) and vocabulary to support what is being said. • Uses an array of review verbs. • Uses some review vocabulary, but focuses predominantly on new vocabulary.	• Does an average job using review grammar (e.g., **the preterit, the imperfect,** and ***hacer* with time expressions**) and vocabulary to support what is being said. • Uses a limited array of review verbs. • Uses mostly review vocabulary and some new vocabulary.	• Almost solely uses the present tense. • If speaking at all, relies almost completely on vocabulary from beginning Spanish course.
Esfuerzo	• Clearly the student made his/her best effort.	• The student made a good effort.	• The student made an effort.	• Little or no effort went into the activity.

EXPANSION for 6-17
As a follow-up, you may want to have students pretend they took those ideal vacations and describe what they did, using their sentences as a guide.

EXPANSION for 6-17
Encourage students to use the Internet to plan their ideal trips. Also, encourage them to review the featured countries in the *Vistazo cultural* sections for ideas.

NATIONAL STANDARDS
Communities
Situations like the one in **6-18** can be played out in real life. For example, students going to an ATM can do the transaction in Spanish.

06-26 to 06-30

Capítulo 5

Capítulo 5.

¡Anda! Curso elemental, Capítulo 10. El viaje, Apéndice 2; Capítulo 11. El subjuntivo, Apéndice 3.

¡Anda! Curso intermedio, Capítulo 5. Los viajes, pág. 188; El subjuntivo con antecedentes indefinidos o que no existen, pág. 208.

6-17 ¿Adónde vamos? Planea tus vacaciones ideales. Expresa tus ideas usando por lo menos **diez** oraciones. Usa **el subjuntivo** en por lo menos **dos** de las oraciones. Comparte tus ideas con un/a compañero/a. ■

MODELO *Vamos a hacer un crucero. Busco un crucero que no sea muy caro porque no tengo mucho dinero en este momento. Quiero visitar varios puertos. Mis hermanos van a venir y espero que no se pierdan…*

¡Anda! Curso elemental, Capítulo 11. El subjuntivo, Apéndice 3.

¡Anda! Curso intermedio, Capítulo 5. La tecnología y la informática, pág. 204; Las acciones relacionadas con la tecnología, pág. 211; El subjuntivo con antecedentes indefinidos o que no existen, pág. 208.

6-18 Busco ayuda… En el mundo digital, las cosas no siempre funcionan. Tienes que llamar a un número de ayuda (*help line*). Crea un diálogo con un/a compañero/a. Usen **el subjuntivo** para expresar lo que ustedes necesitan. ■

MODELO
E1: *¿En qué puedo servirle?*
E2: *Busco a alguien que me pueda ayudar. Mi computadora ha borrado todos mis archivos.*
E1: *¿Cómo? Necesito que mi supervisor me ayude. No sé nada de impresoras.*
E2: *¿Impresoras? ¡No necesito que me hable de impresoras! ¡Necesito a alguien que sepa algo sobre computadoras!*
E2: …

Rúbrica

Estrategia

You and your instructor can use this rubric for **6-17** and **6-18.**

	3 EXCEEDS EXPECTATIONS	2 MEETS EXPECTATIONS	1 APPROACHES EXPECTATIONS	0 DOES NOT MEET EXPECTATIONS
Duración y precisión	• Has at least 8 sentences and includes all the required information. • May have errors, but they do not interfere with communication.	• Has 5–7 sentences and includes all the required information. • May have errors, but they rarely interfere with communication.	• Has 4 sentences and includes some of the required information. • Has errors that interfere with communication.	• Supplies fewer sentences and little of the required information in *Approaches Expectations*. • If communicating at all, has frequent errors that make communication limited or impossible.
Gramática nueva del *Capítulo 5*	• Makes excellent use of the chapter's new grammar (e.g., **relative pronouns** and **the subjunctive**). • Uses a wide variety of new verbs when appropriate.	• Makes good use of the chapter's new grammar (e.g., **relative pronouns** and **the subjunctive**). • Uses a variety of new verbs when appropriate.	• Makes use of some of the chapter's new grammar (e.g., **relative pronouns** and **the subjunctive**). • Uses a limited variety of new verbs when appropriate.	• Uses little if any of the chapter's grammar (e.g., **relative pronouns** and **the subjunctive**).
Vocabulario nuevo del *Capítulo 5*	• Uses many of the new vocabulary words (e.g., **travel** and **technology**).	• Uses a variety of the new vocabulary words (e.g., **travel** and **technology**).	• Uses some of the new vocabulary words (e.g., **travel** and **technology**).	• Uses few, if any, new vocabulary words (e.g., **travel** and **technology**).
Gramática y vocabulario de repaso/reciclaje del *Capítulo 5*	• Does an excellent job using review grammar (e.g., ***por* and *para*, the preterit and the imperfect**) and vocabulary to support what is being said. • Uses a wide array of review verbs. • Uses review vocabulary appropriately while utilizing new vocabulary.	• Does a good job using review grammar (e.g., ***por* and *para*, the preterit and the imperfect**) and vocabulary to support what is being said. • Uses an array of review verbs. • Uses some review vocabulary, but focuses predominantly on new vocabulary.	• Does an average job using review grammar (e.g., ***por* and *para*, the preterit and the imperfect**) and vocabulary to support what is being said. • Uses a limited array of review verbs. • Uses mostly review vocabulary and some new vocabulary.	• Uses grammar almost solely from beginning Spanish course. • If speaking at all, relies almost completely on vocabulary from beginning Spanish course.
Esfuerzo	• Clearly the student made his/her best effort.	• The student made a good effort.	• The student made an effort.	• Little or no effort went into the activity.

Un poco de todo

06-31 to 06-38

6-19 Tengo talento

Escribe un poema en verso libre o una canción sobre uno de los siguientes temas. ■

TEMAS

- Mi mejor amigo
- Mi tiempo libre
- Hogar, dulce hogar
- El viaje
- La tecnología: ¿amiga o enemiga?
- Una de las selecciones de literatura: *Poema I* de *Versos sencillos*, *Fútbol a sol y sombra*, *Yo y el ladrón*, *Tres cosas* o *Al partir*

6-20 ¿Lo quiere?

Celia, de **Laberinto peligroso,** le escribe un correo electrónico a un hombre que conoció durante sus días en el FBI. ¿De qué le escribe?, ¿del pasado?, ¿de sus días trabajando con él en el FBI o del presente?, ¿de sus días participando en el seminario de Javier?, ¿de sus planes para su casa ideal?, ¿de unas vacaciones?, ¿de su relación con él? Escribe ese mensaje por Celia en por lo menos **diez** oraciones. ■

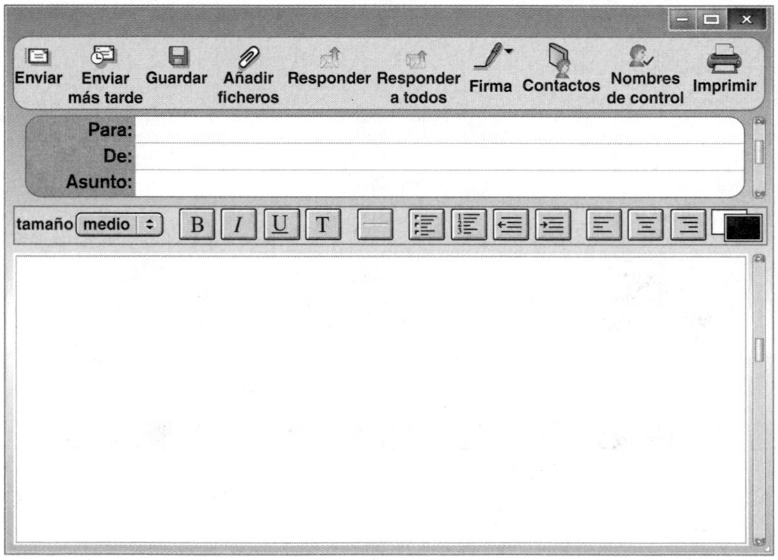

NOTE for *Un poco de todo*
In the *Un poco de todo* section, each activity combines concepts from all of the previous chapters, resulting in comprehensive, highly communicative review activities.

METHODOLOGY • Theory of Multiple Intelligences
In addition to learning styles is the educational concept/theory of *multiple intelligences.* Howard Gardner and David Perkins posited that there is not just one form of cognition, but rather multiple ways that an individual learns and/or demonstrates knowledge. One of the 8 "intelligences" is *musical intelligence.* For **6-19,** invite students who are able to demonstrate knowledge via song to perform their songs or those of others.

METHODOLOGY • Peer Editing
Writing activities **6-19, 6-20,** and **6-22** provide starting points for simple narrations about familiar topics. You might assign these activities for homework so that each student has something written for class. Instead of correcting the writing assignments yourself, have your students peer edit as they did for their writing strategy in the *Escribe* section of *Capítulo 5.* Peer editing affords students the opportunity to read carefully in order to help their classmates.

EXPANSION for 6-20
After writing Celia's e-mail, pair students up and have them exchange their e-mails. Each will then reply to the other student's e-mail. This could be done on MySpanishLab.

Episodio 6

6-21 El juego de la narración Túrnense para crear una narración oral sobre **Laberinto peligroso.** ¡Incluyan muchos detalles!

MODELO E1: *Laberinto peligroso es un misterio muy imaginativo.*
E2: *Hay tres protagonistas que se llaman…*
E1: …

Estrategia

Another way to approach **6-22** is to hypothesize what *will happen* to the characters of *Laberinto peligroso.* You will need to use the construction form **ir + a +** *infinitive,* for example, *Cisco y Celia van a pelearse mucho porque los dos van a querer escribir sobre el mismo tema.*

6-22 Su versión En la actividad **6-21,** narraron una versión de **Laberinto peligroso.** Ahora es su turno como escritores. Sean muy creativos y creen su propia versión imaginativa. Su profesor/a les va a explicar cómo hacerlo. Empiecen con la oración del modelo. ¡Diviértanse!

MODELO *Javier conocía a otros dos periodistas, Celia y Cisco, y los invitó a participar en un seminario que él enseñaba.*

METHODOLOGY • Activities related to *Laberinto peligroso*

A technique frequently used in literature classes (both beginning and advanced) is for students to retell stories / literature in their own words and in their own order. Research reports that students learn best from other students, and activities such as **6-21** afford students the opportunity to learn from their peers. Peers also stimulate each other and they are subtly encouraged to achieve higher levels.

NOTE for *Laberinto peligroso*

The episode for *Capítulo 6* of *Laberinto peligroso* reviews the previous 5 episodes, and does not present any new information.

NOTE for 6-22

This activity makes use of what is called *accordion stories.* They are a wonderful way to stimulate writing and creativity with language. You need a group of at least 3 students, but we recommend no more than 4 for this assignment. Any more than 4 and you will have students off task while waiting for their classmates to finish. You proceed as follows:

Student 1 takes the *modelo* sentence and writes it at the top of the paper. Then he/she writes a sentence that moves the story along. Student 1 then folds the paper over the original sentence so all that shows is Student 1's sentence. Student 1 passes the paper to Student 2. Student 2 reads what Student 1 has written and then adds the next sentence to the story. Student 2 then folds the paper over Student 1's sentence and passes the paper to Student 3. All Student 3 can see / read is the sentence written by Student 2. And so the process continues. You can control the number of times the students pass the paper to each other. We suggest for this activity that each student write at least 7 sentences. For a group of 3, you will have a "story" of 21 sentences. The more sentences they write, the more involved, and usually more enjoyable, the story becomes. The students should write their sentences for approximately 10 minutes. Once the 10 minutes are up, you or a member of each group can read the stories aloud to the class. When the paper is unfolded, it looks like an accordion or fan.

Encourage students to include a wide variety of verbs and/or details in their sentences.

SUGGESTION for 6-23

If students film their versions of *Laberinto peligroso,* create an after-class, film festival venue. If students are not able to film their "productions," they can act out the dialogue with costumes and props.

NATIONAL STANDARDS

Cultures, Connections, Comparisons

In the review chapter, there are multiple goal areas that apply. Namely, many of the activities encompass Communication, Cultures, Connections, and Comparisons. For Communication, most of the activities identified as pair or small group activities (e.g., **6-2, 6-3, 6-4, 6-8, 6-9, 6-10, 6-12, 6-14, 6-15, 6-16, 6-18, 6-21,** and **6-22**) facilitate the interpersonal mode of communication (Standard 1.1). If you choose to have the groups present the conversations, dialogues, descriptions, and writing samples to an audience of readers or listeners, then you can also incorporate Standard 1.3, the presentational mode. The rubrics provided allow students to assess their levels of effort and to incorporate vocabulary and grammar into the activities they complete. From the use of rubrics in other classes as well as the skill of self-evaluation and evaluation of others, they can make connections through Spanish with other disciplines (Standard 3.1). For Cultures, activities like **6-24, 6-26,** and **6-31** lend themselves well to reviewing the students' understanding of the relationships between the practices, products, and perspectives of Hispanic cultures (Standards 2.1 and 2.2). These activities are the basis for reviewing the *Notas culturales, Perfiles,* and *Vistazo cultural* sections. Lastly, activities like **6-29,** the *¿Lo sabes?* game, allow students to make comparisons between Spanish and English as they make up answers and questions. Similar activities in which they use the subjunctive, review the simple past, and other grammatical concepts allow for comparisons between Spanish and English grammar (Standard 4.1).

6-23 **Tu propia película** Eres director/a de cine y puedes crear tu propia versión de **Laberinto peligroso.** Primero, pon las fotos en el orden correcto y después escribe el diálogo para la película. Luego, puedes filmar tu versión. ■

Estrategia

When creating your interview questions, decide whether you should use *tú* or *usted.* What will guide your decision?

6-24 **¿Cómo eres?** Conoces un poco a los estudiantes y a los profesionales de los países que hemos estudiado en **Vistazo cultural.** ¿Qué más quieres saber de ellos? Escribe por lo menos **diez** preguntas que quieras hacerles. Sé creativo/a. Escribe por lo menos **tres** preguntas usando **el presente** o **pasado perfecto (haber + -ado / -ido)** y **tres** preguntas usando **el subjuntivo.** ■

MODELO

1. *¿Dónde ha vivido usted?*
2. *¿Le gusta montar a caballo?*
3. *¿Necesita viajar mucho para su trabajo?...*

Workbooklet

Estrategia

You have read numerous cultural notes throughout the first 5 chapters. To help you organize the material, make a chart in your notes of the most important information, or dedicate a separate page for each country and write down the unique cultural items of that particular country.

6-25 Aspectos interesantes

Escribe por lo menos **tres** cosas interesantes sobre cada uno de los siguientes países. ■

MÉXICO	ESPAÑA	HONDURAS	GUATEMALA

EL SALVADOR	NICARAGUA	COSTA RICA	PANAMÁ

6-26 Un/a agente de viajes

Durante el verano, tienes la oportunidad de trabajar en una agencia de viajes. Tienes unos clientes que quieren visitar un país hispanohablante. Escoge uno de los países que estudiamos y recomiéndales el país, usando por lo menos **seis** oraciones. ■

6-27 Mis favoritos

Describe tu país favorito (de **Vistazo cultural**) o tu persona favorita (de **Perfiles**) de los **Capítulos 1** a **5**. En por lo menos **diez** oraciones, explica por qué te gusta y lo que encuentras interesante e impresionante de ese país o persona. ■

6-28 Compáralos

Escoge dos de los países que estudiamos y escribe las diferencias y semejanzas *(similarities)* entre los dos. ■

MODELO *En México y en Nicaragua se practican deportes acuáticos porque los dos países tienen costas…*

NOTE for 6-27

Although this activity is similar in nature to **6-26,** you can take one of several approaches: (1) encourage your students to select a different country from the one they used in **6-26;** (2) differentiate instruction—that is, have students who are weaker use **6-26** as a basis to expand for **6-27;** (3) suggest that stronger students choose a country for **6-27** that is not necessarily their favorite, but that is best suited for their clients. Finally, encourage students to select one of the people they studied in the *Perfiles* section of each chapter.

HERITAGE LANGUAGE LEARNERS

For **6-27,** encourage heritage language learners to describe their relatives' countries of origin.

PLANNING AHEAD for 6-28

You may want to encourage students to bring in travel brochures or copies of web pages from the countries mentioned in *Capítulos 1–5* to help them plan their writing.

NATIONAL STANDARDS

Communities

A point of departure for **6-28** for your students would be to investigate the countries studied this first semester for internships for their career paths. For example, if they are interested in architecture, they might want to investigate Mexico and its architectural firms and present a report on what they discovered.

NOTE for 6-29
Jeopardy! is a highly popular, long-running television quiz show in the United States. The premise of the game is that the contestant sees the answer and must formulate the appropriate question. The answers are grouped by categories, and each one has a dollar value. Easier questions have lower dollar values. In almost every community across the United States, the 30-minute show is on 5 nights a week. This game-show format has been wildly successful in Spanish classrooms for decades as a review tool. It provides students with a motivating way to review categories, helps them to organize material thematically, and forces them to make up questions—a skill that the research says students seldom perform because they are usually answering our questions! Use the *¡Anda! Curso intermedio* transparencies / images in MySpanishLab that accompany this activity to make this activity even more enjoyable and realistic.

SUGGESTION for 6-29
Collect the questions and answers from each group and have a student (or students) prepare a PowerPoint presentation for the *Jeopardy!* game. This would be an excellent activity for students who need extra review.

6-29 ¡A jugar! En grupos de tres o cuatro, preparen las respuestas para las siguientes categorías de ***¿Lo sabes?,*** un juego como *Jeopardy!,* y después las preguntas correspondientes. Sugieran valores de dólares, pesos, euros, etc. ¡Buena suerte! ■

CATEGORÍAS

VOCABULARIO	VERBOS	CULTURA
El aspecto físico y la personalidad	Verbos como **gustar**	Personas importantes
La familia	Los tiempos perfectos	Estados Unidos
Los deportes y los pasatiempos	Los mandatos de **nosotros/as**	México
La construcción de casas y sus alrededores	El subjuntivo	España
Dentro del hogar		Honduras
Algunas celebraciones		Guatemala
La comida		El Salvador
Los viajes		Nicaragua
La tecnología		Costa Rica
		Panamá

MODELOS

VOCABULARIO
CATEGORÍA: EL ASPECTO FÍSICO

Respuesta: pelo en el mentón
Pregunta: *¿Qué es "una barba"?*

VERBOS
CATEGORÍA: EL SUBJUNTIVO

Respuesta: Es importante que tú _____ (venir).
Pregunta: *¿Qué es "vengas"?*

CULTURA
CATEGORÍA: PERSONAS IMPORTANTES

Respuesta: Alberto Contador
Pregunta: *¿Quién es un atleta español que practica ciclismo y ganó varias veces el Tour de Francia?*

¿LO SABES?

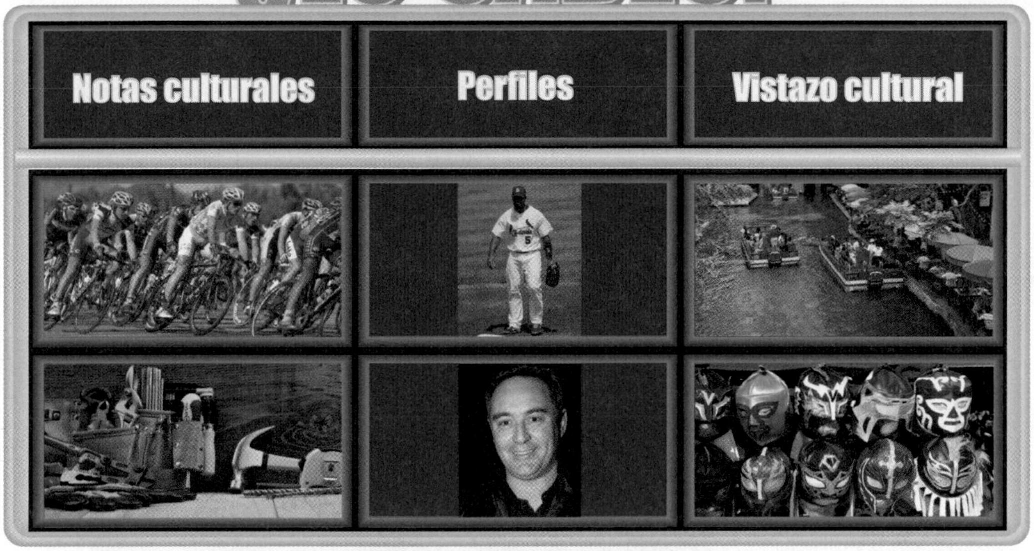

¿LO SABES? DOBLE

CAPÍTULO 6

Instructor Resources

- Extra Images

NOTE for 6-29

The images in this activity are as follows:

¿Lo sabes?

Notas culturales: (top) La Vuelta al Táchira; (bottom) Tiendas de mejoras para la casa

Perfiles: (top) Alberto Pujols; (bottom) Ferrán Adrià

Vistazo cultural: (top) El Paseo del Río en San Antonio, Texas; (bottom) Las máscaras de la lucha libre

¿Lo sabes? Doble

Notas culturales: (top) El Día de los Muertos; (bottom) La isla Magdalena y los pingüinos magallánicos

Perfiles: (top) Lionel Messi; (bottom) Machu Picchu

Vistazo cultural: (top) El Parador de Carmona (bottom) El Canal de Panamá

NOTE for 6-30
Have students research Spanish playwright Pedro Calderón de la Barca. They can then compare his life to that of a contemporary playwright. Suggested keywords: *Calderón de la Barca, dramaturgo español.*

NOTE for 6-31
Encourage students to review the writing strategies in the *Escribe* sections in *Capítulos 1–5* before writing their letters.

6-30 ¿Qué opinan? Tu compañero/a y tú fueron al teatro para ver la obra *La vida es sueño.* Después, fueron a un café para discutir lo que vieron. Túrnense para compartir sus opiniones. ■

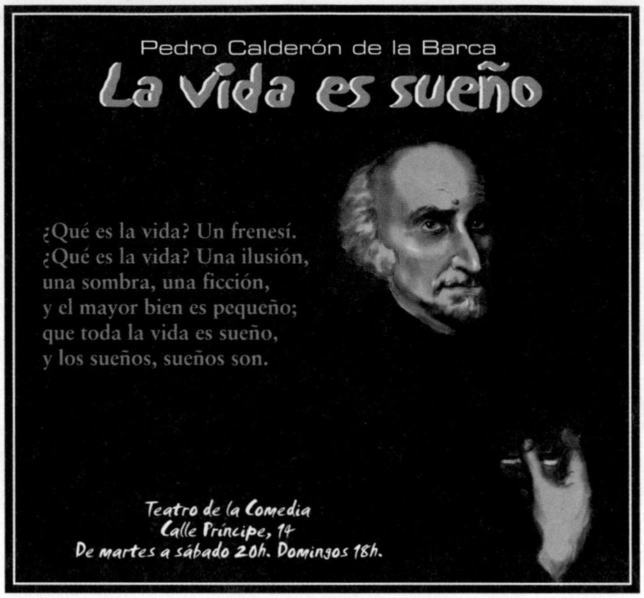
Pedro Calderón de la Barca
La vida es sueño
¿Qué es la vida? Un frenesí.
¿Qué es la vida? Una ilusión,
una sombra, una ficción,
y el mayor bien es pequeño;
que toda la vida es sueño,
y los sueños, sueños son.
Teatro de la Comedia
Calle Príncipe, 14
De martes a sábado 20h. Domingos 18h.

1. Para ti, ¿qué es la vida?
2. ¿Por qué dice Calderón que "la vida es sueño (*dream*)"? ¿Qué puede significar?
3. ¿En qué aspecto(s) puede ser la vida "un frenesí"? Da ejemplos de tu vida.
4. ¿Cuándo se puede comparar la vida a una sombra (*shadow*)?, ¿y a una ficción?

6-31 Querido/a autor/a... Escríbele una carta a uno de los autores de las selecciones de **Letras.** Dile lo que más te gusta de su obra y lo que no te gusta o lo que no entiendes muy bien. Compara su obra literaria con la de otro/a autor/a que leíste. ■

FERNÁNDEZ FLÓREZ
GALEANO
ALCÁZAR
GÓMEZ DE AVELLANEDA
MARTÍ

CAPÍTULO 6

Instructor Resources
- Testing program information

Y por fin, ¿cómo andas?

Having completed this chapter, I now can . . .	Feel confident	Need to review
Comunicación		
• describe myself, my family, and others.	☐	☐
• share ideas about sports and pastimes.	☐	☐
• describe homes in depth.	☐	☐
• relate past celebrations and plan future ones, and describe foods and their preparation.	☐	☐
• plan and give details regarding future and past travels, and indicate how technology is useful.	☐	☐
• express what *has* and *had* happened.	☐	☐
• express wishes, doubts, feelings, and emotions.	☐	☐
• link together simple and complex ideas.	☐	☐
• refer to people and things that may or may not exist.	☐	☐
Cultura		
• synthesize information about families, sports and pastimes, homes and their construction, celebrations, and traveling in the United States, Mexico, Spain, Honduras, Guatemala, El Salvador, Nicaragua, Costa Rica, and Panama.	☐	☐
• compare and contrast the countries I learned about in **Capítulos 1–5.**	☐	☐
Laberinto peligroso		
• review and create with **Laberinto peligroso**.	☐	☐
Comunidades		
• use Spanish in real-life contexts.	☐	☐
Literatura		
• review and reflect about the selections in **Letras**.	☐	☐

Instructor Resources
- IRM: Syllabi and Lesson Plans

NATIONAL STANDARDS

COMUNICACIÓN
- To describe yourself, your family, and others in detail (Communication, Cultures, Comparisons)
- To narrate past events (Communication, Cultures, Comparisons)
- To indicate something *has* or *had* happened (Communication, Comparisons)
- To share information about sports and pastimes (Communication, Cultures, Comparisons)
- To express feelings, opinions, and reactions (Communication, Comparisons)
- To suggest group action using *Let's* (Communication)
- To recommend, suggest, request, or require something of someone (Communication)
- To describe houses and their surroundings (Communication, Comparisons, Connections)
- To express doubt, emotions, and sentiments (Communication)
- To relate information about celebrating life events, and elaborate on foods and food preparation (Communication, Cultures, Comparisons, Connections)
- To discuss travel, means of transportation, and technology (Communication, Connections, Comparisons)
- To connect sentences and clauses (Communication)
- To depict something that is uncertain or unknown (Communication)
- To engage in additional communication practice (Communication)

LABERINTO PELIGROSO
- To describe what has happened thus far to the protagonists: Celia, Javier, and Cisco (Communication, Comparisons)
- To hypothesize about what you think will happen next (Communication)

COMUNIDADES
- To use Spanish in real-life contexts (Communities)

PRELIMINAR

B

Introducciones y repasos

This chapter is a review of vocabulary and grammatical concepts that you are already familiar with in Spanish. Some of you are continuing with *¡Anda! Curso intermedio* while others may be coming from a different program. As you begin the second half of *¡Anda!* it is important for you to feel confident about what you already know about the Spanish language while you continue to acquire knowledge and proficiency. This chapter will help you determine what you already know and focus on what you personally need to improve upon.

If you are new to *¡Anda!* you will not only want to review the grammar already introduced but also familiarize yourself with the active vocabulary used in the textbook. *¡Anda!* recycles vocabulary and grammar frequently to help you learn more effectively, and this chapter will review what we consider to be the basics of the preceding chapters.

254

SECTION GOALS for *Chapter opener*

By the end of the Chapter opener section, students will be able to:
- review the vocabulary and grammatical concepts presented, reviewed, and recycled in *Capítulo Preliminar A–Capítulo 6.*
- take inventory of the communicative functions and expressions they have learned in previous chapters.
- summarize the events of *Laberinto peligroso* episodes and predict future actions and events.

METHODOLOGY • Reviewing at the Beginning of the Term

Learning theory informs our practice of beginning with a review before presenting new material. We recommend that this review be conducted as follows:
1. First day of class: Take care of administrative details (e.g., course enrollments, going over the syllabus, which includes your expectations, etc.), followed by organizing basic speaking activities, such as having students turn to greet each other.
2. Have students review *Capítulo Preliminar A* and *Capítulo 1* of *¡Anda! Curso intermedio* for homework. This makes students accountable for their review. Then, the students will be able to do the pair activities in *Capítulo Preliminar B* the next day in class.

For all students, this chapter also reviews what has occurred to date in the thrilling episodic adventure, **Laberinto peligroso.** Students who haven't seen the previous episodes will also have an opportunity to do so. The episodes in the text and the video build upon each other just like a *telenovela* and, starting in **Capítulo 7,** will continue from where the episode in **Capítulo 5** left off. **Capítulo 6** is a recycling chapter and no new episodes for **Laberinto peligroso** were presented.

Before you begin this chapter, you may wish to review the studying and learning strategies on pages 230–231 in **Capítulo 6.** These strategies are applicable to your other subjects as well. So on your mark, get set, let's review!

OBJETIVOS
COMUNICACIÓN
To describe yourself, your family, and others in detail
To narrate past events
To indicate something *has* or *had* happened
To share information about sports and pastimes
To express feelings, opinions, and reactions
To suggest group action using *Let's*
To recommend, suggest, request, or require something of someone
To describe houses and their surroundings
To express doubt, emotions, and sentiments
To relate information about celebrating life events, and elaborate on foods and food preparation
To discuss travel, means of transportation, and technology
To connect sentences and clauses
To depict something that is uncertain or unknown
To engage in additional communication practice (SAM)
LABERINTO PELIGROSO
To describe what has happened thus far to the protagonists Celia, Javier, and Cisco
To hypothesize about what you think will happen next
COMUNIDADES
To use Spanish in real-life contexts (SAM)

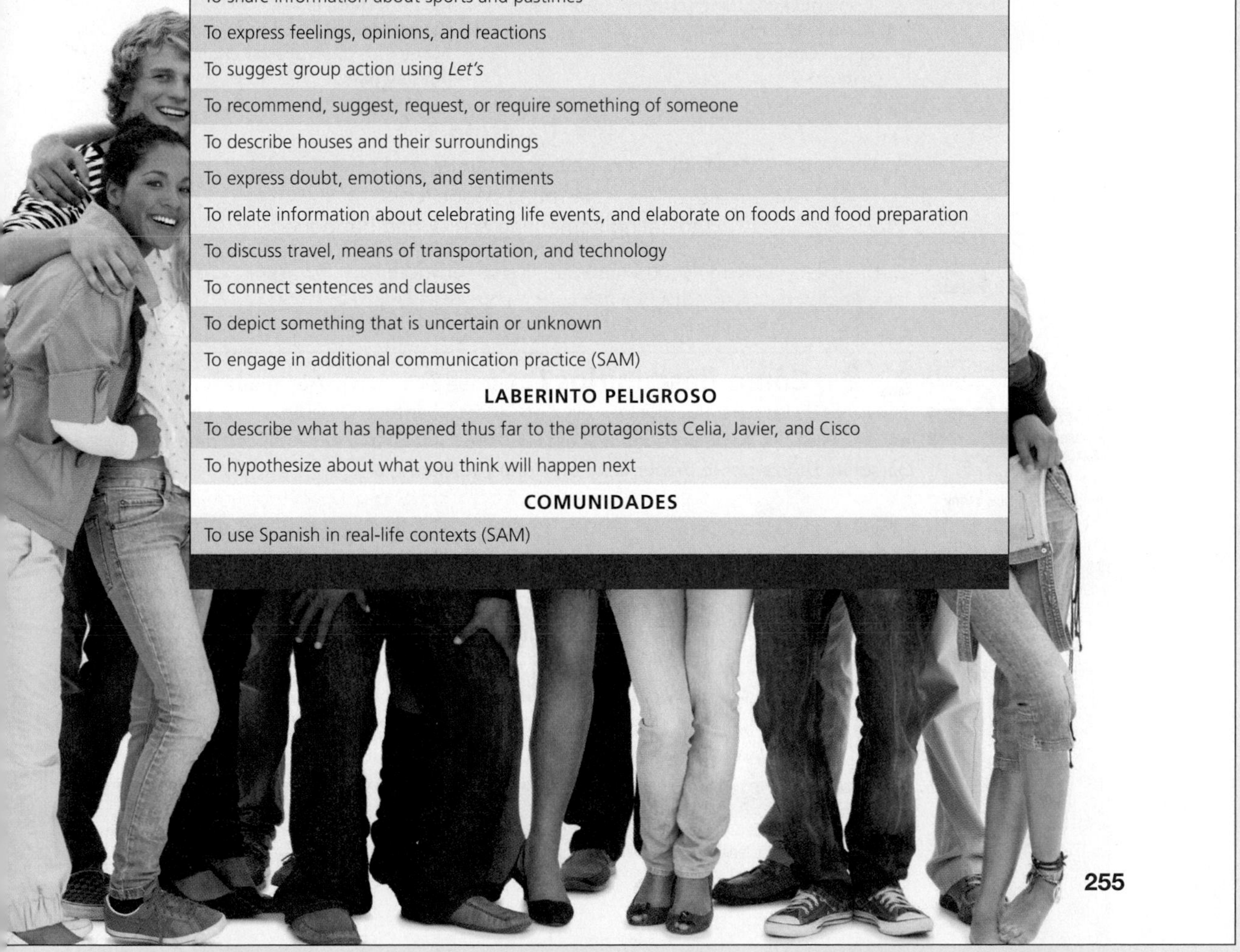

255

METHODOLOGY • *Reviewing* (Capítulo Preliminar B) versus *Recycling* (Capítulo 6)
Different goals and objectives guided the creation of *Capítulo 6* and this current chapter, *Capítulo Preliminar B*. The goal of *Capítulo 6* was to *recycle* material and to "put it all together," acting as culminating activities after a semester of study. At the end of a semester, your students have been together for an extended period of time working with you and each other. They are familiar with you, your expectations, and those of *¡Anda! Curso intermedio*. With *Capítulo Preliminar B* there is the potential for a very different scenario. Some of you will not have taught the first semester, some of your students may have had a different instructor in the first semester of intermediate Spanish, some of your students may be coming directly from high school or from another institution of higher education, and still other students may have taken time off from studying Spanish and are re-entering the course of study. Hence, the intention of *Capítulo Preliminar B* is to methodically *review* and guide all students to begin at a similar point. You will notice that *Capítulo Preliminar B* moves more by small chunks of material than does *Capítulo 6*. *Capítulo Preliminar B* assumes that students need more step-by-step guidance and remediation so they can all arrive at a more common starting point.

Given this rationale, it is up to you how (and whether) you will use this chapter. *¡Anda!* was created to afford you, the instructor, the maximum flexibility in your planning. What follows are several options:

1. You may choose to use *Capítulo 6* at the end of first semester to recycle, and *Capítulo Preliminar B* at the beginning of second semester as a review.
2. You may choose to use Option #1, modifying it by picking and choosing the activities that best suit your needs.
3. You may choose not to use *Capítulo 6* at the end of the first semester of intermediate Spanish, but rather to begin this semester with it, and skip *Capítulo Preliminar B*.
4. You may choose to move directly to *Capítulo 7*.

The bottom line is that you know your students and your curriculum better than anyone else. Choose the option that works best for you and your circumstances.

NATIONAL STANDARDS
¡Anda! Curso intermedio is committed to and based on the National Foreign Language Standards. These National Standards, known as the *5 Cs*, are Communication, Cultures, Connections, Comparisons, and Communities. The beginning of each chapter will highlight how each of the 5 Cs will be addressed in that chapter.

Each of the five Goal Areas has corresponding standards. When possible, the Goal Areas have been expanded to include each standard that the activities address. In *¡Anda!* you will find ways to incorporate the standards into your teaching, and sometimes we will present alternative directions or assignments in order to meet more than one standard. If you are new to *¡Anda!* or you are unfamiliar with the 5 Cs, please consult the explanations provided in *Capítulo Preliminar A* or the Preface.

PLANNING AHEAD
As homework, assign students to review the vocabulary and grammar presentations of one or two chapters from *Capítulos 1–5*. Then, when students come to class, they will be prepared to do the activities. Also, you may wish to have students bring photos or magazine images to class for **B-1** and **B-17.** You may want to have students complete *Paso 1* of **B-21** and **B-22** prior to coming to class.

Instructor Resources
- Extra Activities

SECTION GOALS for *Comunicación*

By the end of the *Comunicación* section, students will be able to:
- assess their mastery of the basic grammatical structures presented thus far: concordance, pronouns, prepositions, verbs in the present and past, adjectives, irregular verbs, and idiomatic expressions.
- describe themselves, family members, and others, including likes and dislikes, personality traits, and physical characteristics.
- discuss popular sports and pastimes.
- make suggestions, state their wishes, and express probability using the subjunctive.
- describe their ideal houses and their contents, discuss household chores, and form past participles with *estar.*
- report about celebrations and foods using the past perfect and the past perfect subjunctive.
- identify modes of travel, transportation and vacation plans, and how technology plays a role in leisure time.
- distinguish between the relative pronouns *que* and *quien* / and express uncertainty using the subjunctive.
- summarize and synthesize the happenings of the *Laberinto peligroso* characters and hypothesize about future events and activities.

NOTE for *Comunicación*

The *Comunicación* section of *Capítulo Preliminar B* encompasses the communicative functions from *Capítulo Preliminar A* through *Capítulo 5*. The review presents the communicative skills and vocabulary that are acquired as students progress chapter by chapter. This particular *Comunicación* section covers the first half of the book, whereas the regular chapters have two *Comunicación* sections per chapter, and the section goals are presented in chronological order.

METHODOLOGY • Helping Your Students with Study Habits

References will be made to the page numbers in the first half of the book that your students can consult if they need more guidance. Students who need additional mechanical practice in addition to what is in this chapter will find MySpanishLab to be an excellent resource.

Comunicación

• Capítulo Preliminar A *and* Repaso *Grammar Boxes:* Capítulos 1–5 •

B-01

1. Para empezar y Repaso. Capítulo Preliminar A and the two **Repaso** grammar boxes in each of **Capítulos 1–5** served as an organized review of beginning Spanish grammar concepts via the following topics. Consult the pages listed if you need to review these topics before proceeding.

gender of nouns, p. 4
singular and plural nouns, p. 5
definite (**el, la, los, las**) and indefinite (**un/a, unos/as**) articles, p. 6
descriptive and possessive adjectives, pp. 7, 11
present indicative of regular, irregular, and stem-changing verbs, pp. 13, 14, 19
reflexive constructions, p. 22
ser and **estar,** p. 26
gustar, p. 29
direct (**me, te, lo, la, nos, os, los, las**) and indirect (**me, te, le/se, nos, os, les/se**) object pronouns, p. 35
the **preterit,** pp. 47, 111
formal (**Ud./Uds.**) and informal (**tú**) commands, p. 74
the present **subjunctive,** p. 87
the **imperfect,** p. 123
the **preterit** and the **imperfect,** pp. 149, 205
hacer with time expressions, p. 160
por and **para,** p. 189

• Capítulo 1 •

Describing yourself, your family, and others in detail
Narrating past events
Indicating something *has* or *had* happened

B-02 to B-03

2. El aspecto físico y la personalidad. Repasa el vocabulario **El aspecto físico y la personalidad** de la página 34 y haz la siguiente actividad.

4:00

B-1 ¿Cómo describirlos? Describe a algunas personas que conozcas o a algunas de las personas que aparecen en las fotos, enfocándote en (*focusing on*) sus aspectos físicos y su personalidad. Si usas las fotos, imagina la personalidad de estas personas. Utiliza por lo menos **ocho** oraciones. Túrnense. ■

Estrategia

In **B-1,** you are directed to say at least eight sentences. See how many more than eight you can do in the time allotted. Always try to do more than the minimum suggested.

MODELO *Mi amiga Carol es simpática, inteligente y amable. Es alta, rubia, tiene los ojos verdes y es muy delgada. Tiene pestañas muy largas y unas cejas…*

Estrategia

Whenever you do an activity, such as **B-1,** always try to go beyond the images you see. For example, talk about not only the obvious physical characteristics and possible personality traits, but also imagine and describe their families. Perhaps you can pretend that you and your partner are siblings, and that one of the photos is of your family.

SUGGESTION for B-1

For **B-1,** encourage students to bring photos of famous people or their own families, to draw stick figures of their families or people they know, or to bring in pictures from magazines so that they can create "imaginary friends or family." The latter suggestion is very successful, as students tend to be very creative with the pictures they bring to class. The images make excellent visual organizers and help to break the ice for students who may not know each other well.

SUGGESTION for B-1

As a way for students to get to know each other, after 3 minutes with one partner, have them each work with a different partner. This not only helps to build community in the classroom, but also, the repetition of the basic family information helps students build confidence.

METHODOLOGY • Review

It is suggested that a minimal amount of time be spent on reviewing *Capítulo Preliminar A* because all of the expressions and concepts presented there are utilized throughout the rest of the text. We recommend conducting this review in 5 days or less. Having said that, everyone's schedule is unique, so ultimately, you need to make choices that best fit your circumstances.

B-04 to B-05

3. Algunos verbos como *gustar*. Repasa los verbos como **gustar** de la página 39. ¿Qué otros verbos son como **gustar?** Ahora, haz la siguiente actividad.

1:00

B-2 Y mis amigos...

Túrnense para crear y terminar las siguientes oraciones con algunos verbos como **gustar.** ■

Estrategia

You will notice that nearly all activities in *¡Anda! Curso intermedio* are pair activities. You will be encouraged or required to change partners frequently, perhaps even daily. The purpose is for you to be able to practice Spanish with a wide array of speakers. Working with different classmates will help you to improve your spoken Spanish faster.

MODELO Las características que más (interesarme) en una persona son...
Las características que más me interesan en una persona son la inteligencia y la simpatía.

1. Las características que menos (interesarme) en una persona son...
2. A mi mejor amigo/a no (interesarle)...
3. (Fascinarme)...
4. A los estudiantes (encantarnos)...
5. (Caerme) bien las personas que...

B-06 to B-07

4. Algunos estados. Repasa **Algunos estados** en la página 46 y haz la siguiente actividad.

3:00

B-3 Te toca a ti

Inventen cómo eran la personalidad de las personas que aparecen en estas obras de arte. Utilicen por lo menos **ocho** oraciones. ■

Estrategia

Remember that you can find reviewing techniques in *Capítulo 6* that you may use. Also remember MySpanishLab is available for your use.

Felipe VI Cazador, Diego Velázquez, entre los años 1632 y 1638

Retrato del pintor Francisco de Goya, Vicente López, 1826

MODELO *El señor con bigote probablemente era amable, pero tímido...*

METHODOLOGY • Culture

You will notice that the cultural concepts from the first five chapters are not formally reviewed. This review is meant to consist of the basic grammar and vocabulary so that the students will quickly feel successful and begin the new material in *Capítulo 7.*

METHODOLOGY • Reviewing and Creating a Cohesive Group

This preliminary chapter is meant to assist you with the beginning of the semester. Many of you teaching this course will have a wide array of students with various backgrounds in Spanish. It is necessary to start with a review that will familiarize the students with the vocabulary and grammar concepts to help them be successful as they continue on with their study of Spanish. We have organized the review based on *¡Anda! Curso intermedio Capítulo Preliminar A* through *Capítulo 5. Capítulo Preliminar B* moves methodically and progressively through the material of each of the previous six chapters, following a methodology based on learning theory.

METHODOLOGY • Expansion for Helping Your Students with Study Habits

You can flag certain pages from *Capítulo Preliminar A* through *Capítulo 5* in your book and model the study skill of using sticky notes to flag important topics. If you used *¡Anda! Curso intermedio* for the first semester, you have a good idea of what vocabulary or grammar your students will need to review. This technique works well because it is a non-permanent way to efficiently organize the text.

SUGGESTION for B-2

You may want to talk about the difference between using *gustar* and *encantar.* Point out that we do not use *amar* the way we use "love" in English: e.g., I love ice cream (English) = *Me encanta el helado* (Spanish).

EXPANSION for B-2

Pair students and have them talk about likes and dislikes. If you prefer, you can have them each describe a classmate, referencing his/her likes and dislikes. Then each student can write about his/her classmate's preferences.

METHODOLOGY • Pair Work

¡Anda! Curso intermedio is based on the research that states that students learn best from students. Stephen Krashen would explain it as lowering the affective filter. Still other researchers would call this a *constructivist approach* to teaching and learning. Hence, most of the activities are suggested to be pair activities. This is predicated on students changing partners daily (or nearly daily). Once again, we encourage you to determine what works best for you. You may decide that you would like to assign some of the activities as homework to be turned in for a grade. Still other activities you may decide to skip altogether. The goals of *¡Anda!* are to maximize student talk time in class and to make your job as instructor as streamlined as possible, providing you with all the tools to make the best instructional delivery decisions.

METHODOLOGY • Use of English and Spanish in *Capítulo Preliminar B*
Although limited, there is some use of English in this chapter. For example, it is used in the two-page chapter opener, and some of the student notes are in English. On the other hand, you will note that the students are asked in Spanish to review the grammar from *Capítulo Preliminar A* through *Capítulo 5* by themselves and most times to state the rule(s). The hope is that they can state the rules in Spanish (in however clumsy a way). If students revert to English, this is still determined to be acceptable because the goal is for the students to be able to restate a rule so that it is meaningful to them. This method is based on the learning theory concept that learners demonstrate comprehension when they can state or explain the rules. Directions to the activities are in Spanish because they are at what Krashen calls the comprehensible input level of *i* + *1*.

METHODOLOGY • Pair Work
The authors strongly believe in the research that says "students learn best from students," so there is an abundance of pair and group activities in *¡Anda! Curso intermedio.* For the first day(s) of class, simply have students turn to their neighbors. In subsequent chapters, ideas will be provided so that you can vary partners, preferably on a daily basis.

ADDITIONAL ACTIVITY for *El presente perfecto de indicativo*
En grupos de cuatro o cinco estudiantes, túrnense para decir una cosa que ha hecho cada persona en las siguientes situaciones.

MODELO
servir a la comunidad
He sido voluntaria en un hospital.

1. servir a la comunidad
2. molestar a tus padres
3. hacer una cosa tonta
4. ayudar a tu familia
5. hacer una cosa atrevida

B-08 to B-09

5. El presente perfecto de indicativo. Repasa **El presente perfecto de indicativo** en la página 49. Explícale a un/a compañero/a cómo formarlo y luego haz la siguiente actividad.

7:00

B-4 Así soy yo Si te describieras, ¿qué dirías (*what would you say*)? ¿Qué has hecho en tu vida? ¿A cuántas escuelas has asistido? ¿En cuántas ciudades has vivido? ¿Qué te ha interesado? ¿Qué te ha fascinado? ¿Qué tipos de personas te han caído bien/mal? Descríbete en por lo menos **ocho** oraciones usando **el presente perfecto de indicativo.** Después, comparte la descripción con **cinco** compañeros. ■

MODELO *Siempre he sido una persona muy generosa con mi tiempo y mi dinero. No me han caído bien las personas flojas…*

Estrategia
When reading, you will at times come across a word that you have not formally learned. It is important that you do not become frustrated but rather look for clues to the word's meaning. Maybe it looks like another word you have already learned; perhaps you can guess its meaning from the context of the sentence or paragraph. One example is *describieras* in the directions for **B-4**. Although you have not yet learned the tense for *describieras,* what is the infinitive for this verb? What do you suppose it means?

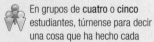

B-10 to B-11

6. La familia. Repasa el vocabulario de **La familia** en la página 53 y haz las siguientes actividades.

5:00 Workbooklet

B-5 A ver si encuentras… Es hora de entrevistar a tus compañeros. Completa los siguientes pasos. ■

Estrategia
If necessary, review the formation of the preterit on p. 47 before beginning **B-5.**

Paso 1 Crea preguntas en **el pretérito** según el modelo.

MODELO conocer a tus bisabuelos
¿Conociste a tus bisabuelos?

Paso 2 Busca a algún/alguna compañero/a que responda afirmativamente.

MODELO
E1: *¿Conociste a tus bisabuelos?*
E2: *No, no conocí a mis bisabuelos.*
E1: *¿Conociste a tus bisabuelos?*
E3: *Sí, conocí a mis bisabuelos.*
E1: *Bueno, firma aquí, por favor.*
E3: Ray

conocer a tus bisabuelos Ray	nacer un/a sobrino/a u otro miembro de la familia este año	ir de vacaciones con los parientes durante la niñez
conocer a algunos gemelos en la universidad	recibir una herencia monetaria de los bisabuelos	divertirse durante la adolescencia
aprender algo importante de unos ancianos cuando era niño/a	divorciarse unos amigos el año pasado	casarse hace unos años

10:00 Workbooklet

B-6 Pregúntale Usa las siguientes palabras para formar por lo menos **ocho** preguntas. Luego, házselas a tus compañeros/as. ■

Estrategia
If necessary, make a list of all of the question words to assist you with **B-6.**

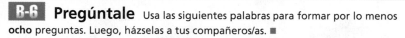

los gemelos	la madrina/el padrino	la nuera/el yerno
el hermanastro/la hermanastra	el marido/la mujer	la pareja
el hijastro/la hijastra	el hijo único/la hija única	el suegro/la suegra

	E1	E2	E3
1. ¿Conoces a algunos gemelos?			
2.			
3.			
4.			
5.			
6.			
7.			
8.			

MODELO
E1: *Tengo una pregunta para ti. ¿Conoces a algunos gemelos?*
E2: *No, no conozco a ningunos gemelos. Ahora una pregunta para ti: ¿Cómo se llama el marido de Penélope Cruz?…*

NOTE for *Workbooklet* Icon
Throughout *¡Anda!* you will see charts and tables for students to record information and compare with their classmates. These charts or tables are in each chapter, and they serve as advance organizers and a way for students to compare and contrast information easily. These charts and tables are in the *Workbooklet.*

EXPANSION for B-5
Have students choose one of the topics they answered affirmatively and add details using the preterit and imperfect.

EXPANSION for B-6
As an additional activity, you may wish to have students create a family tree with a "proposed family," and you might ask students to identify family relationships from the tree instead of having them offer their own personal information. By supplying a "family," all members of the group can help/scaffold.

METHODOLOGY • Lesson Planning
We have provided suggested amounts of time for you to devote to each activity. These times include pairing students up at the beginning of class for the duration of the class, giving your students time to read the directions with their partners, performing the activity, and a brief follow-up. The follow-up should only include a spot check of some pairs and only some of the items. It is not appropriate to redo all the activities that students have completed with partners. Explain to students that they need to help each other and to self-correct within their small groups.

METHODOLOGY • Making Students Accountable for Their Learning
Note that your students are being asked to go back to previous chapters to review grammar and vocabulary. They can review these topics before coming to class and then do the activities in class.

METHODOLOGY • Progression of Language Objectives
You will note that **B-5** is an activity dealing with family, as is **B-6.** The difference is that in **B-5,** the students create sentences with highly familiar vocabulary, whereas in **B-6,** the students use vocabulary that deals with more extended members of the family and tends to be less used.

SUGGESTION for *Deportes*
Use the *¡Anda! Curso intermedio* vocabulary visuals to review this and any future vocabulary. They assist your visual learners in acquiring the vocabulary.

METHODOLOGY • Activity Sequencing
In *¡Anda! Curso intermedio,* activities are ordered and presented in a logical sequence based on the order in which students acquire language. The activities require that students build on their prior knowledge as they acquire new concepts. Students are presented with the information they need at a given time, at their level. It is divided into manageable chunks.

EXPANSION for B-7
Have your students talk about their own vacations, either real or the vacations of their dreams.

METHODOLOGY • Differentiating Instruction
We are well aware that different students have different abilities and needs. For your heritage language learners and students who are more advanced or creative with the language, you may wish to direct them to the *Heritage Language* section in the Student Activities Manual. There, they will find activities that will provide additional practice.

NOTE on *Capítulo Preliminar B*
The activities in *Capítulo Preliminar B* are similar to activities in *Capítulo 6.* There are two main reasons for including similar activities. First, students who are continuing with *¡Anda!* are able to do the activities quickly and test how well they understood the material, because *¡Anda!* firmly believes in and has incorporated spiraling of material and recycling. Second, students who are new to the program can review the activities from earlier chapters, and the familiarity allows them to feel successful when they complete the *Capítulo Preliminar B* activities. You may wish to start with *Capítulo Preliminar B,* and then if your students require additional communicative practice, direct them to *Capítulo 6.* Even if they did some or all of the activities in *Capítulo 6* at the end of the previous semester, the additional practice will be excellent.

• Capítulo 2 •

Sharing information about sports and pastimes
Expressing feelings, opinions, and reactions
Suggesting group action using *Let's*
Recommending, suggesting, requesting, or requiring something of someone

B-12 to B-13

7. Deportes. Repasa el vocabulario de **Deportes** en la página 72 del **Capítulo 2.** Luego haz las siguientes actividades.

Estrategia

¡Anda! Curso intermedio has provided you with reviewing and recycling references to help guide your continuous review of previously learned material. Make sure to consult the indicated pages if you need to refresh your memory about this or any future recycled topics.

3:00 **B-7 ¿En qué orden lo hicieron?** La familia Hernández fue de vacaciones por seis días. Hicieron algo diferente cada día. Pon los dibujos en el orden que quieras y explícale a tu compañero/a qué hicieron. Tu compañero/a tiene que decirte el orden. Túrnense. ■

Estrategia

¡Anda! Curso intermedio encourages you to be creative when practicing and using Spanish. Being creative now in your Spanish class will help you become a more confident speaker when you use Spanish in your everyday life. One way to be creative with Spanish is to devise mini-stories about photos or drawings that you see. Being creative also includes giving individuals in drawings names and characteristics.

7:00

B-8 ¿Verdadero o falso?

Escribe **cinco** oraciones sobre lo que miembros de tu familia, personas que conoces o tú **han hecho** o **no han hecho** en el mundo deportivo. **Cuatro** de las cinco oraciones deben ser **falsas** y **una** debe ser **verdadera.** En grupos de cuatro, tus compañeros/as tienen que adivinar cuál de las oraciones es verdadera. Túrnense. ■

Estrategia

Getting to know your classmates helps you build confidence. It is much easier to interact with someone you know.

MODELO E1: *Mis padres han hecho surf en Hawaii. Mi mejor amigo ha ganado un premio en boliche,…*

E2: *A ver. La oración verdadera es Mi mejor amigo ha ganado un premio… ¿Qué opinas, E3?*

E3: *En mi opinión, la oración verdadera es…*

B-14

8. Los mandatos de *nosotros/as*. Repasa **Los mandatos de *nosotros/as*** en la página 78. ¿Cómo se forman? Ahora, haz la siguiente actividad.

2:00

B-9 Hagamos lo siguiente…

Invita a tu compañero/a a hacer alguna de las actividades del dibujo usando **mandatos de *nosotros/as***. Tu compañero/a debe aceptar o rechazar las invitaciones. Túrnense. ■

Estrategia

In **B-9,** use direct object pronouns (*me, te, lo, la, nos, os, los, las*) where appropriate. Note the *modelo.*

MODELO E1: *¡Hagamos surf!*

E2: *Gracias, pero no lo hagamos este fin de semana porque va a hacer mal tiempo.*

NOTE on *Actividades*

¡Anda! Curso intermedio provides many activities for diverse groups of learners and learning styles. You, as the instructor, should decide which activities to use based on how well they meet the needs of your students. Depending on how often your class meets, you might decide to use class time entirely for speaking and to assign the writing activities for homework. Use the activities that are relevant to your learning goals and select the activities that align with those goals.

METHODOLOGY • Repeating Activities as a Learning Tool

You will notice that *¡Anda! Curso intermedio* encourages students to repeat activities they may have already done in the text and Student Activities Manual. This study technique is based on thousands of research studies dealing with general learning theory for all subject areas. We learn by gaining confidence with what we already know and by analyzing our errors. When they review previously completed activities, your students are already familiar with the contexts and they are able to observe and note their improvements. They are also better able to ask questions about what they still do not understand. This same learning theory applies to all other skills, such as music: we practice the same scales and arpeggios over and over in order to become more proficient.

Repetition helps our students to succeed and to feel successful. It is important to begin a semester with students gaining confidence. It sets the tone for a positive learning experience for all.

NOTE for B-9

If it better suits the needs of your class, you may want to have students simply write their lists of suggestions without requiring an answer from another student.

HERITAGE LANGUAGE LEARNERS

Remind heritage language learners that when giving the *nosotros* command, they should use *vamos* with the verb *ir* to express “let's go” instead of using the verb *vayamos.*

EXPANSION for B-10
Have students choose at least three of the activities mentioned in **B-10** and have them give some suggestions related to the activities using the subjunctive. E.g.: *Te aconsejo que lleves una tienda de campaña, una estufa y agua para que puedas ir de camping. Para pintar, es necesario que vayas a la tienda y compres…*

EXPANSION for B-10
Encourage students to add hobbies and pastimes that are not included in the list.

METHODOLOGY • Use of Grammatical Terminology
You will notice that *¡Anda! Curso intermedio* uses a limited amount of grammatical terminology with students. For example, when reviewing or teaching the subjunctive, there is a limited use of terms such as *dependent/subordinate clauses,* etc. The philosophy of *¡Anda!* is that it is more important that the learner know how *to use* the language rather than be encumbered by grammatical terms.

SUGGESTED ANSWERS to B-10
En casa
coleccionar tarjetas de béisbol
coser
En casa y al aire libre
hacer trabajo de carpintería
decorar la casa
hacer artesanía
jugar a las damas
tejer
hacer yoga
pintar
comentar en un blog
Al aire libre
tirar un platillo volador
pasear en barco de vela
trabajar en el jardín
ir de camping
pescar
montar a caballo

B-15 to B-16

9. Pasatiempos y deportes y el subjuntivo. Repasa **Pasatiempos y deportes** y **El subjuntivo** en las páginas 86 y 87. ¿Cómo se forma **el subjuntivo**? Explícaselo a un/a compañero/a de clase. ¿Cuáles son algunos de sus usos? Ahora, haz las siguientes actividades.

7:00 Workbooklet

B-10 Nuestros pasatiempos Juntos hagan un diagrama de Venn, categorizando los siguientes pasatiempos de acuerdo con los que se pueden hacer en casa, los que se hacen al aire libre y los que se pueden hacer en ambos lugares. ■

coleccionar tarjetas de béisbol	jugar a las damas
decorar la casa	pescar
hacer trabajo de carpintería	tejer
pasear en barco de vela	comentar en un blog
trabajar en el jardín	hacer yoga
coser	pintar
hacer artesanía	tirar un platillo volador
ir de camping	montar a caballo

Estrategia
Another tip to help you remember vocabulary is to use images in association with the words. You could create visual flash cards with pictures instead of English translations. Also, try to associate these activities with times when you have done them or seen someone else do them. When you put your vocabulary in a personal context, it becomes more meaningful to you and you will retain it better.

MODELO

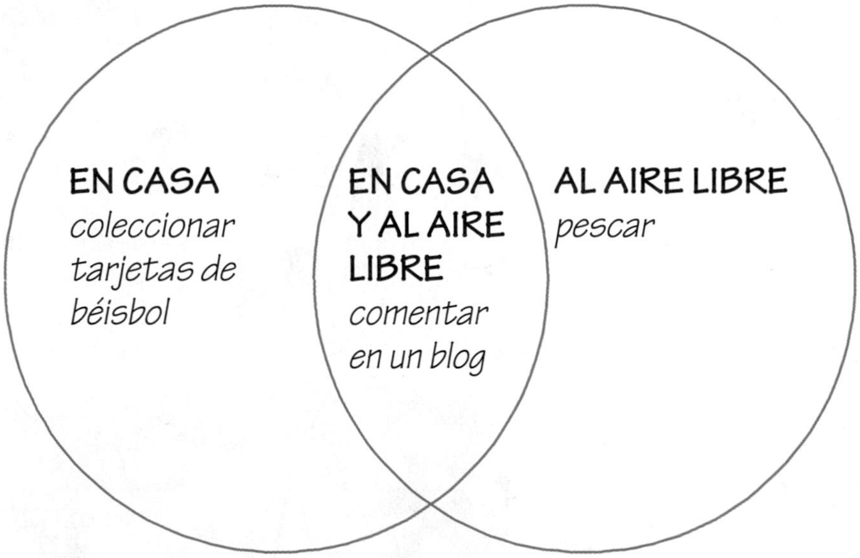

7:00 Workbooklet

B-11 ¿Probable o poco probable? ¿Para quién es probable...? ■

Paso 1 Entrevista a los compañeros de clase para saber para quién es probable y para quién es poco probable cada una de las siguientes acciones. Escribe el nombre de la persona y la letra **P** para "probable" y **PP** para "poco probable".

MODELO bucear

TÚ: *Leo, ¿es probable que bucees esta noche?*

E1: *No, es poco probable que bucee. Comento en un blog todas las noches...*

ES PROBABLE O POCO PROBABLE QUE...		
pescar	coleccionar tarjetas de béisbol	tomar clases de artes marciales
coser	bucear Leo PP	hacer jogging
jugar a videojuegos	decorar un cuarto	jugar al ajedrez

Paso 2 Comunica los resultados a la clase usando el siguiente vocabulario.

Vocabulario útil

el cien por ciento de los estudiantes	**casi todos los...**	**más de la mitad de los...**
todos los...	**la mitad (*half*) de los...**	**pocos estudiantes...**
	casi la mitad de los...	**sólo un estudiante...**

LOS RESULTADOS

TÚ: *El noventa y cinco por ciento de la clase dice que es poco probable que buceen esta noche...*

METHODOLOGY • Students Learning from Students

The authors of *¡Anda! Curso intermedio* firmly believe in the importance of students learning from students. Students construct knowledge, build confidence, and become highly motivated; they truly learn best from other students. Hence, *¡Anda!* makes frequent use of activities in which students must either work with partners or circulate around the classroom to interact with their classmates. You will find that students love these activities and truly use their Spanish. It is important that you set these activities up with several strong expectations.

1. Students must speak solely in Spanish.
2. When they have a survey to conduct, they must each speak to at least 6 different students.
3. They must ask the questions and not just point to the paper.
4. Another technique you should always keep in mind is to end an activity when students are still enjoying it. Never wait until *all* groups have completed the activity; the others will become bored and go off task. A technique that works well is to have additional activities from the text (activities from previous days and earlier chapters) listed on the board for groups who finish first.

EXPANSION for B-11

Have students create a pie chart that represents the data collected in the class.

B-17 to B-18

10. El subjuntivo para expresar pedidos, mandatos y deseos. Repasa las páginas 91 y 92 donde se explica **El subjuntivo para expresar pedidos, mandatos y deseos.** ¿Cuáles son algunos verbos o algunas expresiones para expresar pedidos, mandatos y deseos? Escribe una lista con algunos de los verbos y expresiones para tenerlos como referencia. Ahora, haz las siguientes actividades.

5:00

B-12 Más mentiras

Escribe **cinco** oraciones sobre ti mismo/a (*yourself*) usando el vocabulario de **Pasatiempos y deportes** y **El subjuntivo. Una** de las oraciones debe ser **verdadera** y **cuatro** deben ser **falsas.** Tu compañero/a tiene que adivinar cuáles son falsas y cuál es verdadera. Túrnense. ■

MODELO E1: *Yo tejo todos los días.*
E2: *Creo que es falso. No creo que tejas todos los días… / Creo que es verdad. Es posible que tejas todos los días.*

8:00 Workbooklet

B-13 Tus consejos

Siempre tenemos deseos y consejos para los demás. ■

Fíjate

Note the use of the word *sino* in the *modelo* for **B-13.** It is used when you have a negative clause preceding another clause, e.g., *no juegues.*

Paso 1 Expresa tus deseos para las siguientes personas. Termina cada oración con el vocabulario apropiado y verbos diferentes para cada una.

MODELO A TU MEJOR AMIGO/A: *Es importante que…*
Es importante que no juegues tantos videojuegos sino que hagas algo al aire libre como trabajar en el jardín.

A TU MEJOR AMIGO/A	A TU PROFESOR/A	A TUS PADRES O FAMILIARES	A TI MISMO/A
1. Es importante que…	1. Espero que…	1. Les recomiendo que…	1. Es preferible que yo…
2. Te aconsejo que…	2. Nosotros deseamos que…	2. Siempre les exigo que…	2. Es necesario que…
3. Espero que…	3. Los estudiantes ruegan que…	3. Sugiero que…	3. No es importante que…
4. Prefiero que…	4. Propongo que…	4. Quiero que…	4. Mis amigos no me recomiendan que…

Paso 2 Compara tus recomendaciones con las de un/a compañero/a.

5:00

B-14 Les recomiendo que…

¡Muchas personas necesitan sus consejos! Hagan comentarios y sugerencias para cada situación. Usen por lo menos **cuatro** oraciones diferentes para cada una. Túrnense. ■

1. Una amiga recién divorciada quiere casarse con un hombre a quien conoció hace menos de un mes.
2. Tus cuñados viven de una manera muy desorganizada.
3. Tus vecinos tienen siete nietos que vienen a visitarlos por ocho días.
4. Tienes tres amigos. Recomiéndales algunos deportes y pasatiempos según sus personalidades: Dolores es extrovertida y amable. Eduardo es callado y bien educado. Manolo es flojo y terco.

NOTE for B-15

B-15 is a good way for students to learn the names of their classmates and to build trust within the classroom community. When students know the names of their classmates and can talk to them on a familiar basis, they are more likely to take risks with their language learning and to enjoy practicing Spanish with new people. As students report back to the class and repeat information, you can learn the names of your new students.

NOTE for B-15

This activity is outstanding for helping students get to know each other and practice stringing small sentences together.

Instructions

1. If you have 25 students or less, have students sit in one large circle.
2. You can orchestrate the seating (unbeknownst to the students) so that your weakest students are sitting toward the beginning of the activity. Therefore, you can either quickly tell students where to sit in the circle, or you can insert yourself in the circle, close to the weakest student.
3. Model the activity demonstrating that Student 1 says his/her name and one brief sentence using the vocabulary being reviewed as well as the subjunctive, if you so desire. Student 2 says his/her name, one brief sentence about himself/herself using the review vocabulary and the subjunctive, and then says who Student 1 is and repeats Student 1's brief sentence. Your model uses the verbs students have learned up to this point.
4. You proceed all around the circle, with you at the end repeating all the students' names and information.
5. Students are not allowed to write any notes about what their classmates are saying. Rather, students are to help one another, so if someone forgets, students can coach/help/tell one another.
6. You can control the sentences. For example, if two students have already said *Sugiero que juguemos al póquer,* you can intervene by saying: *Ya no queremos más oraciones con "juguemos al póquer". Usen otros verbos.*
7. Encourage applause by all classmates after approximately Student 10.
8. After the first few students, your entire class will understand that this is a very supportive activity. As the class leader, you should ensure that students feel good after having said the sentences. Students truly enjoy getting to know the names of their classmates.

up to 20:00

B-15 A conocerte mejor

Siéntense en un círculo. Su profesor/a les va a dar las instrucciones de esta actividad. ¡Diviértanse! ■

• Capítulo 3 •

Describing houses and their surroundings
Expressing doubt, emotions, and sentiments

B-19 to B-20

11. La construcción de casas y sus alrededores. Repasa el vocabulario de **La construcción de casas y sus alrededores** en la página 110 y haz las siguientes actividades.

4:00

B-16 ¿Cómo es la casa de tus sueños?

Completa los siguientes pasos. ■

Paso 1 Describe la casa de tus sueños (*dream house*). Debes hablar de los materiales de la casa, los alrededores y el interior de la casa.

MODELO *La casa de mis sueños no es muy grande. Es una casa de madera pintada de amarillo. Tiene un patio de ladrillos detrás donde siempre podemos tener fiestas. Está en el campo y el jardín es muy bonito…*

Paso 2 Repite por lo menos **tres** cosas que tu compañero/a te dijo para ver cuántos detalles recuerdas.

Estrategia

Being an active listener, e.g., being able to repeat what you heard someone say, is an important speaking and life skill.

NOTE for B-15
Additional comments to accompany **B-15:**

1. This is an excellent practice of the first-person singular and third-person singular forms of all the verbs students know.
2. Because the students are not writing the information, it is an excellent listening activity. They are also learning at the same time about acceptable in-class behavior, which involves supporting one another while learning Spanish.
3. This activity inherently encourages students to pay attention to one another, because with each student's turn, an individual hears about himself/herself and is interested in assisting if a classmate has a mental block.

SUGGESTION for B-15
Point out to your students that the *¡Anda! Curso elemental* vocabulary section is located in Appendix 2 of *¡Anda! Curso intermedio* for additional review vocabulary.

METHODOLOGY • Amount of Review
Capítulo 3 has more review activities than the other chapters, because in many ways it has the most content to review. The vocabulary, combined with the number of review topics found in the chapter and their complexity, necessitates a step-by-step review for many students. If you determine that there are too many activities for your students, please select the ones that best suit your needs and those of your students.

METHODOLOGY • Active Listening
B-16 promotes active listening, as students must recall and repeat what their partners have said.

EXPANSION for B-16
You may choose to have each student draw the house as his/her partner is describing it. This makes a great listening comprehension activity and also provides support for *Paso 2*.

EXPANSION for B-16
You may want to have one student talk about his/her dream house and another student play the role of a realtor enumerating all the good features the house has to offer.

METHODOLOGY • Lesson Planning
Due to time constraints that all instructors have, we suggest that it be up to you to decide whether you wish to formally review the cultural topics of *Capítulos 1–5.* For example, in *Capítulo 2,* two of the topics are sports and pastimes in the Spanish-speaking world. If you have the time in your schedule, you may wish to go to pages 82, 94, 100, and 101 in *Capítulo 2* and select some of the questions on those topics to ask your students.

EXPANSION for B-18
You may wish to collect the questions that the students create for *Paso 1* of **B-18.** They will make excellent warm-up review questions for *Capítulo 3* vocabulary as well as continued practice for the preterit.

EXPANSION for B-18
You may wish to group students to create questions on certain topics, such as the outdoors, construction, interior appliances and housewares, etc.

2:00

B-17 ¿Cuál prefieres?

Mira las fotos de las tres casas. Imagina cómo son por dentro. Escoge tu favorita y descríbesela a tu compañero/a. ■

Una casa en Córdoba, España

La casa Vicens de Gaudí, Barcelona

La casa Aurora, Huatulco, México

10:00

B-18 Preguntas y más preguntas

Es hora de hacerles preguntas a tus compañeros/as. Completa los siguientes pasos. ■

Paso 1 Escribe una lista de **ocho** preguntas que se puedan hacer incorporando **el pretérito** y las siguientes palabras.

ALGUNOS SUSTANTIVOS
los azulejos | la cerca | el césped | el estanque

ALGUNOS VERBOS
construir | componer | cortar | gastar | guardar | reparar

Paso 2 Circula por la sala de clase haciéndoles las preguntas a diferentes compañeros/as.

MODELO
E1: *¿Cortaste el césped en casa de tus padres el verano pasado?*
E2: *No. Mis padres no tienen jardín. Viven en un apartamento. ¿Y tú?*
E1: *Sí, lo corté muchas veces…*

B-21

12. Usos de los artículos definidos e indefinidos. Repasa **Usos de los artículos definidos e indefinidos** en la página 115. Escribe una lista de cuándo se usan. Luego, haz la siguiente actividad.

5:00

B-19 Un poco de todo

Túrnense para formar y contestar las siguientes preguntas. Pongan atención a **los artículos.** ■

1. En ___la___ construcción de ___una___ casa, ¿cuál es ___la___ diferencia entre ___las___ responsabilidades del arquitecto y ___las___ del contratista?
2. ¿Cuáles son ___los___ materiales que se usaron en ___la___ construcción de tu casa o en ___la___ casa de tus padres? ¿La construyó ___una___ compañía o ___unos___ amigos?
3. ¿Cuáles son ___las___ consideraciones al escoger materiales de construcción para ___una___ casa o ___un___ apartamento?
4. ¿Es importante que ___los___ diseñadores tengan ___un___ título universitario o cuenta más ___la___ experiencia?
5. ¿Cuáles son algunos de ___los___ posibles problemas que ___un___ negocio de construcción de casas pueda tener?

B-22

13. Dentro del hogar: la sala, la cocina y el dormitorio. Repasa el vocabulario de **Dentro del hogar: la sala, la cocina y el dormitorio** en la página 122 y haz las siguientes actividades.

4:00

B-20 Veo, veo... Mira el dibujo y descríbele a tu compañero/a lo que ves. Túrnense. ■

Fíjate

Remember that a number of words related to the home are cognates. What do the following words mean? *el balcón, el patio, el salón, la terraza, el vestíbulo*

MODELO E1: *Veo una cosa en la cocina donde puedes lavar los platos.*
E2: *¿El fregadero?*
E1: *¡Sí! ¿Qué ves?*
E2: *Veo...*

NOTE for B-20
Encourage your students to include in their descriptions vocabulary they have previously learned, such as colors and direction words.

EXPANSION for B-20
Have students write stories based on the drawing, individually or in small groups.

3:00

B-21 La casa de mi niñez

Dibuja un plano sencillo (*simple*) de la casa de tu niñez o de la de un/a amigo/a. Completa los siguientes pasos. ■

Paso 1 Incluye los cuartos y detalles sobre el exterior; por ejemplo, la cerca, el jardín, la piscina, etc.

Paso 2 Descríbele la casa a un/a compañero/a, usando por lo menos **ocho** oraciones en **el imperfecto.** Tu compañero/a va a dibujar lo que dices.

MODELO *La casa de mi niñez tenía una cocina pequeña con unos mostradores rojos…*

Paso 3 Comparen los dos dibujos para ver si la describieron e interpretaron bien. Túrnense.

METHODOLOGY • Differentiated Instruction
You may wish to assign *Paso 1* of **B-22** as homework for your students who need a bit more time to create questions. In that way, they will arrive in class prepared to begin the activity. This will maximize their performance in *Paso 2*.

HERITAGE LANGUAGE LEARNERS
Remind heritage language learners to review the imperfect forms, because they will often spell *ava* instead of *aba* for **-ar** verbs.

METHODOLOGY • Personalization
Having students discuss topics relating to themselves and their pasts appeals to them on a personal level. They are more willing to share and experiment with the language when the activity is meaningful to them personally.

5:00 Workbooklet

B-22 ¿Y tu vida?

Piensen en su niñez. ■

Estrategia
If you need help remembering how to form the imperfect and why and when it is used, consult page 123.

Paso 1 Háganles las siguientes preguntas a varios/as compañeros/as. Usen **el imperfecto** y apunten sus respuestas en cada cuadro.

MODELO ¿Qué tipo de comida (*guardar*) tu familia en el refrigerador y en la despensa?

E1: *¿Qué tipo de comida guardaba tu familia en el refrigerador y en la despensa?*

E2: *Mi familia guardaba refrescos, leche, frutas, verduras y condimentos en el refrigerador. En la despensa…*

1. ¿Qué tipo de comida (*guardar*) tu familia en el refrigerador y en la despensa? E1: ______ E2: ______	2. ¿Cuántas almohadas (*necesitar / tú*) para dormir? E1: ______ E2: ______	3. ¿De qué colores (*ser*) tus sábanas, fundas y toallas? E1: ______ E2: ______	4. ¿(*Usar / ustedes*) cortinas o persianas? E1: ______ E2: ______
5. ¿(*Tener / tú*) tocadores o nada más que armarios? E1: ______ E2: ______	6. ¿Te (*permitir*) tus padres cocinar o usar una sartén? E1: ______ E2: ______	7. ¿Cuántas familias (*vivir*) en tu barrio o en tu cuadra? E1: ______ E2: ______	8. ¿Te (*caer*) bien los vecinos? E1: ______ E2: ______

Paso 2 Comuníquenles los resultados a sus compañeros de clase.

MODELO *El cien por ciento de mis compañeros guardaba leche en el refrigerador…*

Fíjate
What follows are some useful expressions:

por ciento	percent (e.g., *sesenta por ciento*)
un cuarto	one quarter
tres cuartos	three quarters
la mitad	half

Answers to B-22
1. guardaba
2. necesitabas
3. eran
4. Usaban
5. Tenías
6. permitían
7. vivían
8. caían

3:00 **B-23 Una imagen vale...** Imagínense que tienen que describirle a alguien lo que pasaba **(el imperfecto)** en estas casas y sus alrededores. Túrnense para crear **ocho** oraciones cada uno. ■

MODELO *Había una piscina y el niño nadaba.*
La casa no se calentaba con la chimenea porque hacía calor y buen tiempo…

10:00 Workbooklet **B-24 El mundo es un pañuelo** ¿Cuánto sabes de tus compañeros y de su pasado? Entrevístalos para saber quiénes contestan afirmativamente a las siguientes preguntas. ■

Paso 1 Usa **el imperfecto** para crear las preguntas.

MODELO *¿Tenía piscina tu casa?*

Paso 2 Pregúntaselas a los compañeros de clase. Si alguien contesta que **sí**, tiene que firmar su nombre en el espacio apropiado.

MODELO tu casa / tener piscina
E1: *¿Tenía piscina tu casa?*
E2: *Sí, mi casa tenía piscina.*
E1: *Firma aquí, por favor.*

tu casa / tener jardín __________	tu casa / ser de madera __________	tu casa / tener piscina __________
tener / aire acondicionado en tu dormitorio __________	usar / la batidora __________	haber / azulejos en el baño __________
mudarse / cada año __________	renovar / tu dormitorio cada verano __________	tu casa / tener escaleras __________

EXPANSION for B-24
Have students ask their parents about their living quarters when they were younger and have them report their findings to the class. This can also be a written activity.

EXPANSION for B-24
Have students bring in photos of their childhood homes. Then, they can circulate from student to student sharing what their houses were like and what they used to do. They can also bring in images of fictitious childhood homes about which they can create past scenarios.

3:00

B-25 ¡La lotería!

¡Tu esposo/a y tú acaban de ganar un millón de dólares! Túrnense para describir sus planes para la renovación y la decoración de su casa vieja, usando por lo menos **ocho** oraciones. ■

MODELO E1: *Primero, quiero renovar las alacenas de la cocina. Sugiero pintarlas.*
E2: *Buena idea. Me gusta. Sugiero que renovemos los mostradores.*
E1: *No quiero renovarlos. Quiero comprar unos nuevos.*

B-23

14. El subjuntivo para expresar sentimientos, emociones y dudas. Repasa **El subjuntivo para expresar sentimientos, emociones y dudas** en la página 126. Escribe una lista de los verbos y las expresiones que expresan sentimientos, emociones y dudas. ¿Qué verbos y expresiones no usan el subjuntivo, sino el indicativo? ¿Por qué? Ahora, haz las siguientes actividades.

EXPANSION for B-26
You may want to give your students these additional options:
arreglar el dormitorio
pasar la aspiradora
planchar la ropa
sacudir los muebles

1:00

B-26 Mis quehaceres

Siempre hay cosas que hacer y tu compañero/a te va a ayudar. Túrnense para expresar sus sentimientos con **me alegro, me gusta, me encanta,** etc. ■

MODELO E1: pintar la sala
E2: *Me alegro de que pintes la sala.*

1. comprar velas para el comedor
2. organizar el sótano
3. lavar las sábanas, las fundas y las almohadas
4. limpiar el mostrador
5. regar las flores
6. sacar la mala hierba

Answers to B-26
1. … que compres velas para el comedor.
2. … que organices el sótano.
3. … que laves las sábanas, las fundas y las almohadas.
4. … que limpies el mostrador.
5. … que riegues las flores.
6. … que saques la mala hierba.

Estrategia

Make an attempt to work with a different partner in every class. This enables you to help and learn from a variety of your peers, an important and highly effective learning technique. Equally important is the fact that working in small groups, rather than as a large class, gives you more opportunities and time to practice Spanish, as well as to realize how similar you and your fellow classmates really are as you get to know each other better.

1:00 **B-27 Optimista o pesimista** Hay optimistas y pesimistas en este mundo. ¡Hoy es tu día para jugar a ser el/la pesimista! Túrnense para responder de manera pesimista. ■

MODELO Creo que la jarra que me regaló mi madrina es de Picasso.
No creo que aquella jarra sea de Picasso.

1. Mi suegro cree que su aire acondicionado funciona muy bien.
2. Estoy segura de que Ingrid Hoffman cocina bien y nunca quema la comida.
3. Creo que el sótano de mis tíos necesita ser renovado.
4. Creo que te voy a regalar un florero para la Navidad.

1:00 **B-28 Lo siento, pero lo dudo** No estás de acuerdo con las cosas que te dice tu compañero/a. Responde con **Dudo que…**, **No creo que…**, etc. ■

MODELO E1: *Ferran Adrià quema la comida todos los días en su restaurante.*
E2: *Dudo que Adrià queme la comida todos los días…*

1. Mi hermano construye piscinas durante el verano.
2. Tengo una casa sin espejos.
3. Mis bisabuelos tienen un cuadro de José Clemente Orozco.
4. Mi vecino corta el césped todos los días.
5. Limpio el sótano todos los fines de semana.

EXPANSION for B-27

You may choose to have students assume the roles of architect and interior decorator for a new home, with the architect being negative and the interior decorator being more positive (the architect might be more "realistic" in terms of deadlines, cost, etc.). Students could create dialogues and present them to the class or role-play the situation.

ANSWERS to B-27

1. Mi suegro no cree que su aire acondicionado funcione muy bien.
2. No creo que Ingrid Hoffman cocine bien y que nunca queme la comida.
3. No creo que el sótano de mis tíos necesite ser renovado.
4. No creo que te vaya a regalar un florero para la Navidad.

HERITAGE LANGUAGE LEARNERS

For **B-28,** heritage language learners may tend to use different vocabulary to express household chores. Also, they may use anglicisms or lexical variations from their countries of origin: e.g., *mapear, trapear, pasar el vacuum cleaner* instead of *pasar la aspiradora, fregar (lavar los platos)*, etc.

ANSWERS to B-28

1. … que construya piscinas durante el verano.
2. … que tengas una casa sin espejos.
3. … que tus bisabuelos tengan un cuadro de José Clemente Orozco.
4. … que corte el césped todos los días.
5. … que limpies el sótano todos los fines de semana.

EXPANSION for B-29
Another activity would be to provide students with pictures of a very old and dilapidated house—perhaps one shown on the television reality show *Extreme Makeover Home Edition*. Students would then have to express their doubts about the house.

ANSWERS to B-30
Paso 1
1. Ya están lavadas.
2. Ya está encendida.
3. Ya están reparadas.
4. Ya está cubierta con una funda limpia.
5. Ya están lavadas.
6. Ya están organizados en la despensa.
7. Ya está puesto en la cafetera.
8. Ya está guardada en la alacena.

Paso 2
1. Ya estaban lavadas.
2. Ya estaba encendida.
3. Ya estaban reparadas.
4. Ya estaba cubierta con una funda limpia.
5. Ya estaban lavadas.
6. Ya estaban organizados en la despensa.
7. Ya estaba puesto en la cafetera.
8. Ya estaba guardada en la alacena.

2:00

B-29 Mis opiniones

Acabas de comprar una casa vieja que necesita muchas reparaciones. Da por lo menos **cinco** ideas que expresen duda, sentimientos o emociones sobre el proyecto. Túrnense. ■

MODELO *No sé por dónde empezar. Quizás renueve la cocina. Es una lástima que no conozca un buen contratista. Temo que la renovación sea cara…*

B-24

15. *Estar* + el participio pasado. Repasa ***Estar* + el participio pasado** en la página 130 y haz las siguientes actividades.

3:00

B-30 Por favor

Siempre hay algo que hacer. Completen los siguientes pasos. ■

Paso 1 Túrnense para responder de manera positiva a los siguientes mandatos de sus madres.

MODELO E1: *Por favor, rieguen las flores.*
E2: *Ya están regadas.*

Por favor,…
1. laven las toallas.
2. enciende la chimenea.
3. reparen las persianas rotas.
4. cubre la almohada con una funda limpia.
5. laven las cacerolas en el fregadero.
6. organicen los comestibles en la despensa.
7. pon el café en la cafetera.
8. guarda la batidora en la alacena.

Paso 2 Ahora cambia las respuestas al **imperfecto.**

MODELO Ya están regadas.
Ya estaban regadas.

1:00 **B-31 ¿Eres competitivo/a?** Túrnense para hacer el papel de una persona que siempre quiere competir con los demás. ■

MODELO No tengo tiempo para renovar mi cocina.
Mi cocina está bien renovada.

1. No tengo tiempo para regar las flores.
2. Necesito guardar mis toallas limpias.
3. Tengo que organizar la despensa.
4. Necesito reparar las persianas rotas.
5. Nunca cierro las ventanas cuando llueve.

ANSWERS to B-31

1. Mis flores están regadas.
2. Mis toallas limpias están guardadas.
3. Mi despensa está bien organizada.
4. Mis persianas están reparadas.
5. Mis ventanas siempre están cerradas cuando llueve.

3:00 **B-32 ¡Ya soy responsable!** Imagínense que es la primera vez que viven solos y sus hermanos mayores están muy preocupados. ■

Paso 1 Inventen una conversación entre ustedes y sus hermanos mayores. ¿Cuáles son las preguntas de los hermanos y cuáles son las respuestas de tu compañero/a y tú? Usen **el participio pasado.**

MODELO E1: *¿Pagaron las facturas de este mes?*
E2: *Sí, todas las facturas están pagadas.*

Paso 2 Preséntenles la conversación a su profesor/a y a sus compañeros de clase.

EXPANSION for B-32
You may choose to have your students write the dialogues before presenting them. You can catch some of the errors as you circulate among the groups while they prepare the dialogues / skits.

• Capítulo 4 •

Relating information about celebrating life events, and elaborating on foods and food preparation

B-25 to B-26

16. Las celebraciones y los eventos de la vida. Repasa **Las celebraciones y los eventos de la vida** en la página 148. Luego, haz la siguiente actividad.

3:00 **B-33 Adivina** Piensa en una palabra o expresión del vocabulario de **Las celebraciones y los eventos de la vida.** Tu compañero/a tiene que hacerte preguntas a las que respondes **sí** o **no** para que tu compañero/a adivine la palabra o expresión. Túrnense. ■

MODELO E1: (la palabra que escogiste es *el Día de las Brujas)*
E2: *¿Es una celebración?*
E1: *Sí.*
E2: *¿Tiene lugar en la primavera?*
E1: *No.*
E2: …

EXPANSION for B-33
Have students create greeting cards for each of the holidays. They can either draw them or use clip art.

B-27 to B-28

17. El pasado perfecto (pluscuamperfecto). Repasa **El pasado perfecto (pluscuamperfecto)** en la página 153. ¿Cómo se forma? Ahora, haz las siguientes actividades.

1:00

B-34 ¿Qué había pasado?

Describe lo que **había pasado** antes de sacar cada una de las siguientes imágenes en el álbum de fotos. ■

MODELO *Los novios ya se habían casado cuando llegamos a la iglesia.*

5:00

B-35 Antes de graduarme

¿Qué cosas interesantes habías hecho antes de graduarte de la escuela secundaria? En grupos de seis a ocho estudiantes, túrnense para compartir algunas de las cosas que habían hecho. Tienen que recordar y repetir lo que todas las demás personas dicen. ■

MODELO
E1: *Soy Joe. Antes de graduarme, había trabajado como carpintero.*
E2: *Soy Julie. Antes de graduarme, había visitado cinco estados de los Estados Unidos y Joe había trabajado como carpintero.*
E3: *Soy Jorge. Antes de graduarme, había estudiado un verano en España, Julie había visitado cinco estados de los Estados Unidos y Joe había trabajado como carpintero.*

METHODOLOGY • Cooperative Learning
Activity **B-35** is a *cooperative learning activity. ¡Anda! Curso intermedio* has a variety of these types of activities. They require each member of a group to take responsibility for the task in order to see it to a successful completion. Activities like these are excellent opportunities for listening and speaking practice, because your students must first attend to what information they need to know and how they must ask for it. Then they must listen to the answers given by their partners to complete the assignment. Cooperative learning activities are also excellent for building community in your classroom and for increasing motivation.

METHODOLOGY • Practicing Active Listening
It is important to provide students with active listening opportunities. Activities such as **B-35** afford students these crucial opportunities.

B-29 to B-30

18. La comida y la cocina y Más comida. Repasa el vocabulario en la página 159 de **La comida y la cocina** y también el vocabulario de **Más comida** en la página 164. Luego, haz las siguientes actividades.

3:00 Workbooklet

B-36 ¿Qué tipo de comida es?

Paso 1 Organicen las diferentes comidas del vocabulario según las siguientes categorías.

MODELO VERDURAS: *el pepino, la zanahoria…*

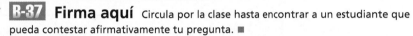

CARNES/AVES	PESCADO/ MARISCOS	FRUTAS	VERDURAS	POSTRES

Paso 2 Ahora, añadan otras comidas a las categorías.

5:00 Workbooklet

B-37 Firma aquí

Circula por la clase hasta encontrar a un estudiante que pueda contestar afirmativamente tu pregunta. ■

MODELO trabajar como camarero/a / hace un mes

E1: *¿Hace un mes que trabajas como camarera?*

E2: *Sí, hace un mes y medio que trabajo como camarera.*

E1: *Pues, firma aquí, por favor.*

Sally

1. gustarle comer postres / hace muchos años ________	2. trabajar como camarero/a / hace un mes Sally	3. ver un programa de cocina / hace una semana ________
4. comer una comida balanceada con verduras, legumbres y frutas / hace una semana ________	5. preparar carne a la parrilla / hace tres semanas ________	6. comer palomitas de maíz en el cine / hace una semana ________

ANSWERS to B-36

Carnes / aves
la carne de cerdo
la carne de cordero
la carne de res
la carne molida
las chuletas
el pavo
las salchichas
la ternera
el tocino

Pescado / mariscos
los camarones
el cangrejo
la langosta
las sardinas

Frutas
el aguacate
la cereza
la ciruela
el durazno
la fresa
el mango
la papaya
la piña
el plátano
la sandía
la toronja

Verduras
las aceitunas
el ajo
el apio
la calabaza
la col
la coliflor
los espárragos
las espinacas
los guisantes
los hongos
el pepino
el pimiento
la zanahoria

Postres
la miel
el pan dulce
los panqueques
el batido
el bombón
la dona
el flan

EXPANSION for *La comida*

Additional questions to ask your students are:

1. Si sabes cocinar, ¿cuánto tiempo hace que aprendiste? ¿Cómo aprendiste? ¿Cuáles son tus platos favoritos para preparar? Si no sabes cocinar, ¿cuáles son tus platos favoritos para comer?
2. ¿Cuánto tiempo hace que una persona te preparó una comida especial? ¿Quién fue esa persona? ¿Qué preparó?
3. ¿Cuánto tiempo hace que hiciste las compras (comida) para la semana? ¿Cuándo fue? ¿Qué compraste?
4. ¿Te gustan los programas de cocina en la tele? ¿Cuánto tiempo hace que ves esos programas? ¿Quién es tu cocinero/a favorito/a?
5. ¿Cuánto tiempo hace que cenaste en un restaurante caro? ¿Qué comiste? ¿Con quién estuviste?

EXPANSION for *La comida y la cocina* and *Más comida*

Have your students write 6 questions regarding their food preferences and healthy diets. Then have them question at least 6 students in the class and document their answers. You may want them to create charts and graphs reporting their answers. Some sample questions they might create are as follows:

¿Cuál es la comida que comes con más frecuencia?
¿Cuántas veces por semana la(s) comes?
¿Prefieres pelar las frutas y las verduras antes de comerlas?

HERITAGE LANGUAGE LEARNERS
There are many lexical variations when talking about food in Hispanic countries. Many countries may choose words borrowed from indigenous or other languages. For this reason, many heritage language learners may use words different from the ones presented in the book. Ask heritage language learners to provide examples. E.g.:
Beans can be *frijoles* or *habichuelas*.
Banana can be *plátano, guineo, cambur* or *banano/a*.
Corn can be *maíz* or *elote*.
Cake can be *pastel, torta,* or *bizcocho*.

METHODOLOGY • Whole Class Participation
When students have a task that requires them to interview several classmates, we suggest that you also participate in the activity. This is an excellent way to monitor attention to task and the language production of your students.

5:00 Workbooklet

B-38 ¿Cuáles son tus comidas favoritas? Completa los siguientes pasos. ■

Paso 1 Haz una lista de tus comidas favoritas y de cómo las prefieres: crudas, hervidas, asadas, a la parrilla o fritas.

CRUDO/A (*RAW*)	HERVIDO/A (*BOILED*)	ASADO/A (*GRILLED*)	A LA PARRILLA (*GRILLED; BARBECUED*)	FRITO/A (*FRIED*)
zanahorias				camarones

Paso 2 Compara tu lista con las de otros compañeros.

MODELO E1: *¿Cuáles de las comidas prefieres fritas?*
E2: *Prefiero comer los camarones fritos.*
E1: *Yo prefiero comerlos asados.*

B-31

19. El presente perfecto de subjuntivo. Repasa **El presente perfecto de subjuntivo** en la página 168. ¿Cómo se forma? Escribe unas oraciones en español usando **el presente perfecto de subjuntivo** y di lo que significan en inglés. Ahora, haz las siguientes actividades.

2:00

B-39 No te creo Tienes una amiga que casi nunca dice la verdad. Responde a sus comentarios. Túrnense. ■

no creo | dudo | es imposible | es improbable | no es cierto

MODELO E1: *Cené con Daddy Yankee.*
E2: *Dudo que hayas cenado con él.*

Estrategia
Look at the *modelo* in **B-39.** What past tense is *cené?* If you need to review the preterit, go to pages 47 and 111.

1. ¡Me comprometí! Mi novio es Rafael Nadal y me ha dicho que me ama.
2. Cuando estuve en Casa Botín, vi a Leticia Ortiz, la futura reina de España.
3. Acabo de escribir un libro de cocina y una casa editorial muy famosa lo quiere publicar.
4. Me invitaron a cocinar en el programa *Simply Delicioso*.
5. Mis hermanastras abrieron un restaurante nuevo en Acapulco. Está justo en la playa.

Answers to B-39. ***Answers will vary. Possible answers:***
1. No es cierto que Rafael Nadal te haya dicho que te ama.
2. Dudo que hayas visto a la futura reina de España.
3. Es improbable que hayas escrito un libro de cocina.
4. Es imposible que te hayan invitado a cocinar en el programa *Simply Delicioso*.
5. No creo que tus hermanastras hayan abierto un restaurante nuevo en Acapulco.

2:00 **B-40** **¿Plantada?** Esta noche, Gloria tiene una cita con una persona que no conoce. Tiene muchas dudas y se arrepiente de (*regrets*) haber aceptado salir con él. Además, dijo que estaría en el restaurante a las seis y ya son las siete. Terminen sus pensamientos usando siempre **el presente perfecto de subjuntivo** y otras palabras apropiadas. Sean creativos. ■

MODELO Ojalá que él (no perderse)...
Ojalá que él no se haya perdido al venir al restaurante.

1. Espero que (comprarme flores)...
2. Dudo que (querer salir conmigo)...
3. Ojalá que (no llegar a la dirección incorrecta)...
4. Mi amiga insiste en que él (salir con otra mujer)...

5:00 **B-41** **Ideas, por favor** Den su opinión y sus consejos sobre las siguientes situaciones. Después, compártanlos con otros compañeros de clase. ■

MODELO E1: *Siempre he querido perder peso y he empezado a comer y beber cosas más saludables como manzanas, lechuga y agua.*

E2: *¡Excelente! Es importante que hayas empezado a comer cosas saludables como frutas y verduras. También es bueno que hayas empezado a beber mucha agua porque llena el estómago.*

1. Quiero preparar una cena elegante para el aniversario de mis padres y empecé con los planes hace dos meses.
2. Vivo en un apartamento muy pequeño y solo tengo una estufa sin horno. Tampoco tengo espacio para un microondas. Decidí mudarme.
3. No sé cocinar y voy a tomar unas clases.
4. Después de pensarlo por solo dos días, mi hermana decidió ser vegetariana y no le gustan las verduras. ¿Qué opinas?

ANSWERS to B-40
1. Espero que me haya comprado flores...
2. Dudo que haya querido salir conmigo...
3. Ojalá que no haya llegado a la dirección incorrecta...
4. Insiste en que él haya salido con otra mujer...

EXPANSION for B-40
You may also ask students to invent an explanation for Gloria's date being late. *No creo que la haya abandonado. Pienso que ha habido un accidente.*

METHODOLOGY • Recycling
The grammar concepts and vocabulary from *Capítulo Preliminar A* through *Capítulo 5* will be recycled throughout *Capítulo 7* to *Capítulo 11*.

• Capítulo 5 •

Discussing travel, means of transportation, and technology
Connecting sentences and clauses
Depicting something that is uncertain or unknown

B-32

20. Los viajes. Repasa el vocabulario de **Los viajes** en la página 188 y haz las siguientes actividades.

ADDITIONAL ACTIVITY for *Los viajes*
Have students bring in images from the Internet that deal with travel. Then have them describe the images to partners.

ADDITIONAL ACTIVITY for *Los viajes*
Have students bring in travel pictures, either from magazines or the Internet. Then, have E1 describe his/her first image to his/her partner, E2, but not show E2 the image. E2 must guess what the image is that E1 is describing.

3:00 **B-42 ¡Juguemos!** Usando el vocabulario de **Los viajes,** jueguen al ahorcado (*Hangman*). ■

MODELO (E1 escoge la palabra *el paisaje*)
E1: __ __ __ __ __ __ __ __ __
E2: *¿Hay una* a?
E1: *Sí. Hay dos.* __ A __ __ A __ __

Estrategia

When studying vocabulary, it is good to write the words. Making a list helps you better remember vocabulary and lets you practice their spelling. Study the words from your written list by looking at each English word as a prompt and saying the Spanish word. Check off the words you know well and then concentrate on those you do not know yet.

NOTE for B-43
Encourage students to be creative with this activity and feel free to invent when necessary. You may have students who have had limited travel experience or who have never been on a cruise.

3:00 **B-43 ¡Ganamos!** Han ganado un viaje en un crucero en un concurso. Escriban una lista de todos los preparativos que tienen que hacer antes de hacer el viaje, usando el vocabulario de **Los viajes.** ■

B-33

21. Viajando por coche. Repasa el vocabulario de **Viajando por coche** en la página 193 y haz las siguientes actividades.

4:00

B-44 Dibujemos

Escuchen mientras su profesor/a les da las instrucciones para esta actividad. ■

3:00

B-45 ¿Qué pasa?

Describan el dibujo usando el vocabulario de **Viajando por coche.** ■

NOTE for B-44

B-44 continues with mechanical practice for your students to review vocabulary. This activity can be used in other chapters as well to either present or review vocabulary. It is also a good activity for pairs who finish early. Please give the following extended directions to your students. If you are familiar with the game *Pictionary,* this activity is very similar. It is like charades, but students have to draw pictures rather than act out words.

INSTRUCTIONS for B-44

Divide your class into groups of 4. Each group of 4 will work as 2 teams of 2 students. "Captains" from each team select the same word that they are going to draw. For example, from the review vocabulary *Viajando por coche,* they might select *el atasco* or *el paso de peatones.* As they draw, each teammate needs to guess what the word/expression is in Spanish. The round is over when one of the teams guesses the word. The roles are then switched, and the 2 team members who did the guessing now select the same word that each will draw for his/her partner. We suggest doing this activity for at least 4 rounds. It is a motivating way to practice vocabulary.

EXPANSION for B-45

To review the preterit tense, ask students each to describe the last time that they went on a trip by car with their families.

HERITAGE LANGUAGE LEARNERS

Ask heritage language learners whether they have traveled with their families to their countries of origin. Have them describe in detail the places that they have visited. Other students can contribute if they have visited Hispanic countries.

B-34

22. Los pronombres relativos *que* y *quien*. Repasa **Los pronombres relativos *que* y *quien*** en la página 196. Haz una lista con los usos de **que** y **quien.** Luego, haz las siguientes actividades.

EXPANSION for B-46
You may wish to ask your students these comprehension questions:
1. ¿Qué le manda Luz a Rosario?
2. ¿Cuántos días duró el crucero? ¿A cuántos puertos fueron?
3. ¿Qué alquilaron en Puerto San Miguel y por qué?
4. ¿Qué les pasó después de dos horas?
5. ¿Quién les ayudó a encontrar el puerto?

3:00

B-46 El cuento de Luz

Luz le escribe un email a su amiga Rosario para contarle acerca de sus vacaciones. Descubre qué les pasó a ella y a su familia, llenando los espacios en blanco con **que** o **quien/es.** Túrnense. ■

Hola Rosario:

Mando adjunto algunas fotos (1) __que__ saqué durante las vacaciones. Hicimos un crucero (2) __que__ costó bastante. Conocimos cinco puertos en cinco días. El guía, (3) __que/quien__ se llamaba Gregorio, nos hizo un itinerario muy interesante. Sin embargo, los otros viajeros con (4) __quienes__ viajamos eran muy diferentes que nosotros. Nosotros queríamos ver todos los monumentos (5) __que__ pudiéramos ver y ellos solo querían tomar el sol. Decidimos alquilar un coche en Puerto San Miguel para conocer el paisaje. Después de dos horas manejando, nos dimos cuenta que nos habíamos perdido. Le preguntamos a un hombre indígena (6) __que__ estaba en el campo. El señor, (7) __que/quien__ era muy amable, nos dijo que ¡estábamos solo a cinco minutos del puerto! ¡Qué susto! Pero vimos muchos paisajes.

Besos,
Luz

2:00

B-47 ¿Quién puede ser?

Túrnense para dar pistas (*clues*) sobre una persona hasta que tu compañero/a pueda decir quién es. Enfóquense en el uso de **que** y **quien.** ■

MODELO *Estoy pensando en una persona que tiene barba.*
Es una persona a quien le gusta mucho la política...

B-35 to B-36

23. Las vacaciones. Repasa el vocabulario de **Las vacaciones** en la página 199 y haz la siguiente actividad.

6:00 Workbooklet

B-48 Entrevista Completa los siguientes pasos. ■

Paso 1 Crea preguntas para tus compañeros/as.

1. Cuando / viajar / ¿normalmente / quedarse / en hoteles de lujo o en hoteles más económicos? ¿Por qué? E1: ________ E2: ________	2. Típicamente ¿en qué / ser / diferente / los hoteles de lujo y los hoteles más económicos? E1: ________ E2: ________	3. ¿Te / gustar / tomar el sol / o / preferir / quedarse / bajo una sombrilla / cuando / estar / en la playa? ¿Por qué? E1: ________ E2: ________
4. ¿Siempre / llevar / lentes de sol? ¿Qué marca *(brand)* / preferir? ¿Cuánto / te / costar? ¿Dónde / las / comprar? ¿Por qué / te / gustar? E1: ________ E2: ________	5. ¿Coleccionar / tarjetas postales? ¿Conocer / a alguien que / las / coleccionar? E1: ________ E2: ________	6. ¿De dónde / haber recibido / tarjetas postales? ¿A quiénes / las / haber mandado? E1: ________ E2: ________

Paso 2 Haz una encuesta de tus compañeros/as.

Paso 3 Comunica los resultados a la clase.

Estrategia

Answer in complete sentences when working with your partner. Even though it may seem mechanical at times, using complete sentences leads to increased comfort in speaking Spanish.

METHODOLOGY • Differentiated Instruction
Differentiated instruction is when you tailor your lessons for your different types of learners. The number of types of learners and their preferences depends on which research you are consulting. Some researchers maintain that there are 4 different types of learning styles, some say 7 or 8, and still others claim that there are over 20! As instructors, what we need to remember is that students learn in different ways and progress at different paces. When assessing the progress of your students, it is important to know that some of your students' best performances will be to give multiple answers, while others' best will be one complete sentence. Differentiating instruction in part means tailoring our lessons so that all our students, no matter what their style or talents, will be successful.

NOTE for B-49
You may want to compile class results to determine trends.

EXPANSION for B-50
To recycle the vocabulary for *Los viajes* and *La construcción de casas y sus alrededores,* provide students with other themes. E.g.:

Busco una casa que (*estar*) cerca del centro.

Quiero ir de viaje a un lugar que (*tener*) una playa.

ANSWERS to B-50
1. No existen carros que sean realmente económicos.
2. ¿Hay computadoras que escriban lo que dice una persona?
3. Busco un teléfono celular que no sea muy complicado.
4. Necesito una contraseña que nadie pueda copiar.
5. Quiero encontrar una impresora que imprima, copie y escanee.
6. ¿Tienes un teléfono que muestre películas?

B-37

24. La tecnología y la informática. Repasa el vocabulario de **La tecnología y la informática** en la página 204 y haz la siguiente actividad.

4:00 Workbooklet

B-49 La tecnología en mi vida

Juntos hagan un diagrama de Venn sobre la tecnología que usan en su trabajo o en la universidad, la que usan en su tiempo libre y la que usan en ambas situaciones. Compartan su información con otros estudiantes. ■

MODELO

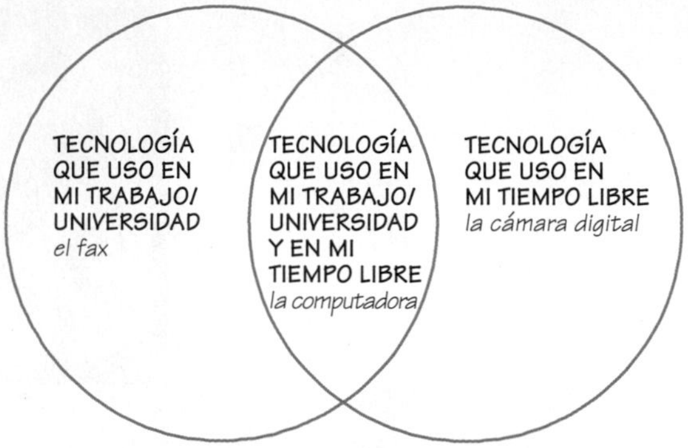

B-38

25. El subjuntivo con antecedentes indefinidos o que no existen. Repasa la gramática **El subjuntivo con antecedentes indefinidos o que no existen** en la página 208. Explica qué quiere decir este concepto gramatical. Da algunos ejemplos de oraciones con este uso del subjuntivo. Luego, haz las siguientes actividades.

Estrategia
As you work with your partner, always push yourself to be as creative as possible. By varying your answers, you practice and review more of the structures, which in turn helps you become a strong speaker of Spanish.

Estrategia
Remember that to determine whether you should use the subjunctive or the indicative, ask the question: Does the person, place, or thing / concept exist at that moment for the speaker? If it does, then use the indicative; if not, the subjunctive is needed.

2:00

B-50 ¿Existe?

Amalia y Susana son compañeras de cuarto y hablan sobre una variedad de temas. Formulen sus oraciones o preguntas y túrnense para contestarlas. ■

MODELO Busco una computadora que (*reconocer*) mi voz.

AMALIA: *Busco una computadora que reconozca mi voz.*

SUSANA: *Yo también busco una computadora que reconozca mi voz y que me llame por teléfono cuando tenga un email importante.*

1. No existen carros que (*ser*) realmente económicos.
2. ¿Hay computadoras que (*escribir*) lo que dice una persona?
3. Busco un teléfono celular que no (*ser*) muy complicado.
4. Necesito una contraseña que nadie (*poder*) copiar.
5. Quiero encontrar una impresora que (*imprimir, copiar y escanear*).
6. ¿Tienes un teléfono que (*mostrar*) películas?

2:00 **B-51 A repasar** Terminen las siguientes oraciones, primero, considerando que la(s) cosa(s) **no existe(n) todavía** y luego que **sí existe(n).** ■

MODELO Quiero un teléfono celular que (no existe todavía)...
Quiero un teléfono celular que no sea tan caro.
Quiero el teléfono celular que (existe)...
Quiero el teléfono celular que cuesta veinte dólares —como el que tiene Glynis.

1. Mis padres quieren una computadora que...
2. Mis padres quieren la computadora que...
3. Necesito un teléfono celular que...
4. Necesito el teléfono celular que...
5. Busco una cámara digital que...
6. Compré la cámara digital que...

3:00 **B-52 La computadora ideal** Hoy en día, una computadora es mucho más que una computadora —es útil pero también puede ser casi como un juguete. ¿Cuáles son las características y usos más importantes para ti? Describe en **tres** o **cuatro** oraciones la computadora perfecta para ti, usando **el subjuntivo con antecedentes indefinidos o que no existen.** Después, comparte la descripción con tus compañeros. ■

MODELO *Quiero una computadora que tenga teléfono y televisión...*

Estrategia

Concentrate on spelling all words correctly; for example, make sure you put accent marks where they belong with words that take accent marks. If necessary, review the rules regarding accent marks on p. 5.

EXPANSION for B-52
Have students invent an ideal product with a unique characteristic and describe it to the class.

B-39

26. Las acciones relacionadas con la tecnología. Repasa el vocabulario de **Las acciones relacionadas con la tecnología** en la página 211 y haz las siguientes actividades.

4:00 **B-53 ¡Tengo la pantalla negra!** Hace dos minutos que acabas de terminar una tesis para tu clase de literatura cuando de repente ¡tu computadora se congela! Llama y pide ayuda técnica y describe en **ocho** pasos lo que hiciste. Incluye por lo menos **cinco** de los siguientes verbos. Túrnense. ■

apagar	borrar	descargar	funcionar	grabar
guardar	imprimir	navegar	prender	quemar

MODELO *Primero, prendí la computadora. Después...*

EXPANSION for *Las acciones relacionadas con la tecnología*
Additional questions to ask that incorporate technology vocabulary are:

1. ¿Cuántos cibercafés hay cerca de la casa de tus padres? ¿Y cerca de la universidad? ¿Por qué crees que hay tantos (o tan pocos)? ¿Qué hacen las personas en los cibercafés?
2. ¿Cuál es más inteligente: la computadora o el ser humano (*human being*)? Explica.
3. ¿Cuáles son algunas cosas que la computadora puede hacer que una persona no puede hacer? ¿Cuáles son algunas cosas que una computadora no puede hacer que una persona sí puede?
4. ¿Tienes televisión por cable o satélite? ¿Cuántos canales recibes? ¿Cuántos canales recibes que son en español?
5. ¿Cómo te comunicas con tus compañeros/as? ¿Y con amigos que viven lejos de ti?
6. ¿Cómo te comunicas con tus padres y otros parientes?
7. ¿Cuál es el aparato que no tienes y que más necesitas? ¿Por qué lo necesitas? ¿Qué marca prefieres? ¿Cuánto cuesta?
8. ¿Es la tecnología siempre aplicable, necesaria y/o deseada?

Estrategia
In **B-54,** you need to use commands to interact with Inés. Which type of command will you use with a friend? How do you form the commands? If you need extra help forming commands, go to page 74 for a review.

2:00

B-54 ¿Qué debo hacer? Túrnense para darle consejos a su amiga Inés. ■

MODELO INÉS: Quiero mostrarles las fotos de mis vacaciones en Puerto Rico.
USTEDES: *Descarga las fotos y muéstranoslas.*

1. Tengo demasiados mensajes en mi correo electrónico.
2. Mi Blackberry se congeló.
3. Mi computadora funciona mal y tarda mucho en abrir las ventanas nuevas.
4. No me gusta leer los documentos que me mandan en la pantalla.
5. Este programa de computación no hace lo que necesito.
6. Necesito información sobre los cibercafés de Los Ángeles.

2:00

B-55 Nieto/a, ¿qué quiere decir…? Tus abuelos acaban de comprar su primera computadora y ¡te necesitan! No entienden las instrucciones. Ayúdalos, dando definiciones para los siguientes términos. Túrnense. ■

MODELO Nieto/a, ¿qué quiere decir *prender?*
Abuelo, *prender* quiere decir encender la computadora.

NIETO/A, ¿QUÉ QUIERE DECIR…?

1. guardar
2. pegar
3. borrar
4. el mirón
5. el servidor

PRELIMINAR B

Episodio 6 B-40 to B-41

27. Laberinto peligroso. Lee y luego ve el video, un resumen de los primeros episodios de **Laberinto peligroso**. Después, haz las siguientes actividades.

• Laberinto peligroso •

Describing what has happened thus far to the protagonists Celia, Javier, and Cisco

Hypothesizing about what I think will happen next

4:00

B-56 ¿Quién es quién?

En grupos de cuatro, túrnense para describir quién es y cómo es cada personaje, indicando especialmente qué tipo de relación tiene con los demás personajes. ■

1. Celia

2. Javier

3. Cisco

4. Dr. Huesos

B-57 ¿Qué pasó?

Escribe un resumen de lo que ha pasado en **Laberinto peligroso.** Escoge una de las siguientes opciones para tu resumen. ■

1. Describe a cada personaje.
2. Escribe una síntesis de cada capítulo.

Fíjate

It is important to note that the point of view of the speaker can be critical in choosing between the *preterit* and the *imperfect*. If the speaker views a particular action as *completed*, then the *preterit* is needed. If, for the speaker, the action is *incomplete, in progress, or ongoing*, the *imperfect* is needed.

B-58 ¿Qué ha ocurrido en cada lugar?

Escribe un resumen de lo que ha pasado en cada uno de los lugares o las situaciones importantes de **Laberinto peligroso.** ■

1. La universidad
2. El centro comercial
3. El café
4. El apartamento de Celia
5. La biblioteca
6. La comisaría (el lugar donde trabaja la policía)

Instructor Resources

- Video script

NOTE for *Laberinto peligroso*

With *Capítulo 6,* there is a written and video synopsis of the first 5 textbook and video episodes of *Laberinto peligroso.* Please note: This is the only time when both the written and video episodes are the same. It is your decision whether you want your students to both read *and* view the episode. If you have a number of students who are new to *¡Anda! Curso intermedio,* and if you are pressed for time, we recommend assigning only the video version. In that way, your new students will view the characters and be able to step quickly into the next new episode in *Capítulo 7.*

SUGGESTION for *Laberinto peligroso*

You may want to refer to the "Recap" teacher notes in *Capítulos 1–5* to review what happened in each episode. It may be helpful to share this review with your students.

3:00 **B-59** **¿Qué piensas de lo que ha pasado hasta ahora?** Usando **el presente perfecto de subjuntivo,** completa cada reacción de forma lógica y con eventos de los primeros episodios de **Laberinto peligroso.** Túrnense. ■

MODELO No creo que…
No creo que Celia y Cisco hayan robado los mapas.

1. Me sorprende que…
2. Creo que es una lástima que…
3. Me asusta que…
4. Me gusta que…
5. No me gusta que…
6. Dudo que…

B-60 **¿Qué piensas que va a pasar?** Escribe un párrafo sobre lo que piensas que va a pasar en los próximos episodios de **Laberinto peligroso.** ■

Y por fin, ¿cómo andas?

Having completed this chapter, I now can . . .	Feel confident	Need to review
Comunicación		
• describe myself, my family, and others in detail.	☐	☐
• narrate past events.	☐	☐
• indicate something *has* or *had* happened.	☐	☐
• share information about sports and pastimes.	☐	☐
• express feelings, opinions, and reactions.	☐	☐
• suggest group action using *Let's*.	☐	☐
• recommend, suggest, request, or require something of someone	☐	☐
• describe houses and their surroundings.	☐	☐
• express doubt, emotions, and sentiments.	☐	☐
• relate information about celebrating life events, and elaborate on foods and food preparation.	☐	☐
• discuss travel, means of transportation, and technology.	☐	☐
• connect sentences and clauses.	☐	☐
• depict something that is uncertain or unknown.	☐	☐
Laberinto peligroso		
• describe what has happened thus far to the protagonists Celia, Javier and Cisco.	☐	☐
• hypothesize about what I think will happen next.	☐	☐
Comunidades		
• use Spanish in real-life contexts. (SAM)	☐	☐

Estrategia

The *¿Cómo andas?* and *Y por fin, ¿cómo andas?* sections are designed to help you assess your understanding of specific concepts. In *Capítulo Preliminar B*, there is one opportunity for you to reflect on how well you understand the concepts. Beginning with *Capítulo 7*, you will find three opportunities per chapter to stop and reflect on what you have learned. These checks help you become accountable for your own learning and determine what you need to review. Also, use the checklists as a way to communicate with your instructor about any concepts you still need to review. Additionally, you might also use your checklists as a way to study with a peer group or peer tutor. If you need to review a particular concept, more practice is available in MySpanishLab, where you will find online quizzes.

Instructor Resources

• Testing program information

SUGGESTION for *Y por fin, ¿cómo andas?*

If you have time constraints, we recommend students complete these self-assessments outside of class. You may want to spot check some students and ask how they are doing (e.g., "How many of you feel confident indicating something *has* or *had happened*?"). For those students who do not raise their hands, remind them that they need to consult the pages listed to review the material on their own. If you have time to do the self-assessment in class, one approach is to have students write brief examples illustrating the topics, then check in their textbooks to verify their answers. Based on this verification, students can rate themselves on the concepts and hand in their ratings to you at the end of class.

NOTE for *Y por fin, ¿cómo andas?*

Each chapter will normally have 3 self-checks: 2 entitled *¿Cómo andas?* and the third *Y por fin, ¿cómo andas?* Each time students complete a self-check, they are responsible for more information and they are able to more accurately assess their progress. As *Capítulo Preliminar B* is meant to be a quick review to begin the semester and bring students up to speed, there is only one self-check for the students. Encourage students to use these self-checks, because they help them become accountable for their own learning and promote self-actualization.

Instructor Resources

- IRM: Syllabi and Lesson Plans

NATIONAL STANDARDS

COMUNICACIÓN I
- To describe stores and other places in a city (Communication, Connections, Communities)
- To choose between *ser* and *estar* (Communication, Comparisons)
- To express uncertainty in time, place, manner, and purpose (Communication, Cultures)
- To determine setting and purpose when listening (Communication)
- To engage in additional communication practice (Communication)

COMUNICACIÓN II
- To name items sold in stores (Communication)
- To state what is happening at the moment (Communication)
- To refer to ongoing actions (Communication)
- To converse on the phone and express agreement with the speaker (Communication, Cultures)
- To use a dictionary effectively when writing (Communication, Comparisons)
- To engage in additional communication practice (Communication)

CULTURA
- To examine and compare culturally representative apparel (Communication, Cultures, Comparisons)
- To identify some people whose products are sold in stores (Cultures, Connections, Comparisons)
- To share information about interesting stores, places, and products found in Chile and Paraguay (Cultures, Connections)
- To explore further the chapter's cultural themes (Cultures)

LABERINTO PELIGROSO
- To distinguish tone and voice of a text, and to consider the meaning of the missing maps and journals (Communication)
- To hypothesize about Cisco's possible arrest (Communication)

COMUNIDADES
- To use Spanish in real-life contexts (Communities)

LITERATURA
- To recognize poetic devices such as polysyndeton and free verse (Communication)

7 Bienvenidos a mi comunidad

¿Qué hay en tu ciudad? Generalmente, en una ciudad hay edificios, iglesias, casas y parques. También hay tiendas donde se venden productos especiales. ¡Exploremos los diferentes lugares de tu comunidad!

PREGUNTAS

1. Explica cómo es tu ciudad o pueblo.
2. ¿Cuáles son algunos edificios que se encuentran en tu ciudad o pueblo?
3. ¿Qué te gusta de tu ciudad o pueblo? ¿Qué quieres cambiar?

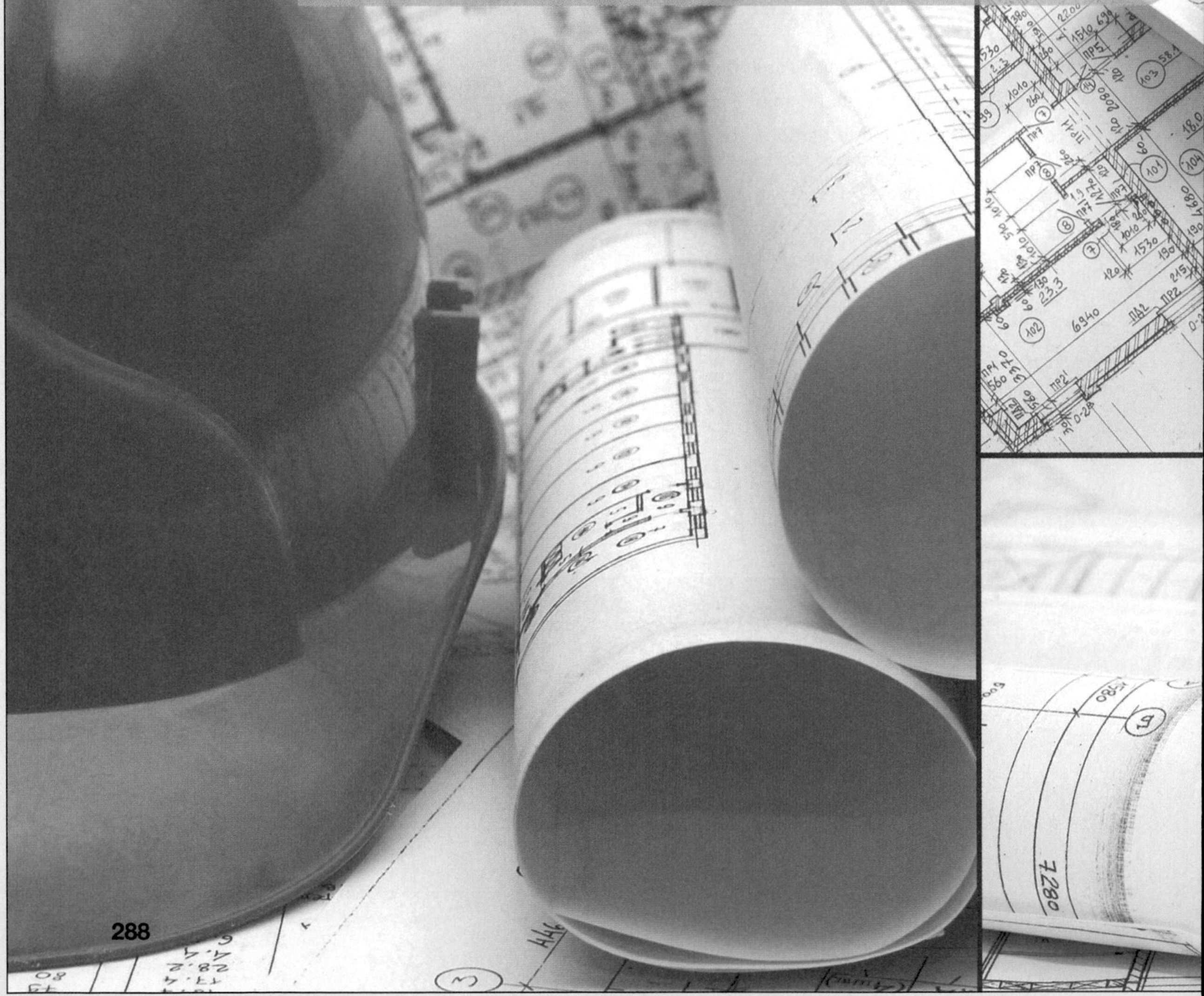

288

SECTION GOALS for *Chapter opener*

By the end of the Chapter opener section, students will be able to:
- discuss their towns or cities.
- describe buildings where they live.

NATIONAL STANDARDS
Chapter opener

In the Chapter opener section, students view an image of plans for a town or city. The topic of one's community provides an opportunity for practice with multiple standards. As students look at the photo and answer the questions that follow, they can engage in interpersonal conversations with classmates (Standard 1.1). Students sharing about their own towns and what they like and dislike reinforces Standard 4.1. Speaking about their community and using Spanish with regard to their community is indeed a part of Communities (Standard 5.1).

WARM-UP for *Chapter opener*

Students have previously learned vocabulary related to cities and towns and their locations. Ask them to use this review vocabulary to describe the town or city proposed by the blueprints. Expand the discussion to see how they compare the location of your institution to another city in your state.

OBJETIVOS	CONTENIDOS	
COMUNICACIÓN I		
To describe stores and other places in a city	1 Some shops and other places in the city	290
To choose between **ser** and **estar**	**Repaso Ser** and **estar** (a second look)	MSL
To express uncertainty in time, place, manner, and purpose	2 The subjunctive in adverbial clauses	295
To determine setting and purpose when listening	**ESCUCHA:** A television feature story **Estrategia:** Determining setting and purpose	301
To engage in additional communication practice	**Heritage Language**	SAM
COMUNICACIÓN II		
To name items sold in stores	3 Some items in stores	303
To state what is happening at the moment	**Repaso** The present progressive	MSL
To refer to ongoing actions	4 Progressive tenses: the imperfect and **andar, continuar, seguir, ir,** and **venir**	307
To converse on the phone and express agreement with the speaker	**¡CONVERSEMOS!** **Estrategias comunicativas:** Conversing on the phone and expressing agreement (Part 1)	312
To use a dictionary effectively when writing	**ESCRIBE:** An op-ed **Estrategia:** Using a dictionary	314
To engage in additional communication practice	**Heritage Language**	SAM
CULTURA		
To examine and compare culturally representative apparel	**NOTAS CULTURALES** La ropa como símbolo cultural	298
To identify some people whose products are sold in stores	**PERFILES** Unos diseñadores y creadores	310
To share information about interesting stores, places, and products found in Chile and Paraguay	**VISTAZO CULTURAL** Algunos lugares y productos en las ciudades de Chile y Paraguay	316
To explore further the chapter's cultural themes	**MÁS CULTURA**	SAM
LABERINTO PELIGROSO		
To distinguish tone and voice of a text, and to consider the meaning of the missing maps and journals	**EPISODIO 7** **Lectura:** *¿Casualidades o conexiones?* **Estrategia:** Identifying elements of texts: Tone and voice	318
To hypothesize about Cisco's possible arrest	**Video:** *¡Trazando rutas y conexiones!*	320
COMUNIDADES		
To use Spanish in real-life contexts	**Experiential Learning:** Una ciudad hispana **Service Learning:** Una guía de comercios y servicios para nuevos residentes	SAM SAM
LITERATURA		
To recognize poetic devices such as polysyndeton and free verse	**LETRAS** *El río* (Kirmen Uribe)	*See Literary Reader*

CAPÍTULO 7

METHODOLOGY • Making Topics Relevant for Students
Note that the questions begin with your learners and their own context, something that we have learned from educational philosopher John Dewey. Try having your students each turn to a partner and answer the questions in pairs. Then have them share the answers their partners gave. This has them practice listening as well as paraphrasing.

21ST CENTURY SKILLS • JOHN DEWEY
Educational philosopher John Dewey (1859–1952) had a profound effect on the U.S. educational system in the most positive of ways. A man well before his time, he had insight into many of the issues that would later develop in the world of education. For example, he maintained that all learners would need to take an interdisciplinary approach to learning. *¡Anda! Curso intermedio* is based heavily on the philosophies of this visionary man.

PLANNING AHEAD
We recommend assigning *all* grammar sections to be read in advance, because they are clear and concise. Also, assign students to read *all* culture sections (*Notas culturales, Perfiles, Vistazo cultural*) before class. The instructor's role then is to clarify or review as necessary any points students have read in advance. Finally, we suggest assigning the *Escucha* and *Escribe* sections, and the *Laberinto peligroso* text and video episodes as homework.

Instructor Resources
- Textbook images, Extra Activities

SECTION GOALS for *Comunicación I*

By the end of the *Comunicación* section, students will be able to:
- identify the people and the things they would find in a typical store.
- review the uses of the verbs *ser* and *estar.*
- recommend their favorite stores, restaurants, and places, and indicate where they are located.
- distinguish between the indicative and the subjunctive when expressing time, manner, place, and purpose.
- describe garments they might typically see in Hispanic countries and explain the significance of the clothing.
- listen and identify the setting and purpose of a message.

NATIONAL STANDARDS
Communication, Comparisons

In the *Comunicación I* section, students have the opportunity to discuss their favorite places to shop, to describe the things they enjoy, and to use the subjunctive for time, manner, place, and purpose. The partner and small group communicative activities facilitate interpersonal conversations in which students can provide and exchange information and opinions about their favorite places (Standard 1.1). Depending on how some of the interpersonal activities are implemented, they may also be used to satisfy communication in the presentational mode (Standard 1.3), if students present information about their favorite stores and restaurants to an audience of readers or listeners. The vocabulary and activities related to shopping encourage students to understand the cultural differences between shopping in Hispanic countries and shopping in the United States (Standard 4.2). Moreover, the frequent practice of the subjunctive allows for comparisons between the nature of language in both Spanish and English (Standard 4.1).

HERITAGE LANGUAGE LEARNERS

It is quite common for Hispanics to shop in specialty stores. There are many Hispanic families who own specialty stores in the cities. In the United States, you can find Hispanic stores that cater to this population for groceries and other items. Have heritage language learners talk about Hispanic stores in their communities. Ask them whether their family members shop at those stores and, if so, ask them to mention what items they buy there.

Comunicación I

¡Anda! Curso elemental, Capítulo 4. Los lugares, Apéndice 2.

3:00

1 VOCABULARIO

07-01 to 07-04

Algunas tiendas y algunos lugares en la ciudad

Describing stores and other places in a city

Fíjate

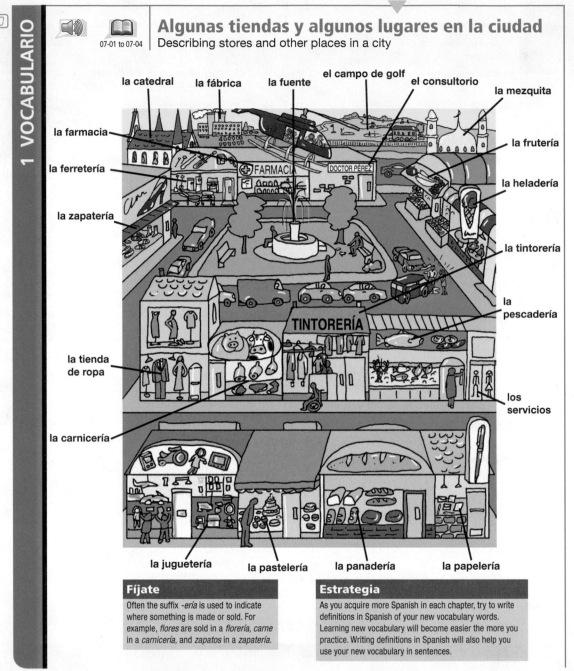

Often the suffix *-ería* is used to indicate where something is made or sold. For example, *flores* are sold in a *florería, carne* in a *carnicería,* and *zapatos* in a *zapatería.*

Estrategia

As you acquire more Spanish in each chapter, try to write definitions in Spanish of your new vocabulary words. Learning new vocabulary will become easier the more you practice. Writing definitions in Spanish will also help you use your new vocabulary in sentences.

ADDITIONAL ACTIVITY for *Algunas tiendas y algunos lugares en la ciudad*

Ask students about their favorite specialty stores in the United States. Then have them compare these stores with department stores. Encourage students to have a debate about the advantages and disadvantages of buying in specialty stores and department stores. Remind students about prices, quality, availability, and convenience.

SUGGESTION for *Algunas tiendas y algunos lugares en la ciudad*

Encourage students to add other words that they might know for the new vocabulary. E.g.: *escaparate = vitrina; la rebaja = el descuento,* etc.

Para comprar cosas...	To buy things . . .
el/la dependiente/a	*store clerk*
el dinero en efectivo	*cash*
el escaparate	*store window*
la ganga	*bargain*
la liquidación	*clearance sale*
el mostrador	*counter*
la oferta	*offer*
la rebaja	*sale; discount*

REPASO

¡Hola! Repaso & Spanish Tutorial — 07-05 to 07-08

Ser y estar Choosing between *ser* and *estar*

For a complete review of **ser** and **estar,** go to MySpanishLab or refer to **Capítulo 4** of ***¡Anda! Curso elemental*** in Appendix 3 of your textbook. The vocabulary activities that follow incorporate this grammar point. Practicing new vocabulary with a review grammar point helps to strengthen and increase your knowledge of Spanish.

3:00

7-1 ¿Qué, quién o dónde? Alejandro y Carmen conversan sobre su ciudad. Túrnense para crear oraciones de las siguientes palabras, usando siempre **ser** o **estar.** ■

Answers to 7-1
1. La pastelería está en el centro de la ciudad.
2. Mi madre es dependienta en una tienda de moda.
3. La ferretería está cerca del consultorio.
4. El dinero en efectivo está en mi bolso.
5. El campo de golf está en las afueras y es muy grande.

MODELO dependiente / detrás del mostrador
El dependiente está detrás del mostrador.

1. pastelería / en el centro de la ciudad
2. mi madre / dependienta en una tienda de moda
3. la ferretería / cerca del consultorio
4. el dinero en efectivo / en mi bolso
5. campo de golf / en las afueras / muy grande

NOTE for *Repaso*
This is a reminder that the *Repaso* boxes are meant to be assigned as homework the night before you introduce the new vocabulary. Students should be expected to review this prior to class so that you can proceed immediately to the first activity following the vocabulary presentation.

If you want, immediately following the vocabulary presentation and preceding the first vocabulary activity in the text, you may do the following mechanical activity.

Have students work with partners: one student says a word that elicits a new vocabulary word from his/her partner. E.g.:

E1: *el agua*
E2: *la fuente*
E1: *¡Excelente!*
E2: *la tienda*
E1: *la zapatería*
E2: *No. Una persona.*
E1: *el dependiente*
E2: *¡Correcto!*

NOTE for *Ser y estar*
You may want to present your students with these additional uses of *ser* and *estar:*

1. *Estar* is used to describe a resultant state (state resulting from another action), often using a past participle as an adjective:

   Los platos están rotos.
   The dishes are broken.
   La puerta está cerrada.
   The door is closed.

2. Some adjectives have multiple meanings, depending on the use of *ser* vs. *estar:*
   - Juan está aburrido.
     Juan is bored.
     La película es aburrida.
     The movie is boring.
   - Mis hermanos están listos.
     My siblings are ready.
     Mis hermanos son listos.
     My siblings are smart / clever.
   - La manzana es verde.
     The apple is green (it is a green apple).
     La banana está verde.
     The banana is not ripe.
   - Es un cocinero muy bueno.
     He is a very good chef.
     La comida está muy buena.
     The food is very good.
   - Es una mujer muy rica.
     She is a very rich woman.
     La torta está rica.
     The cake is delicious.
   - El niño está muy mal hoy.
     The boy is really sick today.
     Es un niño malo.
     He is a bad boy.

ADDITIONAL ACTIVITY for *Ser y estar*
¡A jugar! Vamos a practicar *ser* y *estar.*

Paso 1 Cuando su profesor/a diga, escriban todas las oraciones posibles usando *ser* y/o *estar* y el vocabulario de *Algunas tiendas y algunos lugares en la ciudad.*

Paso 2 Formen grupos de cuatro para verificar sus oraciones y los usos de los verbos. ¿Cuántas oraciones correctas tienen?

HERITAGE LANGUAGE LEARNERS
Encourage heritage language learners to pay close attention to the uses of *ser* and *estar*. Sometimes they use *estar* when standard Spanish requires *ser.*

HERITAGE LANGUAGE LEARNERS
Heritage language learners may be familiar with different idiomatic expressions used by their relatives and friends. Remind heritage language learners about some of the idiomatic expressions that use *estar,* such as: *estar a régimen / dieta, estar de mal humor, estar con ganas, no estar para bromas,* etc.

METHODOLOGY • 7-1 to 7-7
Activities **7-1** to **7-7** provide a variety of interesting scenarios to practice the vocabulary as well as the review grammar of *ser* and *estar.* The activities are mechanical and meaningful in nature and move toward becoming communicative.

3:00

7-2 ¿Dónde están?

Hoy es un día ocupado y hay muchas personas por todas partes de la ciudad. Túrnense para decidir dónde están. ■

¡Anda! Curso intermedio, Capítulo 2. El subjuntivo para expresar pedidos, mandatos y deseos, pág. 91.

MODELO Mi novio me dice que me compre un vestido muy elegante pero no muy caro para llevar a la boda de su hermano.

Está en una tienda de ropa elegante.

1. Es imprescindible que Tanya prepare una cena deliciosa porque el jefe de su esposo viene a cenar. Al jefe no le gusta la carne.
2. Hoy es el cumpleaños de la hija de Marisol y Luis y es importante que tengan un pastel delicioso para celebrarlo con ella.
3. Pienso tener una fiesta y mis padres me dicen que compre unas invitaciones muy elegantes.
4. Los nietos de Paula vienen de visita y su esposo le sugiere que organice actividades para entretenerlos (*keep them entertained*).
5. El traje de Felipe está muy sucio y su madre desea que se lo ponga mañana para ir a la catedral.
6. Quiero una tarjeta de crédito nueva que tenga mi foto.

Answers to 7-2

1. Está en una pescadería, una frutería, etc.
2. Están en una pastelería.
3. Estoy en una papelería.
4. Está en una juguetería.
5. Está en una tintorería.
6. Estoy en un banco.

Estrategia

In **7-2,** what tense is *compre* in the *modelo*? What tense is *prepare* in item 1? Also note the following verbs: 2. *tengan*, 3. *compre*, 4. *organice*, 5. *ponga*, 6. *tenga*. Why do you need to use that tense in all of these sentences? If you are uncertain, review page 87 on uses of the *present subjunctive*.

¡Anda! Curso intermedio, Capítulo 4. La comida y la cocina, pág. 159; Más comida, pág. 164.

¡Anda! Curso elemental, Capítulo 7. La comida, Apéndice 2.

4:00

7-3 Vamos de compras

Tu compañero/a y tú van de compras. Tienes una lista de las cosas que necesitas comprar, y ahora tienes que decidir a qué lugares tienes que ir para comprarlas. Túrnense. ■

MODELO
E1: *¿Qué necesitamos comprar primero?*
E2: *Necesitamos comprar pan para la cena.*
E1: *¿Dónde está la panadería?*
E2: *Está enfrente de la frutería…*

Estrategia

¡Anda! Curso intermedio has provided you with recycling references to help guide your continuous review of previously learned material. Make sure to consult the indicated pages if you need to refresh your memory.

pan
medicina
zapatos nuevos para la boda de mi prima
galletas
chuletas de cordero
helado para el cumpleaños de mi suegro
cosas para reparar la casa
sandía y toronjas

Answers to 7-3

panadería, farmacia, zapatería, pastelería, carnicería, heladería, ferretería, frutería

Fíjate

Some things you might buy in a hardware store are: *un martillo* (a hammer), *unos clavos* (nails), and *unos tornillos* (screws).

CAPÍTULO 7

METHODOLOGY • Recycling
The research that is a foundation of *¡Anda! Curso intermedio* strongly supports recycling material so that students are provided with maximum opportunities to practice grammar and vocabulary.

METHODOLOGY • Organizing the Student-Centered Classroom
When we say that *¡Anda! Curso intermedio* supports and helps create a student-centered classroom, we mean that the presentations and activities afford students the maximum amount of time to practice Spanish in a classroom-controlled setting. Having your students work with partners provides them with an increased amount of time to speak Spanish. What follows are some ideas to help you maximize the effectiveness of your student-centered class.

1. Change partners daily. This gives all students the opportunity over the course of the class to work with everyone on multiple occasions. Some days you can place two strong students together; other days you can pair a strong and a weak student. Still other days you may choose to pair students with similar hobbies or interests. You can also pair students randomly by partnering them according to fun criteria such as their birth dates or their favorite colors.
2. Assign a variety of the pair activities on the board at the beginning of the class so that students may work with their partners in 15–20 minute intervals. This might mean assigning up to 10 activities that the groups can work on at their own pace.
3. During pair work, students need to know that they are accountable for staying on task and for performing at your expectations. Therefore, at 15–20 minute intervals, you may choose to have several groups report on some of their responses.
4. *Classroom management (discipline) by proximity* is an educational term. You will have pairs of students who find it difficult to stay on task. As you circulate around the room while the students are working together, make a point of frequently positioning yourself in close proximity to your pairs that need more monitoring.
5. Giving a significant grade in class participation helps keep students on task. When students understand that you expect them to speak only Spanish, to take turns, to work well with others AND that you will be grading them on their classroom behavior, it helps them understand the importance of their work in the classroom.
6. Not all groups will finish all items of all activities during a class period. That is fine, as students have been moving at the paces necessary for them to learn. During a subsequent class period when students are working with new partners, you can have a list of review pair activities that partners can do if they finish early. These would be the communicative activities at the end of each chunk. Even though your students are repeating an activity they may have already done, it is now with new partners, and they are able to retain their interest because the activity now has a new context.

METHODOLOGY • Making Students Accountable for Their Own Learning
By creating a student-centered class, you reinforce the fact that your students are ultimately accountable for their own learning.

EXPANSION for 7-3
Have students each prepare a menu for the entire week and make a list of the groceries they will need to buy to prepare the meals. They should bring their lists of groceries to class to share.

EXPANSION for 7-3
Have each student sketch a shopping area in either the campus community or his/her home town with several of the targeted shops. They then direct their partners to the various places to complete these shopping lists.

3:00

7-4 Definiciones

Crea definiciones para **cinco** de las palabras o expresiones del vocabulario nuevo, **Algunas tiendas y algunos lugares en la ciudad.** Después, compártelas con un/a compañero/a. ■

MODELO E1: *Pago con esto cuando no quiero usar ni cheques, ni tarjeta de crédito, ni tarjeta de débito. ¿Qué es?*

E2: *Es el dinero en efectivo.*

¡Anda! Curso elemental, Capítulo 11. Las preposiciones y los pronombres preposicionales, Apéndice 3.

8:00 Workbooklet

7-5 El mejor de los mejores

En tu opinión, ¿cuáles son los mejores negocios? ■

Paso 1 Llena el cuadro con tus selecciones personales. Para los números 8, 9 y 10, selecciona tres lugares diferentes.

Paso 2 Entrevista a tres compañeros/as para averiguar cuáles son sus preferencias.

MODELO E1: *¿Cuál es el mejor restaurante?*

E2: *Para mí, el mejor restaurante es El Caribe Grill. ¿Cuál es el mejor para ti?*

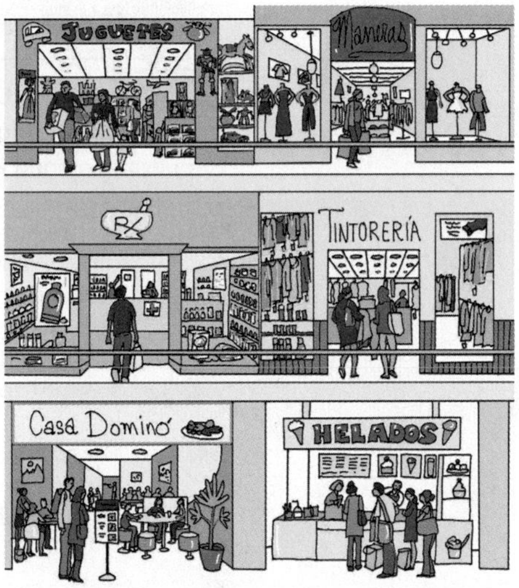

EL/LA MEJOR	YO	E1	E2	E3
1. restaurante			El Caribe Grill	
2. pastelería				
3. juguetería				
4. tienda de ropa				
5. heladería				
6. farmacia				
7. campo de golf				
8. ¿…?				
9. ¿…?				
10. ¿…?				

Paso 3 Comparte las selecciones con el/la profesor/a para saber cuáles son los negocios favoritos de la clase.

METHODOLOGY • Connections with Other Disciplines
For *Paso 3* of **7-5,** you can tally the results in the following way. Select one of the items, e.g., *heladería.* Write on the board the ice cream shops that were ranked "*la mejor.*" Have the students raise their hands to count all who voted for each. Then have the students create percentages for their responses. Using mathematics in this way supports the National Standards third C, Connections, by connecting with mathematics.

EXPANSION for 7-5
You may wish to have students interview additional classmates so that when reporting, they would state: *Él/Ella / Ellos/Ellas…*

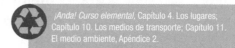

3:00 **7-6** **Nuestras preferencias** Túrnense para hacerse y contestar las siguientes preguntas. ■

1. Cuando quieres ir de compras, ¿adónde vas? ¿Cómo pagas generalmente?
2. ¿Cuál es tu tienda favorita? ¿Qué tipo de tienda es? ¿Qué fue la última cosa que compraste allí?
3. ¿Qué tiendas tienen los escaparates más interesantes?
4. ¿Tienes una pastelería favorita? ¿Por qué es tan buena?
5. ¿Cuál es la ferretería más conocida de tu pueblo o ciudad? ¿Por qué es tan conocida? ¿Dónde está?
6. ¿Cuáles de tus prendas llevas a una tintorería?
7. ¿Cuáles son algunos de los campos de golf prestigiosos? ¿Dónde está(n)?

¡Anda! Curso intermedio, Capítulo 3. La construcción de casas y sus alrededores, pág. 110.

¡Anda! Curso elemental, Capítulo 4. Los lugares; Capítulo 10. Los medios de transporte; Capítulo 11. El medio ambiente, Apéndice 2.

3:00 **7-7** **Mi pueblo ideal** Tienes la gran oportunidad de trabajar en equipo con el famosísimo arquitecto español Rafael Moneo. Van a planear una comunidad nueva, teniendo en cuenta el medio ambiente. ■

Paso 1 Planea la comunidad del futuro, dibujando dónde se encuentran las tiendas y otros lugares de tu ciudad. Describe los materiales que se van y no se van a utilizar.

Paso 2 Preséntale tus planes a un/a compañero/a de clase en por lo menos **doce** oraciones.

Un edificio del arquitecto Moneo

NOTE for 7-7
José Rafael Moneo (n. 1937) teaches at Harvard University, where he is the first Josep Lluis Sert Professor of Architecture. He has worked in Rome, Barcelona, and Madrid, and his professional contribution includes numerous articles and lectures as well as building projects throughout the world.

NOTE for 7-7
The Pritzker Prize is the most prestigious international architectural award. It is the equivalent to the Pulitzer Prize. Every year, there are over 400 nominees from all across the world. Famous Mexican architect Luis Barragán was the second winner in 1980. Moneo and Barragán are the only two Hispanics to win the award since its inception in 1979. Moneo won the prize in 1996.

EXPANSION for 7-7
Have students each research a major city (not the capital) of a Hispanic country of their choice. Then have them each describe the community and compare it with the city that they designed.

4:00

2 GRAMÁTICA

07-09 to 07-12 ¡Hola! Spanish/English Tutorials

El subjuntivo en cláusulas adverbiales (expresando tiempo, manera, lugar e intención)

Expressing uncertainty in time, place, manner, and purpose

You have been practicing the use of the **subjunctive** to express **wishes, doubts, feelings,** and **emotions.** You have also used the subjunctive to talk about **things** and **people** that may or **may not exist.**

Before learning additional occasions to use the subjunctive, let's review the definition of a ***clause.*** A clause is a group of words that has a ***subject*** and a ***verb*** and is used as a part of a sentence. A clause can be ***independent / main*** (it expresses a complete thought and makes sense on its own) or ***dependent / subordinate*** (it is not a complete thought and cannot stand alone, nor does it make sense without another part of the sentence).

Tengo que ir al banco después de que salgamos del cine.

Look at the following sentence:

I want to go to the bank . . . (***independent / main clause:*** It makes sense by itself)	**. . . after we go to the movies.** (***dependent / subordinate clause:*** This is not a complete thought and does not make sense alone without another part of a sentence.)

Dependent clauses begin with words called ***conjunctions. Conjunctions*** are words that **connect two parts of a sentence**. Conjunctions in English include ***that, before, after,*** etc.

You will now learn a series of words and phrases that may require the subjunctive when expressing time, manner, place, and/or purpose.

Estrategia

You may remember that an *adverb* describes the time, manner, place, or purpose of an action. It usually answers the questions *how? when? where?* or *why?*

Tengo que ir al banco después. I have to go to the bank afterward. (Answering the question *when?*)

1. The **subjunctive** is **always used** after the following phrases (conjunctions):

a menos que	*unless*	**en caso (de) que**	*in case*
antes (de) que	*before*	**para que**	*so that*
con tal (de) que	*provided that*	**sin que**	*without*

Nos veremos en el campo de golf **a menos que** *llueva*. — *We'll see each other at the golf course unless it rains.*

Te voy a comprar el vestido **con tal (de) que** te lo *pongas* varias veces. — *I am going to buy you the dress provided that you wear it several times.*

Pasa por la tintorería **en caso (de) que** *esté* listo mi traje. — *Stop by the dry cleaners in case my suit is ready.*

(continued)

Instructor Resources

- PPT, Extra Activities

METHODOLOGY • Grammar Presentations

Grammar presentations in *¡Anda! Curso intermedio* are done deductively, inductively, or with a combination of both. This presentation follows the *deductive* approach in which the students are given the rules / forms and go directly to practice.

METHODOLOGY • Use of Grammatical Terms

Up to this point, *¡Anda! Curso intermedio* has made minimal use of grammatical terms. Prior to now, students have learned about the subjunctive in noun and adjective clauses, and this presentation deals with the subjunctive in adverbial clauses. The vast majority of students in intermediate Spanish will not become Spanish majors but rather will use the language in their careers. Therefore, it is more important that our students use the subjunctive correctly (and all other grammatical concepts, for that matter) than that they know grammatical terminology.

SUGGESTION for *El subjuntivo en cláusulas adverbiales*
Encourage students to personalize their learning by creating their own sentences as examples.

SUGGESTION for *El subjuntivo en cláusulas adverbiales*
Guide students in the creation of paired sentences with the conjunctions used with both the indicative and the subjunctive so that they quickly understand the difference: *Vamos al cine esta noche aunque está lloviendo.* (although it is raining now) / *Vamos al cine esta noche aunque esté lloviendo.* (even if it is raining—and it may not be at that time)

2. The **indicative** is **always used** after these phrases when they are followed by **facts:**

ahora que	*now that*	**ya que**	*since; because*
puesto que	*given that*		

David es muy generoso **ahora que** *tiene* el trabajo de dependiente. — *David is very generous now that he has the job as a store clerk.*
Puesto que *va a comprar* un carro nuevo, me va a regalar el viejo. — *Given that he is buying a new car, he is giving me the old one.*
Mi hermano siempre me trae pasteles, **ya que** *trabaja* en una pastelería. — *My brother always brings me cakes, since he works in a bakery.*

3. With the following phrases, both the **indicative** and the **subjunctive** can be used:

a pesar de que	*in spite of*	**después (de) que**	*after*
aun cuando	*even when*	**en cuanto**	*as soon as*
aunque	*although; even if*	**hasta que**	*until*
cuando	*when*	**luego que**	*as soon as*
de manera que	*so that*	**mientras (que)**	*while*
de modo que	*so that*	**tan pronto como**	*as soon as*

To determine whether the subjunctive or the indicative is needed, one must ask the following question:

From the point of view of the speaker, has the action already occurred?

- 3.1 If the answer is ***yes***, the **indicative** is needed.
- 3.2 If the answer is ***no*** (e.g., the action has yet to occur), the **subjunctive** must be used.
- 3.3 When one of the preceding adverbs of time expresses a **completed** or **habitual** action known to the speaker, it is clear that the action has already taken place, therefore requiring the use of the **indicative**. Compare the following examples.

Vamos a ir a la farmacia **tan pronto como** mi hermano ***salga*** del consultorio. — *We will go to the pharmacy as soon as my brother leaves the doctor's office.*

(From the speaker's point of view, the brother has *not* left the doctor's office yet.)

Fuimos a la farmacia **tan pronto como** mi hermano ***salió*** del consultorio del médico. — *We went to the pharmacy as soon as my brother left the doctor's office.*

(From the speaker's point of view, *yes*, the brother has left the doctor's office already.)

Piensa trabajar en esa juguetería **aunque** no le ***gusten*** los niños. — *He is thinking about working in that toy store even though he doesn't / may not like children.*
Trabajó seis meses en esa juguetería **aunque** no le ***gustaban*** los niños. — *He worked in that toy store for six months although he didn't like children.*

- 3.4 In a sentence with **no change of subject,** you should use any of the prepositions **antes de, después de, hasta, para,** and **sin** followed by the ***infinitive***.

Necesitamos pasar por el banco **antes de *salir*** de viaje. — *We need to go to the bank before leaving on the trip.*
Ayer salimos de la tienda **sin *pagar***. — *Yesterday we left the store without paying.*

2:00

¡Anda! Curso intermedio, Capítulo 2. El subjuntivo, pág. 87.

7-8 Buenas decisiones

Cada día tomamos muchas decisiones, aunque no parecen tener mucha importancia. Túrnense para escoger la forma correcta de cada verbo en paréntesis para completar las siguientes oraciones. Después, expliquen por qué escogieron esas formas. ■

1. No quiero ir al consultorio del médico a menos que (tengo, tenga) fiebre. tenga
2. Necesitamos ir a la catedral antes de que el cura (se va, se vaya). se vaya
3. Necesitamos pasar por la panadería tan pronto como (salimos, salgamos) de clase. salgamos
4. Siempre preferimos hacer compras cuando (hay, haya) buenas ofertas. hay
5. La dependienta tiene que preparar los escaparates puesto que no (tenemos, tengamos) muchos clientes esta mañana. tenemos
6. En cuanto (termina, termine) la tarea, necesito ir a la tintorería para recoger los trajes. termine

2:00

7-9 En nuestra ciudad

Todos tienen sus preferencias en sus ciudades. Terminen las siguientes oraciones con **el subjuntivo** o **el indicativo** de los verbos en paréntesis. Túrnense. ■

1. Cuando (yo) ___como___ (comer) en el Restaurante Río Grande, siempre pido el pescado a la parrilla, y de postre, el pastel de tres leches.
2. Mi esposo y yo pensamos abrir una cuenta en el Banco Central con tal de que nos ___ofrezca/n___ (ofrecer) un interés alto.
3. Mis amigos van a jugar al golf en el Campo Sur tan pronto como ___lleguen___ (llegar) de vacaciones a Paraguay.
4. La tienda favorita de tu padre debe de ser la Ferretería Mundo Nuevo ya que él ___es___ (ser) carpintero.
5. No pienso comprar nada allí hasta que ___empiece___ (empezar) la gran liquidación.

4:00

7-10 Decisiones…

Si estás en Asunción, Paraguay, hay que visitar La Alemana. ¡Es un lugar increíble! Vamos a experimentarla a través de nuestra imaginación. Crea oraciones usando elementos de las dos columnas. Después, compártelas con un/a compañero/a. ■

MODELO No puedo hacer un pedido (*place an order*)… a menos que ustedes me (decir) lo que quieren.

No puedo hacer un pedido a menos que ustedes me digan lo que quieren.

LA ALEMANA, S.A.
Confitería • Panadería • Rotisería • Heladería
Nuestras especialidades son:
bollos
pan dulce alemán
tortas
Del Escudo c/Avda. Brasilia (a 2 cuadras de Avda. Artigas) · Asunción, Paraguay

Answers to 7-10

1. d. vea	4. e. sabemos
2. c. cambian	5. b. cueste
3. f. tienen	6. a. es

1. _______ Mi mamá va a querer comprar aquellos bollos de dulce de leche…
2. _______ Van a ofrecer dos pasteles nuevos la semana que viene…
3. _______ Mis hermanos siempre están contentos…
4. _______ Podemos organizar la cena…
5. _______ Hoy pienso comprar un pan dulce alemán…
6. _______ Nos encanta el helado…

a. a pesar de que nuestro postre favorito (ser) la torta.
b. a menos que (costar) más de 24,000 PYG.
c. aunque normalmente no (cambiar) la lista de productos hasta finales del mes.
d. tan pronto como ella los (ver).
e. ya que (saber) qué vamos a servir de postre.
f. cuando (tener) una torta de La Alemana en las fiestas de cumpleaños.

ADDITIONAL ACTIVITY for *El subjuntivo en cláusulas adverbiales*

Completen las siguientes oraciones de manera lógica.

1. Mañana vamos al campo de golf a menos que ___________.
2. María fue al consultorio sin que ___________.
3. Quiero hacer las compras tranquilamente sin que ___________.
4. Mis padres trabajan duro para que yo ___________.
5. Ahora que se abrió una juguetería nueva nosotros ___________.
6. Vamos a la ferretería para que tu padre ___________.
7. Fui a la heladería aunque ___________.
8. Habrá una liquidación tan pronto como ___________.

EXPANSION for 7-9

Challenge students to replace the nouns and verbs to personalize each sentence, thus treating **7-9** as a substitution drill.

NOTE for 7-10

S.A. An abbreviation for *Sociedad Anónima* or *Sociedad por Acciones,* it is used to refer to a joint-stock company.

NOTE for 7-10

A *bollo* is similar to a donut and is filled with cream, *dulce de leche, dulce de guayaba,* etc.

SUGGESTION for 7-10

The currency of Paraguay is the Guaraní (PYG). You may want to share the current rate of exchange with your students and have them investigate costs of different items and services in Paraguay via the Internet.

EXPANSION for 7-10

Ask students each to think of a *pastelería* in their city / town that they frequent. Have them each create two statements about the *pastelería* using the conjunctions for adverbial phrases. One can be in the indicative and one in the subjunctive.

EXPANSION for 7-10

Have students create their own ads for their favorite specialty stores, along with sentences that describe them, using adverbial clauses.

NOTAS CULTURALES

La ropa como símbolo cultural

07-13 to 07-14

Cuando vayas a un país diferente, fíjate en la ropa de los escaparates de las tiendas. Muchas veces la ropa refleja la cultura del lugar. Por ejemplo, una prenda típica de los países del Caribe es *la guayabera*. Es una camisa liviana (*lightweight*) de tela fresca como el algodón, que tiene cuatro bolsillos (*pockets*), muchos pliegues (*pleats*) y se lleva fuera de los pantalones. Los hombres la llevan para estar cómodos en el clima caluroso.

Fíjate

The *guayabera* is a comfortable shirt that is elegant in its simplicity. It has several rows of tiny pleats and can have intricate embroidery as well.

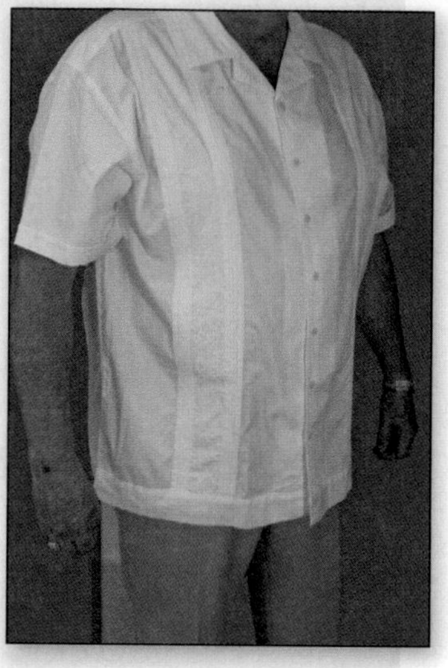

En caso de que te encuentres al otro extremo del continente de Sudamérica, es posible que veas una prenda asociada con la cultura paraguaya. Es la tela de *aho po'i*, y se usa igual para camisas de hombre que para blusas de mujer. Significa "ropa liviana" y suele ser de algodón con bordados a mano (*hand embroidery*).

Fíjate

The name of this cloth, *aho po'i*, comes from the indigenous language *guaraní*. Along with Spanish, *guaraní* is an official language of Paraguay.

En el interior del continente, puedes encontrar unas prendas distintivas de la cultura boliviana: la pollera, una falda con muchas capas (*layers*), la manta y el sombrero tipo Borsalino de las cholas bolivianas. Las cholas llevan esta ropa para que la gente las reconozca como indígenas orgullosas de su herencia y seres dignos de respeto.

Fíjate

Las cholas refers to indigenous Bolivian women who have moved to urban areas from the countryside.

Preguntas

1. Describe las prendas mencionadas en la lectura.
2. ¿Cómo reflejan estas prendas sus culturas de origen?
3. ¿Qué prendas son típicas de tu cultura? ¿Por qué son representativas de la cultura, en tu opinión? Compara las prendas representativas de tu cultura con las que se mencionan en la lectura.

Answers to *Notas culturales*

1. *Sample answers:* la guayabera: camisa liviana de algodón, con bolsillos, pliegues y bordados; prendas de tela de *aho po'i:* livianas, de algodón y bordadas; la pollera: una falda con muchas capas
2. *Answers will vary.*
3. *Answers will vary.*

SECTION GOALS for *Notas culturales*

By the end of the *Notas culturales* section, students will be able to:

- identify typical garments worn in Hispanic countries.
- explain why the garments are culturally significant.
- distinguish between garments from different parts of the Spanish-speaking world.
- discuss the post-reading questions with classmates.
- compare the highlighted Hispanic garments with American garments.

NATIONAL STANDARDS
Communication, Cultures, Comparisons

The cultural reading about Hispanic garments facilitates the students' communication skills and their understanding of Hispanic culture. In particular, the reading addresses Standard 1.2 and Standard 1.1. The reading encourages the students to understand and interpret written Spanish (1.2). The discussion questions that follow encourage interpersonal communication as students exchange opinions, engage in conversations, and provide and obtain information about the reading (1.1). As students explore the reading, they have a deeper understanding of the cultural practices, products, and perspectives about clothing (Standards 2.1 and 2.2). For instance, they understand the pride that the indigenous people feel when they wear traditional garments, the handiwork of the hand-embroidered items, and how the climate affects the choice of fabrics. They are then able to make comparisons (Standard 4.2) between Hispanic clothing and American clothing, and they understand the influences and traditions that shape the design of the garments.

NOTE for *Las cholas*

The *polleras, manta,* and Borsalino bowler hat comprise the typical *chola* outfit, which can be quite expensive to put together. In addition to the clothing, gold jewelry is frequently added to complement the clothes. The cost of an entire traditional outfit can easily be several hundred dollars, with a trendy *pollera* more than $50 U.S. and a top-of-the-line Borsalino hat more than $200 U.S.

ADDITIONAL ACTIVITY for *Notas culturales*

Have students make a list of culturally symbolic clothing and the people who wear it. Then have them compare this clothing and these groups to those of the reading. Ask them:

1. Why is this clothing culturally symbolic to these people?
2. Are they making a statement about their heritage, their beliefs, and their living conditions?
3. Is the clothing motivated by climate, cultural background, or a combination of the two?

NOTE for *Las polleras y la política*

With the election of Evo Morales as president of Bolivia in 2006, the indigenous people (more than half of the population) have gained a new importance and sense of destiny and dignity. The *pollera* has become a type of political statement, with some female elected government officials choosing to wear this traditional clothing to work and eschewing nontraditional clothing. Ask students their opinions about using clothing as a way of making a political statement. Does that ever happen in U.S. culture? What examples can they mention?

HERITAGE LANGUAGE LEARNERS

In the United States, many students—and heritage language learners in particular—are familiar with *guayaberas,* and some family members may wear them. Ask whether anyone can bring one in to show to the class.

ADDITIONAL ACTIVITY for *Notas culturales*

Have students think of clothing that might be common to and/or shared by a variety of cultures (e.g., blue jeans), and ask them the following questions. How do they suppose this comes to be? Is it the influence of one culture over another? Is it the serendipitous discovery of utilitarian clothing by separate cultures? Is this a positive phenomenon or not? Why?

5:00

7-11 Excusas, siempre excusas

A Pascal le encanta jugar al golf. Sin embargo, no le gusta viajar a ninguna parte —¡prefiere dormir siempre en su propia cama! Ustedes lo invitan a acompañarlos al campo de golf Las Brisas de Santo Domingo en Chile. Contesten las siguientes preguntas como si fueran (*as if you were*) Pascal. Túrnense. ■

Answers to 7-11
Answers will vary. Possible answers include:
1. No, no pienso ir aunque sea uno de los mejores campos de golf de Latinoamérica.
2. No, no quiero quedarme allí puesto que no voy a ir contigo.
3. No, no quiero ir de compras allí ya que me quedo aquí.
4. No voy a usar tu tarjeta de crédito aun cuando me la ofrezcas.
5. No pienso comprar un boleto para ir contigo.

NOTE for 7-11
Las Brisas de Santo Domingo is considered to be among the top 100 golf courses in the world and is located about 75 miles from the center of Chile's capital, Santiago.

MODELO E1: ¿Vas a ir a Chile? El campo de golf es fantástico. (a pesar de que)
E2: *No voy a ir a Chile a pesar de que el campo de golf sea fantástico.*

1. Es uno de los mejores campos de golf de Latinoamérica. ¿Vienes? (aunque)
2. Hay un hotel magnífico cerca de Las Brisas de Santo Domingo. ¿Quieres quedarte allí? (puesto que)
3. Hay unas tiendas muy buenas también. ¿Quieres ir de compras allí? (ya que)
4. Puedes usar mi tarjeta de crédito. No tienes que preocuparte por el dinero. (aun cuando)
5. ¿Cuándo piensas comprar tu boleto de avión? (para / para que)

5:00

7-12 Un sábado de maratón

Ustedes trabajan como voluntarios para una organización que ayuda a las familias sin casas. El sábado van a comprar regalos para algunas de las familias. ¿Adónde van a ir? ¿Qué van a comprar? ¿Cuándo lo van a hacer y en qué orden? Hagan una lista de las cosas que van a comprar y adonde tienen que ir para comprarlas. Usen las siguientes conjunciones. ■

MODELO tan pronto como
Tan pronto como nos despertemos, vamos a salir para el centro para comprar los regalos. Primero vamos a ir a la zapatería…

1. después de que
2. en caso de que
3. cuando
4. para que
5. mientras
6. hasta que

EXPANSION for 7-12
You may wish to make this a writing activity. The first person writes a sentence, passes it to the next, who adds a sentence, and so on. You can add more of the adverbial conjunctions to the list, some taking the subjunctive and others not. This could be a competition to see which group has the most correct sentences after a 4- or 5-minute time period.

EXPANSION for 7-12
For integrating community service with the vocabulary, have students research organizations that help the needy in their communities; for example, the homeless, elderly, orphans, battered women, animal shelters, etc.

EXPANSION for 7-13
Using a map of your campus, instruct students to repeat the activity using buildings and places on their map. Another option is to have them draw maps of their hometowns or of their college town and repeat the activity with the relevant locations.

EXPANSION for 7-13
In pairs, have students give each other directions to a favorite restaurant or place in the city / town where they are attending college. They should use the conjunctions for adverbial phrases in their directions.

4:00 **7-13** **¿Qué hago?** Joaquín está perdido en el centro de tu ciudad. Está en la esquina de la Calle del Sol y Camino Real. Túrnense para darle indicaciones (*directions*) para llegar a los diferentes lugares de la ciudad usando las siguientes conjunciones y preposiciones. ■

ahora que	en caso de que	para	cuando	después de	ya que

MODELO ya que / Banco Central
Ya que estás en el parque, dobla a la izquierda en la Calle Ocho. Sigue derecho. El Banco Central está a la izquierda.

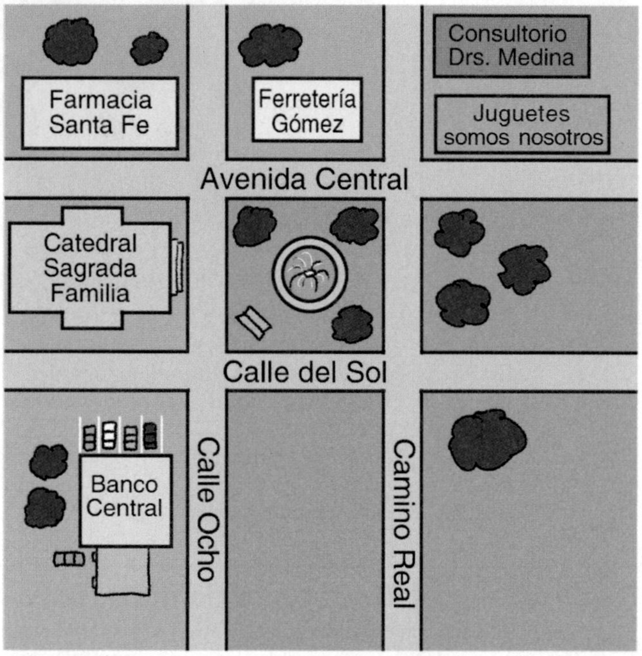

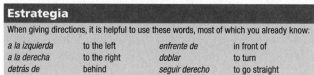

Estrategia
When giving directions, it is helpful to use these words, most of which you already know:

a la izquierda	to the left	*enfrente de*	in front of
a la derecha	to the right	*doblar*	to turn
detrás de	behind	*seguir derecho*	to go straight

1. Banco Central / la catedral
2. la catedral / Farmacia Santa Fe
3. Farmacia Santa Fe / Ferretería Gómez
4. Ferretería Gómez / Juguetes somos nosotros
5. Juguetes somos nosotros / Consultorio Doctores Medina

ESCUCHA

07-15 to 07-16

Un reportaje de televisión

Estrategia

Determining setting and purpose

Identifying the setting (place and time) and understanding the purpose of a message will help you anticipate what you will hear, thus facilitating comprehension. For example, determine where and when an event took place. If dates or hours are not identified, listen for verb tenses. Is the verb in the present, past, or future tense? To determine the purpose, ask yourself the following questions: Is the speaker selling something? Is the speaker reporting something? Is the message meant to be serious or humorous?

7-14 Antes de escuchar Vas a escuchar un reportaje de televisión. Primero, mira la foto. Describe lo que ves en la foto. ¿Qué hace la persona? ¿Cuál crees que sea el tema de este reportaje? ■

7-15 A escuchar Lee toda la información de los siguientes pasos. Después, escucha el reportaje. La primera vez que lo escuches, completa el **Paso 1.** Escúchalo otra vez y completa el **Paso 2.** ■

Paso 1 ¿Quiénes son estas personas?

1. d Paco
2. b Francisco
3. a Olga
4. e Jorge
5. c Yinyo

a. mujer joven de Costa Rica
b. reportero en Puerto Rico
c. hombre mayor, dueño
d. anfitrión (*host*) del programa
e. hombre de los Estados Unidos

Paso 2 Contesta las siguientes preguntas.

1. ¿Dónde toma lugar este reportaje? En Puerto Rico, en el pueblo de Lares.
2. ¿Cuál es el tema del reportaje? Es sobre una heladería que tiene los sabores de helado más extraños del mundo.

7-16 Después de escuchar Inventa un postre o un helado nuevo para la Heladería de Lares y prepara una descripción para anunciarlo en una entrevista con un reportero. Comparte tu anuncio con un/a compañero/a. ■

SECTION GOALS for *Escucha*

By the end of the *Escucha* section, students will be able to:

- apply the new listening strategy of determining setting and purpose.
- incorporate previous listening strategies.
- activate background knowledge from the photo to predict the setting and purpose.
- discuss the listening passage with partners.
- create an advertisement for a new pastry or ice cream and present the advertisement to an audience of listeners.

NATIONAL STANDARDS

Communication, Connections

In the *Escucha* section, the main focus of the listening passage is communication in the interpersonal mode, the interpretive mode, and the presentational mode. Students understand and interpret what they hear (Standard 1.2), and they engage in conversations with their peers and discuss what they have just heard (Standard 1.1). The post-listening activity encourages students to prepare their own advertisements, modeling what they heard in the audio recording. As they each present their advertisements for a dessert to an audience of a "reporter," they are modeling the presentational mode (Standard 1.3). As they each determine the setting and purpose and listen, discuss, and then present, they are also able to make connections with other disciplines (Standard 3.1). They might, for example, recall determining the setting and purpose when they read stories in English; or the act of making an advertisement might connect them to their advertising, marketing, public speaking, or business courses.

AUDIOSCRIPT for 7-15

Please consult the *Instructor's Resource Manual* for the complete text of the audio.

EXPANSION for 7-16

You may want to have students prepare a TV / radio commercial and then present it to the class.

¿Cómo andas? I

Having completed **Comunicación I**, I now can . . .	Feel confident	Need to review
• describe stores and other places in a city. (p. 290)	☐	☐
• choose between **ser** and **estar.** (MSL)	☐	☐
• express uncertainty in time, place, manner, and purpose. (p. 295)	☐	☐
• examine and compare culturally representative apparel. (p. 298)	☐	☐
• determine setting and purpose when listening. (p. 301)	☐	☐

CAPÍTULO 7

Comunicación II

3:00

3 VOCABULARIO

07-17 to 07-19

Algunos artículos en las tiendas

Naming items sold in stores

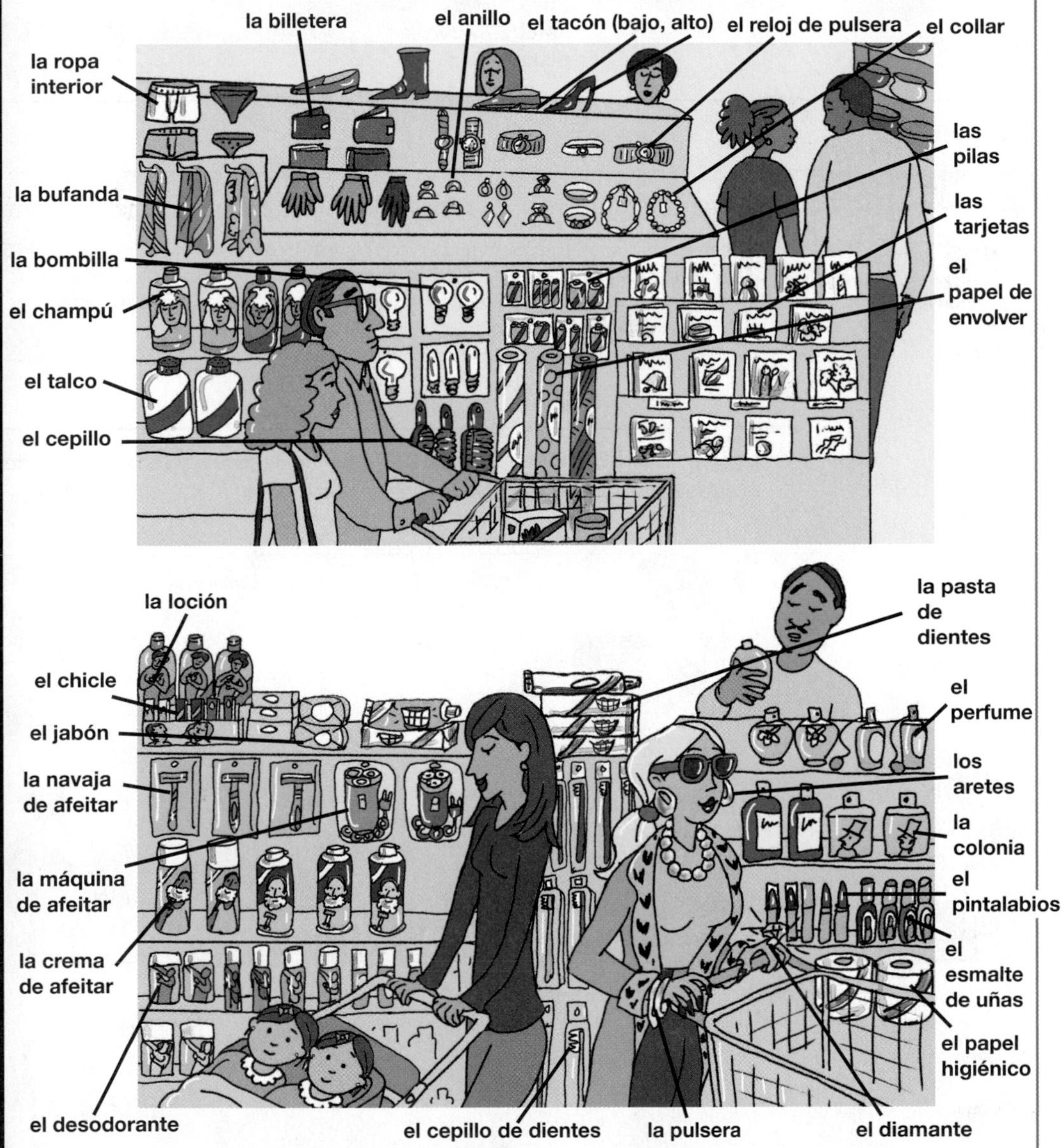

(continued)

SUGGESTION for *Algunos artículos en las tiendas*
Have students create dialogues in a store: one student plays the role of a store clerk and the other of a client who is looking for an outfit to wear on a date.

Instructor Resources

- Textbook images, Extra Activities

SECTION GOALS for *Comunicación II*

By the end of the *Comunicación* section, students will be able to:

- describe products in stores.
- review the formation and uses of the present progressive.
- form the imperfect progressive with the present participle and indicate what was taking place.
- summarize the livelihoods of Paloma Picasso, Narciso Rodríguez, and Sami Hayek.
- employ phone etiquette and manage telephone conversations appropriately.
- learn how to write an opinion article with the aid of a Spanish–English dictionary.

NATIONAL STANDARDS
Communication

All 3 Communication Standards are emphasized in the *Comunicación* section. The majority of the activities are designed for interpersonal communication between partners or small groups. The activities encourage students to engage in conversations, provide and obtain information, express feelings and emotions, and exchange opinions (Standard 1.1). Sections such as *Perfiles* and *¡Conversemos!* promote interpretive communication as students understand and interpret written Spanish and spoken Spanish, respectively (Standard 1.2). As students each write an opinion article for their local newspaper in the *Escribe* section, they incorporate Standard 1.3, the presentational mode.

21ST CENTURY SKILLS • MODES OF COMMUNICATION

The Partnership for 21st Century Skills mirrors beautifully the National Foreign Language Standards' 5 Cs. A part of the 5 Cs are the three modes of communication: *interpretive, interpersonal,* and *presentational.* A founding principle of *¡Anda! Curso intermedio* is to incorporate thoroughly all three modes of communication.

The *interpretive* mode of communication includes reading and listening. It is deciphering linguistic code. The *interpersonal* mode of communication is oral communication between two or more individuals. It can also be communicating via writing. Finally, the *presentational* mode of communication is when an individual makes a presentation to an individual or group, usually orally.

¡Anda! Curso elemental, Capítulo 8. Las telas y los materiales, Apéndice 2.

Palabras útiles	*Useful words*
apretado/a	*tight*
de buena / mala calidad	*good / poor* (adj.) *quality*
la manga corta / larga	*short / long sleeve*
media manga	*half sleeve*
hecho/a de...	*made of . . .*
nilón	*nylon*
oro	*gold*
piel	*leather; fur*
plata	*silver*

REPASO

¡Hola! Repaso & Spanish/English Tutorials

07-20 to 07-22

El presente progresivo   Stating what is happening at the moment

For a complete review of the present progressive, go to MySpanishLab or refer to **Capítulo 5** of ***¡Anda! Curso elemental*** in Appendix 3 of your textbook. The vocabulary activities that follow incorporate this grammar point. Practicing new vocabulary with a review grammar point helps to strengthen and increase your knowledge of Spanish.

2:00

7-17 Lo/La conozco bien

Es el fin de semana. Túrnense para describir lo que están haciendo sus amigos en este momento. ■

MODELO Vicente

Vicente está mirando unos relojes de pulsera.

1. Laura

2. Eva

3. Kyung

4. Silvia

5. Alberto

Answers to 7-17

1. Laura está lavando la ropa interior.
2. Eva está poniendo pilas en su cámara.
3. Kyung le está escribiendo tarjetas a sus amigos.
4. Silvia se está maquillando. / Silvia está maquillándose.
5. Alberto está sacando dinero de su billetera.

NOTE for *Repaso*

This is a reminder that the *Repaso* boxes are meant to be assigned as homework the night before you introduce the new vocabulary. Students should be expected to review this prior to class so that you can proceed immediately to the first activity following the vocabulary presentation.

If you want, immediately following the vocabulary presentation and preceding the first vocabulary activity in the text, you may do the following mechanical activity.

In pairs, have students play "Train" as follows:

E1: *Fui de compras y compré unas pilas.*
E2: *Fui de compras y compré un anillo y compraste unas pilas.*
E1: *Fui de compras y compré unas bombillas, compraste un anillo y compré unas pilas.*
E2: *Fui de compras y compré unos aretes, compraste unas bombillas, compré un anillo y compraste unas pilas.*

. . .

SUGGESTION for *El presente progresivo*

Practice the formation of the present progressive orally with a mechanical drill, such as giving a subject pronoun and an infinitive and having the students chorally say the correct form of the verb. E.g., *hablar, tú (estás hablando); comer, yo (estoy comiendo);* etc.

HERITAGE LANGUAGE LEARNERS

Heritage language learners sometimes use the present progressive in place of the future tense. For example, they may say *Estoy hablando con el profesor mañana.* Remind students that although the progressive tense is used in English to refer to future actions (*I am speaking with my professor tomorrow*), this cannot be done in Spanish.

ADDITIONAL ACTIVITY for *El presente progresivo*

The present progressive lends itself to a game of charades. Have students act out various activities "in progress," such as *cepillándose los dientes, probándose unos zapatos, peinándose el cabello,* etc. They can do this in front of the class or in groups; the other students must guess the activity.

¡Anda! Curso elemental, Capítulo 8. Las construcciones reflexivas, Apéndice 3.

4:00

7-18 ¿Qué está comprando Inés? Inés está en la tienda Falabella. ■

Paso 1 Describan lo que ven en su bolsa.

Paso 2 Túrnense para explicar para qué necesita cada artículo.

MODELO *Necesita el cepillo de dientes para cepillarse los dientes.*

Paso 3 Creen oraciones en **el presente progresivo.**

MODELO *Inés se está cepillando los dientes.*

2:00

7-19 Joyerías Helmlinger Lean la página web de esta joyería, y después contesten las siguientes preguntas. ■

JH JOYERÍAS HELMLINGER
Joyerías Helmlinger, especialistas en el diseño de joyas en Santiago de Chile, cuenta con más de treinta y dos años de experiencia en brindarle joyería fina de la más alta calidad. Tenemos para todos los gustos: diseños clásicos y de vanguardia.
Le anunciamos con orgullo que somos "joyeros de familia" y le ofrecemos una amplia selección de joyas, incluyendo en nuestra línea de productos:
♦ diamantes de alta calidad ♦ anillos de oro (amarillo y blanco)
♦ perlas ♦ anillos de matrimonio
♦ collares ♦ aretes
♦ platería ♦ relojes de pulsera
♦ piedras preciosas: ♦ y mucho más...
rubíes, zafiros, perlas
Estamos creando continuamente nuevos diseños exclusivos para nuestros clientes que buscan piezas de joyería únicas, fabricadas con materiales de la más alta calidad y con creatividad sin límites.
CONSULTE CON NUESTROS JOYEROS Y DESCUBRA LA DIFERENCIA EN TRADICIÓN Y DISEÑO DE JOYERÍA FINA PARA SATISFACER SUS SUEÑOS.
CALLE PROVIDENCIA 2433 ♦ TELÉFONO: 562-9324776

1. ¿Qué están promocionando en su página web?
2. ¿Qué están haciendo los diseñadores continuamente?
3. ¿Qué calidad de joyería está buscando una persona que compre en Helmlinger?
4. En tu opinión, ¿falta alguna información importante para los posibles clientes?

Answers to 7-19
1. Están promocionando joyerías / joyas.
2. Están creando nuevos diseños.
3. Está buscando joyería de alta calidad.
4. *Possible answer:* Faltan los precios.

METHODOLOGY • Working in Pairs
As a reminder, it is ideal to change partners daily. In this way, students have the opportunity to work with all their classmates, and you build community within your classroom. At the very least, partners should be changed weekly.

NOTE for 7-18
Falabella is highlighted in the *Vistazo cultural* section of this chapter.

NOTE for 7-19
Lapis lazuli is a gemstone of varying blue shades that is closely associated with Chile. It is mined primarily there and in Afghanistan. This stone has a history going back more than 5,000 years, with remnants of lapis lazuli jewelry discovered in archeological sites around the Mediterranean. The name *lapis lazuli* comes from the Latin word *lapis* for "stone" and *azula,* a derivation from Arabic for "blue."

EXPANSION for 7-19
Students can pretend to be in search of a special ring. This exercise can be a dialogue between a jewelry store clerk and the client.

EXPANSION for 7-19
Have your students create an ad for a new jewelry store. It can specialize in different types of jewelry that are described in the ad.

ADDITIONAL ACTIVITY for *Algunos artículos en las tiendas*

Somos poetas Escribe un poema según las siguientes instrucciones. Después, comparte el poema en grupos de cuatro o cinco y decidan cuál es el mejor poema del grupo.

Primer verso: un participio presente
Segundo verso: preposición con objeto
Tercer verso: una o dos palabras que expresen acción
Cuarto verso: cuatro o cinco adjetivos descriptivos
Quinto verso: verbo en el presente progresivo para aludir (*allude*) al tema

MODELO
Disfrutando
en la tienda
observando, probando
apretado, grande, corto, largo
estoy comprando

¡Anda! Curso elemental, Capítulo 3. Los colores; Capítulo 8. La ropa, Apéndice 2.

3:00

7-20 En la tienda ¡Mucha moda!

Están en la tienda ¡Mucha moda! En grupos de tres, describan el dibujo. Cada estudiante debe crear por lo menos **cuatro** oraciones. ■

MODELO *Hay varias personas en una tienda de ropa. Un hombre se está probando un traje de buena calidad, pero le queda mal…*

3:00

7-21 Una conversación interesante

Estás en un almacén tipo Walmart o Target y tu padre/madre/esposo/a te llama al celular. Cuéntale dónde estás, qué estás haciendo, qué necesitas comprar, etc. Tu compañero/a va a ser la persona que te llama. Después, túrnense. Usen **el presente progresivo** cuando puedan. ■

MODELO
E1: *¿Marisol?*
E2: *Hola papá.*
E1: *¿Dónde estás, hija?*
E2: *Estoy en la tienda Gran Mundo y están vendiendo todo muy barato —¡es una liquidación!*
E1: *¿Qué estás haciendo allí? Tú no necesitas nada.*
E2: *No es verdad, papá. Necesito…*

3:00

4 GRAMÁTICA

07-23 to 07-26 ¡Hola! Spanish Tutorial

Los tiempos progresivos: el imperfecto con *andar, continuar, seguir, ir* y *venir*

Referring to ongoing actions

You have just reviewed the present progressive. There are other tenses that can be used with the present participle **(-ando / -iendo).** For example, the **imperfecto progresivo** is similar in usage to the imperfect. It is used to **describe a past action in progress.**

Lo vi cuando **estábamos volviendo** del centro.	*I saw him when we were returning from downtown.*
Chan **estaba mirando** los relojes de pulsera cuando llamaste.	*Chan was looking at the wristwatches when you called.*
¿**Te estabas maquillando** cuando el niño entró?	*Were you putting on your makeup when the boy came in?*
Él **estaba buscando** muebles en el almacén.	*He was looking for furniture at the department store.*

Other verbs can be used with the present participle **(-ando, -iendo): andar, continuar, seguir, ir,** and **venir.** The use of each of these verbs subtly changes the meaning of the progressive.

1. ***Andar* + present participle** implies that the **action in progress is not occurring in an organized fashion.**

El dependiente nuevo **anda buscando** las prendas por todas partes.	*The new sales clerk is going around looking for the garments all over the place.*

2. ***Continuar / seguir* + present participle** means to **keep on / to continue doing something.**

Seguimos buscando el anillo que mi madre perdió esta mañana.	*We are still looking for the ring my mother lost this morning.*

3. ***Ir* + present participle** emphasizes **progress toward a goal.**

Los obreros **van avanzando** en la construcción de nuestra ferretería nueva.	*The workers are making progress on the construction of our new hardware store.*

4. ***Venir* + present participle** emphasizes the **repeated or uninterrupted nature of an action over a period of time.**

Hace dos años que mis hermanos **vienen haciendo** las mismas cosas molestas.	*For two years my brothers have been doing the same aggravating things.*

5. **Note:** Remember that in Spanish the **present progressive** is ***not*** used to **express the future.**

   Present progressive: *Están trabajando en la tintorería.*
   They are working (right now) at the dry cleaners.

   Future: *Van a trabajar en la tintorería.*
   They are going to work at the dry cleaners (in the future).

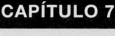

Instructor Resources
- PPT, Extra Activities

SUGGESTION for *Los tiempos progresivos*
Suggest various times of the day and ask students what they were doing yesterday (or another day) at those times. Then, have them ask you what you were doing at specific times yesterday.

SUGGESTION for *Los tiempos progresivos*
You may choose as a warm-up to have students create sentences using the imperfect tense. They could be written / projected for all to see. Then rework the sentences by substituting the imperfect forms with the imperfect progressive forms. Discuss how the meanings change.

SUGGESTION for *Los tiempos progresivos*
To make this grammar presentation more meaningful, have students create their own sample sentences for the use of *andar, continuar, seguir, ir,* and *venir* with the present participle. Begin by offering some personalized examples of your own, e.g., *Sigo buscando el perro perfecto, pero no he mirado los anuncios en el internet todavía.*

NOTE for *Los tiempos progresivos*
You may choose to include the *pretérito progresivo* in this grammar presentation, explaining that it conveys the idea of a completed action and provides a sense of an action in progress. It is generally limited to contexts in which the end of the action is clearly indicated:

Estuvimos comprando hasta que la tienda cerró.
We were shopping until the store closed.

EXPANSION for 7-22
Have students create similar situations for their classmates and share the examples.

ANSWERS to 7-22
1. Laura estaba lavando la ropa interior.
2. Eva estaba poniendo pilas en su cámara.
3. Kyung le estaba escribiendo tarjetas a sus amigos.
4. Silvia se estaba maquillando. / Silvia estaba maquillándose.
5. Alberto estaba sacando dinero de su billetera.

ANSWERS to 7-23
Possible answers include:
1. Maite anda limpiando su apartamento.
2. Javier y Constanza vienen / siguen / continúan estudiando mucho.
3. Mi mejor amigo viene ayudándome mucho.
4. Nuestro/a profesor/a / sigue / continúa sirviendo a la comunidad y a los estudiantes.
5. Sigo / Continúo durmiendo muy bien.
6. Todos los compañeros de clase continúan mejorando mucho.

NOTE for *Los tiempos progresivos*
Once students have learned the future and conditional indicative, you may want to explain their uses in the progressive tenses as well. When appropriate, you may also include the two subjunctive forms: *presente* and *imperfecto de progresivo de subjuntivo.*

2:00 **7-22 De nuevo** Repitan la actividad **7-17,** esta vez usando **el imperfecto progresivo** para describir lo que estaban haciendo esas personas ayer. ■

MODELO Vicente
Vicente estaba mirando unos relojes de pulsera.

4:00 **7-23 Ahora mismo** ¿Qué están haciendo las siguientes personas? Túrnense para crear oraciones usando **andar, continuar, seguir, ir** y **venir.** ■

MODELO Fabián (es estudiante de arquitectura y ve mucho progreso en un proyecto muy grande)
Fabián va progresando en su proyecto.

1. Maite (tiene mucho que hacer pero necesita terminar de limpiar su apartamento esta noche)
2. Javier y Constanza (son muy trabajadores; estudian todos los días para sus clases y tienen dos exámenes mañana)
3. Mi mejor amigo (desde que lo conocí, me ha ayudado mucho; hace ocho años que lo conozco)
4. Nuestro/a profesor/a de español (le gusta hacer trabajo voluntario y así sirve a la comunidad tanto como a sus estudiantes)
5. Yo (duermo bien siempre y anoche dormí muy bien también)
6. Todos los compañeros de clase (cada día saben más y mejoran mucho)

ADDITIONAL ACTIVITY for *Los tiempos progresivos*
Hagan una lista de 5 personas famosas, muy conocidas por ustedes y sus compañeros de clase. Después, digan lo que estaban haciendo esas personas mientras ustedes estaban estudiando.

5:00

7-24 Cuando era niño/a...

¿Qué hacías cuando ocurrieron los siguientes eventos? Termina las siguientes oraciones usando **el imperfecto progresivo** y después compártelas con un/a compañero/a. ■

MODELO tuviste tu primera pesadilla (*nightmare*)
Estaba durmiendo.

1. conociste a tu mejor amigo/a
2. recibiste el mejor regalo de tu vida
3. llegó Papá Noel por primera vez
4. supiste que ibas a estudiar en la universidad
5. te regalaron tu primera bicicleta
6. te llamó tu primer/a "amigo/a especial"

4:00

7-25 Y ella dijo...

En grupos de cuatro, van a crear oraciones para añadir a las oraciones de sus compañeros. Necesitan usar el vocabulario nuevo del capítulo con **andar, continuar, seguir, ir** y **venir.** Sigan el modelo. ■

MODELO
E1: *Ando buscando unos aretes de plata.*
E2: *Ando buscando unos aretes de plata y sigo trabajando muchas horas en el banco.*
E3: *Ando buscando unos aretes de plata. Sigo trabajando muchas horas en el banco. Y vengo diciendo que los pasteles de La Alemana son los mejores.*
E4: ...

SECTION GOALS for *Perfiles*
By the end of the *Perfiles* section, students will be able to:
- identify the famous people highlighted (Picasso, Rodríguez, and Hayek).
- explain how their contributions have shaped Hispanic culture.
- rank how the products they purchase compare to the products made by the profiled Hispanics.
- compare the profiles of the highlighted Hispanics with profiles of American and/or international celebrities.

NATIONAL STANDARDS
Communication, Cultures, Comparisons
In *Perfiles,* students are introduced to three prominent Hispanic entrepreneurs. The text about the entrepreneurs facilitates interpretive communication as students understand and interpret written Spanish (Standard 1.2). The cultural information they learn from the reading allows them to make comparisons between well-known American business people and the Hispanic business people featured in *Perfiles* (Standard 4.2). As they understand how the products made by Picasso, Rodríguez, and Hayek shape Hispanic culture, they gain understanding about the products and perspectives of Hispanic cultures (Standard 2.2).

NOTE for *Paloma Picasso*
Paloma Picasso was born on the French Riviera in 1949. Her parents were artists Pablo Picasso and Françoise Gilot. She lives in Switzerland, where she founded the Paloma Picasso Foundation to promote the works of both her parents. Students interested in her jewelry designs can see some of them by exploring the Tiffany web site on the Internet. Suggested keywords: *Tiffany & Co., Paloma Picasso, jewelry.*

NOTE for *Narciso Rodríguez*
Narciso Rodríguez was born in New Jersey to Cuban-American parents. He graduated from Parsons School of Design and began working at Anne Klein, assisting Donna Karan. In 1997, he had his first ready-to-wear designer show. One result of this show was an order for a wedding dress by Carolyn Bessette, to be worn when she married John F. Kennedy, Jr. This high-profile design garnered him much fame, and he has won several awards for outstanding achievement in fashion. Your students can read more about Narciso Rodríguez on the Internet. Suggested keywords: *Narciso Rodríguez, biografía, sitio oficial.*

PERFILES

07-27 to 07-28

Unos diseñadores y creadores

En el mundo hispano, como en los Estados Unidos, hay tiendas que se especializan en productos específicos. Aquí puedes conocer a las personas que diseñan los productos que compras en estas tiendas.

Paloma Picasso nació en el año 1949 y empezó su carrera de diseñadora temprano, trabajando con joyas. También ha creado una marca de perfume con su nombre. Hoy sigue diseñando una línea de joyas para la joyería Tiffany y Compañía. Su línea tiene anillos, aretes y collares de oro, de plata y con diamantes.

Narciso Rodríguez (n. 1961) empezó a trabajar en las compañías de moda de Donna Karan y Calvin Klein, dedicándose al diseño de *prêt-à-porter* (*ready-to-wear*) femenino para grandes almacenes. Tiene su propia línea de ropa y ha creado una colonia para hombres y un perfume para mujeres. Ha ganado premios como "mejor diseñador" en varias categorías y continúa diseñando ropa y fragancias.

Si estás contemplando comprar unos muebles nuevos que tengan a la vez funcionalidad y un diseño moderno, considera los productos del diseñador **Sami Hayek** (n. 1973). Fundó su negocio de diseño en el año 2003 y se especializa en los muebles. Tiene una lista impresionante de clientes de Hollywood y de negocios importantes.

Answers to *Perfiles*
1. Paloma Picasso: joyas y perfume; se encuentran en joyerías y almacenes. Narciso Rodríguez: ropa para mujeres; se encuentra en almacenes y tiendas de ropa. Sami Hayek diseña muebles, sábanas, etc.
2. *Answers will vary.*
3. *Answers will vary.*

Preguntas

1. ¿En qué creaciones se especializan estas personas? ¿En qué tipo de tiendas se encuentran sus productos?
2. ¿Cómo se comparan sus productos con los que usas?
3. ¿Qué diseñadores de productos semejantes conoces en los Estados Unidos?

NOTE for *Sami Hayek*
Sami Hayek was born in Coatzacoalcos, Mexico, and is the brother of famous Mexican actress Salma Hayek. Their parents are of Spanish and Lebanese descent. Students who are interested in design can learn more about Sami Hayek and his studio on the Internet. Suggested keywords: *Sami Hayek, diseñador, muebles.*

SUGGESTION for *Perfiles*
Have students mention some Hispanic designers or brand names (e.g., Carlos Santana's shoes, J Lo's clothes and accessories, Oscar de la Renta, Carolina Herrera, etc.). You may wish to ask students to bring some advertisements of these products to class.

2:00 **7-26** **Entrevista** ¿Cómo son tus compañeros/as de clase? Túrnense para hacerse y contestar las siguientes preguntas. ■

1. ¿Qué andas buscando que no has encontrado todavía?
2. ¿Qué continúas haciendo que no debes hacer?
3. ¿Qué sigues esperando que ocurra en tu vida o en la vida de tus padres?
4. ¿Qué notas vas sacando este semestre / trimestre?
5. ¿Qué sigues deseando hacer que nunca has hecho?

4:00 **7-27** **Nos vamos al spa** Sus amigos casi nunca hacen nada especial por sí mismos y cuando lo hacen, sienten que tienen que justificarlo. Los han invitado a ir con ustedes al Spa Corazón Patagonia en Chile por cinco días. Ayúdenles a justificar el viaje, usando formas del **progresivo** en **cinco** oraciones. ■

MODELO *Necesitan venir con nosotros al Spa Corazón Patagonia en Chile. Siguen trabajando demasiado y necesitan descansar…*

SUGGESTION for *Los tiempos progresivos*
Have students mime actions that have to do with shopping in specific stores while their classmates state what they are doing using the present progressive tense. Then have them change each sentence to the imperfect progressive by adding a dependent clause like: *cuando Randi llegó / Tamara llamó / sus padres vinieron, etc.*

SECTION GOALS for *¡Conversemos!*
By the end of the *¡Conversemos!* section, students will be able to:
- speak on the telephone using proper phone etiquette.
- employ conventions of the language for formal and informal conversations.
- summarize the dialogues they have heard.
- model their new expressions by creating dialogues and practicing their telephone skills.

NATIONAL STANDARDS
Communication, Comparisons
In addition to Communication Standards 1.1, 1.2, and 1.3, students demonstrate their ability to make comparisons between telephone etiquette when speaking in English and Spanish (Standards 4.1, 4.2). Students engage in Standard 1.2, the interpretive mode, as they listen to telephone conversations and they understand and interpret spoken Spanish. Standard 1.1 applies to the comprehension questions that follow the listening passage as students engage in interpersonal communication with partners or small groups. Lastly, as students use their new expressions to manage telephone conversations, they present their dialogues to an audience of listeners and/or readers (Standard 1.3).

AUDIOSCRIPT for 7-28
Please consult the *Instructor's Resource Manual* for the complete text of the audio.

ANSWERS to 7-28
1. El abuelo contestó el teléfono. Dijo "¿Bueno?" y luego que Adriana estaba ocupada.
2. Dijo: "¡Claro que sí! ¡Qué honor! Muchas gracias", etc.
3. para mostrar su línea de anillos, collares y aretes en su programa de televisión

¡CONVERSEMOS!

07-29 to 07-32

ESTRATEGIAS COMUNICATIVAS Conversing on the phone and expressing agreement (Part 1)

Just as in English, there are conventions for speaking on the phone in Spanish, whether we are speaking in formal circumstances or talking with our friends.

During those conversations, we have the occasion to express agreement. Using the following expressions will help you.

Conversando por teléfono	*Speaking on the phone*
• **Aló. / Bueno. / Diga. / Dígame.**	*Hello?*
• **¿Está _____ (en casa)?**	*Is _____ there / at home?*
• **¿De parte de quién?**	*Who shall I say is calling?*
• **Le/Te habla... / Es... / Soy...**	*This is . . .*
• **Lo/La/Te llamo más tarde.**	*I will call him/her/you later.*
• **No está. / No se encuentra.**	*He/She is not home.*
• **¿Puedo tomar algún recado?**	*May I take a message?*
• **Gracias por haber(me) llamado.**	*Thank you for calling (me).*
• **Oiga... / Oye...**	*Hey . . .*
• **Mire / Mira...**	*Look . . .*
• **¡No me diga/s!**	*You don't say! / No way!*

Expresando acuerdo	*Expressing agreement*
• **Eso es. / Así es.**	*That's it.*
• **Cómo no. / Por supuesto. / Claro que sí. / Desde luego.**	*Of course.*
• **Exacto. / Exactamente.**	*Exactly.*
• **(Estoy) de acuerdo.**	*Okay, I agree.*

Fíjate
Different countries tend to have different ways of answering the phone. For example, *Diga* tends to be used in Spain, and *Bueno* in Mexico. *Aló* is used in various countries.

7-28 Diálogo
Escucha el diálogo y contesta las siguientes preguntas. ■

1. ¿Quién contestó el teléfono? ¿Qué dijo?
2. ¿Qué le dijo Adriana a la señora que la había llamado?
3. ¿Para qué invitó la mujer a Adriana a Chicago?

¡Anda! Curso elemental, Capítulo 8. La ropa, Apéndice 2.

7-29 El mercado de los mercados
Saliste de compras al nuevo mercado de pulgas (*flea market*). No puedes creerlo... ¡tienen de todo! Llama a tu mejor amigo/a para decirle todo lo que tienen. Completa los siguientes pasos. Túrnense. ■

Paso 1 Llama a tu amigo/a y otra persona contesta el teléfono. Dile que quieres hablar con tu amigo/a.

Paso 2 Descríbele a tu amigo/a las cosas que ves. (Usa el vocabulario de la página 290, **Algunas tiendas y algunos lugares en la ciudad,** y de la página 303, **Algunos artículos en las tiendas.**)

Paso 3 Tú ofreces comprarle unas cosas a tu amigo/a y él/ella está de acuerdo.

312

7-30 Una entrevista Imagina que para tu trabajo tienes que entrevistar a la persona encargada de las modificaciones de la planificación de tu ciudad. Entrevista a esa persona por teléfono para conocer sus planes para las tiendas y otros lugares de la ciudad. En tu entrevista, incluye las siguientes expresiones: **a menos que, en caso de que, para que, con tal de que** y **aunque.** Túrnense. ■

7-31 Canal Véndelotodo Estás haciendo una gira por el Canal Véndelotodo. Allí hay unas estrellas con sus productos: Joan Rivers con sus collares y "diamantes", Leonardo DiCaprio con unas bombillas "verdes", etc. Llama a un miembro de tu familia para contarle sobre los productos y las personas famosas que ves. Túrnense. ■

SUGGESTION for 7-31
You might have students first make a list of famous people and match them each to a product they are associated with to provide scaffolding for **7-31.** Then they can move on to the activity.

SUGGESTION for 7-31
Set up the classroom as an auction. The students bring in items for the auction and then role-play this activity.

7-32 El remate El señor Dineral es un hombre riquísimo y muy reservado. Quiere que vayas a un remate (*auction*) especial y ofrezcas por él (*you bid on his behalf*). Durante el remate, vas a estar comunicándote con él por teléfono. Él te va a decir si quiere ofrecer por un objeto y hasta cuánto quiere gastar. Cuando llegas al remate, te das cuenta que el señor es un poco excéntrico porque el remate es un poco "diferente". Por ejemplo, rematan una botella de esmalte de uñas que era de Kim Kardashian. ■

Paso 1 Con un/a compañero/a, hagan una lista de las cosas excéntricas que van a rematar.

Paso 2 Creen unos diálogos entre el señor Dineral y tú durante el remate. Acuérdense de que hablan por teléfono porque el señor es muy reservado. Túrnense de papel.

MODELO E1: *¿Aló?*
E2: *Sr. Dineral, le habla ______. Van a rematar una botella de esmalte de uñas de Kim Kardashian.*
E1: *Bueno, ofrece hasta mil dólares…*

7-33 No lo veo Normalmente es Rafa quien hace las compras, pero hoy tiene que ir Carmen, puesto que Rafa tiene que quedarse hasta tarde en el trabajo. El problema es que Carmen no puede encontrar nada en la tienda Buena Ganga, así que Carmen tiene que llamar a Rafa para preguntarle dónde se encuentran las cosas en la tienda. ■

Paso 1 Creen una lista de **diez** cosas que necesitan.

Paso 2 Túrnense, interpretando los papeles de Rafa y Carmen.

SECTION GOALS for *Escribe*
By the end of the *Escribe* section, students will be able to:
- look up unfamiliar words in a Spanish–English dictionary.
- apply the new strategy of using a dictionary for checking spelling, choosing appropriate words, verifying meanings, and practicing pronunciation.
- write articles that express their opinions about small businesses versus mega stores.
- read the articles of their peers and make comparisons between their articles and those of their classmates.
- clarify their writing based on the comments and suggestions of others.

NATIONAL STANDARDS
Communication, Comparisons
In the *Escribe* section, students each write an opinion article about small businesses and mega stores. The writing task addresses Communication Standards 1.1, 1.2, and 1.3, as well as Comparisons Standard 4.1. Students each write their article and present it to their peers (Standard 1.3). They then read the articles of their peers, which requires them to understand and interpret written Spanish (Standard 1.2). After they read their classmates' articles, they discuss the opinions, the vocabulary, and the writing style of each article, which fosters interpersonal communication (Standard 1.1). The practice of brainstorming, using a dictionary for clarification and checking spelling / pronunciation, and expressing their opinions in formal writing are all tasks they are accustomed to in their English and writing classes; they can make comparisons between the writing processes in both languages (Standard 4.1).

NOTE for 7-34
You may wish to direct your students to the *Estrategia* boxes for the *Escribe* sections of earlier chapters such as *Capítulo 2, Linking words, Capítulo 3, Supporting Details,* or *Capítulo 4, Sequencing Events.*

WRITING SAMPLE for *Escribe*
You may use the following as a model if you feel your students need one.

Perdemos mucho cuando perdemos los pequeños negocios. Nos han dicho que Walmart viene a nuestra comunidad. Esto puede significar el fin de muchos pequeños negocios como la farmacia o la ferretería que llevan años sirviéndonos. Según los reporteros de otras comunidades, cuando un super-negocio como Walmart se establece en la comunidad, muy pocos negocios de recursos menores siguen operando…

ESCRIBE

07-33 to 07-34

Un artículo de opinión

Estrategia

Using a dictionary

A key skill in writing in Spanish is learning to use the dictionary effectively. Dictionaries have conventions for presenting words, their pronunciations, and their meanings. Abbreviations are used, and there is always an abbreviation key at the beginning of the dictionary that explains them. Familiarize yourself with this key first. Sometimes other explanatory symbols and notes further explain word usage. Pay attention to all of these clues as you select the appropriate word(s) to express your meaning. Then double check by looking up the word in reverse: if you began with English–Spanish, then check the Spanish–English version to verify that you have chosen the correct way to express your intended meaning.

7-34 Antes de escribir Vas a escribir un artículo de opinión para el periódico local, expresando tus ideas sobre los pequeños negocios comparados con una mega tienda en tu pueblo. Piensa en tus ideas y opiniones sobre la situación. Luego, organízalas lógicamente y con detalles. ¿Cuáles son algunas palabras de vocabulario que necesitas y que no conoces? Haz una lista de ellas. ■

7-35 A escribir Ahora, para escribir tu artículo, completa estos pasos: ■

Paso 1 Primero, usa el vocabulario y las estructuras gramaticales de este capítulo en el artículo. Tu artículo debe consistir en por lo menos **diez** oraciones.

Paso 2 Presenta tu opinión claramente, usando las palabras nuevas del vocabulario en tus oraciones.

7-36 Después de escribir Comparte tu artículo con un grupo de compañeros de clase. ¿Entienden ellos tu punto de vista / tu opinión? Explícales las palabras que no entiendan, basándote en tu investigación en el diccionario. ¿Escogiste las palabras apropiadas para expresarte? ■

SUGGESTION for 7-36
Students can peer-edit their classmates' articles using the guidelines from *Capítulo 5*, p. 218.

¿Cómo andas? II

Having completed **Comunicación II**, I now can . . .	**Feel confident**	**Need to review**
• name items sold in stores. (p. 303)	☐	☐
• state what is happening at the moment. (MSL)	☐	☐
• refer to ongoing actions. (p. 307)	☐	☐
• identify some people whose products are sold in stores. (p. 310)	☐	☐
• converse on the phone and express agreement with the speaker. (p. 312)	☐	☐
• use a dictionary effectively when writing. (p. 314)	☐	☐

Instructor Resources

- Text images (maps), Video resources

SECTION GOALS for *Vistazo cultural*

By the end of the *Vistazo cultural* section, students will be able to:

- identify the places mentioned and what types of products are produced there.
- summarize the pastimes and traditions associated with Chile and Paraguay.
- compare the featured traditions and cultural activities with those in the United States.
- differentiate between Chilean and Paraguayan products and those highlighted from other Hispanic countries.

NATIONAL STANDARDS *Communication, Cultures, Comparisons*

In the *Vistazo cultural* section, students are introduced to several cultural practices and products from Chile and Paraguay. The brief reading passages provide a means for interpretive communication (Standard 1.2) because students have to understand and interpret written Spanish. The accompanying guide questions also serve as conversation starters for interpersonal communication (Standard 1.1). As students read and discuss, they are able to understand the relationship between the products, practices, and perspectives of Hispanic peoples (Standards 2.1 and 2.2). By understanding the nature of Hispanic products, practices, and perspectives, they can make comparisons between Hispanic cultures and their own (Standard 4.2).

METHODOLOGY • Cultures and Their Products, Practices, and Perspectives

If you are new to *¡Anda! Curso intermedio,* you will see an emphasis on the National Standards throughout. In addition, in each chapter, we offer methodology notes on the teaching of culture (the 3Ps of cultural products, practices, and perspectives), as suggested by these National Standards. In previous chapters of *¡Anda! Curso intermedio,* we have examined the Cultures goal area in depth. We have discussed the emphasis on cultural products and practices (the first 2 Ps) and how they are quite often inextricably intertwined. This frequently necessitates a dual consideration of these cultural representations in order to fully grasp their place in the target-language culture.

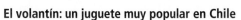

Finally, we have underscored the importance of incorporating the third P of perspective, which is the motivation or rationale that underpins the product and/or practice. We must not be content to gloss over important cultural components of the language we study and teach; we need to take a big step further and discover the "why" that is behind those products and practices.

The questions we can ask to accomplish this are:

What is it? Where do you find it? How is it made? How do you do this? When do you do this? Where do you do this? How do you use this? When do you use this? Why do they do this? Why might this be done in such a fashion?

The very act of asking these questions takes the study of culture to another level and greatly enriches learners' knowledge of the cultural products, practices, and perspectives being examined.

Vistazo cultural

07-35 to 07-36

Algunos lugares y productos en las ciudades de Chile y Paraguay

Soy estudiante en la Universidad Gabriela Mistral en Santiago, Chile donde estoy siguiendo un curso de estudios para una licenciatura en la Administración de Empresas. Cuando reciba mi título, espero trabajar en uno de los grandes centros comerciales. Luego, en cuanto tenga la experiencia necesaria, deseo ser gerente del centro.

Danilo Pinilla Frías
estudiante de Administración de Empresas

Falabella, un importante almacén de Chile

Falabella es una de las compañías más grandes de Chile. Tiene almacenes en Chile, Argentina, Perú y Colombia. Cuando empezó en el año 1889, era una sastrería (*tailor shop*), pero hoy día se vende de todo en sus tiendas.

La Mezquita de Coquimbo, Chile

La población musulmana va creciendo poco a poco en Chile. Hoy día hay más de 3.000 musulmanes en el país. La Mezquita de Coquimbo, también llamada El Centro Mohammed VI para el Diálogo de las Civilizaciones, fue inaugurada el 14 de marzo del año 2007. Su minarete, de 40 metros de altura, es una réplica de la mezquita Kutubuyya de Marrakesch en Marruecos.

El volantín: un juguete muy popular en Chile

¿Qué se puede encontrar en una juguetería? En Chile, tres juguetes muy comunes son el trompo (*top*), los zancos (*stilts*) y el volantín (*kite*). Un pasatiempo popular en Chile es hacer volar volantines. Durante las celebraciones de la independencia chilena, hay competiciones de volantines en todas partes del país.

316

NOTE for *Universidad Gabriela Mistral (UGM) and Administración de Empresas*

This degree is most closely associated with those in Business Administration and Marketing in the United States. The coursework for this degree at UGM can be found on the Internet, for those students interested. Suggested keywords: *Universidad Gabriela Mistral, licenciatura, Administración de Empresas, Chile.*

El arpa paraguaya: instrumento nacional

En Asunción, hay fábricas donde se construyen unos instrumentos de cuerdas típicos y populares de Paraguay: el arpa paraguaya y la guitarra. El arpa paraguaya es apreciada en todas partes del mundo por su sonido distinto al de otros tipos de arpa. El arpa se hace usualmente de maderas locales.

Las cataratas del Iguazú, Paraguay

Cuando veas las cataratas del Iguazú, vas a estar sorprendido por su enormidad. Es un sistema de hasta 275 cataratas distintas en forma de semicírculo, de casi 3.000 metros de ancho y hasta 80 metros de alto. Las cataratas están justo donde se encuentran los tres países de Brasil, Argentina y Paraguay. El nombre de las cataratas viene del idioma guaraní, lengua oficial del Paraguay; significa "agua grande".

Las ruinas de las reducciones jesuitas de Trinidad, Paraguay

Cuando vayas a Paraguay, visita la Santísima Trinidad de Paraná: la mayor de las ruinas de las reducciones jesuitas y designada Patrimonio Cultural de la Humanidad por UNESCO. Trinidad era una ciudad con una plaza principal, fábricas para hacer mercancías (*goods*) y casas individuales donde vivían los indígenas protegidos por los padres jesuitas.

¡Las empanadas son muy ricas!

Una panadería es una tienda donde se vende pan. Por lo tanto, es natural que la tienda donde se venden empanadas se llame *empanadería*. La empanada es un pastel de masa (*dough*) con un relleno (*filling*) de varias cosas: pescado, carne, verduras, queso o realmente lo que a uno le guste.

Preguntas

1. Identifica los lugares de las ciudades mencionadas y determina si hay productos asociados con ellos.
2. ¿Cuáles de estos lugares existen en tu ciudad o pueblo? ¿En qué son semejantes y en qué son diferentes de los lugares indicados en Chile o Paraguay? Si estos lugares no existen en tu ciudad, ¿por qué será?
3. En los capítulos anteriores, has aprendido sobre los productos y las prácticas culturales de otros países (por ejemplo, las procesiones religiosas y las comidas populares de algunos países). Piensa en algunos ejemplos y compáralos con las prácticas y los productos que ves en esta presentación.

ADDITIONAL ACTIVITY for *Falabella*

The products sold by Falabella are vocabulary words that your students should know. Use this vocabulary to ask them where they buy their own products of this sort—at a department store or at a specialty store?

NOTE for *Falabella*

In addition to the department stores, the holding company for Falabella owns and operates the Sodimac Homecenter chain of home improvement stores in Chile, Colombia, and Peru. Your students learned about the Sodimac stores in the *Notas culturales* section of *Capítulo 3*.

ADDITIONAL ACTIVITY *En el Internet*

1. Have the students investigate the different kinds of bread that are popular and/or traditional in Latin America. Then have them compare these breads to those we have in the United States. How are they similar and/or different? Have students consider bread as a cultural product and have them examine the concomitant perspectives. Suggested keywords: *el pan de X país, el pan de Sudamérica*.
2. How does a degree in business administration and marketing from Chile compare in coursework to one from a U.S. university? Have students compare the program of study for this degree from the Universidad de Santiago de Chile and a program from a U.S. university of their choice, perhaps their own university. Suggested keywords: *administración de empresas*.
3. What kinds of games do children in Chile, Paraguay, and other Latin American countries play? Are they anything like games children play in the United States? Have students investigate this and report on a new and different game or pastime in another country. Suggested keywords: *juegos de X país*.
4. Musically inclined students may be interested in finding out more about the Paraguayan harp. They can compare it to the Andean harp, popular in Ecuador, Peru, and Bolivia, and also to the harp used in orchestras in Western cultures. Are there other types of harps played in South American countries? Suggested keywords: *el arpa paraguaya, el arpa andina, las arpas del mundo*.

NOTE for *El arpa paraguaya*

You may wish to explain the use of the masculine definite article *el* in front of the feminine word *arpa* to your students. Feminine words beginning with the letter "a" and having the stress on the initial syllable take masculine articles in the singular. Some other examples are: *el aula, el águila, el agua*, etc.

NOTE for *Cataratas del Iguazú*

In 1984, Iguazú Falls was recognized by UNESCO as a UNESCO World Heritage Site / Patrimonio Natural de la Humanidad. These falls are so impressive that, according to legend, Eleanor Roosevelt lamented "Poor Niagara" when she saw Iguazú.

NOTE for *La Mezquita de Coquimbo*

Construction of the mosque and center began in 2004 and was overseen by the Moroccan architect Faissal Cherradi. The building was financed by funds from the municipality of Coquimbo as well as donations from the king of Morocco, Mohamed VI. The structure houses a library, meeting rooms, and a mosque with a capacity for more than 100 people.

SECTION GOALS for *Lectura*
By the end of the *Lectura* section, students will be able to:
- identify the tone and voice of a text.
- apply previously learned reading strategies.
- predict future events.
- answer comprehension questions about what they have just read.

NATIONAL STANDARDS
Communication, Connections
The reading about Cisco and Celia's adventures provides the basis for interpretive communication (Standard 1.2) as students understand and interpret written Spanish. The accompanying questions facilitate interpersonal communication between partners or among small groups (Standard 1.1). Students learn to become better readers when they apply the new strategy of identifying the tone and voice of the passage. This strategy is similar to how they approach reading a passage or a play in English or theater class, so they are able to make connections between Spanish and their other disciplines (Standard 3.1).

RECAP of *Laberinto peligroso Episodio 5*
Lectura: Celia and Cisco meet up and tentatively share their research on the rain forest, but each one has a reporter's distrust of the other. Acknowledging their common interest regarding the rain forest, they go to the library and find that old maps of the rain forests are used to find medicinal plants. The pair learns that most of the library's collection of old maps is being digitized. While in the map room, Celia sees a familiar-looking man, but she can't place him. A few days later, Celia and Cisco read in the newspaper that several old maps and a *cronista* book they consulted have been stolen.

Video: The police question anyone with a connection to the map and rare book collections at the library. Celia and Cisco are in the group, as well as the librarian. The police hope the two reporters will help them catch the thieves; they know of Celia's former profession. Celia finally remembers that the man she saw at the library she had seen before, but she does not share the information. Cisco admits that there has been a robbery at the pharmaceutical laboratory where he works and that some classified documents have been stolen. Both Celia and Cisco receive threatening e-mails.

07-39 to 07-40

Laberinto peligroso

Lectura

Estrategia Identifying elements of texts: Tone and voice

In addition to understanding what is being said, it is also important to grasp *how* it is being said. **Tone** and **voice** are two important ways of determining *how*. **Tone** is the writer's attitude toward his/her readers and the subject(s). Tone reflects the feelings of the writer. **Voice** allows the reader to perceive a human personality through the language and sentence structure.

Therefore, ask yourself the following questions to determine tone and voice.

1. What language does the author use?
2. Is the passage serious, sarcastic, humorous, or perhaps neutral?
3. What words are used that make you think so?
4. How much of the author's beliefs and opinions are in the piece?
5. Is the author a formal observer, a reporter, or a vested participant in the passage?
6. What are the sentences like? Are they short, or long and descriptive?

Determining tone and voice helps you go beyond the literal meaning of what you read.

7-37 Antes de leer En los episodios del **Capítulo 5,** después de decidir empezar a colaborar en sus respectivas investigaciones, Cisco y Celia fueron a la biblioteca para estudiar unos mapas y crónicas. Posteriormente, tuvieron que ir a la comisaría (*police station)* para declarar ante la policía. Antes de empezar a leer el episodio, contesta las siguientes preguntas. ■

1. ¿Qué importancia pueden tener los mapas y las crónicas que Celia y Cisco consultaron en la biblioteca?
2. ¿Por qué tuvieron que declarar Celia y Cisco ante la policía? ¿Crees que son inocentes? ¿Por qué?
3. Muchas veces, para comprender mejor una lectura, es útil identificar la voz y el tono del texto. ¿Cómo eran la voz y el tono de algunos de tus episodios favoritos? ¿Cómo crees que va a ser el tono de este episodio?
4. Lee rápidamente las primeras diez líneas del episodio y describe el tono y la voz de esa parte del texto. Identifica palabras del texto para apoyar tu descripción.

DÍA 40

¿Casualidades o conexiones?

Cuando llegaron a la casa de Cisco, era ya tarde y estaban agotados. Celia y Cisco habían estado varias horas en la comisaría hablando con el detective encargado° del caso.

in charge

Después de declarar ante la policía, estaban realmente preocupados.

318

SUGGESTION for 7-37
Encourage students to gather some examples of blogs on topics of interest, such as global warming, elections, or immigration.

SUGGESTION for 7-37
Have students create an oral or written summary of *Laberinto peligroso* for the 5 text and 5 video episodes preceding this one.

ANSWERS to 7-37
1. *Answers will vary.*
2. Tuvieron que declarar porque alguien robó un mapa y una crónica de la biblioteca.
3. *Answers will vary.*
4. *Answers will vary.*

—Tú y yo sabemos que somos inocentes, pero no creo que hayamos convencido al detective; creo que durante toda mi declaración estaba dudando de mi palabra. Está claro que somos los sospechosos principales en ese caso. ¡Es fundamental que le hagamos creer en nuestra inocencia! Tenemos que demostrarle que no hemos robado nada, que somos periodistas legítimos, y que estamos realizando una investigación legítima —dijo Celia, un poco agobiada°.

weighed down, feeling down

—Estoy completamente de acuerdo contigo, Celia. Por eso, es más importante ahora que nunca que sigamos investigando para que podamos resolver los dos casos, y para que la policía pueda saber con total seguridad que no somos los culpables —respondió Cisco con firmeza.

—No sé qué nos espera, pero también creo que a pesar de que una persona misteriosa nos haya amenazado, tenemos que continuar tratando de descubrir la verdad —afirmó Celia convencida—. Y tienes razón, Cisco; en caso de que todo esté relacionado, también creo que deberíamos intentar resolver el caso del robo. Antes teníamos bastante trabajo solo con los asuntos de contrabando y las sustancias extraídas de plantas tropicales, y ahora parece que vamos a tener todavía más.

coincidences

—A no ser que estemos viviendo muchas casualidades°, toda nuestra investigación sobre el contrabando de los productos de las selvas tropicales para la guerra biológica tiene que estar relacionada con esos mapas y esa crónica. Es la única explicación lógica —dijo Cisco.

—Pero tenemos que descubrir la verdad sin que nadie se dé cuenta de lo que estamos haciendo. Hasta que el autor de esos crímenes esté en custodia de la policía, sé que tú y yo vamos a estar en peligro. Es imprescindible que sigamos adelante, pero tenemos que hacerlo con muchísimo cuidado —dijo Celia con mucha convicción.

—Es cierto lo que dices. Es evidente que no vamos a poder estar tranquilos hasta que hayamos resuelto todo y sepamos quién es el culpable —respondió Cisco, preocupado.

—Lo sé. Estoy segura de que cuando todo esto haya terminado, voy a necesitar otras vacaciones —respondió Celia, intentando hablar con un tono menos grave y más ligero.

Cisco y Celia se pusieron a estudiar las características del mapa y de la crónica que habían sido robados. Descubrieron que los dos estaban relacionados con una selva tropical en Centroamérica. Había mucho trabajo que hacer, así que decidieron dedicarse cada uno a una tarea distinta. Celia se dedicó a tratar de examinar la zona más de cerca, empleando Google Earth. Con las imágenes de satélite, logró ver el pueblo que aparecía en el mapa robado y que se mencionaba en la crónica. O bien por casualidad o bien por conexión directa entre los dos casos, pudo ver que el pueblo estaba en una zona muy rica en plantas medicinales. Mientras ella estudiaba esas imágenes y otros documentos relevantes, Cisco, por otro lado, andaba buscando información sobre otros mapas y crónicas relacionados con la misma región. Descubrió que en el ámbito internacional, otros mapas y crónicas también habían desaparecido. En la mayoría de los casos, las autoridades no habían sido capaces de descubrir quiénes eran los culpables.

—Aquí hay muchas casualidades. ¿Crees que es posible que haya alguna conexión entre las personas que han robado nuestra biblioteca y todos estos casos internacionales? —Cisco le preguntó a Celia.

—No solo creo que es posible, Cisco, me parece que es muy probable.

HERITAGE LANGUAGE LEARNERS

For the tone and voice strategy, you may wish to provide your heritage language learners with brief samples from authentic texts, such as newspaper or magazine articles, poems, or even short stories. Ask them to determine the tone and voice of the passages.

ADDITIONAL ACTIVITY for *Laberinto peligroso*

Additional pre-reading questions to ask your students are:

En los siguientes episodios, diferentes personajes van a seguir investigando diferentes temas. Antes de empezar a trabajar con el episodio, contesta las preguntas.

1. Imagínate que estás haciendo un proyecto de investigación que es muy controvertido y de pronto una persona misteriosa te amenaza. ¿Cómo reaccionas? ¿Vas a dejar la investigación? ¿Por qué?
2. Imagínate que te han acusado injustamente de haber hecho algo muy grave. ¿Cómo te sientes? ¿Qué vas a hacer? ¿Cómo puedes defenderte?

Instructor Resources
- Video script

ANSWERS to 7-38
1. Pensaban que eran sospechosos.
2. *Possible answers include:* Pensaban que era importante porque son inocentes. Pensaban que era importante porque habían recibido amenazas y hasta que el autor del crimen no esté en custodia de la policía, van a estar en peligro. Pensaban que era importante porque es posible que el caso esté relacionado con sus investigaciones sobre las selvas tropicales.
3. Celia descubrió que el mapa y la crónica mencionan un pueblo que está en una zona muy rica en plantas medicinales.
4. Porque otros mapas y crónicas también han desaparecido en otros países.
5. El tono del episodio era serio, grave y preocupante.
6. Se titula *¿Casualidades o conexiones?* porque en el episodio hay circunstancias que pueden ser casualidades, pero que parecen demostrar que hay conexiones entre las diferentes investigaciones.

SECTION GOALS for *Video*
By the end of the *Video* section, students will be able to:
- predict what will happen to the characters.
- summarize the continuing adventures of Cisco and Celia.
- answer comprehension questions about the video plot.

NATIONAL STANDARDS
Communication
The *Video* section centers on Communication Standards 1.2 and 1.1. While students watch the video, they are exposed to spoken Spanish. They have to understand and interpret the dialogues and conversational exchanges throughout the video (Standard 1.2). The pre-viewing and post-viewing questions provide opportunities for interpersonal communication (Standard 1.1). By conversing with partners, students are able to predict what will happen in the video, discuss their predictions, clarify the actions and events they saw, and summarize what happened.

EXPANSION for 7-39
Ask students, particularly those who are new to *Laberinto peligroso,* what they like about the video, who their favorite character is thus far, etc.

7-38 Después de leer
Contesta las siguientes preguntas. ■

1. ¿Qué preocupaciones tenían Celia y Cisco respecto a sus declaraciones en la comisaría?
2. ¿Por qué pensaban Celia y Cisco que era importante resolver el caso del mapa y la crónica robados?
3. ¿Qué relación había entre su investigación de las selvas tropicales y el mapa y la crónica robados?
4. ¿Por qué podía tener implicaciones internacionales el robo del mapa y de la crónica?
5. ¿Cómo era el tono del episodio?
6. ¿Por qué se titula el episodio << *¿Casualidades o conexiones?* >>?

Video

7-39 Antes del video
07-41 to 07-43

En *¿Casualidades o conexiones?* viste algunas de las preocupaciones de Cisco y Celia que los motivaron a seguir adelante con sus investigaciones. En *¡Trazando rutas y conexiones!* vas a ver cómo avanzan en sus investigaciones. Antes de ver el episodio, contesta las siguientes preguntas. ■

1. ¿Crees que Cisco y Celia realmente son sospechosos en el caso del robo del mapa y de la crónica? ¿Por qué?
2. ¿Qué conexiones crees que pueden haber entre la investigación de Celia y Cisco y el robo de mapas y crónicas?
3. ¿Cómo puede estar relacionado con todo eso el laboratorio donde trabaja Cisco?

Celia, te has traído media tienda.

Las propiedades medicinales de estas plantas pueden ser alteradas si caen en manos de contrabandistas y el resultado puede ser muy peligroso para la sociedad.

Si estas sustancias caen en manos equivocadas, las consecuencias pueden ser muy peligrosas.

Episodio 7

«¡Trazando rutas y conexiones!»

Relájate y disfruta el video.

7-40 Después del video
Contesta las siguientes preguntas. ■

1. ¿Dónde estaba Celia al principio del episodio y qué hacía?
2. ¿Qué descubrió Cisco en el correo electrónico que recibió antes de comer?
3. ¿Por qué se puso en contacto Celia con agentes federales?
4. ¿Qué descubrió Celia respecto al tráfico de sustancias químicas extraídas de plantas tropicales?
5. ¿Por qué tenía que ir Cisco a declarar otra vez?

ANSWERS to 7-39
1. Estaba andando por la ciudad, yendo de compras a diferentes tiendas.
2. Descubrió que la CIA y el gobierno español habían tenido una teleconferencia para hablar sobre las plantas medicinales de Centroamérica y el robo de mapas.
3. Se puso en contacto con los agentes federales por el robo del mapa y la crónica.
4. Descubrió que hay oficiales corruptos que están traficando ilegalmente con sustancias químicas extraídas de plantas medicinales y que, en manos de bioterroristas, esas sustancias pueden ser muy peligrosas.
5. Tenía que ir a declarar otra vez porque la policía había descubierto una conexión entre el robo y el laboratorio.

***LETRAS* LITERARY READER**
Refer your students to *Capítulo 7* of the *Letras* Literary Reader to read *El río*, by Kirmen Uribe, and to learn about *el polisíndeton* and *el verso libre.*

LETRAS

Acabas de terminar otro episodio de **Laberinto peligro.** Explora más lecturas en la colección literaria, **Letras.**

07-47 to 07-50

Y por fin, ¿cómo andas?

Having completed this chapter, I now can . . .	Feel confident	Need to review
Comunicación I		
• describe stores and other places in a city. (p. 290)	☐	☐
• choose between **ser** and **estar.** (MSL)	☐	☐
• express uncertainty in time, place, manner, and purpose. (p. 295)	☐	☐
• determine setting and purpose when listening. (p. 301)	☐	☐
Comunicación II		
• name items sold in stores. (p. 303)	☐	☐
• state what is happening at the moment. (MSL)	☐	☐
• refer to ongoing actions. (p. 307)	☐	☐
• converse on the phone and express agreement with the speaker. (p. 312)	☐	☐
• use a dictionary effectively when writing. (p. 314)	☐	☐
Cultura		
• examine and compare culturally representative apparel. (p. 298)	☐	☐
• identify some people whose products are sold in stores. (p. 310)	☐	☐
• share information about interesting stores, places, and products found in Chile and Paraguay. (p. 316)	☐	☐
Laberinto peligroso		
• distinguish tone and voice of a text, and consider the meaning of the missing maps and journals. (p. 318)	☐	☐
• hypothesize about Cisco's possible arrest. (p. 320)	☐	☐
Comunidades		
• use Spanish in real-life contexts. (SAM)	☐	☐
Literatura		
• recognize poetic devices such as polysyndeton and free verse. (Literary Reader)	☐	☐

Instructor Resources
• Testing program information

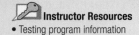

VOCABULARIO ACTIVO

Algunas tiendas y algunos lugares en la ciudad	*Some shops and places in the city*
el campo de golf	*golf course*
la carnicería	*butcher shop*
la catedral	*cathedral*
el consultorio	*doctor's office*
la fábrica	*factory*
la farmacia	*pharmacy*
la ferretería	*hardware store*
la frutería	*fruit store*
la fuente	*fountain*
la heladería	*ice cream store*
la juguetería	*toy store*
la mezquita	*mosque*
la panadería	*bread store; bakery*
la papelería	*stationery shop*
la pastelería	*pastry shop*
la pescadería	*fish store*
los servicios	*public restrooms*
la tintorería	*dry cleaners*
la tienda de ropa	*clothing store*
la zapatería	*shoe store*

Para comprar cosas...	*To buy things . . .*
el/la dependiente/a	*store clerk*
el dinero en efectivo	*cash*
el escaparate	*store window*
la ganga	*bargain*
la liquidación	*clearance sale*
el mostrador	*counter*
la oferta	*offer*
la rebaja	*sale; discount*

Algunos artículos en las tiendas	*Some items in the stores*
Artículos generales	*General items*
la bombilla	*light bulb*
el cepillo	*brush*
el cepillo de dientes	*toothbrush*
el champú	*shampoo*
el chicle	*gum*
la colonia	*cologne*
la crema de afeitar	*shaving cream*
el desodorante	*deodorant*
el esmalte de uñas	*nail polish*
el jabón	*soap*
la loción	*lotion*
la máquina de afeitar	*electric shaver*
la navaja de afeitar	*razor*
el papel de envolver	*wrapping paper*
el papel higiénico	*toilet paper*
la pasta de dientes	*toothpaste*
el perfume	*perfume*
las pilas	*batteries*
el pintalabios	*lipstick*
el talco	*talcum powder*
las tarjetas	*cards; greeting cards*
Algunas prendas, ropa y otras cosas	*Some garments, clothes, and other things*
el anillo	*ring*
los aretes	*earrings*
la bufanda	*scarf*
la billetera	*wallet*
el collar	*necklace*
el diamante	*diamond*
la pulsera	*bracelet*
el reloj de pulsera	*wristwatch*
la ropa interior	*underwear*
el tacón (alto, bajo)	*(high, low)heel*

Palabras útiles	*Useful words*
apretado/a	*tight*
de buena / mala calidad	*good / poor (adj.) quality*
la manga corta / larga	*short / long sleeve*
media manga	*half sleeve*
hecho/a de…	*made of . . .*
nilón	*nylon*
oro	*gold*
piel	*leather; fur*
plata	*silver*

323

Instructor Resources
- IRM: Syllabi and Lesson Plans

NATIONAL STANDARDS

COMUNICACIÓN I
- To compare and contrast professions (Communication, Connections, Communities)
- To use adjectives as nouns to represent people, places, and things (Communication)
- To indicate actions in the future (Communication, Connections, Communities)
- To explore additional professions (Communication)
- To discuss what would happen or what would be under certain conditions (Communication)
- To repeat or paraphrase what you hear (Communication)
- To engage in additional communication practice (Communication)

COMUNICACIÓN II
- To consider different aspects of the business world (Communication, Cultures, Comparisons, Connections)
- To point out people, places, or things (Communication)
- To denote what will have happened (Communication)
- To convey business concepts (Communication)
- To refer to what would have happened (Communication)
- To express good wishes or sympathy (Communication, Cultures)
- To employ appropriate salutations and closings in letters (Communication)
- To engage in additional communication practice (Communication)

CULTURA
- To state proper etiquette for doing business in a Hispanic setting (Cultures, Connections)
- To identify some people with interesting professions (Cultures, Connections, Communities, Comparisons)
- To share information about professions and the world of business in Argentina and Uruguay (Cultures, Connections, Comparisons, Communities)
- To explore further the chapter's cultural themes (Cultures)

LABERINTO PELIGROSO
- To adjust reading rate, and determine why the police visit Cisco (Communication)
- To hypothesize about Cisco's mysterious phone call (Communication)

8 La vida profesional

¿Qué profesiones te interesan? ¿Prefieres trabajar con otras personas o a solas? ¿En una oficina o en una fábrica o afuera en la naturaleza? Exploremos el mundo del trabajo y la vida profesional.

PREGUNTAS

1. ¿Qué profesiones te interesan? ¿Por qué?
2. ¿Para qué profesión estudias?
3. Para tu profesión futura, ¿hay algo más que necesitas hacer después de terminar tus estudios en la universidad?

COMUNIDADES
- To use Spanish in real-life contexts (Communities)

LITERATURA
- To recognize satire and irony as literary devices (Communication)

SECTION GOALS for *Chapter opener*

By the end of the Chapter opener section, students will be able to:
- discuss what professions interest them.
- describe their future professions.
- explain what courses of study or additional training is required for their chosen professions.

NATIONAL STANDARDS

Chapter opener

In the Chapter opener section, students brainstorm about various professions and what steps are required for a successful career. The main focus of the Chapter opener is on communication and on preparing students to readily engage in conversations about the future with their classmates. The guided questions that follow encourage interpersonal communication as students work in pairs to discuss the types of professions available to them, their future career paths, and how they prepare for those careers (Standard 1.1). Depending upon the students' interest and their career choices, you may also highlight cultural differences between careers in the United States and those in the Spanish-speaking world, as a way of incorporating culture into the Chapter opener discussion (Standard 2.1 and Standard 4.2).

OBJETIVOS	CONTENIDOS	
COMUNICACIÓN I		
To compare and contrast professions	**1** Some professions	326
To use adjectives as nouns to represent people, places, and things	**Repaso** Adjectives used as nouns	MSL
To indicate actions in the future	**2** The future	330
To explore additional professions	**3** More professions	335
To discuss what would happen or what would be under certain conditions	**4** The conditional	338
To repeat or paraphrase what you hear	**ESCUCHA:** A conversation among colleagues **Estrategia:** Repeating / paraphrasing what you hear	343
To engage in additional communication practice	**Heritage Language**	SAM
COMUNICACIÓN II		
To consider different aspects of the business world	**5** An interview	345
To point out people, places, or things	**Repaso** Demonstrative adjectives	MSL
To denote what will have happened	**6** The future perfect	348
To convey business concepts	**7** The business world	351
To refer to what would have happened	**8** The conditional perfect	354
To express good wishes or sympathy	**¡CONVERSEMOS!** **Estrategias comunicativas:** Expressing good wishes, regret, comfort, or sympathy	358
To employ appropriate salutations and closings in letters	**ESCRIBE:** An application letter **Estrategia:** Greetings and closings in letters	360
To engage in additional communication practice	**Heritage Language**	SAM
CULTURA		
To state proper etiquette for doing business in a Hispanic setting	**NOTAS CULTURALES** La etiqueta del negocio hispano	341
To identify some people with interesting professions	**PERFILES** El trabajo y los negocios	356
To share information about professions and the world of business in Argentina and Uruguay	**VISTAZO CULTURAL** Algunos negocios y profesiones en Argentina y Uruguay	362
To explore further the chapter's cultural themes	**MÁS CULTURA**	SAM
LABERINTO PELIGROSO		
To adjust reading rate, and determine why the police visit Cisco	**EPISODIO 8** **Lectura:** *Complicaciones en el caso* **Estrategia:** Checking comprehension and determining / adjusting reading rate	364
To hypothesize about Cisco's mysterious phone call	**Video:** *¿Estoy arrestado?*	366
COMUNIDADES		
To use Spanish in real-life contexts	**Experiential Learning:** Ofertas de trabajo **Service Learning:** Una solicitud de empleo	SAM SAM
LITERATURA		
To recognize satire and irony as literary devices	**LETRAS** *El delantal blanco* (Sergio Vodanovic)	*See Literary Reader*

325

21ST CENTURY SKILLS • WORLD LANGUAGES SKILLS MAP

World languages is a core subject for 21st century preparation. Sample objectives and activities at the ACTFL Novice, Intermediate, and Advanced levels were created based on the Partnership for 21st Century Skills. The skills developed by ACTFL are as follows: *communication, collaboration, critical thinking and problem solving, creativity and innovation, information literacy, media literacy, technology literacy, flexibility and adaptability, initiative and self-direction, social and cross-cultural skills, productivity and accountability, leadership* and *responsibility.* The full map can be found at http://www.P21.org.

CAPÍTULO 8

WARM-UP for *Chapter opener*

You may wish to ask your students to give their impressions regarding the photos for this Chapter opener. Do they know people with these professions? What are possible careers for them? Also have the students read the objectives for the chapter silently. We suggest you spend no more than 5 to 7 minutes on chapter openers.

METHODOLOGY • Meaningful Learning

One purpose of the discussion questions is to begin with a topic with which your students are familiar so they can see more clearly how the major theme of the chapter relates to their lives. This facilitates learning by encouraging active mental participation in relating new material to existing knowledge, the basic tenet of Ausubel's "meaningful learning" (D. Ausubel, *Educational Psychology: A cognitive view.* New York: Holt, Rinehart & Winston. 1968.).

METHODOLOGY • Making Topics Relevant for Students

The opening questions for each chapter begin with your learners and their preferences—something that we have learned from educational philosopher John Dewey. Try having your students turn to partners and answer the questions in pairs. Then have them share the answers their partners gave. This has them practice listening and also paraphrasing.

METHODOLOGY • Direction Lines and Student Notes

As in previous chapters, direction lines for the activities in *Capítulo 8* are exclusively in Spanish if they are $i + 1$. As a reminder, the nomenclature $i + 1$ comes from Stephen Krashen's research and his Input Hypothesis, which are a part of his Monitor Theory of Language Acquisition (see Stephen Krashen, *Principles and Practice in Second Language Acquisition*, New York: Pergamon Press, 1982, pp. 9–32). The Input Hypothesis states that learners can comprehend input (words) based on words that they already know plus a few additional words that they may not know but for which they can intuit the meaning from the context. Any level of input higher than $i + 1$ leads to confusion and causes many learners to shut down due to frustration, so that they do not comprehend anything.

PLANNING AHEAD

Remember to assign the *Notas culturales, Escucha, Perfiles, Escribe, Vistazo cultural,* and *Laberinto peligroso* episodes to be completed before coming to class. Also remember to assign all grammar presentations to be read before class. Assign **8-16** to be completed by students before class as well.

Instructor Resources
- Textbook images, Extra Activities

SECTION GOALS for *Comunicación I*

By the end of the *Comunicación* section, students will be able to:

- list the job titles of various professions and their associated vocabulary.
- categorize which jobs require a college degree and which do not.
- form nouns from adjectives.
- state short-term and long-term future plans, make predictions, express probability, and discuss events using regular and irregular verbs.
- express what they would do and make polite requests by using the regular and irregular conditional forms.
- follow cultural norms and etiquette for conducting business in Hispanic cultures.
- apply the new listening strategy of paraphrasing what they have just heard.

NATIONAL STANDARDS *Communication*

The main focus of this *Comunicación* section is on expressing future events or conditional events and describing professions and vocabulary related to each job. All modes of communication are highlighted: interpersonal, interpretive, and presentational. The pair activities facilitate interpersonal communication because students engage in conversations, provide and obtain information, express feelings and emotions, and exchange opinions about their future plans and vocational options (Standard 1.1). The *Notas culturales* section about conducting business in Hispanic cultures provides a source for interpretive communication; students understand and interpret written Spanish about the etiquette for business meetings and the cultural differences in closing deals. The *Escucha* section requires that students understand and interpret spoken Spanish about opening up a new business. Both of these sections address Standard 1.2, the interpretive mode of communication. Lastly, activities such as those that follow the *Escucha* section encourage presentational communication (Standard 1.3). Students paraphrase what they have heard, present the information to their classmates, and listen to the presentations of others.

Comunicación I

3:00

1 VOCABULARIO

08-01 to 08-02

Algunas profesiones Comparing and contrasting professions

Palabras útiles	*Useful words*
el/la agente	*agent*
el/la banquero/a	*banker*
el/la consejero/a	*counselor*
el/la empleado/a	*employee*
el/la gerente/a	*manager*
el/la ingeniero/a (químico/a)	*(chemical) engineer*
el/la jefe/a	*boss*
el/la periodista	*journalist*
el/la propietario/a	*owner; landlord*
el/la supervisor/a	*supervisor*

REPASO

¡Hola! *Repaso* & Spanish/English Tutorials

08-03 to 08-04

Los adjetivos como sustantivos Using adjectives as nouns to represent people, places, and things

For a complete review of adjectives used as nouns go to MySpanishLab or refer to **Capítulo 10** of ***¡Anda! Curso elemental*** in Appendix 3 of your textbook. The vocabulary activities that follow incorporate this grammar point. Practicing new vocabulary with a review grammar point helps to strengthen and increase your knowledge of Spanish.

METHODOLOGY • Teaching Vocabulary

Help students to organize the new vocabulary by using drawings, examples, and semantic maps. For teaching *profesiones,* for example, you could find photos or images from the Internet (or have your students do this!) that illustrate the different jobs listed. You could also organize the vocabulary by theme, such as jobs, careers, business language, etc., and draw a thematic map on the board to help students organize their learning.

NOTE for *Algunas profesiones*

Professions and their masculine and feminine forms have made dramatic changes over the last decades. One example is, *el piloto* versus *la piloto* versus *la pilota*.

You will find the following on the Car & Driver website: *La Fundación del Español Urgente señala que el femenino "pilota" está bien formado y es correcto, aunque aún se prefiere decir "la piloto".*

HERITAGE LANGUAGE LEARNERS

Encourage heritage language learners to investigate professions that are typically male or female in Hispanic countries. Have students compare the results with typically male or female professions in the United States.

NOTE for *Repaso*

This is a reminder that the *Repaso* boxes are meant to be assigned as homework the night before you introduce the new vocabulary. Students should be expected to review this prior to class so that you can proceed immediately to the first activity following the vocabulary presentation.

If you want, immediately following the vocabulary presentation and preceding the first vocabulary activity in the text, you may do the following mechanical activity.

Have students give their partners clues that will elicit the new professions vocabulary. E.g.:

E1: *Esta persona necesita ser fuerte.*
E2: *¿Es un mecánico?*
E1: *No. Protege la ciudad.*
E2: *¿Es una bombera/ un bombero?*
E1: *Sí.*
E2: *Esta persona estudia psicología.*
E1: ...

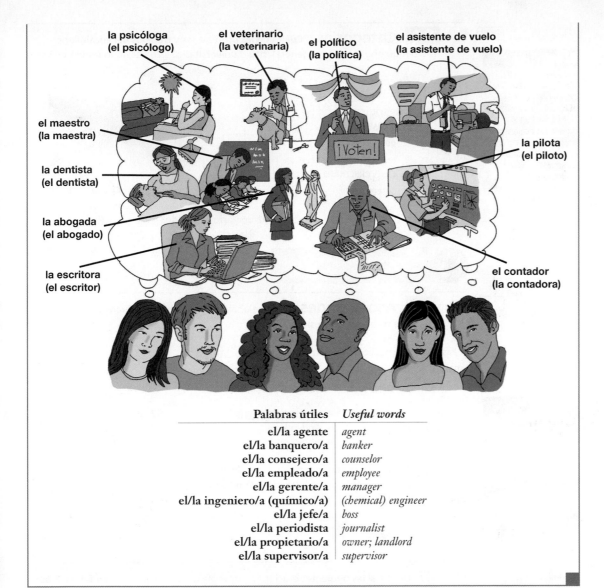

ADDITIONAL ACTIVITY for *Algunas profesiones*

Sean breves Túrnense para redecir las siguientes oraciones y crear oraciones con adjetivos usados como sustantivos.

MODELO Los periodistas españoles viajan más.
Los españoles viajan más.

1. El abogado nuevo es muy joven.
2. Los amos de casa jóvenes tienen mucha paciencia.
3. Las contadoras mayores de esa compañía trabajan muchas horas.
4. La peluquera rubia es mi tía.
5. El granjero viejo tiene muchas vacas.

METHODOLOGY • Teacher Talk

In the classroom, although we simplify our language when we speak as we attempt to stay within the range of $i + 1$, we should strive to deliver our speech at a speed that is as close to natural as possible. As the semester progresses, that speed will gradually increase.

METHODOLOGY • Use of the Target Language

Research indicates that effective language instruction is best accomplished when ". . . language educators and their students use the target language as exclusively as possible (90% plus) at all levels of instruction . . . ." (ACTFL Position Statement, May 2010).

EXPANSION for 8-1

Ask students to talk about their future professions as well as their parents' jobs.

HERITAGE LANGUAGE LEARNERS

Heritage language learners can discuss their relatives' professions prior to coming to the United States and compare them with what they are doing now. Encourage them to ask their relatives if they do not know. Some immigrants had professions in their homelands, but are not able to practice them here due to the language barrier or lack of licenses or credentials.

EXPANSION for 8-3

Have students provide additional information for the false statements, making them correct.

E.g.: Un ingeniero químico no necesita un título universitario. *Falso. Un ingeniero químico necesita un título universitario. Un ingeniero químico necesita estudiar por lo menos cuatro años y recibir un título universitario.*

SUGGESTION for 8-3

Have students write additional *cierto / falso* statements for this activity.

Estrategia

You have noticed that *¡Anda! Curso intermedio* makes extensive use of pair and group work in the classroom to provide you with many opportunities during the class period to practice Spanish. When working in pairs or groups, it's imperative that you make every effort to speak only Spanish.

3:00

8-1 Categorías

¿Cuáles de las profesiones y trabajos del vocabulario nuevo requieren, por regla general, título universitario? ¿Cuáles no lo requieren? ■

Paso 1 Pongan las profesiones y trabajos bajo la categoría apropiada.

MODELO
1. REQUIEREN TÍTULO UNIVERSITARIO
abogado/a
2. NO REQUIEREN TÍTULO UNIVERSITARIO
cajero/a

Answers to 8-1
Paso 1 Requieren título universitario: abogado/a, consejero/a, contador/a, dentista, ingeniero/a, maestro/a, periodista, psicólogo/a, reportero/a, veterinario/a.
No requieren título universitario: agente, amo/a de casa, autor/a, asistente de vuelo, bombero/a, cajero/a, cartero/a, escritor/a, granjero/a, hombre/mujer de negocios, mecánico/a, peluquero/a, piloto/a, policía/mujer policía, secretario/a.

Paso 2 ¿Cuáles requieren un título universitario avanzado?

¡Anda! Curso elemental, Capítulo Preliminar A. Los adjetivos de nacionalidad, Apendice 2.

3:00

8-2 Asociaciones

¿Qué palabras (o personas) se asocian con los siguientes trabajos y profesiones? ■

Paso 1 Túrnense para hacer asociaciones.

MODELO la peluquera
pelo, cepillo, peinarse…

Fíjate

A synonym for *escritor/a* is *autor/a*.

1. el banquero	4. el asistente de vuelo	7. el abogado
2. la escritora	5. la dentista	8. el cajero
3. la secretaria	6. el periodista	9. el cartero

Estrategia

Remember that an adjective of nationality must agree with its noun.

Paso 2 Para cada profesión o trabajo de la lista, añadan una nacionalidad. Después, cambien la frase a una con adjetivo que funciona como sustantivo.

MODELO la peluquera
la peluquera española
la española

2:00

8-3 ¿Es verdad?

Decide si las siguientes oraciones, por regla general, son **ciertas** o **falsas.** Si son falsas, corrígelas. Después, compara tus respuestas con las de un/a compañero/a. ■

MODELO Un ingeniero químico no necesita un título universitario.
Falso. Un ingeniero químico necesita un título universitario.

1. El veterinario es un doctor de animales. Cierto
2. El periodista es también escritor. Cierto
3. Un ama de casa trabaja de nueve a cinco. Falso; No tiene horario fijo.
4. Generalmente, los granjeros no tienen jefes. Cierto
5. Los pilotos y los asistentes de vuelo trabajan juntos. Cierto
6. No hay ningún requisito para ser bombero/a. Falso; *Answers will vary: possible answer:* Para ser bombero/a hay que tener cierta estatura.

3:00

8-4 Eres asistente

Decidan cómo revisar las siguientes partes de este reporte. Usen **los adjetivos como sustantivos** y una expresión con **lo (lo interesante, lo bueno, lo mejor,** etc.), como en el modelo. ■

MODELO Los carteros trabajan para todos los negocios del edificio. Los carteros nuevos trabajan cuarenta horas por semana y los carteros antiguos trabajan treinta horas por semana.

Lo interesante es que los carteros trabajan para todos los negocios del edificio. Los nuevos trabajan cuarenta horas por semana y los antiguos trabajan treinta horas.

1. Hay cinco contadores en total: dos de ellos tienen más de cinco años de experiencia con la compañía. Los tres contadores nuevos tienen menos de un año de experiencia con nosotros. Además, los tres contadores nuevos tienen títulos avanzados. Finalmente, de los tres contadores nuevos, dos son mujeres y uno es hombre.
2. La compañía emplea cuatro ingenieros químicos. Dos de los ingenieros se graduaron de MIT y dos se graduaron de UCLA. Los dos ingenieros de MIT tienen su doctorado. Los ingenieros de UCLA son nuevos; llevan menos de un año en la compañía. Los ingenieros de UCLA han expresado interés en continuar con sus estudios.

Answers to 8-4

Sample expressions:

1. Hay cinco contadores en total: dos de ellos tienen más de cinco años de experiencia con la compañía. Los tres nuevos tienen menos de un año de experiencia con nosotros. Lo bueno es que ellos tienen títulos avanzados. Finalmente, de los nuevos, dos son mujeres y uno es hombre.
2. La compañía emplea cuatro ingenieros químicos. Dos son graduados de MIT y dos de UCLA. Los de MIT tienen títulos de doctorado. Los de UCLA son nuevos; llevan menos de un año en la compañía. Lo emocionante es que los de UCLA han expresado interés en continuar con sus estudios.

5:00 Workbooklet

8-5 ¿A quién conoces que…?

Circula por la clase hasta encontrar a un/a estudiante que pueda contestar afirmativamente cada una de las siguientes preguntas. ■

MODELO conocer a un/a piloto/a

E1: *Marco, ¿conoces a un piloto?*
E2: *No, no conozco a ningún piloto.*
E1: *Sofía, ¿conoces a un piloto?*
E3: *Sí, mi primo es piloto.*
E1: *Firma aquí, por favor.*

PREGUNTAS	FIRMA
1. conocer a un/a piloto/a	*Sofía*
2. haber trabajado como secretario/a o recepcionista	
3. pensar que el trabajo de escritor es fácil	
4. creer que los abogados ganan más dinero que los veterinarios	
5. tener un pariente que trabaja como contador/a	
6. haber llevado su coche a un/a mecánico/a recientemente	
7. haber trabajado en un negocio que tiene más de veinte empleados	
8. tener un amigo que es propietario/a de un negocio	

EXPANSION for 8-4

Here is an additional paragraph that you may want to give your students for practice.

Tenemos ocho secretarias en nuestra división. Hay seis secretarias antiguas, con más de cinco años de experiencia, y dos secretarias nuevas. De las secretarias nuevas, una tiene título universitario. De las secretarias antiguas, cuatro tienen títulos universitarios.

HERITAGE LANGUAGE LEARNERS

Have heritage language learners each research 1 or 2 other professions and occupations in Hispanic countries that they find interesting. They can share their findings with the class.

EXPANSION for 8-5

You may wish to expand on student responses to the survey with questions of the following type:

1. ¿Quién ha llevado su coche al mecánico recientemente? Ah, ¿usted? ¿Qué pasó con el coche?
2. ¿Quién tiene un amigo que es propietario/a de un negocio? ¿Usted? ¿Qué tipo de negocio es? etc.

METHODOLOGY • Practice in the Classroom

Up to this point, we have spent a good deal of time addressing the benefits of pair and group work. Practice is the way that students gain confidence as well as improve their speaking skills. Research states that if "students can say it, they can write it." This research comes from the literature of English as a Second Language (ESL), as well as literacy literature. It states that an individual usually cannot write at a higher level than he/she can speak. Yes, there are some exceptions to this rule, but for the most part this is true. Think about your students in the past. The best writers tend to have the best verbal skills. This does not mean that their spelling will be perfect, but they should be able to express themselves. Hence, we encourage you to give your students as many opportunities as possible to use Spanish in the classroom.

Instructor Resources
• PPT, Extra Activities

SUGGESTION for *El futuro*
You may want to point out that the endings for the future tense are the same as the present tense of *haber* (except for accent marks): *h**e**, h**as**, h**a**, h**emos**, hab**éis**, h**an**.*

SUGGESTION for *El futuro*
You may want to tell your students all the things you will do today / tomorrow / the weekend using *ir + a +* infinitive and then have them change the verbs to the new future tense forms.

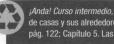

¡Anda! Curso intermedio, Capítulo 3. La construcción de casas y sus alrededores, pág. 110; Dentro del hogar, pág. 122; Capítulo 5. Las vacaciones, pág. 199.

5:00

8-6 En su opinión Todos tienen sus opiniones. Discutan las siguientes posibilidades, evitando siempre la repetición. ■

MODELO ¿Cuál es la profesión… ? más / menos interesante
E1: *¿Cuál es la profesión más interesante?*
E2: *Para mí, la más interesante es ingeniero. ¿Y para ti?*
E1: *La más interesante es psicólogo. Para mí, la menos interesante es bombero. ¿Y para ti?*
E2: *Para mí, la menos interesante es granjero.*

¿CUÁL ES LA PROFESIÓN…?

1. más / menos interesante
2. más / menos lucrativa
3. más / menos difícil
4. más / menos fácil
5. que requiere más / menos horas de trabajo
6. que requiere más / menos años de estudios universitarios
7. que requiere más / menos creatividad
8. que mejor sirve a la comunidad

4:00

2 GRAMÁTICA

08-05 to 08-07 ¡Hola! Spanish/English Tutorials

El futuro Indicating actions in the future

As in English, the **future** can be expressed in several ways. In Spanish so far, you have either used the present tense to indicate that an action will take place in the very near future or used the construction ***ir** + **a** +* **infinitivo** to express **to be going to do something:**

Hablamos (*present*) con el agente esta tarde.	*We will speak with the agent this afternoon. / We are speaking to the agent this afternoon.*
Vamos a hablar (**ir + a + infinitivo**) con el agente esta tarde.	*We are going to speak with the agent this afternoon.*

¡Mi hijito Juanito se graduará en menos de trece años!

1. The **future** tense can express actions that will occur in the ***near or distant future***. The future for regular verbs is formed by **adding the following endings to the infinitive.**

	hablar	**leer**	**escribir**
yo	hablar**é**	leer**é**	escribir**é**
tú	hablar**ás**	leer**ás**	escribir**ás**
Ud.	hablar**á**	leer**á**	escribir**á**
él, ella	hablar**á**	leer**á**	escribir**á**
nosotros/as	hablar**emos**	leer**emos**	escribir**emos**
vosotros/as	hablar**éis**	leer**éis**	escribir**éis**
Uds.	hablar**án**	leer**án**	escribir**án**
ellos/as	hablar**án**	leer**án**	escribir**án**

Note the following examples:

Hablaremos con el agente mañana.	*We will speak with the agent tomorrow.*
Mi hermano **será** escritor algún día.	*My brother will be a writer someday.*
¿**Sacarás** el título de veterinario?	*Will you receive your veterinary science degree?*
Mercedes y Cristóbal **conocerán** a mi jefa la semana próxima.	*Mercedes and Cristóbal will meet my boss next week.*
Yo **iré** contigo si quieres.	*I'll go with you if you like.*

2. The following are some common irregular verbs in the future. While the **stems are irregular, the endings remain the same as for regular verbs**.

- The following verbs **drop the infinitive vowel:**

haber	**habr-**	**habré, habrás, habrá...**
poder	**podr-**	**podré, podrás, podrá...**
querer	**querr-**	**querré, querrás, querrá...**
saber	**sabr-**	**sabré, sabrás, sabrá...**

- These verbs **replace the infinitive vowel with -d:**

poner	**pondr-**	**pondré, pondrás, pondrá...**
salir	**saldr-**	**saldré, saldrás, saldrá...**
tener	**tendr-**	**tendré, tendrás, tendrá...**
valer	**valdr-**	**valdré, valdrás, valdrá...**
venir	**vendr-**	**vendré, vendrás, vendrá...**

- These verbs have **different irregularities.**

decir	**dir-**	**diré, dirás, dirá...**
hacer	**har-**	**haré, harás, hará...**

3. The future can also be used to **indicate probability**. When you wish to express the English idea of ***wonder, might, probably,* etc.,** in Spanish you use the future:

¿Dónde **estará** el consejero?	*I wonder where the counselor is / must be.*
¿Qué **querrá** el jefe?	*What do you think the boss wants?*
¿Qué **estaremos** haciendo en quince años?	*(I wonder) What will we be doing in fifteen years?*

HERITAGE LANGUAGE LEARNERS

Studies have indicated that heritage language learners prefer to use the construction *ir* + *a* + infinitive instead of the simple future tense. Encourage them to practice the future tense and provide them with opportunities to use it. Remind them that they cannot use the present progressive to express future actions.

ADDITIONAL ACTIVITY for *El futuro*

Have students prepare an interview in which E1 plays the role of a journalist interviewing a famous individual in his/her future field. E2 will play the role of the interviewee.

NOTE for 8-7
INSTRUCTIONS for *La corrida*

1. Prior to class, create a sheet with 10 blank boxes. In class, you will divide your students into equal groups. (If you have 20 students, you will have 4 groups of 5 students—if you have an unequal number, you will have 1 or 2 student helpers to assist you.) In each box, write the same number of subjects (nouns and pronouns) as the number of students on each team—e.g., if each team has 5 students, you will list 5 subjects in each box. Make 1 copy of your sheet for each team.
2. In class, divide students into teams. Once divided, the student teams line their desks in a row, front to back—e.g., 3 rows of 5 desks each.
3. When the teams are set up, give the first person in each row/team a copy of the sheet with the subjects in each box.
4. Write an infinitive on the board. The first person in each row must fill in the correct form for the first subject in box 1.
5. The sheet will pass from front to back, with each student filling in the corresponding verb form. A student may correct a verb form written by students sitting in front of them.
6. Students may not speak nor help each other in any way.
7. When the last person in the row finishes writing his/her verb form, he/she either raises his/her hand to have the complete box checked or runs to the board to write all the forms.
8. The team that gets all forms correct first wins the round.
9. Students rotate seats, front to back, with the last person now taking the first seat.
10. Repeat until you have played all the rounds you wish or until the sheet is completed.

8:00

8-7 La corrida

Escuchen mientras su profesor/a les da las instrucciones para este juego. ■

4:00

8-8 Pobres Alberto y Verónica

Alberto y Verónica no consiguieron el trabajo que querían con el Banco Toda Confianza. Hicieron una lista sobre lo que podrán hacer la próxima vez para tener éxito. Usando los verbos de la lista, completen la conversación entre ellos con los verbos en **el futuro.** Túrnense. ■

contestar	escuchar	hablar	investigar
llamar	llevar	poder	ponerse
preguntar	tener	traer	salir

MODELO traer
Traeré cartas de referencia —decidió Alberto.

1. Yo hablaré con personas que trabajan allí para entender mejor las responsabilidades del puesto (*position*) —comentó Verónica.
2. Investigaremos la página web para obtener más información sobre el negocio —se dijeron Alberto y Verónica.
3. Los dos no llevaremos jeans para la entrevista. Nos pondremos unos trajes elegantes.
4. ¿ Saldrás temprano para poder llegar a tiempo? —le preguntó Verónica a Alberto.
5. Verónica no les preguntará sobre el salario en la primera entrevista.
6. No los llamaré al día siguiente para preguntarles si han tomado una decisión. Tendré más paciencia —dijo Alberto. Y papá, ¿ podrás ir conmigo? —le preguntó Alberto.

5:00

8-9 ¿Y mañana?

Combinen los elementos de las columnas A, B y C, y escriban oraciones para describir qué harán estas personas mañana. ■

MODELO el mecánico reparar el camión de mi amigo
El mecánico reparará el camión de mi amigo.

COLUMNA A	COLUMNA B	COLUMNA C
el ingeniero	dar	las muelas del juicio (*wisdom teeth*) a mi hermano
los carteros	empezar	para Europa en un avión grande
la dentista	escribir	el camión de mi amigo
el mecánico	poner	las cartas en el buzón
los periodistas	reparar	un reportaje sobre las elecciones
la consejera	sacar	consejos a todos los empleados
los pilotos	salir	con la construcción de la autopista
la política	venir	a la reunión para explicar el aumento de impuestos

Possible answers to 8-9
El ingeniero empezará con la construcción de la autopista.
Los carteros pondrán las cartas en el buzón.
La dentista le sacará las muelas del juicio a mi hermano.
Los periodistas escribirán un reportaje sobre las elecciones.
La consejera les dará consejos a todos los empleados.
Los pilotos saldrán para Europa en un avión grande.
La política vendrá a la reunión para explicar el aumento de impuestos.

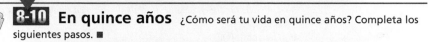

¡Anda! Curso intermedio, Capítulo 2. Deportes, pág. 72, Pasatiempos y deportes, pág. 86; Capítulo 3. La construcción de casas y sus alrededores, pág. 110, Dentro del hogar, pág. 122; Capítulo 4. Las celebraciones y los eventos de la vida, pág. 148; Capítulo 5. Los viajes, pág. 188.

8:00 **8-10 En quince años** ¿Cómo será tu vida en quince años? Completa los siguientes pasos. ■

Paso 1 Haz y luego contesta las siguientes preguntas con un/a compañero/a. Túrnense.

MODELO ¿Qué trabajo / tener / tú? / Descríbelo.

E1: *¿Qué trabajo tendrás en quince años?*

E2: *Tendré un trabajo en Cleveland. Seré veterinaria. Trabajaré con los animales y…*

1. ¿Qué trabajo / tener / tú? / Descríbelo.
2. ¿Dónde / vivir / tú? / ¿Dónde / vivir / tus amigos?
3. ¿Cómo / ser / tu casa o apartamento?
4. ¿Estar / tú / casado/a? / ¿Tener / tú / hijos?
5. ¿Cómo / pasar / tu familia y tú / su tiempo libre?
6. ¿Adónde / ir / ustedes / de vacaciones?
7. ¿En qué / gastar / ustedes / el dinero?
8. ¿Cómo / servir / tú / a la comunidad?

Paso 2 En grupos de cuatro, compartan sus ideas sobre el futuro de su compañero/a. Usen sus respuestas a las ocho preguntas anteriores.

MODELO E1: *Marsha tendrá un trabajo en Cleveland. Será veterinaria. Trabajará con los animales todos los días. Vivirá en una casa con su esposo…*

ADDITIONAL ACTIVITY for *El futuro*

Lo más importante Túrnense para terminar las oraciones, usando el futuro.

ALGUNAS POSIBILIDADES:

ganar mucho dinero
vivir en una ciudad grande
invertir en la bolsa (*stock market*)
tener un carro de lujo (*luxury*)
poder dejar de trabajar a los 50 años
tener un empleo prestigioso
trabajar en un país extranjero
ser famoso/a
servir a la comunidad
ser dentista/consejero, etc.

MODELO Lo más importante / ganar mucho dinero
Lo más importante para mí será ganar mucho dinero.

1. Lo más importante
2. Lo más interesante
3. Lo más divertido
4. Lo más aburrido
5. Lo mejor
6. Lo difícil

EXPANSION for 8-11
Have students pick a distant birthday (age 40 or 50 perhaps) and state how they will celebrate it.

4:00 **8-11 ¿Qué será?** Digan qué harán las siguientes personas el año que viene. ■

MODELO tu madre
Mi madre empezará un trabajo nuevo en un banco cerca de su casa.

1. su(s) hermano(s)
2. sus mejores amigos
3. su profesor/a de español
4. el presidente de los Estados Unidos
5. su(s) padre(s)
6. los estudiantes de la clase de español
7. su(s) equipo(s) de deporte(s) favorito(s)
8. su(s) conjunto(s) musical(es) favorito(s)

EXPANSION for 8-12
Give students a list of current celebrities (or have them pick their own) and have them state what they will be doing in 10 or 15 years.

SUGGESTION for 8-12
You may have students who need extra assistance in formulating questions. You can share the ones that follow. These questions can also be used as warm-up questions on subsequent class days.
1. ¿Cómo cambiarán los medios de transporte?
2. ¿Cuáles serán los tipos de energía más comunes?
3. ¿Cómo cambiarán las casas?
4. ¿Cuáles serán los trabajos más importantes?
5. ¿Será diferente la comida? ¿Cómo?
6. ¿Qué avances se harán en el campo de la medicina?
7. ¿Cómo serán las escuelas y las universidades?

EXPANSION for 8-12
You may want to repeat the activity using different years. The expansion also works well as a writing activity.

NOTE for 8-12
Sometimes a discrepancy exists between profession titles and the course of study that leads to them. For example, a person who wishes to be a *gerente de hotel* would most likely study in *la Facultad de Administración de Negocios o de Empresas* and the course of study would be la *Administración hotelera o la Administración de Hoteles.* Differences also exist from country to country. In *¡Anda! Curso intermedio,* we have chosen the most commonly used terms among Spanish-speaking countries, but please feel free to use the terminology with which you are most familiar.

8:00 **8-12 El año 2030** ¿Cómo será el mundo en el año 2030? ■

Paso 1 Escribe **cinco** preguntas sobre el futuro.

MODELO *¿Cómo cambiarán los medios de transporte?*

Paso 2 Circula por la clase para hacerles esas preguntas a tus compañeros/as. Deben incluir más detalles en sus respuestas.

MODELO E1: *¿Cómo cambiarán los medios de transporte?*
E2: *Los carros serán eléctricos y los aviones usarán una gasolina sintética. Viajaremos mucho por tren, que también usará un tipo de gasolina sintética…*

EXPANSION for 8-12
People in the United States change jobs many times in their lives (between 5 and 11 times, according to some statistics!). Have students identify 3 to 4 careers they each think they might follow in the future and make statements describing their career trajectories in the next 20 years. E.g.: *Seré un atleta profesional. Después de cinco años, cambiaré mi profesión a una menos física: trabajaré en un banco.*, etc.

3:00

3 VOCABULARIO

08-08 to 08-10

Más profesiones Exploring additional professions

la administración de hoteles	*hotel management*
la banca	*banking*
las ciencias políticas	*political science*
el comercio / los negocios	*business*
la enfermería	*nursing*
la ingeniería	*engineering*
la justicia criminal	*criminal justice*
el mercadeo	*marketing*
la pedagogía	*teaching*
la psicología	*psychology*
la publicidad	*advertising*
las ventas (por teléfono)	*(telemarketing) sales*

Instructor Resources
- Textbook images, Extra Activities

NOTE for *Más profesiones*
You may wish to share with your students that telemarketing can also be expressed as *el telemercadeo* or *telemarketing.*

SUGGESTION for *Más profesiones*
For additional practice with the new vocabulary, have students describe the art using the new vocabulary. They can do this by stating the new vocabulary word, and then listing known professions that relate. E.g.: *la banca* → *el banquero/ la banquera.*

METHODOLOGY • Vocabulary Building
¡Anda! Curso intermedio has made every effort to build on previously learned vocabulary. You will note that for **8-13,** students are directed to review the vocabulary *Las materias y las especialidades* from *¡Anda! Curso elemental.* Direct your students to review the necessary vocabulary in Appendix 2.

ANSWERS to 8-13
1. Daniel estudiará enfermería.
2. Caridad estudiará la banca.
3. Niko y Cristina estudiarán administración de hoteles.
4. Esteban estudiará ingeniería.
5. Lola y Ana Lisa estudiarán psicología.
6. Jorge Luis estudiará negocios.
7. Graciela estudiará justicia criminal.
8. Julio y Mauricio estudiarán pedagogía.

SUGGESTION for 8-14
Write some professions on the board. Students can then discuss the advantages and disadvantages of each one.

¡Anda! Curso elemental, Capítulo 2. Las materias y las especialidades, Apéndice 2.

2:00 **8-13 ¿Qué estudiarán?** Los siguientes estudiantes están interesados en estos trabajos. ¿Qué necesitarán estudiar después de graduarse de la escuela secundaria? Túrnense para hacerse y contestar las preguntas. ■

MODELO Víctor médico
E1: *¿Qué estudiará Víctor?*
E2: *Víctor estudiará medicina.*

1. Daniel	enfermero
2. Caridad	gerente de un banco
3. Niko y Cristina	administración de hoteles
4. Esteban	ingeniero
5. Lola y Ana Lisa	psicólogas
6. Jorge Luis	hombre de negocios
7. Graciela	mujer policía
8. Julio y Mauricio	maestros
9. Tú	¿...?

Estrategia
Recycling previously learned vocabulary and grammar is extremely important in language learning. Therefore, combined with your new vocabulary words, employ as many previously learned vocabulary words as you can from *Las materias y las especialidades,* in *Capítulo 2* of Appendix 2.

¡Anda! Curso intermedio, Capítulo 3. La construcción de casas y sus alrededores, pág. 110, Dentro del hogar, pág. 122; Capítulo 5. Los viajes, pág. 188, Las vacaciones, pág. 199; Capítulo 7. Algunas tiendas y algunos lugares en la ciudad, pág. 290, Algunos artículos en las tiendas, pág. 303.

¡Anda! Curso elemental, Capítulo 2. Las materias y las especialidades; Capítulo 4. Servicios a la comunidad; Capítulo 8. La ropa; Capítulo 10. Los medios de transporte, El viaje; Capítulo 11. La política, Apéndice 2.

3:00 **8-14 Es interesante porque...** ¿Cuáles son los aspectos positivos e interesantes de las siguientes profesiones? Juntos, hagan una lista para cada una de las siguientes profesiones. ■

MODELO la enfermería
Es interesante porque siempre trabajas con la gente. Puedes ayudar a las personas enfermas y a sus familias. Eres un factor importante en el mejoramiento del paciente.

1. la pedagogía
2. la gerencia de hotel
3. la publicidad
4. la justicia criminal
5. las ciencias políticas
6. la moda
7. la ingeniería
8. la banca

¡Anda! Curso intermedio, Capítulo 5. El subjuntivo con antecedentes indefinidos o que no existen, pág. 208

5:00

8-15 Tenemos puestos

Terminen cada una de las siguientes oraciones con una carrera o profesión del vocabulario nuevo y con una descripción breve de la persona ideal para el puesto. No repitan las respuestas. Túrnense. ■

MODELO Queremos ________ que ________ (saber)...
Queremos una secretaria que sepa hablar español.

1. Buscamos un/a ________ que ________ (poder)...
2. Necesitamos un/a ________ que ________ (saber)...
3. Queremos un/a ________ que ________ (ser)...
4. Esperamos encontrar unos/as ________ que no ________ (ser)...
5. Deseamos un/a ________ que ________ (hacer)...

6:00

8-16 Algunos hispanos muy influyentes

Paso 1 Lean la siguiente información sobre estos hispanos importantes.

Sara Martínez Tucker (n. 1955) es originalmente de Laredo, Texas. Se graduó con honores de la Universidad de Texas–Austin con un título en periodismo. Fue reportera para el periódico *San Antonio Express* antes de volver a UT para sacar la maestría en comercio. Ha servido como Subsecretaria de Educación del Departamento de Educación estadounidense y como directora del Hispanic Scholarship Fund.

Alfredo Quiñones Hinojosa (n. 1968) es de Mexicali, México y cruzó la frontera de los Estados Unidos con diecinueve años y menos de $5.00 en el bolsillo. Fue trabajador migratorio cuando empezó a tomar cursos en Delta Community College. Después, se matriculó en UC–Berkeley donde decidió estudiar medicina. Se graduó cum laude de la Facultad de Medicina de Harvard, y ahora "Doctor Q" es neurocirujano, profesor y director del programa de cirugía de tumores cerebrales de Johns Hopkins.

Paso 2 Crea **cinco** preguntas sobre las carreras de estos dos hispanos y pregúntaselas a tu compañero/a. Usa **el futuro.**

Paso 3 Ahora, piensa en tu futuro profesional. Escribe una descripción sobre lo que harás.

EXPANSION for 8-15
Have students each write a description of the ideal employee.

EXPANSION for 8-15
Have students look for jobs in a Hispanic newspaper. Students can bring the classified ads to class and discuss with partners the requirements for the ads they choose.

METHODOLOGY • Differentiated Instruction
You may have students who have difficulty creating without guidance. If that is the case, you may use the following questions to guide their writing for **8-16.**

1. ¿Cuáles son las carreras y profesiones de estas personas?
2. ¿Qué otros intereses tienen?
3. ¿Cuáles fueron las circunstancias que les ayudaron a destacarse?
4. ¿Cómo empezaron sus carreras?
5. ¿Por qué crees que han tenido tanto éxito?

EXPANSION for 8-16
You may want to discuss the following people with your students as well:

Mari Carmen Ramírez: Mari Carmen Ramírez nació en Puerto Rico, sacó su doctorado en historia del arte en la Universidad de Chicago y viajó por Latinoamérica estudiando y viviendo su arte antes de ser nombrada la primera directora del Centro Internacional del Arte de las Américas, Museo de Bellas Artes, Houston, Texas. Dice que su misión es presentarle al mundo la riqueza y el significado del arte latino y de Latinoamérica del siglo XX.

Gustavo Santaolalla: Gustavo Santaolalla es de El Palomar, Argentina. Es músico, productor y compositor. Empezó su carrera con la banda argentina Arco Iris cuando tenía 16 años. Su estilo de música combina los elementos de rock, soul y ritmos africanos y latinoamericanos. Ha ganado varios premios, incluso dos Premios Óscar por las bandas sonoras de las películas *Babel* y *Brokeback Mountain.*

Arturo Moreno: Arturo Moreno es mexicoamericano de cuarta generación en Tucson, Arizona. Después de servir en el ejército en Vietnam, Arturo se matriculó en la Universidad de Arizona, donde estudió mercadeo. En el año 1984, su vida cambió por completo cuando empezó a trabajar para Outdoor Systems, donde ascendió muy rápidamente hasta tener el puesto de CEO. Ya es multimillonario y el primer dueño hispano de un equipo deportivo profesional: Los Angeles Angels of Anaheim.

Instructor Resources
• PPT, Extra Activities

NOTE for *El condicional*
You may wish to point out to students that the endings for *el condicional* are the same as those used for the *-er / -ir* verbs in the imperfect tense, as a reference.

NOTE for *El condicional*
You may wish to point out that the conditional can be used to make softened requests using *querría* and *podría.*

NOTE for *El condicional*
It may be helpful for some students to think of *el condicional* as the "future" of the "past." It expresses something that had yet to occur at the moment referred to in the past. E.g.:
En el restaurante, decidimos que pediríamos postre después de cenar.
Entré en el concierto muy emocionada porque sabía que vería a Juanes.

3:00

4 GRAMÁTICA

08-11 to 08-13 ¡Hola! Spanish/English Tutorials

El condicional Discussing what would happen or what would be under certain conditions

...y podría dejar de trabajar y viajaría por el mundo...
GANADOR

To express an **action dependent upon another action,** you use the **conditional.** The **conditional** is used:

1. to explain what a person *would do* in a given situation.
2. to soften requests.
3. to refer to a past event that is future to another past event.

A. It is formed similarly to the future; that is, the **infinitive is the stem.** The following endings are attached to the infinitive:

	preparar	comer	vivir
yo	prepara**ría**	come**ría**	vivi**ría**
tú	prepara**rías**	come**rías**	vivi**rías**
Ud.	prepara**ría**	come**ría**	vivi**ría**
él, ella	prepara**ría**	come**ría**	vivi**ría**
nosotros/as	prepara**ríamos**	come**ríamos**	vivi**ríamos**
vosotros/as	prepara**ríais**	come**ríais**	vivi**ríais**
Uds.	prepara**rían**	come**rían**	vivi**rían**
ellos/as	prepara**rían**	come**rían**	vivi**rían**

Note the following sentences:

1) —Con un millón de dólares, yo **dejaría** de trabajar y **viajaría** por el mundo —¡dos veces! — *With a million dollars, I would stop working and travel around the world—twice!*
—Ah, ¿sí? Yo me **compraría** una casa en la playa. — *Oh, yeah? I would buy myself a house on the beach.*

2) ¿**Podrías** llamar al jefe, Violeta? — *Could you call the boss, Violeta?*
¿**Querría** decirme dónde está la oficina del contador? — *Would you tell me where the accountant's office is?*

3) Creíamos que **habría** menos publicidad para los puestos nuevos. — *We thought there would be less advertising for the new positions.*
Le dijimos al gerente que lo **llamaríamos** aquella tarde. — *We told the manager that we would call him that afternoon.*

Fíjate
The word "would" does not always translate as the conditional. Remember that when *would* means "used to," as in "When I was a child I would (used to) wake up early every Saturday to watch cartoons," the imperfect tense is needed.

B. The irregular conditional stems are the same as the irregular future tense stems. The following verbs **drop the infinitive vowel:**

haber	**habr-**	**habría, habrías, habría...**
poder	**podr-**	**podría, podrías, podría...**
querer	**querr-**	**querría, querrías, querría...**
saber	**sabr-**	**sabría, sabrías, sabría...**

These verbs **replace the infinitive vowel with -d:**

poner	**pondr-**	**pondría, pondrías, pondría...**
salir	**saldr-**	**saldría, saldrías, saldría...**
tener	**tendr-**	**tendría, tendrías, tendría...**
valer	**valdr-**	**valdría, valdrías, valdría...**
venir	**vendr-**	**vendría, vendrías, vendría...**

These verbs have **different irregularities:**

decir	**dir-**	**diría, dirías, diría...**
hacer	**har-**	**haría, harías, haría...**

C. Just as there is the future of probability, there is also the **conditional of probability**. It is used to make a **guess about the past and is often translated as *wonder*.**

¿**Estaría** el reportero en la reunión con ellos? — *I wonder whether the reporter was in the meeting with them.*

¿A qué hora **llegaría** la secretaria ayer? — *I wonder what time the secretary arrived yesterday.*

Sería a las ocho y media, como siempre. — *It would have been at 8:30, like always.*

1:00 **8-17 Cambios** Cambien las formas del futuro al **condicional.** ■

MODELO estudiaremos
estudiaríamos

1. (yo) saldré saldría
2. mis profesores irán irían
3. tú estudiarás estudiarías
4. el atleta jugará jugaría
5. los estudiantes podrán podrían
6. tú y yo pediremos pediríamos
7. mis mejores amigos vendrán vendrían
8. mi familia comerá comería

SUGGESTION for *El condicional*
Provide students with a scenario such as the following and have them create questions and answers, using the conditional of probability:

Ayer la profesora llegó a clase y no había estudiantes. Esperó diez minutos, pero nadie vino. Decidió ir a la oficina principal para hablar con la secretaria, pero no había nadie en la oficina tampoco. Caminó por el pasillo, pero no vio a nadie...

SUGGESTION for 8-17
Using the list of responsibilities provided as a model, have students create their own lists of activities they would be expected to do in their future jobs.

SUGGESTION for 8-17
Before beginning this activity you may want to say a list of infinitives with subjects and have students provide the correct forms in the conditional.

ADDITIONAL ACTIVITY for *El condicional*

Ask students to name 3 things they would do and 3 things they would not do in a job interview. Then have students share these with partners.

HERITAGE LANGUAGE LEARNERS

Have students create specific job opportunities and create mock interviews in pairs, then present the interviews to their classmates who will critique them.

NOTE for 8-19

Your students may choose between singular or plural answers for **8-19** based on their personal preference or experiences.

NATIONAL STANDARDS *Communities*

Activity **8-19** may reflect a personal real-life work experience for many college students who have worked or currently are working in offices. This reinforces the *Communities* Standard of the National Standards. Your students can participate in this activity based on their personal work experiences.

3:00 **8-18 Aquellos años** ¿Qué harían (o no harían) si ustedes pudieran (*if you could*) volver a vivir los últimos cinco años? Compartan por lo menos **seis** ideas. ■

MODELO estudiar
Estudiaríamos más horas al día y durante los fines de semana también.

ALGUNAS IDEAS:		
tomar cursos	salir con los amigos	trabajar / buscar un trabajo
ir de viaje	comprar / vender algo	(no) hacer algo
estudiar	ser activo	visitar a alguien o algún lugar

1:00 **8-19 Los planes de Fernanda** Fernanda quiere ser secretaria. Expliquen lo que ella haría, sola y con sus colegas, en ese puesto. ■

MODELO contestar el teléfono cuando la recepcionista no está
Contestaría el teléfono cuando la recepcionista no está.

1. archivar documentos Archivaría documentos…
2. escribir informes (reportes) con su jefa Escribirían informes…
3. hacer publicidad Haría publicidad…
4. asistir a reuniones para tomar apuntes Asistiría a reuniones…
5. atender a los clientes con la recepcionista Atenderían a los clientes…
6. traducir para los clientes que hablan español Traduciría para los clientes…
7. coordinar las citas de la jefa Coordinaría las citas de la jefa…

2:00 **8-20** **¿Qué pasó?** Lucía ha perdido su trabajo. Escriban **seis** posibles causas de su pérdida de trabajo. Después, comparen sus razones con las de otros compañeros. ■

MODELO *Llegaría tarde al trabajo.*

EXPANSION for 8-20
To review the subjunctive, students can give Lucía recommendations and suggestions on how to keep her next job.

NOTAS CULTURALES

La etiqueta del negocio hispano

08-14 to 08-15

Para tener éxito en el ambiente de los negocios hispanos, es recomendable seguir una etiqueta basada en las normas culturales apropiadas. Claro que hay diferencias entre los diferentes países y aun entre las compañías dentro del mismo país. En general, existen unas reglas (*rules*) que te servirán muy bien de guía al navegar por el mundo de los negocios hispanos.

1. Los títulos son muy importantes. Usarlos es un signo de respeto; serás admirado si haces el esfuerzo de emplearlos.
2. Es mejor ser formal: en el lenguaje (*usted* en vez de *tú*), en la ropa (un traje o un vestido conservador y elegante) y en la deferencia que muestras a tus colegas.
3. Una reunión de negocios empezará con una conversación personal para que los participantes te conozcan mejor. Un intento de comenzar inmediatamente con el tema principal del negocio (a la manera estadounidense), eliminando este gesto personal, sería muy mal visto y podría arruinar el negocio desde el principio.

Seguir estas normas no te asegurará el éxito, pero sí te dará ciertas ventajas en el mundo hispano de los negocios.

Preguntas

1. ¿Por qué es buena idea seguir esta etiqueta de negocios?
2. ¿Cómo reflejan estas reglas la cultura hispana en particular?
3. Haz una comparación de estas reglas con las normas estadounidenses de los negocios. ¿Qué reglas serían las más difíciles para ti? ¿Cuáles serían las más fáciles? ¿Por qué?

SECTION GOALS for *Notas culturales*
By the end of the *Notas culturales* section, students will be able to:
- explain how etiquette plays a role in business dealings throughout Hispanic countries.
- provide examples of proper etiquette.
- contrast American and Hispanic business dealings.
- hypothesize about how they would conduct business in the Spanish-speaking world.

NATIONAL STANDARDS
Communication, Cultures, Comparisons
In the *Notas culturales* section, students learn how conducting business differs in the United States and Hispanic countries. As the students read the cultural note, they are engaging in Communication Standard 1.2 because as they read, they understand and interpret written Spanish. They engage in interpersonal conversations with their classmates about what they have read, and they exchange opinions about conducting business (Standard 1.1). The cultural information serves two main functions. One, students demonstrate an understanding of the relationship between the practices and perspectives of Hispanic cultures as they realize the importance of etiquette, using appropriate titles, and starting business meetings with a personal touch (Standard 2.1). Two, as they see how one conducts business in the Hispanic world, they demonstrate an understanding of the concept of culture through comparisons between Hispanic cultures and their own (Standard 4.2).

ANSWERS to *Notas culturales*
1. Es importante para dar una buena impresión y hacer del/de la negociante "un/a amigo/a". Es parte de su cultura.
2. Las relaciones personales son importantes. Muchas personas usan sus títulos como parte de sus nombres, más que en los Estados Unidos (e.g., Lic. Diego Durán).
3. *Answers will vary.*

NOTE for *La etiqueta del negocio hispano*
Politics are everywhere and certainly evident in business dealings. Every culture has its own way of conducting business and its own views of what is "politically correct" vis-à-vis negotiations and business relationships. Ask your students how important they think it is to follow the norms of the host country where one is doing business. How important is it to try to speak the language of the potential business partners? Why might these cultural "rules" or norms matter in the long run?

SUGGESTION for 8-21
Prior to beginning this activity you may want to share with students your ideal trip to somewhere in the Spanish-speaking world. Explain where you would go and why, as well as details about what you would do there. You can use this as a listening activity and have students recount what you told them. This would also illustrate the strategy for the *Escucha* section.

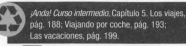

¡Anda! Curso intermedio, Capítulo 5. Los viajes, pág. 188; Viajando por coche, pág. 193; Las vacaciones, pág. 199.

¡Anda! Curso elemental, Capítulo 10. Los medios de transporte, pág. 374; El viaje, pág. 388, Apéndice 2.

2:00

8-21 Unas vacaciones ideales

Estás ya pensando en las vacaciones de verano. Explícale a tu compañero/a cómo serían tus vacaciones ideales. ■

Estrategia

Remember that in Spanish the word for "vacation" is always plural: *unas vacaciones.*

MODELO *Para mis vacaciones ideales, yo iría a Cancún. Me quedaría en el Hotel Palacio de la Luna…*

6:00

8-22 ¡La lotería!

Compras un billete de la lotería de dos millones de dólares. En grupos de tres, compartan lo que harían con ese dinero. Pueden usar estas preguntas como guía: ¿Qué harías si ganaras (*if you won*)? ¿Seguirías trabajando? ¿Cómo cambiaría tu vida? ¿Qué harías con tanto dinero? ¿Qué comprarías? ■

ESCUCHA

08-16 to 08-17

Una conversación entre colegas

Estrategia

Repeating / paraphrasing what you hear

When you listen to a conversation, an announcement, a podcast, etc., you usually do not need to remember exactly what was said. To repeat or share that information, you would generally *paraphrase* what you heard—that is, retell it using different words or phrases.

8-23 Antes de escuchar Emilio y Alicia son los propietarios de un negocio de importación. Acaban de empezar el negocio y necesitan contratar a más empleados. Haz una lista de los diferentes puestos que una compañía como esa necesitaría al empezar. ■

8-24 A escuchar

Paso 1 Escucha la conversación entre Alicia y Emilio para averiguar el tema.

Paso 2 Escucha otra vez, concentrándote en:

1. lo que dice Alicia sobre su trabajo.
2. la idea que tiene Emilio.
3. cómo responde Alicia a su idea.

Paso 3 Parafrasea su conversación en **tres** oraciones.

8-25 Después de escuchar Compara tu paráfrasis con las de otros compañeros y juntos decidan cuáles serían las características más importantes para empleados en este momento. ■

SECTION GOALS for *Escucha*

By the end of the *Escucha* section, students will be able to:

- apply the new listening strategy of paraphrasing or repeating what they have heard.
- incorporate previously learned listening strategies.
- succinctly summarize the main points of the conversation.
- compare the details of their summaries with their classmates' summaries.

NATIONAL STANDARDS
Communication, Connections

In the *Escucha* section, students practice their interpersonal, interpretive, and presentational communication skills and their ability to connect learning strategies across disciplines. First, they listen to the conversation and they understand and interpret what they hear (Standard 1.2). Then, they summarize what they have heard by writing a succinct narrative of the main events, and they present this to their classmates (Standard 1.3). After they read their summaries aloud and/or listen to the summaries of others, they work in pairs to discuss the differences between what they have heard and what their classmates have heard (Standard 1.1). The communication skills are enhanced by applying the new listening strategy of paraphrasing or repeating elements of the conversation. This learning strategy parallels skills that students use in their other classes, and they are able to connect the strategy across disciplines (Standard 3.1).

AUDIOSCRIPT for 8-24

Please consult the *Instructor's Resource Manual* for the complete text of the audio.

ANSWERS to 8-24

Paso 3 *Possible answer:* Alicia trabaja mucho todos los días menos el domingo. Emilio cree que necesitan emplear una secretaria para ayudarlos. Emilio dice que él hará una lista de las responsabilidades de esa persona, escribirá el anuncio y entrevistará a todas las personas interesadas en el trabajo. Emilio menciona muchas responsabilidades y Alicia le dice que necesitan más que un secretario. Ella piensa que necesitan asistentes personales, una secretaria, un contador y un supervisor de empleados.

¿Cómo andas? I

Having completed **Comunicación I,** I now can . . .	Feel confident	Need to review
• compare and contrast professions. (p. 326)	☐	☐
• use adjectives as nouns to represent people, places, and things. (MSL)	☐	☐
• indicate actions in the future. (p. 330)	☐	☐
• explore additional professions. (p. 335)	☐	☐
• discuss what would happen or what would be under certain conditions. (p. 338)	☐	☐
• state proper etiquette for doing business in a Hispanic setting. (p. 341)	☐	☐
• repeat or paraphrase what I hear. (p. 343)	☐	☐

Comunicación II

3:00

5 VOCABULARIO

08-18 to 08-19

Una entrevista

Considering different aspects of the business world

Palabras útiles	*Useful words*
los beneficios	*benefits*
el bono	*bonus*
la carta de presentación	*cover letter*
la carta de recomendación	*letter of recommendation*
la destreza	*skill*
la empresa	*corporation; business*
la jornada completa / parcial	*full-time / part-time workday*
la meta	*goal*
el negocio	*business*
el personal	*personnel*
el puesto	*job; position*
el salario / el sueldo	*salary*
la solicitud	*application (form)*
el trabajo	*job*

Instructor Resources

• Textbook images, Extra Activities

SECTION GOALS for *Comunicación II*

By the end of the *Comunicación* section, students will be able to:

- discuss and use vocabulary related to applying for jobs, interviews, and the hiring process.
- combine demonstrative adjectives and nouns to show agreement.
- form the future perfect with regular and irregular participles to indicate what someone will have done.
- use vocabulary related to the business world.
- express what would have happened using the conditional perfect.
- discuss the profiles of selected Hispanic business people.
- use culturally appropriate expressions to indicate good wishes, sympathy, regret, or comfort.
- write formal and informal letters and identify the purpose of the letters.

NATIONAL STANDARDS

Communication

The activities in the *Comunicacíon* section are aligned with all 3 modes of communication: interpersonal, interpretive, and presentational. The pair or small group activities focus on interpersonal communication, as students engage in conversations to provide and obtain information, express feelings and emotions, and exchange opinions (Standard 1.1). The profiles of Hispanic business people encourage interpretive communication, because students understand and interpret written Spanish (Standard 1.2). Similarly, the dialogues the students hear in *¡Conversemos!* facilitate interpretive communication as they understand and interpret spoken Spanish. The cultural expressions they employ in conversations are reinforced when they create and present dialogues (Standard 1.3). Moreover, the correspondence prompts the students incorporate in their formal letters also serve as a way to communicate in the presentational mode.

HERITAGE LANGUAGE LEARNERS

Encourage heritage language learners to research employee benefits in Hispanic countries. They can then share with the class the differences in benefits in the United States with those in Hispanic countries. Suggested keywords: *beneficios para empleados, recursos humanos.*

NOTE for *Repaso*
This is a reminder that the *Repaso* boxes are meant to be assigned as homework the night before you introduce the new vocabulary. Students should be expected to review this prior to class so that you can proceed immediately to the first activity following the vocabulary presentation.

If you want, immediately following the vocabulary presentation and preceding the first vocabulary activity in the text, you may do the following mechanical activity.

To practice the new vocabulary with their partners, have students select their individual top three most important things relating to a job hunt, and have them defend their reasoning to their partners. E.g.:

E1: *Para mí, lo más importante es una muy buena carta de presentación. Si no tienes una buena carta de presentación, no te darán una entrevista.*

E2: *Para mí, lo más importante es…*

NOTE for *Los adjetivos demostrativos*
You may wish to point out to your students that the Real Academia Española has determined that demonstrative adjectives when used as nouns do not need accent marks if the referents are clear.

ADDITIONAL ACTIVITY for *Los adjetivos demostrativos*
Parejas Túrnense para definir las palabras nuevas.

1. estos beneficios
2. aquellas destrezas
3. esta jornada
4. ese personal
5. este sueldo
6. aquel bono

a. las habilidades especiales
b. el dinero extra que ganas por un trabajo bien hecho
c. el dinero que recibes por el trabajo que haces
d. las personas que trabajan para la empresa
e. el horario de trabajo
f. el sueldo, el seguro, los días de vacaciones, los bonos

NOTE for *Los pronombres demostrativos*
In 1999, the Real Academia Española ruled that the use of written accents to differentiate demonstrative pronouns from demonstrative adjectives is optional. In *¡Anda! Curso intermedio*, we have omitted the accents on demonstrative pronouns.

Verbos	*Verbs*
ascender (e → ie)	*to advance; to be promoted; to promote*
contratar	*to hire*
entrenar	*to train*
entrevistar	*to interview*
negociar	*to negotiate*
publicitar	*to advertise; to publicize*
renunciar (a)	*to resign; to quit*
solicitar	*to apply for (a job); to solicit*
tener experiencia	*to have experience*

REPASO

¡Hola! *Repaso* & Spanish/English Tutorials — 08-20 to 08-22

Los adjetivos demostrativos — Pointing out people, places, or things

For a complete review of demonstrative adjectives, go to MySpanishLab or refer to **Capítulo 5** of ***¡Anda! Curso elemental*** in Appendix 3 of your textbook. The vocabulary activities that follow incorporate this grammar point. Practicing new vocabulary with a review grammar point helps to strengthen and increase your knowledge of Spanish.

2:00 **8-26** **Todo un proceso** Su compañía tiene un puesto nuevo que sería perfecto para su amigo Roberto. Roberto está muy interesado y quiere que le den más información sobre el proceso de empleo en su compañía. Juntos, pongan las siguientes frases en orden para ayudar a su amigo. ■

a. __1__ anunciar ese puesto
b. __5__ contratar a ese empleado nuevo
c. __2__ solicitar ese trabajo
d. __7__ renunciar a ese trabajo
e. __6__ ascender en esa empresa
f. __3__ entrevistar para ese puesto
g. __4__ negociar ese sueldo

1:00 **8-27** **Amigo/a, tienes razón** Tu amigo/a te da su opinión y tú respondes con una opinión similar. Cambia la forma de **este/a** a **ese/a** y añade (*add*) la palabra **también.** Después, compara tus oraciones con las de un/a compañero/a. ■

MODELO TU AMIGO/A: Este currículum es muy interesante.
TÚ: *Sí, y ese currículum es interesante también.*

1. Esta carta de presentación es excepcional.
2. Estos sueldos son muy altos para una empresa tan pequeña.
3. Este puesto en la escuela secundaria tiene un salario más alto que el puesto en la universidad.
4. Estas cartas de recomendación son muy buenas.
5. Estos trabajos son de jornada completa.
6. Esta oficina es impresionante.

SUGGESTION for *Los pronombres demostrativos*
Have students create images that represent the new vocabulary in *Una entrevista.* Collect them and organize them in groups of 3. Then, ask two students to assist you. Give each of them one of the images, with you holding the third. Position yourself nearest the remaining students, position one of the students a few feet behind, or to the side of you, and the other student by the door or in the back of the room. Have students vote on preferences (best salary, most interesting corporation, most important skill, etc.) using *este/a, ese/a,* or *aquel/aquella.* You may want to use follow-up questions with individuals, e.g., *¿Cuál es tu puesto favorito —este, ese o aquel?*

EXPANSION for 8-26
Have students write 2 or 3 more steps in the job process that are not mentioned in **8-26.** Then have them insert these new steps in the appropriate order with the other ones in the activity.

¡Anda! Curso elemental, Capítulo 7. El pretérito, Apéndice 2.

5:00

8-28 El puesto perfecto para Francisca

Completen la historia que Francisca le cuenta a Sonia con los verbos apropiados en **el pretérito** o **el infinitivo**. ■

ascender   contratar   publicitar   renunciar (a)   solicitar   ver

¡Hola, Sonia! Sabes que ya soy contadora titulada, pero llevo semanas buscando un trabajo. Acabo de (1) ___ver___ un puesto en el negocio Sedano que es perfecto para mí. Según una amiga mía, dos de los empleados con más experiencia (2) ___renunciaron a___ sus puestos y la empresa empezó a (3) ___publicitar___ esos trabajos solo hace una semana. Después de ver el anuncio, fue muy fácil (4) ___solicitar___ uno de los trabajos porque no requerían nada más que dos cartas de recomendación y el currículum.

(UNA SEMANA DESPUÉS)

Había tres jefes en la entrevista. Me gustaron esos jefes y me parece que a ellos les gusté también. Creo que me van a (5) ___contratar___. Tienen un programa de formación muy bueno para las personas que quieren (6) ___ascender___ rápidamente. Además, el sueldo, los beneficios… ¡todo es fantástico!

5:00 Workbooklet

8-29 Todos los puestos no son iguales

Hablen de los trabajos que aparecen en los anuncios. ■

1. ¿Cuál es el más interesante? ¿Por qué?
2. ¿Cuál es el menos interesante? ¿Por qué?
3. ¿Cuáles serían los mejores puestos para ustedes? Expliquen.

Puestos Internacionales

Puesto:	Gerente Regional de Sucursales – Monterrey, México
Nombre de empresa:	Sol y sombra
Autorización para trabajar:	Autorizado/a para trabajar en México
Tipo de puesto:	Permanente, jornada completa
Compensación:	********
Beneficios:	Seguro médico Vacaciones pagadas
Viajes:	25%–50%
Idiomas:	Inglés – fluido Español – lengua materna
Estudios mínimos:	Título universitario
Años de experiencia mínimo:	6
CVs aceptados en:	Inglés Español
Carta de presentación:	No requerida
Descripción breve:	• Asistir y entrenar al personal de las sucursales • Crear un ambiente que conduzca al logro del crecimiento en ventas a través de un enfoque de excelencia en el servicio al cliente

Puestos Internacionales

Puesto:	Enfermeros/as (4 puestos)
Nombre de empresa:	TodaSalud
Autorización para trabajar:	Autorizado/a para trabajar en España (Madrid)
Tipo de puesto:	Jornada parcial
Compensación:	********
Viajes:	Zona Capital y Corredor del Henares
Idiomas:	Español – fluido
Estudios mínimos:	Título universitario, Enfermería
Años de experiencia mínimo:	********
CVs aceptados en:	Español
Carta de presentación:	********
Descripción breve:	Empresa líder en el sector de servicios sociales necesita enfermeros/as para MADRID CAPITAL Y CORREDOR DEL HENARES para trabajar a JORNADA PARCIAL (lunes a viernes de 8:30–14:30 y/o 16:30–20:30). Contrato estable de larga duración.

ADDITIONAL ACTIVITY for *Una entrevista*

¿Qué decide? Adriano está buscando un trabajo y tiene muchas ofertas. Juntos, completen los comentarios que Adriano hace sobre los posibles trabajos con *este, esta, estos* o *estas*.

MODELO Me encantan *estos* beneficios.

1. _____ empresa es increíble, pero prefiero no vivir en Chicago.
2. Prefiero el horario de _____ trabajo porque así no tengo que levantarme tan temprano.
3. _____ negocios son muy semejantes en puestos y personal.
4. _____ aspirantes tienen una formación superior. Entonces, ¿por qué me están ofreciendo _____ trabajo a mí en vez de a ellos? Porque dicen que tengo todas las destrezas que mencionaron.

EXPANSION for 8-29

Using the job announcements in **8-29** as guides, have groups of students each invent a new job and write an employment ad for it. Then, in pairs, have them role-play an interviewer / job seeker situation based on one of the ads.

ADDITIONAL ACTIVITY for *Una entrevista*

Irene y Sofía Irene y Sofía son estudiantes de la universidad y solicitaron trabajo de jornada parcial. Mientras Irene es muy positiva y tiene muchas sugerencias, Sofía tiene problemas con todo. Túrnense para responder a las sugerencias de Irene como si fueran Sofía, usando siempre pronombres demostrativos.

MODELO

IRENE: *Me dicen que este restaurante es muy popular. ¿Solicitamos ese puesto?*

SOFÍA: *No. No tengo ganas de trabajar en ése. Prefiero un restaurante cerca de casa.*

1. Esta oficina pequeña tiene el personal muy joven. ¿Nos entrevistamos allí?
2. Este supermercado tiene unos sueldos bastante altos. A lo mejor el sueldo para los puestos de jornada parcial sea alto también. ¿Nos entrevistamos allí?
3. Estas tiendas de ropa ofrecen bonos. ¿Nos entrevistamos allí?
4. El puesto de cajera en este banco no requiere ninguna formación especial. ¿Nos entrevistamos allí?
5. Estos trabajos de asistente personal son muy interesantes y muy flexibles. ¿Nos entrevistamos allí?

Instructor Resources
- PPT, Extra Activities

NOTE for *El futuro perfecto*
You may wish to remind students that they have already learned the future forms in this chapter and that *haber* is one of the verbs that has an irregular root for the future.

ADDITIONAL ACTIVITY for *El futuro perfecto*
Have students think of 2 famous people from the business world or other professions. They then write predictions about what will have happened to these people and their businesses/professions 5 to 10 years from now. Students may share their predictions with partners or the entire class.

2:00

6 GRAMÁTICA

08-23 to 08-25

El futuro perfecto
Denoting what will have happened

No te preocupes, Carlos. Habrás ascendido en menos de dos meses.

Like the **presente perfecto,** the **futuro perfecto** is formed with **haber** + **past participle.** In this case, the **future** of **haber** is used. This tense is the equivalent of ***will have* _____*-ed*** in English.

	solicitar	ascender	invertir
yo	**habré** solicitado	**habré** ascendido	**habré** invertido
tú	**habrás** solicitado	**habrás** ascendido	**habrás** invertido
Ud.	**habrá** solicitado	**habrá** ascendido	**habrá** invertido
él, ella	**habrá** solicitado	**habrá** ascendido	**habrá** invertido
nosotros/as	**habremos** solicitado	**habremos** ascendido	**habremos** invertido
vosotros/as	**habréis** solicitado	**habréis** ascendido	**habréis** invertido
Uds.	**habrán** solicitado	**habrán** ascendido	**habrán** invertido
ellos/as	**habrán** solicitado	**habrán** ascendido	**habrán** invertido

- The irregular past participles are the same as for the other perfect tenses.

abrir	**abierto**	morir	**muerto**	romper	**roto**
decir	**dicho**	poner	**puesto**	ver	**visto**
escribir	**escrito**	resolver	**resuelto**	volver	**vuelto**
hacer	**hecho**				

- The **futuro perfecto** expresses an action that ***will have occurred* or *will be completed by an anticipated time in the future.***

Habrás ascendido en menos de dos meses. — *You will have advanced in less than two months.*

Habré conseguido mis metas antes de graduarme. — *I will have reached my goals before I graduate.*

Habrán publicitado la conferencia para finales de junio. — *They will have publicized the conference by the end of June.*

1:00 **8-30 Cambios** ¿Qué habrán hecho estas personas para el año que viene? Cambien las formas del **presente perfecto** al **futuro perfecto** para averiguarlo. ■

Estrategia

Remember that the past participle does not change—only the form of *haber*.

MODELO Noé ha solicitado el trabajo.
Para el año que viene, Noé habrá solicitado el trabajo.

1. El abogado ha ascendido. habrá ascendido
2. Los agentes han llegado a un acuerdo. habrán llegado
3. La ingeniera ha terminado el proyecto. habrá terminado
4. Mi contadora y yo hemos hecho algunos cambios en mis finanzas. habremos hecho
5. El gerente ha escrito un reporte sobre la huelga. habrá escrito
6. Yo he puesto más dinero en el banco. habré puesto

3:00 **8-31 El círculo** En grupos de cinco o seis, túrnense para decir algo que habrán hecho para la semana que viene. Hay que recordar y repetir lo que acaban de decir las otras personas. Sigan hasta que cada estudiante haya dicho **dos** oraciones. ■

MODELO CORINA: *Habré terminado la novela para mi clase de inglés.*
ESTEBAN: *Corina habrá terminado la novela para su clase de inglés y yo habré hecho la tarea de español.*
CARMELA: *Corina habrá terminado la novela para su clase de inglés, Esteban habrá hecho la tarea de español y yo habré limpiado todo mi apartamento…*

3:00 **8-32 Las profesiones de mis amigos** Piensa en cinco amigos o parientes de tu edad, más o menos, y di qué trabajos habrán conseguido para el año 2020. Después, comparte tu lista con un/a compañero/a. ■

Vocabulario útil	
ser	*to be*
hacerse	*to become*
conseguir un puesto de…	*to get a job / position as . . .*

MODELO *Ignacio habrá conseguido un puesto de gerente en un hotel de lujo.*

ADDITIONAL ACTIVITY for *El futuro perfecto*

Al jubilarse Imagínense lo que habrán hecho las siguientes personas en sus vidas profesionales y personales antes de jubilarse. Sigan el modelo.

MODELO Alfredo Quiñones Hinojosa (médico, Actividad **8-16**)
Habrá encontrado un tratamiento nuevo para los tumores cerebrales y habrá sido director del Hospital Johns Hopkins. También habrá viajado a muchas partes diferentes de México y del mundo hispanohablante para…

1. Narciso Rodríguez (diseñador)
2. Zoë Saldana (actriz)
3. Juan Luis Guerra (músico)
4. Sonia Sotomayor (jueza de la Corte Suprema de Justicia)
5. Fernando Botero (pintor, escultor)
6. Alberto Pujols (beisbolista)

NOTE for 8-32

You may wish to expand on ways to say "to become" in Spanish and explain the differences between and nuances of *convertirse*, *llegar a ser*, and *ponerse* to your students.

4:00 **8-33 Todo es un proceso** Piensen en las siguientes profesiones y para cada una, expliquen lo que habrá hecho una persona para llegar a tener éxito en su profesión. ■

MODELO el maestro

Un maestro habrá estudiado y sacado un título en pedagogía. También habrá observado a maestros con experiencia y habrá dado clases de práctica…

1. el reportero
2. la dentista
3. el abogado
4. la veterinaria
5. el profesor
6. la mujer de negocios

¡Anda! Curso intermedio, Capítulo 2. Deportes, pág. 72; Pasatiempos y deportes, pág. 86; Capítulo 3. La construcción de casas y sus alrededores, pág. 110; Dentro del hogar, pág. 122; Capítulo 4. Las celebraciones y los eventos de la vida, pág. 148; Capítulo 5. Los viajes, pág. 188; Capítulo 7. Artículos en las tiendas, pág. 303.

5:00 **8-34 Para finales del mes y del año** Escribe una lista de por lo menos **seis** deportes, pasatiempos o cosas que habrás hecho para finales del mes. Luego, escribe otra lista de por lo menos **seis** cosas que habrás comprado o recibido como regalo para finales del año. Comparte tus listas con un/a compañero/a. ■

MODELO
E1: *¿Qué habrás hecho como deporte o pasatiempo para finales del mes?*
E2: *Habré practicado yoga. También, mi padre y yo habremos hecho trabajo de carpintería…*
E1: *¿Qué habrás comprado o recibido como regalo para finales del año?*
E2: *Habré comprado una computadora nueva, un traje, unos libros…*

EXPANSION for 8-35
Using the deadline statements Daniel's counselor offers him (in the future perfect), have students write excuses on Daniel's part, explaining that he *would have done* X, but…: e.g., *Habría terminado de escribir la carta de presentación, pero mi computadora…*

6:00 **8-35 El consejero de Daniel** Daniel está hablando con su consejero de trabajo. El consejero sabe que Daniel no es una persona muy organizada y además hace todo a última hora. Él le da unas fechas límites (*deadlines*) dentro de las dos semanas próximas y Daniel responde si puede o no. Desarrollen la situación en unas **ocho** a **diez** oraciones de diálogo y representen la escena para sus compañeros/as de clase. ■

MODELO
CONSEJERO: *Hola, Daniel. ¿Has solicitado ese puesto que te interesaba tanto?*
DANIEL: *No, todavía no. He tenido mucho que hacer recientemente.*
CONSEJERO: *Pues, mira. Para el viernes ¿habrás terminado con la carta de presentación?…*

3:00

7 VOCABULARIO

08-26 to 08-28

El mundo de los negocios

Conveying business concepts

Palabras útiles	*Useful words*
el acuerdo	*agreement*
la adquisición	*acquisition*
la agencia	*agency*
el ahorro	*savings*
la bancarrota	*bankruptcy*
la bolsa	*stock market*
la jubilación	*retirement*
la junta	*commission; board; committee*
el lucro	*profit*
la venta	*sale*
el/la vocero/a	*spokesperson*

Instructor Resources

- Textbook images, Extra Activities

HERITAGE LANGUAGE LEARNERS

Have heritage language learners research labor strikes in Hispanic countries. Students can discuss how strikes are carried out in Hispanic countries and compare them with strikes in the United States. Suggested keywords: *la huelga laboral, país X.*

SUGGESTION for *El mundo de los negocios*

You may wish to remind students of previously learned vocabulary from *¡Anda! Curso elemental* that they can use with this vocabulary chunk, such as *la fábrica* and *la huelga*.

ADDITIONAL ACTIVITY for *El mundo de los negocios*

No va Decidan qué palabra de cada grupo no va con las otras y expliquen por qué.

1. el comerciante, el acuerdo, el vocero, la junta
2. ahorrar, invertir, apropiarse, fabricar
3. la junta, el ahorro, el lucro, la bolsa
4. la venta, la adquisición, la bancarrota, el acuerdo

Algunos adjetivos	*Some adjectives*	Algunos verbos	*Some verbs*
actual	*current; present*	**ahorrar**	*to save*
administrativo/a	*administrative*	**apropiarse**	*to take over; to appropriate*
ejecutivo/a	*executive*	**despedir (e → i → i)**	*to fire (from a job)*
financiero/a	*financial*	**fabricar**	*to manufacture*
laboral	*work-related*	**hacer publicidad**	*to advertise*
profesional	*professional*	**hacer una huelga**	*to strike*
sin fines de lucro	*nonprofit*	**invertir (e → ie → i)**	*to invest*
		jubilarse	*to retire*

3:00

8-36 Mímica Hagan mímica en grupos de cuatro con el vocabulario nuevo. Sigan jugando hasta que cada estudiante represente tres palabras nuevas diferentes. ■

3:00

8-37 Frases fracturadas Usen las siguientes palabras para crear oraciones lógicas. ■

MODELO acuerdo / comerciante / salvar / huelga
El acuerdo entre los comerciantes nos salvó de la huelga.

1. reportero / decir / hacer huelga / reunión inmediata / propietarios
2. junta / mandar / comerciantes / dejar de comprar / productos / fabricar / papel
3. problemas laborales / empezar / adquisición / agencia nueva / jubilación / presidente
4. venta / agencia / ser necesaria / más de un año / lucro

Answers to 8-37

Possible sentences:

1. El reportero dice que harán una huelga sin una reunión inmediata con los propietarios.
2. La junta manda que los comerciantes dejen de comprar productos fabricados de papel.
3. Los problemas laborales empezaron con la adquisición de la agencia nueva y la jubilación del presidente.
4. La venta de la agencia es necesaria porque ha tenido más de un año sin lucro.

3:00

8-38 En nuestra opinión

Discutan las siguientes oraciones para determinar si están de acuerdo. ■

1. Es muy difícil ahorrar dinero.
2. La gente se declara en bancarrota por varias razones.
3. El mercadeo es la parte más importante de un negocio.
4. Las personas deben jubilarse antes de cumplir los setenta años.
5. Invertir en la bolsa es perder dinero.

¡Anda! Curso intermedio, Capítulo 4. El presente perfecto de subjuntivo, pág. 168.

6:00 Workbooklet

8-39 La búsqueda

Busca a alguien que tenga experiencia o que conozca a alguien que haya tenido experiencia con cada situación indicada. ■

MODELO jubilarse

TÚ: *¿Conoces a alguien que se haya jubilado?*

MANNY: *Sí, mi abuelo acaba de jubilarse.*

SITUACIÓN O EXPERIENCIA	PERSONA
1. jubilarse	el abuelo de Manny
2. participar en una huelga	
3. trabajar con una compañía sin fines de lucro	
4. saber negociar muy bien	
5. ahorrar la mitad de su sueldo	
6. servir en una junta de la universidad o del gobierno local	
7. ser periodista o reportero	
8. perder mucho dinero en la bolsa	

ADDITIONAL ACTIVITY for *El mundo de los negocios*

In pairs, have students come up with definitions of 1 to 2 sentences each for 5 to 6 words of the new vocabulary (in their own words). They then share these definitions in small groups; the other students have to guess the words.

Instructor Resources
- PPT, Extra Activities

NOTE for *El condicional perfecto*
Remind students that this form is very similar to *el futuro perfecto* except it uses the conditional tense instead of the future. They have already studied the conditional tense earlier in this chapter.

ADDITIONAL ACTIVITY for *El condicional perfecto*
Have students think of famous professionals and have them make predictions about what other profession they would have followed. E.g: Shakira: *Habría sido entrenadora personal porque…*

3:00

8 GRAMÁTICA

08-29 to 08-31 ¡Hola! Spanish/English Tutorials

El condicional perfecto
Referring to what would have happened

Habría ahorrado dinero, pero encontré este carro fantástico y…

The **condicional perfecto** is used to express an action that ***would have or should have occurred under certain conditions but did not.*** The English equivalent of this tense is ***would have _____-ed / should have _____-ed.*** The **condicional perfecto** is formed as follows:

	ahorrar	**ascender**	**invertir**
yo	habr**ía** ahorrado	habr**ía** ascendido	habr**ía** invertido
tú	habr**ías** ahorrado	habr**ías** ascendido	habr**ías** invertido
Ud.	habr**ía** ahorrado	habr**ía** ascendido	habr**ía** invertido
él, ella	habr**ía** ahorrado	habr**ía** ascendido	habr**ía** invertido
nosotros/as	habr**íamos** ahorrado	habr**íamos** ascendido	habr**íamos** invertido
vosotros/as	habr**íais** ahorrado	habr**íais** ascendido	habr**íais** invertido
Uds.	habr**ían** ahorrado	habr**ían** ascendido	habr**ían** invertido
ellos/as	habr**ían** ahorrado	habr**ían** ascendido	habr**ían** invertido

Note: This tense is formed similarly to the future perfect. Review the following sentences.

Con mejor información, **habríamos apropiado** suficiente dinero. — *With better information, we would have appropriated sufficient money / funds.*

¿**Habrías invertido** más dinero en la bolsa el año pasado? — *Would you have invested more money in the stock market last year?*

Mi padre **habría ascendido** al puesto de ejecutivo financiero, pero se jubiló muy joven. — *My father would have advanced to the position of financial executive, but he retired very young.*

2:00

8-40 Dos años después
Cambien los verbos del **condicional** al **condicional perfecto** para expresar lo que estas personas habrían hecho. ■

MODELO Mayra invertiría más dinero en la bolsa.
Mayra habría invertido más dinero en la bolsa.

1. Daniel y yo ahorraríamos más dinero.
2. Papá, tú te jubilarías mucho más joven.
3. Su negocio produciría más productos "verdes".
4. Mi hermano compraría algunos de los negocios de la competencia.
5. Esos empleados harían una huelga bajo aquellas circunstancias.
6. Yo les daría más tiempo y dinero a las organizaciones sin fines de lucro.
7. El contador se lo diría todo al propietario antes de la bancarrota.

Answers to 8-40
1. habríamos ahorrado
2. te habrías jubilado
3. habría producido
4. habría comprado
5. habrían hecho
6. les habría dado
7. se lo habría dicho

2:00

8-41 Un cambio de planes

Fernanda no consiguió el trabajo de secretaria y entonces decidió estudiar mercadeo. Expliquen lo que ella habría hecho como secretaria si hubiera conseguido el trabajo. ■

MODELO contestar el teléfono cuando la recepcionista no estaba
Habría contestado el teléfono cuando la recepcionista no estaba.

1. archivar documentos
2. escribir informes con su jefa
3. hacer publicidad
4. asistir a reuniones para tomar apuntes
5. atender a los clientes con la recepcionista
6. traducir para los clientes que hablan español
7. coordinar las citas de la jefa

Answers to 8-41
1. Habría archivado documentos.
2. Habría escrito informes con su jefa.
3. Habría hecho publicidad.
4. Habría asistido a reuniones para tomar apuntes.
5. Habría atendido a los clientes con la recepcionista.
6. Habría traducido para los clientes que hablan español.
7. Habría coordinado las citas de la jefa.

4:00

8-42 Con más...

Siempre necesitamos más, ¿verdad? Terminen las siguientes oraciones de manera lógica, siguiendo el modelo. ■

MODELO Con más ventas el negocio...
Con más ventas el negocio no habría despedido a tantos empleados.

1. Con más tiempo nosotros...
2. Con más dinero mis padres...
3. Con más apoyo (*support*) yo...
4. Con más experiencia mi amigo...
5. Con más beneficios la empresa...
6. Con más solicitudes los aspirantes...

5:00

8-43 Teléfono

Escuchen mientras su profesor/a les da las instrucciones para este juego, conocido en inglés como *Gossip*. ■

4:00

8-44 La aspirante ideal

La mujer que Emilio encontró para trabajar como asistente personal de Alicia sólo duró tres semanas — Alicia la despidió. Ayúdenle a Alicia a explicar cómo habría sido la asistente personal ideal (lo opuesto de esa mujer). Digan por lo menos **ocho** características y destrezas que debería haber tenido. ■

MODELO *La asistente ideal habría sido muy simpática y positiva. Esa mujer era antipática y muy negativa. La aspirante ideal habría llegado a tiempo al trabajo y esa mujer siempre llegaba tarde...*

EXPANSION for 8-44
Ask students to think of the ideal high school teacher or coach, following the model for the ideal assistant.

NOTE for 8-43
Overview: Place an equal number of students in each row. The object of the game is for students to receive a whispered message from the person in front of them and then pass it correctly to the person behind them. This reviews vocabulary and grammar as well as encourages students to pronounce well and listen carefully. If you have 5 groups / rows, you will need to make 5 copies of the sentence used for each round. You may choose to focus on the conditional perfect for the first few sentences and then use the remaining rounds to review all the grammar from the chapter.

Some good sentences to practice for *Capítulo 8* include:
1. Habríamos celebrado la jubilación con más tiempo.
2. Juan habría cambiado la semana laboral.
3. ¿Quién habría sido el vocero por el grupo?
4. Habría entrenado a seis personas con más ayuda.
5. Me interesaría más un negocio sin fines de lucro.
6. ¿Los ahorros de la agencia no serían suficientes para evitar la bancarrota?
7. ¿Trabajarías conmigo en la adquisición y el mercadeo?

INSTRUCTIONS
1. The first student in each row receives the same sentence written on a slip of paper and has 20–30 seconds to memorize and practice it silently.
2. When the buzzer sounds, the first student returns the slip of paper to the instructor or helper and then turns to the student behind him/her to whisper the sentence exactly as it was written.
3. The second student may ask to have the sentence repeated and also repeat it to the first student as often as necessary. The conversation must be conducted in whispers.
4. When the second student is ready then he/she turns to the third student to repeat the sentence. Once the student has begun to repeat the sentence to the student behind him/her, he/she cannot turn back to speak to the person in front of him/her.
5. This process is repeated until the last student in the row receives the sentence and must rush to the board to write it. The other students in that row cannot help.
6. The row that produces the sentence that most closely approximates the original wins the round.
7. Students rotate, front to back, and the second round begins.

SECTION GOALS for *Perfiles*

By the end of the *Perfiles* section, students will be able to:

- identify László Bíró, Carlos Slim Helú, and Ana Patricia Botín.
- explain what contributions these individuals have made to the Hispanic world.
- identify what career fields are related to the famous Hispanics.
- compare the highlighted Hispanics with well-known Americans in the same industries.

NATIONAL STANDARDS

Communication, Cultures, Comparisons

The profiles of the famous Hispanics encompass various standards across the 5 Cs. The readings encourage interpretive communication (Standard 1.2), and the guide questions facilitate interpersonal communication (Standard 1.1). The cultural information about the famous people aligns with Standards 4.2, 2.1, and 2.2. By comparing Hispanic cultures and their own, students demonstrate an understanding of the concept of culture. They can examine the contributions of the profiled people and see how they compare to the contributions of well-known Americans. In addition, the brief background information about the featured Hispanics allows students to demonstrate an understanding of the relationship between the practices, products, and perspectives of Hispanic cultures. Students can examine how these individuals have contributed to their culture and how their backgrounds have influenced their career paths.

NOTE for *László Bíró*

The Bíró brothers escaped from Hungary and relocated in Argentina during the Second World War. László Bíró (1899–1985) is honored each year by Argentina, his adopted country; Argentine Inventor's Day is celebrated on Bíró's birthday, September 29.

NOTE for *Ana Patricia Botín*

Educated in the United States, Ana Patricia Botín is the most respected woman in finance in Spain today. Her great-grandfather was chairman of the financial services company Santander early in the 20th century, thus beginning the long family lineage of banking scions that Botín has now joined.

PERFILES

08-32 to 08-33

El trabajo y los negocios

Aquí tenemos ejemplos de personas que han tenido éxito en sus profesiones.

László Bíró (1899–1985) debería haber sido un periodista muy frustrado con sus implementos de escribir. Por eso, trabajando con su hermano, un químico, inventó el bolígrafo, llamado *la birome* en Argentina, su país de adopción. El "boli" fue el precursor del famoso bolígrafo *Bic*.

Carlos Slim Helú (n. 1940), un ingeniero muy astuto en el mundo de los negocios, es un billonario mexicano que hizo su fortuna en la industria de telecomunicaciones. Ha sido el número uno en la lista de Forbes en los años 2010 y 2011. Tal vez continuará en esta posición por muchos años más.

Ana Patricia Botín (n. 1960) es nativa de Santander, España, y viene de una familia de banqueros. En el año 2011, fue nombrada Presidenta Ejecutiva del banco Santander UK. En el año 2010, fue designada número 38 entre las mujeres más poderosas del mundo en la lista de Forbes. ¿Quién sabe? Tal vez para el año 2015, habrá subido al puesto número uno.

Preguntas

1. ¿Qué profesiones tienen estas personas?
2. ¿Por qué han tenido éxito en sus trabajos?
3. Compara las carreras indicadas aquí y las carreras presentadas en las secciones de *Perfiles* en los capítulos anteriores.

Answers to *Perfiles*

1. Las profesiones mencionadas son: periodista, inventor, hombre de negocios, mujer de negocios.
2. Habrán tenido éxito porque son trabajadores, tienen productos que la gente quiere y puede usar y son listos.
3. *Answers will vary.* E.g., Lásló Biró fue muy creativo, como las interioristas del *Capítulo 3* y los cocineros del *Capítulo 4.* También es inventor como el Sr. Cicaré en el *Capítulo 5.* Me interesan más los cocineros porque me gusta cocinar y comer.

NOTE for *Carlos Slim Helú*

Carlos Slim is the son of a Lebanese immigrant to Mexico. He is a self-made billionaire, baseball fan, and art collector. His art collection is housed in the Museo Soumaya, which is named after Slim's late wife who was the love of his life. Though frequently listed in Forbes as the richest man in the world, he eschews a lavish lifestyle and still lives in a modest six-bedroom house only a few miles from his office.

8:00 **8-45 Lo que habría hecho...** Algo muy difícil —necesitas imaginar que tienes ochenta años y estás recordando unos momentos y eventos de tu vida. Completa los siguientes pasos. ■

Paso 1 Imagina lo que podrías decir en cada caso.

MODELO Con más tiempo viajar

Con más tiempo, habría viajado a más países del mundo.

1. viajar	5. decir
2. hacer	6. comer
3. trabajar	7. ¿... ?
4. escribir	8. ¿... ?

Paso 2 Comparte tus reflexiones con un/a compañero/a.

MODELO
E1: *Con más tiempo, habría viajado a muchos más países del mundo. ¿Y tú?*
E2: *Yo habría viajado a África para trabajar. ¿Qué habrías hecho tú?*
E1: *Yo habría adoptado a un niño...*

Paso 3 Ahora, hablen de las cosas que ya habrán hecho para aquel entonces (*by then*).

MODELO *Yo habré trabajado treinta años como propietario de un negocio de construcción de casas. Habré construido más de dos mil casas "verdes". Mi esposa y yo habremos estado casados por cincuenta años y habremos tenido tres hijos...*

NOTE for 8-45, Paso 1
Encourage students to create 2 possibilities of their own.

EXPANSION for 8-45
Have students think back to elementary, middle, or high school and discuss a situation they would handle differently for a better outcome.

EXPANSION for 8-45
Have students create lists of what their parents or grandparents would have done if they could relive portions of their lives.

SECTION GOALS for *¡Conversemos!*

By the end of the *¡Conversemos!* section, students will be able to:

- express good wishes, regret, comfort, and sympathy.
- distinguish between formal and informal expressions.
- offer appropriate greetings based on particular situations.
- create dialogues and manage the new conversational phrases.

NATIONAL STANDARDS
Communication

The dialogues and conversational phrases encourage all 3 modes of communication. The act of listening to the dialogues aligns with Standard 1.2, the interpersonal mode. Students listen in order to understand and interpret spoken Spanish. The dialogue serves as a model so that students may write their own dialogues and present them to the class (Standard 1.3). Upon presenting the dialogues, they receive feedback from pairs or small groups. They are able to discuss the situations presented in the dialogues and thereby incorporate the new conversational phrases (Standard 1.1).

HERITAGE LANGUAGE LEARNERS

Heritage language learners can contribute with other expressions used in their relatives' countries of origin. E.g.: *¡Qué padre!, ¡Qué chévere!, ¡Pobrecito!*

AUDIOSCRIPT for 8-46

Please consult the *Instructor's Resource Manual* for the complete text of the audio.

¡CONVERSEMOS!

08-34 to 08-35

ESTRATEGIAS COMUNICATIVAS Expressing good wishes, regret, comfort, or sympathy

Whether in the world of work or on a personal basis, we sometimes need to congratulate or give condolences. As in English, there are different expressions for different occasions.

Para felicitar a alguien	***Expressing good wishes***
• ¡Felicidades! / ¡Lo/La felicito! / ¡Enhorabuena!	*Congratulations!*
• ¡Qué maravilloso / extraordinario / estupendo!	*How marvelous / extraordinary / stupendous!*
• ¡Sensacional! / ¡Fenomenal! / ¡Bueno!	*Sensational! / Phenomenal! / Good!*
Para expresar pesar / consuelo o simpatía	***Expressing regret / sympathy***
• Lo siento.	*I'm sorry.*
• ¡Qué pena / lástima!	*What a shame / pity!*
• ¡Ánimo!	*Cheer up! / Hang in there!*
• Esto pasará pronto.	*This will soon pass.*
• No se/te preocupe/s.	*Don't worry.*
• Tranquilo.	*Relax. / Calm down.*
• Mis más sinceras condolencias.	*My most heartfelt condolences.*
• Mi más sentido pésame.	*You have my sympathy.*

8-46 Diálogo Escucha el diálogo y contesta las siguientes preguntas. ■

1. ¿Qué pasó con Lalo y cómo reaccionó Roberto?
2. ¿Qué otras expresiones habría podido decirle Roberto a Lalo al final?

8-47 ¿Qué hago? Hace unos años, había un programa original de la televisión norteamericana que se llamaba *What's My Line?* En grupos de cuatro, uno de ustedes va a seleccionar una carrera, un puesto o una profesión sin compartirlo con sus compañeros. Los otros tres tienen que adivinar (*guess*) lo que escogiste y te hacen preguntas que requieren una respuesta de **sí** o **no**. Respondan con sus expresiones nuevas. Túrnense. ■

MODELO
E1: (seleccionó administración de hoteles)
E2: *¿Trabajarás en una oficina?*
E1: *A veces sí, a veces no. Ánimo.*
E3: *¿Tendrás una jornada larga?*
E1: *Sí. Lo felicito. Otra pregunta…*

Estrategia

Remember that *el futuro* can express probability (*wonder, might, probably*).

358

8-48 ¿Qué será?

¿Cómo será el futuro? Crea **ocho** oraciones con **ocho** verbos diferentes con tus predicciones del futuro para ti, tu familia y el mundo en general. Tu compañero/a tiene que reaccionar a tus predicciones. Usen **el futuro** o **el futuro perfecto.** Túrnense. ■

MODELO
E1: *Me casaré dentro de cinco años.*
E2: *¡La felicito!*
E2: *Mi hermano habrá perdido su puesto.*
E1: *Lo siento. ¡Ánimo!...*

Estrategia
Consult p. 330 to review how to form the *future* and p. 348 for the *future perfect.*

8-49 Situaciones de la vida

En nuestras vidas, encontraremos todo tipo de situaciones... unas felices y otras tristes. Creen diálogos / conversaciones y hagan los papeles para las siguientes situaciones. Cada conversación debe tener por lo menos **cinco** oraciones. ■

Una conversación con un/a colega (*colleague*) que acaba de...

1. jubilarse.
2. recibir un bono.
3. renunciar a su puesto.
4. ascender en la corporación.
5. ser despedido/a de su puesto.
6. recibir la noticia de que alguien muy querido ha muerto.

8-50 Una presentación formal

Hay muchas compañías con problemas financieros. Te invitaron a hacer una presentación sobre cómo evitar la inminente bancarrota de la Corporación X. Crea una presentación (con PowerPoint si quieres) para decirle a la junta qué habrías hecho (**el condicional perfecto**) en su lugar y lo que harías (**el condicional**) para arreglar la situación. Di por lo menos **diez** oraciones incluyendo expresiones de consuelo. ■

8-51 ¡Éxito!

Solicitaron un puesto y los invitaron a entrevistarse. Creen un diálogo sobre una entrevista incluyendo la siguiente información. Uno/a de ustedes hace el papel del jefe / de la jefa y el/la otro/a es el/la aspirante. ■

Paso 1 Después de saludarse, su entrevista debe incluir por lo menos **diez** oraciones para cada uno de ustedes. El/La aspirante debe usar **el futuro** para decir lo que hará en el puesto. El/La jefe/a puede usar **el condicional** para preguntar lo que haría el/la aspirante en ciertas situaciones.

Paso 2 Al final, el/la jefe/a le ofrecerá al/a la aspirante el puesto, y el/la aspirante reaccionará de manera apropiada.

Estrategia
Use the following words in your interview: *los beneficios, el bono, la carta de recomendación, el currículum, las destrezas, el horario, la jornada, la meta,* and *tener experiencia.*

Estrategia
Remember that when addressing an employer, you would use *usted,* not *tú.*

359

METHODOLOGY • Differentiated Instruction and High Expectations
Please remember that not all the *¡Conversemos!* activities may be appropriate for all students. For example, some students will find **8-50** challenging in terms of topic, and others will not. And then there are the many happy occasions when students surprise us instructors and rise to the challenge. It's important for us to have high expectations for our students.

SECTION GOALS for *Escribe*

By the end of the *Escribe* section, students will be able to:

- distinguish between formal and informal written communication.
- write a business letter using greetings, closings, and appropriate register.
- state the purpose of the correspondence.
- shape the letter to fit an advertisement or job posting.
- revise or edit the letter and check for spelling errors.

NATIONAL STANDARDS

Communication, Cultures, Connections

The act of writing a letter for business or personal reasons addresses several different standards. First, the completed letter is the basis for a presentation in written Spanish if students submit the letter for an audience of readers, or a presentation in spoken Spanish if they read the letter to an audience of listeners (Standard 1.3). The follow-up conversations they have with classmates facilitate interpersonal communication (Standard 1.1) as students receive feedback on their letters. By knowing how to write an appropriate letter based on the purpose of their correspondence, students are able to connect their previous knowledge about writing letters to the same activity in Spanish (Standard 3.1). As they write for their target audience in Spanish, they demonstrate an understanding of the practices and perspectives of Hispanic cultures as they pertain to correspondence and etiquette (Standard 2.1).

NOTE for *Escribe*

Punctuation for both business and personal correspondence varies from one country to the next. If you are familiar with different punctuation for greetings, you may wish to share that with your students.

WRITING SAMPLE for *Escribe*

You may use the following as a model if you feel your students need one.

Muy señor mío:

Por medio de la presente, le pido información sobre la posibilidad de un trabajo en su empresa. He leído con interés el anuncio del trabajo X…

Mi formación es en el campo del mercadeo y…

Adjunto mi currículum vitae para su referencia. Estoy disponible…

En espera de su respuesta, le saluda atentamente,

ESCRIBE

08-36 to 08-37

Una carta de solicitud

Estrategia

Greetings and closings in letters

Business and personal letters employ certain conventional phrases for beginnings and endings. Business letters often have additional stock phrases used to indicate purpose, request information, and refer to enclosures.

CARTA COMERCIAL	*BUSINESS LETTER*
Saludos	*Greetings*
(Muy) Estimado/a señor/a García:	*Dear Mr./Mrs. García:*
Muy señor/a mío/a:	*Dear Sir/Madam:*
A quien corresponda:	*To Whom It May Concern:*
Despedidas	*Closings*
(Muy) Atentamente,	*Sincerely,*
Cordialmente,	*Cordially,*
CARTA PERSONAL	*PERSONAL LETTER*
Saludos	*Greetings*
Querido/a Raúl/Pilar:	*Dear Raúl/Pilar,*
Despedidas	*Closings*
Un (fuerte) abrazo,	*A (big) hug,*
Con cariño,	*With love,*

8-52 Antes de escribir Escribirás una carta de solicitud para obtener una entrevista con una compañía que tiene un trabajo que te interesa. Antes de escribirla, haz una lista de las cualificaciones que tienes para el trabajo. ■

8-53 A escribir Escribe tu carta de solicitud. Asegúrate de incluir: ■

- un saludo apropiado.
- una oración introductoria que presente el propósito de la carta.
- tus cualificaciones para el trabajo (incluye tu educación y tus habilidades).
- lo que vas a adjuntar (si es apropiado; por ejemplo, un C.V.).
- una despedida apropiada.

8-54 Después de escribir Revisa tu carta una vez más para corregir los errores de gramática, vocabulario y ortografía. Ese tipo de errores asegurará que tu carta no tenga el éxito que esperas. ■

SUGGESTION for *Escribe*

You may have students each research a job opportunity in which they would be interested as the basis for their letters. You might also consider selecting some real job advertisements from the Internet and presenting them to your students as options. Suggested keywords: *anuncio de empleo, anuncio de trabajo, clasificados de trabajo.*

¿Cómo andas? II

	Feel confident	Need to review
Having completed **Comunicación II,** I now can . . .		
• consider different aspects of the business world. (p. 345)	☐	☐
• point out people, places, or things. (MSL)	☐	☐
• denote what will have happened. (p. 348)	☐	☐
• convey business concepts. (p. 351)	☐	☐
• refer to what would have happened. (p. 354)	☐	☐
• identify some people with interesting professions. (p. 356)	☐	☐
• express good wishes or sympathy. (p. 358)	☐	☐
• employ appropriate salutations and closings in letters. (p. 360)	☐	☐

Instructor Resources
- Text images (maps), Video resources

SECTION GOALS for *Vistazo cultural*
By the end of the *Vistazo cultural* section, students will be able to:
- identify careers or professions popular in Argentina and Uruguay.
- describe Argentine and Uruguayan pastimes, products, and industries.
- contrast American products and businesses with those highlighted in Argentina and Uruguay.
- hypothesize about possible careers in industry based on their favorite products.

NATIONAL STANDARDS *Communication, Cultures, Comparisons*
The cultural information about Argentina and Uruguay focuses on Communication, Cultures, and Comparisons Standards. The readings and accompanying questions address interpretive communication (Standard 1.2) and interpersonal communication (Standard 1.1). The cultural information allows students to understand the relationship between the practices, products, and perspectives of Hispanic cultures as they learn more about the products, pastimes, professions, and businesses related to each country (Standards 2.1 and 2.2). As they examine how the people, products, practices, and perspectives fit together, they make comparisons between their culture and the cultures of Argentina and Uruguay (Standard 4.2).

NOTE for *La Universidad Nacional de Rosario*
The Universidad Nacional de Rosario was founded in 1968 and houses 12 colleges, 3 high schools, and 1 interdisciplinary academy. It offers many undergraduate and graduate degrees and includes a law school and one of veterinary medicine.

METHODOLOGY • Cultures and Comparisons Standards
Standard 4.2 of the Comparisons goal area recommends that, whenever possible, we make a comparison between a product and/or practice of the target-language culture and one from our own culture. In addition, we should also try to draw analogies between the concomitant perspectives of the products and practices of each culture. In this way, we underscore commonalities and highlight similarities while minimizing differences that may cause negative reactions or interfere with a broad acceptance of cultural traits different from one's own. In other words, we want to decrease the "*foreign* therefore *wrong* or *bad*" reaction that students sometimes take away from discussions of culture.

Vistazo cultural

08-38 to 08-39

Algunos negocios y profesiones en Argentina y Uruguay

Adriana Baronio Ruíz,
estudiante de posgrado en Gestión Empresarial

Habría terminado con mis estudios después de sacar la licenciatura en Economía, pero me interesan los negocios y las finanzas para el beneficio de la empresa y de la sociedad. Por lo tanto, decidí continuar mi educación y para el año que viene habré terminado mi título posgrado en el programa de Costos y Gestión Empresarial en la Universidad Nacional de Rosario.

El gaucho: símbolo cultural de La Pampa

El gaucho es muy conocido como el vaquero (*cowboy*) de Argentina y Uruguay. Se encuentra en la Pampa y otros lugares rurales, trabajando con el ganado vacuno (de vacas). Por eso, su caballo le resulta indispensable; se dice que un gaucho sin caballo sería como un hombre sin piernas.

El tango: una profesión y una pasión

El tango es otro símbolo cultural claramente asociado con Argentina y con su mejor conocido cantante de tangos, Carlos Gardel. Bailar el tango requiere una atención y una devoción total. Así que la profesión del bailador / instructor de tango es más que un trabajo: es una pasión compartida con el pueblo argentino.

Los alfajores: el sabor argentino

El alfajor es un dulce tradicional cuyo nombre viene del árabe. Son dos galletas rellenas (*filled*) de dulce de leche (sabor a caramelo) y cubiertas de chocolate. La empresa de Alfajores Havanna en Mar del Plata empezó a producirlo en el año 1948; luego esta confección llegaría a ser un símbolo de lo argentino en todo el mundo.

La industria de vinos

La viticultura (producción de vino) argentina es una industria muy fuerte. Argentina es el quinto país del mundo en la producción de vinos, con la mayoría de la cultivación de las uvas en la provincia de Mendoza. Esta industria ha ayudado mucho al mejoramiento de la economía del país.

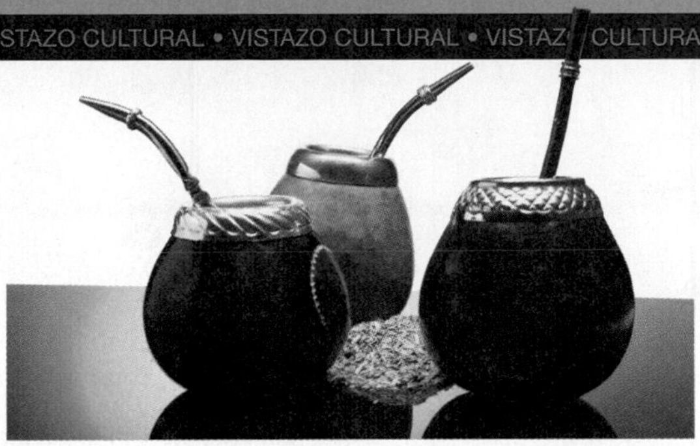

El mate: el símbolo del Cono Sur

El mate es el receptáculo para el consumo de yerba mate, "la bebida nacional" de Uruguay y Argentina. Los mates pueden ser sencillos o muy elaborados, según el gusto del artista que los hace. Tradicionalmente, se hacen de una calabaza, pero pueden ser de otros materiales también.

Pedro Sevcec es un reportero mundial

Pedro Sevcec (n. 1950), originalmente de Uruguay, es reportero de televisión. Trabaja para America TeVe, una estación de Florida, y empezó su propio programa en el año 2011. Es también un periodista quien con treinta años de experiencia ha ganado muchos premios, incluso varios premios *Emmy* por su reportaje de las noticias. El uruguayo ha entrevistado a muchos presidentes y líderes mundiales durante su carrera profesional.

Aeromás es un negocio uruguayo

Aeromás es un negocio de transporte aéreo privado basado en Montevideo, Uruguay; inició sus operaciones en el año 1983. Se puede contratar Aeromás para transportar correo y carga (*cargo*). Hay vuelos para viajeros en aeronaves ejecutivas con asistentes de vuelo. La empresa también ofrece el servicio de entrenamiento de pilotos.

Preguntas

1. ¿Cuáles de las profesiones y los negocios te interesan? ¿Por qué?
2. ¿Cuáles de las profesiones mencionadas se pueden convertir en un negocio propio? ¿Cómo?
3. ¿Existen profesiones o negocios que son culturalmente estadounidenses? Explica.

NOTE for *El mate: el símbolo del Cono Sur*

You may wish to explain to your students that *el Cono Sur* is a geographic region traditionally comprised of the four southernmost countries of South America: Chile, Argentina, Uruguay, and Paraguay. The name comes from the shape: an inverted cone.

EXPANSION for *Vistazo cultural*

Have students research videos of Carlos Gardel, the tango, and modern tango singers on the Internet. This could be a topic for an oral presentation. Suggested keywords: *Carlos Gardel, el tango, Argentina.*

ADDITIONAL ACTIVITY: *En el Internet*

1. ¿Cómo se baila el tango? Busca en el Internet para encontrar los pasos del baile. Puedes encontrar unos videos que demuestran el tango. Luego puedes practicar y enseñar el tango a los compañeros de clase. Suggested keywords: *instrucciones del tango, los pasos del tango.*
2. ¿Por qué a tantas personas les gusta la yerba mate? ¿A qué sabe? Investiga en el Internet para encontrar un lugar donde puedes comprar o pedir la yerba mate. Entonces puedes probarla tú mismo/a para decidir si te gusta o no. Suggested keywords: *yerba mate, comprar, precio.*
3. ¿Cuáles son las marcas del vino argentino? Si te interesa el vino, busca algunas bodegas o viñas donde se cultivan las uvas y producen el vino. Entonces, si quieres, puedes buscar estas marcas en tu área para probarlas. Suggested keywords: *viñas/bodegas argentinas; turismo ecológico.*
4. ¿Con qué tipo de galleta que tenemos en los Estados Unidos se puede comparar los alfajores argentinos? Investiga en el Internet para encontrar una receta para hacer alfajores. Suggested keywords: *alfajores, receta.*

SECTION GOALS for *Lectura*

By the end of the *Lectura* section, students will be able to:

- adjust their reading speeds in order to increase comprehension.
- self-check how well they have understood what they have read.
- indicate repetitive information.
- summarize the main idea of the text.
- answer accompanying comprehension questions.

NATIONAL STANDARDS
Communication, Connections

The reading provides the basis for interpretive communication. Students have to read, understand, and interpret written Spanish (Standard 1.2). The accompanying guide questions facilitate comprehension, and students are encouraged to pair with classmates to enhance their interpersonal communication (Standard 1.1). If students were to act out the reading in front of the class, it could also satisfy the presentational mode of communication (Standard 1.3). The reading strategy of checking for comprehension and adjusting the rates of their reading is essential to understanding the text. This strategy mirrors strategies they have learned in other classes and applied to other types of reading. They can connect this reading strategy for Spanish texts to the reading they do for other disciplines (Standard 3.1).

RECAP of *Laberinto peligroso Episodio 7*

Lectura: Celia and Cisco begin investigating both the missing map and the *cronista* journal and the contraband use of rainforest products for biological warfare. They ignore the warnings they have received to stop. Coincidentally, the areas shown by the stolen map and *cronista* journal portray an area rich in medicines. Via the Internet, Celia and Cisco learn that other maps and *cronista* journals have gone missing.

Video: Celia meets Javier and Cisco at Cisco's house, showing up with a lot of shopping bags with purchases and clothes. She implies that there is another man in her life to make them jealous. Cisco gets an e-mail about a video conference between the CIA and the Spanish government; Celia already knows about it. Cisco is called back to the police station for more questioning about the lab.

08-42

Laberinto peligroso

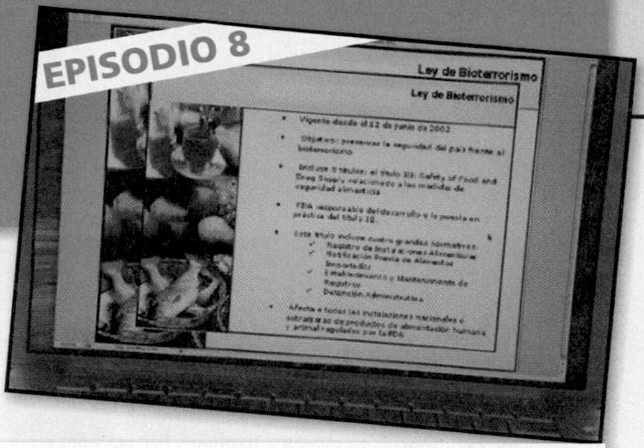

Lectura

Estrategia Checking comprehension and determining / adjusting reading rate

Good readers adjust their reading rates depending on their purpose for reading and the nature of the text. When reading for pleasure, one tends to read faster. When reading for memory and comprehension for later recall, one tends to read more slowly. In the latter case, readers concentrate more and reread passages to ensure comprehension. They check their hypotheses, confirm or reject them, and move forward or back in the text accordingly.

8-55 **Antes de leer** En los episodios del **Capítulo 7,** vimos cómo se complicaban los casos que Celia y Cisco están investigando. Antes de empezar a leer este episodio, completa los siguientes pasos. ■

1. ¿Qué pasó en la comisaría al final del último episodio?
2. Dependiendo del tipo de texto que estás leyendo y también de lo que necesitas comprender de ese texto, a veces es mejor leer más rápido y otras veces es mejor leer más lentamente. Por ejemplo, para las partes del texto que contienen información conocida, es mejor leer rápidamente; para las partes del texto que contienen nueva información, es recomendable leer más lentamente. Lee rápida y superficialmente el texto, buscando información repetida que ya has visto en episodios anteriores y también buscando datos nuevos. Marca las partes del texto que repitan información con una "r" y marca las partes nuevas con una estrella (*). Después de mirar todo el texto, lee las partes con "r" más rápidamente y las partes con estrella (*) con más cuidado.
3. Mientras lees, es útil hacerte preguntas básicas sobre los personajes, el lugar, el tiempo y la acción. ¿Qué preguntas te harías mientras lees? Aquí tienes algunas preguntas sobre los personajes para empezar. Escribe otras sobre el tiempo, el lugar y la acción del episodio.

PERSONAJE(S)	¿Qué personajes aparecen en el episodio? ¿Qué hace(n)? ¿Cómo se siente(n)?
LUGAR	
TIEMPO	
ACCIÓN	

DÍA 43

Complicaciones en el caso

Mientras investigaban el caso del mapa y de la crónica desaparecidos, Celia y Cisco descubrieron información relacionada con el tráfico de drogas procedentes° de las selvas tropicales. También encontraron datos° sobre la venta ilegal de

que vienen
información

364

EXPANSION for *Antes de leer*

You may want to have your students answer the following questions.

En los episodios de este capítulo, vas a aprender más acerca de la investigación sobre el mapa y la crónica desaparecidos. Antes de empezar a trabajar con el episodio, contesta las siguientes preguntas.

1. Imagina que eres un/a agente federal y que investigas diferentes tipos de crímenes. ¿Por qué crees que sería especialmente difícil resolver los crímenes internacionales? ¿Cuáles son algunos de los obstáculos que tendrías que superar (*overcome*)?
2. Basándote en lo que ha pasado hasta ahora en *Laberinto peligroso*, ¿qué crees que podría hacer un antropólogo forense para ayudarles a Cisco y Celia con su investigación? ¿Cómo podría ayudarles un criminólogo?

METHODOLOGY • Reading
¡Anda! Curso intermedio supports both top-down and bottom-up approaches to reading. In the top-down, or reader-driven, approach, the pre-existing knowledge the reader brings to the text is critical to comprehension. The *Antes de leer* section supports this approach. The text-driven, or bottom-up, approach relies on the decoding of words, phrases, and sentences. Some reading strategies promote this approach.

objetos religiosos sagrados / de la época antes de la llegada de Cristóbal Colón a América

reliquias° que habían sido robadas de tumbas precolombinas°. Seguían trabajando en casa de Cisco, buscando más información y leyendo artículos. Los dos habrían seguido leyendo en silencio, pero Cisco ya no podía concentrarse; estaba furioso por lo que iba descubriendo.

—No puedo creer que la gente haya podido estar traficando con todos estos materiales durante tanto tiempo —exclamó Cisco, indignado—. Según este artículo de un antropólogo forense, ¡ha sido un problema desde hace muchísimos años! ¿Cómo es posible que las autoridades no hayan podido controlar la situación? ¡Con toda la tecnología que tienen! ¡Yo ya habría resuelto el caso hace mucho tiempo!

—Lo sé, es una verdadera vergüenza, Cisco —respondió Celia, más calmada—. Pero supongo que también habrás visto que todos los casos son internacionales. Ese es el mayor problema.

—¿Y? —dijo Cisco, impaciente.

—Realmente, no es tan sencillo resolverlos —contestó Celia, intentando comprender la actitud de Cisco—. Se requiere cooperación, colaboración y acuerdos entre los gobiernos de diferentes países. Si a eso también añadimos la inestabilidad política que ha caracterizado la historia de muchos países en Latinoamérica, pues, deberías poder comprender un poco mejor lo complicado que realmente es este tipo de asunto. Me imagino que en muchos momentos nuestros agentes habrán tenido las manos atadas°. ¿Qué harías tú en esa situación?

tied

—No sé, pero haría algo. No me quedaría allí sentado, viendo cómo estos criminales trafican con materiales peligrosos y con artefactos tan importantes. No descansaría hasta encontrarlos. Actuaría para resolver el problema.

—Está bien. ¿Y ahora qué? ¿Quieres que sigamos discutiendo sobre lo que no han podido hacer las autoridades, o quieres que intentemos resolver los casos?

—Obviamente tendremos que seguir trabajando hasta que encontremos a los culpables. ¿Has aprendido algo útil en ese artículo que estás leyendo? —preguntó Cisco, más tranquilo.

—Algo, sí. Es de un criminólogo. Describe el perfil de algunos de los posibles clientes interesados en comprar este tipo de materiales —respondió Celia.

—Interesante. ¿Crees que los datos nos ayudarán con la investigación? —preguntó Cisco.

—Sirven para confirmar algunas de nuestras sospechas. Por ejemplo, afirma que el mercado más activo para el tráfico de las sustancias extraídas de las plantas es el del bioterrorismo. También habla sobre el mercado internacional para los artefactos precolombinos y otras antigüedades. Establece una relación muy fuerte con el mundo del arte —explicó Celia.

source

—Pues, si eso es cierto, yo tengo una fuente° que creo que nos podría ayudar. Es un investigador muy conocido y su especialidad es los crímenes relacionados con el comercio ilegal de obras de arte. Lo llamaré ahora mismo —dijo Cisco mientras marcaba el número de teléfono.

Mientras esperaba con el teléfono en mano, alguien llamó a la puerta. Abrió la puerta pensando que era Javier; si no, no la habría abierto. Cuando vio que no era Javier, sino la policía, Cisco estaba sorprendido. Después de ver que Cisco discutía con los agentes, Celia estaba horrorizada cuando oyó a Cisco gritarles:

—¿Estoy arrestado?

Instructor Resources
- Video script

ANSWERS to 8-56
1. Estaban en casa de Cisco.
2. Estaban leyendo artículos sobre el caso.
3. Descubrió que el tráfico ilegal de sustancias de las selvas tropicales ha sido un problema durante años. El autor era antropólogo forense.
4. Descubrió que el mercado más activo para las sustancias de las plantas es el del bioterrorismo y que la venta ilegal de artefactos está relacionada con el mundo del arte. El autor era criminólogo.
5. Cisco estaba alterado y furioso porque las autoridades no han podido controlar la situación del contrabando.
6. Celia estaba horrorizada porque Cisco estaba discutiendo con la policía y preguntó: "¿Estoy arrestado?"

SECTION GOALS for *Video*
By the end of the *Video* section, students will be able to:
- predict what might happen, based on the previous episode's events.
- explain what they have seen, in chronological order.
- answer comprehension questions.

NATIONAL STANDARDS
Communication
The video portion is the center of interpretive communication, as students have to understand and interpret spoken Spanish (Standard 1.2). The accompanying comprehension questions facilitate interpersonal communication, as students discuss what they saw in previous episodes and what they saw in this episode (Standard 1.1). If you choose to have students reenact the events of the video and present their ideas to the class, the activity would also align with Standard 1.3, the presentational mode. You might also have them write the next scene of the video as an exercise in prediction, and the written "screenplay" would support the presentational mode of communication as well.

METHODOLOGY • Video
The video episode in each chapter, as well as the episode in the text, contextualizes the new vocabulary and grammatical structures. This feature is a critical part of the *¡Anda! Curso intermedio* program, as each episode (reading and video) ends in a mini-cliffhanger that is furthered or resolved in the subsequent episode. If either the reading or the video is omitted, students will not be able to follow the story, and a wonderful learning opportunity will be missed.

8-56 Después de leer
Contesta las siguientes preguntas. ■

1. ¿Dónde estaban Celia y Cisco durante la lectura?
2. ¿Qué estaban haciendo al principio de la lectura?
3. ¿Qué descubrió Cisco en el artículo que leyó? ¿Cuál era la especialidad del autor del artículo?
4. ¿Qué descubrió Celia en el artículo que leyó? ¿Cuál era la especialidad del autor del artículo?
5. ¿Cómo se sintió Cisco al principio de la lectura? ¿Por qué?
6. ¿Cómo se sintió Celia al final de la lectura? ¿Por qué?

Video

08-43 to 08-44

8-57 Antes del video
Antes de ver el episodio *¿Estoy arrestado?* contesta las siguientes preguntas. ■

1. ¿Cómo terminó la lectura *Complicaciones en el caso*?
2. ¿Dónde piensas que va a tener lugar el episodio del video?
3. ¿Qué piensas que va a ocurrir en el episodio del video?

¿Debería saber las causas por las que han cerrado el laboratorio?

¿Por qué estará tan interesada en mi vida?

Mi madre es gerente de una empresa.

Episodio 8

«¿Estoy arrestado?»

Relájate y disfruta el video.

8-58 Después del video
Después de ver el episodio, contesta las siguientes preguntas. ■

1. ¿Dónde estaba Cisco al principio del episodio? ¿Qué hacía?
2. ¿Cómo les podría ayudar con el caso la fuente de Cisco?
3. ¿Qué personas aparecieron en las fotos que miraban Cisco y Celia?
4. ¿Quién llamó a Cisco al final del episodio?
5. ¿Adónde tuvo que ir Cisco al final del episodio?

366

ANSWERS to 8-57
1. Cisco estaba discutiendo con la policía y les preguntó si estaba arrestado.
2. *Possible answer:* en la comisaría
3. *Possible answer:* La policía va a seguir interrogando a Cisco.

ANSWERS to 8-58
1. Cisco estaba en la comisaría y estaba contestando las preguntas de los agentes.
2. Podría ayudarles porque es un investigador especializado en el comercio ilegal de obras de arte.
3. Aparecieron parientes de Cisco.
4. Lo llamó una persona misteriosa.
5. Cisco tuvo que ir al museo.

CAPÍTULO 8

LETRAS LITERARY READER
Refer your students to *Capítulo 8* of the *Letras* Literary Reader to read *El delantal blanco*, by Sergio Vodanovic, and to learn about *la sátira, la ironía, el telón, la acotación, el mutis, el monólogo,* and *el diálogo.*

LETRAS

Acabas de terminar otro episodio de **Laberinto peligroso.** Explora más lecturas en la colección literaria, **Letras.**

08-48 to 08-50

Y por fin, ¿cómo andas?

Having completed this chapter, I now can . . .	Feel confident	Need to review
Comunicación I		
• compare and contrast professions. (p. 326)	☐	☐
• use adjectives as nouns to represent people, places, and things. (MSL)	☐	☐
• indicate actions in the future. (p. 330)	☐	☐
• explore additional professions. (p. 335)	☐	☐
• discuss what would happen or what would be under certain conditions. (p. 338)	☐	☐
• repeat or paraphrase what I hear. (p. 343)	☐	☐
Comunicación II		
• consider different aspects of the business world. (p. 345)	☐	☐
• point out people, places, or things. (MSL)	☐	☐
• denote what will have happened. (p. 348)	☐	☐
• convey business concepts. (p. 351)	☐	☐
• refer to what would have happened. (p. 354)	☐	☐
• express good wishes or sympathy. (p. 358)	☐	☐
• employ appropriate salutations and closings in letters. (p. 360)	☐	☐
Cultura		
• state proper etiquette for doing business in a Hispanic setting. (p. 341)	☐	☐
• identify some people with interesting professions. (p. 356)	☐	☐
• share information about professions and the world of business in Argentina and Uruguay. (p. 362)	☐	☐
Laberinto peligroso		
• adjust reading rate, and determine why the police visit Cisco. (p. 364)	☐	☐
• hypothesize about Cisco's mysterious phone call. (p. 366)	☐	☐
Comunidades		
• use Spanish in real-life contexts. (SAM)	☐	☐
Literatura		
• recognize satire and irony as literary devices. (Literary Reader)	☐	☐

Instructor Resources
- Testing program information

VOCABULARIO ACTIVO

Algunas profesiones	*Some professions*
el/la abogado/a	*lawyer*
el/la agente	*agent*
el amo/a de casa	*homemaker*
el/la asistente de vuelo	*flight attendant*
el/la banquero/a	*banker*
el/la bombero/a	*firefighter*
el/la cajero/a	*cashier*
el/la cartero/a	*mail carrier*
el/la comerciante	*shopkeeper; merchant*
el/la consejero/a	*counselor*
el/la contador/a	*accountant*
el/la dentista	*dentist*
el/la escritor/a	*writer/author*
el/la ingeniero/a (químico/a)	*(chemical) engineer*
el/la granjero/a	*farmer*
el hombre/la mujer de negocios	*businessman/woman*
el/la maestro/a	*teacher*
el/la mecánico/a	*mechanic*
el/la peluquero/a	*hair stylist*
el/la periodista	*journalist*
el/la piloto/a	*pilot*
el/la político/a	*politician*
el/la psicólogo/a	*psychologist*
el/la reportero/a	*reporter*
el/la secretario/a	*secretary*
el/la veterinario/a	*veterinarian*

Palabras útiles	*Useful words*
el/la empleado/a	*employee*
el/la gerente/a	*manager*
el/la jefe/a	*boss*
el/la propietario/a	*owner; landlord*
el/la supervisor/a	*supervisor*

Más profesiones	*More professions*
la administración de hoteles	*hotel management*
la banca	*banking*
las ciencias políticas	*political science*
el comercio / los negocios	*business*
la enfermería	*nursing*
la ingeniería	*engineering*
la justicia criminal	*criminal justice*
el mercadeo	*marketing*
la pedagogía	*teaching*
la psicología	*psychology*
la publicidad	*advertising*
las ventas (por teléfono)	*(telemarketing) sales*

Una entrevista	*An interview*
el/la aspirante	*applicant*
los beneficios	*benefits*
el bono	*bonus*
la carta de presentación	*cover letter*
la carta de recomendación	*letter of recommendation*
el currículum (vitae) (C.V.)	*résumé*
la destreza	*skill*
la empresa	*corporation; business*
la formación	*training; education*
el horario	*schedule; timetable*
la jornada completa / parcial	*full-time / part-time workday*
la meta	*goal*
el negocio	*business*
el personal	*personnel*
el puesto	*job; position*
el salario / el sueldo	*salary*
la solicitud	*application form*
el trabajo	*job*

El mundo de negocios	The business world
el acuerdo	*agreement*
la adquisición	*acquisition*
la agencia	*agency*
el ahorro	*savings*
la bancarrota	*bankruptcy*
la bolsa	*stock market*
la jubilación	*retirement*
la junta	*commission; board; committee*
el lucro	*profit*
la venta	*sale*
el/la vocero/a	*spokesperson*

Algunos verbos	Some verbs
ascender (e → ie)	*to advance; to be promoted; to promote*
contratar	*to hire*
entrenar	*to train*
entrevistar	*to interview*
negociar	*to negotiate*
publicitar	*to advertise; to publicize*
renunciar (a)	*to resign; to quit*
solicitar	*to apply for; to solicit*
tener experiencia	*to have experience*

Algunos adjetivos	Some adjectives
actual	*current; present*
administrativo/a	*administrative*
ejecutivo/a	*executive*
financiero/a	*financial*
laboral	*work-related*
profesional	*professional*
sin fines de lucro	*nonprofit*

Algunos verbos	Some verbs
ahorrar	*to save*
apropiarse	*to take over; to appropriate*
despedir (e → i → i)	*to fire (from a job)*
fabricar	*to manufacture*
hacer publicidad	*to advertise*
hacer una huelga	*to strike*
invertir (e → ie → i)	*to invest*
jubilarse	*to retire*

9 La expresión artística

Hay muchos tipos de arte: la música, el teatro, el cine, el baile, los cuadros que encontramos en un museo y la literatura, para nombrar algunos. La expresión artística dentro del mundo hispanohablante es muy rica y variada: hay algo para todos los gustos. ¿Qué es arte para ti?

PREGUNTAS

1. ¿Cómo se llaman unos artistas que conoces?
2. ¿Cómo determinas si algo es "arte"?
3. ¿Qué talento artístico tienes?

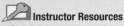

Instructor Resources

- IRM: Syllabi and Lesson Plans

NATIONAL STANDARDS

COMUNICACIÓN I

- To explore the visual arts (Communication, Cultures, Connections, Comparisons)
- To offer comparisons of equality and inequality (Communication, Comparisons)
- To recommend and suggest, to express volition, doubt, and emotions, and to describe uncertainty or the unknown (Communication)
- To examine handicrafts and their artisans (Communication, Cultures, Connections, Comparisons)
- To draw inferences about what you hear (Communication)
- To engage in additional communication practice (Communication)

COMUNICACIÓN II

- To observe the world of music and theater (Communication, Cultures, Comparisons, Connections)
- To classify people and things in the extreme (Communication)
- To discuss possible actions in the present and future (Communication)
- To delve into the world of cinema and television (Communication, Cultures, Comparisons, Connections)
- To practice and use circumlocution (Communication, Connections, Comparisons)
- To create strong introductions and conclusions in writing (Communication, Connections, Comparisons)
- To engage in additional communication practice (Communication)

CULTURA

- To share information about a pre-Columbian art museum (Cultures, Connections)
- To identify different artistic and expressive talents (Cultures, Connections, Comparisons)
- To investigate the art, artists, and artisans of Peru, Bolivia, and Ecuador (Communication, Cultures, Connections, Comparisons)
- To explore further the chapter's cultural themes (Cultures)

LABERINTO PELIGROSO

- To derive inferences when reading and to hypothesize about Dr. Huesos and the ominous man outside Celia's door (Communication)
- To consider Celia's threatening e-mail and Cisco's predicament (Communication)

COMUNIDADES

- To use Spanish in real-life contexts (Communities)

LITERATURA

- To distinguish anaphora, metonymy, and synecdoche as vehicles of poetic expression (Communication)

SECTION GOALS for *Chapter opener*

By the end of the Chapter opener section, students will be able to:

- categorize various types of art.
- describe their artistic talents.
- summarize the types of art they have explored or experienced.

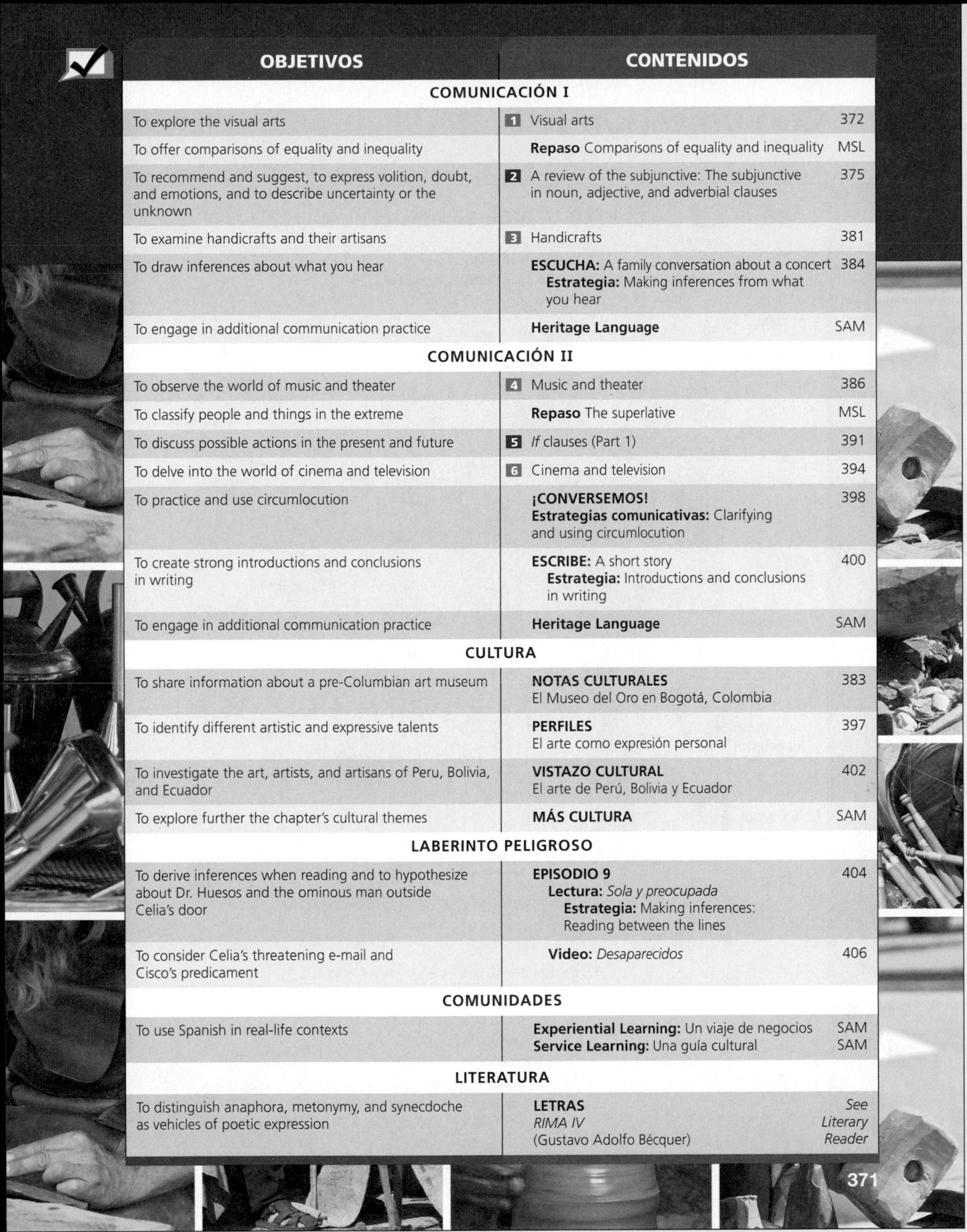

OBJETIVOS	CONTENIDOS	
	COMUNICACIÓN I	
To explore the visual arts	**1** Visual arts	372
To offer comparisons of equality and inequality	**Repaso** Comparisons of equality and inequality	MSL
To recommend and suggest, to express volition, doubt, and emotions, and to describe uncertainty or the unknown	**2** A review of the subjunctive: The subjunctive in noun, adjective, and adverbial clauses	375
To examine handicrafts and their artisans	**3** Handicrafts	381
To draw inferences about what you hear	**ESCUCHA:** A family conversation about a concert **Estrategia:** Making inferences from what you hear	384
To engage in additional communication practice	**Heritage Language**	SAM
	COMUNICACIÓN II	
To observe the world of music and theater	**4** Music and theater	386
To classify people and things in the extreme	**Repaso** The superlative	MSL
To discuss possible actions in the present and future	**5** *If* clauses (Part 1)	391
To delve into the world of cinema and television	**6** Cinema and television	394
To practice and use circumlocution	**¡CONVERSEMOS!** **Estrategias comunicativas:** Clarifying and using circumlocution	398
To create strong introductions and conclusions in writing	**ESCRIBE:** A short story **Estrategia:** Introductions and conclusions in writing	400
To engage in additional communication practice	**Heritage Language**	SAM
	CULTURA	
To share information about a pre-Columbian art museum	**NOTAS CULTURALES** El Museo del Oro en Bogotá, Colombia	383
To identify different artistic and expressive talents	**PERFILES** El arte como expresión personal	397
To investigate the art, artists, and artisans of Peru, Bolivia, and Ecuador	**VISTAZO CULTURAL** El arte de Perú, Bolivia y Ecuador	402
To explore further the chapter's cultural themes	**MÁS CULTURA**	SAM
	LABERINTO PELIGROSO	
To derive inferences when reading and to hypothesize about Dr. Huesos and the ominous man outside Celia's door	**EPISODIO 9** **Lectura:** *Sola y preocupada* **Estrategia:** Making inferences: Reading between the lines	404
To consider Celia's threatening e-mail and Cisco's predicament	**Video:** *Desaparecidos*	406
	COMUNIDADES	
To use Spanish in real-life contexts	**Experiential Learning:** Un viaje de negocios **Service Learning:** Una guía cultural	SAM SAM
	LITERATURA	
To distinguish anaphora, metonymy, and synecdoche as vehicles of poetic expression	**LETRAS** *RIMA IV* (Gustavo Adolfo Bécquer)	*See Literary Reader*

NATIONAL STANDARDS
Chapter opener

The Chapter opener section focuses on interpersonal communication and connections between the Spanish language and Hispanic cultures. The information about various art forms focuses on interpersonal communication, as students converse in pairs or small groups about the following: how they define art, what types of art they have experienced, and how American art forms differ from Hispanic art forms (Standard 1.1). Through discussions with classmates, students recognize and appreciate the diverse viewpoints about Hispanic arts and cultural phenomena. Their language-learning experience allows them to learn more about artists like Picasso and Velázquez, and the many types of music and dance (Standard 3.2).

21ST CENTURY SKILLS • SOCIAL AND CROSS-CULTURAL SKILLS

All activities in *¡Anda! Curso intermedio,* including the information gap activities in which students need to circulate throughout the class, build social and cross-cultural skills. The activities require students to listen and speak at appropriate times as well as be respectful of their classmates. By changing partners frequently (if not daily), students learn to work with a wide range of people.

METHODOLOGY • Chunking and Spiraling

The authors of *¡Anda! Curso intermedio* believe in the pedagogical concepts of chunking, recycling, and spiraling. *Chunking* means taking large, broad concepts and breaking them into manageable chunks. This is what we have done with the important grammar concept of the subjunctive. In *Capítulos 2, 3, 5,* and *7,* the subjunctive was introduced and practiced in its various usages. In this chapter, we review the various uses of this mood. We also break the uses into manageable rules.

Recycling concepts means bringing them back for additional practice, usually including new vocabulary or additional grammar concepts. *Spiraling* means addressing a concept (or vocabulary) that has already been introduced and taking it to new and higher levels. This can mean the incorporation of higher-order/critical-thinking skills. In *Capítulo 10,* we will recycle and spiral the subjunctive uses and will introduce the imperfect subjunctive.

EXPANSION for *Chapter opener*

Additional questions to ask your students are:

1. ¿Cómo es el arte una expresión personal o individual?
2. ¿Qué forma de arte te gusta más? ¿Por qué?
3. ¿Qué ejemplos de arte no consideras realmente "arte"? ¿Por qué?

PLANNING AHEAD

Assign **9-16** to be completed by students before class. Also remember to have students read all grammar presentations before class. Finally, assign the *Notas culturales, Escucha, Perfiles, Escribe, Vistazo cultural,* and *Laberinto peligroso* episodes to be completed prior to class.

METHODOLOGY • Direction Lines

Direction lines for the activities from *Capítulos 7–12* will be exclusively in Spanish and are *i + 1*. The nomenclature *i + 1* comes from Stephen Krashen's research and his Input Hypothesis, which are a part of his Monitor Theory of Language Acquisition (see Stephen Krashen, *Principles and Practice in Second Language Acquisition,* New York: Pergamon Press, 1982, pp. 9–32). The Input Hypothesis states that learners can comprehend input (words) based on vocabulary that they already know plus a few additional words that they may not know, but whose meaning they can intuit from context. Any level higher than *i + 1* leads to confusion and causes many learners to shut down due to frustration—thus, they cannot comprehend anything.

METHODOLOGY • Teacher Talk

In the classroom, even though this is the fourth semester of Spanish, we still need to simplify our language when we speak, attempting to stay within the range of *i + 1* (see note on Methodology: Direction Lines). *Teacher talk* means that we monitor our language to make certain that we are indeed within the *i + 1* range.

Instructor Resources
- Textbook images, Extra Activities

SECTION GOALS for *Comunicación I*

By the end of the *Comunicación* section, students will be able to:

- describe activities related to the visual arts.
- use comparisons of equality and inequality.
- review and contrast the indicative mood with the subjunctive mood.
- apply the uses of the subjunctive with clauses, conjunctions, and impersonal expressions.
- describe various Hispanic handicrafts and how they are made.
- explain the importance of El Museo del Oro in Colombia.
- make inferences from what they hear.

NATIONAL STANDARDS
Communication, Cultures, Connections, Comparisons

This *Comunicación* section aligns with several standards under the goal areas of Communication, Cultures, Connections, and Comparisons. The various activities related to visual arts and handicrafts focus on interpersonal communication. Students work in pairs or small groups to discuss all aspects of the arts (Standard 1.1). The cultural information about the Museo del Oro in the *Notas culturales* section and the *Escucha* section provide opportunities for interpretive communication, as students understand and interpret written Spanish (Standard 1.2). Moreover, activities such as **9-16** facilitate presentational communication (Standard 1.3) as students prepare written or oral communication for an audience of listeners or readers. By using all three modes of communication, students are better able to understand how the arts tie together cultures, comparisons, and connections. The information about prominent artists, handicrafts, and cultural norms allows students to relate together the practices, products, and perspectives of Hispanic cultures (Standards 2.1 and 2.2). Moreover, as students of the language they are better able to understand cultural references and make connections between the language and the cultural practices they observe (Standard 3.2). The experience of studying the language and contrasting the indicative and subjunctive moods also aligns with Comparisons Standard 4.1, because students see the differences between English grammar and Spanish grammar.

Comunicación I

3:00

1 VOCABULARIO

09-01 to 09-03

El arte visual Exploring the visual arts

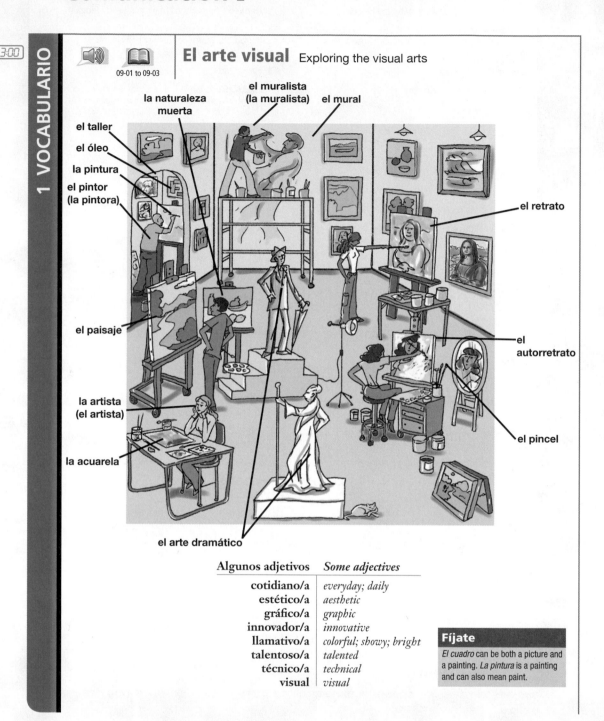

Algunos adjetivos	*Some adjectives*
cotidiano/a	*everyday; daily*
estético/a	*aesthetic*
gráfico/a	*graphic*
innovador/a	*innovative*
llamativo/a	*colorful; showy; bright*
talentoso/a	*talented*
técnico/a	*technical*
visual	*visual*

Fíjate

El cuadro can be both a picture and a painting. *La pintura* is a painting and can also mean paint.

NATIONAL STANDARDS
Connections

If you have art majors in your class, ask them to prepare a PowerPoint presentation comprised of artwork to demonstrate *la acuarela, el óleo,* etc., so that their classmates can distinguish one from the other. Also encourage them to bring in images of *murales* from Diego Rivera, *esculturas* of Botero, or graffiti murals in Los Angeles or New York.

NOTE for *El arte visual*

You may wish to explain to your students that *el arte dramático* represents street performer art. This is a world-wide phenomenon of performers in unique costumes who strike poses. For a tip, in character, they perform a gesture or another pose. These performers can be found on the main streets of major cities or in subway stations, e.g., Michigan Avenue (Chicago, USA) or Las Ramblas (Barcelona, España).

Algunas palabras útiles	Some useful words
el dibujo	*drawing*
el diseño	*design*
el grabado	*etching*
la imagen	*image*
el lienzo	*canvas*
el motivo	*motif; theme*
la obra maestra	*masterpiece*
el tema	*theme; subject*
el valor	*value*

Algunos verbos	Some verbs
crear	*to create*
dibujar	*to draw*
encargarle (a alguien)	*to commission (someone)*
esculpir	*to sculpt*
exhibir	*to exhibit*
hacer a mano	*to make by hand*
reflejar	*to reflect*
representar	*to represent*

REPASO

¡Hola! *Repaso* & Spanish/English Tutorials

09-04 to 09-06

Las comparaciones de igualdad y desigualdad
Offering comparisons of equality and inequality

For a complete review of comparisons of equality and inequality, go to MySpanishLab or refer to **Capítulo 10** of ***¡Anda! Curso elemental*** in Appendix 3 of your textbook. The vocabulary activities that appear in your textbook incorporate this grammar point. Practicing new vocabulary with a review grammar point helps to strengthen and increase your knowledge of Spanish.

2:00

9-1 Definiciones
¿Qué saben del mundo artístico? Túrnense para dar sus respuestas. ■

MODELO el lugar donde el artista produce su arte
taller

1. el mejor cuadro de un artista; el cuadro insuperable (*unsurpassable*)
2. una pintura mucho más grande que un cuadro normal
3. un cuadro que representa a una persona
4. una pintura de frutas o verduras, por ejemplo
5. un tipo de pintura que pones en un lienzo
6. un cuadro que representa al pintor mismo

Answers to 9-1
1. la obra maestra
2. un mural
3. un retrato
4. una naturaleza muerta
5. un óleo
6. un autorretrato

5:00

9-2 El juego de tres pistas
Escuchen mientras su profesor/a les da las instrucciones de esta actividad. ■

MODELO taller
PISTA 1: *lugar*
PISTA 2: *artista*
PISTA 3: *trabajar*

SUGGESTION for *El arte visual*
Have students bring any typical handcrafted item from a Hispanic country. Then ask them to describe the item, using the new vocabulary.

NOTE for *Repaso*
This is a reminder that the *Repaso* sections in MySpanishLab are meant to be assigned as homework the night before you introduce the new vocabulary. Students should be expected to review this prior to class so that you can proceed immediately to the first activity following the vocabulary presentation.

If you want, immediately following the vocabulary presentation and preceding the first vocabulary activity in the text, you may do the following mechanical activity.

With partners, have students either pantomime or give oral clues to elicit the new vocabulary. E.g.:
E1: (acts out/mimes "to draw")
E2: *dibujar*
E2: *Lo que Michelangelo hizo*
E1: *esculpir*
. . .

NOTE for *Las comparaciones de igualdad y desigualdad*
You may wish to give examples to illustrate the use of *que* instead of *de* before numbers; e.g., *No tengo más* que *tres minutos para terminar este trabajo.*

SUGGESTION for *Las comparaciones de igualdad y desigualdad*
To review the comparisons, students can brag about their relatives to recycle the vocabulary of the family and adjectives. They can pretend to be in kindergarten, in which children are always bragging about their relatives. E.g.: *Mi papá es más rico que Bill Gates. Mi mamá tiene más ropa que Oprah Winfrey.*

SUGGESTION for *Las comparaciones de igualdad y desigualdad*
Use your students and objects in the classroom to demonstrate forming comparisons. Have two students stand up. Offer a couple of comparisons as a model (e.g., *Mary es más baja que Gena. El pelo de Gena es tan rubio como el pelo de Mary.*). Then have students create as many comparisons of equality and inequality as possible on their own. Another great topic for comparison is your institution with a rival institution.

NOTE for 9-2
INSTRUCTIONS for *El juego de tres pistas*
Have students make a list of 10 new vocabulary words. Form teams of 4 or 5 students and place the teams as far apart from one another as possible. For each team, there should be 1 chair / desk facing away from the chalkboard and 3 or 4 chairs / desks facing the chalkboard, directly in front of the single chair / desk. Instruct the teams to speak softly so that their correct guesses are not "borrowed" by other players.

There will be 10 rounds of play, 1 for each word. The first round begins when each group has placed 1 team member with his/her back to the chalkboard. You write the first word on the board, and the other team members must quickly think of 3 clues for that word. The catch is that the clues must be one-word clues, but the team members work together to construct meaning. See the *modelo* for an example.

The player can make 1 guess after each clue. The team whose player guesses first wins the point. If no one guesses correctly, no points are awarded. To begin the second round, the team members rotate so that a new player is seated facing away from the chalkboard.

SUGGESTION for 9-3
This would be a good opportunity to bring in works by your favorite artists from the Spanish-speaking world. Using the vocabulary from the activity and any other words and phrases you would like to add, have students make comparisons.

EXPANSION for 9-3
For **9-3,** ask students to research a work of art and describe it using the adjectives from the activity.

ADDITIONAL ACTIVITY for *El arte visual*
¡Tantas palabras! Escribe todas las palabras que son tipos de arte bajo la columna A y las palabras que contribuyen a la creación de un cuadro bajo la columna B. Después, compara tus listas con las de un/a compañero/a.

COLUMNA A	COLUMNA B
TIPOS DE ARTE	CREACIÓN DE UN CUADRO
la acuarela	*el/la artista*

ADDITIONAL ACTIVITY for *El arte visual*
Have students make a trip to a local museum, a museum or gallery at your school, or one of many virtual museums available on the Internet. Students can present a report of their findings to the class.

EXPANSION for 9-5
You may wish to poll students on their findings. Then you can tally the responses for the class and ask their reaction to the totals.

EXPANSION for 9-5
You may wish to ask students to explain why they answered question 3 (*¿Crees que sea tan fácil esculpir como dibujar?*) as they did. You may also wish to follow up on question 6 to discover *¿Cómo sería tu autorretrato?*

EXPANSION for 9-5
Students can each choose one of their favorite artists and describe one of his or her works of art. This could be an oral presentation topic.

5:00

¡Anda! Curso intermedio, Capítulo 8. Los adjetivos demostrativos, pág. 346.

9-3 Creaciones

Combinen elementos de las columnas A, B, C y D para crear oraciones usando **más... que, menos... que, tan... como** y **tanto/a/os/as... como.** ■

MODELO Aquella artista más... creativo/a que...
Aquella artista es más creativa que los otros artistas que conozco.

COLUMNA A	COLUMNA B	COLUMNA C	COLUMNA D
Ese cuadro	más	llamativo/a	que...
Aquel artista	menos	innovador/a	como...
Estas pinturas	tan	gráfico/a	
Estos diseños	tanto/a/os/as	creativo/a	
Esta muralista		talentoso/a	
Aquellos grabados		estético/a	
		técnico/a	

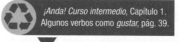

¡Anda! Curso intermedio, Capítulo 1. Algunos verbos como *gustar*, pág. 39.

3:00

9-4 Nuestras opiniones

Imagina que tu compañero/a y tú van a un museo y que están en una exposición. Combinen las siguientes frases de las dos columnas para crear **seis** oraciones sobre su experiencia. Túrnense. ■

MODELO Me interesa mucho más el arte dramático... que la pintura.
Me interesa mucho más el arte dramático que la pintura.

1. __e__ Me interesa el proceso de crear los grabados...
2. __a__ El dibujo de Picasso que les encanta a mis padres...
3. __f__ El diseño del mural que más me gusta...
4. __c__ Me fascina la combinación de materiales de ese artista...
5. __b__ Nos faltan unos grabados...
6. __d__ No les quedan más de cinco autorretratos...

a. es tan interesante como sus pinturas.
b. mejores que esos para la exhibición en diciembre.
c. mucho más que aquellas combinaciones.
d. de Frida Kahlo en aquel museo.
e. tanto como el proceso de pintar cuadros.
f. es tan crítico como la creación de las imágenes.

5:00 Workbooklet

9-5 ¿Qué opinas?

Circula por la clase haciendo y contestando las siguientes preguntas. Llena el cuadro con tus resultados. ■

PREGUNTA	E1	E2	E3	E4	E5
1. ¿Te gustan más las pinturas al óleo o a la acuarela?					
2. ¿Cuáles son más impresionantes: los murales o los cuadros de tamaño normal?					
3. ¿Crees que sea tan fácil esculpir como dibujar?					
4. En tu opinión, ¿quién es el artista vivo con más talento? ¿Quién es el mejor artista muerto?					
5. ¿Te interesan los autorretratos y retratos tanto como las pinturas de naturaleza muerta?					
6. ¿Tienes la habilidad de pintar o dibujar un autorretrato?					

ADDITIONAL ACTIVITY for *El arte visual*
Many museums in the world now have web pages and even virtual museums online. Often, you can see much of the museum collection at these virtual sites, and they are generally very informative as well. Some even offer educational activities for children and adults online! Two examples are the Museo Nacional de Antropología de México (for historic as well as artistic exhibits) and the Museo Thyssen-Bornemisza in Madrid, Spain. For more information about these museums, research them on the Internet. Have your students explore 1 or more of these museums; give them guidelines and instruct them to find items such as visitor information, special exhibits, and information on permanent collections. Be sure to have them report back to the class about what they discover. Suggested keywords: *museos virtuales, México, España, antropología.*

5:00

2 GRAMÁTICA

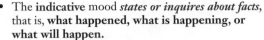

09-07 to 09-11 ¡Hola! Spanish/English Tutorials

Repaso del subjuntivo: El subjuntivo en cláusulas sustantivas, adjetivales y adverbiales

Recommending and suggesting, expressing volition, doubt, and emotions, and describing uncertainty or the unknown

No creo que sepan apreciar mi arte.

- The **indicative** mood ***states or inquires about facts***, that is, **what happened, what is happening, or what will happen.**
- The subjunctive mood is used to ***express doubt, uncertainty, influence, opinion, feelings, hope, wishes,*** or ***desires*** about events that are happening or might be happening now, have happened or might have happened in the past, or may happen in the future.

The following is a review of the uses of the subjunctive. To review the formation of the present subjunctive, refer to page 87; for a review of the present perfect subjunctive forms, see page 168.

1. El subjuntivo en cláusulas sustantivas

The subjunctive is used to express volition and will, feelings and emotions, doubt, uncertainty, and probability in the following ways:

1.1. To recommend or request

Te recomiendo que vayas a la exhibición de arte dramático esta tarde en el Museo de Arte Vivo. — *I recommend (that) you go to the performing arts exhibit at the Arte Vivo Museum this afternoon.*

Nos piden que compremos unos grabados de unos edificios de la universidad. — *They are requesting that we buy some etchings of some university buildings.*

1.2. To express wishes

Deseo que mis estudiantes conozcan el arte de Velázquez. — *I want (desire) my students to be familiar with Velázquez's art.*

Espero que podamos ir a España este verano para visitar sus museos. — *I hope (that) we can go to Spain this summer to visit the museums there.*

1.3. To report on other's requests, recommendations, or wishes

José y Gregorio **quieren** que sus padres los lleven al Museo del Prado este verano. — *José and Gregorio want their parents to take them to the Prado Museum this summer.*

Mis abuelos **nos exigen** que vayamos a la orquesta sinfónica. — *My grandparents are demanding that we go to the symphony.*

(continued)

Instructor Resources
- PPT, Extra Activities

SUGGESTION for *Repaso del subjuntivo*
You may want to begin the review by quickly going over the verb forms for the present subjunctive and present perfect subjunctive.

NOTE for *Repaso del subjuntivo*
You may wish to point out that when the recommendation or suggestion is very general (as in a public speech not addressed to anyone specifically, or when it is made to "us"), the indirect object is not required:

Sugiero que algunos vayan a la exhibición y otros se queden en casa.

Sugiero que vayamos al cine.

SUGGESTION for *Repaso del subjuntivo*
For each type of clause, you may want to first provide students with sentences, such as the following, in which the subjunctive appears but the students have to determine which subjects, verbs, or conjunctions would be appropriate:

1. La profesora _______ que sus estudiantes no estudien / no salgan bien en el examen.
2. Los artistas _______ que a la gente le guste ese museo.
3. _______ que tomen una clase de arte este semestre.
4. ¿Hay _______ que sepa hablar ruso en esta clase?
5. Buscamos _______ que pueda ayudarnos con este problema.
6. _______ lleguen nuestros amigos, salimos para el concierto.
7. No pienso ir al cine _______ invitemos a Geeta también.

SUGGESTION for *Repaso del subjuntivo*
You may want to remind students of the expression *Ojalá* and have them create sentences based on what they hope for this academic year, this summer, after graduation, etc.

SUGGESTION for *Repaso del subjuntivo*
Have students brainstorm advice they would offer someone pursuing a career as an artist, including pop musicians and singers.

HERITAGE LANGUAGE LEARNERS
Some heritage language learners may not be able to distinguish between *dudar* and *no dudar* and they may use the subjunctive with both expressions. Remind them that a more common way of expressing *no dudar* is *creer*.

- **Some verbs** used to express **requests, recommendations,** and **wishes** are:

aconsejar	*to recommend; to advise*	**preferir (e → ie → i)**	*to prefer*
desear	*to wish*	**prohibir**	*to prohibit*
esperar	*to hope*	**proponer**	*to suggest; to recommend*
exigir	*to demand*	**querer (e → ie)**	*to want; to wish*
insistir (en)	*to insist*	**recomendar (e → ie)**	*to recommend*
necesitar	*to need*	**rogar (o → ue)**	*to beg*
pedir (e → i → i)	*to ask (for); to request*	**sugerir (e → ie → i)**	*to suggest*

- The following are some common impersonal expressions that also express **requests, recommendations, wishes,** and **desires**:

Es importante que	*It's important that*	**Es necesario que**	*It's necessary that*
Es mejor que	*It's better that*	**Es preferible que**	*It's preferable that*

1.4. To express feelings and emotions

Nos gusta que **quieras** pintar un mural en este lado del edificio. — *We like that you want to paint a mural on this side of the building.*

Temo que no **podamos** comprar el cuadro —es muy caro. — *I'm afraid we won't be able to buy the painting—it is very expensive.*

- Verbs and phrases expressing **feelings** and **emotions** include:

alegrarse de	*to be happy about*
avergonzarse de (o → ue)	*to feel (to be) ashamed of*
Es bueno / malo	*to be good / bad*
Es una lástima	*to be a shame*
gustar	*to like*
sentir (e → ie → i)	*to regret*
temer / tener miedo (de)	*to be afraid (of)*

Estrategia
Remember that if there is no subject change, the infinitive is required—not the subjunctive.
Quiero hacer unos dibujos de los niños este fin de semana.
Espero crear unos grabados interesantes de esas escenas.

1.5. To communicate doubts and probability

Marco **no cree** que ellos **sepan** apreciar su arte. — *Marco does not believe that they know how to appreciate his art.*

Es probable que **podamos** terminar de renovar el taller para septiembre. — *It's likely that we can finish renovating the art studio by September.*

- Verbs and expressions expressing **doubts** and **probability** include:

dudar	*to doubt*
Es dudoso	*to be doubtful*
Es probable	*to be probable*
no creer	*not to believe; not to think*
no estar seguro (de)	*to be uncertain (of)*
no pensar	*not to think*

Estrategia
Remember that when there is no doubt, uncertainty, or disbelief about an action or event, the subject appears certain of the facts, and an emotion is not being expressed, the *indicative* is used.
No dudo *que Luis va a pintar el mural.*
Creo *que Silvia va al teatro hoy.*
Me alegra *saber la verdad.*

¡Explícalo tú!

Having studied the preceding examples of the **subjunctive**, answer the following questions to complete your review:

1. How many verbs are in each sentence?
2. Which verb in the sentence is *not* in the **subjunctive**?
3. Which verb is in the **subjunctive**?
4. Is there a different subject for each verb?
5. What word joins the two distinct parts of the sentence?
6. State a rule for the use of the **subjunctive** to express **volition** and **will, feelings** and **emotions, doubt, uncertainty,** and **probability.**

✔ Check your answers to the preceding questions in **Appendix 1.**

2. El subjuntivo con antecedentes indefinidos o que no existen

2.1. The **subjunctive** is also used to express the possibility that **something or someone is uncertain or nonexistent**:

Busco un artista que **pueda** pintar unos retratos de mis hijos por un precio razonable. — *I am looking for an artist who can paint some portraits of my children for a reasonable price.*

¿En esta exhibición **hay algún** paisaje que no **sea** impresionista? — *Is there a landscape in this exhibit that is not impressionistic?*

No **conocemos** a nadie que **sepa** esculpir tan bien como tu hermano Eduardo. — *We don't know anyone who knows how to sculpt as well as your brother Eduardo.*

¡Explícalo tú!

Having read the previous examples,

1. What kinds of verbs tell you that there is a possibility that something or someone is uncertain or nonexistent?
2. If you know that something or someone exists, do you use the **indicative** or the **subjunctive**?

✔ Check your answers to the preceding questions in **Appendix 1**.

3. El subjuntivo en cláusulas adverbiales

There are connecting words (*conjunctions*) that **may** or **may not** require the use of the **subjunctive.**

Fíjate

Adverbial clauses describe actions and are introduced by adverbial conjunctions.

3.1. The subjunctive is *always* used after the following conjunctions:

a menos que, antes (de) que, con tal (de) que, en caso (de) que, para que, and **sin que.**

Nos veremos en el concierto **a menos que llueva.** — *We'll see each other at the concert unless it rains.*

Voy a ese museo primero **con tal (de) que haya** una exhibición nueva. — *I am going to that museum first provided that there is a new exhibit.*

Pasa por la galería **en caso (de) que esté** Felipe. — *Stop by the gallery in case Felipe is there.*

(continued)

NOTE for *Gramática*

This is an inductive grammar presentation in which the students are given examples of a grammar concept and, through the use of guiding questions, they formulate the rule in their own words.

HERITAGE LANGUAGE LEARNERS

Encourage your heritage language learners to pay close attention to the uses of the subjunctive with unknown antecedents. Heritage language learners have learned the language phonologically, and they may use the indicative where the subjunctive is required; e.g., encourage them to use *Busco un artista que pueda…*

HERITAGE LANGUAGE LEARNERS

You may want to point out that when the person is indefinite or nonexistent, the personal *a* is not used. However, it is used with the pronouns *nadie, alguien, alguno/a/os/as,* and *ninguno/a*, except after *hay*. Generate examples for them to support this rule.

SUGGESTION for *Repaso del subjuntivo*
You may want to lead your students in making 3 lists: always indicative, always subjunctive, and sometimes subjunctive. Have them create at least 4 personal examples for each list and share with classmates.

SUGGESTION for *Repaso del subjuntivo*
You can check for comprehension and accuracy of usage by asking questions such as the following:

1. ¿Me recomiendas que visite tu museo favorito? ¿Cuál es y dónde está?
2. ¿Qué desean ustedes que hagamos en clase hoy?
3. ¿Qué necesitan que repasemos antes de la próxima prueba?
4. ¿Qué pides que hagan tus padres para ti?
5. ¿Qué sugieres que hagan tus amigos para tener éxito en la clase de español?
6. ¿Conoces a alguien que hable español con mucha fluidez?
7. ¿Piensas hacer un viaje a Bolivia tan pronto como termines este curso?

3.2. The indicative is *always* used after the following conjunctions:

ahora que, puesto que, and **ya que**

David es muy generoso **ahora que es** un artista muy famoso. — *David is very generous now that he is a famous artist.*

No piensan encargarle un retrato al óleo **puesto que prefieren** los retratos de fotografía. — *They are not planning on commissioning an oil portrait from him, given that they prefer photographic portraits.*

3.3. With the following conjunctions, either the indicative or the subjunctive can be used.

aun cuando	**cuando**	**después (de) que**	**luego que**
aunque	**de manera que**	**en cuanto**	**mientras que**
a pesar de que	**de modo que**	**hasta que**	**tan pronto como**

3.4. To determine which is needed, ask the question: From the point of view of the speaker, has the action already occurred?

a. If the action **has occurred**, the **indicative** is needed.
b. If the action **has yet to occur**, the **subjunctive** must be used.

Vamos a ir a ver los murales **tan pronto como lleguen** mis hermanos. — *We will go see the murals as soon as my siblings arrive.*

Piensa hacer los juguetes a mano **aunque** no **tenga** tiempo. — *He is thinking about making the toys by hand even though he may not have the time.*

Siempre le compran acuarelas **aunque cuestan** bastante dinero. — *They always buy her watercolors although they are quite expensive.*

3.5. In a sentence with **no change of subject,** the prepositions **antes de, después de,** and **hasta** are followed by the **infinitive.**

Necesitamos pasar por el taller **antes de salir** de viaje. — *We need to pass by the art studio before we go on our trip.*

¡Explícalo tú!

Having studied the previous examples, answer the following questions to complete your review:

1. Which conjunctions **always** use the subjunctive?
2. Which conjunctions **never** use the subjunctive?
3. Which conjunctions **sometimes** use the subjunctive?
4. What question do you ask yourself with these types of conjunctions?

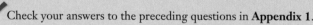

✔ Check your answers to the preceding questions in **Appendix 1**.

4:00 **9-6 Fernando Botero** Fernando Botero (n. 1932) es un artista colombiano y nos está dando consejos sobre cómo apreciar el arte. Usen los siguientes verbos en **el subjuntivo** para crear sus recomendaciones. ■

aconsejar	proponer	recomendar
ser bueno	ser importante	sugerir

MODELO reconocer desde el principio que no les van a gustar todas las obras
Les recomiendo que reconozcan desde el principio que no les van a gustar todas las obras.

1. observar la obra desde varias distancias
2. observar la obra desde varios ángulos
3. determinar cómo está hecha la obra
4. estudiar el uso de los colores
5. reflexionar sobre el motivo del artista
6. ser crítico del tema y de la técnica
7. dejar que les hable la obra

2:00 **9-7 La profesora de arte** La profesora Romero les da consejos a sus estudiantes nuevos. Completen las siguientes oraciones con las formas apropiadas de los verbos en **el subjuntivo.** ■

MODELO recomendar estudiar mucho
Les recomiendo que estudien mucho.

1. ser necesario trabajar duro
2. sugerir hacer muchas investigaciones
3. ser obligatorio no copiar
4. aconsejar expresar su creatividad por diferentes medios
5. esperar sentir amor y entrega en lo que hacen

3:00 **9-8 La Galería de los Serrano** La familia Serrano tiene una galería de arte en Barcelona. Descubre un poco sobre la familia al crear oraciones con **el subjuntivo.** Después, compara tus oraciones con las de un/a compañero/a. ■

MODELO Los Serrano / esperar / los nuevos artistas / querer exhibir / obras / galería
Los Serrano esperan que los nuevos artistas quieran exhibir sus obras en la galería.

1. El Sr. Serrano / buscar / empleado / hablar inglés / entender / arte moderno
2. La Sra. Serrano / querer / hacer viaje / Buenos Aires / antes de que / (ellos) abrir / próxima exhibición
3. Los hijos Serrano / trabajar / galería / en cuanto / cumplir dieciocho años
4. Los Sres. Serrano / preferir / los hijos / estudiar mucho / y sacar título / comercio
5. Sin embargo, una hija / desear / estudiar / arte / para que / padres / poder vender / cuadros

HERITAGE LANGUAGE LEARNERS
Have students choose a favorite artist and prepare a brief presentation with recommendations and reactions to several of his/her works of art.

EXPANSION for 9-6
You may wish to share with your students a bit about the interesting life of Colombian Fernando Botero. At the age of 12, he trained to be a bullfighter. Among the subjects of his later artwork, the bullring is a recurring theme. Students may find more information by researching Fernando Botero on the Internet. Suggested keywords: *Fernando Botero, artista colombiano.*

EXPANSION for 9-6
You may want to introduce students to other artists as well. For example, you might ask students to visit the Peruvian / Spanish artist Karin Momberg's web site (Suggested keywords: *Karin Momberg, artista*) and pretend to be an art critic, commenting on one or two of her paintings. You may also want to show several of her paintings in class and have students, in groups, create sentences using the subjunctive in all three types of clauses. The group with the most grammatically correct sentences after 5–8 minutes "wins".

SUGGESTION for 9-7
Encourage students to create additional advice from Professor Romero to her students.

ANSWERS to 9-7
1. Es necesario que trabajen duro.
2. Les sugiero que hagan muchas investigaciones.
3. Es obligatorio que no copien.
4. Les aconsejo que expresen su creatividad por diferentes medios.
5. Espero que sientan amor y entrega en lo que hacen.

ANSWERS to 9-8
1. El Sr. Serrano busca un empleado que hable inglés y entienda el arte moderno.
2. La Sra. Serrano quiere hacer un viaje a Buenos Aires antes de que abran la próxima exhibición.
3. Los hijos Serrano trabajarán en la galería en cuanto cumplan dieciocho años.
4. Los Sres. Serrano prefieren que los hijos estudien mucho y saquen títulos en comercio.
5. Sin embargo, una hija desea estudiar arte para que los padres puedan vender sus cuadros.

METHODOLOGY • Differentiated Instruction
Activity **9-9** requires students to determine not only the correct form of the verb but also the correct infinitive so that the sentences make sense. In other words, students must first decode the text in order to select the correct infinitive that when conjugated will logically complete the sentence. If the first task of selecting the correct infinitive is too complex for some of your students, provide them with the infinitive so that they may progress with the activity.

SUGGESTION for 9-9
Once the activity has been completed, challenge students to create 3–4 comprehension questions about the content of the paragraph.

METHODOLOGY • Critical Thinking
Because questions like 1, 3, and 5 in **9-10** require a higher-order thinking skill, they help students think critically and prepare them to write critiques.

SUGGESTION for 9-11
Instead of pairing students, you may want to divide the class into 3 groups and assign 1 column to each of them.

EXPANSION for 9-11
Students can also pick a favorite well-known artist and make suggestions to this person; e.g., *Sr. Van Gogh, es importante que se calme…*

5:00

9-9 El retrato

Joaquín se prepara para pintar el retrato de su amigo Teo. Terminen la siguiente descripción con las formas apropiadas de los siguientes verbos. Tienen que decidir en cada caso si necesitan usar **el subjuntivo, el infinitivo** o **el indicativo.** ■

decidir	estar	hacer	pintar	poder
reflejar	sentarse	ser	ser	quedar

Teo quiere que yo le (1) haga un retrato. Primero, necesitamos (2) decidir si voy a hacer el cuadro al óleo, a la acuarela o si sería mejor un dibujo. Teo se decide por un retrato al óleo. Entonces, tengo que buscar un lienzo que (3) sea del tamaño perfecto. Después, preparo la pintura y busco mis pinceles nuevos. Cuando todo (4) esté / está preparado, determinamos la composición del cuadro y decidimos si queremos (5) pintar / hacer el retrato de perfil o de frente. Creo que estamos de acuerdo en que es preferible que (6) sea de frente. Ahora, ¿lo queremos de medio cuerpo, de cuerpo entero o de cara nada más? Lo voy a hacer de medio cuerpo, así que le digo a Teo que (7) se siente para que yo (8) pueda empezar. Quiero que el retrato (9) refleje la personalidad de mi amigo —eso es lo más difícil de todo. Entonces, lo más crítico va a ser los ojos. Es necesario que (10) queden perfectos.

5:00

9-10 El arte y tú

¿Qué opinan del arte? Usa las siguientes preguntas para compartir tus ideas sobre el arte con un/a compañero/a. ■

Estrategia
When you are requesting, recommending, suggesting, etc., that someone do something, the indirect object is present in the sentence. Verbs that commonly require the indirect object are: *aconsejar, exigir, pedir, recomendar, rogar, sugerir, prohibir,* and *proponer.*
Yo te recomiendo que vayas a ver esa exhibición.
Yo (les) recomiendo a mis padres que visiten el Museo Guggenheim en Bilbao, España.

1. ¿Recomiendas que se pinten murales en las paredes y muros de los edificios en pueblos y ciudades? Explica.
2. Si quieres comprar un cuadro, ¿es importante que sea al óleo o puede ser a la acuarela u otra cosa?
3. ¿Es importante reconocer y entender el tema de un cuadro para poder apreciarlo?
4. ¿Qué medio artístico escogerías para un retrato tuyo: la fotografía, la escultura, el dibujo o la pintura?
5. ¿Quiénes son tus artistas favoritos y cuáles son tus cuadros favoritos? ¿Por qué?

6:00 Workbooklet

9-11 Consejos

Siempre tenemos deseos y consejos para los demás. Expresen sus deseos y consejos para las siguientes personas. ■

MODELO A los Serrano / Les recomendamos que…
Les recomendamos que busquen unos cuadros de artistas nuevos para exhibir en una sala aparte.

A LOS PROPIETARIOS (*OWNERS*) DE UNA GALERÍA DE ARTE	A UN JOVEN QUE DESEA SER ARTISTA	A UN GRUPO DE ARTISTAS RECIÉN ESTABLECIDOS
1. Les recomendamos que…	1. Esperamos que…	1. Es importante que…
2. Es necesario que…	2. Siempre le exigimos que…	2. Le aconsejamos que…
3. Sugerimos que…	3. No es importante que…	3. Esperamos que…
4. ¿Creen que…?	4. Le proponemos que…	4. No dudamos que…

3:00

3 VOCABULARIO

La artesanía

09-12 to 09-14

Examining handicrafts and their artisans

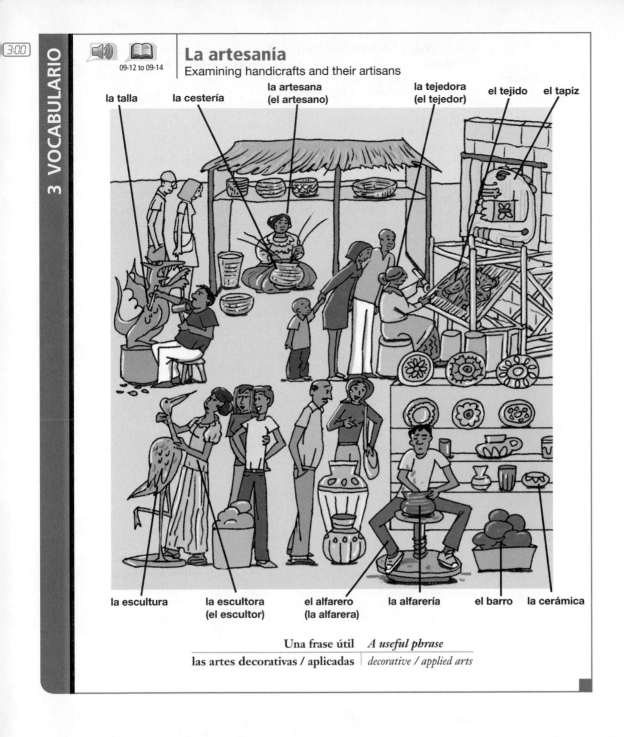

Una frase útil	*A useful phrase*
las artes decorativas / aplicadas	*decorative / applied arts*

Instructor Resources

- Textbook images, Extra Activities

EXPANSION for *La artesanía*
Have students describe the handicrafts in the drawing.

ADDITIONAL ACTIVITY for *La artesanía*
You may wish to ask your students the following questions:

1. ¿Conoces algún/alguna artesano/a famoso/a?
2. ¿Qué tipo de artesanía prefieres? ¿Por qué?
3. ¿Qué producto artesano recomiendas que compre tu profesor/a?

EXPANSION for *La artesanía*
Have students create a story about the artisans and what they need to do, etc., so that they incorporate usage of the subjunctive.

2:00 **9-12** **¿Es verdad?** ¿Qué saben ustedes sobre arte? Túrnense para determinar si las siguientes oraciones son **ciertas** o **falsas.** ■

1. Un tapiz es un tipo de tejido. cierto
2. Los escultores hacen la cerámica. falso
3. Un alfarero usa barro para crear su arte. cierto
4. Un artesano hace las cosas a mano. cierto
5. La cerámica es un tipo de alfarería. cierto
6. El artesano con su cestería es como el tejedor con su tejido. cierto

3:00 **9-13** **Lo dudo** Siempre hay dudas en todos los aspectos de la vida, incluyendo el arte. Cambien las siguientes oraciones para expresar duda, usando los verbos y las expresiones de la página 376. ■

MODELO Hay muchos artesanos en ese pueblo. (yo)
Dudo que haya muchos artesanos en ese pueblo.

1. El barro es perfecto para ese tipo de cerámica. (nosotros)
2. La alfarería de esas mujeres indígenas tiene mucho valor. (tú)
3. Estas plantas producen materia perfecta para la cestería. (ellas)
4. Ella sabe esculpir mejor que su profesor de escultura. (yo)
5. Van a exponer en su galería el tejido en que trabaja esa tejedora. (Victor y yo)

EXPANSION for 9-14
You may wish to share more information about Eduardo Chillida. Born in San Sebastián, Spain, he was one of the first sculptors to win the Japan Art Association Imperial Prize of 15 million yen (around $135,000) given to the leading achievers in fields not covered by the Nobel Prizes. Chillida is among other prizewinners such as American sculptors Richard Serra and George Segal, American painters Willem de Kooning and Jasper Johns, French painter Balthus, and British painter David Hockney.

Fíjate
In **9-14,** decide whether you need to use the subjunctive or the indicative in each of the sentences.

Fíjate
Eduardo Chillida (n. 1924) is a famous Spanish sculptor.

4:00 **9-14** **Más arte** Imagina que tu compañero/a y tú están en Sevilla, España, para comprar arte típico de la región. Túrnense para combinar las dos columnas y crear oraciones sobre el tipo de arte que buscan. ■

MODELO Busco un tapiz que... (ser) del estilo indígena
Busco un tapiz que sea del estilo indígena.

1. __c__ Busco un tejedor que...
2. __f__ Encontré una escultura de Chillida que...
3. __a__ ¿Hay algún artesano que...?
4. __d__ Tengo unos platos de cerámica que...
5. __b__ No existe un alfarero que...
6. __e__ Necesitamos un tapiz que...

a. (saber) crear algo bello y útil a la vez.
b. (querer) usar el barro de esta zona del país.
c. (hacer) diseños modernos con muchos colores vibrantes en sus tejidos.
d. (comprar) en Triana, un barrio de Sevilla, España.
e. (poder colgar) al lado de este muy antiguo.
f. (ser) una de las primeras que hizo.

Answers
a. sepa
b. quiera
c. haga
d. compré
e. podamos colgar
f. es

NOTAS CULTURALES

El Museo del Oro en Bogotá, Colombia

09-15 to 09-16

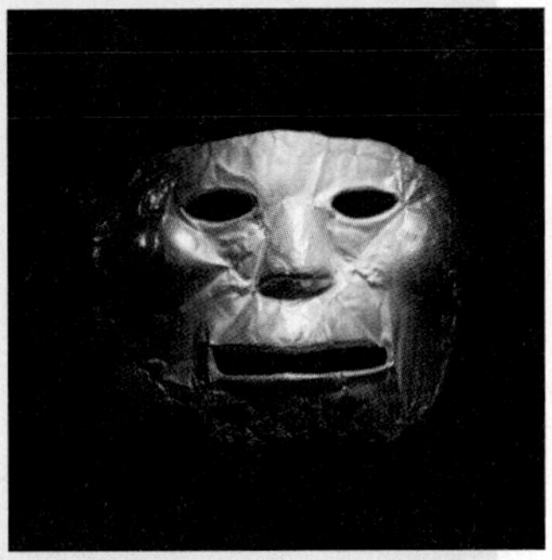

Para todo turista en Bogotá, Colombia, es recomendable que visite el Museo del Oro del Banco de la República; es una joya para el mundo del arte. Abrió a principios del año 1968 y ganó el Premio Nacional de Arquitectura. Fue renovado entre los años 2004–2008 para tener una nueva apariencia; es un museo con exhibiciones, servicios y tecnología del siglo XXI. La renovación fue motivada por un deseo de considerar todos los objetos del museo con una perspectiva nueva y comprensiva. Es importante que los artefactos se exhiban dentro de su contexto histórico, pero con una conexión con el presente. De esta manera, se espera que tengan más sentido para los visitantes de hoy en día.

El Museo del Oro es único: tiene más de 33.000 objetos de artesanía y orfebrería (*crafting of precious metals*) representativos del período precolombino en sus colecciones. Los diseños y las imágenes de los artefactos son verdaderamente impresionantes y muestran una técnica muy avanzada para la época.

Preguntas

1. ¿Qué contiene el museo que lo hace único?
2. ¿Por qué se considera arte el contenido de este museo?
3. ¿Cómo se compara este museo con los que conoces?

Answers to *Notas culturales*

1. El museo tiene piezas de oro de la época precolombina.
2. Es arte porque muchas de las obras fueron hechas por artesanos.
3. *Answers will vary.*

5:00

9-15 Decisiones Hagan los papeles de representantes de un museo pequeño de su pueblo o ciudad. Están encargados de comprar una obra nueva para el museo y tienen que decidir cuál de las tres obras van a escoger. ¿Cuál prefefieren? Expliquen por qué. ■

SECTION GOALS for *Notas culturales*

By the end of the *Notas culturales* section, the students will be able to:

- identify the Museo del Oro in Bogotá.
- describe what features make the museum unique.
- explain why the museum was renovated.
- contrast the museum with others they have visited.

NATIONAL STANDARDS

Communication, Cultures, Comparisons

The information in the *Notas culturales* section focuses on the goal areas of Communication, Cultures, and Comparisons. The reading engages the students in interpersonal communication (Standard 1.2), because students have to understand and interpret written Spanish. The discussion questions are focused on interpersonal communication, as students engage in conversations, provide and exchange information, and exchange opinions about the museum (Standard 1.1). In addition, the information about the artifacts heightens the students' understanding of the practices, products, and perspectives of Hispanic cultures (Standards 2.1 and 2.2). They can make comparisons between the concepts of American culture and Hispanic culture as they discuss the museum, its contents, its impact on local tourism, and the preservation of history and culture (Standard 4.2).

NOTE for *El Museo del Oro*

The Museo del Oro has an extensive collection of artifacts from numerous pre-Columbian indigenous groups. Many objects are of gold, emeralds, and other precious materials, and the collection includes rings, bracelets, necklaces, masks, and figurines. Some of the latter depict events in the life of a particular cultural group. To learn more about the Museo del Oro, research it on the Internet. Suggested keywords: *museo del oro, Bogotá*

EXPANSION for *Notas culturales*

Have students research museum web sites and look for their current exhibitions. Students can bring the information to class and discuss it with a partner. Suggested keywords: *museo X, exposiciones.*

NOTE for *Notas culturales: Los museos y la política*

There are museums throughout the world filled with artifacts that were gathered under less than ideal conditions. So-called "primitive cultures" have been plundered and their wealth carried off to be displayed in other parts of the world. Think of the antiquities from Greece housed in the British Museum, for example. Artifacts in the Museo del Oro were taken from the indigenous peoples in many cases, clearly without compensation. Should we continue to display these items? Should the descendants of the plundered civilizations receive compensation? The pieces in the Museo del Oro are worth a great deal of money (estimates are greater than $200 million). The indigenous peoples of modern-day Peru and Colombia could certainly use the money. What do your students think about this dilemma? What serves the greater good? Ask your students what they think about museums in general. What purpose do museums serve? Are they truly for everyone?

NOTE for 9-16
Assign this activity for homework. In class, have students present their commercials. You may prefer to have students work in pairs or groups of 3.

SECTION GOALS for *Escucha*
By the end of the *Escucha* section, students will be able to:
- make inferences based on what they hear.
- incorporate various strategies from previous listening sections.
- discuss an episode in which the listener inferred something other than what the speaker had intended.

NATIONAL STANDARDS
Communication, Connections
The *Escucha* section and its accompanying activities focus on interpersonal and interpretive communication, as well as making connections with other disciplines. In this episode, students learn how to make inferences based on what they hear. This strategy is one that they can connect to other disciplines like English, Communications, or any class in which they practice public speaking (Standard 3.1). The audio passage facilitates interpretive communication, as students listen, understand, and interpret spoken Spanish (Standard 1.2). The guide questions and conversation starters facilitate interpersonal communication (Standard 1.1), because students engage in conversations, provide and obtain information, express feelings and emotions, and exchange opinions.

AUDIOSCRIPT for 9-18
Please consult the *Instructor's Resource Manual* for the complete text of the audio.

HERITAGE LANGUAGE LEARNERS
Have heritage language learners talk about their favorite Hispanic music or their parents' favorite music. Students can bring the music to class so that everyone can listen to it.

EXPANSION for *Escucha*
Some of your students may need additional guidance when listening to assist with their comprehension. For those students, what follows are additional questions.
1. ¿Qué están haciendo David y Martín?
2. ¿De qué concierto hablan?
3. Cuando David habla del concierto en Chicago, ¿qué parece que recuerda más?
4. En tu opinión, ¿tiene Martín buenos recuerdos de Lola? Explica.
5. ¿Qué quiere mamá que la familia haga? ¿Por qué?
6. ¿Están de acuerdo los hijos? ¿Cómo lo sabes?
7. ¿Por qué cambian de idea David y Martín?

5:00

9-16 La cerámica de Perú Investiga la cerámica de Perú en el Internet. Después, preparen un anuncio comercial para promocionar y vender esta cerámica en los Estados Unidos. Deben usar por lo menos **seis** oraciones en **el subjuntivo.** ■

ESCUCHA

Una conversación entre familia de un concierto

09-17 to 09-18

Estrategia

Making inferences from what you hear

Sometimes when you are speaking with others, your listener may not interpret your message the way you meant it. Or, you may not express yourself exactly as you had wished. If these situations occur, the listener may *infer* (or *deduce*) a meaning different from what you intended. For example, if someone invites you to a concert and you hesitate before answering, he/she may infer that you do not really want to go. If, however, you say "I have to work," he/she will most likely think that you would like to go but have a schedule conflict.

9-17 Antes de escuchar A David y a su hermano Martín les encantaría ir al concierto de su grupo favorito, Maná. Su madre, sin embargo, piensa que necesitan pasar más tiempo con la familia y deben asistir a eventos culturales. Ella les propone varias ideas. ¿Crees que a los jóvenes les van a interesar? ■

9-18 A escuchar Completa los siguientes pasos. ■

Paso 1 Escucha la primera vez para captar la idea general de la conversación.

Paso 2 Lee las siguientes preguntas y escucha por segunda vez, ahora enfocándote en la información que necesitas para contestarlas.

1. ¿Qué deducen David y Martín que su mamá quiere que hagan?
2. ¿Qué piensas que va a pasar?

9-19 Después de escuchar Descríbele a un/a compañero/a una conversación que tuviste recientemente en la que tú o la persona con quien estabas hablando no dijo exactamente lo que estaba pensando. ¿Qué dedujiste? ¿Qué era realmente lo que quería decir? ■

¿Cómo andas? I

Having completed **Comunicación I,** I now can . . .	**Feel confident**	**Need to review**
• explore the visual arts. (p. 372)	☐	☐
• offer comparisons of equality and inequality. (MSL)	☐	☐
• recommend and suggest, express volition, doubt, and emotions, and describe uncertainty or the unknown. (p. 375)	☐	☐
• examine handicrafts and their artisans. (p. 381)	☐	☐
• share information about a pre-Columbian art museum. (p. 383)	☐	☐
• draw inferences about what I hear. (p. 384)	☐	☐

Instructor Resources
- Textbook images, Extra Activities

SECTION GOALS for *Comunicación II*
By the end of the *Comunicación* section, students will be able to:
- discuss activities and vocabulary related to music and theater.
- form regular and irregular superlatives.
- express *if* clauses with the conditional and past subjunctive.
- communicate about aspects of television and movies.
- identify well-known artists in the fields of ballet, cinema, and flamenco music.
- practice communicative strategies of circumlocution and clarification.
- write introductions and conclusions.

NATIONAL STANDARDS
Communication, Cultures, Connections, Comparisons
The *Comunicación* section provides opportunities for practice and enrichment of skills in the following goal areas: Communication, Cultures, Connections, and Comparisons.
The communicative pair and small group activities are designed to elicit interpersonal communication (Standard 1.1) as students engage in conversations, provide and obtain information, express feelings and emotions, and exchange opinions. Sections such as *Perfiles* and *¡Conversemos!* focus on interpretive communication (Standard 1.2), whereas *Escribe* focuses on presentational communication (Standard 1.3). All 3 modes of communication work together as students learn about cultures from the information in *Perfiles;* they demonstrate an understanding about the relationship between the practices, products, and perspectives of Hispanic cultures (Standards 2.1 and 2.2). Throughout *Escribe,* students learn how to write an introduction and a conclusion, which allows them to connect this strategy to writing skills in English (Standard 3.1). Finally, by combining the past subjunctive and the conditional to form *if* clauses, they can compare the grammar of how one expresses hypothetical or future events in English and Spanish (Standard 4.1).

NOTE for *La música y el teatro*
You may wish to point out that, just as in English, words in Spanish can have several meanings. Students have already learned *el teclado* in reference to a computer keyboard, and here it refers to a musical keyboard.

Comunicación II

¡Anda! Curso elemental, Capítulo 5. El mundo de la música, Apéndice 2.

3:00

4 VOCABULARIO

09-19 to 09-22

La música y el teatro

Observing the world of music and theater

La música	
Algunas palabras útiles	***Some useful words***
el/la compositor/a	*composer*
las cuerdas	*strings; string instruments*
el espectáculo	*show*
los instrumentos de metal	*brass instruments*
los instrumentos de viento / de madera	*woodwinds; wood instruments*
el merengue	*merengue*
la música alternativa	*alternative music*
la música popular	*popular music*
la pieza musical	*musical piece*

El teatro	
Algunas palabras útiles	***Some useful words***
la comedia	*comedy*
la danza	*dance*
el decorado	*set*
el/la director/a de escena	*stage manager*
el drama	*drama*
el/la dramaturgo/a	*playwright*
la función	*show; production*
el miedo de salir a escena	*stage fright*
la obra de teatro	*play*
la tragedia	*tragedy*

SUGGESTION for *La música y el teatro*
Have students give the definitions or describe certain words from the vocabulary. E.g.: You ask *¿Qué quiere decir* comedia*?* A possible student answer might be: *Es una presentación graciosa; es cómica.*

SUGGESTION for *La música y el teatro*
Pass out vocabulary words on slips of paper (one per person or several per group of students), and have students create sentences that demonstrate the meanings of the words, leaving blanks where the words would go in the sentences. They write these sentences on the board and the rest of the students guess the missing vocabulary words. E.g.: *La ____________ es una obra de teatro que es triste y/o que no tiene fin feliz. (tragedia)*

SUGGESTION for *La música y el teatro*
You may wish to ask your students the following questions:

1. ¿Cuáles son tus dibujos animados favoritos?
2. De niño, ¿cuáles veías?
3. ¿Qué programa de televisión ves frecuentemente?
4. ¿Cuál es tu película favorita?
5. ¿Qué canal de televisión prefieres?
6. ¿Te gusta ir al cine o prefieres ver las películas en casa?

NOTE for *Repaso*
This is a reminder that the *Repaso* sections in MySpanishLab are meant to be assigned as homework the night before you introduce the new vocabulary. Students should be expected to review this prior to class so that you can proceed immediately to the first activity following the vocabulary presentation.

If you want, immediately following the vocabulary presentation and preceding the first vocabulary activity in the text, you may do the following mechanical activity.

Have students play free association. One partner says a word and the other partner must say another word that associates with it.

E1: *el saxofón*
E2: *el saxofonista*
E2: *el instrumento de viento*
E1: *el trombón*

You may also direct students to *Capítulo 5* in Appendix 2, where they can review and recycle additional vocabulary dealing with music.

ADDITIONAL ACTIVITY for *La música y el teatro*
You may wish to ask your students the following questions:

1. ¿Conoces algún músico que toque uno de estos instrumentos?
2. ¿Tocas un instrumento o te gustaría tocar uno? ¿Cuál?
3. ¿Qué tipo de obra de teatro prefieres? ¿Por qué?

EXPANSION for *La música y el teatro*
Have students state the responsibilities of the individuals involved in the world of theater and music. E.g.:

E1: *el compositor*
E2: *El compositor es una persona que escribe música.*

. . .

REPASO

¡Hola! Repaso & Spanish/English Tutorials

09-23 to 09-24

El superlativo Classifying people and things in the extreme

For a complete review of the superlative, go to MySpanishLab or refer to **Capítulo 10** of ***¡Anda! Curso elemental*** in Appendix 3 of your textbook. The vocabulary activities that appear in your textbook incorporate this grammar point. Practicing new vocabulary with a review grammar point helps to strengthen and increase your knowledge of Spanish.

6:00

9-20 La mímica En grupos de cinco o seis, hagan mímica (*charades*) para practicar el vocabulario nuevo. ■

Paso 1 Cada estudiante debe representar por lo menos **tres** palabras o expresiones nuevas.

Paso 2 Elijan las **dos** mejores representaciones del grupo para presentárselas a todos y expliquen por qué fueron las mejores.

2:00

9-21 El/La mejor director/a de escena Hagan una lista de las responsabilidades de un/a buen/a director/a de escena. Después, decidan cuáles son las responsabilidades más importantes y cuáles son las menos importantes para el éxito de una obra de teatro. ■

Vocabulario útil	
inspeccionar	*to inspect*
planear	*to plan*
organizar	*to organize*

MODELO *Tiene que inspeccionar el decorado.*

¡Anda! Curso elemental, Capítulo 5. El mundo de la música, Apéndice 2.

2:00 **9-22 Los instrumentos de orquesta** Miren la foto de la orquesta sinfónica e intenten nombrar todos los instrumentos que conozcan. Después, creen oraciones usando **el superlativo** para describir los instrumentos. ■

MODELO *La flauta es el instrumento más pequeño de la orquesta sinfónica.*

8:00 Workbooklet **9-23 Los mejores de los mejores** ¿Quiénes son los mejores de los mejores? Circulen por la clase para preguntarles a sus compañeros sobre sus gustos y preferencias. ■

MODELO E1: *¿Quién tiene la mejor voz de hombre?*
E2: *Plácido Domingo tiene la mejor voz. ¿Qué opinas tú?*

PREGUNTA	E1	E2	E3
1. la mejor voz de hombre			
2. la mejor voz de mujer			
3. el grupo musical más popular de los Estados Unidos			
4. el grupo musical más popular del mundo			
5. la compañía de ballet más conocida de los Estados Unidos			
6. el/la mejor dramaturgo/a			
7. la obra de teatro más interesante que has visto			
8. el/la violinista / pianista / guitarrista, etc., más conocido/a del mundo			

NOTE for 9-23
Some of your students may know of the American Ballet Theatre, the Joffrey Ballet, the San Francisco Ballet, or the Miami City Ballet, for example. Playwrights they may be able to name include Arthur Miller, David Mamet, Eugene O'Neill, Tennessee Williams, Edward Albee, and Lillian Hellman.

EXPANSION for 9-23
After students have each questioned three students regarding their opinions, tally the responses to discover the best of the best of the class. If you have multiple sections, you may wish to share the opinions of each of your sections with all of your classes.

EXPANSION for 9-24
You may wish to have students create their own brochures for a real or imaginary *Festival de arte*. They can then share them with the class.

4:00

9-24 Personalmente

Por fin, tienen un poco de dinero para ir a un concierto, al cine o al teatro. Completen los siguientes pasos. ■

FESTIVAL DE ARTE

MÚSICA
viernes 10
Orquesta Sinfónica Nacional

Beethoven y Mozart
Teatro Nacional 22 h

domingo 12
Arturo Sandoval

La Rivera 22.45 y 0.45 h

viernes 17
Eddie Palmieri

El Congreso 22.45 y 0.45 h

CINE, BAILE y TEATRO
sábado 11
Romeo y Julieta

Director: Mikhail Baryshnikov
Interpretación: Julio Bocca y Julie Kent
Teatro Colón 21 h

Paso 1 Decide adónde quieres ir y explícale a tu compañero/a por qué.

Paso 2 Ahora, túrnense para hacerse y contestar las siguientes preguntas.

1. ¿Te consideras músico/a, escritor/a, artista, etc.? ¿Cuáles son tus habilidades al respecto?
2. ¿Qué instrumentos tocas? ¿Tocas bien o mal?
3. ¿Has participado en un ballet o en una obra de teatro? ¿Cuál fue tu papel (*role*)? ¿Había decorado y vestuario?
4. ¿Has ido a muchos conciertos? ¿Cuál es el mejor al que has asistido?
5. ¿Has asistido a una orquesta sinfónica? ¿Qué tocaron?
6. ¿Qué música y bailes conoces del mundo hispano? ¿De qué países son? ¿Te gustan?

EXPANSION for 9-25
Have students come up with 2 or 3 additional recommendations for their particular university. Then they can try to "convince" la Sra. de las Morenas to invest in their favorite project.

10:00

9-25 Una buena filántropa

La Sra. de las Morenas quiere donar dos millones de dólares a tu universidad, expresamente para las artes. La universidad ha identificado varias posibilidades y ustedes, como consejeros de la Sra. de las Morenas, tienen que ayudarla a tomar su decisión. En grupos de tres, conversen para identificar las mejores recomendaciones finales. Preparen su presentación, usando **el subjuntivo, las comparaciones de igualdad y desigualdad** y **el superlativo** cuando sea posible. ■

POSIBLES PROYECTOS:

1. empezar un programa para los estudiantes de colegio donde los estudiantes universitarios de arte les den clases por las tardes
2. crear fondos permanentes para que los profesores de arte puedan hacer investigaciones en otras partes del mundo
3. establecer una escuela de ballet y baile moderno con fondos suficientes para atraer de profesor/a a un/a bailarín/bailarina conocido/a
4. establecer un teatro-laboratorio para los estudiantes de drama
5. dirigir al coro en una gira anual por diferentes partes del mundo durante diez años

3:00

5 GRAMÁTICA

09-25 to 09-27 ¡Hola! Spanish/English Tutorials

Cláusulas condicionales de *si* (Parte 1)

Discussing possible actions in the present and future

A **si** (*if*) clause states ***a condition that must be met in order for something else to happen.*** These are ***if . . . then . . .*** statements.

- The verb in the **if / si clause** states the condition for something to happen. This condition is likely to take place. The verb in the *then* clause describes what could happen.
- Use this "formula" when expressing *if / then* statements in which the verb following **si** is in the **present indicative.** Note the sequence:

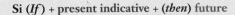

Si no te portas bien, tendrás que pasar la tarde en tu cuarto.

Si (*If*) + present indicative + (*then*) present indicative

Fíjate

The *then* clause is known in grammatical terms as a *resultant clause.*

Si quieres, podemos escuchar el *Concierto de Aranjuez* de Joaquín Rodrigo.	*If you would like, we can listen to* Concierto de Aranjuez, *by Joaquín Rodrigo.*
Si quieres ir a la orquesta sinfónica esta noche, te **llevo.**	*If you would like to go to the symphony tonight, I will take you.*

Si (*If*) + present indicative + (*then*) future

Si vas al teatro después, **iré** contigo.	*If you go to the theater afterwards, I will go with you.*
Si el conjunto no **toca** música popular, **buscaremos** otro club.	*If the band doesn't play popular music, we'll find another club.*

Si (*If*) + present indicative + (*then*) command

Si tienes ganas de escuchar y bailar flamenco, **vete** al bar La Trocha.	*If you feel like listening to and dancing flamenco, go to the bar La Trocha.*
Si te gustan las comedias, **cómprate** entradas para ese teatro.	*If you like comedies, buy tickets for that theater.*

Instructor Resources

- PPT, Extra Activities

SUGGESTION for *Cláusulas condicionales de* si

Brainstorm with students *if . . . then . . .* statements that one might hear parents saying to their children. Use the drawing and caption as an example.

NOTE for *Cláusulas condicionales de* si *(Parte 1)*

Lead students in creating sample sentences that apply directly to your community, institution, or even to this particular class:

Si siempre hacemos la tarea, sacamos buenas notas en los exámenes.

Si venimos a clase todos los días, sacaremos una nota muy alta en el curso.

Si quieres estar bien preparado para la clase, estudia y practica fuera de la clase.

NOTE for *El Concierto de Aranjuez*

You may choose to have Joaquín Rodrigo's music playing softly in the background in class while students review this grammar chunk and complete the activities.

METHODOLOGY • Oral Practice
Research strongly supports our belief that classroom time should be spent engaging the students almost exclusively in meaningful *oral* activities. You have noted that virtually all the activities in *¡Anda! Curso intermedio* are meant to be done orally in pairs or groups. This is to maximize students' opportunities to speak and use Spanish in *i + 1* settings that help build their confidence in the language. Research confirms that strong oral skills translate into better writing skills. Therefore, we need to provide our students with the controlled environment in class to practice speaking, so that outside of class they will be more successful and confident writers.

NOTE for 9-27
Maná's sound has been described as drawing on pop rock, Latin pop, calypso, reggae, and ska. The group initially received international commercial success in Australia and Spain and have since gained popularity and exposure in the United States, Western Europe, Asia, and the Middle East. Their worldwide sales stand at more than 25 million albums as of 2011. To learn more about Maná, have your students research them on the Internet. Suggested keywords: *Maná, Fher.*

EXPANSION for 9-27
Have students invent additional questions for Fher or another musician / singer using *if* clauses. If you like, the questions could be based on Maná's Selva Negra foundation, after researching it on the Internet. Suggested keywords: *Maná, Fundación Selva Negra.*

EXPANSION for 9-28
Create enough *if* clause sentences for half of your class. Write the sentences on slips of paper and cut those slips, separating the clauses (e.g., *Si tomo clases de música este año / pienso aprender a tocar el teclado.*). Make sure the sentences are all different and cannot be interchangeable. Then distribute the slips with half sentences among your students. The task for each student is to find the person whose partial sentence fits perfectly with his/hers. This technique is a great way to pair up students at the beginning of class for the activities of the day.

4:00

9-26 Muy probable

¿Cuántas oraciones lógicas puedes formar en cuatro minutos, combinando elementos de las columnas A y B? Crea todas las oraciones que puedas y después compáralas con las de un/a compañero/a. ■

MODELO *Si quieres escuchar música alternativa, no vengas a mi casa.*

Estrategia
Remember that in the *then* (resultant) clause, it is possible to use the *present indicative, the future tense,* or a *command.*

COLUMNA A	COLUMNA B
Si querer escuchar música alternativa…	no poder usar esa guitarra española
Si tocar el merengue…	bailar contigo
Si tener un clarinete…	no venir a mi casa
Si gustar el baile flamenco…	tocar en la orquesta
Si no tener cuerdas nuevas…	tomar lecciones con Silvia
Si no venir al espectáculo…	perder el show de los mariachis de Guadalajara

6:00

9-27 Fher

Fher es un músico muy conocido y muy popular del grupo Maná. Con un/a compañero/a, termina el siguiente párrafo con las formas correctas de los verbos apropiados para conocerlo. ■

Fíjate
To learn more about this famous rock band and to hear some of their music, research them on the Internet. (Suggested keywords: *Maná, música*)

enojarse	estar	ganar	levantarse	llegar
llevarse (bien / mal)	perder	poder	prepararse	tener

Hola, amigos. Me llamo José Fernando Emilio Olvera Sierra y soy originalmente de Puebla, México. Mis amigos me llaman Fher. Soy guitarrista, compositor y cantante principal del grupo Maná. Recientemente, hemos estado trabajando mucho —tanto en la música como en nuestra fundación Selva Negra y en otras cosas parecidas. Bueno, ustedes me preguntaron sobre un día normal para mí…

Si (1) ___me levanto___ temprano, (2) ___tengo___ tiempo para leer el periódico antes de salir para el estudio. No me gusta andar corto de tiempo porque si (3) ___llego___ tarde al ensayo, los otros miembros del grupo (4) ___se enojan / se enojarán___ conmigo. Si no (5) ___nos llevamos___ bien, (6) ___perdemos___ tiempo y energía. Si no (7) ___podemos___ ensayar bien porque estamos frustrados o preocupados, no (8) ___nos preparamos / nos prepararemos___ bien para nuestra representación en los Premios Grammy Latinos. Aparte de la canción que vamos a representar, nos han nominado para cuatro premios. Y como ustedes pueden imaginar, si (9) ___ganamos___ uno, (10) ___estaremos___ muy contentos. Si ustedes tienen más preguntas vayan a mi página de Facebook.

3:00

9-28 La otra parte

Aquí tienen los posibles resultados, o sea, la otra mitad de las oraciones con **si**. Inventen la parte que falta. ■

MODELO …voy al museo.
Si hay una exhibición de arte precolombino, voy al museo.

1. …iremos al teatro.
2. …compro un reproductor de MP3.
3. …vete sola al espectáculo.
4. …aprende a tocar el teclado.
5. …serás el solista.
6. …entrevistamos a la diva.
7. …no llegaré a tiempo a la función.
8. …pídele una audición.

4:00 **9-29 Siempre la oposición** Catrina siempre se opone a lo que sus padres le dicen. Respondan a las sugerencias de los padres como si fueran Catrina, usando siempre el vocabulario de **La música y el teatro.** ■

MODELO LOS PADRES: Si tienes tiempo, puedes limpiar tu cuarto.
CATRINA: *Si tengo tiempo, tocaré el órgano.*

1. Si puedes llegar temprano, vamos al cine.
2. Si terminas de leer el drama, podrás escribir el ensayo para la clase de inglés.
3. Si quieres comprar unas cuerdas nuevas para la guitarra vieja, vete a la tienda Música Central.
4. Si tienes miedo de salir a escena, debes ensayar delante del espejo.
5. Si ensayas más, serás mejor música.
6. Si quitas esa música fuerte, podrás oír lo que te estoy diciendo.

¡Anda! Curso elemental, Capítulo 5. El mundo de la música, Apéndice 2.

6:00 **9-30 Mi media naranja (*My soul mate*)** Escuchen mientras su profesor/a les da las instrucciones de esta actividad. ¡Diviértanse! ■

5:00 **9-31 Si lo hacemos…** Ya has estado en esta clase de español por muchas semanas, pero ¿conoces bien a tu compañero/a? ¿Cómo crees que tu compañero/a va a contestar las siguientes preguntas? Túrnense para hacérselas, adivinar las respuestas y ¡aprender la verdad! ■

MODELO E1: *Si estás seleccionando música para una fiesta en tu casa, ¿qué tipo de música escoges? Creo que dirás que escoges el rock.*
E2: *Tienes razón. Para una fiesta en mi casa, siempre escojo el rock.*
E2: *Para la pregunta número dos…*

1. Si estás seleccionando música para una fiesta en tu casa, ¿qué tipo de música escoges?
2. Si tus amigos y tú quieren ir a un concierto, ¿qué tipo de concierto prefieren —de música clásica, rock, pop, rap, etc.?
3. Si tus padres te compran un reproductor de MP3 nuevo, ¿qué marca y modelo prefieres?
4. Si decido ir al teatro este fin de semana, ¿qué obra debo ver?
5. Si salen con sus amigos el sábado, ¿a dónde irán?
6. Si tienes tiempo libre esta noche, ¿qué piensas hacer?

EXPANSION for 9-29
Have your students act out the roles of Catrina and her parents.

NOTE for 9-30
INSTRUCTIONS for *Mi media naranja*
An amusing way to practice *si* clauses is as follows: Place students in groups of 4. In each group, 2 of the students write 8 *si* clauses on separate slips of paper and put them in a pile. The other 2 students write 8 *then / resultant* clauses on separate pieces of paper and put them in a different pile. Then, one at a time, each student selects 1 slip from the *si* pile and 1 slip from the *then* pile, and reads them together as a sentence. The sentences tend to be very amusing when put together because they are often non sequiturs. You can have students use verbs from the new vocabulary and then repeat the activity with whatever review vocabulary you wish to choose.

Instructor Resources
- Textbook images, Extra Activities

NOTE for *El cine y la televisión*
You may wish to introduce *largometraje* for "full-length feature film." You also may wish to describe what a short film is or have your students provide a description. You could choose to assign students to search and discover which short films have won Academy Awards in the past 5 years.

SUGGESTION for *El cine y la televisión*
You may wish to canvass your students for their favorite *noticieros, telenovelas,* etc. You can also ask them about favorite directors or their familiarity with Hispanic directors in general. They may recognize some movie titles but not know that the directors are Hispanic (e.g., *21 grams,* Alejandro González Iñárritu, director).

ADDITIONAL ACTIVITY for *El cine y la televisión*
Citas rápidas Contesten las siguientes preguntas.
1. ¿Te gustan las telenovelas? Explica.
2. ¿Quién es el mejor director de cine?
3. Cuando eras niño/a, ¿te gustaban los dibujos animados? ¿Cuál era tu programa de dibujos animados favorito?
4. ¿Cuál es la mejor película de dibujos animados que has visto?
5. Cuando eras niño/a, ¿cuál era tu programa favorito en la tele? ¿Cuál era tu película favorita?
6. ¿Cuál es la música más popular entre tus amigos? ¿Cuáles son los grupos y los cantantes más populares?
7. ¿Cuáles son los grupos con mayor número de seguidores?
8. ¿Cuál es tu película favorita con subtítulos?
9. ¿Cuáles son los canales de la tele que ves con más frecuencia?
10. ¿Eres un buen televidente? Explica.

3:00

6 VOCABULARIO

¡Anda! Curso elemental, Capítulo 5. El mundo del cine. Apéndice 2.

09-28 to 09-30

El cine y la televisión
Delving into the world of cinema and television

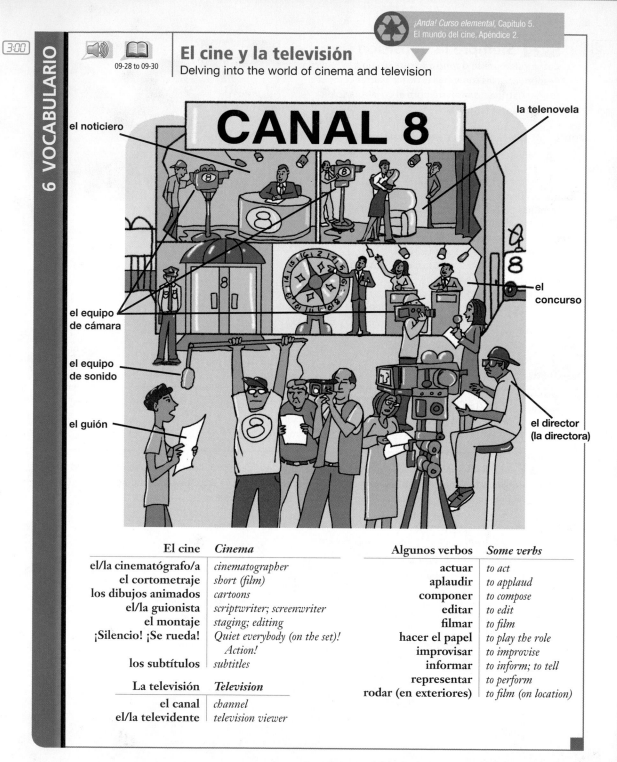

El cine	*Cinema*
el/la cinematógrafo/a	*cinematographer*
el cortometraje	*short (film)*
los dibujos animados	*cartoons*
el/la guionista	*scriptwriter; screenwriter*
el montaje	*staging; editing*
¡Silencio! ¡Se rueda!	*Quiet everybody (on the set)! Action!*
los subtítulos	*subtitles*

La televisión	*Television*
el canal	*channel*
el/la televidente	*television viewer*

Algunos verbos	*Some verbs*
actuar	*to act*
aplaudir	*to applaud*
componer	*to compose*
editar	*to edit*
filmar	*to film*
hacer el papel	*to play the role*
improvisar	*to improvise*
informar	*to inform; to tell*
representar	*to perform*
rodar (en exteriores)	*to film (on location)*

3:00

9-32 Las diferencias

Durante las próximas vacaciones, consiguieron trabajos como guías en los estudios de 20th Century Fox. Túrnense para practicar lo que les dirán a los turistas cuando expliquen las diferencias entre las siguientes palabras. ■

MODELO ensayar / representar
Ensayar es prepararse para representar un papel a través de mucha práctica.

1. el cortometraje / los dibujos animados
2. la telenovela / la televidente
3. improvisar / representar
4. el montaje / el guión
5. rodar / editar
6. el cinematógrafo / la directora

¡Anda! Curso elemental, Capítulo 5. *Hay que* + infinitivo, Apéndice 3.

4:00

9-33 Todo relacionado

Son los productores de una película. Pon en orden lo que tiene que ocurrir para que la película salga bien. ■

__4__ Hay que seleccionar los actores, el equipo de cámara, el equipo de sonido, etc.
__6__ Hay que preparar el montaje.
__7__ Hay que montar el decorado.
__1__ Un guionista identifica un tema o una historia para desarrollar o adaptar para el cine.
__8__ Hay que rodar.
__9__ Hay que hacerle publicidad a la película.
__2__ El guionista o su agente les manda el guión a muchos directores de cine.
__5__ Los actores tienen que ensayar mucho.
__3__ Hay que identificar un buen guión.

3:00

9-34 Lo conocido

¿Qué personas, títulos u otras cosas asocian ustedes con cada una de las siguientes palabras? Compara tus ideas con las de un/a compañero/a. ■

MODELO el noticiero que les gusta más
Noticiero Telemundo

1. un cortometraje
2. una película reciente de dibujos animados
3. un/a director/a famoso/a
4. un guión más interesante que la novela en la cual se basa
5. el canal más popular entre tus amigos
6. el concurso más aburrido
7. una película con subtítulos
8. una telenovela

EXPANSION for 9-34
Ask students whether they watch soap operas and to share plot lines and characters if they do. Then have the heritage language learners mention some of the *telenovelas* on channels such as Univisión, Telemundo, Wapa América, Gala, Telefutura, etc.

HERITAGE LANGUAGE LEARNERS
Have heritage language learners watch an episode of a Hispanic soap opera and one episode of an American soap opera. Then ask them to compare the different themes that are represented (e.g., family, relationships, social classes).

EXPANSION for 9-35
Students can research famous people within these professions and can share information about them with the class. Alternately, they can write short compositions wherein they each describe an individual's abilities and his or her professional successes.

NOTE for *El arte y la política*
Ask students whether they think art is ever used for political purposes. Do artists create works that have political messages? What examples can they think of? One good example of art conveying a political message is Pablo Picasso's painting *Guernica,* which deals with the tragedy of war, specifically the Spanish Civil War. Another example is the one-act opera *Ainadamar,* written in 2003 and revised in 2005 by Argentine composer Osvaldo Golijov. The storyline centers on the famous Spanish poet Federico García Lorca and his tragic death at the hands of nationalist forces (fascists) at the beginning of the Spanish Civil War.

7:00

9-35 Profesiones sobresalientes Elige una de las siguientes profesiones y escribe un párrafo de las cualidades, habilidades u otros requisitos para tener éxito en esa profesión. Después, en grupos de cuatro, compartan sus listas. ■

MODELO *Es necesario que un músico o una música ensayen mucho. Es importante que tenga un buen instrumento. También es importante tener paciencia.*

1. 

2. 

3. 

4. 

5. 

6. 

PERFILES

09-31 to 09-32

El arte como expresión personal

El artista necesita expresarse mediante la forma más apropiada para sí mismo. Estas tres personas han logrado sus expresiones artísticas y personales, cada una de forma muy distinta.

Si sabes algo del ballet, conocerás a **Julio Bocca** (n. 1967), quien es, sin duda, el bailarín argentino más famoso del mundo. Después de veinte años con el American Ballet Theatre, volvió a su país nativo en el año 2006 para trabajar con su propia compañía, el Ballet Argentino. Ya no baila profesionalmente pero continúa siendo el director de la compañía.

No hay guitarrista que simbolice más la música flamenca que **Paco de Lucía** (n. 1947). Este músico andaluz también ha experimentado con otros estilos como el jazz, e inclusive incorporó el cajón, instrumento afroperuano, en sus composiciones flamencas. Si quieres conocer la música flamenca, escucha a este maestro del arte.

Uno de los directores del cine mexicano más conocidos es **Alejandro González Iñárritu** (n. 1963). Ha trabajado con muchos de los actores más famosos del cine y ha dirigido varias películas excelentes como *Amores perros, Babel* y *Biutiful,* que ganaron premios internacionales. Recibió el premio al Mejor Director en el Festival de Cine de Cannes en el año 2006.

Answers to *Perfiles*

1. Se expresan por medio del ballet, la música y el cine / las películas.
2. *Answers will vary.*
3. *Answers will vary.*

Preguntas

1. ¿Cómo se expresan artísticamente estas personas?
2. Si piensas en estas formas de expresión artística, ¿qué otros artistas conoces o puedes nombrar?
3. Considerando todas las formas de arte, en tu opinión, ¿quién es el/la artista más importante de tu época? Si piensas en todas las épocas, ¿quién será el más importante en tu opinión? ¿Qué tipo(s) de arte representa? ¿Por qué opinas así?

5:00 Workbooklet

9-36 Los mejores y los peores Escribe tus selecciones para las siguientes categorías y después, en grupos de tres, compartan la información. ■

	YO	ESTUDIANTE 1	ESTUDIANTE 2
mejor / peor artista			
mejor / peor grupo musical			
mejor / peor cantante			
mejor / peor canción			
mejor / peor programa de la televisión			
mejor / peor concurso de la televisión			
mejor / peor noticiero			

SECTION GOALS for *Perfiles*

By the end of the *Perfiles* section, students will be able to:

- summarize the contributions of 3 famous Hispanics: Julio Bocca, Paco de Lucía, and Alejandro González Iñárritu.
- identify the artistic medium of each artist and compare their work to that of other well-known artists.
- express their opinions about the greatest artist(s) of their time.

NATIONAL STANDARDS

Communication, Cultures, Comparisons

The three artists featured are representative of the fields of ballet, cinema, and guitar music. The cultural information provided serves as interpretive communication (Standard 1.2) because students have to understand and interpret written Spanish. They also communicate interpersonally (Standard 1.1) as they express their opinions about each artist, his/her art form, and how he/she compares to other famous artists. By comparing Hispanic artists to U.S. artists, they demonstrate an understanding of the concept of culture (Standard 4.2). In a similar manner, the cultural information about dance, cinema, and music provides insight into the practices, products, and perspectives of Hispanic artists and how their art has been influenced by their cultural heritage (Standards 2.1 and 2.2).

NOTE for *Julio Bocca*

Julio Bocca was born on March 6, 1967, in the province of Buenos Aires in Argentina. He began dancing at the age of 4. He won the Gold Medal at the International Ballet Competition in Moscow at age 18 and was subsequently invited to join the American Ballet Theatre by Mikhail Baryshnikov. Throughout his career, Bocca's most frequent ballet partner has been Eleonora Cassano, also an Argentine. He enjoys a reputation of being an exciting as well as humane virtuoso dancer. Interested students can find out more about these famous dancers at their official web sites on the Internet. Suggested keywords: *Julio Bocca, Eleonora Cassano, el ballet argentino.*

NOTE for *Paco de Lucía*

Paco de Lucía was born Francisco Sánchez Gómez on December 21, 1947, in Algeciras, Spain. He is considered one of the best guitarists of all times, playing with what has been described as "lightning speed" on the strings. He has won many awards for his talent, among them *la Medalla de Oro al Mérito de las Bellas Artes* (1992), *la Distinción Honorífica de los Premios de la Música* (2002), and *el Premio Príncipe de Asturias de las Artes* (2004).

NOTE for *Alejandro González Iñárritu*

Iñárritu followed up the smash success of *Amores perros* with 2 subsequent films that enjoyed a large following in the United States: *21 Grams* in 2003, with Sean Penn, Benicio Del Toro, and Naomi Watts (the latter 2 actors being nominated for Oscars); and *Babel* in 2006 with Brad Pitt and Cate Blanchett, among others. In 2010 he directed *Biutiful* with Javier Bardem, who received an Academy nomination for Best Actor. Iñárritu started out his career as a DJ for a popular radio station in Mexico City. While studying filmmaking and theater, he composed music for Mexican movies and also shot advertisements for Mexican television. He eventually teamed up with Guillermo Arriaga, and together they made *Amores perros.*

SECTION GOALS for *¡Conversemos!*

By the end of the *¡Conversemos!* section, students will be able to:

- apply the new strategy of circumlocution and clarification.
- integrate previously learned communication strategies.
- interview classmates about their preferences regarding the arts.
- create dialogues and dramatize their own version of *Laberinto peligroso.*

NATIONAL STANDARDS *Communication, Connections*

This *¡Conversemos!* section is filled with opportunities for Communication and Connections. In particular, the students practice in many different ways with interpersonal communication, interpretive communication, and presentational communication. They interview each other, and they work in pairs or small groups to converse about their likes and dislikes and their opinions about different artistic media, awards, and genres (Standard 1.1). The act of listening to a dialogue also facilitates interpretive communication, because students have to understand and interpret spoken Spanish (Standard 1.2). The last Communication Standard, 1.3, requires communication in the presentational mode. Here they write dialogues, perform them, and they also dramatize their own version of *Laberinto peligroso.* These activities foster presentational communication as students present their information, concepts, and ideas to an audience of readers and listeners (Standard 1.3). As they communicate, they practice the new strategies of circumlocution and clarification, which they can connect to other disciplines that require public speaking (Standard 3.1).

AUDIOSCRIPT for 9-37

Please consult the *Instructor's Resource Manual* for the complete text of the audio.

ANSWERS to 9-37

1. A Mariela le gustan las artes modernas. A José Luis le gustan las artes antiguas: la música clásica.
2. José Luis realmente quería invitar a Mariela a una exposición de arte. Y Mariela quería invitarlo a un concierto de música clásica porque le gusta a él.

¡CONVERSEMOS!

09-33 to 09-34

ESTRATEGIAS COMUNICATIVAS Clarifying and using circumlocution

When speaking, you will occasionally need to clarify or elaborate what you are saying. Perhaps your listener(s) did not understand you; perhaps you felt you did not express yourself exactly as you wished; or perhaps you do not know the exact words or way to express what you wanted to say. Finding another way to say what you mean is known as using *circumlocution* and is a technique and skill that is important when communicating. Use the following expressions to begin your clarification, elaboration, or restatement.

• **Es decir...**	*That's to say . . .*
• **O sea...**	*That is . . .*
• **(Lo que) quiero decir...**	*(What) I mean . . .*
• **Es que...**	*It's that . . . / The fact is that . . .*
• **En otras palabras...**	*In other words . . .*

9-37 Diálogo Escucha la conversación entre Mariela y José Luis y contesta las siguientes preguntas. ■

1. Según la conversación, ¿a quién le gustan las artes modernas? ¿A quién le gustan las artes antiguas?
2. En realidad, ¿qué quería decirle Mariela a José Luis y qué quería decirle José Luis a Mariela?

9-38 Parecidos Dicen que por cada diez personas encontrarás diez opiniones diferentes. Sin embargo, existen semejanzas también. ■

Paso 1 Busca a un/a compañero/a que tenga los mismos gustos que tú en uno de los cuatro temas que siguen: el arte, la música, el teatro o el cine/la televisión. Crea **cinco** preguntas y entrevista a **cinco** compañero/as para encontrar el/la compañero/a más parecido/a a ti.

MODELO E1: *¿Te gustan las tragedias? Es decir, ¿te gustan las obras de Shakespeare?*

E2: *Sí, me gustan, pero no todas. O sea, no me gustan las tragedias modernas sino...*

Paso 2 Hagan un reportaje oral en el que comparen sus semejanzas. Cada uno debe expresar sus ideas en por lo menos **ocho** oraciones.

398

9-39 Meter la pata

¿Cuántas veces has dicho algo que alguien interpretó mal? O, ¿cuántas veces has dicho algo que no debías? Creen diálogos de las siguientes situaciones donde metiste la pata (*put your foot in your mouth*). ■

a. criticaste la música de tu mejor amigo/a
b. insististe en ir a una película y el guión fue horrible y todo el mundo gastó mucho dinero
c. visitaste a un/a amigo/a y criticaste su alfarería. Resulta que era de su madre.
d. ¿…? (tu propia situación donde metiste la pata)

9-40 ¿Qué dirían?

Claro que hay excepciones, pero es posible predecir las opiniones de. Creen diálogos entre las siguientes personas sobre los temas de la lista. Cada diálogo debe tener por lo menos **doce** oraciones, usando expresiones de clarificación y de circunlocución: oraciones usando **el subjuntivo** y oraciones con ***si* + presente.** ■

a. los dibujos animados de Disney o Pixar
b. el director mexicano Alejandro González Iñárritu
c. el bailarín Julio Bocca
d. la música de Paco de Lucía
e. el Museo del Oro de Bogotá en Colombia, y un museo en los Estados Unidos que conozcan
f. la música alternativa
g. ¿…? (un tema que seleccionen)

9-41 Y el premio va a…

Casi todos han visto los programas de premios como los Óscar, los Grammy, los Tony y los Premios Grammy Latinos. Ahora les toca a ustedes crear unos premios y aceptarlos. ■

Paso 1 Creen unos premios para las siguientes situaciones. Hay que describir a los candidatos y explicar por qué merecen el premio.

a. un premio a la mejor pintura, cerámica, escultura o el mejor tejido
b. la mejor grabación de la música X
c. el/la mejor cinematógrafo/a, director/a, guionista, o el mejor vestuario o la mejor producción de teatro (danza, comedia, tragedia, etc.)

Paso 2 Acepten los premios con un discurso (*speech*).

9-42 ¡Silencio! ¡Se rueda!

Por fin les toca a ustedes. Hagan los papeles de las siguientes personas para crear su propio **Laberinto peligroso:** el/la cinematógrafo/a, el/la director/a, el/la guionista. También planeen el vestuario y el decorado. Finalmente, ¿hay una diva en su presentación? Si hay, ¿quién es? ¡Diviértanse! ■

399

HERITAGE LANGUAGE LEARNERS
Have your heritage language learners jot down phrases that relatives use to clarify information, sharing phrases or expressions that do not appear in the communicative strategies. Have them share their lists with the class.

EXPANSION for 9-40
You may wish to have students provide for the class responses for g. *¿…? un tema que seleccionen,* and compile those for the class to choose from as well.

EXPANSION for 9-42
With the wide availability of cameras, you may wish to have your students film their versions of *Laberinto peligroso.* They can post their videos using MediaShare in MySpanishLab.

SECTION GOALS for *Escribe*
By the end of the *Escribe* section, students will be able to:

- write an introduction and a conclusion.
- incorporate previous writing strategies.
- create a short story about a favorite work of art or art object.
- describe the art and include an image in the description.

NATIONAL STANDARDS
Communication, Connections
Throughout *¡Anda! Curso intermedio*, students have been working on incorporating writing strategies into the writing process. The main focus of the *Escribe* section is on presentational communication and connections between Spanish and other disciplines. The new strategy of writing introductions and conclusions aligns with Connections Standard 3.1, as students reinforce and further their knowledge of process writing in courses such as creative writing, English, and journalism. The act of writing facilitates presentational communication (Standard 1.3) because students present information, concepts, and ideas to an audience of readers.

SUGGESTION for *Escribe*
Use this writing activity to connect with cultural products and/or practices. Select some sample paintings (or other expressive works of art) from the Hispanic world and present them to your students as options for the bases of their short stories. For example, the painting *La tragedia* by Pablo Picasso might generate an interesting story as an explanation of "the tragedy." Other suggested artists could include Fernando Botero, the Colombian artist, with his exaggerated figures, and Carmen Lomas Garza, Chicana artist, with her daily scenes from Texas border life.

WRITING SAMPLE for *Escribe*
Cuadro: "Earache Treatment" de Carmen Lomas Garza
Cómo le queman el oído a Juan
¡¿Qué ha hecho Juan para merecer esta tortura?!

Parece algo de la inquisición española: le han puesto un cono hecho de periódico en el oído. ¡Y lo van a quemar! Pero Juan no tiene miedo. ¿Se sentirá culpable? ¿Resignado? Ah, la mamá me explicó que a Juan le duele el oído y que de esta manera se le cura rápidamente. Es un remedio casero.

Así, qué bueno que le quemen al oído de Juan. ¡¿Qué pasará si le duele el estómago?!

ESCRIBE

09-35 to 09-36

Un cuento corto

Estrategia		
Introductions and conclusions in writing	The purpose of an introduction is to draw the reader in and focus his/her attention on your topic or theme. A good introduction engages the reader's attention, identifies the subject, and often sets the tone for the writing piece.	A strong conclusion should underscore your main points in a nonfiction piece or the theme in a fictional work, maintain the reader's interest, and even motivate the reader to continue to learn about the topic or find out what happens next if it is fiction.

9-43 Antes de escribir Vas a escribir un cuento corto que describa una escena de una obra de arte —digamos una pintura. (Tu profesor/a te dará opciones para la obra si no tienes un cuadro favorito.) Mira el cuadro, piensa en dos o tres ideas principales de tu cuento que describan lo que ocurre en la obra. Piensa también en una oración introductoria que capte la atención del lector. Luego, considera una oración que resuma y subraye (*underscores*) tus ideas principales. ■

9-44 A escribir Ahora que tienes tus ideas organizadas, escribe tu cuento, prestando atención a la introducción y a la conclusión sobre todo. Asegúrate de que en el cuento: ■

- hayas empezado con una introducción que llame la atención del lector.
- hayas descrito lo que pasa en la pintura u otra obra de arte.
- hayas terminado con una conclusión que resuma el cuento y que mantenga el interés del lector.

9-45 Después de escribir Comparte tu cuento y una imagen de la obra de arte sobre la cual escribiste con dos compañeros. ■

ADDITIONAL ACTIVITY for *Escribe*
Take the introduction and conclusion from each *cuento*, pair them up, and give them to the students on a separate piece of paper. Give students time to look over the sentences. Then show the artwork on which each story was based. See whether students can match the introductions and conclusions with the correct paintings or other works. This can show the authors how successful the introductory and concluding sentences are.

¿Cómo andas? II

	Feel confident	Need to review
Having completed **Comunicación II,** I now can ...		
• observe the world of music and theater. (p. 386)	☐	☐
• classify people and things in the extreme. (MSL)	☐	☐
• discuss possible actions in the present and future. (p. 391)	☐	☐
• delve into the world of cinema and television. (p. 394)	☐	☐
• identify different artistic and expressive talents. (p. 397)	☐	☐
• practice and use circumlocution. (p. 398)	☐	☐
• create strong introductions and conclusions in writing. (p. 400)	☐	☐

Instructor Resources
- Text images (maps), Video resources

SECTION GOALS for *Vistazo cultural*
By the end of the *Vistazo cultural* section, students will be able to:
- identify various art forms throughout the Spanish-speaking world.
- summarize the information about each artist.
- relate different types of art with their associated professions.

NATIONAL STANDARDS *Communication, Cultures, Comparisons*
The cultural information about the featured artists and their art provides the basis for communication, cultures, and comparisons. For communication, students read, understand, and interpret brief written passages in Spanish (Standard 1.2); and they discuss their opinions, feelings, and ideas about the arts with their classmates (Standard 1.1). The cultural references about the arts focus on understanding the relationship between the practices, products, and perspectives of Hispanic cultures (Standards 2.1 and 2.2). Students can understand and compare how the cultures of the different Hispanic artists and their products compare to other well-known American artists and their products (Standard 4.2).

METHODOLOGY • Whose Culture Is It?
Often, we discover that our students are not in touch with their own culture. They have either not thought about it or have rarely considered that the world contains a myriad of cultures that are not the same as theirs. In addition, people living in other cultures appreciate their own culture; they do not usually aspire to adopt the customs of others. This is often a shocking idea to students in the United States, who sometimes believe that the rest of the world wishes to emulate U.S. culture in all ways. A first step in remedying this situation is to put our students in touch with their own culture.

EXPANSION for *La Universidad de San Francisco de Quito*
Have students research Universidad de San Francisco de Quito and the Instituto de Música Contemporánea (IMC). Students can visit the university web site and look for a program in Music and Sound Production. Students can talk about their requirements and program description and compare them with a similar program at their own university. Suggested keywords: *la Universidad de San Francisco de Quito, producción musical y sonido.*

Vistazo cultural

Nicolás Zambrano Vera,
estudiante de música y sonido

09-37 to 09-38

El arte de Perú, Bolivia y Ecuador

Soy estudiante del Instituto de Música Contemporánea (IMC) de la Universidad San Francisco de Quito en Ecuador. El instituto está relacionado con la prestigiosa universidad Berklee College of Music de Boston y es una de las mejores escuelas de música en Sudamérica. Si consigo mi licenciatura en Producción Musical y Sonido este año, pronto espero encontrar trabajo como productor musical para discos.

Susana Baca, cantante peruana
La cantante Susana Baca (n. 1944) es la mejor promotora de la música afroperuana hoy en día. Ella fundó el Centro Experimental de Música Negro Continuo en Lima para estudiar e investigar las raíces de la música negra en Perú. En el año 2011 fue nombrada Ministra de Cultura del Perú, la primera persona de raza negra en servir en el gabinete del gobierno peruano.

El cajón, instrumento peruano
No hay instrumento de percusión más asociado con Perú que el cajón. Es probable que el cajón date de los tiempos coloniales, cuando los esclavos africanos lo empleaban para representar y reproducir la música de su herencia africana. Hoy en día, este instrumento folklórico forma parte indispensable de la música afroperuana.

Mario Vargas Llosa, autor peruano
Lee una de las novelas de Mario Vargas Llosa (n. 1936), como *La casa verde* o *Conversación en la catedral,* si quieres entender algo de la cultura peruana. Es un escritor y novelista de talento enorme; ganó el Premio Nobel de Literatura en el año 2010. Es también dramaturgo, cuentista y político: se presentó como candidato para la presidencia de Perú en el año 1990.

402

NOTE for *Universidad de San Francisco de Quito and the Instituto de Música Contemporánea (IMC)*
Begun in 1998 and affiliated with the world-renowned Berklee College of Music in Boston, the IMC has become a leading figure in the South American music education arena in a relatively short time. The Institute is a leader in the field of contemporary music education and offers two degrees: one in Contemporary Music per se and one in Music and Sound Production. Your students can find out more about this exciting institute on the Internet. Suggested keywords: *Instituto de Música Contemporánea, Universidad San Francisco de Quito, carreras.*

NOTE for *Susana Baca*
Susana Baca's CD, *Lamento negro,* won a Latin Grammy in 2002. She recorded the album nearly two decades earlier in Cuba. She has been a constant advocate for Afro-Peruvian folklore and music throughout her career. Her CD *Afrodiaspora,* released in 2011, takes the listener on a journey through the African-rooted music of various locals in the Americas and Caribbean.

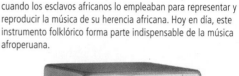

Música folklórica boliviana

Si quieres conocer la música folklórica de los países andinos, escucha algunas canciones interpretadas por el grupo boliviano Los Kjarkas. Fundado en el año 1965, este grupo es uno de los mejores representantes de la música boliviana. Tocan instrumentos folklóricos típicos y cantan en español y en quechua.

Artesanía de Otavalo, Ecuador

Ecuador es famoso por sus productos de artesanía, sobre todo en la provincia de Imbabura. Si deseas escoger entre una gran variedad de arte, debes ir al mercado de Otavalo. Allí encontrarás tejidos y tapices de colores y diseños bonitos, figuras de talla de madera bien elaboradas y mucho más.

Carla Ortiz, actriz boliviana

Desde niña, la boliviana Carla Ortiz (n. 1976) quería ser actriz. Empezó como modelo y luego pasó al campo de la televisión. Se mudó a México, donde ha aparecido en muchas telenovelas. Actualmente, vive en Los Ángeles, donde sigue apareciendo en la televisión. También actuó en la película *Los Andes no creen en Dios* (2007).

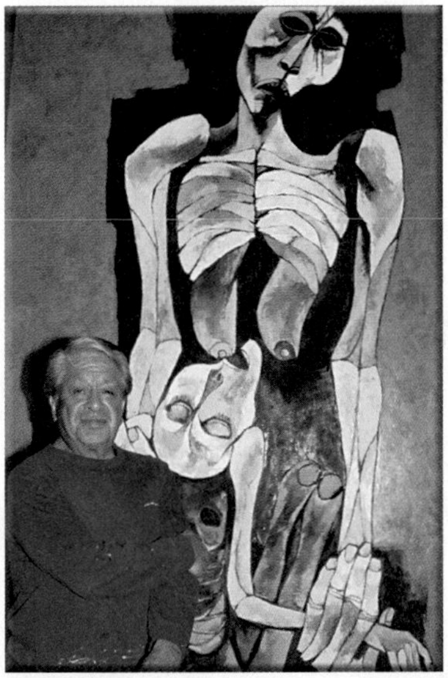

Oswaldo Guayasamín, pintor ecuatoriano

Oswaldo Guayasamín (1919–1999), de Ecuador, fue principalmente pintor, pero también diseñaba joyería y hacía objetos de artesanía de metal y de madera. Si examinas sus pinturas, verás reflejada una preocupación por el sufrimiento del ser humano y la denuncia de la miseria que las personas tienen que aguantar en la vida.

Preguntas

1. ¿Qué formas artísticas se mencionan aquí? ¿Cuál vistazo te interesa más y por qué?
2. Identifica varias relaciones entre los artistas mencionados en este capítulo.
3. Piensa en los *Vistazos culturales* anteriores e identifica unas conexiones entre ellos y el arte que has estudiado en este capítulo. (E.g., **Capítulo 4:** los diseños de las alfombras de flores de la Semana Santa o las máscaras de Guatemala)

NOTE for *Vistazo cultural*
In this chapter, Peru, Bolivia, and Ecuador are featured, but we encourage you to expose your students to your own favorite authors or artists, even if they are not from Peru, Bolivia, or Ecuador, perhaps comparing them to the individuals presented in this *Vistazo cultural*.

ADDITIONAL ACTIVITIES: *En el Internet*

1. Andean music has many different instruments that give it a particular sound. Search on the Internet for information about these instruments and make a list of them. Then compare these instruments with those used in a particular musical genre popular in the United States that you like. How are the instruments similar and/or different? How do the sounds of the different instruments and music compare? Suggested keywords: *música andina; instrumentos andinos*.
2. If you like the cinema, search for information about Latin American films and, in particular, one that you aren't familiar with. Then prepare a brief report on the movie and the director for your class. Suggested keywords: *cine latino / hispano / latinoamericano; director del cine latino*.
3. What type of literature attracts you most: drama, short story, poetry? Select a form of literature and search on the web for a Hispanic author who has written in this genre. Try to find one of this author's works to read in Spanish. Then compare the work with a similar one in English that you have read and liked. Suggested keywords: e.g., *novelista peruana; cuentos peruanos; poetas ecuatorianos*.
4. Investigate soap operas from the Spanish-speaking world that are televised in the United States, such as the *telenovelas* on Univisión. How do they compare with U.S. soap operas in theme and story line? Suggested keywords: *las telenovelas latinas en los Estados Unidos*.

EXPANSION for *Vistazo cultural*
Here are some additional questions you can ask your students:

1. ¿Cuáles formas artísticas de esta presentación conoces? ¿De dónde o cómo los conoces?
2. ¿Qué talento artístico tienes? ¿Qué talento te gustaría tener? ¿Por qué?
3. ¿Qué lugares en los Estados Unidos son famosos como centros de artesanía? ¿Qué tipo de artesanía se fabrica en estos centros?

SECTION GOALS for *Lectura*

By the end of the *Lectura* section, students will be able to:

- apply the new strategy of reading between the lines, or making inferences.
- integrate previously learned reading strategies.
- answer pre-reading and post-reading guide questions.
- summarize the main events of the reading.
- make predictions about what will happen in the video.

NATIONAL STANDARDS *Communication*

In the *Lectura* section, the main focus is on communication. The body of the text provides interpretive communication (Standard 1.2) because students have to understand and interpret written Spanish about the characters and their actions. The follow-up questions elicit interpersonal communication as students engage in conversations, provide and obtain information, express feelings and emotions, and exchange opinions (Standard 1.1).

RECAP of *Laberinto peligroso Episodio 8*

Lectura: After several days of investigation, Celia and Cisco have gathered information on the trafficking of rain forest drugs and relics from ancient tombs, long an international problem. They find articles by forensic anthropologists and criminologists indicating the types of people who are interested in owning these antiquities. Cisco decides to contact a well-known international investigator of crimes in the art world, but before he can complete the call, the police come to the door. Is he under arrest?

Video: The police question Cisco about his connection to the lab and its abrupt closing. He maintains his innocence and is eventually released. Cisco hears from his contact and learns that there is an international business connection between the disappearances of the maps and the *cronista* journals. Cisco receives a mysterious phone call telling him to come alone to the museum at midnight in order to receive additional information about his investigations. If he tells anyone, Celia will be placed in danger. At midnight, he arrives at the appointment and two people are waiting.

09-41

Laberinto peligroso

EPISODIO 9

Lectura

Estrategia Making inferences: Reading between the lines

Inferring is drawing conclusions based on information provided, the reader's prior knowledge, and a general comprehension of the text. When you infer something, it is not explicitly stated but rather suggested by the author. For each inference you make, pinpoint the facts in the passage and also identify the background knowledge that has led you to your conclusion.

9-46 Antes de leer En los episodios del **Capítulo 8,** viste cómo la situación de Cisco se vuelve más peligrosa. Antes de empezar a leer este episodio, contesta las siguientes preguntas. ■

1. ¿Qué pasó al final del último episodio? ¿Dónde estaba Cisco? ¿Por qué estaba allí?
2. ¿Qué piensas que le habrá pasado a Cisco?
3. Basándote en el título de la lectura del **Capítulo 9,** ¿quién crees que protagoniza este episodio? ¿Por qué?
4. Muchas veces, para realmente comprender un texto es necesario que prestes tanta atención a lo que dice el texto implícitamente (no abiertamente) como a lo que dice explícitamente (abiertamente); es decir, es necesario leer entre líneas. Por ejemplo, en los episodios anteriores, la narración no ha hablado muy abiertamente sobre la relación entre los diferentes protagonistas, pero sí ha sugerido algo al respecto. Basándote en los episodios que has visto hasta el momento, ¿qué has deducido sobre la relación entre Celia y Cisco? Cuando contestes las preguntas de *Después de leer,* vas a tener más oportunidades para leer en concreto entre líneas en este episodio.

DÍA44

Sola y preocupada

Celia tenía ganas de ver la comedia que se había estrenado en el teatro. Según los críticos, era la mejor obra de la temporada. Había pensado en ir sola, pero mientras esperaba a comprar su entrada cambió de idea. Pensó, "Aunque no me importa ir sola, prefiero que otra persona venga conmigo. Quizás invite a Javier o a Cisco. Dudo que a Javier le guste el teatro tanto como a Cisco. Javier prefiere el cine". Inmediatamente decidió llamar a Cisco para ver si le gustaría acompañarla a la función. Cuando no contestó el teléfono de casa, intentó llamarlo a su teléfono celular. Tampoco lo contestó. Celia se dijo, "¡Qué extraño que haya salido sin el celular! Nunca va a ninguna parte sin ese teléfono. ¿Por qué no ha contestado? ¿Qué estará haciendo?".

ADDITIONAL ACTIVITY for *Antes de leer*

En los episodios de este capítulo, vas a ver cómo se complica la investigación de Celia y Cisco. Antes de empezar a trabajar con el episodio, contesta las siguientes preguntas.

1. ¿Has ido alguna vez al cine o al teatro solo/a? ¿Cuáles son las ventajas de ir solo/a? ¿Cuáles son las ventajas de ir acompañado/a?
2. Si quieres ir al cine, a un concierto o a una obra de teatro, ¿es importante que vaya otra persona contigo? ¿Irías solo/a? ¿Por qué?
3. Cuando no tienes ganas de hacer cosas que tienes que hacer, ¿qué haces? ¿Qué haces para evitar el trabajo? ¿Cómo te motivas para trabajar?

EXPANSION for *Antes de leer*

Have students retell *Laberinto peligroso* from the first lesson (reading and video) through *Capítulo 8* in the format of a story. They can then make predictions about the story using *si* clauses. Students could work in pairs.

ANSWERS to 9-46

1. Cisco fue al museo porque había recibido un mensaje de correo electrónico.
2. *Answers will vary.*
3. Celia, porque las dos palabras son femeninas.
4. *Answers will vary.*

Cuando salió del teatro, Celia no tenía muchas ganas de ir a casa para trabajar. Estaba un poco preocupada por Cisco. Se dijo, "Si me preocupo, entonces seguramente está perfectamente bien, tomando café con alguna de sus numerosas amigas. Pero si no me preocupo, entonces será que algo le ha pasado y necesita ayuda". Se dio cuenta de la futilidad de sus pensamientos y se dijo "¡Celia, contrólate! ¡No es bueno que pienses en esas cosas!". Tenía que trabajar en la investigación, pero no tenía ganas de hacerlo. Después de reflexionar un poco, tomó una decisión. "Voy a llamar a Javier; quizá él quiera ir al cine. Si me dice que sí, iremos al cine. Si me dice que no, entonces me iré a casa para seguir trabajando". Lo llamó y él tampoco contestó el teléfono. "¿Estarán juntos Cisco y Javier?" se preguntó Celia.

Al llegar a casa, Celia se puso a trabajar inmediatamente. Después de empezar a leer un artículo interesante, empezó a sentirse más motivada. La información que había encontrado Cisco sobre el tráfico de artefactos precolombinos los había llevado a investigar más sobre el arte de diferentes grupos indígenas. Lo más llamativo de lo que descubría era la variedad de la artesanía de las culturas. Trabajaban en la alfarería, la cestería y la cerámica; creaban tapices, tejidos, esculturas de barro y figuras y objetos tallados en madera. Había todavía más diversidad en los temas de sus obras: en algunas representaban paisajes, otras eran retratos. En algunos dibujos y esculturas se centraban más en plantas y animales, mientras que en otras obras creaban diseños con figuras abstractas. Muchas obras reflejaban la vida cotidiana de la gente.

Aunque le fascinaba lo que aprendía sobre la artesanía de los indígenas, pronto se dio cuenta de que esos datos no eran tan importantes como otros. Por eso, se puso a leer artículos sobre las sustancias extraídas de las plantas. Lo que le pareció más llamativo de esos documentos eran las numerosas referencias al Dr. Huesos y su trabajo con las plantas. Por lo visto, era uno de los máximos expertos en el tema de las sustancias venenosas que se encuentran en las selvas tropicales. El artículo más reciente indicaba que el profesor había desaparecido durante un viaje a una selva en Guatemala, justo antes de la erupción de un volcán. Mientras Celia buscaba más información sobre el Dr. Huesos, alguien llamó a la puerta. Celia se levantó para ver quién era. Vio que era el hombre misterioso del café. Lo que no sabía era que el hombre llevaba un cuchillo.

9-47 Después de leer

Contesta las siguientes preguntas. ■

1. Según el texto, ¿por qué decidió Celia llamar a Cisco en lugar de Javier?
2. ¿Por qué crees que Celia llamó a Cisco? ¿Por qué crees eso?
3. Según el texto, ¿cómo se sentía Celia cuando no pudo hablar con Cisco?
4. ¿Cómo piensas tú que se sentía? ¿Por qué piensas eso?
5. Según el texto, ¿por qué llamó a Javier?
6. ¿Por qué crees que llamó a Javier? ¿Por qué crees eso?
7. ¿Por qué volvió Celia a su casa en lugar de ir al cine?
8. Según el texto, ¿qué tipo de arte hacían los indígenas en Latinoamérica?
9. ¿Qué le pasó al Dr. Huesos en Guatemala?
10. ¿Qué ocurrió al final del episodio?

METHODOLOGY • Reading
¡Anda! Curso intermedio supports both top-down and bottom-up approaches to reading. In the top-down—or reader-driven—approach, the pre-existing knowledge the reader brings to the text is critical to comprehension. The *Antes de leer* section supports this approach. The text-driven, or bottom-up, approach relies on the decoding of words, phrases, and sentences. Some reading strategies promote this approach.

ANSWERS to 9-47

1. Decidió llamar a Cisco porque duda que a Javier le guste tanto el teatro como a Cisco.
2. *Suggested answers include:* Pienso que llamó porque le gusta más Cisco.
3. Se sentía preocupada.
4. *Suggested answers include:* celosa
5. Lo llamó para invitarlo al cine y porque no quería volver a su casa para trabajar.
6. *Answers will vary.*
7. Volvió a su casa porque Javier no contestó su celular.
8. Hacían una gran variedad de tipos de arte (alfarería, cestería, cerámica, esculturas de barro, dibujos, tallados, tapices, tejidos, etc.).
9. Desapareció.
10. El hombre del café fue a casa de Celia con un cuchillo en la mano.

Instructor Resources
- Video script

SECTION GOALS for *Video*
By the end of the *Video* section, students will be able to:
- summarize the main events of the video in chronological order.
- answer comprehension questions.
- make predictions about future actions and events.

NATIONAL STANDARDS
Communication
The *Video* section highlights communication in the interpersonal mode and the interpretive mode. Students answer pre-viewing and post-viewing questions that serve as the basis for conversations in small groups or pairs (Standard 1.1). As students watch the video, they are focused on interpretive communication as they understand and interpret spoken Spanish (Standard 1.2). If you were to have them reenact what they saw in the video and dramatize the events in front of an audience of classmates, you could also address the presentational mode of communication (Standard 1.3).

ANSWERS to 9-48
1. El hombre del café.
2. *Answers may vary.*
3. *Answers may vary.*

ANSWERS to 9-49
1. Salió corriendo cuando vio a la policía.
2. Los detectives entraron para hacerle a Celia preguntas sobre Cisco.
3. Murió.
4. Encontró una nota que Cisco había escrito diciendo que iba al museo.
5. Hay diferentes tipos de arte, de diferentes culturas y diferentes épocas.
6. Es necesario que vaya al museo a las doce.
7. Si Celia intenta contactar a los detectives, Cisco morirá.

Video

09-42 to 09-43

9-48 Antes del video
Antes de ver el episodio del video, *Desaparecidos,* contesta las siguientes preguntas. ■

1. ¿Quién fue a la casa de Celia al final de la lectura? ¿Por qué crees que fue a su casa?
2. ¿Qué crees que le pasó al Dr. Huesos? ¿Por qué?
3. Basándote en el título del video, describe qué crees que va a pasar en el video.

Han encontrado el cadáver de un hombre en Guatemala. Según las autoridades podría ser el cuerpo del Dr. Huesos.

¿Cómo? ¿Asesinado?

Si hubiera venido, habría dejado (*would have left*) una clave, ¿no?

Episodio 9

«Desaparecidos»

Relájate y disfruta el video.

9-49 Después del video
Contesta las siguientes preguntas. ■

1. ¿Qué ocurrió con el hombre misterioso en este episodio?
2. ¿Quiénes entraron en casa de Celia? ¿Por qué entraron en su casa?
3. Según Javier, ¿qué le pasó al Dr. Huesos en Guatemala?
4. ¿Qué encontró Celia en la casa de Cisco?
5. ¿Qué hay en el museo?
6. ¿Qué es necesario que haga Celia si quiere que Cisco esté bien?
7. ¿Qué pasará si Celia intenta contactar a los detectives?

406

LETRAS

Acabas de terminar otro episodio de **Laberinto peligroso.** Explora más lecturas en la colección literaria, **Letras.**

09-47 to 09-50

Y por fin, ¿cómo andas?

Having completed this chapter, I now can . . .	Feel confident	Need to review
Comunicación I		
• explore the visual arts. (p. 372)	☐	☐
• offer comparisons of equality and inequality. (MSL)	☐	☐
• recommend and suggest, express volition, doubt, and emotions, and describe uncertainty or the unknown. (p. 375)	☐	☐
• examine handicrafts and their artisans. (p. 381)	☐	☐
• draw inferences about what I hear. (p. 384)	☐	☐
Comunicación II		
• observe the world of music and theater. (p. 386)	☐	☐
• classify people and things in the extreme. (MSL)	☐	☐
• discuss possible actions in the present and future. (p. 391)	☐	☐
• delve into the world of cinema and television. (p. 398)	☐	☐
• practice and use circumlocution. (p. 400)	☐	☐
• create strong introductions and conclusions in writing. (p. 400)	☐	☐
Cultura		
• share information about a pre-Columbian art museum. (p. 383)	☐	☐
• identify different artistic and expressive talents. (p. 397)	☐	☐
• investigate the art, artists, and artisans of Peru, Bolivia, and Ecuador. (p. 402)	☐	☐
Laberinto peligroso		
• derive inferences when reading, and hypothesize about Dr. Huesos and the ominous man outside Celia's door. (p. 404)	☐	☐
• consider Celia's threatening e-mail and Cisco's predicament. (p. 406)	☐	☐
Comunidades		
• use Spanish in real-life contexts. (SAM)	☐	☐
Literatura		
• distinguish anaphora, metonymy, and synecdoche as vehicles of poetic expression. (Literary Reader)	☐	☐

***LETRAS* LITERARY READER**

Refer your students to *Capítulo 9* of the *Letras* Literary Reader to read *RIMA IV,* by Gustavo Adolfo Bécquer, and to learn about *la anáfora, la metonimia,* and *la sinécdoque.*

Instructor Resources
- Testing program information

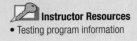

VOCABULARIO ACTIVO

El arte visual	Visual arts
la acuarela	*watercolor*
el arte dramático	*performance art*
el/la artista	*artist*
el autorretrato	*self-portrait*
el dibujo	*drawing*
el diseño	*design*
el grabado	*etching*
la imagen	*image*
el lienzo	*canvas*
el motivo	*motif; theme*
el mural	*mural*
el/la muralista	*muralist*
la naturaleza muerta	*still life*
la obra maestra	*masterpiece*
el óleo	*oil painting*
el paisaje	*landscape*
el pincel	*paintbrush*
el/la pintor/a	*painter*
la pintura	*painting*
el retrato	*portrait*
el taller	*workshop; studio*
el tema	*theme; subject*
el valor	*value*

Algunos adjetivos	Some adjectives
cotidiano/a	*everyday; daily*
estético/a	*aesthetic*
gráfico/a	*graphic*
innovador/a	*innovative*
llamativo/a	*colorful; showy; bright*
talentoso/a	*talented*
técnico/a	*technical*
visual	*visual*

Algunos verbos	Some verbs
crear	*to create*
dibujar	*to draw*
encargarle (a alguien)	*to commission (someone)*
esculpir	*to sculpt*
exhibir	*to exhibit*
hacer a mano	*to make by hand*
reflejar	*to reflect*
representar	*to represent*

La artesanía	Arts and crafts
la alfarería	*pottery; pottery making*
el/la alfarero/a	*potter*
las artes decorativas / aplicadas	*decorative / applied arts*
el/la artesano/a	*artisan*
el barro	*clay*
la cerámica	*ceramics*
la cestería	*basket weaving; basketry*
el/la escultor/a	*sculptor*
la escultura	*sculpture*
la talla	*wood sculpture; carving*
el tapiz	*tapestry*
el/la tejedor/a	*weaver*
el tejido	*weaving*

El mundo de la música y del teatro / *The world of music and theater*

La música	*Music*
el clarinete	*clarinet*
el/la compositor/a	*composer*
el coro	*choir*
el cuarteto	*quartet*
las cuerdas	*strings; string instruments*
el espectáculo	*show*
el flamenco	*flamenco*
los instrumentos de metal	*brass instruments*
los instrumentos de viento / de madera	*woodwinds; wood instruments*
el mariachi	*mariachi*
el merengue	*merengue*
la música alternativa	*alternative music*
la música popular	*popular music*
el/la organista	*organist*
el órgano	*organ*
la orquesta sinfónica	*symphony orchestra*
la pieza musical	*musical piece*
el reproductor de MP3	*MP3 player*
el saxofón	*saxophone*
el/la saxofonista	*saxophonist*
los/las seguidores/as	*fans; groupies; followers*
el/la solista	*soloist*
el teclado	*keyboard*
el trío	*trio*
el trombón	*trombone*
el violín	*violin*

El teatro	*Theater*
el ballet	*ballet*
la comedia	*comedy*
la danza	*dance*
el decorado	*set*
el/la director/a de escena	*stage manager*
la diva	*diva*
el drama	*drama*
el/la dramaturgo/a	*playwright*
el escenario	*stage*
la función	*show; production*
el miedo de salir a escena	*stage fright*
la obra de teatro	*play*
la tragedia	*tragedy*
el vestuario	*costume; wardrobe; dressing room*

El mundo del cine y la televisión / *The world of cinema and television*

El cine	*Cinema*
el/la cinematógrafo/a	*cinematographer*
el cortometraje	*short (film)*
los dibujos animados	*cartoons*
el/la director/a	*director*
el equipo de cámara / sonido	*camera / sound crew*
el guión	*script*
el/la guionista	*scriptwriter; screenwriter*
el montaje	*staging; editing*
¡Silencio!	*Quiet everybody (on the set)!*
¡Se rueda!	*Action!*
los subtítulos	*subtitles*

La televisión	*Television*
el canal	*channel*
el concurso	*game show; pageant*
el noticiero	*news program*
la telenovela	*soap opera*
el/la televidente	*television viewer*

Algunos verbos	*Some verbs*
actuar	*to act*
aplaudir	*to applaud*
componer	*to compose*
editar	*to edit*
filmar	*to film*
hacer el papel	*to play the role*
improvisar	*to rehearse; to improvise*
informar	*to inform; to tell*
representar	*to perform*
rodar (en exteriores)	*to film (on location)*

Instructor Resources
- IRM: Syllabi and Lesson Plans

NATIONAL STANDARDS

COMUNICACIÓN I
- To describe the environment (Communication, Connections, Comparisons, Communities)
- To indicate purpose, time, and location (Communication)
- To specify prior recommendations, wants, doubts, and emotions (Communication)
- To discuss actions completed before others in the past (Communication)
- To distinguish different contexts (Communication, Comparisons)
- To engage in additional communication practice (Communication)

COMUNICACIÓN II
- To identify a variety of animals (Communication, Cultures, Connections)
- To communicate agency, purpose, and source (Communication)
- To convey hypothetical or contrary-to-fact information (Communication)
- To illustrate geographic features (Communication, Cultures, Connections)
- To sequence temporal events (Communication)
- To express agreement, disagreement, or surprise (Communication, Comparisons, Connections)
- To link sentences when writing to be more cohesive, persuasive, and clear (Communication)
- To engage in additional communication practice (Communication)

CULTURA
- To share information about an environmental protection foundation (Communication, Connections)
- To name three Hispanic environmental activists (Cultures, Connections, Comparisons)
- To compare and contrast conservation initiatives in Colombia and Venezuela (Cultures, Comparisons, Connections)
- To explore further the chapter's cultural themes (Cultures)

10 Un planeta para todos

Con más población y contaminación, la calidad de vida se reduce para todo ser vivo en el planeta, tanto para las personas como para los animales y las plantas. Cuidar de la naturaleza y los recursos que tiene la Tierra no es una opción: es una necesidad.

PREGUNTAS

1. ¿Qué tipo(s) de contaminación existe(n) en tu comunidad?
2. ¿Cuáles son algunos de los peligros de la contaminación del medio ambiente?
3. ¿Qué haces para contribuir a la contaminación? ¿Y para reducirla o disminuirla?

410

LABERINTO PELIGROSO
- To recognize and identify characteristics of different text types and discover what Celia does next (Communication)
- To find out what happened to Cisco (Communication)

COMUNIDADES
- To use Spanish in real-life contexts (Communities)

LITERATURA
- To retell a fable and state the moral (Communication)

SECTION GOALS for *Chapter opener*

By the end of the Chapter opener section, students will be able to:
- discuss what types of pollution they encounter where they live.
- propose solutions for improving environmental conditions.
- explain how they impact the environment both positively and negatively.

CAPÍTULO 10

OBJETIVOS	CONTENIDOS	
COMUNICACIÓN I		
To describe the environment	**1** The environment	412
To indicate purpose, time, and location	**Repaso** Prepositions and prepositional pronouns	MSL
To specify prior recommendations, wants, doubts, and emotions	**2** The past subjunctive	416
To discuss actions completed before others in the past	**3** The past perfect (pluperfect) subjunctive	420
To distinguish different contexts	**ESCUCHA:** A radio commentary **Estrategia:** Listening in different contexts	423
To engage in additional communication practice	**Heritage Language**	SAM
COMUNICACIÓN II		
To identify a variety of animals	**4** Some animals	425
To communicate agency, purpose, and source	**Repaso** The infinitive after prepositions	MSL
To convey hypothetical or contrary-to-fact information	**5** *If* clauses (Part 2)	430
To illustrate geographic features	**6** Some geographical terms	432
To sequence temporal events	**7** The sequence of verb tenses	435
To express agreement, disagreement, or surprise	**¡CONVERSEMOS!** **Estrategias comunicativas:** Expressing agreement, disagreement, or surprise	440
To link sentences when writing to be more cohesive, persuasive, and clear	**ESCRIBE:** A persuasive essay **Estrategia:** More on linking sentences	442
To engage in additional communication practice	**Heritage Language**	SAM
CULTURA		
To share information about an environmental protection foundation	**NOTAS CULTURALES** Amigos del Medio Ambiente	422
To name three Hispanic environmental activists	**PERFILES** Algunas personas con una conciencia ambiental	438
To compare and contrast conservation initiatives in Colombia and Venezuela	**VISTAZO CULTURAL** La naturaleza y la geografía de Colombia y Venezuela	444
To explore further the chapter's cultural themes	**MÁS CULTURA**	SAM
LABERINTO PELIGROSO		
To recognize and identify characteristics of different text types and discover what Celia does next	**EPISODIO 10** **Lectura:** *En peligro de extinción* **Estrategia:** Identifying characteristics of different text types	446
To find out what happened to Cisco	**Video:** *¡Alto! ¡Tire el arma!*	448
COMUNIDADES		
To use Spanish in real-life contexts	**Experiential Learning:** El trueque **Service Learning:** ¿Dónde comprar?	SAM SAM
LITERATURA		
To retell a fable and state the moral	**LETRAS** *El conejo y el león* (Augusto Monterroso)	*See Literary Reader*

411

NATIONAL STANDARDS
Chapter opener

The information about pollution, the environment, and how individuals impact the environment aligns with Communication Standard 1.1 and Connections Standard 3.1. The discussion questions that accompany the Chapter opener section promote interpersonal communication because students engage in conversations, provide and obtain information, express feelings and emotions, and exchange opinions. As students discuss how they affect the environment, they make connections to other disciplines such as environmental science, ecology, economics, biology, and geography.

METHODOLOGY • Making Topics Relevant

The opening questions for each chapter always begin with your students and what they already know about the topic. This notion of beginning where the learner is comes from educational philosopher John Dewey. Try having your students turn to partners and answer the questions in pairs. Then have them share the answers their partners gave. This makes students practice both listening and paraphrasing.

HERITAGE LANGUAGE LEARNERS

Ask heritage language learners to share about the environmental problems in their countries of origin.

METHODOLOGY • Timing Activities

You will see that in some cases suggested times for activities in this chapter may be slightly longer than in past chapters. As students are able to manipulate and create more with the language, more time may be allotted for activities in which students are encouraged to elaborate on responses or participate in more extended conversation. Whenever possible, extend your follow-up to engage students further by posing related questions.

METHODOLOGY • Student Motivation

Motivation plays a large role in learning another language. All the activities in *¡Anda!* focus on having the students interact with each other in a nonthreatening and highly engaging way. You should notice your students becoming more and more comfortable and confident as they are learning Spanish. This chapter continues our goal of providing students with fun, enjoyable opportunities to practice Spanish with their classmates.

PLANNING AHEAD

Assign **10-2,** *Paso 1,* **10-4,** *Paso 1* and potentially *Paso 2,* **10-5, 10-12,** *Paso 1,* and **10-18** to be completed by students before class. As usual, remember to have students read all grammar presentations before class. Finally, assign the *Notas culturales, Escucha, Perfiles, Escribe, Vistazo cultural,* and *Laberinto peligroso* episodes to be completed prior to class.

21ST CENTURY SKILLS • LIFE AND CAREER SKILLS

The Partnership for 21st Century Skills requires that education include preparing students for the world of work. That includes the skills of managing goals and time, working independently, and being self-directed learners. *¡Anda! Curso intermedio* provides *Estrategias* at the point of need to help learners become successful, independent, life-long learners. Perhaps more important are the curricular suggestions for *¡Anda!* users, one of which is assigning topics like grammar presentations and cultural readings to be done before class. This approach ensures the creation of independent, self-directed learners.

Instructor Resources

- Textbook images, Extra Activities

SECTION GOALS for *Comunicación I*

By the end of the *Comunicación* section, students will be able to:

- discuss the environment and the dangers it faces.
- review the uses of common prepositions and their accompanying pronouns.
- form the past subjunctive and understand its uses.
- contrast the forms and uses of the present perfect subjunctive with the past perfect subjunctive.
- explain the role of *Amigos del Medio Ambiente.*
- practice the skill of listening in different contexts.

NATIONAL STANDARDS
Communication, Cultures, Connections, Comparisons

The *Comunicación I* section spans several Goal Areas, including Communication, Cultures, Connections, and Comparisons. The numerous pair and small group activities facilitate interpersonal communication (Standard 1.1), whereas the *Notas culturales* and the *Escucha* sections facilitate interpretive communication (Standard 1.2) as students understand and interpret written Spanish and spoken Spanish, respectively. The *Notas culturales* section also aligns with Cultures Standard 2.1, as students understand the practices and perspectives of the Hispanic group *Amigos del Medio Ambiente.* The cultural information and the vocabulary related to the environment reinforce and further the students' connections to other disciplines such as science and humanities (Standard 3.1). Lastly, the continued study of the subjunctive mood allows students to make comparisons between Spanish and English (Standard 4.1).

EXPANSION for *El medio ambiente*

Have students research endangered species in the United States. Students can bring pictures or video clips to share with the class. In groups they can discuss what is being done to protect these species.

Comunicación I

¡Anda! Curso elemental, Capítulo 11. El medio ambiente, Apéndice 2.

3:00

1 VOCABULARIO

10-01 to 10-03

El medio ambiente Describing the environment

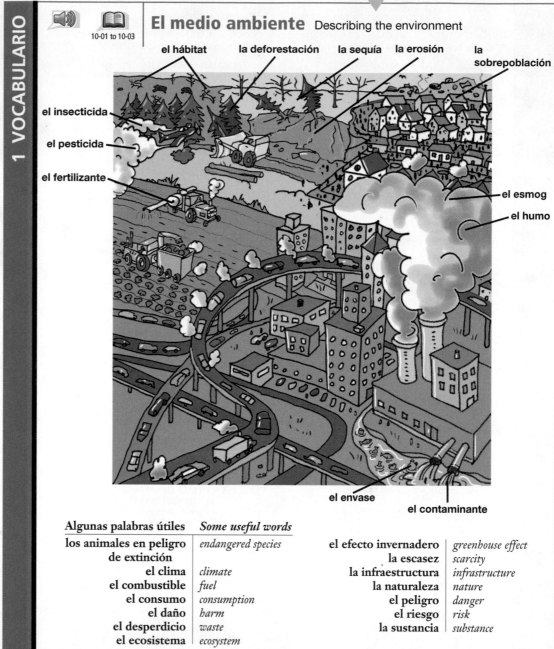

Algunas palabras útiles	*Some useful words*		
los animales en peligro de extinción	*endangered species*	el efecto invernadero	*greenhouse effect*
el clima	*climate*	la escasez	*scarcity*
el combustible	*fuel*	la infraestructura	*infrastructure*
el consumo	*consumption*	la naturaleza	*nature*
el daño	*harm*	el peligro	*danger*
el desperdicio	*waste*	el riesgo	*risk*
el ecosistema	*ecosystem*	la sustancia	*substance*

HERITAGE LANGUAGE LEARNERS

Heritage language learners tend to lack the vocabulary specific to topics such as the environment, medicine, etc. Have them each bring in an article from the Internet and underline words they do not recognize. You can suggest that they start making lists of these words, attempting to use them in their speech and in their writing. Explain to them that using these words in real contexts will assist more in acquiring the vocabulary than strictly memorizing the words.

Algunos verbos	*Some verbs*
amenazar	*to threaten*
conservar	*to conserve*
cosechar	*to harvest*
dañar	*to damage; to harm*
desaparecer	*to disappear*
descongelar	*to thaw*
desperdiciar	*to waste*
destruir	*to destroy*
fabricar	*to make; to produce*
hacer ruido	*to make noise*
mejorar	*to improve*
preservar	*to preserve*
prevenir	*to prevent*
reducir	*to reduce*
reemplazar	*to replace*
rescatar	*to rescue*
sobrevivir	*to survive*
sostener	*to sustain*

Algunos adjetivos	*Some adjectives*
árido/a	*arid; dry*
biodegradable	*biodegradable*
climático/a	*climatic*
ecológico/a	*ecological*
exterminado/a	*exterminated*
renovable	*renewable*
tóxico/a	*poisonous*

Estrategia

When discussing *El medio ambiente*, include previously learned vocabulary that connects with this theme. For example, in *¡Anda! Curso elemental* you learned *el daño, el efecto invernadero*, and *la naturaleza*. For more review vocabulary on the environment, go to Appendix 3, *Capítulo 11*.

REPASO

¡Hola! *Repaso* & Spanish/English Tutorials

10-04 to 10-06

Las preposiciones y los pronombres preposicionales
Indicating purpose, time, and location

For a complete review of prepositions and prepositional pronouns, go to MySpanishLab or refer to **Capítulo 11** of ***¡Anda! Curso elemental*** in Appendix 3 of your textbook. The vocabulary activities that follow incorporate this grammar point. Practicing new vocabulary with a review grammar point helps to strengthen and increase your knowledge of Spanish.

4:00

10-1 Definiciones Completa los siguientes pasos. ■

Paso 1 Aquí tienen las definiciones. ¿Cuáles son las palabras? Túrnense.

MODELO todo lo que nos rodea (*surrounds us*) y que debemos cuidar para mantenerlo limpio
el medio ambiente

1. la falta o insuficiencia de algo, por ejemplo el agua o la energía la escasez
2. una sustancia química tóxica que echamos encima de las plantas para controlar los insectos el insecticida, el pesticida
3. la falta de agua en la Tierra la sequía
4. tener demasiadas personas viviendo dentro de un área de la Tierra la sobrepoblación
5. preparar con anticipación lo necesario para evitar algo prevenir
6. liberar de peligro o daño rescatar
7. tener la posibilidad de hacer algo de nuevo, o de volverlo a su estado original renovable
8. elementos o servicios que son necesarios para la creación y buen funcionamiento de una organización la infraestructura

Paso 2 Ahora di las preposiciones que hay en cada definición. Túrnense.

Estrategia

Remember that *la tierra* means "land" or "soil," whereas *la Tierra* refers to the planet Earth.

CAPÍTULO 10

HERITAGE LANGUAGE LEARNERS

If there is a greenhouse at your university or in your city, have your heritage language learners visit the facility and write a brief reflection about their experience to share with the class.

NOTE for *Repaso*

This is a reminder that the *Repaso* sections on MySpanishLab are meant to be assigned as homework the night before you introduce the new vocabulary. Students should be expected to review this prior to class so that you can proceed immediately to the first activity following the vocabulary presentation.

If you want, immediately following the vocabulary presentation and preceding the first vocabulary activity in the text, you may do the following mechanical activity.

Have students create letter associations. The partners start with the letter "a" and they say as many of the new vocabulary words as they can that begin with "a." When they exhaust "a" they move to "b," etc.

MODELO
E1: *amenazar*
E2: *árido*
E1: *No puedo pensar en otra palabra con la "a". Con la "b", biodegradable.*
E2: *No puedo pensar en otra palabra con la "b". Con la "c", contaminar.*
E1: …

HERITAGE LANGUAGE LEARNERS

Remind heritage language learners that there are lexical variations for some of the prepositions listed; e.g., *al frente* and *enfrente de*, and *adelante* and *delante de*. Remind them that they need to use *en medio de* for "in the middle of."

METHODOLOGY • Working in Pairs

Remember that it is ideal for students to change partners daily. In this way, students have the opportunity to work with all their classmates, and you build community within your classroom. At the very least, partners should be changed weekly.

NOTE for 10-2
You may wish to remind your students that the contractions *del* and *al* are prepositions and definite articles combined.

ANSWERS to 10-2
1. Fabián cree que es el crecimiento tan rápido de la población humana y el desarrollo tecnológico.
2. Ha aumentado un treinta por ciento (en los últimos doscientos cincuenta años).
3. La temperatura global de la Tierra está subiendo.
3. Hay que buscar maneras de reducir las emisiones de carbono, y se necesita un gran mejoramiento en la eficiencia energética y en las fuentes alternativas de energía.

METHODOLOGY • Following up Activities
As always, it is important to follow up pair and group work by bringing the activity to the level of the class. Following up student work has many benefits. For example, it:
- lets students know that their work is important.
- allows students to check their work.
- lets you know what students understand and don't understand.
- gives students the opportunity to "report back" using different forms of the verbs.
- provides you with the opportunity to ask expansion questions.

Following up by bringing the activity to the level of the class does *not* mean going over the entire activity again.

HERITAGE LANGUAGE LEARNERS
In **10-3,** remind heritage language learners of the difference between the verbs *votar* and *botar*. Because many learn the language phonologically and morphologically, these verbs are sometimes confused. Some students may use other variations such as *tirar* and *arrojar*.

7:00 **10-2 Nuestros problemas** Delia y Fabián acaban de participar en el Día Mundial del Medio Ambiente. Lean la conversación entre ellos y completen los siguientes pasos. ■

Paso 1 Subrayen todas **las preposiciones.**

DELIA: Fabián, ¿qué opinas de los problemas del medio ambiente?

FABIÁN: Bueno, creo que el crecimiento tan rápido de la población humana y el desarrollo tecnológico están produciendo un deterioro cada vez más acelerado en la calidad del medio ambiente y en su capacidad de sostener vida.

DELIA: Sí, estoy totalmente de acuerdo. Además, según los expertos, el dióxido de carbono atmosférico se ha incrementado un treinta por ciento en los últimos doscientos cincuenta años. El problema es que eso puede impedir que la radiación de onda larga escape al espacio exterior. Parece que producimos más calor mientras que es menos el que puede escapar.

FABIÁN: Sí, y ya sé a donde vas —la temperatura global de la Tierra está subiendo. Yo creo que el cambio climático es la cuestión crítica de nuestra época. Entonces las organizaciones nacionales e internacionales tienen que exigir que las empresas y las comunidades busquen la manera de reducir las emisiones de gases de invernadero.

DELIA: Y para que esto sea realidad, hay que buscar maneras de reducir emisiones de carbono. Todo eso va a requerir un gran mejoramiento en la eficiencia energética y en las fuentes alternativas de energía.

FABIÁN: Claro, y no te olvides de los bosques, los ríos y los océanos —el consumo tiene que ser ecológico para poder proteger y conservar la belleza que tenemos en nuestro mundo.

Paso 2 Túrnense para contestar las siguientes preguntas.

1. Según Fabián, ¿qué está causando el deterioro en la calidad del medio ambiente?
2. Según Delia, ¿cuánto ha aumentado el nivel de dióxido de carbono en los dos últimos siglos?
3. ¿Cuál puede ser el efecto de ese aumento en el dióxido de carbono?
4. ¿Qué necesitan hacer tanto los países como la comunidad global para combatir eso y para proteger nuestro mundo?

4:00 **10-3 Así es** Busquen la pareja más lógica para cada frase y creen **ocho** oraciones completas. ■

1. h Alguien bota el envase en el río y…
2. e El consumo de la energía para mantener el nivel de vida…
3. a Según las cifras (*figures*), los Estados Unidos desperdicia más…
4. g Antes de destruir todos los bosques…
5. b El mundo se está calentando hasta el punto de…
6. f Para reducir el consumo de petróleo…
7. d Sin preservar los recursos naturales…
8. c Después de dañar tanto a la Madre Tierra…

a. que cualquier otro país del planeta.
b. descongelar los polos norte y sur.
c. es impresionante ver cómo nos sigue sosteniendo.
d. el mundo será muy diferente para las generaciones del futuro.
e. es un gran desperdicio.
f. tenemos que usar los coches de gasolina mucho menos que ahora.
g. necesitamos un mejor plan para reforestar.
h. termina en el mar.

12:00 Workbooklet

10-4 Encuesta ¿Eres "verde"? Completa los siguientes pasos para averiguarlo. ■

Paso 1 Indica con qué frecuencia haces las siguientes acciones.

	NUNCA	A VECES	CASI SIEMPRE	SIEMPRE
1. Hablar con mis amigos y parientes para animarlos a reciclar.				
2. No importarme pagar más por los productos que son orgánicos y/o biodegradables.				
3. Reciclar todo el papel que uso.				
4. Reciclar todos los envases posibles de vidrio, plástico, cartón y lata.				
5. No pensar comprar nada que dañe el ecosistema, incluso los pañales (*diapers*).				
6. Conducir menos para conservar energía y reducir la contaminación del aire.				
7. Conducir más lento y menos agresivamente para conservar energía.				
8. Leer el periódico y las revistas en el Internet.				
9. Buscar artículos y programas de televisión para poder aprender más sobre la ecología.				
10. Preocuparme por el agotamiento (*depletion*) de los recursos naturales.				

Paso 2 Crea preguntas y házselas a por lo menos **cinco** compañeros/as de clase. Escribe sus respuestas.

MODELO E1: *¿Hablas con tus amigos y parientes para animarlos a reciclar?*

E2: *Sí, les hablo a veces.*

Paso 3 En grupos de cuatro o cinco, discutan sus respuestas y creen gráficas que representen sus resultados.

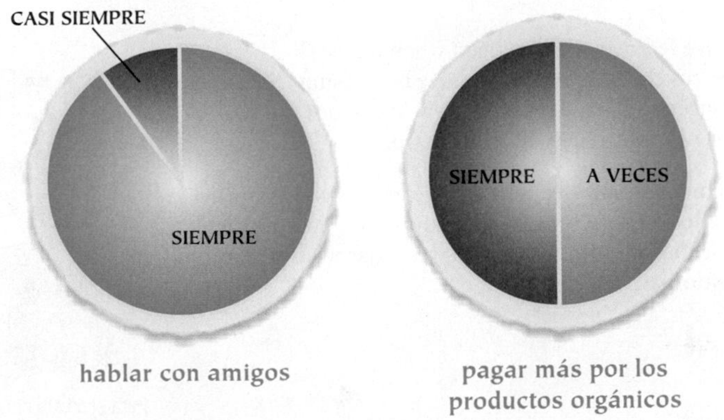

NOTE for 10-4

Assign both *Paso 1* and potentially *Paso 2* from **10-4** for homework so that students come to class ready to interact with their classmates. Assign *Paso 2* for homework if you have students that need extra time creating questions. You could also make this a small group assignment. How you choose to set up this activity will determine the amount of time necessary to complete it.

NATIONAL STANDARDS
Connections

Connections with other disciplines is one of the National Standards and can be incorporated in **10-4.** For *Paso 3,* students are asked to create either pie or bar graphs with their answers. You may wish to assign *Paso 3* as homework so that your students can create the graphs on their computers and then present them as a follow-up at the next class.

METHODOLOGY • Holding Students Accountable

When following up activities, you may ask students to report on the responses of other students. For example, in **10-4,** students report on the results they collected from the survey. Having to report results is excellent listening practice and encourages students to pay attention.

EXPANSION for 10-4

Have students describe your institution's initiatives for the environment.

METHODOLOGY • Following up Activities Efficiently

When following up pair and group activities, it is important to be efficient. In most cases you should not have every group report, but rather call on 2 or 3. In more mechanical activities, answers can be checked quickly, calling on different students and only checking items you know are not completely straightforward. Follow-up may take from 20 seconds to 2 minutes, depending on the length of the activity. For activities that require more manipulation or creation of language, follow-up might take longer but should not last more than 2 minutes. The key is to be efficient and maintain a lively pace.

Instructor Resources
- PPT, Extra Activities

EXPANSION for 10-5
Your students may wish to learn more about *Selva Negra,* the foundation started by Maná for preservation of the environment and ecology by researching it on the Internet.

Also, have students research other musical groups or entertainers that have organized foundations, donated money, or made other significant contributions in support of the environment. Suggested keywords: *Green musicians, green bands.*

NOTE for 10-6
You may choose to have these issues debated by two large groups, or you may have smaller groups debating each other with assigned topics and then summarizing the key points for the entire class.

EXPANSION for 10-6
Have students research the effects of the use of chemicals or pesticides, and have them talk about the negative effects on the products and the farm workers in states like Florida, California, Colorado, etc. After the research is complete, this could be a class discussion or a written assignment.

SUGGESTION for *El imperfecto de subjuntivo*
You may choose to begin by quickly focusing on form. Call out or write a series of verbs in the present subjunctive form and have students provide the appropriate forms in the imperfect subjunctive.

NOTE for *El imperfecto de subjuntivo*
You may choose to share with students the alternate set of endings for the imperfect subjunctive: *-se* instead of *-ra.* These forms are less commonly used, although usage varies among countries and among individuals within countries. The *-se* forms are also seen frequently in literature.

12:00

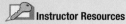

10-5 La Selva Negra En el **Capítulo 9,** hablamos de Maná. ¿Sabían que la fundación ecológica La Selva Negra es el brazo social de este grupo de rock? Vayan al Internet para ver artículos y fotos de algunos de sus proyectos dedicados a la protección y preservación del medio ambiente. Después, preparen una presentación de por lo menos **quince** oraciones sobre uno de los proyectos. ■

Fíjate
Suggested keyword for your Internet search include: *Selva negra, Maná, conservación,* and *fundación.*

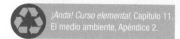

¡Anda! Curso elemental, Capítulo 11. El medio ambiente, Apéndice 2.

10:00

10-6 Debate Formen equipos para debatir las posibles causas y soluciones a los siguientes problemas. ■

PROBLEMAS:

1. 
la sobrepoblación de algunos países del mundo

2. 
la deforestación

3. 
el alto consumo de petróleo

4. 
la dependencia de la energía de combustibles fósiles

Estrategia
For some useful phrases to express agreement or disagreement, consult the *¡Conversemos!* section of this chapter on p. 440.

4:00

2 GRAMÁTICA

10-07 to 10-09 ¡Hola! Spanish Tutorial

El imperfecto de subjuntivo
Specifying prior recommendations, wants, doubts, and emotions

You already have learned and practiced when to use the subjunctive versus the indicative. You have been using the present and present perfect subjunctive. Now we will explore the past subjunctive, or **el imperfecto de subjuntivo.**

1. The **imperfect subjunctive** is used to refer to **past events that can include those that were incomplete, hypothetical, unreal, or indefinite.** It is used to express **past wishes, doubts,** and **suggestions.**

Para el artista era importante que se reciclara.

El granjero dudaba que la deforestación **pudiera** causar tanta erosión.	*The farmer doubted that deforestation could cause so much erosion.*
Los televidentes pidieron que **hubiera** más programas de temas ecológicos.	*The television viewers requested that there be more programs about ecological topics.*

2. The **imperfect subjunctive** is also used to make **polite requests or statements** using **querer, poder,** and **deber.**

Quisiera saber cómo este pueblo piensa rescatarse.	*I would like to know how this town is planning to save itself.*
¿Pudieras recomendarme un insecticida menos tóxico?	*Could you recommend a less toxic insecticide?*
Debieras ir a la conferencia sobre el medio ambiente.	*You should go to the conference on the environment.*

3. You may use the **imperfect subjunctive** with **ojalá** when it means ***I wish.***

Ojalá que **pudiéramos** rescatar los animales que casi están en peligro de extinción.	*I wish we could rescue the animals that are on the verge of extinction.*

4. The **imperfect subjunctive** of regular and irregular verbs is formed by:

   a. taking the third-person plural of the preterit,
   b. dropping the -ron ending,
   c. adding the following endings:

		conservar	**sostener**	**sobrevivir**
		(conserva~~ron~~)	(sostuvie~~ron~~)	(sobrevivie~~ron~~)
yo	**-ra**	conserva**ra**	sostuvie**ra**	sobrevivie**ra**
tú	**-ras**	conserva**ras**	sostuvie**ras**	sobrevivie**ras**
Ud.	**-ra**	conserva**ra**	sostuvie**ra**	sobrevivie**ra**
él, ella	**-ra**	conserva**ra**	sostuvie**ra**	sobrevivie**ra**
nosotros/as	**-ramos**	conservá**ramos**	sostuvié**ramos**	sobrevivié**ramos**
vosotros/as	**-rais**	conserva**rais**	sostuvie**rais**	sobrevivie**rais**
Uds.	**-ran**	conserva**ran**	sostuvie**ran**	sobrevivie**ran**
ellos/as	**-ran**	conserva**ran**	sostuvie**ran**	sobrevivie**ran**

Note: A **written accent** is required on the ***final vowel of the stem*** in the **nosotros** form (first person plural).

3:00 **10-7 La corrida** Escuchen mientras su profesor/a les explica la actividad. Van a jugar este juego rápido para practicar las formas del **imperfecto de subjuntivo.** ■

NOTE for 10-7
INSTRUCTIONS for *La corrida*

1. Before class, create a sheet with 10 blank boxes. In class, you will divide your students into equal groups. (If you have 20 students, you will have 4 groups of 5 students—if you have an unequal number, you will have 1 or 2 student helpers to assist you.) In each box, write the same number of subjects (nouns and pronouns) as the number of students on each team—e.g., if each team has 5 students, you will list 5 subjects in each box. Make 1 copy of your sheet for each team.
2. In class, divide students into teams. Once divided, the student teams line their desks in rows, front to back—e.g., 3 rows of 5 desks each.
3. When the teams are set up, give the first person in each row / team a copy of the sheet with the subjects in each box.
4. Write an infinitive on the board. The first person in each row must fill in the correct form of the imperfect subjunctive for the first subject in box 1.
5. The sheet will pass from front to back, with each student filling in the corresponding verb form.
6. Students may not speak nor help each other in any way.
7. When the last person in the row finishes writing his/her verb form, he/she either raises his/her hand to have the complete box checked or runs to the instructor to hand in the sheet.
8. The team that gets all forms correct first wins the round.
9. Students rotate seats, front to back, with the last person now taking the first seat.
10. Repeat until you have played all the rounds you wish or until the sheet is completed.

EXPANSION for 10-8
As a variation to this activity, have the university's president make the request to protect the environment on campus.

MODELO *En su discurso inaugural, el presidente de la universidad les pidió las siguientes cosas a los estudiantes.*
Les pidió que… (reciclar)
Era necesario que sólo… (traer)
Les sugirió que… (reutilizar)
Les recomendó que… (donar)
Les insistió en que… (hacer)

¡Anda! Curso elemental, Capítulo 11. El medio ambiente; La política, Apéndice 2.

4:00

10-8 ¿Qué más?

Acaban de ver un documental en la televisión sobre la protección del medio ambiente donde hablaron muchos expertos y personas oficiales del gobierno. Terminen las siguientes oraciones usando siempre **el imperfecto de subjuntivo.** ■

MODELO El alcalde nos exigió que… (reducir)
El alcalde nos exigió que redujéramos la cantidad de basura que producíamos.

1. Los expertos esperaban que la gente… (saber)
2. Era imprescindible que yo… (no destruir)
3. El gobierno deseaba que los estados… (no utilizar)
4. Los oficiales nos sugirieron que… (prevenir)
5. Un experto buscaba un oficial que… (poder apoyar)
6. Nos mandó que… (evitar)

NOTE for 10-9
You may choose to remind students that when *Ojalá* is used with the present subjunctive it means "I hope": *Ojalá que nosotros podamos plantar árboles en nuestro jardín este otoño.*

¡Anda! Curso intermedio, Capítulo 9. Repaso del subjuntivo, pág. 375.

¡Anda! Curso elemental, Capítulo 11. El medio ambiente; La política, Apéndice 2.

4:00

10-9 Mis deseos

¿Cuáles son sus deseos o recomendaciones acerca del medio ambiente? Expresen sus recomendaciones usando **el imperfecto de subjuntivo.** ■

MODELO E1: la deforestación
E2: *¡Ojalá que pudiéramos plantar dos árboles por cada uno que cortamos!*

Estrategia
Remember that *ojalá* signals the use of the subjunctive. Also remember that the use of *que* is optional.
Ojalá (que) pudiera convencerlos. I wish (that) I could convince them.

1. 
la escasez de agua

2. 
el esmog

3. 
la lluvia tóxica

4. 
los animales en peligro de extinción

5. 
el efecto invernadero

6. 
el desperdicio

6:00 **10-10 En el pasado** ¿Qué hacía la gente en el pasado para proteger el medio ambiente? Túrnense para hacerse y contestar las preguntas sobre sus acciones usando **el imperfecto de subjuntivo.** ■

MODELO conservar el agua

E1: *¿Qué hacían para conservar el agua?*

E2: *Era importante que las duchas fueran cortas y que no se usara mucha agua en el jardín para regar el césped y las plantas…*

1. conservar la gasolina
2. reducir la basura
3. evitar el uso de contaminantes
4. proteger la tierra
5. proteger los animales salvajes / desplazados (*displaced*)

¡Anda! Curso elemental, Capítulo 11. El medio ambiente, Apéndice 2.

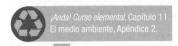

5:00 **10-11 Por favor** Hay personas que tienen excusa tras excusa para no hacer nada para sostener o ayudar a proteger el medio ambiente. Tienen también unos amigos que son creativos en las excusas que tienen para no ayudarlos. Usen **el imperfecto de subjuntivo** para pedirles favores a sus amigos. ■

MODELO cosechar el maíz

E1: *Tomás, hoy mi padre empieza a cosechar el maíz. ¿Pudieras ayudarnos?*

E2: *Me gustaría ayudarlos, pero tengo que llevar a mi abuelo al médico.*

1. trabajar en el centro de reciclaje
2. reemplazar las bombillas en todos los edificios de la universidad
3. llevar todas las sustancias químicas tóxicas a un vertedero especial
4. reforestar el bosque detrás de la universidad
5. rescatar unos animales desplazados

¡Anda! Curso elemental, Capítulo 10. Los medios de transporte; Capítulo 11. El medio ambiente; La política, Apéndice 2.

¡Anda! Curso intermedio, Capítulo 7. Algunos artículos en las tiendas, pág. 303; Capítulo 9. Repaso del subjuntivo, pág. 375.

5:00 **10-12 Un futuro mejor** Imagina que dentro de veinte años estás hablando con tus padres sobre "aquellos tiempos" cuando el planeta estaba en más peligro y la sociedad tenía más problemas. ■

Paso 1 Escribe por lo menos **ocho** comentarios sobre lo que hacías para mejorar el medio ambiente. Necesitas usar **el imperfecto de subjuntivo** en cada oración.

MODELO E1: *Papá, en aquel entonces* (back then) *tú querías que compráramos un coche muy pequeño que usara menos gasolina. En casa, nos exigías que… En el jardín…*

Paso 2 Comparte tus comentarios con un/a compañero/a. Túrnense.

METHODOLOGY • Differentiated Instruction for 10-12
For **10-12,** you may wish to provide a more complete model for students who have difficulties.

MODELO *Papá, en aquel entonces tú querías que compráramos un coche muy pequeño que usara menos gasolina. En casa, nos exigías que recicláramos las latas, el vidrio, el cartón y los periódicos. En el jardín, era importante que no usáramos pesticidas tóxicos. Siempre buscábamos plantas que no requirieran mucha agua…*

SUGGESTION for 10-10
Prior to completing **10-10,** tell students to ask their relatives or parents what they used to do to be more energy efficient and to protect the environment.

ADDITIONAL ACTIVITY for *El imperfecto de subjuntivo*
Me gustaría, pero… Piensen en favores que le han pedido o que le podrían pedir a alguien. Después, piensen en algunas excusas para no hacerlo. Sigan el modelo.

MODELO
E1: *Quisiera pedirte un favor. Mi coche no tiene gasolina. ¿Pudieras llevarme al supermercado?*
E2: *Me gustaría llevarte, pero mi coche está en el taller —no funciona bien ahora.*

EXPANSION for 10-11
Encourage students to add their own suggestions for favors they would ask of their friends.

METHODOLOGY • Formulating Questions
10-11 gives students the opportunity to create questions to ask other students. The research states that language students have a difficult time formulating questions because they have little practice; it is usually the teacher asking the questions. Asking questions incorporates higher-order thinking because each student then needs to hypothesize the answer the classmate will give.

METHODOLOGY • Differentiated Instruction
Differentiated instruction is when you tailor your lessons for your different types of learners. The number of types of learners and their preferences depends on which research you are consulting. Some research maintains that there are 4 different types of learning styles, some say 7 or 8, and still others maintain that there are more than 20! As instructors, we need to remember that students learn in different ways and progress at different paces. It is important to know that some of your students' best performances will be to give multiple answers, while for others, the best effort will be one complete sentence. Differentiating instruction, in part, means tailoring our lessons so that all of our students will be successful, no matter what their style or talents.

Instructor Resources
• PPT, Extra Activities

NOTE for *El pasado perfecto de subjuntivo*
You may prefer to refer to this tense as the *pluscuamperfecto de subjuntivo*.

HERITAGE LANGUAGE LEARNERS
Heritage language learners might need additional practice with the conjugation of *haber* because sometimes they omit the *h*.

HERITAGE LANGUAGE LEARNERS
Heritage language learners might not be familiar with the past perfect form of the subjunctive, as this verb tense is not commonly used in the spoken language. Reinforce these forms with them, because they may be able to understand but not to produce them in a communicative manner. In many instances, using the simple subjunctive can be acceptable. E.g.:

El presidente les dio a los estudiantes cincuenta árboles para que los plantaran en los alrededores de la universidad.

and

El presidente espera que los estudiantes planten los árboles.

El presidente espera que los estudiantes hayan plantado los árboles.

Both answers are acceptable.

2:00

3 GRAMÁTICA

10-10 to 10-12 | ¡Hola! Spanish Tutorial

El pasado perfecto de subjuntivo

Discussing actions completed before others in the past

¡No había nadie que hubiera reciclado más que mis padres!

The **past perfect subjunctive** (also known as the *pluperfect subjunctive*) is used under the same conditions as the ***present perfect*** **subjunctive (haya -ado / -ido, hayas -ado / -ido, etc.), but** it is used to refer to **an event prior to another past event.** This includes **events that were doubted or that one wished had already occurred.**

Sentíamos que el gobierno **hubiera dejado** que cortaran tantos árboles. — *We were sorry that the government had allowed them to cut so many trees.*

Esperaba que mis padres ya **hubieran reciclado** sus latas. — *I hoped that my parents had already recycled their cans.*

Dudaba que ya **hubieran comprado** los productos biodegradables. — *He doubted that they had already bought the biodegradable products.*

Note: The first verb in each of the sample sentences is in the **imperfect** (**Sentíamos, Esperaba,** and **Dudaba**). Those first verbs are in the ***main clause***, which is also known as the ***independent clause***.

- The **pasado perfecto de subjuntivo is formed in the following manner:**

  imperfect subjunctive form of *haber* + participio pasado (-ado /-ido)

yo	**hubiera**	
tú	**hubieras**	
Ud.	**hubiera**	
él, ella	**hubiera**	**dañado**
nosotros/as	**hubiéramos**	**sostenido**
vosotros/as	**hubierais**	**sobrevivido**
Uds.	**hubieran**	
ellos/as	**hubieran**	

10-13 El pasado

¿Cómo se sentían en el pasado? Cambien las siguientes oraciones usando **el pasado perfecto de subjuntivo.** ■

MODELO Dudo que algunos de nuestros compañeros hayan pensado en la cantidad de basura que producen.
Dudaba que algunos de nuestros compañeros hubieran pensado en la cantidad de basura que producían.

1. Dudo que nuestros vecinos hayan reciclado tanto como nosotros.
2. No puedo creer que el presidente de la universidad no haya apoyado los esfuerzos de nuestra organización "campus verde".
3. Me molesta que nuestros compañeros hayan puesto tantos periódicos en la basura.
4. Nos alegra que la universidad haya dejado de usar sustancias químicas tóxicas para la limpieza de los edificios.
5. No creemos que hayan cambiado los pesticidas por unos biodegradables.

¡Anda! Curso elemental, Capítulo 11. El medio ambiente, Apéndice 2.

10-14 Tiempo y modo

Expresen sus opiniones sobre el medio ambiente usando **el pasado perfecto de subjuntivo.** ■

MODELO es bueno / rescatar / el oso panda...
Era bueno que hubiera rescatado el oso panda...

1. (yo) sentir / dañar / ese bosque
2. ser dudoso / sobrevivir / animales
3. ser importante / sostener / infraestructura
4. (nosotros) no creer / amenazar / dueños de la fábrica
5. ser lástima / destruir / cosecha

¡Anda! Curso elemental, Capítulo 11. El medio ambiente, Apéndice 2.

10-15 En el centro de reciclaje

Ayer se presentaron varios voluntarios, pero pasaron el día charlando y mucho se quedó sin hacer (*a lot was left undone*). Ahora ustedes y sus amigos tienen que hacerlo todo. Cambien los verbos del pasado perfecto de indicativo al **pasado perfecto de subjuntivo.** ■

MODELO Cuando llegamos al centro:
No habían hecho nada del trabajo del día anterior. (molestarnos)
Cuando llegamos al centro, nos molestó que no hubieran hecho nada del trabajo del día anterior.

Cuando llegamos al centro:

1. No habían separado los periódicos. (molestarnos)
2. Habían dejado muchas cajas de plástico en la entrada. (sorprenderme)
3. Alguien había escrito "latas" en el recipiente general para el aluminio. (frustrarnos)
4. El director del centro nos dijo que había buscado otras personas para ayudar en el futuro. (alegrarnos)
5. No había venido nadie que pudiera levantar una caja enorme de vidrio. (extrañarme)

ANSWERS to 10-14

1. Sentía que hubieran dañado ese bosque.
2. Era dudoso que hubieran sobrevivido los animales.
3. Era importante que hubieran sostenido la infraestructura.
4. No creíamos que hubieran amenazado a los dueños de la fábrica.
5. Era una lástima que hubieran destruido la cosecha.

EXPANSION for 10-14

Ask students who are more advanced to complete the sentences once they have changed them to the past perfect subjunctive.

EXPANSION for 10-14

You may want to give your students the following options:

1. Alegrarse de / yo haya preservado...
2. Es bueno / tus profesores hayan amenazado...
3. Es sorprendente / mi novio y yo hayamos reducido...
4. Esperar / ustedes hayan prevenido...
5. Es dudoso / tú y yo hayamos reemplazado...
6. Preferir / mi familia haya conservado...

ANSWERS to 10-15

1. Nos molestó que no hubieran separado los periódicos.
2. Me sorprendió que hubieran dejado muchas cajas de plástico en la entrada.
3. Nos frustró que alguien hubiera escrito "latas" en el recipiente general para el aluminio.
4. Nos alegró que el director del centro nos hubiera dicho que había buscado a otras personas para ayudar en el futuro.
5. Me extrañó que no hubiera venido nadie que pudiera levantar una caja enorme de vidrio.

SECTION GOALS for *Notas culturales*

By the end of the *Notas culturales* section, students will be able to:

- summarize the function and goals of *Amigos del Medio Ambiente.*
- compare this organization with similar organizations in the United States.
- discuss their opinions about environmental organizations such as *Amigos del Medio Ambiente.*

NATIONAL STANDARDS
Communication, Cultures, Comparisons

The reading about *Amigos del Medio Ambiente* centers on standards within the following Goal Areas: Communication, Cultures, and Comparisons. Interpersonal communication and interpretive communication are the focus of the reading; students read, interpret, and understand written Spanish (Standard 1.2), and they discuss what they have read and share opinions with their classmates (Standard 1.1). As they read about AMA, they understand the relationship between the practices and perspectives of this Hispanic organization (Standard 2.1). Students can then compare this environmental organization with similar ones in the United States (Standard 4.2).

NOTE for *Amigos del Medio Ambiente y la política de las ONGs*

There are many ecological groups based in Latin America (Fundación Natura / Ecuador, EcoBolivia, ProAves / Colombia, to name a few). How do these nongovernmental organizations (NGOs; *ONGs en español*) get their funding? Who are the interested parties providing financial support? Are they "northern do-gooders" with a conscience, helping out their southern neighbors? Are they the people within the country of the NGO? Have your students investigate some of these groups on the Internet and answer the following questions.

How do such organizations maintain viability while trying to save flora and fauna in some areas where human beings are living in dire poverty? Should these groups be helping the people instead of the environment? Ask your students what they think. Would they join, work for, or donate to such organizations? Why?

4:00 **10-16 El verano pasado** Imaginen que los siguientes eventos ocurrieron el verano pasado. Túrnense para explicar cómo hubieran reaccionado usando **el pasado perfecto de subjuntivo.** ■

MODELO ir de vacaciones a Venezuela (yo / ellos)

E1: *Me encantó que hubieran ido de vacaciones a Venezuela.*

1. recibir un coche nuevo de sus padres (yo / Mariela)
2. romper con tu novio/a (nosotros / tú)
3. ganar $5.000 en la lotería (Jorge / Gustavo y Rafi)
4. casarse con la prima de Tami (a ellos / tú)
5. romperse la pierna (yo / Víctor)
6. perder su bolso (Cecilia / Amalia)

NOTAS CULTURALES

Amigos del Medio Ambiente

10-13 to 10-14

Amigos del Medio Ambiente

Nuestra historia

En el año 1973, unos individuos con conciencia ambiental quisieron fundar una organización sin fines de lucro que intentara mejorar el medio ambiente. Si estos individuos no hubieran tenido esta visión hacia el futuro, hoy no existiría Amigos del Medio Ambiente (AMA), que tanto ha progresado en esta área.

Nuestra misión

Amigos del Medio Ambiente se dedica a la preservación del medio ambiente mediante la reducción del desperdicio y la contaminación con la promoción de programas que favorezcan la reducción de toda acción que dañe el ecosistema.

Nuestros principios y acciones

- **Desarrollamos programas para reducir los efectos dañinos de la deforestación, la erosión, el efecto invernadero y los resultados del uso de los insecticidas y los pesticidas.**
- **Trabajamos con los políticos para implementar unas leyes que protejan el medio ambiente y su flora y fauna.**
- **Proponemos acciones para limpiar el aire y mejorar la calidad del agua de que tanto dependemos.**
- **Insistimos en la educación para sostener los recursos naturales a fin de cambiar los hábitos de consumo del ser humano.**
- **Reconocemos los derechos de las especies animales como seres no humanos y les brindamos respeto a su vida y su dignidad.**

Preguntas

1. ¿Cuándo fue fundada esta organización y quiénes la crearon?
2. Explica su misión en tus propias palabras. ¿Cómo cumplen con esta misión?
3. ¿Con qué organizaciones de los Estados Unidos puedes comparar *Amigos del Medio Ambiente*? ¿En qué son semejantes y en qué son diferentes? ¿Qué opinas tú de este tipo de organizaciones?

Answers to *Notas culturales*

1. Fue fundada en el año 1973 por unos individuos con conciencia ambiental. 2. *Answers will vary.* 3. *Answers will vary.*

4:00 **10-17 Lo que hubiera hecho** Entrevista a tu compañero/a para averiguar todo lo que él/ella esperaba que el gobierno hubiera hecho en los últimos veinte años para conservar el medio ambiente. Usen **el pasado perfecto de subjuntivo.** Túrnense. ■

MODELO *Esperaba que ya hubiera programas de reciclaje en las escuelas primarias…*

5:00 **10-18 Un año académico en Latinoamérica** Imaginen que acaban de volver de un año académico en un país latinoamericano. Hagan comentarios sobre **ocho** aspectos (inventados) del año y lo que hubieran hecho antes de viajar a Latinoamérica. Usen **el pasado perfecto de subjuntivo.** ■

MODELO *No pensaba que hubiera sido posible quedarme un año completo lejos de mi casa…*

NOTE for 10-18
Remind students that the past participle always ends in *o* when it is part of a compound tense.

ESCUCHA

Un comentario de radio

10-15 to 10-16

Estrategia

Listening in different contexts

If you are listening to a political commentary, a news broadcast, or some other type of public announcement, your listening is often guided by your personal interest as well as your own opinions and feelings regarding the topic. When you know something about a topic, your background knowledge will help you understand and remember more of what you hear. The degree to which you need to attend to a message depends on what you are listening to and who is delivering it.

10-19 Antes de escuchar ¿Has visto o escuchado anuncios sobre el medio ambiente? ¿Cuáles eran sus mensajes? ¿Qué recomendaban? ■

10-20 A escuchar Vas a escuchar un anuncio de la radio sobre el medio ambiente, dirigido a los jóvenes ecuatorianos. Completa los siguientes pasos. ■

Paso 1 Escucha la primera vez para captar la idea general del anuncio.

Paso 2 Escucha de nuevo, esta vez enfocándote en la información necesaria para contestar las siguientes preguntas.

1. Según el joven, ¿cuál es la primera cosa que debemos hacer en nuestras propias casas para proteger el medio ambiente?
2. ¿Qué debemos tener en cuenta cuando usamos productos, por ejemplo para la limpieza?
3. ¿Cómo podemos reutilizar los envases?

10-21 Después de escuchar Escribe tu propio anuncio para los jóvenes de tu pueblo o ciudad sobre un aspecto del medio ambiente que te interese. Después, compártelo con tus compañeros de clase. ■

SECTION GOALS for *Escucha*
By the end of the *Escucha* section, students will be able to:
- practice the new strategy of listening in different contexts.
- apply previously learned listening strategies.
- answer pre-listening and post-listening discussion questions.
- create and share an advertisement modeled after the advertisement they heard.

NATIONAL STANDARDS
Communication, Connections
In the *Escucha* section, students practice with all of the Communication Standards and Connections Standard 3.1. For communication in the interpersonal mode (Standard 1.1), students converse in pairs about their ideas, opinions, and feelings about the environment. The advertisement they listen to highlights communication in the interpretive mode (Standard 1.2) as they listen, understand, and interpret spoken Spanish. The follow-up activity of creating their own advertisement engages them in the presentational mode; they present an ad for an audience of listeners or readers (Standard 1.3). Moreover, the strategy of listening in different contexts allows them to connect this strategy to listening tasks across disciplines (Standard 3.1).

AUDIOSCRIPT for 10-20
Please consult the *Instructor's Resource Manual* for the complete text of the audio.

ANSWERS to 10-20
1. Reducir y no generar basura.
2. Siempre usar la cantidad exacta y nunca más de lo necesario.
3. Podemos guardar muchas cosas en las latas, en los envases de plástico y en los contenedores de vidrio.

EXPANSION for 10-21
Encourage students to visit the supermarket and select several packaged products. Then ask them to think of other ways they can repackage the products to help the environment. Tell them to jot down what the supermarket is doing to help the environment. Have them compare notes in small groups. Then tell them to choose the best idea or to give their own ideas to improve what the supermarkets are already doing. If there are Hispanic grocery stores in your area, encourage all students to visit one. Finally, have students share their findings and compare them with the rest of the class.

¿Cómo andas? I

Having completed **Comunicación I,** I now can . . .	**Feel confident**	**Need to review**
• describe the environment. (p. 412)	☐	☐
• indicate purpose, time, and location. (MSL)	☐	☐
• specify prior recommendations, wants, doubts, and emotions. (p. 416)	☐	☐
• discuss actions completed before others in the past. (p. 420)	☐	☐
• share information about an environmental protection foundation. (p. 422)	☐	☐
• distinguish different contexts. (p. 423)	☐	☐

Comunicación II

¡Anda! Curso elemental, Capítulo 9. Los animales, Apéndice 2.

3:00

4 VOCABULARIO

10-17 to 10-18

Algunos animales Identifying a variety of animals

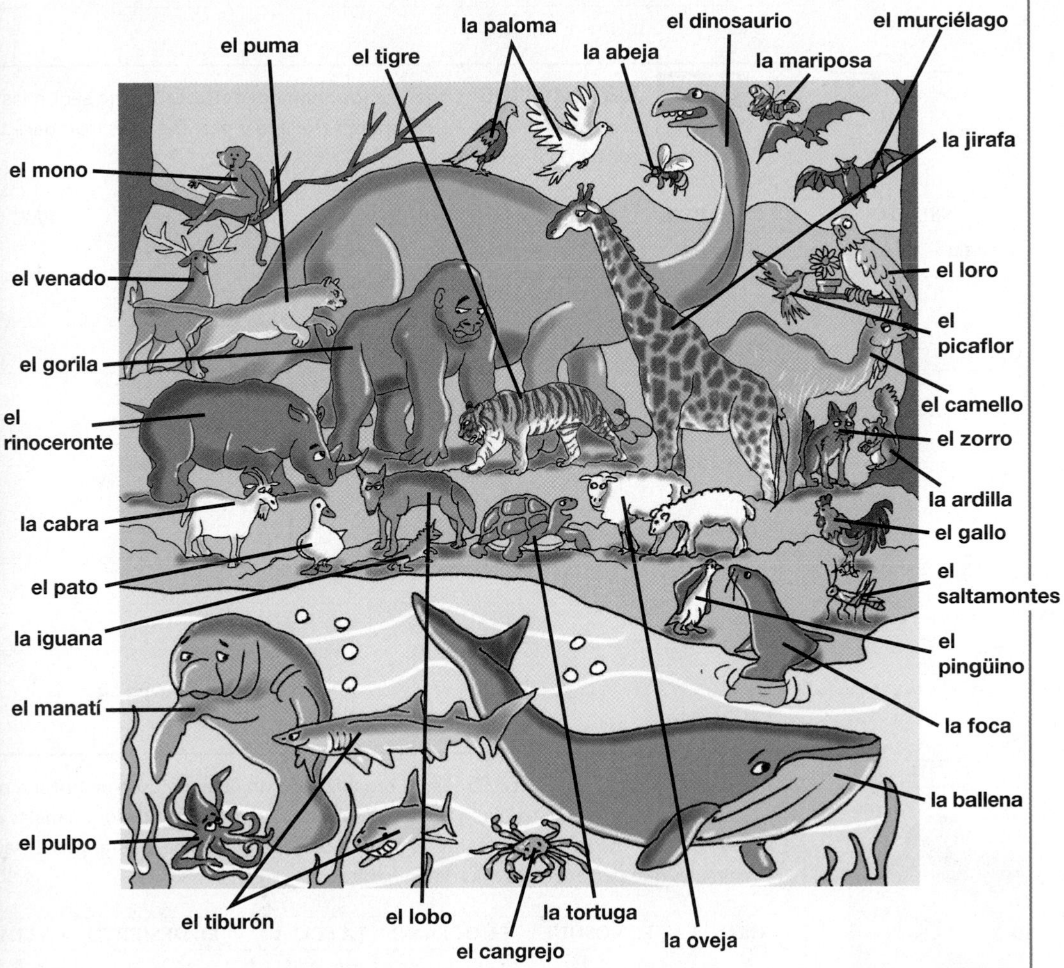

NOTE for *Algunos animales*
As with all topics across the Spanish-speaking world, there are differences in nomenclature, in this case, with regard to animals. For example, most countries use *el venado,* but some use *el ciervo.* *¡Anda!* has always attempted to present the most commonly used words, but you may wish to make your students aware of the variations within the Spanish language.

Instructor Resources
- Textbook images, Extra Activities

SECTION GOALS for *Comunicación II*
By the end of the *Comunicación* section, students will be able to:
- use the infinitive after prepositions.
- form *if* clauses using the conditional / conditional perfect and the imperfect subjunctive / past perfect subjunctive.
- synthesize the uses of the subjunctive in subordinate clauses.
- read profiles about Hispanic environmental advocates.
- express agreement, disagreement, or surprise in conversational exchanges.
- incorporate linking words into their writing.

NATIONAL STANDARDS *Communication, Cultures, Comparisons*
In this *Comunicación* section, the emphasis is on the following Goal Areas: Communication, Cultures, and Comparisons. For communication, all 3 standards are represented throughout. The numerous pair and small group activities facilitate interpersonal communication as students engage in conversations, provide and obtain information, express feelings and emotions, and exchange opinions (Standard 1.1). There is interpretive communication as well: as they read *Perfiles* and listen to the dialogue in *¡Conversemos!* they understand and interpret written and spoken Spanish (Standard 1.2). For Standard 1.3, the presentational mode, in the *Escribe* section the students write an essay and present it to the class. The cultural information in *Perfiles* allows them to understand the relationship between the practices and perspectives of the Hispanic environmental advocates (Standard 2.2). The emphasis on grammar, particularly the subjunctive and *if* clauses, allows for a deeper understanding and making comparisons between English and Spanish (Standard 4.1).

METHODOLOGY • Creative Writing
A technique exists to encourage creative writing. Have your students either draw or find an image of an animal. Then, the student writes a short poem or descriptive paragraph about one of the animals. The student then takes what he/she wrote and copies it around the outline of the animal, much like a concrete poem. What your student wrote creates the outline of the animal. If the student is not artistically strong, he/she can acquire animal images on the Internet.

NOTE for *Repaso*
This is a reminder that the *Repaso* sections on MySpanishLab are meant to be assigned as homework the night before you introduce the new vocabulary. Students should be expected to review this prior to class so that you can proceed immediately to the first activity following the vocabulary presentation.

If you want, immediately following the vocabulary presentation and preceding the first vocabulary activity in the text, you may do the following mechanical activity.

Have students sort the animals by colors.

MODELO
E1: *Vamos a empezar con "gris": el manatí.*
E2: *el murciélago*
E1: ...
E2: *Bueno, vamos con el color "rojo": el zorro.*
E1: *la mariposa*
E2: ...

SUGGESTION for *El uso del infinitivo después de las preposiciones*
Remind students that, in many instances, English uses the present participle after prepositions, but Spanish uses the infinitive.

SUGGESTION for *El uso del infinitivo después de las preposiciones*
You may wish to remind students about the Spanish contractions: *de + el = del; a + el = al.*

HERITAGE LANGUAGE LEARNERS
Remind heritage language learners that the uses of *enfrente, frente, delante,* and *al frente* vary from country to country.

NOTE for 10-22
You can make this a competition by timing the activity. Students can work individually or in groups.

EXPANSION for 10-22
Students can expand their charts by including review vocabulary in Appendix 2 from *¡Anda! Curso elemental, Capítulo 11, Los animales.*

SUGGESTION for 10-23
You may wish to make students aware that not all nouns form their feminine or masculine counterpart in the same way. For example, the feminine of *el caballo* is *la yegua.*

REPASO

¡Hola! Repaso & Spanish/English Tutorials

10-19 to 10-20

El uso del infinitivo después de las preposiciones
Communicating agency, purpose, and source

For a complete review of the use of infinitives after prepositions, go to MySpanishLab or refer to **Capítulo 11** of ***¡Anda! Curso elemental*** in Appendix 3 of your textbook. The vocabulary activities that follow incorporate this grammar point. Practicing new vocabulary with a review grammar point helps to strengthen and increase your knowledge of Spanish.

4:00 Workbooklet

10-22 Categorías Organiza los animales del vocabulario según las siguientes categorías: **insecto, reptil, mamífero, ave** y **pez.** Después, compara tus listas con las de un/a compañero/a. ■

INSECTO	REPTIL	MAMÍFERO	AVE	PEZ
la abeja			el loro	

4:00 Workbooklet

¡Anda! Curso elemental, Capítulo 11. Los animales, Apéndice 2.

10-23 Los hábitats Están organizando un nuevo museo de historia natural en su pueblo o ciudad y quieren que ayuden con la organización de los animales para seis hábitats. Túrnense para indicar el hábitat de cada animal de la lista. **¡OJO!** Hay animales que pertenecen a más de un hábitat. ■

LA GRANJA	EL BOSQUE	EL OCÉANO	LA SELVA	EL DESIERTO	LA LLANURA
1, 3, 10	6, 7, 8, 11	5, 9, 13, 15	2, 4, 7, 11, 14	7, 8, 12	1, 3, 7, 8

1. la oveja
2. el rinoceronte
3. la cabra
4. el tigre
5. el cangrejo
6. el venado
7. la mariposa
8. la ardilla
9. la foca
10. el gallo
11. el gorila
12. el camello
13. la iguana
14. el lobo
15. el pulpo

NATIONAL STANDARDS
Connections
Activity **10-22** makes connections with the sciences. Biologists, zoologists, etc. have revised and debated the categorization of the animal and plant kingdoms. You may wish to ask your students majoring or interested in the sciences to suggest other classification methods or systems for **10-22**. They could then demonstrate visually for the class the historical progression of categorizing the animals using the new vocabulary *Algunos animales.*

¡Anda! Curso intermedio, Capítulo 8. El condicional, pág. 338.

¡Anda! Curso elemental, Capítulo 11. Los animales, Apéndice 2.

5:00 **10-24 ¿Qué harían?** Hoy en día está muy de moda viajar a donde puedes interactuar con animales "exóticos". Expliquen a dónde irían o qué harían para poder hacer las siguientes cosas. ■

MODELO para montar en camello

Para montar en camello, tendría que ir al desierto del Sahara, por ejemplo, y buscar a alguien que tenga camellos.

1. 
para atraer los picaflores

2. 
para ver una jirafa

3. 
para observar las ballenas

4. 
para evitar una serpiente peligrosa

5. 
para aprender más sobre los gorilas

3:00 **10-25 ¿Qué significan para ti?** Para muchas culturas, incluso para muchas personas, los animales son utilizados como símbolos. Juntos escojan **seis** animales que puedan ser sus símbolos. ■

MODELO

la paloma

La paloma blanca es un símbolo de la paz.

EXPANSION for 10-24
Have students each bring a drawing or a photo to class that represents their symbol. They can share this with their classmates.

METHODOLOGY • Pairs That Complete Activities Quickly
On any given class day, some pairs will finish more quickly than others. Always have extra review activities written on the board for the pairs that finish more quickly. These could be textbook activities from the previous class or even from previous chapters. We recommend having 5 to 10 review activities listed every day to keep the students who finish first engaged in meaningful practice.

METHODOLOGY • Pairs That Complete Activities Slowly
It is a fact of learning that some students complete tasks more slowly than others because they process information and knowledge at a slower rate. *¡Anda!* has been created so that even students who have not completed all items of all class activities will still be making progress. Encourage those students who work more slowly to spend time at home completing and practicing the activities they did not finish in class.

METHODOLOGY • Pace of Instruction

Maintaining a lively pace in the classroom keeps students engaged and on their toes. Group work should be stopped when 4 or 5 groups have completed the activity, not when all groups are done. In addition, follow-up should be quick, and unless you are checking a skill-acquiring activity, there is no need to go over every item. Explain to your students why you are not waiting for everyone to finish all activities. You can explain that everyone works and learns differently and at different rates. Your explanation can also include that you change partners daily / frequently so that all students have the benefit of working with each other and of learning from each other, and that the process may take more time on some days than others. If students do not finish all activities, they should be encouraged to finish them orally at home.

5:00 **10-26 Cadenas** En grupos de cinco, van a crear oraciones sobre animales, usando siempre **el infinitivo después de las preposiciones.** Un/a compañero/a empieza con una oración y cada uno/a tiene que añadir una oración sobre el mismo animal. ■

MODELO
E1: *Acabo de ver una paloma en el jardín de mi casa.*
E2: *Después de ver la paloma, saqué una foto.*
E3: *Antes de ver la paloma, estaba leyendo.*
E4: *Para ver una paloma, yo necesito ir al parque.*
E5: *Entre ver una paloma y ver un picaflor, prefiero el picaflor.*

1. 
2. 
3. 
4. 
5. 
6. 
7. 
8. 
9. 

¡Anda! Curso intermedio, Capítulo 1. El presente perfecto de indicativo, pág. 49; Capítulo 4. El pretérito y el imperfecto, pág. 149; Capítulo 5. El pretérito y el imperfecto (cont.), pág. 205.

8:00 Workbooklet

10-27 Búsqueda

Circula por la clase buscando personas que hayan hecho las siguientes cosas. Si la persona lo ha hecho, debe firmar y explicar dónde y cuándo lo hizo. ■

MODELO ¿Quién… intentar comunicarse con un gorila?

E1: *¿Has intentado comunicarte con un gorila?*

E2: *Sí, cuando tenía diez años fui con mis padres al parque zoológico y me fascinaron los gorilas. Intenté comunicarme con gestos* (gestures)*.*

E1: *Pues, firma aquí…*

¿QUIÉN…?		
 nadar cerca de tiburones ______	 cargar (*to carry*) una serpiente ______	 ir de safari y estar cerca de un rinoceronte ______
 capturar un saltamontes ______	 ver un zorro en el jardín de su casa ______	 comer pulpo ______
 ir a un museo para ver los huesos de un dinosaurio ______	 tener un pato como animal doméstico ______	 tocar una iguana ______

EXPANSION for 10-27

Ask for feedback on the different questions of the survey. E.g., *¿Quién ha nadado cerca de tiburones? ¿Dónde has hecho esto?*, etc. You may also wish to tally the results of the students' surveys.

Instructor Resources
- PPT, Extra Activities

METHODOLOGY • Grammar Presentations at the Intermediate Level
¡Anda! was created based on years of research regarding what grammar needs (and does not need) to be taught at the intermediate level. What was discovered was that, in our intermediate courses, we were introducing more and more grammar in the third and fourth semesters that previously had been reserved for advanced grammar courses solely for Spanish majors. Because we, as a profession, were cramming more and more into lower-level courses, our students were struggling more and more. They were not acquiring the language as we had hoped. They were overwhelmed by the vastness of what was being presented, which included many exceptions to rules and grammatical nuances. Hence, *¡Anda!* has streamlined its grammar presentations to *introduce* students to advanced grammar concepts but not to overwhelm them. These presentations have been tested with students, and they find them to be written in a clear and concise style.

METHODOLOGY • Presenting Grammar in a Constructivist Way
You will recall that we suggest having students read the grammar presentations before coming to class. The presentations have been written clearly and simply so that all students can understand them. Omitted are some nuances of the language that are left for presentation in advanced grammar courses. Therefore, if the grammar has been presented inductively (with questions at the end of the presentation for the students to answer), you can quickly ask students the questions in class, knowing that the answers are available to them in Appendix 1. If the grammar was presented deductively (as this presentation was), then simply ask students to state for you the rule(s) they have understood from the presentations.

SUGGESTION for *Cláusulas de si (Parte 2)*
You may choose to provide students with pairs of sentences that demonstrate the difference between factual and contrary-to-fact situations:

Si voy de safari con mis padres este verano, no cazaré; sacaré muchas fotos.

Si pudiera ir de safari algún día, no cazaría; sacaría muchas fotos.

Veremos muchos pingüinos si visitamos el sur de la Patagonia durante nuestro viaje a Argentina.

Veríamos muchos pingüinos si viviéramos en el sur de la Patagonia.

2:00

5 GRAMÁTICA

10-21 to 10-23 ¡Hola! Spanish/English Tutorials

Cláusulas de *si* (Parte 2)

Conveying hypothetical or contrary-to-fact information

In **Capítulo 9,** you learned about **si clauses** with the **present indicative.** You will remember that the "formula" for sentence formation is:

***Si* + present indicative + (then)**	**present indicative**
+ (then)	**future**
+ (then)	**command**

You can also use **si clauses** to express **hypothetical and contrary-to-fact information.**

- The "formula" for these sentences is:

***Si* + imperfect subjunctive + conditional**
***Si* + past perfect subjunctive + conditional perfect**

Note: The **si clause** can come either at the **beginning or at the end of a sentence.**

Si hubiera sido Tarzán, habría vivido con los monos.

Note the following examples that express ***hypothetical and contrary-to-fact information***:

Si fuera Tarzán, **viviría** con los monos.	*If I were Tarzan, I would live with monkeys.*
Si hubiera sido Tarzán, **habría vivido** con los monos.	*If I had been Tarzan, I would have lived with monkeys.*
Si Fernando pudiera ir de safari, no **cazaría; sacaría** muchas fotos.	*If Fernando could go on a safari, he would not hunt; he would take many photos.*
Si Fernando hubiera podido ir de safari, no **habría cazado; habría sacado** muchas fotos.	*If Fernando had been able to go on a safari, he would not have hunted; he would have taken many photos.*
Si encontrara unos huesos importantes de dinosaurio en mi jardín, **sería** famosa.	*If I found some important dinosaur bones in my yard, I'd be famous.*
Si hubiera encontrado unos huesos importantes de dinosaurio en mi jardín, **habría sido** famosa.	*If I had found some important dinosaur bones in my yard, I'd have been famous.*
Verían muchos pingüinos **si vivieran** en el sur de la Patagonia.	*They would see many penguins if they lived in the southern part of Patagonia.*
Habrían visto muchos pingüinos **si hubieran vivido** en el sur de la Patagonia.	*They would have seen many penguins if they had lived in the southern part of Patagonia.*

SUGGESTION for *Cláusulas de si (Parte 2)*
You may choose to repeat this suggested activity from *Capítulo 9.*

Create enough *if*-clause sentences for half of your class. Write the sentences on slips of paper and cut those slips, separating the clauses (e.g., *Si pudiera hacer un safari fotográfico / iría a Africa*). Make sure the sentences are all different and cannot be interchangeable. Then distribute the slips with half sentences among your students. The task for each student is to find the person whose partial sentence fits perfectly with his/hers. This technique is a great way to pair up students at the beginning of class for the activities of the day.

3:00 **10-28 ¡Ay —los animales!** Posiblemente ¿qué les pasaría? Túrnense para determinarlo combinando los elementos de las dos columnas. ■

1. __e__ Nos preguntaríamos si fue vampiro…
2. __d__ Veríamos muchas iguanas…
3. __b__ Podríamos criar patos…
4. __f__ Montaríamos en camello…
5. __a__ No necesitaríamos cortar el cesped tanto…
6. __c__ Tendríamos una buena comida…

a. si compráramos unas cabras.
b. si viviéramos en un lago.
c. si quisiéramos cocinar el pulpo.
d. si estuviéramos en Cancún.
e. si nos mordiera un murciélago.
f. si tuviéramos que cruzar el desierto del Sahara.

6:00 **10-29 Teléfono** Escuchen mientras su profesor/a les da las instrucciones para este juego. ■

4:00 **10-30 Si pudiera** Completen los siguientes pasos.

¡Anda! Curso elemental, Capítulo 11. Los animales, Apéndice 2.

Paso 1 ¿Cómo terminarían las siguientes oraciones? Túrnense.

MODELO Si hubiera una culebra venenosa en mi casa…

Si hubiera una culebra venenosa en mi casa, saldría inmediatamente y gritaría "¡socorro!" (help!).

1. Si pudiera hacer un safari fotográfico…
2. Si viera en persona un animal salvaje…
3. Si tuviera una granja de ovejas…
4. Si estuviera en el desierto de Atacama…
5. Si quisiera proteger las tortugas…
6. Si hubiera muchos saltamontes en mi jardín…

Paso 2 Comparen sus reacciones. ¿Harían lo mismo o tendrían reacciones diferentes?

4:00 **10-31 La otra mitad** Es interesante considerar qué provocaría alguna solución u otra. Túrnense y terminen las siguientes oraciones con **cláusulas de *si*.** ■

MODELO …no nadaría en el mar por mucho tiempo.

Si viera tiburones cerca de la playa, no nadaría en el mar por mucho tiempo.

1. …iría a África.
2. …me compraría unas cabras.
3. …llamaría al 911 para que me llevaran al hospital inmediatamente.
4. …tendría los hábitats más naturales posibles para todos los animales.
5. …compraría unos patos.

EXPANSION for 10-31

Divide the class in 2 groups. One group can write a description of an animal, and the other group can have a list of verbs and write sentences using *if* clauses related to the animal.

GROUP 1 *El murciélago es un animal nocturno.*
GROUP 2 *Si yo fuera un murciélago, dormiría todo el día.*

INSTRUCTIONS for 10-29

Overview: Place an equal number of students in each row. The object of the game is for each student to receive a whispered message from the person in front of him/her and then pass it correctly to the person behind him/her. This reviews vocabulary and grammar as well as encourages students to pronounce well and listen carefully. If you have 5 groups / rows, you will need to make 5 copies of the sentence used for each round. You may choose to focus on the conditional perfect for the first few sentences and then use the remaining rounds to review all the grammar from the chapter.

1. Veríamos muchos pingüinos si pudiéramos viajar a la Patagonia.
2. Si mi padre supiera que hay tiburones, no nadaría allí.
3. Si fuera Tarzán, viviría con los monos y los gorilas.
4. Si fuera presidente, dedicaría más dinero a la protección del medio ambiente.
5. Si hubiéramos deperdiciado tanta comida, nuestros padres se habrían enojado.

INSTRUCTIONS

1. The first student in each row receives the same sentence written on a slip of paper and has 20–30 seconds to memorize and practice it silently.
2. When the buzzer sounds, the first student returns the slip of paper to the instructor or helper and then turns to the student behind him/her to whisper the sentence exactly as it was written.
3. The second student may ask to have the sentence repeated and also repeat it to the first student as often as necessary. The conversation must be conducted in whispers.
4. When the second student is ready then he/she turns to the third student to repeat the sentence. Once the student has begun to repeat the sentence to the student behind him/her, he/she cannot turn back to speak to the person in front of him/her.
5. This process is repeated until the last student in the row receives the sentence and must rush to the board to write it. The other students in that row cannot help.
6. The row that produces the sentence that most closely approximates the original wins the round.
7. Students rotate, front to back, and the second round begins.

Instructor Resources
- Textbook images, Extra Activities

NOTE for 10-32
INSTRUCTIONS for *El círculo* *El círculo* is similar to the game played with a ball to practice verbs, but this time students are creating sentences.

Divide students into 2 large circles. One student begins by saying a *si* clause, then tosses the ball to another student in the circle. That student must finish the sentence correctly. If he/she cannot, he/she tosses the ball back, and the person who began the sentence must toss it to someone else. When the person who catches the ball completes the sentence, he/she then tosses the ball to yet another student, who starts a new sentence. Continue until the students are making few mistakes and the game is moving quickly.

NOTE for 10-32
If you do not wish to toss a ball, you could simply have each student select and name the next student, who will finish the sentence.

SUGGESTION for *Algunos términos geográficos*
Have students each choose a geographic feature, find a photo of it to bring to class, and describe it: location, features, etc.

SUGGESTION for *Algunos términos geográficos*
To review this vocabulary, see whether students can identify the particular geographic features on the map by name. E.g., *En Sudamérica están las cataratas del Salto del Ángel en Venezuela.*

8:00

10-32 El círculo

Escuchen mientras su profesor/a les da las instrucciones para este juego. ■

MODELO
E1: *Si no quisiera estudiar español…* (tira la pelota)
E2: (toma la pelota) *no estaría en esta clase.* (tira la pelota)
E3: (toma la pelota) *Si estuviera en Colombia…* (tira la pelota)
E4: (toma la pelota) *¡iría a la playa ahora mismo!* (tira la pelota)…

7:00

10-33 La conferencia

Completen los siguientes pasos. ■

Paso 1 Tu compañero/a y tú fueron a una conferencia sobre el medio ambiente el fin de semana pasado. Escriban **cinco** oraciones de lo que podría ocurrir si realmente quisiéramos dedicarnos a preservar el medio ambiente. Usen siempre **cláusulas de *si*.**

Paso 2 Compartan sus oraciones con otros compañeros y juntos elijan las **tres** mejores oraciones para compartirlas con el/la profesor/a.

MODELO *Si dejáramos de desperdiciar tanto, habría menos basura. Si camináramos más y condujéramos menos…*

3:00

6 VOCABULARIO

10-24 to 10-26

Algunos términos geográficos
Illustrating geographic features

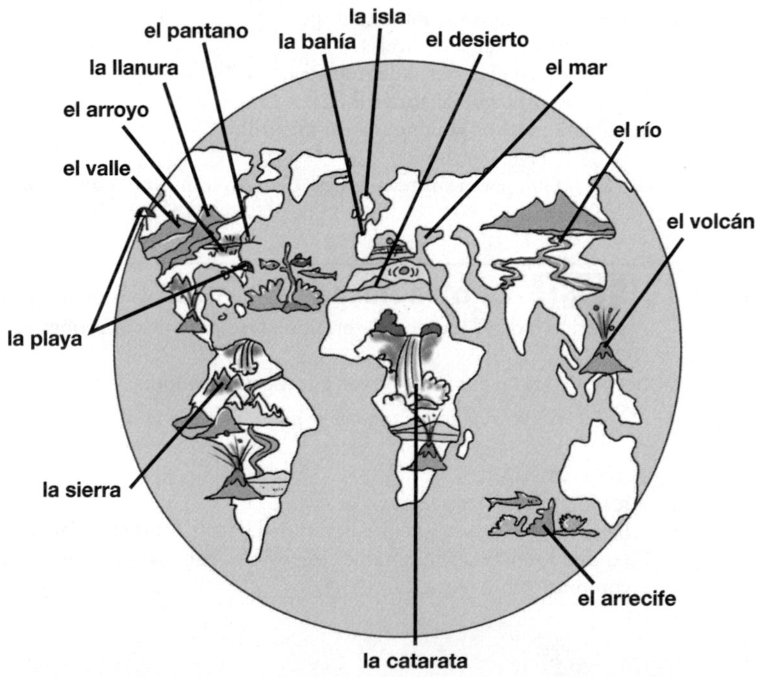

6:00

10-34 Lugares famosos

¿Pueden nombrar algunos lugares conocidos para cada término geográfico? Después, digan dónde se encuentran esos lugares. ■

MODELO bahías

la bahía de Campeche, la bahía Biscayne (bahía Vizcaína)...

La bahía de Campeche está en la costa este de México, cerca del Yucatán.

La bahía de Biscayne está en el sur de Florida...

1. ríos
2. sierras
3. valles
4. cataratas
5. desiertos
6. islas
7. mares
8. volcanes

¡Anda! Curso intermedio, Capítulo 1. Algunos verbos como *gustar;* pág. 39; Capítulo 2. Deportes, pág. 72; Pasatiempos y deportes, pág. 86.

¡Anda! Curso elemental, Capítulo 2. Los deportes y los pasatiempos; Capítulo 11. Los animales, Apéndice 2.

4:00

10-35 Los deportes y los pasatiempos

¿Qué deportes y pasatiempos pueden disfrutar en los siguientes lugares? Usen **gustar** y algunos **verbos como gustar.** ■

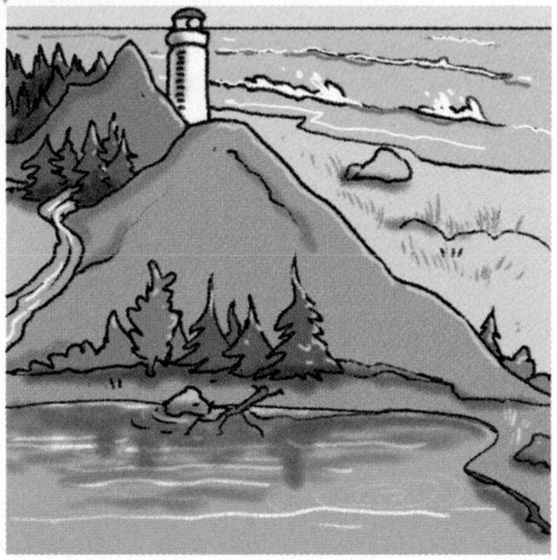

MODELO en el lago

E1: *¿Qué te gusta hacer en el lago?*

E2: *Me encanta nadar, pescar y esquiar en el lago. ¿Y a ti?*

E1: *Me gusta pasear en barco de vela.*

1. en las montañas
2. en la playa
3. en el río
4. en el bosque
5. en el océano / mar

¡Anda! Curso elemental, Capítulo 11. El medio ambiente, Apéndice 2.

8:00

10-36 Tres pistas

Escoge **cuatro** palabras del vocabulario nuevo y escribe **tres** pistas para cada una. Las pistas deben empezar por lo más general e ir hasta lo más específico. Después, en grupos de cuatro, van a darles las pistas a sus compañeros para que ellos averigüen las palabras. ■

MODELO el desierto

PISTA 1: No hay ni muchos animales ni muchas plantas.

PISTA 2: Hace mucho calor.

PISTA 3: Es un lugar de mucha sequía.

ADDITIONAL ACTIVITY for *Algunos términos geográficos*

Asociaciones Túrnense para decir las palabras que se asocian con los siguientes lugares.

MODELO
el arrecife
bucear, peces, tiburones...

1. la catarata
2. la isla
3. la playa
4. la bahía
5. la sierra
6. el río
7. el océano
8. la llanura

EXPANSION for 10-35

Have students identify / name the particular geographic features where they live and engage in these sports and pastimes. E.g.: *¿Qué te gusta hacer en el lago? ¿En qué lago lo haces?*

EXPANSION for 10-37
Ask students what movies and/or documentaries they have seen that deal with environmental issues. What was their favorite one and why?

NOTE for 10-38
Remind students that for *si* clauses, the "if" or "*si*" clause can come first or second in a sentence.

EXPANSION for 10-38
Ask students whether they have taken an ecotourism trip. If so, where did they go? If not, where do they think they might go / what places might offer such a possibility? Have students compare these foreign destinations with ecological tourism areas in the United States.

EXPANSION for 10-38
After surveying their class members, have students tally their responses and report back to the class.

METHODOLOGY • Differentiated Instruction
Some students may need more time to construct the questions in **10-38.** For those students, assign **10-38** for homework. Have them create the questions in advance so that they are prepared to participate in class.

¡Anda! Curso elemental, Capítulo 11. El medio ambiente; Los animales, Apéndice 2.

5:00

10-37 ¿Qué harías?

Acaban de ver un documental que trata del medio ambiente y los inspiró. Expliquen qué harían para mejorar el medio ambiente en los siguientes lugares o situaciones. Usen **cláusulas de *si*.** ■

MODELO el arrecife
E1: *¿Qué harías para proteger los arrecifes?*
E2: *Si fuera posible, prohibiría que los barcos se acercaran y mandaría que no botaran basura. ¿Y tú? ¿Qué harías?*

1. el río
2. la playa
3. la selva
4. el bosque
5. con dos millones de dólares
6. ser el/la director/a de una fundación para proteger el medio ambiente

8:00 Workbooklet

10-38 Preguntas

¿Son semejantes o diferentes las experiencias y opiniones de tus compañeros de clase? Completa los siguientes pasos para averiguarlo. ■

Paso 1 Crea preguntas para tus compañeros.

MODELO *Si pudieras navegar por cualquier río, ¿cuál sería? ¿Por qué?*

1. Si / poder navegar / por cualquier río / ¿cuál / ser? / ¿Por qué?	5. ¿Cuáles / ser / algunos países / que / tener / volcanes activos? ¿Ver (*Have you seen*) / tú / un volcán en persona?
2. Si /estar / ahora mismo en la playa / ¿con quién(es) / te gustar / estar?	6. ¿Nadar (*have you swum*) / tú / alrededor de una catarata? Si / poder visitar / tú / unas cataratas famosas / ¿cuáles / visitar?
3. ¿Cuáles / ser / las mejores playas? (pueden ser de los Estados Unidos o de cualquier parte del mundo)	7. Si / poder / tú /¿dónde / bucear o hacer snorkel?
4. ¿Vivir / tú / cerca de un bosque? / ¿Caminar / tú / por un bosque de vez en cuando? / ¿Ver (*have you seen*) / tú / algunos animales allí?	8. ¿Cuál / ser / el lugar más interesante / que / conocer / tú? / ¿Por qué / ser / tan interesante?

Paso 2 Haz una encuesta de tus compañeros.

Paso 3 Comparte tus resultados con un/a compañero/a.

5:00

7 GRAMÁTICA

10-27 to 10-29

La secuencia de los tiempos verbales

Sequencing temporal events

You have learned and have been practicing a number of tenses over the course of your Spanish studies. What follows is a synthesis and summary of what tenses go together to express certain conditions in the subjunctive.

USING THE SUBJUNCTIVE

1. When the verb in the main clause is in the *present indicative*, *present perfect indicative*, or *future indicative*, or is *a command*, the **present** or **present perfect subjunctive** is generally used in the subordinate clause.

MAIN CLAUSE	SUBORDINATE CLAUSE
present indicative, present perfect indicative, future indicative,* or *command	***present subjunctive* or *present perfect subjunctive***

No hay nadie que haya desperdiciado tanto como mis tíos.

1.1. The **present subjunctive** is used when the action of the subordinate clause occurs ***at the same time*** as the action in the main clause ***or after*** it:

MAIN CLAUSE SUBORDINATE CLAUSE

Insistimos en que nuestros compañeros **empiecen** a reciclar el papel.
We insist that our classmates begin to recycle paper.

No **hay** nadie que **desperdicie** tanto como mi tío.
There is no one who wastes as much as my uncle.

1.2. The **present perfect subjunctive** is used when the action of the **subordinate clause** occurs ***before*** the action in the **main clause**:

MAIN CLAUSE SUBORDINATE CLAUSE

Esperamos que todos nuestros compañeros **hayan empezado** a reciclar el papel.
We hope that all our classmates have begun to recycle paper.

No **hay** nadie que **haya desperdiciado** tanto como mis tíos.
There is no one who has wasted as much as my aunt and uncle.

2. When the verb in the **main clause** is in the ***preterit, imperfect,*** or ***conditional indicative,*** the ***imperfect subjunctive*** or the ***past perfect subjunctive*** form is generally used in the **subordinate clause.**

MAIN CLAUSE	SUBORDINATE CLAUSE
preterit, imperfect,* or *conditional indicative	***imperfect subjunctive* or *past perfect subjunctive***

MAIN CLAUSE SUBORDINATE CLAUSE

Roberto **insistió** en que **fuéramos** al volcán.
Roberto insisted that we go to the volcano.

Pediría que **viajáramos** con él cada semana.
He would ask that we travel with him each week.

(continued)

Instructor Resources
- PPT, Extra Activities

NOTE for *La secuencia de los tiempos verbales*
Students often feel overwhelmed by this grammar point. Be sure to prepare them by first quickly eliciting from them forms of the present subjunctive and the present perfect subjunctive, writing them up as they say them. Then ask them to list the uses of the subjunctive. Next, take those present and present perfect forms they just reviewed and have them change them to the past subjunctive and past perfect subjunctive forms. Finally, tell them that when there is a sentence that requires the subjunctive and the verb in the main clause is in the past or in the conditional, they must use past or past perfect subjunctive. You may also want to remind them that the perfect tenses function in Spanish just like they do in English.

SUGGESTION for *La secuencia de los tiempos verbales*
Provide students with a list of sentences like the following using the present subjunctive and have them change the sentences to the past:

1. Mi padre insiste en que visitemos la bahía antes de salir.
   Mi padre insistió en que visitáramos la bahía antes de salir.
2. Buscamos un arrecife donde no haya tiburones.
   Buscábamos un arrecife donde no hubiera tiburones.
3. Espero que mi hermana pase su luna de miel en una isla romántica.
   Esperaba que mi hermana pasara su luna de miel en una isla romántica.

NOTE for *La secuencia de los tiempos verbales*
It may help your students to think about how we sequence or "match up" tenses in English. For example, "They asked us whether we *were* going to the show."

2.1. The ***imperfect* subjunctive** is used when the action of the **subordinate clause** occurs at the *same time* as the action in the **main clause** or *after* it:

MAIN CLAUSE	SUBORDINATE CLAUSE

Insistíamos en que todos nuestros compañeros **reciclaran** el papel.
We insisted that all our classmates recycle paper.

No **había** nadie que **desperdiciara** tanto como mi tío.
There was no one who wasted as much as my uncle.

2.2. The ***past perfect* subjunctive** is used when the action of the subordinate clause occurs *before* the action in the **main clause**:

MAIN CLAUSE	SUBORDINATE CLAUSE

Esperábamos que todos nuestros compañeros **hubieran empezado** a reciclar el papel.
We hoped that all our classmates had begun to recycle paper.

No **había** nadie que **hubiera desperdiciado** tanto como mi tío.
There was no one who had wasted as much as my uncle.

NOTE for 10-39
Remind students that a *cláusula subordinada* cannot stand alone. E.g., "that we go to the store."

EXPANSION for 10-39
Have students redo the activity using a different animal and changing the sentence to past tense if it is in the present and vice versa.

4:00 **10-39 Reportaje** ¿Cómo se puede proteger las tortugas de mar? Completen los siguientes pasos. ■

Paso 1 Subrayen **una** vez el verbo de la cláusula principal y **dos** veces el verbo de la cláusula subordinada de cada oración.

1. Es bueno que protejan a las tortugas de mar. (MT)
2. Me sugirieron que redujera la comida que yo les daba a las tortugas. (D)
3. Ella no quiso ir a la playa hasta que hubieran salido las tortugas. (D)
4. Queremos que el pueblo deje de tocar los huevos de las tortugas. (D)
5. No encontré a nadie que hubiera estado en la orilla cuando salieron las tortugas de los huevos. (A)
6. Volveremos a casa en cuanto se hayan metido todas en el agua. (D)

Paso 2 Indiquen si la acción de la cláusula subordinada ocurre **antes de (A), después de (D)** o **al mismo tiempo (MT)** que la acción de la cláusula principal.

4:00 **10-40 Formas** La práctica hace al maestro. Túrnense para completar los siguientes pasos. ■

Paso 1 Completen las siguientes oraciones con las formas correctas de los verbos en paréntesis.

1. Su novio quería que le (comprar) unos patos para el lago que está delante de su casa.
2. No creía que el clima (cambiar) tanto.
3. Nos habría gustado que ellos (dejar) de cortar los árboles del pantano.
4. Los políticos exigen que la gente (reforestar) ese lugar cuanto antes.
5. Ellos vendrán a vernos tan pronto como nosotros (llegar) del trabajo.
6. Buscamos a alguien que (querer) ir a la sierra con nosotros.

Paso 2 Indiquen si la acción de la cláusula subordinada ocurre **antes de (A), después de (D)** o **al mismo tiempo (MT)** que la acción de la cláusula principal.

6:00 **10-41 A terminar** ¿Cómo terminarían las siguientes oraciones? Usen una forma apropiada del **subjuntivo** y el **vocabulario** de este capítulo. ■

1. Dicen que no van a reemplazar los métodos antiguos de producción hasta que…
2. Para la próxima presentación, el/la profesor/a quiere que…
3. Después de ver la cantidad de basura, yo dudaba que…
4. Cuando mi papá vio el zorro, temía que…
5. Insistimos en que…
6. Ojalá que…

¡Anda! Curso elemental, Capítulo 11. El medio ambiente, Apéndice 2.

6:00 **10-42 Soluciones** Piensen en los factores que afectan al mundo de los animales. ¿Qué se podría hacer para solucionar algunos problemas y para evitar problemas en el futuro? Túrnense para discutir los siguientes problemas y usen **el subjuntivo** cuando sea posible. ■

POSIBLES PROBLEMAS:

1. el trato (*treatment*) de los animales en algunos parques zoológicos
2. la reducción de los bosques (y así del hábitat de muchos animales)
3. los problemas con los insectos
4. el trato de los animales que se crían (*raise*) para comer
5. los animales en peligro de extinción

MODELO *Es importante que los parques zoológicos sean lo más naturales posible.*
Es necesario que los animales tengan suficiente espacio para moverse bien.
En el pasado, no era tan crítico que…

NOTE for 10-40
You may decide that your students do not need to complete *Paso 2*.

POSSIBLE ANSWERS to 10-40
1. que le comprara (D)
2. que el clima cambiara / hubiera cambiado tanto (D)
3. que ellos dejaran / hubieran dejado (A)
4. que reforeste (D)
5. tan pronto como lleguemos / hayamos llegado (D)
6. que quiera (MT)

EXPANSION for 10-42
Have students personalize the activity by offering possible problems of their town, college setting, etc., and then suggest the solutions.

HERITAGE LANGUAGE LEARNERS
Have heritage language learners investigate environmental issues in a specific country or region of the Spanish-speaking world and create presentations on those issues, focusing on what is being done or should be done to combat the problems.

SECTION GOALS for *Perfiles*

By the end of the *Perfiles* section, students will be able to:

- identify Hispanic environmental activists.
- explain the specific contributions that Ruiz, Rodríguez de la Fuente, and Molina Henríquez have made.
- contrast these advocates for change with other advocates from the United States.
- describe how they can improve environmental conditions.

NATIONAL STANDARDS
Communication, Cultures, Comparisons

In this *Perfiles* section, 3 environmental crusaders are featured as agents of change for a changing environment. The focus of this section is on Communication, Cultures, and Comparisons. The reading and its accompanying discussion questions facilitate interpretive communication (Standard 1.2) and interpersonal communication (Standard 1.1). As students understand the viewpoints of the featured individuals, they are better able to understand the practices and perspectives of Hispanic cultures (Standard 2.1). The deeper understanding of the practices and perspectives of the environmental advocates allows for comparisons between Hispanic cultures and their own (Standard 4.2).

SUGGESTION for *Perfiles*

Prior to beginning the section, have students look ahead at the reading and identify all the verb tenses and moods in the text, focusing on the sequence of tenses.

NOTE for *Rosa María Ruiz y el Parque Nacional Madidi*

Rosa María Ruiz has worked tirelessly to protect the ecology of her homeland. After graduating from Antioch (Ohio) College in 1971, she returned to Bolivia. She was the main impetus behind the creation of Madidi National Park; the park legislation was signed into law by the Bolivian government in 1995. Located in northeastern Bolivia, this park protects nearly 4.7 million acres (2 million hectares) of a region that has been acknowledged as having the greatest biodiversity of any protected area in the world. The vision of Rosa María Ruiz includes the protection of the park, with its flora and fauna, and the creation of a viable ecotourism industry that will allow the indigenous peoples of the park to earn a living. In 1993, she founded EcoBolivia, a grassroots organization and foundation dedicated to the preservation of the Bolivian environment. Find out more information about Rosa María Ruiz and El Parque Madidi on the Internet. Suggested keywords: *Rosa María Ruiz, El Parque Madidi, Bolivia, conservación.*

PERFILES

10-30 to 10-31

Algunas personas con una conciencia ambiental

A propósito o no, el ser humano ha contribuido mucho a la destrucción del medio ambiente. Estas tres personas admirables han dedicado sus vidas al combate de los problemas ambientales.

El Parque Nacional Madidi no existiría si no fuera por la determinación de **Rosa María Ruiz,** una activista ecológica boliviana. Por medio de su trabajo, se protege esta vasta área que incluye una geografía muy variada: desde la cordillera de los Andes hasta los valles de la selva tropical amazónica.

Si no hubiera tenido un gran interés y destreza en la cetrería (*falconry*), tal vez **Félix Rodríguez de la Fuente** (1928–1980) no habría llegado a ser el conservacionista español más conocido del siglo XX. Colaboró en una serie de programas de televisión y documentales muy populares sobre el tema de la preservación de la fauna y del medio ambiente.

Tal vez no se habría investigado el peligro que causan los clorofluorocarbonos (CFC) en la capa de ozono si a **Mario José Molina Henríquez** (n. 1943 México, D.F.) no le hubiera interesado tanto la química de joven. Descubrió que estos gases dañan la estratosfera. En el año 1995, recibió el Premio Nobel con otros dos científicos por sus investigaciones.

Preguntas

1. ¿Cómo han contribuido estas personas a la concienciación del público sobre el estado del medio ambiente?
2. ¿Qué piensas de la crisis del medio ambiente?
3. ¿Qué puedes hacer para mejorar el medio ambiente?

Answers to *Perfiles*

1. Rosa María Ruiz ha ayudado a crear un parque nacional en Bolivia para proteger esta vasta área. Félix Rodríguez de la Fuente llamó la atención del público sobre la situación de los animales y del medio ambiente. Mario Molina ha descubierto la causa del problema con la capa de ozono.
2. *Answers will vary.*
3. *Answers will vary.*

NOTE for *Félix Rodríguez de la Fuente*

Although he trained and worked as a medical doctor, Félix Rodríguez de la Fuente's great interest was falconry and working with birds of prey. This led him to the study of zoology and later ecology. After a particularly successful television interview about his birds, he began working in the medium, collaborating on and hosting programs dedicated to animal knowledge and life and, eventually, environmental issues involving both flora and fauna. Two of his well-known programs in the 1970s were *Planeta Azul* (1970–1974) and *El Hombre y la Tierra* (1974–1980). He died in a helicopter accident in Alaska during the filming of a portion of the latter series.

NOTE for *Mario José Molina Henríquez*

Mario José Molina Henríquez was born in Mexico on March 19, 1943, and was raised in Mexico. As a child, he was fascinated by chemistry and turned a little-used bathroom in his family home into a laboratory where he did experiments. He was encouraged in his scientific explorations by an aunt who was a chemist. He studied in Switzerland and Germany and eventually at the University of California at Berkeley. In 1973, he moved to Irvine, where he began to work with Sherwood Rowland in the area of chlorofluorocarbons (CFCs), the gas used in spray cans and refrigerators. Together, they developed the "CFC-ozone depletion theory," using some of the work developed earlier by Paul Crutzen. Eventually, these 3 would receive the Nobel Prize for Chemistry in 1995 for their joint efforts in atmospheric research.

8:00

10-43 Conversación

Ya es hora de conocer mejor a tus compañeros de clase. Completa los siguientes pasos. ■

Paso 1 Contesta las siguientes preguntas con un/a compañero/a de clase. Túrnense.

1. Si pudieras vivir en cualquier lugar, ¿preferirías vivir en la sierra, la llanura, la costa u otro lugar? ¿Por qué? ¿Cómo sería el lugar perfecto para ti?
2. ¿Vivirías en un lugar donde pudiera ocurrir un desastre natural?
3. ¿Es importante que tu vida sea como la de tus padres? Explica.
4. ¿Cómo sería la vida perfecta para ti?
5. Si tu trabajo te mandara a otro país, ¿adónde te gustaría ir? Explica.
6. Cuando eras chico/a, ¿había algo que tus padres siempre querían que hicieras?
7. ¿Crees que haya más interés en el medio ambiente entre los jóvenes o las personas mayores?
8. ¿Quiénes tienen la responsabilidad de proteger el medio ambiente?

Paso 2 Selecciona **dos** de las preguntas y házselas a **diez** compañeros/as de clase.

8:00

10-44 El Parque Nacional Madidi

Investiguen el maravilloso Parque Nacional Madidi que se encuentra en Bolivia. Escriban **seis** oraciones que representen diferentes ejemplos de las secuencias de tiempos. Después compartan sus oraciones con un/a compañero/a. ■

Fíjate

Suggested keywords for your Internet search include: *El Parque Madidi, Bolivia,* and *conservación.*

MODELO *El Parque Nacional Madidi no existiría si no fuera por Rosa María Ruiz. Esperamos que ella continúe sus esfuerzos como…*

NOTE for *Perfiles: La política del ecoturismo*

The vision of Rosa María Ruiz to create an ecological tourism destination in Madidi National Park is rooted in her firm belief that attracting tourists who pay to come and experience this natural environment will help in the efforts to preserve the flora and fauna of the park. But this sort of development takes money, the creation of an infrastructure, building, and much training and education of the native peoples. Above all, it takes time. Bolivia is one of the poorest countries in the western hemisphere, and the people of the Madidi have extremely limited sources of income at present. They are at times easily swayed by the prospect of a quicker "dollar" via tolerating or even participating in illegal environmental activities such as logging and the capture and sale of exotic animals and birds. It has been suggested that the government is a willing participant in the destruction of the environment, either by under-funding the infrastructure necessary to protect the Madidi or by openly condoning the illegal logging and animal trades.

The dilemma, then, is how to balance immediate needs with long-term goals. Ask students what they would do to help protect the Madidi, given the limited resources of money and labor. Do they agree with the stance of Rosa María Ruiz that a long-term solution is better than a short-term fix? Why?

SUGGESTION for 10-44

You may choose to assign **10-44** for homework or expand the exercise to a small group project for a class presentation.

SECTION GOALS for *¡Conversemos!*
By the end of the *¡Conversemos!* section, students will be able to:
- express agreement, disagreement, or surprise.
- incorporate idiomatic expressions and conversational phrases.
- write an interview and perform it for an audience of listeners.
- create a speech and provide a rationale for conservation.

NATIONAL STANDARDS
Communication, Connections, Comparisons
In the *¡Conversemos!* section, the focus is on Communication in all 3 modes, as well as on Connections and Comparisons. The dialogue that students listen to aligns with Standard 1.2, as students understand and interpret spoken language. The accompanying questions and activities facilitate interpersonal communication among small groups and pairs (Standard 1.1), while the process of writing an interview, creating a speech, and performing both models presentational communication (Standard 1.3). The students present their information, concepts, and ideas in Spanish to an audience of readers or listeners. The information about how to conserve and protect the environment allows students to activate prior knowledge and connect what they are learning in Spanish to other disciplines (Standard 3.1). In addition, the phrases for expressing agreement, disagreement, or surprise differ from similar expressions in English. Many of the expressions are idiomatic in nature, which provides the basis for comparisons between the nature of the Spanish language and the English language (Standard 4.1).

AUDIOSCRIPT for 10-45
Please consult the *Instructor's Resource Manual* for the complete text of the audio.

SUGGESTION for 10-45
Have students recreate a dialogue based on Marco and Rosario's exchange. Encourage students to use as many expressions from the communicative strategies as possible.

NATIONAL STANDARDS
Communities
You may wish to assign a service learning activity as a follow-up to **10-46.**

¡CONVERSEMOS!

10-32 to 10-34

ESTRATEGIAS COMUNICATIVAS **Expressing agreement, disagreement, or surprise**
When conversing, you have many occasions to express agreement, disagreement, or surprise about what you hear or read. What follows are useful expressions for you to use.

Para expresar acuerdo	***To express agreement***
• Absolutamente.	*Absolutely.*
• Claro que sí. / Por supuesto. / ¡Cómo no! / Desde luego.	*Of course.*
• Está bien.	*Okay. / It's all right.*
• (Estoy) de acuerdo.	*I agree. / Okay.*
• Eso es. / Así es.	*That's it.*
• Es verdad. / Es cierto.	*It's true.*
• Exacto. / Exactamente.	*Exactly.*
• No hay duda. / No cabe duda.	*There's no doubt. / Without a doubt.*
• No hay más remedio.	*There's no other way / solution.*
• Precisamente. / Efectivamente.	*Precisely.*
• Sin duda.	*Without a doubt. / No doubt.*
• Te digo. / Ya lo creo.	*I'm telling you… / I'll say.*

Para expresar desacuerdo	***To express disagreement***
• Al contrario.	*On / To the contrary.*
• Claro que no.	*Of course not.*
• De ninguna manera.	*No way.*
• En mi vida.	*Never in my life.*
• Me estás tomando el pelo.	*You're kidding me / pulling my leg.*
• Nada de eso.	*Of course not.*
• ¡Ni lo sueñes!	*Don't even think about it!*
• No estoy de acuerdo.	*I don't agree.*
• No puede ser.	*It can't be.*
• ¡Qué va!	*No way!*
Para expresar sorpresa	***To express surprise***
• ¡Imagínate! / ¡Figúrate!	*Imagine!*
• ¡No me digas!	*You don't say!*

10-45 Diálogo Rosario acaba de recibir una llamada y quiere compartirla con su esposo, Marco. Escucha la conversación entre Rosario y Marco y contesta las siguientes preguntas. ■

1. ¿Está Marco de acuerdo con lo que Rosario le dice? ¿Cómo lo sabes?
2. Al final, ¿cómo se expresa Marco?

10-46 Una entrevista ¡Qué suerte! Tienes la oportunidad de entrevistar a Al Gore, a Leonardo DiCaprio o a Rosa María Ruiz, tres personas que se han dedicado a asuntos "verdes". Completa los siguientes pasos. ■

Paso 1 Crea preguntas para hacerles.

Paso 2 Hagan los papeles del/de la entrevistador/a y el/la medio ambientalista. Túrnense.

Estrategia
Remember that you can use the imperfect subjunctive to soften requests. You may wish to use them when formulating your questions or comments for your interviews.

440

ANSWERS to 10-45
1. Sí, está de acuerdo. Expresa su preocupación por los animales en peligro. También dice, "¿De veras? ¡Imagínate!" para expresar que está de acuerdo.
2. Dice: "¡No me digas! ¡Claro que sí! ¡Felicidades, mi amor! ¡Arreglemos las maletas ahora mismo!" Está muy emocionado.

10-47 Tiempo para jugar

Pónganse en grupos de tres. Una persona sale del grupo y los otros dos estudiantes escogen un animal. Su compañero/a regresa al grupo y hace preguntas para adivinar el animal. Túrnense. ■

MODELO (el picaflor)
E1: *¿Es un mamífero?*
E2: *No.*
E1: *¿Es un pájaro?*
E3: *Así es…*

10-48 Si pudieras ser…

Es hora de ser creativos. Hablen de los siguientes temas. ■

1. Si pudieras ser cualquier animal, ¿cuál serías y por qué?
2. ¿Qué animal es el menos entendido y por qué?
3. ¿Qué animal es el más inteligente y por qué?
4. ¿Cuál es el animal que menos te gustaría encontrar?
5. ¿Cuál es el animal que más te gustaría ver en su hábitat natural?

10-49 Un ecotour

¿Tienes ganas de conocer los arrecifes de Puerto Rico, la catarata más alta del mundo en Venezuela o el desierto de Atacama en Chile? Con un/a compañero/a, completen los siguientes pasos para planear un ecotour virtual. ■

Paso 1 Escojan un lugar. Mientras deciden el lugar, usen las expresiones comunicativas nuevas para mostrar si están de acuerdo o no.

Paso 2 Sugieran ideas de lo que la gente podría hacer para proteger y conservar el lugar para futuras generaciones.

10-50 ¡Eres el/la jefe/a!

Imagina que eres o el/la alcalde/sa de tu pueblo o ciudad, o el/la gobernador/a de tu estado, ¡o aun el/la presidente/a del país! Haz una presentación o un discurso para convencer a un grupo de ciudadanos (*citizens*) de la importancia de conservar el medio ambiente. Incluye por lo menos **quince** oraciones. Por lo menos **dos** de las oraciones deben usar **el imperfecto de subjuntivo** y por lo menos **dos** deben usar **cláusulas de *si***. Tu compañero/a va a añadir comentarios cuando está de acuerdo o no lo está con lo que dices. Túrnense. ■

441

HERITAGE LANGUAGE LEARNERS

Ask your heritage language learners whether they have any other similar expressions to add that their relatives use. Identify the countries from which each additional expression comes.

ESCRIBE

Un ensayo convincente

10-35 to 10-36

Estrategia

More on linking sentences

In **Capítulo 2,** you learned how to use linking words to connect simple sentences, making them into more complex expressions of thought. The linking words below represent a progression toward an even more sophisticated connection of ideas.

Más palabras nexo	***Additional linking words***
además	*besides*
mientras	*while*
no obstante	*notwithstanding*
por eso	*for this reason*
por otro lado	*on the other hand*
sin embargo	*nevertheless*
sino	*but rather*

10-51 Antes de escribir Vas a escribir un ensayo en el cual tratas de convencer a tu comunidad de que participe en un proyecto para mejorar el medio ambiente. ■

1. Primero, piensa en el proyecto "verde" que quieres proponer. Concibe una explicación sencilla pero informativa de ello.
2. Después, haz una lista de los beneficios que este proyecto les dará a las personas de la comunidad. También enumera las desventajas para el medio ambiente si el proyecto no logra completarse.

10-52 A escribir Usa lo que has aprendido sobre la escritura de los capítulos anteriores (por ejemplo: emplea una introducción y una conclusión). Menciona por lo menos **tres** beneficios y **tres** desventajas que se puedan relacionar con el proyecto. Tu ensayo debe consistir de **cuatro** o **cinco** párrafos. Usa por lo menos **tres cláusulas de *si* condicionales.** ■

10-53 Después de escribir Lee tu ensayo a la clase. Luego, solicita voluntarios para trabajar en el proyecto. Así verás si has logrado persuadir a los compañeros de clase o no. ■

SECTION GOALS for *Escribe*

By the end of the *Escribe* section, students will be able to:

- integrate more complex linking words as transitions.
- incorporate previously learned linking words.
- write a persuasive essay about a project to improve the environment.
- present their essays to the class.

NATIONAL STANDARDS

Communication, Connections

The act of writing a persuasive speech and performing it in front of the class aligns with Communication Standard 1.3 and Connections Standard 3.1. They present their speech to an audience of listeners in the hopes of persuading their classmates to take part in their environmental cause (Standard 1.3). Depending on how you implement the activity, they could also seek peer editing or receive a peer presentation grade. This would require them to communicate in the interpersonal mode (Standard 1.1) as they receive feedback on their writing and presentational skills. As students pre-write and organize their ideas, they engage in the writing process, already familiar to them as part of their English-language classes and any class that encourages persuasive speaking. They reinforce and further their knowledge of the writing process through their study of Spanish (Standard 3.1).

EXPANSION for 10-53

Have students talk about the problem of deforestation in their city and how they can help to improve the situation.

WRITING SAMPLE for *Escribe*

Caminar para salvar los árboles

La contaminación causada por los carros en nuestra ciudad ha llegado a niveles muy dañinos para el medio ambiente. Mientras manejamos todos los días, las emisiones de los carros hacen mucho daño a los árboles de la ciudad. Si no fuera por el hábito que todos tienen de manejar por todas partes, sin importar la distancia, no tendríamos tanta contaminación o esmog. Pero tenemos que cambiar las actitudes, poco a poco.

Por eso, les sugiero un proyecto no complicado, sino sencillo y efectivo, que pueda ayudar con este problema. La idea es fácil: caminar para salvar los árboles. Un día a la semana, caminemos al trabajo en vez de manejar. Un día no es mucho; pero si todos lo hacemos, puede tener un gran impacto.

Por supuesto nosotros dependemos mucho en nuestros coches y para muchas personas es imposible caminar al trabajo. Por eso, si es posible, consideren ir al trabajo con un/a compañero/a para usar menos autos.

Este proyecto tendrá varios beneficios: caminar es buen ejercicio, menos carros significa menos contaminación, y con un día menos de uso la vida del automóvil será más larga. Si no empezamos a hacer algo, habrá muchas consecuencias negativas. El nivel de la contaminación continuará creciendo…

¿Cómo andas? II

Having completed **Comunicación II,** I now can . . .	Feel confident	Need to review
• identify a variety of animals. (p. 425)	☐	☐
• communicate agency, purpose, and source. (MSL)	☐	☐
• convey hypothetical or contrary-to-fact information. (p. 430)	☐	☐
• illustrate geographic features. (p. 432)	☐	☐
• sequence temporal events. (p. 435)	☐	☐
• name three Hispanic environmental activists. (p. 438)	☐	☐
• express agreement, disagreement, and surprise. (p. 440)	☐	☐
• link sentences when writing to be more cohesive, persuasive, and clear. (p. 442)	☐	☐

Instructor Resources

- Text images (maps), Video resources

SECTION GOALS for *Vistazo cultural*

By the end of the *Vistazo cultural* section, students will be able to:

- describe Venezuelan and Colombian national treasures such as parks and wildlife preserves.
- identify flora and fauna from Venezuela and Colombia.
- summarize the ways in which the two countries have implemented positive environmental changes.
- contrast the differences between the environmental policies of the United States and those of Venezuela and Colombia.
- express opinions about the future of the environment.

NATIONAL STANDARDS *Communication, Cultures*

Communication and Cultures are the main focus of the *Vistazo cultural* section. The discussion questions that follow promote interpersonal communication, as students engage in conversations, provide and obtain information, express feelings and emotions, and exchange opinions (Standard 1.1). The actual readings are aligned with interpretive communication, as students have to understand and interpret written Spanish (Standard 1.2). Both Standards 2.1 and 2.2 are addressed throughout the readings. There is information about the practices, products, and perspectives of Hispanic cultures as students read about the flora and fauna, natural habitats, and environmental policies that promote environmental sustainability.

METHODOLOGY • Cultures: How Do We Investigate the 3 Ps?

Obviously, no one person can possibly have the answers to all the cultural questions our students will pose. How, then, do we get the answers . . . or any answers? How do we find out more about what native speakers think or feel? Where do we get more information about why things are the way they are? What can we do to get a better understanding of what underpins those products and practices? We can:

a. draw on personal experience from our own time spent in target-language countries.
b. rely on historical information to verify facts.
c. use resources from sociology and anthropology related to our particular cultures.
d. seek out publications in the areas of intercultural communication and cross-cultural studies (the *Culture Shock* series is a good place to start: Graphic Arts Center Publishing Company, Portland, Oregon).
e. interview native speakers, both at home and abroad.
f. use good, reliable web sites (those published by country governments and other reputable sources).

These are just some sample resources and suggestions for where to look for more information. Again, we (the teachers) do not have to be the ultimate source. We will serve our students well if we provide them with the tools to undertake their own investigations and point them in directions that are likely to be fruitful.

NOTE for *La Universidad de los Andes de Mérida, Venezuela*

The University of the Andes, also known as ULA, was founded in 1785. It has 11 departments, or *facultades,* located at the main campus in Mérida, and three university centers located in Trujillo, Táchira, and El Vigía. The doctoral program in Tropical Ecology began in 1987 and is housed in the Instituto de Ciencias Ambientales y Ecológicas (ICAE), which is a part of the Faculty of Sciences. This doctoral program was the first at ULA. Your students can investigate its programs of study and requirements for admission online. Suggested keywords: *Universidad de los Andes; Mérida, Venezuela; ecología tropical; posgrado.*

Vistazo cultural

VISTAZO CULTURAL • VISTAZO CULTURAL • VISTAZO CULTURAL • VISTAZO CULTURAL • VISTAZO CULTURAL • VISTAZO CULTURAL • VISTAZO CULTURAL

10-37 to 10-38

La naturaleza y la geografía de Colombia y Venezuela

María Luisa Briceño Bolívar,
estudiante doctoral de Ecología Tropical

Para mí, no hay nada más importante que preservar la naturaleza de mi país. Para lograr esto, estoy cursando un doctorado en Ecología Tropical aquí en el Instituto de Ciencias Ambientales y Ecológicas de la Facultad de Ciencias en la Universidad de los Andes (ULA) de Mérida, Venezuela.

Un *tepuy* de Venezuela

El Monte Roraima es el mejor conocido y el más alto de los tepuyes del Parque Nacional Canaima. Es una meseta de unos 2.800 metros de altura, difícil de escalar. Por este aislamiento, los tepuyes son valorados por las especies de vegetación endémicas que existen en sus zonas más altas.

El Parque Nacional Archipiélago Los Roques, Venezuela

Si Los Roques no hubiera sido creado en el año1972 para proteger el ecosistema marino, tal vez el archipiélago no tendría hoy día los arrecifes mejor conservados del Caribe. El archipiélago contiene unas cincuenta islas diferentes. Sus playas de arena blanca atraen mucho turismo; también es un refugio para muchas especies de fauna.

Misión árbol: Un país petrolero implementa una política "verde"

Tal vez si no se implementara la iniciativa Misión árbol, Venezuela continuaría sufriendo de una tasa (*rate*) alta de deforestación. El objetivo es crear en la población venezolana una conciencia ambiental sobre la importancia en mantener un equilibrio ecológico y animarla a que contribuya al uso sostenible de los bosques.

El Día sin Carro

Un día cada febrero se denomina el "Día sin Carro" en Bogotá, Colombia. Si no fuera por el sistema extensivo de movilidad alternativa (las ciclorrutas), sería difícil circular durante El Día sin Carro. No obstante, los ciudadanos votaron para continuar con esta tradición, y Bogotá cuenta con la mayor participación del mundo latinoamericano.

ProAves y los pájaros de Colombia

Si pudiera proteger todas las especies de pájaros en peligro de extinción, ProAves lo haría. Esta fundación colombiana se dedica a estudiar las aves y a conservar su hábitat en la naturaleza. Colombia tiene el número más alto de especies de aves en el mundo.

El manatí amazónico

Colombia tiene una gran biodiversidad de fauna. Entre las muchas especies que existen en los ecosistemas colombianos se encuentra el manatí amazónico, el más pequeño de todos los manatís. Se encuentra en los ríos de la parte sureste de Colombia, y figura en la lista de animales en peligro de extinción.

La Feria de las Flores

Si no fuera por la industria de floricultura en Colombia, posiblemente no tendrías rosas para el Día de la Madre o de San Valentín. Colombia es el segundo país del mundo en la exportación de flores, detrás de Holanda. En Medellín, cada año se celebra La Feria de las Flores.

Preguntas

1. Identifica los vistazos que representan un esfuerzo para proteger el medio ambiente. ¿Qué opinas de estas acciones?
2. ¿Por qué es importante considerar la interrelación entre todos los factores del medio ambiente? ¿Qué pasaría si no consideráramos estos factores?
3. Considera los otros países que has estudiado. ¿Qué hacen (o no hacen) para promover la protección del medio ambiente?

EXPANSION for *La Feria de las Flores*

With an eye toward cultural comparisons, ask students: Are there local, regional, or national parades, celebrations, festivals, or shows based on flowers in North America? Where and what do they celebrate? (e.g., The Tournament of Roses Parade (The Rose Parade) in Pasadena, California, Home and Garden Shows in major cities, orchid or rose shows in many small towns, etc.)

ADDITIONAL ACTIVITY: *En el Internet*

1. Do we in the United States have any endangered species in common with Latin America? What countries have the most endangered species, and what are they? Pick one endangered species and report on it to the class. Suggested keywords: *especies en peligro*.
2. Latin America has some unusual geographic formations. What unusual geographic entities do we have in the United States that might be similar? Select one from each culture (*hispano* and *estadounidense*) and compare them. How do both cultures treat their respective geographies? Are they protected? How? Suggested keywords: *la geografía de X país; los tepuyes; los arrecifes*.
3. *Un planeta para todos* is not an understatement in this global age. We all have an impact on the environment, whether it is here, at the poles, or in the remotest part of Mongolia. What environmental group most appeals to you in its mission to save the planet? Why? Find an organization or foundation in a Latin American country that has similar goals, and compare the two. Which would you join and why? Suggested keywords: *fundación ambiental; organización ambiental; protección del medio ambiente*.

SECTION GOALS for *Lectura*
By the end of the *Lectura* section, students will be able to:
- identify characteristics of different text types.
- incorporate previously learned reading strategies.
- retell the plot of this episode of *Laberinto peligroso.*
- answer comprehension questions about the story.
- predict what will happen in the video.

NATIONAL STANDARDS
Communication, Connections
In the *Lectura* section, the corresponding standards are Communication Standards 1.1 and 1.2 and Connections Standard 3.1. The reading aligns with Standard 1.2 as students read, understand, and interpret written Spanish. The accompanying pre-reading and post-reading questions address Standard 1.1 as students engage in interpersonal communication with pairs or within small groups. As they discuss the reading strategies, they reinforce and further their knowledge of other disciplines through their study of Spanish.

RECAP of *Laberinto peligroso* Episodio 9
Lectura: The next day, Celia tries to reach both Cisco and Javier but gets no answer. She continues to do research, which leads her to more information about indigenous art and artifacts of Central and South America. She reads an article about Dr. Huesos and his involvement with poisonous plants from the rain forest. The article says that Huesos has gone missing and was last seen before a volcano began to erupt. Hearing a knock at the door, she looks through her peephole and sees the man who was in the café. She does not see that he is holding a knife at his side.

Video: Celia draws her gun and prepares to answer, but a police car pulls up and the man runs off. The police officers ask her about Cisco, but she doesn't know where he is. Then she learns from Javier about the body of a murdered man found in Central America that is believed to be Dr. Huesos. Celia and the police go to Cisco's home and find a note he wrote about the museum meeting. They proceed there, but Cisco is nowhere to be found. Back at her apartment, Celia gets an e-mail telling her to come to the museum alone at midnight; it says that if she talks to the police, Cisco will die.

10-41

Laberinto peligroso

Lectura

Estrategia Identifying characteristics of different text types

Different texts have different characteristics, and recognizing these at the outset will help your comprehension. For example, the characteristics of a poem are different from those of a newspaper article, which are in turn different from the instructions for putting together a multimedia entertainment center. Academic texts exhibit different characteristics from literary texts; reading for information differs from reading for pleasure. Recognition of these differences provides you, the reader, with aids for comprehension.

10-54 Antes de leer Piensa en los episodios de *Laberinto peligroso* que has visto hasta el momento. ■

a. Pensando en la estrategia de identificar los diferentes tipos de discursos, ¿qué tipo de discurso ha tenido la mayoría de los episodios? ¿Diferentes secciones con subtítulos? ¿Diálogo? ¿Narración?
b. ¿Qué tipo de vocabulario han tenido? ¿Técnico? ¿Coloquial? ¿Formal?
c. Mira rápidamente el episodio e identifica los diferentes tipos de discurso que tiene. ¿Tiene diferentes secciones con subtítulos? ¿Tiene diálogo? ¿Tiene narración? ¿Qué es lo que predomina?
d. ¿Qué tipo de texto es *Laberinto peligroso*? ¿Cómo se distingue este episodio de los anteriores?

En los episodios de este capítulo, vas a ver cómo reacciona Celia ante la situación tan difícil en la que se encuentra. Antes de empezar a trabajar con la lectura, contesta las siguientes preguntas.

1. ¿Cuáles son algunos de los problemas importantes que has tenido que solucionar? ¿Y tu familia y tus amigos?
2. ¿Cuáles son los problemas que tu familia te puede ayudar a resolver? ¿Qué problemas prefieres que tus amigos te ayuden a solucionar? ¿Y un profesional, como un médico, un psicólogo, la policía, un abogado, etc.?
3. ¿Hay problemas que prefieres resolver tú solo/a? Si contestas sí, ¿cuáles son? Si no, ¿por qué no?
4. ¿Cuáles son las ventajas de compartir tus problemas con otras personas?
5. ¿Por qué crees que a veces la gente decide no compartir sus problemas y trata de resolverlos sin la ayuda de otras personas?
6. ¿Crees que es importante que la gente busque la ayuda de su familia, sus amigos y/o algún profesional cuando está en una situación difícil? ¿Por qué?

446

ANSWERS for 10-54
a. Diálogo
b. Coloquial y formal
c. Tiene narración –eso predomina.
d. Generalmente, hay mucho diálogo. En este episodio, hay narración.

ADDITIONAL ACTIVITY for *Antes de leer*
En los episodios del *Capítulo 9,* viste cómo Celia y la policía intentaban descubrir qué le había pasado a Cisco. En los episodios de este capítulo, vas a seguir a Celia mientras continúa con la investigación. Antes de empezar a leer el texto, contesta las siguientes preguntas.
1. ¿Adónde fueron Celia y los agentes de policía durante el video del *Capítulo 9*? ¿Por qué? ¿Qué encontraron allí?
2. ¿Qué decía el mensaje de correo electrónico que Celia recibió al final del video del *Capítulo 9*?
3. ¿Cómo reaccionó Celia a ese mensaje?
4. ¿Dónde crees que está Cisco? ¿Cómo crees que está?
5. ¿Qué crees que va a hacer Celia?

METHODOLOGY • Checking for Comprehension
When encouraging students to hypothesize regarding what will happen, encourage them to use the subjunctive. Although they can begin their statements with *En mi opinión* or *Creo que*, this is a good time to encourage use of *Es posible que, Quizás, No creo que, Dudo que*, etc.

DÍA 44

En peligro de extinción

Después de ver la amenaza de la mujer que le había escrito, Celia estaba muy nerviosa. Era más importante que nunca que resolviera los casos. La vida de Cisco dependía de ella. Se preguntó, si todavía fuera un agente federal, ¿qué haría? Casi de inmediato le vino la respuesta: no habría tenido otra opción que hablarlo con sus compañeros. Siempre trabajaban en equipo. Siempre tomaban las decisiones en equipo. Sin embargo, le parecía muy evidente que el caso actual era delicado; sabía que tenía que tener mucho cuidado. Todavía no quería que las autoridades supieran más sobre la desaparición de Cisco porque, por la seguridad de su amigo, no era nada recomendable que se involucraran° más. Sabía que no iban a mejorar nada y que era posible que crearan más riesgos° para Cisco y para ella también. Tenía mucho miedo de que su amigo estuviera en muchísimo peligro: la mujer le había dicho claramente que si llamaba a la policía, lo iba a matar. Y si ella no había podido hablar con él, ¿cómo podía estar segura de que no le habían hecho daño ya? Quizás incluso lo hubieran matado. Y si Cisco estaba bien y ella seguía las instrucciones de la mujer, ¿realmente iba a poder salvarle la vida? Por su experiencia como agente federal sabía exactamente cuáles eran los riesgos: era posible que, incluso después de seguir todas sus indicaciones, la mujer lo matara. También era posible que esa mujer tuviera planes de matarla a ella, si al final Celia decidiera ir al museo sola esa noche. No obstante, pasara lo que pasara, tenía muy claro que había que hacer todo lo posible por rescatar° a Cisco. Su amigo era listo, fuerte y duro; había sobrevivido muchas situaciones difíciles. Hasta que Celia no tuviera pruebas° convincentes de lo contrario, era importante que creyera firmemente que él estaba bien.

got involved — *risks* — *rescue* — *proof*

Agobiada° y confundida, decidió llamar a una amiga con la que antes había trabajado en el FBI, pero que ya no era agente sino que trabajaba en el departamento de fraude de una compañía internacional. Buscó el número de teléfono de su amiga y la llamó. Saltó el mensaje de su buzón de voz y Celia le dejó un mensaje pidiéndole que le devolviera la llamada lo antes posible y diciéndole que era urgente que hablara con ella sobre un asunto importante.

Overwhelmed

Mientras esperaba a que su amiga la llamara, se dio cuenta de que era preferible que se mantuviera ocupada con algo, que se distrajera de alguna manera. Decidió repasar las últimas búsquedas que Cisco y ella habían realizado. Era evidente que habían descubierto algo importante; si no hubieran encontrado nada, nadie estaría amenazándolos. Celia encontró un informe confidencial que había leído Cisco: se trataba de las sustancias medicinales de las plantas tropicales. El informe indicaba que, usando una sustancia extraída de unas plantas tropicales, se había desarrollado un antídoto muy fuerte con múltiples aplicaciones. La sustancia servía como antídoto contra la viruela°, y también eliminaba los efectos tóxicos de otras sustancias que algunos grupos terroristas estaban manipulando para usar como armas biológicas. Un grave problema era que la deforestación estaba amenazando esas plantas.

smallpox

La tensión que sentía Celia en esos momentos se hizo muy evidente cuando, de pronto, sonó el teléfono, y se asustó. Lo contestó y era su amiga, la ex agente federal. Después de contarle todo lo que había pasado, su amiga le dijo que llamara inmediatamente a la policía, que no había otra opción. Celia le dio las gracias por la ayuda y colgó el teléfono.

Instructor Resources
- Video script

ANSWERS to 10-55
1. Cisco estaba en peligro y su seguridad dependía de ella.
2. No quería que se involucraran más todavía. Podían crear más riesgos para ella y para Cisco.
3. Habría hablado del caso con su equipo y habrían tomado la decisión en equipo.
4. Sabía que era posible que los mataran a Cisco y a ella.
5. Decidió llamar a una amiga con la que había trabajado en el FBI.
6. Algunos grupos terroristas estaban manipulando sustancias para usarlas como armas biológicas.
7. Estaba muy tensa, agobiada y nerviosa.
8. Le dijo que llamara a la policía.
9. *Suggested answer:* El título del episodio se refiere a las plantas tropicales mencionadas en el informe, y también a la situación peligrosa de Cisco y de Celia.

SECTION GOALS for *Video*
By the end of the *Video* section, students will be able to:
- relate the ending.
- answer pre-viewing and post-viewing questions.
- summarize the main events and actions of the episode.

NATIONAL STANDARDS
Communication
In the *Video* section, interpretive communication and interpersonal communication are the main focus. The corresponding Communication standards are Standard 1.2 and Standard 1.1. The video emphasizes interpretive communication as students listen, understand, and interpret spoken Spanish (Standard 1.2). The corresponding guide questions facilitate interpersonal communication as students engage in conversations about the actions of the video and express their opinions about what might happen in the future (Standard 1.1).

10-55 Después de leer
Contesta las siguientes preguntas. ■

1. ¿Por qué le parecía tan urgente a Celia resolver los casos?
2. ¿Por qué no quería Celia enseñarles el mensaje de correo electrónico que había recibido a los detectives?
3. ¿Qué habría hecho si todavía hubiera sido una agente federal?
4. ¿Cuáles eran algunos de los riesgos que Celia tenía que tener en cuenta antes de actuar?
5. ¿A quién decidió pedirle ayuda con su situación?
6. ¿Qué información encontró cuando leyó el informe confidencial que había leído Cisco?
7. ¿Por qué se asustó cuando sonó el teléfono?
8. ¿Qué consejo recibió Celia durante su conversación telefónica?
9. ¿A qué se refiere el título del episodio?

Video

10-56 Antes del video
10-42 to 10-43

Antes de empezar a trabajar con el episodio del video, *¡Alto! ¡Tire el arma!*, contesta las siguientes preguntas. ■

1. ¿Crees que Celia va a seguir el consejo que recibió durante su conversación telefónica? ¿Por qué?
2. ¿Crees que Celia va a ir al museo sola o crees que va a pedir que la ayude otra persona? ¿Por qué? Si crees que va a pedir la ayuda de otra persona, ¿a quién se la va a pedir? ¿Por qué?
3. Basándote en el título del video, ¿qué crees que va a pasar en este episodio?

¡Alto! ¡Policia! ¡Arriba las manos! ¡Tire el arma!

Me convenció que desactivara el sistema de seguridad y sacara unos mapas.

¿Qué relación tiene todo esto con la desaparición de Cisco?

«¡Alto! ¡Tire el arma!»
Episodio 10

Relájate y disfruta el video.

10-57 Después del video
Contesta las siguientes preguntas. ■

1. Al final, ¿fue Celia al museo sola o buscó la ayuda de otra(s) persona(s)?
2. ¿Quién robó los mapas y las crónicas de la biblioteca? ¿Por qué los robó?
3. ¿Quién había amenazado a Cisco y a Celia? ¿Por qué los había amenazado?
4. ¿Quién era el Señor A. Menaza? ¿Por qué quería hacerles daño a Cisco y a Celia?
5. ¿Cómo concluyó el episodio?

ANSWERS to 10-57
1. Al final, Celia fue sola, pero la policía la siguió.
2. La bibliotecaria robó los mapas y las crónicas de la biblioteca porque el hombre del que se había enamorado le mintió y le pidió que lo hiciera.
3. La bibliotecaria los había amenazado y lo hizo porque estaba tratando de protegerlos. Sabía que el hombre de quien se había enamorado era muy peligroso, y ella no quería que él los matara.
4. El señor A. Menaza era el hombre que engañó a la bibliotecaria y del cual ella se enamoró. Es un terrorista que quería hacerles daño a Cisco y a Celia porque eran obstáculos para sus objetivos.
5. La policía detuvo a la bibliotecaria y Cisco y Celia se besaron.

LETRAS

Acabas de terminar otro episodio de **Laberinto peligroso.** Explora más lecturas en la colección literaria, **Letras.**

10-47 to 10-50

Y por fin, ¿cómo andas?

Having completed this chapter, I now can . . .	Feel confident	Need to review
Comunicación I		
• describe the environment. (p. 412)	☐	☐
• indicate purpose, time, and location. (MSL)	☐	☐
• specify prior recommendations, wants, doubts, and emotions. (p. 416)	☐	☐
• discuss actions completed before others in the past. (p. 420)	☐	☐
• distinguish different contexts. (p. 423)	☐	☐
Comunicación II		
• identify a variety of animals. (p. 425)	☐	☐
• communicate agency, purpose, and source. (MSL)	☐	☐
• convey hypothetical or contrary-to-fact information. (p. 430)	☐	☐
• illustrate geographic features. (p. 432)	☐	☐
• sequence temporal events. (p. 435)	☐	☐
• express agreement, disagreement, or surprise. (p. 440)	☐	☐
• link sentences when writing to be more cohesive, persuasive, and clear. (p. 442)	☐	☐
Cultura		
• share information about an environmental protection foundation. (p. 422)	☐	☐
• name three Hispanic environmental activists. (p. 438)	☐	☐
• compare and contrast conservation initiatives in Colombia and Venezuela. (p. 444)	☐	☐
Laberinto peligroso		
• recognize and identify characteristics of different text types and discover what Celia does next. (p. 446)	☐	☐
• find out what happened to Cisco. (p. 448)	☐	☐
Comunidades		
• use Spanish in real-life contexts. (SAM)	☐	☐
Literatura		
• retell a fable and state the moral. (Literary Reader)	☐	☐

***LETRAS* LITERARY READER**
Refer your students to *Capítulo 10* of the *Letras* Literary Reader to read *El conejo y el león* by Augusto Monterroso, and to learn about *la fábula* and *la moraleja.*

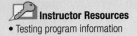

Instructor Resources
- Testing program information

VOCABULARIO ACTIVO

El medio ambiente	*The environment*
los animales en peligro de extinción	*endangered species*
el clima	*climate*
el combustible	*fuel*
el consumo	*consumption*
el contaminante	*contaminant*
el daño	*harm*
la deforestación	*deforestation*
el desperdicio	*waste*
el ecosistema	*ecosystem*
el efecto invernadero	*greenhouse effect*
el envase	*package; container*
la erosión	*erosion*
la escasez	*scarcity*
el esmog	*smog*
el fertilizante	*fertilizer*
el hábitat	*habitat*
el humo	*smoke*
la infraestructura	*infrastructure*
el insecticida	*insecticide*
la naturaleza	*nature*
el peligro	*danger*
el pesticida	*pesticide*
el riesgo	*risk*
la sequía	*drought*
la sobrepoblación	*overpopulation*
la sustancia	*substance*

Algunos verbos	*Some verbs*
amenazar	*to threaten*
conservar	*to conserve*
cosechar	*to harvest*
dañar	*to damage; to harm*
desaparecer	*to disappear*
descongelar	*to thaw*
desperdiciar	*to waste*
destruir	*to destroy*
fabricar	*to make; to produce*
hacer ruido	*to make noise*
mejorar	*to improve*
preservar	*to preserve*
prevenir	*to prevent*
reducir	*to reduce*
reemplazar	*to replace*
rescatar	*to rescue*
sobrevivir	*to survive*
sostener	*to sustain*

Algunos adjetivos	*Some adjectives*
árido/a	*arid; dry*
biodegradable	*biodegradable*
climático/a	*climatic*
ecológico/a	*ecological*
exterminado/a	*exterminated*
renovable	*renewable*
tóxico/a	*poisonous*

Algunos animales	*Some animals*
la abeja	*bee*
la ardilla	*squirrel*
la ballena	*whale*
la cabra	*goat*
el camello	*camel*
el cangrejo	*crab*
el dinosaurio	*dinosaur*
la foca	*seal*
el gallo	*rooster*
el gorila	*gorilla*
la iguana	*iguana*
la jirafa	*giraffe*
el lobo	*wolf*
el loro	*parrot*
el manatí	*manatee*
la mariposa	*butterfly*
el mono	*monkey*
el murciélago	*bat*
la oveja	*sheep*
la paloma	*pigeon; dove*
el pato	*duck*
el picaflor	*hummingbird*
el pingüino	*penguin*
el pulpo	*octopus*
el puma	*puma*
el rinoceronte	*rhinoceros*
el saltamontes	*grasshopper*
el tiburón	*shark*
el tigre	*tiger*
la tortuga	*turtle*
el venado	*deer*
el zorro	*fox*

Algunos términos geográficos	*Some geographical terms*
el arrecife	*coral reef*
el arroyo	*stream*
la bahía	*bay*
la catarata	*waterfall*
el desierto	*desert*
la isla	*island*
la llanura	*plain*
el mar	*sea*
el pantano	*marsh*
la playa	*beach*
el río	*river*
la sierra	*mountain range*
el valle	*valley*
el volcán	*volcano*

Instructor Resources
- IRM: Syllabi and Lesson Plans

NATIONAL STANDARDS

COMUNICACIÓN I
- To describe different parts of the body (Communication, Connections)
- To express actions one does to oneself (Communication, Connections, Comparisons)
- To relate impersonal information (Communication, Connections, Comparisons)
- To designate reciprocal actions (Communication, Cultures, Connections)
- To comment on what one hears (Communication, Connections, Comparisons)
- To engage in additional communication practice (Communication)

COMUNICACIÓN II
- To discuss ailments and mention possible treatments (Communication, Connections)
- To make affirmative and negative statements (Communication, Connections, Comparisons)
- To indicate unplanned occurrences (Communication, Connections)
- To identify symptoms, conditions, and illnesses (Communication, Connections, Comparisons)
- To relate what is or was caused by someone or something (Communication, Connections)
- To pause, suggest an alternative, and express disbelief (Communication)
- To determine audience and purpose for writing (Communication)
- To engage in additional communication practice (Communication)

CULTURA
- To explore methods of health care and treatment (Cultures, Connections)
- To name three famous Hispanic physicians (Cultures, Connections, Comparisons)
- To investigate health care topics in Cuba, Puerto Rico, and the Dominican Republic (Cultures, Connections, Comparisons)
- To explore further the chapter's cultural themes (Cultures)

LABERINTO PELIGROSO
- To assess a passage, respond and give one's opinion, and hypothesize about unresolved issues (Communication, Comparisons)
- To discover the answers to unresolved issues from the author's point of view (Communication)

COMUNIDADES
- To use Spanish in real-life contexts (Communities)

LITERATURA
- To employ dénouement and an omniscient narrator as tools to explain the plot of an authentic story (Communication)

11 Hay que cuidarnos

Es muy importante cuidarse mucho para sentirse bien y no enfermarse. La buena salud es muy importante para el cuerpo entero: el aspecto físico, mental y emocional. Todos estos factores contribuyen a que tengamos una vida de buena calidad. ¡Así que hay que cuidarnos bien!

PREGUNTAS

1. ¿Qué es necesario hacer para sentirse bien?
2. ¿Cuáles son las diferentes dimensiones de la salud?
3. ¿Qué haces para cuidarte?

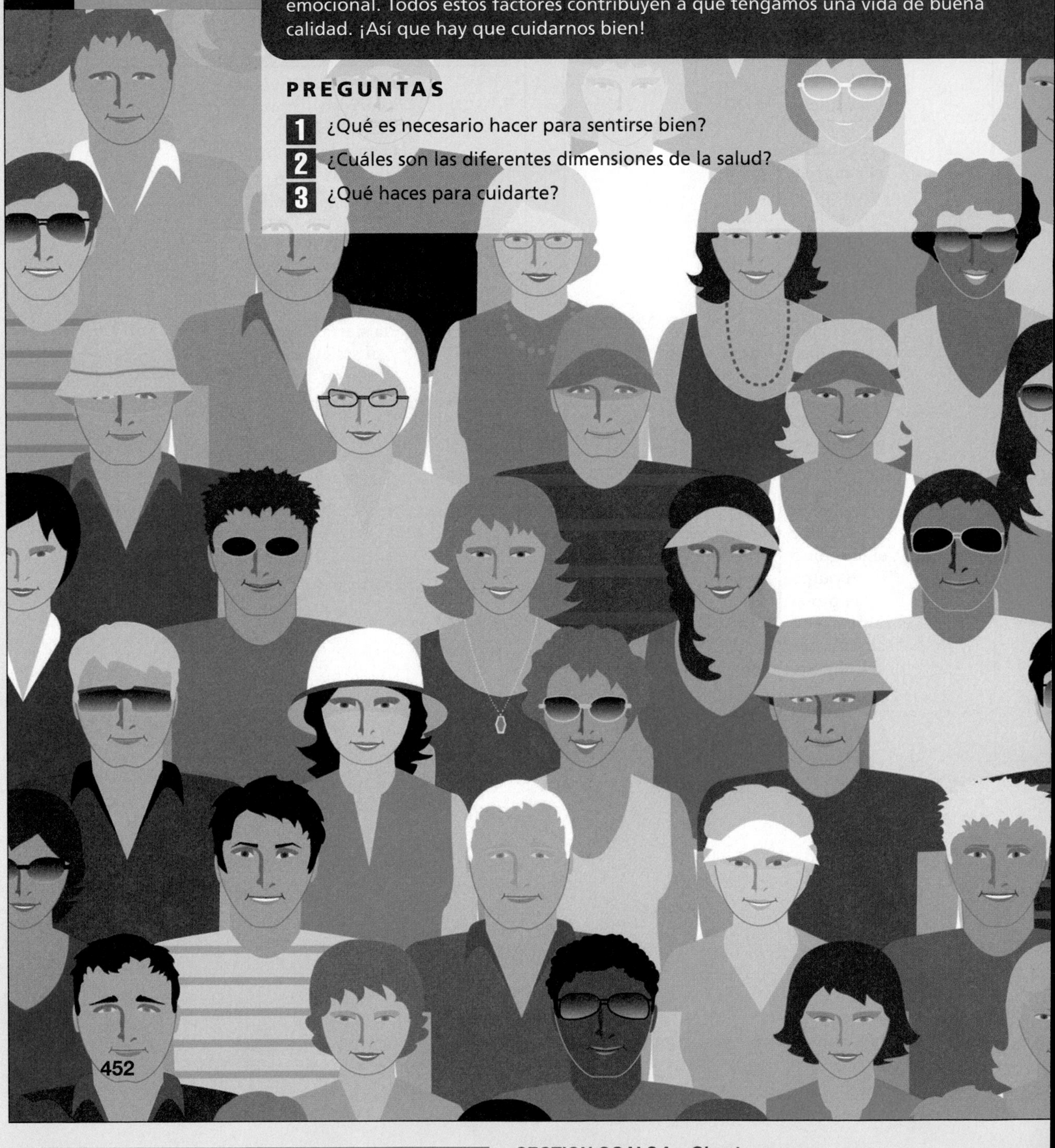

452

SECTION GOALS for *Chapter opener*

By the end of the Chapter opener section, students will be able to:
- discuss the role of good health in their lives.
- distinguish between physical, mental, and emotional health.
- describe what they do to take care of themselves.

CAPÍTULO 11

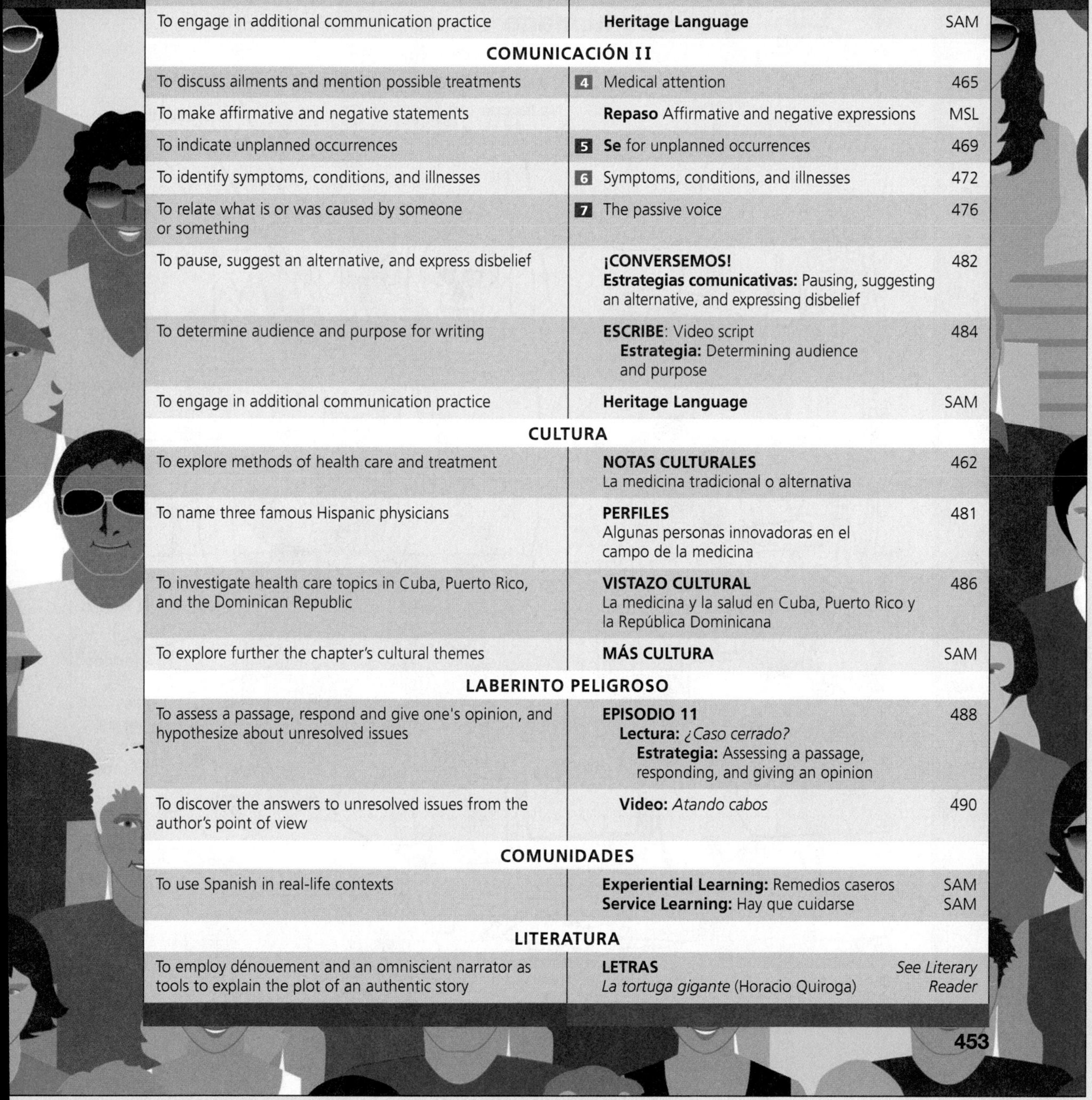

OBJETIVOS	CONTENIDOS	
COMUNICACIÓN I		
To describe different parts of the body	**1** The human body	454
To express actions one does to oneself	**Repaso** Reflexive verbs	MSL
To relate impersonal information	**2** The impersonal **se**	457
To designate reciprocal actions	**3** Reciprocal constructions: **nos** and **se**	460
To comment on what one hears	**ESCUCHA**: A radio spot **Estrategia:** Commenting on what you heard	463
To engage in additional communication practice	**Heritage Language**	SAM
COMUNICACIÓN II		
To discuss ailments and mention possible treatments	**4** Medical attention	465
To make affirmative and negative statements	**Repaso** Affirmative and negative expressions	MSL
To indicate unplanned occurrences	**5** **Se** for unplanned occurrences	469
To identify symptoms, conditions, and illnesses	**6** Symptoms, conditions, and illnesses	472
To relate what is or was caused by someone or something	**7** The passive voice	476
To pause, suggest an alternative, and express disbelief	**¡CONVERSEMOS!** **Estrategias comunicativas:** Pausing, suggesting an alternative, and expressing disbelief	482
To determine audience and purpose for writing	**ESCRIBE**: Video script **Estrategia:** Determining audience and purpose	484
To engage in additional communication practice	**Heritage Language**	SAM
CULTURA		
To explore methods of health care and treatment	**NOTAS CULTURALES** La medicina tradicional o alternativa	462
To name three famous Hispanic physicians	**PERFILES** Algunas personas innovadoras en el campo de la medicina	481
To investigate health care topics in Cuba, Puerto Rico, and the Dominican Republic	**VISTAZO CULTURAL** La medicina y la salud en Cuba, Puerto Rico y la República Dominicana	486
To explore further the chapter's cultural themes	**MÁS CULTURA**	SAM
LABERINTO PELIGROSO		
To assess a passage, respond and give one's opinion, and hypothesize about unresolved issues	**EPISODIO 11** **Lectura:** *¿Caso cerrado?* **Estrategia:** Assessing a passage, responding, and giving an opinion	488
To discover the answers to unresolved issues from the author's point of view	**Video:** *Atando cabos*	490
COMUNIDADES		
To use Spanish in real-life contexts	**Experiential Learning:** Remedios caseros **Service Learning:** Hay que cuidarse	SAM SAM
LITERATURA		
To employ dénouement and an omniscient narrator as tools to explain the plot of an authentic story	**LETRAS** *La tortuga gigante* (Horacio Quiroga)	*See Literary Reader*

453

NATIONAL STANDARDS

Chapter opener

The Chapter opener section focuses on the mind, body, and spirit. The discussion questions facilitate interpersonal communication (Standard 1.1) as students engage in conversations, provide and obtain information, express feelings and emotions, and exchange opinions. Students discuss how they take care of themselves and promote health and well-being in their daily lives.

WARM-UP for *Chapter opener*

This chapter is about the human body, medical issues, and taking care of oneself. You might start by reviewing the parts of the body that students most likely already know, such as those taught in *¡Anda! Curso elemental, Capítulo 9, El cuerpo humano* in Appendix 2 and in *¡Anda! Curso intermedio, Capítulo 1, El aspecto físico y la personalidad.* You can then draw on previously learned vocabulary (*Capítulo 2*) to associate different pastimes and/or sports with corresponding body parts.

METHODOLOGY • Critical-Thinking Skills

A necessary part of any instruction is incorporating critical-thinking skills into our instruction. Asking students to give and support their opinions taps skills in the evaluation category, at the highest level of Bloom's Taxonomy.

PLANNING AHEAD

Assign **11-6, 11-11, 11-29, 11-35, 11-43,** and **11-44** to be completed by students before class. As usual, remember to have students read all grammar presentations before class. Finally, assign the *Notas culturales, Escucha, Perfiles, Escribe, Vistazo cultural,* and *Laberinto peligroso* episodes to be completed prior to class.

21ST CENTURY SKILLS • WORLD LANGUAGES SKILLS MAP

A world language skills map was created that incorporates all of the 21st century skills identified by the Partnership for 21st Century Skills. The map illustrates sample outcomes for the skills in ACTFL terms. Examples of the skills are provided in the Novice, Intermediate, and Advanced ranges. This tool is available at www.P21.org.

CAPÍTULO 11

Instructor Resources
- Textbook images, Extra Activities

SECTION GOALS for *Comunicación I*

By the end of the *Comunicación* section, students will be able to:

- identify body parts.
- review reflexive verbs and reflexive pronouns.
- distinguish between the uses of the pronoun *se* and the impersonal *se.*
- express reciprocal actions with the pronouns *se* and *nos.*
- contrast traditional medicine and alternative medicine.
- comment about what they hear.

NATIONAL STANDARDS *Communication, Cultures, Comparisons*

In this *Comunicación* section, there are many applicable standards under various Goal Areas. Under Communication, Standards 1.1 and 1.2 are applicable as students engage in interpersonal communication and interpretive communication, respectively. In pairs, they communicate by engaging in conversations, providing and obtaining information, expressing feelings and emotions, and exchanging opinions. The *Escucha* and *¡Conversemos!* sections align with Standard 1.2 as students understand and interpret written and spoken Spanish on a variety of topics. The cultural information about health care options encompasses Standards 2.1 and 2.2 as students demonstrate an understanding of the practices, products, and perspectives of Hispanic cultures. Lastly, they make comparisons between English and Spanish grammar with concepts like the impersonal *se,* reflexive verbs, and pronouns (Standard 4.1).

METHODOLOGY • Critical-Thinking Skills

There are numerous ways to incorporate higher-order / critical-thinking skills when studying body parts. One way is to have the students categorize them in a variety of ways, such as body parts used in specific daily functions like eating, studying, communicating, and so on. Other enjoyable ways to review the parts of the body are to play charades, Pictionary, and hangman.

METHODOLOGY • Teaching Vocabulary for *El cuerpo humano*

Parts of the face/head were introduced in *Capítulo 1* of *¡Anda! Curso intermedio.* Having your students review that vocabulary while learning the new vocabulary incorporates reviewing previously learned vocabulary along with acquiring new words.

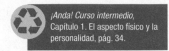

Comunicación I

¡Anda! Curso intermedio, Capítulo 1. El aspecto físico y la personalidad, pág. 34.

¡Anda! Curso elemental, Capítulo 9. El cuerpo humano, Apéndice 2.

3:00

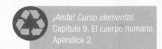

1 VOCABULARIO

11-01 to 11-02

El cuerpo humano Describing different parts of the body

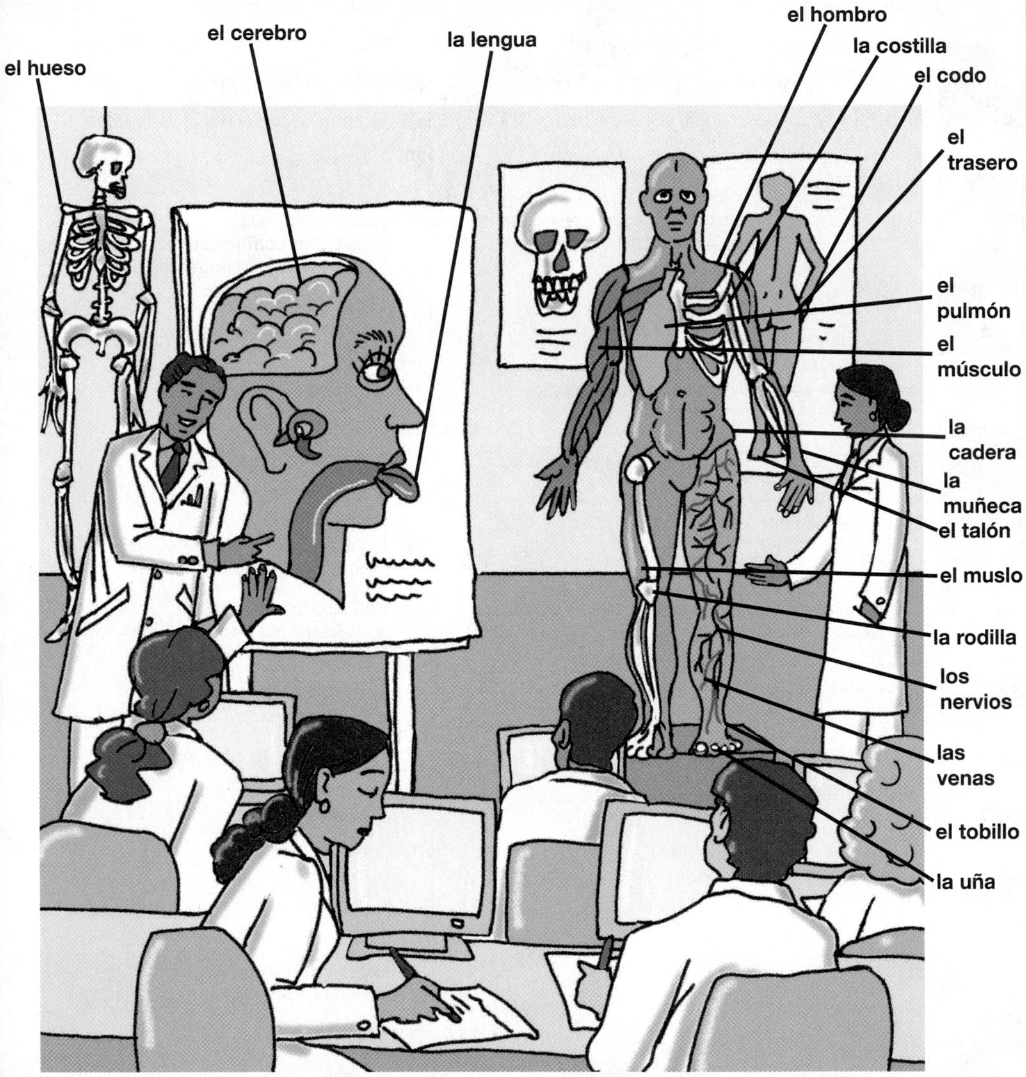

HERITAGE LANGUAGE LEARNERS

Remind heritage language learners not to use possessive adjectives when talking about body parts. E.g., *Me duele **la** pierna.*

ADDITIONAL ACTIVITY for *El cuerpo humano*

Divide students into groups of 3 or 4. Give them tracing paper, and have them trace 1 of the group members with washable markers. Then ask them to label as many body parts as they remember in 1 minute.

REPASO

¡Hola! Repaso & Spanish/English Tutorials — 11-03 to 11-05

Los verbos reflexivos Expressing actions one does to oneself

For a complete review of reflexive verbs, go to MySpanishLab or refer to **Capítulo 8** of ***¡Anda! Curso elemental*** in Appendix 3 of your textbook. The vocabulary activities that follow incorporate this grammar point. Practicing new vocabulary with a review grammar point helps to strengthen and increase your knowledge of Spanish.

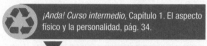

¡Anda! Curso intermedio, Capítulo 1. El aspecto físico y la personalidad, pág. 34.

¡Anda! Curso elemental, Capítulo 9. El cuerpo humano, Apéndice 2.

3:00

11-1 ¿Qué parte?

Decidan con qué categorías se asocia cada una de las siguientes palabras. ■

CATEGORÍAS		
la cabeza	la pierna y el pie	el cuerpo (parte interior, no visible)
la cara	el brazo y la mano	el cuerpo (parte exterior, visible)

MODELO la lengua
la cara / la cabeza / el cuerpo (parte interior, no visible)

1. los pulmones
2. las venas
3. la piel
4. el talón
5. el cerebro
6. la muñeca
7. las uñas
8. la rodilla
9. las costillas
10. el codo
11. los hombros
12. el muslo
13. las mejillas
14. el hueso
15. los labios
16. la frente

¡Anda! Curso elemental, Capítulo 9. El cuerpo humano, Apéndice 2.

2:00

11-2 La parte necesaria

Para cada una de las siguientes acciones, túrnense para determinar con qué partes del cuerpo se puede asociar. ■

MODELO levantarse
las piernas y los pies

1. maquillarse
2. olvidarse
3. sentarse
4. peinarse
5. afeitarse
6. ducharse

Possible answers to 11-2
1. la cara
2. el cerebro
3. las piernas; el trasero
4. el cabello
5. la cara; las piernas
6. todo el cuerpo

NOTE for *Repaso*
This is a reminder that the *Repaso* sections on MySpanishLab are meant to be assigned as homework the night before you introduce the new vocabulary. Students should be expected to review this prior to class so that you can proceed immediately to the first activity following the vocabulary presentation.

If you want, immediately following the vocabulary presentation and preceding the first vocabulary activity in the text, you may do the following mechanical activity.

In pairs, have a student (E1) act out one of the reflexive verbs. You write on the board which person and tense you want E2 to use in his/her response. E.g.:

You write on the board:
1. él / pretérito
2. yo / imperfecto
3. *Etc.*

MODELO
E1: [acts out washing his/her shoulder]
E2: *Él se lavó el hombro.*
E1: *¡Excelente!*
E2: [acts out drying his/her knee]
E1: *Me secaba la rodilla.*
...

SUGGESTION for *Los verbos reflexivos*
To practice the fact that reflexive verbs can be used in all tenses, you may wish to do a comparative / contrastive activity based on *despertarse.* Write the following sentences on the board in English and have your students tell you how they would say them in Spanish.
He woke up at 6:00 A.M.
He was waking up at 6:00 A.M.
He will wake up at 6:00 A.M.
It's important that he wake up at 6:00 A.M.

ADDITIONAL ACTIVITY for *Los verbos reflexivos*
To reinforce the reflexive verbs, students can play charades.

In groups, have students write reflexive verbs on small pieces of paper and put them in piles on their desks. Students each select a piece of paper with a verb and act it out.

HERITAGE LANGUAGE LEARNERS
Reinforce correct placement of reflexive pronouns with your heritage language learners. They know how to use reflexive pronouns when speaking, but when communicating in writing, they may forget to attach the pronoun when it follows the present participle or the infinitive.

EXPANSION for 11-1
For a fun review, students can play *Simón dice* (Simon Says); e.g., *Simón dice que te toques el pelo.*

EXPANSION for 11-1
Have a student—perhaps one with a medical or science major—bring in a drawing of a skeleton. Have cards with the body parts written on them. Students each pick a card and then go to the skeleton and place the card where that body part is located.

¡Anda! Curso elemental, Capítulo 1. Los adjetivos descriptivos; Capítulo 9. El cuerpo humano, Apéndice 2.

6:00 **11-3 Escucha bien** Tu profesor/a te va a describir a una "persona". Necesitas dibujar exactamente lo que él/ella te dice. Después, compara tu dibujo con el de un/a compañero/a. ■

Vocabulario útil			
ancho/a	*wide*	**fuerte**	*strong*
corto/a	*short*	**largo/a**	*long*

5:00 **11-4 Procesos naturales** Están en una clase de anatomía. Describan los procesos que se asocian con las siguientes acciones. ■

Vocabulario útil	
doblar	*to bend*
estirarse	*to stretch*
meterse	*to get into*

MODELO sentarse
Hay que doblar las piernas y ponerse en una silla.

1. acostarse
2. correr
3. caerse
4. bañarse
5. levantarse

2:00 **11-5 ¿Qué le pasa?** Alberto está en la oficina de sus doctores para un exámen físico anual. Se queja de algunos síntomas a los doctores. Túrnense utilizando el vocabulario nuevo para dar sus opiniones. ■

MODELO ALBERTO: Me duele la pierna.
E1 (DOCTOR/A 1): *Quizás sean los nervios o las venas en la pierna.*
E2 (DOCTOR/A 2): *Quizás sea un músculo.*

1. Me duele la pierna.
2. No puedo caminar mucho.
3. No respiro muy bien.
4. Tengo problemas cuando juego al béisbol.
5. Me caí en el hielo.

¡Anda! Curso intermedio, Capítulo 1. El aspecto físico y la personalidad, pág. 34.

¡Anda! Curso elemental, Capítulo 9. El cuerpo humano, Apéndice 2.

5:00 **11-6 Seminario de la salud** Imagina que tu compañero/a y tú asistieron a un taller (*workshop*) sobre el cuerpo. Digan lo que aprendieron, usando el vocabulario nuevo y el vocabulario que aprendieron en capítulos anteriores. Pueden hacer dibujos si quieren. ■

Estrategia
Include reflexive verbs and new vocabulary in your questions. See how many of the new vocabulary words you can use.

MODELO E1: *Aprendí que las cejas y las pestañas son para proteger los ojos.*
E2: *Sí. Hablando de la cara, también es necesario proteger las mejillas y la frente con crema cuando tomas el sol.*
E1: ...

NOTE for 11-3
Begin by drawing your "person," making him/her as fanciful as you like. Then give a detailed verbal description. Be sure to pause between sentences to allow students to process the information and draw what they hear. Encourage students to make their drawings as exaggerated as possible while following your description. The following is a sample description.

Mi persona tiene una cabeza redonda y muy grande. El pelo es negro y largo. Los ojos son muy pequeños, pero tiene la nariz grande y larga. Los labios son grandes y puedes ver cuatro dientes. La oreja de la izquierda es pequeña, mientras la de la derecha es grande. El cuello es largo y delgado. Los hombros son grandes y fuertes. Los brazos son normales, pero las manos son grandes con dedos muy largos. Las uñas son largas también. El pecho es grande y fuerte, pero la cintura es pequeña. Las caderas son anchas y las piernas son cortas. Tiene los pies muy grandes, con doce dedos gordos.

After students have compared their drawings, you may wish to show them your drawing for a final comparison.

NOTE for 11-3
You may prefer to create 2 drawings of your "person" that are significantly different. Pair students, with 1 student facing one of your projected drawings, while the other student has his/her back to it. The student facing the drawing describes it while his/her partner draws. Then switch roles and project the other version of your "person."

NOTE for 11-6
11-6 could be completed as a written activity. Students can write short compositions in which they share their own daily routines. Then have them compare theirs with those of their partners to see what they have in common.

ADDITIONAL ACTIVITY for *El cuerpo humano*
¿Cuál es tu rutina diaria? Escribe por lo menos diez preguntas y entrevista a cinco compañeros/as para saber qué hacen en un día normal. Puedes dividir las preguntas en cuatro categorías: por la mañana, durante el día, por la noche y en general.

For students who need extra guidance, you may wish to provide the following questions as well as the model.

MODELO
E1: *¿A qué hora te despiertas?*
E2: *Me despierto a las siete.*
E1: *Yo también me despierto a las siete.* OR *Yo no. Me despierto a las siete y media. ¿A qué hora te levantas?*

1. **Por la mañana:** ¿A qué hora te despiertas? ¿A qué hora te levantas? ¿Qué es la primera cosa que haces al despertarte? ¿Cómo te preparas para un día normal? ¿Cuánto tiempo tardas en arreglarte para el día?
2. **Durante el día:** ¿A qué hora sales de tu residencia/apartamento/casa? ¿Cuál es tu horario en un día normal? ¿Te quedas en la universidad o vuelves a donde vives para estudiar? ¿Cuáles son tus sugerencias o estrategias para no olvidarte de la información que estás aprendiendo para tus clases? ¿Qué haces para divertirte? ¿Juegas a algún deporte o haces otro tipo de ejercicio?
3. **Por la noche:** ¿Qué sueles hacer durante la noche? ¿Cómo te preparas para acostarte? ¿A qué hora te acuestas? ¿Te duermes en seguida? ¿Cuántas horas duermes en general?
4. **En general:** ¿Cuántas veces al día haces las siguientes cosas?
   peinarse
   cepillarse los dientes
   lavarse las manos
   ducharse
   afeitarse o maquillarse
   olvidarse de algo
   acordarse de algo que no has hecho
   cambiarse de ropa

3:00

2 GRAMÁTICA

11-06 to 11-08 | ¡Hola! Spanish Tutorial

Se impersonal Relating impersonal information

Thus far, you have used the pronoun **se**:

1. as an indirect object pronoun (replacing **le** or **les**).

Le doy las pestañas postizas a María.	*I am giving the false eyelashes to María.*
Se las doy a María.	*I am giving them to her.*

2. with reflexive verbs.

Cuando Milagros **se** levanta, la primera cosa que hace siempre es cepillar**se** los dientes.	*When Milagros gets up, the first thing she always does is brush her teeth.*

Se dice que ha tenido cirugía plástica...

Another use of **se** is the **impersonal *se***.

The **impersonal *se*** is used to **express the concepts of *one*, *you*, *people*, or *they*, all in general terms.** This construction of **se**:

3.1 functions as an **indefinite or unknown (unimportant) subject**.
3.2 is ***always*** with the ***third-person singular form of the verb.***

Se dice que Tania siempre lleva pestañas postizas.	*They say that Tania always wears false eyelashes.*
Se sabe que el sol es malo para la piel.	*People know that the sun is bad for skin.*
Se permite un beso en la mejilla al conocerse.	*You are / One is allowed a kiss on the cheek upon meeting.*

2:00

11-7 Chismes

¡Cómo habla la gente! Cambien las siguientes oraciones impersonales que usan la tercera persona plural a oraciones con **el *se* impersonal.** ■

MODELO Dicen que esa actriz tiene las caderas muy anchas.
Se dice que esa actriz tiene las caderas muy anchas.

1. Dicen que los tacones altos pueden dañar los tobillos y las rodillas.
2. No permiten beber alcohol en este restaurante.
3. No hacen suficiente ejercicio en la escuela.
4. Creen que los nervios se tranquilizan con el ejercicio diario.
5. Dicen que hacer yoga alivia el estrés.

Answers to 11-7
1. Se dice que...
2. No se permite...
3. No se hace...
4. Se cree que...
5. Se dice que...

Estrategia

The third-person plural of the verb can also be used to express impersonal subjects ("they"):

Dicen *que Tania siempre lleva pestañas postizas.*	They say that Tania always wears false eyelashes.
Permiten *un beso en la mejilla al conocerse.*	They allow a kiss on the cheek upon meeting.

Instructor Resources
• PPT, Extra Activities

SUGGESTION for Se *impersonal*
As a warm-up, brainstorm with students the different uses of the pronoun *se* they have learned thus far, along with meaningful examples of each.

SUGGESTION for Se *impersonal*
Practice the *se impersonal* by using classroom expressions like the following:
¿Cómo se dice "____" en español?
¿Cómo se dice "____" en inglés?
¿Cómo se escribe "____" en español?
¿Cómo se escribe "____" en inglés?
¿Cómo se responde cuando una persona te dice "____"?
¿Cómo se contesta la pregunta "____"?

NOTE for Se *impersonal*
Have students brainstorm additional ideas and create public signs for the class using *se impersonal.* You may also bring in (or assign students to do so) photos of signs using the *se impersonal.*

METHODOLOGY • Introducing New Uses of *Se*
You will notice that we have intentionally separated the impersonal *se* and the passive *se.* These concepts can become extremely confusing for students. Hence, you will note that **11-7** through **11-12** could indeed utilize the passive *se,* but we have intentionally introduced the passive *se* at the end of the chapter. At that time, students will have the opportunity to use both.

EXPANSION for 11-7
Ask students to offer or make up information about their college or university—rumors and gossip—or about their favorite celebrities.

NOTE for Se *impersonal*
Ask students whether they have ever seen an instance of the *se impersonal* with signs in shop windows. For example, many of them have most likely seen *Aquí se habla español.*

3:00 **11-8 Del sujeto al impersonal** Tu compañero/a y tú hablan sobre el cuerpo y la salud. Túrnense, cambiando las siguientes oraciones con sujetos específicos a oraciones con **el *se* impersonal,** según el modelo. ■

MODELO E1: Aquellas mujeres dicen que los cirujanos plásticos nos pueden hacer más jóvenes.
E2: *Se dice que los cirujanos plásticos nos pueden hacer más jóvenes.*

1. A veces algunas personas subestiman (*underestimate*) la fuerza del cuerpo.
2. Todo el mundo sabe que hay que mantener la salud mediante una buena alimentación y ejercicio.
3. Mucha gente entiende que no se debe fumar, tomar drogas ilícitas, ni abusar del alcohol.
4. Algunos reconocen que hay que cepillarse los dientes por lo menos dos veces al día.
5. Muchas mujeres piensan que las uñas largas y pintadas son elegantes.

Answers to 11-8
1. Se subestima…
2. Se sabe que…
3. Se entiende que…
4. Se reconoce que…
5. Se piensa que…

¡Anda! Curso elemental, Capítulo 11. Las preposiciones y los pronombres preposicionales, Apéndice 3.

2:00 **11-9 Sí, se puede** La familia Sánchez habla de temas que leen en el periódico, y los Sánchez siempre tienen una solución para los demás. Digan sus soluciones, usando siempre **el *se* impersonal.** ■

MODELO hacer ejercicio / perder peso (*to lose weight*)
Se hace ejercicio para perder peso.

1. no permitir fumar / malo para pulmones
2. poder ver huesos / en una radiografía
3. poder ver venas / a través de la piel
4. usar crema solar con rayos UVA / protegerse del sol
5. comprar crema / evitar arrugas de la frente

ANSWERS to 11-9
1. No se permite fumar porque es malo para los pulmones.
2. Se puede ver los huesos en una radiografía.
3. Se puede ver las venas a través de la piel.
4. Se usa crema solar con rayos UVA para protegerse del sol.
5. Se compra crema para evitar arrugas de la frente.

EXPANSION for 11-9
Have students suggest items based on what they have read in magazines or seen on television shows.

5:00 **11-10 Lo que se sabe** Seguramente has visto en las revistas artículos y encuestas que te preguntan sobre lo que sabes de la salud. Con un/a compañero/a, completen las siguientes oraciones para mostrar lo que se sabe sobre la buena salud. Túrnense. ■

¡SALUD!
¡PARTICIPA EN NUESTRA ENCUESTA!

MODELO Para mantener un peso saludable, se tiene que…
Para mantener un peso saludable, se tiene que comer menos, alimentarse bien, hacer ejercicio y descansar.

1. Se necesita hacer por lo menos treinta minutos de actividad física moderada por lo menos cinco días a la semana. Se dice que cinco actividades buenas para el corazón, los pulmones y los músculos son…
2. Si se dedica a tener una rutina de ejercicio sin fallar, se necesita…
3. Si uno se quiere divertir, debe…
4. Si se ha estado inactivo/a durante mucho tiempo, se recomienda…
5. Se dice que las personas activas…

7:00

11-11 ¿Qué nos recomiendan?

Miren el cartel sobre la buena salud y digan **ocho** recomendaciones que encuentren allí, usando **el subjuntivo** y el ***se* impersonal.** ■

¡Anda! Curso intermedio, Capítulo 2. El subjuntivo para expresar pedidos, mandatos y deseos, pág. 91.

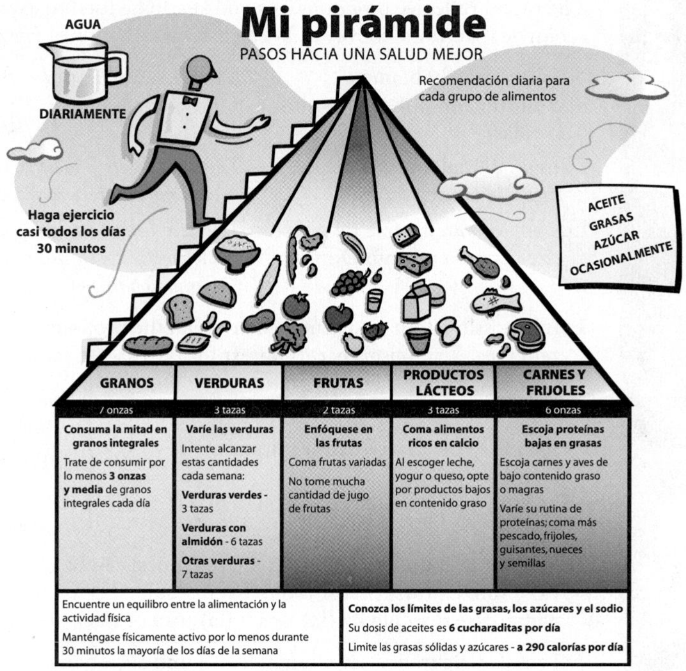

Vocabulario útil

Recomienda que...
Es imprescindible (*essential*) que...
Es importante que...
Es necesario que...

MODELO *Es importante que se beba leche diariamente.*

¡Anda! Curso intermedio, Capítulo 2. Deportes, pág. 72; Pasatiempos y deportes, pág. 86.

¡Anda! Curso elemental, Capítulo 2. Los deportes y los pasatiempos, Apéndice 2.

rkbooklet

7:00

11-12 Un/a entrenador/a personal

Conseguiste el puesto de entrenador/a personal en el gimnasio Vida Nueva. Con un/a compañero/a, hagan los papeles del/de la entrenador/a y su cliente. Túrnense. ■

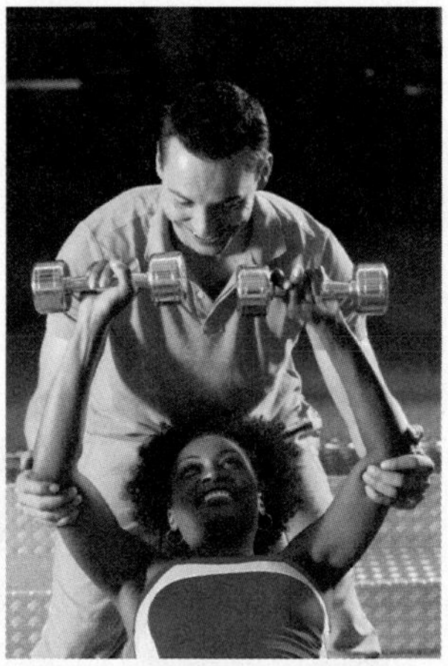

MODELO E1 (CLIENTE): *¿Cómo se hace más fuerte el corazón?*
E2 (ENTRENADOR/A): *Se hace más fuerte el corazón haciendo actividades como correr o nadar.*

1. ¿Cómo / hacer / más fuerte / el corazón? ________	2. ¿Cómo / deber / proteger / los oídos / cuando / nadar? ________	3. ¿Cómo / perder peso? ________
4. ¿Cuáles / ser / los ejercicios que / hacer / para aumentar los músculos? ________	5. ¿Cuántas veces al día / deber / comer? ________	6. ¿Cómo / quemar / más calorías al día? ________

EXPANSION for 11-11
Have students each create a food diary for a particular day (last Saturday, yesterday, etc.) and take turns sharing it with a partner. The partner makes recommendations based on the diary.

EXPANSION for 11-11
Challenge students to create 6–8 sentences offering additional advice for healthy living, e.g., *Es importante que se duerma de seis a ocho horas cada noche.*

EXPANSION for 11-11
Have students create other categories of "knowledge" beyond "*la salud*" e.g., "*la educación*", "*la juventud*", "*el amor*". Then have them create sentences using *se impersonal* to describe what people know, believe, say, recommend, etc. about those topics.

Instructor Resources

- PPT, Extra Activities

NOTE for *Las construcciones recíprocas:* nos y se
You may choose to point out that this construction is possible only with verbs that take direct objects.

NOTE for *Las construcciones recíprocas:* nos y se
You may choose to teach the reciprocal *os* as well:

¿Vosotros os habláis por mensajes de texto todos los días?

NOTE for *Las construcciones recíprocas:* nos y se
Point out to students that it is logical to use reciprocal constructions in the plural only, as they reflect actions between/among 2 or more people or groups.

SUGGESTION for *Las construcciones recíprocas*
Instruct students, in pairs, to create a list of eight reciprocal actions between friends and family members. They should write these actions in Spanish on slips of paper and hand them to you. Quickly go through the slips, eliminating duplications, and then have the pairs each draw a slip and pantomime the action for classmates to guess.

3:00

3 GRAMÁTICA

11-09 to 11-11 ¡Hola! Spanish Tutorial

Las construcciones recíprocas: *nos* y *se*

Designating reciprocal actions

The plural reflexive pronouns nos and se can be used to express reciprocal actions, conveyed in English by *each other* or *one another*.

Nosotros nos **habíamos comunicado** por email todos los días.	*We had communicated with each other every day by e-mail.*
Ellos se **llamaban** cada noche antes de acostarse.	*They called / used to call one another each night before they went to bed.*
Los novios **van a verse** de nuevo este verano en Santo Domingo.	*The sweethearts are going to see each other again this summer in Santo Domingo.*

¡Se miran y es el amor a primera vista!

1. It is possible to have a sentence in which the pronoun can be interpreted as ***either reciprocal or reflexive.*** You must rely on context for the exact meaning.

   Fabiola y Beltrán **se están mirando** en el espejo.
   - *Fabiola and Beltrán are looking at* ***each other*** *in the mirror.*
   - OR
   - *Fabiola and Beltrán are looking* ***at themselves*** *in the mirror.*

2. When the context is not clear, the reciprocal can be clarified by the phrase (el) uno a(l) otro or (los) unos a (los) otros. Note that masculine forms are used unless both subjects are feminine, in which case it would be **(la) una a (la) otra** or **(las) unas a (las) otras.**

   Fabiola y Beltrán se están mirando **(el) uno a(l) otro.** *Fabiola and Beltrán are looking at each other.*

2:00

11-13 El uno al otro

Miren los dibujos y describan lo que están haciendo las personas. ■

MODELO

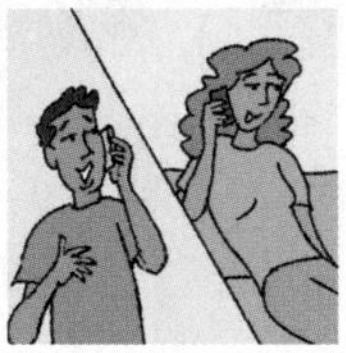

Se hablan.

Vocabulario útil	
abrazar	*to hug*
besar	*to kiss*
despedir (e → i → i)	*to say good-bye*
saludar	*to greet; to say hello*

1. 

   Se besan.

2. 

   Se saludan. / Se despiden.

3. 

   Se abrazan.

4. 

   Se mandan mensajes de texto.

5. 

   Se miran.

EXPANSION for 11-14
Lead students in creating a list of well-known people on their campus or in their local area, state, or beyond and then brainstorm all the reciprocal actions they can for those people.

METHODOLOGY • Question Formation
The research tells us that students need more practice creating questions because most times they are answering them. *Paso 2* of **11-14** helps students practice question formation while focusing on the featured grammar.

SUGGESTION for 11-14
You may want to go over the model with your students, encouraging them to have mini-conversations with their partners by asking and answering follow up questions as in the model.

6:00 Workbooklet

11-14 La reciprocidad y los amigos

¿Cómo se comportan tus amigos y tú? Completa los siguientes pasos. ■

Paso 1 Indica qué cosas tus amigos y tú hacen juntos y con qué frecuencia.

Estrategia
Use words that you know to express frequency, such as *de vez en cuando, a menudo, nunca*, and *jamás*.

ACCIONES RECÍPROCAS	FRECUENCIA	LAS RESPUESTAS DE TU COMPAÑERO/A
visitarse unos a otros	todos los días	cada semana
prestarse dinero		
ayudarse con los estudios		
hablar sobre sus problemas		
criticarse unos a otros		
felicitarse por sus éxitos		

Paso 2 Hazle las preguntas a un/a compañero/a para ver si hace las mismas cosas con sus amigos.

MODELO
E1: *¿Se visitan tus amigos y tú?*
E2: *Sí, mis amigos de la universidad y yo nos visitamos.*
E1: *¿Con qué frecuencia?*
E2: *Nos visitamos cada semana. En cambio, con los amigos de mi pueblo nos visitamos una vez cada dos meses. ¿Y tú? ¿Se visitan tus amigos y tú?*

3:00

11-15 ¿Con quiénes?

¿Con quiénes generalmente hacen las siguientes cosas? Comparen sus respuestas. ■

MODELO decirse la verdad siempre
E1: *Mi hermano y yo siempre nos decimos la verdad. ¿Y tú?*
E2: *Mis padres y yo siempre nos decimos la verdad. No tengo hermanos.*

1. decirse secretos
2. mandarse mensajes de texto muchas veces al día
3. comunicarse por Skype u otro programa parecido
4. verse en el gimnasio
5. ayudarse con los problemas
6. hacerse favores

4:00

11-16 Con su profesor/a

¿Cuáles son algunas acciones recíprocas entre ustedes y su profesor/a de español? Hagan una lista de por lo menos **seis** cosas. ■

MODELO

1. Nos saludamos al entrar a la sala de clase.

7:00 **11-17 La reciprocidad y la familia** En sus familias, ¿se llevan bien el uno con el otro? ■

Paso 1 Con un/a compañero/a, usando los siguientes verbos, túrnense para hablar de lo que ocurre entre ustedes y sus parientes. Deben decir por lo menos **cuatro acciones recíprocas** cada uno.

apoyar	criticar	entender	querer
ayudar	dar consejos	gritar	regalar
comunicar	decir mentiras / la verdad	pelear	respetar

MODELO *Mis primos y yo siempre nos apoyamos. Mis hermanos y yo nos criticamos mucho…*

Paso 2 Ahora, compartan sus respuestas con sus compañeros.

MODELO *Teri y sus primos siempre se apoyan, pero ella y sus hermanos se critican mucho…*

NOTAS CULTURALES

La medicina tradicional o alternativa

11-12 to 11-13

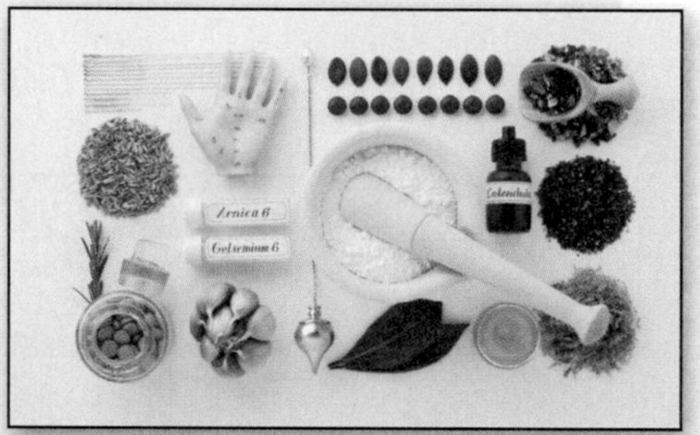

Según la Organización Mundial de la Salud (OMS), el ochenta por ciento de la población mundial utiliza alguna forma de medicina tradicional regularmente. Por supuesto, la gente en los países hispanos tiene acceso a la atención médica y a diferentes expertos en el campo de la salud. Hay oficinas de consulta y hospitales con todo el equipo moderno para tratar cualquier problema que se presente. Además, hay farmacias de turno que están abiertas las veinticuatro horas del día, ofreciendo las medicinas necesarias.

Pero en muchos de estos países hay también una fuerte tradición de medicina alternativa. Las personas, particularmente en las zonas rurales de Latinoamérica, suelen emplear remedios caseros (*home remedies*), o tradicionales, en vez de buscar el consejo y la ayuda de los profesionales médicos, que a veces no se encuentran en estos lugares lejanos. En los mercados al aire libre se vende todo tipo de hierbas para curar cualquier dolor, enfermedad o condición dañina (*harmful*) para la salud.

Se debe mencionar también el curanderismo, otra tradición muy arraigada (*rooted*) en la cultura hispana. Los curanderos suelen emplear las hierbas, el masaje y a veces los rituales para curar a sus pacientes física y espiritualmente.

Preguntas

1. ¿Qué tipos de cuidado de salud se mencionan aquí? ¿Con cuáles tienes experiencia?
2. ¿Quiénes usan formas alternativas de medicina? ¿Por qué crees que se usan?
3. ¿Qué tipos de remedios caseros o tradicionales conoces? ¿Qué opinas de la medicina alternativa?

EXPANSION for 11-17
Follow up the activity by having students report on what their partners said so that the third-person reciprocal form is also practiced here.

SECTION GOALS for *Notas culturales*
By the end of the *Notas culturales* section, students will be able to:
- differentiate between traditional medicine and alternative medicine.
- contrast the role of pharmacies in the United States and Latin American countries.
- explain *el curanderismo* and the role of herbs in healing.
- share what kinds of alternative medicine they are familiar with.

NATIONAL STANDARDS
Communication, Cultures, Comparisons
The cultural note about alternative health care options focuses on Communication, Cultures, and Comparisons. Communication takes place in the interpretive mode, as students read, understand, and interpret written Spanish (Standard 1.2). For Cultures, students understand and interpret the products, practices, and perspectives of Hispanic cultures and how they approach medicine and healing (Standards 2.1 and 2.2). As students understand how Hispanic health care works and how pharmacies operate, they can compare those to the American system (Standard 4.1). They can then better appreciate the cultural differences regarding health care options and alternative medicine.

ANSWERS to *Notas culturales*
1. Se mencionan la medicina tradicional, la moderna, los remedios caseros y el curanderismo.
2. Las personas en los lugares rurales usan formas alternativas de medicina. Las usan por tradición y porque no hay profesionales médicos en estas zonas rurales.
3. *Answers will vary.*

NOTE for *La política de la medicina alternativa*
Though at first one does not necessarily think of "medicine" and "politics" as related terms, much of traditional, alternative, and conventional medicine is very much involved in politics. Think about efforts in favor of and against putting fluoride in public water supplies. Consider the use of alternative medicine and whether or not insurance companies will pay for those treatments. Have your students think about what type of health care they might prefer: conventional, alternative, homeopathic, etc. You may wish to lead a discussion regarding whether insurance companies should pay for experimental and/or controversial treatments involving unproven or uncertified medicines, herbal fusions, etc.

NOTE for *Health care and politics*
In the United States, one can hardly avoid the political ramifications of a national health care system. Have your students discuss the benefits and disadvantages of a national health care system. You might ask the following questions: What countries *do* have this type of system? How does it work?

NOTE for *Notas culturales*
Carmen Lomas Garza, noted Chicana artist, has a wonderful painting entitled *Earache Treatment,* which depicts the use of a home remedy known as *el cucurucho* to treat an ailment of the inner ear. You might wish to show your students this painting to stimulate a discussion of *remedios caseros* in class.

NOTE for *Notas culturales*
El curanderismo is the underlying theme of another work of art: an opera composed in 2005 by Robert Xavier Rodríguez. This one-act comedy is based on *Bastien und Bastienne,* a 3-character opera written by Mozart in 1768. One of the original characters is a sorcerer and is replaced by a *curandera* in the updated work; the setting is also changed to Mexico. The work reflects the folklore of traditional healers and their practices from Mexico and the American Southwest.

6:00 Workbooklet

11-18 ¿Cómo las contestan?

Después de un semestre entero juntos, se conocen bien, ¿no? Pues, ya veremos. Completa los siguientes pasos. ■

Paso 1 Contesta las siguientes preguntas como si fueras tu compañero/a.

Paso 2 Hazle las preguntas a tu compañero/a para saber las respuestas correctas. ¿Se conocen bien?

PREGUNTA	¿CÓMO CONTESTARÍA TU COMPAÑERO/A?	LA RESPUESTA CORRECTA SEGÚN TU COMPAÑERO/A
1. ¿Se hablan en persona tu mejor amigo/a y tú todas las noches?		
2. ¿Se compran regalos a menudo tus parientes? Explica.		
3. ¿Se ven todos los días tus amigos y tú? Cuando se ven, ¿qué hacen?		
4. ¿Se comunican con frecuencia tus padres, hermanos u otros parientes y tú? ¿Cuáles son los modos de comunicación más comunes para ustedes?		
5. En su tiempo libre, ¿dónde se encuentran tus amigos y tú?		
6. ¿Se dejan mensajes en Facebook o se mandan mensajes de texto tus compañeros/as y tú?		
7. ¿Cómo se saludan tus amigos y tú cuando se ven?		
8. ¿Se conocen tus padres y tus amigos de la universidad?		

ESCUCHA

Un informe de radio

11-14 to 11-15

Estrategia

Commenting on what you heard

Sometimes it is not enough to just understand what you have heard. You may need to use the information you have just learned in some way in a real-world setting. For example, you may need to respond to something you have heard by taking some sort of action. Or you may want to make a comment to someone about what you have heard. Beyond simply reporting the facts, you also react by adding your own comments.

(continued)

EXPANSION for *Notas culturales*

In the United States, there are seldom small or family-owned pharmacies like those in Hispanic countries. In the United States, there are generally chain pharmacies and pharmacies in stores like Walmart, Target, and different supermarkets, whereas this is rare in most Hispanic cities.

EXPANSION for *Notas culturales*

Have students research thermal baths in different Hispanic countries on the Internet, and have them explore why people go to these baths. In the United States, we tend to refer to thermal baths as spas. Some people think thermal baths have healing properties for rheumatism and arthritis. Suggested keywords: *baños termales; aguas termales.*

SECTION GOALS for *Escucha*

By the end of the *Escucha* section, students will be able to:

- comment on what they have heard.
- integrate previously learned listening strategies.
- express agreement or disagreement by writing comments.
- share their opinions with classmates.

NATIONAL STANDARDS
Communication, Connections
In the *Escucha* section, students practice their listening skills to comment on what they have heard. The standards associated with this section are Standard 1.1, Standard 1.2, and Standard 3.1. The Communication Standards emphasize interpersonal communication and interpretive communication. As students listen to the passage, they understand and interpret spoken Spanish about health and fitness (Standard 1.2). Their discussions with classmates reinforce the new listening strategy as well as facilitate conversations in which they can exchange information and ideas (Standard 1.1). The topic of the passage is diet, wellness, and exercise, topics with which students are already familiar. The familiarity or prior knowledge allows them to make connections between what they hear in Spanish and their other classes like health, physical education, exercise physiology, and nutrition (Standard 3.1).

AUDIOSCRIPT for 11-20
Please consult the *Instructor's Resource Manual* for the complete text of the audio.

ANSWERS to 11-20
Paso 1
1. El tema es cómo cuidarse.
2. comer bien, comer menos y hacer más ejercicio

11-19 Antes de escuchar

Vas a escuchar un informe de radio. Primero completa los siguientes pasos. ■

Paso 1 Mira la foto. Describe lo que ves en la foto.

Paso 2 Contesta las siguientes preguntas.

1. ¿Estás preocupado/a por tu salud?
2. ¿Sigues una dieta especial?
3. ¿Haces ejercicio?
4. ¿Tienes un entrenamiento (*training*) físico especial?

11-20 A escuchar

Completa los siguientes pasos. ■

Paso 1 Escucha el informe y contesta las siguientes preguntas.

1. ¿Cuál es el tema del informe?
2. Según el informe, ¿cuáles son los tres puntos más importantes para perder peso?

Paso 2 Escucha el informe otra vez y apunta (*jot down*) **cuatro** comentarios sobre el informe.

11-21 Después de escuchar

Comparte tus comentarios en grupos de tres o cuatro estudiantes. ¿Con quiénes estás de acuerdo? ¿Con quiénes de tu grupo no estás de acuerdo y por qué? ■

¿Cómo andas? I

Having completed **Comunicación I,** I now can . . .	**Feel confident**	**Need to review**
• describe different parts of the body. (p. 454)	☐	☐
• express actions one does to oneself. (MSL)	☐	☐
• relate impersonal information. (p. 457)	☐	☐
• designate reciprocal actions. (p. 460)	☐	☐
• explore methods of health care and treatment. (p. 462)	☐	☐
• comment on what I hear. (p. 463)	☐	☐

Comunicación II

¡Anda! Curso elemental, Capítulo 9. Algunas enfermedades y tratamientos médicos, Apéndice 2.

3:00

4 VOCABULARIO

11-16 to 11-17

La atención médica

Discussing ailments and mentioning possible treatments

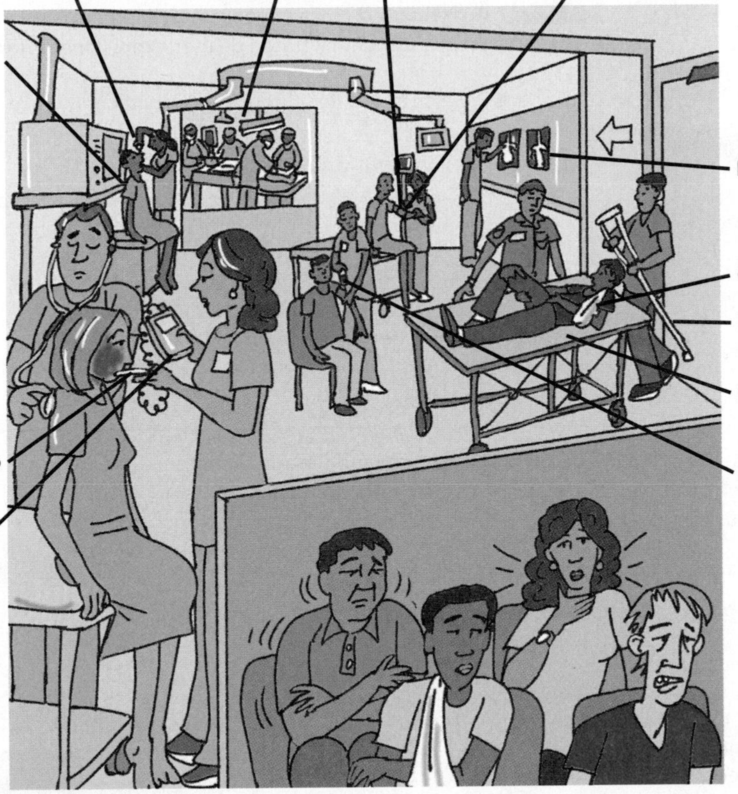

Algunas palabras útiles	*Some useful words*
las alergias	*allergies*
el antihistamínico	*antihistamine*
la cura	*cure*
la dosis	*dosage*
el/la drogadicto/a	*drug addict*
la enfermedad	*illness*
el examen físico	*physical exam*
los medicamentos	*medicines*
la penicilina	*penicillin*
las pruebas médicas	*medical tests*

el resultado	*result*
el síntoma	*symptom*
el tratamiento	*treatment*
la vacuna	*vaccination*

Algunos verbos y expresiones útiles	*Some verbs and useful expressions*
enyesar	*to put a cast on*
fracturar(se)	*to break; to fracture*
hacer gárgaras	*to gargle*
respirar	*to breathe*

Instructor Resources
- Textbook images, Extra Activities

SECTION GOALS for *Comunicación II*

By the end of the *Comunicación* section, students will be able to:
- discuss medical conditions, ailments, and treatments.
- distinguish between affirmative and negative expressions.
- form the passive *se* for unplanned or unexpected events.
- describe symptoms, maladies, and illnesses.
- differentiate between the active voice and passive voice.
- contrast the forms and uses of the passive voice with *ser* and the passive voice with *se*.
- identify famous Hispanics in the field of medicine.
- employ the strategies of pausing, suggesting an alternative, and expressing disbelief in conversational Spanish.
- determine a purpose for writing and the intended audience.

NATIONAL STANDARDS
Communication, Cultures, Connections, Comparisons

The main Goal Areas of this *Comunicación* are Communication, Cultures, Connections, and Comparisons. All 3 communicative modes are emphasized in this communication: interpersonal, interpretive, and presentational (Standards 1.1, 1.2, and 1.3, respectively). The opportunities for pair dialogues and small group conversations are numerous, and the *Escribe* and *¡Conversemos!* sections provide the basis for interpretive and presentational communication. The *Perfiles* section facilitates the students' understanding of the relationship between the practices, products, and perspectives of the featured Hispanic physicians (Standards 2.1 and 2.2). Students are able to understand how these doctors have contributed to the field of medicine and how their research and product development have positively shaped health care. As students practice with strategies highlighted in the *Escribe* and *¡Conversemos!* sections, they connect, reinforce, and further their knowledge of other disciplines (Standard 3.1). Moreover, the grammatical points like the passive voice, affirmative and negative expressions, and the *se impersonal* provide the basis for comparisons between Spanish and English (Standard 4.1).

NOTE for *La atención médica*

Point out to students some false cognates. E.g., *constipado* means *congested; embarazada* is *pregnant*, etc.

METHODOLOGY • Multicultural Sensitivity When Teaching Vocabulary

Most, if not all, of us teach at institutions that have statements regarding sensitivity toward multicultural issues. Although this vocabulary is important, we have attempted to be sensitive in its presentation. When initially presenting this vocabulary and wanting the students to use and practice it, you may wish to have an activity in which students (in pairs) use the drawing to hypothesize regarding potential health conditions of the people depicted. For example, the students could practice the subjunctive by saying:

Quizás esa persona sufra de apendicitis.
Es posible que aquel señor tenga una jaqueca.

HERITAGE LANGUAGE LEARNERS

Heritage language learners can make note of how their relatives react to illnesses and what remedies are suggested the most. Have them share with the class to compare their remedies with those of non-Hispanic families.

SUGGESTION for *La atención médica*

Students can debate the use of alternative medicine and traditional medicine. Ask them to research places where both types are practiced. Also ask them to find out whether there are alternative medicine outlets in your vicinity.

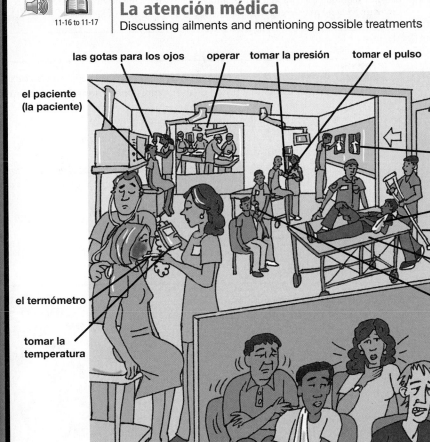

NOTE for *Repaso*
This is a reminder that the *Repaso* sections on MySpanishLab are meant to be assigned as homework the night before you introduce the new vocabulary. Students should be expected to review this prior to class so that you can proceed immediately to the first activity following the vocabulary presentation.

If you want, immediately following the vocabulary presentation and preceding the first vocabulary activity in the text, you may do the following mechanical activity.

Provide students with or have students create affirmative sentences with the new vocabulary. Then have their partners say the negative. Reverse the process, with students providing negative sentences that their partners make affirmative. E.g.:

E1: *A veces uso las gotas para los ojos.*
E2: *Nunca uso las gotas para los ojos.*
E2: *Nadie usa las muletas.*
E1: *Alguien usa las muletas.*
...

HERITAGE LANGUAGE LEARNERS
Heritage language learners may be familiar with some variations of the words used in affirmative and negative expressions. Remind heritage language learners that *nadie* is the grammatically correct form, and not something similar that they may have heard.

HERITAGE LANGUAGE LEARNERS
Point out to heritage language learners that the *-ph* in English is *-f* in Spanish. E.g.: pharmacy = *farmacia,* physical exam = *examen físico.*

REPASO

¡Hola! Repaso & Spanish/English Tutorials — 11-18 to 11-20

Las expresiones afirmativas y negativas
Making affirmative and negative statements

For a complete review of affirmative and negative expressions, go to MySpanishLab or refer to **Capítulo 4** of ***¡Anda! Curso elemental*** in Appendix 3 of your textbook. The vocabulary activities that follow incorporate this grammar point. Practicing new vocabulary with a review grammar point helps to strengthen and increase your knowledge of Spanish.

2:00 **11-22 Nunca va** Elijan la palabra o expresión que no va con las otras y expliquen por qué. Túrnense y traten de usar **expresiones afirmativas o negativas.** ■

Fíjate
Note that *realizar* (to carry out) is a false cognate and does not have the same meaning as *darse cuenta.*

MODELO las pruebas médicas, los síntomas, el tratamiento, la vacuna
E1: *"La vacuna" no va con las otras palabras. Nunca se usa una vacuna como tratamiento.*
E2: *Estoy de acuerdo. Las otras palabras tienen una progresión. Si alguien tiene unos síntomas, va al consultorio para realizar pruebas médicas y luego sigue un tratamiento.*

1. la penicilina, el antihistamínico, la camilla, la vacuna la camilla
2. respirar, sacar sangre, tomar la presión, tomar el pulso respirar
3. la radiografía, las pruebas médicas, la cura, el examen físico la cura
4. operar, el tratamiento, los medicamentos, el drogadicto el drogadicto

4:00 **11-23 Están equivocados** Samuel y Rosario siempre dicen que no hay ningún beneficio en hacer ejercicio regularmente. Corrijan sus comentarios usando **expresiones afirmativas.** ■

MODELO Jamás ayuda a tratar la depresión.
Hacer ejercicio siempre ayuda a tratar la depresión.

1. No disminuye ningún riesgo de tener una enfermedad grave.
2. No reduce ningún efecto del envejecimiento (*aging*).
3. No aumenta nada la energía.
4. Nunca te ayuda a dormir mejor.
5. No alivia ni el estrés ni la ansiedad.
6. No ayuda nada a mantener los tendones y los ligamentos flexibles.

Answers to 11-23
1. Hacer ejercicio disminuye algún riesgo de tener una enfermedad grave.
2. Hacer ejercicio reduce algunos efectos del envejecimiento.
3. Hacer ejercicio aumenta algo la energía.
4. Hacer ejercicio siempre te ayuda a dormir mejor.
5. Hacer ejercicio alivia el estrés y la ansiedad.
6. Hacer ejercicio ayuda algo a mantener los tendones y los ligamentos flexibles.

4:00

11-24 No, mil veces no

Gabriela siempre responde negativamente a todo. Túrnense para contestar como Gabriela contestaría. ■

MODELO ¿Usas muletas a veces?
No, nunca uso muletas. / No, no uso muletas nunca.

1. Entre la gente famosa, ¿conoces a alguien que sea drogadicto?
2. ¿Conoces a alguien que tenga una enfermedad grave?
3. ¿La enfermera siempre te toma la presión o el pulso?
4. ¿Necesitas alguna vacuna para el viaje?
5. ¿Siempre te duele algo?
6. Cada vez que vas al médico, ¿te hacen pruebas médicas?
7. ¿Alguien te opera mañana?
8. ¿Te han enyesado alguna parte del cuerpo?

7:00

11-25 Haciendo preguntas

¿Cuántas preguntas pueden crear? Completen los siguientes pasos. ■

Paso 1 Formen oraciones interrogativas con los elementos de las tres columnas más otras palabras necesarias.

MODELO algunos síntomas el cáncer
¿Cuáles son algunos síntomas del cáncer?

COLUMNA 1	COLUMNA 2	COLUMNA 3
alguien	cura	el cáncer
alguno/a/os/as	resultados	el hueso del pie
siempre	síntomas	aquella enfermedad
alguna vez	fracturarse	las pruebas médicas
a veces	ocurrir	la máquina de radiografía
algo	sacar sangre	ser alérgico al medicamento
o… o	estar mal la dosis	tomar la presión

Paso 2 Ahora contesten las preguntas que crearon.

MODELO E1: *¿Cuáles son algunos síntomas del cáncer?*
E2: *Algunos síntomas incluyen el cansancio, perder peso…*

ANSWERS to 11-24

1. No, no conozco a nadie que sea drogadicto.
2. No, no conozco a nadie que tenga ninguna enfermedad grave.
3. No, la enfermera nunca me toma ni la presión ni el pulso.
4. No, no necesito ninguna vacuna para el viaje.
5. Nunca me duele nada.
6. No, el médico nunca me hace pruebas médicas.
7. No, nadie me opera mañana.
8. No, no me han enyesado nada. / No, no me han enyesado ninguna parte del cuerpo.

EXPANSION for *La atención médica*

Have students read the health section in a Hispanic newspaper. If they do not have direct access to one, they can go online to find one. Have them come to class prepared to discuss how these issues are covered. Next, have them compare the coverage in the Hispanic newspaper with the coverage in the local newspaper to see whether there is any difference or similarity. Finally, have them discuss current health issues in the Hispanic community.

HERITAGE LANGUAGE LEARNERS

Heritage language learners can ask relatives about common remedies for different illnesses in their countries of origin. They can find out whether their relatives still use those remedies. Have them discuss this to see whether there are differences among Hispanic countries. Examples may include *uña de gato* to treat cancer, *té de manzanilla* for stress and insomnia, *té de tilo* for insomnia, *agua de azahar* for anxiety, *té de ruda* as a sedative, and *baños termales* in which the water has special healing properties.

HERITAGE LANGUAGE LEARNERS
For **11-26,** you may want to point out that, generally, preventive medicine is not as popular in most Hispanic countries as it is in the United States. Heritage language learners can find out whether their relatives have annual physical exams and, if they do not, why that is the case.

EXPANSION for 11-27
After students have interviewed their classmates, you may wish to tally the results. You can also ask for individual responses: *¿Quién se fracturó un brazo o una pierna? ¿Cómo le pasó? ¿Quién tiene alergias? ¿A los gatos? ¿Unas plantas?* etc.

METHODOLOGY • Personalization
Having students talk about personal experiences helps them to relate to the activity better, and they can see how the linguistic structure can be used in their daily lives. They are more willing to share and experiment with the language when the activity is meaningful to them personally.

¡Anda! Curso elemental, Capítulo 9. Algunas enfermedades y tratamientos médicos, Apéndice 2.

7:00

11-26 Un examen físico muy completo

Piensen en ocasiones en que fueron al médico para un examen físico y completen los siguientes pasos. ■

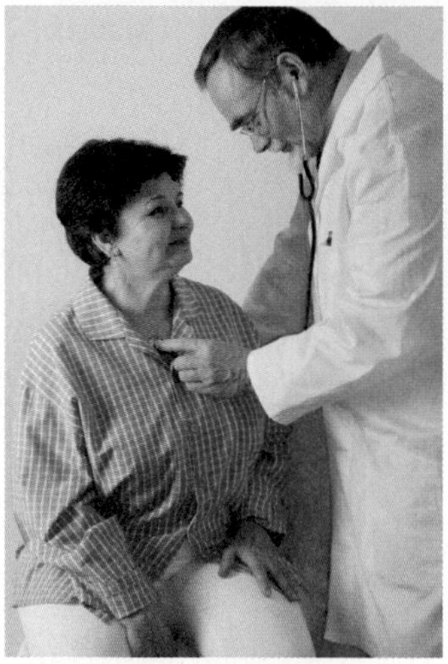

Paso 1 Hagan una lista de las acciones del/de la médico/a durante un examen físico muy completo.

MODELO
1. preguntarle al paciente si tiene algunos problemas físicos
2. sacarle sangre...

Paso 2 Piensen en los exámenes físicos que han tenido ustedes. Digan si los/las médicos/as les han hecho estas cosas **siempre, a veces** o **nunca.**

MODELO
E1: *Siempre me preguntan si tengo algún problema físico. ¿Y tú?*
E2: *A veces me preguntan si tengo problemas. ¿A ti siempre te miran el oído?...*

5:00 Workbooklet

11-27 Encuentra a alguien que...

Circula por la clase para averiguar la frecuencia con que se han encontrado en las siguientes situaciones. Entrevista a tus compañeros/as. Luego, comparte los resultados con otros compañeros/as de clase. ■

MODELO fracturarse una pierna
E1: *¿Te fracturaste una pierna alguna vez?*
E2: *Sí, una vez me fracturé una pierna cuando tenía diez años.*
E1: *Firma aquí, por favor.*

Estrategia
Remember that when completing signature search activities like **11-27,** it is important to move quickly around the room, trying to get as many different signatures as possible while asking and answering all questions in Spanish.

Estrategia
You may wish to report the results of your survey in the form of pie charts or bar graphs.

	NUNCA	UNA VEZ	MÁS DE UNA VEZ	SIEMPRE
1. fracturarse un brazo o una pierna		*Maribel*		
2. hacer gárgaras				
3. tomar penicilina para una infección				
4. usar un termómetro cuando tiene fiebre				
5. tener alergias				
6. ponerse gotas en los ojos				
7. sacarse una radiografía				
8. tomar muchos medicamentos				
9. respirar de manera profunda				

4:00

5 GRAMÁTICA

11-21 to 11-23 ¡Hola! Spanish Tutorial

El *se* inocente (*Se* for unplanned occurrences)

Indicating unplanned occurrences

The **passive *se*** is used with certain verbs to indicate something ***unplanned***, ***unexpected***, and ***no one's fault***.

- In this use of **se:**

1. **Se** is invariable.
2. The indirect object pronoun refers to the person the action "happens to."
3. The subject (which comes at or toward the end of the sentence) and verb agree.
4. Optional nouns or pronouns can be used for clarification.

Al médico se le perdieron los papeles.

- The "formula" for this use of **se** is:

(Optional noun or pronoun) + ***se*** + **Indirect Object Pronoun** + **Verb** + **Subject** + **(rest of sentence)**

Note the following color-coded examples.

A Hortensia se le rompieron los lentes.	*Hortensia broke her glasses.*
Se me olvidaron las gotas para las alergias.	*I forgot the drops for my allergies.*
Se les quedó el dinero para pagar la factura del hospital en casa.	*They left the money to pay the hospital bill at home.*

- The following verbs frequently use this construction with **se:**

acabar	**caer**	**escapar**	**ir**	**ocurrir**	**olvidar**	**perder**	**quedar**	**romper**

Note: With the **se** of unplanned occurrences, a definite (**el, la, los, las**) or indefinite (**un, unos, una, unas**) article is used ***instead of*** a possessive adjective (**mi/s, tu/s, etc.**), which is used in English.

¿Se te cayeron ***las*** muletas?	*Did **your** crutches fall?*
¿Se te ocurre ***un*** tratamiento?	*Does **a** treatment occur to you?*
Se me olvidó ***el*** termómetro.	*I forgot **my** thermometer.*
Se les perdieron ***las*** radiografías.	*They lost **their** X-rays.*

You may remember a similar usage of definite articles with body parts or clothing from **Capítulo 3.**

Se le rompieron ***los*** *brazos* en el accidente.	*He broke **his** arms in the accident.*
Se puso ***el*** *suéter* porque tenía frío.	*She put on **her** sweater because she was cold.*

Instructor Resources
- PPT, Extra Activities

NOTE for *El* se *inocente*
You may wish to point out to your students that this construction has no precise equivalent in English.

NOTE for *El* se *inocente*
You may choose to point out that some speakers of English use expressions that are similar. Two good examples: My cat up and died on me (*Se me murió el gato*) and my phone died on me (*Se me estropeó el teléfono*).

SUGGESTION for *El* se *inocente*
You may want to introduce the concept by acting out some of the common situations (drop a book or notebook, bring a briefcase or purse and search crazily through it for something you don't find, pretend you can't remember what you were going to say by having a puzzled look and point to your head, etc.). Ask students whether they know what is wrong in each instance.

NOTE for *El* se *inocente*
Encourage students to create personalized sample sentences to make this grammar point more meaningful, or you might do this as a class, creating sentences about different classmates.

ANSWERS to 11-28

1. A Esteban se le perdieron las llaves.
2. A Lucía y Beto se les acabó el helado.
3. A la Sra.García se le rompieron los vasos.
4. A Mateo se le cayó la medicina.
5. A Lola se le escapó el perro.

EXPANSION for 11-29

Working in small groups, students will enjoy creating a "un día muy malo" story for you, the *profesor/a*.

EXPANSION for 11-29

As an addition to *Paso 3*, have students use the impersonal *se* to talk about a day in their lives when everything goes wrong.

EXPANSION for 11-29

You may choose to have students create their own comprehension questions to ask classmates or ask them questions like the following:

1. ¿Dónde trabaja el Dr. Gómez?
2. ¿Cómo empezó su día?
3. ¿Qué le pasó de camino al hospital?
4. ¿Cuáles son algunas cosas que le ocurrieron después de llegar al hospital?
5. ¿Le salió bien algo o todo le salió mal? Explica.

¡Anda! Curso elemental, Capítulo 7. El pretérito, Apéndice 3.

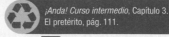

¡Anda! Curso intermedio, Capítulo 3. El pretérito, pág. 111.

3:00

11-28 ¿Qué les pasó?

Miren los dibujos y descríbanlos, usando las siguientes palabras y el *se* inocente. ■

acabar	caer	escapar	olvidar	perder	romper

MODELO

Sonia

A Sonia se le olvidaron los lentes.

1. 

Esteban

2. 

Lucía y Beto

3. 

Sra. García

4. 

Mateo

5. 

Lola

8:00

11-29 Un día muy malo para el Dr. Gómez

Lean sobre lo que le pasó ayer al Dr. Gómez y completen los pasos que siguen. ■

Ayer fue uno de los peores días que el Dr. Gómez, un médico nuevo del Hospital Universitario Virgen del Rocío en Sevilla, España, ha tenido jamás. Desde el primer momento, todo fue de mal en peor (*from bad to worse*). Para empezar se le olvidó poner el despertador y se levantó tarde. Tenía que estar en el hospital muy temprano porque iba a operar a un paciente a las siete. Salió de casa a eso de las siete menos cuarto. De camino al hospital, el coche se quedó parado porque se le acabó la gasolina. Llamó a *Mondial Assistance* y por fin lo rescataron (*they saved him*).

Cuando llegó al hospital, todo el mundo lo estaba esperando. ¡Qué vergüenza! No se le había ocurrido llamar a nadie para decirle lo que le había pasado y todos estaban muy preocupados. Les pidió perdón a todos y por fin entraron en la sala de operaciones. Cuando estaban a punto de empezar, se dieron cuenta de que se les habían perdido las radiografías. Buscaban por todas partes cuando una enfermera las encontró debajo de la bandeja (*tray*) de los instrumentos. ¿Qué más le podía ocurrir al médico joven? Pues, siempre puede haber algo peor… Al recoger las radiografías, la enfermera le dio a la bandeja con el codo y ¡se le cayeron todos los instrumentos al suelo! Con tres horas de retraso (*delay*), empezaron la operación. Menos mal que eso les salió bien. El resto del día fue más o menos normal hasta el momento de irse el doctor a casa. Se cayó en el estacionamiento y se le rompió el tobillo. ¿Lo puedes creer?

Paso 1 Subrayen los usos del **se** inocente.

Paso 2 Sin volver a mirar el pasaje, traten de recordar todo lo que le pasó al Dr. Gómez aquel día. Túrnense para hacer una lista de todas las acciones imprevistas (*unforeseen*).

Paso 3 Revisen la lista para confirmar el orden cronológico. ¿Cuántas acciones imprevistas encontraron?

Fíjate

Mondial Assistance is an international road assistance company similar to AAA in the United States.

4:00

11-30 ¿Cómo responde el Dr. Gómez?

El jefe del Dr. Gómez recibe una queja (*complaint*) y lo llama para enterarse de lo que realmente ocurrió. Contesten como si fueran el Dr. Gómez. Túrnense. ■

MODELO ¿Por qué no me llamaste? (olvidar)
Lo siento. Se me olvidó llamarte.

1. ¿Por qué no llegaste a tiempo? (quedar)
2. ¿Por qué tuviste que llamar a la asistencia en carretera *Mondial Assistance*? (acabar)
3. ¿Por qué estaban preocupados todos tus compañeros? (olvidar)
4. ¿Por qué no pudieron empezar la operación en seguida? (perder / caer)
5. ¿Por qué no puedes trabajar mañana? (romper)

5:00

11-31 Leo

Nuestro amigo Leo siempre está entre el hospital y la casa; creemos que es hipocondríaco. Terminen sus oraciones, usando siempre **el *se* inocente**. Túrnense. ■

MODELO Vamos a la farmacia porque (acabar)...
Vamos a la farmacia porque se me acabaron los medicamentos.

1. Me tienen que hacer de nuevo todas las pruebas porque (perder)...
2. La enfermera me pidió perdón porque (olvidar)...
3. Hoy estoy horrible de las alergias porque (quedar)...
4. No puedo tomarme la temperatura porque (caer)...
5. Mi médico tiene que hablar con unos especialistas porque no (ocurrir)...

¡Anda! Curso intermedio, Capítulo 1. El presente perfecto de indicativo, pág. 49.

7:00 Workbooklet

11-32 ¿Qué nos ocurre?

Circula por la clase para encontrar a compañeros a quienes les han ocurrido las siguientes acciones imprevistas. Hay que usar **el presente perfecto** en las preguntas y es importante elaborar tus respuestas. ■

MODELO ocurrir una solución a un problema grande
TÚ: *¿Se te ha ocurrido una solución a un problema grande?*
MARTA: *Sí, se me ha ocurrido una solución a un problema grande. Tuve un accidente de carro y me costó mucho dinero reparar el carro. Se me ocurrió que sería una buena idea vender el coche y comprar uno más barato.*

ACCIÓN IMPREVISTA	COMPAÑERO/A
ocurrir una solución a un problema grande	Marta
romper una pierna	
perder las llaves	
quedar el coche sin gasolina en la autopista	
olvidar pagar una factura importante	
caer los libros en un charco (*puddle*)	
acabar el dinero antes de terminar el semestre	

METHODOLOGY • Whole Class Participation
When students have a task that requires them to interview several classmates, we suggest that you also participate in the activity. This is an excellent way to monitor attention to task and the language production of your students. Students also enjoy finding out more about their instructors as well.

CAPÍTULO 11

Instructor Resources
- Textbook images, Extra Activities

SUGGESTION for *Algunos síntomas, condiciones y enfermedades*
Using the drawing for this vocabulary, identify different "patients" and ask students to hypothesize what ails them.

NOTE for *Algunos síntomas, condiciones y enfermedades*
You may want to tell your students that a synonym for *una jaqueca* is *una migraña.*

SUGGESTION for *Algunos síntomas, condiciones y enfermedades*
Have students talk about strategies to prevent illnesses such as *el alcoholismo, la drogadicción, el SIDA,* etc. Mention programs such as DARE and have them research other organizations like this one in your community.

HERITAGE LANGUAGE LEARNERS
Heritage language learners can do some research on common diseases in their relatives' countries or regions of origin, or ask their relatives to collaborate. Have them share this information with the class and compare other countries, regions, and/or the United States.

EXPANSION for *Algunos síntomas, condiciones y enfermedades*
Students can debate one or more of the following issues: legalization of marijuana, the legal drinking age, the selling of alcohol on some university campuses. Ask them to be specific about the positive and negative effects of each side of these issues. They could survey other students to see how many are in favor or opposed to the issue they are discussing.

8:00

11-33 **¿Y qué más?** Revisen la lista de acciones imprevistas de la actividad **11-32** y luego hagan su propia lista de **cuatro** acciones imprevistas que se les ocurrieron a ustedes que no aparecen en la lista. Después, túrnense para explicar lo que les ocurrió (qué, cuándo, con quiénes, cuál fue el resultado, etc.) con otros compañeros de clase. ■

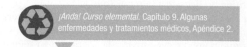

¡Anda! Curso elemental. Capítulo 9. Algunas enfermedades y tratamientos médicos, Apéndice 2.

3:00

6 VOCABULARIO

11-24 to 11-26

Algunos síntomas, condiciones y enfermedades
Identifying symptoms, conditions, and illnesses

Estrategia

Note how many of the words in this list are cognates. You may want to master these words first and then add those that are unfamiliar to you.

Algunas palabras útiles	*Some useful words*
el alcoholismo	*alcoholism*
la apendicitis	*appendicitis*
la artritis	*arthritis*
el ataque al corazón	*heart attack*
la bronquitis	*bronchitis*
el cáncer	*cancer*
la depresión	*depression*
la diabetes	*diabetes*
el dolor de cabeza	*headache*
la drogadicción	*drug addiction*
los escalofríos	*chills*
la hipertensión	*high blood pressure*
la inflamación	*inflammation*
la jaqueca	*migraine; severe headache*
el mareo / los mareos	*dizziness*
la mononucleosis	*mononucleosis*
las náuseas	*nausea*
la obesidad	*obesity*
las paperas	*mumps*
la presión alta / baja	*high / low (blood) pressure*
la quemadura	*burn*
el sarampión	*measles*
el SIDA	*AIDS*
la varicela	*chicken pox*

Algunos verbos útiles	*Some useful verbs*
dejar de fumar cigarrillos	*to quit smoking cigarettes*
desmayarse	*to faint*
hincharse	*to swell*
perder peso	*to lose weight*
torcerse	*to sprain*
vomitar	*to vomit*

4:00

11-34 Algunos síntomas

Un amigo te habla de algunos síntomas. ¿Cuáles son las posibles enfermedades que corresponden? ■

MODELO ¡Qué dolor! No puedo ni pensar ni concentrarme en nada. La luz me molesta y también el ruido…

Posiblemente tienes un dolor de cabeza.

1. No me vacunaron y ahora me están saliendo unas manchitas rojas. También tengo fiebre… el sarampión / la varicela
2. Tengo dolores de estómago muy fuertes —tan fuertes que vomito a causa del dolor… la apendicitis
3. Me duele el pecho y cuando toso, tengo una tos profunda… la bronquitis
4. Me duelen las articulaciones (*joints*) de los dedos de la mano y las tengo hinchadas e inflamadas… la artritis
5. Siento un dolor fuerte de pecho que se extiende también por el hombro y el brazo izquierdo. Estoy sudando y tengo mareo… el ataque al corazón
6. Estaba corriendo por el parque y pisé una piedra bastante grande. Me caí y al caerme, escuché un ruido como "pop" y sentí dolor. Tengo el tobillo hinchado… tobillo torcido / roto; se torció / se rompió el tobillo

NOTE for 11-34
Remind students that several words ending in *-ma* are indeed masculine, e.g., *el síntoma,* because they are of Greek rather than Latin origin.

EXPANSION for 11-34
Have students create additional symptoms or conditions to share with partners. The partners then guess the possible illness.

ADDITIONAL ACTIVITY for *Algunos síntomas, condiciones y enfermedades*

Situaciones Desarrollen y realicen una de las siguientes situaciones. Prepárense para presentar la situación a la clase.

1. A un/a turista le duele la garganta, tiene fiebre y tiene tos. Va a la farmacia de guardia. El/La farmacéutico/a le hace muchas preguntas y después le prescribe unos medicamentos y/o tratamientos.
2. Un/a niño/a está enfermo/a y la madre/el padre le hace muchas preguntas para averiguar qué le pasa. Después, la madre/el padre tiene que decidir qué hacer para él/ella.
3. Una persona tiene bronquitis crónica y va al médico. El/La médico/a le hace muchas preguntas antes de llegar a un diagnóstico y recomendar un tratamiento.

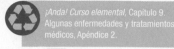

¡Anda! Curso elemental, Capítulo 9. Algunas enfermedades y tratamientos médicos, Apéndice 2.

7:00 **11-35 Una condición común** ¿Han tenido fascitis plantar, o conocen a alguien que haya sufrido de esta irritación del pie? ■

Paso 1 Lean la descripción sobre esta enfermedad.

TODO MÉDICO

La fascitis plantar es una de las causas más comunes del dolor en la parte trasera del talón, del arco o de ambas áreas. La faja plantar es un ligamento grueso y fibroso en la parte trasera del pie que tiene muy poco estiramiento o flexibilidad. Este ligamento se une al talón y se estira a lo largo del pie hasta la bola. Los dolores causados por la fascitis plantar son bastante comunes en adultos, generalmente a partir de los veinte años, y en atletas.

Las dos indicaciones más comunes de esa condición son el dolor al caminar, sobre todo al levantarse, y la inflamación (que puede causar que esa parte del pie se hinche). Algunas posibles causas incluyen: aumento de peso; aumento repentino de actividades físicas que involucran movimientos forzados, golpes o mala técnica (como correr, tenis, fútbol y básquetbol); caminar descalzo°; tener una pierna más corta que la otra; estar de pie muchas horas a largo plazo; y usar zapatos que no soportan el arco, no amortiguan° bien o que no son lo suficientemente flexibles.

Como tratamiento, las recomendaciones incluyen:

- descansar el pie, o sea, hacer menos ejercicio que implique poner peso en esa parte del pie
- levantar el pie para reducir la hinchazón
- aplicar hielo en el talón y el arco por unos veinte minutos tres veces al día
- utilizar plantilla ortopédica en el zapato que amortigüe el talón
- estirar el pie con ejercicios específicos para aumentar la flexibilidad del plantar
- evitar ir descalzo

El tiempo que tarda en recuperarse de la fascitis plantar depende de las actividades o problemas que la causaron. Pueden pasar semanas o hasta meses de recuperación antes de que la fascitis plantar se sane° por completo. En casos más problemáticos, se recomiendan medicamentos antiinflamatorios y/o posibles inyecciones de esteroides.

descalzo: sin zapatos
amortiguan: *absorb shock*
se sane: *heals*

Fíjate

Hinchazón and the verb *hincharse* are from the same word family. What do you think *hinchazón* means?

Paso 2 Escriban **cinco** quejas que una persona que sufra de esa condición pueda tener.

MODELO *No puedo llevar zapatos con tacones porque me duele demasiado el pie.*

Paso 3 Escriban **tres** quejas o síntomas que una persona pueda tener para **dos** de las siguientes condiciones o enfermedades:

la depresión | la hipertensión | la diabetes

¡Anda! Curso elemental, Capítulo 9. Algunas enfermedades y tratamientos médicos, Apéndice 2.

7:00

Workbooklet

11-36 ¿Adónde se va cuando...?

¿Adónde se va para curarse o buscar tratamiento para las siguientes condiciones? ■

Estrategia

Personalize the list with two additional medical conditions.

Paso 1 Pon una equis (**X**) en la(s) columna(s) apropiada(s).

CONDICIÓN	A LA CAMA	A LA FARMACIA	AL CONSULTORIO DEL MÉDICO	AL HOSPITAL	A LA SALA DE URGENCIAS
1. una jaqueca	X	X			
2. inflamación de un dedo a causa de una herida					
3. un ataque al corazón					
4. la bronquitis					
5. los mareos y las náuseas					
6. una quemadura grave de la cara					
7. el sarampión					
8. los escalofríos					
9. un dolor de espalda					
10. ¿...?					
11. ¿...?					

Paso 2 Comparte tus resultados con un/a compañero/a.

MODELO la jaqueca

E1: *Cuando se tiene jaqueca, primero se va a la farmacia y después a la cama para descansar.*

E2: *Estoy de acuerdo. Cuando tengo jaqueca, también voy primero a la farmacia y luego a la cama para descansar.*

¡Anda! Curso elemental, Capítulo 9. Algunas enfermedades y tratamientos médicos, Apéndice 2.

¡Anda! Curso intermedio, Capítulo 8. El condicional, pág. 338; Capítulo 10. Cláusulas de *si* (Parte 2), pág. 430.

6:00

11-37 ¿Que harían?

En grupos de cuatro, hablen de lo que ustedes harían en las siguientes situaciones. ■

Fíjate

In *Capítulo 4* you learned the verb *hervir (e → ie → i)*. Therefore, what is *agua hirviente*?

MODELO romperse el brazo

E1: *¿Qué harían si se les rompiera el brazo?*

E2: *Iría a la sala de urgencias.*

E3: *Yo también, pero primero llamaría a alguien para que me ayudara. Le diría que me pusiera un cabestrillo.*

E4: *Yo no. Un cabestrillo puede causar más daño, ¿no? Querría ir rápidamente a una clínica o al hospital y tomaría algo para el dolor.*

1. tener náuseas y estar vomitando
2. toser mucho y no poder respirar bien
3. quemarse con agua hirviente
4. torcerse la rodilla
5. tener fiebre alta, escalofríos y dolores en todo el cuerpo

EXPANSION for 11-36

Ask students to report the additions they made to the chart (#10 and #11). Where would they go for these injuries / illnesses, etc.?

CAPÍTULO 11

Instructor Resources
- PPT, Extra Activities

SUGGESTION for 11-38
You may have some students who prefer to answer the questions based on a friend or family member and not about themselves. In that case, their partners can change the questions accordingly.

METHODOLOGY • Teaching Grammar at the Intermediate Level
The impersonal *se,* the passive with *ser,* and the passive *se* are classic examples of grammar points that can become overwhelming for students. The objective of the presentations has been to introduce these three concepts to the students but not to introduce nor belabor all of the nuances that are better suited for advanced grammar courses.

Realistically, we instructors know that not all students will become Spanish majors, but what we do want is for our students to be lifelong learners of Spanish as well as other languages. To make that happen, we need students to exit from this course feeling that yes, they can communicate in Spanish. We want them to feel empowered as lifelong learners of Spanish, and we want them to use Spanish in their careers and lives post college. We know from decades of research and experience that they will *not* want to continue with language study if they think that language learning is insurmountable.

Hence, we selected grammar concepts for *Capítulo 11* that are indeed sophisticated *but* can also be basic in terms of what an intermediate learner wants and needs to express. Will most students be able to demonstrate and differentiate perfectly the impersonal and passive *se* as well as the passive with *ser*? No. But will they have been exposed to the concepts and begin to use them in their speaking and writing? Absolutely!

Finally, will they exit your course feeling empowered and knowing that they can indeed communicate in Spanish? Once again, absolutely!

SUGGESTION for *La voz pasiva*
Write the following sentences on the board and have students analyze them by stating the differences based on what they have learned from the grammar presentation:

La enfermera tomó el pulso. (doer is known, active voice, subject-verb-object)

El pulso fue tomado por la enfermera. (passive voice *ser* + past participle, subject receives the action and the doer is expressed with prepositional phrase introduced by *por*)

Se tomó el pulso. (passive with *se;* doer is unimportant or unknown as emphasis is on action)

¡Anda! Curso elemental, Capítulo 9. Algunas enfermedades y tratamientos médicos, Apéndice 2.

10:00

11-38 ¿Somos sanos?

Van a hablar de las condiciones y enfermedades que han tenido. Entrevístense usando las siguientes preguntas como guía, y creen **cinco** preguntas adicionales. ■

1. ¿Cuáles son las enfermedades que tuviste de niño/a?, ¿de adolescente?, ¿de mayor?
2. ¿Cuáles fueron los tratamientos que te dieron para esas enfermedades?
3. ¿Cuántas veces has sido paciente en un hospital?
4. ¿Cuántas veces has estado en una sala de urgencias?
5. ¿Cuántas veces al año sueles ir al médico?

5:00

7 GRAMÁTICA

11-27 to 11-28 ¡Hola! Spanish Tutorial

La voz pasiva

Relating what is or was caused by someone or something

Just as English does, Spanish has both the ***active*** and ***passive voice***. Let's look at the construction in English first.

A. In an **active voice sentence**, the ***subject does the acting*** expressed by the verb, and the ***direct object receives the action***:

subject (doer) + verb + object (recipient)

Tina **took** the medicine. *Tina **tomó** la medicina.*

Se fuman muchos cigarrillos en este país.

B. A **passive voice sentence** is the reverse of the active voice. That is, the ***subject receives the action*** and the ***doer is expressed with a prepositional phrase*** (**by** + **doer**):

subject (recipient) + to be (*ser*) + past participle + preposition + doer

The medicine **was taken** by Tina. *La medicina **fue tomada** por Tina.*

- As you can see, the passive voice construction in Spanish is similar to the English passive construction. The difference is that Spanish has **two ways** of expressing the **passive voice:**
  1. **Passive** with **ser,** as in the examples above, and
  2. **Passive *se*.**

C. The **passive *se*** is related to the **impersonal *se*** (see p. 457 of this chapter). In the **passive *se*** construction:
- **se** is considered an unchanging part of the verb.
- the ***thing*** being acted upon becomes the subject of the sentence.
- the ***thing*** will always necessitate either a ***third person singular*** or ***plural verb.***

The formula for the **passive *se*** is:

Se + third-person singular or plural verb + the *thing* being acted upon

Se mandó dinero a los enfermos.	*Money was sent to the sick people.*
Se compraron muchos medicamentos para curarlos.	*A lot of medicine was purchased to cure them.*

D. What follows is an explanation of when you should use the **passive** with **ser** and when you should use **passive *se*.**

1. When the **passive** with **ser** is used, the doer of the action is usually either stated in the sentence, introduced by the preposition **por,** or strongly implied through context.
2. The **passive** with **ser** is not as commonly used in spoken Spanish as the **passive *se*.** **Passive** with **ser** is more common in writing, generally used to vary style.
3. When the ***doer is unknown or unimportant*** to the message, the **passive *se*** should be used.
4. In general, when the ***doer is known,*** the **active voice** is used in Spanish rather than the **passive** with **ser.**

Study the following examples.

1. The **passive** with **ser:**

El pulso **fue tomado** por la enfermera.	*The pulse was taken by the nurse.*
La presión **fue tomada** por el médico.	*The blood pressure was taken by the doctor.*
Los resultados **fueron escritos** por la cirujana.	*The results were written by the surgeon.*
Las recetas **fueron escritas** por el neurólogo.	*The prescriptions were written by the neurologist.*

2. **The passive *se:***

Se tomó el pulso.	*The pulse was taken.*
Se tomó la presión.	*The blood pressure was taken.*
Se escribieron los resultados.	*The results were written.*
Se escribieron las recetas.	*The prescriptions were written.*

¡Explícalo tú!

1. What are the nouns (*people, places, or things*) in the sample sentences of the **passive** with **ser**?
2. In the **passive** with **ser** sentences,
   a. what form (person: e.g., first, second, third) of each verb is used?
   b. what determines whether each verb is singular or plural?
   c. with what does each past participle **(-ado / -ido)** agree?
3. With the **passive *se*** sentences, do you still have the same subjects and objects as in the **passive** with **ser**?
4. What form of the verb is used with the **passive *se***? What determines whether that form is singular or plural?
5. Is the doer clear in the **passive *se*** sentences?

✓ Check your answers to the preceding questions in **Appendix 1.**

ADDITIONAL ACTIVITY for *La voz pasiva*
Bring in visual images of busy hospital or clinical settings (you can do a quick Internet search of visual images) and have students create a description of 5–6 sentences using the passive voice.

You can create a similar activity using paintings by your favorite artists from the Spanish-speaking world. Display a series of paintings and ask students to write as many passive voice sentences as possible within a specific amount of time.

NOTE for *La voz pasiva*
You may wish to share with students that *receta* is a medical prescription as well as a recipe.

NOTE for *Gramática*
This is another inductive grammar presentation in which the students are given examples of a grammar concept and through the use of guiding questions, they formulate the rule in their own words.

ADDITIONAL ACTIVITY for *La voz pasiva*

Cambien las oraciones de voz activa a voz pasiva.

1. El médico curó la depresión.
   La depresión fue curada por el médico. Se curó la depresión.
2. El tratamiento atacó el cáncer.
   El cáncer fue atacado por el tratamiento. Se atacó el cáncer.
3. Los pacientes compraron muchos medicamentos.
   Muchos medicamentos fueron comprados por los pacientes. Se compraron muchos medicamentos.
4. La joven rescató al niño de la piscina.
   El niño fue rescatado de la piscina por la joven. Se rescató al niño de la piscina.
5. El hospital ha tratado muy mal a los enfermeros.
   Los enfermeros han sido tratados muy mal por el hospital. Se ha tratado muy mal a los enfermeros.

¡Anda! Curso elemental, Capítulo 7. El pretérito. Apéndice 3.

3:00 **11-39 Práctica** Rogelio y Yolanda escucharon a escondidas (*eavesdropped*) una conversación entre una pareja en el café. Repitan lo que oyeron usando **el *ser* pasivo.** ■

MODELO Los mareos (causar) principalmente por el dolor.
Dijeron que los mareos fueron causados principalmente por el dolor.

1. La inflamación (descubrir) por su médico.
2. Ayer las pruebas médicas (hacer) por esas enfermeras.
3. El drogadicto (detener) por la policía después de robar el banco.
4. El primer artículo sobre el SIDA, aún no nombrado, (escribir) por Michael Gottlieb en el año 1981.
5. En aquellos tiempos, mis grandes dolores de cabeza (causar) por mis hijos.

Answers to 11-39
1. fue descubierta
2. fueron hechas
3. fue detenido
4. fue escrito
5. fueron causados

Fíjate
El SIDA is the Spanish acronym for AIDS. It stands for *el síndrome de inmunodeficiencia adquirida.*

3:00 **11-40 Más práctica** Imagina que entrevistaste a un médico de tu universidad y te explicó algunos de los casos de ayer. Crea las respuestas del médico con oraciones del ***se* pasivo.** Usa las formas apropiadas del **pretérito** de los infinitivos. Después, comparte tus oraciones con un/a compañero/a. ■

MODELO curar la enfermedad con una combinación de dieta y medicamentos
Se curó la enfermedad con una combinación de dieta y medicamentos.

1. descubrir la mononucleosis en un examen médico
2. tratar la bronquitis con antibióticos
3. sacar la radiografía para saber si el tobillo estaba roto o torcido
4. sacar sangre porque no podían identificar el problema
5. enyesar la pierna hasta la rodilla

EXPANSION for 11-41
Students can add sentences using the passive *se* to talk about healthy eating habits they should consider to stay in shape. Additionally, they could each write a paragraph using some of the sentences written in this activity to share about their own habits.

5:00 **11-41 Los beneficios** Dicen que los ejercicios de resistencia son tan importantes como los ejercicios aeróbicos. ¿Cuáles son los beneficios de hacer este tipo de ejercicio? Creen una oración con **el *se* pasivo** para cada beneficio mencionado. Túrnense. ■

MODELO perder peso
Al hacer ejercicios de resistencia, se pierde peso.

1. aumentar la masa muscular
2. fortalecer los huesos
3. quemar grasa
4. aumentar la fuerza
5. mejorar la coordinación
6. perder peso

Estrategia
Take advantage of activities like **11-41** to challenge yourself to go beyond simple answers, providing as much pertinent information as you can.

5:00 Workbooklet

11-42 En el hospital

Siempre hay reglas para todos los lugares públicos. Generalmente, ¿qué cosas se pueden hacer y qué cosas no se pueden hacer en un hospital? ■

Hospital de la Santa Creu i de Sant Pau, Barcelona, España

Estrategia
For *Paso 1,* you will use the passive *se.*

Paso 1 Hagan dos listas: una de las cosas que se hacen y otra de las cosas que no se hacen en un hospital.

MODELO

SE HACE(N)	NO SE HACE(N)
Se comen las verduras.	*No se fuman cigarrillos.*
Se escriben los resultados todos los días.	

Paso 2 Creen letreros para algunas acciones de las listas.

MODELO

Se permite comer en la cafetería.

No se permite fumar en el hospital.

Estrategia
For *Paso 2,* you will use the impersonal *se.* To review the impersonal *se,* go to page 457.

EXPANSION for 11-42
Have students make signs about things that are allowed or not allowed in their dorms, their apartment complexes, or the university, etc. If possible, exhibit student work in the classroom.

HERITAGE LANGUAGE LEARNERS
For **11-42,** heritage language learners can make signs about things that are allowed or not allowed in Hispanic places in their community.

CAPÍTULO 11

EXPANSION for 11-43
Have students create in small groups a 1-minute commercial for a local hospital, complete with interviews of patients and staff. They should focus on using the passive voice whenever possible.

ANSWERS to 11-43
1. atención personal
2. Son unos profesionales dedicados y apasionados.
3. Tratan al ser completo.
4. en Sevilla
5. Teléfonos: Centralita: 955 012000; Atención al usuario: 955 012125; Fax: 955 013473

5:00

11-43 Un hospital lleno de sonrisas

Miren el anuncio del Hospital Universitario Virgen del Rocío, y después contesten las siguientes preguntas. ■

Hospital Universitario Virgen del Rocío
Un hospital lleno de sonrisas
Desde el primer momento en que usted entra a nuestro hospital, notará una gran diferencia. Recibirá la atención personal que usted merece de profesionales dedicados a cambiar vidas y apasionados por este compromiso. Creemos que un equipo contento y satisfecho resulta en pacientes contentos y satisfechos. Para nosotros, curar significa mucho más que tratar con medicamentos —tratamos al ser completo.
Hospital Universitario Virgen del Rocío
Ubicado en el corazón de Sevilla, usted nos puede encontrar en la Avenida Manuel Siurot s/n, SEVILLA.
Teléfonos: Centralita 955 012000
Atención al usuario 955 012125
Fax 955 013473

MODELO ¿Qué se nota desde el primer momento?
Se nota una gran diferencia entre este hospital y los otros.

1. ¿Qué se recibe desde el primer momento?
2. ¿Cómo se describe a los profesionales del hospital?
3. ¿Cómo se trata a los pacientes?
4. ¿Dónde se encuentra el hospital?
5. ¿Cómo se pone en contacto con el hospital?

EXPANSION for 11-44
Repeat the activity replacing the hospital with different entities such as university, city, country, etc.

EXPANSION for 11-44
Have students take the sentences they created and rewrite them using the active voice:

MODELO *Buscamos un hospital en que se encuentren médicos excelentes. Buscamos un hospital que tenga buenos médicos.*

EXPANSION for 11-44
Have students describe the ideal hospital. Have them include the services and accommodations they would like to have if they were sick.

5:00

11-44 Quiero ir a un hospital que...

Imagínense que ustedes o uno de sus parientes tienen que ingresar (*to be admitted*) en el hospital. ¿Cuáles son sus consideraciones al escoger el mejor hospital? Creen **seis** oraciones y usen **el subjuntivo** y **el *se* pasivo.** ■

¡Anda! Curso intermedio, Capítulo 5. El subjuntivo con antecedentes indefinidos o que no existen, pág. 208.

MODELO *Buscamos un hospital en que se encuentren médicos excelentes.*

PERFILES

11-29 to 11-30

Algunas personas innovadoras en el campo de la medicina

Con la posibilidad de contagiarse de tantas enfermedades, es difícil cuidarse por completo. Cuando uno se enferma, es bueno recibir tratamiento médico. Estas tres personas han encontrado las curas para algunas enfermedades serias.

El doctor colombiano **José Ignacio Barraquer** (1916–1998) se conoce como "el padre de la cirugía refractiva". Diseñó varios instrumentos para la cirugía de la córnea. Sus estudios e inventos fueron los precursores del procedimiento *Lasik* que se usa hoy en día. La "k" se deriva de su procedimiento *keratomileusis.*

El Premio Nobel de Fisiología y Medicina del año 1980 fue otorgado al **Doctor Baruj Benacerraf** (n. 1920) y dos colegas por su trabajo sobre la estructura de las superficies (*surfaces*) celulares que son genéticamente determinadas y que afectan las reacciones inmunológicas. El patólogo nació en Venezuela y es de herencia judeo-española.

El Doctor René Favaloro (1923–2000) fue cirujano e inventor de un procedimiento fenomenal. En el año 1962, viajó a la Clínica Cleveland donde se especializó en cirugía torácica y cardiovascular. En el año 1967, realizó con éxito la técnica del *bypass* vascular. En el año 1971, volvió a su país natal de Argentina para trabajar.

Preguntas

1. ¿Cómo han contribuido estas personas al campo de la medicina?
2. ¿Qué son otros cambios en el campo de la medicina que fueron inventados para nuestro beneficio (*benefit*)?
3. En el **Capítulo 10,** aprendiste sobre varios individuos que han hecho una contribución positiva al planeta en el campo del medio ambiente. ¿Cómo se comparan los hechos (*deeds*) de esas personas con las que se presentan aquí?

SECTION GOALS for *Perfiles*

By the end of the *Perfiles* section, students will be able to:

- identify 3 famous Hispanic physicians.
- describe the individual contributions the doctors have made to the field of medicine.
- compare the doctors' contributions with those of the environmental activists from *Capítulo 10.*
- explain how these inventions and contributions have shaped medical care around the globe.

NATIONAL STANDARDS

Communication, Cultures, Connections

In the *Perfiles* section, there are three doctors whose research and medical contributions have had a great impact on the field of medicine. Throughout the reading, students are engaged in Communication, Cultures, and Connections. The excerpts about each doctor provide opportunities for interpretive communication (Standard 1.2) as students understand and interpret written Spanish. The accompanying discussion questions facilitate interpersonal communication, (Standard 1.1), as students share their opinions about the impact the doctors have had on medical research. As the students read the cultural information, they are better able to understand the relationship between the practices, products, and perspectives of the Hispanic doctors and how their cultural backgrounds shaped their ideas and research (Standards 2.1 and 2.2). Lastly, the surgical practices and procedures are familiar to students from other disciplines such as science; the information in the reading helps to reinforce and further their knowledge of these other disciplines (Standard 3.1).

NOTE for *René Favaloro*

While Dr. Favaloro certainly had a distinguished career as a thoracic surgeon, early in his career, he spent 12 years working in La Pampa, where he educated his patients about preventive medicine and trained nurses in medical procedures. He later documented this portion of his life in the book *Recuerdos de un médico rural.*

NOTE for *Baruj Benacerraf*

Despite an excellent academic undergraduate record at Columbia, Dr. Benacerraf was rejected by numerous medical schools. He gained admission to the Medical College of Virginia in Richmond only through the intervention of a family friend, who arranged for an interview and consideration for one of a few remaining places. For many years, he maintained a footing in 2 worlds: that of medicine and that of business. He managed a New York bank and maintained a scientific laboratory. Eventually, he had to choose just one career, and he selected medicine.

NOTE for *José Ignacio Barraquer*

Dr. Barraquer was born in Spain but moved to Colombia in 1953 and founded the Barraquer Institute of America, a training ground for some of the world's foremost refractive surgeons practicing today. Indeed, Colombia is a well-known destination for eye surgery.

SECTION GOALS for *¡Conversemos!*

By the end of the *¡Conversemos!* section, students will be able to:

- incorporate the new communicative strategies: pause, suggest an alternative, and express disbelief.
- integrate previously learned communicative strategies.
- create dialogues and perform them with partners.
- synthesize the reading about Doctors Without Borders and compose a summary.

NATIONAL STANDARDS
Communication, Connections

The main focus of the *¡Conversemos!* section is communication, as all 3 standards are aligned with the dialogues and the discussion questions. For Standard 1.1, students engage in conversations with their classmates and they practice their new communicative strategies. The dialogues and the reading about Doctors Without Borders are aligned with Standard 1.2, the interpretive mode, as students understand and interpret spoken and written Spanish. Depending on how you implement the activities in your class, many of the pair activities in which students perform dialogues would also be suited to Standard 1.3, the presentational mode. Students could perform the dialogues for an audience of readers or listeners. An additional applicable standard is Connection Standard 3.1, because as students read about Doctors Without Borders and incorporate their new communicative strategies, they reinforce and further their knowledge of other disciplines through Spanish.

AUDIOSCRIPT for 11-45

Please consult the *Instructor's Resource Manual* for the complete text of the audio.

ANSWERS to 11-45

1. Carlos usa más pausas. Duda en explicar lo que le pasó porque tiene vergüenza.
2. ¡No me digas!, ¿De veras?

¡CONVERSEMOS!

11-31 to 11-33

ESTRATEGIAS COMUNICATIVAS **Pausing, suggesting an alternative, and expressing disbelief**

There are times when communicating that you need to pause and take time to compose your thoughts. On still other occasions you may need to suggest an alternative or express disbelief.

Use these new expressions with the others you have learned in ***¡Anda! Curso intermedio*** to initiate and maintain conversations on a wide variety of topics!

Pausas	***Pauses***
• **A ver...**	*Let's see . . .*
• **Bueno...**	*Well . . . / Okay . . .*
• **Este...**	*Well . . . / Um . . .*
• **La verdad es que...**	*The truth is . . .*
• **O sea...**	*That is . . . .*
• **Pues...**	*Um . . . / Well . . .*
• **Sabes...**	*You know . . .*
Para sugerir una alternativa	***To suggest an alternative***
• **¿No crees / creen que...?**	*Don't you think that . . . ?*
• **Propongo que...**	*I propose that . . .*
• **Sería mejor...**	*It would be better to . . .*
• **Recomiendo que...**	*I recommend that . . .*
• **Sugiero que...**	*I suggest that . . .*
Para expresar incredulidad	***To express disbelief***
• **¿De veras?**	*Really?*
• **¿En serio?**	*Seriously?*
• **Lo dudo.**	*I doubt it.*
• **¡No me diga(s)!**	*You don't say! / No way!*
• **No lo creo.**	*I don't believe it. / I don't think so.*
• **¡No puede ser!**	*It can't be!*
• **Parece mentira.**	*It's hard to believe.*

11-45 **Diálogo** Gregorio llegó a la casa de su amigo y se encontró con una sorpresa. ¡Carlos había tenido un accidente! Escucha para descubrir qué pasó y contesta las siguientes preguntas.

1. ¿Quién usa más pausas, Gregorio o Carlos? ¿Por qué?
2. ¿Cuáles son algunas de las expresiones que Gregorio utiliza para expresar su incredulidad?

***¡Anda! Curso elemental*, Capítulo 9. Algunas enfermedades y tratamientos. Apéndice 2.**

Fíjate

You can find the full-size version of this medical form in the Workbooklet.

11-46 **Doctor, me duele...** Hagan los papeles de un/a médico/a y un/a paciente.

Workbooklet

Paso 1 Si haces el papel del/de la paciente, completa el formulario y haz una lista de tus síntomas.

Paso 2 Si haces el papel del/de la médico/a, haz una lista de tus preguntas.

Paso 3 Al final, el/la médico/a debe darle al/a la paciente sus conclusiones y recomendar un tratamiento usando por lo menos **ocho** oraciones.

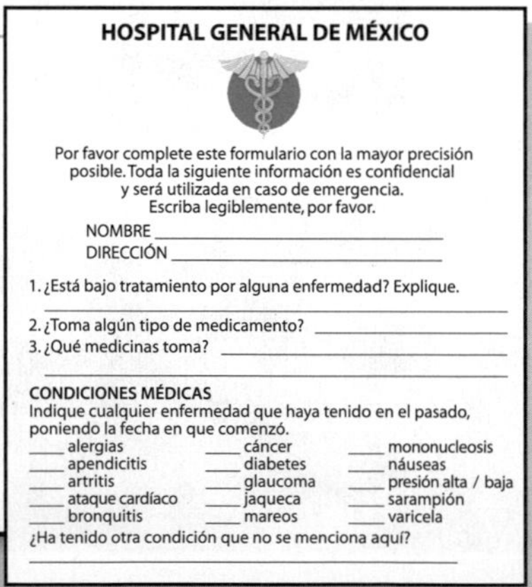

HOSPITAL GENERAL DE MÉXICO

Por favor complete este formulario con la mayor precisión posible. Toda la siguiente información es confidencial y será utilizada en caso de emergencia.
Escriba legiblemente, por favor.

NOMBRE ______________________
DIRECCIÓN ______________________

1. ¿Está bajo tratamiento por alguna enfermedad? Explique. ______________________
2. ¿Toma algún tipo de medicamento? ______________________
3. ¿Qué medicinas toma? ______________________

CONDICIONES MÉDICAS
Indique cualquier enfermedad que haya tenido en el pasado, poniendo la fecha en que comenzó.

____ alergias	____ cáncer	____ mononucleosis
____ apendicitis	____ diabetes	____ náuseas
____ artritis	____ glaucoma	____ presión alta / baja
____ ataque cardíaco	____ jaqueca	____ sarampión
____ bronquitis	____ mareos	____ varicela

¿Ha tenido otra condición que no se menciona aquí? ______________________

11-47 Investigaciones criminales

Son científicos forenses como en el programa de televisión *CSI*. Investiguen los siguientes casos y creen diálogos entre ustedes para hacer hipótesis sobre los siguientes casos. ■

a. el cuerpo de un adolescente masculino encontrado en el parque principal debajo de un árbol
b. el cuerpo de un anciano encontrado en su casa
c. los cuerpos de una mujer y un hombre en el arrecife
d. el cuerpo de una mujer en un valle cerca del desierto

EXPANSION for 11-47
Have pairs act out their dialogues for the class. Then have students (either individually or in small groups) make hypotheses to explain the "mysterious" situations.

11-48 Las radiografías

Un médico de otra ciudad quiere consultar con ustedes sobre los siguientes casos. Miren las radiografías y creen un diálogo sobre las posibles condiciones o enfermedades y los tratamientos necesarios. ■

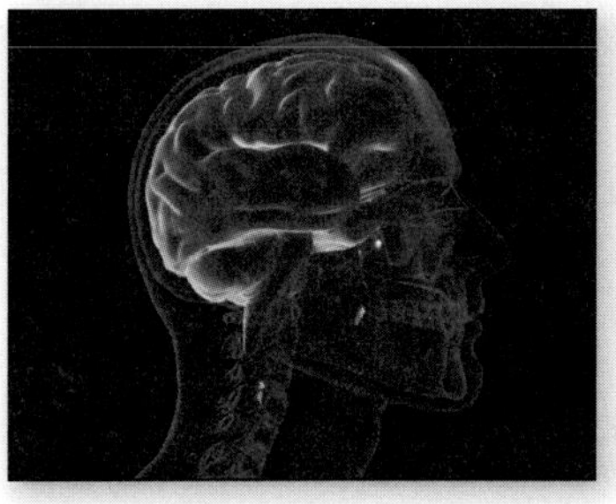

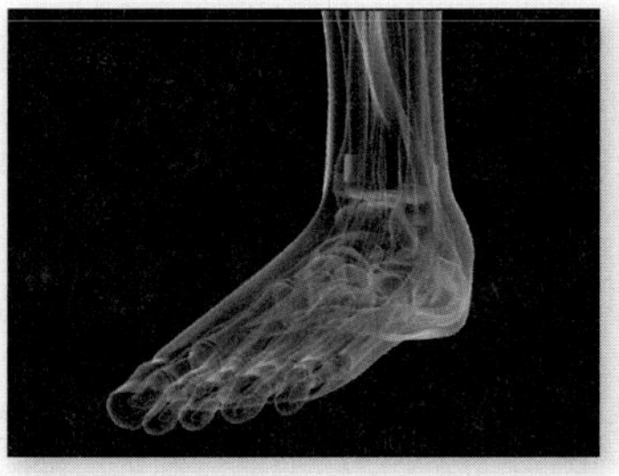

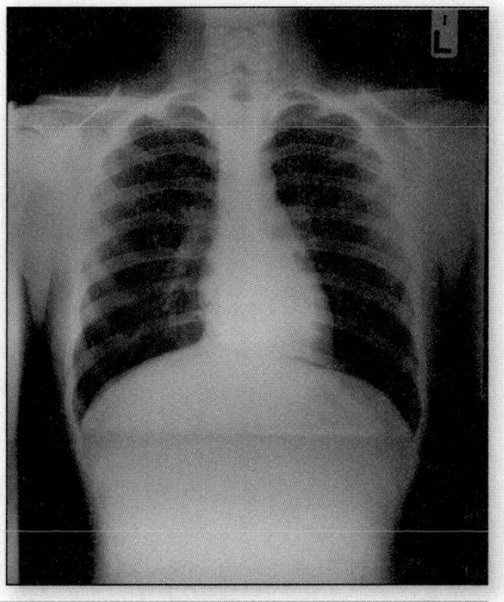

¡Anda! Curso elemental, Capítulo 11. Los animales. Apéndice 2.

11-49 Los animales nos necesitan también

Imaginen que trabajan en una oficina veterinaria con animales domésticos o en el campo con animales salvajes. Hagan los papeles de los veterinarios para determinar las enfermedades de los animales. ■

Fíjate

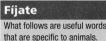

What follows are useful words that are specific to animals.

el ala	*wing*
la cola	*tail*
la garra	*claw*
la pata	*foot; paw*
el pico	*beak*

11-50 Médicos sin fronteras

Fundada en el año 1971, *Médicos sin fronteras* es una organización humanitaria que provee ayuda a más de setenta países de todo el mundo. Vayan al Internet para investigarla y comuniquen lo que encuentren. Escriban por lo menos **ocho** oraciones sobre lo que aprendan. ■

Fíjate

Suggested keywords for your Internet search include: *médicos sin fronteras* and *organización médica humanitaria.*

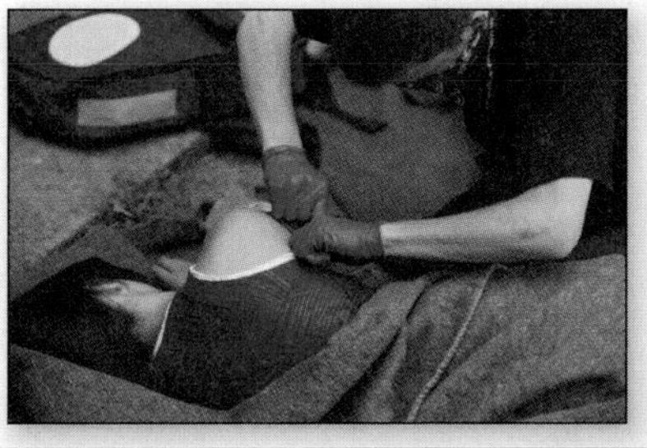

EXPANSION for 11-50
Have students find out about other organizations dedicated to improving the health in Hispanic or developing countries. Students can also mention whether they know anyone who has served in any of these programs.

SECTION GOALS for *Escribe*

By the end of the *Escribe* section, students will be able to:

- determine a purpose for their writing and for whom they are writing.
- incorporate previously learned writing strategies and grammatical concepts.
- write a script for a short film.
- select an editor for their script and/or edit the script of a classmate.
- perform their film script in front of the class.

NATIONAL STANDARDS

Communication, Connections

The process of writing a script for a short film falls under the Communication and Connections strands. As students engage in scriptwriting, they communicate in pairs or small groups as a way of exchanging ideas and seeking feedback about their writing (Standard 1.1). By producing their own scripts and acting them out in front of others, they engage in presentational communication (Standard 1.3). If you choose to model the assignment for them by incorporating a written script or showing them a *cortometraje,* you could also satisfy Standard 1.2, the interpretive mode of communication. In addition, the new writing strategy and the process of writing a script and performing it all align with Connections Standard 3.1 as students reinforce and further their knowledge of other disciplines through Spanish.

EXPANSION for *Escribe*

You may provide your students with the following model of a script to help get them started.

MODELO

GUIÓN: *Los remedios caseros*

ESCENARIO: *Entrevista tipo "hombre en la calle"; afuera en la Avenida Peralta, cerca de la esquina con la Calle Guadalupe con una cámara de video, un micrófono, o una persona que filma y un interlocutor*

INTERLOCUTOR: *Buenos días. Quisiera hacerle unas preguntas sobre los remedios caseros. ¿Puede darme unos minutos para entrevistarlo?*

PARTICIPANTE: *Claro. Adelante con las preguntas.*

INTERLOCUTOR: *Pues, primero, ¿qué opina usted sobre los remedios caseros? ¿Los usa?*

PARTICIPANTE: *(Respuesta a su gusto)*

INTERLOCUTOR: *Muy bien. Ahora, ¿qué tratamiento prefiere usted cuando le duele la cabeza? ¿Consideraría usted emplear un remedio casero en este caso? ¿Cuál?*

PARTICIPANTE: *(Respuesta a su gusto)*

ESCRIBE

Un guión de cortometraje

11-34 to 11-35

Estrategia

Determining audience and purpose

As a writer, you must decide on a purpose and select the audience for whom you are writing.

Your purpose is your goal for writing. For example, do you want to convince or inform?

After determining your purpose, you need to consider your audience. Is your writing directed to a friend, to someone you do not know, or to the general public? Is it a narration or is it intended as a directive to someone? If your audience is of a more formal nature, you will need to use a formal style to convey your message.

11-51 Antes de escribir

Vas a escribir un guión para un cortometraje. El tema es la atención médica. ■

1. Primero, decide el tema sobre la atención médica y el propósito (*purpose*) del video.
2. Entonces, piensa en el público objetivo del video, o sea ¿será el público otros estudiantes de tu universidad o el público en general?
3. Después, organiza tus ideas y haz una lista de los detalles que quieres precisar.

11-52 A escribir

Al escribir tu guión, considera lo siguiente: ■

1. Piensa en las otras estrategias de escritura de los capítulos anteriores como "conectando tus oraciones".
2. Emplea la gramática y el vocabulario que has aprendido no solo en este capítulo, sino también durante este semestre y los anteriores.
3. Considera usar un "editor" de tu clase (*peer editor*).

Sample Peer-Editing Guide / Worksheet

I. Clarity of expression

1. What is the main idea (purpose) of the narration and who is the audience? State it in your own words; then verify with the author.

____

____

2. My favorite part is:

____

____

3. Something I do not understand:

____

____

II. Grammar and punctuation

The peer editor should check for the following:

1. Agreement
   _____ subject / verb agreement
   _____ noun / adjective agreement
2. _____ Usage of the preterit and the imperfect, where appropriate
3. _____ Usage of subjunctive, where appropriate
4. _____ Spelling and accent marks

11-53 Después de escribir

Preséntale tu guión a la clase. Si hay tiempo, improvisa y rueda tu cortometraje. ■

¿Cómo andas? II

	Feel confident	Need to review
Having completed **Comunicación II,** I now can . . .		
• discuss ailments and mention possible treatments. (p. 465)	☐	☐
• make affirmative and negative statements. (MSL)	☐	☐
• indicate unplanned occurrences. (p. 469)	☐	☐
• identify symptoms, conditions, and illnesses. (p. 472)	☐	☐
• relate what is or was caused by someone or something. (p. 476)	☐	☐
• name three famous Hispanic physicians. (p. 481)	☐	☐
• pause, suggest an alternative, and express disbelief. (p. 482)	☐	☐
• determine audience and purpose for writing. (p. 484)	☐	☐

Instructor Resources
- Text images (maps), Video resources

SECTION GOALS for *Vistazo cultural*
By the end of the *Vistazo cultural* section, students will be able to:
- identify a famous doctor from Cuba and his medical discovery.
- review the use of alternative and herbal medicines and the reliance on home remedies in the Dominican Republic, Puerto Rico, and Cuba.
- discuss how Cuban health care differs from American health care.
- trace the discovery of how yellow fever is carried.
- summarize the role of Puerto Rico in the development of pharmaceuticals.
- identify Richard Carmona and his role in American government.
- share opinions with their classmates about health care and medical treatment in other countries.

NATIONAL STANDARDS *Communication, Cultures, Connections*
The cultural information about medicine, pharmaceuticals, and health care aligns with the Goal Areas of Communication, Cultures, and Connections. For Communication, students engage in interpersonal communication as they share their ideas and opinions about health care and pharmaceuticals (Standard 1.1). The reading exposes students to interpretive communication as students understand and interpret written Spanish (Standard 1.2). The cultural information enlightens the students about the practices, products, and perspectives of Hispanic cultures as students examine the health care systems in Latin American countries (Standards 2.1 and 2.2). As students see how the health care systems function in Cuba, the Dominican Republic, and Puerto Rico, they connect, reinforce, and further their knowledge of other disciplines though Spanish (Standard 3.1).

NOTE for *La Universidad de Puerto Rico*
The University of Puerto Rico, founded in 1903, is quite large with over 60,000 students in the entire system. It has 11 campuses offering 456 programs at the bachelor's, master's, and doctoral levels. Also offered are postdoctoral studies as well as courses in continuing education and professional development. Blanca Berríos Aledo received her bachelor's degree in Adaptive Physical Education from the Bayamón campus. Your students can find out more about this extensive tertiary institution and about the program in Adaptive Physical Education on the Internet. Suggested keywords: *Universidad de Puerto Rico, estudios de educación física adaptada.*

Vistazo cultural

11-36 to 11-37

La medicina y la salud en Cuba, Puerto Rico y la República Dominicana

Obtuve mi bachillerato en Educación Física para Educación Especial y Elemental en la Universidad de Puerto Rico, en el Recinto de Bayamón. Trabajo en una escuela de niños con necesidades especiales y los ayudo a superar las limitaciones físicas. De noche trabajo como entrenadora personal; creo que es muy importante para todos mantenerse en buena forma.

Lic. Blanca Berríos Aledo,
maestra de educación física
para educación especial

Cirujano general puertorriqueño
Richard Carmona nació en el Harlem hispano de Nueva York en el año 1949 de familia puertorriqueña. Fue designado Cirujano General de los Estados Unidos por el Presidente Bush y sirvió en ese puesto hasta el año 2006. Su abuela lo inspiró cuando le dijo que nunca es tarde para mejorar la salud.

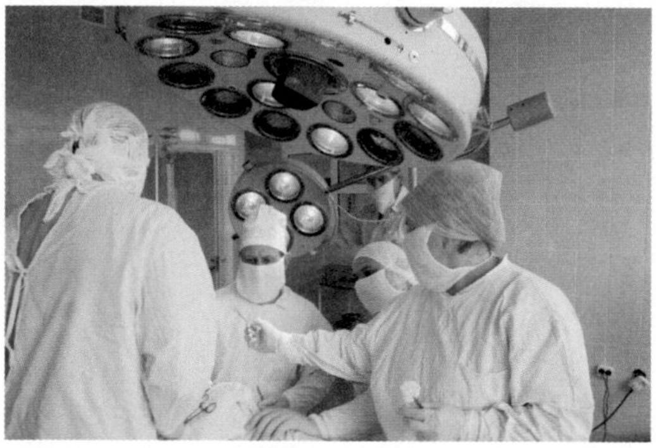

El cuidado médico cubano
El cuidado médico cubano tiene fama de ser gratis y de alta calidad; existen hospitales con personal de buena formación y de costos muy bajos. Pero hay personas que dicen que esta asistencia médica de buena reputación no está disponible para los cubanos, sino que sólo es para los extranjeros.

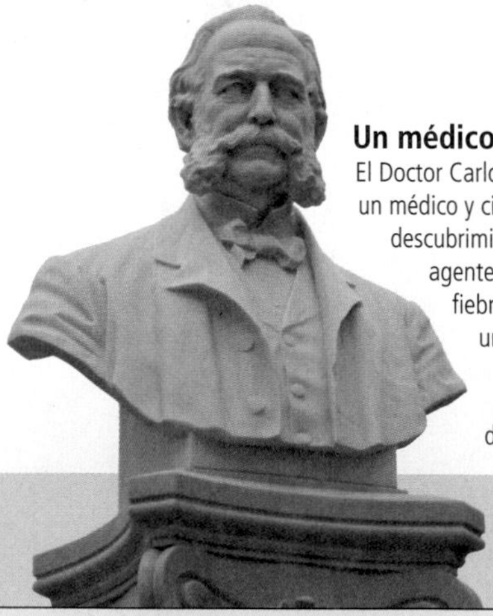

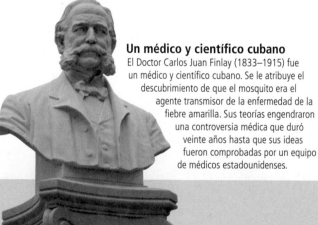

Un médico y científico cubano
El Doctor Carlos Juan Finlay (1833–1915) fue un médico y científico cubano. Se le atribuye el descubrimiento de que el mosquito era el agente transmisor de la enfermedad de la fiebre amarilla. Sus teorías engendraron una controversia médica que duró veinte años hasta que sus ideas fueron comprobadas por un equipo de médicos estadounidenses.

486

SUGGESTION for *Vistazo cultural*
Ask students to find out about the health care systems in other Hispanic countries. This could be in the form of a short presentation or a short composition. You can also have students do this as a group project. Students could also create a brochure with the information they gather. You may want to ask students to compare them with the health care system in the United States.

EXPANSION for *Vistazo cultural*
Students can compare the mortality rate in a Hispanic country with that of the United States and discuss in small groups any possible reasons for any differences or similarities they might find. Ask each group to present at least two reasons. This could be expanded to a written activity.

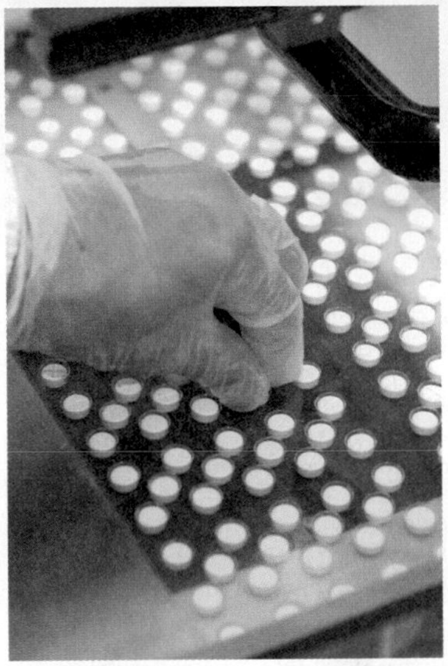

Puerto Rico: un líder en la industria farmaceútica

Desde el año 1957, cuando se abrió la primera fábrica farmacéutica, Puerto Rico ha sido un líder mundial en la industria que fabrica y prepara productos químicos medicinales. Todas las compañías principales de esta industria mantienen plantas en la isla y se aprovechan del sistema favorable de impuestos e incentivos ofrecidos.

Medicinas herbales y tradiciones dominicanas

El uso de las medicinas herbales y tradicionales prevalece en la República Dominicana, como en otros países hispanohablantes, sobre todo en las áreas rurales donde la gente no tiene acceso ni a la tecnología ni a los servicios modernos de la medicina. Se dice que el conocimiento dominicano de estas medicinas se parece al de los indígenas.

Cundeamor: un remedio casero dominicano

Cundeamor es una planta trepadora (*climbing*) cuyo fruto tiene la apariencia de un pequeño pepino arrugado con verrugas (*warts*). Se usa de remedio casero para tratar la diabetes, la hipertensión y la colitis. En aplicación externa, se emplea en el tratamiento de las erupciones de la piel y para la limpieza de la cara, en forma de sauna facial.

Anamú: planta medicinal

Anamú es una planta herbácea perenne tropical que se usa para los tratamientos médicos en Cuba, Puerto Rico y la República Dominicana, entre otros países. Tiene fuerte olor a ajo y se le atribuyen propiedades que ayudan con la inflamación, el dolor de cabeza y hasta con los tumores causados por el cáncer.

Preguntas

1. Identifica los vistazos que representan la medicina tradicional y los que representan la medicina alternativa. ¿En qué son semejantes y en qué son diferentes?
2. ¿Cómo se considera la medicina alternativa entre las personas que conoces? ¿Cuál es tu opinión sobre los tratamientos alternativos o tradicionales?
3. ¿Por qué es importante considerar el cuerpo entero cuando se trata de curar una enfermedad? ¿Cuáles son las dimensiones que hay que tratar?

NOTE for *Cundeamor*

This plant from the cucumber family has many names in the Caribbean region: *balsamina, bejuco de coje, cundeamor, maravillo, papayilla, pepinillo, pepino marrón, sibicoje, soro.* Its English names are *bitter melon* or *bitter gourd.* It is also often used as part of a home remedy called "*tres golpes para la diabetes.*" In this remedy, an infusion of the herbs *cundeamor, insulina* and wormwood (*ajenjo*) or ragweed (*altamisa*) is mixed and ingested.

METHODOLOGY • Cultures: What Else Can We Do with Culture?

We advocate using culture as a vehicle for teaching something every day in your class. As language teachers, our main thrust is communication, and it can be advantageous to use cultural products, practices, and perspectives as the means through which we teach whatever topic is on our agenda for a particular day. We can incorporate culture from the most basic level of language instruction through the most advanced courses. For example, use of expressions with *tener* is a beginning-level structure, yet it can be reinforced with the subjunctive and by examining a cultural product. Students could use famous paintings by Hispanic artists with people as subjects and superimpose cartoon bubbles over the heads of the people in the paintings. Students could fill in the bubbles with appropriate *tener* expressions using the subjunctive. You have already seen this technique in several activities in *¡Anda! Curso intermedio.* While using the artwork as your language vehicle, also explain what it is, who created it, and when and why it was executed in such a way, or why it included such a person, etc. Be creative and incorporate Products, Practices, and Perspectives whenever and wherever possible in your lessons!

ADDITIONAL ACTIVITY: *En el Internet*

1. Many people use home remedies for minor aches, pains, and general malaise. Have students think of a home remedy they have used or are familiar with to treat an ailment. Then have them see whether they can find a *remedio casero* that is similar to it and find out what it is used for in Latino cultures. They can also try to find different *remedios caseros* used to treat the same condition, illness, or ailment and compare them. Suggested keywords: *remedios caseros latinos, tratamientos tradicionales o alternativos.*
2. Have students research what medicinal plants are used in the United States and in Latin American countries to treat different conditions and ailments. What are the similarities and differences? Suggested keywords: *plantas medicinales, hierbas medicinales.*
3. How many Latinos have won Nobel Prizes? How many have won for scientific and/or medical-related fields? Have we learned about any already in *¡Anda!*? Suggested keywords: *el premio Nobel, ganadores latinos.*

SECTION GOALS for *Lectura*
By the end of the *Lectura* section, students will be able to:
- apply the new reading strategy of assessing a passage, responding to a reading, and giving one's opinions.
- incorporate previously learned reading strategies.
- form an opinion and provide supporting details.
- present the opposite of their opinion and list the benefits of the argument.
- read the passage and summarize the main points.
- predict what will happen in the video episode.

NATIONAL STANDARDS
Communication, Connections
The *Laberinto peligroso* reading provides opportunities for communication in the interpersonal mode and the interpretive mode, and it is the basis for making connections. The reading aligns with the interpretive mode of communication; students read and interpret written Spanish (Standard 1.2). The guide questions promote interpersonal communication between pairs and small groups as students discuss the reading strategy and the events of *Laberinto peligroso* (Standard 1.1). The strategy and practice of forming an opinion and providing supporting evidence parallels the connections they make in other disciplines (Standard 3.1).

RECAP of *Laberinto Peligroso Episodio 10*
Lectura: Celia tries to contact a friend who was an FBI agent with her and now works in the fraud division of a major international corporation; she gets her friend's voicemail. She continues to search for information on the rain forest intrigue, trying to put the pieces together. She discovers that one of the few antidotes for many biological weapons and smallpox (which is being developed for bioterrorism) can only be made from plants that grow in the rain forest. Her FBI friend calls her back and assures her she must call the police. Celia hangs up with her friend but hesitates…

Video: At midnight Celia goes to the museum. She has her gun but doesn't see the woman with the taser. The police stop the assailant just in time; it is the rare books librarian. She confesses to helping a major international businessman by stealing the maps and the *cronista* journal for him. She fell in love with him but then found out he was involved with international terrorism. She knew it had to stop. The librarian warned Celia and Cisco away from the stories on the rain forest, hoping to protect them from Sr. A. Menaza. When Cisco showed up at the museum, the librarian only knocked him unconscious, and she has him locked up nearby. Celia and Cisco have an emotional reunion.

11-40

Laberinto peligroso

Lectura

Estrategia Assessing a passage, responding, and giving an opinion

When reading critically, you need to assess a passage for clarity of presentation, credibility of evidence offered, and logic of examples. Questions to ask yourself may be:

1. Are you persuaded and/or convinced by the author's point of view?
2. Are all sides of an issue represented?
3. If all sides are not represented, do you agree or disagree with the side presented?

Situations arise when you are asked to respond and give your opinion. To help you respond and give your opinion, try the following technique. Underline the portions of the passage with which you agree or disagree, then state why. Give additional supporting details if possible.

11-54 Antes de leer Todavía hay muchas preguntas para las que no tenemos respuestas. Antes de empezar a leer el texto, completa los siguientes pasos. ■

1. Piensa en algunas preguntas de las que todavía no sabes la respuesta o en algunos asuntos de la narrativa que no se han resuelto todavía. Escribe todas las preguntas y los asuntos que puedas.
2. Compara tus preguntas y asuntos con los de uno/a de tus compañeros/as de clase.
3. Con tu compañero/a, habla sobre las posibles respuestas y soluciones a las preguntas que han escrito.
4. Leer de forma analítica requiere que prestes mucha atención a la credibilidad y la lógica de un texto. Piensa en las posibles respuestas de las que has hablado con tu compañero/a. Hablen sobre la credibilidad y la lógica de las ideas que han compartido.
5. Mientras lees el texto, presta atención a las ideas y opiniones presentadas y apunta en una columna las ideas con las que estás de acuerdo y en otra, las ideas con las que no estás de acuerdo. Intenta justificar tus propias perspectivas de forma lógica y convincente.

ESTOY DE ACUERDO		NO ESTOY DE ACUERDO	
IDEA / OPINIÓN	MI JUSTIFICACIÓN	IDEA / OPINIÓN	MI JUSTIFICACIÓN

¿Caso cerrado?

Los detectives que habían trabajado duro en la investigación sobre los mapas y la crónica desaparecidos se alegraron de que por fin se hubiera resuelto ese caso. Sin embargo, después de terminar con las entrevistas con todas las personas involucradas en la investigación, se dieron cuenta de que todavía había muchas preguntas para las que todavía no tenían ninguna respuesta. Empezaron a preguntarse si en algún momento realmente iban a saber toda la verdad sobre el asunto. Aunque realmente querían descubrir toda esa verdad, por las características del caso, dudaban mucho de que fuera posible.

El detective Ramos estaba preocupado por todo lo que la Srta. Cortez le había contado sobre cómo se había sentido tan enferma. Estaba convencido de que ella había sido envenenada. Era la única forma de explicar las náuseas que había sufrido, y el hecho de que se había desmayado. También podía servir para explicar los mensajes amenazantes que le habían enviado. Sabía que era posible que hubieran sido episodios aislados°, sin ninguna conexión ni importancia. Pero si eso fuera cierto, serían muchas casualidades°, y los detectives no pueden permitirse el lujo° de creer en las casualidades. Todo tiene que tener su explicación y su lógica.

isolated
coincidences
luxury

Al detective también le preocupaba la situación del Dr. Huesos. ¿Era suyo el cuerpo que habían encontrado en Guatemala cerca del volcán? Y si no era su cuerpo, ¿dónde estaba el Dr. Huesos? ¿Por qué había desaparecido? Y ¿quién era el muerto? Le molestaba no poder saber nada con seguridad hasta que llegaran los resultados de los análisis de ADN.

Otro interrogante que le quedaba tenía que ver con el laboratorio donde había trabajado Cisco. ¿Por qué lo habían cerrado tan abruptamente? ¿Tenía alguna relación el Sr. A. Menaza con ese lugar? Pensaba que tenía que haber una relación directa, pero nadie había podido establecer esa relación. Y la pregunta fundamental de todo el caso: ¿dónde estaba ese hombre? No iba a poder considerar el caso realmente cerrado hasta que las autoridades lo encontraran y lo detuvieran. Quería dedicar todo su esfuerzo a eso, pero sabía que no iba a ser posible. Aunque no sabía exactamente dónde estaba, era evidente que ya no estaba en la ciudad, quizá ni siquiera estuviera en el país. Estuviera donde estuviera, el Sr. A. Menaza ya era un problema para otras personas inocentes, para otros detectives. El detective Ramos sabía que en algún momento ese hombre iba a cometer un error y que iba a acabar en la cárcel°. Sólo esperaba que eso ocurriera antes de que Menaza tuviera la oportunidad de llevar a cabo sus planes de violencia y destrucción.

jail

Finalmente, el detective —quizá por pura curiosidad o quizá por la compasión y empatía que habían inspirado en él— se preguntó también por los destinos de las diferentes personas que había conocido, especialmente la bibliotecaria y aquellos dos periodistas. ¿Cuánto tiempo tendría que pasar la pobre bibliotecaria en la cárcel? ¿Habrá aprendido esa mujer tan ingenua° de sus graves errores? ¿Qué pasaría con esos periodistas tan audaces y tan buenos investigadores? ¿Se darían cuenta por fin de que se quieren?

naive

Instructor Resources
- Video script

ANSWERS to 11-55
1. Pensaba que fue envenenada.
2. *Suggested answer:* Pensaba que fue la persona que la envenenó.
3. *Suggested answer:* No sabía si fue el Dr. Huesos o no. Pensaba que era posible que haya sido el Dr. Huesos.
4. Sí, pensaba que tenía que haber una relación entre el Sr. A. Menaza y el laboratorio.
5. Para el detective Ramos, la pregunta más importante del caso era dónde estaba el Sr. A. Menaza.
6. Las otras preguntas que se hacía el detective eran: ¿Cuánto tiempo iba a estar la bibliotecaria en la cárcel? ¿Qué iba a pasar con Celia y Cisco? ¿Iban a darse cuenta Celia y Cisco de que se querían?

ADDITIONAL ACTIVITY for *Antes de leer*
En los episodios del *Capítulo 10,* viste cómo se resolvieron algunos de los aspectos más importantes de *Laberinto peligroso.* En los episodios de este capítulo, vas a ver la resolución de otros asuntos de la narrativa. Antes de empezar a trabajar con la lectura, contesta las siguientes preguntas.
1. ¿Qué objeto tenía el Sr. A. Menaza en muchos episodios?
2. ¿Qué le pasó a Celia después de comer en la conferencia?
3. ¿Cómo se sentía Celia el primer día que tomó café con Cisco?
4. ¿Cómo se sentía Celia cuando recibió los mensajes misteriosos?
5. ¿Dónde empezó a trabajar Cisco durante la investigación?
6. ¿Qué pasó en Guatemala durante la narrativa?

SECTION GOALS for *Video*
By the end of the *Video* section, students will be able to:
- summarize the main events in chronological order.
- discuss how the series ends.
- contrast the actual ending with the endings they had predicted.

NATIONAL STANDARDS
Communication
The main focus is on communication in the interpersonal and interpretive modes. The students engage in conversations, provide and obtain information, express feelings and emotions, and exchange opinions about what they have seen in the video and how the series ended (Standard 1.1). The discussions center on the events of the episode, as students understand and interpret spoken Spanish (Standard 1.2).

11-55 Después de leer
Contesta las siguientes preguntas. ■

1. ¿Qué pensaba el detective Ramos que le pasaba a Celia en la conferencia y en el café?
2. ¿Quién creía el detective Ramos que le mandó los mensajes misteriosos a Celia?
3. ¿Quién creía el detective Ramos que fue la persona que murió en Guatemala?
4. ¿Pensaba el detective Ramos que había alguna relación entre el Sr. A. Menaza y el laboratorio?
5. Para el detective Ramos, ¿cuál era la pregunta más importante del caso?
6. ¿Cuáles eran las otras preguntas que se hacía el detective?

Video

11-56 Antes del video
11-41 to 11-43

En la lectura de este capítulo, has empezado a explorar algunos de los asuntos de *Laberinto peligroso* que no se han resuelto. En el video, vas a ver la resolución de esos asuntos. Antes de ver el video, contesta las siguientes preguntas. ■

1. ¿Crees que Celia fue envenenada o crees que fueron episodios aislados? ¿Por qué?
2. ¿Quién crees que le mandó a Celia los mensajes misteriosos? ¿Por qué?
3. ¿Qué crees que pasó con el Dr. Huesos? ¿Crees que se murió en Guatemala? ¿Por qué?
4. ¿Crees que el Sr. A. Menaza tenía algo que ver con el laboratorio donde trabajaba Cisco? ¿Por qué?
5. ¿Dónde crees que está el Sr. A. Menaza? ¿Qué crees que está haciendo?
6. ¿Qué crees que va a pasar entre Celia y Cisco en el futuro? ¿Por qué?

¿Envenenaron a Celia durante la recepción?

¿Por qué razón llevaba el Sr. A. Menaza un cuchillo el primer día de clases?

¿Creen ustedes que Cisco y Celia están enamorados y van a comenzar una relación?

«Atando cabos»
Episodio 11

Relájate y disfruta el video.

11-57 Después del video
Contesta las siguientes preguntas. ■

1. ¿Cuál fue la causa de la náusea y el desmayo de Celia?
2. ¿Quién puso el mensaje misterioso en el bolso de Celia?
3. ¿Qué pasó con el cuerpo que se descubrió en Guatemala y con el Dr. Huesos?
4. ¿Por qué llevaba el Sr. A. Menaza un cuchillo?
5. ¿Qué relación tenía el Sr. A. Menaza con el laboratorio?
6. ¿Qué pasó con la bibliotecaria?
7. ¿Qué pasó entre Celia y Cisco?
8. ¿Dónde está el Sr. A. Menaza?

490

ANSWERS to 11-57
1. Celia fue envenenada por el Sr. A. Menaza.
2. El Sr. A. Menaza puso el mensaje misterioso en el bolso de Celia.
3. El cuerpo era de un trabajador local que había sido asesinado. El Dr. Huesos estaba en la selva tropical.
4. El Sr. A. Menaza llevaba un cuchillo para sacar los mapas expuestos en la biblioteca cartográfica del campus.
5. El Sr. A. Menaza había usado el laboratorio como centro de operaciones para hacer experimentos con sustancias tóxicas extraídas de las plantas procedentes de las selvas tropicales de Latinoamérica.
6. La bibliotecaria solamente pasó unos días en la cárcel porque colaboró con la policía y compartió toda la información que sabía sobre la red de contrabando y el Sr. A. Menaza.
7. Cisco quiere a Celia, pero Celia todavía no confía totalmente en Cisco porque él no fue totalmente sincero con ella.
8. El Sr. A. Menaza había estado en España viajando hacia el norte de África, pero nadie sabe exactamente donde está.

LETRAS

Acabas de terminar otro episodio de **Laberinto peligroso.** Explora más lecturas en la colección literaria, **Letras.**

11-47 to 11-50

Y por fin, ¿cómo andas?

Having completed this chapter, I now can . . .	Feel confident	Need to review
Comunicación I		
• describe different parts of the body. (p. 454)	☐	☐
• express actions one does to oneself. (MSL)	☐	☐
• relate impersonal information. (p. 457)	☐	☐
• designate reciprocal actions. (p. 460)	☐	☐
• comment on what I hear. (p. 463)	☐	☐
Comunicación II		
• discuss ailments and mention possible treatments. (p. 465)	☐	☐
• make affirmative and negative statements. (MSL)	☐	☐
• indicate unplanned occurrences. (p. 469)	☐	☐
• identify symptoms, conditions, and illnesses. (p. 472)	☐	☐
• relate what is or was caused by someone or something. (p. 476)	☐	☐
• pause, suggest an alternative, and express disbelief. (p. 482)	☐	☐
• determine audience and purpose for writing. (p. 484)	☐	☐
Cultura		
• explore methods of health care and treatment. (p. 462)	☐	☐
• name three famous Hispanic physicians. (p. 481)	☐	☐
• investigate health care topics in Cuba, Puerto Rico, and the Dominican Republic. (p. 486)	☐	☐
Laberinto peligroso		
• assess a passage, respond and give my opinion, and hypothesize about unresolved issues. (p. 488)	☐	☐
• discover the answers to unresolved issues from the author's point of view. (p. 490)	☐	☐
Comunidades		
• use Spanish in real-life contexts. (SAM)	☐	☐
Literatura		
• employ dénouement and an omniscient narrator as tools to explain the plot of an authentic story. (Literary Reader)	☐	☐

***LETRAS* LITERARY READER**

Refer your students to *Capítulo 11* of the *Letras* Literary Reader to read *La tortuga gigante,* by Horacio Quiroga, and to learn about *el desenlace* and *el narrador omnisciente.*

Instructor Resources
- Testing program information

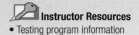

VOCABULARIO ACTIVO

La cara	*The face*
la lengua	*tongue*

El cuerpo humano	*The human body*
la cadera	*hip*
el cerebro	*brain*
el codo	*elbow*
la costilla	*rib*
el hombro	*shoulder*
el hueso	*bone*
la muñeca	*wrist*
el músculo	*muscle*
el muslo	*thigh*
los nervios	*nerves*
el pulmón	*lung*
la rodilla	*knee*
el talón	*heel*
el tobillo	*ankle*
el trasero	*buttocks*
la uña	*nail*
las venas	*veins*

La atención médica	*Medical attention*
el antihistamínico	*antihistamine*
el cabestrillo	*sling*
la camilla	*stretcher*
la cura	*cure*
la dosis	*dosage*
las gotas para los ojos	*eyedrops*
las muletas	*crutches*
el/la paciente	*patient*
la penicilina	*penicillin*
la radiografía	*X-ray*
el resultado	*result*
el síntoma	*symptom*
el termómetro	*thermometer*
la vacuna	*vaccination*

Algunos verbos y expresiones útiles	*Some useful verbs and expressions*
enyesar	*to put a cast on*
fracturar(se)	*to break; to fracture*
hacer gárgaras	*to gargle*
operar	*to operate*
respirar	*to breathe*
sacar sangre	*to draw blood*
tomar la presión	*to take someone's blood pressure*
tomar el pulso	*to take someone's pulse*
tomar la temperatura	*to check someone's temperature*

Algunas palabras útiles	*Some useful words*
las alergias	*allergies*
el/la drogadicto/a	*drug addict*
la enfermedad	*illness*
el examen físico	*physical exam*
los medicamentos	*medicines*
las pruebas médicas	*medical tests*
el tratamiento	*treatment*

Algunos verbos útiles	*Some useful verbs*
dejar de fumar cigarrillos	*to quit smoking cigarettes*
desmayarse	*to faint*
hincharse	*to swell*
perder peso	*to lose weight*
torcerse	*to sprain*
vomitar	*to vomit*

Algunos síntomas, condiciones y enfermedades	*Some symptoms, conditions, and illnesses*
el alcoholismo	*alcoholism*
la apendicitis	*appendicitis*
la artritis	*arthritis*
el ataque al corazón	*heart attack*
la bronquitis	*bronchitis*
el cáncer	*cancer*
la depresión	*depression*
la diabetes	*diabetes*
el dolor de cabeza	*headache*
la drogadicción	*drug addiction*
los escalofríos	*chills*
la hipertensión	*high blood pressure*
la inflamación	*inflammation*
la jaqueca	*migraine; severe headache*
el mareo / los mareos	*dizziness*
la mononucleosis	*mononucleosis*
las náuseas	*nausea*
la obesidad	*obesity*
las paperas	*mumps*
la presión alta / baja	*high / low (blood) pressure*
la quemadura	*burn*
el sarampión	*measles*
el SIDA	*AIDS*
la varicela	*chicken pox*

12 Y por fin, ¡lo sé!

This final chapter is designed for you to see just how much Spanish you have acquired thus far. The *major points* of **Capítulos 7–11** are recycled here, and no new vocabulary is presented.

All learners are different in terms of what they have mastered and what they still need to practice. Therefore, take the time with this chapter to determine what you feel confident with and what you personally need to work on. And remember, language learning is a process. Like any skill, learning Spanish requires practice, review of the basics, and then more practice!

Before we begin revisiting the important grammar concepts, go to the end of each chapter, to the **Vocabulario activo** summary sections, and review the vocabulary that you have learned. Doing so now will help you successfully and creatively complete the following recycling activities. Continue to consult the **Vocabulario activo** summary pages frequently as you progress through this chapter.

494

Instructor Resources
- IRM: Syllabi and Lesson Plans

NATIONAL STANDARDS

COMUNICACIÓN
- To articulate on topics such as shopping and commerce, professions and the world of business, visual and performing arts, the environment and its impact on animals and their habitats, and health-related issues (Communication, Cultures, Connections, Comparisons, Communities)
- To convey ideas about what is or has been going on (Communication, Cultures, Connections, Comparisons, Communities)
- To share information about what will take place or what will have taken place (Communication, Cultures, Connections, Comparisons, Communities)
- To relate what would take place or what would have taken place (Communication, Cultures, Connections, Comparisons, Communities)
- To express wishes, wants, hopes, desires, and opinions on a variety of topics (Communication, Cultures, Connections, Comparisons, Communities)
- To make cause and effect statements (Communication, Cultures, Connections, Comparisons, Communities)
- To engage in additional communication practice (Communication)

CULTURA
- To share information about Chile, Paraguay, Argentina, Uruguay, Peru, Bolivia, Ecuador, Venezuela, Colombia, Cuba, Puerto Rico, and the Dominican Republic (Communication, Cultures, Connections, Comparisons, Communities)
- To compare and contrast the countries you learned about in *Capítulos 7–11* (Communication, Cultures, Connections, Comparisons, Communities)
- To explore further the chapter's cultural themes (Cultures)

LABERINTO PELIGROSO
- To review and create with *Laberinto peligroso* (Communication)

COMUNIDADES
- To use Spanish in real-life contexts (Communities)

LITERATURA
- To review and reflect about the selections in *Letras* (Communication)

METHODOLOGY • Philosophy on Recycling

This chapter is unique in *¡Anda! Curso intermedio.* It is an opportunity for instructors and students to have yet another assessment of language acquired. This chapter synthesizes the main points of the final 5 chapters of *¡Anda!* in a recycled format so that students can further practice the new skills they are learning. You will note that all of these activities require the students to *put it all together.* In other words, *virtually all the activities in Capítulo 12 are communicative;* there are no discrete-point, mechanical activities. Some activities, however, are structured and guided to help the students build to communicative practice. For mechanical practice, we direct the students to make use of the activities in MySpanishLab, or to repeat the activities in their Student Activities Manual or in the textbook itself.

Finally, if you have advanced or heritage language learners, this is an excellent chapter for them, because most of the activities afford them the opportunity to be highly creative.

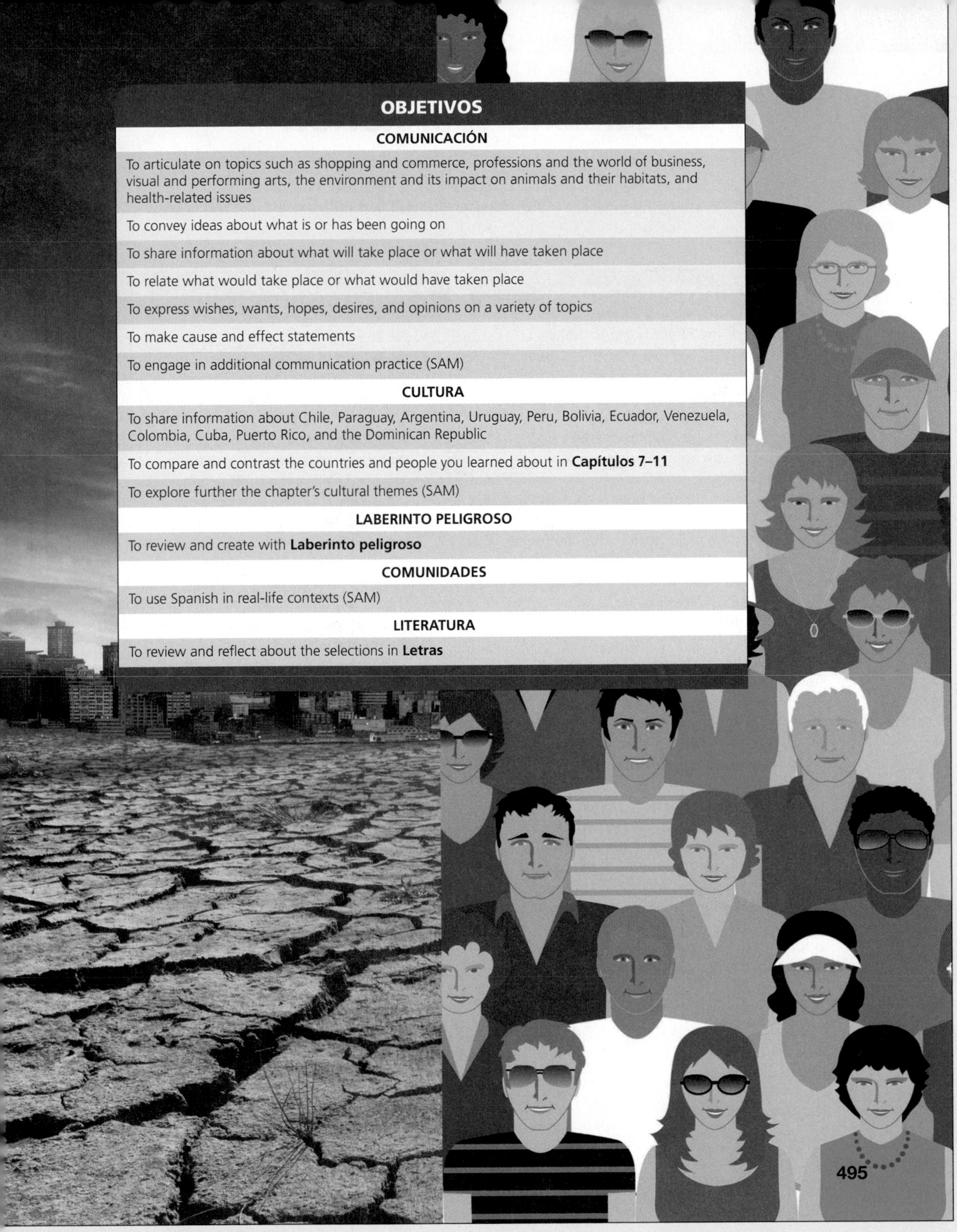

OBJETIVOS
COMUNICACIÓN
To articulate on topics such as shopping and commerce, professions and the world of business, visual and performing arts, the environment and its impact on animals and their habitats, and health-related issues
To convey ideas about what is or has been going on
To share information about what will take place or what will have taken place
To relate what would take place or what would have taken place
To express wishes, wants, hopes, desires, and opinions on a variety of topics
To make cause and effect statements
To engage in additional communication practice (SAM)
CULTURA
To share information about Chile, Paraguay, Argentina, Uruguay, Peru, Bolivia, Ecuador, Venezuela, Colombia, Cuba, Puerto Rico, and the Dominican Republic
To compare and contrast the countries and people you learned about in **Capítulos 7–11**
To explore further the chapter's cultural themes (SAM)
LABERINTO PELIGROSO
To review and create with **Laberinto peligroso**
COMUNIDADES
To use Spanish in real-life contexts (SAM)
LITERATURA
To review and reflect about the selections in **Letras**

495

CAPÍTULO 12

METHODOLOGY • Recycling vs. Reviewing

In *¡Anda!, recycling* has meant taking previously learned material and recombining it with new material. This concept is supported by Gagné's learning concept of spiraling information. The concept of *review* is revisiting a topic, much like one does before an exam. Review is best illustrated in *Capítulo 9* (*Un repaso del subjuntivo*), as well as in this chapter. No new information is presented in *Capítulo 12*, but rather students practice already learned material in a systematic fashion, combining the language they learned in the second half of the book with previously acquired language. Therefore, this chapter combines both recycling and review.

METHODOLOGY • Organizing a Review for Students

Researchers and reviewers of *¡Anda! Curso intermedio* agree that a systematic review of previously learned material works best. After giving the students strategies on how to conduct an overall review, this chapter begins with communicative and engaging activities that focus on grammar and vocabulary from *Capítulo 7*. The recycling continues to move through the chapters, ending with *Capítulo 11*. This comprehensive review truly *puts it all together* while still organizing the review for students. At the end, there is a recycling of countries presented in *Capítulos 7–11*.

Organizing Your Review

Successful language learners use certain processes for reviewing a world language. What follows are tips to help you organize your review. There is no one correct way to study, but these are some strategies that will best utilize your time and energy.

1 Reviewing Strategies

1. Make a list of the *major* topics you have studied and need to review, dividing them into categories: *vocabulary, grammar,* and *culture.* These are the topics on which you need to focus the majority of your time and energy. *Note:* The two-page chapter openers for each chapter can help you determine the major topics.
2. Allocate a minimum of an hour each day over a period of days to review. Budget the majority of your time for the major topics. After beginning with the major grammar and vocabulary topics, review the secondary/supporting grammar topics and the culture. Cramming the night before an exam is *not* an effective way to review and retain information.
3. Many educational researchers suggest that you start your personal review with the most recent chapter or, for this review, with **Capítulo 11.** The most recent chapter is the freshest in your mind, so you tend to remember the concepts better, and you will experience quick success in your review. Go over all the chapters and concepts *before* you begin the activities in **Capítulo 12.** Your personal review will give you an overview before you begin to follow this chapter's organized approach to putting it all together.
4. Spend the largest amount of time on concepts in which you determine *you* need to improve. Revisit the self-assessment tools **Y por fin, ¿cómo andas?** in each chapter to see how you rated yourself. Those tools are designed to help you become good at self-assessing what *you* need to work on the most.

2 Reviewing Grammar

1. When reviewing grammar, begin with the *major* points. In intermediate Spanish, the major points are the *present* and *imperfect subjunctive* and their uses. Yes, you have had other grammar points over the course of this semester and your previous Spanish studies that merit attention, such as the *future* and *conditional,* but the subjunctive is where you should focus the majority of your attention. Once you feel confident using the subjunctive, then proceed with the additional grammar points and review them. These would include not only the new grammar such as the *future* and *conditional* tenses, but also the **Repaso** grammar points such as the *preterit* and the *imperfect.*
2. Good ways to review include redoing activities in your textbook, redoing activities in the Student Activities Manual, and (re)doing activities on MySpanishLab.

METHODOLOGY • Tools for Reviewing
Prior to beginning the activities in this chapter, if your students choose (or you strongly encourage them) to gain more mechanical practice, repeating the activities they have already done—both in the *¡Anda! Curso intermedio* textbook and in their Student Activities Manual—is an excellent start for their review. Redoing activities already done is an important review tool that is based on learning theory. This works for the following reasons: First, students are already familiar with the context of the activity, and they know what they got correct and missed the first time—hence, they are able to observe whether they have improved. Students are also repeating the activities on a different level; because they have already completed the activities, the repetitions go to a meta-analysis level, at which students need to analyze why they continue to miss certain items. This learning theory concept is similar in music: we practice the same scales and arpeggios over and over.

METHODOLOGY • Prioritizing Review Topics
You will note that *¡Anda! Curso intermedio* has listed one topic (the subjunctive) that we denote as *major* and upon which we are encouraging our students to focus the majority of their review time. Students become overwhelmed when told that *everything* is major. They then tend to make poor choices on where to focus the majority of their time when reviewing. Granted, the subjunctive is indeed major and needs to be broken down into chunks by your students; that is, your students need to first review how to form the subjunctive and then progress to the times when it is used. Our aim by listing one major goal is to encourage students with a "you-can-do-it" kind of attitude, as opposed to discouraging them through the size of the task at hand. Also, many students may feel confident with some portions of the overarching concepts from *Capítulos 7–11.* If we were to present this material focusing on the enormity of the task, many students would lose confidence and begin to doubt themselves. Doubting oneself is counterproductive to the task at hand.

Also, please understand that we are not diminishing the importance of concepts such as the future, conditional, *si* clauses, uses of *se,* the passive voice, etc. What we are saying is that if students were to communicate with a sympathetic native speaker, they would still be understood even with mistakes in these areas. We have used the *ACTFL Proficiency Guidelines,* as well as the *Spanish Advanced Placement* descriptors, as our guide. Also guiding us is the fact that when constructing final exams in the intermediate courses, the vast majority of points fall into the "expressing oneself using the subjunctive" category.

METHODOLOGY • Review
If you feel your students need more practice with any of the grammar, vocabulary, or culture of this chapter, please direct them to the Student Activities Manual or MySpanishLab.

3 Reviewing Vocabulary

When studying vocabulary, there is a variety of techniques that you will find useful.

1. It is helpful to group words thematically. Use the drawings from each vocabulary presentation to create sentences, using all of the vocabulary words possible.
2. Attempt to define words in Spanish.
3. For some vocabulary, it may be most helpful to look at the English word, and then say or write the word in Spanish.
4. Make a special list of words that are difficult for you to remember, writing them in a small notebook. Pull out the notebook every time you have a few minutes (between classes, waiting in line at the grocery store, etc.) to review the words.
5. The **Vocabulario activo** summary pages at the end of each chapter will help you organize the most important words of each chapter.
6. Saying vocabulary (which includes verbs) out loud helps you retain the words better and incorporate them into your personal active vocabulary.

4 Overall Review Techniques

1. Get together with someone with whom you can practice speaking Spanish. It is always good to structure your oral practice. One way of doing this is to take the drawings from each vocabulary presentation in ***¡Anda! Curso intermedio*** and say as many things as you can about each picture. Have a friendly challenge to see who can make more complete sentences or create the longest story about the pictures. You can also structure the practice by creating solely *subjunctive* sentences, for example, or expressing *if / then* ideas as you speak. This practice will help you build your confidence and practice stringing sentences together to speak in paragraphs.
2. Yes, it is important for you to know "mechanical" pieces of information such as verb endings for tenses. *But it is much more important* for you to be able to take those mechanical pieces of information and put them all together, communicating in a meaningful and creative way in your speaking and writing on the themes of **Capítulos 7–11.** Also remember that **Capítulos 7–11** are built upon previous knowledge that you acquired in the beginning chapters of ***¡Anda! Curso intermedio.***
3. Learning a language is like learning any other skill, such as playing a musical instrument, playing a sport, cooking, or doing a craft. It takes practice to perfect such a skill. For example, musicians may spend hours and hours practicing scales or arpeggios. We also learn from our mistakes. For example, golfers analyze their swings and baseball pitchers analyze their pitches when they are not satisfied with their performance. Learning Spanish is the same. You will need to practice the basics—such as using the subjunctive correctly—in context. Repeat activities in the Student Activities Manual or on MySpanishLab, or create dialogues in your head or with a friend: consciously use the new structures or vocabulary. You will also need to analyze your personal errors so that you can learn from them in an attempt not to repeat the same mistakes.
4. You are on the road to success when you can demonstrate that you can speak and write in paragraphs that express the present, past, and future tenses. Along with expressing ideas in the three major time frames, it is important to demonstrate the richness of your vocabulary, employing a wide variety of verbs and other types of words. Keep up the good work!

METHODOLOGY • Quantifying Minimum Expectations
You will note that we frequently include the minimum number of sentences expected of the students, either in a speaking or writing activity. If students do not know what these minimum expectations are, many will be happy with mediocre production. Most of us have had bright students who are lazy and unmotivated and are only willing to do "the minimum." Hence it is necessary for instructors to let students know what their expectations are, and to encourage students to exceed the stated minimum.

Having provided this rationale, the decision is ultimately yours. You may choose: (1) to use what we have recommended; (2) to require a different minimum level of production; or (3) not to state the level of language production. You will notice that some of the directions in this chapter intentionally follow the third option. These are instructional delivery decisions that all of us must make based on a wide variety of differentiated objectives.

METHODOLOGY • Using this Chapter
Although most of the activities in this chapter feature the pair icon, you will note that most can be done at home. You can choose whether you want these activities to be oral, written, or a combination of both. You can also choose whether you want the activities to be prepared outside of class or done in class. The decisions are yours to personalize the chapter in a manner that best suits your needs and those of your students.

METHODOLOGY • Reviewing Vocabulary
You will note that students are encouraged to review each chapter's vocabulary on their own. It is suggested that they begin their vocabulary review with the *Vocabulario activo* that is found at the end of each chapter.

METHODOLOGY • Recycling
Note that this chapter helps to recycle and remind students of concepts learned before *Capítulo 7*. It directs them to the correct chapters to refresh their memories about concepts presented in a previous semester.

Instructor Resources

- Textbook images, Extra Activities

HERITAGE LANGUAGE LEARNERS

In **12-1,** remind heritage language learners of the use of conjunctions such as *a menos que* and *antes de que* with the subjunctive. Some of them require the subjunctive, others the indicative, and some can use either, depending on the communicative task.

EXPANSION for 12-1

As an additional assignment, you may wish to have students research Rurrenabaque, Bolivia, a bustling, friendly, and beautiful city that among other attractions is a gateway to the ecological gem Madidi National Park. Some of the connections that students could make would be: (a) comparing and contrasting the terrain of Rurrenabaque to their own geographical setting; (b) looking at the environmental considerations of Rurre in relation to those of their locale; (c) considering the type of clothing needed to live in each location; and (d) comparing the animals of Rurre to those that live near their home or in the entire United States.

EXPANSION for 12-1

Ask students to share their maps with other classmates, either in large groups or as a whole class.

Comunicación

Capítulo 7

Capítulo 7.

12-01 to 12-06

Estrategia

Before beginning each activity, make sure that you have carefully reviewed the identified recycled concepts so that you are able to move seamlessly through the activities as you put it all together.

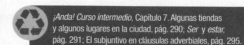

¡Anda! Curso intermedio, Capítulo 7. Algunas tiendas y algunos lugares en la ciudad, pág. 290; *Ser* y *estar,* pág. 291; El subjuntivo en cláusulas adverbiales, pág. 295.

¡Anda! Curso elemental, Capítulo 4. Los lugares, Apéndice 2; Capítulo 11. Las preposiciones y los pronombres preposicionales, Apéndice 3.

12-1 Turistas Unas familias bolivianas de Rurrenabaque llegaron a su ciudad para pasar unas semanas. Organicen una gira por su pueblo/ciudad para orientarlos, mostrándoles por lo menos **diez** tiendas y lugares y cómo llegar allí. Completen los siguientes pasos. ■

Estrategia

Before beginning **12-1,** you may wish to make yourself a chart of the conjunctions (*connecting words*) that use the subjunctive, the ones that do not, and the ones that use the subjunctive sometimes, depending on the circumstance. Put this chart in a handy place where you can access it to study.

Paso 1 Hagan un mapa con las tiendas y los lugares. Si no existe un lugar, por ejemplo, si no hay una pescadería, recomiéndenles otro lugar donde se puede comprar pescado.

Paso 2 Repasen las conjunciones que se usan con **el subjuntivo** (por ejemplo: **a menos que, antes de que,** etc.) o que no se usan con el subjuntivo (por ejemplo: **ahora que, puesto que,** etc.) o que dependen del contexto (por ejemplo: **a pesar de que, hasta que, tan pronto como**). Hagan una lista de las tres categorías de conjunciones. Si necesitan ayuda, consulten la página 295.

Estrategia

Another way to approach **12-1** is to do *Paso 3* as if you were talking on the phone. That way, you can practice your communicative strategies from p. 312.

Paso 3 Describan las tiendas o lugares, cómo se llega allí y qué cosas se encuentran en cada tienda. Usen por lo menos **ocho** de las conjunciones. Túrnense.

CAPÍTULO 12

¡Anda! Curso intermedio, Capítulo 7. Algunos artículos en las tiendas, pág. 303; Los tiempos progresivos, pág. 307.

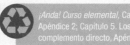

¡Anda! Curso elemental, Capítulo 4. Los lugares, Apéndice 2; Capítulo 5. Los pronombres de complemento directo, Apéndice 3.

12-2 Túrnense La visita de las familias de la actividad **12-1** fue un éxito. Para agradecerles su atención, ellos los invitaron a su ciudad, Rurrenabaque, o "Rurre", como la llaman los residentes. Como ustedes van a quedarse unas semanas, necesitan comprar unas cosas. Usen el mapa que les dieron y completen los siguientes pasos. ■

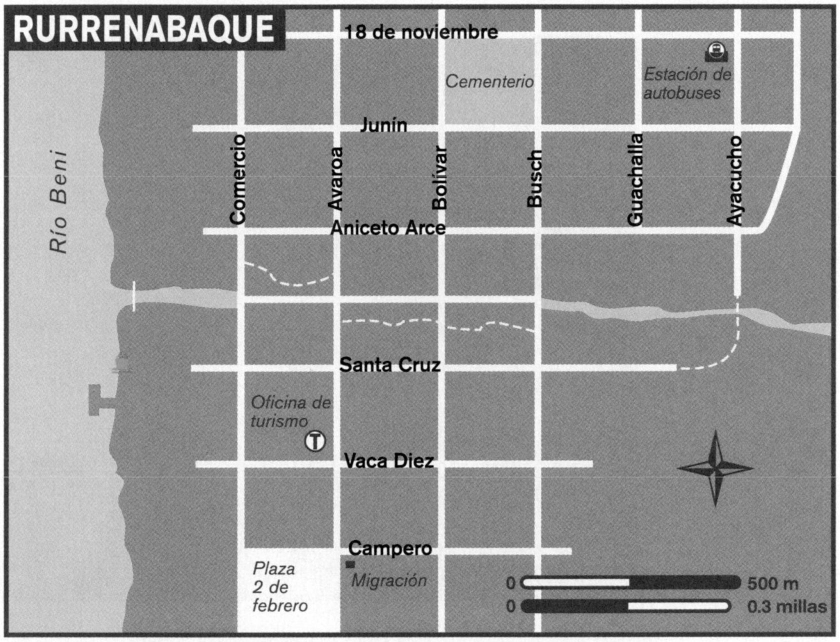

Estrategia

You may wish to review the *Estrategias comunicativas* for giving directions, in *Capítulo 4*, on p. 174.

Paso 1 Hagan una lista de las cosas que necesitan o que quieren comprar.

Paso 2 Pregúntenles a sus anfitriones dónde pueden comprar cada cosa. Pueden empezar sus preguntas con "Ando buscando"…

Estrategia

Organize your thoughts in chronological order and use transitions in your paragraphs. Consider words such as *primero, segundo, tercero, luego, después,* and *finalmente.*

Paso 3 Túrnense haciendo los papeles del/de la turista norteamericano/a y del/de la anfitrión/anfitriona boliviano/a. Si haces el papel del/de la boliviano/a, dile a tu compañero/a cómo se llega a cada tienda o lugar, usando el mapa de Rurre.

MODELO E1 (TURISTA): *Ando buscando unas pilas. Las necesito para que funcione mi despertador. ¿Dónde puedo comprarlas?*

E2 (ANFITRIONA): *Las tienen en la ferretería. Hay una ferretería en…*

Estrategia

Focus on being creative with **12-2,** thinking of as many instances as possible in which you could use the *subjunctive,* as well as using the richest possible vocabulary.

EXPANSION for 12-2

Have each student draw a mini-map of an area in his/her hometown where there are several shops he/she frequents. Then, in pairs, have them take their lists from *Paso 1* and locate the places in each hometown where they might purchase these things, if they were to visit.

EXPANSION for 12-2

Have students investigate two other cities or villages in Bolivia and compare them to Rurrenabaque. Then have them compare those cities to their hometowns. Suggested keywords: *Bolivia, pueblos, ciudades, Rurrenabaque.*

EXPANSION for 12-3
This could also be done as a written activity. Students can write the description and present a sketch as if they were sending a proposal to a company prior to the presentation. You can have them do a peer review of the writing assignment.

¡Anda! Curso intermedio, Capítulo 3. La construcción de casas y sus alrededores, pág. 110; Dentro del hogar: la sala, la cocina y el dormitorio, pág. 122.; Capítulo 7. Algunos artículos en las tiendas, pág. 303.

¡Anda! Curso elemental, Capítulo 4. Los lugares, Apéndice 2.

12-3 Una ciudad verde Es importante vivir una vida "verde" para proteger el planeta, no solo para nosotros sino también para las futuras generaciones. Si pudieras planear la ciudad ideal de una manera "verde", ¿cómo sería? También piensa en las cosas que usamos diariamente o que queremos como lujo (*luxury*). ¿Cómo forman parte de un mundo "verde"? Completa los siguientes pasos.

Paso 1 Planea tu ciudad "verde". Dibuja dónde se encuentran los edificios y los lugares. Haz un cartel o una presentación de PowerPoint describiendo tu ciudad.

Paso 2 Describe la construcción de las casas y de los edificios.

Paso 3 ¿Qué cosas tienen o no tienen las familias que viven en tu comunidad? Por ejemplo, ¿se usan las bombillas "verdes"?

Paso 4 Comparte tu presentación con tus compañeros.

¡Anda! Curso elemental, Capítulo 3. La casa: Los muebles y otros objetos de la casa; Capítulo 8. La ropa, Apéndice 2.

¡Anda! Curso intermedio, Capítulo 3. Dentro del hogar: la sala, la cocina y el dormitorio, pág. 122; Capítulo 7. El subjuntivo en cláusulas adverbiales, pág. 295, Los tiempos progresivos, pág. 307.

12-4 **¿Eres diseñador/a?** Sami Hayek (el hermano de la actriz Salma Hayek) es un diseñador mexicano de muebles y otras cosas para la casa. Parte de su misión es respetar el medio ambiente con su modo de empaquetar su mercancía.

Otro diseñador / arquitecto mexicano es Marco Aldaco. Su arquitectura es de estilo caribeño con edificios elegantes que incorporan elementos como las palapas. Diseña muebles y murales también.

Manolo Blahnik es aún otro diseñador famoso. Es español (nació en las Islas Canarias) y diseña zapatos, esmaltes de uñas para Estée Lauder y otros productos. Hay muchos otros diseñadores famosos como Carolina Herrera (ropa / moda) y Paloma Picasso (joyas). ■

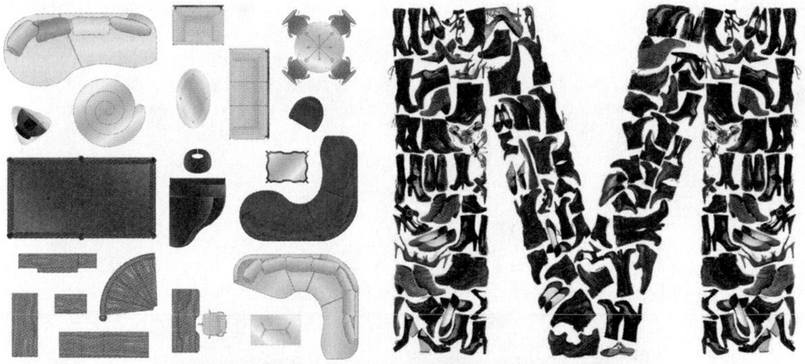

Completa los siguientes pasos.

Paso 1 Escoge a uno de los diseñadores famosos con quien te gustaría trabajar.

Paso 2 Escribe un perfil personal donde te presentes. Explica quién eres, qué trabajo estás haciendo, qué cosas son importantes para ti, etc. Debes incluir por lo menos **diez** oraciones. Piensa en los usos del **subjuntivo** y **los tiempos progresivos.**

Paso 3 Prepara una presentación oral diciendo por qué mereces trabajar con el/la diseñador/a. También presenta algunas de tus ideas para crear productos nuevos. Debes incluir por lo menos **diez** oraciones. De nuevo, ten en cuenta los usos del **subjuntivo** y **los tiempos progresivos.**

Paso 4 Comparte tu perfil y tu presentación oral con un/a compañero/a.

NOTE for 12-4
You may wish to explain the word *palapa* for some students. A *palapa* is an outdoor structure with a palm leaf roof that covers outdoor patio areas. The style is used frequently in the tropics, and gives a resort-like quality to the outdoor setting.

SUGGESTION for 12-4
Encourage your students to research the designers mentioned on the Internet to learn more about their specific design styles.

SUGGESTION for 12-4
Ask students whether any of their home appliances are energy efficient. Have them discuss the importance of having these types of appliances and the advantages for them and the environment.

EXPANSION for 12-4
Have students mention other home and garden designers that are also going green. Have them talk about these in class. They should each describe at least one of their green designs.

EXPANSION for 12-4
Students can also talk about the advantages and disadvantages of saving energy by choosing certain means of transportation.

METHODOLOGY • Self-Assessment and Instructors' Use of Rubrics
Assessing student performance is an important task that we instructors perform. Students need to know in advance what is acceptable versus unacceptable work. It is important to provide the rubrics in advance so that they are clear regarding our expectations. The rubrics provided are meant to be used either as is or to act as a guide for you. The suggestion is that **3 = A; 2 = B; 1 = C; 0 = D/F.** Also notice that there is a place for you to assess effort. As instructors, we know that there will be some students who look for and take the easy way out, even though they may have the ability. These can be gifted students or heritage language learners who choose not to work to their potential. The effort rating is a way of encouraging those students, as well as giving credit to students who struggle but are working above and beyond their level of ability. These students deserve to be rewarded for their efforts. You may wish to add other categories such as pronunciation to the rubric.

METHODOLOGY • Assessing Effort
Yes, commenting on and assessing a student's effort is a subjective evaluation. Nevertheless, it is something that both students and instructors need to address. The ability to realistically assess the efforts they place on tasks is a life skill students will need when they exit college. Assessing effort is also an important reality check for all students. Are they working to their highest potential? Some students truly are; others are not. There are several types of students: those who put in a great deal of effort and are successful; those who put in a great deal of effort and are not as successful as they or we would like; those who say they are putting in effort when in fact they are not or it is not focused; those who put in little effort and do not succeed; and those who put in little effort and still achieve at least our minimum expectation but could do extremely well with more effort. The final group is comprised of gifted students as well as heritage language learners.

Estrategia
In this chapter you will encounter a variety of rubrics to self-assess how well you are doing. Using them will help you track your progress.

All aspects of our lives benefit from self-reflection and self-assessment. Learning Spanish is an aspect of our academic and future professional lives that benefits greatly from just such a self-assessment. Also coming into play is the fact that, as college students, you are personally being held accountable for your learning and are expected to take ownership for your performance. Having said that, we instructors can assist you greatly by letting you know what we expect of you. It will help you determine how well you are doing with the recycling of **Capítulo 7.** This rubric is meant first and foremost for you to use as a self-assessment, but you also can use it to peer-assess. Your instructor may use the rubric to assess your progress as well.

Rúbrica

Estrategia
You and your instructor can use this rubric to assess your progress for **12-1** through **12-4.**

	3 EXCEEDS EXPECTATIONS	2 MEETS EXPECTATIONS	1 APPROACHES EXPECTATIONS	0 DOES NOT MEET EXPECTATIONS
Duración y precisión	• Has at least 10 sentences and includes all the required information. • May have errors, but they do not interfere with communication.	• Has 7–9 sentences and includes all the required information. • May have errors, but they rarely interfere with communication.	• Has 4–7 sentences and includes some of the required information. • Has errors that interfere with communication.	• Supplies fewer sentences and little of the required information in *Approaches Expectations.* • If communicating at all, has frequent errors that make communication limited or impossible.
Gramática nueva del *Capítulo 7*	• Makes excellent use of the chapter's new grammar (e.g., **the subjunctive with conjunctions** and **the progressive tenses**). • Uses a wide variety of verbs when appropriate.	• Makes good use of the chapter's new grammar (e.g., **the subjunctive with conjunctions** and **the progressive tenses**). • Uses a variety of verbs when appropriate.	• Makes use of some the chapter's new grammar (e.g., **the subjunctive with conjunctions** and **the progressive tenses**). • Uses a limited variety of verbs when appropriate.	• Uses little, if any, of the chapter's new grammar (e.g., **the subjunctive with conjunctions** and **the progressive tenses**). • Uses few, if any, of the chapter's verbs.
Vocabulario nuevo del *Capítulo 7*	• Uses many of the new vocabulary words (e.g., **stores** and **places**).	• Uses a variety of the new vocabulary words (e.g., **stores** and **places**).	• Uses some of the new vocabulary words (e.g., **stores** and **places**).	• Uses few, if any, new vocabulary words (e.g., **stores** and **places**).
Gramática y vocabulario de repaso/reciclaje del *Capítulo 7*	• Does an excellent job using recycled grammar and vocabulary to support what is being said. • Uses a wide array of review verbs. • Uses review vocabulary, but focuses predominantly on new vocabulary.	• Does a good job using recycled grammar and vocabulary to support what is being said. • Uses an array of review verbs. • Uses some review vocabulary, but focuses predominantly on new vocabulary.	• Does an average job using recycled grammar and vocabulary to support what is being said. • Uses some review verbs. • Uses mostly review vocabulary and some new vocabulary.	• If speaking at all, relies almost completely on vocabulary from beginning Spanish course. • Verbs are almost solely in the present tense. • Vocabulary is almost solely review vocabulary.
Esfuerzo	• Clearly the student made his/her best effort.	• The student made a good effort.	• The student made an effort.	• Little or no effort went into the activity.

Capítulo 8

07 to 12-12

Capítulo 8.

¡Anda! Curso intermedio, Capítulo 3. La construcción de casas y sus alrededores, pág. 110; Capítulo 8. Algunas profesiones, pág. 326; Más profesiones. pág. 335; El futuro. pág. 330.

12-5 ¿Qué harán? ¿Puedes ver el futuro? Imagina que tienes una bola de cristal y puedes ver el futuro. En las siguientes imágenes, imagina una profesión o trabajo que cada persona hará y dale pistas a tu compañero/a para que lo adivine. Usa **el futuro.** Túrnense. ■

1.

2.

3. yo

MODELO E1: *Esta niña trabajará con las manos. Cuidará a la gente. Ella también trabajará con personas enfermas. ¿Qué imagen es y qué será?*

E2: *Es la foto de la niña en los pantalones grises. Será una doctora…*

HERITAGE LANGUAGE LEARNERS

In **12-5,** remind heritage language learners of the form of the future tense, because they may use the structure *ir + a +* infinitive more frequently than the simple future tense.

EXPANSION for 12-5

Have students predict what their classmates will do in the future, as well as what you, the instructor, will do.

EXPANSION for 12-6
Have students each add 2 or 3 more work conditions that they personally consider important to include in the survey for their client.

EXPANSION for 12-6
You may wish to have several pairs of students act out their job counseling interviews for the class.

Workbooklet

12-6 Mi recomendación sería... Tienes la oportunidad de trabajar como consejero profesional. Tienes clientes que quieren empezar sus carreras profesionales y otros que quieren cambiar de profesión. ■

¡Anda! Curso intermedio, Capítulo 2. El subjuntivo para expresar pedidos, mandatos y deseos, pág. 91; Capítulo 8. Algunas profesiones, pág. 326; Más profesiones, pág. 335; El condicional, pág. 338.

Paso 1 Para poder hacer tus recomendaciones, hazle las preguntas de este cuestionario a tu "cliente".

MODELO E1: *¿Es necesario que trabajes con las manos?*
E2: *No, detesto trabajar con las manos. Quiero trabajar en una oficina…*

PREGUNTA: ¿ES NECESARIO QUE…?	ME ENCANTA	ME MOLESTA	ME DA IGUAL (*IT'S ALL THE SAME TO ME*)
trabajar con las manos			
trabajar con la gente			
trabajar solo/a			
escribir			
usar tecnología			
viajar			
ser el/la jefe/a			
hacer experimentos científicos			
arreglar cosas			
trabajar con animales			
estar al aire libre			
estar en una oficina			
tener una rutina			

Paso 2 Haz tus recomendaciones basadas en las respuestas de tu "cliente". Usa **el condicional** en tus recomendaciones.

MODELO *Veo que escribiste que te molesta trabajar con las manos. Entonces no sería buena idea considerar los trabajos de mecánico o granjero…*

Estrategia
Make sure you review the formation of the conditional on p. 338 before doing *Paso 2* of **12-6** and **12-7.**

¡Anda! Curso elemental, Capítulo 3. Los muebles y otros objetos de la casa; Capítulo 7. La comida; Capítulo 8. La ropa; Capítulo 11. Los medios de transporte, Apéndice 2.

¡Anda! Curso intermedio, Capítulo 3. Dentro del hogar: la sala, la cocina y el dormitorio, pág. 122; Capítulo 4. La comida y la cocina, pág. 159; Capítulo 5. Viajando por coche, pág. 193; La tecnología y la informática, pág. 204; Capítulo 7. Algunos artículos en las tiendas, pág. 303; El condicional, pág. 338.

12-7 ¿Qué o quién serías?

Quizás hayas ido a una fiesta donde han jugado *Si pudieras ser cualquier persona o cosa, ¿quién o qué serías y por qué?* Juega con un/a compañero/a. Usa por lo menos **seis** razones en tu descripción. Usa **el condicional.** Túrnense y diviértanse. ■

Si fuera...

1. un tipo de zapato

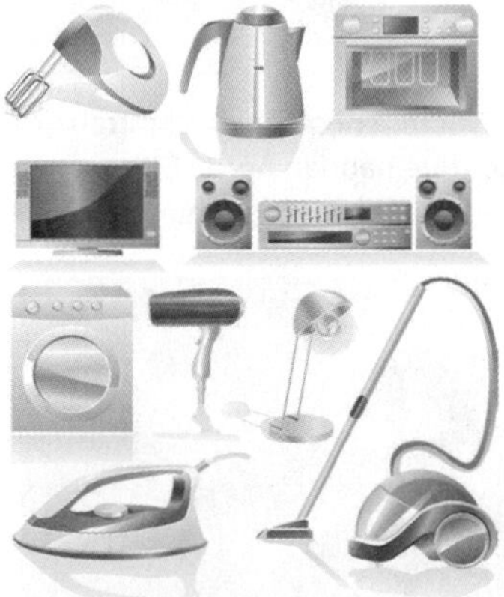

2. un aparato eléctrico

3. un mueble

4. un medio de transporte

5. una comida

MODELO *Si fuera un zapato, sería un zapato con tacón alto. El tacón tendría diamantes, y la piel sería fina y suave. Caminaría en los hoteles de lujo...*

EXPANSION for 12-7
Have students add at least two things to each list in this section, for example, *un teléfono celular, una corbata, una bolsa,* etc.

EXPANSION for 12-7
Have students each choose a famous person and determine what or who that person would be. They can share this information with partners or with the entire class.

EXPANSION for 12-8
Have students come up with at least four things that their instructor will have done by the year 2020.

¡Anda! Curso intermedio, Capítulo 8. Una entrevista, pág. 345; El mundo de los negocios, pág. 351; El futuro perfecto, pág. 348.

12-8 ¿Qué habrás hecho? Es el año 2020. ¿Qué habrán hecho tus amigos y tú profesionalmente? Dile a tu compañero/a **ocho** cosas que habrán hecho. ■

MODELO *Habré solicitado un trabajo y me habré entrevistado para varios puestos. Me habrán contratado en una compañía buena. Mis amigos habrán hecho lo mismo; algunos se habrán mudado a otros estados…*

Estrategia
What do *Habré solicitado* and *se habrán mudado* mean in the *modelo*? What is the rule for forming *I, you, they, etc., will have ______ed*?

EXPANSION for 12-9
Have students tell what *they* would have done with this house *si hubiera/n tenido más dinero y tiempo…*

¡Anda! Curso intermedio, Capítulo 3. La construcción de casas y sus alrededores, pág. 110; Dentro del hogar: la sala, la cocina y el dormitorio, pág. 122.

¡Anda! Curso elemental, Capítulo 3. La casa; Los muebles y otros objetos de la casa; Los colores, Apéndice 2.

12-9 Si hubieran tenido más… ¡Esta casa necesita mucho trabajo! Si las personas que vivían allí hubieran tenido más dinero y más tiempo, ¿qué habrían hecho? Descríbesela a un/a compañero/a en por lo menos **diez** oraciones, incluyendo todos los detalles posibles (muebles, colores, etc.). Túrnense. ■

Si hubiera(n) tenido más dinero y tiempo…

MODELO *Si aquella familia hubiera tenido más tiempo, habría renovado la cocina. Probablemente, las personas habrían pintado la cocina de color amarillo…*

Rúbrica

Estrategia

You and your instructor can use this rubric to assess your progress for **12-5** through **12-9.**

	3 EXCEEDS EXPECTATIONS	2 MEETS EXPECTATIONS	1 APPROACHES EXPECTATIONS	0 DOES NOT MEET EXPECTATIONS
Duración y precisión	• Has at least 8 sentences and includes all the required information. • May have errors, but they do not interfere with communication.	• Has 5–7 sentences and includes all the required information. • May have errors, but they rarely interfere with communication.	• Has 4 sentences and includes some of the required information. • Has errors that interfere with communication.	• Supplies fewer sentences and little of the required information in *Approaches Expectations*. • If communicating at all, has frequent errors that make communication limited or impossible.
Gramática nueva del *Capítulo 8*	• Makes excellent use of the chapter's new grammar (e.g., **the future, conditional, future perfect,** and **conditional perfect**). • Uses a wide variety of verbs when appropriate.	• Makes good use of the chapter's new grammar (e.g., **the future, conditional, future perfect,** and **conditional perfect**). • Uses a variety of verbs when appropriate.	• Makes use of some the chapter's new grammar (e.g., **the future, conditional, future perfect**, and **conditional perfect**). • Uses a limited variety of verbs when appropriate.	• Uses little, if any, of the chapter's new grammar (e.g., **the future, conditional, future perfect,** and **conditional perfect).** • Uses few, if any, of the chapter's verbs.
Vocabulario nuevo del *Capítulo 8*	• Uses many of the new vocabulary words (e.g., **professions** and **the business world**).	• Uses a variety of the new vocabulary words (e.g., **professions** and **the business world**).	• Uses some of the new vocabulary words (e.g., **professions** and **the business world**).	• Uses few, if any, new vocabulary words (e.g., **professions** and **the business world**).
Gramática y vocabulario de repaso/reciclaje del *Capítulo 8*	• Does an excellent job using recycled grammar and vocabulary to support what is being said. • Uses a wide array of review verbs. • Uses review vocabulary, but focuses predominantly on new vocabulary.	• Does a good job using recycled grammar and vocabulary to support what is being said. • Uses an array of review verbs. • Uses some review vocabulary, but focuses predominantly on new vocabulary.	• Does an average job using recycled grammar and vocabulary to support what is being said. • Uses some review verbs. • Uses mostly review vocabulary and some new vocabulary.	• If speaking at all, relies almost completely on vocabulary and grammar from beginning Spanish course. • Verbs are almost solely in the present tense. • Vocabulary is almost solely review vocabulary.
Esfuerzo	• Clearly the student made his/her best effort.	• The student made a good effort.	• The student made an effort.	• Little or no effort went into the activity.

METHODOLOGY • More on Assessing Effort

Assessing a student's effort, albeit a subjective exercise, helps two major groups of students: those who find Spanish easy and are doing well, but are not working to their potential, and those who are giving their all and are still struggling. With regard to the latter group, many of us have our intermediate classes filled with non-majors who either need the credits or want to use Spanish in some way in their future lives. Many of these individuals are giving a maximum effort and still struggling. The research on motivation would support us giving these students a grade for effort and including it into our final grading. Why? Because our goal for intermediate Spanish should be to create lifelong learners, consumers, and devotees of the Spanish language. Although it is wonderful to have students decide to dedicate their lives to Spanish literature, our reality is that most of the students passing through our courses have hopes of using Spanish orally in their professional lives. Acknowledging their *esfuerzo* will motivate them to exceed even their own expectations.

Capítulo 9

12-13 to 12-18

Capítulo 9.

¡Anda! Curso intermedio, Capítulo 3. El subjuntivo para expresar sentimientos, emociones y dudas, pág. 126; Capítulo 9. El arte visual, pág. 372; La artesanía, pág. 381.

12-10 Es posible que... Los artistas trabajan en un mundo muy creativo. Imaginen cómo son sus vidas. Creen **ocho** oraciones sobre las posibilidades de sus vidas. Usen **el subjuntivo.** Túrnense. ■

MODELO E1: *Es posible que el alfarero use un barro local.*

E2: *El artista no quiere que llueva para poder pintar un paisaje.*

SUGGESTION for 12-11
You may wish to assign artists to your students. Also, be sure to add your favorite artists if they are not listed.

EXPANSION for 12-11
If time permits, this activity can become a class presentation. Students can present their prepared dialogues with their partners, or for an impromptu speaking activity, they could switch partners to simulate a real-life conversational exchange. This activity would be especially good for your heritage language learners.

EXPANSION for 12-11
Pair students up and have each one choose to be one of the artists listed. "Artists" have to give each other recommendations about their current or future work. Then they should act out the conversation. Remind students to use the subjunctive when necessary.

¡Anda! Curso intermedio, Capítulo 9. El arte visual, pág. 372; La artesanía, pág. 381.

Estrategia
Before beginning **12-11,** review the vocabulary on pp. 372 and 381 in *Capítulo 9*, and incorporate as many of the words as possible in your responses.

12-11 El arte nos inspira Dicen que el famoso artista mexicano Diego Rivera dijo: *Sueño mucho. Pinto más cuando no estoy pintando. Está en el subconsciente*. Completen los siguientes pasos para ver cómo el arte ocupa una parte importante de nuestras vidas. ■

Paso 1 Selecciona a un artista visual o de la artesanía. Puedes seleccionar entre los siguientes artistas:

Diego Velázquez	Oswaldo Guayasamín	José Clemente Orozco
Pablo Picasso	Carmen Lomas Garza	Fernando Botero
Frida Kahlo	Diego Rivera	Manuel Jiménez

Fíjate
Manuel Jiménez is a Mexican wood carver of *alebrijes*.

Paso 2 Describe una de sus obras de arte. Utiliza por lo menos **catorce** oraciones, usando **el subjuntivo.**

Paso 3 Habla sobre tu artista con un/a compañero/a. Incluye en tu informe una foto del/de la artista y una foto de una de sus obras de arte.

Estrategia
You and your partner may wish to structure **12-11** as a conversation between two of the artists. Or you could have a conversation with one of the artists, in which either you or your partner plays the role of the artist.

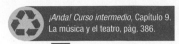

¡Anda! Curso intermedio, Capítulo 9. La música y el teatro, pág. 386.

¡Anda! Curso elemental, Capítulo 5. El mundo de la música, Apéndice 2.

12-12 ¡Adivinanza!

Piensa en algunas personas o en cosas asociadas con la música o el teatro. Crea pistas para que tu compañero/a pueda adivinar quién o qué es. ■

MODELO
E1: *Es un instrumento que se oye en muchos tipos de música. No es un instrumento de cuerdas sino de metal. Si quieres escuchar este instrumento, puedes comprar un CD del Trío Pancho o un CD de la orquesta sinfónica de Cleveland o de Nueva York. ¿Qué instrumento es?*
E2: *¿Será la trompeta?*
E1: *¡Correcto!*

¡Anda! Curso intermedio, Capítulo 9. El cine y la televisión, pág. 386; Cláusulas de *si,* pág. 391.

¡Anda! Curso elemental, Capítulo 5. El mundo del cine, Apéndice 2.

12-13 ¿Supiste lo que pasó?

¿Te gustan las películas o prefieres la televisión? ■

Paso 1 Descríbele detalladamente a un/a compañero/a una película o un programa de televisión que hayas visto últimamente o que te gustaría ver porque dicen que es bueno/a. Usa **el vocabulario del mundo del cine y de la televisión,** usando por lo menos **diez** oraciones y **las cláusulas de *si* en el presente.**

Paso 2 Explícale a la clase lo que te dijo tu compañero/a.

Estrategia

It is rare that a person remembers *everything* he or she hears! It is important that you feel comfortable asking someone to repeat information or requesting clarification.

CAPÍTULO 12

SUGGESTION for 12-12
Before doing this activity, make a list of possible genres of music and write them on the board. You and your students can also bring music to the classroom for students to identify and describe.

METHODOLOGY • Visual Stimuli
Research supports the use of a variety of visual stimuli: those that are new for the learner and those that are familiar. Hence, in *¡Anda! Curso intermedio* we have used new pieces of art and photographs as well as line art images that students have seen before in previous chapters. These previously seen images come from vocabulary and culture presentations. They help to activate the learners' schemata as well as help learners associate the review images with previously learned vocabulary and material.

METHODOLOGY • Rubrics
You may want to conduct a Google search on "Educational Scoring Rubrics" for an abundance of ideas on rubric creation. Suggested Keywords: *rubrics, scoring, educational.*

Rúbrica

Estrategia

You and your instructor can use this rubric to assess your progress for **12-10** through **12-13.**

	3 EXCEEDS EXPECTATIONS	2 MEETS EXPECTATIONS	1 APPROACHES EXPECTATIONS	0 DOES NOT MEET EXPECTATIONS
Duración y precisión	• Has at least 8 sentences and includes all the required information. • May have errors, but they do not interfere with communication.	• Has 5–7 sentences and includes all the required information. • May have errors, but they rarely interfere with communication.	• Has 4 sentences and includes some of the required information. • Has errors that interfere with communication.	• Supplies fewer sentences and little of the required information in *Approaches Expectations*. • If communicating at all, has frequent errors that make communication limited or impossible.
Gramática nueva del *Capítulo 9*	• Makes excellent use of the chapter's new grammar (e.g., **the subjunctive** and ***si* clauses**). • Uses a wide variety of verbs when appropriate.	• Makes good use of the chapter's new grammar (e.g., **the subjunctive** and ***si* clauses**). • Uses a variety of verbs when appropriate.	• Makes use of some the chapter's new grammar (e.g., **the subjunctive** and ***si* clauses**). • Uses a limited variety of verbs when appropriate.	• Uses little, if any, of the chapter's new grammar (e.g., **the subjunctive** and ***si* clauses**). • Uses few, if any, of the chapter's verbs.
Vocabulario nuevo del *Capítulo 9*	• Uses many of the new vocabulary words (e.g., **art, handicrafts, music, television,** and **cinema**).	• Uses a variety of the new vocabulary words (e.g., **art, handicrafts, music, television,** and **cinema**).	• Uses some of the new vocabulary words (e.g., **art, handicrafts, music, television,** and **cinema**).	• Uses few, if any, new vocabulary words (e.g., **art, handicrafts, music, television,** and **cinema**).
Gramática y vocabulario de repaso/reciclaje del *Capítulo 9*	• Does an excellent job using recycled grammar and vocabulary to support what is being said. • Uses a wide array of review verbs. • Uses review vocabulary, but focuses predominantly on new vocabulary.	• Does a good job using recycled grammar and vocabulary to support what is being said. • Uses an array of review verbs. • Uses some review vocabulary, but focuses predominantly on new vocabulary.	• Does an average job using recycled grammar and vocabulary to support what is being said. • Uses some review verbs. • Uses mostly review vocabulary and some new vocabulary.	• If speaking at all, relies almost completely on vocabulary and grammar from beginning Spanish course. • Verbs are almost solely in the present tense. • Vocabulary is almost solely review vocabulary.
Esfuerzo	• Clearly the student made his/her best effort.	• The student made a good effort.	• The student made an effort.	• Little or no effort went into the activity.

Capítulo 10

12-19 to 12-23

Capítulo 10.

¡Anda! Curso intermedio, Capítulo 10. El medio ambiente, pag. 412; El imperfecto de subjuntivo, pág. 416; El pluscuamperfecto de subjuntivo, pág. 420; Algunos animales, pag. 425; Algunos términos geográficos, pág. 432.

¡Anda! Curso elemental, Capítulo 11. E1 medio ambiente, Apéndice 2.

12-14 Reportando...

Imagina que eres un/a periodista como Celia, Cisco o Javier de **Laberinto peligroso** y que escribiste uno de los siguientes artículos sobre el medio ambiente. ■

Paso 1 Escoge uno de los temas y cuéntale a tu compañero/a lo que reportaste en el artículo. Usa **el imperfecto de subjuntivo** o **el pluscuamperfecto de subjuntivo** cuando sea apropiado. Túrnense.

Paso 2 Ahora escojan juntos otro tema / artículo. En el mundo de las noticias, los detalles siempre son importantes. ¿Quién de ustedes dos puede decir más oraciones sobre el tema? De nuevo, usa **el imperfecto** o **el pluscuamperfecto de subjuntivo** cuando sea apropiado.

Estrategia

You may wish to review the imperfect subjunctive on p. 416 and the pluperfect subjunctive on p. 420 to assist you with **12-14** and **12-15.**

¡Anda! Curso intermedio, Capítulo 10. El medio ambiente, pag. 412; El imperfecto de subjuntivo, pág. 416; El pluscuamperfecto de subjuntivo, pág. 420; Algunos animales, pag. 425; Algunos términos geográficos, pág. 432.

¡Anda! Curso elemental, Capítulo 11. Los animales; E1 medio ambiente, Apéndice 2.

12-15 Un cortometraje

Creen un cortometraje sobre el mundo de los animales y cómo les afectan los cambios del medio ambiente. Completen los siguientes pasos. ■

Paso 1 Escojan entre **cinco** y **ocho** animales.

Paso 2 Investiguen cómo han cambiado sus hábitats a causa de los cambios del medio ambiente.

Paso 3 Incluyan por lo menos **dos** oraciones que empiecen con **Si hubieran hecho / conservado / no destruido...**

Paso 4 Su cortometraje debe tener por lo menos **quince** oraciones.

NOTE for 12-14
You can make this activity a game/competition to see who in each group can create the most sentences with the most vocabulary while using the imperfect and past perfect subjunctive.

EXPANSION for 12-14
In small groups, have students play the roles of the characters of *Laberinto peligroso*. Students will choose one of the episodes to act out in class.

EXPANSION for 12-15
Students can make an animated PowerPoint presentation or short video to present to the class. This could also be done as a group project.

EXPANSION for 12-15
Have students discuss documentaries that they have seen that deal with animals and the changing environment.

Rúbrica

Estrategia
You and your instructor can use this rubric to assess your progress for **12-16** through **12-18.**

	3 EXCEEDS EXPECTATIONS	2 MEETS EXPECTATIONS	1 APPROACHES EXPECTATIONS	0 DOES NOT MEET EXPECTATIONS
Duración y precisión	• Has at least 12 sentences and includes all the required information. • May have errors, but they do not interfere with communication.	• Has 8–11 sentences and includes all the required information. • May have errors, but they rarely interfere with communication.	• Has 5–7 sentences and includes some of the required information. • Has errors that interfere with communication.	• Supplies fewer sentences and little of the required information in *Approaches Expectation.* • If communicating at all, has frequent errors that make communication limited or impossible.
Gramática nueva del *Capítulo 10*	• Makes excellent use of the chapter's new grammar (e.g., **the past subjunctive, the past perfect subjunctive, *si* clauses,** and **the sequence of tenses**). • Uses a wide variety of verbs when appropriate.	• Makes good use of the chapter's new grammar (e.g., **the past subjunctive, the past perfect subjunctive, *si* clauses,** and **the sequence of tenses**). • Uses a variety of verbs when appropriate.	• Makes use of some the chapter's new grammar (e.g., **the past subjunctive, the past perfect subjunctive, *si* clauses,** and **the sequence of tenses**). • Uses a limited variety of verbs when appropriate.	• Uses little, if any, of the chapter's new grammar (e.g., **the past subjunctive, the past perfect subjunctive, *si* clauses,** and **the sequence of tenses**). • Uses few, if any, of the chapter's verbs.
Vocabulario nuevo del *Capítulo 10*	• Uses many of the new vocabulary words (e.g., **the environment, animals,** and **geographic terms**).	• Uses a variety of the new vocabulary words (e.g., **the environment, animals**, and **geographic terms**).	• Uses some of the new vocabulary words (e.g., **the environment, animals,** and **geographic terms**).	• Uses few, if any, of the new vocabulary (e.g., **the environment, animals**, and **geographic terms**).
Gramática y vocabulario de repaso/reciclaje del *Capítulo 10*	• Does an excellent job using recycled grammar and vocabulary to support what is being said. • Uses a wide array of review verbs. • Uses review vocabulary, but focuses predominantly on new vocabulary.	• Does a good job using recycled grammar and vocabulary to support what is being said. • Uses an array of review verbs. • Uses some review vocabulary, but focuses predominantly on new vocabulary.	• Does an average job using recycled grammar and vocabulary to support what is being said. • Uses some review verbs. • Uses mostly review vocabulary and some new vocabulary.	• If speaking at all, relies almost completely on vocabulary and grammar from beginning Spanish course. • Verbs are almost solely in the present tense. • Vocabulary is almost solely review vocabulary.
Esfuerzo	• Clearly the student made his/her best effort.	• The student made a good effort.	• The student made an effort.	• Little or no effort went into the activity.

Capítulo 11

12-24 to 12-30

Capítulo 11.

¡Anda! Curso intermedio, Capítulo 11. El cuerpo humano, pag. 454; La atención médica, pág. 465; El *se* inocente, pág. 469.

¡Anda! Curso elemental, Capítulo 9. El cuerpo humano; Algunas enfermedades y tratamientos médicos, Apéndice 2.

12-16 Ayudándolos

El 2 de mayo del año 2008, después de 9.000 años de silencio, el volcán Chaitén de Chile hizo erupción de una manera a la vez espectacular y peligrosa. La Oficina Nacional de Emergencia (ONE) anunció que había granjeros y animales en peligro. Si hubieras estado allí, ¿qué habrías hecho para ayudarlos?

Paso 1 Como parte del equipo médico, haz una lista de las partes del cuerpo que habrías examinado.

Paso 2 Después de hacer tu lista de las partes del cuerpo que habrían necesitado atención, ¿qué habrías hecho? Dile a tu compañero/a por lo menos **doce** oraciones sobre lo que se habría podido hacer. Usa **se** cuando sea necesario. Túrnense.

¡Anda! Curso intermedio, Capítulo 11. La atención médica, pág. 465; Algunos síntomas, condiciones y enfermedades, pág. 472.

¡Anda! Curso elemental, Capítulo 9. Algunas enfermedades y tratamientos médicos, Apéndice 2.

12-17 Nuestras prioridades

Por todo el mundo se encuentran dificultades a la hora de establecer prioridades en la salud pública. Con recursos económicos limitados, los políticos y otros profesionales tratan de establecer cuáles deben ser sus prioridades.

Paso 1 Con un/a compañero/a, pongan la lista de enfermedades de la página 472 en su orden de prioridad.

Paso 2 Justifiquen sus decisiones.

Paso 3 ¿Fue difícil hacer la lista de prioridades? ¿Por qué? Comparen su lista con las de otros estudiantes.

SUGGESTION for 12-17
Have students prepare a proposal on how to improve the health care in your state.

EXPANSION for 12-17
Have students research and then discuss the health care situation in the United States. Next, have them compare it to the health care situation in a Hispanic country. This could be done as a discussion in class or as a written activity.

EXPANSION for 12-18
Have students focus on health issues relevant to children, to the student community, and/or to the elderly. You can divide the class in groups and assign one topic to each group. The groups will present their findings to the class. Each group should explain why their issue is a problem, how it affects the community, and give possible solutions.

¡Anda! Curso intermedio, Capítulo 11. La atención médica, pág. 465; Algunos síntomas, condiciones y enfermedades, pág. 472, El *se* inocente, pág. 469; La voz pasiva, pág. 476.

¡Anda! Curso elemental, Capítulo 9. Algunas enfermedades y tratamientos médicos, Apéndice 2.

Workbooklet

12-18 Un lema *(slogan)* para todo

El mercadeo y los políticos nos bombardean con lemas. Ahora te toca a ti. Completa los siguientes pasos.

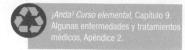

¡Hagamos ejercicio!

Se hacen más fuertes los pulmones y los músculos con sólo treinta minutos de ejercicio diario.

Paso 1 Crea **cinco** lemas para la salud, usando **se** y **la voz pasiva.**

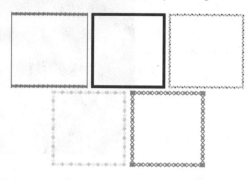

Paso 2 Comparte tus lemas con tres compañeros.

Paso 3 Seleccionen los **tres** mejores lemas de tu grupo para compartir con sus compañeros.

Rúbrica

	3 EXCEEDS EXPECTATIONS	2 MEETS EXPECTATIONS	1 APPROACHES EXPECTATIONS	0 DOES NOT MEET EXPECTATIONS
Duración y precisión	• Has at least 8 sentences and includes all the required information. • May have errors, but they do not interfere with communication.	• Has 5–7 sentences and includes all the required information. • May have errors, but they rarely interfere with communication.	• Has 4 sentences and includes some of the required information. • Has errors that interfere with communication.	• Supplies fewer sentences and little of the required information in *Approaches Expectations.* • If communicating at all, has frequent errors that make communication limited or impossible.
Gramática nueva del *Capítulo 11*	• Makes excellent use of the chapter's new grammar (e.g., **the impersonal *se*, reciprocal constructions,** and **the passive voice).** • Uses a wide variety of verbs when appropriate.	• Makes good use of the chapter's new grammar (e.g., **the impersonal *se*, reciprocal constructions,** and **the passive voice).** • Uses a variety of verbs when appropriate.	• Makes use of some the chapter's new grammar (e.g., **the impersonal *se*, reciprocal constructions,** and **the passive voice).** • Uses a limited variety of verbs when appropriate.	• Uses little, if any, of the chapter's new grammar (e.g., **the impersonal *se*, reciprocal constructions,** and **the passive voice).** • Uses few, if any, of the chapter's verbs.

(continued)

	3 EXCEEDS EXPECTATIONS	2 MEETS EXPECTATIONS	1 APPROACHES EXPECTATIONS	0 DOES NOT MEET EXPECTATIONS
Vocabulario nuevo del *Capítulo 11*	• Uses many of the new vocabulary words (e.g., **the human body** and **health**).	• Uses a variety of the new vocabulary words (e.g., **the human body** and **health**).	• Uses some of the new vocabulary words (e.g., **the human body** and **health**).	• Uses few, if any, new vocabulary words (e.g., **the human body** and **health**).
Gramática y vocabulario de repaso/reciclaje del *Capítulo 11*	• Does an excellent job using recycled grammar and vocabulary to support what is being said. • Uses a wide array of review verbs. • Uses review vocabulary, but focuses predominantly on new vocabulary.	• Does a good job using recycled grammar and vocabulary to support what is being said. • Uses an array of review verbs. • Uses some review vocabulary, but focuses predominantly on new vocabulary.	• Does an average job using recycled grammar and vocabulary to support what is being said. • Uses some review verbs. • Uses mostly review vocabulary and some new vocabulary.	• If speaking at all, relies almost completely on vocabulary and grammar from beginning Spanish course. • Verbs are almost solely in the present tense. • Vocabulary is almost solely review vocabulary.
Esfuerzo	• Clearly the student made his/her best effort.	• The student made a good effort.	• The student made an effort.	• Little or no effort went into the activity.

Un poco de todo

12-31 to 12-36

12-19 Nuestro medio ambiente y aun más

¡Son famosos! Descubrieron que tu compañero/a y tú son expertos en uno de los siguientes temas y los invitaron a presentar sus investigaciones en un programa de PBS. ■

Paso 1 Creen juntos un reportaje para la televisión sobre uno de los siguientes temas:

1. el medio ambiente, los animales y el mundo "verde"
2. cómo prepararse para la jubilación
3. la salud y cómo cuidarse
4. el arte, la música, el cine y la televisión

Paso 2 Preséntenles su reportaje a sus compañeros de clase.

NOTE on *Un poco de todo*
In the *Un poco de todo* section, students put together all the information they have learned thus far. These activities show students how much they have progressed in their competence with Spanish and their ability to communicate. You might decide to film the *reportajes* for future classes. Additionally, these videos will demonstrate to your current students how much they have learned throughout the course. If you have Spanish minors / majors in the course, the recordings would be useful for their language-learning portfolios.

EXPANSION for 12-19
After the students present their ideas, choose one of the topics and have a debate in class.

NOTE for *Laberinto peligroso*
The video episode for *Capítulo 12* has a different format than the previous episodes. *Capítulo 12* has interviews from all of the principal characters regarding their personal lives and the filming of *Laberinto peligroso.*

METHODOLOGY • Student Portfolios
Student portfolios have become an accepted way for students to showcase their course work. You may decide to have students create electronic portfolios with some of their work, such as writing samples from the *Escribe* sections or audio samples of activities they have recorded. There is an abundance of activities in *Capítulo 12* that also lend themselves for inclusion in a student portfolio.

Episodio 12

12-20 ¡Mentiras! Escribe **diez** oraciones falsas sobre **Laberinto peligroso.** Tu compañero/a tiene que corregirlas. Dale un punto por cada oración que haya corregido. ¿Quién gana? ■

12-21 Descripciones Piensa en las características físicas y las personalidades de los personajes de **Laberinto peligroso** y completa los siguientes pasos. ■

Paso 1 Escribe descripciones de los personajes de **Laberinto peligroso.** Cada descripción debe tener por lo menos **diez** oraciones.

Paso 2 Comparte tus descripciones con unos compañeros para que adivinen de qué personajes se tratan.

Paso 3 Ahora comparte tus descripciones con compañeros de otros grupos. ¿Pueden adivinar quiénes son?

12-22 Tus propios laberintos peligrosos ¡Ahora te toca a ti! Puedes seleccionar entre las siguientes actividades basadas en **Laberinto peligroso.** ■

1. Imagina que eres como Oprah o Cristina y que tienes la oportunidad de entrevistar a los actores de **Laberinto peligroso.** Prepara la entrevista con un/a compañero/a.
2. Escribe tu propia versión reducida de **Laberinto peligroso.** ¿Termina igual que el original? Compara tu versión con la de un/a compañero/a.
3. Escribe y filma **Laberinto peligroso II.** Al final, ¿qué pasa con el Sr. A. Menaza y con la bibliotecaria? Preséntale tu película a la clase.

Cultura

/orkbooklet

12-23 ¿Sabías que...? Completa los siguientes pasos. ■

Paso 1 Escribe **una** o **dos** cosas interesantes que no sabías antes pero que aprendiste sobre cada uno de los siguientes países.

CHILE	PARAGUAY	ARGENTINA	URUGUAY

1.	1.	1.	1.
2.	2.	2.	2.

PERÚ	BOLIVIA	ECUADOR	COLOMBIA
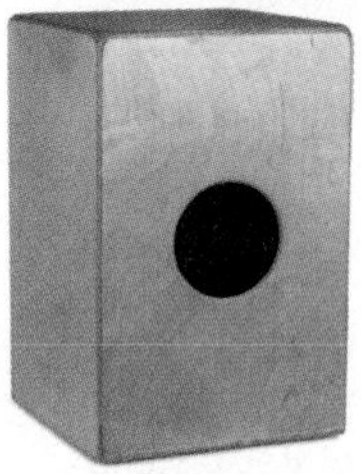			
1.	1.	1.	1.
2.	2.	2.	2.

VENEZUELA	CUBA	PUERTO RICO	LA REPÚBLICA DOMINICANA
		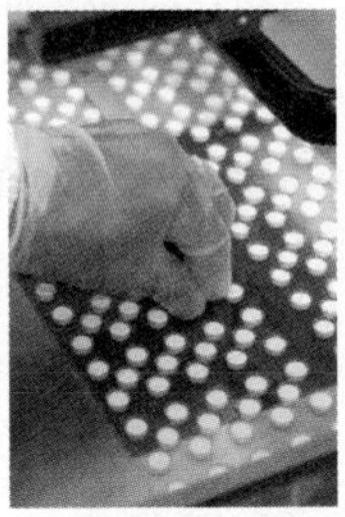	
1.	1.	1.	1.
2.	2.	2.	2.

Paso 2 Compara la información con el lugar donde tú vives, el estado o el país. ¿En qué son semejantes y en qué son diferentes?

NOTE on *Cultura*

The activities in the *Cultura* section allow instructors great flexibility in how they want to implement them. You will notice that many of the activities can be assigned as homework, as individual practice, in small groups, as oral practice, as whole class practice, or for individual and/or group projects. Many of the more in-depth topics would be excellent for your heritage language learners, students with special testing or alternative assessment needs, and anyone who needs extra practice.

SUGGESTION for 12-23

Challenge students to identify the people and places represented in the photos.

EXPANSION for 12-24
Have students share their symbols with the class; the other students must identify the countries.

12-24 Los símbolos nacionales Escoge **tres** países distintos. Luego escoge un símbolo que represente cada uno de los tres países. Describe los símbolos que has escogido para cada nación y habla de cómo y por qué son representativos de los países. Después, haz una comparación entre los países y sus símbolos. ■

SUGGESTION for 12-25
You may want to ask your students to make a PowerPoint presentation based on this activity.

12-25 ¿El ecoturismo o una expedición científica? ¡Qué suerte! Recibiste la distinción de ser el/la mejor estudiante de español y puedes elegir entre un viaje de ecoturismo o una expedición antropológica en Latinoamérica. ■

Paso 1 Piensa en lo que aprendiste de cada país y decide adónde quieres ir para divertirte e investigar más.

Paso 2 Describe el lugar específico que vas a visitar y explica por qué, cómo, cuándo, etc. Si hay dos países con lugares semejantes, compáralos e indica por qué seleccionaste uno en particular.

Paso 3 Selecciona a algunas personas de aquel país a quienes te gustaría conocer. Si están muertos, ¿por qué te habría gustado conocerlos?

12-26 **¿Qué más quieres saber?** Has conocido un poco a algunas personas distinguidas de los países que estudiamos en los capítulos anteriores. ¿Qué más quieres saber de ellos? Escribe por lo menos **diez** preguntas que quieres hacerles. Si se han muerto, ¿qué te habría gustado preguntarles? Usa **el subjuntivo** y **la gramática** de este semestre. ■

CAPÍTULO 7	CAPÍTULO 8	CAPÍTULO 9	CAPÍTULO 10	CAPÍTULO 11
Paloma Picasso	László Bíró	Julio Bocca	Rosa María Ruiz	Dr. José Barraquer
Narciso Rodríguez	Ana Patricia Botín	Paco de Lucía	Félix Rodríguez de la Fuente	Dr. Baruj Benacerraff
Sami Hayek	Carlos Slim	Alejandro González Iñárritu	Mario José Molina Henríquez	Dr. René Favaloro

12-27 **Querido/a autor/a** Escríbele una carta a uno de los autores de las selecciones de **Letras.** Dile lo que más te gusta de su obra y lo que no te gusta o lo que no entiendes muy bien. Compara su obra literaria con la de otro/a autor/a que leíste. ■

CAPÍTULO 12

METHODOLOGY • Question Formation
The research tells us that students need more practice creating questions, because most of the time they are answering them. This activity helps students practice question formation while focusing on the featured tenses of the semester.

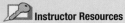

Instructor Resources
- Testing program information

NOTE to Instructors
To our esteemed colleagues: our most heartfelt thank you for using the *¡Anda! Curso intermedio* instructional program. We encourage you to submit any comments or questions you may have to your local sales representative or to the World Languages Division at Pearson Arts & Sciences. If you have enjoyed teaching with *¡Anda! Curso intermedio* as much as we have enjoyed creating and using the program, please consider using *¡Anda! Curso elemental* for your beginning courses if you are not already doing so.

Y por fin, ¿cómo andas?

Having completed this chapter, I now can . . .	Feel confident	Need to review
Comunicación		
• articulate on topics such as shopping and commerce, professions and the world of business, visual and performing arts, the environment and its impact on animals and their habitats, and health-related issues.	☐	☐
• convey ideas about what is or has been going on.	☐	☐
• share information about what will take place or what will have taken place.	☐	☐
• relate what would take place or what would have taken place.	☐	☐
• express wishes, wants, hopes, desires, and opinions on a variety of topics.	☐	☐
• make cause and effect statements.	☐	☐
Cultura		
• share information about Chile, Paraguay, Argentina, Uruguay, Peru, Bolivia, Ecuador, Venezuela, Colombia, Cuba, Puerto Rico, and the Dominican Republic.	☐	☐
• compare and contrast the countries and people I learned about in **Capítulos 7–11.**	☐	☐
Laberinto peligroso		
• review and create with **Laberinto peligroso.**	☐	☐
Comunidades		
• use Spanish in real-life contexts (SAM).	☐	☐
Literatura		
• review and reflect about the selections of **Letras.**	☐	☐

Appendix 1

Answers to *¡Explícalo tú!* (Inductive Grammar Answers)

Capítulo Preliminar A

8. Los verbos con cambio de raíz

1. What is a rule that you can make regarding all four groups (**e → ie, e → i, o → ue,** and **u → ue**) of stem-changing verbs and their forms?
   ***Nosotros / vosotros* look like the infinitive.**
   All the other forms have a spelling change.
2. With what group of stem-changing verbs would you place each of the following verbs?

demostrar	**o → ue**	**encerrar**	**e → ie**
devolver	**o → ue**	**perseguir**	**e → i**

10. Un repaso de *ser* y *estar*

Compare the following sentences and answer the questions below.

Su hermano **es** simpático.
Su hermano **está** enfermo.

1. Why do you use a form of **ser** in the first sentence?
   It is a characteristic that remains relatively constant.
2. Why do you use a form of **estar** in the second sentence?
   It describes a physical condition that can change.

11. El verbo *gustar*

1. To say you like or dislike one thing, what form of **gustar** do you use?
   gusta
2. To say you like or dislike more than one thing, what form of **gustar** do you use?
   gustan
3. Which words in the examples mean *I?* **(me)** *You?* **(te)** *He/She?* **(le)** *You (all)?* **(les/os)** *They?* **(les)** *We?* **(nos)**
4. If a verb is needed after **gusta / gustan,** what form of the verb do you use?
   You use the infinitive form of the verb.

Capítulo 2

2. Los mandatos de *nosotros/as*

1. Where are object pronouns placed when used with affirmative commands?
   They follow, and are attached to, the commands.
2. Where are object pronouns placed when used with negative commands?
   They precede the commands.
3. When do you need to add a written accent mark?
   Add a written accent mark when pronunciation would change without it.

4. El subjuntivo para expresar pedidos, mandatos y deseos

1. In **Part A,** how many verbs are in each sample sentence?
   There are two verbs in each sentence.
2. Which verb is in the present indicative: the verb in blue or the one in red?
   The verb in blue is in the present indicative.
3. Which verb is in the present subjunctive: the verb in blue or the one in red?
   The verb in red is in the present subjunctive.
4. Is there a different subject for each verb?
   yes
5. What word joins the two distinct parts of the sentence?
   the conjunction *que*
6. State a rule for the use of the subjunctive in the sentences from **Part A.**
   The present subjunctive is used when the verb in the present indicative requests or suggests something. There must be a change of subject also.
7. State a rule for the sentences in **Part B.**
   If the subject does not change, the infinitive is used.

Capítulo 3

4. El subjuntivo para expresar sentimientos, emociones y dudas

1. In which part of the sentence do you place the verb that expresses feelings, emotions, or doubts: to the right or to the left of **que**?
   to the left
2. Where do you put the subjunctive form of the verb: to the right or to the left of **que**?
   to the right
3. What word joins the two parts of the sentence?
   the conjunction *que*
4. When you have only one subject/group of people and you are expressing **feelings, emotions, doubt,** or **probability,** do you use a subjunctive sentence?
   No, the infinitive is used.

5. *Estar* + el participio pasado

Based on the examples above, what rule can you state with regard to what determines the endings of the past participles **(-ado / -ido)** when used as adjectives?
When used as an adjective, the past participle must agree in number and gender with the noun it modifies.

Capítulo 4

2. El pasado perfecto (pluscuamperfecto)

1. How do you form the past perfect tense?
   It is formed with the imperfect tense of *haber* and the past participle.
2. How does the form compare with the present perfect tense (**he hablado, has comido, han ido,** etc.)?
   It is similar, but *haber* must be in the imperfect (a past) tense.
3. To make the sentence negative in the past perfect, where does the word *no* go?
   It goes before / in front of the form of *haber*.
4. Which verbs have irregular past participles?
   several verbs: e.g., abrir, decir, escribir, hacer, morir, poner, volver, ver

5. El presente perfecto de subjuntivo

1. How is the present perfect subjunctive formed?
   It is formed with the present subjunctive of *haber* and the past participle.
2. When is it used?
   It is used when the subjunctive mood is needed in a sentence.

Capítulo 9

2. Repaso del subjuntivo: El subjuntivo en cláusulas sustantivas, adjetivales y adverbiales

El subjuntivo en cláusulas sustantivas
Having studied the preceding examples of the subjunctive, answer the following questions to complete your review:

1. How many verbs are in each sentence?
   two
2. Which verb in the sentence is *not* in the **subjunctive**?
   the one in the main clause / before (to the left of) *que*
3. Which verb is in the **subjunctive**?
   the verb in the subordinate clause / after (to the right of) *que*
4. Is there a different subject for each verb?
   yes
5. What word joins the two distinct parts of the sentence?
   que
6. State a rule for the use of the subjunctive to express **volition** and **will, feelings** and **emotions, doubt, uncertainty,** and **probability.**
   When the verb in the main clause expresses doubt, uncertainty, influence, opinion, feelings, hope, wishes, or desires and there is a change of subject, the verb in the second (subordinate) clause must be in the subjunctive.

El subjuntivo con antecedentes indefinidos o que no existen

1. What kinds of verbs tell you that there is a possibility that something or someone is uncertain or nonexistent?
   verbs such as *buscar, no conocer,* and *dudar*
2. If you know that something or someone exists, do you use the indicative or the subjunctive?
   If the person, place, or thing being talked about exists in the mind of the speaker, then the indicative is used. If not, the subjunctive is needed.

El subjuntivo en cláusulas adverbiales
Having studied the previous examples, answer the following questions to complete your review:

1. Which conjunctions **always** use the subjunctive?
   The *subjunctive* is always used after these conjunctions: *a menos que, en caso (de) que, antes (de) que, para que, con tal (de) que,* and *sin que.* After *aunque, a pesar de que, cuando, en cuanto, tan pronto como,* and *después que,* you use the subjunctive if the action has not yet occurred.
2. Which conjunctions **never** use the subjunctive?
   The indicative is always used after these conjunctions: *ahora que, puesto que,* and *ya que.*
3. Which conjunctions **sometimes** use the subjunctive?
   ***Aunque, a pesar de que, cuando, en cuanto, tan pronto como,* and *después que* sometimes use the subjunctive.**
4. What question do you ask yourself with these types of conjunctions?
   With these conjunctions, you must ask yourself whether the action has already occurred. If so, the indicative is used; if not, the subjunctive is used. Always use the indicative after *ahora que, puesto que,* and *ya que.* Always use the subjunctive after *a menos que, en caso (de) que, antes (de) que, para que, con tal (de) que,* and *sin que.*

Capítulo 11

7. La voz pasiva

1. What are the nouns (*people, places, or things*) in the sample sentences of **passive** with **ser**?
   a. **el pulso (subject), la enfermera (object of preposition)**
   b. **la presión (subject), el médico (object of preposition)**
   c. **los resultados (subject), la cirujana (object of preposition)**
   d. **las recetas (subject), el neurólogo (object of preposition)**
2. In the **passive** with **ser** sentences,
   a. what form (person: e.g., first, second, third) of each verb is used?
      3rd person
   b. what determines whether each verb is singular or plural?
      the subject
   c. with what does each past participle **(-ado / -ido)** agree?
      the subject
3. With the **passive *se*** sentences, do you still have the same subjects and objects as in the **passive** with **ser?**
   no, only subjects (recipients)
4. What form of the verb is used with the **passive *se?*** What determines whether that form is singular or plural?
   third person; must agree with the subject
5. Is the doer clear in the **passive *se*** sentences?
   no

Appendix 2

Vocabulary from ¡Anda! Curso elemental

Capítulo Preliminar A de ¡Anda! Curso elemental

Los saludos ***Greetings***

Bastante bien. *Just fine.*
Bien, gracias. *Fine, thanks.*
Buenos días. *Good morning.*
Buenas noches. *Good evening.; Good night.*
Buenas tardes. *Good afternoon.*
¿Cómo está usted? *How are you?* (formal)
¿Cómo estás? *How are you?* (familiar)
¡Hola! *Hi!; Hello!*
Más o menos. *So-so.*
Muy bien. *Really well.*
¿Qué tal? *How's it going?*
Regular. *Okay.*
¿Y tú? *And you?* (familiar)
¿Y usted? *And you?* (formal)

Las despedidas ***Farewells***

Adiós. *Good-bye.*
Chao. *Bye.*
Hasta luego. *See you later.*
Hasta mañana. *See you tomorrow.*
Hasta pronto. *See you soon.*

Las presentaciones ***Introductions***

¿Cómo te llamas? *What is your name?* (familiar)
¿Cómo se llama usted? *What is your name?* (formal)
Encantado/a. *Pleased to meet you.*
Igualmente. *Likewise.*
Me llamo… *My name is . . .*
Mucho gusto. *Nice to meet you.*
Quiero presentarte a… *I would like to introduce you to . . .* (familiar)
Quiero presentarle a… *I would like to introduce you to . . .* (formal)
Soy… *I am . . .*

Expresiones útiles para la clase ***Useful classroom expressions***

Preguntas y respuestas ***Questions and answers***

¿Cómo? *What?; How?*
¿Cómo se dice… en español? *How do you say . . . in Spanish?*
¿Cómo se escribe… en español? *How do you write . . . in Spanish?*
Lo sé. *I know.*
No. *No.*
No comprendo. *I don't understand.*
No lo sé. *I don't know.*
Sí. *Yes.*
¿Qué es esto? *What is this?*
¿Qué significa? *What does it mean?*
¿Quién? *Who?*

Expresiones de cortesía ***Polite expressions***

De nada. *You're welcome.*
Gracias. *Thank you.*
Por favor. *Please.*

Mandatos para la clase ***Classroom instructions (commands)***

Abra(n) el libro en la página… *Open your book to page . . .*
Cierre(n) el/los libro/s. *Close your book/s.*
Conteste(n). *Answer.*
Escriba(n). *Write.*
Escuche(n). *Listen.*
Lea(n). *Read.*
Repita(n). *Repeat.*
Vaya(n) a la pizarra. *Go to the board.*

Las nacionalidades ***Nationalities***

alemán/alemana *German*
canadiense *Canadian*
chino/a *Chinese*
cubano/a *Cuban*
español/a *Spanish*
estadounidense (norteamericano/a) *American*
francés/francesa *French*
inglés/inglesa *English*
japonés/japonesa *Japanese*
mexicano/a *Mexican*
nigeriano/a *Nigerian*
puertorriqueño/a *Puerto Rican*

Los números 0–30 ***Numbers 0–30***

cero *0*
uno *1*
dos *2*
tres *3*
cuatro *4*
cinco *5*
seis *6*
siete *7*
ocho *8*
nueve *9*
diez *10*
once *11*
doce *12*
trece *13*
catorce *14*
quince *15*
dieciséis *16*
diecisiete *17*
dieciocho *18*
diecinueve *19*
veinte *20*
veintiuno *21*
veintidós *22*
veintitrés *23*
veinticuatro *24*
veinticinco *25*
veintiséis *26*
veintisiete *27*
veintiocho *28*
veintinueve *29*
treinta *30*

La hora ***Telling time***

A la… / A las… *At . . . o'clock.*
¿A qué hora… ? *At what time . . . ?*
… de la mañana *. . . in the morning*
… de la noche *. . . in the evening*
… de la tarde *. . . in the afternoon, early evening*
¿Cuál es la fecha de hoy? *What is today's date?*
Es la… / Son las… *It's . . . o'clock.*
Hoy es… *Today is . . .*
Mañana es… *Tomorrow is . . .*
la medianoche *midnight*
el mediodía *noon*
¿Qué día es hoy? *What day is today?*
¿Qué hora es? *What time is it?*
y cinco *five minutes after the hour*

Los días de la semana ***Days of the week***

lunes *Monday*
martes *Tuesday*
miércoles *Wednesday*
jueves *Thursday*
viernes *Friday*
sábado *Saturday*
domingo *Sunday*

Los meses del año ***Months of the year***

enero *January*
febrero *February*
marzo *March*
abril *April*
mayo *May*
junio *June*
julio *July*
agosto *August*
septiembre *September*
octubre *October*
noviembre *November*
diciembre *December*

Las estaciones ***Seasons***

el invierno *winter*
la primavera *spring*
el otoño *autumn; fall*
el verano *summer*

Expresiones del tiempo ***Weather expressions***

Está nublado. *It's cloudy.*
Hace buen tiempo. *The weather is nice.*
Hace calor. *It's hot.*
Hace frío. *It's cold.*
Hace mal tiempo. *The weather is bad.*
Hace sol. *It's sunny.*
Hace viento. *It's windy.*
Llueve. *It's raining.*
la lluvia *rain*
Nieva. *It's snowing.*
la nieve *snow*
la nube *cloud*
¿Qué tiempo hace? *What's the weather like?*
el sol *sun*
la temperatura *temperature*
el viento *wind*

Algunos verbos ***Some verbs***

gustar *to like*
ser *to be*

Capítulo 1 de *¡Anda! Curso elemental*

La familia ***Family***

el/la abuelo/a *grandfather/grandmother*
los abuelos *grandparents*
el/la esposo/a *husband/wife*
el/la hermano/a *brother/sister*
los hermanos *brothers and sisters; siblings*
el/la hijo/a *son/daughter*
los hijos *sons and daughters; children*
la madrastra *stepmother*
la madre / la mamá *mother / mom*
el/la nieto/a *grandson/grandaughter*
el padrastro *stepfather*
el padre / el papá *father / dad*
los padres *parents*
el/la primo/a *cousin*
los primos *cousins*
el/la tío/a *uncle/aunt*
los tíos *aunts and uncles*

La gente ***People***

el/la amigo/a *friend*
el/la chico/a *boy/girl*
el hombre *man*
el/la joven *young man/young woman*
el/la muchacho/a *boy/girl*
la mujer *woman*
el/la niño/a *little boy/little girl*
el/la novio/a *boyfriend/girlfriend*
el señor (Sr.) *man; gentleman; Mr.*
la señora (Sra.) *woman; lady; Mrs.*
la señorita (Srta.) *young woman; Miss*

Los adjetivos ***Adjectives***

La personalidad y otros rasgos ***Personality and other characteristics***

aburrido/a *boring*
antipático/a *unpleasant*
bueno/a *good*
cómico/a *funny; comical*
inteligente *intelligent*
interesante *interesting*
malo/a *bad*
paciente *patient*
perezoso/a *lazy*
pobre *poor*
responsable *responsible*
rico/a *rich*
simpático/a *nice*
tonto/a *silly; dumb*
trabajador/a *hard-working*

Las características físicas ***Physical characteristics***

alto/a *tall*
bajo/a *short*
bonito/a *pretty*
débil *weak*
delgado/a *thin*
feo/a *ugly*
fuerte *strong*
gordo/a *fat*
grande *big; large*
guapo/a *handsome/pretty*
joven *young*
mayor *old*
pequeño/a *small*

Los números 31–100 ***Numbers 31–100***

treinta y uno *31*
treinta y dos *32*
treinta y tres *33*
treinta y cuatro *34*
treinta y cinco *35*
treinta y seis *36*
treinta y siete *37*
treinta y ocho *38*
treinta y nueve *39*
cuarenta *40*
cuarenta y uno *41*
cincuenta *50*
cincuenta y uno *51*
sesenta *60*
setenta *70*
ochenta *80*
noventa *90*
cien *100*

Un verbo ***A verb***

tener *to have*

Otras palabras útiles ***Other useful words***

muy *very*
(un) poco *(a) little*

Vocabulario útil ***Useful vocabulary***

más *plus*
menos *minus*
son *equals*
por ciento *percent*
por *times; by*
dividido por *divided by*

Capítulo 2 de *¡Anda! Curso elemental*

Las materias y las especialidades *Subjects and majors*

la administración de empresas *business*
la arquitectura *architecture*
el arte *art*
la biología *biology*
las ciencias (*pl.*) *science*
el derecho *law*
los idiomas (*pl.*) *languages*
la informática *computer science*
la literatura *literature*
las matemáticas (*pl.*) *mathematics*
la medicina *medicine*
la música *music*
la pedagogía *education*
el periodismo *journalism*
la psicología *psychology*
el semestre *semester*

En la sala de clase *In the classroom*

los apuntes (*pl.*) *notes*
el bolígrafo *ballpoint pen*
el borrador *eraser*
el/la compañero/a de clase *classmate*
la composición *composition*
el cuaderno *notebook*
el escritorio *desk*
el/la estudiante *student*
el examen *exam*
el lápiz *pencil*
el libro *book*
el mapa *map*
la mesa *table*
la mochila *book bag; knapsack*
el papel *paper*
la pared *wall*
la pizarra *chalkboard*
el/la profesor/a *professor*
la puerta *door*
la sala de clase *classroom*
la silla *chair*
la tarea *homework*
la tiza *chalk*
la ventana *window*

Los verbos *Verbs*

abrir *to open*
aprender *to learn*
comer *to eat*
comprar *to buy*
comprender *to understand*
contestar *to answer*
correr *to run*
creer *to believe*
enseñar *to teach; to show*
escribir *to write*
esperar *to wait for; to hope*
estar *to be*
estudiar *to study*
hablar *to speak*
leer *to read*
llegar *to arrive*
necesitar *to need*
preguntar *to ask (a question)*
preparar *to prepare; to get ready*
recibir *to receive*
regresar *to return*
terminar *to finish; to end*
tomar *to take; to drink*
trabajar *to work*
usar *to use*
vivir *to live*

Las palabras interrogativas *Interrogative words*

¿Adónde? *To where?*
¿Cómo? *How?*
¿Cuál? *Which (one)?*
¿Cuáles? *Which (ones)?*
¿Cuándo? *When?*
¿Cuánto/a? *How much?*
¿Cuántos/as? *How many?*
¿Dónde? *Where?*
¿Por qué? *Why?*
¿Qué? *What?*
¿Quién? *Who?*
¿Quiénes? *Who?*

Los números 100–1.000 *Numbers 100–1,000*

cien *100*
ciento uno *101*
ciento dos *102*
ciento dieciséis *116*
ciento veinte *120*
doscientos *200*
doscientos uno *201*
trescientos *300*
cuatrocientos *400*
quinientos *500*
seiscientos *600*
setecientos *700*
ochocientos *800*
novecientos *900*
mil *1,000*

Los lugares *Places*

el apartamento *apartment*
la biblioteca *library*
la cafetería *cafeteria*
el centro estudiantil *student center; student union*
el cuarto *room*
el edificio *building*
el estadio *stadium*
el gimnasio *gymnasium*
el laboratorio *laboratory*
la librería *bookstore*
la residencia estudiantil *dormitory*
la tienda *store*

La residencia *The dorm*

la calculadora *calculator*
el/la compañero/a de cuarto *roommate*
la computadora *computer*
el despertador *alarm clock*
el dinero *money*
el disco compacto (el CD) *compact disk*
el DVD *DVD*
el horario (de clases) *schedule (of classes)*
el radio/la radio *radio*
el reloj *clock; watch*
el reproductor de CD/DVD *CD/DVD player*
la televisión *television*

Los deportes y los pasatiempos *Sports and pastimes*

bailar *to dance*
caminar *to walk*
el equipo *team*
escuchar música *to listen to music*
hacer ejercicio *to exercise*
ir de compras *to go shopping*
jugar al básquetbol *to play basketball*
jugar al béisbol *to play baseball*
jugar al fútbol *to play soccer*
jugar al fútbol americano *to play football*
jugar al golf *to play golf*
jugar al tenis *to play tennis*
montar en bicicleta *to ride a bike*
nadar *to swim*
patinar *to skate*
la pelota *ball*
tocar un instrumento *to play an instrument*
tomar el sol *to sunbathe*
ver la televisión *to watch television*

Otras palabras útiles *Other useful words*

a menudo *often*
a veces *sometimes; from time to time*
difícil *difficult*
fácil *easy*
hay *there is; there are*
nunca *never*
pero *but*
también *too; also*
y *and*

Emociones y estados *Emotions and states of being*

aburrido/a *bored (with* estar*)*
cansado/a *tired*
contento/a *content; happy*
enfermo/a *ill; sick*
enojado/a *angry*
feliz *happy*
nervioso/a *upset; nervous*
preocupado/a *worried*
triste *sad*

Capítulo 3 de *¡Anda! Curso elemental*

La casa *The house*
el altillo *attic*
el balcón *balcony*
el baño *bathroom*
la cocina *kitchen*
el comedor *dining room*
el cuarto *room*
el dormitorio *bedroom*
la escalera *staircase*
el garaje *garage*
el jardín *garden*
la oficina *office*
el piso *floor; story*
la planta baja *ground floor*
el primer piso *second floor*
la sala *living room*
el segundo piso *third floor*
el sótano *basement*
el suelo *floor*
el techo *roof*
el tercer piso *fourth floor*

Los verbos *Verbs*
conocer *to be acquainted with*
dar *to give*
decir *to say; to tell*
hacer *to do; to make*
oír *to hear*
poder *to be able to*
poner *to put; to place*
querer *to want; to love*
salir *to leave; to go out*
traer *to bring*
venir *to come*
ver *to see*

Los muebles y otros objetos de la casa *Furniture and other objects in the house*

La sala y el comedor *The living room and dining room*
la alfombra *rug; carpet*
el estante *bookcase*
la lámpara *lamp*
el sillón *armchair*
el sofá *sofa*

La cocina *The kitchen*
la estufa *stove*
el lavaplatos *dishwasher*
el microondas *microwave*
el refrigerador *refrigerator*

El baño *The bathroom*
la bañera *bathtub*
el bidet *bidet*
la ducha *shower*
el inodoro *toilet*
el lavabo *sink*

El dormitorio *The bedroom*
la almohada *pillow*
la cama *bed*
la colcha *bedspread; comforter*
la manta *blanket*
las sábanas *sheets*
el tocador *dresser*

Otras palabras útiles en la casa *Other useful words in the house*
amueblado/a *furnished*
el armario *armoire; closet; cabinet*
la cosa *thing*
el cuadro *picture; painting*
el mueble *piece of furniture*
los muebles *furniture*
el objeto *object*

Los quehaceres de la casa *Household chores*
arreglar *to straighten up; to fix*
ayudar *to help*
cocinar, preparar la comida *to cook*
guardar *to put away; to keep*
hacer la cama *to make the bed*
lavar los platos *to wash dishes*
limpiar *to clean*
pasar la aspiradora *to vacuum*
poner la mesa *to set the table*
sacar la basura *to take out the garbage*
sacudir los muebles *to dust*

Los colores *Colors*
amarillo *yellow*
anaranjado *orange*
azul *blue*
beige *beige*
blanco *white*
gris *gray*
marrón *brown*
morado *purple*
negro *black*
rojo *red*
rosado *pink*
verde *green*

Expresiones con *tener* *Expressions with tener*
tener… años *to be . . . years old*
tener calor *to be hot*
tener cuidado *to be careful*
tener éxito *to be successful*
tener frío *to be cold*
tener ganas de + (*infinitive*) *to feel like + (verb)*
tener hambre *to be hungry*
tener miedo *to be afraid*
tener prisa *to be in a hurry*
tener que + (*infinitive*) *to have to + (verb)*
tener razón *to be right*
tener sed *to be thirsty*
tener sueño *to be sleepy*
tener suerte *to be lucky*
tener vergüenza *to be embarrassed*

Los números 1.000–100.000.000 *Numbers 1,000–100,000,000*
mil *1,000*
mil uno *1,001*
mil diez *1,010*
dos mil *2,000*
treinta mil *30,000*
cien mil *100,000*
cuatrocientos mil *400,000*
un millón *1,000,000*
dos millones *2,000,000*
cien millones *100,000,000*

Otras palabras útiles *Other useful words*
a la derecha (de) *to the right (of)*
a la izquierda (de) *to the left (of)*
al lado (de) *beside*
a menudo *often*
a veces *sometimes*
antiguo/a *old*
la calle *street*
el campo *country*
la ciudad *city*
contemporáneo/a *contemporary*
desordenado/a *messy*
encima (de) *on top (of)*
humilde *humble*
limpio/a *clean*
moderno/a *modern*
nuevo/a *new*
la ropa *clothes; clothing*
siempre *always*
sucio/a *dirty*
tradicional *traditional*
viejo/a *old*

Capítulo 4 de *¡Anda! Curso elemental*

Los lugares *Places*

el almacén *department store*
el banco *bank*
el bar; el club *bar; club*
el café *cafe*
el cajero automático *ATM machine*
el centro *downtown*
el centro comercial *mall; business / shopping district*
el cibercafé *Internet café*
el cine *movie theater*
la iglesia *church*
el mercado *market*
el museo *museum*
la oficina de correos; correos *post office*
el parque *park*
la plaza *town square*
el pueblo *town; village*
el restaurante *restaurant*
el supermercado *supermarket*
el teatro *theater*
el templo *temple*

Algunos verbos *Some verbs*

buscar *to look for*
estar de acuerdo *to agree*
mandar una carta *to send / mail a letter*

Otras palabras útiles *Other useful words*

la ciudad *city*
la cuenta *bill; account*
detrás (de) *behind*
enfrente (de) *in front (of)*
el/la mejor *the best*
la película *movie; film*
el/la peor *the worst*

Servicios a la comunidad *Community service*

apoyar a un/a candidato/a *to support a candidate*
ayudar a las personas mayores / los mayores *to help elderly people*
circular una petición *to circulate a petition*
dar un paseo *to go for a walk*
deber *ought to; should*
hacer artesanía *to make arts and crafts*
hacer una hoguera *to light a campfire*
ir de camping *to go camping*
ir de excursión *to take a short trip*
llevar a alguien al médico *to take someone to the doctor*
montar una tienda de campaña *to put up a tent*
organizar *to organize*
participar en una campaña política *to participate in a political campaign*
repartir comidas *to hand out / deliver food*
trabajar como consejero/a *to work as a counselor*
trabajar en un campamento de niños *to work in a summer camp*
trabajar como voluntario/a en la residencia de ancianos *to volunteer at a nursing home*
trabajar en política *to work in politics*
viajar en canoa *to canoe*

Otras palabras útiles *Other useful words*

el deber *obligation; duty*
el voluntariado *volunteerism*

¿Qué tienen que hacer? *What do they have to do?*

(Verbos con cambio de raíz) *(Stem-changing verbs)*

almorzar (ue) *to have lunch*
cerrar (ie) *to close*
comenzar (ie) *to begin*
costar (ue) *to cost*
demostrar (ue) *to demonstrate*
devolver (ue) *to return (an object)*
dormir (ue) *to sleep*
empezar (ie) *to begin*
encerrar (ie) *to enclose*
encontrar (ue) *to find*
entender (ie) *to understand*
jugar (ue) *to play*
mentir (ie) *to lie*
morir (ue) *to die*
mostrar (ue) *to show*
pedir (i) *to ask for*
pensar (ie) *to think*
perder (ie) *to lose; to waste*
perseguir (i) *to chase*
preferir (ie) *to prefer*
recomendar (ie) *to recommend*
recordar (ue) *to remember*
repetir (i) *to repeat*
seguir (i) *to follow; to continue (doing something)*
servir (i) *to serve*
volver (ue) *to return*

Otros verbos *Other verbs*

ir *to go*
saber *to know*

Expresiones afirmativas y negativas *Affirmative and negative expressions*

a veces *sometimes*
algo *something; anything*
alguien *someone*
algún *some; any*
alguno/a/os/as *some; any*
jamás *never; not ever* (emphatic)
nada *nothing*
nadie *no one; nobody*
ni… ni *neither . . . nor*
ningún *none*
ninguno/a/os/as *none*
nunca *never*
o… o *either . . . or*
siempre *always*

Capítulo 5 de *¡Anda! Curso elemental*

El mundo de la música *The world of music*

el/la artista *artist*
la batería *drums*
el/la baterista *drummer*
el/la cantante *singer*
el concierto *concert*
el conjunto *group; band*
el/la empresario/a *agent; manager*
la gira *tour*
las grabaciones *recordings*
la guitarra *guitar*
el/la guitarrista *guitarist*
el/la músico/a *musician*
la música *music*
la orquesta *orchestra*
el/la pianista *pianist*
el piano *piano*
el tambor *drum*
el/la tamborista *drummer*
la trompeta *trumpet*
el/la trompetista *trumpet player*

Algunos géneros musicales *Some musical genres*

el jazz *jazz*
la música clásica *classical music*
la música folklórica *folk music*
la música popular *pop music*
la música rap *rap music*
la ópera *opera*
el rock *rock*
la salsa *salsa*

Algunas características ***Some characteristics***

apasionado/a *passionate*
cuidadoso/a *careful*
fino/a *fine; delicate*
lento/a *slow*
suave *smooth*

Algunos verbos ***Some verbs***

dar un concierto *to give / perform a concert*
ensayar *to practice / rehearse*
grabar *to record*
hacer una gira *to tour*
sacar un CD *to release a CD*
tocar *to play (a musical instrument)*

Otras palabras útiles ***Other useful words***

el/la aficionado/a *fan*
la fama *fame*
el género *genre*
la habilidad *ability; skill*
la letra *lyrics*
el ritmo *rhythm*
la voz *voice*

El mundo del cine ***The world of cinema***

el actor *actor*
la actriz *actress*
el documental *documentary*
la entrada *ticket*
la estrella *star*
la pantalla *screen*
una película... *a . . . film; movie*
de acción *action*
de ciencia ficción *science fiction*
dramática *drama*
de guerra *war*
de humor *funny; comedy*
de misterio *mystery*
musical *musical*
romántica *romantic*
de terror *horror*

Otras palabras útiles ***Other useful words***

el estreno *opening*
la película *film; movie*
una película... *a . . . movie*
aburrida *boring*
animada *animated*
conmovedora *moving*
creativa *creative*
emocionante *moving*
entretenida *entertaining*
épica *epic*
espantosa *scary*
estupenda *stupendous*
imaginativa *imaginative*
impresionante *impressive*
pésima *heavy; depressing*
sorprendente *surprising*
trágica *tragic*

Algunos verbos ***Some verbs***

estrenar una película *to release a film / movie*
presentar una película *to show a film / movie*

Los números ordinales ***Ordinal numbers***

primer, primero/a *first*
segundo/a *second*
tercer, tercero/a *third*
cuarto/a *fourth*
quinto/a *fifth*
sexto/a *sixth*
séptimo/a *seventh*
octavo/a *eighth*
noveno/a *ninth*
décimo/a *tenth*

Capítulo 7 de *¡Anda! Curso elemental*

Las carnes y las aves ***Meat and poultry***

las aves *poultry*
el bistec *steak*
la carne *meat*
la hamburguesa *hamburger*
el jamón *ham*
el perro caliente *hot dog*
el pollo *chicken*

El pescado y los mariscos ***Fish and seafood***

el atún *tuna*
los camarones (*pl.*) *shrimp*
el pescado *fish*

Las frutas ***Fruit***

la banana *banana*
el limón *lemon*
la manzana *apple*
el melón *melon*
la naranja *orange*
la pera *pear*
el tomate *tomato*

Las verduras ***Vegetables***

la cebolla *onion*
el chile *chili pepper*
la ensalada *salad*
los frijoles (*pl.*) *beans*
la lechuga *lettuce*
el maíz *corn*
la papa / la patata *potato*
las papas fritas (*pl.*) *french fries; potato chips*
la verdura *vegetable*

Los postres ***Desserts***

los dulces *candy; sweets*
las galletas *cookies; crackers*
el helado *ice cream*
el pastel *pastry; pie*
el postre *dessert*
la torta *cake*

Las bebidas ***Beverages***

el agua (con hielo) *water (with ice)*
el café *coffee*
la cerveza *beer*
el jugo *juice*
la leche *milk*
el refresco *soft drink*
el té (helado / caliente) *tea (iced / hot)*
el vino *wine*

Más comidas ***More foods***

el arroz *rice*
el cereal *cereal*
el huevo *egg*
el pan *bread*
el queso *cheese*
la sopa *soup*
la tostada *toast*

Las comidas ***Meals***

el almuerzo *lunch*
la cena *dinner*
la comida *food; meal*
el desayuno *breakfast*
la merienda *snack*

Verbos ***Verbs***

almorzar (ue) *to have lunch*
andar *to walk*
beber *to drink*
cocinar *to cook*

conducir *to drive*
cenar *to have dinner*
desayunar *to have breakfast*
merendar *to have a snack*

Los condimentos y las especias *Condiments and spices*

el aceite *oil*
el azúcar *sugar*
la mantequilla *butter*
la mayonesa *mayonnaise*
la mermelada *jam; marmalade*
la mostaza *mustard*
la pimienta *pepper*
la sal *salt*
la salsa de tomate *ketchup*
el vinagre *vinegar*

Algunos términos de cocina *Cooking terms*

a la parrilla *grilled*
al horno *baked*
asado/a *roasted; grilled*
bien cocido/a *well done*
bien hecho/a *well cooked*
caliente *hot (temperature)*
cocido/a *boiled; baked*
crudo/a *rare; raw*
duro/a *hard-boiled*
fresco/a *fresh*
frito/a *fried*
helado/a *iced*
hervido/a *boiled*
picante *spicy*
poco hecho/a *rare*
término medio *medium*

En el restaurante *In the restaurant*

el/la camarero/a *waiter/waitress*
el/la cliente/a *customer; client*
el/la cocinero/a *cook*
la cuchara *soup spoon; tablespoon*
la cucharita *teaspoon*
el cuchillo *knife*
la especialidad de la casa *specialty of the house*
el mantel *tablecloth*
el menú *menu*
el plato *plate; dish*
la propina *tip*
la servilleta *napkin*
la tarjeta de crédito *credit card*
la tarjeta de débito *debit card*
la taza *cup*
el tenedor *fork*
el vaso *glass*

Verbos *Verbs*

pagar *to pay*
pedir *to order*
reservar una mesa *to reserve a table*

Otras palabras útiles *Other useful words*

anoche *last night*
anteayer *the day before yesterday*
el año pasado *last year*
ayer *yesterday*
barato/a *cheap*
¡Buen provecho! *Enjoy your meal!*
caro/a *expensive*
cerca (de) *near*
debajo (de) *under; underneath*
encima (de) *on top (of); above*
el fin de semana pasado *last weekend*
el… (jueves) pasado *last . . . (Thursday)*
La cuenta, por favor. *The check, please.*
la semana pasada *last week*
más tarde que *later than*
más temprano que *earlier than*

Capítulo 8 de *¡Anda! Curso elemental*

La ropa *Clothing*

el abrigo *overcoat*
la bata *robe*
la blusa *blouse*
el bolso *purse*
las botas (*pl.*) *boots*
los calcetines (*pl.*) *socks*
la camisa *shirt*
la camiseta *T-shirt*
la chaqueta *jacket*
el cinturón *belt*
el conjunto *outfit*
la corbata *tie*
la falda *skirt*
la gorra *cap*
los guantes *gloves*
el impermeable *raincoat*
los jeans (*pl.*) *jeans*
las medias (*pl.*) *stockings; hose*
la moda *fashion*
los pantalones (*pl.*) *pants*
los pantalones cortos (*pl.*) *shorts*
el paraguas *umbrella*
el pijama *pajamas*
las prendas *articles of clothing*
la ropa interior *underwear*
las sandalias (*pl.*) *sandals*
el sombrero *hat*
la sudadera *sweatshirt*
el suéter *sweater*
los tenis (*pl.*) *tennis shoes*
el traje *suit*
el traje de baño *swimsuit; bathing suit*
el vestido *dress*
las zapatillas (*pl.*) *slippers*
los zapatos (*pl.*) *shoes*

Algunos verbos *Some verbs*

llevar *to wear; to take; to carry*
prestar *to loan; to lend*

Algunos verbos como *gustar* *Verbs similar to* gustar

encantar *to love; delight*
fascinar *to fascinate*
hacer falta *to need; to be lacking*
importar *to matter; to be important*
molestar *to bother*

Las telas y los materiales *Fabrics and materials*

el algodón *cotton*
el cuero *leather*
la lana *wool*
el poliéster *polyester*
la seda *silk*
la tela *fabric*

Algunos adjetivos *Some adjectives*

ancho/a *wide*
atrevido/a *daring*
claro/a *light (colored)*
cómodo/a *comfortable*
corto/a *short*
de cuadros *checked*
de lunares *polka-dotted*
de rayas *striped*
elegante *elegant*
estampado/a *print; with a design or pattern*
estrecho/a *narrow; tight*
formal *formal*
incómodo/a *uncomfortable*
informal *casual*
largo/a *long*
liso/a *solid-colored*
oscuro/a *dark*

Otra palabra útil *A useful word*

el/la modelo *model*

Un verbo *A verb*

quedar bien / mal *to fit well / poorly*

Algunos verbos reflexivos ***Some reflexive verbs***

acordarse de (o → ue) *to remember*
acostarse (o → ue) *to go to bed*
afeitarse *to shave*
arreglarse *to get ready*
bañarse *to bathe*
callarse *to get / keep quiet*
cepillarse (el pelo, los dientes) *to brush (one's hair, teeth)*
despertarse (e → ie) *to wake up; to awaken*
divertirse (e → ie → i) *to enjoy oneself; to have fun*
dormirse (o → ue → u) *to fall asleep*
ducharse *to shower*
irse *to go away; to leave*
lavarse *to wash oneself*
levantarse *to get up; to stand up*
llamarse *to be called*
maquillarse *to put on makeup*
peinarse *to comb one's hair*
ponerse (la ropa) *to put on (one's clothes)*
ponerse (nervioso/a) *to get (nervous)*
quedarse *to stay; to remain*
quitarse (la ropa) *to take off (one's clothes)*
reunirse *to get together; to meet*
secarse *to dry off*
sentarse (e → ie) *to sit down*
sentirse (e → ie → i) *to feel*
vestirse (e → i → i) *to get dressed*

Capítulo 9 de *¡Anda! Curso elemental*

El cuerpo humano ***The human body***

la boca *mouth*
el brazo *arm*
la cabeza *head*
la cara *face*
la cintura *waist*
el corazón *heart*
el cuello *neck*
el cuerpo *body*
el dedo (de la mano) *finger*
el dedo (del pie) *toe*
el diente *tooth*
la espalda *back*
el estómago *stomach*
la garganta *throat*
la mano *hand*
la nariz *nose*
el oído *inner ear*
el ojo *eye*
la oreja *ear*
el pecho *chest*
el pelo *hair*
el pie *foot*
la pierna *leg*

Algunos verbos ***Some verbs***

doler (ue) *to hurt*
estar enfermo/a *to be sick*
estar sano/a; saludable *to be healthy*
ser alérgico/a (a) *to be allergic (to)*

Otras palabras útiles ***Other useful words***

la salud *health*
la sangre *blood*

Algunas enfermedades y tratamientos médicos ***Illnesses and medical treatments***

el antiácido *antacid*
el antibiótico *antibiotic*
la aspirina *aspirin*
el catarro / el resfriado *cold*
la curita *adhesive bandage*
el/la doctor/a *doctor*
el dolor *pain*
el/la enfermero/a *nurse*
el estornudo *sneeze*
el examen físico *physical exam*
la farmacia *pharmacy*
la fiebre *fever*
la gripe *flu*
la herida *wound; injury*
el hospital *hospital*
la inyección *shot*
el jarabe *cough syrup*
el/la médico/a *doctor*
la náusea *nausea*
las pastillas *pills*
la receta *prescription*
la sala de urgencias *emergency room*
la tos *cough*
la venda / el vendaje *bandage*

Algunos verbos ***Some verbs***

acabar de + (infinitive) *to have just finished + (something)*
caer(se) *to fall down*
cortar(se) *to cut (oneself)*
curar(se) *to cure; to be cured*
enfermar(se) *to get sick*
estornudar *to sneeze*
evitar *to avoid*
guardar cama *to stay in bed*
lastimar(se) *to get hurt*
mejorar(se) *to improve; to get better*
ocurrir *to occur*
quemar(se) *to burn; to get burned*
romper(se) *to break*
tener...
  alergia (a) *to be allergic (to)*
  (un) catarro, resfriado *to have a cold*
  (la/una) gripe *to have the flu*
  una infección *to have an infection*
  tos *to have a cough*
  un virus *to have a virus*
tener dolor de... *to have a . . .*
  cabeza *headache*
  espalda *backache*
  estómago *stomachache*
  garganta *sore throat*
toser *to cough*
tratar de *to try to*
vendar(se) *to bandage (oneself); to dress (a wound)*

Capítulo 10 de *¡Anda! Curso elemental*

El transporte ***Transportation***

el autobús *bus*
el avión *airplane*
la bicicleta *bicycle*
el camión *truck*
el carro/el coche *car*
el metro *subway*
la moto(cicleta) *motorcycle*
el taxi *taxi*
el tren *train*

Otras palabras útiles ***Other useful words***

la autopista *highway; freeway*
el boleto *ticket*
la calle *street*
la cola *line (of people)*
el estacionamiento *parking*
la gasolinera *gas station*
la licencia (de conducir) *driver's license*
la multa *traffic ticket; fine*
la parada *bus stop*
el peatón *pedestrian*
el/la policía *policeman*

el ruido *noise*
el semáforo *auto repair shop*
el taller mecánico *traffic light*
el tráfico *traffic*

Algunas partes de un vehículo *Parts of a vehicle*

el aire acondicionado *air conditioning*
el baúl *trunk*
la calefacción *heat*
el limpiaparabrisas *windshield wiper*
la llanta *tire*
la llave *key*
el motor *motor; engine*
el parabrisas *windshield*
el tanque *gas tank*
el volante *steering wheel*

Algunos verbos útiles *Some useful verbs*

arreglar / hacer la maleta *to pack a suitcase*
bajar (de) *to get down (from); to get off (of)*
cambiar *to change*
caminar, ir a pie *to walk; to go on foot*
dejar *to leave*
doblar *to turn*
entrar *to enter*
estacionar *to park*
funcionar *to work; to function*
ir de vacaciones *to go on vacation*
ir de viaje *to go on a trip*
irse del hotel *to leave the hotel; to check out*
llenar *to fill*
manejar / conducir *to drive*
prestar *to loan; to lend*
registrarse (en el hotel) *to check in*
revisar *to check; to overhaul*
sacar la licencia *to get a driver's license*
subir (a) *to go up; to get on*
viajar *to travel*
visitar *to visit*
volar (o → ue) *to fly; to fly away*

El viaje *The trip*

el aeropuerto *airport*
la agencia de viajes *travel agency*
el/la agente de viajes *travel agent*
el barco *boat*
el boleto de ida y vuelta *round-trip ticket*
la estación (de tren, de autobús) *(train, bus) station*
el extranjero *abroad*
la maleta *suitcase*
el pasaporte *passport*
la reserva *reservation*
el sello *postage stamp*
la tarjeta postal *postcard*
las vacaciones *vacation*
los viajeros *travelers*
el vuelo *flight*

El hotel *The hotel*

el botones *bellman*
el cuarto doble *double room*
el cuarto individual *single room*
la recepción *front desk*

Algunos lugares *Some places*

el lago *lake*
las montañas *mountains*
el parque de atracciones *theme park*
la playa *beach*

Capítulo 11 de *¡Anda! Curso elemental*

Algunos animales *Some animals*

el caballo *horse*
el cerdo *pig*
el conejo *rabbit*
el elefante *elephant*
la gallina *chicken; hen*
el gato *cat*
la hormiga *ant*
el insecto *insect*
el león *lion*
la mosca *fly*
el mosquito *mosquito*
el oso *bear*
el pájaro / el ave *bird*
el perro *dog*
el pez (*pl.*, los peces) *fish*
la rana *frog*
la rata *rat*
el ratón *mouse*
la serpiente *snake*
el toro *bull*
la vaca *cow*

Algunos verbos *Some verbs*

cuidar *to take care of*
preocuparse (por) *to worry about; to concern oneself with*

Las cuestiones políticas *Political issues*

el bienestar *well-being; welfare*
la defensa *defense*
la delincuencia *crime*
el desempleo *unemployment*
la deuda (externa) *(foreign) debt*
el impuesto *tax*
la inflación *inflation*

Otras palabras útiles *Other useful words*

los animales domésticos *domesticated animals; pets*
los animales en peligro de extinción *endangered species*
los animales salvajes *wild animals*
el árbol *tree*
el bosque *forest*
la cueva *cave*
la finca *farm*
la granja *farm*
el hoyo *hole*
el lago *lake*
la montaña *mountain*
el océano *ocean*
peligroso/a *dangerous*
el río *river*
la selva *jungle*

El medio ambiente *The environment*

el aluminio *aluminum*
la botella *bottle*
la caja (de cartón) *(cardboard) box*
la contaminación *pollution*
el derrame de petróleo *oil spill*
el huracán *hurricane*
el incendio *fire*
la inundación *flood*
la lata *can*
el papel *paper*
el periódico *newspaper*
el plástico *plastic*
el terremoto *earthquake*
la tormenta *storm*
el tornado *tornado*
el tsunami *tsunami*
el vidrio *glass*

Algunos verbos *Some verbs*

apoyar *to support*
botar *to throw away*
combatir *to fight; to combat*
contaminar *to pollute*
cuidar *to take care of*
elegir *to elect*
estar en huelga *to be on strike*
evitar *to avoid*
hacer daño *to (do) damage; to harm*
llevar a cabo *to carry out*
luchar *to fight; to combat*
matar *to kill*
meterse en política *to get involved in politics*
plantar *to plant*

proteger *to protect*
reciclar *to recycle*
reforestar *to reforest*
reutilizar *to reuse*
resolver (o → ue) *to resolve*
sembrar (e → ie) *to sow*
votar *to vote*

La política *Politics*

el alcalde/la alcaldesa *mayor*
el/la candidato/a *candidate*
el/la dictador/a *dictator*
el/la diputado/a *deputy; representative*
el/la gobernador/a *governor*
la guerra *war*
la huelga *strike*
el/la juez/a *judge*
el juicio *jury*
el/la presidente/a *president*
el rey/la reina *king/queen*
el/la senador/a *senator*

Las preposiciones *Prepositions*

a *to; at*
a la derecha de *to the right of*
a la izquierda de *to the left of*
acerca de *about*
(a)fuera de *outside of*
al lado de *next to*
antes de *before* (*time / space*)
cerca de *near*
con *with*
de *of; from; about*
debajo de *under; underneath*
delante de *in front of*
dentro de *inside of*
desde *from*
después de *after*
detrás de *behind*
en *in*
encima de *on top of*
enfrente de *across from; facing*
entre *among; between*
hasta *until*
lejos de *far from*
para *for; in order to*
por *for; through; by; because of*
según *according to*
sin *without*
sobre *over; about*

Las administraciones y los regímenes *Administrations and regimes*

el congreso *congress*
la corte *court*
la democracia *democracy*
la dictadura *dictatorship*
el estado *state*
el gobierno *government*
la ley *law*
la monarquía *monarchy*
la presidencia *presidency*
la provincia *province*
la región *region*
el senado *senate*

Las elecciones *Elections*

la campaña *campaign*
el discurso *speech*
la encuesta *survey; poll*
el partido político *political party*
el voto *vote*

Otras palabras útiles *Other useful words*

el aire *air*
la basura *garbage*
la calidad *quality*
la capa de ozono *ozone layer*
el cielo *sky; heaven*
el desastre *disaster*
la destrucción *destruction*
la ecología *ecology*
el efecto invernadero *global warming*
la lluvia ácida *acid rain*
la naturaleza *nature*
el planeta *planet*
puro/a *pure*
el recurso natural *natural resource*
la selva tropical *jungle; (tropical) rain forest*
la Tierra *Earth*
la tierra *land; soil*
la tragedia *tragedy*
el vertedero *dump*
vivo/a *alive; living*

Appendix 3

Grammar from ¡Anda! Curso elemental

Capítulo Preliminar A de ¡Anda! Curso elemental

El alfabeto

The Spanish alphabet is quite similar to the English alphabet except in the ways the letters are pronounced. Learning the proper pronunciation of the individual letters in Spanish will help you pronounce new words and phrases.

Letter	Letter Name	Examples
a	a	adiós
b	be	buenos
c	ce	clase
d	de	día
e	e	español
f	efe	por favor
g	ge	luego
h	hache	hola
i	i	señorita
j	jota	julio
k	ka	kilómetro
l	ele	luego
m	eme	madre
n	ene	noche
ñ	eñe	mañana
o	o	cómo
p	pe	por favor
q	cu	qué
r	ere	señora
s	ese	saludos
t	te	tarde
u	u	usted
v	uve	nueve
w	doble ve o uve doble	Washington
x	equis	examen
y	ye o i griega	yo
z	zeta	pizarra

Los pronombres personales

The chart below lists the subject pronouns in Spanish and their equivalents in English. As you will note, Spanish has several equivalents for *you.*

yo	*I*	**nosotros/as**	*we*
tú	*you* (fam.)	**vosotros/as**	*you* (pl., Spain)
usted	*you* (form.)	**ustedes**	*you* (pl.)
él	*he*	**ellos**	*they* (masc.)
ella	*she*	**ellas**	*they* (fem.)

Generally speaking, **tú** (you, singular) is used for people with whom you are on a first-name basis, such as family members and friends.

Usted, abbreviated **Ud.,** is used with people you do not know well, or with people with whom you are not on a first-name basis. **Usted** is also used with older people, or with those to whom you want to show respect.

Spanish shows gender more clearly than English. **Nosotros** and **ellos** are used to refer to either all males or to a mixed group of males and females. **Nosotras** and **ellas** refer to an all-female group.

El verbo *ser*

You have already learned the subject pronouns in Spanish. It is time to put them together with a verb. First, consider the verb *to be* in English. The *to* form of a verb, as in *to be* or *to see* is called an *infinitive*. Note that *to be* has different forms for different subjects.

to be

I	**am**	we	**are**
you	**are**	you (all)	**are**
he, she, it	**is**	they	**are**

Verbs in Spanish also have different forms for different subjects.

ser (*to be*)

Singular			Plural		
yo	**soy**	*I am*	nosotros/as	**somos**	*we are*
tú	**eres**	*you are*	vosotros/as	**sois**	*you are*
Ud.	**es**	*you are*	Uds.	**son**	*you are*
él, ella	**es**	*he/she is*	ellos/as	**son**	*they are*

- In Spanish, subject pronouns are not required, but rather used for clarification or emphasis. Pronouns are indicated by the verb ending. For example:

  Soy means *I am.*

  Es means either *he is*, *she is*, or *you* (formal) *are.*

- If you are using a subject pronoun, it will appear first, followed by the form of the verb that corresponds to the subject pronoun, and then the rest of the sentence, as in the examples:

Yo **soy** Mark.	**Soy** Mark.
Él **es** inteligente.	**Es** inteligente.

Capítulo 1 de *¡Anda! Curso elemental*

El verbo *tener*

In **Capítulo Preliminar A** you learned the present tense of **ser.** Another very common verb in Spanish is **tener** (*to have*). The present tense forms of the verb **tener** follow.

tener (*to have*)

Singular			Plural		
yo	**tengo**	*I have*	nosotros/as	**tenemos**	*we have*
tú	**tienes**	*you have*	vosotros/as	**tenéis**	*you have*
Ud.	**tiene**	*you have*	Uds.	**tienen**	*you all have*
él, ella	**tiene**	*he/she has*	ellos/as	**tienen**	*they have*

Sustantivos singulares y plurales

To pluralize singular nouns and adjectives in Spanish, follow these simple guidelines.

1. If the word ends in a vowel, add **-s.**

hermana	→ hermana**s**	abuelo	→ abuelo**s**
día	→ día**s**	mi	→ mi**s**

2. If the word ends in a consonant, add **-es.**

mes	→ mes**es**	ciudad	→ ciudad**es**
televisión	→ television**es**	joven	→ jóven**es**

3. If the word ends in a **-z**, change the **z** to **c**, and add **-es.**

lápiz	→ lápi**ces**	feliz	→ feli**ces**

El masculino y el femenino

In Spanish, all nouns (people, places, and things) have a gender; they are either masculine or feminine. Use the following rules to help you determine the gender of nouns. If a noun does not belong to any of the following categories, you must memorize the gender as you learn that noun.

1. Most words ending in **-a** are feminine.

   la hermana, la hija, la mamá, la tía

   *Some exceptions: **el día, el papá,** and words of Greek origin ending in **-ma**, such as **el problema** and **el programa.**

2. Most words ending in **-o** are masculine.

   el abuelo, el hermano, el hijo, el nieto

   *Some exceptions: **la foto** (*photo*), **la mano** (*hand*), **la moto** (*motorcycle*)
   *Note: **la foto** and **la moto** are shortened forms for **la fotografía** and **la motocicleta.**

3. Words ending in **-ción** and **-sión** are feminine.

   la discusión, la recepción, la televisión

   *Note: The suffix **-ción** is equivalent to the English *-tion.*

4. Words ending in **-dad** or **-tad** are feminine.

   la ciudad (*city*), **la libertad, la universidad**

   *Note: these suffixes are equivalent to the English *-ty.*

As you learned in **Capítulo Preliminar A,** words that look alike and have the same meaning in both English and Spanish, such as **discusión** and **universidad,** are known as *cognates*. Use them to help you decipher meaning and to form words.

Los artículos definidos e indefinidos

Like English, Spanish has two kinds of articles, definite and indefinite. The definite article in English is *the;* the indefinite articles are *a, an,* and *some.*

In Spanish, articles and other adjectives mirror the gender (masculine or feminine) and number (singular or plural) of the nouns to which they refer. For example, an article referring to a singular masculine noun must also be singular and masculine. Note the forms of the articles in the following charts.

Los artículos definidos			
el hermano	*the brother*	**los** hermanos	*the brothers / the brothers and sisters*
la hermana	*the sister*	**las** hermanas	*the sisters*

Los artículos indefinidos			
un hermano	*a / one brother*	**unos** hermanos	*some brothers / some brothers and sisters*
una hermana	*a / one sister*	**unas** hermanas	*some sisters*

1. ***Definite articles*** are used to refer to **the** person, place, or thing.
2. ***Indefinite articles*** are used to refer to **a** or **some** person, place, or thing.

Adriana es **la** hermana de Eduardo y **los** abuelos de él se llaman Carmen y Manuel.	*Adriana is Eduardo's sister, and his grandparents' names are Carmen and Manuel.*
Jorge tiene **una** tía y **unos** tíos.	*Jorge has an aunt and some uncles.*

Los adjetivos posesivos

You have already used the possessive adjective **mi** (*my*). Other forms of possessive adjectives are also useful in conversation.

Look at the following chart to see how to personalize talk about your family (*our* dad, *his* sister, *our* cousins, etc.) using possessive adjectives.

Los adjetivos posesivos

mi, mis	*my*	**nuestro/a/os/as**	*our*
tu, tus	*your*	**vuestro/a/os/as**	*your*
su, sus	*your*	**su, sus**	*your*
su, sus	*his, her, its*	**su, sus**	*their*

Note:

1. Possessive adjectives agree in form with the person, place, or thing possessed, *not with the possessor.*
2. Possessive adjectives agree in number (singular or plural), and in addition, **nuestro** and **vuestro** indicate gender (masculine or feminine).
3. The possessive adjectives **tu/tus** (*your*) refer to someone with whom you are familiar and/or on a first name basis. **Su/sus** (*your*) is used when you are referring to people to whom you refer with *usted* and *ustedes*, that is, more formally and perhaps not on a first-name basis. **Su/sus** (*your* plural or *their*) is used when referring to individuals whom you are addressing with *ustedes* or when expressing possession with *ellos* and *ellas*.

mi hermano	*my brother*	**mis** hermanos	*my brothers / siblings*
tu primo	*your cousin*	**tus** primos	*your cousins*
su tía	*her/his/your/ their aunt*	**sus** tías	*her/his/your/their aunts*
nuestra familia	*our family*	**nuestras** familias	*our families*
vuestra mamá	*your mom*	**vuestras** mamás	*your moms*
su hija	*your/their daughter*	**sus** hijas	*your* (plural)/ *their daughters*

Eduardo tiene una novia.	*Eduardo has a girlfriend.*
Su novia se llama Julia.	*His girlfriend's name is Julia.*
Nuestros padres tienen dos amigos.	*Our parents have two friends.*
Sus amigos son Jorge y Marta.	*Their friends are Jorge and Marta.*

Los adjetivos descriptivos

Descriptive adjectives are words that describe people, places, and things.

1. In English, adjectives usually come before the words they describe (e.g., **the *red* car**), but in Spanish, they usually follow the word (e.g., **el coche *rojo***).
2. Adjectives in Spanish agree with the nouns they modify in number (singular or plural) and in gender (masculine or feminine).

Carlos es un **chico** simpátic**o.**	*Carlos is a nice boy.*
Adela es una **chica** simpátic**a.**	*Adela is a nice girl.*
Carlos y Adela son (unos) **chicos** simpátic**os.**	*Carlos and Adela are (some) nice children.*

3. A descriptive adjective can also follow the verb **ser** directly. When it does, it still agrees with the noun to which it refers, which is the subject in this case.

Carlos es simpátic**o.**	*Carlos is nice.*
Adela es simpátic**a.**	*Adela is nice.*
Carlos y Adela son simpátic**os.**	*Carlos and Adela are nice.*

Las características físicas, la personalidad y otros rasgos

La personalidad	***Personality***		
aburrido/a	*boring*	**interesante**	*interesting*
alto/a	*tall*	**joven**	*young*
antipático/a	*unpleasant*	**malo/a**	*bad*
bajo/a	*short*	**mayor**	*old*
bueno/a	*good*	**paciente**	*patient*
cómico/a	*funny; comical*	**perezoso/a**	*lazy*
débil	*weak*	**pobre**	*poor*
delgado/a	*thin*	**responsable**	*responsible*
fuerte	*strong*	**rico/a**	*rich*
gordo/a	*fat*	**simpático/a**	*nice*
guapo/a	*handsome/pretty*	**tonto/a**	*silly; dumb*
inteligente	*intelligent*	**trabajador/a**	*hard-working*

Las características físicas	Physical characteristics
bonito/a	*pretty*
feo/a	*ugly*
grande	*big; large*
pequeño/a	*small*

Otras palabras útiles	Other useful words
muy	*very*
(un) poco	*(a) little*

Capítulo 2 de *¡Anda! Curso elemental*

Presente indicativo de verbos regulares

Spanish has three groups of verbs which are categorized by the ending of the infinitive. Remember that an infinitive is expressed in English by the word *to: to have, to be,* and *to speak* are all infinitive forms of English verbs. Spanish infinitives end in **-ar, -er,** or **-ir.**

Verbos que terminan en *-ar*

comprar	*to buy*	**preguntar**	*to ask (a question)*
contestar	*to answer*	**preparar**	*to prepare; to get ready*
enseñar	*to teach; to show*	**regresar**	*to return*
esperar	*to wait for; to hope*	**terminar**	*to finish; to end*
estudiar	*to study*	**tomar**	*to take; to drink*
hablar	*to speak*	**trabajar**	*to work*
llegar	*to arrive*	**usar**	*to use*
necesitar	*to need*		

Verbos que terminan en *-er*

aprender	*to learn*	**correr**	*to run*
comer	*to eat*	**creer**	*to believe*
comprender	*to understand*	**leer**	*to read*

Verbos que terminan en *-ir*

abrir	*to open*	**recibir**	*to receive*
escribir	*to write*	**vivir**	*to live*

To talk about daily or ongoing activities or actions, you need to use the present tense. You can also use the present tense to express future events.

Mario **lee** en la biblioteca.	*Mario reads in the library.* / *Mario is reading in the library.*
Mario **lee** en la biblioteca mañana.	*Mario will read in the library tomorrow.*

To form the present indicative, drop the **-ar, -er,** or **-ir** ending from the infinitive, and add the appropriate ending. The endings are highlighted in the following chart. Follow this simple pattern with all regular verbs.

	hablar (*to speak*)	**comer** (*to eat*)	**vivir** (*to live*)
yo	habl**o**	com**o**	viv**o**
tú	habl**as**	com**es**	viv**es**
Ud.	habl**a**	com**e**	viv**e**
él, ella	habl**a**	com**e**	viv**e**
nosotros/as	habl**amos**	com**emos**	viv**imos**
vosotros/as	habl**áis**	com**éis**	viv**ís**
Uds.	habl**an**	com**en**	viv**en**
ellos/as	habl**an**	com**en**	viv**en**

La formación de preguntas y las palabras interrogativas

Asking yes/no questions

Yes/no questions in Spanish are formed in two different ways:

a. Adding question marks to the statement.

Antonio habla español. →	¿Antonio habla español?
Antonio speaks Spanish.	*Does Antonio speak Spanish?* or *Antonio speaks Spanish?*

As in English, your voice goes up at the end of the sentence. Remember that written Spanish has an upside-down question mark at the beginning of a question.

b. Inverting the order of the subject and the verb.

Antonio habla español. →	¿Habla Antonio español?
SUBJECT + VERB	VERB + SUBJECT
Antonio speaks Spanish.	*Does Antonio speak Spanish?*

Answering yes/no questions

Answering questions is also like English.

¿Habla Antonio español?	*Does Antonio speak Spanish?*
Sí, habla español.	*Yes, he speaks Spanish.*
No, no habla español.	*No, he does not speak Spanish.*

Notice that in the negative response to the question above, both English and Spanish have two negative words.

Information questions

Information questions begin with interrogative words. Study the list of question words below and remember, accents are used on all interrogative words and also on exclamatory words: **¡Qué bueno!** (*That's great!*)

Las palabras interrogativas

¿Qué?	*What?*	**¿Qué** idioma habla Antonio?	*What language does Antonio speak?*
¿Por qué?	*Why?*	**¿Por qué** no trabaja Antonio?	*Why doesn't Antonio work?*
¿Cómo?	*How?*	**¿Cómo** está Antonio?	*How is Antonio?*
¿Cuándo?	*When?*	**¿Cuándo** es la clase?	*When is the class?*
¿Adónde?	*To where?*	**¿Adónde** va Antonio?	*(To) Where is Antonio going?*
¿Dónde?	*Where?*	**¿Dónde** vive Antonio?	*Where does Antonio live?*
¿De dónde?	*From where?*	**¿De dónde** regresa Antonio?	*Where is Antonio coming back from?*
¿Cuánto/a?	*How much?*	**¿Cuánto** estudia Antonio para la clase?	*How much does Antonio study for the class?*
¿Cuántos/as?	*How many?*	**¿Cuántos** idiomas habla Antonio?	*How many languages does he speak?*
¿Cuál?	*Which (one)?*	**¿Cuál** es su clase favorita?	*Which is his favorite class?*
¿Cuáles?	*Which (ones)?*	**¿Cuáles** son sus clases favoritas?	*Which are his favorite classes?*
¿Quién?	*Who?*	**¿Quién** habla cinco idomas?	*Who speaks five languages?*
¿Quiénes?	*Who?* (pl.)	**¿Quiénes** hablan cinco idiomas?	*Who speaks five languages?*

Note that, although it is not always necessary, when the subject is included in the sentence it follows the verb.

El verbo estar

Another verb that expresses *to be* in Spanish is **estar.** Like **tener** and **ser, estar** is not a regular verb; that is, you cannot simply drop the infinitive ending and add the usual **-ar** endings.

estar (*to be*)

Singular		Plural	
yo	**estoy**	nosotros/as	**estamos**
tú	**estás**	vosotros/as	**estáis**
Ud.	**está**	Uds.	**están**
él, ella	**está**	ellos/as	**están**

Ser and **estar** are not interchangeable because they are used differently. Two uses of **estar** are:

1. To describe the location of someone or something.

   Manuel **está** en la sala de clase. — *Manuel is in the classroom.*

   Nuestros padres **están** en México. — *Our parents are in Mexico.*

2. To describe how someone is feeling or to express a change from the norm.

   Estoy bien. ¿Y tú? — *I'm fine. And you?*

   Estamos tristes hoy. — *We are sad today. (Normally we are upbeat and happy.)*

Capítulo 3 de *¡Anda! Curso elemental*

Algunos verbos irregulares

Look at the present tense forms of the following verbs. In the first group, note that they all follow the same patterns that you learned in **Capítulo 2** to form the present tense of regular verbs, *except* in the **yo** form.

Group 1

	conocer (*to be acquainted with*)	**dar** (*to give*)	**hacer** (*to do; to make*)	**poner** (*to put; to place*)
yo	cono**zco**	doy	ha**go**	pon**go**
tú	conoces	das	haces	pones
Ud.	conoce	da	hace	pone
él, ella	conoce	da	hace	pone
nosotros/as	conocemos	damos	hacemos	ponemos
vosotros/as	conocéis	dais	hacéis	ponéis
Uds.	conocen	dan	hacen	ponen
ellos/as	conocen	dan	hacen	ponen

	salir (*to leave; to go out*)	traer (*to bring*)	ver (*to see*)
yo	salgo	traigo	veo
tú	sales	traes	ves
Ud.	sale	trae	ve
él, ella	sale	trae	ve
nosotros/as	salimos	traemos	vemos
vosotros/as	salís	traéis	veis
Uds.	salen	traen	ven
ellos/as	salen	traen	ven

Group 2

In the second group, note that **venir** is formed similarly to **tener.**

venir (*to come*)	
yo	vengo
tú	vienes
Ud.	viene
él, ella	viene
nosotros/as	venimos
vosotros/as	venís
Uds.	vienen
ellos/as	vienen

Group 3

In the third group of verbs, note that all of the verb forms have a spelling change except in the **nosotros** and **vosotros** forms.

	decir (*to say; to tell*)	oír (*to hear*)
yo	digo	oigo
tú	dices	oyes
Ud.	dice	oye
él, ella	dice	oye
nosotros/as	decimos	oímos
vosotros/as	decís	oís
Uds.	dicen	oyen
ellos/as	dicen	oyen

	poder (*to be able to*)	querer (*to want; to love*)
yo	puedo	quiero
tú	puedes	quieres
Ud.	puede	quiere
él, ella	puede	quiere
nosotros/as	podemos	queremos
vosotros/as	podéis	queréis
Uds.	pueden	quieren
ellos/as	pueden	quieren

Algunas expresiones con *tener*

The verb **tener,** besides meaning *to have,* is used in a variety of expressions.

tener... años	*to be . . . years old*
tener calor	*to be hot*
tener cuidado	*to be careful*
tener éxito	*to be successful*
tener frío	*to be cold*
tener ganas de + (*infinitive*)	*to feel like + (verb)*
tener hambre	*to be hungry*
tener miedo	*to be afraid*
tener prisa	*to be in a hurry*
tener que + (*infinitive*)	*to have to + (verb)*
tener razón	*to be right*
tener sed	*to be thirsty*
tener sueño	*to be sleepy*
tener suerte	*to be lucky*
tener vergüenza	*to be embarrassed*

—Mamá, **tengo hambre.** ¿Cuándo comemos? — *Mom, I'm hungry. When are we eating?*

—**Tienes suerte,** hijo. Salimos para el restaurante Tío Tapas en diez minutos. — *You are lucky, son. We are leaving for Tío Tapas Restaurant in ten minutes.*

Hay

In **Capítulo 2,** you became familiar with **hay** when you described your classroom. To say *there is* or *there are* in Spanish you use **hay.** The irregular form **hay** comes from the verb **haber.**

Hay un baño en mi casa.	*There is one bathroom in my house.*
Hay cuatro dormitorios también.	*There are also four bedrooms.*
—¿**Hay** tres baños en tu casa?	*Are there three bathrooms in your house?*
—No, no **hay** tres baños.	*No, there aren't three bathrooms.*

Capítulo 4 de *¡Anda! Curso elemental*

Saber y *conocer*

In **Capítulo 3,** you learned that **conocer** means *to know*. Another verb, **saber,** also expresses *to know*.

saber (*to know*)

Singular		Plural	
yo	**sé**	nosotros/as	**sabemos**
tú	**sabes**	vosotros/as	**sabéis**
Ud.	**sabe**	Uds.	**saben**
él, ella	**sabe**	ellos/as	**saben**

The verbs are not interchangeable. Note when to use each.

Conocer

- Use **conocer** to express ***being familiar or acquainted with people, places, and things.***

Ellos **conocen** los mejores restaurantes de la ciudad.	*They know the best restaurants in the city.*
Yo **conozco** a tu hermano, pero no muy bien.	*I know your brother, but not very well.*

Note:

1. When expressing that *a person* is known, you must use the personal "a." For example, *Conozco **a** tu hermano...*
2. When **a** is followed by **el, a + el = al.** For example, **Conozco *al* señor (a + el señor)...**

Saber

- Use **saber** to express ***knowing facts, pieces of information,*** or ***how to do something.***

¿Qué **sabes** sobre la música de Guatemala?	*What do you know about Guatemalan music?*
Yo **sé** tocar la guitarra.	*I know how to play the guitar.*

Los verbos con cambio de raíz

In **Capítulo 3,** you learned a variety of common verbs that are irregular. Two of those verbs were **querer** and **poder,** which are irregular due to some changes in their stems. Look at the following verb groups.

Change e → ie
cerrar (*to close*)

Singular		Plural	
yo	cierro	nosotros/as	cerramos
tú	cierras	vosotros/as	cerráis
Ud.	cierra	Uds.	cierran
él, ella	cierra	ellos/as	cierran

Other verbs like **cerrar** (**e → ie**) are:

comenzar	*to begin*	**pensar**	*to think*
empezar	*to begin*	**perder**	*to lose; to waste*
entender	*to understand*	**preferir**	*to prefer*
mentir	*to lie*	**recomendar**	*to recommend*

Change e → i
pedir (*to ask for*)

Singular		Plural	
yo	pido	nosotros/as	pedimos
tú	pides	vosotros/as	pedís
Ud.	pide	Uds.	piden
él, ella	pide	ellos/as	piden

Other verbs like **pedir** (**e → i**) are:

repetir	*to repeat*
seguir*	*to follow; to continue (doing something)*
servir	*to serve*

*Note: The **yo** form of **seguir** is **sigo.**

Change o → ue
encontrar (*to find*)

Singular		Plural	
yo	encuentro	nosotros/as	encontramos
tú	encuentras	vosotros/as	encontráis
Ud.	encuentra	Uds.	encuentran
él, ella	encuentra	ellos/as	encuentran

Other verbs like **encontrar** (**o → ue**) are:

almorzar	*to have lunch*	**mostrar**	*to show*
costar	*to cost*	**recordar**	*to remember*
dormir	*to sleep*	**volver**	*to return*
morir	*to die*		

Change u → ue
jugar (*to play*)

Singular		Plural	
yo	**jue**go	nosotros/as	jugamos
tú	**jue**gas	vosotros/as	jugáis
Ud.	**jue**ga	Uds.	juegan
él, ella	**jue**ga	ellos/as	juegan

El verbo *ir*

Another important verb in Spanish is **ir.** Note its irregular present tense forms.

ir (*to go*)

Singular		Plural	
yo	**voy**	nosotros/as	**vamos**
tú	**vas**	vosotros/as	**vais**
Ud.	**va**	Uds.	**van**
él, ella	**va**	ellos/as	**van**

A20

Voy al parque. ¿**Van** ustedes también?	*I'm going to the park. Are you all going too?*
No, no **vamos** ahora. Preferimos **ir** más tarde.	*No, we're not going now. We prefer to go later.*

Ir + a + infinitivo

You can use a present tense form of **ir + a +** an infinitive to talk about actions that will take place in the future.

Voy a mandar esta carta. ¿Quieres ir?	*I'm going to mail this letter. Do you want to come?*
Sí. Luego, ¿**vas a almorzar?**	*Yes. Then, are you going to have lunch?*
Sí, **vamos a comer** comida guatemalteca.	*Yes, we are going to eat Guatemalan food.*
¡Perfecto! Ya sé que **voy a pedir** unos tamales.	*Perfect! I already know that I am going to order some tamales.*
Pero, primero, ¡**vamos a ir** al banco!	*But first we are going to go to the bank!*

Las expresiones afirmativas y negativas

In the previous chapters, you have seen and used a number of the affirmative and negative expressions listed below. Study the list, and learn the ones that are new to you.

Expresiones afirmativas		Expresiones negativas	
a veces	*sometimes*	**jamás**	*never; not ever (emphatic)*
algo	*something; anything*	**nada**	*nothing*
alguien	*someone*	**nadie**	*no one; nobody*
algún	*some; any*	**ningún**	*none*
alguno/a/os/as	*some; any*	**ninguno/a/os/as**	*none*
siempre	*always*	**nunca**	*never*
o... o	*either . . . or*	**ni... ni**	*neither . . . nor*

Look at the following sentences, paying special attention to the position of the negative words, and answer the questions that follow.

—¿Quién llama?	*Who is calling?*
—**Nadie** llama. (**No** llama **nadie.**)	*No one is calling.*
—¿Vas al gimnasio todos los días?	*Do you go to the gym every day?*
—No, **nunca** voy. (No, **no** voy **nunca.**)	*No, I never go.*

Algún and *ningún*

1. Forms of **algún** and **ningún** need to agree in gender and number with the nouns they modify.
2. **Alguno** and **ninguno** are shortened to **algún** and **ningún** when they are followed by *masculine, singular nouns.*
3. When no noun follows, use **alguno** or **ninguno** when referring to masculine, singular nouns.
4. The plural form **ningunos** is rarely used.

Study the following sentences.

MARÍA:	¿Tienes **alguna** clase fácil este semestre?
JUAN:	No, no tengo **ninguna.** ¡Y **ningún** profesor es simpático!
MARÍA:	Vaya, ¿y puedes hacer **algún** cambio?
JUAN:	No, no puedo hacer **ninguno.** (No, no puedo tomar **ningún** otro curso.)

Un repaso de *ser* y *estar*

You have learned two Spanish verbs that mean ***to be*** in English. These verbs, **ser** and **estar,** are contrasted below.

SER
Ser is used:

- **To describe physical or personality characteristics that remain relatively constant**

Gregorio **es** inteligente.	*Gregorio is intelligent.*
Yanina **es** guapa.	*Yanina is pretty.*
Su tienda de campaña **es** amarilla.	*Their tent is yellow.*
Las casas **son** grandes.	*The houses are large.*

- **To explain what or who someone or something is**

El Dr. Suárez **es** profesor de literatura.	*Dr. Suárez is a literature professor.*
Marisol **es** mi hermana.	*Marisol is my sister.*

- **To tell time, or to tell when or where an event takes place**

¿Qué hora **es**?	*What time is it?*
Son las ocho.	*It's eight o'clock.*
Mi clase de español **es** a las ocho y **es** en Peabody Hall.	*My Spanish class is at eight o'clock and is in Peabody Hall.*

- **To tell where someone is from and to express nationality**

Somos de Honduras.	*We are from Honduras.*
Somos hondureños.	*We are Honduran.*
Ellos **son** de Guatemala.	*They are from Guatemala.*
Son guatemaltecos.	*They are Guatemalan.*

ESTAR

Estar is used:

- **To describe physical or personality characteristics that can change, or to indicate a change in condition**

María **está** enferma hoy.	*María is sick today.*
Jorge y Julia **están** tristes.	*Jorge and Julia are sad.*
La cocina **está** sucia.	*The kitchen is dirty.*

- **To describe the location of people or places**

El museo **está** en la calle Quiroga.	*The museum is on Quiroga Street.*
Estamos en el centro comercial.	*We're at the mall.*
¿Dónde **estás** tú?	*Where are you?*

Capítulo 5 de *¡Anda! Curso elemental*

Los adjetivos demostrativos

When you want to point out a specific person, place, thing, or idea, you use a *demonstrative adjective*. In Spanish, they are:

Demonstrative adjectives	Meaning	From the perspective of the speaker, it refers to . . .
este, esta, estos, estas	*this, these*	something nearby
ese, esa, esos, esas	*that, those over there*	something farther away
aquel, aquella, aquellos, aquellas	*that, those (way) over there*	something even farther away in distance and/or time . . . perhaps not even visible

Since forms of **este, ese,** and **aquel** are adjectives, they must agree in gender and number with the nouns they modify. Note the following examples.

Este conjunto es fantástico.	*This group is fantastic.*
Esta cantante es fenomenal.	*This singer is phenomenal.*
Estos conjuntos son fantásticos.	*These groups are fantastic.*
Estas cantantes son fenomenales.	*These singers are phenomenal.*
Ese conjunto es fantástico.	*That group is fantastic.*
Esa cantante es fenomenal.	*That singer is phenomenal.*
Esos conjuntos son fantásticos.	*Those groups are fantastic.*
Esas cantantes son fenomenales.	*Those singers are phenomenal.*
Aquel conjunto es fantástico.	*That group (over there) is fantastic.*
Aquella cantante es fenomenal.	*That singer (over there) is phenomenal.*
Aquellos conjuntos son fantásticos.	*Those groups (over there) are fantastic.*
Aquellas cantantes son fenomenales.	*Those singers (over there) are phenomenal.*

Los pronombres demostrativos

Demonstrative pronouns take the place of nouns. They are identical in form and meaning to demonstrative adjectives.

Masculino	Femenino	*Meaning*
este	**esta**	*this one*
estos	**estas**	*these*
ese	**esa**	*that one*
esos	**esas**	*those*
aquel	**aquella**	*that one (way over there / not visible)*
aquellos	**aquellas**	*those (way over there / not visible)*

A demonstrative pronoun must agree in gender and number with the noun it replaces. Observe how demonstrative adjectives and demonstrative pronouns are used in the following sentences.

Yo quiero comprar **este CD,** pero mi hermana quiere comprar **ese.**	*I want to buy this CD, but my sister wants to buy that one.*
—¿Te gusta **esa guitarra**?	*Do you like that guitar?*
—No, a mí me gusta **esta.**	*No, I like this one.*
Estos instrumentos son interesantes, pero prefiero tocar **esos.**	*These instruments are interesting, but I prefer to play those.*
En **esta** calle hay varios cines. ¿Quieres ir a **aquel**?	*There are several movie theaters on this street. Do you want to go to that one over there?*

Los adverbios

An adverb usually describes a verb and answers the question "how." Many Spanish adverbs end in **-mente,** which is equivalent to the English *-ly*. These Spanish adverbs are formed as follows:

1. Add **-mente** to the *feminine singular* form of an *adjective.*

ADJETIVOS Masculino		Femenino		ADVERBIOS
rápido	→	*rápida* + -mente	→	**rápidamente**
lento	→	*lenta* + -mente	→	**lentamente**
tranquilo	→	*tranquila* + -mente	→	**tranquilamente**

A22

2. If an *adjective* ends in a *consonant* or in **-e,** simply add **-mente.**

ADJETIVOS		ADVERBIOS
Masculino	**Femenino**	
fácil →	*fácil* + -mente →	**fácilmente**
suave →	*suave* + -mente →	**suavemente**

Note: If an adjective has a written accent, it is retained when **-mente** is added.

El presente progresivo

So far you have been learning and using the present tense to communicate ideas. If you want to emphasize that an action is occurring at the moment and is in progress, you can use the *present progressive* tense.

The English present progressive is made up of a form of the verb *to be* + *present participle* (*-ing*). Look at the following sentences and formulate a rule for creating the present progressive in Spanish. Use the following questions to guide you.

—¿Qué *estás* **haciendo**?	*What are you doing?*
—*Estoy* **ensayando.**	*I'm rehearsing.*
—¿*Está* **escuchando** música tu hermano?	*Is your brother listening to music?*
—No, *está* **tocando** la guitarra.	*No, he is playing the guitar.*
—¿*Están* **viendo** ustedes la televisión?	*Are you watching television?*
—No, les *estamos* **escribiendo** una carta a nuestros padres.	*No, we are writing a letter to our parents.*

Note: The following are some verbs that have irregular forms in this tense.

creer	creyendo	perseguir	persiguiendo
leer	leyendo	repetir	repitiendo
ir	yendo	seguir	siguiendo
decir	diciendo	servir	sirviendo
mentir	mintiendo	dormir	durmiendo
pedir	pidiendo	morir	muriendo
preferir	prefiriendo		

Los números ordinales

An ordinal number indicates position in a series or order. The first ten ordinal numbers in Spanish are listed below. Ordinal numbers above *décimo* are rarely used.

primer, primero/a	*first*
segundo/a	*second*
tercer, tercero/a	*third*
cuarto/a	*fourth*
quinto/a	*fifth*
sexto/a	*sixth*
séptimo/a	*seventh*
octavo/a	*eighth*
noveno/a	*ninth*
décimo/a	*tenth*

1. Ordinal numbers are adjectives and agree in number and gender with the nouns they modify. They usually *precede* nouns.

   el **cuarto** año — *the fourth year*
   la **octava** sinfonía — *the eighth symphony*

2. Before masculine, singular nouns, **primero** and **tercero** are shortened to **primer** and **tercer.**

   el **primer** concierto — *the first concert*
   el **tercer** curso de español — *the third Spanish course*

3. After *décimo*, a cardinal number is used and *follows* the noun.

   el piso **catorce**

Hay que + infinitivo

So far when you have wanted to talk about what someone should do, needs to do, or has to do, you have used the expressions **debe, necesita,** or **tiene que.** The expression **hay que** + *infinitive* is another way to communicate responsibility, obligation, or the importance of something. **Hay que** + *infinitive* means:

It is necessary to . . .
You must . . .
One must / should . . .

Para ser un músico bueno **hay que** ensayar mucho.	*To be a good musician it is necessary to rehearse a lot.*
Hay que terminar nuestro trabajo antes de ir al cine.	*We must finish our work before we go to the movie theater.*
Hay que ver la nueva película de Almodóvar.	*You must see the new Almodóvar film.*

Los pronombres de complemento directo y la "a" personal

Direct objects receive the action of the verb and answer the questions *What?* or *Whom?* Note the following examples.

A: I need to do *what?*
B: You need to buy *the concert tickets* by Monday.
A: Yes, I do need to buy *them.*

A: I have to call *whom?*
B: You have to call *your agent.*
A: Yes, I do have to call *him.*

Note the following examples of *direct objects* in Spanish.

María toca **dos instrumentos** muy bien.	*María plays two instruments very well.*
Sacamos **un CD** el primero de septiembre.	*We are releasing a CD the first of September.*
¿Tienes **las entradas**?	*Do you have the tickets?*
No conozco a **Benicio del Toro.**	*I do not know Benicio del Toro.*
Siempre veo a **Selena Gómez** en la televisión.	*I always see Selena Gómez on television.*

Note: In **Capítulo 4,** you learned that to express knowing a person, you put **a** after the verb (**conocer + a** + person). Now that you have learned about direct objects, a more global way of stating the rule is: When direct objects refer to *people*, you must use the personal "**a.**" Review the following examples.

People	Things
¡Veo a *Cameron Díaz*!	¡Veo *el coche* de Cameron Díaz!
Hay que ver a *mis padres*.	Hay que ver *la película*.
¿A qué *actores* conoces?	¿Qué *ciudades* conoces?

As in English, we can replace direct objects nouns with *direct object pronouns.*

María **los** toca muy bien.	*María plays them very well.*
Lo sacamos el primero de septiembre.	*We are releasing it the first of September.*
¿**Las** tienes?	*Do you have them?*
No **lo** conozco.	*I do not know him.*
Siempre **la** veo en la televisión.	*I always see her on television.*

In Spanish, direct object pronouns *agree in gender and number with the nouns they replace.* The following chart lists the direct object pronouns.

Singular		Plural	
me	*me*	**nos**	*us*
te	*you*	**os**	*you all*
lo, la	*you*	**los, las**	*you all*
lo, la	*him, her, it*	**los, las**	*them*

Placement of direct object pronouns

Direct object pronouns are:

1. Placed before verbs.
2. Attached to *infinitives* or to *present participles* (**-ando, -iendo**).

¿Tienes los discos compactos?	→	Sí, **los** tengo.
Tengo que traer los instrumentos.	→	**Los** tengo que traer. / Tengo que traer**los.**
Tiene que llevar su guitarra.	→	**La** tiene que llevar. / Tiene que llevar**la.**

—¿Por qué estás escribiendo una canción para tu madre?

—**La** estoy escribiendo porque es su cumpleaños. / Estoy escribiéndo**la** porque es su cumpleaños.

Capítulo 7 de *¡Anda! Curso elemental*

El pretérito (Parte I)

Up to this point, you have been expressing ideas or actions that take place in the present and future. To talk about something you did or something that occurred in the past, you can use the **pretérito** (*preterit*).

Los verbos regulares

Note the endings for regular verbs in the **pretérito** below.

	-ar: comprar	-er: comer	-ir: vivir
yo	compr**é**	com**í**	viv**í**
tú	compr**aste**	com**iste**	viv**iste**
Ud.	compr**ó**	com**ió**	viv**ió**
él/ella	compr**ó**	com**ió**	viv**ió**
nosotros/as	compr**amos**	com**imos**	viv**imos**
vosotros/as	compr**asteis**	com**isteis**	viv**isteis**
Uds.	compr**aron**	com**ieron**	viv**ieron**
ellos/as	compr**aron**	com**ieron**	viv**ieron**

—¿Dónde está el vino que **compré** ayer?	*Where is the wine that I bought yesterday?*
—Mis primos **bebieron** la botella entera anoche.	*My cousins drank the whole bottle last night.*
—¿Ah, sí? ¿**Comieron** ustedes en casa?	*Really? Did you all eat at home?*
—No, **comimos** en un restaurante chino. ¡**Terminaron** el vino antes de salir a cenar!	*No, we ate at a Chinese restaurant. They finished the wine before we went out to dinner!*

A24

El pretérito (Parte II)

Several verbs have small spelling changes in the preterit. Look at the following charts.

tocar (c → qu)		empezar (z → c)	
yo	**toqué**	yo	**empecé**
tú	tocaste	tú	empezaste
Ud.	tocó	Ud.	empezó
él/ella	tocó	él/ella	empezó
nosotros/as	tocamos	nosotros/as	empezamos
vosotros/as	tocasteis	vosotros/as	empezasteis
Uds.	tocaron	Uds.	empezaron
ellos/as	tocaron	ellos/as	empezaron
*(**sacar** and **buscar** have the same spelling change)		*(**comenzar** and **organizar** have the same spelling change)	

jugar (g → gu)		leer (i → y)	
yo	**jugué**	yo	leí
tú	jugaste	tú	leíste
Ud.	jugó	Ud.	**leyó**
él/ella	jugó	él/ella	**leyó**
nosotros/as	jugamos	nosotros/as	leímos
vosotros/as	jugasteis	vosotros/as	leísteis
Uds.	jugaron	Uds.	**leyeron**
ellos/as	jugaron	ellos/as	**leyeron**
*(**llegar** has the same spelling change)		*(**creer** and **oír** have the same spelling change)	

—**Toqué** la guitarra con el conjunto de mariachis en un restaurante mexicano anoche. *I played the guitar with a mariachi band at a Mexican restaurant last night.*

—¿A qué hora **empezaste**? *At what time did you begin?*

—**Empecé** a las nueve. *I began at nine.*

—¿**Jugaron** tus hermanos al béisbol hoy? *Did your brothers play baseball today?*

—No, **leyeron** un libro de recetas porque van a cocinar una cena especial para nuestros padres. *No, they read a recipe book because they are going to cook a special dinner for our parents.*

Some things to remember:

1. With verbs that end in **-car,** the **c** changes to **qu** in the **yo** form to preserve the sound of the hard **c** of the infinitive.
2. With verbs that end in **-zar,** the **z** changes to **c** before **e.**
3. With verbs that end in **-gar,** the **g** changes to **gu** to preserve the sound of the hard **g** (**g** before **e** or **i** sounds like the **j** sound in Spanish).
4. For **leer, creer,** and **oír,** change the **i** to **y** in the third-person singular and plural.

Algunos verbos irregulares en el pretérito

In the first **Comunicación** you learned about verbs that are regular in the **pretérito** and others that have spelling changes. The following verbs are *irregular* in the **pretérito;** they follow patterns of their own. Study the verb charts to determine the similarities and differences among the forms.

	andar (*to walk*)	estar	tener
yo	and**uve**	est**uve**	**tuve**
tú	and**uviste**	est**uviste**	**tuviste**
Ud.	and**uvo**	est**uvo**	**tuvo**
él/ella	and**uvo**	est**uvo**	**tuvo**
nosotros/as	and**uvimos**	est**uvimos**	**tuvimos**
vosotros/as	and**uvisteis**	est**uvisteis**	**tuvisteis**
Uds.	and**uvieron**	est**uvieron**	**tuvieron**
ellos/as	and**uvieron**	est**uvieron**	**tuvieron**

—El lunes pasado llegamos a Santiago y **anduvimos** mucho por la ciudad. *Last Monday we arrived in Santiago and walked a lot throughout the city.*

—¿**Estuvieron** en un restaurante o bar interesante? *Were you all in an interesting restaurant or bar?*

—Sí, **tuvimos** muy buena suerte y comimos en el mejor restaurante de la ciudad. *Yes, we were very lucky and we ate at the best restaurant in the city.*

	conducir (*to drive*)	traer	decir
yo	cond**uje**	tra**je**	**dije**
tú	cond**ujiste**	tra**jiste**	**dijiste**
Ud.	cond**ujo**	tra**jo**	**dijo**
él/ella	cond**ujo**	tra**jo**	**dijo**
nosotros/as	cond**ujimos**	tra**jimos**	**dijimos**
vosotros/as	cond**ujisteis**	tra**jisteis**	**dijisteis**
Uds.	cond**ujeron**	tra**jeron**	**dijeron**
ellos/as	cond**ujeron**	tra**jeron**	**dijeron**

—¿**Condujiste** de Santiago a Valparaiso? *Did you drive from Santiago to Valparaiso?*

—No pude conducir porque no **traje** mi licencia. *I couldn't drive because I didn't bring my driver's license.*

—¿Qué te **dijeron** en la agencia Avis? *What did they tell you at the Avis (car rental) agency?*

	ir	ser
yo	fui	fui
tú	fuiste	fuiste
Ud.	fue	fue
él/ella	fue	fue
nosotros/as	fuimos	fuimos
vosotros/as	fuisteis	fuisteis
Uds.	fueron	fueron
ellos/as	fueron	fueron

—¿Cómo **fue** el viaje a Chile? *How was the trip to Chile?*

—¡Fue increíble! Después de Valparaiso **fuimos** a Patagonia. *It was incredible! After Valparaiso, we went to Patagonia.*

	dar	ver	venir
yo	di	vi	vine
tú	diste	viste	viniste
Ud.	dio	vio	vino
él/ella	dio	vio	vino
nosotros/as	dimos	vimos	vinimos
vosotros/as	disteis	visteis	vinisteis
Uds.	dieron	vieron	vinieron
ellos/as	dieron	vieron	vinieron

	hacer	querer
yo	hice	quise
tú	hiciste	quisiste
Ud.	hizo	quiso
él/ella	hizo	quiso
nosotros/as	hicimos	quisimos
vosotros/as	hicisteis	quisisteis
Uds.	hicieron	quisieron
ellos/as	hicieron	quisieron

	poder	poner	saber
yo	pude	puse	supe
tú	pudiste	pusiste	supiste
Ud.	pudo	puso	supo
él/ella	pudo	puso	supo
nosotros/as	pudimos	pusimos	supimos
vosotros/as	pudisteis	pusisteis	supisteis
Uds.	pudieron	pusieron	supieron
ellos/as	pudieron	pusieron	supieron

—En Santiago **vimos** a mucha gente de la familia de Carlos. *In Santiago we saw a lot of people in Carlos's family.*

—Sí, ¿y les **diste** los regalos que tu familia mandó? *Yes, and did you give them the gifts your family sent?*

—Mi madre **vino** con nosotros y ella misma **pudo** darles los regalos. *My mother came with us and she was able to give them the gifts herself.*

—¿Qué **hiciste** después de visitar a la familia de Carlos? *What did you do after visiting Carlos's family?*

Verbos con cambio de raíz

The next group of verbs also follows its own pattern. In these stem-changing verbs, the first letters next to the infinitives, listed in parentheses, represent the present-tense spelling changes; the last letters indicate the spelling changes in the **él** and **ellos** forms of the **pretérito.**

	dormir (o → ue → u)	pedir (e → i → i)	preferir (e → ie → i)
yo	dormí	pedí	preferí
tú	dormiste	pediste	preferiste
Ud.	durmió	pidió	prefirió
él/ella	durmió	pidió	prefirió
nosotros/as	dormimos	pedimos	preferimos
vosotros/as	dormisteis	pedisteis	preferisteis
Uds.	durmieron	pidieron	prefirieron
ellos/as	durmieron	pidieron	prefirieron

—Cuando fuiste al restaurante en Valparaíso, ¿qué **pediste**? *What did you order when you went to the restaurant in Valparaíso?*

—**Pedí** carne de res, pero mi madre **prefirió** pescado. Y después de comer mi madre **durmió** la siesta. *I ordered beef, but my mother preferred fish. And after eating, my mother took a nap.*

Capítulo 8 de *¡Anda! Curso elemental*

Los pronombres de complemento indirecto

The **indirect object** indicates *to whom* or *for whom* an action is done. Note these examples:

A: My mom bought this dress *for whom*?

B: She bought this dress *for you*.

A: Yes, she bought *me* this dress.

Review the chart of the indirect object pronouns and their English equivalents:

Los pronombres de complemento indirecto	
me	*to / for me*
te	*to / for you*
le	*to / for you* (Ud.)
le	*to / for him, her*
nos	*to / for us*
os	*to / for you all* (vosotros)
les	*to / for you all* (Uds.)
les	*to / for them*

A26

Some things to remember:

1. Like direct object pronouns, indirect object pronouns *precede* verb forms and can also be *attached to infinitives and present participles* (**-ando, -iendo**).

¿**Me** quieres dar la chaqueta? ¿Quieres dar**me** la chaqueta?	*Do you want to give me the jacket?*
¿**Me** vas a dar la chaqueta? ¿Vas a dar**me** la chaqueta?	*Are you going to give me the jacket?*
¿**Me** estás dando la chaqueta? ¿Estás dándo**me** la chaqueta?	*Are you giving me the jacket?*
Manolo **te** puede comprar la gorra en la tienda. Manolo puede compra**rte** la gorra en la tienda.	*Manolo can buy you the hat at the store.*
Su hermano **le** va a regalar una camiseta. Su hermano va a regalar**le** una camiseta.	*Her brother is going to give her a T-shirt.*

2. To clarify or emphasize the indirect object, a prepositional phrase (**a** + *prepositional pronoun*) can be added, as in the following sentences. Clarification of **le** and **les** is especially important since they can refer to different people (*him, her, you, them, you all*).

Le presto el abrigo **a él** pero no **le** presto nada **a ella.**	*I'm loaning him my coat, but I'm not loaning her anything.* (clarification)
¿**Me** preguntas **a mí**?	*Are you asking me?* (emphasis)

3. It is common for Spanish speakers to include both an indirect object noun and pronoun in the same sentence, especially when the third person form is used. This is most often done to clarify or emphasize something.

Gustar y verbos como *gustar*

As you already know, the verb **gustar** is used to express likes and dislikes. **Gustar** functions differently from other verbs you have studied so far.

- The person, thing, or idea that is liked is the *subject* (S) of the sentence.
- The person who likes the other person, thing, or idea is the *indirect object* (IO).

(A mí)	**me**	gusta el traje.	*I like the suit.*
(A ti)	**te**	gusta el traje.	*You like the suit.*
(A Ud.)	**le**	gusta el traje.	*You like the suit.*
(A él)	**le**	gusta el traje.	*He likes the suit.*
(A ella)	**le**	gusta el traje.	*She likes the suit.*
(A nosotros/as)	**nos**	gusta el traje.	*We like the suit.*
(A vosotros/as)	**os**	gusta el traje.	*You (all) like the suit.*
(A Uds.)	**les**	gusta el traje.	*You (all) like the suit.*
(A ellos/as)	**les**	gusta el traje.	*They like the suit.*

Note the following:

1. The construction **a** + *pronoun* (**a mí, a ti, a él,** etc.) or **a** + *noun* is optional most of the time. It is used for clarification or emphasis. Clarification of **le gusta** and **les gusta** is especially important since the indirect object pronouns **le** and **les** can refer to different people (*him, her, you, them, you all*).

A él le gusta llevar ropa cómoda. (clarification)	*He likes to wear comfortable clothes.*
A Ana le gusta llevar pantalones cortos. (clarification)	*Ana likes to wear shorts.*
Me gustan esos pantalones largos.	*I like those long pants.*
A mí me gustan más esos cortos (emphasis).	*I like those short ones even more.*

2. Use the plural form **gustan** when what is liked (the subject of the sentence) is plural.

Me gusta **el traje.**	→	Me gusta**n los trajes.**
I like the suit.		*I like the suits.*

3. To express the idea that one likes *to do* something, **gustar** is followed by an infinitive. In that case you always use the singular **gusta,** even when you use more than one infinitive in the sentence:

Me gusta ir de compras por la mañana.	*I like to go shopping in the morning.*
A Pepe **le gusta leer** revistas de moda y **llevar** ropa atrevida.	*Pepe likes to read fashion magazines and wear daring clothing.*
Nos gusta llevar zapatos cómodos cuando hacemos ejercicio.	*We like to wear comfortable shoes when we exercise.*

The verbs listed below function like **gustar:**

encantar	*to love; to like very much*
fascinar	*to fascinate*
hacer falta	*to need; to be lacking*
importar	*to matter; to be important*
molestar	*to bother*

Me encanta ir de compras.	*I love to go shopping. (I like shopping very much.)*
A Doug y a David **les fascina** la tienda de ropa Rugby.	*The Rugby clothing store fascinates (is fascinating to) Doug and David.*

¿**Te hace falta** dinero para comprar el vestido? — *Do you need (are you lacking) money to buy the dress?*

A Juan **le importa** el precio de la ropa, no la moda. — *The price of the clothing, not the style, matters (is important) to Juan.*

Nos molestan las personas que llevan sandalias en invierno. — *People who wear sandals in the winter bother us.*

Los pronombres de complemento directo e indirecto usados juntos

You have worked with two types of object pronouns, direct and indirect. Now, note how they are used together in the same sentence.

Paula **nos** está devolviendo **las botas.** → Paula **nos las** está devolviendo.

Paula is giving us back the boots. — *Paula is giving them back to us.*

Ella nunca **nos** presta **sus zapatos.** → Ella nunca **nos los** presta.

She never loans us her shoes. — *She never loans them to us.*

Paula **me** pide **el bolso** ahora. → Paula **me lo** pide ahora.

Paula is asking me for my purse now. — *Paula is asking me for it now.*

Mi novio **me** compró **una blusa blanca.** → Mi novio **me la** compró.

My boyfriend bought me a white blouse. — *My boyfriend bought it for me.*

¡OJO! A change occurs when you use **le** or **les** along with a direct object pronoun that begins with **l: (lo, la, los, las)**: **le** or **les** changes to **se.**

le → se

Paula **le** pide **el bolso a mi hermana.** → Paula **se lo** pide.

Paula is asking my sister for her purse. — *Paula is asking her for it.*

Su novio no **le** compró **una chaqueta.** → Su novio no **se la** compró.

Her boyfriend did not buy her a jacket. — *Her boyfriend did not buy it for her.*

Su novio **le** va a comprar **un traje.** → Su novio **se lo** va a comprar.

Her boyfriend is going to buy her a suit. — *Her boyfriend is going to buy it for her.*

les → se

Paula **les** devuelve **las botas a ellas.** → Paula **se las** devuelve.

Paula is returning the boots to her. — *Paula is returning them to her.*

Yo **le** presto **mis zapatos a mi hermana.** → Yo **se los** presto.

I am loaning my shoes to my sister. — *I am loaning them to her.*

Paula nunca **les** presta **sus cosas.** → Paula nunca **se las** presta.

Paula never loans her things to them. — *Paula never loans them to them.*

Direct and indirect object pronouns may also be attached to infinitives and present participles. Note that when one is attached, an accent is placed over the final vowel of the infinitive and the next-to-last vowel of the participle.

¿Aquel abrigo? Mi madre **me lo** va a comprar.
¿Aquel abrigo? Mi madre va a comprár**melo.** — *That coat over there? My mother is going to buy it for me.*

Me lo está comprando ahora.
Está comprándo**melo** ahora. — *She is buying it for me now.*

Las construcciones reflexivas

Los verbos reflexivos
When the subject both performs and receives the action of the verb, a reflexive verb and pronoun are used.

Reflexive pronouns			
Yo	**me**	divierto	en las fiestas.
Tú	**te**	diviertes	en las fiestas.
Usted	**se**	divierte	en las fiestas.
Él / Ella	**se**	divierte	en las fiestas.
Nosotros	**nos**	divertimos	en las fiestas.
Vosotros	**os**	divertís	en las fiestas.
Ustedes	**se**	divierten	en las fiestas.
Ellos / Ellas	**se**	divierten	en las fiestas.

Reflexive pronouns follow the same rules for position as other object pronouns. Reflexive pronouns:

1. precede conjugated verbs.
2. can be attached to *infinitives* and *present participles* **(-ando, -iendo)**.

Te vas a dormir.
Vas a dormir**te**. — *You are falling asleep.*

¿**Se** van a dormir esta noche?
¿Van a dormir**se** esta noche? — *Are they going to fall asleep tonight?*

¿**Se** están durmiendo?
¿Están durmiéndo**se**? — *Are you all falling asleep?*

Algunos verbos reflexivos	
acordarse de (o → ue)	*to remember*
arreglarse	*to get ready*
callarse	*to get / keep quiet*
divertirse (e → ie → i)	*to enjoy oneself; to have fun*
irse	*to go away; to leave*
lavarse	*to wash oneself*
levantarse	*to get up; to stand up*
llamarse	*to be called*
ponerse (la ropa)	*to put on (one's clothes)*
ponerse (nervioso/ a)	*to get (nervous)*
probarse (o → ue) la ropa	*to try on clothing*
quedarse	*to stay; to remain*
quitarse (la ropa)	*to take off (one's clothes)*
reunirse	*to get together; to meet*
secarse	*to dry off*
sentarse (e → ie)	*to sit down*
sentirse (e → ie → i)	*to feel*

Note: To identify all of the previous verbs as *reflexive*, the infinitives end in **-se.**

El imperfecto

In **Capítulo 7** you learned how to express certain ideas and notions that happened in the past with the preterit. Spanish has another past tense, **el imperfecto,** that *expresses habitual or ongoing past actions, provides descriptions,* or *describes conditions.*

	-ar: hablar	-er: comer	-ir: vivir
yo	habl**aba**	com**ía**	viv**ía**
tú	habl**abas**	com**ías**	viv**ías**
Ud.	habl**aba**	com**ía**	viv**ía**
él/ella	habl**aba**	com**ía**	viv**ía**
nosotros/as	habl**ábamos**	com**íamos**	viv**íamos**
vosotros/as	habl**abais**	com**íais**	viv**íais**
Uds.	habl**aban**	com**ían**	viv**ían**
ellos/as	habl**aban**	com**ían**	viv**ían**

There are only *three irregular verbs* in the imperfect: **ir, ser,** and **ver.**

	ir	ser	ver
yo	iba	era	veía
tú	ibas	eras	veías
Ud.	iba	era	veía
él/ella	iba	era	veía
nosotros/as	íbamos	éramos	veíamos
vosotros/as	ibais	erais	veíais
Uds.	iban	eran	veían
ellos/as	iban	eran	veían

The imperfect is used to:

1. **provide background information, set the stage, or express a condition that existed**

Llovía mucho.	*It was raining a lot.*
Era una noche oscura y nublada.	*It was a dark and cloudy night.*
La mujer **llevaba** un vestido largo y elegante.	*The woman was wearing a long, elegant dress.*
Estábamos en el segundo año de la universidad.	*We were in our second year of college.*
Adriana **estaba** enferma y no **quería** levantarse.	*Adriana was ill and didn't want to get up / get out of bed.*

2. **describe habitual or often repeated actions**

Íbamos al centro comercial todos los viernes. Nos **divertíamos** mucho.	*We went (used to go) to the mall / shopping district every Friday. We had a lot of fun.*
Cuando **era** pequeño, LeBron **jugaba** al básquetbol por lo menos dos horas al día.	*When he was little, LeBron played (used to play) basketball for at least two hours a day.*
Mis padres siempre **se vestían muy bien** los domingos para ir a la iglesia.	*My parents always dressed very well on Sundays to go to church.*

Some words or expressions for describing habitual and repeated actions are:

a menudo	*often*
casi siempre	*almost always*
frecuentemente	*frequently*
generalmente	*generally*
mientras	*while*
muchas veces	*many times*
mucho	*a lot*
normalmente	*normally*
siempre	*always*
todos los días	*every day*

3. **express *was* or *were* + *-ing***

¿**Dormías**?	*Were you sleeping?*
Me duchaba cuando Juan llamó.	*I was showering when Juan called.*
Alberto **leía** mientras Alicia **escuchaba** música.	*Alberto was reading while Alicia was listening to music.*

4. **tell time in the past**

Era la una y yo todavía **estudiaba.**	*It was 1:00 and I was still studying.*
Eran las siete y media y los niños **se dormían.**	*It was 7:30 and the children were falling asleep.*

Capítulo 9 de *¡Anda! Curso elemental*

Un resumen de los pronombres de complemento directo e indirecto y reflexivos

You have already learned the forms, functions, and positioning of the *direct* and *indirect object pronouns*, as well as the *reflexive pronouns*. The following is a review:

LOS PRONOMBRES DE COMPLEMENTO **DIRECTO**		LOS PRONOMBRES DE COMPLEMENTO **INDIRECTO**		LOS PRONOMBRES **REFLEXIVOS**	
Direct object pronouns tell *what* or *who* receives the action of the verb. They replace direct object nouns and are used to avoid repetition.		Indirect object pronouns tell *to whom* or *for whom* something is done or given.		Reflexive pronouns indicate that the *subject* of a sentence or clause *receives the action of the verb.*	
me	*me*	**me**	*to / for me*	**me**	*myself*
te	*you*	**te**	*to / for you*	**te**	*yourself*
lo, la	*you*	**le (se)**	*to / for you*	**se**	*yourself*
lo, la	*him/her/it*	**le (se)**	*to / for him/ her*	**se**	*himself/herself*
nos	*us*	**nos**	*to / for us*	**nos**	*ourselves*
os	*you (all)*	**os**	*to / for you (all)*	**os**	*yourselves*
los, las	*you (all)*	**les (se)**	*to / for you (all)*	**se**	*yourselves*
los, las	*them/you*	**les (se)**	*to / for them/ you*	**se**	*themselves/ yourselves*
Compré la medicina ayer. **La** compré en la Farmacia Fénix. Tengo que dárse**la** a mi hijo.		**Le** compré la medicina ayer. **Le** voy a dar la medicina esta noche.		**Me** cepillo los dientes tres veces al día.	
I bought the medicine yesterday. I bought it it at Fénix Pharmacy. I have to give it to my son.		*I bought him the medicine yesterday. I am going to give him the medicine tonight.*		*I brush my teeth three times a day.*	

Remember the following guidelines on position and sequence:

Position

- Object pronouns and reflexive pronouns come **before** the verb.

El doctor Sánchez **le** dio una inyección a David. — *Dr. Sánchez gave David a shot.*

Después **se** sintió aliviado. — *Then he felt relieved.*

- Object pronouns and reflexive pronouns can also be placed before or be attached to the end of:

a. **infinitives**

La enfermera **me** va a llamar.
La enfermera va a llamar**me.** — *The nurse is going to call me.*

Después **se** va a ir a su casa.
Después va a ir**se** a su casa. — *Then she is going to go home.*

b. **present participles (*-ando*, *-endo*, and *-iendo*)**

La está tomando ahora.
Está tomándo**la** ahora. — *He is taking it now.*

Se está poniendo nervioso.
Está poniéndo**se** nervioso. — *He is getting nervous.*

Sequence

- When a direct (DO) and indirect object (IO) pronoun are used together, ***the indirect object precedes the direct object.***
- If both the direct and the indirect object pronoun begin with the letter "*l*" the indirect object pronoun changes from **le** or **les** to **se,** as in the following example.

Quiero mandar la carta al director ahora.

↓ ↓
DO **IO**
la le (se)
IO **DO**
se la

I want to send the letter to the director now.

↓ ↓
DO **IO**

Se la quiero mandar ahora mismo.
Quiero mandár**sela** ahora mismo. — *I want to send it to him right now.*

¡Qué! y *¡cuánto!*

So far you have used **qué** and **cuánto** as interrogative words, but these words can also be used in exclamatory sentences.

—Felipe, ¡**qué** fiebre tienes! — *Felipe, what a fever you have!*
—María, ¡**cuánto** estornudas! — *María, you are sneezing so much!*
—Mi cabeza, ¡**qué** dolor! — *My head—what pain!*
—**Cuánto** lo siento. — *I'm so sorry. (How sorry I am.)*
—¡**Qué** susto! ¡Se cortó el dedo! — *What a scare! He cut his finger!*
—Se ve muy mal. ¡**Qué** feo! — *It looks really bad. How awful! (It looks awful/ugly.)*
—¡**Qué** doctor! Le salvó la vida. — *What a doctor! He saved his life.*
—**Cuánto** se lo agradezco. — *I'm so thankful. (How grateful I am.)*

Note that in the examples above, **cuánto** accompanies *verbs* and is masculine and singular. When **cuánto** accompanies *nouns* it must agree with them in gender and number:

—¡**Cuántas** recetas y todavía estoy tosiendo! — *So many prescriptions and I am still coughing!*
—Sí, y ¡**cuántos** estudiantes con la misma cosa! — *Yes, and so many students with the same thing!*

El pretérito y el imperfecto

In **Capítulos 7** and **8** you learned about two aspects of the past tense in Spanish, **el pretérito** and **el imperfecto,** which are not interchangeable. Their uses are contrasted below.

The preterit is used:	The imperfect is used:
1. To relate an event or occurrence that refers to *one specific time in the past* ■ **Fuimos** a Cuzco el año pasado. *We went to Cuzco last year.* ■ **Comimos** en el restaurante El Sol y **nos gustó** mucho. *We ate at El Sol restaurant and liked it a lot.*	**1.** To express *habitual* or often *repeated actions* ■ **Íbamos** a Cuzco todos los veranos. *We used to go to Cuzco every summer.* ■ **Comíamos** en el restaurante El Sol todos los lunes. *We used to eat at El Sol Restaurant every Monday.*
2. To relate an act *begun or completed in the past* ■ **Empezó** a llover. *It started to rain.* ■ **Comenzaron** los juegos. *The games began.* ■ La gira **terminó.** *The tour ended.*	**2.** To express *was / were + -ing* ■ **Llovía** sin parar. *It rained without stopping.* ■ **Comenzaban** los juegos cuando llegamos. *The games were beginning when we arrived.* ■ La gira **transcurría** sin ningún problema. *The tour continued without any problems.*
3. To relate a *sequence of events or actions,* each completed and moving the narrative along toward its conclusion ■ **Llegamos** en avión, **recogimos** las maletas y **fuimos** al hotel. *We arrived by plane, picked up our luggage, and went to the hotel.* ■ Al día siguiente **decidimos** ir a Machu Picchu. *The next day we decided to go to Machu Picchu.* ■ **Vimos** muchos ejemplos de la magnífica arquitectura incaica. Después **anduvimos** un poco por el camino de los incas. **Nos divertimos** mucho. *We saw many examples of the magnificent Incan architecture. Afterward we walked a bit on the Incan road. We had a great time.*	**3.** To provide *background* information, set the stage, or express a pre-existing condition ■ **Era** un día oscuro. **Llovía** de vez en cuando. *It was a dark day and it rained once in a while.* ■ Los turistas **llevaban** pantalones cortos y lentes de sol. *The tourists were wearing shorts and sunglasses.* ■ El camino **era** estrecho y **había** muchos turistas. *The path was narrow and there were many tourists.*
4. To relate an action that took place within a specified or *specific amount* (segment*) of time* **Caminé** (por) dos horas. *I walked for two hours.* **Hablamos** (por) cinco minutos. *We talked for five minutes.* **Contemplaron** el templo un rato. *They contemplated the temple for a while.* **Viví** en Ecuador (por) seis años. *I lived in Ecuador for six years.*	**4.** To *tell time* in the past **Era** la una. *It was 1:00.* **Eran** las tres y media. *It was 3:30.* **Era** muy tarde. *It was very late.* **Era** la medianoche. *It was midnight.*
	5. To describe physical and emotional states or characteristics Después del viaje **queríamos** descansar. Yo **tenía** dolor de cabeza y no **me sentía** muy bien. *After the trip we wanted to rest. I had a headache and did not feel well.*

WORDS AND EXPRESSIONS THAT COMMONLY SIGNAL:

Preterit	Imperfect
anoche	a menudo
anteayer	cada semana / mes / año
ayer	con frecuencia
de repente (*suddenly*)	de vez en cuando (*once in a while*)
el fin de semana pasado	mientras
el mes pasado	muchas veces
el lunes pasado / el martes pasado, etc.	frecuentemente
esta mañana	todos los lunes / martes, etc.
una vez, dos veces, etc.	todas las semanas
	todos los días / meses / años
	siempre

Note: The **pretérito** and the **imperfecto** can be used in the same sentence.

Veían la televisión cuando **sonó** el teléfono. *They were watching television when the phone rang.*

In the preceding sentence, an action was going on (**veían**) when it was interrupted by another action (**sonó el teléfono**).

Expresiones con *hacer*

The verb **hacer** means *to do* or *to make*. You have also used **hacer** in idiomatic expressions dealing with weather.

There are some additional special constructions with **hacer** that deal with time. **Hace** is used:

1. **to discuss an action that began in the past but is still going on in the present.**

hace + *period of time* + **que** + *verb in present tense*

Hace cuatro días **que** tengo la gripe. — *I've had the flu for four days (and still have it).*

Hace dos años **que** soy enfermera. — *I've been a nurse for two years.*

2. **to ask how long something has been going on.**

cuánto (tiempo) + **hace** + **que** + *verb in present tense*

¿Cuántos años **hace que** estudias medicina? — *How many years have you been studying medicine?*

¿Cuánto tiempo **hace que** estudias medicina? — *How long have you been studying medicine?*

¿Cuántos meses **hace que** tu abuela guarda cama? — *How many months has your grandmother been staying in bed?*

¿Cuánto tiempo **hace que** tu abuela guarda cama? — *How long has your grandmother been staying in bed?*

3. **in the preterit to tell how long ago something happened.**

hace + *period of time* + **que** + *verb in preterit*

Hace cuatro años **que** empecé a estudiar medicina. — *I began to study medicine four years ago.*

Hace seis años **que** me mudé aquí para estudiar. — *I moved here six years ago to study.*

or

verb in the preterit + **hace** + *period of time*

Empecé a estudiar medicina **hace** cuatro años. — *I began to study medicine four years ago.*

Me mudé aquí **hace** seis años. — *I moved here six years ago.*

Note that in this construction **hace** can either precede or follow the rest of the sentence. When it follows, **que** is not used.

4. **to ask how long ago something happened.**

cuánto (tiempo) + **hace** + **que** + *verb in preterit*

¿Cuánto tiempo **hace que** empezaste a estudiar medicina? — *How long ago did you begin to study medicine?*

¿Cuánto tiempo **hace que** te enfermaste? — *How long ago did you get sick?*

Capítulo 10 de ¡*Anda! Curso elemental*

Los mandatos informales

When you need to give orders, advise, or ask people to do something, you use commands. If you are addressing a friend or someone you normally address as **tú**, you use informal commands. You have been responding to **tú** commands since the beginning of ***¡Anda! Curso elemental*: escucha, escribe, abre tu libro en la página...**, etc.

1. **The affirmative *tú* command form is the same as the *él, ella, Ud.* form of the present tense of the verb:**

Infinitive		Present tense	Affirmative *tú* command
llen**ar**	él, ella, Ud.	llen**a**	llen**a**
le**er**	él, ella, Ud.	le**e**	le**e**
ped**ir**	él, ella, Ud.	pid**e**	pid**e**

Llen**a** el tanque.	*Fill the tank.*
Dobl**a** a la derecha.	*Turn to the right.*
Conduc**e** con cuidado.	*Drive carefully.*
Pid**e** permiso.	*Ask permission.*

There are eight common verbs that have irregular affirmative *tú* commands:

decir	→	**di**	ir	→	**ve**
hacer	→	**haz**	poner	→	**pon**
salir	→	**sal**	tener	→	**ten**
ser	→	**sé**	venir	→	**ven**

Sé respetuoso con los peatones.	*Be respectful of pedestrians.*
Ten cuidado al conducir.	*Be careful when driving.*
Ven al aeropuerto con tu pasaporte.	*Come to the airport with your passport.*
Pon las llaves en la mesa.	*Put the keys on the table.*

2. **To form the negative *tú* (informal) commands:**
   1. Take the **yo** form of the present tense of the verb.
   2. Drop the **-o** ending.
   3. Add ***-es*** for **-ar** verbs, and add ***-as*** for **-er** and **-ir** verbs.

Infinitive	Present tense		Negative *tú* command
llenar	yo llenø	+ es	no llen**es**
leer	yo leø	+ as	no le**as**
pedir	yo pidø	+ as	no pid**as**

No llen**es** el tanque.	*Don't fill the tank.*
No dobl**es** a la derecha.	*Don't turn to the right.*
No conduzc**as** muy rápido.	*Don't drive very fast.*
No pid**as** permiso.	*Don't ask permission.*

Verbs ending in **-car, -gar,** and **-zar** have spelling changes in the negative **tú** command. These spelling changes are needed to preserve the sounds of the infinitive endings.

Infinitive	Present tense		Negative *tú* command
sa**car**	yo sa**c**ø	**c → qu**	no sa**qu**es
lle**gar**	yo lle**g**ø	**g → gu**	no lle**gu**es
empe**zar**	yo empie**z**ø	**z → c**	no empie**c**es

3. **Object and reflexive pronouns are used with *tú* commands in the following ways:**

   a. They are *attached* to the ends of *affirmative* commands. When a command is made up of more than two syllables after the pronoun(s) is / are attached, a written accent mark is placed over the stressed vowel.

Se pinchó una llanta. **¡Cámbiamela!**	*I've got a flat tire. Change it for me!*
Tu bicicleta no funciona. **Revísala.**	*Your bike does not work. Check it.*
Me gusta tu coche. **Préstamelo.**	*I like your car. Loan it to me.*
Llegamos tarde. **¡Estaciónate,** por favor!	*We are late. Park, please!*

   b. They are placed *before negative* **tú** commands.

No se nos pinchó una llanta.	*We don't have a flat tire.*
¡No **me la** cambies!	*Don't change it for me!*
Tu bicicleta funciona.	*Your bicycle works.*
No **la** revises.	*Don't check it.*
No me gusta tu coche.	*I don't like your car.*
No **me lo** prestes.	*Don't loan it to me.*
Llegamos tarde.	*We are late.*
No **te** estaciones aquí, por favor.	*Do not park here, please.*

Los mandatos formales

When you need to influence others by making a request, giving advice, giving instructions, or giving orders to people you normally treat as **Ud.** or **Uds.,** you are going to use a different set of commands: **formal** commands. The forms of these commands are similar to the negative **tú** command forms.

1. **To form the *Ud.* and *Uds.* commands:**
   1. Take the **yo** form of the present tense of the verb.
   2. Drop the **-o** ending.
   3. Add ***-e(n)*** for **-ar** verbs, and add ***-a(n)*** for **-er** and **-ir** verbs.

Infinitive	Present tense		*Ud.* commands	*Uds.* commands
limpiar	yo limpiø	+ e(n)	(no) limpie	(no) limpien
leer	yo leø	+ a(n)	(no) lea	(no) lean
pedir	yo pidø	+ a(n)	(no) pida	(no) pidan

Llene el tanque. **Llénelo.** — *Fill up the tank. Fill it.*

No limpie el parabrisas. **No lo limpie.** — *Don't clean the windshield. Don't clean it.*

Conduzca el camión para su tío. **Condúzcalo.** — *Drive the truck for your uncle. Drive it.*

No ponga esa gasolina cara en el coche. — *Don't put that expensive gasoline in the car.*

No la ponga en el coche. — *Don't put it in the car.*

Traiga su licencia. **Tráigala.** — *Bring your license. Bring it.*

No busquen sus llaves. **No las busquen.** — *Don't look for your keys. Don't look for them.*

2. **Verbs ending in *-car, -gar*, and *-zar* have spelling changes in the *Ud.* and *Uds.*** commands. These spelling changes are needed to preserve the sounds of the infinitive endings.

Infinitive	Present tense		*Ud/Uds.* commands
sacar	yo sacø	c → qu	saque(n)
llegar	yo llegø	g → gu	llegue(n)
empezar	yo empiezø	z → c	empiece(n)

3. **These verbs also have irregular forms for the *Ud. / Uds.* commands:**

dar	**dé(n)**	ir	**vaya(n)**	ser	**sea(n)**
estar	**esté(n)**	saber	**sepa(n)**		

Finally, compare the forms of the *tú* and *Ud. / Uds.* commands:

	Tú commands		*Ud. / Uds.* commands	
	Affirmative	Negative	Affirmative	Negative
hablar	habla	no hables	hable(n)	no hable(n)
comer	come	no comas	coma(n)	no coma(n)
pedir	pide	no pidas	pida(n)	no pida(n)

Otras formas del posesivo

In **Capítulo 1**, you learned how to say *my, your, his, ours*, etc. (**mi/s, tu/s, su/s, nuestro/a/os/as, vuestro/a/os/as, su/s**). In Spanish you can also show possession with the long (or stressed) forms, the equivalents of the English *of mine, of yours, of his, of hers, of ours*, and *of theirs*.

Singular		Plural		
Masculine	Feminine	Masculine	Feminine	
mío	mía	míos	mías	*mine*
tuyo	tuya	tuyos	tuyas	*yours* (fam.)
suyo	suya	suyos	suyas	*his, hers, yours* (for.), *theirs* (form.)
nuestro	nuestra	nuestros	nuestras	*ours*
vuestro	vuestra	vuestros	vuestras	*yours* (fam.)

Mi coche funciona bien.	**El coche mío** funciona bien.	**El mío** funciona bien.
Nuestros boletos cuestan mucho.	**Los boletos nuestros** cuestan mucho.	**Los nuestros** cuestan mucho.
¿Dónde están **tus** llaves?	¿Dónde están **las llaves tuyas**?	¿Dónde están **las tuyas**?
Su multa es de $100.	**La multa suya** es de $100.	**La suya** es de $100.

Note that the third-person forms (**suyo/a/os/as**) can have more than one meaning. To avoid confusion, you can use:

article + *noun* + de + *subject pronoun:*

el coche suyo { el coche de él/ella; el coche de Ud.; el coche de ellos/ellas; el coche de Uds. }

El comparativo y el superlativo

El comparativo

Just as English does, Spanish uses comparisons to specify which of two people, places, or things has a lesser, equal, or greater degree of a particular quality.

1. **The formula for comparing unequal things follows the same pattern as in English:**

   más + *adjective / adverb / noun* + **que** — *more . . . than*

   menos + *adjective / adverb / noun* + **que** — *less . . . than*

El Hotel Hilton es **más** caro **que** el Motel 6. — *The Hilton is **more** expensive **than** Motel 6.*

El Motel 6 hace reservas **más** rápidamente **que** el Hotel Hilton. — *Motel 6 makes reservations **faster than** the Hilton.*

En esta ciudad hay **menos** hoteles **que** moteles. — *In this city there are **fewer** hotels **than** motels.*

- When comparing numbers, **de** is used instead of **que**:

El Hilton de Bogotá tiene **más de** doscientos cuartos. — *The Bogotá Hilton has **more than** two hundred rooms.*

2. **The formula for comparing two or more *equal* things also follows the same pattern as in English:**

tan + *adjective / adverb* + **como** — *as . . . as*

tanto(a/os/as) + *noun* + **como** — *as much / many . . . as*

La agencia de viajes Mundotur es **tan** conocida **como** Meliá.	*The Mundotur travel agency is **as** well known **as** Meliá.*
Estos vuelos son **tan** caros **como** esos.	*These flights are **as** expensive **as** those.*
Mi coche va **tan** rápido **como** un Ferrari.	*My car is **as** fast **as** a Ferrari.*
No tengo **tantas** maletas **como** tú.	*I don't have **as many** suitcases **as** you (do).*
No hay **tanto** tráfico **como** ayer.	*There isn't **as much** traffic **as** yesterday.*

El superlativo

1. **To compare three or more people or things, use the superlative. The formula for expressing the superlative is:**

el, la, los, las (*noun*) + **más / menos** + *adjective* (+ **de**)

La agencia de viajes Viking es **la** agencia **más** popular **de** nuestro pueblo.	*The Viking Travel Agency is the most popular (travel) agency in our town.*
—¿Es el aeropuerto Hartsfield de Atlanta **el** aeropuerto **más** concurrido **de** los Estados Unidos?	*Is Atlanta's Hartsfield Airport the busiest airport in the United States?*
—Sí, ¡y el aeropuerto de mi ciudad es **el menos** concurrido!	*Yes, and my city's airport is the least busy!*

2. **The following adjectives have irregular comparative and superlative forms.**

		Comparative		Superlative	
bueno/a	*good*	**mejor**	*better*	**el/la mejor**	*the best*
malo/a	*bad*	**peor**	*worse*	**el/la peor**	*the worst*
grande	*big*	**mayor**	*bigger*	**el/la mayor**	*the biggest*
pequeño/a	*small*	**menor**	*smaller*	**el/la menor**	*the smallest*
joven	*young*	**menor**	*younger*	**el/la menor**	*the youngest*
viejo/a	old	**mayor**	*older*	**el/la mayor**	*the eldest*

Comparative:

Mi clase de español es **mejor que** mis otras clases. — *My Spanish class is better than my other classes.*

Superlative:

Mi clase de español es **la mejor de** mis clases. — *My Spanish class is the best (one) of my classes.*

Capítulo 11 de *¡Anda! Curso elemental*

In Spanish, *tenses* such as the present, past, and future are grouped under two different moods, the **indicative** mood and the **subjunctive** mood.

Up to this point you have studied tenses grouped under the *indicative* mood (with the exception of commands) to report what happened, is happening, or will happen. The *subjunctive* mood, on the other hand, is used to express doubt, insecurity, influence, opinion, feelings, hope, wishes, or desires that can be happening now, have happened in the past, or will happen in the future. In this chapter you will learn the present tense of the *subjunctive mood.*

Present subjunctive

To form the subjunctive, take the **yo** form of the present indicative, drop the final **-o,** and add the following endings.

Present indicative	*yo* form		Present subjunctive
estudiar	estudiø	+ e	**estudie**
comer	comø	+ a	**coma**
vivir	vivø	+ a	**viva**

	estudiar	comer	vivir
yo	estudi**e**	com**a**	viv**a**
tú	estudi**es**	com**as**	viv**as**
Ud.	estudi**e**	com**a**	viv**a**
él, ella	estudi**e**	com**a**	viv**a**
nosotros/as	estudi**emos**	com**amos**	viv**amos**
vosotros/as	estudi**éis**	com**áis**	viv**áis**
Uds.	estudi**en**	com**an**	viv**an**
ellos/as	estudi**en**	com**an**	viv**an**

Irregular forms

- Verbs with irregular **yo** forms maintain this irregularity in all forms of the present subjunctive. Note the following examples.

	conocer	hacer	poner	venir
yo	cono**zca**	ha**ga**	pon**ga**	ven**ga**
tú	cono**zcas**	ha**gas**	pon**gas**	ven**gas**
Ud.	cono**zca**	ha**ga**	pon**ga**	ven**ga**
él, ella	cono**zca**	ha**ga**	pon**ga**	ven**ga**

	conocer	hacer	poner	venir
nosotros/as	conozcamos	hagamos	pongamos	vengamos
vosotros/as	conozcáis	hagáis	pongáis	vengáis
Uds.	conozcan	hagan	pongan	vengan
ellos/as	conozcan	hagan	pongan	vengan

- Verbs ending in **-car, -gar,** and **-zar** have spelling changes in all present subjunctive forms, in order to maintain the sounds of the infinitives.

		Present indicative	Present subjunctive
buscar	c → qu	yo buscø	busque
pagar	g → gu	yo pagø	pague
empezar	z → c	yo empiezø	empiece

	buscar	pagar	empezar
yo	busque	pague	empiece
tú	busques	pagues	empieces
Ud.	busque	pague	empiece
él, ella	busque	pague	empiece
nosotros/as	busquemos	paguemos	empecemos
vosotros/as	busquéis	paguéis	empecéis
Uds.	busquen	paguen	empiecen
ellos/as	busquen	paguen	empiecen

Stem-changing verbs

In the present subjunctive, stem-changing **-ar** and **-er** verbs make the same vowel changes that they do in the present indicative: **e → ie** and **o → ue.**

	pensar (e → ie)	poder (o → ue)
yo	piense	pueda
tú	pienses	puedas
Ud.	piense	pueda
él, ella	piense	pueda
nosotros/as	pensemos	podamos
vosotros/as	penséis	podáis
Uds.	piensen	puedan
ellos/as	piensen	puedan

The pattern is different with the **-ir** stem-changing verbs. In addition to their usual changes of **e → ie, e → i,** and **o → ue,** in the **nosotros** and **vosotros** forms the stem vowels change **ie → i** and **ue → u.**

	sentir (e → ie, i)	dormir (o → ue, u)
yo	sienta	duerma
tú	sientas	duermas
Ud.	sienta	duerma
él, ella	sienta	duerma
nosotros/as	sintamos	durmamos
vosotros/as	sintáis	durmáis
Uds.	sientan	duerman
ellos/as	sientan	duerman

The **e → i** stem-changing verbs keep the change in all forms.

	pedir (e → i, i)
yo	pida
tú	pidas
Ud.	pida
él, ella	pida
nosotros/as	pidamos
vosotros/as	pidáis
Uds.	pidan
ellos/as	pidan

Irregular verbs in the present subjunctive

- The following verbs are irregular in the subjunctive.

	dar	estar	saber	ser	ir
yo	dé	esté	sepa	sea	vaya
tú	des	estés	sepas	seas	vayas
Ud.	dé	esté	sepa	sea	vaya
él, ella	dé	esté	sepa	sea	vaya
nosotros/as	demos	estemos	sepamos	seamos	vayamos
vosotros/as	deis	estéis	sepáis	seáis	vayáis
Uds.	den	estén	sepan	sean	vayan
ellos/as	den	estén	sepan	sean	vayan

Dar has written accents on the first- and third-person singular forms (**dé**) to distinguish them from the preposition **de.** All forms of **estar,** except the **nosotros** form, have written accents in the present subjunctive.

Using the subjunctive

One of the uses of the subjunctive is with fixed expressions that communicate opinion, doubt, probability, and wishes. They are always followed by the subjunctive.

Opinion

Es bueno / malo / mejor que...	*It's good / bad / better that . . .*
Es importante que...	*It's important that . . .*
Es increíble que...	*It's incredible that . . .*
Es una lástima que...	*It's a pity that . . .*
Es necesario que...	*It's necessary that . . .*
Es preferible que...	*It's preferable that . . .*
Es raro que...	*It's rare that . . .*

Doubt and probability

Es dudoso que...	*It's doubtful that . . .*
Es imposible que...	*It's impossible that . . .*
Es improbable que...	*It's unlikely that . . .*
Es posible que...	*It's possible that . . .*
Es probable que...	*It's likely that . . .*

Wishes and hopes

Ojalá (que)…	*Let's hope that . . . / Hopefully . . .*
Es necesario que protejamos los animales en peligro de extinción.	*It's necessary that we protect endangered species.*
Es una lástima que algunas personas no quieran reciclar el plástico, el vidrio, el aluminio y el papel.	*It's a shame that some people don't want to recycle plastic, glass, aluminum, and paper.*
Ojalá (que) haya menos destrucción del medio ambiente en el futuro.	*Let's hope that there is less destruction of the environment in the future.*

Por y para

As you have seen, Spanish has two main words to express *for:* **por** and **para.** They have distinct uses and are not interchangeable.

POR is used to express:	PARA is used to express:
1. Duration of time (*during, for*) El presidente ocupa la presidencia (**por**) cuatro años consecutivos. *The president holds the presidency for four consecutive years.* El alcalde habló (**por**) más de media hora. *The mayor spoke for more than a half hour.*	**1. Point in time or a deadline (*for, by*)** Es dudoso que todos los problemas se solucionen **para** el final de su presidencia. *It is doubtful that all the problems will be solved by the end of her presidency.* Es importante que bajemos los impuestos **para** el próximo año. *It is important that we lower taxes by next year.*
2. Movement or location (*through, along, past, around*) Los candidatos van **por** la calle hablando con la gente. *The candidates are going through the streets talking with the people.* El rey saluda **por** la ventana. *The king is waving through the window.*	**2. Destination (*for*)** La reina sale hoy **para** Puerto Rico. *The queen leaves for Puerto Rico today.* Los diputados se fueron **para** el Capitolio. *The representatives left for the Capitol.*
3. Motive (*on account of, because of, for*) Decidimos meternos en política **por** nuestros hijos. Queremos asegurarles un futuro mejor. *We decided to get involved in politics because of our children. We want to assure them a better future.* En resumen, nos dijeron que hay que reciclar **por** el futuro de nuestro planeta. *In short, they told us that we must recycle for the future of our planet.*	**3. Recipients or intended person or persons (*for*)** Mi hermano escribe discursos **para** la gobernadora. *My brother writes speeches for the governor.* Necesitamos un avión **para** el dictador. *We need a plane for the dictator.*
4. Exchange (*in exchange for*) Gracias **por** su ayuda, señora Presidenta. *Thank you for your help, Madam President.* Limpiaron el vertedero **por** diez mil dólares. *They cleaned the dump for ten thousand dollars.*	**4. Comparison (*for*)** **Para** un hombre que sabe tanto de la política, no tiene ni idea sobre la delincuencia de nuestras calles. *For a man who knows so much about politics, he has no idea about the crime on our streets.* La tasa de desempleo es bastante baja **para** un país en desarrollo. *The unemployment rate is quite low for a developing country.*

POR is used to express:	PARA is used to express:
5. Means (*by*)	**5. Purpose or goal (*to, in order to*)**
Los diputados discutieron los resultados de las elecciones **por** teléfono.	**Para** recibir más votos, la candidata necesita proponer soluciones **para** los problemas con la deuda externa.
The representatives argued about the election results over the phone.	*(In order) To receive more votes, the candidate needs to propose solutions to the problems with foreign debt.*
¿Los reyes van a viajar **por** barco o **por** avión?	Hay que luchar contra la contaminacón **para** proteger el medio ambiente.
Are the king and queen going to travel by ship or by plane?	*One needs to fight pollution to protect the environment.*

Las preposiciones y los pronombres preposicionales

Besides the prepositions **por** and **para,** there is a variety of useful prepositions and prepositional phrases, many of which you have already been using throughout ***¡Anda! Curso elemental.*** Study the following list to review the ones you already know and to acquaint yourself with those that may be new to you.

a	*to; at*
a la derecha de	*to the right of*
a la izquierda de	*to the left of*
acerca de	*about*
(a)fuera de	*outside of*
al lado de	*next to*
antes de	*before (time / space)*
cerca de	*near*
con	*with*
de	*of; from; about*
debajo de	*under; underneath*
delante de	*in front of*
dentro de	*inside of*
desde	*from*
después de	*after*
detrás de	*behind*
en	*in*
encima de	*on top of*
enfrente de	*across from; facing*
entre	*among; between*
hasta	*until*
lejos de	*far from*
para	*for; in order to*
por	*for; through; by; because of*
según	*according to*
sin	*without*
sobre	*over; about*

El centro de reciclaje está **a la derecha del** supermercado.	*The recycling center is to the right of the supermarket.*
La alcadesa va a hablar **acerca de** los problemas que tenemos con la protección del cocodrilo cubano.	*The mayor is going to speak about the problems we are having with the protection of the Cuban crocodile.*
Vimos un montón de plástico **encima del** papel.	*We saw a mountain of plastic on top of the paper.*
Quieren sembrar flores **enfrente del** vertedero.	*They want to plant flowers in front of the dump.*
El proyecto no puede tener éxito **sin** el apoyo del gobierno local.	*The project cannot be successful without the support of the local government.*

Los pronombres preposicionales

Study the list of pronouns that are used following prepositions.

mí	*me*	**nosotros/as**	*us*
ti	*you*	**vosotros/as**	*you*
usted	*you*	**ustedes**	*you*
él	*him*	**ellos**	*them*
ella	*her*	**ellas**	*them*

Para mí, es muy importante resolver el problema de la lluvia ácida.	*For me, it's really important to solve the problem of acid rain.*
¿Qué candidato está sentado **enfrente de ti**?	*Which candidate is seated in front of you?*
Se fueron de la huelga **sin nosotros.**	*They left the strike without us.*
Trabajamos **con ellos** para proteger el medio ambiente.	*We work with them to protect the environment.*

A38

*Note that **con** has two special forms:

1. con + mí = **conmigo**

—¿Vienes **conmigo** al discurso?

Are you coming with me to listen to the speech?

2. con + ti = **contigo** *with you*

—Sí, voy **contigo.**

Yes, I'm going with you.

El infinitivo después de preposiciones

In Spanish, if you need to use a verb immediately after a preposition, it must always be in the **infinitive** form. Study the following examples:

Antes de reciclar las latas debes limpiarlas. *Before recycling the cans, you should clean them.*

Después de pisar la hormiga la niña empezó a llorar. *After stepping on the ant, the little girl began to cry.*

Es fácil decidir **entre reciclar** y **botar.** *It is easy to decide between recycling and throwing away.*

Necesitamos trabajar con personas de todos los países **para proteger** mejor la Tierra. *We need to work with people from all countries in order to better protect the Earth.*

Ganaste el premio **por estar** tan interesado en el medio ambiente. *You won the prize for being so interested in the environment.*

No podemos vivir **sin trabajar** juntos. *We cannot live without working together.*

Appendix 4

Verb Charts

A40

Regular Verbs: Simple Tenses

Infinitive Present Participle Past Participle	Indicative					Subjunctive		Imperative
	Present	Imperfect	Preterit	Future	Conditional	Present	Imperfect	Commands
hablar hablando hablado	hablo hablas habla hablamos habláis hablan	hablaba hablabas hablaba hablábamos hablabais hablaban	hablé hablaste habló hablamos hablasteis hablaron	hablaré hablarás hablará hablaremos hablaréis hablarán	hablaría hablarías hablaría hablaríamos hablaríais hablarían	hable hables hable hablemos habléis hablen	hablara hablaras hablara habláramos hablarais hablaran	habla (tú), no hables hable (usted) hablemos hablad (vosotros), no habléis hablen (Uds.)
comer comiendo comido	como comes come comemos coméis comen	comía comías comía comíamos comíais comían	comí comiste comió comimos comisteis comieron	comeré comerás comerá comeremos comeréis comerán	comería comerías comería comeríamos comeríais comerían	coma comas coma comamos comáis coman	comiera comieras comiera comiéramos comierais comieran	come (tú), no comas coma (usted) comamos comed (vosotros), no comáis coman (Uds.)
vivir viviendo vivido	vivo vives vive vivimos vivís viven	vivía vivías vivía vivíamos vivíais vivían	viví viviste vivió vivimos vivisteis vivieron	viviré vivirás vivirá viviremos viviréis vivirán	viviría vivirías viviría viviríamos viviríais vivirían	viva vivas viva vivamos viváis vivan	viviera vivieras viviera viviéramos vivierais vivieran	vive (tú), no vivas viva (usted) vivamos vivid (vosotros), no viváis vivan (Uds.)

Regular Verbs: Perfect Tenses

Indicative										Subjunctive			
Present Perfect		Past Perfect		Preterit Perfect		Future Perfect		Conditional Perfect		Present Perfect		Past Perfect	
he has ha hemos habéis han	hablado comido vivido	había habías había habíamos habíais habían	hablado comido vivido	hube hubiste hubo hubimos hubisteis hubieron	hablado comido vivido	habré habrás habrá habremos habréis habrán	hablado comido vivido	habría habrías habría habríamos habríais habrían	hablado comido vivido	haya hayas haya hayamos hayáis hayan	hablado comido vivido	hubiera hubieras hubiera hubiéramos hubierais hubieran	hablado comido vivido

Irregular Verbs

Infinitive Present Participle Past Participle	Indicative					Subjunctive		Imperative
	Present	Imperfect	Preterit	Future	Conditional	Present	Imperfect	Commands
andar andando andado	ando andas anda andamos andáis andan	andaba andabas andaba andábamos andabais andaban	anduve anduviste anduvo anduvimos anduvisteis anduvieron	andaré andarás andará andaremos andaréis andarán	andaría andarías andaría andaríamos andaríais andarían	ande andes ande andemos andéis anden	anduviera anduvieras anduviera anduviéramos anduvierais anduvieran	anda (tú), no andes ande (usted) andemos andad (vosotros), no andéis anden (Uds.)
caer cayendo caído	caigo caes cae caemos caéis caen	caía caías caía caíamos caíais caían	caí caíste cayó caímos caísteis cayeron	caeré caerás caerá caeremos caeréis caerán	caería caerías caería caeríamos caeríais caerían	caiga caigas caiga caigamos caigáis caigan	cayera cayeras cayera cayéramos cayerais cayeran	cae (tú), no caigas caiga (usted) caigamos caed (vosotros), no caigáis caigan (Uds.)
dar dando dado	doy das da damos dais dan	daba dabas daba dábamos dabais daban	di diste dio dimos disteis dieron	daré darás dará daremos daréis darán	daría darías daría daríamos daríais darían	dé des dé demos deis den	diera dieras diera diéramos dierais dieran	da (tú), no des dé (usted) demos dad (vosotros), no deis den (Uds.)
decir diciendo dicho	digo dices dice decimos decís dicen	decía decías decía decíamos decíais decían	dije dijiste dijo dijimos dijisteis dijeron	diré dirás dirá diremos diréis dirán	diría dirías diría diríamos diríais dirían	diga digas diga digamos digáis digan	dijera dijeras dijera dijéramos dijerais dijeran	di (tú), no digas diga (usted) digamos decid (vosotros), no digáis digan (Uds.)

Irregular Verbs (continued)

Infinitive Present Participle Past Participle	Indicative					Subjunctive		Imperative
	Present	Imperfect	Preterit	Future	Conditional	Present	Imperfect	Commands
estar estando estado	estoy estás está estamos estáis están	estaba estabas estaba estábamos estabais estaban	estuve estuviste estuvo estuvimos estuvisteis estuvieron	estaré estarás estará estaremos estaréis estarán	estaría estarías estaría estaríamos estaríais estarían	esté estés esté estemos estéis estén	estuviera estuvieras estuviera estuviéramos estuvierais estuvieran	está (tú), no estés esté (usted) estemos estad (vosotros), no estéis estén (Uds.)
haber habiendo habido	he has ha hemos habéis han	había habías había habíamos habíais habían	hube hubiste hubo hubimos hubisteis hubieron	habré habrás habrá habremos habréis habrán	habría habrías habría habríamos habríais habrían	haya hayas haya hayamos hayáis hayan	hubiera hubieras hubiera hubiéramos hubierais hubieran	
hacer haciendo hecho	hago haces hace hacemos hacéis hacen	hacía hacías hacía hacíamos hacíais hacían	hice hiciste hizo hicimos hicisteis hicieron	haré harás hará haremos haréis harán	haría harías haría haríamos haríais harían	haga hagas haga hagamos hagáis hagan	hiciera hicieras hiciera hiciéramos hicierais hicieran	haz (tú), no hagas haga (usted) hagamos haced (vosotros), no hagáis hagan (Uds.)
ir yendo ido	voy vas va vamos vais van	iba ibas iba íbamos ibais iban	fui fuiste fue fuimos fuisteis fueron	iré irás irá iremos iréis irán	iría irías iría iríamos iríais irían	vaya vayas vaya vayamos vayáis vayan	fuera fueras fuera fuéramos fuerais fueran	ve (tú), no vayas vaya (usted) vamos, no vayamos id (vosotros), no vayáis vayan (Uds.)
oír oyendo oído	oigo oyes oye oímos oís oyen	oía oías oía oíamos oíais oían	oí oíste oyó oímos oísteis oyeron	oiré oirás oirá oiremos oiréis oirán	oiría oirías oiría oiríamos oiríais oirían	oiga oigas oiga oigamos oigáis oigan	oyera oyeras oyera oyéramos oyerais oyeran	oye (tú), no oigas oiga (usted) oigamos oíd (vosotros), no oigáis oigan (Uds.)

Irregular Verbs (continued)

Infinitive Present Participle Past Participle	Indicative: Present	Indicative: Imperfect	Indicative: Preterit	Indicative: Future	Indicative: Conditional	Subjunctive: Present	Subjunctive: Imperfect	Imperative: Commands
poder pudiendo podido	puedo puedes puede podemos podéis pueden	podía podías podía podíamos podíais podían	pude pudiste pudo pudimos pudisteis pudieron	podré podrás podrá podremos podréis podrán	podría podrías podría podríamos podríais podrían	pueda puedas pueda podamos podáis puedan	pudiera pudieras pudiera pudiéramos pudierais pudieran	
poner poniendo puesto	pongo pones pone ponemos ponéis ponen	ponía ponías ponía poníamos poníais ponían	puse pusiste puso pusimos pusisteis pusieron	pondré pondrás pondrá pondremos pondréis pondrán	pondría pondrías pondría pondríamos pondríais pondrían	ponga pongas ponga pongamos pongáis pongan	pusiera pusieras pusiera pusiéramos pusierais pusieran	pon (tú), no pongas ponga (usted) pongamos poned (vosotros), no pongáis pongan (Uds.)
querer queriendo querido	quiero quieres quiere queremos queréis quieren	quería querías quería queríamos queríais querían	quise quisiste quiso quisimos quisisteis quisieron	querré querrás querrá querremos querréis querrán	querría querrías querría querríamos querríais querrían	quiera quieras quiera queramos queráis quieran	quisiera quisieras quisiera quisiéramos quisierais quisieran	quiere (tú), no quieras quiera (usted) queramos quered (vosotros), no queráis quieran (Uds.)
saber sabiendo sabido	sé sabes sabe sabemos sabéis saben	sabía sabías sabía sabíamos sabíais sabían	supe supiste supo supimos supisteis supieron	sabré sabrás sabrá sabremos sabréis sabrán	sabría sabrías sabría sabríamos sabríais sabrían	sepa sepas sepa sepamos sepáis sepan	supiera supieras supiera supiéramos supierais supieran	sabe (tú), no sepas sepa (usted) sepamos sabed (vosotros), no sepáis sepan (Uds.)
salir saliendo salido	salgo sales sale salimos salís salen	salía salías salía salíamos salíais salían	salí saliste salió salimos salisteis salieron	saldré saldrás saldrá saldremos saldréis saldrán	saldría saldrías saldría saldríamos saldríais saldrían	salga salgas salga salgamos salgáis salgan	saliera salieras saliera saliéramos salierais salieran	sal (tú), no salgas salga (usted) salgamos salid (vosotros), no salgáis salgan (Uds.)

Irregular Verbs (continued)

Infinitive Present Participle Past Participle	Indicative					Subjunctive		Imperative
	Present	Imperfect	Preterit	Future	Conditional	Present	Imperfect	Commands
ser siendo sido	soy eres es somos sois son	era eras era éramos erais eran	fui fuiste fue fuimos fuisteis fueron	seré serás será seremos seréis serán	sería serías sería seríamos seríais serían	sea seas sea seamos seáis sean	fuera fueras fuera fuéramos fuerais fueran	sé (tú), no seas sea (usted) seamos sed (vosotros), no seáis sean (Uds.)
tener teniendo tenido	tengo tienes tiene tenemos tenéis tienen	tenía tenías tenía teníamos teníais tenían	tuve tuviste tuvo tuvimos tuvisteis tuvieron	tendré tendrás tendrá tendremos tendréis tendrán	tendría tendrías tendría tendríamos tendríais tendrían	tenga tengas tenga tengamos tengáis tengan	tuviera tuvieras tuviera tuviéramos tuvierais tuvieran	ten (tú), no tengas tenga (usted) tengamos tened (vosotros), no tengáis tengan (Uds.)
traer trayendo traído	traigo traes trae traemos traéis traen	traía traías traía traíamos traíais traían	traje trajiste trajo trajimos trajisteis trajeron	traeré traerás traerá traeremos traeréis traerán	traería traerías traería traeríamos traeríais traerían	traiga traigas traiga traigamos traigáis traigan	trajera trajeras trajera trajéramos trajerais trajeran	trae (tú), no traigas traiga (usted) traigamos traed (vosotros), no traigáis traigan (Uds.)
venir viniendo venido	vengo vienes viene venimos venís vienen	venía venías venía veníamos veníais venían	vine viniste vino vinimos vinisteis vinieron	vendré vendrás vendrá vendremos vendréis vendrán	vendría vendrías vendría vendríamos vendríais vendrían	venga vengas venga vengamos vengáis vengan	viniera vinieras viniera viniéramos vinierais vinieran	ven (tú), no vengas venga (usted) vengamos venid (vosotros), no vengáis vengan (Uds.)
ver viendo visto	veo ves ve vemos veis ven	veía veías veía veíamos veíais veían	vi viste vio vimos visteis vieron	veré verás verá veremos veréis verán	vería verías vería veríamos veríais verían	vea veas vea veamos veáis vean	viera vieras viera viéramos vierais vieran	ve (tú), no veas vea (usted) veamos ved (vosotros), no veáis vean (Uds.)

Stem-Changing and Orthographic-Changing Verbs

Infinitive Present Participle Past Participle	Indicative					Subjunctive		Imperative
	Present	Imperfect	Preterit	Future	Conditional	Present	Imperfect	Commands
almorzar (ue) (c) almorzando almorzado	almuerzo almuerzas almuerza almorzamos almorzáis almuerzan	almorzaba almorzabas almorzaba almorzábamos almorzabais almorzaban	almorcé almorzaste almorzó almorzamos almorzasteis almorzaron	almorzaré almorzarás almorzará almorzaremos almorzaréis almorzarán	almorzaría almorzarías almorzaría almorzaríamos almorzaríais almorzarían	almuerce almuerces almuerce almorcemos almorcéis almuercen	almorzara almorzaras almorzara almorzáramos almorzarais almorzaran	almuerza (tú), no almuerces almuerce (usted) almorcemos almorzad (vosotros), no almorcéis almuercen (Uds.)
buscar (qu) buscando buscado	busco buscas busca buscamos buscáis buscan	buscaba buscabas buscaba buscábamos buscabais buscaban	busqué buscaste buscó buscamos buscasteis buscaron	buscaré buscarás buscará buscaremos buscaréis buscarán	buscaría buscarías buscaría buscaríamos buscaríais buscarían	busque busques busque busquemos busquéis busquen	buscara buscaras buscara buscáramos buscarais buscaran	busca (tú), no busques busque (usted) busquemos buscad (vosotros), no busquéis busquen (Uds.)
corregir (i, i) (j) corrigiendo corregido	corrijo corriges corrige corregimos corregís corrigen	corregía corregías corregía corregíamos corregíais corregían	corregí corregiste corrigió corregimos corregisteis corrigieron	corregiré corregirás corregirá corregiremos corregiréis corregirán	corregiría corregirías corregiría corregiríamos corregiríais corregirían	corrija corrijas corrija corrijamos corrijáis corrijan	corrigiera corrigieras corrigiera corrigiéramos corrigierais corrigieran	corrige (tú), no corrijas corrija (usted) corrijamos corregid (vosotros), no corrijáis corrijan (Uds.)
dormir (ue, u) durmiendo dormido	duermo duermes duerme dormimos dormís duermen	dormía dormías dormía dormíamos dormíais dormían	dormí dormiste durmió dormimos dormisteis durmieron	dormiré dormirás dormirá dormiremos dormiréis dormirán	dormiría dormirías dormiría dormiríamos dormiríais dormirían	duerma duermas duerma durmamos durmáis duerman	durmiera durmieras durmiera durmiéramos durmierais durmieran	duerme (tú), no duermas duerma (usted) durmamos dormid (vosotros), no durmáis duerman (Uds.)
incluir (y) incluyendo incluido	incluyo incluyes incluye incluimos incluís incluyen	incluía incluías incluía incluíamos incluíais incluían	incluí incluiste incluyó incluimos incluisteis incluyeron	incluiré incluirás incluirá incluiremos incluiréis incluirán	incluiría incluirías incluiría incluiríamos incluiríais incluirían	incluya incluyas incluya incluyamos incluyáis incluyan	incluyera incluyeras incluyera incluyéramos incluyerais incluyeran	incluye (tú), no incluyas incluya (usted) incluyamos incluid (vosotros), no incluyáis incluyan (Uds.)

Stem-Changing and Orthographic-Changing Verbs (continued)

Infinitive Present Participle Past Participle	Indicative					Subjunctive		Imperative
	Present	Imperfect	Preterit	Future	Conditional	Present	Imperfect	Commands
llegar (gu) llegando llegado	llego llegas llega llegamos llegáis llegan	llegaba llegabas llegaba llegábamos llegabais llegaban	llegué llegaste llegó llegamos llegasteis llegaron	llegaré llegarás llegará llegaremos llegaréis llegarán	llegaría llegarías llegaría llegaríamos llegaríais llegarían	llegue llegues llegue lleguemos lleguéis lleguen	llegara llegaras llegara llegáramos llegarais llegaran	llega (tú), no llegues llegue (usted) lleguemos llegad (vosotros), no lleguéis lleguen (Uds.)
pedir (i, i) pidiendo pedido	pido pides pide pedimos pedís piden	pedía pedías pedía pedíamos pedíais pedían	pedí pediste pidió pedimos pedisteis pidieron	pediré pedirás pedirá pediremos pediréis pedirán	pediría pedirías pediría pediríamos pediríais pedirían	pida pidas pida pidamos pidáis pidan	pidiera pidieras pidiera pidiéramos pidierais pidieran	pide (tú), no pidas pida (usted) pidamos pedid (vosotros), no pidáis pidan (Uds.)
pensar (ie) pensando pensado	pienso piensas piensa pensamos pensáis piensan	pensaba pensabas pensaba pensábamos pensabais pensaban	pensé pensaste pensó pensamos pensasteis pensaron	pensaré pensarás pensará pensaremos pensaréis pensarán	pensaría pensarías pensaría pensaríamos pensaríais pensarían	piense pienses piense pensemos penséis piensen	pensara pensaras pensara pensáramos pensarais pensaran	piensa (tú), no pienses piense (usted) pensemos pensad (vosotros), no penséis piensen (Uds.)
producir (zc) (j) produciendo producido	produzco produces produce producimos producís producen	producía producías producía producíamos producíais producían	produje produjiste produjo produjimos produjisteis produjeron	produciré producirás producirá produciremos produciréis producirán	produciría producirías produciría produciríamos produciríais producirían	produzca produzcas produzca produzcamos produzcáis produzcan	produjera produjeras produjera produjéramos produjerais produjeran	produce (tú), no produzcas produzca (usted) produzcamos producid (vosotros), no produzcáis produzcan (Uds.)
reír (i, i) riendo reído	río ríes ríe reímos reís ríen	reía reías reía reíamos reíais reían	reí reíste rio reímos reísteis rieron	reiré reirás reirá reiremos reiréis reirán	reiría reirías reiría reiríamos reiríais reirían	ría rías ría riamos riáis rían	riera rieras riera riéramos rierais rieran	ríe (tú), no rías ría (usted) riamos reíd (vosotros), no riáis rían (Uds.)

Stem-Changing and Orthographic-Changing Verbs (continued)

Infinitive Present Participle Past Participle	Indicative					Subjunctive		Imperative
	Present	Imperfect	Preterit	Future	Conditional	Present	Imperfect	Commands
seguir (i, i) (ga) siguiendo seguido	sigo sigues sigue seguimos seguís siguen	seguía seguías seguía seguíamos seguíais seguían	seguí seguiste siguió seguimos seguisteis siguieron	seguiré seguirás seguirá seguiremos seguiréis seguirán	seguiría seguirías seguiría seguiríamos seguiríais seguirían	siga sigas siga sigamos sigáis sigan	siguiera siguieras siguiera siguiéramos siguierais siguieran	sigue (tú), no sigas siga (usted) sigamos seguid (vosotros), no sigáis sigan (Uds.)
sentir (ie, i) sintiendo sentido	siento sientes siente sentimos sentís sienten	sentía sentías sentía sentíamos sentíais sentían	sentí sentiste sintió sentimos sentisteis sintieron	sentiré sentirás sentirá sentiremos sentiréis sentirán	sentiría sentirías sentiría sentiríamos sentiríais sentirían	sienta sientas sienta sintamos sintáis sientan	sintiera sintieras sintiera sintiéramos sintierais sintieran	siente (tú), no sientas sienta (usted) sintamos sentid (vosotros), no sintáis sientan (Uds.)
volver (ue) volviendo vuelto	vuelvo vuelves vuelve volvemos volvéis vuelven	volvía volvías volvía volvíamos volvíais volvían	volví volviste volvió volvimos volvisteis volvieron	volveré volverás volverá volveremos volveréis volverán	volvería volverías volvería volveríamos volveríais volverían	vuelva vuelvas vuelva volvamos volváis vuelvan	volviera volvieras volviera volviéramos volvierais volvieran	vuelve (tú), no vuelvas vuelva (usted) volvamos volved (vosotros), no volváis vuelvan (Uds.)

Appendix 5

Spanish–English Glossary

A

a bordo on board (5)
a causa de because of (5)
a continuación following (2)
a la derecha de to the right of (7)
a la izquierda de to the left of (7)
a la parrilla grilled; barbecued (**4**, PB)
a menos que unless (**7**)
a menudo often (PA)
a pesar de que in spite of (**7**)
a propósito by the way (4)
A quién corresponda To whom it may concern (8)
a veces sometimes (11)
A ver... Let's see . . . (**11**)
abeja, la bee (**10**)
abogado/a, el/la lawyer (**8**)
abrazar to hug (2, **11**)
Abrazos Hugs (8)
abrir to open (PA, **1**)
Absolutamente. Absolutely. (10)
abuelo/a, el/la grandfather / grandmother (PA)
acá here (1)
aceituna, la olive (**4**)
acelerador, el accelerator; gas pedal (**5**)
aceptar una invitación to accept an invitation (3)
acera, la sidewalk (**3**)
aclarar to clarify (5)
acogedor/a cozy (4)
aconsejar to recommend; to advise; to counsel (1, 2, 4, 9)
acordarse (o → ue) de to remember (PA)
actual current; present (**8**)
actualizar to update (**5**)
actuar to act (8, **9**)
acuarela, la watercolor (4, **9**)
acuerdo, el compromise; agreement (2, **8**, **10**)
además besides (**10**)
adentro inside (3)
adivinar to guess (PA, 1, 8)
adjunto/a attached (PB)
administración de hoteles, la hotel management (8)
administrativo/a administrative (8)
adobe, el adobe (**3**)
adolescencia, la adolescence (**1**)
adquisición, la acquisition (**8**)
aduana, la customs (**5**)
afeitarse to shave (11)
aficionado/a, el/la fan (1, 2, 4)
afirmativamente affirmatively (1)
afueras, las outskirts (7)
agencia de viajes, la travel agency (6)
agencia, la agency (**8**)
agente, el/la agent (**8**)
agobiado/a weighed down; feeling down; overwhelmed (7, 10)
agotado/a exhausted (**1**)
agotamiento, el depletion (10)
agradable agreeable; pleasant (**1**)
agradecido/a grateful (3)
agua corriente, el running water (3)
agua dulce, el fresh water (5)
aguacate, el avocado (**4**)
aguantar to tolerate (9)
ahijado/a, el/la godson / daughter (**1**)
ahora que now that (**7**)
ahorrar to save (**8**)
ahorro, el savings (**8**)
aire acondicionado, el air conditioning (**3**)
aislado/a isolated (11)
aislamiento, el isolation (10)
ajo, el garlic (**4**)
ajustarse to fit (3)
al aire libre in the open air (2)
Al contrario. On / To the contrary. (10)
al final at the end (4)
Al llegar a..., doble/n... When you get to . . . , turn . . . (4)
al principio at first; first; in the beginning (3, 4)
alacena, la cupboard (**3**)
alcoba, la room (3)
alcoholismo, el alcoholism (**11**)
alegrarse (de) to be happy (about) (3, 9)
alegre happy; cheerful (1)
alergia, la allergy (**11**)
alfarería, la pottery; pottery making (**9**)
alfarero/a, el/la potter (**9**)
alfombra, la rug (4)
algodón, el cotton (7)
alma, el soul (2)
almohada, la pillow (**3**)
almorzar (ue) to have lunch (PA)
Aló. Hello. (7)
alquilar to rent (**3**)
alquilar un coche to rent a car (**5**)
alquiler, el rent (**3**)
alrededores, los surroundings (**3**)
altar, el altar (4)
altura, la height (5)
aludir to allude (4, 7)
amo/a de casa, el homemaker (**8**)
amable nice (**1**)
ámbito, el space (7)
ambos/as both (PB)
amenaza, la threat (10)
amenazar to threaten (**10**)
amortiguar to absorb shock (11)
amplio/a ample (3)
anaranjado/a orange (4)
ancho/a wide (**11**)
anciano/a elderly (**1**)
andar to walk (1)
anfitrión / anfitriona, el/la host / hostess (7, 12)
anillo, el ring (**7**)
animal, el animal (**10**)
animales en peligro de extinción, los endangered species (**10**)
animar to encourage (2)
¡Ánimo! Cheer up!; Hang in there! (8)
aniversario de boda, el wedding anniversary (**4**)
antes (de) que before (*time / space*) (4, **7**)
antihistamínico, el antihistamine (**11**)
antorcha, la torch (4)
anuncio, el advertisement (PA)
añadir to add (PA, **3**, **4**, 8)
aparato, el apparatus (5)
apariencia, la appearance (**1**)
apendicitis, la appendicitis (**11**)
apio, el celery (**4**)
aplaudir to applaud (**9**)
aplicado/a applied (5)
apoyo, el support (1)
apreciar to appreciate (5)
aprender to learn (PA)
apretado/a tight (**7**)
apropiado/a appropriate (**2**)
apropiarse to take over; to appropriate (**8**)
apuntar jot down (11)
aquel entonces back then (10)
árbitro/a, el/la referee; umpire (**2**)
archivo, el file (**5**)
archivo adjunto, el attachment (**5**)
ardilla, la squirrel (**10**)
arena, la sand (**5**)
aretes, los earrings (**7**)
árido/a arid; dry (**10**)
arpa, el harp (7)
arquitecto/a, el/la architect (**3**)
arrancar to boot up; to start up (**5**)
arrecife, el coral reef (**10**)
arreglar to straighten up; to fix (1, 8)
arreglo, el arrangement (5)
arrepentirse de (ie, i) to regret (4, PB)
arriba above; up (5)
arroba, la at (in an e-mail address / message); @ (**5**)
arroyo, el stream (**10**)
arruinar to ruin (8)
arte dramático, el performance art (**9**)
arte visual, el visual arts (**9**)
artes aplicadas, las applied arts (**9**)
artes decorativas, las decorative arts (**9**)
artes marciales, las martial arts (2)
artesanía, la arts and crafts (**9**)
artesano/a, el/la artisan (**9**)
articulación, la joint (11)
artículo, el item; article (7)
artista, el/la artist (**9**)

artritis, la arthritis (11)
asado/a grilled (4, PB)
asar to roast; to broil (4)
ascender (e → ie) to advance; to be promoted; to promote (8)
aserrín, el sawdust (4)
Así es. That's it. (7, 10)
así thus (2)
asistente de vuelo, el/la flight attendant (8)
asistir a to attend (5)
aspecto físico, el physical appearance (1)
aspirante, el/la applicant (8)
asqueado/a disgusted (1)
asustado/a frightened (1)
atado/a tied (8)
ataque al corazón, el heart attack (11)
atasco, el traffic jam (5)
atención médica, la medical attention (11)
Atentamente Sincerely (8)
atleta, el/la athlete (2)
atlético/a athletic (2)
atletismo, el track and field (2)
atraer to attract (10)
aun cuando even when (7)
aunque although; even if (7)
austral southern (5)
autopista, la turnpike; highway; freeway (5)
autorretrato, el self-portrait (9)
ave, el (*f.*) bird (5)
avergonzado/a embarrassed; ashamed (1)
avergonzarse (o → ue) de to feel / be ashamed of (3, 9)
averiguar to find out (PA)
aves, las poultry; birds (4)
ayuda, la help (3)
ayudar to help (5)
azulejos, los ceramic tiles (3)

B

bahía, la bay (10)
bailar to dance (PA)
baile, el dance (4)
bajar de to get off (2)
ballena, la whale (10)
ballet, el ballet (9)
banca, la banking (8)
bancarrota, la bankruptcy (8)
bandeja, la tray (11)
banquero/a, el/la banker (8)
banquito, el little stool (4)
barba, la beard (1)
barbacoa, la barbecue (3)
barra, la slash (*in a URL*); / (5)
barrer to sweep (3)
barrio, el neighborhood (2, 3)
barro, el clay (9)
bastón de esquí, el ski pole (2)
bate, el bat (2)
batido, el milkshake (4)
batidora, la handheld beater; mixer; blender (3)
batir to beat (4)
bautizo, el baptism (4)
bebé, el baby (4)
beber to drink (PA)
beneficios, los benefits (8, 11)
beneficioso/a beneficial (5)
besar to kiss (11)
besito, el little kiss (2)
beso, el kiss (4)
bibliotecario/a, el/la librarian (5)
bien hecho/a well done (5)
bienes, los goods (7)
bienes raíces, los real estate (3)
bigote, el moustache (1)
billetera, la wallet (7)
biodegradable biodegradable (10)
bisabuelo/a, el/la great-grandfather / great-grandmother (1)
bocina, la (car) horn (5)
boda, la wedding (3, 4)
bolsa, la stock market (8)
bolsillo, el pocket (7)
bolso, el handbag (7)
bombero/a, el/la firefighter (8)
bombilla, la lightbulb (7)
bombón, el sweet; candy (4)
bono, el bonus (8)
bordado a mano, el hand embroidered (7)
borrar to delete; to erase (5)
botana, la snack (4)
boxear to box (2)
brisa, la breeze (4)
broma, la joke (3, 4)
bromear to joke around (5)
bronquitis, la bronchitis (11)
bruscamente brusquely (4)
bucear to scuba dive (2)
buceo, el diving (2)
¡Bueno! Good! (8)
Bueno. Hello? (7)
Bueno... Well . . . ; OK . . . (11)
Buenas. Hello. (1)
bufanda, la scarf (7)
búsqueda, la search (2)
buzón, el mailbox (8)

C

cabestrillo, el sling (11)
cabeza, la head (1)
cabra, la goat (10)
cacerola, la saucepan (3)
cada each (PA)
cadáver, el corpse (9)
cadena (de televisión), la (television) network (PA)
cadera, la hip (11)
caer bien / mal to like / dislike someone (1)
cafetera, la coffeemaker (3)
caída, la fall (3)
caimán, el alligator (5)
cajero/a, el/la cashier (8)
calabaza, la squash; pumpkin (4)
calavera, la skull (4)
calentar (e → ie) to heat (3, 4)
calidad, la quality (5)
calificación, la qualification; score (8, 11)
callado/a quiet (1)
callarse to become quiet; to keep quiet (PA)
caluroso/a hot (7)
calvo/a bald (1)
cámara, la camera (5)
cámara digital, la digital camera (5)
cámara web, la web camera (5)
camarero/a, el/la maid (5)
camarones, los shrimp (4)
camello, el camel (10)
camilla, la stretcher (11)
caminata, la long walk (1)
camino, el route; path; dirt road (5)
camioneta, la van; station wagon; small truck (5)
campeón, el champion (male) (2)
campeona, la champion (female) (2)
campeonato, el championship (2)
campo, el field (2)
campo de golf, el golf course (7)
canal, el canal (5); channel (5, 9)
canas, las gray hair (1)
cáncer, el cancer (11)
cancha, la court (sports) (2)
cangrejo, el crab (4, 10)
cantante, el/la singer (PA)
cantar to sing (PA)
caña de azucar, la sugar cane (5)
capa, la layer (7)
cara, la face (1, 11)
características notables, las notable characteristics (1)
características personales, las personal characteristics (1)
cárcel, la prison (11)
carga, la cargo (8)
cargar to carry (10)
carne, la meat (4)
carne de cerdo, la pork (4)
carne de cordero, la lamb (4)
carne de res, la beef (4)
carne molida, la ground beef (4)
carnicería, la butcher shop (7)
caro/a expensive (2)
carpintero/a, el/la carpenter (3)
carrera, la race (2)
carretera, la highway (5)
carta, la menu (4)
carta de presentación, la cover letter (8)
carta de recomendación, la letter of recommendation (8)
carta personal, la personal letter (8)
cartel, el poster (12)
cartero/a, el/la mail carrier (8)
casa de tus sueños, la dream house (PB)
casado/a married (1)
casarse to marry; to get married (1)
casco, el helmet (2)
casi almost (5)
castaño/a brunette; brown (1)
castillo, el castle (2)
casualidad, la coincidence (5, 7, 11)
catarata, la waterfall (10)
catedral, la cathedral (7)
cazar to go hunting (2)
ceja, la eyebrow (1, 11)
celebración, la celebration (4)
celebrar to celebrate (4)
celoso/a jealous (1)
cemento, el cement (3)
cenar to have dinner (3)
cepillo, el brush (7)
cepillo de dientes, el toothbrush (7)
cerámica, la ceramics (9)
cerca, la fence (3)
cerca de near (10)
cercano/a close by (5)

cerebro, el brain (**11**)
ceremonia de premiación, la awards ceremony (1)
cereza, la cherry (**4**)
cerrar (ie) to close (PA)
césped, el grass; lawn (**3**)
cesta, la basket; shopping basket (2)
cestería, la basket weaving; basketry (**9**)
cetrería, la falconry (10)
champú, el shampoo (**7**)
Chao. Bye. (1)
charco, el puddle (11)
charla, la talk (PB)
chicle, el gum (**7**)
chimenea, la fireplace; chimney (**3**)
chistoso/a funny (**1**)
chófer, el/la chauffeur; driver (5)
chuleta, la chop (**4**)
cicatriz, la scar (**1**)
ciencias (políticas), las (political) science (**8**)
ciertas cosas, certain things (5)
ciervo, el deer (10)
cifra, la figure; number (10)
cifrar to encrypt (**5**)
cine, el cinema; films; movies (**9**)
cinematógrafo/a, el/la cinematographer (**9**)
cinturón de seguridad, el seat belt (**5**)
ciruela, la plum (**4**)
cita, la date (**4**)
ciudadano/a, el/la citizen (10)
clarinete, el clarinet (**9**)
¡Claro! Sure!; Of course! (1, 3)
Claro que no. Of course not. (10)
Claro que sí. Of course. (3, 7, 10)
clavadismo, el cliff diving (2)
clave, la clue (9)
clavo, el nail (7)
clima, el climate (**10**)
climático/a climatic (**10**)
coche, el car (**5**)
cocina, la kitchen (**3**)
cocinar to cook (PA)
codo, el elbow (**11**)
col, la cabbage (**4**)
colaborador/a, el/la collaborator (4)
coleccionar to collect (2)
coleccionar tarjetas de béisbol to collect baseball cards (**2**)
colega, el/la colleague (1, 8)
colgar (o → ue) to hang (**3**)
coliflor, la cauliflower (**4**)
collar, el necklace (**7**)
colonia, la cologne (**7**)
combustible, el fuel (**10**)
comedia, la comedy (**9**)
comentar en un blog to post to a blog (**2**)
comenzar (ie) to begin (PA)
comer to eat (PA)
comerciante, el/la shopkeeper; merchant (**8**)
comercio, el business (**8**)
comida, la food (**4**)
comisaría, la police station (PB, 7)
¿Cómo? What? (2)
¿Cómo amaneció usted / amaneciste? How are you this morning? (1)
¿Cómo andas? How are you doing? (PA)
Cómo no. Of course. (7, 10)
¿Cómo voy / llego a...? How do I go / get to . . . ? (4)
comparar con to compare with (**3**)
compartir to share (PA, 1)
compatible compatible (**5**)
competencia, la competition (**2**)
competición, la competition (**2**)
competir (e → i → i) to compete (**2**)
competitivo/a competitive (2)
cómplice, el/la accomplice (5)
componer to repair; to fix an object (**3**); to compose (**9**)
comportamiento, el behavior (4)
comportarse to behave (11)
compositor/a, el/la composer (**9**)
comprar to buy (PA)
comprender to understand (PA)
comprobar (o → ue) to check; to confirm (11)
compromiso, el engagement (**4**)
computador/computadora, el/la computer (5)
común common (4)
Con cariño With love (8)
¡Con mucho gusto! It would be a pleasure! (3)
Con permiso. With your permission; Excuse me. (2)
con tal (de) que provided that (**7**)
concordancia, la agreement (5, **7**)
concurso, el game show; pageant; contest (5, **9**)
condición, la condition (**11**)
conectado online (**5**)
conectar to connect (**5**)
confundido/a confused (**1**)
congelar to freeze; to crash (**5**)
conocer to be acquainted with (PA)
conocido/a acquaintance; known (1)
conseguir (i) to get (PA)
conseguir un puesto de... to get a job / position as . . . (**8**)
consejero/a, el/la counselor (1, **8**)
conservar to conserve (**10**)
construir to construct (3)
consuelo, el sympathy (8)
consultorio, el doctor's office (**7**)
consumo, el consumption (**10**)
contador/a, el/la accountant (**8**)
contaminante, el contaminant (**10**)
contar (ue) to tell; to count on (1)
contener (ie) to contain (PA)
contestar to answer (PA)
contigo with you (2)
contraseña, la password (**5**)
contratar to hire (**8**)
contratista, el/la contractor (**3**)
controvertido/a controversial (3)
copa, la goblet; wine glass (**3**)
Cordialmente Cordially (8)
coro, el choir (**9**)
corregir (i) to correct (PA)
correo de voz, el voicemail (**5**)
correo electrónico, el e-mail (4, **5**)
correr to run (PA)
cortar to cut (**5**)
cortar el césped to cut the grass (**3**)
corto/a short (**11**)
cortometraje, el short (film) (**9**)
cosechar to harvest (**10**)
coser to sew (**2**)
costar (ue) to cost (PA)
costilla, la rib (**11**)
cotidiano/a everyday; daily (**9**)
crear to create (PA, **9**)
creencia, la belief (4)
creer to believe (PA)
crema de afeitar, la shaving cream (**7**)
criar to raise (10)
crónica, la chronicle (5)
crucero, el cruise ship (**5**)
crudo/a raw (**4**, PB)
cruzar to cross (5)
cuadra, la city block (1, **3**)
cuadro, el square (PA)
cuando when (**2**, **7**)
cuarteto, el quartet (**9**)
cuarto, el room (**3**); one quarter (PB)
cubierto/a covered (8)
cubrir to cover (**3**, **4**)
cuchillo, el knife (1)
cuentista, el/la short-story writer (9)
cuerdas, las strings; string instruments (7, **9**)
cuerpo humano, el human body (**11**)
cueva, la cave (3)
cuidado, el care (2)
Cuídese. / Cuídate. Take care. (1)
culpa, la blame (4)
culpable guilty (7)
cumpleaños, el birthday (1, **4**)
cumplir... años to have a birthday; to turn . . . years old (**4**)
cuñado/a, el/la brother-in-law / sister-in-law (**1**)
cura, el priest (4)
cura, la cure (**11**)
curativo/a curative (3)
currículum (vitae) (C.V.), el résumé (**8**)
curso, el class (3)
cursor, el cursor (**5**)

D

danza, la dance (**9**)
dañar to damage; to harm (**10**)
dañino/a harmful (11)
daño, el harm (**10**)
dar to give (PA)
dar a luz to give birth (**4**)
darse prisa to hurry (PA)
datos, los data (**5**); information (8)
de buena / mala calidad good / poor quality (**7**)
de mal en peor from bad to worse (11)
de manera que so that (**7**)
de modo que so that (**7**)
De ninguna manera. No way. (10)
de nuevo again (1)
¿De parte de quién? Who shall I say is calling? (**7**)
de repente all of a sudden (5)
¿De veras? Really? (11)
deber (+ inf.) should; must (PA)
decir to say; to tell (PA, **1**, PB)
declarar to testify (7)
declive, el decline (10)
decorado, el set (**9**)
decorar to decorate (**2**)
decreto, el decree (4)
deforestación, la deforestation (**10**)
dejar de to stop; to cease (2, 8)
dejar de fumar cigarrillos to quit smoking cigarettes (**11**)

delantero forward (soccer) (2)
demasiado/a/os/as too much / many (1)
demostrar (ue) to demonstrate (PA)
dentista, el/la dentist (**8**)
dependiente/a, el/la store clerk (**7**)
deportes, los sports (**2**)
deportista sporty; sports-loving person (**2**)
deportivo/a sports-related (**2**)
depresión, la depression (**11**)
deprimido/a depressed (**1**)
derretir (e → i → i) to melt (**4**)
desacuerdo, el disagreement (**10**)
desafío, el challenge (2)
desaparecer to disappear (**10**)
desaparición, la disappearance (2)
desastre, el disaster (10)
descalzo/a barefoot (11)
descanso, el rest (1)
descargar to download (**5**)
desconectado/a offline (**5**)
descongelar to thaw (**10**)
desconocido/a unknown (5)
describir to describe (PA)
descubrir to discover (1)
Desde luego. Of course. (7, 10)
deseado/a desired (5)
desear to wish (2, 9)
desenchufar to unplug (5)
deseo, el wish (2)
desfile, el parade (4)
deshacer to undo (5)
desierto, el desert (**10**)
desmayarse to faint (3, **11**)
desodorante, el deodorant (**7**)
desorganizado/a disorganized (**1**)
despedida, la farewell (**1**); closing (*of a letter*) (**8**)
despedir (e → i → i) to fire (from a job) (**8**)
despedirse (e → i → i) to say goodbye (1, **11**)
despensa, la pantry (**3**)
desperdiciar to waste (**10**)
desperdicio/desperdicios, el/los waste; waste products (5, **10**)
despistado/a absentminded; scatterbrained (**1**)
desplazado/a displaced (10)
después (de) (que) afterward; after (4, 7, 10)
destacar(se) to stand out (3)
destreza, la skill (**8**)
destruir to destroy (**10**)
detalle, el detail (3)
detener (ie) to detain (11)
detrás de behind (7, **10**)
deuda, la debt (2)
devolver (ue) to return (an object) (PA)
Día de la Independencia, el Independence Day (**4**)
Día de la Madre, el Mother's Day (**4**)
Día de las Brujas, el Halloween (**4**)
Día de los Muertos, el Day of the Dead (**4**)
Día de San Valentín, el Valentine's Day (**4**)
Día del Padre, el Father's Day (**4**)
diabetes, la diabetes (**11**)
diablo, el devil (5)
diálogo, el dialogue (1)
diamante, el diamond (**7**)
dibujar to draw (PA, **9**)
dibujo, el drawing (PA, **9**)
dibujos animados, los cartoons (**9**)
dientes de juicio, los wisdom teeth (8)
Diga. / Dígame. Hello? (7)
digital digital (**5**)
digitalizar to digitalize (**5**)
dinero en efectivo, el cash (**7**)
dinosaurio, el dinosaur (**10**)
dirección, la address (**5**)
director/a, el/la director (**9**)
director/a de escena, el/la stage manager (**9**)
discapacitado/a physically / psychologically handicapped (**1**)
disco duro, el hard drive (**5**)
discordia, la discord (3)
Disculpa. / Discúlpame. Excuse me. (*fam.*) (2)
disculparse to apologize (2)
Disculpe. / Discúlpeme. Excuse me. (*form.*) (2)
Disculpen. / Discúlpenme. Excuse me. (*form. pl.*) (2)
discurso, el speech (9)
discutir to argue; to discuss (**4**)
diseñador/a, el/la designer (**3**)
diseño, el design (**9**)
disfrazarse to wear a costume; to disguise oneself (**4**)
disfrutar to enjoy (2)
disminuir to diminish (11)
distraerse to get distracted (4)
diva, la diva (**9**)
divertirse (e → ie → i) to enjoy oneself; to have fun (PA)
divorciado/a divorced (**1**)
divorciarse to divorce; to get divorced (**1**)
doblar to turn (7)
doblarse to bend (**11**)
Doble/n a la derecha / izquierda. Turn right / left. (4)
dolor de cabeza, el headache (**11**)
dona, la donut (**4**)
dormir (ue, u) to sleep (PA)
dormitorio, el bedroom (**3**)
dosis, la dosage (**11**)
drama, el drama (**9**)
dramaturgo/a, el/la playwright (**9**)
drogadicto/a, el/la drug addict (**11**)
ducharse to shower (11)
duda, la doubt (3)
dudar to doubt (3, 9)
dueño/a, el/la owner (**3**)
dulce sweet (3)
dulces, los candies (**4**)
durazno, el peach (**4**)

E

ecológico/a ecological (**10**)
ecosistema, el ecosystem (**10**)
edad, la age (1)
editar to edit (**9**)
educado/a polite (**1**)
Efectivamente. Precisely. (**10**)
efecto invernadero, el greenhouse effect (**10**)
egoísta selfish (**1**)
ejecutivo/a, el/la executive (**8**)
electricista, el/la electrician (**3**)
elote, el ear of corn (4)
email, el e-mail (**5**)
embarazada pregnant (**1**)
embarazo, el pregnancy (4)
emoción, la excitement (2)
emocionante exciting (5)
empaquetar to pack up (12)
empate, el tie (game) (**2**)
empezar (ie) to begin (PA)
empleado/a, el/la employee (**8**)
emplear to use; to employ (7, 8)
empleo, el job (1)
empresa, la corporation; business (**8**)
En absoluto. Absolutely. (1, 10)
en aquel entonces back then (10)
en caso (de) que in case (7)
en cuanto as soon as (7)
En mi vida. Never in my life. (10)
En otras palabras... In other words . . . (9)
en seguida immediately (after) (4)
¿En serio? Seriously? (11)
enamorado/a in love (**1**)
enamorarse (de) to fall in love (with) (**4**)
encantar to love; to like very much (**1**)
encargado/a in charge (7)
encargarle (a alguien) to commission (someone) (**9**)
encerrar (ie) to enclose (PA)
enchufar to plug in (**5**)
enchufe, el plug (**5**)
encima in addition (3)
encima de on top of (5, 10)
encontrar (ue) to find (PA)
encuesta, la survey (11)
enfermedad, la illness (**11**)
enfermería, la nursing (**8**)
enfocarse (en) to focus (on) (PB)
enfoque, el focus (4)
enfrente (de) in front (of); across from; facing (3)
engañar to deceive (**4**)
engendrar to generate (11)
¡Enhorabuena! Congratulations! (8)
enlace, el link (**5**)
enseñar to teach; to show (PA)
entender (ie) to understand (PA)
entonces then; next (4)
entre sí among themselves (1)
entrenador/a, el/la coach; trainer (1, **2**)
entrenamiento, el training (11)
entrenar to train (**2**, **8**)
entretener (ie) to entertain (7)
entrevista, la interview (PA, **8**)
entrevistar to interview (2, PB, **8**)
envase, el package; container (**10**)
envejecer to grow old; to age (**1**)
envejecimiento, el aging (11)
enyesar to put a cast on (**11**)
equipaje, el luggage (5)
equipo, el team (**2**)
equipo de cámara / sonido, el camera / sound crew (**9**)
equipo deportivo, el sporting equipment (**2**)
equivocado/a wrong (5)
erosión, la erosion (**10**)
Es... This is . . . (7)
es bueno / malo it's good / bad (9)
Es cierto. It's true. (10)
Es decir... That's to say . . . (9)
Es dudoso to be doubtful (9)

Es importante que... It is important that . . . (2, 9, **11**)
Es imprescindible que... It is essential that . . . (**11**)
Es mejor que... It's better that / than . . . (2, 9)
Es necesario que... It's necessary that . . . (2, 9, **11**)
Es preferible que... It's preferable that . . . (2, 9)
es probable it's probable (9)
Es que... It's that . . . ; The fact is that . . . (9)
es una lástima it's a shame (9)
Es verdad. It's true. (PA, 10)
escalar to climb (**2**)
escalofríos, los chills (**11**)
escanear to scan (**5**)
escáner, el scanner (**5**)
escaparate, el store window (**7**)
escasez, la scarcity (**10**)
escenario, el stage (**9**)
escoger to choose (PA)
escolar school (*adj.*) (2)
esconder to hide (3)
escribir to write (PA, **1**)
escritor/a, el/la writer, author (**8**)
escuela secundaria, la high school (1)
esculpir to sculpt (**9**)
escultor/a, el/la sculptor (**9**)
escultura, la sculpture (**9**)
esfuerzo, el effort (6)
esmalte de uñas, el nail polish (**7**)
esmog, el smog (**10**)
Eso es. That's it. (7, 10)
espárragos, los asparagus (**4**)
especialidad, la specialty (7)
espectáculo, el show (**9**)
espejito, el little mirror (1)
espejo, el mirror (**3**)
espejo retrovisor, el rearview mirror (**5**)
esperar to wait for; to hope (PA, 2, 9)
espinacas, las spinach (**4**)
esqueleto, el skeleton (4)
esquiar to ski (**2**)
esquina, la corner (4)
¿Está ____ (en casa)? Is ___ there? / at home? (7)
Está bien. Okay; It's alright. (10)
establecer to establish (9)
estación, la station (4)
estacionamiento, el parking lot (11)
estadio, el stadium (2)
estado, el state (PA)
estanque, el pond (**3**)
estante, el shelf (2)
estar to be (PA, 7)
estar comprometido/a to be engaged (**4**)
estar embarazada to be pregnant (**4**)
este, el east (**5**)
Este... Well . . . ; Um . . . (11)
estético/a aesthetic (**9**)
estilo, el style (1)
Estimado/a señor/a... Dear Mr. / Mrs . . . (8)
estirarse to stretch (**11**)
Esto pasará pronto. This will soon pass. (8)
Estoy de acuerdo. Okay; I agree. (7, 10)
Estoy perdido/a. I'm lost. (4)
estrella, la star (4)
estrenar to show for the first time (1)
estrés, el stress (2)
estudiar to study (PA)
estufa, la stove (4)
etapas de la vida, las stages of life (**1**)
etiqueta, la etiquette (8)
evento de la vida, el life event (**4**)
evitar to avoid (8)
Exactamente. Exactly. (7, 10)
Exacto. Exactly. (7, 10)
examen físico, el physical exam (**11**)
excursionista, el/la hiker (**2**)
exhibir to exhibit (**9**)
exigente demanding (3)
exigir to demand (2, 9)
existente existing (3)
explicación, la explanation (6)
exterminado/a exterminated (**10**)
extraer to extract (3)
extranjero, el abroad (**5**)
extraterrestre otherworldly (5)
extrovertido/a extroverted (**1**)

F

fábrica, la factory (**7**)
fabricar to manufacture; to make; to produce (**8, 10**)
factura (mensual), la (monthly) bill (**3**)
fallar to fail (11)
faltar to need; to lack (**1**)
fama, la fame (3)
familia, la family (PA, **1**)
farmacia, la pharmacy (**7**)
faro, el headlight (**5**)
fascinar to fascinate (**1**)
fecha, la date (4)
fecha límite, la deadline (8)
¡Felicidades! Congratulations! (8)
felicitar to express good wishes (8)
¡Fenomenal! Phenomenal! (5, 8)
ferretería, la hardware store (**7**)
fertilizante, el fertilizer (**10**)
festejar to celebrate (6)
fiebre, la fever (7)
¡Figúrate! Imagine! (10)
fijarse en to pay attention to (4)
filmar to film (**9**)
finalmente finally (4)
financiero/a financial (**8**)
fingir to pretend (5)
firmar (los documentos) to sign (papers) (PA, **5**)
firmeza, la firmness (7)
flamenco, el flamenco (**9**)
flan, el caramel custard (**4**)
flojo/a lazy (**1**)
florero, el vase (**3**)
flotante floating (2)
foca, la seal (**10**)
fondos, los funds (9)
formación, la education; training (5, **8**)
¡Formidable! Super! (5)
foto, la photo (PA)
fracturar(se) to break; to fracture (**11**)
fregadero, el kitchen sink (**3**)
freír (e → i → i) to fry (**4**)
frenesí, el frenzy (6)
frenos, los braces (**1**); brakes (**5**)
frente, la forehead (**1, 11**)
fresa, la strawberry (**4**)
frito/a fried (**4**, PB)
frontera, la border (**5**)
fruta, la fruit (**4**)
frutería, la fruit store (**7**)
fuego, el fire (**3**)
fuego (lento, mediano, alto), el (low, medium, high) heat (**4**)
fuente, la fountain (**7**); source (8)
fuerte strong (**11**)
función, la show; production (**9**)
funda (de almohada), la pillowcase (**3**)
furioso/a furious (**1**)

G

gallo, el rooster (**10**)
ganado de vacuno / vacas, el cattle (8)
ganar to win (**2**)
ganar la vidato earn a living (2)
ganga, la bargain (**7**)
gastador/a extravagant; wasteful (**1**)
gastar to spend; to wear out; to waste (2, **3**)
gaucho, el cowboy (8)
gemelos, los twins (**1**)
generoso/a generous (**1**)
geográfico/a geographical (**10**)
gerencia de hotel, la hotel management (8)
gerente/a, el/la manager (4, **8**)
gesto, el gesture (8, 10)
gira, la tour (5)
gobierno, el government (3)
gorila, el gorilla (**10**)
gotas para los ojos, las eyedrops (**11**)
grabado, el etching (**9**)
Gracias por haber(me) llamado. Thank you for calling (me). (7)
graduación, la graduation (**4**)
gráfico/a graphic (**9**)
granjero/a, el/la farmer (**8**)
gratis free (2)
grosero/a rude (**1**)
guardar to put away; to keep; to save; to file (3, **5**)
guardia de seguridad, el/la security guard (**5**)
guía, el/la guide (**5**)
guiar to guide (4)
guión, el script (**9**)
guionista, el/la scriptwriter; screenwriter (**9**)
guisado, el stew (4)
guisantes, los peas (**4**)
gustar to like (3, 9)
Gusto en verlo/la/te. Nice to see you. (1)
gustos, los likes (1)

H

hábil capable (3)
habitación, la room (3)
habitar to live in (3)
hábitat, el habitat (**10**)
hablar to speak (PA)
hacer to do; to make (PA, **1**)
hacer a mano to make by hand (**9**)
hacer artesanía to do crafts (**2**)
hacer clic to click (**5**)
hacer el papel to play the role (3, **9**)

A52

hacer falta to need; to be lacking (1)
hacer gárgaras to gargle (11)
hacer jogging to jog (2)
hacer la conexión to log on (5)
hacer mímica to play charades (PA, 9)
hacer pilates to do Pilates (2)
hacer publicidad to advertise (8)
hacer ruido to make noise (10)
hacer surf to surf (2)
hacer trabajo de carpintería to do woodworking (2)
hacer un crucero to go on a cruise (5)
hacer un pedido to place an order (7)
hacer una huelga to strike; to go on strike (8)
hacer volar un volantín to fly a kite (7)
hacer yoga to do yoga (2)
hacerse to become (8)
harina, la flour (4)
harto/a fed up (1)
hasta (que) until (7)
Hasta la próxima. Till the next time. (1)
hecho, el deed (11)
hecho de nilón made of nylon (7)
hecho de oro made of gold (7)
hecho de piel made of leather / fur (7)
hecho de plata made of silver (7)
hectárea, la 2.471 acres (4)
heladería, la ice-cream store (7)
herencia, la heritage; inheritance (PA, 1)
hermanastro/a, el/la stepbrother / stepsister (1)
hermano/a, el/la brother / sister (PA)
herramienta, la tool (3)
hervido/a boiled (4, PB)
hervir (e → ie → i) to boil (4)
hierba, la grass (3); herb (11)
hijastro/a, el/la stepson / stepdaughter (1)
hijo/a, el/la son / daughter (PA)
hijo/a único/a, el/la only child (1)
hincharse to swell (11)
hipertensión, la high blood pressure (11)
hipoteca, la mortgage (3)
historia, la story (4)
hogar, el home (3)
hombre de negocios, el businessman (8)
hombro, el shoulder (11)
honesto/a honest (1)
hongos, los mushrooms (4)
honradez, la honesty; integrity (4)
horario, el schedule; timetable (1, 8)
horno, el oven (3)
hotel de lujo, el luxury hotel (5)
huelga, la strike (8)
hueso, el bone (10, 11)
huésped, el/la guest (2, 5)
humilde humble (4)
humo, el smoke (10)

I

icono, el icon (5)
igual same (1)
iguana, la iguana (10)
imagen, la image (5, 9)
¡Imagínate! Imagine! (10)
importar to matter; to be important (1)
imprescindible essential (7)
impresora, la printer (5)
imprevisto/a unforeseen (11)
imprimir to print (5)
improvisar to improvise (9)
incluso including (5)
incómodo/a uncomfortable (5)
incredulidad, la disbelief (11)
indicaciones, las directions (4, 7)
indicar to indicate (PA)
indignado/a indignant (4)
infanta, la daughter of a king of Spain (1)
inflamación, la inflammation (11)
informar to inform, to tell (9)
informática, la computer science (5)
informe, el report (3)
infraestructura, la infrastructure (10)
ingeniería, la engineering (3, 8)
ingeniero/a (químico/a), el/la (chemical) engineer (8)
ingenuo/a naive (11)
ingrediente, el ingredient (4)
ingresar to be admitted (11)
inminente imminent (8)
innovador/a innovative (9)
inolvidable unforgettable (1)
insecticida, el insecticide (10)
insinuante flirtatious (1)
insistir (en) to insist (2, 9)
inspeccionar to inspect (9)
instrumentos de metal, los brass instruments (9)
instrumentos de viento / madera, los wood instruments; woodwinds (9)
insuperable unsurpassable (9)
intentar to try (1)
intento, el intention (3)
intercambiar to exchange (5)
intercambio, el exchange (5)
interesar to interest (1)
Internet, el Internet (5)
introvertido/a introverted (1)
invertir (e → ie → i) to invest (8)
invitado/a, el/la guest (4, 5)
invitar a alguien to extend an invitation; to invite someone (3)
involucrarse to get involved (10)
ir to go (PA)
ir de camping to go camping (2)
irse to go away; to leave (PA)
isla, la island (10)
itinerario, el itinerary (5)

J

jabón, el soap (7)
jamás never; not ever (emphatic) (2, 11)
jaqueca, la migraine; severe headache (11)
jardín, el garden (3)
jardinería, la gardening (3)
jardinero/a, el/la gardener (3)
jarra, la pitcher (3)
jefe/a, el/la boss (8)
jirafa, la giraffe (10)
jornada completa / parcial, la full-time / part-time workday (8)
joven, el/la young person (9)
joyas, las jewelery (7)
joyería, la jewelery store (4)
jubilación, la retirement (1, 8)
jubilarse to retire (8)
jugar (o → ue) to play (PA)
jugar a las cartas to play cards (2)
jugar a las damas to play checkers (2)
jugar a videojuegos to play video games (2)
jugar al ajedrez to play chess (2)
jugar al boliche to bowl (2)
jugar al hockey (sobre hielo; sobre hierba) to play hockey (ice; field) (2)
jugar al horcado to play hangman (PB)
jugar al póquer to play poker (2)
jugar al voleibol to play volleyball (2)
juguete, el toy (1, 5)
juguetería, la toy store (7)
junta, la commission; board; committee (8)
junto/a together (PA)
justicia criminal, la criminal justice (8)
justo/a just; right (4)
juventud, la youth (1)

K

karting, el go-kart racing (5)
kilogramo, el kilogram (2.2 pounds) (4)

L

La verdad es que... The truth is . . . (11)
laberinto, el labyrinth (1)
labio, el lip (1, 11)
laboral work-related (8)
ladrillo, el brick (3)
ladrón/ladrona, el/la thief (5)
lago, el lake (5)
langosta, la lobster (4)
largo/a long (11)
Lástima pero... It's a shame / pity but . . . (3)
lavadora, la washing machine (3)
lavarse to wash oneself (PA)
¡Le / Te felicito! Congratulations! (8)
Le / Te habla... This is . . . (7)
¿Le / Te importa? Do you mind? (5)
¿Le / Te importa (si...)? Do you mind (if . . .)? (5)
¿Le / Te parece bien? Do you like the suggestion? (5)
leer to read (PA)
lema, el slogan (3)
lengua, la language (PA); tongue (11)
lentes de sol, los sunglasses (5)
letra, la letter (1)
letras, las letters (*literature*) (1)
letrero, el sign (11)
levantar pesas to lift weights (2)
levantarse to get up; to stand up (PA)
ley, la law (5)
libertad, la freedom (2)
lienzo, el canvas (9)
ligero/a light (2)
limusina, la limousine (5)
liquidación, la clearance sale (7)
liviano/a lightweight (7)
llamada, la phone call (2)
llamarse to be called; to be named (PA)
llamativo/a striking; colorful; showy; bright (3, 9)
llanura, la plain (10)
llegar to arrive (PA)
Lo dudo. I doubt it. (11)
Lo / La / Te llamo más tarde. I will call you later. (7)
lo malo the bad thing (8)

lo mejor the best thing (8)
lo mismo the same thing (8)
lo peor the worst thing (8)
(Lo que) quiero decir... (What) I mean . . . (9)
Lo siento. I'm sorry. (8)
Lo siento, pero no puedo esta vez / en esta ocasión. Tengo otro compromiso. I'm sorry, but I can't this time. I have another commitment. / I have other plans. (3) (8)
lobo, el wolf (**10**)
loción, la lotion (**7**)
loro, el parrot (**10**)
lucir to show; to display (7)
lucro, el profit (**8**)
luego then; next (4)
luego que as soon as (**7**)
lugar, el place (**7**)
lujo, el luxury (2, 11)
luna de miel, la honeymoon (**4**)
lunar, el beauty mark; mole (**1**)

M

madera, la wood (**3**)
madrina, la godmother (**1**)
maestría, la masters (degree) (8)
maestro/a, el/la teacher (**8**)
maleducado/a impolite; rude (**1**)
malo/a bad (9)
maltratar to abuse (1)
malvado/a evil (4)
mamá, la mom (PA)
mamífero, el mammal (10)
manatí, el manatee (**10**)
manchita, la little spot (11)
manga corta, la short sleeve (**7**)
manga larga, la long sleeve (**7**)
mango, el mango (**4**)
manguera, la garden hose (3)
mano, la hand (PA)
mantener (ie) to maintain (PA, 2)
mantequilla, la butter (4)
mapa, el map (5)
maquillarse to put on makeup (PA)
máquina de afeitar, la electric shaver / razor (**7**)
máquina de fax, la fax machine (**5**)
mar, el sea (**10**)
marca, la brand (5, PB)
marcar to mark (8)
mareo/mareos, el/los dizziness (**11**)
mariachi, el mariachi (**9**)
marido, el husband (**1**)
mariposa, la butterfly (**10**)
mariscos, los seafood (**4**)
marrón brown (4)
martillo, el hammer (7)
más que nunca more than ever (4)
más tarde later (4)
masa, la dough (7)
máscara, la mask (2)
materia, la material; subject (**9**)
materiales de la casa, los housing materials (**3**)
mayoría, la majority (2)
Me da igual. It's all the same to me. (12)
Me da mucha pena pero... I'm really sorry but . . . (3)
Me estás tomando el pelo. You're kidding me / pulling my leg. (10)
¿Me podría/n decir cómo se llegar a...? Could you (all) tell me how to get to . . .? (4)
mecánico/a, el/la mechanic (**8**)
media manga half sleeve (**7**)
media naranja, la soul mate (9)
medicamento, el medicine (**11**)
medio, el middle (1)
medio ambiente, el environment (5, **10**)
medios, los means (9)
mejilla, la cheek (**1, 11**)
mejor better (PA, 9)
mejor, el/la the best (PA, 9)
mejoramiento, el improvement (3)
mejorar to improve (2, **10**)
menospreciar to underestimate (11)
mensaje de texto, el text message (**5**)
mente, la mind (4)
mentir (ie, i) to lie (PA)
mentira, la lie (2)
mentón, el chin (1)
mercadeo, el marketing (**8**)
mercado, el market (4)
mercado de pulgas, el flea market (7)
merengue, el merengue (**9**)
meta, la goal (3, **8**)
metano, el methane (5)
meter la pata to put your foot in your mouth (9)
meterse to get in(to) (**11**)
mezcla, la mixture (1)
mezclar to mix (**4**)
mezquita, la mosque (**7**)
mi/s my (PA)
Mi más sentido pésame. You have my sympathy. (8)
miedo de salir en escena, el stage fright (**9**)
miel, la honey (**4**)
mientras (que) while (PA, **7, 10**)
mío/a/os/as mine (PA)
Mire... / Mira... Look . . . (7)
mirón, el lurker (**5**)
Mis más sinceras condolencias. My most heartfelt condolences. (8)
mismo/a oneself (2)
mitad, la half (PB)
mito, el myth (2)
moda, la fashion (3, 8)
molestar to bother (**1**)
molesto/a annoyed (4)
mono, el monkey (**10**)
mononucleosis, la mononucleosis (**11**)
montaje, el staging; editing (**9**)
montar to assemble (9)
montar a caballo to go horseback riding (**2**)
monumento nacional, el national monument; monument of national importance (**5**)
moreno/a black (hair) (**1**)
morir (ue, u) to die (PA, **1**)
mortero, el mortar (3)
mostrador, el counter(top) (**3, 7**)
mostrar (ue) to show (PA)
motivo, el motif; theme (**9**)
moto, la motorcycle (PA)
mudarse to move (**3**)
muela de juicio, la wisdom tooth (8)
muerte, la death (**1**)
mujer, la wife (**1**)
mujer de negocios, la businesswoman (**8**)
muletas, las crutches (**11**)
multitarea, la multitasking (**5**)
mundial (*adj.*) world (2)
muñeca, la wrist (**11**)
mural, el mural (**9**)
muralista, el/la muralist (**9**)
murciélago, el bat (**10**)
muro, el wall (*around a house*) (**3**)
músculo, el muscle (**11**)
música, la music (**9**)
música alternativa, la alternative music (**9**)
música popular, la popular music (**9**)
muslo, el thigh (**11**)
musulmán/musulmana Muslim (7)
Muy atentamente Sincerely (8)
(Muy) Buenos / Buenas. Good morning / afternoon. (1)
Muy estimado/a señor/a... Dear Mr. / Mrs. . . . (8)
Muy señor/a mío/a... Dear Sir / Madam . . . (8)

N

nacer to be born (**1**)
nacimiento, el birth (**1, 4**)
Nada de eso. Of course not. (10)
narcomanía, la drug addiction (**11**)
naturaleza, la nature (**10**)
naturaleza muerta, la still life (**9**)
náuseas, las nausea (**11**)
navaja de afeitar, la razor (**7**)
navegador, el browser (**5**)
navegador personal, el GPS; navigation system (**5**)
navegar to navigate; to surf (**5**)
Navidad, la Christmas (**4**)
necesitar to need (PA, 2, 9)
negar (ie) to deny (3)
negociar to negotiate (**8**)
negocio/negocios, el/los business (PB, **8**)
nervio, el nerve (**11**)
¡Ni lo sueñes! Don't even think about it! (10)
nieto/a, el/la grandson / granddaughter (**1**)
nilón nylon (**7**)
niñez, la childhood (**1**)
nivel, el level (2, **4**)
No cabe duda. There's no doubt; Without a doubt. (10)
¿No cree(s)(n) que...? Don't you think that . . . ? (11)
no creer not to believe; not to think (3, 9)
No es verdad. It's not true. (PA)
No está. He / She is not home. (7)
no estar seguro (de) to be uncertain (3, 9)
No estoy de acuerdo. I don't agree. (10)
no hay de qué you're welcome (2)
No hay duda. There's no doubt; Without a doubt. (10)
No hay más remedio. There's no other way / solution. (10)
No lo creo. I don't believe it; I don't think so. (11)
¡No me diga/s! You don't say!; No way! (5, 7, 10, 11)
no obstante notwithstanding (**10**)

A54

no pensar (e → ie) not to think (3, 9)
¡No puede ser! This / It can't be! (5, 10, 11)
No se encuentra. He / She is not home. (7)
No se / te preocupe/s. Don't worry. (8)
noreste northeast (5)
noroeste northwest (5)
norte, el north (**5**)
Nos / Me encantaría (pero)... We / I would love to (but) . . . (3)
Nos vemos. See you. (1)
noticiero, el news program (**9**)
novato, el rookie (2)
novato/novata, el/la novice, beginner (2)
noviazgo, el engagement; courtship (4)
novio/a, el/la boyfriend /girlfriend; groom / bride (**4**)
nuera, la daughter-in-law (**1**)
nuestro/a/os/as our/s (PA)

O

o or (**2**)
O sea... That is . . . (9, 11)
obesidad, la obesity (**11**)
obra, la work (3)
obra de teatro, la play (**9**)
obra maestra, la masterpiece (**9**)
obrero/a, el/la worker (**3**)
obtener (e → ie) to obtain (PA)
ocultar to hide (3)
ocupar to occupy (2)
oeste, el west (**5**)
oferta, la (special) offer (5, **7**)
oficina de turismo, la tourism office (**5**)
ofrecer to bid (7)
oído, el inner ear (11)
Oiga... Hey . . . (*form.*) (7)
oír to hear (PA)
ojalá (que) I hope so (2)
óleo, el oil painting (**9**)
olla, la pot (**3**)
onda, la wave (10)
operar to operate (**11**)
opuesto/a opposite (1)
oración, la sentence (PA)
ordenador, el computer (5)
orfebrería, la crafting of precious metals (9)
organista, el/la organist (**9**)
organizado/a organized (**1**)
organizar to organize (**9**)
órgano, el organ (**9**)
orgullo, el pride (5)
orgulloso/a proud (**1**)
oscuro/a dark (4)
oveja, la sheep (**10**)
Oye... Hey . . . (*fam.*) (7)

P

paciente, el/la patient (**11**)
padrino, el godfather (**1**)
página principal, inicial, de hogar, la homepage (**5**)
país, el country (PA)
paisaje, el countryside (**5**); landscape (**9**)
palo (de golf; de hockey), el golf club; hockey stick (**2**)
paloma, la pigeon; dove (**10**)
palomitas de maíz, las popcorn (**4**)
pan dulce, el sweet roll (**4**)
panadería, la bread store; bakery (**7**)
panqueque, el pancake (**4**)
pantalla, la screen (2, **5**)
pantano, el marsh (**10**)
pañal, el diaper (10)
papaya, la papaya (**4**)
papel, el paper; role (5, 9)
papel de envolver, el wrapping paper (**7**)
papel higiénico, el toilet paper (**7**)
papelería, la stationery shop (**7**)
papelito, el little piece of paper (PA)
paperas, las mumps (**11**)
paquete, el package (**5**)
par, el pair (2)
para for; in order to (**5**)
para aquel entonces by then (8)
para que so that (**7**)
parachoques, el bumper (**5**)
parada, la (bus) stop (2)
parador, el inn (3)
paráfrasis, la loose interpretation (8)
paraíso, el paradise (2)
Parece mentira. It's hard to believe. (11)
parecer to seem; to appear (**1**)
pareja, la couple; partner (**1**)
pariente/a, el/la relative (**1**)
párrafo, el paragraph (1)
partido, el game (2)
pasado, el past (3)
pasar to pass (2)
pasatiempos, los pastimes (**2**)
Pascua, la Easter (**4**)
pasear en barco (de vela) to sail (**2**)
paseo, el promenade (1)
pasillo, el hall (**3**)
paso, el step; stage (PA)
paso de peatones, el crosswalk (**5**)
pasta de dientes, la toothpaste (**7**)
pastelería, la pastry shop (**7**)
patinar en monopatín to skateboard (**2**)
patines, los skates (**2**)
pato, el duck (**10**)
patrocinador/a, el/la patron (9)
pavo, el turkey (**4**)
paz, la peace (10)
pecas, las freckles (**1**)
pedagogía, la teaching (**8**)
pedazo, el piece (**4**)
pedido, el request; order (2, 5)
pedir (e → i → i) to ask (for); to request (PA, 2, 9)
pedir clarificación to ask for clarification (2)
pegar to hit (1); to paste (**5**)
peinarse to comb one's hair (11)
pelar to peel (**4**)
pelear(se) to fight (**2**, **4**)
peligro, el danger (2, **10**)
peligroso/a dangerous (1)
pelirrojo/a red-haired (**1**)
pelo, el hair (**1**)
pelo canoso, el gray hair (**1**)
pelo corto, el short hair (**1**)
pelo lacio, el straight hair (**1**)
pelo largo, el long hair (**1**)
pelo rizado, el curly hair (**1**)
pelota, la ball (PA, **2**)
peluca, la wig (**1**)
peluquero/a, el/la hair stylist (**8**)
penicilina, la penicillin (**11**)
pensar (ie) to think (PA)
peor worse (9)
peor, el/la the worst (9)
pepino, el cucumber (**4**)
perder (e → ie) to lose (PA)
perder (e → ie) peso to lose weight (**11**)
perderse (e → ie) to get lost (**5**)
Perdón. / Perdóname. Pardon. (*fam.*) (2)
Perdón, ¿sabe/n usted / ustedes llegar al...? Pardon, do you (all) know how to get to . . . ? (4)
Perdóneme. Pardon. (*form.*) (2)
perfil, el profile (1)
perforación del cuerpo, la body piercing (**1**)
perfume, el perfume (**7**)
periodista, el/la journalist (**8**)
pero but (**2**)
perseguir (i) to chase (PA)
persianas, las blinds (**3**)
personal, el personnel (**8**)
personalidad, la personality (**1**)
pesadilla, la nightmare (7)
pesado/a dull; tedious (**1**)
pesar, el regret; sorrow (8)
pesas, las weights (**2**)
pescadería, la fish store (**7**)
pescado, el fish (**4**)
pescar to fish (**2**)
pestañas, las eyelashes (**1**, **11**)
pesticida, el pesticide (**10**)
picaflor, el hummingbird (**10**)
piedra, la stone (3)
piel, la skin (**1**, **11**); fur; leather (**7**)
pieza musical, la musical piece (**9**)
pila, la battery (**7**)
pilates, el Pilates (**2**)
piloto/a, el/la pilot (**8**)
piloto/a de carreras, el/la race car driver (5)
pimiento, el pepper (**4**)
pincel, el paintbrush (**9**)
pingüino, el penguin (5, **10**)
pintado/a painted (5)
pintalabios, el lipstick (7)
pintar to paint (**2**, **3**)
pintor/a, el/la painter (**9**)
pintura, la painting (**9**)
piña, la pineapple (**4**)
pirámide, la pyramid (1)
pisar to step on (2)
piscina, la swimming pool (**3**)
piso, el apartment (4)
pista, la track; rink (**2**); clue (5, PB)
planear to plan (**9**)
plátano, el plantain (**4**)
platillo, el saucer (**3**)
plato, el main dish (4)
plato hondo, el bowl (**3**)
playa, la beach (**10**)
plomero/a, el/la plumber (**3**)
poder (ue) to be able to (PA)
poder, el power (PA)
poderoso/a powerful (1)
político/a, el/la politician (**8**)
poner to put; to place (PA, **1**)
ponerse (la ropa) to put on (one's clothes) (PA)
ponerse (nervioso/a) to become (nervous) (PA)

ponerse de acuerdo to agree; to reach an agreement (2, **3**)
por for; through; by; because of (**5**)
por ciento percent (PB)
por ejemplo for example (3)
por eso for this reason (5, **10**)
por favor please (5)
por fin finally; in the end (PA, 4, 5)
por lo menos at least (PA, 5)
por lo tanto therefore (5)
por lo visto apparently (5)
por medio de by means of (10)
por otro lado on the other hand (**10**)
por suerte luckily (PA)
¡Por supuesto! Sure!; Of course! (3, 5, 7, 10)
por último last (in a list) (4)
porque because (**2**)
portada, la entrance (4)
portarse bien to behave well (**1**)
portarse mal to misbehave (**1**)
portero/a, el/la doorman (**5**)
postre, el dessert (**4**)
practicar artes marciales, las to do martial arts (**2**)
practicar ciclismo, el to go cycling (**2**)
practicar esquí acuático, el to go waterskiing (**2**)
practicar lucha libre, la to wrestle (**2**)
Precisamente. Precisely. (10)
precisar to say exactly; to specify (11)
predecir (i) to predict (1)
preferir (e → ie → i) to prefer (PA, 2, 9)
preguntar to ask (a question) (PA)
premio, el prize (1)
prenda, la garment (**7**)
prender to start (**5**)
preparar to prepare; to get ready (PA)
preparativos, los preparations (PB)
preservar to preserve (**10**)
presión alta / baja, la high / low (blood) pressure (**11**)
préstamo, el loan (**3**)
presumido/a conceited; arrogant (**1**)
presupuesto, el budget (**3**)
prevenir (e → ie) to prevent (**10**)
primer día / mes, el the first day / month (4)
primera comunión, la First Communion (**4**)
primero at first; first; in the beginning (**4**)
primito/a, el/la little cousin (2)
primo/a, el/la cousin (PA)
princesa, la princess (1)
príncipe, el prince (1)
probar (ue) to try (1)
procedente coming (8)
procedimiento, el procedure (11)
profesión, la profession (**8**)
profesional professional (**8**)
programa de computación, el software (**5**)
prohibir to prohibit (2, 9)
pronóstico del tiempo, el weather report (2)
pronto soon (4)
propiedad, la property (3)
propietario/a, el/la owner; landlord (**8**)
propina, la tip (3)
propio/a own (PA)
proponer to suggest; to recommend (2, 9)
Propongo que... I propose that . . . (11)
propósito, el purpose (11)
proyecto, el project (3)

prueba, la proof (10)
prueba médica, la medical test (**11**)
psicología, la psychology (**8**)
psicólogo/a, el/la psychologist (**8**)
publicidad, la advertising (**8**)
publicitar to advertise; to publicize (**8**)
¿Puede/n usted / ustedes decirme dónde está...? Can you tell me where . . . is? (4)
¿Puedo tomar algún recado? Can I take a message? (7)
puerto, el port (**5**)
pues well; since (**2**)
Pues... Um . . . ; Well . . . (11)
puesto, el job; position (**8**)
puesto que given that (**7**)
pulmón, el lung (**11**)
pulpo, el octopus (**10**)
pulsar el botón derecho to right-click (**5**)
pulsera, la bracelet (**7**)
puma, el puma (**10**)
punto, el dot (*in a URL*) (**5**)

Q

que that; who; which; whom (**2**, 5)
¡Qué barbaridad! How awful! (5)
¡Qué bueno! Good! (5)
¿Qué dice/s? What do you say? (5)
¿Qué dijiste / dijo? What did you say? (2)
¡Qué emoción! How exciting!; How cool! (5)
¡Qué estupendo! How stupendous! (8)
¡Qué extraordinario! Howextraordinary! (8)
(Qué) Gusto en verlo/la/te! How nice to see you! (1)
¿Qué hay de nuevo? What's new? (1)
¿Qué le / te parece? What do you think (about the idea)? (5)
Que le / te vaya bien. Take care. (1)
¡Qué maravilloso! How marvelous! (8)
¿Qué me cuentas? What do you say?; What's up? (1)
¿Qué opina/s? What do you think? (5)
¡Qué pena / lástima! What a pity / shame! (5, 8)
¿Qué quiere decir...? What does . . . mean? (2)
¿Qué significa...? What does . . . mean? (2)
¿Qué tal amaneció usted / amaneciste? How are you this morning? (1)
¡Qué va! No way! (10)
quedar to have something left (**1**)
quedarse to stay; to remain (PA)
quedarse sin hacer to be left undone (10)
queja, la complaint (11)
quemadura, la burn (**11**)
quemar to burn (**3**)
querer (e → ie) to want; to love; to wish (PA, 2, 9)
Querido/a... Dear . . . (8)
quien(es) that; who (**2**); whom (5)
quinceañera, la fifteenth birthday celebration (**4**)
Quisiera invitarte/le/les... I would like to invite you (all) . . . (**3**)
quitarse (la ropa) to take off (one's clothes) (PA)
quizás maybe (2)

R

radiografía, la X-ray (**11**)
raíces, las roots (1)

rapidez, la speed (5)
raqueta, la racket (**2**)
raro/a strange (**1**)
rato, el little while (3)
ratón, el mouse (**5**)
razón, la reason (PA)
real royal (1)
rebaja, la sale; discount (**7**)
recalentar (ie) to reheat (**4**)
recámara, la room (3)
recepcionista, el/la receptionist (**5**)
receptáculo, el receptacle (8)
receta, la recipe (**4**)
rechazar una invitación to decline an invitation (3)
recibir to receive (PA)
recién recently (PB)
recoger to pick up (1)
recomendar (e → ie) to recommend (PA, 2, 9)
Recomiendo que... I recommend that . . . (**11**)
reconocer to recognize; to admit (PA)
recordar (o → ue) to remember; to remind (PA, **1**)
recorrido, el trip (5)
recreativo/a recreational (2)
recuerdo, el souvenir (**5**)
reducir to reduce (**10**)
reemplazar to replace (**10**)
reflejar to reflect (**9**)
reflexionar to reflect (1)
regalar to give (3)
regalo, el present (**4**)
regar (e → ie) las flores to water the flowers (**3**)
regla, la rule (8)
regresar to return (PA)
reina, la queen (1)
reiniciar to reboot (**5**)
reino, el kingdom (1)
reliquia, la relic (8)
relleno, el filling (4, 7)
relleno/a filled (8)
reloj de pulsera, el wristwatch (**7**)
remar to row (**2**)
remate, el auction; sale (7)
remedio casero, el home remedy (11)
remo, el rowing (**2**)
remodelar to remodel; to renovate (**3**)
renovable renewable (**10**)
renovar (o → ue) to remodel; to renovate; to renew (**3**, 5)
renunciar (a) to resign; to quit (**8**)
reñir (i) to scold (1)
reparar to repair (**3**)
repasar to review (5)
repaso, el review (PA)
repetir (i) to repeat (PA)
Repite/a, por favor. Repeat, please. (2)
reportaje, el report (1)
reportero/a, el/la reporter (**8**)
representar to represent; to perform (**9**)
reproductor de MP3, el MP3 player (5, **9**)
requerir (ie) to require (10)
requisito, el requirement (8)
rescatar to rescue (**10, 11**)
resolver (ue) to solve (**1**)
respirar to breathe (**11**)

responder to respond (5)
respuesta, la answer (1)
restaurar to restore (5)
resultado, el result; score (**2**, **11**)
resumen, el summary (1)
retraso, el delay (11)
retrato, el portrait (**9**)
reunirse to get together; to meet (PA)
revista, la magazine (3)
revolver (o → ue) to stir (**4**)
rey, el king (1)
riesgo, el risk (**10**)
rinoceronte, el rhinoceros (**10**)
río, el river (**10**)
rivalidad, la rivalry (2)
robar to rob (5)
robo, el robbery (5)
rodar (o → ue) (en exteriores) to film (on location) (**9**)
rodear to surround (10)
rodilla, la knee (**11**)
rogar (o → ue) to beg (2, 9)
romper to break (**1**)
ropa, la clothing (**7**)
ropa interior, la underwear (**7**)
rosado/a pink (4)
rubio/a blond (**1**)
ruido, el noise (2)
ruinas, las ruins (3)
ruleta, la roulette (PA)

S

saber to know (3)
Sabes... You know . . . (11)
sabotear to hack (**5**)
sacar to obtain (3)
sacar fotos to take pictures / photos (**5**)
sacar la mala hierba to weed (**3**)
sacar la sangre to draw blood (**11**)
sala, la living room (**3**)
salario, el salary (**8**)
salchicha, la sausage (**4**)
salir (con) to leave (PA); to go out (with) (**4**)
salón, el living room (1)
saltamontes, el grasshopper (**10**)
saludar to greet; to say hello (1, **11**)
saludo, el greeting (**1**, 8)
Saludos a (nombre) / todos por su / tu casa. Say hi to (name) / everyone at home. (1)
salvaje wild (10)
salvar to save (10)
sanarse to heal (11)
sandía, la watermelon (**4**)
santo/a, el/la saint (4)
sarampión, el measles (**11**)
sardina, la sardine (**4**)
sartén, la skillet; frying pan (3)
sastrería, la tailor shop (7)
saxofón, el saxophone (**9**)
saxofonista, el/la saxophonist (**9**)
¡Se rueda! Action! (**9**)
secadora, la dryer (**3**)
secretario/a, el/la secretary (**8**)
seguidores/as, los/las fans; groupies; followers (**9**)
seguir (i) to follow; to continue (doing something) (PA)
seguir derecho to go straight (7)
según according to (PA, 1, 10)
seguridad, la confidence (5)
seguro del coche, el car insurance (**5**)
selva nubosa, la cloud forest (5)
semejanza, la similarity (3, 6)
seminario, el seminar (1)
sencillo/a modest; simple (**1**, 3, PB)
sendero, el path (4)
¡Sensacional! Sensational! (8)
sensible sensitive (**1**)
sentarse (e → ie) to sit down (PA)
sentido, el sense (2)
sentir (e → ie → i) to regret (3, 9)
sentirse (e → ie → i) to feel (PA)
separarse to separate; to get separated (**1**)
sequía, la drought (**10**)
ser to be (PA, **7**, **8**)
ser buena gente to be a good person (1)
ser bueno / malo to be good / bad (3, 9)
ser dudoso to be doubtful (3, 9)
ser humano, el human being (5)
ser mala gente to be a bad person (**1**)
ser probable to be probable (3, 9)
ser una lástima to be a shame (3, 9)
Sería mejor... It would be better to . . . (11)
serie, la series (4)
serio/a serious (**1**)
servicio, el room service (**5**)
servicios, los public restrooms (**7**)
servidor, el server (**5**)
servir (e → i) to serve (PA)
si if (PA, 9)
SIDA, el AIDS (**11**)
sierra, la mountain range (**10**)
Siga/n derecho / todo recto. Go straight. (4)
siglo, el century (6)
significado, el meaning (1)
significar to mean (6)
signo, el sign (8)
siguiente following (PA)
¡Silencio! Quiet everybody (on the set)! (**9**)
simpatía, la sympathy (**8**)
Sin duda. Without a doubt.; No doubt. (10)
sin embargo nevertheless (**10**)
sin fines de lucro nonprofit (**8**)
sin que without (7)
sinfónica, la symphony orchestra (**9**)
sino but rather (**10**)
síntoma, el symptom (**11**)
sobre, el envelope (**5**)
sobre todo above all (3)
sobrepoblación, la overpopulation (**10**)
sobrevivir to survive (**10**)
sobrino/a, el/la nephew / niece (**1**)
¡Socorro! Help! (10)
soler (ue) to be accustomed to (4)
solicitar to apply for (a job); to solicit (**8**)
solicitud, la application form (**8**)
solista, el/la soloist (**9**)
soltero/a single (not married) (**1**)
soltero/a, el/la single man; single woman; bachelor(ette) (1)
sombra, la shadow (6)
sombrilla, la umbrella (**5**)
sonar (ue) to seem familiar; to sound (2, 5)
sonido, el sound (7)
sonreír (i) to smile (5)
sonrisa, la smile (2)
soñar (ue) to dream (4)
sopera, la soup bowl (**3**)
sorprendido/a surprised (**1**)
sorpresa, la surprise (10)
sostener (ie) to sustain (**10**)
sótano, el basement (**3**)
Soy... This is . . . (7)
su/s his / her / its / your (*form.*) / their (PA)
suavemente smoothly (2)
subtítulos, los subtitles (**9**)
suceso, el event (1)
suegro/a, el/la father-in-law / mother-in-law (**1**)
sueldo, el salary (**8**)
suelo, el ground (1)
sueño, el dream (3, 6)
sufrimiento, el suffering (5)
sufrir to suffer (2)
sugerir (e → ie → i) to suggest (2, **3**, 9)
sugerir una alternativa to suggest an alternative (**11**)
Sugiero que... I suggest that . . . (11)
superficie, la surface (11)
supervisor/a, el/la supervisor (**8**)
supuestamente allegedly (3)
sur, el south (1, **5**)
sureste southeast (5)
suroeste southwest (5)
sustancia, la substance (**10**)
sustantivo, el noun (PA)
susto, el scare (PB)
suyo/a/os/as his / hers / yours (*form.*) / theirs (PA)

T

tabla de surf, la surfboard (**2**)
tacaño/a cheap (**1**)
tacón (alto, bajo), el heel (high, low) (**7**)
talco, el talcum powder (**7**)
talentoso/a talented (**9**)
talla, la wood sculpture; carving (**9**)
taller, el workshop; studio (**9**, 11)
talón, el heel (*of the foot*) (**11**)
tamaño, el size (**2**)
tampoco nor; neither (PA)
tan... como as . . . as (9)
tan pronto como as soon as (**7**)
tanto/a/os/as... como as much / many . . . as (9)
tapiz, el tapestry (**9**)
tarjeta, la card; greeting card (**7**)
tarjeta de crédito, la credit card (7)
tasa, la rate (10)
tatuaje, el tattoo (**1**)
Te digo... I'm telling you . . . (10)
teatro, el theater (**9**)
teclado, el keyboard (**5**, **9**)
técnico/a technical (**9**)
tecnología, la technology (**5**)
tejedor/a, el/la weaver (**9**)
tejer to knit (**2**)
tejido, el weaving (**9**)
tela, la fabric (7)
telefonista, el/la telephone operator (**5**)
teléfono celular, el cell phone (**5**)
teléfono de ayuda, el help line (6)
telenovela, la soap opera (4, **9**)
televidente, el/la television viewer (**9**)

APPENDIX 5 A57

televisión, la television (**9**)
tema, el subject; theme (1)
temer to be afraid (of) (3, 9)
temporada, la a while; a period of time (1)
tener (ie) to have (PA)
tener éxito to be successful (2)
tener experiencia to have experience (**8**)
tener miedo (de) to be afraid (of) (3, 9)
tener que ver (con) to have to do with (3, 4)
tener una cita to have a date (**4**)
teñido/a dyed (hair) (**1**)
teñirse (i) el pelo to dye one's hair (1)
terco/a stubborn (**1**)
terminar to finish; to end (PA)
término de la cocina, el cooking term (**4**)
termómetro, el thermometer (**11**)
ternera, la veal (**4**)
terreno, el terrain; land; field (2)
tertulia, la social gathering (3)
tesis, la thesis (PB)
tiburón, el shark (**10**)
tienda, la shop; store (**7**)
tienda de ropa, la clothing store (**7**)
Tierra, la Earth (10)
tierra, la land (10)
tigre, el tiger (**10**)
tímido/a shy (**1**)
tintorería, la dry cleaners (**7**)
tío/tía, el/la uncle / aunt (PA)
tirar to throw (PA, 1, 3)
tirar un platillo volador to throw a frisbee; to play frisbee (**2**)
titulado/a, el/la graduate (8)
título, el title, degree (1, 7)
toalla, la towel (**3**)
tobillo, el ankle (**11**)
tocador, el dresser (3)
tocar (un instrumento) to play (an instrument) (9)
tocino, el bacon (**4**)
tomar to take; to drink (PA)
tomar apuntes to take notes (8)
tomar el pulso to take someone's pulse (**11**)
tomar la presión to take someone's blood pressure (**11**)
tomar la temperatura to check someone's temperature (**11**)
Tome/n un taxi / autobus. Take a taxi / bus. (4)
tono de voz, el tone of voice (1)
torcerse (ue) to sprain (**11**)
torneo, el tournament (2)
tornillo, el screw (7)
toronja, la grapefruit (**4**)
tortuga, la turtle (**10**)
toser to cough (11)
tóxico/a poisonous (**10**)
trabajar to work (PA)
trabajar en el jardín to garden (**2**)
trabajo, el job (**8**)
traducir to translate (8)
traer to bring (PA)
tragedia, la tragedy (**9**)
tranquilo/a calm (3)
Tranquilo. Relax.; Calm down. (8)
transmisión, la transmission (**5**)
transporte, el transportation (**5**)
trasero, el buttocks (**11**)
traslado, el transfer (5)
tratamiento, el treatment (10, **11**)
tratar to treat (4)
trato, el treatment (10)
trenza, la braid (**1**)
trepador/a climbing (11)
trío, el trio (**9**)
trombón, el trombone (**9**)
trompo, el top (toy) (7)
tu/s your (*fam.*) (PA)
turnarse to take turns (PA)
tuyo/a/os/as yours (*fam.*) (PA)

U

ubicarse to be located (4)
último/a last (1)
Un (fuerte) abrazo A (big) hug (8)
uña, la nail (**11**)
usar to use (PA)
utilizar to use; to utilize (1)

V

vacaciones, las vacations (**5**, 8)
vacuna, la vaccination (**11**)
valle, el valley (**10**)
valor, el value (**9**)
vaquero, el cowboy (8)
varicela, la chicken pox (**11**)
Vaya/n derecho / todo recto. Go straight. (4)
vecino/a, el/la neighbor (**3**)
vehículo utilitario deportivo, el sport utility vehicle (*SUV*) (**5**)
vejez, la old age (**1**)
vela, la candle (**3**)
velocidad, la speed (**5**)
vena, la vein (**11**)
venado, el deer (**10**)
vendedor/a, el/la seller; vendor (2)
venenoso/a poisonous (9)
venir (ie) to come (PA)
venta, la sale (6, **8**)
ventanilla, la ticket window (2)
ventas (por teléfono), las (telemarketing) sales (**8**)
ver to see (PA, **1**)
verdadero/a true (PB)
verdura, la vegetable (**4**)
vergüenza, la shame (8)
verruga, la wart (11)
verso, el line; verse (4)
vertedero, el garbage dump (10)
verter (e → ie) to pour (**4**)
vestuario, el costume; wardrobe; dressing room (**9**)
veterinario/a, el/la veterinarian (**8**)
vez, la time (2)
viajar por to tour (**5**)
viajes, los travel; trips (**5**)
viejo/a old (**9**)
violín, el violin (**9**)
viruela, la smallpox (10)
vistazo, el look; glance (1)
visual visual (**9**)
viticultura, la winegrowing (8)
viudo/a, el/la widower / widow (**1**)
vivir to live (PA)
vocero/a, el/la spokesperson (**8**)
volantín, el kite (7)
volcán, el volcano (**10**)
volver (o → ue) to return (PA, **1**)
vomitar to vomit (**11**)
vuelo, el flight (5)
vuelta, la race (2)
vuestro/a/os/as your/s (*fam. pl. Spain*) (PA)

Y

y and (2)
Ya lo creo. I'll say. (**10**)
¡Ya no lo aguanto! I can't take it any more! (5)
ya que since; because (**7**)
yerno, el son-in-law (**1**)
yeso, el plaster (**3**)
yoga, el yoga (**2**)

Z

zanahoria, la carrot (4)
zancos, los stilts (7)
zapatería, la shoe store (**7**)
zorro, el fox (**10**)

A58

Appendix 6

English–Spanish Glossary

A

A (big) hug Un (fuerte) abrazo (8)
able to, to be poder (o → ue) (PA)
above arriba (5)
above all sobre todo (3)
abroad el extranjero (**5**)
absentminded despistado/a (**1**)
Absolutely. Absolutamente.; En absoluto. (1, 10)
absorb shock, to amortiguar (11)
abuse, to maltratar (1)
accelerator el acelerador (**5**)
accept an invitation, to aceptar una invitación (3)
accomplice el/la cómplice (5)
according to según (PA, 1, 10)
accountant el/la contador/a (**8**)
accustomed to, to be soler (ue) (4)
acquaintance conocido/a (1)
acquainted with, to be conocer (PA)
acquisition la adquisición (**8**)
across from enfrente (de) (3)
act, to actuar (8, **9**)
Action! ¡Se rueda! (**9**)
add, to añadir (PA, **3**, **4**, 8)
address la dirección (**5**)
administrative administrativo/a (**8**)
admit, to reconocer (PA)
admitted, to be ingresar (11)
adobe el adobe (**3**)
adolescence la adolescencia (**1**)
advance, to ascender (e → ie) (**8**)
advertise, to hacer publicidad; publicitar (**8**)
advertisement el anuncio (PA)
advertising la publicidad (**8**)
advise, to aconsejar (1, 2, 4, 9)
aesthetic estético/a (**9**)
affirmatively afirmativamente (1)
afraid (of), to be temer; tener miedo (de) (3, 9)
after después (de) (que) (4, 7, 10)
afterward después (de) (que) (4, 7, 10)
again de nuevo (1)
age la edad (1)
age, to envejecer (**1**)
agency la agencia (**8**)
agent el/la agente (**8**)
aging el envejecimiento (11)
agree, to ponerse de acuerdo (2, **3**)
agreeable agradable (**1**)
agreement el acuerdo; la concordancia (2, 5, **7**, **8**, **10**)
AIDS el SIDA (**11**)
air conditioning el aire acondicionado (**3**)
alcoholism el alcoholismo (**11**)
all of a sudden de repente (5)
allegedly supuestamente (3)
allergy la alergia (**11**)
alligator el caimán (5)
allude, to aludir (4, 7)
almost casi (5)
altar el altar (4)
alternative music la música alternativa (**9**)
although aunque (**7**)
among themselves entre sí (1)
ample amplio/a (3)
and y (**2**)
animal el animal (**10**)
ankle el tobillo (**11**)
annoyed molesto/a (4)
answer la respuesta (1)
answer, to contestar (PA)
antihistamine el antihistamínico (**11**)
apartment el piso (4)
apologize, to disculparse (2)
apparatus el aparato (5)
apparently por lo visto (5)
appear, to parecer (**1**)
appearance la apariencia (**1**)
appendicitis la apendicitis (**11**)
applaud, to aplaudir (**9**)
applicant el/la aspirante (**8**)
application form la solicitud (**8**)
applied aplicado/a (5)
applied arts las artes aplicadas (**9**)
apply for (a job), to solicitar (**8**)
appreciate, to apreciar (5)
appropriate apropiado/a (**2**)
appropriate, to apropiarse (**8**)
architect el/la arquitecto/a (**3**)
argue, to discutir (**4**)
arid árido/a (**10**)
arrangement el arreglo (5)
arrive, to llegar (PA)
arrogant presumido/a (**1**)
arthritis la artritis (**11**)
article el artículo (7)
artisan el/la artesano/a (**9**)
artist el/la artista (**9**)
arts and crafts la artesanía (**9**)
as . . . as tan... como (9)
as much / many . . . as tanto/a/os/as... como (9)
as soon as en cuanto; luego que; tan pronto como (**7**)
ashamed avergonzado/a (**1**)
ask (a question), to preguntar (PA)
ask (for), to pedir (e → i → i) (PA, 2, 9)
ask for clarification, to pedir clarificación (2)
asparagus los espárragos (**4**)
assemble, to montar (9)
at (*in an e-mail address / message*), @ la arroba (**5**)
at first primero
at least por lo menos (PA, 5)
athlete el/la atleta (**2**)
athletic atlético/a (**2**)
attached adjunto/a (PB)
attachment el archivo adjunto (**5**)
attend, to asistir a (5)
attract, to atraer (10)
auction el remate (7)
aunt la tía (PA)
author el/la escritor/a (**8**)
avocado el aguacate (**4**)
avoid, to evitar (8)
awards ceremony la ceremonia de premiación (1)

B

baby el bebé (**4**)
bachelorette la soltera (1)
back then aquel entonces; en aquel entonces (10)
bacon el tocino (**4**)
bad malo/a (9)
bad, to be ser malo (3, 9)
bad person, to be a ser mala gente (**1**)
bad thing, the lo malo (8)
bakery la panadería (**7**)
bald calvo/a (**1**)
ball la pelota (PA, **2**)
ballet el ballet (**9**)
banker el/la banquero/a (**8**)
banking la banca (**8**)
bankruptcy la bancarrota (**8**)
baptism el bautizo (**4**)
barbecue la barbacoa (3)
barbecued a la parrilla (**4**, PB)
barefoot descalzo/a (11)
bargain la ganga (**7**)
basement el sótano (**3**)
basket la cesta (2)
basket weaving la cestería (**9**)
basketry la cestería (**9**)
bat el bate (2); el murciélago (**10**)
battery la pila (**7**)
bay la bahía (**10**)
be, to estar; ser (PA, **7**, **8**)
be a good person, to ser buena gente (1)
be ashamed of, to avergonzarse (o → ue) de (3, 9)
be lacking, to hacer falta (**1**)
beach la playa (**10**)
beard la barba (**1**)
beat, to batir (**4**)
beauty mark el lunar (**1**)
because porque (2); ya que (**7**)
because of a causa de (5); por (**5**)
become hacerse (**8**)
become (nervous), to ponerse (nervioso/a) (PA)
become quiet, to callarse (PA)
bedroom el dormitorio (**3**)
bee la abeja (**10**)
beef la carne de res (**4**)
before (*time / space*) antes (de) que (4, **7**)
beg, to rogar (o → ue) (2, 9)
begin, to comenzar (e → ie); empezar (e → ie) (PA)
beginner el/la novato/novata (2)
behave, to comportarse (11)
behave well, to portarse bien (**1**)
behavior el comportamiento (4)
behind detrás de (7, **10**)
belief la creencia (4)

believe, to creer (PA)
bend, to doblarse (**11**)
beneficial beneficioso/a (5)
benefits los beneficios (**8**, 11)
besides además (**10**)
best, the el/la mejor (PA, 9)
best thing, the lo mejor (8)
better mejor (PA, 9)
bid, to ofrecer (7)
bill (*monthly*) la factura (mensual) (**3**)
biodegradable biodegradable (**10**)
bird/s el ave (*f.*) (5); las aves (**4**)
birth el nacimiento (**1, 4**)
birth, to give dar a luz (**4**)
birthday el cumpleaños (1, **4**)
birthday, to have a cumplir... años (**4**)
black (hair) moreno/a (**1**)
blame la culpa (4)
blender la batidora (**3**)
blinds las persianas (**3**)
block (*city*) la cuadra (1, **3**)
blond rubio/a (**1**)
board la junta (**8**)
body piercing la perforación del cuerpo (**1**)
boil, to hervir (e → ie → i) (**4**)
boiled hervido/a (**4**, PB)
bone el hueso (10, **11**)
bonus el bono (**8**)
boot up, to arrancar (**5**)
border la frontera (**5**)
born, to be nacer (**1**)
boss el/la jefe/a (**8**)
both ambos/as (PB)
bother, to molestar (**1**)
bowl el plato hondo (**3**)
bowl, to jugar al boliche (**2**)
box, to boxear (**2**)
boyfriend el novio (**4**)
bracelet la pulsera (**7**)
braces los frenos (**1**)
braid la trenza (**1**)
brain el cerebro (**11**)
brakes los frenos (**5**)
brand la marca (5, PB)
brass instruments los instrumentos de metal (**9**)
bread store la panadería (**7**)
break, to romper (1); fracturar(se) (**11**)
breathe, to respirar (**11**)
breeze la brisa (4)
brick el ladrillo (**3**)
bride la novia (**4**)
bright llamativo/a (3, **9**)
bring, to traer (PA)
broil, to asar (**4**)
bronchitis la bronquitis (**11**)
brother-in-law el/la cuñado/a (**1**)
brown castaño/a (1); marrón (4)
browser el navegador (**5**)
brunette castaño/a (**1**)
brush el cepillo (**7**)
brusquely bruscamente (4)
budget el presupuesto (**3**)
bumper el parachoques (**5**)
burn la quemadura (**11**)
burn, to quemar (**3**)
(bus) stop la parada (2)
business el comercio; la empresa; el/los negocio/negocios (PB, **8**)
businessman el hombre de negocios (**8**)
businesswoman la mujer de negocios (**8**)
but pero (**2**)
but rather sino (**10**)
butcher shop la carnicería (**7**)
butter la mantequilla (4)
butterfly la mariposa (**10**)
buttocks el trasero (**11**)
buy, to comprar (PA)
by por (5)
by means of por medio de (10)
by the way a propósito (4)
by then para aquel entonces (8)
Bye. Chao. (1)

C

cabbage la col (4)
called, to be llamarse (PA)
calm tranquilo/a (3)
Calm down. Tranquilo. (8)
camel el camello (**10**)
camera la cámara (**5**)
camera / sound crew el equipo de cámara / sonido (**9**)
Can I take a message? ¿Puedo tomar algún recado? (7)
Can you tell me where . . . is? ¿Puede/n usted / ustedes decirme dónde está...? (4)
canal el canal (5, **9**)
cancer el cáncer (**11**)
candies los dulces (**4**)
candle la vela (**3**)
candy el bombón (**4**)
canvas el lienzo (**9**)
capable hábil (3)
car el coche (**5**)
(car) horn la bocina (**5**)
car insurance el seguro del coche (**5**)
caramel custard el flan (**4**)
card la tarjeta (**7**)
care el cuidado (2)
cargo la carga (8)
carpenter el/la carpintero/a (**3**)
carrot la zanahoria (**4**)
carry, to cargar (10)
cartoons los dibujos animados (**9**)
carving la talla (**9**)
cash el dinero en efectivo (**7**)
cashier el/la cajero/a (**8**)
castle el castillo (2)
cathedral la catedral (**7**)
cattle el ganado de vacuno / vacas (8)
cauliflower la coliflor (**4**)
cave la cueva (3)
cease, to dejar de (2, 8)
celebrate, to celebrar (4); festejar (6)
celebration la celebración (**4**)
celery el apio (**4**)
cell phone el teléfono celular (**5**)
cement el cemento (**3**)
century el siglo (6)
ceramic tiles los azulejos (**3**)
ceramics la cerámica (**9**)
certain things ciertas cosas (5)
challenge el desafío (2)
champion (*female*) la campeona (**2**)
champion (*male*) el campeón (**2**)
championship el campeonato (**2**)
channel el canal (5, **9**)
chase, to perseguir (e → i) (PA)
chauffeur el/la chófer (5)
cheap tacaño/a (**1**)
check, to comprobar (o → ue) (11)
check someone's temperature, to tomar la temperatura (**11**)
cheek la mejilla (**1, 11**)
Cheer up! ¡Ánimo! (8)
cheerful alegre (1)
(chemical) engineer el/la ingeniero/a (químico/a) (**8**)
cherry la cereza (**4**)
chicken pox la varicela (**11**)
childhood la niñez (**1**)
chills los escalofríos (**11**)
chimney la chimenea (**3**)
chin el mentón (**1**)
choir el coro (**9**)
choose, to escoger (PA)
chop la chuleta (**4**)
Christmas la Navidad (**4**)
chronicle la crónica (5)
cinema el cine (**9**)
cinematographer el/la cinematógrafo/a (**9**)
citizen el/la ciudadano/a (10)
clarify, to aclarar (5)
clarinet el clarinete (**9**)
class el curso (3)
clay el barro (**9**)
clearance sale la liquidación (**7**)
click, to hacer clic (**5**)
cliff diving el clavadismo (2)
climate el clima (**10**)
climatic climático/a (**10**)
climb, to escalar (**2**)
climbing trepador/a (11)
close, to cerrar (e → ie) (PA)
close by cercano/a (5)
closing (*of a letter*) la despedida (**8**)
clothing la ropa (**7**)
clothing store la tienda de ropa (**7**)
cloud forest la selva nubosa (5)
clue la clave (9); la pista (5, PB)
coach el/la entrenador/a (1, **2**)
coffeemaker la cafetera (**3**)
coincidence la casualidad (5, 7, 11)
collaborator el/la colaborador/a (4)
colleague el/la colega (1, 8)
collect, to coleccionar (2)
collect baseball cards, to coleccionar tarjetas de béisbol (**2**)
cologne la colonia (**7**)
colorful llamativo/a (3, **9**)
comb one's hair, to peinarse (11)
come, to venir (e → ie) (PA)
comedy la comedia (**9**)
coming procedente (8)
commission la junta (**8**)
commission (someone), to encargarle (a alguien) (**9**)
committee la junta (**8**)
common común (4)
compare with, to comparar con (**3**)
compatible compatible (**5**)
compete, to competir (e → i → i) (**2**)
competition la competencia; la competición (**2**)
competitive competitivo/a (2)
complaint la queja (11)
compose, to componer (**9**)
composer el/la compositor/a (**9**)
compromise el acuerdo (2, **8, 10**)
computer el/la computador/computadora; el ordenador (5)
computer science la informática (**5**)
conceited presumido/a (**1**)
condition la condición (**11**)
confidence la seguridad (5)
confirm, to comprobar (o → ue) (11)
confused confundido/a (**1**)

Congratulations! ¡Enhorabuena!; ¡Felicidades!; ¡Le / Te felicito! (8)
connect, to conectar (**5**)
conserve, to conservar (**10**)
construct, to construir (**3**)
consumption el consumo (**10**)
contain, to contener (e → ie) (PA)
container el envase (**10**)
contaminant el contaminante (**10**)
contest el concurso (5, **9**)
continue (doing something), to seguir (e → i) (PA)
contractor el/la contratista (**3**)
controversial controvertido/a (3)
cook, to cocinar (PA)
cooking term el término de la cocina (**4**)
coral reef el arrecife (**10**)
Cordially Cordialmente (8)
corner la esquina (4)
corporation la empresa (**8**)
corpse el cadáver (9)
correct, to corregir (e → i) (PA)
cost, to costar (o → ue) (PA)
costume el vestuario (**9**)
costume, to wear a disfrazarse (**4**)
cotton el algodón (7)
cough, to toser (11)
Could you (all) tell me how to get to . . . ? ¿Me podría/n decir cómo se llega a...? (4)
counsel, to aconsejar (1, 2, 4, 9)
counselor el/la consejero/a (1, **8**)
count on, to contar (o → ue) (1)
counter(top) el mostrador (**3, 7**)
country el país (PA)
countryside el paisaje (**5**)
couple la pareja (**1**)
court (*sports*) la cancha (**2**)
courtship el noviazgo (4)
cousin el/la primo/a (PA)
cousin (*little*) el/la primito/a (2)
cover, to cubrir (**3, 4**)
cover letter la carta de presentación (**8**)
covered cubierto/a (8)
cowboy el gaucho; el vaquero (8)
cozy acogedor/a (4)
crab el cangrejo (**4, 10**)
crafting of precious metals la orfebrería (9)
crafts, to do hacer artesanía (**2**)
crash, to congelar (**5**)
create, to crear (PA, **9**)
credit card la tarjeta de crédito (7)
criminal justice la justicia criminal (**8**)
cross, to cruzar (5)
crosswalk el paso de peatones (**5**)
cruise ship el crucero (**5**)
crutches las muletas (**11**)
cucumber el pepino (**4**)
cupboard la alacena (**3**)
curative curativo/a (3)
cure la cura (**11**)
curly hair el pelo rizado (**1**)
current actual (**8**)
cursor el cursor (**5**)
customs la aduana (**5**)
cut, to cortar (**5**)
cut the grass, to cortar el césped (**3**)

D

daily cotidiano/a (**9**)
damage, to dañar (**10**)
dance el baile (4); la danza (**9**)
dance, to bailar (PA)
danger el peligro (2, **10**)
dangerous peligroso/a (1)
dark oscuro/a (4)
data los datos (**5**)
date la cita; la fecha (**4**)
daughter la hija (PA)
daughter of a king of Spain la infanta (1)
daughter-in-law la nuera (**1**)
Day of the Dead el Día de los Muertos (**4**)
deadline la fecha límite (8)
Dear . . . Querido/a... (8)
Dear Madam . . . Muy señora mía… (8)
Dear Mr. / Mrs. . . . Estimado/a señor/a... (8)
Dear Mr. . . . Muy estimado señor... (8)
Dear Mrs. . . . Muy estimada señora... (8)
Dear Sir . . . Muy señor mío… (8)
death la muerte (**1**)
debt la deuda (2)
deceive, to engañar (**4**)
decline el declive (10)
decline an invitation, to rechazar una invitación (3)
decorate, to decorar (**2**)
decorative arts las artes decorativas (**9**)
decree el decreto (4)
deed el hecho (11)
deer el ciervo (10); el venado (**10**)
deforestation la deforestación (**10**)
degree el título (1, 7)
delay el retraso (11)
delete, to borrar (**5**)
demand, to exigir (2, 9)
demanding exigente (3)
demonstrate, to demostrar (ue) (PA)
dentist el/la dentista (**8**)
deny, to negar (ie) (3)
deodorant el desodorante (**7**)
depletion el agotamiento (10)
depressed deprimido/a (**1**)
depression la depresión (**11**)
describe, to describir (PA)
desert el desierto (**10**)
design el diseño (**9**)
designer el/la diseñador/a (**3**)
desired deseado/a (5)
dessert el postre (**4**)
destroy, to destruir (**10**)
detail el detalle (3)
detain, to detener (e → ie) (11)
devil el diablo (5)
diabetes la diabetes (**11**)
dialogue el diálogo (1)
diamond el diamante (**7**)
diaper el pañal (10)
die, to morir (o → ue → u) (PA, **1**)
digital digital (**5**)
digital camera la cámara digital (**5**)
digitalize, to digitalizar (**5**)
diminish, to disminuir (11)
dinner, to have cenar (3)
dinosaur el dinosaurio (**10**)
directions las indicaciones (4, 7)
director el/la director/a (**9**)
dirt road el camino (**5**)
disagreement el desacuerdo (**10**)
disappear, to desaparecer (**10**)
disappearance la desaparición (2)
disaster el desastre (10)
disbelief la incredulidad (**11**)
discord la discordia (3)
discount la rebaja (**7**)
discover, to descubrir (1)
discuss, to discutir (**4**)
disguise oneself, to disfrazarse (**4**)
disgusted asqueado/a (**1**)
dislike someone, to caer mal (**1**)
disorganized desorganizado/a (**1**)
displaced desplazado/a (10)
display, to lucir (7)
distracted, to get distraerse (4)
diva la diva (**9**)
diving el buceo (2)
divorce, to divorciarse (**1**)
divorced divorciado/a (**1**)
divorced, to get divorciarse (**1**)
dizziness el/los mareo/mareos (**11**)
do, to hacer (PA, **1**)
Do you like the suggestion? ¿Le / Te parece bien? (5)
Do you mind? ¿Le / Te importa? (5)
Do you mind (if . . .)? ¿Le / Te importa (si...)? (5)
doctor's office el consultorio (**7**)
Don't even think about it! ¡Ni lo sueñes! (10)
Don't worry. No se / te preocupe/s. (8)
Don't you think that . . . ? ¿No cree(s)(n) que...? (11)
donut la dona (**4**)
doorman el/la portero/a (**5**)
dosage la dosis (**11**)
dot (*in a URL*) el punto (**5**)
doubt la duda (3)
doubt, to dudar (3, 9)
doubtful, to be ser dudoso (3, 9)
dough la masa (7)
dove la paloma (**10**)
download, to descargar (**5**)
drama el drama (**9**)
draw, to dibujar (PA, **9**)
draw blood, to sacar la sangre (**11**)
drawing el dibujo (PA, **9**)
dream el sueño (3, 6)
dream, to soñar (o → ue) (4)
dream house la casa de tus sueños (PB)
dresser el tocador (3)
dressing room el vestuario (**9**)
drink, to beber; tomar (PA)
driver el/la chófer (5)
drought la sequía (**10**)
drug addict el/la drogadicto/a (**11**)
drug addiction la narcomanía (**11**)
dry árido/a (**10**)
dry cleaners la tintorería (**7**)
dryer la secadora (**3**)
duck el pato (**10**)
dull pesado/a (**1**)
dye one's hair, to teñirse (e → i) el pelo (1)
dyed (hair) teñido/a (**1**)

E

each cada (PA)
ear (*inner*) el oído (11)
ear of corn el elote (4)
earn a living, to ganar la vida (2)
earrings los aretes (**7**)
Earth la Tierra (10)
east el este (**5**)
Easter la Pascua (**4**)
eat, to comer (PA)
ecological ecológico/a (**10**)
ecosystem el ecosistema (**10**)
edit, to editar (**9**)
education la formación (5, **8**)
effort el esfuerzo (6)

elbow el codo (11)
elderly anciano/a (1)
electric razor / shaver la máquina de afeitar (7)
electrician el/la electricista (3)
e-mail el correo electrónico (4, 5); el e-mail (5)
embarrassed avergonzado/a (1)
employ, to emplear (7, 8)
employee el/la empleado/a (8)
enclose, to encerrar (e → ie) (PA)
encourage, to animar (2)
encrypt, to cifrar (5)
end, to terminar (PA)
end, at the al final (4)
end, in the por fin (PA, 4, 5)
endangered species los animales en peligro de extinción (10)
engaged, to be estar comprometido/a (4)
engagement el compromiso (4); el noviazgo (4)
engineering la ingeniería (3, 8)
enjoy, to disfrutar (2)
enjoy oneself, to divertirse (e → ie → i) (PA)
entertain, to entretener (e → ie) (7)
entrance la portada (4)
envelope el sobre (5)
environment el medio ambiente (5, 10)
erase, to borrar (5)
erosion la erosión (10)
essential imprescindible (7)
establish, to establecer (9)
etching el grabado (9)
etiquette la etiqueta (8)
even if aunque (7)
even when aun cuando (7)
event el suceso (1)
everyday cotidiano/a (9)
evil malvado/a (4)
Exactly. Exactamente.; Exacto. (7, 10)
exchange el intercambio (5)
exchange, to intercambiar (5)
excitement la emoción (2)
exciting emocionante (5)
Excuse me. (*fam.*); (*form. pl.*); (*form.*) Con permiso.; Disculpa. / Discúlpame.; Disculpen. / Discúlpenme.; Disculpe. / Discúlpeme. (2)
executive el/la ejecutivo/a (8)
exhausted agotado/a (1)
exhibit, to exhibir (9)
existing existente (3)
expensive caro/a (2)
experience, to have tener experiencia (8)
explanation la explicación (6)
express good wishes, to felicitar (8)
extend an invitation, to invitar a alguien (3)
exterminated exterminado/a (10)
extract, to extraer (3)
extravagant gastador/a (1)
extroverted extrovertido/a (1)
eyebrow la ceja (1, 11)
eyedrops las gotas para los ojos (11)
eyelashes las pestañas (1, 11)

F

fabric la tela (7)
face la cara (1, 11)
facing enfrente (de) (3)
factory la fábrica (7)
fail, to fallar (11)
faint, to desmayarse (3, 11)
falconry la cetrería (10)
fall la caída (3)
fall in love (with), to enamorarse (de) (4)
fame la fama (3)
family la familia (PA, 1)
fan/s el/la aficionado/a (1, 2, 4); los/las seguidores/as (9)
farewell la despedida (1)
farmer el/la granjero/a (8)
fascinate, to fascinar (1)
fashion la moda (3, 8)
father-in-law el suegro (1)
Father's Day el Día del Padre (4)
fax machine la máquina de fax (5)
fed up harto/a (1)
feel, to sentirse (e → ie → i) (PA)
feel ashamed of, to avergonzarse (o → ue) de (3, 9)
feeling down agobiado/a (7, 10)
fence la cerca (3)
fertilizer el fertilizante (10)
fever la fiebre (7)
field el campo (2); el terreno (2)
fifteenth birthday celebration la quinceañera (4)
fight, to pelear(se) (2, 4)
figure la cifra (10)
file el archivo (5)
file, to guardar (3, 5)
filled relleno/a (8)
filling el relleno (4, 7)
film, to; film (on location), to filmar; rodar (o → ue) (en exteriores) (9)
films el cine (9)
finally finalmente (4); por fin (PA, 4, 5)
financial financiero/a (8)
find, to encontrar (o → ue) (PA)
find out, to averiguar (PA)
finish, to terminar (PA)
fire el fuego (3)
fire (*from a job*), to despedir (e → i → i) (8)
firefighter el/la bombero/a (8)
fireplace la chimenea (3)
firmness la firmeza (7)
first al principio; primero (3, 4)
first, at al principio (3, 4)
First Communion la primera comunión (4)
first day / month, the el primer día / mes (4)
fish el pescado (4)
fish, to pescar (2)
fish store la pescadería (7)
fit, to ajustarse (3)
fix, to arreglar (1, 8)
fix an object, to componer (3)
flamenco el flamenco (9)
flea market el mercado de pulgas (7)
flight el vuelo (5)
flight attendant el/la asistente de vuelo (8)
flirtatious insinuante (1)
floating flotante (2)
flour la harina (4)
fly a kite, to hacer volar un volantín (7)
focus el enfoque (4)
focus (on), to enfocarse (en) (PB)
follow, to seguir (e → i) (PA)
followers los/las seguidores/as (9)
following a continuación (2); siguiente (PA)
food la comida (4)
for para; por (5)
for example por ejemplo (3)
for this reason por eso (5, 10)
forehead la frente (1, 11)
forward (*soccer*) delantero (2)
fountain la fuente (7)
fox el zorro (10)
fracture, to fracturar(se) (11)
freckles las pecas (1)
free gratis (2)
freedom la libertad (2)
freeway la autopista (5)
freeze, to congelar (5)
frenzy el frenesí (6)
fresh water el agua dulce (5)
fried frito/a (4, PB)
frightened asustado/a (1)
from bad to worse de mal en peor (11)
front (of), in enfrente (de) (3)
fruit la fruta (4)
fruit store la frutería (7)
fry, to freír (e → i → i) (4)
frying pan la sartén (3)
fuel el combustible (10)
full-time workday la jornada completa (8)
fun, to have divertirse (e → ie → i) (PA)
funds los fondos (9)
funny chistoso/a (1)
fur; fur, made of la piel; hecho de piel (7)
furious furioso/a (1)

G

game el partido (2)
game show el concurso (5, 9)
garbage dump el vertedero (10)
garden el jardín (3)
garden, to trabajar en el jardín (2)
garden hose la manguera (3)
gardener el/la jardinero/a (3)
gardening la jardinería (3)
gargle, to hacer gárgaras (11)
garlic el ajo (4)
garment la prenda (7)
gas pedal el acelerador (5)
generate, to engendrar (11)
generous generoso/a (1)
geographical geográfico/a (10)
gesture el gesto (8, 10)
get, to conseguir (PA)
get a job, to; get a position as . . . , to conseguir un puesto de... (8)
get in(to), to meterse (11)
get involved, to involucrarse (10)
get lost, to perderse (e → ie) (5)
get off, to bajar de (2)
get ready, to preparar (PA)
get up, to levantarse (PA)
giraffe la jirafa (10)
girlfriend la novia (4)
give, to dar (PA); regalar (3)
given that puesto que (7)
glance el vistazo (1)
go, to ir (PA)
go away, to irse (PA)
go camping, to ir de camping (2)
go cycling, to practicar ciclismo (2)
go on a cruise, to hacer un crucero (5)
go on strike, to hacer una huelga (8)
go out (with), to salir (con) (4)
go straight, to seguir derecho (7)
Go straight. Siga/n derecho / todo recto.; Vaya/n derecho / todo recto. (4)
go waterskiing, to practicar esquí acuático (2)
goal la meta (3, 8)
goat la cabra (10)
goblet la copa (3)
goddaughter la ahijada (1)
godfather el padrino (1)

godmother la madrina (**1**)
godson el ahijado (**1**)
go-kart racing el karting (5)
gold, made of hecho de oro (**7**)
golf club el palo de golf (**2**)
golf course el campo de golf (**7**)
Good! ¡Bueno! (8); ¡Qué bueno! (5)
good, to be ser bueno (3, 9)
Good afternoon. (Muy) Buenos / Buenas. (1)
Good morning. (Muy) Buenos / Buenas. (1)
good quality de buena calidad (**7**)
goods los bienes (7)
gorilla el gorila (**10**)
government el gobierno (3)
GPS el navegador personal (**5**)
graduate el/la titulado/a (8)
graduation la graduación (**4**)
granddaughter la nieta (**1**)
grandfather el abuelo (PA)
grandmother la abuela (PA)
grandson el nieto (**1**)
grapefruit la toronja (**4**)
graphic gráfico/a (**9**)
grass el césped (3); la hierba (3)
grasshopper el saltamontes (**10**)
grateful agradecido/a (3)
gray hair las canas; el pelo canoso (**1**)
great-grandfather el bisabuelo (**1**)
great-grandmother la bisabuela (**1**)
greenhouse effect el efecto invernadero (**10**)
greet, to saludar (1, **11**)
greeting el saludo (**1**, 8)
greeting card la tarjeta (**7**)
grilled a la parrilla; asado/a (**4**, PB)
groom el novio (**4**)
ground el suelo (1)
ground beef la carne molida (**4**)
groupies los/las seguidores/as (**9**)
grow old, to envejecer (**1**)
guess, to adivinar (PA, 1, 8)
guest el/la huésped; el/la invitado/a (2, 4, **5**)
guide el/la guía (**5**)
guide, to guiar (4)
guilty culpable (7)
gum el chicle (**7**)

H

habitat el hábitat (**10**)
hack, to sabotear (**5**)
hair el pelo (**1**)
hairstylist el/la peluquero/a (**8**)
half la mitad (PB)
half sleeve media manga (**7**)
hall el pasillo (**3**)
Halloween el Día de las Brujas (**4**)
hammer el martillo (7)
hand la mano (PA)
hand embroidery el bordado a mano (7)
handbag el bolso (7)
handheld beater la batidora (**3**)
hang, to colgar (o → ue) (**3**)
Hang in there! ¡Ánimo! (8)
happy alegre (1)
happy (about), to be alegrarse (de) (3, 9)
hard drive el disco duro (**5**)
hardware store la ferretería (**7**)
harm el daño (**10**)
harm, to dañar (**10**)
harmful dañino/a (11)
harp el arpa (7)
harvest, to cosechar (**10**)
have, to tener (e → ie) (PA)
have a date, to tener una cita (**4**)
have to do with, to tener que ver (con) (3, 4)
He / She is not home. No está.; No se encuentra. (7)
head la cabeza (**1**)
headache el dolor de cabeza (**11**)
headlight el faro (**5**)
heal, to sanarse (11)
hear, to oír (PA)
heart attack el ataque al corazón (**11**)
heat (*low, medium, high*) el fuego (*lento, mediano, alto*) (**4**)
heat, to calentar (e → ie) (**3, 4**)
hectare (*2.471 acres*) la hectárea (4)
heel (*high, low*) el tacón (*alto, bajo*) (7)
heel (*of the foot*) el talón (**11**)
height la altura (5)
Hello. Aló. (7)
Hello? Bueno.; Diga. / Dígame. (7)
helmet el casco (**2**)
help la ayuda (3)
Help! ¡Socorro! (10)
help, to ayudar (5)
helpline el teléfono de ayuda (6)
her su (PA)
herb la hierba (11)
here acá (1)
heritage la herencia (PA, **1**)
hers suya (PA)
Hey . . . (*fam.*) Oye... (7)
Hey . . . (*form.*) Oiga... (7)
hide, to esconder; ocultar (3)
high / low (blood) pressure la presión alta / baja (**11**)
high blood pressure la hipertensión (**11**)
high school la escuela secundaria (1)
highway la autopista (5); la carretera (**5**)
hiker el/la excursionista (**2**)
hip la cadera (**11**)
hire, to contratar (**8**)
his su; suyo (PA)
hit, to pegar (1)
hockey stick el palo de hockey (**2**)
home el hogar (**3**)
home remedy el remedio casero (11)
homemaker el amo/a de casa (**8**)
homepage la página principal / inicial / de hogar (**5**)
honest honesto/a (**1**)
honesty la honradez (4)
honey la miel (**4**)
honeymoon la luna de miel (**4**)
hope, to esperar (PA, 2, 9)
horseback riding, to go montar a caballo (**2**)
host el anfitrión (7, 12)
hostess la anfitriona (7, 12)
hot caluroso/a (7)
hotel management la administración de hoteles; la gerencia de hotel (8)
housing materials los materiales de la casa (**3**)
How are you doing? ¿Cómo andas? (PA)
How are you this morning? ¿Cómo amaneció usted / amaneciste?; ¿Qué tal amaneció usted / amaneciste? (1)
How awful! ¡Qué barbaridad! (5)
How cool! ¡Qué emoción! (5)
How do I go / get to . . . ? ¿Cómo voy / llego a...? (4)
How exciting! ¡Qué emoción! (5)
How extraordinary! ¡Qué extraordinario! (8)
How marvelous! ¡Qué maravilloso! (8)
How nice to see you! (Qué) Gusto en verlo/la/te! (1)
How stupendous! ¡Qué estupendo! (8)
hug, to abrazar (2, **11**)
Hugs Abrazos (8)
human being el ser humano (5)
human body el cuerpo humano (**11**)
humble humilde (4)
hummingbird el picaflor (**10**)
hunting, to go cazar (**2**)
hurry, to darse prisa (PA)
husband el marido (**1**)

I

I agree. Estoy de acuerdo. (7, 10)
I can't take it any more! ¡Ya no lo aguanto! (5)
I don't agree. No estoy de acuerdo. (10)
I don't believe it No lo creo. (11)
I don't think so. No lo creo. (11)
I doubt it. Lo dudo. (11)
I hope so ojalá (que) (2)
I propose that . . . Propongo que... (11)
I recommend that . . . Recomiendo que... (**11**)
I suggest that . . . Sugiero que... (11)
I will call you later. Lo / La / Te llamo más tarde. (**7**)
I would like to invite you (all) . . . Quisiera invitarte/le/les... (**3**)
I would love to (but) . . . Me encantaría (pero)... (3)
I'll say. Ya lo creo. (**10**)
I'm lost. Estoy perdido/a. (4)
I'm really sorry but . . . Me da mucha pena pero... (3)
I'm sorry. Lo siento. (8)
I'm sorry, but I can't this time. I have another commitment. / I have other plans. Lo siento pero no puedo esta vez / en esta ocasión. Tengo otro compromiso. (3, 8)
I'm telling you . . . Te digo... (10)
ice-cream store la heladería (**7**)
icon el icono (**5**)
if si (PA, 9)
iguana la iguana (**10**)
illness la enfermedad (**11**)
image la imagen (**5, 9**)
Imagine! ¡Figúrate! (10); ¡Imagínate! (**10**)
immediately (after) en seguida (4)
imminent inminente (8)
impolite maleducado/a (**1**)
important, to be importar (**1**)
improve, to mejorar (2, **10**)
improvement el mejoramiento (3)
improvise, to improvisar (**9**)
in addition encima (3)
in case en caso (de) que (**7**)
in charge encargado/a (7)
in love enamorado/a (**1**)
in order to para (**5**)
In other words . . . En otras palabras... (9)
in spite of a pesar de que (**7**)
in the beginning al principio (3, 4)
in the open air al aire libre (2)
including incluso (5)
Independence Day el Día de la Independencia (**4**)
indicate, to indicar (PA)
indignant indignado/a (4)
inflammation la inflamación (**11**)
inform, to informar (**9**)
information los datos (8)
infrastructure la infraestructura (**10**)
ingredient el ingrediente (**4**)

inheritance la herencia (PA, **1**)
inn el parador (3)
innovative innovador/a (**9**)
insecticide el insecticida (**10**)
inside adentro (3)
insist, to insistir (en) (2, 9)
inspect, to inspeccionar (**9**)
integrity la honradez (4)
intention el intento (3)
interest, to interesar (**1**)
Internet el Internet (**5**)
interview la entrevista (PA, **8**)
interview, to entrevistar (2, PB, **8**)
introverted introvertido/a (**1**)
invest, to invertir (e → ie → i) (**8**)
invite someone, to invitar a alguien (3)
Is ___ there? / at home? ¿Está ___ (en casa)? (7)
island la isla (**10**)
isolated aislado/a (11)
isolation el aislamiento (10)
It can't be! ¡No puede ser! (5, 10, 11)
It is essential that . . . Es imprescindible que... (**11**)
It is important that . . . Es importante que... (2, 9, **11**)
It would be a pleasure! ¡Con mucho gusto! (3)
It would be better to . . . Sería mejor... (11)
It's a shame / pity but . . . Lástima pero... (3)
It's all the same to me. Me da igual. (12)
It's alright. Está bien. (10)
It's better that / than . . . Es mejor que... (2, 9)
It's hard to believe. Parece mentira. (11)
It's necessary that . . . Es necesario que... (2, 9, **11**)
It's not true. No es verdad. (PA)
It's preferable that . . . Es preferible que... (2, 9)
It's that . . . Es que... (9)
It's true. Es cierto.; Es verdad. (PA, 10)
item el artículo (7)
itinerary el itinerario (**5**)
its su (PA)

J

jealous celoso/a (**1**)
jewelery las joyas (7)
jewelery store la joyería (4)
job el empleo (1); el puesto; el trabajo (**8**)
jog, to hacer jogging (**2**)
joint la articulación (11)
joke la broma (3, 4)
joke around, to bromear (5)
jot down apuntar (11)
journalist el/la periodista (**8**)
just justo/a (4)

K

keep, to guardar (3, **5**)
keep quiet, to callarse (PA)
keyboard el teclado (**5**, **9**)
kilogram (***2.2 pounds***) el kilogramo (4)
king el rey (1)
kingdom el reino (1)
kiss; kiss (***little***) el beso (4); el besito (2)
kiss, to besar (**11**)
kitchen la cocina (**3**)
kitchen sink el fregadero (**3**)
kite el volantín (7)
knee la rodilla (**11**)
knife el cuchillo (1)
knit, to tejer (**2**)
know, to saber (3)
known conocido/a (1)

L

labyrinth el laberinto (1)
lack, to faltar (**1**)
lake el lago (5)
lamb la carne de cordero (**4**)
land el terreno (2); la tierra (10)
landlord el/la propietario/a (**8**)
landscape el paisaje (**9**)
language la lengua (PA)
last último/a (1)
last (in a list) por último (4)
later más tarde (4)
law la ley (5)
lawn el césped (**3**)
lawyer el/la abogado/a (**8**)
layer la capa (7)
lazy flojo/a (**1**)
learn, to aprender (PA)
leather la piel (**7**)
leather, made of hecho de piel (**7**)
leave, to irse; salir (con) (PA)
left undone, to be quedarse sin hacer (10)
Let's see . . . A ver... (**11**)
letter la letra (1)
letter of recommendation la carta de recomendación (**8**)
letters (***literature***) las letras (1)
level el nivel (2, **4**)
librarian el/la bibliotecario/a (5)
lie la mentira (2)
lie, to mentir (e → ie → i) (PA)
life event el evento de la vida (**4**)
lift weights levantar pesas (**2**)
light ligero/a (2)
lightbulb la bombilla (**7**)
lightweight liviano/a (7)
like, to gustar (3, 9)
like someone, to caer bien (**1**)
like very much, to encantar (**1**)
likes los gustos (1)
limousine la limusina (**5**)
line el verso (4)
link el enlace (**5**)
lip el labio (**1**, **11**)
lipstick el pintalabios (**7**)
little mirror el espejito (1)
little piece of paper el papelito (PA)
little spot la manchita (11)
little stool el banquito (4)
little while el rato (3)
live, to vivir (PA)
live in, to habitar (3)
living room la sala (3); el salón (1)
loan el préstamo (**3**)
lobster langosta, la (**4**)
located, to be ubicarse (4)
log on , to hacer la conexión (**5**)
long largo/a (**11**)
long hair el pelo largo (**1**)
long sleeve la manga larga (**7**)
long walk la caminata (1)
look el vistazo (1)
Look . . . Mire... / Mira... (7)
loose interpretation la paráfrasis (8)
lose, to perder (e → ie) (PA)
lose weight, to perder (e → ie) peso (**11**)
lotion la loción (**7**)
love, to encantar (1); querer (e → ie) (PA, 2, 9)
luckily por suerte (PA)
luggage el equipaje (**5**)
lunch, to have almorzar (o → ue) (PA)
lung el pulmón (**11**)
lurker el mirón (**5**)
luxury el lujo (2, 11)
luxury hotel el hotel de lujo (**5**)

M

magazine la revista (3)
maid el/la camarero/a (**5**)
mail carrier el/la cartero/a (**8**)
mailbox el buzón (8)
main dish el plato (4)
maintain, to mantener (e → ie) (PA, 2)
majority la mayoría (2)
make, to hacer (PA, 1); fabricar (**8**, **10**)
make by hand, to hacer a mano (**9**)
make noise, to hacer ruido (**10**)
mammal el mamífero (10)
manager el/la gerente/a (4, **8**)
manatee el manatí (**10**)
mango el mango (**4**)
manufacture, to fabricar (**8**, **10**)
map el mapa (5)
mariachi el mariachi (**9**)
mark, to marcar (8)
market el mercado (4)
marketing el mercadeo (**8**)
married casado/a (**1**)
married, to get casarse (**1**)
marry, to casarse (**1**)
marsh el pantano (**10**)
martial arts las artes marciales (2)
martial arts, to do practicar las artes marciales (**2**)
mask la máscara (2)
masterpiece la obra maestra (**9**)
masters (degree) la maestría (8)
material la materia (**9**)
matter, to importar (**1**)
maybe quizás (2)
mean, to significar (6)
meaning el significado (1)
means los medios (9)
measles el sarampión (**11**)
meat la carne (**4**)
mechanic el/la mecánico/a (**8**)
medical attention la atención médica (**11**)
medical test la prueba médica (**11**)
medicine el medicamento (**11**)
meet, to reunirse (PA)
melt, to derretir (e → i → i) (**4**)
menu la carta (4)
merchant el/la comerciante (**8**)
merengue el merengue (**9**)
methane el metano (5)
middle el medio (1)
migraine la jaqueca (**11**)
milkshake el batido (**4**)
mind la mente (4)
mine mío/a/os/as (PA)
mirror el espejo (**3**)
misbehave, to portarse mal (**1**)
mix, to mezclar (**4**)
mixer la batidora (**3**)
mixture la mezcla (1)
modest sencillo/a (**1**, 3, PB)
mole el lunar (**1**)
mom la mamá (PA)
monkey el mono (**10**)

mononucleosis la mononucleosis (11)
monument of national importance el monumento nacional (5)
more than ever más que nunca (4)
mortar el mortero (3)
mortgage la hipoteca (3)
mosque la mezquita (7)
mother-in-law la suegra (1)
Mother's Day el Día de la Madre (4)
motif el motivo (9)
motorcycle la moto (PA)
mountain range la sierra (10)
mouse el ratón (5)
moustache el bigote (1)
move, to mudarse (3)
movies el cine (9)
MP3 player el reproductor de MP3 (5, 9)
multitasking la multitarea (5)
mumps las paperas (11)
mural el mural (9)
muralist el/la muralista (9)
muscle el músculo (11)
mushrooms los hongos (4)
music la música (9)
musical piece la pieza musical (9)
Muslim musulmán/musulmana (7)
must deber (+ inf.) (PA)
my mi/s (PA)
My most heartfelt condolences. Mis más sinceras condolencias. (8)
myth el mito (2)

N

nail el clavo (7); la uña (11)
nail polish el esmalte de uñas (7)
naive ingenuo/a (11)
named, to be llamarse (PA)
national monument el monumento nacional (5)
nature la naturaleza (10)
nausea las náuseas (11)
navigate, to navegar (5)
navigation system el navegador personal (5)
near cerca de (10)
necklace el collar (7)
need, to necesitar; (PA, 2, 9); faltar (1); hacer falta (1)
negotiate, to negociar (8)
neighbor el/la vecino/a (3)
neighborhood el barrio (2, 3)
neither tampoco (PA)
nephew el sobrino (1)
nerve el nervio (11)
never jamás (2, 11)
Never in my life. En mi vida. (10)
nevertheless sin embargo (10)
news program el noticiero (9)
next entonces; luego (4)
nice amable (1)
Nice to see you. Gusto en verlo/la/te. (1)
niece la sobrina (1)
nightmare la pesadilla (7)
No doubt. Sin duda. (10)
No way! ¡No me diga/s! (5, 7, 10, 11); ¡Qué va! (10)
No way. De ninguna manera. (10)
noise el ruido (2)
nonprofit sin fines de lucro (8)
nor tampoco (PA)
north el norte (5)
northeast noreste (5)
northwest noroeste (5)
not ever (*emphatic*) jamás (2, 11)
not to believe no creer (3, 9)
not to think no creer; no pensar (e → ie) (3, 9)
notable characteristics las características notables (1)
notwithstanding no obstante (10)
noun el sustantivo (PA)
novice el/la novato/novata (2)
now that ahora que (7)
number la cifra (10)
nursing la enfermería (8)
nylon nilón (7)
nylon, made of hecho de nilón (7)

O

obesity la obesidad (11)
obtain, to obtener (e → ie) (PA); ocupar (2); sacar (3)
octopus el pulpo (10)
Of course! ¡Claro!; (1, 3); ¡Por supuesto! (3, 5, 7, 10)
Of course. Claro que sí. (3, 7, 10); Cómo no.; Desde luego. (7, 10)
Of course not. Claro que no.; Nada de eso. (10)
offer (*special*) la oferta (5, 7)
offline desconectado/a (5)
often a menudo (PA)
oil painting el óleo (9)
OK . . . Bueno... (11)
Okay. Estoy de acuerdo.; Está bien. (7, 10)
old viejo/a (9)
old age la vejez (1)
olive la aceituna (4)
on board a bordo (5)
On / To the contrary. Al contrario. (10)
on the other hand por otro lado (10)
on top of encima de (5, 10)
oneself mismo/a (2)
online conectado (5)
only child el/la hijo/a único/a (1)
open, to abrir (PA, 1)
operate, to operar (11)
opposite opuesto/a (1)
or o (2)
orange anaranjado/a (4)
order el pedido (2, 5)
organ el órgano (9)
organist el/la organista (9)
organize, to organizar (9)
organized organizado/a (1)
otherworldly extraterrestre (5)
our/s nuestro/a/os/as (PA)
outskirts las afueras (7)
oven el horno (3)
overpopulation la sobrepoblación (10)
overwhelmed agobiado/a (7, 10)
own propio/a (PA)
owner el/la dueño/a (3); el/la propietario/a (8)

P

pack up, to empaquetar (12)
package el paquete (5); el envase (10)
pageant el concurso (5, 9)
paint, to pintar (2, 3)
paintbrush el pincel (9)
painted pintado/a (5)
painter el/la pintor/a (9)
painting la pintura (9)
pair el par (2)
pancake el panqueque (4)
pantry la despensa (3)
papaya la papaya (4)
paper el papel (5, 9)
parade el desfile (4)
paradise el paraíso (2)
paragraph el párrafo (1)
Pardon. (*fam.*) Perdón. / Perdóname. (2)
Pardon. (*form.*) Perdóneme. (2)
Pardon, do you (all) know how to get to . . .? Perdón, ¿sabe/n usted / ustedes llegar al...? (4)
parking lot el estacionamiento (11)
parrot el loro (10)
partner la pareja (1)
part-time workday la jornada parcial (8)
pass, to pasar (2)
password la contraseña (5)
past el pasado (3)
paste, to pegar (5)
pastimes los pasatiempos (2)
pastry shop la pastelería (7)
path el sendero (4); el camino (5)
patient el/la paciente (11)
patron el/la patrocinador/a (9)
pay attention to, to fijarse en (4)
peace la paz (10)
peach el durazno (4)
peas los guisantes (4)
peel, to pelar (4)
penguin el pingüino (5, 10)
penicillin la penicilina (11)
pepper el pimiento (4)
percent por ciento (PB)
perform, to representar (9)
performance art el arte dramático (9)
perfume el perfume (7)
period of time la temporada (1)
personal characteristics las características personales (1)
personal letter la carta personal (8)
personality la personalidad (1)
personnel el personal (8)
pesticide el pesticida (10)
pharmacy la farmacia (7)
Phenomenal! ¡Fenomenal! (5, 8)
phone call la llamada (2)
photo la foto (PA)
physical appearance el aspecto físico (1)
physical exam el examen físico (11)
physically / psychologically handicapped discapacitado/a (1)
pick up, to recoger (1)
pictures / photos, to take sacar fotos (5)
piece el pedazo (4)
pigeon la paloma (10)
Pilates el pilates (2)
Pilates, to do hacer pilates (2)
pillow la almohada (3)
pillowcase la funda (de almohada) (3)
pilot el/la piloto/a (8)
pineapple la piña (4)
pink rosado/a (4)
pitcher la jarra (3)
place el lugar (7)
place, to poner (PA, 1)
place an order, to hacer un pedido (7)
plain la llanura (10)
plan, to planear (9)
plantain el plátano (4)
plaster el yeso (3)
play la obra de teatro (9)
play, to jugar (o → ue) (PA)
play (an instrument), to tocar (un instrumento) (9)

APPENDIX 6 A65

play cards, to jugar a las cartas (**2**)
play charades, to hacer mímica (PA, 9)
play checkers, to jugar a las damas (**2**)
play chess, to jugar al ajedrez (**2**)
play frisbee, to tirar un platillo volador (**2**)
play hangman, to jugar al horcado (PB)
play hockey (*ice; field*), to jugar al hockey (sobre hielo; sobre hierba) (**2**)
play poker, to jugar al póquer (**2**)
play the role, to hacer el papel (3, **9**)
play video games, to jugar a videojuegos (**2**)
play volleyball, to jugar al voleibol (**2**)
playwright el/la dramaturgo/a (**9**)
pleasant agradable (**1**)
please por favor (5)
plug el enchufe (**5**)
plug in, to enchufar (**5**)
plum la ciruela (**4**)
plumber el/la plomero/a (**3**)
pocket el bolsillo (7)
poisonous tóxico/a (**10**)
poisonous venenoso/a (9)
police station la comisaría (PB, 7)
polite educado/a (**1**)
(political) science las ciencias (políticas) (**8**)
politician el/la político/a (**8**)
pond el estanque (**3**)
poor quality de buena / mala calidad (**7**)
popcorn las palomitas de maíz (**4**)
popular music la música popular (**9**)
pork la carne de cerdo (**4**)
port el puerto (**5**)
portrait el retrato (**9**)
position el puesto (**8**)
post to a blog, to comentar en un blog (**2**)
poster el cartel (12)
pot la olla (**3**)
potter el/la alfarero/a (**9**)
pottery la alfarería (**9**)
pottery making la alfarería (**9**)
poultry las aves (**4**)
pour, to verter (e → ie) (**4**)
power el poder (PA)
powerful poderoso/a (1)
Precisely. Precisamente. (10); Efectivamente. (**10**)
predict, to predecir (i) (1)
prefer, to preferir (e → ie → i) (PA, 2, 9)
pregnancy el embarazo (4)
pregnant embarazada (**1**)
pregnant, to be estar embarazada (**4**)
preparations los preparativos (PB)
prepare, to preparar (PA)
present (*adj.*) actual (**8**)
present el regalo (**4**)
preserve, to preservar (**10**)
pretend, to fingir (5)
prevent, to prevenir (e → ie) (**10**)
pride el orgullo (5)
priest el cura (4)
prince el príncipe (1)
princess la princesa (1)
print, to imprimir (**5**)
printer la impresora (**5**)
prison la cárcel (11)
prize el premio (1)
probable, to be ser probable (3, 9)
procedure el procedimiento (11)
produce, to fabricar (**8, 10**)
production la función (**9**)
profession la profesión (**8**)
professional profesional (**8**)
profile el perfil (1)
profit el lucro (**8**)
prohibit, to prohibir (2, 9)
project el proyecto (3)
promenade el paseo (1)
promote, to ascender (e → ie) (**8**)
promoted, to be ascender (e → ie) (**8**)
proof la prueba (10)
property la propiedad (3)
proud orgulloso/a (**1**)
provided that con tal (de) que (**7**)
psychologist el/la psicólogo/a (**8**)
psychology la psicología (**8**)
public restrooms los servicios (**7**)
publicize, to publicitar (**8**)
puddle el charco (11)
puma el puma (**10**)
pumpkin la calabaza (**4**)
purpose el propósito (11)
put, to poner (PA, **1**)
put a cast on, to enyesar (**11**)
put away, to guardar (3, **5**)
put on (one's clothes), to ponerse (la ropa) (PA)
put on makeup, to maquillarse (PA)
put your foot in your mouth, to meter la pata (9)
pyramid la pirámide (1)

Q

qualification la calificación (8, 11)
quality la calidad (5)
quarter (*one*) el cuarto (PB)
quartet el cuarteto (**9**)
queen la reina (1)
quiet callado/a (**1**)
Quiet everybody (on the set)! ¡Silencio! (**9**)
quit, to renunciar (a) (**8**)
quit smoking cigarettes, to dejar de fumar cigarrillos (**11**)

R

race la carrera (**2**); la vuelta (2)
race car driver el/la piloto/a de carreras (5)
rack la pista (5, PB)
racket la raqueta (**2**)
raise, to criar (10)
rate la tasa (10)
raw crudo/a (**4**, PB)
razor la navaja de afeitar (**7**)
reach an agreement, to ponerse de acuerdo (2, **3**)
read, to leer (PA)
real estate los bienes raíces (3)
Really? ¿De veras? (11)
rearview mirror el espejo retrovisor (**5**)
reason la razón (PA)
reboot, to reiniciar (**5**)
receive, to recibir (PA)
recently recién (PB)
receptacle el receptáculo (8)
receptionist el/la recepcionista (**5**)
recipe la receta (**4**)
recognize, to reconocer (PA)
recommend, to aconsejar (1, 2, 4, 9); proponer (2, 9); recomendar (e → ie) (PA, 2, 9)
recreational recreativo/a (2)
red-haired pelirrojo/a (**1**)
reduce, to reducir (**10**)
referee el/la árbitro/a (**2**)
reflect, to reflexionar (1); reflejar (**9**)
regret el pesar (8)
regret, to sentir (e → ie → i) (3, 9); arrepentirse (e → ie → i) de (4, PB)
reheat, to recalentar (ie) (**4**)
relative el/la pariente/a (**1**)
Relax. Tranquilo. (8)
relic la reliquia (8)
remain, to quedarse (PA)
remember, to acordarse (o → ue) de (PA); recordar (o → ue) (PA, **1**)
remind, to recordar (o → ue) (PA, **1**)
remodel, to remodelar (3); renovar (o → ue) (**3**, 5)
renew, to renovar (o → ue) (**3, 5**)
renewable renovable (**10**)
renovate, to remodelar (3); renovar (o → ue) (**3**, 5)
rent el alquiler (**3**)
rent, to alquilar (**3**)
rent a car, to alquilar un coche (**5**)
repair, to reparar (3); componer (**9**)
repeat, to repetir (e → i) (PA)
Repeat, please. Repite/a por favor. (2)
replace, to reemplazar (**10**)
report el reportaje (1); el informe (3)
reporter el/la reportero/a (**8**)
represent, to representar (**9**)
request el pedido (2, 5)
request, to pedir (e → i → i) (PA, 2, 9)
require, to requerir (e → ie) (10)
requirement el requisito (8)
rescue, to rescatar (**10, 11**)
resign, to renunciar (a) (**8**)
respond, to responder (5)
rest el descanso (1)
restore, to restaurar (5)
result el resultado (**2, 11**)
résumé el currículum (vitae) (C.V.) (**8**)
retire, to jubilarse (**8**)
retirement la jubilación (**1, 8**)
return, to regresar (PA); volver (o → ue) (PA, **1**)
return (an object), to devolver (o → ue) (PA)
review el repaso (PA)
review, to repasar (5)
rhinoceros el rinoceronte (**10**)
rib la costilla (**11**)
right justo/a (4)
right-click, to pulsar el botón derecho (**5**)
ring el anillo (**7**)
rink la pista (**2**)
risk el riesgo (**10**)
rivalry la rivalidad (2)
river el río (**10**)
roast, to asar (**4**)
rob, to robar (5)
robbery el robo (5)
role el papel (5, 9)
rookie el novato (2)
room el cuarto (3); la alcoba; la habitación; la recámara (3)
room service el servicio (**5**)
rooster el gallo (**10**)
roots las raíces (1)
roulette la ruleta (PA)
route el camino (**5**)
row, to remar (**2**)
rowing el remo (**2**)
royal real (1)
rude grosero/a; maleducado/a (**1**)
rug la alfombra (4)
ruin, to arruinar (8)
ruins las ruinas (3)

A66

rule la regla (8)
run, to correr (PA)
running water el agua corriente (3)

S

sail, to pasear en barco (de vela) (**2**)
saint el/la santo/a (4)
salary el salario; el sueldo (**8**)
sale la venta (6, 8); la rebaja (7); el remate (7)
same igual (1)
same thing, the lo mismo (8)
sand la arena (**5**)
sardine la sardina (**4**)
saucepan la cacerola (**3**)
saucer el platillo (**3**)
sausage la salchicha (**4**)
save, to guardar (3, 5); ahorrar (8); salvar (10)
savings el ahorro (**8**)
sawdust el aserrín (4)
saxophone el saxofón (**9**)
saxophonist el/la saxofonista (**9**)
say, to decir (PA, **1**, PB)
say exactly, to precisar (11)
say goodbye, to despedirse (e → i → i) (1, **11**)
say hello, to saludar (1, **11**)
Say hi to everyone at home. Saludos a todos por su / tu casa. (1)
Say hi to (*name*) at home. Saludos a (***nombre***) por su / tu casa. (1)
scan, to escanear (**5**)
scanner el escáner (**5**)
scar la cicatriz (**1**)
scarcity la escasez (**10**)
scare el susto (PB)
scarf la bufanda (**7**)
scatterbrained despistado/a (**1**)
schedule el horario (1, **8**)
school (*adj.*) escolar (2)
scold, to reñir (i) (1)
score el resultado (2, 11); la calificación (8, 11)
screen la pantalla (2, **5**)
screenwriter el/la guionista (**9**)
screw el tornillo (7)
script el guión (**9**)
scriptwriter el/la guionista (**9**)
scuba dive, to bucear (**2**)
sculpt, to esculpir (**9**)
sculptor el/la escultor/a (**9**)
sculpture la escultura (**9**)
sea el mar (**10**)
seafood los mariscos (**4**)
seal la foca (**10**)
search la búsqueda (2)
seatbelt el cinturón de seguridad (**5**)
secretary el/la secretario/a (**8**)
security guard el/la guardia de seguridad (**5**)
see, to ver (PA, **1**)
See you. Nos vemos. (1)
seem, to parecer (**1**)
seem familiar, to sonar (o → ue) (2, 5)
selfish egoísta (**1**)
self-portrait el autorretrato (**9**)
seller el/la vendedor/a (2)
seminar el seminario (1)
Sensational! ¡Sensacional! (8)
sense el sentido (2)
sensitive sensible (**1**)
sentence la oración (PA)
separate, to separarse (**1**)
separated, to get separarse (**1**)
series la serie (4)
serious serio/a (**1**)
Seriously? ¿En serio? (11)
serve, to servir (e → i) (PA)
server el servidor (**5**)
set el decorado (**9**)
severe headache la jaqueca (**11**)
sew, to coser (**2**)
shadow la sombra (6)
shame la vergüenza (8)
shame, to be a ser una lástima (3, 9)
shampoo el champú (**7**)
share, to compartir (PA, 1)
shark el tiburón (**10**)
shave, to afeitarse (11)
shaving cream la crema de afeitar (**7**)
She is not home. No se encuentra. (7)
sheep la oveja (**10**)
shelf el estante (2)
shoe store la zapatería (**7**)
shop la tienda (**7**)
shopkeeper el/la comerciante (**8**)
shopping basket la cesta (2)
short corto/a (**11**)
short (film) el cortometraje (**9**)
short hair el pelo corto (**1**)
short sleeve la manga corta (**7**)
short-story writer el/la cuentista (9)
should deber (+ inf.) (PA)
shoulder el hombro (**11**)
show el espectáculo; la función (**9**)
show, to enseñar (PA); mostrar (o → ue) (PA); lucir (7)
show for the first time, to estrenar (1)
shower, to ducharse (11)
showy llamativo/a (3, **9**)
shrimp los camarones (4)
shy tímido/a (**1**)
sidewalk la acera (**3**)
sign el signo (8); el letrero (11)
sign (papers), to firmar (los documentos) (PA, **5**)
silver, made of hecho de plata (**7**)
similarity la semejanza (3, 6)
simple sencillo/a (**1**, 3, PB)
since pues (2); ya que (**7**)
Sincerely (Muy) Atentamente (8)
sing, to cantar (PA)
singer el/la cantante (PA)
single (*not married*) soltero/a (**1**)
single man el soltero (1)
single woman la soltera (1)
sister-in-law el/la cuñado/a (**1**)
sit down, to sentarse (e → ie) (PA)
size el tamaño (**2**)
skateboard, to patinar en monopatín (**2**)
skates los patines (**2**)
skeleton el esqueleto (4)
ski, to esquiar (**2**)
ski pole el bastón de esquí (**2**)
skill la destreza (**8**)
skillet la sartén (**3**)
skin la piel (**1**, **11**)
skull la calavera (4)
slash (*in a URL*), / la barra (**5**)
sleep, to dormir (o → ue → u) (PA)
sling el cabestrillo (**11**)
slogan el lema (3)
small truck la camioneta (**5**)
smallpox la viruela (10)
smile la sonrisa (2)
smile, to sonreír (e → i) (5)
smog el esmog (**10**)
smoke el humo (**10**)
smoothly suavemente (2)
snack la botana (**4**)
so that de manera que; de modo que; para que (**7**)
soap el jabón (**7**)
soap opera la telenovela (4, **9**)
social gathering la tertulia (3)
software el programa de computación (**5**)
solicit, to solicitar (**8**)
soloist el/la solista (**9**)
solve, to resolver (o → ue) (**1**)
something left, to have quedar (**1**)
sometimes a veces (11)
son el/la hijo/a (PA)
son-in-law el yerno (**1**)
soon pronto (4)
sorrow el pesar (8)
soul el alma (2)
soulmate la media naranja (9)
sound el sonido (7)
sound, to sonar (o → ue) (2, 5)
soup bowl la sopera (**3**)
source la fuente (8)
south el sur (1, **5**)
southeast sureste (5)
southern austral (5)
southwest suroeste (5)
souvenir el recuerdo (**5**)
space el ámbito (7)
speak, to hablar (PA)
specialty la especialidad (7)
specify, to precisar (11)
speech el discurso (9)
speed la rapidez (5); la velocidad (**5**)
spend, to gastar (2, **3**)
spinach las espinacas (**4**)
spokesperson el/la vocero/a (**8**)
sport utility vehicle (*SUV*) el vehículo utilitario deportivo (**5**)
sporting equipment el equipo deportivo (**2**)
sports los deportes (**2**)
sports-loving person deportista (**2**)
sports-related deportivo/a (**2**)
sporty deportista (**2**)
sprain, to torcerse (o → ue) (**11**)
square el cuadro (PA)
squash la calabaza (**4**)
squirrel la ardilla (**10**)
stadium el estadio (2)
stage el paso (PA); el escenario (**9**)
stage fright el miedo de salir en escena (**9**)
stage manager el/la director/a de escena (**9**)
stages of life las etapas de la vida (**1**)
staging el montaje (**9**)
stand out, to destacar(se) (3)
stand up, to levantarse (PA)
star la estrella (4)
start, to prender (**5**)
start up, to arrancar (**5**)
state el estado (PA)
station la estación (4)
station wagon la camioneta (**5**)
stationery shop la papelería (**7**)
stay, to quedarse (PA)
step el paso (PA)
step on, to pisar (2)
stepbrother el hermanastro (**1**)
stepdaughter la hijastra (**1**)
stepsister la hermanastra (1)
stepson el hijastro (**1**)
stew el guisado (4)
still life la naturaleza muerta (**9**)
stilts los zancos (7)

stir, to revolver (o → ue) (**4**)
stock market la bolsa (**8**)
stone la piedra (3)
stop, to dejar de (2, 8)
store la tienda (**7**)
store clerk el/la dependiente/a (**7**)
store window el escaparate (**7**)
story la historia (4)
stove la estufa (4)
straight hair el pelo lacio (**1**)
straighten up, to arreglar (1, 8)
strange raro/a (**1**)
strawberry la fresa (**4**)
stream el arroyo (**10**)
stress el estrés (2)
stretch, to estirarse (**11**)
stretcher la camilla (**11**)
strike la huelga (**8**)
strike, to hacer una huelga (**8**)
striking llamativo/a (3, **9**)
string instruments las cuerdas (7, **9**)
strings las cuerdas (7, **9**)
strong fuerte (**11**)
stubborn terco/a (**1**)
studio el taller (**9**, 11)
study, to estudiar (PA)
style el estilo (1)
subject el tema (1); la materia (**9**)
substance la sustancia (**10**)
subtitles los subtítulos (**9**)
successful, to be tener éxito (2)
suffer, to sufrir (2)
suffering el sufrimiento (5)
sugar cane la caña de azucar (5)
suggest, to proponer (2, 9); sugerir (e → ie → i) (2, **3**, 9)
suggest an alternative, to sugerir una alternativa (**11**)
summary el resumen (1)
sunglasses los lentes de sol (**5**)
Super! ¡Formidable! (5)
supervisor el/la supervisor/a (**8**)
support el apoyo (1)
Sure! ¡Claro! (1, 3); ¡Por supuesto! (3, 5, 7, 10)
surf, to hacer surf (**2**); navegar (**5**)
surface la superficie (11)
surfboard la tabla de surf (**2**)
surprise la sorpresa (10)
surprised sorprendido/a (**1**)
surround, to rodear (10)
surroundings los alrededores (**3**)
survey la encuesta (11)
survive, to sobrevivir (**10**)
sustain, to sostener (e → ie) (**10**)
sweep, to barrer (3)
sweet el bombón (**4**)
sweet (*adj.*) dulce (3)
sweet roll el pan dulce (**4**)
swell, to hincharse (**11**)
swimming pool la piscina (**3**)
sympathy el consuelo (8); la simpatía (**8**)
symphony orchestra la sinfónica (**9**)
symptom el síntoma (**11**)

T

tailor shop la sastrería (7)
take, to tomar (PA)
Take a bus. Tome/n un autobus. (4)
Take a taxi. Tome/n un taxi. (4)
Take care. Cuídese. / Cuídate. (1)
Take care. Que le / te vaya bien. (1)
take notes, to tomar apuntes (8)
take off (*one's clothes*), to quitarse (*la ropa*) (PA)
take over, to apropiarse (**8**)
take someone's blood pressure, to tomar la presión (**11**)
take someone's pulse, to tomar el pulso (**11**)
take turns, to turnarse (PA)
talcum powder el talco (**7**)
talented talentoso/a (**9**)
talk la charla (PB)
tapestry el tapiz (**9**)
tattoo el tatuaje (**1**)
teach, to enseñar (PA)
teacher el/la maestro/a (**8**)
teaching la pedagogía (**8**)
team el equipo (**2**)
technical técnico/a (**9**)
technology la tecnología (**5**)
tedious pesado/a (**1**)
(telemarketing) sales las ventas (por teléfono) (**8**)
telephone operator el/la telefonista (**5**)
television la televisión (**9**)
(television) network la cadena (de televisión) (PA)
television viewer el/la televidente (**9**)
tell, to decir (PA, 1, PB); contar (o → ue) (1); informar (**9**)
terrain el terreno (2)
testify, to declarar (7)
text message el mensaje de texto (**5**)
Thank you for calling (me). Gracias por haber(me) llamado. (7)
that que (2, 5); quien(es) (5)
That is . . . O sea... (9, 11)
That's it. Así es.; Eso es. (7, 10)
That's to say . . . Es decir... (9)
thaw, to descongelar (**10**)
The fact is that . . . Es que... (9)
The truth is . . . La verdad es que... (11)
theater el teatro (**9**)
their/s sus / suyos/as (PA)
theme el motivo (**9**)
theme el tema (1)
then entonces; luego (4)
therefore por lo tanto (5)
There's no doubt No cabe duda.; No hay duda. (10)
There's no other solution. No hay más remedio. (10)
There's no other way. No hay más remedio. (10)
thermometer el termómetro (**11**)
thesis la tesis (PB)
thief el/la ladrón/ladrona (5)
thigh el muslo (**11**)
think, to pensar (e → ie) (PA)
This can't be! ¡No puede ser! (5, 10, 11)
This is . . . Es...; Soy...; Le / Te habla... (7)
This will soon pass. Esto pasará pronto. (8)
threat la amenaza (10)
threaten, to amenazar (**10**)
through por (**5**)
throw a frisbee, to tirar un platillo volador (**2**)
thus así (**2**)
ticket window la ventanilla (2)
tie (*game*) el empate (**2**)
tied atado/a (8)
tiger el tigre (**10**)
tight apretado/a (**7**)
Till the next time. Hasta la próxima. (1)
time la vez (2)
timetable el horario (1, **8**)
tip la propina (3)
title el título (1, 7)
throw, to tirar (PA, 1, 3)
to the left of a la izquierda de (7)
to the right of a la derecha de (7)
To whom it may concern A quién corresponda (8)
together junto/a (PA)
together, to get reunirse (PA)
toilet paper el papel higiénico (**7**)
tolerate, to aguantar (9)
tone of voice el tono de voz (1)
tongue la lengua (**11**)
too much / many demasiado/a/os/as (1)
tool la herramienta (3)
toothbrush el cepillo de dientes (**7**)
toothpaste la pasta de dientes (**7**)
top (*toy*) el trompo (7)
torch la antorcha (4)
tour la gira (5)
tour, to viajar por (**5**)
tourism office la oficina de turismo (**5**)
tournament el torneo (2)
towel la toalla (**3**)
toy el juguete (1, 5)
toy store la juguetería (**7**)
track and field el atletismo (**2**)
traffic jam el atasco (**5**)
tragedy la tragedia (**9**)
train, to entrenar (**2, 8**)
trainer el/la entrenador/a (1, **2**)
training la formación (5, 8); el entrenamiento (11)
transfer el traslado (5)
translate, to traducir (8)
transmission la transmisión (**5**)
transportation el transporte (**5**)
travel los viajes (**5**)
travel agency la agencia de viajes (6)
tray la bandeja (11)
treat, to tratar (4)
treatment el trato (10); el tratamiento (10, **11**)
trio el trío (**9**)
trip el recorrido (5)
trips los viajes (**5**)
trombone el trombón (**9**)
true verdadero/a (PB)
try, to intentar; probar (o → ue) (1)
turkey el pavo (**4**)
turn, to doblar (7)
Turn right / left. Doble/n a la derecha / izquierda. (4)
turn . . . years old, to cumplir... años (**4**)
turnpike la autopista (5)
turtle la tortuga (**10**)
twins los gemelos (**1**)

U

Um . . . Este...; Pues... (11)
umbrella la sombrilla (**5**)
umpire el/la árbitro/a (**2**)
uncertain, to be no estar seguro (de) (3, 9)
uncle el tío (PA)
uncomfortable incómodo/a (5)
underestimate, to menospreciar (11)
understand, to comprender; entender (e → ie) (PA)
underwear la ropa interior (**7**)
undo, to deshacer (**5**)
unforeseen imprevisto/a (11)
unforgettable inolvidable (1)
unknown desconocido/a (5)

unless a menos que (**7**)
unplug, to desenchufar (5)
unsurpassable insuperable (9)
until hasta (que) (**7**)
up arriba (5)
update, to actualizar (**5**)
use, to usar; utilizar (PA, 1); emplear (7, 8)
utilize, to utilizar (1)

V

vacations las vacaciones (**5**, 8)
vaccination la vacuna (**11**)
Valentine's Day el Día de San Valentín (**4**)
valley el valle (**10**)
value el valor (**9**)
van la camioneta (**5**)
vase el florero (**3**)
veal la ternera (**4**)
vegetable la verdura (**4**)
vein la vena (**11**)
vendor el/la vendedor/a (2)
verse el verso (4)
veterinarian el/la veterinario/a (**8**)
violin el violín (**9**)
visual visual (**9**)
visual arts el arte visual (**9**)
voicemail el correo de voz (**5**)
volcano el volcán (**10**)
vomit, to vomitar (**11**)

W

wait for, to esperar (PA, 2, 9)
walk, to andar (1)
wall (*around a house*) el muro (**3**)
wallet la billetera (**7**)
want, to querer (e → ie) (PA, 2, 9)
wardrobe el vestuario (**9**)
wart la verruga (11)
wash oneself, to lavarse (PA)
washing machine la lavadora (**3**)
waste el/los desperdicio/desperdicios (5, **10**)
waste, to gastar (2, 3); desperdiciar (**10**)
waste products el/los desperdicio/desperdicios (5, **10**)
wasteful gastador/a (**1**)
water the flowers, to regar (e → ie) las flores (**3**)
watercolor la acuarela (4, **9**)
waterfall la catarata (**10**)
watermelon la sandía (**4**)
wave la onda (10)
We would love to (but) . . . Nos encantaría (pero)... (3)
wear out, to gastar (2, **3**)
weather report el pronóstico del tiempo (2)
weaver el/la tejedor/a (**9**)
weaving el tejido (**9**)
web camera la cámara web (**5**)
wedding la boda (3, **4**)
wedding anniversary el aniversario de boda (**4**)
weed, to sacar la mala hierba (**3**)
weighed down agobiado/a (7, 10)
weights las pesas (**2**)
well pues (**2**)
Well . . . Bueno...; Este...; Pues... (11)
well done bien hecho/a (5)
west el oeste (**5**)
whale la ballena (**10**)
What? ¿Cómo? (2)
What a pity! ¡Qué pena / lástima! (5, 8)
What a shame! ¡Qué pena / lástima! (5, 8)
What do you say? ¿Qué me cuentas? (1); ¿Qué dice/s?; ¿Qué dijiste / dijo? (5)
What do you think? ¿Qué opina/s? (5)
What do you think (about the idea)? ¿Qué le / te parece? (5)
What does . . . mean? ¿Qué quiere decir...?; ¿Qué significa...? (2)
(What) I mean . . . (Lo que) quiero decir... (9)
What's new? ¿Qué hay de nuevo? (1)
What's up? ¿Qué me cuentas? (1)
when cuando (**2**, **7**)
When you get to . . ., turn . . . Al llegar a..., doble/n... (4)
which que (**2**, 5)
while mientras (que) (PA, **7**, **10**)
while, a la temporada (1)
who quien(es) (2); que (**2**, 5)
Who shall I say is calling? ¿De parte de quién? (**7**)
whom que (2, 5); quien(es) (5)
wide ancho/a (**11**)
widow la viuda (**1**)
widower el viudo (**1**)
wife la mujer (**1**)
wig la peluca (**1**)
wild salvaje (10)
win, to ganar (**2**)
wine glass la copa (**3**)
winegrowing la viticultura (8)
wisdom teeth los dientes de juicio (8)
wisdom tooth la muela de juicio (8)
wish el deseo (2)
wish, to querer (e → ie) (PA, 2, 9); desear (2, 9)
With love Con cariño (8)
with you contigo (2)
With your permission. Con permiso. (2)
without sin que (**7**)
Without a doubt. Sin duda.; No cabe duda.; No hay duda. (10)
wolf el lobo (**10**)
wood la madera (**3**)
wood instruments los instrumentos de viento / madera (**9**)
wood sculpture la talla (**9**)
woodwinds los instrumentos de viento / madera (**9**)
woodworking, to do hacer trabajo de carpintería (**2**)
work la obra (3)
work, to trabajar (PA)
worker el/la obrero/a (**3**)
work-related laboral (**8**)
workshop el taller (**9**, 11)
world mundial (*adj.*) (2)
worse peor (9)
worst, the el/la peor (9)
worst thing, the lo peor (8)
wrapping paper el papel de envolver (**7**)
wrestle, to practicar lucha libre (**2**)
wrist la muñeca (**11**)
wristwatch el reloj de pulsera (**7**)
write, to escribir (PA, **1**)
writer el/la escritor/a (**8**)
wrong equivocado/a (5)

X

X-ray la radiografía (**11**)

Y

yoga el yoga (**2**)
yoga, to do hacer yoga (**2**)
You don't say! ¡No me diga/s! (5, 7, 10, 11)
You have my sympathy. Mi más sentido pésame. (8)
You know . . . Sabes... (11)
young person el/la joven (9)
your (*fam.*) tu/s (PA)
your (*form.*) su (PA)
You're kidding me. Me estás tomando el pelo. (10)
You're pulling my leg. Me estás tomando el pelo. (10)
you're welcome no hay de qué (2)
your/s (*fam. pl. Spain*) vuestro/a/os/as (PA)
yours (*fam.*) tuyo/a/os/as (PA)
yours (*form.*) suyo/a (PA)
youth la juventud (**1**)

Credits

Photo Credits

pp. 2–3: © Andresr / Shutterstock; **p. 8 (top):** © Helga Esteb / Shutterstock.com; **(center, left to right):** © Mary A Lupo / Shutterstock.com; © Gustavo Miguel Fernandes / Shutterstock.com; © Christian Bertrand / Shutterstock.com; **(bottom, left to right):** © Entertainment Press / Shutterstock.com; © Helga Esteb / Shutterstock.com; 3777190317 / Shutterstock.com; **p. 9 (top):** © Andresr / Shutterstock; **(center):** © Debby Wong / Shutterstock.com; **(bottom):** © Monkey Business Images / Shutterstock; **p. 12 (top left):** © Monkey Business / Fotolia LLC; **(top right):** © Jack Hollingsworth / Digital Vision / Thinkstock; **(bottom left):** © Yuri Arcurs/ Shutterstock **(bottom right):** © Photos.com / Thinkstock; **p. 16:** © Andresr / Shutterstock; **p. 17:** © Monkey Business Images / Shutterstock; **p. 18 (top left):** © Debby Wong / Shutterstock.com; **(top right):** © K2 images / Shutterstock.com; **(bottom left):** © BRIAN KERSEY/UPI /Landov; **(bottom right):** © lev radin / Shutterstock.com; **p. 21:** © Brand X Pictures/ Thinkstock; **p. 23:** © humbak / Shutterstock; **p. 24 (top):** © Shots Studio/Shutterstock; **(center, left to right):** © carlo dapino / Shutterstock; © ewphotoservice / Shutterstock; © Jose AS Reyes / Shutterstock; **(bottom, left to right):** © micro10x / Shutterstock; © prodakszyn / Shutterstock; Thinkstock; **p. 25:** © Andresr / Shutterstock; **p. 27:** © Andresr / Shutterstock; **p. 30 (top):** © Supri Suharjoto / Shutterstock; **(bottom):** © Andresr / Shutterstock; **pp. 32–33:** © Yuri Arcurs/Shutterstock; **p. 38:** © AZP Worldwide/Shutterstock; **p. 41 (left to right):** © Andresr/Shutterstock; © Fatal Sweets/Shutterstock; © liquidlibrary/Getty Images; **p. 43:** © auremar/Shutterstock; **p. 47:** © R.Ashrafov/Shutterstock; **p. 51 (top):** © Petinov Sergey Mihilovich/Shutterstock; **(bottom):** © Yuri Arcurs/Shutterstock; **p. 52 (left to right):** © Michel Stevelmans/Shutterstock; © BananaStock/Thinkstock; © oliveromg/Shutterstock; © JinYoung Lee/ Shutterstock; **p. 54:** © Dorling Kindersley; **p. 55:** © Jack Hollingsworth/Thinkstock; **p. 57 (top, clockwise from left):** © Corbis; © INTERFOTO / Alamy; © Keith Dannemiller / Alamy; **(bottom):** © Ryan McVay/Thinkstock; **p. 58 (left to right):** © Supri Suharjoto/Shutterstock; © CREATISTA/Shutterstock; © Dmitriy Shironosov/Shutterstock; © Stockbyte/Thinkstock; **p. 59 (top):** © dwphotos/Shutterstock; **(bottom, left to right):** © Gina Smith/Shutterstock; © Blend Images/Shutterstock; © Monkey Business Images/Shutterstock; **p. 62 (top left):** © Paul Matthew Photography/Shutterstock; **(center):** © iStockphoto/Thinkstock; **(bottom left):** © oorka/Shutterstock; **(bottom right):** © AP Wide World Photos; **p. 63 (top left):** © CHRISTIAN ARAUJO/Shutterstock; **(center left):** © Samuel Acosta/Shutterstock; **(center right):** © Nickolay Stanev/Shutterstock; **p. 64:** Pearson Education/PH College; **p. 66:** Pearson Education/PH College; **pp. 70–71:** © olly/Shutterstock; **p. 74:** © auremar/Shutterstock; **p. 75:** © Galyna Andrushko/ Shutterstock; **p. 77:** © Laura Litman/Shutterstock; **p. 80 (top):** © Yuri Arcurs/Shutterstock; **(2nd row, left to right):** © Diego Barbieri/ Shutterstock; © Mana Photo/Shutterstock; © Lario Tus/Shutterstock; **(3rd row, left to right):** © Michael Pettigrew/Shutterstock; © pjcross/Shutterstock; **(4th row, left to right):** © Roca/Shutterstock; © pirita/Shutterstock; © Ilja Mašík/Shutterstock; **p. 82 (top):** © Arthur Eugene Preston/Shutterstock.com; **(bottom):** © oliveromg/Shutterstock; **p. 83 (top, left to right):** © stefanolunardi/ Shutterstock; © Stefano Tiraboschi/Shutterstock; © Darren Baker/Shutterstock; **(middle)**: © Tao Associates/Stone/Getty Images; **p. 84:** © ARENA Creative/Shutterstock; **p. 87 (top, left to right):** © Yuri Arcurs/Shutterstock; © Konstantin Sutyagin/Shutterstock; © stefanolunardi/Shutterstock; © AVAVA/Shutterstock; **(bottom, left to right):** © Rich Carey/Shutterstock; © Kzenon/Shutterstock; © silver-john/Shutterstock; © Morgan Lane Photography/Shutterstock; **p. 88:** © Dmitriy Shironosov/Shutterstock; **p. 92:** © monbibi/ Shutterstock; **p. 93:** © lev radin/Shutterstock.com; **p. 94 (clockwise from left):** © Classic Image/Alamy; Matt Trommer/Shutterstock. com; © sportgraphic/Shutterstock.com; **p. 95:** ©photogolfer/Shutterstock.com; **p. 96 (left):** © maxstockphoto/Shutterstock.com; **(right):** © Mike Flippo/Shutterstock; **p. 97 (top):** © ARENA Creative/Shutterstock; **(bottom left):** © Elinag/Shutterstock; **(bottom right):** © Digital Vision/ Thinkstock; **p. 100 (top left):** © CREATISTA/Shutterstock; **(center left):** © D. Heining-Boynton, HBPHOTOPRO.COM.; **(center right):** © D. Heining-Boynton, HBPHOTOPRO.COM.; **(bottom):** © Rich Carey/Shutterstock; **p. 101 (top left):** Humberto Ortega/Shutterstock; **(top right):** © Steve Heap/Shutterstock; **(bottom left):** ©Dalayo/Shutterstock; **(bottom right):** © Steve Estvanik/Shutterstock; **p. 102:** ©Pearson Education/PH College; **p. 104:** ©Pearson Education/PH College; **pp. 108–109:** ©Aaron Amat /Shutterstock; **p. 112:** ©Aaron Amat /Shutterstock; **p. 117 (top):** ©Creatas/Getty Images/Thinkstock; **(bottom):** © mihalec/Shutterstock; **p. 118:** © iStockphoto/Thinkstock; **p. 119:** © Rob Marmion/Shutterstock; **p. 120:** © Chad McDermott/Shutterstock; **p. 124:** Dorling Kindersley Limited; **p. 128:** © Dmitriy Shironosov/Shutterstock; **p. 129:** © D. Heining-Boynton, HBPHOTOPRO.COM.; **p. 130:** ©StockLite /Shutterstock; **p. 131 (clockwise from left):** ©Left Eyed Photography / Shutterstock; ©LOOK Die Bildagentur der Fotografen GmbH / Alamy; ©Jarno Gonzalez Zarraonandia/Shutterstock; **p. 132:** ©GG Pro Photo /Shutterstock; **p. 134:** © BortN66/Shutterstock; **p. 135 (top):** ©Brooke Becker/ Shutterstock; **(bottom):** ©Comstock Images/ Getty/Thinkstock; **p. 138 (top left):** © AVAVA/Shutterstock; **(center left):** ©Glen Allison/Stone/Getty Images; **(center right):** ©Medioimages/Photodisc/Thinkstock; ©Aguilarphoto/Shutterstock; **p. 139 (top left):** ©Somatuscan/Shutterstock; **(top right):** ©D. Heining-Boynton, HBPHOTOPRO.COM; **(center left):** ©D. Heining-Boynton, HBPHOTOPRO.COM; **(center right):** ©F.C.G./ Shutterstock; **(bottom):** ©D. Heining-Boynton, HBPHOTOPRO.COM; **p. 140:** ©Pearson Education/PH College; **p. 142:** ©Pearson Education/PH College; **pp. 146–147:** ©tan4ikk/Shutterstock; **p. 151:** ©Francisco Javier Alcerreca Gomez/Shutterstock; **p. 152:** ©naumalex/Shutterstock; **p. 154 (left):** ©IgorGolovniov / Shutterstock.com; **(right):** ©AlexanderZam/Shutterstock; **p. 156:** ©Jose Gil/ Shutterstock; **p. 157:** ©Blend Images/Shutterstock; **p. 161:** ©kai hecker/Shutterstock; **p. 162 (top):** ©D. Heining-Boynton, HBPHOTOPRO.COM; **(bottom):** ©David Gilder/Shutterstock; **p. 163:** ©George Doyle/Stockbyte/Thinkstock; **p. 165 (top):** ©ifong/ Shutterstock; **(bottom):** ©D. Heining-Boynton, HBPHOTOPRO.COM; **p. 169:** ©Shutterstock; **p. 171:** ©AISPIX/Shutterstock; **p. 172 (clockwise from left):** ©AP Images/Eduardo Verdugo; © Per Karlsson/Alamy; ©Jorge Cubells Biela/Shutterstock; **p. 175 (top):**

©D. Heining-Boynton, HBPHOTOPRO.COM; **(center):** ©D. Heining-Boynton, HBPHOTOPRO.COM; **(bottom):** ©michaeljung/ Shutterstock; **p. 178 (top left):** ©mangostock/Shutterstock; **(center):** ©Sandra A. Dunlap/Shutterstock; **(bottom left):** ©D. Heining-Boynton, HBPHOTOPRO.COM; **(bottom right):** ©D. Heining-Boynton, HBPHOTOPRO.COM; **p. 179 (top left):** ©Sandra A. Dunlap/Shutterstock; **(top right):** ©Adeliepeng/Dreamstime LLC; **(center):** ©D. Heining-Boynton, HBPHOTOPRO.COM; **(bottom):** ©D. Heining-Boynton, HBPHOTOPRO.COM; **p. 180:** ©Pearson Education/PH College; **p. 182:** ©Pearson Education/PH College; **pp. 186–187:** ©Patryk Kosmider/Shutterstock; **p. 189:** ©Bryan Busovicki/Shutterstock; **p. 192:** ©guentermanaus/Shutterstock; **p. 195:** ©Walter G Arce/Shutterstock; **p. 197:** ©Daniel Wiedemann/Shutterstock; **p. 200 (top):** ©Pablo H Caridad/Shutterstock; **(bottom):** ©Pablo H Caridad/Shutterstock; **p. 201:** ©iStockphoto/Thinkstock; **p. 202:** ©REDAV/ Shutterstock; **p. 207 (top):** ©Iakov Filimonov/Shutterstock; **(bottom):** ©Leks052/Shutterstock; **p. 209:** ©Korn/Shutterstock; **p. 214 (clockwise from left):** ©Tiziou Jacques/CORBIS Sygma; ©Alexander Gordeyev/Shutterstock; ©Kondrachov Vladimir/Shutterstock; **p. 215:** ©Jules Frazier/Photodisc/ Thinkstock; **p. 217 (top):** ©steve estvanik/Shutterstock; **(bottom):** ©Dallas Events Inc/ Shutterstock; **p. 220 (top left):** ©Photos.com/ Thinkstock; **(center left):** ©rj lerich / Shutterstock; **(center right):** ©charles taylor/ Shutterstock; **(bottom left):** ©Matt Ragen/ Shutterstock; **(bottom right):** ©rj lerich/Shutterstock; **p 221 (top left):** ©hagit berkovich/Shutterstock; **(top right):** ©tonisalado/ Shutterstock; **(bottom left):** ©CREATISTA/Shutterstock; **(bottom right):** ©Tony Northrup/Shutterstock; **p. 222:** ©Pearson Education/PH College; **p. 224:** ©Pearson Education/PH College; **p. 228 (left):** ©Yuri Arcurs/Shutterstock; **(right):** ©olly/Shutterstock; **p. 229 (left):** ©Aaron Amat/Shutterstock; **(right):** ©Patryk Kosmider/Shutterstock; **p. 231 (left to right):** ©Val Thoermer/Shutterstock; ©Yuri Arcurs/Shutterstock; Shutterstock; ©Felix Mizioznikov/Shutterstock; **p. 232:** ©Shots Studio/Shutterstock; **p. 233 (top left):** ©Monkey Business Images/Shutterstock; **(top right):** ©Aispix/Shutterstock; **(bottom):** ©Monkey Business Images/Shutterstock; **p. 237 (left):** ©Elena Elisseeva/Shutterstock; **(right, top):** ©photobank.ch/Shutterstock; **(right, bottom):** ©photobank.ch/Shutterstock; **p. 242 (left to right):** ©Shutterstock; ©Monkey Business Images/Shutterstock; ©oliveromg/Shutterstock; **p. 244:** ©Dusan Zidar/ Shutterstock; **p. 246:** © Pearson Education/PH College; **p. 247:** © Pearson Education/PH College; **p. 248 (top):** ©Mike Flippo/ Shutterstock; **(bottom):** © Pearson Education/PH College; **p. 249:** ©auremar/Shutterstock; **p. 250 (left):** © Katrina Brown/ Shutterstock; **(right):** ©Alexander Gordeyev / Shutterstock; **p. 251 (top image, top row, left to right):** ©Arthur Eugene Preston/ Shutterstock; ©Matt Trommer/Shutterstock; ©Nickolay Stanev/Shutterstock; **(top image, bottom row, left to right):** © mihalec/ Shutterstock; ©Jorge Cubells Biela/Shutterstock; ©D. Heining-Boynton, HBPHOTOPRO.COM; **(bottom image, top row, left to right):** ©Jose Gil/Shutterstock; ©sportgraphic/Shutterstock; ©D. Heining-Boynton, HBPHOTOPRO.COM; **(bottom image, bottom row, left to right):** ©Ekaterina Pokrovsky/Shutterstock; ©Jarno Gonzalez Zarraonandia/Shutterstock; ©Matt Ragen/Shutterstock; **pp. 254–255:** © Yuri Arcurs / Shutterstock; **p. 256 (left):** © Kalim / Shutterstock; **(center):** © Tad Denson / Shutterstock; **(right):** © Monkey Business Images / Shutterstock; **p. 257 (left):** © Antonio Abrignani / Shutterstock; **(right):** DK Images; **p. 258:** © AVAVA / Shutterstock; **p. 265:** © Losevsky Pavel / Shutterstock; **p. 266:** ©D. Heining-Boynton, HBPHOTOPRO.COM; **p. 268:** © frank ungrad / Shutterstock; **p. 270 (top):** © Oshvintsev Alexander / Shutterstock; **(bottom):** © StockLite / Shutterstock; **p. 271:** © Robert Kneschke / Shutterstock; **p. 273:** © Patrick Breig / Shutterstock; **p 275:** ©D. Heining-Boynton, HBPHOTOPRO.COM; **p. 277:** © Charles Knox Photo / Shutterstock; **p. 278:** © R. Peterkin / Shutterstock; **p. 280 (top):** © auremar / Shutterstock; **(bottom):** © Christopher David Howells / Shutterstock; **p. 281:** © slava296 / Shutterstock; **p. 282:** © Tyler Olson / Shutterstock; **p. 283:** © Helder Almeida / Shutterstock; **p. 284:** © auremar / Shutterstock; **p. 285:** © Pearson Education/PH College; **pp. 288-289:** ©Voronin76/Shutterstock; **p. 291:** ©Monkey Business Images/Shutterstock; **p. 292:** ©Blend Images/Shutterstock; **p. 294:** ©rubiphoto/Shutterstock; **p. 298 (top):** ©D. Heining-Boynton, HBPHOTOPRO.COM; **(bottom):** ©Edyta Pawlowska/Shutterstock; **p. 299:** ©holbox/Shutterstock; **p. 301:** ©Dmitriy Shironosov/Shutterstock; **p. 305:** ©Sandberg/ Shutterstock; **p. 308:** ©Jaimie Duplass/ Shutterstock; **p. 310 (top, center):** Alamy; **(bottom):** Newscom; **p. 311:** ©MYLOS/Shutterstock; **p. 312:** ©D. Heining-Boynton, HBPHOTOPRO.COM; **p. 313 (top):** ©IKO/Shutterstock; **(center):** ©Digital Vision/Thinkstock; **p. 316 (top):** ©Brand X Pictures/Thinkstock; **(center left):** ©Galina Barskaya/Shutterstock; **(center right):** ©FXEGS Javier Espuny/Shutterstock; **(bottom):** ©D. Heining-Boynton, HBPHOTOPRO. COM; **p. 317 (top left):** ©iStockphoto/Thinkstock; **(top right):** ©David Davis/ Shutterstock; **(center):** ©Tomasz Pado/Shutterstock; **(bottom):** ©D. Heining-Boynton, HBPHOTOPRO.COM; **p. 318:** ©Pearson Education/PH College; **p. 320:** ©Pearson Education/PH College; **pp. 324-325:** © Kurhan / Shutterstock; **p. 328:** © mmaxer / Shutterstock; **p. 330:** ©Andresr/Shutterstock; **p. 332 (top):** © Comstock Images / Thinkstock; **(bottom):** © Kurhan / Shutterstock; **p. 333:** © Valentina R. / Shutterstock; **p. 334:** © italianestro / Shutterstock; **p. 337 (left):** US Department of Education; **(right):** Courtesy of Dr. Quinones; **p. 340:** © Dmitriy Shironosov / Shutterstock; **p. 341 (top):** © Francis Wong Chee Yen / Shutterstock; **(bottom):** © doglikehorse / Shutterstock; **p. 342 (top):** © Dudarev Mikhail / Shutterstock; **(bottom):** © photobank.kiev.ua / Shutterstock; **p. 343:** © Santiago Cornejo / Shutterstock; **p. 349:** © Andresr / Shutterstock; **p. 350:** © auremar / Shutterstock; **p. 355:** © wavebreakmedia ltd / Shutterstock; **p. 356 (top left):** Courtesy Eduardo R. Fernández/ Director; **p. 356 (right):** REUTERS/Paul Hackett; **(bottom left):** © Keith Dannemiller / Alamy; **p. 357:** © Diego Cervo / Shutterstock; **p. 359 (top):** © auremar / Shutterstock; **(bottom):** © AISPIX / Shutterstock; **p. 362 (top left):** © xalanx / Shutterstock; **(bottom left):** © Geoff Brightling/Dorling Kindersley; **(top right):** © Brand X Pictures/ Jupiterimages / Thinkstock; **(bottom right):** © Daniel Korzeniewski / Shutterstock; **p. 363 (top left):** © StockLite / Shutterstock; **(top right):** © Remistudio / Shutterstock; **(bottom left):** Newscom; **(bottom right):** © ssuaphotos / Shutterstock; **p. 364:** ©Pearson Education/PH College; **p. 366:** ©Pearson Education/PH College; **pp. 370-371:** ©Angel Simon/Shutterstock; **p. 373:** ©S-BELOV/ Shutterstock; **p. 374 (top):** ©Blend Images/Shutterstock; **(bottom):** © Losevsky Pavel/Shutterstock; **p. 379 (top):** © Grigory Kubatyan/Shutterstock; **(center):** ©Layland Masuda/Shutterstock; **(bottom):** ©Alberto Pérez Veiga/Shutterstock; **p. 380:** ©Kiselev Andrey Valerevich/Shutterstock; **p. 383 (top):** ©javarman/Shutterstock; **(bottom left):** ©Eduardo Rivero/Shutterstock; **(bottom center):** ©Alberto Pérez Veiga/Shutterstock; **(bottom right):** ©D. Heining-Boynton, HBPHOTOPRO.COM; **p. 388 (top):** ©Shots Studio/Shutterstock; **(bottom):** ©razihusin/ Shutterstock; **p. 389:** © John Coletti/Dorling Kindersley; **p. 390 (top left):** © Pavel Losevsky/fotolia; **(bottom left):** ©stiven/ Shutterstock; **(top right):** ©Valeriy Lebedev/Shutterstock; **(bottom right):** © vhpfoto/Shutterstock; **p. 392:** © emin kuliyev/ Shutterstock; **p. 393:** ©Pixland/Thinkstock; **p. 396 (top left):** ©Nicholas Sutcliffe/Shutterstock; **(top right):** ©Dudaeva/Shutterstock;

CREDITS A71

(center left): ©olly/Shutterstock; **(center right):** ©Thirteen/Shutterstock; **(bottom left):** ©Kiselev Andrey Valerevich/Shutterstock; **(bottom right):** ©AYAKOVLEV.COM/Shutterstock; **p. 397 (left):** ©MARCOS BRINDICCI/RTR/Newscom; **(center):** ©Kazimierz Jurewicz/Alamy; **(right):** © Filmspiegel/Dreamstime; **p. 399 (top):** ©CREATISTA/Shutterstock; **(center far left):** ©Monkey Business Images/Shutterstock; **(center middle left):** ©Carme Balcells/Shutterstock; **(center middle right):** ©Andy Dean Photography/Shutterstock; **(center far right):** ©Monkey Business Images/Shutterstock; **(bottom left):** ©Pearson Education/PH College; **(bottom right):** ©Pearson Education/PH College; **p. 402 (top):** ©Photos.com/Thinkstock; **(center left):** ©Susan Abad/El Comercio de Per/Newscom; **(center right):** ©Ronald Sumners/Shutterstock; **(bottom):** ©APP Photo/Barriopedro; **p. 403 (top left):** ©Radu Razvan/Shutterstock; **(top right):** ©steve100/Shutterstock; **(bottom left):** © Presselect / Alamy; **(bottom right):** © Carlos Carrion; **p. 404:** ©Pearson Education/PH College; **p. 406:** ©Pearson Education/PH College; **pp. 410–411:** © kwest / Shutterstock; **p. 415:** © argus / Shutterstock; **p. 416 (top):** © dwphotos / Shutterstock; **(bottom, left to right):** © XuRa / Shutterstock; © R McIntyre / Shutterstock; © ssuaphotos / Shutterstock; © Dudarev Mikhail / Shutterstock; **p. 418 (top row, left to right):** © Anton Prado PHOTO / Shutterstock; © Nataliya Hora / Shutterstock; © Daniel Prudek / Shutterstock; **(bottom row, left to right):** © Liquid Productions, LLC / Shutterstock; © gary yim / Shutterstock; © Huguette Roe / Shutterstock; **p. 427 (top):** © Bizroug / Shutterstock; **(center row, left to right):** © Steven Russell Smith Photos / Shutterstock; © EcoPrint / Shutterstock; © Catmando / Shutterstock; **(bottom row, left to right):** © Maria Dryfhout / Shutterstock; © kated / Shutterstock; **p. 428 (top):** © Christopher Ewing / Shutterstock; **(top row, left to right):** © Serg64 / Shutterstock; © James Laurie / Shutterstock; © kochanowski / Shutterstock; **(center row, left to right):** © Jan Martin Will / Shutterstock; © palko72 / Shutterstock; © Chuck Wagner / Shutterstock; **(bottom row, left to right):** © visceralimage / Shutterstock; © Hugh Lansdown / Shutterstock; © vblinov / Shutterstock; **p. 429 (top row, left to right):** © R. Gino Santa Maria / Shutterstock; © rattanapatphoto / Shutterstock; © Allie van Niekerk / Shutterstock; **(center row, left to right):** © Denis Vesely / Shutterstock; © Ronnie Howard / Shutterstock; © Rena Schild / Shutterstock; **(bottom row, left to right):** © Clive Watkins / Shutterstock; © Geanina Bechea / Shutterstock; © Thomas Zobl / Shutterstock; **p. 434:** © Tischenko Irina / Shutterstock; **p. 436:** David Peart © Dorling Kindersley; **p. 438 (clockwise from left):** Joel Sartore Photography; Album/Newscom; © ARMANDO SALAZAR/NOTIMEX/Newscom; **p. 440:** © beboy / Shutterstock; **p. 441 (top right):** © Sabino Parente / Shutterstock; **(center right):** © Tatiana Popova / Shutterstock; **(bottom left):** © Vlad61 / Shutterstock; **(bottom right):** © Tifonimages / Shutterstock; **p. 444 (top left):** © fotoluminate / Shutterstock; **(center left):** © Vladimir Melnik/Shutterstock; **(center right):** © Celso Diniz/Shutterstock; **(bottom):** © Ralph Loesche / Shutterstock; **p. 445 (top left):** © Ralph Loesche / Shutterstock; **(top right):** ©D. Heining-Boynton, HBPHOTOPRO.COM; **(center left):** © Rich Lindie / Shutterstock; **(bottom):** © © NICOLAS LARENTO/fotolia; **p. 446:** © Pearson Education/PH College; **p. 448:** © Pearson Education/PH College; **pp. 452–453:** © Artyzan / Shutterstock; **p. 456:** © SerrNovik / Shutterstock; **p. 457:** © iofoto / Shutterstock; **p. 458 (top):** © Blend Images / Shutterstock; (bottom): © Andresr / Shutterstock; **p. 459:** © Kzenon / Shutterstock; **p. 461:** © Golden Pixels LLC / Shutterstock; **p. 462 (top):** © Monkey Business Images / Shutterstock; (bottom): © Dorling Kindersley; **p. 463:** © Andresr / Shutterstock; **p. 464:** © Monkey Business Images / Shutterstock; **p. 468:** © Alexander Raths / Shutterstock; **p. 470:** © Sportstock / Shutterstock; **p. 471:** © Alex James Bramwell / Shutterstock; **p. 476:** © Monkey Business Images / Shutterstock; **p. 478:** © stefanolunardi / Shutterstock; **p. 479:** © Philip Lange / Shutterstock; **p. 481 (clockwise from left):** © Carlos Pérez de Rozas / EFE News Services, Inc.; AP Photos; AP Photos/Tony Gomez; **p. 483 (top right):** © Alexander Raths / Shutterstock; **(center, from left to right):** © BioMedical / Shutterstock; © Sebastian Kaulitzki / Shutterstock; © konmesa / Shutterstock; **(bottom):** © wellphoto/fotolia; **p. 486 (top left):** © Andrew Park / Shutterstock.com; **(center right):** © vadim kozlovsky / Shutterstock; **(bottom):** © BasPhoto / Shutterstock; **p. 487 (top left):** © Picsfive/Shutterstock; **(top right):** © holbox / Shutterstock; **(bottom left):** Deni Bown © Dorling Kindersley; **(bottom right):** © JIANG HONGYAN / Shutterstock; **p. 488:** © Pearson Education/PH College; **p. 490:** © Pearson Education/PH College; **p. 494 (left):** ©Matt Ragen/Shutterstock; **(right):** ©Angel Simon/Shutterstock**; p. 495 (left):** ©kwest/Shutterstock; **(right):** ©Artyzan/Shutterstock; **p. 500:** ©wong yu liang/Shutterstock; **p. 501 (top left):** ©Ala Alkhouskaya/Shutterstock; **(top right):** © Elnur/Shutterstock; **(bottom):** ©PinkBlue/Shutterstock; **p. 503 (top):** ©Monkey Business Images/Shutterstock; **(bottom left):** ©auremar/Shutterstock; **(bottom right):** ©Aaron Amat/Shutterstock; **p. 504:** ©Dan Bannister/Shutterstock; **p. 505 (top left):** ©Kostia/Shutterstock; **(top right):** ©Leremy/Shutterstock; **(center left):** ©tele52/Shutterstock; **(center right):** ©Elena Schweitzer/Shutterstock; **(bottom):** ©Supertrooper/Shutterstock; **p. 506 (top):** ©Tyler Olson/Shutterstock; **(bottom):** ©Stephanie Frey/Shutterstock; **p. 511:** ©Tatiana Popova/Shutterstock; **p. 513 (top):** ©Moritz Buchty/Shutterstock; **(bottom):** ©william casey/Shutterstock; **p. 516 (all):** © Pearson Education/PH College; **p. 517 (top row, left to right):** ©FXEGS Javier Espuny/ Shutterstock; ©David Davis/Shutterstock; ©StockLite/Shutterstock; ©Remistudio/Shutterstock; **(center row, left to right):** ©Ronald Sumners/Shutterstock; ©Radu Razvan/Shutterstock; ©steve100/ Shutterstock; ©D. Heining-Boynton, HBPHOTOPRO.COM; **(bottom row, left to right):** © Vladimir Melnik/Shutterstock; ©BasPhoto/ Shutterstock; © Picsfive/Shutterstock; ©holbox/Shutterstock.

Index

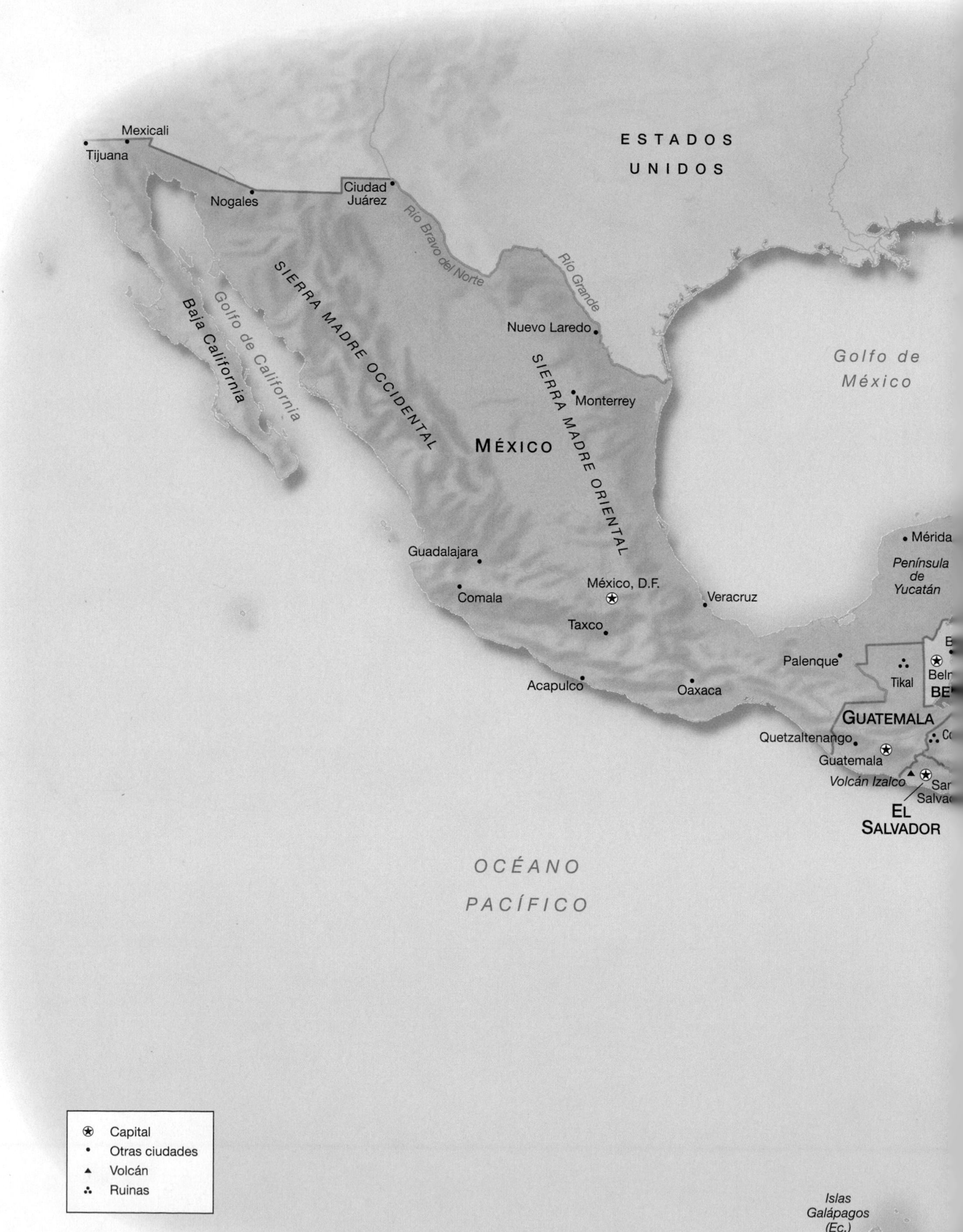
ESTADOS UNIDOS
Mexicali
Tijuana
Nogales
Ciudad Juárez
Río Bravo del Norte
Río Grande
Baja California
Golfo de California
SIERRA MADRE OCCIDENTAL
SIERRA MADRE ORIENTAL
Nuevo Laredo
Monterrey
MÉXICO
Golfo de México
Mérida
Península de Yucatán
Guadalajara
Comala
México, D.F.
Veracruz
Taxco
Palenque
Tikal
Acapulco
Oaxaca
GUATEMALA
Quetzaltenango
Guatemala
Volcán Izalco
EL SALVADOR
OCÉANO PACÍFICO
Capital
Otras ciudades
Volcán
Ruinas
Islas Galápagos (Ec.)

México, América Central y el Caribe